FORSCHUNGEN ZUR KIRCHLICHEN RECHTSGESCHICHTE
UND ZUM KIRCHENRECHT

Begründet von H. E. Feine, J. Heckel, H. Nottarp, herausgegeben von
L. Buisson, M. Heckel, P. Landau und K. W. Nörr

18. Band

FRIEDRICH MERZBACHER

RECHT – STAAT – KIRCHE

Ausgewählte Aufsätze

BÖHLAU VERLAG WIEN · KÖLN · GRAZ

FORSCHUNGEN ZUR KIRCHLICHEN RECHTSGESCHICHTE
UND ZUM KIRCHENRECHT

Begründet von
H. E. FEINE, J. HECKEL, H. NOTTARP

Herausgegeben von
L. BUISSON, M. HECKEL, P. LANDAU
und K. W. NÖRR

18. Band

Friedrich Merzbacher

RECHT – STAAT – KIRCHE

Ausgewählte Aufsätze

Herausgegeben von
GERHARD KÖBLER, HUBERT DRÜPPEL
und
DIETMAR WILLOWEIT

BÖHLAU VERLAG WIEN · KÖLN · GRAZ

CIP-Titelaufnahme der Deutschen Bibliothek

Merzbacher, Friedrich:
Recht — Staat — Kirche : ausgew. Aufsätze / Friedrich
Merzbacher. Hrsg. von Gerhard Köbler ... — Wien ; Köln ; Graz
: Böhlau, 1989
ISBN 3-205-05031-2

Vorwort

Friedrich Merzbacher, Ordinarius für Deutsche und Bayerische Rechtsgeschichte, Kirchenrecht, Bürgerliches und Handelsrecht an der bayerischen Julius-Maximilians-Universität Würzburg hätte am 5. Mai 1988
sein 65. Lebensjahr vollendet. Dies zu erleben, an eine Zeit unermüdlichen erfolgreichen Schaffens einen ruhigeren Lebensabend zu fügen und
in diesem ohne Zwang das reiche Lebenswerk abzurunden, war ihm
nicht vergönnt. Vielmehr raffte ihn am 22. April 1982 ein unbarmherziges
Schicksal auf der Höhe seines umfassenden Wirkens hinweg.

Zurückblieb eine Vielzahl von Studien anfangs fränkischen und
bayerischen, dann zunehmend deutschen und gesamteuropäischen
Zuschnitts, welche Merzbacher in fünfunddddreißig Jahren ertragreicher
wissenschaftlicher Tätigkeit erarbeitet hatte. Sie aus ihren unterschied-
lichsten Veröffentlichungsorten zu einer leicht und bequem zugänglichen
Einheit zusammenzuführen, konnte zu seinen Lebzeiten nicht mehr
gelingen. Umso mehr bietet sich hier für der Gedenktag des 5. Mai 1988 an.

In willkommener Abstimmung mit Frau Elfriede Merzbacher haben
deshalb die dem Verstorbenen aus unterschiedlichen Gründen besonders
verbundenen Herausgeber eine Auswahl aus allen kleineren Arbeiten
Friedrich Merzbachers getroffen, welche diese neben die bekannten
Monographien des Verewigten stellen will, um die Forscherleistung als
Ganzes erkennen zu lassen. Die Auswahl soll zum einen die wichtigsten
Forschungsschwerpunkte repräsentieren. Zum anderen soll sie darüber
hinaus aber auch durch ihre chronologische Ordnung die Entwicklung
des wissenschaftlichen Werkes dieses bedeutenden Gelehrten aufzeigen.
Insgesamt vermögen die hier zusammengefaßten Arbeiten so als blei-
bendes Vermächtnis eines von seinen vielfältigen Aufgaben gänzlich
erfüllten Rechtshistorikers und Kanonisten fortzuwirken.

Beigegeben ist der Sammlung eine Bibliographie, welche im wesent-
lichen auf der von Walter Sax und Winfried Trusen 1982 erstellten
Werkübersicht beruht. Sie erfaßt aber nur die größeren Stücke. Die
Überfülle der von Merzbacher verfaßten Rezensionen und lexikalischen
Artikel hat sich demgegenüber bislang dem vollständigen Zugriff gänz-
lich entzogen.

Herzlichen Dank schulden die Herausgeber allen, welche an der Entstehung der Sammlung mitgewirkt haben. Hervorzuheben ist hier vor allem Assessor mag. iur. utr. Klaus Beier, der in Treue zum früheren Meister das Werk durch ein ausführliches Register erschlossen hat. Daneben sind die Herausgeber auch dem Verlag für die Übernahme der Betreuung ihres Unternehmens sehr verpflichtet.

Möge Friedrich Merzbachers Werk noch lange in der Rechtsgeschichte wirken.

Würzburg, den 5. Mai 1988

Gerhard Köbler   Hubert Drüppel   Dietmar Willoweit

Zum Geleit

Als Friedrich Merzbacher vor 22 Jahren am 1. März 1966 seine Tätigkeit als Ordinarius an der Juristischen Fakultät unserer Alma Mater
aufnahm, kehrte er damit nach einigen intensiven Semestern an anderen
Universitäten in sein geliebtes Würzburg zurück, das ihm stets, auch
während der glücklichen Jahre in Innsbruck, ein Zuhause war. Aus dem
Geiste seiner Heimatstadt schöpfte er geistige Kräfte, Sicherheit, Selbst-
bewußtsein, hier gewann er seine Identität, nicht nur als Wissenschaftler,
sondern auch als Mensch, als Christ, als überzeugter praktizierender
Katholik.

Friedrich Merzbacher war in den 16 Jahren seiner akademischen
Tätigkeit an der Universität Würzburg ein ungewöhnlich fruchtbarer
Wissenschaftler und anregender Lehrer. Die hier vorliegende Sammlung
bedeutsamer kleinerer Publikationen des verstorbenen Rechtsgelehrten
ist ein Dokument seiner unermüdlichen forscherischen Aktivität und
seiner wissenschaftlichen Vielfältigkeit während und vor der Zeit seines
Würzburger Wirkens und Schaffens. Der Ordinarius für Deutsche
Rechtsgeschichte, Kirchenrecht, Bürgerliches Recht sowie Handelsrecht
engagierte sich aber nicht nur am Schreibtisch, er verband auch in
eindrucksvoller Weise die *vita contemplativa* mit der *vita activa*. In seiner
Fakultät genoß er uneingeschränktes Ansehen, was schon durch die
viermalige Wahl zum Dekan zum Ausdruck kommt. Er arbeitete sehr
intensiv und mit ganzem Herzen in einer Vielzahl von Gremien und
wußte ihnen Profil zu geben, vom Senat über das Studentenwerk bis hin
zu Strukturbeiräten und Berufungskommissionen, von der Verwaltungs-
und Wirtschaftsakademie bis zur Gesellschaft für fränkische Geschichte
und zur Kommission für bayerische Landesgeschichte bei der Bayerischen Akademie. Bundesweit vertrat er die Interessen seines Fachs als
langjähriger Vorsitzender des Juristischen Fakultätstages.

Friedrich Merzbacher stellte somit nicht nur innerhalb, sondern auch
außerhalb unserer Hochschule seine energievolle Tatkraft und geistige
Regheit unter Beweis und trug so letztlich zur Förderung des Ansehens
unserer Julius-Maximilians-Universität bei. Dafür schulden wir ihm
Dank.

Seine Arbeit als Wissenschaftler, akademischer Lehrer und Hochschulpolitiker setzte Maßstäbe und verdient uneingeschränkt Achtung und
Bewunderung.

Friedrich Merzbacher wird uns nicht zuletzt deshalb auch in Zukunft
in lebendiger Erinnerung bleiben.

„Wer im Gedächtnis seiner Lieben lebt, ist ja nicht tot, er ist nur fern.
Tot ist nur, wer vergessen wird." (Freiherr von Zedlitz)

Prof. Dr. Th. Berchem
Präsident der Universität Würzburg

Der vorliegende Band gibt erneut Zeugnis von dem bedeutenden Rechtsgermanisten und Kanonisten Friedrich Merzbacher. Der zu früh verstorbene Kollege war indes nicht allein eine beeindruckende Forscherpersönlichkeit und zudem ein unermüdlicher, mit Hingabe tätiger Lehrer des Rechts. Aus seinem so vielfältigen Wirken verdient — zumal aus der Sicht des derzeitigen Dekans der Juristischen Fakultät der Universität Würzburg, zu deren Mitgliedern Merzbacher von 1966 bis zu seinem Tod 1982 gezählt hat — noch ein weiterer Bereich in Erinnerung gebracht zu werden: der engagierte, nachhaltige Einsatz für seine Würzburger Fakultät und darüber hinaus für die rechtswissenschaftlichen Fakultäten in der Bundesrepublik überhaupt.

Friedrich Merzbacher war nicht nur Vorstand des Instituts für deutsche und bayerische Rechtsgeschichte der Alma Julia, sondern auch Dekan der Juristischen Fakultät. Daß er, nachdem er bereits in Innsbruck in den Jahren 1964 und 1965 Dekan gewesen war, von 1969 bis 1973 viermal hintereinander dieses Amt in Würzburg anvertraut erhielt, kam sicher nicht von ungefähr. Unter seinem Dekanat wurde die Promotion neu geregelt und der Grad eines Magister iuris eingeführt. Die Würzburger Juristenfakultät erfuhr einen Ausbau und gewann eine festgefügte Gestalt. Diese Periode der Geschlossenheit währte bis zu dem Schicksalsjahr, in dem Friedrich Merzbacher und drei weitere hochangesehene Kollegen durch den Tod der Fakultät entrissen wurden.

Ausdruck der Tatkraft Friedrich Merzbachers ist sodann sein über ein volles Jahrzehnt andauernder, nämlich die Jahre von 1972 bis 1982 umfassender Vorsitz der Konferenz der Dekane der Juristischen, Rechtswissenschaftlichen und Rechts- und Staatswissenschaftlichen Fakultäten in der Bundesrepublik Deutschland und Berlin (West). Daß er auch in dieser Funktion durch Wahl von über dreißig Fakultäten Jahr für Jahr erneut bestätigt wurde, lag an seinem allseits anerkannten großen persönlichen Einsatz für die Sache der Rechtsausbildung und der Rechtswissenschaft an den Universitäten in unserem Land, lag an der Gründlichkeit der Vorbereitung, an seinem Verhandlungsgeschick, seiner Überzeugungs- und Integrationskraft und nicht zuletzt an seiner

starken, Autorität ausstrahlenden lebensvollen Persönlichkeit. Ihm ist
für den juristischen Fakultätentag Entscheidendes gelungen: Auf eine
Phase des unsteten Wanderns folgte eine solche der Beständigkeit, mehr
noch, die Gefahr der Handlungsunfähigkeit, ja des Zerfalls in bedroh-
licher Zeit wurde gebannt. Das Gremium gewann unter Merzbachers
souveräner Führung seine Aktionsfähigkeit, so daß es sich Gehör auch
bei Regierungen und Parlamenten und in der Öffentlichkeit verschaffen
konnte. Die äußere und innere Stabilisierung dauert bis heute an. Das
bedeutet einen Gewinn zugleich für Stadt und Universität Würzburg,
denen sich Friedrich Merzbacher innig verbunden fühlte. Es läßt sodann
auch die Hoffnung zu, daß die rechtswissenschaftlichen Fakultäten in
Zeiten, in denen es scheint, als sei die Rechtsgesinnung in beträchtlichen
Teilen der Bevölkerung in Gefahr zu verfallen, zusammenstehen werden.

Den Anliegen der Rechtsausbildung hat sich Friedrich Merzbacher
auch sonst noch in vielfältiger Weise gewidmet, etwa als Mitglied des
Strukturbeirats für die neu gegründete Universität Passau (1974 bis
1979), als Vorsitzender der Kommission Jura-Oldenburg (1980 bis 1981)
und als Studienleiter der Verwaltungs- und Wirtschafts-Akademie Würzburg (von 1973 bis zu seinem Tod). In den Dienst der akademischen
Selbstverwaltung hat er sich in vorbildlicher Einsatzfreude und Pflichterfüllung gestellt und dabei eine große Arbeitslast getragen.

Vieles, was Friedrich Merzbacher geleistet hat, besteht über die Zeit
seines aktiven Wirkens fort. Wer ihm begegnet ist, wird seiner stets in
Dankbarkeit und mit hohem Respekt gedenken.

Hans Forkel
(Dekan)

In memoriam

Friedrich Philipp Merzbacher wurde am 5. 5. 1923 in Würzburg als einziger Sohn des Kartographen und Lithographen *Georg Franciscus Merzbacher* und dessen Ehefrau *Anna Dorothea Pfeuffer* geboren. Sein elterliches Haus stand im Stadtteil Grombühl, der altwürzburgischen Rechtsstätte. Seine Familie wies künstlerische Begabungen auf; so genoß sein Onkel, dem er sehr zugetan war, einen überregionalen Ruf als fränkischer Bildhauer. Der Vater hatte sich neben seinem Beruf der Kunstmalerei verschrieben. Behütet von der Liebe seiner Mutter, deren frühen Tod (29. 7. 1951) er zeitlebens nicht hat verwinden· können, wuchs Friedrich Merzbacher in einer Atmosphäre fränkischer Katholizität, wohlsituierter Verhältnisse und musischer Neigungen auf; das entzückende historische Ambiente seiner Vaterstadt mag viel dazu beigetragen haben, das ästhetische Gespür bereits des Kindes zu formen. Nach der Volksschule (Ostern 1929 bis Ostern 1934) besuchte Merzbacher die Würzburger Oberrealschule, das heutige Röntgen-Gymnasium.

Knapp vierzehnjährig, riß ihn die Versetzung seines Vaters nach Frankfurt am Main aus der gewohnten und geliebten Welt seiner Kinderzeit. Er empfand diese Trennung von Würzburg rückblickend als erste schmerzliche Zäsur seines Lebens.

In Frankfurt besuchte er ab 7. 1. 1937 die später völlig zerstörte und nicht wieder errichtete Städtische Oberrealschule für Jungen und erlangte dort am 30. 3. 1942 das Zeugnis der Reife. Die „Allgemeine Beurteilung" hebt lobend hervor, daß er „in den wissenschaftlichen Fächern, besonders in den geisteswissenschaftlichen, … höchsten Fleiß und eindringendes Verständnis" bewiesen habe. Indes war er, wie sich aus seinem Abiturzeugnis ergibt, gerade auch in den musischen Fächern besonders erfolgreich, und er stellte sich ernsthaft die Frage, ob er seine Neigung und Begabung im künstlerischen Bereich — Gesang oder Malerei — zum Lebensberuf ausbauen solle. Andererseits reizte ihn ein geisteswissenschaftliches Studium, und hier vornehmlich das der Jurisprudenz.

Die Wahl wurde ihm, wie den meisten seiner Generation, zunächst

abgenommen; denn unmittelbar nach seinem Abitur ist der knapp
Neunzehnjährige zur Infanterie eingezogen (1. 4. 1942) und alsbald
an der Ostfront eingesetzt worden.

Hier nun traf er eine endgültige berufliche Entscheidung, und es war,
wie er später bekannte, in erster Linie das erlebte und erlittene Chaos
des Krieges, das ihn bewog, nicht die Schönen Künste, sondern das Recht
in den Mittelpunkt seines künftigen Wirkens zu stellen.

Einmal entschlossen, verfolgte er sein Ziel mit jener Konsequenz,
die ihn zeitlebens auszeichnete, und beantragte am 2. 3. 1943 bei der
Universität Frankfurt — Fachschaft Rechtswissenschaft — seine Fernimmatrikulation,
die ihm unterm 9. 4. genehmigt wurde. Gleichwohl blieb
das Fernstudium vorerst nicht viel mehr als eine Option auf die Zeit
nach Kriegsende; denn im Fronteinsatz zweimal verwundet, geriet
Merzbacher am 10. März 1944 in Gefangenschaft der vorrückenden
Roten Armee und wurde schließlich in das Lager Saporoshje (Ukrainische
SSR) eingeliefert.

Die unzulänglich versorgten Kriegsverletzungen, die Schwerarbeit
bei minimaler Ernährung, eine Rippenfellentzündung zerrütteten binnen
eines knappen Jahres Merzbachers Gesundheit. Aber die Aufzeichnungen,
die er ab Mitte Mai 1945 im Lazarett anlegte und später durch die Kontrollen
heimbringen konnte, zeugen von seinem ungebrochenen Willen,
das Schreckliche zu überleben und die Hoffnungslosigkeit geistig zu
überwinden.

Er hat sich damals auf eine unabsehbar lange Zeit seiner Gefangenschaft
eingestellt. Vordringlich erschien ihm daher das systematische
Studium der russischen Sprache; ein Vokabularium sowie die Grundzüge
einer russischen Grammatik — bezeichnenderweise beginnt der
Abschnitt „Konjugationen" mit dem Wort работаю, „ich arbeite" —
füllen den Großteil der drahtgehefteten, aus Stücken zusammengeleimten
Seiten seiner Notizbücher.

Im September 1945 wurde ihm zugetragen, er sei — politisch unbelastet
und voraussichtlich dauerhaft arbeitsunfähig — auf die Entlassungsliste
gesetzt. Wenngleich er diesem Glück, wie er notierte,
höchst skeptisch entgegensah, begann er dennoch, für den unwahrscheinlichen
Fall die Anschriften seiner deutschen, rumänischen, ungarischen,
italienischen Mitgefangenen zu sammeln, um den Angehörigen
nach der Heimkehr ein Lebenszeichen übermitteln zu können. Am
13. 10. 1945 wurde Merzbacher von der zuständigen Kommandantur
aus sowjetischer Kriegsgefangenschaft nach Frankfurt am Main ent-

lassen, kam dort schwerkrank und ausgemergelt an, wurde von den amerikanischen Militärbehörden als zu körperlicher Arbeit untauglicher Kriegsversehrter am 18. 10. demobilisiert und trat mit einer Frankfurter Zuzugsgenehmigung in das Zivilleben ein.

Die aufopfernde Pflege durch seine Mutter, vielleicht aber mehr noch sein eiserner Wille bewirkten, daß er bereits am 11. 2. 1946 sein reguläres Studium der Rechtswissenschaft an der Frankfurter Universität aufnehmen konnte und sich sogleich ein volles Pensum zumutete: Einführung in die Rechtswissenschaft, Bürgerliches Recht (Allgemeiner Teil) einschließlich Anfängerübung, Einführung in das anglo-amerikanische Recht bei *Hallstein*, Römische Rechtsgeschichte, Schuld- und Sachenrecht bei *Coing*, Volkswirtschaftslehre mit Übungen bei *Sauermann*, Wirtschaftsgeschichte bei *Skalweit*. Darüberhinaus belegte er Russisch, und auch das ist bezeichnend für ihn, der jedwede einmal begonnene Aufgabe gründlich zu beenden bestrebt war.

Coing sprach wohl als erster Merzbachers rechtshistorisches Interesse an, dann, im zweiten Semester, der Germanist *Karl Frölich*. Sein eigentlicher Frankfurter Mentor und alsbald auch sein Doktorvater wurde jedoch *Siegfried Reicke*, der dem Studenten in den Seminarzeugnissen immer wieder die hohe rechtshistorische Begabung, die breite Wissensbasis und wissenschaftlich fundierte Beherrschung der Themen attestierte. *Reicke*, selbst als Archivar ausgewiesen, ermutigte Merzbacher zu einer Dissertation, die im wesentlichen aus Archivalien zu erarbeiten war. Noch während des Studiums entstanden dann „Die Hexenprozesse in Franken (Hochstift Würzburg und Hochstift Bamberg)", und am 22. August 1949 wurde Merzbacher mit dem Prädikat „Sehr gut" zum Doktor der Rechte promoviert. Gleichwohl brachte es die Ungunst der Zeiten mit, daß dieses Erstlingswerk vergleichsweise spät, erst 1957, im Druck erscheinen und einem größeren Kreis bekannt werden konnte; vorab kam 1950/51 nur ein Resümee in Gestalt zweier Aufsätze zur Veröffentlichung. Aber als die Gesamtuntersuchung gedruckt vorlag, fand sie sogleich breite Akzeptanz, wurde zum einschlägigen Standardwerk und erlebte, seit langem restlos vergriffen, 1970 eine zweite erweiterte Auflage.

Nach Abschluß seines juristischen Studium heiratete der junge Dr. jurium am 24. 9. 1949 die Würzburgerin *Elfriede Steingaß*. Die kirchliche Trauung fand in einem der schönsten Sakralbauten Frankens, in der Hofkirche der Würzburger Residenz, statt. Damit wurde Merzbachers Bindung an seine Heimatstadt erneut persönlich vertieft.

Für zweieinhalb Jahre kehrte Merzbacher nun auch wieder in seine
Geburtsstadt zurück. Seinen Vorbereitungsdienst wollte er, das stand für
ihn seit der Arbeit an der Dissertation fest, nicht bei der Justiz, sondern
bei der Archivverwaltung absolvieren. Gleichzeitig trachtete er nach
Erweiterung seiner Qualifikation und schrieb sich im Wintersemester
1949/50 an der Philosophischen Fakultät der Würzburger Alma Julia als
ordentlicher Studierender der Philosophie, Geschichte, historischen
Hilfswissenschaften, Kunstgeschichte und Volkskunde ein.

Mit nur einem weiteren Bewerber überwand er die rigorosen Zulas-
sungsbeschränkungen und trat unterm 15. 2. 1950 seinen Dienst beim
Bayerischen Staatsarchiv Würzburg an, zunächst als unbesoldeter Volon-
tär, nach knapp fünf Monaten aber bereits als Referendar, nunmehr mit
einem (auch für die damalige Zeit äußerst bescheidenen) Unterhalts-
zuschuß ausgestattet.

Die Doppelbelastung durch Studium und Vorbereitungsdienst hat
er glänzend gemeistert. Er erwarb sich eine umfassende, lebenslang
gegenwärtige Kenntnis der Würzburger Archivbestände und begann
sogleich mit den Vorarbeiten für eine philosophische Dissertation.
Darüberhinaus profilierte er sich als wissenschaftlicher Schriftsteller.
Bereits im ersten Jahr seiner Würzburger Tätigkeit publizierte er ein
gutes Dutzend Untersuchungen zur kirchlichen und fränkischen Rechtsgeschichte sowie zur rechtlichen Volkskunde.

Nach seiner Versetzung an das Bayerische Hauptstaatsarchiv München im Februar 1952 ließ er sich zum Ende des Wintersemesters 1951/52
exmatrikulieren. Am 17. 7. 1953 absolvierte er die Anstellungsprüfung
für den höheren Archivdienst als Zweitbester seines Examenstermins.
Dem Assessor hätte damit eine gesicherte Lebensstellung als wissenschaftlicher Archivar weit offengestanden. Er verzichtete darauf und
entschied sich für die Universitätslaufbahn, die ihm durch *Hans Erich
Feine*, damals kommissarischer Verwalter des traditionsreichen, zuletzt
von *Heinrich Mitteis* innegehabten Lehrstuhls für Deutsche und Bayerische Rechtsgeschichte in München, nahegelegt wurde.

Während der zweijährigen Münchner Assistentenzeit (1. 9. 1953 bis
31. 8. 1955) hat Merzbacher zunächst seine philosophische Doktorarbeit
vollendet, verständnisvoll gefördert durch *Karl Bosl*, der ihn als ersten
Doktoranden angenommen hatte. Gegenstand der Studie, die unter den
Arbeiten aus Merzbachers Feder wohl als die persönlichste, den Charakter ihres Autors am klarsten widerspiegelnde betrachtet werden darf,
sind Leben und Wirken des Prälaten und fürstbischöflich-würzburgi-

schen Kanzlers Johann von Allendorf. Es sei, so bekennt Merzbacher im
Vorwort, nicht zuletzt „die Liebe zu seiner Geburtsstadt Würzburg
und zur fränkischen Heimat" ausschlaggebend für die Wahl seines Themas gewesen. Die quellengesättigte Arbeit hat in der Folgezeit die regio-
nalgeschichtliche Forschung entscheidend beeinflußt.

Am 9. Februar 1955 zum Dr. philosophiae promoviert, erwarb Merzbacher noch im selben Jahr den Grad eines Dr. iur. utr. habil. mit
der Habilitationsschrift „Iudicium Provinciale Ducatus Franconiae.
Das kaiserliche Landgericht des Herzogtums Franken — Würzburg im
Spätmittelalter". Anfangs nur eines seiner zahlreichen Forschungs-
vorhaben, die er seit 1947 in systematischen Quellenkarteien vorbereitete, war das Thema rasch in den Mittelpunkt seines Interesses gerückt;
schon in einem 1952 veröffentlichten Umriß einer „Rechtsgeschichte
Frankens" skizzierte er Eigenart und Bedeutung dieser Institution. Den
entscheidenden Anstoß gab *Hans Erich Feine*, der seinerseits wenige
Jahre zuvor über „Die Kaiserlichen Landgerichte in Schwaben im
Spätmittelalter" gearbeitet hatte (ZRG 79 GA 66, Weimar 1948, S. 218ff.)
und nun das Werk seines Habilitanden, wie dieser im Vorwort dankbar
erwähnt, „mit seinem wertvollen Rat, seinem gleichbleibenden, aufgeschlossenen Interesse und seinem fördernden Zuspruch" bis zur Vollendung begleitete. Überhaupt erwuchs zwischen *Feine* und Merzbacher
eine besonders enge Beziehung, die sich nicht in der Gemeinsamkeit
fachlicher Forschungsschwerpunkte, der Kombination Kanonistik/
Rechtsgermanistik erschöpfte, sondern von gegenseitiger, herzlicher
Zuneigung geprägt war. Zeitlebens hat Merzbacher den am 6. März 1965
Verstorbenen als seinen Meister verehrt, die hohen wissenschaftlichen
und menschlichen Qualitäten *Feines* gerühmt, sich ihm über den Tod
hinaus in *vasallitischer Treue* verbunden gefühlt und es als Ehrenpflicht
betrachtet, die weitverstreuten Aufsätze des Lehrers in zwei umfangreichen Kompendien herauszugeben.

Mit seinem am 14. 7. 1955 vor der Juristischen Fakultät der Universität München gehaltenen Probevortrag „Das Somnium viridarii von
1376 als Spiegel des gallikanischen Staatskirchenrechts" griff der Ha-
bilitand erstmals über den regionalen Bereich hinaus Probleme der
westeuropäischen Rechtsvergangenheit auf; er behielt, wie die zahlreichen Aufsätze und lexikographischen Artikel zur italienischen, spanischen, französischen, englischen und skandinavischen Rechtsgeschichte eindrucksvoll dokumentieren, diesen weiträumigen, gesamt-
abendländischen Blick bis zum Ende bei; seine letzte Studie, posthum

erschienen, galt der legislatorischen Leistung des norwegischen Königs Magnus Håkonarson lagabœtir (1263—1280).

Am 14. 7. 1955 wurde Merzbacher mit der Venia für Deutsches Recht (Rechtsgeschichte und Privatrecht), Kirchenrecht, Rechtliche Volkskunde zum Privatdozenten ernannt; knapp zwei Jahre später, unterm 27. 6. 1957, erstreckte sich seine Lehrbefugnis auch auf das Fach Bürgerliches Recht. Die ersten Lehrveranstaltungen, die er im Wintersemester 1955/56 ankündigte, waren die dreistündige „Deutsche Verfassungsgeschichte der Neuzeit" und ein zweistündiges Proseminar über die „Reichsgesetzgebung des 16. Jahrhunderts". Deutsche und kirchliche Rechtsgeschichte, rechtliche Volkskunde und Rechtsarchäologie las er in den folgenden Studienhalbjahren; ab 1958 nahm das Zivilrecht einen wesentlichen Teil seiner Lehrtätigkeit in Anspruch.

Nach Vertretungen in Tübingen (Wintersemester 1956/57 und 1957/58) erhielt er am 1. 4. 1959 einen Lehrauftrag für deutsches Bürgerliches Recht an der Universität Innsbruck und wurde dort am 19. Oktober desselben Jahres zum Extraordinarius für Kirchenrecht und ausländisches Bürgerliches Recht ernannt; die Beförderung zum ordentlichen Professor folgte am 26. 3. 1962. Neben seiner Innsbrucker Lehrtätigkeit, die er, wie *Nikolaus Grass* in seinem Nachruf rühmend hervorhebt (ZRG 100 KA 70, Wien—Köln—Graz 1984, S. 460), „weit über seine Lehrverpflichtung hinaus in manchem Semester an die 20 Wochenstunden" ausübte, hat Merzbacher vom Sommersemester 1960 bis zum Wintersemester 1964/65 noch in München regelmäßig drei bis fünf Wochenstunden je Studienhalbjahr gelesen, ohne dabei die Publikation seiner Forschungsergebnisse zu vernachlässigen. Zugleich stellte er sich als Prüfungskommissär für Deutsches Recht, Österreichische Verfassungs- und Verwaltungsgeschichte, Kirchenrecht, Bürgerliches Recht und Handelsrecht (Diplomvolkswirte) sowie allgemeine Wirtschaftsgeschichte zur Verfügung und amtete im Studienjahr 1964/65 als Dekan der Innsbrucker juridischen Fakultät.

Rückblickend hat Merzbacher sich seiner Zeit in Innsbruck immer wieder als einer sehr erfüllten und glücklichen erinnert. Dennoch folgte er 1965 einem Ruf nach Erlangen. Zu den Gründen, die ihn zu diesem Entschluß bewogen, hat er sich, wie es seine Art war, nur verhalten geäußert. Ausschlaggebend dürfte das „wissenschaftliche Heimweh" nach Franken gewesen sein, vermutlich fühlte er sich zudem in Innsbruck allzu einseitig von der Kanonistik in Anspruch genommen, auch wenn er durch seine rechtsgermanistische Lehrtätigkeit in München einen gewissen Ausgleich seiner ambivalenten wissenschaftlichen Interessen zu schaffen vermochte.

Der Lehrstuhl für Deutsche und Bayerische Rechtsgeschichte, den Merzbacher ab Sommersemester 1965 an der Universität Erlangen—Nürnberg innehatte, erwies sich jedoch wider Erwarten nur als eine kurze Station seiner Laufbahn: Bereits im Spätsommer dieses Jahres wurde ihm das durch *Paul Mikats* Wechsel nach Bochum vakant gewordene Ordinariat für Deutsche und Bayerische Rechtsgeschichte, Kirchenrecht, Bürgerliches und Handelsrecht an der Würzburger Alma Julia angetragen.

Merzbacher hat dieses Angebot, als Rechtshistoriker, Kanonist und Zivilist an seinen geliebten Geburtsort zurückzukehren, sofort angenommen. Bewegt schrieb er unterm 9. 10. 1965: „Der Ruf an die Rechts- und Staatswissenschaftliche Fakultät der Universität meiner Heimatstadt Würzburg und damit in das Zentrum meiner stärksten Forschungsanliegen erfüllt mich mit tiefer Freude. Zudem fühle ich mich der traditionsreichen Fächerkombination von Rechtsgermanistik und Kanonistik stark verpflichtet. Ich vermag mir keine höhere Auszeichnung als akademischer Lehrer vorzustellen, als in Würzburg wirken zu dürfen". Tatsächlich kam er mit dem festen Entschluß, hier zu bleiben; allenfalls ein Ruf nach München, an seine Heimatfakultät, hätte ihn, wie er später einmal bekannte, vielleicht zum Bruch seines „Gelübdes" veranlassen können. Denn er fühlte sich als fränkischer Bayer und sah sich in der Tradition all jener Franken, die dem bayerischen Staatswesen an exponierter Stelle in treuer Pflichterfüllung gedient hatten und dienten.

Sein Amt als Vorstand des Würzburger Seminars für Deutsche und Bayerische Rechtsgeschichte sowie Mitvorstand des Seminars für Kirchenrecht und Vergleichende Rechtsgeschichte trat Merzbacher am 1. März 1966 an; sechzehn Jahre intensiver Forschungs- und Lehrtätigkeit sollten ihm in den Institutsräumen des von Fürstbischof Julius Echter von Mespelbrunn errichteten Renaissancegebäudes der Alten Universität noch beschieden sein. Seine literarische Schaffenskraft wuchs in dieser zweiten Hälfte seines wissenschaftlichen Wirkens über das schon zuvor höchst ungewöhnliche Maß hinaus: Jahr für Jahr bereicherte er die Forschung um zahlreiche Aufsätze aus seiner Feder, vornehmlich zur kirchlichen und fränkisch-bayerische Rechtsgeschichte, aber mit ersichtlich wachsender Tendenz auch zu allgemeinen rechtshistorischen Problemen des Alten Reiches und Europas. In die Hunderte

gehen seine oft schon Miszellen bildenden Rezensionen, die er für die
Zeitschrift für Rechtsgeschichte, die Archivalische Zeitschrift, das
Historische Jahrbuch, das Deutsche Archiv, die Juristenzeitung, die
Zeitschrift für das gesamte Familienrecht, die Zeitschrift für bayerische
Landesgeschichte, das Archiv für katholisches Kirchenrecht, das Archiv
für Rechts- und Sozialphilosophie, die Theologische Revue, die Theologische Literaturzeitung, die Deutsche Literaturzeitung, die Würzburger
Diözesangeschichtsblätter und viele andere Periodika schrieb. Ebenso
engagiert hat er an mehreren Fachlexika mitgewirkt, am Staatslexikon
beispielsweise, an dem von *Stammler* und *Langosch* herausgegebenen
Verfasserlexikon und an der zweiten Auflage des Lexikons für Theologie und Kirche; letzteres allein verdankt ihm mehr als 30 rechtshistorische Beiträge. In seiner Würzburger Zeit beteiligte er sich weiter
u. a. an der Neuen Deutschen Biographie und am Lexikon für christliche
Ikonographie, vorzugsweise jedoch an dem Handwörterbuch zur Deutschen Rechtsgeschichte, dessen 1. bis 21. Lieferung von Merzbachers
breitgefächerter wissenschaftlicher Kompetenz zeugen.

Viel Zeit und Mühe hat er in Würzburg auch als Herausgeber auf-
gewendet. Zu den von ihm herausgegebenen Werken gehören zwei Bände
ausgewählter Abhandlungen seines von ihm ganz besonders verehrten
Lehrers *Hans Erich Feine* (Reich und Kirche, 1966, Territorium und
Gericht, 1978), ferner ein Band gesammelter Aufsätze seines Vorgängers
auf dem Würzburger Lehrstuhl *Hermann Nottarp* (Aus Rechtsgeschichte und Kirchenrecht, 1967). Daß ihm angetragen wurde, die
zweite Auflage von *Siegmund Riezlers* seit 70 Jahren vergriffener Geschichte der Hexenprozesse in Bayern zu betreuen, erfüllte ihn, der
selbst so Hervorragendes zur Erhellung des Phänomens »crimen magiae«
beigetragen hatte, mit besonderer Genugtuung. Durch ein instruktives
Nachwort, eine kartographische Beilage von eigener Hand und ein
umfassendes Register hat Merzbacher *Riezlers* Werk der gegenwärtigen
Leserschaft 1968 neu erschlossen. Als ehrenvollen Auftrag der Alma
Julia betrachtete er die ihm übertragene Herausgabe der Gedenkschrift
zum 400. Jahrestag der Wahl *Julius Echters*, des Universitätsstifters,
auf den Würzburger Bischofsstuhl; der Sammelband „Julius Echter und
seine Zeit" (1973) enthält einen umfassenden, auf breiter archivalischer
Grundlage erarbeiteten Beitrag Merzbachers, der den fränkischen
Kirchenfürsten als Gesetzgeber würdigt.

In das Jahr seiner Heimkehr nach Würzburg fällt auch die Berufung
zum Mitherausgeber der Forschungen zur kirchlichen Rechtsgeschichte

und zum Kirchenrecht, eine Aufgabe, die er bis zu seinem Tod mit Hingabe wahrgenommen hat.

Von den verschiedenen größeren Monographien, an denen er seit Ende der sechziger Jahre verstärkt arbeitete, war ihm nurmehr eine einzige zu vollenden vergönnt, die ertragreiche Rechts- und Vermögensgeschichte des Juliusspitals in Würzburg (1978). Die übrigen Vorhaben — unwiederbringlich mit ihm dahingegangen — sollten immerhin genannt werden, soweit ihre Umrisse bereits in vorveröffentlichten Detailstudien Gestalt angenommen hatten.

Da ist zunächst eine „Rechtsgeschichte Frankens" anzuführen, ein Projekt, das schon dem jungen Gelehrten am Herzen lag (Grundfragen der ostfränkischen Rechtsgeschichte, 1951) und das er 1952 bzw. 1974 in gedrängter Skizze vorgestellt hatte.

Eberhard Frhr. von Künßbergs Forschungsschwerpunkt sollte in einem „Grundriß der rechtlichen Volkskunde" wieder aufgenommen werden; aus den gesammelten Materialien ist zuletzt 1974/75 als Aufsatz „Der Hut im Recht" entstanden.

Ebenfalls bis zur umfänglichen Quellensammlung gedieh eine „Geschichte der kanonistischen Forschung und Lehre an der Universität Würzburg". Zwei ihrer bedeutendsten Vertreter — *Johann Caspar Barthel* (1697—1771) und *Johann Nepomuk Endres* (1730—1791) — hat Merzbacher vorab biographisch der unverdienten Vergessenheit entrissen.

Als wichtigste literarische Aufgabe seiner späteren Jahre aber betrachtete er die Arbeit an einer Geschichte der bayerischen Gesetzgebung, die, umfassend angelegt, eine nicht zuletzt von ihm selbst schmerzlich empfundene Lücke zu schließen bestimmt war. Einzelergebnisse sind in mehrere seiner Aufsätze eingeflossen; unmittelbare Früchte der einschlägigen Forschungen waren der Festschriftbeitrag „Die Auslegung der Rechtsgeschäfte im Entwurf des Bürgerlichen Gesetzbuches für das Königreich Bayern von 1861" (1970) und vor allem die Studie „Gesetzgebung und Rechtskodifikation unter Kurfürst Maximilian I." (1980).

Bei alledem darf nicht außer Acht gelassen werden, daß Friedrich Merzbacher eine ausgeprägte Begabung gerade auch als akademischer Lehrer besaß. Weit davon entfernt, die Lehrverpflichtungen als lästiges Beiwerk anzusehen, hat er, rhetorisch und didaktisch hervorragend, mit ersichtlicher Freude unterrichtet, in der Regel mehr als zehn Semesterwochenstunden. Er nahm sich viel Zeit für seine Studenten, hörte und half ihnen nicht nur in fachlichen Belangen, sah in der Hochachtung und

Sympathie, die ihm entgegengebracht wurden, zu recht eine Bestätigung.
Sein engerer Schülerkreis allerdings war gewissermaßen handverlesen:
Hier fand nur Aufnahme, wer mehrere Semester hindurch seine wissen-
schaftliche Eignung unter Beweis gestellt hatte. Bei Diskussionen im
Doktorandenseminar bevorzugte er die von ihm so genannte „scharfe
Klinge", während er Studienanfängern gegenüber unendliche Geduld
und Behutsamkeit aufzubringen vermochte.

Einen besonderen Ruf genossen seine Exkursionen, die er bis 1976
in nahezu jedem Studienhalbjahr durchführte; denn neben einem
gründlichst vorbereiteten und straff durchgeführten wissenschaftlichen Programm stand das mit ähnlicher Sorgfalt vorgeplante kulina-
rische und kulturelle. Unter Merzbachers Leitung lernten seine Würzburger Seminaristen rechtshistorisch bedeutsame Stätten in Bayern
und Niedersachsen, in Ostfrankreich, der Schweiz und in Österreich
kennen.

Die Aufgabe eines Universitätslehrers hat er oft — halb scherzhaft,
halb ernst — mit der einer Kerze verglichen, die sich selbst verzehre,
indem sie anderen leuchte. Er selbst jedenfalls ist dieser Metapher
gerecht geworden; denn er hielt, bereits todkrank, seine Lehrveranstaltungen in vollem Umfang bis zum Abschluß des Wintersemesters 1981/82,
um unmittelbar vom Katheder in die Klinik überführt zu werden. Im
Bewußtsein des nahenden Endes noch traf er Anweisungen für die
Durchführung der von ihm angekündigten Vorlesungen, empfahl seine
Doktoranden der Obhut einzelner Kollegen und sorgte sich um das
Habilitationsverfahren seines Assistenten.

Ebenso vorbildhaft wie erfolgreich hat er die zahlreichen Ämter verwaltet, die ihm im Laufe der Jahre übertragen wurden. Als ihn die
Juristische Fakultät der Universität Würzburg erstmals für das Studienjahr 1969/70 zum Dekan wählte, mag der gewöhnliche Turnus eine
Rolle gespielt haben. Indes fiel Merzbachers Dekanat in die schwierige
Zeit der sogenannten Studentenunruhen, die sich in Würzburg namentlich auf einzelne Mitglieder des juristischen Professoriums konzentrierten
und allmählich zu einer globalen Konfrontation zu eskalieren drohten.
Daß dies nicht geschah, daß, im Gegenteil, die schrillen Töne alsbald
durch das ruhige Gespräch überwunden wurden, ist in erster Linie
Merzbachers persönlichem Ansehen zu verdanken. Ohne jemals Zweifel
an seiner Haltung zu den Hauptfragen aufkommen zu lassen — sie war
weit entfernt von den Vorstellungen jener studentischen Wortführer, die
eine Strategie der Konfrontation verfolgten —, hat er seinerseits immer

wieder den Kontakt gesucht, bis eine verständigungbereite Mehrheit ihn als „ehrlichen Makler" akzeptierte und wertschätzte. Mit derselben Zähigkeit, Umsicht, Loyalität und Überzeugungskraft vertrat er die Belange seiner Fakultät in den Hochschulgremien und in den Ministerien. Nicht ohne Grund ist das Juristenprofessorium damals von der Gewohnheit alljährlichen Wechsels der Fakultätsleitung abgewichen und hat ihn auch in der Folgezeit bis 1973 zum Dekan wiedergewählt. Als er dann das Amt seinem Nachfolger übergab, war das Haus wohlbestellt und die Zeit der Unruhen vergangen.

Es blieb ihm eine Folgelast, die er mit Freude und Hingabe trug, der Vorsitz der Konferenz der Dekane der Juristischen, Rechtswissenschaftlichen und Rechts- und Staatswissenschaftlichen Fakultäten in der Bundesrepublik Deutschland und Berlin (West). 1972 erstmals für ein Jahr in diese Funktion gewählt, wurde er seither durch das Votum der 62 Delegierten kontinuierlich und über seine eigene Dekanatszeit hinaus bis zu seinem Tod als Vorsitzender bestätigt, ein in der Geschichte dieses Fakultätentages einmaliges Phänomen. Unter Friedrich Merzbacher wurde Würzburg zum ständigen Sitz der Versammlung. *Franz Wieacker*, der Nestor der Dekanekonferenz, gab wohl die *communis opinio* wieder, als er dem Verstorbenen nachrühmte, sein Vorsitz habe „aus einem lockeren und zufällig beschickten Gremium erst eine aktionsfähige Kooperation gemacht", und er habe „mit sicherer, kluger Hand unsere Fakultäten durch Jahre gesteuert, die zu den gefahrvollsten in ihrer ganzen Geschichte gehörten".

Es kann daher nicht verwundern, wenn sich weitere Gremien und Institutionen bemühten, den engagierten Gelehrten und integrationsfähigen Hochschulpolitiker für sich zu gewinnen:

1973 übernahm er die Studienleitung der Verwaltungs- und Wirtschaftsakademie Würzburg, bestritt dort auch in eigener Person einen Großteil der zivilrechtlichen Lehrveranstaltungen. Von 1974 bis 1979 war er Mitglied des Strukturbeirates für die Universität Passau und hat in dieser Eigenschaft, aber ebenfalls als Mitglied vieler Berufungsausschüsse, das Profil der Neugründung wesentlich mitgestaltet.

1980/81 wurde ihm der Vorsitz der Jura-Kommission Oldenburg angetragen; Ehre und Belastung nahm er gleichermaßen bereitwillig auf.

Bereits in jüngeren Jahren war er Wahlmitglied der Gesellschaft für Fränkische Geschichte (1953), Mitglied der Bayerischen Landesstelle für Volkskunde in München (1958) und Mitglied der Commission inter-

nationale pour l'histoire des assemblées des états (1959) geworden.
Hohes Ansehen erwarb er sich durch seine tatkräftige Mitarbeit im
Münchner Collegium Carolinum, der Forschungsstelle für die Geschichte
der Böhmischen Länder. Seine Verdienste um die Rechtsgeschichte
seiner Heimat trugen ihm 1968 die ordentliche Mitgliedschaft der Kommission für Bayerische Landesgeschichte bei der Bayerischen Akademie
der Wissenschaften ein. Unmittelbar vor seinem Tod noch wurde er für
die Wahl zum korrespondierenden Mitglied der österreichischen Akademie der Wissenschaften vorgeschlagen; die Nachricht erreichte ihn
bereits auf dem Sterbebett.

Bürdenlose Ehrungen sind dem unermüdlichen Forscher und Lehrer
nur selten zugefallen. Er hat sie auch nicht erstrebt, würde aber wohl
etwa das Ehrendoktorat der Theologie als überfällige Anerkennung
mehr als dreißigjähriger wissenschaftlicher Verdienste um Kanonistik
und Kirche gern entgegengenommen haben. Immerhin erlebte er, tief-
bewegt, am 10. August 1969 die Aufnahme in den Deutschen Orden
St. Mariens zu Jerusalem und am 4. Oktober seine Investitur als Ritter
und Familiare dieser Gemeinschaft, der er sich seither zutiefst verbunden
und verpflichtet fühlte; er hat diese Empfindung auf seine Art, nicht
zuletzt durch wissenschaftliche Beiträge zur Geschichte des Deutsch-
ordens, zum Ausdruck gebracht.

Am 8. Juni 1978 verlieh ihm der Bayerische Ministerpräsident den
Bayerischen Verdienstorden, eine Auszeichnung, die Friedrich Merzbacher seither mit berechtigtem Stolz trug, war doch das *cum Bavaria
sentire* zeitlebens seine Devise gewesen.

Zur Pflege seiner Liebhabereien blieb ihm bei dem schieren Über-
maß übernommener Pflichten und Aufgaben vor allem in den letzten
Jahren seines Lebens wenig Zeit. Er liebte die klassische Malerei, die
Barockarchitektur, die Musik, vor allem die Oper und hier vorzugsweise
Richard Wagner. Seine Begabung als Landschaftszeichner und Por-
trätist war wohl nur wenigen bekannt, bevor seine Gattin posthum als
regelmäßigen Weihnachtsgruß an seine Kollegen, Freunde, Schüler aus
der umfänglichen Skizzenmappe des Verewigten Proben seines Könnens
in Privatdrucken weiterreichte. Früh jedoch hatte er sich landesweit
einen Ruf als Heraldiker erworben. Ungezählte Familien-, Orts- und
Landkreiswappen tragen unverkennbar den Stempel seines persönlichen
Stils vollendeter künstlerischer und wissenschaftlicher Werktreue. Indes
betrachtete er gerade diese Freizeitbeschäftigung weniger als Stecken-
pferd denn als Möglichkeit, auch über den universitären Bereich hinaus

bei weiten Kreisen der Bevölkerung historisches Interesse wecken und Traditionen revitalisieren zu können. Schmerzlich empfand er daher den kärglichen Rest der Muße, der ihm zuletzt für die Heraldik geblieben war, und es erfüllte ihn mit Sorge zu sehen, wie sich allmählich Gebrauchsgraphiker in das fachwissenschaftliche Reservat eindrängten.

Wohl jeder, der dem Gelehrten im Laufe seines Lebens begegnete, war beeindruckt von dieser Persönlichkeit, in der sich wissenschaftlich-ernste Autorität mit Weltläufigkeit, liebenswürdiger Hilfsbereitschaft und gewinnenden Umgangsformen zu einer harmonischen Einheit verbanden. Seinen Kollegen war er, je nach Anlaß, geschätzter Diskussionspartner und Ratgeber, aber auch eloquenter, fröhlicher Gesellschafter. Seine Studenten, die langjährigen Schüler zumal, scharte er wie ein *pater familias* um sich, und wie ein Hausvater hinterließ er ihnen schließlich das, was er von seinen irdischen Gütern am meisten schätzte, — seine unter Entbehrungen aufgebaute Fachbibliothek von mehreren tausend Bänden. Bei aller Neigung zur Ironie und zum scharfen Bonmot hütete er sich, andere zu verletzen, vielleicht, weil er selber hinter der äußeren Schale seiner souveränen Gelassenheit sehr verletzlich war. Respekt vor fremder, auch entgegengesetzter Meinung war ihm, wenn schon nicht angeboren, so doch bereits in jungen Jahren zur rationalbewußten und verinnerlichten Haltung geworden; nicht von ungefähr wurde eine Abhandlung des Jurastudenten über das Thema „Wie kann Toleranz rechtlich gesichert werden?" im Wintersemester 1948/49 von der Lessing-Gesellschaft zur Förderung der Toleranz preisgekrönt.

Bei alldem wahrte er Distanz, eröffnete sich nicht nur seinen engeren Freunden höchst selten, sondern hielt, wie mit der fortlaufenden Dokumentation seines literarischen Schaffens, sogar mit der Darlegung seiner äußeren Lebensdaten zurück; persönliche Konfessionen machten ihn auch bei anderen eher verlegen.

Ein Lebensabend, wie er ihn sich gelegentlich ausmalte — befreit von den Alltagsgeschäften, zu gleichen Teilen der Kunst und der Wissenschaft gewidmet —, war ihm nicht beschieden. Auf der Höhe seiner Schaffenskraft und noch ehe er die Ernte seines arbeitsreichen, selbstlosen Forscherlebens einbringen konnte, überfiel ihn die tückische Krankheit. Den gesundheitlichen Verfall, der im Spätsommer 1981 einsetzte, hoffte er bis zuletzt durch seinen eisernen Willen überwinden zu können. Tiefinnerlich spürte er jedoch um die Jahreswende den nahen Tod. Gleichwohl gab er nicht auf, sondern traf umsichtige Vorsorge für die Zeit, in der er auf längere, aber — wie er trotz allem hoffte — absehbare

Dauer seine vielfältigen Pflichten nicht würde wahrnehmen können. Am 22. Februar 1982 in das Juliusspital eingewiesen, überstand er eine schwere Operation und kämpfte, von seiner Frau hingebungsvoll unterstützt, noch zwei lange Monate um seine Genesung. Allen, die ihn in dieser Leidenszeit sahen, wird sein Mut, seine Standhaftigkeit, seine klaglose Geduld unvergeßlich bleiben. Erst zum Schluß wich sein Ringen einer Ergebung, die er, Zeit seines Lebens tiefgläubiger Katholik, in die Hände Gottes legte. Er verstarb in der Nacht vom 21. auf den 22. April 1982.

In seinen Werken lebt Friedrich Merzbacher weiter. Sie bilden sein höchst persönliches Vermächtnis an die wissenschaftliche Nachwelt.

Möge die vorliegende Auswahl seiner Schriften, in denen er erneut und unmittelbar zu uns spricht, dazu beitragen, die Erinnerung an ihn wachzuhalten, an den Menschen, den Gelehrten und Lehrer, den

Vir doctus, sapiens, pius gravisque!

Würzburg, im August 1987

Hubert Drüppel

Verzeichnis der wichtigsten Veröffentlichungen Friedrichs Merzbachers

(ohne lexikalische Artikel und Rezensionen)

A. Monographien

Johann von Allendorf. Stiftspropst von St. Burkard und bischöflicher Kanzler (1400—1496) (Quellen und Forschungen zur Geschichte des Bistums und Hochstifts Würzburg Bd. XI), 1955.

Iudicium Provinciale Ducatus Franconiae. Das kaiserliche Landgericht des Herzogtums Franken—Würzburg im Spätmittelalter (Schriftenreihe zur bayerischen Landesgeschichte Bd. 54), 1956.

Die Hexenprozesse in Franken (ebd. Bd. 56), 1957, 2. erweiterte Auflage 1970.

Die Bischofsstadt. Entwicklung und Bedeutung eines mediterran-abendländischen Städtetyps (Schriftenreihe der Arbeitsgemeinschaft für Forschung des Landes Nordrhein-Westfalen, Geisteswissenschaften H. 93), 1961.

50 Jahre Verwaltungs- und Wirtschafts-Akademie Würzburg, 1978.

Das Juliusspital in Würzburg, Bd. II Rechts- und Vermögensgeschichte, 1979.

B. Abhandlungen und Zeitschriftenaufsätze

Augustin und das antike Rom, Archiv für Rechts- und Sozialphilosophie XXXIX/1, 1950, S. 102ff.

Geschichte der Hexenprozesse im Hochstift Würzburg, Mainfränkisches Jahrbuch für Geschichte und Kunst 2, 1950, S. 162ff.

Kitzingen als geplanter Sitz des Reichskammergerichts, ebd. S. 349ff.

Lorenz Fries als bischöflicher Lehensträger, ebd. S. 334ff.

Würzburger Notar als Testamentsfälscher, in: Die Mainlande, 1950, S. 21

Hochstiftisch-würzburgische Strafvollzugsorgane im Jahre 1565, ebd., S. 58f., 64

Gewerbeneid und Hexenprozeß, in: Unterfränkisches Heimatblatt, 2, 1950, Nr. 11

Ein Kinderhexenprozeß in der Reichsstadt Schweinfurt, in: Schweinfurter Heimatblätter 1950, Nr. 15

Die Heiltümer der Pfarrkirche von Stadtschwarzach, in: Würzburger katholisches Sonntagsblatt, 97. Jg., 1950, Nr. 16, S. 191

Die Martinskapelle in Veitshöchheim, ebd., Nr. 46, S. 536

Die Gründung von Himmelspforten, ebd., Nr. 50, S. 575

Grundfragen der ostfränkischen Rechtsgeschichte, Mainfränkisches Jahrbuch für Geschichte und Kunst 3, 1951, S. 31ff.

Ein Schmählied auf Johann Freiherrn zu Schwarzenberg, ebd. S. 288ff.

Die spätmittelalterliche Pfarrei Stadtschwarzach, Würzburger Diözesangeschichtsblätter (WDGBl.) 13, 1951, S. 82ff.

Fürstbischof Rudolf von Scherenbergs letzte Schenkung für den Domschatz, ebd. S. 191 ff.

Der Streit um das Palliumsrecht der Würzburger Fürstbischöfe, Archiv für kath. Kirchenrecht (AKKR) 125, 1951, S. 330 ff.

Die Gerichtsbarkeit der Würzburger Archidiakone in der ersten Hälfte des 16. Jahrhunderts, ebd. S. 326 ff.

Die Bedeutung der Staatsarchive für Rechtsprechung und Verwaltung, Juristenzeitung 1951 Nr. 22.

Die Hexenprozesse im Hochstift Bamberg, Zeitschrift der Savigny-Stiftung für Rechtsgeschichte (ZRG) 68 Kan. Abt. 37, 1951, S. 376 ff.

Die Aschaffenburger Beginen um das Jahr 1527, Archiv für mittelrheinische Kirchengeschichte 3, 1951, S. 365 ff.

Bischof Rudolfs letzte Schenkung, in: Würzburger katholisches Sonntagsblatt, 98. Jg., 1951, Nr. 33, S. 264

Die Würzburger St. Brictius-Kapelle, ebd., Nr. 45, S. 360

Das Vermächtnis Neidhards von Thüngen, in: Die Mainlande, 1951, S. 26

Vom Würzburger Dompräsenzamt, ebd., S. 45 f.

Gustav Adolfs Schenkungen an Schweinfurt (1632), in: Schweinfurter Heimatblätter, 1951, S. 8

Trauerfeierlichkeiten für den Ebracher Abt in Weyer (1791), ebd., S. 26

Räuber in Franken, ebd., S. 53 f., 60, 64, 68

Johann Freiherr zu Schwarzenberg in würzburgischen Diensten. Neue archivalische Beiträge zur Frühzeit des Strafrechtsreformators, ZRG 82 Germ. Abt. 69, 1952, S. 363 ff.

Der Artikelbrief für die Reichsarmee von 1682 als kriegsgeschichtliche Quelle, ebd. S. 349 ff.

Die mittelalterliche Ehrenstrafe des Hundetragens, Zeitschrift für die gesamte Strafrechtswissenschaft 64, 1952, S. 306 ff.

Rechtsgeschichte Frankens. Heimatgeschichtlicher Ratgeber, hg. von der Generaldirektion der staatlichen Archive Bayerns, 1952, S. 111 ff.

Zur Rechtsgeschichte und Volkskunde der Würzburger Kliliansverehrung, in Festschrift: „Herbipolis Jubilans". 1200 Jahre Bistum Würzburg, 1952, S. 27 ff.

Die Konsekration des Mainzer Erzbischofs und Kurfürsten Wolfgang Kämmerer von Dalberg, ZRG 69 Kan. Abt. 38, 1952, S. 485 ff.

Die Bücherei des fränkischen Humanisten Johann Feigenbaum, Zentralblatt für Bibliothekswesen 66, 1952, S. 255 ff.

Die Begräbnisordnung der Würzburger Fürstbischöfe im späten Mittelalter, ZRG 69 Kan. Abt. 38, 1952, S. 500 ff.

Kardinal Nikolaus von Cues in Frankfurt, in: Der Sonntag, Kirchenzeitung Bistum Limburg, 10. 02. 1952, S. 10

Schatzgräberei und Christophelgebet, in: Archiv für mittelrheinische Kirchengeschichte, 4. Bd., 1952, S. 352

Fürstbischof Julius Echter gegen Münzfälscher, Mainfränkisches Jahrbuch für Geschichte und Kunst, 4. Bd., 1952, S. 334 ff.

Wandlungen des Kirchenbegriffs im Spätmittelalter. Grundzüge der Ekklesiologie des ausgehenden 13., des 14. und 15. Jahrhunderts, ZRG 70 Kan. Abt. 39, 1953, S, 274 ff.

Zum Regalienempfang der Würzburger Fürstbischöfe im Spätmittelalter, ebd. S. 449 ff.

Das Stammesherzogtum Franken, in: Die Mainlande, 1953, S. 8, 11

Die fränkische Landgerichtsordnung von 1618, ebd., S. 68, 71

Martinsrecht und Martinsbrauch im Erzstift Mainz und Hochstift Würzburg während des späten Mittelalters, ZRG 84 Kan. Abt. 40, 1954, S. 131 ff.

Die Rechts-, Staats- und Kirchenauffassung des Aegidius Romanus, Archiv für Rechts- und Sozialphilosophie XLI/1, 1954, S. 88 ff.

Künder des bayerischen Staatsbewußtseins. Fränkische Reichsräte der Krone Bayern, in: Unser Bayern, 3. Jg., 1954, Nr. 11, S. 85 f.

Zur Lebensgeschichte des Magisters Johannes Episcopius, WDGBl, 16./17. Jg. 1954/55, S. 371 ff.

Das »Alte Halsgerichtsbuch« des Hochstifts Eichstätt. Eine archivalische Quelle zur Geschichte des Strafvollzugs im 15. und 16. Jahrhundert und zur rechtlichen Volkskunde, ZRG 86 Germ. Abt. 73, 1956, S. 375 ff.

Das *Somnium viridarii* von 1376 als Spiegel des gallikanischen Staatskirchenrechts ZRG 73 Kan. Abt. 42, 1956, S. 55 ff.

Zur Frage der sog. Freihäuser, Zeitschrift für bayerische Landesgeschichte 19, 1956, S. 272 ff.

Von der mittelalterlichen Entwicklung der Märkte und Messen in Bayern, in: Bayerland 59, 1957, S. 44 ff.

Die Rechtsidee im Psalter, Österr. Archiv für Kirchenrecht 8, 1957, S. 48 ff.

Die Zugewinngemeinschaft. Eine wiederentdeckte Institution des ehelichen Güterrechts, Archiv für die civilistische Praxis 156, 1957, S. 1 ff.

Betrachtungen zur Rechtsstellung des Aschaffenburger Kollegiatstiftes St. Peter und Alexander im Mittelalter, in: 1000 Jahre Stift und Stadt Aschaffenburg, Festschrift zum Aschaffenburger Jubiläumsjahr 1957, 1957, S. 299 ff.

Recht und Gewaltenlehre bei Hugo von St. Victor, ZRG 75 Kan. Abt. 44, 1958, S. 181 ff.

Johann Apels dialektische Methode der Rechtswissenschaft. Eine Station in der Entwicklung des juristischen Unterrichts, ZRG 75 Rom. Abt., 1958, S. 364 ff.

Familiengut und Individualgut. Deutsche Landesreferate zum V. Internationalen Kongreß für Rechtsvergleichung in Brüssel, 1958, S. 1 ff.

Johann Oldendorp und das kanonische Recht, in: Für Kirche und Recht, Festschrift für *Johannes Heckel*, 1959, S. 222 ff.

Azpilcueta und Covarruvias. Zur Gewaltendoktrin der spanischen Kanonistik im Goldenen Zeitalter, ZRG 77 Kan. Abt. 46 (Festschrift für *Hans Erich Feine*), 1960, S. 317 ff.

Das geschichtliche Bild des kirchlichen Richters, AKKR 129, 1961, S. 369 ff.

Rechtswissenschaft und Volkskunde, Jahres- und Tagungsbericht der Görres-Gesellschaft 1960, S. 13 ff.

Kirchenrecht und Lehnrecht, Österr. Archiv für Kirchenrecht 12, 1961, S. 113 ff.

Kardinal Juan de Lugo als Rechtsdenker, in: Spanische Forschungen der Görres-Gesellschaft 1. R. 19. Bd. (Festschrift für *Georg Schreiber* Bd. I), 1961, S. 269 ff. Bischof und Stadt in der Geschichte von Mainz, Archiv für mittelrheinische Kirchengeschichte 14, 1962, S. 31 ff.

Das kirchliche Turnier- und Stierkampfverbot, in: Im Dienste des Rechtes in Kirche und Staat, Festschrift für *Franz Arnold*. 1962, S. 261 ff.

Tegernsee und der Südtiroler Wein im ausgehenden Spätmittelalter. Zur Weinwirtschaft eines altbayerischen Benediktinerklosters im Etschland, Tiroler Wirtschaftsstudien 17, 1963, S. 199 ff.

Europa im 15. Jahrhundert, Propyläen-Weltgeschichte Bd. 6, 1964, S. 373 ff.

Enguerrand de Marigny. Minister Philipps des Schönen von Frankreich: in: Speculum Historiale, Festschrift für *J. Spörl*. 1965, S. 479 ff.

Österreich und das kaiserliche Hofgericht Rottweil, Hist. Jahrbuch 85, 1965, S. 50 ff.

Scientia und ignorantia im alten kanonischen Recht, Mittellateinisches Jahrbuch 2 (Festschrift für *Karl Langosch*), 1965, S. 215 ff.

Die ekklesiologische Konzeption des Kardinals Francesco Zabarella (1360—1417), Innsbrucker Beiträge zur Kulturwissenschaft Bd. 12 (Festschrift für *Karl Pivec*), 1966, S. 279 ff.

Die Würzburger Halsgerichtsordnungen, in: Studien zur Strafrechtswissenschaft, Festschrift für *Ulrich Stock*, 1966, S. 27 ff.

Staat und Jus publicum im deutschen Absolutismus, in: Gedächtnisschrift für *Hans Peters*, 1967, S. 144 ff.

Der Kiliansdom als Rechtsdenkmal, in: Der Dom zu Würzburg, Ecclesia cathedralis, 1967, S. 69 ff.

Die Kirchen- und Staatsgewalt bei Jacques Almain (†1515), in: Speculum Juris et Ecclesiarum, Festschrift für *Willibald M. Plöchl*, 1967, S. 301 ff.

Peter von Aufseß. Ein fränkisches Domherrenschicksal im Zeitalter Maximilians I., WDGBl. 29. Bd., 1967, S. 89 ff.

Die Staatslehre des Dominikaners Girolamo Savonarola, in: Staat und Gesellschaft, Festgabe für *Günther Küchenhoff*, 1967, S. 87 ff.

Die Leprosen im kanonischen Recht, ZRG 84 Kan. Abt. 53 (Festschrift für *Siegfried Reicke*), 1967, S. 27 ff.

Die Parömie *Legista sine canonibus parum valet, canonista sine legibus nihil*, Collectanea *Stephan Kuttner* III (Studia Gratiana vol. XIII), 1968, S. 273 ff.

Die Eheschließung durch Stellvertreter nach altem und geltendem kanonischem Recht, in: Ecclesia et Jus, Festschrift für *Audomar Scheuermann*, 1968, S. 455 ff. Das Testamentsrecht des Corpus Juris Canonici, Österreichisches Archiv für Kirchenrecht Bd. 19, 1968, S. 289 ff.

Die Würzburger Goldene Freiheit von 1168, in: Main-Post. 24. Jg., Nr. 147, S. 17 und Nr. 152, S. 8

Zur Rechtsgeschichte der *lex irritans*, in: Jus Sacrum, Festschrift für *Klaus Mörsdorf*, 1969, S. 101 ff.

Aus der Rechtsgeschichte des Ritterordens vom Goldenen Vlies, in: Festschrift für *Hans Lentze*, 1969, S. 429 ff.

Römisches Recht und Romanistik im Mittelalter, Historisches Jahrbuch 69. Jg., 1969, S. 1 ff.

Die Bedeutung von Freiheit und Unfreiheit im weltlichen und kirchlichen Recht des deutschen Mittelalters, Historisches Jahrbuch 90. Jg., 1970, S. 257 ff.

Der Kanonist Johann Nepomuk Endres (1730—1791). Leben und Werk eines deutschen Kirchenrechtslehrers vor der Säkularisation, AKKR 139. Bd., 1970, S. 42 ff.

Jurisperiti Bavarici. Die Ingolstädter Professoren Chlingensperg, Zeitschrift für bayerische Landesgeschichte Bd. 33, 1970, S. 201 ff.

Ordinatio Judicii Provincialis Franconica, WDGBl. Bd. 32, 1970, S. 83 ff.

Die Auslegung der Rechtsgeschäfte im Entwurf des Bürgerlichen Gesetzbuches für das Königreich Bayern von 1861 (Art. 72 ff.), in: Rechtsbewahrung und Rechtsentwicklung, Festschrift für *Heinrich Lange*, 1970, S. 47 ff.

Der Deutsche Orden und das Hochstift Würzburg, AKKR 140. Bd., 1971, S. 3 ff.

Die weltliche Gerichtsbarkeit der Salzburger Erzbischöfe im Mittelalter, in: Festschrift für *Ernst Carl Hellbling*, 1971, S. 551 ff.

Johann Freiherr u Schwarzenberg, Fränkische Lebensbilder IV, 1971, S. 173 ff.

Dr. Anton Kreß, Propst von St. Lorenz (1478—1513), Mitteilungen des Vereins für Geschichte der Stadt Nürnberg 58. Bd., 1971, S. 121 ff.

Der Kaufmann im Codex Maximilianeus Bavaricus Civilis und im Allgemeinen Landrecht für die Preußischen Staaten, in: Jus et Commercium, Festschrift für *Franz Laufke*, 1971, S. 87 ff.

Der *homo politicus symbioticus* und das *ius symbioticum* bei Johannes Althusius, in: Festschrift für *Günter Küchenhoff*, 1972, S. 107 ff.

Ein moderner Ausgleich zwischen Universität und Kirche, in: Würzburg heute, Heft 13, 1972, S. 66 ff.

Norm und Wirklichkeit in der Rechtsgeschichte, in: Festschrift für *Ludwig Schnorr von Carolsfeld*, 1973, S. 351 ff.

Das Passauer Stapelrecht, in: Erlebtes Recht in Geschichte und Gegenwart, Festschrift für *Heinrich Demelius*, 1973, S. 181 ff.

Gemeinsamkeiten und Unterschiede von römischem und kanonischem Recht, in: Diaconia et Jus, Festschrift für *Heinrich Flatten*, 1973, S. 303 ff.

Fürstbischof Julius Echter von Mespelbrunn als Gesetzgeber, in: Julius Echter und seine Zeit (s. unten zu C), 1973, S. 65 ff.

Kilian von Bibra, Fränkische Lebensbilder V, 1973, S. 97 ff.

Das Wesen der Steuer und die historischen Ansätze des deutschen Steuerrechts, in: Festschrift für *Heinz Paulick*, 1973, S. 255 ff.

Rechtsgeschichte Frankens, in: *Roth-Schlaich*, Bayerische Heimatkunde. Ein Wegweiser, 1974, S. 213 ff.

Kesslerhandwerk und Kesslergericht im Land Franken, in: Festschrift für *Nikolaus Grass*, 1974, S. 111 ff.

Die Einheit des Teutschen Reiches nach dem Westfälischen Frieden, in: Geschichte in der Gesellschaft, Festschrift für *Karl Bosl*, 1974, S. 324 ff.

Der Würzburger Generalvikar und Domdekan Johann von Guttenberg (1520 bis 1538), in: Aus Reformation und Gegenreformation, Festschrift für *Theobald Freudenberger* (WDGBl. 35./36. Bd.), 1974, S. 87 ff.

Julius Echter von Mespelbrunn, Fürstbischof von Würzburg, Würzburger Blätter für deutsche Landesgeschichte 110. Jg., 1974, S. 155 ff.

350 Jahre Bayerisches Oberstes Landesgericht — Rechtshistorische Betrachtungen, in: Festschrift des Bayerischen Obersten Landesgerichts, 1975, S. 15 ff.

Der Hut im Recht, Jahrbuch für fränkische Landesforschung Bd. 34/35, 1974/75, S. 839 ff.

Die Dignitäten in den Statuten des Würzburger Domkapitels, WDGBl. 37./38. Jg., 1975, S. 359 ff.

Der bayerische Richter in Vergangenheit und Gegenwart, in: 70 Jahre Bayerischer Richterverein, 1976, S. 12 ff. — erweiterte Fassung in: Bayerische Verwaltungsblätter 108. Jg., 1977, S. 161 ff.

Aventin und das Recht, Zeitschrift für bayerische Landesgeschichte Bd. 40, 1977, S. 373 ff.

Franconiae Historiographia. Konturen der Geschichtsschreibung in Franken, ebd. S. 515 ff.

Die Stadt Mergentheim und der Deutsche Orden, Quellen und Studien zur Geschichte des Deutschen Ordens Bd. 20 (Von Akkon bis Wien, Studien zur Deutschordensgeschichte vom 13. bis zum 20. Jahrhundert, Festschrift für *Marian Tumler* O. T.), 1977, S. 43 ff.

Johann Caspar Barthel (1697—1771), WDGBl. 39. Bd., 1977, S. 183 ff.

Die bayerische Siegelmäßigkeit, in: Studien zum Staats- und Völkerrecht, Festschrift für *Hermann Raschhofer*, 1977, S. 169 ff.

Konrad Rittershusius, Fränkische Lebensbilder VII, 1977, S. 109 ff.

Kirchenrecht und Völkerrecht, in: Festschrift für *Friedrich August Frhr. von der Heydte*, 1977, S. 315 ff.

Karl IV. und das Recht, in: Kaiser Karl IV., Staatsmann und Mäzen, 1978, S. 146 ff.

Bartolo de Sassoferrato, in: Lebensbilder zur Geschichte der Böhmischen Länder Bd. 3, 1978, S. 145 ff.

Die Vorgeschichte der Errichtung des Bayerischen Verwaltungsgerichtshofes, in: Verwaltung und Rechtsbindung, Festschrift zum hundertjährigen Bestehen des Bayerischen Verwaltungsgerichtshofes, 1979, S. 387 ff.

Der Lehnsempfang der Baiernherzöge, Zeitschrift für bayerische Landesgeschichte Bd. 41 (Festschrift für *Karl Bosl*), 1978, S. 387 ff.

50 Jahre Verwaltungs- und Wirtschafts-Akademie Würzburg, hrsg. von der Verwaltungs- und Wirtschafts-Akademie Würzburg, 1978, S. 5 ff.

Jus Archivarii. Zum geschichtlichen Archivrecht, Archivalische Zeitschrift Bd. 75, 1979, S. 135 ff.

Kaiserliche Siegel und Titulaturen im Alten Reich in: Rechts- und Staatswissenschaftliche Veröffentlichungen der Görres-Gesellschaft N. F. H. 34 (Beiträge zur Rechtsgeschichte, Gedächtnisschrift für *Hermann Conrad*), 1979, S. 425 ff.

Das Spital im kanonischen Recht bis zum Tridentinum, AKKR 148. Bd., 1979, S. 72 ff.

Geschichte und Rechtsstellung des Handelsrichters, in: IHK-Texte 3 der Industrie und Handelskammer Würzburg—Schweinfurt, 1979, S. 1 ff.

Handelskammer, Handelstag und Handelsrichter, hg. v. d. Industrie- und Handelskammer für München und Oberbayern, 1979, S. 1 ff.

Alger von Lüttich und das kanonische Recht, ZRG 97 Kan. Abt. 66, 1980, S. 230 ff.

Reichskanzlei und Reichskanzleiorganisation in der Regierungszeit Maximilians I., in: Arbeiten zur Rechtsgeschichte, Festschrift für *Gustav Klemens Schmelzeisen* (Karlsruher kulturwissenschaftliche Arbeiten Bd. 2) 1980, S. 236 ff.

Gesetzgebung und Rechtskodifikation unter Kurfürst Maximilian I., in: Wittelsbach und Bayern, Beiträge zur Bayerischen Geschichte und Kunst 1573—1657 Bd. II/1, 1980, S. 225 ff.

Joseph Maria Schneidt (1727—1808), in: Fränkische Lebensbilder IX, 1980, S. 204 ff. Geschichte der deutschen Gesetzgebung, in: Strafjustiz in alter Zeit, Schriftenreihe des mittelalterlichen Kriminalmuseums Rothenburg ob der Tauber Bd. III, 1980, S. 7 ff.

Folter, ebd. S. 181 ff.

Hexen und Zauberei, ebd. S. 189ff.

Eduard Frhr. von Böhm-Ermolli, in: Lebensbilder zur Geschichte der Böhmischen Länder Bd. 4, 1981, S. 221ff.

Das spätmittelalterliche und frühneuzeitliche Spitalwesen in Gerolzhofen, in: Das Bürgerspital in Gerolzhofen, 1981, S. 7ff.

Das Landrecht des Königs Magnus Hakonarson lagaboetir von 1274 und seine Bedeutung für die norwegische Rechtsgeschichte, ZRG Germ. Abt. 99, 1982, S. 252ff.

Die Regel „Fidem frangenti fides frangitur" und ihre Anwendung, ZRG 99 Kan. Abt. 68, 1982, S. 339ff.

C. Herausgegebene Werke

Hans Erich Feine, Reich und Kirche. Ausgewählte Abhandlungen zur deutschen und kirchlichen Rechtsgeschichte, 1966.

Hermann Nottarp, Aus Rechtsgeschichte und Kirchenrecht. Gesammelte Abhandlungen, 1967.

Sigmund Riezler, Geschichte der Hexenprozesse in Bayern, 2. Aufl. 1968.

Julius Echter und seine Zeit. Gedenkschrift aus Anlaß des 400. Jahrestages der Wahl des Stifters der Alma Julia zum Fürstbischof von Würzburg am 1. Dezember 1573, 1973.

Hans Erich Feine, Territorium und Gericht, 1978.

Posthume Würdigungen der wissenschaftlichen Vita Friedrich Merzbachers

Nikolaus Grass, Friedrich Merzbacher, in: Hist. Jahrbuch 103, 1983, S. 322ff.
ders., Friedrich Merzbacher, in: ZRG 100, Kan. Abt. 70, S. 459ff.
Michael Kobler, Nachruf Friedrich Merzbacher, in: Juristenzeitung 1982, S. 653f.
ders., Nachruf auf Friedrich Merzbacher, in: ZRG Germ. Abt. 100, 1983, S. 440ff.
Heinz Lieberich, Friedrich Merzbacher, in: Zeitschrift für Bayerische Landesgeschichte 45, 1982, S. 681ff.
Walter Sax und *Winfried Trusen*, Friedrich Merzbacher (1923—1982) in memoriam, hrsg. im Auftrag von Frau *Elfriede Merzbacher*, Würzburg 1983
Rudolf Weigand, Friedrich Merzbacher zum Gedenken, in: Würzburger Diözesangeschichtsblätter, 44, 1982, S. 453ff.
ders., Friedrich Merzbacher zum Gedenken, in: Archiv für Katholisches Kirchenrecht 151, 1982, S. 167ff.
Heinz Zeller, Friedrich Merzbacher, in: Die Fortbildung — Studien- und Mitteilungsblatt der Deutschen Verwaltungs- und Wirtschafts-Akademien und des Bundes der Diplominhaber der VWA 27, 1982, S. 67

Augustin und das antike Rom

Augustin (354—430) steht auf der Wegscheide zweier Welten,
mitten im Umbruch vom Heiden- zum Christentum. Mit dem Einfall
der germanischen Goten ins römische Imperium erlebt er gleichsam als
geistiger Augenzeuge unmittelbar und eindrucksvoll den umwälzenden
Beginn und die Morgenröte eines neuen Zeitalters. Für ihn selbst bilden
Babylon und Rom trotz ihres starken peccatorischen Beigeschmacks
noch jene großen Sozialgebilde, jene alles überstrahlenden Leuchttürme
der politischen Weltgeschichte. Babylon bedeutet dem Kirchenvater
das erste Rom, Rom kraft dessen jüdisch-christlicher Denkart das
zweite Babylon, jenes Babylon der Apokalypse (*De civitate Dei* VIII, 2).

Augustin findet und formuliert damit als erster christlicher Theologe
die Erkenntnis vom geschichtlichen Prozeß, der sich eben im Ablauf der
Geschehnisse vom Osten nach dem Westen, im Gang und der Verlagerung
der historischen Schwerpunkte und Entscheidungen von Babylon nach
Rom ausdrückt[1]). Rom selbst gilt ihm in seiner Betrachtung letztlich
nur als die augenfälligste Probe auf jenes wirklich im höchsten Maße
bedeutsame Exempel, nämlich auf das eigenständige Verwirklichungs-
vermögen des Unglaubens im geschichtlichen Prozesse.

In dem eigentlichen geschichtsphilosophischen Teil seiner Schrift *De
civitate Dei*[2]) behandelt Augustin die römische Geschichte auch nur ganz
aphoristisch und sporadisch. Als grundsätzliche, zusammengefaßte
Würdigung des Römertums dürften dagegen wohl die ersten fünf Bücher
dieses seines Werkes von ihm aufgefaßt und niedergeschrieben worden
sein. Buch 1 bis 3 zeigen dabei Rom, um einmal mit Heinrich Scholz zu
reden, in der „Nachtbeleuchtung des Pessimismus"[3]), da sich Augustin
in diesen Abschnitten seines Werkes offenbar das Ziel gesetzt haben

---

[1]) Vgl. Heinrich Scholz, Glaube und Unglaube in der Weltgeschichte,
Leipzig 1911 S. 175.

[2]) Der vorliegenden Studie dient vor allem als Quelle das Werk Augustins
De civitate Dei libri XXII im Rahmen der Ausgabe *Sancti Aurelii Augustini
Hipponensis episcopi opera omnia tomus VII*, Paris 1841, in der Bearbeitung
von J. P. Migne, *Patrologia Latina* 16 (= Migne, *PL* 16).

[3]) Scholz, a. a. O. S. 177.

muß, die billigen Lobredner und willfährigen Anpreiser der römischen
Vergangenheit als eine Verfallserscheinung zu entlarven, anzuprangern
und zu widerlegen. Je mehr sich indessen der Bischof von Hippo mit
der Fragestellung nach den letzten Ursachen des Aufstiegs und der
geschichtlichen Größe Roms (vor allem in den Büchern 4 und 5) in
vertiefter Betrachtung kritisch auseinandersetzt, um so wohlwollender
und optimistischer klingen zuweilen trotz der dunkleren Grundtöne seine
Worte und um so mitfühlender versteht er das Bild der Römer zu
zeichnen.

I.

Im 2. Buche legt Augustin mit schonungslosem Griff und ohne
Zaudern die schweren moralischen Schäden und Zersetzungssymptome
der römischen Geschichte bloß. Im Vordergrunde stehen für ihn in der
Bewertung des römischen Abstiegs vor allem die verheerenden Wirkungen des damaligen Schauspielunwesens. Gerade jene anstößigen und
sittenwidrigen Schaustellungen und Komödiantenpossen, hinter denen
sich für den Kirchenvater nichts weniger als die greuliche Bosheit der
Dämonenwelt verbirgt, haben das römische Volk bis ins Lebensmark
hinein zersetzt und verderbt und dauern fort als unverwischbare Schand-
male des Römertums. Einstmals sei das römische Volk von Gott durch
natürliche Vorzüge ausgezeichnet gewesen, die es durch wahre Frömmigkeit hätte pflegen und vervollkommnen sollen. Inzwischen sind
jedoch die Sitten verfallen, denn die Verführung seitens gottloser Dämonen vermochte in der Tat weit mehr auszurichten als das Beispiel
und das Vorbild weiser, charakterfester Männer.[4]) Der gewissenlose
politische Ehrgeiz, der der Oberflächlichkeit des seichten Herdenmen-
schen so gefällig schmeichelte und sich zudem seit der späteren republikanischen Epoche geradezu zu einer Massenkrankheit entwickeln
konnte, hatte ebenfalls das Seine dazu beigetragen, um den Niedergang
zu beschleunigen. „Euch ist es nicht um Sicherheit zu tun, damit der
Staat Frieden habe, sondern um ungestraft der Ausschweifung zu fröh-
nen!"[5]), ruft Augustinus mit bitterer Wehmut und starkem Ekel den

---

[4]) Vielleicht klingen in diesen Formulierungen gerade die bitteren Selbstvor-
würfe und Enttäuschungen des betrogenen ehemaligen Manichäers an, den das
elementare Streben nach Erkenntnis neun Jahre an diese Sekte fesselte und in die
Irre materialistisch-sinnlicher und dualistischer Betrachtungsweise führte (Vgl.
hierzu auch: Hans Meyer, Geschichte der abendländischen Weltanschauung,
II. Bd. Vom Urchristentum bis zu Augustin, Würzburg 1947 S. 37 f.).

[5]) De civ. Dei I c. 33.

Nachfahren der einst so stolzen Römer zu. Nun sei Rom an dem Punkte
angelangt, wo die Tugenden drohten, durch die ungeheure Gottlosigkeit
vollends verloren zu gehen und wo es sich selbst endgültig und unwiderruflich entscheiden müsse, wem es sich künftig anschließen wolle[6]).
Voll seelsorgerischen Eifers beschwört Augustin noch einmal inständig
die Römer: „Noli deos falsos fallacesque requirere, abjice potius atque
contemne!" — „Suche nicht die falschen und betrügerischen Götter,
wirf sie vielmehr weg und verachte sie!"[7])

Jene, deren Kult die Römer bisher getrieben haben, sind in Wirklichkeit gar keine Götter, sondern vielmehr böse, unheilstiftende Geister
und ihre Verehrung eine wahrhaft seelenverderbende Einrichtung.
Diesen finsteren Unholden sticht die ewige Seligkeit eines Christen-
menschen wie ein Dorn ins Auge. Es sei deshalb völlig zu Recht geschehen, wenn das römische Volk aus eigenem Antriebe und selbständi-
gem Entschlusse bisher den Histrionen[8]) und Schauspielern, jenen ge-
fügigen Werkzeugen und Dolmetschen der Dämonen, das Bürgerrecht
verweigert habe. Mehr aber noch müsse das römische Volk aus seinem
dumpfen Irrglauben erwachen, da Gott nie und nimmer durch solche
Künste verehrt werden könne, die die menschliche Würde und das
Anstandsgefühl aller billig und gerecht Denkenden befleckten und
gröblich verletzten. Deshalb möge das edle Römervolk vom Dämonen-
kulte ablassen, seine Verehrung einzig dem wahren, alleinigen Gotte
widmen und sein Reich in der himmlichen Heimat suchen. Das, was Rom
einst zu Größe und Weltmacht verholfen hat, weist sich weder als zu-
fälliges Werk eines blinden Schicksals noch als Schöpfung jener zweifelhaften, vermeintlichen Gottheiten aus. Vielmehr fand das Imperium
seine tragenden Grundpfeiler in der Freiheitsliebe und den Fortschritts-
bestrebungen der alten Römer[9]). Zwar ist Rom nicht gerade durch die
Tugend selbst, wohl aber durch die natürlichen Voraussetzungen der
Tugend, nämlich durch *virtus*, *felicitas* und *honor*, d. h. eben durch
elementare Bemühungen um ständige Erhöhung seines Lebensstandards,
groß geworden[10]). Denn wie die römische Geschichte lehrt, zeigten sich

---

[6]) *De civ. Dei* II c. 29.
[7]) Migne *PL* 16, 78.
[8]) Die Histrionen, deren Gewerbe der Bescholtenheit (infamia) unterlag,
gehörten zumeist dem Stande der Freigelassenen an, denen das öffentlich-rechtliche *ius honorum* fehlte.
[9]) *De civ. Dei* V c. 12.
[10]) Vgl. Scholz, a. a. O. S. 179.

die Vorväter, jene „veteres Romani", so, wie sie einst Sallust (in *Catil*. 7)
charakterisiert hatte: „laudis avidi, pecuniae liberales erant, gloriam
ingentem, divitias honestas volebant" — nach Lob begierig, mit dem
Gelde freigebig, wollten sie ungeheuren Ruhm, (aber) bescheidenen
Reichtum[11]). Ihre übrigen Leidenschaften unterdrückten sie allein durch
ihre ins Unermeßliche gesteigerte Ruhmsucht[12]). Da den Römern mit
ihrem Willen zur Unabhängigkeit es zudem schmählich erschien, fort-
während als Untertanen zu dienen, beseitigten sie die Monarchie und
schufen sich mit der Annuität und Doppelbesetzung des republikanischen
Konsulats eine verhältnismäßig leicht kontrollierbare Amtsverwaltung[13]).
Mit der klaren Formulierung, daß die Bürger keineswegs um der Konsuln willen da seien, sondern vielmehr umgekehrt die Konsuln den
Bürgern zu dienen und zu helfen hätten, folgt Augustin durchaus aristotelischer Gedankenrichtung. Wille zur Macht und Wille zur Unabhängigkeit galten in den Augen der Alten als wahrhaft berechtigte, sittliche
Bestrebungen. Schon Sallust rechnete es einem Caesar hoch an, daß
dieser sich große Macht, ein Heer und einen neuen Krieg wünschte,
um seiner Tüchtigkeit volle Glanzlichter aufzusetzen[14]), denn schließlich,
so meint ebenfalls Augustin, sei die Tugend der rechte Weg, den der
Edle beträte, um sein Ziel, d. h. eben Ruhm, Ehre und Herrschaft zu
erlangen. („via virtus est, qua nititur tanquam ad possessionis finem,
id est ad gloriam, honorem, imperium").

Was nun die Anerkennung des heidnischen römischen Staates durch
Augustin selbst anlangt, so geht der Bischof zunächst in *De civ. Dei*
XIX, 21 auf die allgemeine ciceronianische Begriffsbestimmung des
Staates (*De republ*. 2, 42ff.) ein. Es war wohl von vorneherein Augustins
Absicht in der Auseinandersetzung über das *summum bonum* vom Staate
zu sprechen und eine grundsätzliche Gegenüberstellung des heidnischen
und christlichen Gemeinschaftsbegriffes vorzunehmen. Cicero definiert
den Staat (res publica) als Sache des Volkes (res populi). Das Volk aber
selbst ist für ihn ein „coetus multitudinis iuris consensu et utilitatis
communione sociatus". Das bedeutet: Der Staat ist das rechtlich gestaltete, organisierte Volk, während das Volk einen durch gleiche Rechts-

---

[11]) Migne, *PL* 16, *154*.

[12]) „Caeteras cupiditates hujus unius ingenti cupiditate presserunt" (Migne
PL 16, 154).

[13]) Cicero, *De republ*. 2, 31.

[14]) „In laudibus autem Caesaris posuit, quod sibi magnum imperium, exerci-
tum, bellum novum exoptabat, ubi virtus ercitiscere posset" (Migne *PL* l. c.).

anschauungen und gemeinsame Interessen verbundenen Menschenverband darstellt. Das Gegebensein gleichgerichteter Rechtsempfindun-
gen wird jedoch nur dann ermöglicht, falls Gerechtigkeit vorwalte, denn
Recht (ius) und Gerechtigkeit (iustitia) stehen schließlich in engem,
ursächlichem Zusammenhange. Recht ist letztlich Ausfluß der Gerechtigkeit und nicht das, was dem Mächtigen nützt.[15]) Entschieden lehnt
Augustin mit dieser Formulierung jeglichen Utilitäts- und Opportuni-
tätsstandpunkt ab, der der Rechtsidee irgendwelchen Abbruch tun
könnte. Da in Rom jedoch faktisch die Macht des Stärkeren für Recht
gelte, fehle mithin eine wesentliche Eigenschaft der Gerechtigkeit, die
schließlich den Lebensnerv eines gesunden Gemeinwesens bildet. Mißt
man folglich den gottlosen Römerstaat an dem ciceronianischen Ideal
der „iustitia suum cuique tribuens", so ist er überhaupt kein wahrer
Staat[16]), denn diese götzendienerische, heidnische Gebietskörperschaft
entbehrt der wahren Gerechtigkeit, die Gott gibt, was Gottes ist. Gleichwohl geht Augustin nicht so weit, beim römischen Imperium den Staats-
charakter völlig leugnen zu wollen. Zu dieser rechts- und staatsphilosophischen Untersuchung und Erörterung hatte ihn ja lediglich die ciceronianische Begriffsbestimmung herausgefordert. Vielmehr erkennt er
unter Zuhilfenahme dialektischer Beweisführung den heidnischen römischen Staat gleichwohl als Staat an, indem er das christlich interpretierte Wesensmerkmal der Gerechtigkeit einfach aus der Definition her-
auslöst[17]). Immerhin fehlt dem römischen Staate, wie Augustin als
Moralist ebenso unmißverständlich im Buch XIX c. 25 bemerkt, trotzdem die wahre Tugend, zu deren innerem Wesen eben die Gottbezogenheit gehört, zumal wahre Tugend seiner Auffassung nach nur dort sich
zu zeigen vermag, wo aufrichtige Gottesverehrung herrscht. (— „quod
non possint ibi verae esse virtutes, ubi non est vera religio") Nur die
Zielrichtung auf Gott kann nach augustinischer Erkenntnis letztlich
überhaupt rechte Tugend zeitigen, während die Bezogenheit auf die
eigene Person jene löblichen Eigenschaften geradezu in ihr Gegenteil
verkehre, so daß allenfalls Laster (vitia) daraus entständen. Die Gnade,

---

[15]) „Cum illud etiam ipsi jus esse dicant, quod de justitiae fonte manaverit,
falsumque esse, quod a quibusdam non recte sentientibus dici solet, id esse jus,
quod ei qui plus potest, utile est." (Migne *PL* 16, 648).

[16]) Vgl. Gisbert Beyerhaus, Neuere Augustinusprobleme, Historische
Zeitschrift (HZ) 127 (1923) S. 203.

[17]) Vgl. Otto Schilling, Die Staats- und Soziallehre des hl. Augustinus,
Freiburg i. Br. 1910 S. 27 u. 39.

die dem Menschen, aber auch jeder himmlischen Macht ein glückseliges Leben ermöglicht, ist diesen selbst nicht gegeben, sondern zeigt sich als Ausfluß der Güte Gottes. Vergänglichen, gleichsam ephemeren Frieden besitzt jedoch ebenfalls ein Volk in der Gottesferne wie das römische. Ja dieses an und für sich verwerflichen, weil eben nicht zum Guten gebrauchten und genützten Friedens bedient sich sogar die Civitas Dei, denn der irdische Friede in dieser Zeitlichkeit ist jener, der einstweilen den Guten sowohl als auch den Bösen gemeinsam zukommt (*De civ. Dei* XIX c. 26). Der trennende Unterschied beruht lediglich darin, daß das Weltreich jedoch den staatlichen Frieden als reinen Selbstzweck, der Gottesstaat hingegen zu höherem Ziele, nämlich zur Dienstbarmachung und Vorbereitung des ewigen Friedens, der pax aeterna, besitzen will.

II.

Eingehend behandelt A u g u s t i n die erhebliche Frage nach der heilsgeschichtlichen Bedeutung Roms. Er selbst glaubt zwar offensichtlich nicht an ein ewiges Rom, denn wenn schon Himmel und Erde vergehen sollten, schien es ihm müßig, überhaupt einen Augenblick daran zu zweifeln, daß ausgerechnet Rom von dem Weltuntergang ausgenommen bliebe. („Caelum et terrae transibunt: quid ergo mirum, si aliquando finis est civitati")[18]. Unter den noch anhaltenden Eindrücken der Alarich-Ereignisse unterzieht Augustin im *Sermo 105* die Herrschaftsansprüche der „Roma aeterna" einer rücksichtslosen Kritik, wie sie selbst seine schärfsten Ausfälle und gallenbitteren Angriffe in der *Civitas Dei* kaum jemals übertroffen haben[19]. Höchstwahrscheinlich haben die heidnischen Vorwürfe und Anklagen gegen den angeblich staatsauflösenden Charakter der christlichen Ethik in erhöhtem Maße Augustins Blick auf den gott- und gerechtigkeitslosen römischen Staat hingelenkt und ihm unmittelbar Veranlassung zu einer nachhaltigen Generalabrechnung geboten. Fast höhnisch wirft er die rhetorische Frage auf, was das für ein seltsames Reich sei, das plötzlich, nachdem es eben noch prahlerisch·Claudian[20]) als die „Urbs aequaeva polo" gefeiert hätte, in

---

[18]) Migne, *PL* 38, 505: Sermo 81, 9.

[19]) Vgl. Ernst L e w a l t e r, Eschatologie und Weltgeschichte in der Gedankenwelt Augustins, ZKG (= Zeitschrift für Kirchengeschichte) LIII (1934) 3. F. IV S. 201.

[20]) Gemeint ist der römische Dichter Claudius Claudianus (gest. um 408 n. Chr.) aus Alexandrien, der 395 nach Rom kam.

allen Fugen krache. Zwei Deutungsmöglichkeiten bieten sich schließlich
dem Kirchenvater: Einerseits die radikale Lösung des *Sermo 105*, wonach Rom überhaupt unfähig wird, der vergreisten und verhärteten
Welt die Verjüngung in Christo zu bringen und weshalb es dann jedenfalls verdiene, endgültig unterzugehen, oder aber andererseits den verhältnismäßig milden, gemäßigten Standpunkt des *Sermo 81*, wonach
der Barbareneinfall beweisen soll, daß die Christianisierung des Imperiums gelingen wird.

Der bittere Sarkasmus Augustins im *Sermo 105* gilt letzten Endes
jedoch sowohl den heidnischen als auch den christlichen Romgläubigen,
denn unter den letzteren gab es ebenfalls eine große Anzahl, die die
Barbareninvasion als ein weltgeschichtliches Ereignis von spannungs-
geladener Gefährlichkeit erachteten. Für seine Person jedoch hat Augustin, der ganz und gar kein Geschichtsprophet gewesen ist, ebensowenig wie er an das ewige Rom glaubte, mit der Möglichkeit einer baldi-
gen Katastrophe gerechnet (*De civ. Dei* IV c. 7). Vielmehr läßt er immer
wieder durchblicken, daß die Menschen nichts Genaues über die Parusie
und deren etwaige Vorboten aussagen könnten. Entschieden verwahrt
er sich gegen die Scheinberechnungen der Weltuntergangspropheten,
zumal ja das Imperium aus seiner jüngsten Heimsuchung und Erschütterung „afflictum potius quam mutatum" hervorgegangen sei (*De civ.
Dei* IV c. 7). Für Augustin wäre in der Tat nicht einmal, wie Lewalter
es besonders klar formuliert, die endgültige Vernichtung der Stadt Rom
gleichbedeutend mit dem Ende des Imperiums. Wohl aber stellt ebthen-
falls die Geschichte Roms das Werk göttlicher Vorsehung dar, denn
Gott allein hat sie gelenkt, genau so wie sich einst unter dem ewigen
Gesetz göttlicher Vorsehung die Riesenreiche des Orients gebildet haben.
Die Todesstunde Assyriens wurde gleichsam zur Geburtsstunde Roms
(*De civ. Dei* XVIII c. 2). Im Buch XX c. 23 greift Augustin die große
Daniel-Vision (Dan. 2) auf. Der Prophet weissagt an jener Stelle im
Anschluß an das Bild der vier Weltreiche in der symbolischen Gestalt
vierer Tiere die Herrschaft des Antichrists und das ewige Reich der
Heiligen. Augustin nimmt seinerseits leider selbst nicht eindeutig Stellung
zu der Frage des römischen Imperiums, wie er sich überhaupt streng
davor hütet, Prophezeiungen und Stellen der Heiligen Schrift allegorisch
und symbolhaft auf zukünftige reale Geschehnisse anzuwenden, wie es
beispielsweise andererseits häufig bei dem berühmten Dalmatiner

---

[21]) a. a. O. S. 19.

Hieronymus (345—420) geschieht. Augustin rezipiert keineswegs die hieronymianische Deutung des Danieltraumes; für ihn ist nach Lewalter[21]) von vornherein keine unmittelbare „eschatologische Relevanz politischen Geschehens" gegeben. Weiterbestehen oder Untergang des römischen Reiches bedeuten ihm lediglich irdische, profane Gegebenheiten im dreidimensionalen Raume, die als solche kausal nicht mit den letzten Dingen verknüpft sind. Wenngleich sich auch Augustin kühle Zurückhaltung hinsichtlich der Auslegung und Übertragung der Danielvision auf das römische Reich auferlegt, so galt Rom indessen immerhin als das letzte der vier großen Weltreiche und alle gegenwärtigen und künftigen Ereignisse bis zum Weltuntergange spielten sich demzufolge nunmehr nur noch in der römischen Ära ab.

In ihr nimmt ebenfalls das Bündnis zwischen *Civitas Dei* und *Civitas terrena*, d. h. die Christianisierung des Imperiums, ihren Ausgang. Rom wird damit zugleich ein christliches Reich und bildet die Schutzwehr gegen alle Feinde des neuen, wahren Glaubens. Gleichzeitig erfüllt es ebenfalls eine andere tragende Aufgabe als Wegbereiterin himmlischen Friedens und überirdischer Gerechtigkeit, der letzten Ziele diesseitigen Lebens[22]). Aber Rom wird trotzdem nicht ewig sein, es ist kein „regnum sine fine datum", denn höchstwahrscheinlich verkörpert es jene geheimnisvolle Macht, die dem Antichristen vorangeht und vor seinen Auftreten wieder verschwinden muß (*2. Thess.* 2, 7)[23]). Immerhin hat die Roma aeterna zu einer doppelgesichtigen Einheit gefunden, sie verbindet wenigstens in den allerersten Anlagen, gleichsam im Keime, bereits Imperium und Ecclesia und erfüllt somit eine hohe Mission: Sie wird zum ausschlaggebenden Katalysator des Christentums.

III.

Zweifellos gipfelte der ganze Stolz der Römer in ihrem gewaltigen Reiche und der langen Dauer seines souveränen Bestandes. Nachdrücklich versucht daher der Kirchenvater seine Zeitgenossen im Buch IV c. 3 daran zu erinnern, daß sie vergessen hätten, wie teuer letzten Endes doch jene achtunggebietende Größe des Staates mit dem Frieden und dem Glück seiner Bürger erkauft und erreicht worden sei. Dem über-

---

[22]) Vgl. Michael Seidlmayer, Das Mittelalter, Umrisse und Ergebnisse eines Zeitalters — Unser Erbe, Regensburg 1948 S. 23.
[23]) Vgl. Scholz, a. a. O. S. 180.

heblichen Groß- und Erorberungsstaate, den die Römer vergötterten, stellt Augustin seine Idealform „freundnachbarlicher, familienhafter Kleinstaaten" gegenüber[24]. Er exemplifiziert die Richtigkeit und Natürlichkeit seiner Anschauung mittels eines Gleichnisses, nämlich am Bilde zweier Menschen, von denen man sich den einen arm oder vielmehr mit mittelmäßigem Vermögen denken soll, den anderen aber sehr reich. Der Reiche wird von Furcht geplagt, vergeht vor lauter Angst vor seinen Feinden und Nachbarn und wird von Leidenschaften verzehrt; er mehrt zwar seinen Besitz und sein Vermögen, häuft aber gleichzeitig damit die bittersten Sorgen auf sich. Der mit bescheidenerem Wohlstande ausgestattete Mensch hingegen lebt zwar sparsam und mäßig, dafür aber einträchtig und freundschaftlich mit seiner Nachbarschaft und führt infolgedessen ein ruhiges, friedliches Dasein. „Nescio utrum quisquam ita desipiat, ut audeat dubitare quem praeferat" — „Ich weiß nicht, ob jemand so töricht ist, daß er zu zweifeln wagt, welchem er den Vorzug geben sollte", meint Augustin. Dasselbe gilt jedoch ebenfalls sowohl von Völkern als auch von Staaten. Der Kleinstaat der *Civitas Dei* präsentiert sich damit als das genaue Gegenteil des mittelalterlichen Universalreiches. Jener Groß- und Machtstaat ist immer von Übel, gleichwohl gewisse Staatenverbindungen, in denen „boni regnant", zumal wenn in ihnen „verus deus colitur eique sacris veracibus et bonis servitur" (De civ. Dei IV c. 3) — der wahre Gott verehrt und ihm mit wahren und guten Opfern gedient wird — an und für sich nichts Entgegenstehendes und Verwerfliches aufweisen[25]. Trotz gewisser relativ günstiger Einflüsse und positiver Mittel gegen die Sünde kann der Großstaat den Bischof keineswegs befriedigen, da er in seinen Augen letzten Endes dennoch dem wahren göttlichen Naturgesetz widerspricht. Augustins christlichem Ideal aller weltlicherseits möglichen Vereinigungen kommt allein die Ordnungsform der Familie nahe. Sie stellt letztlich nach seiner persönlichen Ansicht den Urtypus aller irdischen Gemeinschaftsformen, das Urschema allen sozialen Lebens dar. Nach Augustin müßte infolgedessen auch der Universalstaat in lauter Kleinreiche zerstückelt werden, die dann nach dem Prinzip persönlicher Familien- und Nachbarschaftsethik ihr staatliches Dasein lenkten. Auch das christliche Imperium vermag an dieser Grundeinstellung nichts zu ändern, denn es ist nach

---

[24] Ernst Troeltsch, Augustin, die christliche Antike und das Mittelalter im Anschluß an die Schrift *De civitate Dei*, Hist. Bibl. 36. Bd., München und Berlin 1915, S. 134.
[25] Vgl. Lewalter, a. a. O. S. 25.

augustinischer Anschauung im Prinzip nichts anderes als der heidnische
Großstaat, wenngleich auch seine religiösen Gehalte sich kaum mit dem
Wesen eines solchen Machtreiches vertragen[26]). Die unbestreitbaren
Erfolge der römischen Expansions- und Annexionspolitik beweisen zur
geringen Rechtfertigung des Macht- und Großstaates lediglich, daß die
unterworfenen Völker sittlich noch tiefer als das über sie obsiegende
Rom gestanden haben. „Iniquitas eorum, cum quibus iusta bella gesta
sunt, regnum adiuvit ut cresceret" (*De civ. Dei* IV c. 15) — „Denn nur
die Ungerechtigkeit derer, mit denen Rom gerechte Kriege geführt hat,
verhalf schließlich dem Reiche zum Wachstum", meint Augustin. Hätte
Rom vielmehr gerechtere und friedfertigere Nachbarn besessen, die es
nicht grundlos zum Kampfe herausgefordert hätten, so wäre es zweifellos
ebenfalls klein geblieben und nie zur Großmachtstellung gelangt.

Es bedeute daher ein unschätzbares Glück für die ganze Welt, wenn
alle Reiche klein blieben und sich untereinander einträchtiger Nachbar-
lichkeit erfreuten. Dann gäbe es auf Erden zwar sehr zahlreiche Reiche,
die aber alle wie die vielzähligen Bürgerhäuser einer Stadt nebeneinander zu bestehen vermöchten[27]).

Mit den großartigen Leistungen und der Selbstaufopferung der Römer
für ihr Imperium wollte Gott jedenfalls den Christen ein leuchtendes
Beispiel zur Nacheiferung geben, mit welchem Opferwillen sie das
himmlische Reich erstreben sollten. Menschlicher Ruhm ist jedoch blo-
ßer Schein ohne wirkliche Wertbeständigkeit (*De civ. Dei* V c. 17). Die
Weltstellung Roms und seine geschichtliche Begünstigung seien zwar
eine Belohnung für die Bemühungen der Römer um ihren Staat, aber
letzten Endes sollten sie sich keineswegs einbilden, etwas Großes geleistet
zu haben, da alles doch nur Menschenwerk bleibe. „Nimm den Dünkel
hinweg und alle Menschen, was sind sie anders als Menschen? — Tolle
jactantiam, et omnes homines quid sunt nisi homines?", ruft der große
Apologet Augustin seinen Mitbürgern gleichsam zur Ernüchterung
und Hinlenkung auf das ewige Vaterland zu. Für einen wahren Christen
ist es schließlich überhaupt völlig gleichgültig, meint der Kirchenvater
in einem Anflug überschwenglicher kosmopolitischer Stimmung, welchem
Staate er angehört. Ausschlaggebend ist allein, daß er ungestört seiner

---

[26]) Vgl. Karl Bauer, Zur Verständigung über die Stellung Augustins in der
Geschichte *ZKG* XLII Bd. NF V (1923) S. 226.
[27]) Vgl. Migne *PL* 16, 124: „... ac sic felicioribus rebus humanis omnia regna
parva essent concordi vicinitate laetantia; et ita essent in mundo regna plurima
gentium ut sunt in urbe domus plurimae civium."

Religion nachgehen kann.[28]). Soweit nicht unmittelbare Belange der
Ethik berührt werden, ist Augustin am Staate als solchem wesentlich un-
interessiert. Er ist nun einmal nicht der Rechtsdenker, von dem das
Mittelalter seine Staatslehre zu beziehen vermochte, sondern er schreibt
als Moralist und Apologet.

Überblickt man die Würdigung der römischen Geschichte durch Augustin noch einmal in ihrem Zusammenhang, so gewinnt man — unter
Berücksichtigung alles Negativen — schließlich doch einen überwiegend
günstigen Gesamteindruck. Die Geschichte Roms ist für den Bischof,
soweit sie sich nicht mit der christlichen Heilsgeschichte selbst deckt,
immerhin die Entwicklungsgeschichte der fortschrittlichen Menschheit.
Als Offenbarung des Unglaubens stellt sie das Muster- und Parade-
beispiel für das selbsttätige Kraftvermögen des Heidentums dar. Das
gottlose Rom bildet in Wirklichkeit jedoch bereits eine gewisse Vorstufe
des Glaubens, seine Geschichte ist letztlich nichts anderes als die Historie
des unbewußten Glaubens, es selbst aber die bedeutendste Station auf
dem ansteigenden Wege zum Gipfel des Christentums, zum bewußten
Gottesglauben. Immer mehr wächst das römische Reich organisch in
jenen staatsrechtlichen Rahmen hinein, in dem schließlich die mittelalterliche Reichsmetaphysik die Erlösung der Menschheit durch Jesus
Christus sich vollziehen sieht. Rom selbst verkörpert damit in der heils-
optimistischen Sicht Augustins das auserwählte Volk des neuen, christlichen Bundes, dessen das Menschengeschlecht so dringend bedurfte;
es wird zu einem zweiten Israel — und das ist in heilsgeschichtlicher
Hinsicht immerhin gewiß nicht wenig.

---

[28]) „Quid interest sub cuius imperio vivat homo moriturus, si illi qui imperant,
ad impia et iniqua non cogant." (*De civ. Dei* V c. 17.)

Grundfragen der ostfränkischen Rechtsgeschichte*

Der Forschungsgegenstand, der Arbeitsstoff, die vielfältigen Probleme und mannigfaltigen Themen der Geschichte sind im wesentlichen auch die nämlichen wie die der Rechtsgeschichte. Die beiden historischen Disziplinen unterscheiden sich allein durch ihre entgegengesetzten Betrachtungsweisen. Während der zentrale Beziehungspunkt beispielsweise für die politische Geschichte letzlich die Einsicht in das geschichtliche Handeln, in die Dynamik des historischen Ablaufs und die Erkenntnis aller geschichtlichen Größen und Momente bleibt, liegt der Angelpunkt der Rechtsgeschichte im Rechte selbst gegründet[1]. Aus dieser kurzen Überlegung versteht es sich fast von selbst, daß das vorzüglichste Ziel der Rechtsgeschichte darin beruhen muß, historische Vorgänge und Ereignisse rechtlich zu werten und Einblick in die Rechtsgrundlagen geschichtlicher Entwicklung und Werdung zu gewinnen[2].

Diese spezifisch rechtliche Methode der historischen Betrachtung erweist sich letzten Endes als unentbehrlich für jeglichen Zweig der höchst umfangreichen und stark differenzierten Geschichtswissenschaft, denn alle Geschichtstatsachen sind, um einmal mit dem Münchener Rechtshistoriker Heinrich Mitteis zu reden, im Grunde zugleich ebenfalls „Rechtstatsachen"[3]. Man denke hierbei doch nur einmal an die Gründung neuer und die Auflösung alter Staaten, an Kriege, Besetzung, Umstürze, Wandlungen des Staatsbegriffes, an Vorgänge der Rechts-

---

* Der Aufsatz gibt im wesentlichen mein am 4. August 1950 unter dem Titel „Rechtshistorische Fälle in der Praxis des Heimatforschers als Einführung in die fränkische Rechtsgeschichte" vor den Archivpflegern des Regierungsbezirkes Unterfranken gehaltenes Referat wieder. Es wurde lediglich an einigen Stellen vertieft und im ganzen durch Beigabe des kritischen Apparates erweitert.

[1] Vgl. Heinrich Mitteis, Vom Lebenswert der Rechtsgeschichte, Weimar 1947, S. 59.

[2] Den Gegenstand der Rechtsgeschichte bildet Werden, Sein und Wirken des Rechts, sowohl also die immanente Entwicklung des Kulturgutes „Recht", als auch die Wechselwirkungen und Beziehungen des Rechts mit und zu anderen Kulturerscheinungen (vgl. Gustav Radbruch Vorschule der Rechtsphilosophie, Willsbach und Heidelberg 1947 § 2, I, S. 11).

[3] Mitteis, a. a. O. S. 63.

entstehung selbst aus völker- oder staatsrechtlichem Rechtsbruch oder an sonstige geschichtliche und gleichzeitig rechtliche Gegebenheiten.

Überträgt man diese allgemeinen, vorbereitenden Erwägungen nunmehr auf Franken, dessen Rechtslandschaft den Schauplatz und historisch-geographischen Hintergrund meiner Ausführungen abgeben soll, so sei man sich von vorneherein darüber völlig im klaren, daß die spezielle fränkische Rechtsgeschichte die Aufgabe hat, ihrerseits den weiten Bereich aller einschlägigen Fragen der Rechtsentwicklung im fränkischen Raum abzustecken, zu untersuchen, eingehend zu erforschen und die so gewonnenen Ergebnisse prüfend zu vergleichen.

Franken zeigt sich nun rechtshistorisch gesehen als ein Raum, als ein Gebiet, das man mit Fug und Recht nach dem Worte des Erlanger Deutschrechtlers H a n s L i e r m a n n als „Land der Mitte" ansprechen darf[4]. Franken erweist sich in der Tat als eine typische Landschaft nicht der Rechtseinheit, wohl aber der Rechtsmischung. Es hat nicht wie der deutsche Stamm der Baiern eine einheitliche und in sich geschlossene Rechtsentwicklung und Rechtskontinuität aufzuweisen. Für die neuere Rechtsgeschichte ist dieser Zustand offenkundig, ist doch hinlänglich bekannt, daß im Territorium der ehemaligen fränkischen Markgrafschaften Ansbach—Bayreuth das preußische Allgemeine Landrecht (ALR) von 1794, im Hennebergischen die mittelalterlichen Rechtsspiegel, der Sachsenspiegel und der Schwabenspiegel[5]), und in anderen Teilen wiederum ein umgebildetes, weiter entwickeltes und verfeinertes römisches Recht als „Gemeines Recht" galten. Aber als Gebiet der Rechtsvermischung und Rechtsvermengung begegnet ebenfalls Franken schon in seiner älteren, verhältnismäßig spärlich erhellten rechtsgeschichtlichen Frühzeit. In dieser bedeutenden Kernlandschaft des alten Deutschen Reiches überschneiden sich alamannische mit fränkischen Rechtseinflüssen und kreuzen sich thüringisches und baierisches Recht. Kaum finden aber dagegen slawische Rechtsgewohnheiten ihren Niederschlag. Im wesentlichen manifestiert sich also in Franken nur das Recht deutscher Stämme[6]). Immerhin hat aber das fränkische Recht eine Rezeption, d. h. eine Übernahme des römischen Rechts in Gestalt des

---

[4]) H a n s L i e r m a n n, Zur mittelalterlichen Rechtsgeschichte Frankens (Jahrbuch für Fränkische Landesforschung 5), Erlangen 1939 S. 1.

[5]) Vgl. O t t o D e h l e r, Das hennebergische Landrecht. In den Grundzügen dargestellt, jur. Diss. Erlangen (1938), Würzburg 1939 S. 25/26.

[6]) Vgl. hierzu insbesondere L i e r m a n n, a. a. O. S. 2f.

Justinianischen Corpus Juris Civilis[7]) erfahren. Es gehört aber zur auffallenden Eigenart des fränkischen Rechts, wie ein so gründlicher Kenner der fränkischen Rechtsentwicklung, der bereits erwähnte Prof. Dr. Hans Liermann, scharfsinnig beobachtet hat[8]), daß es sich wohl mit anderen Rechten mischt, jene aber seinerseits spielend und elastisch überwindet, wie dies vor allem an der Aufsaugung salischen Rechtsgutes gesehen werden kann. Hinsichtlich der Rezeptionsforschung bleibt gerade in Mainfranken im Gegensatz zu den angrenzenden Gebieten, wie u. a. Frankfurt am Main und Nürnberg[9]), noch ein reiches Feld für die wissenschaftliche Versenkung in den örtlichen Niederschlag der Fremdrechte, die letztlich unumgänglich ist, um überhaupt ein einigermaßen zuverlässiges Bild der Rezeption in Ostfranken zu gewinnen.

*

Im Vordergrund der rechtsgeschichtlichen Teilgebiete steht die Geschichte der politischen Verfassung, in der sich die Lebensordnung von Volk, Staat und Stadt widerspiegelt. Es ist dies die besondere Verfas-

---

[7]) Es wurden lediglich die glossierten Teile des Corpus juris civilis in Gestalt des mos italicus, d. h. in der durch die praktische Anwendung des römischen Rechts von den italienischen Kommentatoren gewonnenen Form, rezipiert (vgl. Paul Koschaker, Europa und das römische Recht, München und Berlin 1947 S. 223, und Hans Fehr, Deutsche Rechtsgeschichte, 4. Aufl. (= Lehrbücher und Grundrisse der Rechtswissenschaft, Bd. X), Berlin (Walter de Gruyter & Co.) 1948 § 40 Ziffer 8 S. 158).

[8]) Liermann, a. a. O. S. 7.

[9]) Vgl. hierzu allgemein u. a.: Paul Koschaker, Europa und das römische Recht, München—Berlin 1947; Georg von Below, Die Ursachen der Rezeption des römischen Rechtes in Deutschland, München 1905; Wolfgang Kunkel, Römische Rechtsgeschichte, Grundrisse der Rechtswissenschaft, hg. von Prof. Dr. Gustav Radbruch, Willsbach und Heidelberg 1947, und Wolfgang Kunkel, Stadtrechtsreformationen (= Quellen zur neueren Privatrechtsgeschichte Deutschlands I, 1), 1936. Für Frankfurt am Main: Helmut Coing, Die Frankfurter Reformation von 1578 und das gemeine Recht ihrer Zeit. Eine Studie zum Privatrecht der Rezeption, Göttinger jur. Diss. Weimar 1935, und Helmut Coing, Die Rezeption des römischen Rechts in Frankfurt am Main. Ein Beitrag zur Rezeptionsgeschichte, Frankfurter wissenschaftliche Beiträge, Rechts- und wirtschaftswissenschaftliche Reihe, Bd. 1, Frankfurt am Main 1939. Für Nürnberg: Daniel Waldmann, Die Entstehung der Nürnberger Reformation von 1479 und die Quellen ihrer prozeßrechtlichen Vorschriften, jur. Diss. Erlangen 1908 (= Mitteilungen des Vereins für Geschichte der Stadt Nürnberg 18 1908); Max Hermann, Die Rezeption des Humanismus in Nürnberg, Berlin 1898.

sungsgeschichte der Gemeinverbände, in deren Formen sich Volks- und Standesgesinnung, Volkstum und Gemeinschaftsordnung ausprägen und entfalten. Beginnt man im Mittelalter, so fällt der Blick zwangsläufig auf die Stadt mit ihren hochinteressanten Problemen[10]), denn in ihr vollzieht sich das öffentliche Leben in dichter Gedrängtheit mit allen seinen Ausstrahlungen und Folgerungen. Fassen wir deshalb nun ebenfalls einmal die fränkische Stadtrechtsentwicklung in einer Überschau kurz ins Auge!

Es ist eine wohlbekannte Erkenntnis, daß, je weiter die Stadtrechtsforschung voranschreitet, umso mehr es sich erweist, daß ohne archivalische Klein- und Kleinstarbeit auch die großen Umrisse und Hauptlinien nicht zu gewinnen und zu erfassen sind[11]). Das liegt nun einmal in der Eigenart verfassungsrechtlicher Entwicklung begründet: Städte und Stadtrechte sind kaum nach Plan geschaffen, sondern meist allmählich und organisch gewachsen. Die Stadtrechte entstanden vielfach auf dem Boden der Landrechte oder der überlieferten Volks- und Dienstrechte, sind also stark traditionell gebunden. Die ältesten schriftlich abgegebenen Erklärungen über städtische Rechtsverhältnisse bis ins 12. Jahrhundert hinein sind in streng formaler Urkundensprache gehalten, ganz gleich, ob es sich um Verleihung königlicher oder stadtherrlicher Privilegien

---

[10]) Vgl. insbesondere hier die Arbeiten Karl Frölichs, Zur Verfassungstopographie der deutschen Städte im Mittelalter, Zeitschrift der Savigny-Stiftung für Rechtsgeschichte (= ZRG), Germ. Abtlg. 58. Bd. (1938) S. 275ff.; Kaufmannsgilden und Stadtverfassung im Mittelalter, Festschrift für Alfred Schultze, Weimar 1934 S. 85ff, und: Kirche und städtisches Verfassungsleben im Mittelalter, ZRG, Kan. Abtlg. 22. Bd. (1933). Für Franken sind u. a. zu nennen: H. G. Gengler, Beiträge zur Rechtsgeschichte Bayerns, 4. Heft: Die Verfassungszustände im bayerischen Franken bis zum 13. Jahrhundert (1894), und Wilhelm Funk, Deutsche Rechtsdenkmäler, mit bes. Berücksichtigung Frankens, Erlangen 1938. Für Würzburg: Viktor Gramich, Verfassung und Verwaltung der Stadt Würzburg vom 13. bis zum 15. Jahrhundert, Würzburg 1882; Wilhelm Füßlein, Das Ringen um die bürgerliche Freiheit im mittelalterlichen Würzburg des 13. Jahrhunderts, Histor. Zeitschrift, Bd. 134 (1926); ders.: Zwei Jahrzehnte würzburgischer Stadt-, Stifts- und Landesgeschichte (1254—1275), (= Neue Beiträge z. Geschichte d. deutschen Altertums, hg. vom Hennebergischen altertumsforschenden Verein in Meiningen, 32. Lfg. Meiningen 1926, und Wilhelm Burkhard, Würzburg, d ssen Stadt- und Staatsgeschichte sowie die Rechtsgeschichte des Hochstifts, Entwicklung und Bedeutung des fränkischen Rechts für Franken u. Deutschland, Würzburg 1884 (in: Festschrift zum 17. deutschen Juristentag).

[11]) Vgl. F. Beyerle, ZRG, Germ. Abtlg. 50. Bd. (1930) S. 48.

oder um schlichte Beweisurkunden handelt. Erst von der Mitte des 12. Jahrhunderts an trifft man auf Aufzeichnungen stadtrechtlichen Charakters in der Form der „Weisung" oder als Mitteilung ohne formelhaften Ausdruck. Seit dem 13. Jahrhundert mehren sich dann mit der fortschreitenden Entwicklung der städtischen Verhältnisse und der zunehmenden rechtlichen Ausgestaltung des städtischen Gemeinwesens die Aufzeichnungen über die Rechtsgewohnheiten der Stadt in auffallender Vielzahl und Mannigfaltigkeit.

Unter ihnen treten besonders die Stadtrechte im eigentlichen Sinne hervor, d. h. die mehr oder weniger eingehenden und umfassenden Vorschriften des in einer Stadt geltenden Rechtes hinsichtlich der Verfassung der Stadtgemeinde, der Ordnung des Verwaltungsapparates, der Regelung der persönlichen, privatrechtlichen und wirtschaftlichen Verhältnisse der Einwohner. Dabei ist wiederum zu berücksichtigen, daß es sowohl Stadtrechte amtlichen als auch privaten Ursprungs gibt. Ein anschauliches Beispiel einer königlichen Stadtrechtsverleihung für den fränkischen Bereich liefert nun die Stadt Iphofen bei Kitzingen. Am 1. August 1323 erhob Ludwig der Bayer in einer bei Bamberg ausgefertigten Urkunde auf Bitten des Würzburger Fürstbischofs Wolfram von Grumbach (1322—1333) das Dorf (villa) genannt Yphofen in den verfassungsrechtlichen Status einer Stadt (oppidum), indem er ihm gleichzeitig das Recht gab, sich mit fester Mauer und Graben zu umgeben. Außerdem verlieh Ludwig kraft königlicher Autorität der neuen Stadt Iphofen „Rechte, Freiheiten und Immunitäten, deren sich die Bürger (cives) in Gailenhausen erfreuen", bewidmete sie also mithin mit dem Gelnhäuser Stadtrecht[12]).

---

[12]) Druck: Mon. Boica 39, Nr. 106, p. 221. — Paul Schöffel, Aus Iphofens Frühzeit, (= Frankenkal nder 1939, 52. Jg.) Würzburg 1939 S. 160, erblickt in der Königsurkunde von 1323 August 1. lediglich die Sanktionierung der nach Reichsrecht unwirksamen Stadterhebung Iphofens durch Fürstbischof Manegold von Neuenburg von 1293 Febr. 22. (Mon. Boica 38 Nr. 48), mithin also die nachträgliche königliche Zustimmung für einen durch Rechtsbruch, durch die „normative Kraft des Faktischen", geschaffenen Zustand. Ich vermag zwar dieser scharfsinnigen Kombination Schöffels im Ergebnis, nicht aber nach dem Motiv zu folgen, da ich bisher noch keine kausale Kontinuität zwischen beiden Ereignissen feststellen konnte. Rechtlich gesehen, wird Iphofen erst 1323 Stadt, auch wenn es bereits seit 1293 faktisch städtischen Charakter aufweist. Vgl. hierzu ebenfalls den instruktiven Aufsatz von Paul Schöffel, Alte Städte in Mainfranken (= Aus der Vergangenheit Unterfrankens — Mainfränkische Heimatkunde 2), Würzburg 1950 S. 91ff.

In diesem Falle sind damit eindeutig für das innere Verhältnis der Stadtrechte von Iphofen im Steigerwald und Gelnhausen an der Kinzig die Beziehungen zwischen der Mutterstadt Gelnhausen einerseits und der Tochterstadt Iphofen anderseits maßgebend und entscheidend. Sehr häufig finden wir jene Fälle, wo das ursprüngliche Recht einer einzigen Stadt mehr oder minder vollständig in eine oder mehrere andere und von diesen wiederum in noch andere Städte verpflanzt wurde. Vielfach bildete sich dann ebenfalls in der Mutterstadt des betreffenden Rechts der sogenannte Oberhof des Rechtskreises, wo die Gerichte der Tochterstädte ihre Rechtsbelehrungen in Zweifelsfällen suchten[13]). Ein solcher Oberhof für den fränkischen Rechtskreis war beispielsweise Frankfurt am Main. Obschon allerdings die Gerichte in Ostfranken für gewöhnlich, falls sie nach fränkischem Recht zu fragen sich genötigt sahen, sich an den für sie zuständigen Frankfurter Oberhof wandten, bildete hier die alte Immunität, jener privilegierte Rechtszustand des Hochstiftes Würzburg eine Ausnahme. Bischöflich-würzburgische Städte und würzburgische Gerichte suchten daher in der Regel kaum in Frankfurt um Rat nach[14]).

Immerhin gibt es außer und neben diesen stadtrechtlichen Aufzeichnungen allgemeineren Inhaltes und Charakters eine Fülle von Ordnungen, die nur für ganz bestimmte Einzelgebiete städtischer Verwaltung Geltung haben, mögen sie nun Akte der Polizeigesetzgebung oder Willküren, Einungen, Artikel und Statuten genannt werden. Übrigens wurden für alle Bereiche städtischer Verwaltung und städtischer Lebenskreise entsprechende Vorschriften und Anordnungen erlassen. Deshalb ist es nicht verwunderlich, daß dem Heimatforscher eine oft auf den ersten Blick hin schier erdrückende Unsumme von Ordnungen begegnet, wenn er verfassungs- und verwaltungsgeschichtliches Archivgut sichtet und ordnet. Markt- und Münzordnungen wechseln in buntem Reigen mit Normen über Maß und Gewicht, für Fremdenwesen, über Akzise, Zölle

---

[13]) Vgl. in diesem Zusammenhang ebenfalls die ansprechende Abhandlung von W. Schultheiß, Die Einwirkung Nürnberger Stadtrechts auf Deutschland, bes. Franken, Böhmen und die Oberpfalz (Der Nürnberger Stadtrechtskreis) (= Jahrbuch für Fränkische Landesforschung 2, hrsg. vom Institut für Fränkische Landesforschung an der Universität Erlangen), Erlangen 1936 S. 18 bis 54.

[14]) Vgl. Johann Gerhard Christian Thomas, Der Oberhof zu Frankfurt am Main und das fränkische Recht in bezug auf denselben, hrsg. von Ludwig Heinrich Euler, Frankfurt am Main 1841 S. 71.

und Verkaufsabgaben. Eine Überzahl von Ordnungen begegnet allein im Bereich des Zunftwesens[15]) und der Gewerbeverfassung, einerlei, ob diese Satzungen nun von städtischen Behörden erlassen oder auf Grund der Rechtsautonomie der Gilden selbst entstanden sind.

Weit ergötzlicher, als ihr für ernsteste Fälle gemünzter Wortlaut es einst beabsichtigte, klingt uns Menschen von heute die altertümliche Sprache jener oft recht weitläufigen Amtsverordnungen. Aber weit plastischer und eindringlicher auch als es die moderne Gesetzessprache in ihrer sinnenfremden, kühlen Abstraktion jemals auszudrücken vermag, sprechen jene einprägsamen Vorschriften, z. B. der Feuerordnung zu Markt Bibart aus dem Jahre 1582[16]) zu uns. Hier steht uns das Bild der Bekämpfung einer im engen Häuserbezirk ausgebrochenen Feuersbrunst greifbar und leibhaftig nahe, gleichsam in grellem Brandrot vor Augen, wenn wir jene volkstümlichen, bis in Einzelheiten gehenden Anordnungen lesen:

„Do bei tag und nacht von nechstgesetzten scharwechtern und thorwarthern feuersprunst ersehen würde, sollen sie alsbalden auf das rathaus zueilen und fürderlich mit der glocken das zeichen geben, hierauf dann alle benachbarten mit ihren eingehändigten und bei henden habenden lidernen aymern (Ledereimer) unsäumblichen und uff ihr bestes zu der feuersprunst zulaufen, leschen und dempfen helfen."

Unwillkürlich werden wir ebenfalls an den modernen Bezirksschornsteinfeger oder die Feuerpolizei erinnert, wenn uns die vorbeugenden Maßnahmen hinsichtlich der Kamine in der gleichen Marktbibarter Feuerordnung begegnen:

„Zum achten söllen die jedes jahrs geordnete feuerschauer, des jahr durch alle vier wochen aufs wenigst die schlöt besehen und das holzwerk, geströe, gespünst und anders in guter acht haben. Würden sie dann in dene etwas gewahrliches spüren, als daß zu besorgen, schadt und feuer daraus entstehen möcht, sollen sie solches der herrschaft anzeigen und der gebühr mit ihnen (= den Übertretern) verfahren und gestraft werden."

---

[15]) Vgl. hier neuerdings: Wilhelm Engel, Würzburger Zunftsiegel aus fünf Jahrhunderten, Mainfränkische Hefte, Heft 7 (1950), insbesondere Kap. 1: Geschichte der Würzburger Zünfte als politischer Verbände.

[16]) Staatsarchiv (= St.-A.) Würzburg, Admin. 665/14811.

Vor der Brandverursachung durch heiße Asche in den Abfallkästen warnt Artikel 5 der „Kitzinger Feuerordnung" vom 23. April 1564[17]) eindringlich, wenn er gebietet:

> „Zum fünften soll niemandts einiche aschen auf böden und gemach schütten oder in hültzeren gefeßen setzen oder stehen lassen, dann daraus oftermals großer unüberwindlicher schade entstanden."

Ebenso kündet aber die gleiche Feuerordnung von Kitzingen von jenen Maßnahmen, die die Stadt bei Kriegsgefahr und Annäherung des Feindes ergriff:

> „Allermassen soll es auch gehalten werden, so feindtsnot vorhanden were, do dann die thurner desselben im felde gewahr, das wie gefehrlichkeit vorhanden, sollen sie drey wahrnungsschüß mit doppelhacken[18]) thun, als dann ein weiß fendleins gegen den ort, do die gefahr zu erwarten, bei tag, und bei der nacht ein liecht ine einer latern ausstecken und henken, auch mit einem geschrey vom thurm herab vermelden."

Wichtige Bereiche des privaten Lebens wurden in früherer Zeit ebenfalls durch das städtische Polizeirecht geregelt, so das Dienst- und Verdingungsrecht des Gesindes. Um dem blassen Vorstellungsvermögen des modernen Menschen besser entgegenzukommen, mögen hier nur einige markante Textstellen der „Ordnung der Ehehalten"[19]) aus der Stadt Ochsenfurt sprechen, die insbesondere für die rechtsgeschichtliche Auffassung von Mietsverhältnissen und Arbeitsfragen Gewicht haben. Die Ochsenfurter Ehehaltordnung sieht nun vor, daß „ein iglicher ehalt[20]), es sey knecht oder madt, der einem bürger oder bürgerin alhie in der stat zu dienen versprochen und zugesagt, auch den weinkauf[21]) darüber

---

[17]) St.-A. Würzburg, Handschriftensammlung des Histor. Vereins Würzburg, MS f. 79.

[18]) Doppelhaken (= Hakenbüchse = Doppelbüchse = Wallflinte) ist ein schweres Gewehr, das beim Abfeuern aufgelegt wird (vgl. Grimm, DWB II [Leipzig 1860] Sp. 1264).

[19]) St.-A. Würzburg, Handschriftensammlung des Histor. Vereins Würzburg, MS f. 79.

[20]) Unter einem Ehehalt (lat. famulus, minister) versteht man einen Dienstboten. Andere deutsche Bezeichnungen sind Dienstmann, Hausgenosse, Diener (vgl. Grimm, DWB III [1862] Sp. 43, und Eberhard Frh. von Künßberg: Deutsches Rechtswörterbuch (= DRWB) II (Weimar 1932/1935 Sp. 1231f.)

[21]) Die rechtsgeschichtliche Auffassung vom Weinkauf ist umstritten. Einhellig geht man jedoch allerdings von der Draufgabe (arrha) aus, die den Vertrag (insbes. das Rechtsgeschäft des Kaufes) unwiderruflich macht. Beim Abschluß

empfangen, schuldig und verpunden sein soll, so das zil erschienen und
herbei khomen ist, anzutreten und sein versprochen jar oder zeit getreu-
lichen auszudienen." Dienstboten, die ihren versprochenen Dienst nicht
antreten, sondern sich vielmehr einem anderen Bürger oder einer anderen Bürgerin weiterverdingen, müssen dagegen „von allen auszug und
behelf unserer gnedigen herschaft des thumbcapitels drei gulden zu
rechter unnachlessiger straf" geben.

Bis tief in die persönlichen Verhältnisse des Familienrechts vermochte
das mittelalterliche Polizeirecht einzudringen. Materielle Beschwernisse
hatte selbst das eben getraute Hochzeitspaar bereits zu tragen. Die am
31. Dezember 1598 publizierte Kitzinger Hochzeits-Ordnung[22]) gewährt
uns vor allem einerseits Einblick in örtliche Verhältnisse der fränkischen
rechtlichen Volkskunde, entwirft jedoch anderseits, indem sie von den
verschiedenen Türmern spricht, ein anschauliches Bild der Kitzinger
Befestigung an der Wende vom 16. zum 17. Jahrhundert. Nachdem wegen des Hochzeitssuppenbrauches allerhand Unordnungen und Mißstände zuungunsten ärmerer Brautleute eingerissen waren, verordneten
die Bürgermeister und der Rat, daß „hinfuro die ein zeitlang hero im
brauch gewesene hochzeitsuppen hinfuro gentzlich abgeschafft und eingestellt sein und pleiben, als das die hochzeiter denjenigen, so die suppen
bis anhero begert und abgeholt, hinfuro kein hochzeitsuppen mehr zu
reichen und zu geben, sondern anstatt derselben einem jedtweden sein
gebürnus an gelt, wie nachvolgende tax ausweiset, zu erstellen schuldig
sein sollen."

Hinfort sollte einem jeden von den beiden Stadtknechten „von den
hochzeiten, so den dantzplatz uf dem rhathaus besuchen und prauchen,
anstatt der suppen, sowohl auch vom ufwarten ufen haus, zehen creutzer
gegeben werden."

Den Kitzinger Türmern standen seitens der Hochzeiter ebenfalls

---

von Dienst- und Mietsverhältnissen wird der Arbeitnehmer durch den sog.
Weinkauf zum Empfänger einer Gegenleistung, die ihn an sein Dienstversprechen
bindet (vgl. Grimm — A. Götze DWB XIV [1925] Sp. 946). Das Handgeld
wird hierbei in Bier oder Wein umgewandelt und mit den Zeugen des Rechtsgeschäftes vertrunken. Daher rührt der Name „Weinkauf" (vgl. Franz Beyerle,
Weinkauf und Gottespfennig, an Hand westdeutscher Quellen (= Festschrift
Alfred Schultze, hrsg. von Walther Merk), Weimar 1934 S. 252.

[22]) St.-A. Würzburg Handschriftensammlung des Histor. Vereins Würzburg,
MS f. 79.

gewisse Sporteln zu, und zwar sollte dem Markttürmer[23]), wenn die Hochzeiten in der Vorstadt Etwashausen gehalten und bei ihnen „figuriert oder gepredigt" wurde, ein Ort eines Guldens gegeben werden. Dagegen waren Brautpaare, deren Kopulation und Zusammengebung in der Kirche ohne besondere Feierlichkeiten vollzogen wurde, lediglich zur Entrichtung eines halben Orts anstelle der früheren Suppe verpflichtet. Ebenso sollte es mit dem Valterthürner[24]) und dem Main- oder Brückentürmer von Hochzeiten in der Vorstadt gehalten werden. Hochzeiten in der Innenstadt blieben jedoch von der Abgabe an den Maintürmer befreit.

*

Verlassen wir aber nunmehr den Bereich der Stadt und wenden wir den Blick von den städtischen Verhältnissen hinweg auf den bäuerlichen Lebenskreis Mainfrankens, so erkennen wir, daß in den älteren Zeiten sich das Dasein und Wirken der ländlichen Bevölkerung in engen, vielfach begrenzten und nach mannigfaltigen Normen abgezeichneten Lebenszirkeln abspielte, in deren Rahmen auch eine eigenständige, standesgebundene Rechtsprechung gepflogen wurde. Es war allgemein üblich, in den Versammlungen der Dorfgemeinde, der Markgenossenschaften und anderer bäuerlicher Rechtsverbände die gültigen Rechtsgewohnheiten und überkommenen Rechtsbräuche in feierlicher Form zu „weisen". Solche bäuerlichen Rechtsmitteilungen wurden in anderen deutschen Landschaften auch Öffnungen, Ehaftrechte, im Frankenlande aber lediglich „Weistümer" genannt[25]). Franken besitzt an Weistümern, an diesen Denkmälern altfränkischen Bauernrechts, eine stattliche Anzahl, denn es ist ja von Natur ein Bauernland mit mannigfaltigem Kulturen- und Pflanzenwechsel[26]). Ursprünglich nur mündlich weiter-

---

[23]) Der Marktturm ist der an der Westseite der inneren Befestigung stehende, sehr hohe Rundturm (vgl. die Kunstdenkmäler von Unterfranken und Aschaffenburg, Heft 2: Stadt und Bezirksamt Kitzingen, bearb. von Georg Lill und Friedrich Karl Weyßer, München 1911 S. 56).

[24]) Der Falterturm (= Falltorturm), das Wahrzeichen Kitzingens, wurde von 1469—1496 errichtet und 1551 neu erbaut (vgl. Kunstdenkmäler, a. a. O. S. 56).

[25]) Vgl. insbes. Rudolf Kötzschke, Grundzüge der deutschen Wirtschaftsgeschichte bis zum 17. Jahrhundert (= Meisters Grundriß, 2. Reihe 1. Abtlg.) Leipzig 1923².

[26]) Vgl. hierzu: Hans Liermann, Das geschichtliche Bauernrecht nach den fränkischen Weistümern, Zeitschrift für bayer. Landesgeschichte (= ZBLG),

gegeben und überliefert, wurden die Weistümer etwa seit dem 13. Jahrhundert bis hinein ins 18. Jahrhundert häufig dann schriftlich aufgezeichnet. In ihnen spiegeln sich einerseits bäuerliches Recht und Sitte, Brauchtum und Lebensart der fränkischen Landbevölkerung getreulich wider, wie sie auf der anderen Seite den lebendigen, anschaulichen und farbigen Ausdruck der zeitgenössischen wirtschaftlichen Zustände enthalten. Wilhelm Engel bietet in seiner verfassungsrechtlichen Studie „Würzburg und Hohenlohe"[27] eine übersichtliche Zusammenstellung der Weistümer der sechs Maindörfer Sickershausen, Marktsteft, Obernbreit, Gnodstadt, Martinsheim und Oberickelsheim, aus denen ich wiederum neben ungedruckten Beispielen zur Illustration meiner Darlegungen einige markante Stellen herausgreife.

Vielfache Rechtssymbolik und altertümlicher Rechtsbrauch umranken allein schon den Gerichtsstab des Richters oder Schultheißen des fränkischen Dorfgerichtes[28]. Aus dem Obernbreiter Weistum, entstanden

---

10. Jg. (1937) 3. Heft S. 374 ff.; Fritz Schmitt, Ländliche Rechtsverhältnisse in Nordfranken nach Weistümern und Dorfordnungen, Archiv des Histor. Vereins von Unterfranken und Aschaffenburg, 69. Bd. (1931—1934) S. 151 ff.; Michel Hofmann, Die Nordgrenze des mainfränkischen Rechtsgebietes, ebenda S. 146 (insbes. über den Formalismus der fränkischen Liegenschaftsrechte), und Gustav Bossert, Fränkisches Gemeinderecht. Auf Grund von Dorfordnungen des württembergischen Frankens dargestellt, Histor. Verein für das württembergische Franken (= Württembergische Vierteljahrshefte VIII [1886]), Heft 1, 2, 3, 4.

[27] Wilhelm Engel, Würzburg und Hohenlohe. Zwei Untersuchungen zur fränkischen Geschichte des hohen und späten Mittelalters, Mainfränkische Hefte, Heft 2 Würzburg 1949.

[28] Liermann, ZBLG 10 (1937) 3. H. S. 378. — Der Charakter jedes Rechtssymbols beruht jedenfalls darin, abstrakte Rechtsgedanken und -vorstellungen durch sinnbildliche Formen und Figuren zu verdeutlichen und sichtbar darzustellen (vgl. Heinrich Triepel, Vom Stil des Rechts. Beiträge zu einer Ästhetik des Rechts, Heidelberg 1947 S. 142). Hier bietet sich ebenfalls ein weites Feld für die rechtlich-volkskundliche Einzelforschung. Vgl. insbes. hierzu ebenfalls allgemein: Eberhard Frh. von Künßberg, Rechtsgeschichte und Volkskunde, Jahrbuch für historische Volkskunde, hrsg. von Wilhelm Fraenger Bd. 1 (= Die Volkskunde und ihre Grenzgebiete) Berlin 1925 S. 69 ff.; Karl Frölich, Begriff und Aufgaben der rechtlichen Volkskunde, Gießener Beiträge zur deutschen Philologie 60 (= „Volkskundliche Ernte", Hugo Hepding dargebracht am 7. September 1938 von seinen Freunden) Gießen 1938 S. 49 ff. Eine ungeheure Fülle von Arbeitsstoff enthalten vor allem auch: Jacob Grimm Deutsche Rechtsaltertümer, 4. Ausg. von Heusler und Hübner, Bd. 1 und 2 Leipzig 1899, Neudruck 1922, und Karl von Amira und Claudius Frh. von Schwerin, Rechtsarchäologie. Gegenstände, Formen und Symbole germani-

im letzten Drittel des 15. Jahrhunderts, erfahren wir, daß die dortige
Herrschaft „hat die recht zu den dreyen gerichten, mit namen zum Hor-
nung, zum Mayen und zum Herbst ...“ und in dem gleichen Weistum
begegnet uns ebenfalls der Pranger[29]), jenes alte Strafwerkzeug der
deutschen Kriminalrechtsgeschichte, wenn wir uns den Spruch der
Obernbreiter Schöffen aufmerksam vergegenwärtigen, der schlicht
besagt, „daß die thumpropstei soll haben einen ploch (= Block), da
man schedlich leut inbehalten mag, als denn recht ist von einer tagzeit
zur anderen“[30]). Auch gewisse Gerichtskompetenzen erhellen diese Weistümer, so etwa das von Oberickelsheim von 1496, aus dem hervorgeht,
daß der Markgraf von Ansbach in dem Orte „zu bußen hat uber alle
maß, es sein meizen, gewicht, weinmaß, pfinnet fleisch (finniges, trichi-
nöses Fleisch) und ueber alles, das da bußfellig ist auf allen herren gue-
tern“[31]).

Uns begegnen ebenfalls Weistümer für wirtschaftliche Sonderbetriebe,
wie Zeidlerei, Weinbau, Mühlen und Fischereien. Auch die hinlänglich
bekannte und oft zu Streitigkeiten bis in die unmittelbare Gegenwart
führende Faselviehhaltung, diese Gepflogenheit der Haltung der Zucht-
tiere, hat in diesen Rechtsdenkmälern ihren anschaulichen, beredten
Niederschlag gefunden. Sie sei auch hier nicht vergessen! Eindeutig vernehmen wir aus dem Weistum von Sickershausen (1444):

„Item auch haben die schöpfen zu recht erkannt und zu urtel gesprochen, das die thumpropstei zu Würzburg all wegen zu Sickers-

---

schen Rechts. Teil 1: Einführung in die Rechtsarchäologie (Das Ahnenerbe
Reihe B, Abtlg.: Arb. zur Indogerm.-Deutschen Rechtsgeschichte 2), Berlin 1943.
Im einzelnen vgl. Hans Planitz und Thea Buyken, Bibliographie zur deutschen Rechtsgeschichte, Lfg. 1, Frankfurt am Main o. J. (1950) S. 48f. Nr. 1099
bis 1118. Aus dem Kreis der rechtlich-volkskundlichen Monographien seien
lediglich genannt: Berent Schwineköper, Der Handschuh im Recht, Ämterwesen, Brauch und Volksglauben (= Neue deutsche Forschungen, Abtlg. Mittelalterliche Geschichte, Bd. 5) Berlin 1938; Eugen Wohlhaupter, Die Kerze
im Recht (= Forschungen zum deutschen Recht, Bd. IV Heft 1), Weimar 1940,
Karl von Amira, Der Stab in der germanischen Rechtssymbolik 1909, und
Claudius Frh. von Schwerin, Zur Herkunft des Schwertsymbols (= Festschrift Paul Koschaker, III. Bd.), Weimar 1939 S. 324ff.
[29]) Vgl. hierzu besonders: Grete Bader-Weiß und Karl Siegfried Ba-
der, Der Pranger. Ein Strafwerkzeug und Rechtswahrzeichen des Mittelalters,
Freiburg i. Br. 1935.
[30]) Engel, a. a. O. S. 49.
[31]) Engel, a. a. O. S. 51.

hausen haben soll zwey ganze haupt, mit namen einen ochsen und einen beußen (= Eber) und darumb hat die thumpropstey ein wisen"[32]).

Ähnlich lauten ebenfalls die einschlägigen Normen aus dem Weistum von Marktsteft, das etwa um das Jahr 1496 entstanden sein dürfte:

„Auch sprechen wir zum rechten, daß die thumpropstey soll halten einen ganzen eberen oder ein ganz schwein der ganzen gemeind zu Steft zu nutz."

Oder an anderer Stelle:

„Wer den großen zehent hat, der soll haben einen ganzen stier der gemeind zum nutz; thet er das nit, so muß der zehenthof steuer und beet geben als unsere herren güter"[33]).

Immerhin bieten ebenfalls die Dorfordnungen und Dorfwillküren vielfach einen ganz entsprechenden Inhalt. Auch bezüglich ihres rechtlichen Ursprungs sind sie genau so zu beurteilen wie viele Weistümer des altfränkischen Siedlungsgebietes.

Ein großer Kampf entbrannte damals natürlich um ein Hauptlebensgebiet des Volkes, den Wald. Daher wurde er auch jedem Forstbanne zum Trotz aus alter volklicher Rechtsüberzeugung von den Landleuten noch immer als gemeines Gut angesehen, aus dem sich jeder holen darf, was er will und braucht. Auch in der Lohrer Dorfordnung (Lohr bei Ebern) von 1555[34]) klingen derartige Töne an. Wir erfahren daneben aus ihr, daß sich damals innerhalb der bäuerlichen Lehenträger Zwistigkeiten einstellten, weil sich sechs Lohrer Männer mit halben Gütern bei der Verteilung der „Gemeinrechte", hier des Holzbedarfes, gegenüber den Inhabern ganzer Güter benachteiligt fühlten. Schließlich wurde die Irrung von höherer Warte aus, nämlich durch den Rauenecker Amtmann Georg Diener und den Eberner Keller Eucharius Kalp im Namen des Fürstbischofs von Würzburg zu Pfingsten 1555 damit beigelegt, daß fortan das Brennholz nicht nach der Mannschaft, d. h. nach der Kopfzahl der bäuerlichen Lehenträger, sondern nach der Größe der einzelnen Güter verteilt worden ist. Viele fränkische Dörfer begegnen uns ebenfalls in früherer Zeit unter der aus dem ritterlichen Bereich stammenden

---

[32]) Engel, a. a. O. S. 41.
[33]) Engel, a. a. O. S. 55.
[34]) St.-A. Würzburg, Ger. Lohr 2/29.

Rechtsform der Ganerbschaft[35]), wo dann die Dorfherrschaft von den einzelnen Mitganerben in ungeteilter Gemeinschaft besessen wird.

Dieser Fall der Ganerbschaft, einer Rechtsinstitution, die ursprünglich einen ritterschaftlichen Erbenverband, späterhin schlechthin eine zweckgebundene Gemeinschaft zur gesamten Hand darstellt, tritt uns beispielsweise für Trappstadt in der „Ordtnung der gemein zu Trappstadt" von 1524 Mai 30. entgegen, wo sich Graf Hermann von Henneberg, die Äbte der Klöster Theres, St. Michelsberg und Veßra, die Deutschordenskomturei Münnerstadt und der Präceptor des St.-Anthoni-Hauses in Würzburg u. a. in den Besitz und die Herrschaft teilten[36]).

Aus der bereits einmal zitierten „Lohrer Dorfeinung" sind wir zudem noch über weitere bemerkenswerte Tatsachen, z. B. über den Obstbau und über den Obstbaumfrevel unterrichtet; gleichzeitig vernehmen wir, zunächst etwas betroffen, daß im Jahre 1555 Äpfel und Birnen noch als ausländische, welsche Früchte angesehen wurden. Aber lassen wir den Text selbst mit seiner Strafandrohung zu uns sprechen:

> „Item es soll das welsch obst, als öpfel und birn verboten sein, dergestalt, welches in einen welschen baum, er stehe oder sey auswendig oder inwendig des dorfs, mit einem knuttel oder stein wurft, oder gehet einem sonst darein, daß derselbig einer gemeindt einen gulden unnachlässig zu straf verfallen und zu geben schuldig sein solle, aber ein kindt, so noch nit zum sakrament gangen, einen ort eines gulden."

Es sei ebenfalls noch an die schönen altertümlichen Maße wie Bogenschuß, Steinwurf, Spanne, Schritt und Fuß u. dgl. erinnert, die uns in den Weistümern nur allzu häufig begegnen. Die Maße sind damals allgemein noch sinnenfällig, anschaulich und greifbar[37]). Man denke nur etwa an den individuellen Gehalt einer baupolizeilichen Vorschrift aus dem Weistum von Hofstetten bei Gemünden vom Jahre 1552, das als Rechtsfolge einer Übertretung Buße, d. h. Strafe, festlegt, wenn der Tatbestand verwirklicht ist, daß nämlich jemand in seinem Hausdach ein Loch hat „so groß oder weit, daß man ein gespann esel möchte hinein-

---

[35]) Vgl. zum Begriff der Ganerbschaft: Eberhard Frh. von Künßberg, DRWB III (1935—1938) Sp. 1150ff.

[36]) St.-A. Würzburg, Ger. Königshofen 346/13, fasc. 2.

[37]) Vgl. Liermann, ZBLG 10 (1937), 3. H. S. 379, und Michel Hofmann, Volkstümliche Rechtsformen in Franken, „Die Mainlande — Geschichte und Gegenwart" (= Heimatbeilage der Würzburger „Main-Post") 1. Jg. (1950) Nr. 7 S. 43 f.

werfen". Nach dem Willanzheimer Weistum (bei Kitzingen) verfällt seinerseits ebenfalls derjenige der Bußpflicht, dessen Gehöft derartig baufällig und vernachlässigt ist, „das einer mit einem großen roß und man vor regen und wind nicht pleyben mocht"[38]).

Zugleich unterrichten uns ähnliche Stellen über interessante kultur- und siedlungsgeschichtliche Zustände und über die Wohnweise der mittelalterlichen Landbevölkerung. Vom Dorfe Lohr bei Ebern wissen wir so, daß es mit einem Zaun umfriedet war, denn in seiner Ordnung steht ausdrücklich:

> „Item so oft einer oder eine, groß oder klein, besichtigt wirdet, der bei tage oder nacht, durch oder uber den gemeinen dorfzaun ein- oder ausgehet, steiget oder kreucht, der soll einer gemeinde ein altes pfundt zu buß verfallen sein."

Anderseits finden wir polizeiliche Verordnungen in den Dorfordnungen, etwa für Viehzucht und Viehhaltung. Als Beispiel möge ein Passus wiederum aus der Lohrer Ordnung dienen, der besagt:

> „Item welcher ein krankes vieh hat, der soll solches an einem strick in die gemeinen gassen führen und darinnen grasen lassen; wo aber dasselbige abreiße und schaden tun würde, soll der, dem es zusteht, 15 alte pfennig einer gemeinde zu buß geben."

Auch die Tierhalterhaftung, die heute im § 833 BGB einheitlich geregelt ist, kannte bereits das Spätmittelalter. Das erhellt eindeutig die Norm über die Schäferhunde zu Lohr:

> „Item so die schefer hunde halten und dieselbe schafhunde in den weinbergen besichtigt werden und schaden tun, solle man solches den schefern erstlich gütlich anzeigen, und wann sie, die schefer, danach solches nit verwehren, so soll ein schefer allwegen, so oft man seine hunde in den weinbergen siehet und schaden geben haben, um 15 alte pfennig einer gemeinde gestraft werden."

*

Als seit dem 13. Jahrhundert mit dem Aufschwung städtisch-bürgerlicher Wirtschaft und der Herausbildung der landesherrlichen Regierung die Anwendung des schriftlichen Verkehrs in der Verwaltungspraxis zu-

---

[38]) Liermann, a. a. O. S. 379.

nahm, da mehrten sich auch die registerförmigen, auf grundherrschaftlichen Besitz abzielenden Aufzeichnungen an Zahl und Buntheit. Denn die Grundherrschaft ist immerhin eine wirtschaftlich autonome Verwaltungseinheit. Der Grundherr übt durch seine Vögte Zwing und Bann und er hält Bannbetriebe, wie Mühlen[39]), Backöfen, Schmieden usw., deren sich seine Hintersassen bedienen müssen. Auch Lehensregister mit Verzeichnung der nach Lehenrecht vergebenen Güter wurden jetzt in der Buchführung von den Urbarregistern[40]), in welchen die mit jährlicher Abgabe- und Leistungspflicht behafteteten Güter Aufnahme fanden, geschieden. Zu den ursprünglichen Urbaraufzeichnungen, die eine Übersicht über den gesamten Güterbestand einer Grundherrschaft oder einer ihrer Amtsstellen boten, traten seit dem späteren Mittelalter allmählich regelmäßig geführte Buchungen über die anfallenden Besitzveränderungen, über Pachterneuerungen, Einnahmeregister, Rechnungen u. dgl. hinzu.

Auf Grund dieser Entwicklung wird es völlig verständlich, daß sich ebenfalls im Bestande des Staatsarchivs Würzburg neben den eigentlichen Urbarien, den sog. Sal-, Lager-, Zins- und Zehntbüchern, Lehenbücher und darüber hinaus eine Fülle von Verwaltungsakten verwandten Inhalts befinden. Alle diese Aufzeichnungen sind für die fränkische Rechtsgeschichte von unersetzbarem Werte, ermöglichen sie doch neben älteren Urkunden oft einzig und allein die Erfassung der früheren Besitz- und Verfassungsverhältnisse Mainfrankens und ihrer einzelnen Behördenorganisationen.

Der Quellenwert dieser Archivalien ist umso höher zu veranschlagen, weil sie ja letztlich nicht allein juristisch bezeugte wirtschaftliche Einzel-

---

[39]) Die Mühlenbannrechte bestanden in Bayern bis zum 4. August 1809. Das Mühlenbannrecht war ein auf der Mühle lastendes Realrecht, das vielfach mittels Zeitpacht ausgeübt wurde (z. B. Verpachtung einer Mühle in Kreuzwertheim gegen eine jährliche Gült von 26 Maltern Korn noch um 1800). Mit der Einführung der allgem. Mahlfreiheit entfielen die Mühlenbannrechte, vgl. St.-A. Würzburg, Aktenabgabe des Reg.-Präs. von Unterfranken und Aschaffenburg 1944, Akt Nr. 12344 (= Staatsrechtliche Verhältnisse, in specie Reclamation, des Fürsten Carl von Löwenstein-Wertheim wegen des aufgehobenen Mühlenbannrechts zu Kreuzwertheim, 1817 bis 1818). Vgl. hierzu an neuestem Schrifttum: Mainfränkisches Jahrbuch für Geschichte und Kunst (= MJbGK) 2 (1950) S. 402, Nr. 77: Albert Ammon, Die Mühlen an der oberen Wern, Erlanger Diss. 1944.

[40]) Vgl. insbesondere: Erich Frhr. von Guttenberg, Fränkische Urbare, ZBLG, 7. Jg. (1934) 2. Heft S. 167 ff.

tatsachen mitteilen, sondern darüber hinaus gleichzeitig die Möglichkeit statistischer Auswertung ihres Stoffes bieten.

Zur knappen Veranschaulichung dieser Buch- und Aktengattungen mag ein Absatz aus einem Würzburger Lehenbuch des Fürstbischofs Melchior Zobel von Giebelstadt (1544—1558) dienen, der eine Belehnung des Würzburger Chronisten Lorenz Fries, dessen Todestag sich am 5. Dezember 1950 zum 400. Male jährte, für die Nachwelt festgehalten hat:

> „Wir Melchior usw. bekennen, usw., daß wir den ersamen unseren sekretari, rath und lieben getreuen Lorenzen Friesen, unserm closter alhie zu Wirtzburg zum Carmeliten zu getreuer handt vorzutragen, vier morgen weinwachs, am Kirchbuel in unser Wirtzburger Markung gelegen, zu rechten manlehen verliehen haben, welche von uns und unserem stift zu rechten manlehen ruren. Und wir verleien obgemeltem Lorenzen Friesen als treger obgeschrieber lehen, was wir ihme von rechts wegen daran verleihen sollen und mögen, in und mit craft dies briefs ...“[41]).

Zur Erläuterung des Begriffs „Mannlehen" möchte ich nur hinzufügen, daß man unter „Mannlehen" seit dem Spätmittelalter ein nur in direkter männlicher Linie vererbliches Lehen versteht, das auch als sog. „Mannesstammlehen" bezeichnet wurde. Ein solches wurde damals Lorenz Fries als Belohnung seiner Dienste übertragen.

Für das Verständnis des Bauern- und Landwirtschaftsrechtes wie auch für das Agrarwesen im Allgemeinen ist es von größter Bedeutung, Lage, Gestalt und Flächengröße der Ansiedlungen, Kulturarten und Besitzverteilungen innerhalb der Ortsfluren, d. h. der Gemarkungen, zu kennen. Bei diesem Bemühen helfen dem Heimatforscher vor allem die Flurkarten mit ihren Siedlungsgrundrissen, Gemarkungsübersichten, ihrem Wege- und Gewässernetz und ihren altertümlichen Flureinteilungen und Flurnamen, ihren Rechtsorten und Rechtswörtern, von denen das Staatsarchiv Würzburg wiederum einen stattlichen Bestand auf-

---

[41]) St.-A. Würzburg, Lehenbuch (des Hochstifts Würzburg) Nr. 50, Teil I, fol. 7': Abschrift der Lehenurkunde 1545 V 27. Vgl. hierzu: Friedrich Merzbacher, Lorenz Fries als bischöflicher Lehensträger, MJbGK 2 (1950) S. 337. Offenbar trug das Lehen den Charakter eines sog. Afterlehens, das Fries dann als Unterlehensmann vom Karmelitenkloster empfing. Anders läßt sich auch die zeitgenössische Randbemerkung „Lorentz Frieß, treger des closters zum Frawbrudern" in Verbindung mit dem Urkundeninhalt nicht verstehen.

weist[42]). Auch diese bildlichen, graphischen Zeitzeugnisse sind geschätzte mittelbare geschichtliche Quellen der Rechtskartographie[43]) und geographischen Rechtswissenschaft, die zur Klärung vieler verfassungs- und wirtschaftsgeschichtlicher Kardinalfragen überaus wertvolle Fingerzeige geben. Rechnungen, namentlich Gerichtsrechnungen, Quittungen und ähnliche Notizen helfen daneben ebenfalls wesentlich mit, das rechtsgeschichtliche Bild der Besitzverhältnisse und Abhängigkeiten, Grundherrschaften und Lehen objektiv—nachträglich zu rekonstruieren und einzufangen.

*

Mit einer lateinischen Urkunde dieses verdeutschten Rechtsinhaltes aus dem Jahre 1285[44]):

„Volker, genannt von Bastheim, verkauft für 32 Pfund Heller und 10 Schillinge Heller dem Kloster Himmelspforten von seinem im Dorfe Opferbaum gelegenen Eigengut jährlich 30 Malter Korn Würzburger Maß. Er stellt seinerseits Ludwig, den Bruder Herolds von Opferbaum, Konrad, gen. Suraker, und dessen Bruder Herold dem Kloster als Bürgen und verspricht für den Fall der Nichtleistung für sich und seine Bürgen während der Dauer seines Leistungsverzuges Einlager in einer Herberge der Stadt Würzburg"

gelangen wir zugleich mitten ins eigentümliche Privatrecht des deutschen Mittelalters und treffen auf handgreifliche Verwirklichungsmittel einer ins Stark-Persönliche gesteigerten Vertragshaftung. Unter dem

---

[42]) St.-A. Würzburg, R 48 (Repertorium über Risse und Pläne, Würzburger Serie), R 79 (Mainzer Serie) und R 80 (Fuldaer Serie).

[43]) Vgl. an einführendem Schrifttum: Karl Frölich, Probleme der Rechtskartographie, Vierteljahrsschrift für Sozial- und Wirtschaftsgeschichte, 27. Bd. (Stuttgart 1934) S. 40ff.; Eberhard Frhr. von Künßberg, Flurnamen und Rechtsgeschichte, Weimar 1936; J. Schmidkontz, Beiträge zur Flurnamenforschung, Korrespondenzblatt des Gesamtvereins der deutschen Geschichts- und Altertumsvereine (1905), Sp. 365—384, und neuerdings Jos. Huber, Flurnamen im heimatkundlichen Unterricht (= Bayerische Heimatforschung, Heft 1), München 1950.

[44]) H.-St.-A. München, Hochstift Würzburg, Nr. 4508: Perg.-Ausfertigung 1285 XII 11. Kopialbuch: St.-A Würzburg, Standbuch Nr. 189, fol. 82; Regest: Reg. Boica IV S. 291.

[45]) Zum Begriff des Einlagers vgl. Eberhard Frhr. von Künßberg, DRWB II (1932—1935) Sp. 1413f., und die Sonderuntersuchung: Ernst Friedländer, Das Einlager. Ein Beitrag zur deutschen Rechtsgeschichte. Aus Urkunden dargestellt, Münster 1868.

Einlager oder Einreiten[45]) (lat. obstagium[46])) verstand man im Mittelalter den pflichtschuldigen Aufenthalt des Schuldners in einer Herberge, die er nicht früher verlassen durfte, bis seine fällige Schuld getilgt war. Darin lag zweifelsohne eine gewisse Beschränkung der persönlichen Freiheit des Schuldners, allerdings mit dem alleinigen Zwecke, einen unmittelbaren Zwang zur baldigsten Zahlung seiner Schuld auszuüben. Bürgenstellung verstärkte dazu noch die außergerichtliche Sicherheit des Gläubigers. Nimmt man noch die „Ehrenschelte", das sog. „Schelmschelten"[47]), hinzu, so hat man die Mittel der Steigerung der altdeutschen Vertragshaftung beisammen. Bei der Ehrenschelte handelt es sich ebenfalls um einen gewohnheitsrechtlichen Rechtsbehelf des mittelalterlichen deutschen Obligationen- und Vermögensrechtes, nämlich um die vom Schuldner dem Gläubiger vertraglich eingeräumte Befugnis, im Falle des Verzuges den Schuldner durch anzügliche Spottverse, die recht wenig unserer heutigen Verkehrssitte entsprechen, und drastische Schandgemälde, wie u. a. Darstellung des an den Füßen am Galgen aufgehängten Schuldners und noch schlimmere Bildnisse zu verhöhnen. Die Ehrenschelte diente ihrerseits, wie gesagt, ebenfalls der Steigerung der Vertragshaftung sowie der außergerichtlichen Durchsetzung der Gläubigeransprüche auf Grund einer besonderen Klausel im Schiedsvertrag; sie kam niemandem unerwartet. Die Scheltbriefe waren auch keineswegs im Unterschied zum Schmählied oder Pasquill (libellus famosus) anonym gehalten, vielmehr mußte der Abfasser sie mit vollem Namen unterzeichnen oder wenigstens sein Siegel aufdrücken.

*

Werfen wir zur Abrundung des durch die kurz abgeleuchteten Rechtszustände gewonnenen rechtsgeschichtlichen Ausschnittes noch einen Blick auf die spätmittelalterliche Strafrechtspflege in Franken, die

---

[46]) Innerhalb des Himmelspfortener Urkundenbestandes selbst erscheint der Terminus „obstagium" erstmals in einer Urkunde vom 16. Januar 1328 (vgl. H.-St. A. München, Hochstift Würzburg, Nr. 4584; Kopialbuch: St.-A Würzburg, Standbuch Nr. 189, fol. 39') verzeichnet: Universitäts-Bibliothek Würzburg: M. ch. f. 258, fol. 148; Regest: Reg. Boica VI, S. 245.

[47]) Vgl. Guido Kisch, Ehrenschelte und Schandgemälde, ZRG, Germ. Abt., 51. Bd. (1931); Otto Hupp, Scheltbriefe und Schandbilder, ein Rechtsbehelf aus dem 15. und 16. Jahrhundert. München—Regensburg (Schleißheim) 1930, und Heinrich Mitteis, Deutsches Privatrecht. Ein Studienbuch, München und Berlin 1950, Kap. 41, III, 2 c. S. 108. Vgl. ebenfalls: Eb. Frhr. von Künßberg, Rechtsgeschichte und Volkskunde, a. a. O. 3. Die Schandgemälde, S. 106 ff.

wiederholt schon die besondere Aufmerksamkeit der Rechtshistoriker angezogen hat. Es sei hier nur an die grundlegende, dickleibige Darstellung der „Zenten des Hochstifts Würzburg" von Hermann Knapp erinnert[43]). Mit der Einbeziehung dieser Rechtsmaterie gelangen wir im folgenden nochmals zu einer völlig neuen Quellengruppe des fränkischen Rechtsbereiches. Vorausgeschickt sei lediglich, daß seit dem 15. Jahrhundert der Stil der Urkunden und schriftlichen Äußerungen wesentlich beweglicher und wendiger als früher geworden ist. Mit dem Zeitalter und der Vorherrschaft der Urkunde und dem Aufkommen des Aktenverkehrs um 1450 ist wirklich auch das weitgehend pedantische Kleben an starren, verhärteten Formeln und verknöcherten, abgegriffenen Wendungen vielfach geschwunden. Wer aber deshalb auch annehmen wollte, daß die Farbigkeit und Sinnenfälligkeit des Ausdrucks ebenfalls schon nachließe, verblasse und schwände, würde sich in der Tat gründlich täuschen. So hart und blutig wie das unmenschliche Strafensystem, so abschreckend und eindrücklich wuchten und wirken noch heute die einzelnen Worte des Tenors eines Strafurteils vom Jahre 1588 auf uns, wenn wir die Urteilsformel laut verlesen:

Urtheil

„Die weil denn ein solches befunden, daß Hans Pfeuff Jeklein von Deusdorf im stift Bamberg die leut ufgezogen, ihrer vielweg beschädig[t], auch vielfäldig geraubt und ein ziemliche anzahl jemmerlich helfen ermorten, so erkennen wir, richter und zentschöpfen von wegen unseres gebietenden junkers als dieses peinlichen gerichts zentherren, daß er uf diesen heutigen tag vermög Keyser Carls des fünften des Heiligen Römischen Reichs halsgerichtsordnung im 137. artikel mit dem rath durch zerstoßung seiner glieder vom leben zum todt gericht und dann fürder offentlich uf das rath gelegt werden soll, welches urtheil der nachrichter exequiren wol wissen wird"[49]).

Die unermeßliche Qual der allein in den Hexenprozessen des 17. Jahr-

---

[48]) Hermann Knapp, Die Zenten des Hochstifts Würzburg. Ein Beitrag zur Geschichte des süddeutschen Gerichtswesens und Strafrechts, 2 Bde., Berlin 1907. Vgl. ebenfalls die Besprechung dieses Werkes von Siegfried Rietschel, ZRG, Germ. Abtlg. 29 (1909) S. 391.

[49]) St.-A. Würzburg, Handschriftensammlung des Histor. Vereins Würzburg; MS f. 1199: Urteil vom 17.7.1588. Vgl. hierzu: Friedrich Merzbacher, Räuber in Franken, Schweinfurter Heimatblätter (= Heimatbeilage des „Schweinfurter Tagblatt") Jg. 1951 Nr. 14ff.

hunderts auf der Streckbank und Folter gebrochenen unglücklichen
Geschöpfe, jener Opfer eines ungeheuren Massenwahns, kommt uns in
ihrer erbarmungslosen Grausamkeit völlig zum Bewußtsein, wenn wir
aus den Inquisitionsakten der Reichsstadt Schweinfurt hören, ein der
Zauberei Bezichtigter

> „sey in der marter oder tortur also zugerichtet worden, daß er nicht
> selbst hat aufstehen können, sondern nur zu dem gemachstuhl[50])
> rutschen müssen, und ehe er sich versehen, mit dem kopf und rücken gar
> uhrplötzlich hineingefallen; sei frühe vor 3 an bis umb 7 darin gelegen,
> hab dem knecht Balthasar, sobald nur das rathaus aufgemacht worden,
> umb hülf sehr geschrien"[51]).

Neben solchen Grausamkeiten empfindet man es heute fast wie Hohn,
wenn man von der traditionellen Stadtschwarzacher Henkersmahlzeit
erfährt. Dort soll der Brauch bestanden haben, dem armen Sünder am
Vortage seiner Hinrichtung mit Spinat und gebackenen Fischen aufzu-
warten, selbst für den Fall, daß das Gemüse infolge Winterfrostes nur
recht schwerlich zu bekommen war[52]).

Ließ man in früheren Zeiten einmal einen Inhaftierten ohne Verurteilung wieder frei, so mußte er bei seiner Entlassung aus dem Gefängnis
das eidliche Versprechen abgeben, sich wegen einer erlittenen Verletzung,
besonders jedoch wegen der mehr oder minder gut überstandenen Haft
oder Folter, nicht im Wege des Faustrechtes, der Selbsthilfe, zu rächen
oder auf legalem Prozeßwege nach weltlichem und kanonischem Rechte
zu beschweren. Dieser Eid wurde Urfehde oder Unfehde genannt zum
Zeichen, daß der Zwist, d. h. die Fehde, beendet war, und fand vorwiegend ebenfalls bei den des Landes verwiesenen Verhafteten Anwendung.
Eine solche Urfehde lautete etwa:

> „Linhart Smidt, Ulrich Smid[s] son zu Thunfelt, hat urphed getan mit
> 4 burgen, in der urphed benandt, wo er verbrech und nit hielt, sich alle

---

[50]) Gemachstuhl (auch Kammerstuhl) ist ein Bettstuhl zur Verrichtung der
Notdurft (vgl. Grimm, DWB IV, 1, 2 [1897] Sp. 3144).

[51]) St.-A Würzburg, Reichsstadt Schweinfurt 7/75. Vgl. hierzu: Friedrich
Merzbacher, Geschichte des Hexenprozesses im Hochstifte Würzburg, MJbGK
(1950) S. 162ff, und ders.: Ein Kinderhexenprozeß in der Reichsstadt Schweinfurt, Schweinfurter Heimatblätter (= Neue Folge des „Archiv", Heimatbeilage
zum „Schweinfurter Tagblatt"), Jg. 1950 Nr. 15 (2. September 1950).

[52]) K. G. Scharold, Mannigfaltiges, Archiv des Histor. Vereins für den
Untermainkreis, 1. Bd. 1. Heft (1832) S. 133.

vier in das gefengnus, doraus er komen ist, mit iren selbs leyben zu stellen. Sub sigillo hern Veyten von Brendt und hern Michel Neunsteters, beden ritter"[53]).

Oder:

„Margareta Fergin, Michel Fergen e[he]liche hausfrau, hat urfehde gethan an burgschaft, sub sigillo Gotzen von Berlichingen und Jorgen Zobels, actum uf mitwochen nach Augustini anno domini [15]46" (= 1546 September 1.)[54]).

Konnte man eines Verbrechers nicht habhaft werden, so schickte man damals schon, genau wie heute, einen Steckbrief mit eingehender Personalbeschreibung aus. Als Abschluß unseres strafrechtlichen Streifzuges mag nun ein solches Schriftstück aus der würzburgischen Kanzlei unter Fürstbischof Julius Echter von Mespelbrunn dienen, das an Anschaulichkeit wirklich nichts zu wünschen übrig läßt:

„Magnus Kulmar von Muhlhausen, ein kurzbesetzt person mit einem braun gestutzten bart, trägt an kleidung an: Ein gelben lidernen leyb und vorn gestoßene, schwarze barchate ermeln, schwarze barchate hosen und strümpfe, bisweilen aber leibfarbene, grobgestrickte strümpfe, einen wullenschwarzen mantel mit einem samaten kragen und unten mit samat belegt und ein schwarzen vilzhut mit einer berlenschnur; trägt auch bei sich gemeinlich ein pirschrohr"[55]).

*

Alle die angeführten Beispiele vermögen notgedrungen nur höchst spärliche Lichter auf die überaus reiche Rechtskultur Mainfrankens zu werfen. Die Zahl und Mannigfaltigkeit der uns überkommenen fränkischen Rechtsdenkmäler greift ins Unermeßliche. Allein die spätmittelalterliche Rechts- und insbesondere Verwaltungsgeschichte legt den Grund für viele bedeutende Rechtseinrichtungen der Neuzeit. Zäh und beharrlich, konservativ im wahrsten Sinne des Wortes, werden alte, längst überholte Formen vom Rechtsleben noch lange mitgeschleppt. Zahlreiche altertümliche Institutionen und Bräuche reichen auch in der

---

[53]) St.-A. Würzburg, Standbuch Nr. 298 (= Urfehdebuch des Fürstbischofs Lorenz von Bibra (1495—1519), fol. 83.
[54]) St.-A. Würzburg, Standbuch Nr. 298, fol. 21.
[55]) Stadtarchiv Frankfurt am Main, Criminalia, Fasc. IX (1598), Nr. 17.

fränkischen Rechtstradition herab bis ins 18. und 19. Jahrhundert. Andererseits liegt aber ebenfalls eine ständige Wandelbarkeit, eine stetige Verjüngung, ein ewiger Umbruch und eine nichtendende Umschichtung in der Rechtsordnung, die zu allen Zeiten — allerdings mit oft wesentlich verschiedenen Methoden — die Idee der Gerechtigkeit zu verwirklichen versucht. Wenn aus all den vorgetragenen Einzelheiten nunmehr wenigstens hier und dort ein schwacher Abglanz von der Ganz- und Wesenheit mainfränkischer Rechtskultur durchgeschimmert hat und die verstreuten Bemerkungen ihrerseits weitere Anregungen zu geben vermögen, dann ist auch der Zweck dieser bescheidenen Darlegungen durchaus erreicht, denn sie versuchten mindestens hinzulenken auf selbsttätige Bemühung um die reiche Rechtsüberlieferung Frankens.

Die Hexenprozesse im Hochstift Bamberg

Der mittelalterliche Hexenaberglaube, in dem vielleicht in veränderter, verjüngter Form die Wesensmerkmale uralter Zauber- und
Dämonenvorstellungen wiederkehren, gelangte auch im ehemaligen
Hochstift Bamberg wie in so vielen anderen deutschen und fremd-
ländischen Territorien gegen Ausgang des späten Mittelalters zu
elementarem Ausbruch. Bereits vor der päpstlichen Bulle „Summis
desiderantes" von 1484 und dem „Malleus maleficarum" von 1487
machten sich in Bamberg gewisse Anzeichen von dem schädlichen
Treiben der Zauberer und Druden nach der Meinung der Leute bemerkbar. Das klingt kaum verwunderlich, wenn man bedenkt, wie
tief letztlich der Hexenglauben als primitive religiöse Anschauung
im ungebildeten Volke seit Urzeiten verwurzelt war und man sich
außerdem vergegenwärtigt, wie der Wahn immer wieder durch
Holzschnitte, Kupferstiche und Flugblätter, in denen zeitgenössische
Künstler Themen aus den Hexensagen aufgriffen [1]), den Gehirnen
jener Analphabeten eingehämmert wurde. Kein Wunder, wenn
schließlich fast jedermann jene Erscheinungen, die ihn irgendwie
unerklärlich und übernatürlich anmuteten, argwöhnisch als dämo-
nisches Blendwerk und teuflische Täuschung auffaßte. Selbst den

---

[75]) Irrig ist dementsprechend die Behauptung A. Bigelmairs bei Buchberger, Lexikon f. Theol. u. Kirche X 995.

[1]) Man denke hier vor allem an die zahlreichen Handzeichnungen Hans
Baldung-Griens (1484—1545), in denen dieser schwäbische Maler typische
Motive aus dem Hexenwesen wie jene berühmten Walpurgisnachtphantasien
zeichnerisch festgehalten hat (vgl. dazu Gustav Radbruch, Elegantiae
juris criminalis, 7 Studien zur Geschichte des Strafrechts, Basel/Leipzig
1938 S. 28). Den Hexenstichen Albrecht Dürers (1471—1528) hingegen fehlt
vielfach das Gemeine, Hexenmäßige überhaupt (vgl. Heinrich Wölfflin,
Die Kunst Albrecht Dürers, München 1905 S. 85).

wirklich innerlich frommen Menschen konnte die durch anerkannte Kirchenlehrer wie Augustinus und Thomas von Aquino erhärtete These „Omnia quae visibiliter fiunt in hoc mundo, possunt fieri per daemones" in zweifelndes Wanken und tiefe Glaubensunsicherheit stürzen [2]).

Der erste urkundlich beglaubigte Fall von Zauberei in Bamberg stammt aus dem Jahre 1421. Den archivalischen Beleg für dieses Vorkommnis liefert das Bamberger Ächtbuch von 1414 bis 1444 [3]) mit einer Eintragung vom 24. August 1421. Während der Amtsperiode des Fürstbischofs Friedrich III. von Aufseß (1421—1432) mußte damals ein gewisser Jacob Vogler von Pleydenstein (Pleystein, Lkr. Vohenstrauß?) einen Eid leisten, für die Dauer der nächsten zehn Jahre den Umkreis von zehn Meilen um die Stadt Bamberg nicht zu betreten, als Strafe dafür, weil er etlichen Leuten wahrsagen wollte, wer ihnen ihre abhandengekommenen Pferde gestohlen hätte. Man darf dabei nicht übersehen, daß gerade in damaliger Zeit wahrscheinlich Wahrsager, Kristallspiegelseher, Totenbeschwörer und Wunderdoktoren ein erhebliches Unwesen trieben. Namentlich der Glaube an den Zauberspiegel, in dem alles sonst dem leiblichen Auge Verborgene gesehen werden konnte, war weit verbreitet. Vielfach lebten die Leute, namentlich auf dem Lande, in dem einfältigen Wahne, falls sie bestohlen würden, vermöchte ihnen vor allem, wenn nicht gar einzig und allein, jener zu helfen, der einen solchen geheimnisvollen Zauberspiegel besäße, weil der Besitzer darin das Bild des Diebes schauen könnte [4]). Überall wähnte man, der Satan habe seine Hand mit im Spiele. Entsetzlich oft steht gerade das Wort „Teufel" in den Schriften der Reformatoren und Gegenreformatoren des Zeitalters. Es braucht daher nicht zu verwundern, wenn die Landesherren sich die Bekämpfung und Ausrottung der weitverbreiteten teuflischen Irrlehren als staatspolitische Aufgabe ersten Ranges und volkserzieherisches Programm höchsten Formats vornahmen. Bereits im Jahre 1472 waren unter der Regierung des Fürstbischofs Georg I. von Schaumberg (1459—1475) im Stift Bamberg für Zauberei ebenfalls dieselben Strafen festgesetzt wie für andere Kapitalverbrechen [5]). Von einem eigenen Verbrechenstatbestand der „Hexerei" oder „Trudnerei" (veneficium) fehlt in-

[2]) Vgl. über den Teufelsglauben insbesondere: J. Huizinga, Herbst des Mittelalters, dt. von T. Wolff-Mönckeberg, 3. Aufl. Leipzig 1930 S. 365.
[3]) Druck: Josef Hansen, Quellen und Untersuchungen zur Geschichte des Hexenwahns und der Hexenverfolgung im Mittelalter, Bonn 1901 S. 529 Nr. 29.
[4]) Vgl. M. Hader, Zauber-, Hexen-, Gespensterglauben im Frankenwald, Heimatbilder aus Oberfranken, Volkskundliche Vierteljahresschrift, 1. Jg., Heft 4 (Okt./Dez. 1913) S. 238.
[5]) P. Wittmann, Die Bamberger Hexenjustiz (1595—1631), AkkR. 50, 1883 S. 177.

dessen bis ins Jahr 1507 hinein jegliche Spur [6]). Erst die Schwarzen-
bergische Strafrechtsreform von 1507, die sog. „Bambergensis"
(CCB), die Fürstbischof Veit I. Truchseß von Pommersfelden
(1501—1503) durch den bambergischen Hofmeister Johann Freiherrn zu Schwarzenberg (1463—1528) beginnen ließ und die Schwar-
zenbergs Schwager, der Bischof Georg III. Schenk von Limpurg
(1505—1522) 1507 verkündet hat [7]), brachte in ihrem Artikel 131
die Strafbestimmung gegen Hexerei. Die Bambergensis, die zu
größter Bedeutung für die spätere reichsrechtliche Regelung des
Hexenverbrechens durch die Carolina (CCC) von 1532 gelangt ist,
war zunächst lediglich als Kriminalrechtsregelung für das Gebiet
des Hochstifts Bamberg gedacht [8]). Die Voranstellung der Religions-
verbrechen, wie Blasphemie, Meineid, Ketzerei und Zauberei, an die
Spitze sämtlicher Verbrechenstatbestände in der bambergischen
Halsgerichtsordnung findet ihre natürliche Erklärung in der völlig
einleuchtenden Tatsache, daß der Bamberger Landesherr eben ein
geistlicher Fürst gewesen ist [9]). Schwarzenberg trat zwar in seinem
Gesetzbuche generell wie die meisten seiner juristischen Zeitgenossen für die Beibehaltung der nach dem kanonischen Strafrecht
üblichen Ketzer-Feuerstrafe ein, ließ aber trotzdem gewisse humane
Milderungen in der fallweisen Behandlung der Hexenfrage zu. Die
unschädliche Zauberei nämlich belegte er als Gesetzgeber lediglich
mit arbiträrer Strafe, d. h. das jeweilige Strafmaß mußte im Rahmen
richterlichen Ermessens gewonnen werden. Mit seiner Bambergensis
überragt daher Schwarzenberg weit die allgemeine Grundeinstellung
seines Zeitalters. Selbst jene furchtbare Festlegung des Hexenwahns,
der verrufene „Hexenhammer", vermochte bei ihm keineswegs die
Auffassung von der heimischen, fränkischen Rechtstradition zu beseitigen [10]). Die CCB. gründet in ihrem wichtigsten Teile, dem
Strafprozeß, durchaus auf dem Bamberger Stadtrecht und dem
im Anschluß daran entwickelten Gerichtsgebrauche [11]).

Aber erst gegen die Neige des 16. Jh.s wurde im Bambergischen
die eigentliche, große und blutige Hexeninquisition ausgelöst [12]).
Namentlich das Beispiel anderer Fürsten, insbesondere des Mark-

---

[6]) Heinrich Zoepfl, Das alte Bamberger Recht als Quelle der Carolina,
Heidelberg 1839 S. 118.
[7]) Vgl. Johann Looshorn, Die Geschichte des Bistums Bamberg,
VI. Bd. Das Bistum Bamberg von 1623—1729, Bamberg 1906 S. 27.
[8]) Vgl. Eberhard Schmidt, Einführung in die Geschichte der deutschen
Strafrechtspflege, Göttingen 1947 S. 110.
[9]) Vgl. Robert von Hippel, Deutsches Strafrecht, Bd. I (Allgemeine
Grundlagen), Berlin 1925 S. 179 Anm. 1, S. 180 und Karl Heinz Spiel-
mann, Die Hexenprozesse in Kurhessen, 2. Aufl., Marburg 1932 S. 207.
[10]) Willy Scheel, Johann Freiherr zu Schwarzenberg, Berlin 1905
S. 243.
[11]) Zoepfl a. a. O., S. 165 u. 173.   [12]) Vgl. Looshorn VI S. 28.

grafen von Ansbach-Bayreuth, die sich die Ausmerzung der hexischen Verirrungen mit profanen Strafen und Zwangsmitteln zum Ziel gesetzt hatten, scheint den Bamberger Fürstbischof zur Nacheiferung und Nachahmung angespornt zu haben. Im Jahre 1591 hatte der Ansbach-Bayreuther Markgraf seine geistlichen und weltlichen Räte versammelt, um sich mit ihnen über die Bekämpfung des Hexenwesens zu beraten. Am 25. August 1591 fertigte dann Adam Franci si, der zweite lutherische Titularabt des ehemaligen Zisterzienserklosters Heilsbronn bei Ansbach (1509—93) [13]), eine sog. ,,Generalinstruktion von den Trutten'' [14]) an seinen markgräflichen Landesherrn aus. Francisci beruft sich für die Realität des Hexentums auf jene berühmte Stelle in der Offenbarung des Johannes (Offenbarung 12, 12), wo Gott den Menschen warnend ankündigt: ,,Weh denen, die auf der Erde wohnen und auf dem Meer! Denn der Teufel kommt zu euch hinab und hat großen Zorn und weiß, daß er wenig Zeit hat''. Der Teufel, so legt der Abt die Schriftstelle aus, wird im geistlichen und weltlichen, ja selbst im häuslichen Bereiche nach seinem Erscheinen mit Ketzerei, Abgötterei, Krieg, Aufruhr, Mord, Vergiftung, Drudnerei und Zauberei wüten. Daher tue der Markgraf gut daran, das Hexengeschmeiß und alle seine Konsorten in seinem Fürstentum weder zu dulden noch zu leiden, sondern vielmehr mit gebührendem Ernst und Eifer auszurotten. Im einzelnen solle sich der Fürst über die jeweilige Art des Vorgehens gegen die Missetäter nach göttlichem Gesetz oder Naturrecht mit seinen geistlichen und weltlichen Räten besprechen. In Sonderheit seien bei dem schändlichen Druden- und Hexenwerk vier Punkte wohl zu erwägen:

1. Was von den Hexen nach Gottes Wort, kanonischem und profanem Recht zu halten sei.

2. Den Wesenskern der Drudnerei bildet die Abschwörung Gottes; deshalb sei, ungeachtet aller übrigen Umstände, in solchen Fällen die Todesstrafe zu verhängen.

3. Über verdächtige und überführte Personen sind geistliche und weltliche Sicherheits- und Strafmaßnahmen zu verhängen.

4. Die Missetäter (Druden) müssen streng bestraft werden.

---

[13]) Vgl. Georg Muck, Geschichte von Kloster Heilsbronn von der Urzeit bis zur Neuzeit, III. Bd. Nördlingen 1880 S. 7.
[14]) Die Generalinstruktion selbst findet sich in zwei inhaltlich übereinstimmenden Abschriften im Bayer. Staatsarchiv Bamberg unter den nachfolgenden Signaturen:
   a) Rep. B 26c Nr. 44 (= eine gleichzeitige Abschrift, wie der Schriftduktus einwandfrei erkennen läßt).
   b) Rep. J II Nr. 331/3 (= Abschrift Ende 17. Jh.).
An dieser Stelle habe ich ebenfalls Herrn Staatsarchivrat Dr. W. Neukam vom Staatsarchiv Bamberg für mancherlei Unterstützung und Archivhilfe aufrichtig zu danken.

Vor allem gründet sich das Gutachten auf göttliches, alttestamentliches Recht als Ausfluß des Pentateuchs, vor allem auf jenen unverrückbaren, fast wäre man versucht zu sagen „klassischen" Generaltatbestand des zeitgenössischen Hexenstrafrechts: 2. Mos. 22, 18 („Die Zauberinnen sollst du nicht leben lassen!" — „praestigiatricem ne sinas vivere!"). Francisci gelangt schließlich auf Grund der einzelnen Aussprüche der Bibel zu dem zwingenden Schluß, weil Gott eben selbst in der Heiligen Schrift vor Zauberern und Hexen warnt, so kann es sich bei dieser Erscheinung keineswegs um Fabelwerk oder irgendeine Sinnestäuschung, sondern nur um wirkliche Gegebenheiten, nämlich um leibhaftige Dämonen handeln. Für die radikale Bekämpfung des Hexenunwesens nimmt der Titularabt seinerseits nachdrücklich mosaisches Recht, d. h. die lex forensis Judaica, die im Mittelalter bereits durch die Kirche rezipiert worden war, als höchste Autorität in Anspruch. Neben der bereits zitierten Kernstelle 2. Mos. 22, 18 weist er vor allem auf Gottes Befehl im 5. Buche Mose (5. Mos. 13, 9 u. 10 und 5. Mos. 19, 21) hin, wo es heißt: „Dein Aug soll ihrer nicht schonen und dein Herz soll sich ihrer nicht erbarmen, sondern du sollst sie erwürgen und das Böse von dir hinwegtun, daß es andere Leute hören, sich fürchten und nicht dergleichen böse Stücke unter dir zu tun sich vornehmen." Im übrigen erwähnt er ebenfalls die weltlichen Gesetzgebungswerke in Gestalt der mannigfaltigen Konstitutionen, Reichsabschiede und Landesverordnungen, die sich samt und sonders gegen die Zauberei und Hexerei aussprachen. Während jedoch die Zauberer bei den Juden gesteinigt worden seien, sehe das kaiserliche Recht an Strafen lebendigen Brand, vorherige Strangulierung und anschließende Verbrennung der Leiche, Enthauptung, Staupenschlag, ewiges Gefängnis, Landesverweisung, öffentliche Kirchenbuße und Güterkonfiskation vor. Franciscis Hauptabsicht gipfelt vornehmlich in seiner kategorischen Forderung, keinen hexischen Übeltäter, „er sei groß oder klein", ungestraft zu lassen und die übrigen Leute, die noch nicht vom Hexenlaster verseucht seien, durch ernste Mandate nachdrücklich vor der drohenden, schlimmen Gefahr der Verführung zu warnen.

Zweifelsohne ist diese ansbachische Generalinstruktion als führende kriminalpolitische Anweisung und grundlegendes fachmännisches Gelehrtenurteil zum Problem des Hexentums überhaupt in abschriftlichen Ausfertigungen an den Hof des Bamberger Fürstbischofs gelangt und hat offenbar dort auch verhältnismäßig rasch Schule gemacht. Indessen ergibt sich jedoch noch kein quellenmäßig belegter Anhaltspunkt für eine blutige Verfolgung der Hexen während der Amtsperiode Ernsts von Mengersdorf (1583—1591). Das erste Todesurteil jedenfalls, das vom Bamberger Zentgericht über eine angebliche Hexe gefällt wurde, trifft vielmehr erst in die Regierungs-

zeit des nächsten Fürstbischofs Neithard von Thüngen (1591—1598).
Am 14. August 1595 nämlich wurde in der Bischofsstadt Bamberg
das Urteil des peinlichen Gerichts vom 31. Juli, das Margaretha
Behemerin (= Böhmer) wegen Teufelsbündnisses zum „lebendigen
Brand" verdammte, nochmals überprüft und daraufhin rechts-
kräftig bestätigt [15]).

Auch während der Epoche des zeitlich darauffolgenden Bischofs
Johann Philipp von Gebsattel (1599—1609) rissen die Prozesse nicht
ab, das erhellt zum mindesten ein Befehl aus der fürstlichen Kanzlei
hinsichtlich der Inquisition einer Verhafteten [16]).

Am 30. März 1610 erließ dann der Fürstbischof Johann Gottfried
von Aschhausen (1609—1622) für das Hochstift Bamberg ein durch
Druck verbreitetes Mandat „gegen das greuliche hochsträfliche
Hauptlaster der Zauberei, Wahrsagerei, verdächtige, unnatürliche
verbotene Kunst" [17]). Nach dieser fürstlichen Verordnung verfielen
Zuwiderhandelnde ipso facto dem kaiserlichen Recht und der Bamberger Gerichtsreformation. Personen, die sich von derartigen Leuten
beraten ließen, mußten nach dem Dekret des Hochstifts verwiesen
werden. Gleichzeitig wurden die bischöflichen Beamten zur Denunziation von Hexen bei den zuständigen Kommissaren aufgefordert.
Gerade in jenen zweifelhaften Späher- und Spitzeldiensten entwickelten die bambergischen Beamten nicht selten einen recht
erstaunlichen Feuereifer. Für ein Aufflammen des Hexenwahns
traten allerdings noch andere innere und äußere Voraussetzungen
treibend hinzu. Wohl nicht zu Unrecht hat Looshorn vermutet, daß
gerade damals in Bamberg die Saat des Hexentums eine geeignete
Pflanzstätte fand, da, ganz abgesehen von der unruhigen, stürmischen Zeit, tiefer Armut und schwerer, verlustreicher Seuchen, die
Unsittlichkeit unter den Laien sowohl als ebenfalls unter dem Klerus
in erschreckendem Ausmaße um sich gegriffen hatte [18]). Dennoch
fanden Hexenprozesse nicht im Gesamtgebiet des Fürstbistums
statt, sondern die Verfahren konzentrierten sich lediglich auf einzelne
Orte des Bamberger Sprengels [19]). Von Juni 1612 bis Herbst 1613
wurden beispielsweise in Kronach eine Reihe von Hexenstrafpro-
zessen durchgeführt [20]), ebenso außerdem in Steinwiesen und Staffel-
stein [21]). Aus der Stadt Bamberg selbst ist indessen seit Beginn der

---

[15]) Vgl. Staatl. Bibl. Bamberg, RB. Msc. 148/1; s. a. Looshorn VI S. 29.
[16]) Looshorn VI S. 33.
[17]) Staatsarchiv (= St.A.) Bamberg, Rep. B 26c Nr. 44 (Akt mit bambergischen Verordnungen, betr. Hexerei aus den Jahren 1591, 1610—28).
Vgl. dazu Heinrich Weber, Johann Gottfried von Aschhausen, Fürstbischof von Bamberg und Würzburg, Herzog zu Franken, Würzburg 1889
S. 136 und Looshorn VI S. 30.
[18]) Looshorn, ebd.   [19]) Weber a. a. O. S. 137.
[20]) Weber, ebd.; P. Wittmann a. a. O. S. 180.
[21]) Looshorn, ebd.; Weber, ebd.

Regierung Johann Gottfrieds von Aschhausen bis einschließlich März 1616 nur ein einziger gerichtlicher Fall aus dem Jahre 1614 überliefert. 1616 selbst haben dann allerdings bereits mehrere Prozesse stattgefunden. Ab 1617 steigen die Hexenverfahren zahlenmäßig außerordentlich an, klingen jedoch schon 1618 bei Ausbruch des Dreißigjährigen Krieges wieder etwas ab [22]. Hinsichtlich der Fälle des „crimen magiae" der Jahre 1617 und 1618 sind wir auf Grund einer archivalischen Primärquelle in Gestalt eines überlieferten zeitgenössischen, 188 Blatt starken Verhaftungs- und Hinrichtungsbuches [23] auf das genaueste unterrichtet. Wiederum verhältnismäßig wenige Prozesse begegnen darauf ebenfalls in der Zeitspanne von 1619 bis zum Ausgang des Jahres 1622, d. h. bis zum Tode Johann Gottfrieds zu Regensburg [24].

Das grauenvolle Unglück der Hexenbrände nahm jedoch gewaltig überhand unter dem nächsten Fürstbischof Johann Georg II. Fuchs von Dornheim (1623—1633) [25]. Schon kurz nach seiner Regierungsübernahme, im Jahre 1624, setzten die Verfolgungen der Hexenmeister und Druden von neuem wieder ein und zogen sich ohne Unterbrechung bis zum Jahre 1631 hin [26]. Mehr als 900 Hexenuntersuchungen sind in dem ziemlich kurzen Zeitraum von 1625 bis 1630 in Bamberg und in Zeil am Obermain durchgeführt worden [27]. In den beiden genannten Städten fanden von 1626 bis 1630 allein 236 Personen den Tod durch Henkershand [28]. Eines der menschlich

---

[22] Weber, ebd.; P. Wittmann a. a. O. S. 183.
[23] Staatl. Bibl. Bamberg, R.B. Msc. 147 („Verzeichnis von hingerichteten und gefänglich eingezogenen Personen, namentlich zu Hallstadt und Bamberg"). — Georg Steinhausen (Geschichte der Deutschen Kultur Volksausgabe der 3. Aufl., Leipzig 1933 S. 422) hat für das Jahr 1617 allein 102 Hinrichtungen im Bambergischen errechnet.
[24] Vgl. P. Wittmann, ebd.
[25] Johann Diefenbach, Der Hexenwahn vor und nach der Glaubensspaltung in Deutschland, Mainz 1886 S. 131.
[26] Vgl. P. Wittmann a. a. O. S. 185.
[27] G. v. Lamberg, Criminal-Verfahren vorzüglich bei Hexenprozessen im ehemaligen Bistum Bamberg während der Jahre 1624 bis 1630, Nürnberg o. J. S. 5. — Vgl. wegen der Zeiler Hexenprozesse vor allem das Archivale: St. A. Würzburg, Hist. Verein Würzburg, MS. q. 143 (Familienchronik und Hausbuch des Bürgers Langhans zu Zeil, 1616—1627); Druck: J. Denzinger, Archiv des hist. Vereins von Unterfranken und Aschaffenburg, 10. Bd. (Würzburg 1850).
[28] Diese Zahlenangaben beruhen auf den Tagebuchnotizen eines Zeitgenossen, W. A. Scholderer, der damals nachfolgende Aufzeichnungen machte: „Unter welchen zeiten zu Bamberg einkommen, sodann nach Zeyl geführt und alda hingericht undt verbrändt worden:

214 personen Bamberger,
22 personen auswärtige

Sa. 236 personen besag selber specifikation."
(St. A. Bamberg, Rep. B 26c Nr. 44; vgl. dazu P. Wittmann, a. a. O. S.189).

erschütterndsten Verfahren, das beredtes Zeugnis von der namenlosen
Qual der Gefolterten ablegt, bleibt der Prozeß gegen den Bamberger
Bürgermeister Johann Junius vom Juni des Jahres 1628 [29]). Über
das Gesamtausmaß der Bamberger Hexenhinrichtungen des Jahres
1628, vornehmlich der beiden Monate August und September, gibt
ein Kalender mit interessanten Bemerkungen Aufschluß. Auf gedruckten Kalenderblättern finden sich dort wirklichkeitsnahe Einträge über Verurteilungen, Verbrennungen und Atzungsrech-
nungen [30]).

Im Jahre 1627 wurde in Bamberg unter Johann Georg II. Fuchs
von Dornheim, der sich ähnlich wie sein Würzburger Stiftsnachbar
Fürstbischof Philipp Adolf von Ehrenberg (1623—1631) die Hexenprozesse besonders angelegen sein ließ, das neuerbaute Druden-
oder Hexenhaus am Häfnermarkt eröffnet, das bis zum Schweden-
einfall im Jahre 1632 meist voll belegt geblieben ist [31]). Weihbischof
Förner ließ damals dieses Hexengefängnis errichten, über dessen
Eingang eine allegorische Figur der Gerechtigkeit und ein Spruch-
band angebracht waren, das die Inschrift trug: „Dicite iustitiam
moniti et non temnere divos!" [32]). Die Bamberger Hexenverwahre
galten als besonders schlimme Detentionslokale, weil es in ihnen
noch eigene Spezialmarteranstalten gab. Seitens der fürstlichen
Inquisitoren wurde immer wieder, um recht verstockte Verdächtige
zum umfassenden Geständnis zu bewegen, auf das „gefaltet Stüb-
lein" im Bamberger Malefizturm hingewiesen, bei dem es sich vermutlich um einen Haftraum gehandelt haben dürfte, dessen Fuß-
boden aus scharfkantigen Latten gefügt gewesen ist, die ein Sitzen
oder Liegen der Gefangenen zu ständiger Qual, wenn nicht sogar
völlig unerträglich werden ließen [33]).

Im übrigen hatte man in Bamberg zur Zeit der Hexenepidemie für
die zahlreichen Hexenstraffälle eine besondere „Hexen-Kommission"
aus vier bis sechs Mitgliedern der landesherrlichen Malefizkommission, der im allgemeinen die Prozeßprotokolle zur Prüfung und
Vorbescheidung vorgelegt werden mußten, gebildet. Hinsichtlich der
Zensur der Listen von Mitschuldigen und Gehilfen der Hexen, der
Verfügung über Festnahme und Folter, sowie der Inquisition der

---

[29]) Vgl. vor allem Junius' eigenhändigen, in ungelenker Schrift ver-
fertigten Brief an seine Tochter Veronica nach Beendigung der an ihm vor-
genommenen Tortur: Staatl. Bibl. Bamberg, RB. Msc. 148 Nr. 300; s. a.
Looshorn VI S. 56 und Diefenbach a. a. O. S. 133.
[30]) Staatl. Bibl. Bamberg, J. H. Msc. misc. 9/2.
[31]) Staatl. Bibl. Bamberg, RB. Msc. 148/2; vgl. dazu Looshorn VI
S. 44.
[32]) Soldan-Heppe-Bauer, Geschichte der Hexenprozesse II, 3. Aufl.,
München 1912 S. 2.
[33]) Vgl. Oskar Wächter, Vehmgerichte und Hexenprozesse in Deutschland, Stuttgart 1882 S. 173.

Strafgefangenen handelte die Hexenkommission fast völlig unumschränkt, wenngleich sie, dienstlich gesehen, natürlich lediglich eine Unterabteilung der Malefizkommission darstellte. Die zeitweilig beträchtlich anwachsenden Einläufe in Hexensachen durften nur ausdrücklich bestimmte und bevollmächtigte Kommissare übernehmen und als zuständige Referenten bearbeiten [34]).

Nicht abwegig mag es erscheinen, an dieser Stelle ebenfalls einmal kurz auf die Haltung des Speyerer Reichskammergerichts zu den bambergischen Hexenprozessen einzugehen. Gerade beim kaiserlichen Reichskammergericht sind in der Zeit der großen Hexenverfolgung in den einzelnen deutschen Territorien zahlreiche Hexenverfahren durchgeführt worden, zumal sich die Verfolgten in tiefster Verzweiflung und oft noch in letzter Stunde an dieses höchste Reichsgericht um Hilfe wandten [35]). Wenngleich sich auch leider die Männer im Kollegium des Reichskammergerichts nicht gegen die irrige Volkswut und das allgemeine, blinde Vorurteil der Zeit durchzusetzen vermochten, so verdient die Haltung der Kammergerichtsräte jedoch insofern volle Anerkennung, als sie es gerade gewesen sind, die ständig bestrebt waren, wenigstens die krassesten Rechtswidrigkeiten und die schlimmsten Auswüchse des Verfolgungswahns gegen die vermeintlichen Hexen abzuschwächen und zu unterbinden. Dem Kaiser Ferdinand II. (1619—1637) und dem Reichskammergericht ist es namentlich zu verdanken, wenn dem fanatischen Brennen des Bamberger Fürstbischofs Johann Georg II. Fuchs von Dornheim schließlich doch Einhalt geboten und dessen fürstlicher Hochmut in die gebührenden Schranken verwiesen wurde [36]). Das Verfahren der fürstbischöflichen Strafgerichte selbst brandmarkte das Reichskammergericht als nicht länger mehr zu duldende, grobe Verletzung der im Reich bestehenden Rechtsordnung und als verbotenen Eingriff in die oberstrichterliche Gewalt des Kaisers [37]). Es ist quellenmäßig eindeutig bezeugt, daß vielfach gerade Bamberger Angeklagte während des Schwebens der Hexenprozesse das Reichskammergericht in Speyer um ein Mandat zum gesetzmäßigen Verfahren gemäß der Carolina angegangen haben. Bekannt ist vor allem jener Fall, in dem sich der Sohn des wegen Zauberei- und Hexereiverdachtes verhafteten Bamberger Kanzlers Dr. Georg Haan im Juni 1628 nach Speyer wandte, weil der Fürstbischof eben über diesen Schritt zur höchsten Appellationsinstanz in unbändigen Zorn geriet [38]). Das Kammergericht erließ in dieser Angelegenheit am

---

[34]) Vgl. P. Wittmann S. 186.
[35]) Vgl. dazu grundsätzlich: Altona, Stellung des Reichskammergerichts zu den Hexenprozessen, Zeitschrift für die gesamte Strafrechtswissenschaft, 12. Bd. (1892) S. 909.
[36]) Looshorn VI S. 80.
[37]) P. Wittmann a. a. O. S. 193.   [38]) Looshorn VI S. 53.

13. Juli 1628 ein „Mandatum poenale" des Kaisers Ferdinand II.
in Sachen Haan gegen Bamberg und Consorten an den Bischof
Joh. Georg [39]). Darin heißt es ausdrücklich, daß das kaiserliche
Recht es verbiete, unbescholtene Leute auf Verleumdung hin ohne
ausreichende Indizien wegen Malefizverbrechen zu verhaften und
übermäßig zu foltern. Das Strafmandat gebot, dem Angeklagten
einen Verteidiger zu bewilligen und im übrigen gerecht zu urteilen.
Außerdem warf das Schriftstück dem Fürsten Übereilung in der
Sache vor, bezichtigte ihn, den Angeklagten durch Wach- und Durst-
folter zum Geständnis gezwungen zu haben, und wies auf die er-
schreckende Rechtswidrigkeit des ganzen Gerichtsverfahrens hin,
da sich der Fürstbischof weder an die Halsgerichtsordnung des
Reiches, die Carolina, noch an die des Hochstifts, die Bambergensis,
hielte. An jener Stelle folgt eine für die aufgeklärte Geisteshaltung
der Kammergerichtsräte höchst aufschlußreiche Bemerkung, nämlich der logische Schluß, falls man sich auf die zitierten, einschlägigen Gesetze tatsächlich stütze, so könnte man gar keinen der
denunzierten Häftlinge verbrennen. Dr. Haan sei jedoch allein deshalb, wie es im Text weiter heißt, persönlich in den Verdacht der
Zauberei und des Hexenverbrechens geraten, weil er sich offen und
mutig gegen das gesetzlose Verfahren der bischöflichen Gerichte verwahrt und den Prozeß gemäß den Vorschriften der Reichs- und
Landeskonstitutionen gefordert habe. Das Mandat schloß mit dem
kaiserlichen Befehl, nicht gegen die Halsgerichtsordnungen zu verstoßen unter Androhung einer Geldbuße in Höhe von zehn Mark
„löthigen Goldes" für den Fall der Nichtbefolgung [40]).

Andere Schutzsuchende wandten sich sogar nach Rom an den
Papst und die Sacra Rota Romana. Die Kurie beauftragte beispielsweise am 20. April 1631 ihren Nuntius am kaiserlichen Hof,
Kardinal Pallotto [41]), damit er sich beim Bischof von Bamberg für
die Gefangene Hoffmann verwende. Mit dem gleichen Auftrage wurde
ebenfalls der Auditor der Rota von Papst Urban VIII. (Maffeo
Barberini, 1623—1644) betraut [42]). Diese Schritte erklären sich vor
allem durch jene Tatsache, daß die Erledigung und Entscheidung
der einlaufenden Gnadengesuche aus den Justizsachen, die wie die

---

[39]) St. A. Bamberg, Hist. Kat. Rep. J II 331/4 (Copia mandati poenalis).
[40]) Looshorn VI S. 55.
[41]) Über Leben und Wirksamkeit des Kardinals Giovanni Battista Pallotto, der unter dem Pontifikat Urbans VIII. von 1628 bis 1635 die Nun-
tiatur am deutschen Kaiserhofe versah, unterrichtet Hans Kiewning in
der Einleitung (S. XXXVII ff.) zu seiner Ausgabe der „Nuntiaturberichte
aus Deutschland, 1628—1635" IV, 1 (1895). Die fraglichen Berichte des
Jahres 1631, die immerhin möglicherweise für den Hexenprozeß gewisse
Aufschlüsse zu geben vermöchten, sind leider nicht erschienen; die zweibändige Edition behandelt lediglich die Zeit von 1628 bis 1630.
[42]) P. Wittmann a. a. O. S. 207, Looshorn VI S. 74.

Hexenangelegenheiten die Kirche unmittelbar berührten, dem Oberhaupt der katholischen Kirche vorbehalten blieben, das sich in derartigen Fällen allerdings des Beirates seines Auditors bedienen konnte [43]). Wenn die Bittsteller ihre Gnadengesuche ebenfalls an die Sacra Rota Romana richteten, so deutet das immerhin darauf hin, daß diese Justizbehörde des Heiligen Stuhles damals noch keine völlig festgelegte Kompetenz besaß, daß sich vielmehr erst im Laufe der Zeit eine immer straffere Praxis entwickelte. Daraus erhellt ebenfalls, daß damals immer noch gewisse Rechtssachen, wie etwa die Bittgesuche für inhaftierte Hexen einzelnen Kardinälen oder Kardinalskommissionen zur Erledigung überwiesen werden konnten [44]).

Zur richtigen Würdigung der Bitt- und Gnadengesuche, die für die damalige Zeit geradezu das typische und wichtigste außerordentliche Rechtsmittel darstellten [45]), muß man sich vor allem eine schwerwiegende Tatsache vergegenwärtigen, den Umstand nämlich, daß im Hochstifte Bamberg ähnlich wie in Kurbayern, Elsaß, beim Deutschmeister, Augsburg und Würzburg, trotz der bestehenden gesetzlichen Bestimmung, den Angeschuldigten alle Verdachtsgründe vorzuhalten und ihnen angemessene Zeit zur Vorbereitung ihrer Verteidigung zu gewähren [46]), grundsätzlich keine Anwälte bei dem geheimen Verbrechen der Hexerei zur Defension der Gefangenen zugelassen worden sind [47]).

Unbeschadet aller Eindämmungsversuche seitens des Kaisers und sogar päpstlicher Einflußnahme nahmen die Hexenverfahren in Bamberg weiter ihren Lauf und verebbten keineswegs. Selbst die gesetzgeberischen Vorkehrungen des Fürstbischofs, wenigstens den schlimmsten Verleumdereien nach außen entgegenzutreten, hatten es nicht vermocht, die Hexenfeuer zum Erlöschen zu bringen. Der Fürst verkündete allerdings für sein Hochstift am 31. Juli 1627 ein Mandat, worin den Ehrabschneidern, die falsche Anschuldigungen gegen ehrliche Leute vorgebracht hatten, mit Strafe gedroht wurde[48]). Faßte man einen Verleumder, dann sollte man an ihm ein ernstliches Exempel statuieren und strenge Strafen an Leib und Leben

---

[43]) Gemeint ist der sog. Auditor Sanctissimi; vgl. Paul Hinschius, Das Kirchenrecht der Katholiken und Protestanten in Deutschland, System des katholischen Kirchenrechts I, Berlin 1869 S. 421.

[44]) Vgl. Hinschius a. a. O. I S. 397.

[45]) Vgl. ebenfalls Fritz Byloff, Das Verbrechen der Zauberei (crimen magiae), Graz 1902 S. 297.

[46]) P. Wittmann a. a. O. S. 196.

[47]) Looshorn VI S. 74. — Im Erzstift Mainz hingegen hat man den wegen Hexerei Angeklagten nicht die Verteidigung verwehrt. Das bezeugen zum mindesten Rechnungen aus zeitgenössischen Mainzer Hexenprozessen, in denen häufig zu lesen ist: ,,Der defensor verthan . . . 3 l b. 3 dl." (Vgl. St. A. Würzburg, Rechnungen Nr. 36274 aus den Jahren 1601/02).

[48]) St. A. Bamberg, Rep. B 26c Nr. 44; Looshorn VI S. 40; P. Wittmann a. a. O. S. 191.

verhängen [49]). Bei falschen Aussagen wurde übrigens ein Zeuge in
jedem Falle mit der „poena infamiae" belegt. Falls durch sein un-
wahres und erlogenes Zeugnis eine peinliche Strafe gegen einen
Dritten verhängt und an ihm vollzogen worden war, konnte der
Verleumder außerdem mit der „poena talionis" und der „poena
mortis" bestraft werden [50]). Zur Abschreckung solcher Frevler befahl der Fürst, einen Wippgalgen zu errichten. Ebensowenig scheint
der fürstbischöfliche Erlaß vom 16. September 1628, wonach Verleumder ohne Rücksicht gemäß der peinlichen Halsgerichtsordnung
abgeurteilt werden sollten, irgendwelche positiven Beeinflussungen
des Hexenwahns ausgelöst zu haben. Zwar ist seit Juni 1630 in
Bamberg nach der Überlieferung keine Verhaftung wegen Hexereiverdachtes mehr vorgenommen worden und am 18. September 1631
hatte der Fürstbischof Johann Georg II. auf ein erneutes kate-
gorisches Mandat des Kaisers sich bereit erklärt, alle wegen Hexenverbrechens Inhaftierten gegen genügende Sicherheit freizulassen,
wie es ebenfalls in Würzburg geschehen sei [51]), allein beim Nahen
der Schweden lagen immer noch zehn Verdächtige im Drudenhause.
Die Dominikanerin M. A. Junius berichtet in ihrer Chronik, daß
man diese Häftlinge aus dem Gefängnis entließ, nachdem man
ihnen zuvor einen Eid abgefordert hatte, über ihre Behandlung
während ihrer Kerkerzeit zu schweigen [52]).

Nach dem Scheitern der Verhandlungen mit dem Schwedenkönig
und der Flucht des Fürstbischofs vor einer Truppenübermacht von
etwa 10 000 Mann unter Feldmarschall Gustav Horn aus der Stadt,
ergab sich Bamberg am 1. Februar 1632 dem Feind. Fürstbischof
Johann Georg II. Fuchs von Dornheim vermochte infolge der zeit-
weiligen Annexion seines Hochstifts nicht mehr in seine Residenz
zurückzukehren. Am 29. März 1633 starb der Fürst, der wie kein zweiter das Feuer der Hexenverfolgung geschürt hatte, als gebrochener,
von Sorgen verzehrter Mann im Kollegiatstift Spital am Pyhrn an
der oberösterreichisch-steiermärkischen Grenze [53]).

Die vorübergehende Schwedenherrschaft im Hochstift Bamberg
zeitigte hinsichtlich der Hexenprozesse durchaus günstige, erfolg-
reiche Ergebnisse, denn während dieser Zwischenregierung legte sich
die Verfolgungswut gegen die zauberischen Leute in einem solchen

---

[49]) P. Wittmann, ebd.

[50]) Hierony aus Christoph Meckbach, Anmerkungen über Kaiser
Carls des V. und des H. R. Reichs Peinliche Halßgerichts-Ordnung, Jena
1756, ad Art. 68 CCC S. 156.

[51]) Vgl. A. Bechtold, Beiträge zur Geschichte der Würzburger Hexenprozesse, Frankenkalender 53. Jg. (Würzburg 1940) S. 128 und P. Wittmann a. a. O. S. 220.

[52]) P. Wittmann a. a. O. S. 221.

[53]) P. Wittmann a. a. O. S. 222.

Maße, daß nach dem Tode des Fürstbischofs Johann Georg die Hexenjustiz nicht wieder aufzuleben vermochte [54]).

Unter der Regierungsperiode des darauffolgenden Landesherrn Franz von Hatzfeld (1633—1642), der in der Form der Personalunion ebenfalls das Hochstift Würzburg gleichzeitig als Fürstbischof und Herzog von Franken innehatte, kann ebensowenig ein erneutes Aufflackern der Hexenbrände festgestellt werden, wie nach der Übernahme des Bamberger Episkopats durch Melchior Otto Voit von Salzburg (1642—1653) die Praxis der Zaubereiverfahren auch nicht wieder aufgenommen wurde [55]). Das Hexenmandat Otto Voits vom Jahre 1650 zeitigte ebenfalls glücklicherweise keine prozessualen und strafrechtlichen Wirkungen. Vereinzelte Aktenstücke und einige wenige Korrespondenzen aus den Jahren 1674 bis 1680 allerdings deuten zwar darauf hin, daß das alte Hexenwesen zweifellos immer noch lebhaft in der durch allerlei dämonologische Eindrücke überreizten Phantasie des unwissenden, abergläubigen Volkes spukte. Zu peinlichen Folgen oder gar Hinrichtungen führten indessen, wie schon erwähnt, diese Schriftstücke trotz des verhängnisvollen Charakters, der ihnen anhaftete und gerade für jene „empfängliche" Zeit auch niemals abgesprochen werden kann, jedoch nicht mehr [56]).

Nüchtern betrachtet erscheint es letztlich fast so, als ob der Hexenprozeß im Hochstift Bamberg an der eingetretenen, tiefen Verelendung des Bistums und Territoriums sowie durch die völlfge Erschöpfung der fürstlichen Kasse zwangsläufig, möglicherweise sogar zeitlich noch ungewollt, ein jähes Ende nahm [57]). Man vermag sich angesichts der ziemlich abrupten Aufgabe der Prozesse tatsächlich kaum des Gedankens zu erwehren, daß hier wahrscheinlich eher — um einmal einen strafrechtlichen terminus technicus auf diese historische Erscheinung anzuwenden — „ein unfreiwilliger Rücktritt vom Versuch" obwaltet. Nicht höhere Einsicht in den blinden Wahn, nicht allgemeine Ernüchterung inmitten dieser entarteten Massenpsychose der Zeit, nicht Abscheu vor der entsetzlichen Paranomie der Verfahren geboten vermutlich den Abbruch der Hexenprozesse, sondern jene einstmals mit fanatischem Eifer betriebenen Hexenjagden wurden notgedrungen aufgegeben und die Prozesse sistiert, weil das Territorium infolge seiner zerrütteten Finanzen, obschon seine Regenten vielleicht auch noch aus reformatorischen und kriminalpolitischen Motiven anfänglich widerstrebten, nicht mehr imstande war, die geldlichen Hilfsquellen für die Hexeninquisition aufzubringen, die stets als ein sehr kostspieliges Unternehmen bezeichnet worden ist. Gleichsam höhere Gewalt also, nämlich die

[54]) Soldan-Heppe-Bauer a. a. O. II S. 225.
[55]) Diefenbach a. a. O. S. 137.
[56]) P. Wittmann a. a. O. S. 223.
[57]) Soldan-Heppe-Bauer, ebd.

bedrohliche Finanzkrise des Bamberger Fürstbistums, hatte offenbar
den Bischofsstaat am Obermain von der Geisel der Hexenverfolgung
und Vernichtungswut gegen das Zauberergesindel befreit, eine tiefe
Zäsur in die Geschichte der Diözese gefügt und dem verängstigten
Volke jene Erlösung von einem täglichen Übel gebracht, die es damals leider noch nicht vom Menschen selbst erwarten durfte. Erstand dem Lande auch kein wirklicher Aufklärer, der die Gemüter
von dem Wahn und Alpdruck des Hexentums befreite, so bescherte
die Geschichte ihm immerhin in einem innerstaatlichen Ereignis,
mit der finanziellen Notlage des Hochstifts, den Retter aus harter Be-
drängnis und tiefer Furcht. —

Wandlungen des Kirchenbegriffs im Spätmittelalter

Grundzüge der Ekklesiologie
des ausgehenden 13., des 14. und 15. Jahrhunderts

Einleitung

„Die Geschichte der Kirche ist die Geschichte der Erringung ihrer völligen Freiheit und Unabhängigkeit und ihrer völligen Weltherrschaft", so formuliert ein moderner Gelehrter[1]) die wechselvoll unterströmte Historie und Entwicklung der Kirche in ihrer kämpferisch-tragischen Abfolge von glänzenden Triumphen, herrlichen Siegen, schmerzlichen Demütigungen und bitteren Leiden. Um die von Gott der Kirche zugedachte und gestellte Mission erfüllen und die ungeheuere Aufgabe überhaupt hinlänglich bewältigen zu können, hatte

---

[1]) Ernst Benz, Ecclesia Spiritualis. Kirchenidee und Geschichtstheologie der franziskanischen Reformation, Stuttgart 1934 S. 462.

sich bereits seit der Epoche Cyprians († 258) eine Teilung der
kirchlichen Einheit, der Universalkirche, jener universitas
fidelium, eine Aufspaltung in Geistliche und Laien (pastores
et grex) in gewissem, wenn auch ganz geringem Umfange
angebahnt und in ihren Anfängen vorgezeichnet. Ebenso
scheidet ein karolingischer Theologe wie der Bischof Rather
von Verona zwischen Geistlichen und Laien in der Kirche.
Die Söhne der Kirche sind bei ihm entweder „Anteil des
Herrn", nämlich Kleriker, Mönche und Bischöfe, oder sie
sind Arbeitende, Freie und Unfreie, oder Ritter (prael. 3, 22),
womit er den Nähr- und Wehrstand als das laikale Element
der kirchlichen Gemeinschaft bezeichnet[2]). In der geschichtlichen Wirklichkeit aber lebte das frühe Mittelalter bis zum
Investiturstreit völlig in einer harmonischen Theokratie, die
keinen Raum für eine ausgeprägte, zweigleisige geistlich-
weltliche Entwicklung bot, sondern durch eine „fast fugen-
lose innere Einheit von religiösem, sozialem und politischem
Gewissen" in Gestalt des christlichen Imperiums manifestiert
wurde[3]). Erst die gregorianische Reform wandte sich gegen
die bisherige wesenhafte Vermengung und Verquickung der
religiösen und weltlichen Sphäre und forderte programmatisch
— um der Reinerhaltung des Religiösen willen — eine rein-
liche Scheidung der beiden seither organisch verbundenen
Bereiche, eine scharf betonte Trennung von geistlich und
weltlich, von Priester- und Laientum, eine Verdrängung der
Laien aus der Stellung, die sie im zeitgenössischen Staats-
und Eigenkirchenrecht innehatten. Der päpstliche Hierokratismus Gregors VII. versetzte der christlichen Reichsidee
den entscheidenden, ersten Schlag und legte mit seiner rechtlichen Überordnung des Klerikers über den Laien, des Sacer-
dotiums über das Imperium, den Grund für die nunmehr
einsetzende und fortschreitende Entsakralisierung und Lai-
sierung des mittelalterlichen Staates. Gerade diese an und

---

[2]) Vgl. Bruno Schwark, Bischof Rather von Verona als Theologe, Königsberg i. Pr. 1915 S. 46.
[3]) Vgl. Michael Seidlmayer, Das Mittelalter. Umrisse und
Ergebnisse des Zeitalters — Unser Erbe, Regensburg 1948 S. 33
und S. 97 Anm. 19.

für sich zunächst begreifliche und sicherlich ebenso notwendige und förderliche Scheidung der Christgläubigen in re-
gierende Kleriker und regierte Laien räumte der Geistlichkeit als Stand seit dem Investiturstreit eo ipso eine höhere
Würde, Rechtsstellung und restlose Überlegenheit über die
Nicht-Kleriker ein[4]) und trug damit aber ebenfalls verständ-
licherweise den Keim für schwerwiegende Wirrnisse von An-
beginn in sich. In seinen Kämpfen mit dem Kaisertum vermochte dann schließlich das Papsttum in den Tagen Gregors VII. (1073—1085)[4a]) — gewissermaßen als Reaktion auf
die überspannten imperialen Machtansprüche — die lang ersehnte und wahrhaft entscheidende „Libertas ecclesiae" zu
erringen[5]).

Allein die gegen die Einheit des christlichen Imperiums
siegreiche Kirche war gegen die nun zwangsläufig eintretenden Folgen ihrerseits kaum gefeit und entging ebensowenig
der verlockenden, ernsthaften Gefahr, die nun einmal er-
rungene Freiheit als Basis zur Durchsetzung des päpstlich-
imperialen Hierokratismus und zur Erringung einer unbeschränkten kurialen Weltherrschaft zu mißbrauchen und damit der Profanation in hohem Grade zu erliegen.

In diesem engeren Zusammenhange als auch für die
geistesgeschichtliche Wertung der Erscheinungsform der späteren mittelalterlichen Kirche schlechthin dürfte eine Wort-
und Begriffsgeschichte, kurz eine historisch-dynamische Erklärung des Definitions- und Gestaltwandels der Ecclesia,
wie er sich im Laufe der Zeit und unter dem Einfluß der
verfolgten Ziele jeweils ergeben sollte, neue aufschlußreiche,

---

[4]) Vgl. Gerhard Frotscher, Die Anschauungen von Papst
Johannes XXII. (1316—1334) über Kirche und Staat. Ein Bei-
trag zur Geschichte des Papsttums, phil. Diss. (Teildruck) Jena,
Grünberg (Hessen) 1932 S. 5.

[4a]) Vgl. hierzu insbesondere: Wilhelm Wühr, Studien zu
Gregor VII. — Kirchenreform und Weltpolitik (= Hist. Forschungen und Quellen, hrsg. v. Anton Mayer u. Paul Ruf,
10. Heft), München und Freising 1930.

[5]) Vgl. Anton L. Mayer, Das Kirchenbild des späten Mittelalters und seine Beziehungen zur Liturgiegeschichte (= Gedächt-
nisgabe für Odo Casel) 1951 S. 282.

aufhellende Ergebnisse zeitigen. Zudem erscheint es als recht erheblich, wie Albert Hauck[6]) bereits treffend erkannte, in welcher Weise der Kirchenbegriff letztlich seit dem 12. Jahrhundert gestaltet wurde.

Schon im beginnenden Mittelalter hatte sich die Anschauung verbreitet, nach der man vielfach die Kirche der Hierarchie[7]) oder dem Priestertum einfach gleichzusetzen und sie mit diesen zu identifizieren begann. Mit der Zeit rückten nämlich die Theologen des öfteren von der Definition Augustins „Ecclesia est universalis congregatio iustorum" merklich ab. Gregor VII. (1073—1085), Urban II. (1088—1099) und Paschalis II. (1099—1118) versuchten tatsächlich in stetiger Steigerung, den Laieneinfluß auf die Kirche zu brechen und auszuschalten[8]). Näher jedoch auf diese geschichtlichen Gegebenheiten und Vorgänge einzugehen, erübrigt sich im Rahmen dieser Fragestellung ohne weiteres. Für diese Darstellung sei einleitend und zielgebend lediglich hervorgehoben und betont, daß die Libertas ecclesiae, als Ergebnis des Investiturstreites, schon den konkreten Begriff

---

[6]) Vgl. Albert Hauck, Die Rezeption und Umbildung der allgemeinen Synode im Mittelalter (= Historische Vierteljahrschrift X. Jg. [1907]), Leipzig 1907 S. 471.

[7]) Mit den pseudodionysischen Schriften drang der Terminus „Hierarchie" für die Kirche seit dem 6. Jahrhundert allmählich in den kirchlichen Sprachgebrauch. Unter Hierarchie verstand sich dabei eine Heilsanstalt, die über alle ihr entsprechenden Heiligungsmittel in wohlgeordneter Gliederung verfügt. Im subjektiven Sinne faßte der Autor dieser Schriften (Dionysius Areopagita) unter dieser Bezeichnung die Gesamtheit der Inhaber der Kirchengewalt auf. (Vgl. im einzelnen: J. Stiglmayr S. J., Über die Termini Hierarch und Hierarchie, Zeitschrift für katholische Theologie 22 [1898] S. 180—187 und Ders., Die Lehre von den Sakramenten und der Kirche nach Ps.-Dionysius, ebd. S. 246ff., insbesondere S. 248—260.)

[8]) Vgl. Gerd Tellenbach, Libertas, Kirche und Weltordnung im Zeitalter des Investiturstreites (= Forschungen zur Kirchen- und Geistesgeschichte, hrsg. v. Erich Seeberg, Erich Caspar, Wilhelm Weber, 7. Bd.), Stuttgart 1936 S. 140; s. a. die Besprechung von W. Holtzmann, ZRG. 57, Kan. Abt. 26 (1937) S. 549ff.

der Klerikerkirche im Sinne einer societas inaequalis
voraussetzt, in der die Führungsgewalt lediglich den Klerikern
vorbehalten bleibt. Diese Stellung fand nicht zuletzt ihren
beredten Ausdruck ebenfalls in der Prägung des zeitgenössischen Kirchenbegriffes und in der Formulierung dieser
als der sichtbaren römischen Heilsanstalt. Während sich der
Begriff der Kirche als die Gemeinschaft der Gläubigen katexochen zu allen voraufgegangenen Jahrhunderten des Mittelalters als der geläufige behauptet hatte[9]), offenbart die Ekklesiologie der spätmittelalterlichen Epochen nunmehr neue,
kaum zuvor empfundene Züge und Formen.

I. Problematik des spätmittelalterlichen Kirchen-
begriffs

Der bekannte französische Kirchenhistoriker H.-X. Arquillière[10]) hat die ganze schwierige Problematik des Kirchenbegriffes — der spätmittelalterliche ist nur eine Entwick-
lungsstufe, wenn auch allerdings eine vielgestaltige, davon —
klar erkannt und auf einen ziemlich einfachen Nenner gebracht, als er die lapidaren Sätze niederschrieb:

„Le développement du dogme est un problème à l'ordre
du jour. Pour un catholique, les définitions de l'Église sont
la règle authentique de sa croyance. Mais les définitions elles-
mêmes sont le résultat d'une vie intense de l'esprit chrétien
à travers les siècles ... Le dogme fondamental de la papauté
a en cette fortune singulière de susciter des controverses plus
prolongées qu'aucun autre, puisqu'il n'a trouvé sa définition
précise et complète qu'au concile du Vatican."

In der Tat steht das Papsttum wie keine zweite kirchliche
Institution ebenfalls im Spätmittelalter im Brennpunkte der

---

[9]) Vgl. Reinhold Seeberg, Der Begriff der christlichen Kirche,
I. Teil: Studien zur Geschichte des Begriffes der Kirche mit besonderer Beziehung auf die Lehre von der sichtbaren und unsichtbaren Kirche, Erlangen 1885 S. 58.

[10]) Vorwort (Avant-Propos) zu Nicolas Jung, Un Franciscain,
théologien du pouvoir pontifical au XIVe siècle Alvaro Pelayo,
évêque et pénitencier de Jean XXII (= L'Église et l'État au
moyen âge III), Paris 1931.

vielen Erörterungen und Meinungen über die Fassung des Begriffes der Kirche. Der Kirchenbegriff selbst erweist sich zudem als die „crux" nicht allein der Theologen, sondern ebenfalls im gleichen Maße der Kanonisten und Historiker[11]. Aber eine weitgehende Erfassung des geistigen Ringens und wirklichkeitsnahe Durchleuchtung der ideengeschichtlichen Motive und Hintergründe jenes bewegten, von zahlreichen Strömungen durchfluteten „Herbstes des Mittelalters" darf nicht achtlos oder flüchtig an der Ekklesiologie vorübergehen, zumal die Lehre von der Kirche sich im Spiel der großen Mächte und im Konflikt der hohen Politik als bestimmender, wenn auch strittiger Faktor und Anspruch manifestiert. Während es für den Ursprung der Kirche und über die Wichtigkeit des Kirchenbegriffes im allgemeinen nicht an besonderen Untersuchungen mangelt, gebricht es bislang noch immer an einer zusammenfassenden, überblickenden Darstellung und abwägenden Darlegung der Wandlungen und strukturellen Veränderungen der Kirchendefinition im Verlaufe des ausgehenden Mittelalters, wie sie im folgenden zu geben versucht wird. Gerade die durchaus naheliegende Erklärung all dieser Wandlungen, Wechsel und Umgestaltungen des Kirchenbegriffes ist notwendig, zumal sich in ihnen ein jeweiliger Ausschnitt aus der Geschichte der Kirche überhaupt widerspiegelt, ein farbiges Kapitel aus der Geschichte des Christentums, die nach Albert Schweitzer auf der „Parusieverzögerung", d. h. auf dem Nichteintreffen der Parusie, dem Aufgeben der Eschatologie, der damit verbundenen fortschreitenden und sich auswirkenden Enteschatologisierung der Religion beruht.

Die Wurzel des Kirchenbegriffes liegt in der der Antike üblichen Auffassung gegründet, wonach der Träger, das Subjekt der Religion eine Gesamtheit, eine lediglich sittlich, nicht naturhaft bedingte, in politisch-nationaler Hinsicht neutrale Gemeinschaft sei und daß der Einzelne nicht für sich allein, nicht losgelöst von der Gemeinschaft, zur Gottheit in Be-

---

[11]) Vgl. dazu: Karl Rieker, Die Entstehung und geschichtliche Bedeutung des Kirchenbegriffs (= Festgabe für Rudolph Sohm), München und Leipzig 1914 S. 1.

ziehung treten könne. Der Kirchenbegriff bildet damit bereits
den Übergang, eine Brücke von der Grundanschauung des
Altertums zur modernen Auffassung, da er mit jener das
gemeinsam hat, daß Subjekt der Religion eine Gesamtheit
sei und mit dieser darin einig geht, daß das Subjekt der Religion ebensowenig naturhaft bedingt ist[12]). Indessen hat ein
jegliches Kulturzeitalter im Abendlande ein neues, veränder-
tes Kirchenbild gezeichnet, geprägt und geformt, das den
jeweils vorherrschenden Strömungen und Ideen in seinen
wesentlichen Motiven und hauptsächlichsten Tatbestandsmerkmalen entsprach, wenngleich das Wesen der Kirche im
Grunde unwandelbar bleiben mußte und von den Geistes-
richtungen der dieser Zeitlichkeit verhafteten Menschen un-
berührt fortlebte[13]). Allein dieses „Bild" der Kirche (das uns
in den Einzelheiten hier nicht beschäftigt) ist, wenn es auch
einmal wirklich historische Existenz erlangt hat, in seinen
Umrissen weit fließender, ja zerrinnender als der uns interessie-
rende, gedanklich gewonnene und gestaltete „Begriff" der
Ecclesia[14]). Keineswegs fehlte es im Mittelalter, selbst bei
kirchentreuen Theologen nicht, an der tieferen Einsicht in
das Wesen der Kirche. Indessen wurde die frühmittelalterliche christliche Volksreligion in den gebildeten Schichten
weitgehend gegen Ausgang des Zeitalters durch die Metaphysik und Philosophie abgelöst und zurückgedrängt[15]).
Trotzdem nahm die eigentliche, philosophisch-historisch-
juristisch unterbaute Ekklesiologie in den theologischen

---

[12]) Vgl. Rieker a. a. O. S. 22.

[13]) Vgl. Anton Mayer-Pfannholz, Das Bild der Mater Ecclesia im Wandel der Geschichte (= Pastor Bonus. Zeitschrift für
kirchliche Wissenschaft und Praxis, 53. Jg., Heft 1/2 [1942]),
Trier 1942 S. 33.

[14]) Vgl. Anton Mayer-Pfannholz, Der Wandel des Kirchenbildes in der Geschichte (= Theologie und Glaube. Zeitschrift für
den katholischen Klerus, hrsg. v. d. Professoren und Dozenten
der Erzbischöflichen phil.-theol. Akademie Paderborn, 33. Jg.),
Paderborn 1941 S. 23.

[15]) Vgl. zu diesem Problem insbesondere: Hans Meyer, Geschichte der abendländischen Weltanschauung III (Würzburg
1948) S. 25f.

Werken und hochberühmten Erzeugnissen der Scholastik einen nur geringen, bescheidenen Raum im Vergleich zu anderen Fragestellungen und Tagesproblemen ein[16]). Seit der Verwendung und Dienstbarmachung des römischen Rechts durch die Kirche gewann das juristische Element allerdings ein erweitertes, breiteres Wirkungsfeld, zumal sich die Autorität und Souveränität der spätmittelalterlichen Kirche in zunehmendem Maße auf das formale Recht stützte[17]). Mit dem Aufstiege der Juristen- und Kanonistenpäpste verbindet sich gewissermaßen so etwas wie die Entstehung eines neuen Kirchenbegriffs — jenseits des Begriffes der alten Kirche, der mit der ungefähr in Rupert von Deutz (um 1070—1129) und Hildegard von Bingen (gest. 1179) zum letzten Male auflebenden alten Theologie restlos verklungen und untergegangen war[18]). Das klassische Jahrhundert der imperialen Politik der Kurie wird dann gleichsam zum Säkulum eines „erbarmungslos justifizierten Papsttums"[19]), zumal das „liturgisch-sakramentale Urerlebnis des Mysteriums Kirche" weitgehend vom juridischen Aspekt überdeckt, überwuchert und verdrängt wurde.

Schließlich bringt aber auch ein festumrissener Kirchenbegriff die Erhebung der Religion in den Bereich des Sittlichen und Universellen. Das Recht bildet hierzu den nun einmal notwendigen autoritären Hintergrund und die tragende Stütze einer so großen Körperschaft, wie sie die Kirche

---

[16]) Vgl. Anton L. Mayer, Das Kirchenbild des späten Mittelalters und seine Beziehungen zur Liturgiegeschichte S. 280 und B. Mockenhaupt O. S. B., Die Frömmigkeit im Parsival Wolframs von Eschenbach (= Grenzfragen zw. Theol. u. Phil. 20), 1941 S. 256.

[17]) Vgl. Eduard Eichmann, Acht und Bann im Reichsrecht des Mittelalters (= Görres-Gesellschaft zur Pflege der Wissenschaft im katholischen Deutschland — Sektion für Rechts- und Sozialwissenschaft, 6. Heft), Paderborn 1909 S. 1.

[18]) Vgl. Mayer, Das Kirchenbild des späten Mittelalters a. a. O. S. 284 unter Verweisung auf E. Benz, Ecclesia spiritualis (1934) S. 299 Anm. 74.

[19]) Hermann Heimpel, Das deutsche Spätmittelalter. Charakter einer Zeit, HZ. 158 (1938) S. 234.

darstellt. Die Rechtskirche erwächst zur legitimen Form
christlichen Gemeinschaftslebens, auch wenn sie gewisser harter und scharfer Konturen nicht entbehren
sollte[20]).

Nachdem anfänglich die Erörterung des Kirchenbegriffes
vor abseitsliegenderen Fragen zurücktreten mußte, gewann
die wissenschaftliche Durchbildung und Gestaltung der Ekklesiologie im Kampfe um die hierarchische Machtstellung
der Kirche um so höhere Bedeutung, da die Kirche als
Hierarchie, d. h. als Herrschaftsorganisation, als ein politischer Verband einen ausgeprägten, genau umrissenen Be-
griffsinhalt geradezu erforderte. Mehr und mehr rückte so
die Lehre von der Kirche im Verlaufe der kirchenpolitischen
Auseinandersetzungen der letzten Jahrhunderte des Mittelalters in das Tagesinteresse. In dieser Atmosphäre erschloß
sich ein fruchtbares, günstiges Feld für die zur Verteidigung
eines bestimmten Kirchenbegriffes verfaßte Monographie,
den gelehrten Traktat. Mit dieser Richtung wurde jedoch
die ,,ehedem friedliche mystische oder liturgische Erklärung
des faktischen Seins der Kirche Verteidigung"[21]). Es setzte
eine überaus produktive Periode der Monographien über den
Kirchenbegriff und die Grundlagen der Kirchendefinition aus
den verschiedensten Lagern und Kampfstellungen heraus ein,
die in den nachfolgenden Abschnitten in ihren wesentlichen
Begriffsmerkmalen näher gewürdigt werden sollen, zumal
natürlich von der Auffassung der Kirche weitgehend das
ganze Wesen der jeweiligen christlichen Gemeinschaft und
des christlichen Lebens abhängt. Sowohl auf dem Gebiete
der kanonistischen Jurisprudenz als auch der Theologie näher-
ten sich bekannte Schriftsteller und Publizisten ihrer Zeit
dieser bewegten und bewegenden Materie, beschäftigten sich
mit diesem nicht leichten, ja sogar vielfach recht heiklen
Gegenstand und behandelten und beleuchteten dieses schier

---

[20]) Vgl. Hans Barion, Sacra Hierarchia. Die Führungsord-
nung der katholischen Kirche (= Tymbos für Wilhelm Ahlmann,
hrsg. v. seinen Freunden), Berlin 1951 S. 19.

[21]) Vgl. Joseph Ranft, Die Stellung der Lehre von der Kirche
im dogmatischen System, Aschaffenburg 1927 S. 84.

unerschöpfliche Thema mit allen dazugehörigen, einschlägigen Fragen und Punkten.

II. Entwicklungsphasen des Kirchenbegriffs im Spätmittelalter

Obschon sich seit Gratian eine Scheidung des jus canonicum von den übrigen kirchlichen Disziplinen (Liturgie, Moral usw.) anbahnte, blieb doch die Trennungslinie zwischen den einzelnen Zweigen fließend und nachgiebig, je nachdem das Objekt mehr dem einen oder anderen Gebiete zuneigte oder der Akzent sich mehr auf das eine oder andere Gebiet verlagerte. Allerdings griff seit dem Ausgang des 12. Jahrhunderts mit dem Aufschwunge der kanonistischen Jurisprudenz und der Zunahme des Übergewichts des auf der scholastischen Methode des Mittelalters fußenden Rechts die rein rechtswissenschaftliche Fall- und Problembehandlung weitgehend in die Diskussion[22]), auch des Kirchenbegriffes, ein.

1. Der theologisch-mystisch-altkirchliche und scholastische Kirchenbegriff

Von der Vorstellung Augustins „Ecclesia est universalis congregatio iustorum" ausgehend, entwickelte im 12. Jahrhundert der wirksamste und einflußreichste Frühscholastiker Hugo von St. Viktor († 1141) den Kirchenbegriff[23]). In seinem Werke „De sacramentis Christianae fidei" lib. II, pars 2 „De unitate ecclesiae" widmet er im 2. Kapitel „De ecclesia, quid sit ecclesia"[24]) der Kirchendefinition eine ausdrückliche Behandlung und eingehende Erörterung. Die von ihm aufgeworfene, erhebliche Frage beantwortet er abschließend mit diesen Worten: „Ecclesia sancta corpus est Christi uno Spiritu vivificata, et unita fide una, et sanctificata.

---

[22]) Vgl. Joh. Friedrich von Schulte, Die Geschichte der Quellen und Literatur des Canonischen Rechts, I. Bd. (Stuttgart 1875) S. 30/31.

[23]) Vgl. Albert Hauck, Die Rezeption und Umbildung der allgemeinen Synode im Mittelalter S. 471.

[24]) Migne, PL. 176, col. 416.

Hujus corporis membra singuli quique fidelium existunt; —hac itaque similitudine ecclesia sancta, id est universitas fidelium, corpus Christi vocatur propter spiritum Christi, quem accepit, cujus participatio in homine designatur quando a Christo Christianus appellatur."

Nach Hugos von St. Viktor Auffassung erweist sich die heilige Kirche also als der Leib Christi, die durch einen Geist belebt, in einem Glauben vereinigt und geheiligt wird [25]). Die Kirche ist eine große Korporation, die von der Masse der Gläubigen (multitudo fidelium) gebildet wird. Die Kirche scheidet sich nach ihm in zwei große Ordnungen oder Stände, Laien und Kleriker, die gleichsam zwei Wände eines Baues, zwei Seiten eines Körpers, versinnbildlichen. So wie es leibliches und geistliches Leben gibt, so besitzt das weltliche Regiment (= Fürsten) Gewalt über die Laien, das geistliche (= Prälaten) Botmäßigkeit über den Klerus. Über alle aber erhebt sich der Papst als Oberhaupt der Korporation Christi [26]). Hugos Ausführungen zeigen deutlich, daß die Laien als linke Seite des Körpers Christi den Klerikern als der rechten untergeordnet werden, während Kirchen- und Staatsgewalt in — wie Reinhold Seeberg bemerkt — „echt katholischer Weise" in Parallele gesetzt ist [27]).

Diese Ideen haben ihren Eindruck und ihre Wirkung auf einen Papst wie Innozenz III. (1198—1216) nicht verfehlt. Dieser bemerkt: „Wie aus des ersten, schlafenden Adams Seite Eva gebildet wurde, so ist die Kirche von der Seite des zweiten, sterbenden Adams geformt. Adam und Eva waren zwei, in einem Fleisch Eines; Christus und die Kirche sind

---

[25]) Vgl. Albert Liebner, Hugo von St. Viktor und die theologischen Richtungen seiner Zeit (Leipzig 1832) S. 447 und Johannes Delitzsch, Das Lehrsystem der römischen Kirche I (Gotha 1875) S. 29. Vgl. ebenfalls hierzu: J. de Ghellinck, Le mouvement théologique du XIIe siècle, Paris 1914; P. Wolff, Die Viktoriner. Myst. Schriften, Wien 1936; L. Ott, Untersuchungen zur theologischen Briefliteratur der Frühscholastik, 1937.

[26]) Vgl. entsprechend: Hauck und Liebner, ebd.

[27]) Vgl. Reinhold Seeberg, Der Begriff der christlichen Kirche I S. 60.

dagegen beide Eines in einem Körper" (in Adv. Dom. S. I).
Die kirchliche Organisation vergleicht Innozenz mit dem
menschlichen Körper. So wie es jedoch zahlreiche Glieder
gibt, die zusammen erst den gesamten, voll leistungsfähigen
Organismus ergeben, so bestehen ebenfalls in der Welt viele
Kirchen, die in ihrer Gesamtheit dann schließlich die katholische Kirche, id est universalis ecclesia, darstellen. Innozenz
gab durchaus zu, daß die römische Kirche an sich nicht im
eigentlichen Sinne des Wortes die Universalkirche sei, da
diese erst durch die Summe aller Einzelkirchen gebildet und
repräsentiert würde (Col. decr. tit. 3, und Serm. III)[28]. Allerdings ist sie immerhin das erste Glied der Gesamtkirche, das
Haupt aller Einzelkirchen (sedes apostolica caput omnium
ecclesiarum existat) und wird daher praktisch mit der allgemeinen Universalkirche schlechthin identifiziert, da sie in
sich gleichsam alle übrigen Kirchen enthält. Der Papst selbst
aber erscheint als iudex ordinarius aller einzelnen Kirchen.
Deshalb bildete gerade auch die erstrebte Wiedervereinigung
aller Teilkirchen unter der privilegierten Führung der römischen Papstkirche und die Begründung des päpstlichen
Primats in der Tat einen bedeutsamen Punkt im Regierungs-
programm Innozenz' III.[29]. Sonst bedient sich Innozenz für
die Kennzeichnung des Wesens der Kirche des Gleichnisses
der geistlichen Ehe und gewisser anderer Bilder. Die Kirche
ist vor allem die Braut des wahren Salomo (= Christus) —
Catholica Ecclesia sponsa veri Salomonis[30] —, die ihm in
makelloser Treue anhängt, oder die Arche Noahs, außerhalb
der alles in den Fluten versinkt[31].

Dem Priesterstande eignet in der Kirche eine besonders
bevorrechtete Stellung. Eine weitgehende Heraushebung des
Klerus macht sich unzweifelhaft bei Innozenz bemerkbar.

---

[28]) Vgl. A. Hauck a. a. O. S. 471.

[29]) Vgl. Ludwig Reichert, Das Weltbild des Papstes Inno-
zenz III., phil. Diss. Würzburg 1949 (Maschinenschrift) S. 43. —
Siehe über Innozenz' Kirchenbegriff Näheres bei Reichert a. a. O.
S. 35—53.

[30]) Migne, PL. 214, col. 814 D.

[31]) Migne, PL. 216, col. 278 C—279 A. — Vgl. auch PL 177,
col. 704!

Nicht ohne Grund weist er zur Charakterisierung der Würde
des geistlichen Standes darauf hin, daß Gott alle „sacerdotes
deos", die „reges autem principes" nannte[32]).

Bei manchen anderen Theologen des Mittelalters fehlte es
überdies auch nicht an tieferer Einsicht in den geistigen
Charakter der Ecclesia, des mystischen Christusleibes. Nach
Bonaventura (Breviloquium IV, c. 5) umfaßt der mystische
Leib, dessen Haupt Christus selbst verkörpert, sowohl die
alttestamentlichen als auch gegenwärtigen und sogar die zukünftigen (quod sicut distantia locorum non dividitur, sic nec
diuturnitate temporum separatur) Gläubigen (in Christum
credentes — omnes justi). Beim hl. Bernhard von Clairvaux
(1090—1153) tritt der uralte Gedanke von Christus dem
Bräutigam und der Kirche der Braut in neuer Deutung zutage: Et quid sponsa nisi congregatio justorum? Die Kirche
offenbart sich hier als die congregatio justorum, die auf
beiderseitiger Liebe zwischen Christus und der Gemeinschaft
der Gläubigen gegründet ist[33]).

Gerade von diesem theologisch-mystischen Kirchenbegriff
aus wurden die geschichtlichen Übelstände im Kirchenbau
und -leben von diesen Männern ebensowenig verkannt. Wohl
nicht ohne Grund klagt eine der interessantesten Persönlichkeiten und Erscheinungen des 12. Jahrhunderts, der po-
lemische Theologe und Vorkämpfer der gregorianischen Reform, Propst Gerhoh von Reichersberg (oberösterreichisches
Augustiner-Chorherrenstift zum hl. Michael) (1093—1169)[34])

---

[32]) Migne, PL. 216, col. 1113 A.

[33]) Vgl. Seeberg, ebd.

[34]) Vgl. über ihn: Christian Greinz, Kirchl. Handlexikon I
(Freiburg i. Br. 1907), Sp. 1658; V. O. Ludwig bei Michael Buch-
berger, LThK.[2] IV (1932), Sp. 421f.; B. Geyer, Die Religion in
Geschichte und Gegenwart, Handwörterbuch f. Theologie und
Religionswissenschaft, 2. Aufl., hrsg. v. Hermann Gunkel und
Leopold Zscharnack, II. Bd. (Tübingen 1928), Sp. 1044; W. Wat-
tenbach, ADB. VIII S. 783f.; Albert Hauck, Kirchengeschichte
Deutschlands IV[1] u. [2] (Leipzig 1903) S. 434ff. und Gerhochi
Reichersbergensis ad cardinales de schismate epistola, hrsg. v.
E. Mühlbacher (= Archiv für österreichische Geschichte,
47. Bd. [Wien 1871] S. 357). Vgl. auch in weiterem Zusammenhang:

in seinem berühmten Psalmenkommentar bei Psalm 64 („De
corrupto ecclesiae statu") über die Verkehrung und Verkennung des Namens der Kirche, die sich in der Welt offenbar
durchgesetzt habe. In c. 1 „De nomine curiae" spricht er sich
bitter und wehmutsvoll zugleich in einem bizarren Wortspiel
über die weitreichende und tiefgreifende Profanation und
das ihm persönlich schlimme Sorgen bereitende Absinken
der Kirche in eine leere Behördenorganisation aus: „. . . quod
nunc dicitur curia Romana, quae antehac dicebatur ecclesia
Romana. Nam, si resolvantur antiqua Romanorum pontificum scripta, nusquam in eis reperitur hoc nomen, quod est
curia, in designatione sacrosancte Romane ecclesie: quae
rectius ecclesia, quam curia nominatur, quia nomen curie,
ut ante nos dictum est, a cruore derivatur, sive a curis, ut
ait quidam: Curia curarum genitrix, nutrixque malorum,
iniustos iustis, inhonestos aequat honestis"[35]).

Zweifellos wäre es eine bedeutende Aufgabe des großen
Kirchenlehrers Thomas von Aquin gewesen, eine ausführ-
liche Kirchenlehre zu geben, damit er dadurch — nach Alois
Dempf[36]) — die konkrete Kirche seiner Zeit mit der neuen
Position des geistig völlig mündig gewordenen Menschen im
konkreten Reich oder Staat verbunden hätte. Aber seine
umfangreiche Abhandlung von den Gesetzen hat ihn an der
Abfassung einer eigenen Ekklesiologie gehindert.

Wenn der Aquinate auch keinen zusammenhängenden,
eigenen Traktat von der Kirche in seinem System entworfen
hat, so steht doch seine in starker Spiritualität gehaltene
Kirchenanschauung „allenthalben zwischen den Zeilen" (Alois
Dempf). In seiner Auffassung ist die Kirche trotzdem etwas

Irene Ott, Der Regalienbegriff im 12. Jahrhundert, ZRG. 66,
1948 Kan. Abt. 35 S. 234ff., insbes. S. 259ff.; und Irene Ott,
Geschichts- und Staatsauffassung bei Gerhoh v. Reichersberg,
phil. Diss., Marburg 1942 (Maschinenschrift).

[35]) MG. Lib. de lite III, p. 439. — Vgl. hierzu: A. L. Mayer,
Das Kirchenbild des späten Mittelalters.

[36]) Vgl. Alois Dempf, Sacrum Imperium. Geschichts- und
Staatsphilosophie des Mittelalters und der politischen Renaissance
(München und Berlin 1929) S. 396.

Reales und Konkretes[37]). Da Thomas aus der dogmatischen Wesensenergie des Reiches Gottes (Grabmann) ein juristisches Element des Kirchenbegriffes folgert, erklärt es sich auch, wenn er auf die Kirche ebenfalls aristotelische Kategorien der Staats- und Gesellschaftslehre, insbesondere den rechtlichen Gedanken und die Institution der Societas anwendet. Namentlich in seiner 1256 verfaßten Verteidigungsschrift für die Mendikantenorden, dem Opusculum „contra impugnantes Dei cultum et religionem"[38]) setzt er sich mit dem Begriff der Sozietät und seiner Verwendungsmöglichkeit für die Kirche auseinander.

Die Ecclesia, die für ihn das „collegium Christianorum" (contra impugn. Dei cult. et relig. c. II) schlechthin bildet, ist rechtlich eine Societas, d. h. eine „adunatio hominum ad unum aliquid communiter agendum" bzw. eine „adunatio hominum ad aliquid unum perficiendum" (c. III). Ihr Zweck charakterisiert sich als ein besonders hochwertiger, da er auf die Führung eines religiösen Lebens (ad religiosam vitam ducendam) und damit eben mittelbar auf die Erlangung des himmlischen Lebens hinzielt. Gemäß der herkömmlichen Unterscheidung in private und öffentliche Gesellschaften weist sich die Kirche zudem als „Publica societas" aus, da sich in ihr einander die Menschen — ähnlich wie in einem Staate — in der Einheit des Glaubens (in unitate fidei) vereinigen. Die kirchliche Körperschaft zeichnet sich dabei durch völlige Selbständigkeit und Unabhängigkeit von anderen irdisch-staatlichen Gebilden aus, verfügt über sämtliche Mittel zur Erreichung ihres Zieles, sowie über eigene Gesetzgebung und Gesetzesverwirklichung (Zivil- und Strafgerichtsbarkeit) gegenüber ihren Gliedern, Klerus und Laien. Sie erwächst damit zur „societas perfecta", zu einem eigenen,

---

[37]) Vgl. Martin Grabmann, Die Lehre des heiligen Thomas von Aquin von der Kirche als Gotteswerk. Ihre Stellung im thomistischen System und in der Geschichte der mittelalterlichen Theologie (Regensburg 1903) S. 71.

[38]) S. Thomae Aquinatis Opuscula omnia, ed. Petrus Mandonnet Ord. Praed., Tom. IV, Parisiis (P. Lethielleux) 1927, p. 25ss. — Vgl. hierzu Grabmann a. a. O. S. 96.

selbständigen und vollkommenen Staatsapparat, eine Entwicklung, mit der sich letztlich ebenfalls die urchristlichmystische Kirchendefinition zu einem in den späteren Folgen und Auswirkungen weittragenden, antispirituellen Begriff umformt.

Beim Aquinaten steht jedoch gerade dieser spezifisch juristische Kirchenbegriff mit der spirituellen Auffassung der Ecclesia im traditionellen Sinne in einer gewissen organischen Verknüpfung.

In enger Fühlung zum Kirchenbegriff des heiligen Paulus „Ecclesia corpus Christi" erblickt er in der Kirche einen lebenskräftigen, von übernatürlichen Impulsen erfüllten und belebten Organismus, eine stetige und ständige Regeneration, ein Eindringen und Hineinwachsen Christi in die Menschen aller Epochen und Örtlichkeiten. Eine ausgesprochene, ausdrückliche Definition der Kirche hat — wie bereits betont — indessen Thomas allerdings nicht gegeben. Vielmehr beschränkt er sich auf die traditionelle, seit den Kirchenvätern in verschiedenen Abwandlungen und Variationen auftauchende Begriffsbestimmung „Ecclesia est congregatio (collectio) omnium fidelium" (S. Th. I q. 117 a. 2. Verit. q. 29 a. 4 S. c. G. IV, 78), die ebenfalls in ähnlicher Gestalt im Decretum Gratiani (c. 8 D I de cons.) in der Fassung „Ecclesia, id est catholicorum collectio" wiederkehrt[39]).

Christus allein ist in Wirklichkeit und Wahrheit das Haupt dieser konkreten Gemeinschaft seines mystischen Leibes. Die Kirche selbst bildet in ihrer Gesamtheit den geheimnisvollen und heiligen Leib Christi, der sich aus vielen Gliedern zusammensetzt, die ihrerseits zusammen dieses organische Ganze bilden. Deshalb vermag die Kirche in ihrer Verbindung mit ihrem Haupte Christus in mystischem und analogem Sinne sowohl als Einzelwesen als auch als Societas, als Personengemeinschaft und korporativer Verband, aufgefaßt zu werden[40]).

Im übrigen weist der Kirchenbegriff in der scholastischen

---

[39]) Vgl. hierzu eingehend: Grabmann a. a. O. S. 81.
[40]) Vgl. Joseph Schwane, Dogmengeschichte der mittleren Zeit (787—1517 n. Chr.), Freiburg i. Br. 1882 S. 500.

Theorie, die in ihren Begriffsprägungen und -fassungen weitgehend und meist nur das eine oder andere grundlegende Element der Kirche berücksichtigte, sogar einen dreifachen Sinn auf.

Allgemein repräsentiert die Kirche die Gesamtheit aller vernünftigen Geschöpfe, welche an den dreieinigen Gott glauben. Im zweiten Sinne versteht man unter der Ecclesia die streitende Kirche und nach der dritten Auffassung die vom Heiligen Geiste erleuchtete und geleitete Gemeinschaft der Getauften, die unter Christi Haupt und dessen irdischem Stellvertreter geeinigt lebt. Die Kirchenanschauung des Thomas von Aquin richtet sich je nachdem nach einer apologetischen, historischen, dogmatisch-mystischen, ethischen und juristischen Sicht. Erst im Zusammenklang all dieser einzelnen Farben und Grundtöne offenbart und erschließt sich die volle Schönheit der thomistischen Kirchenauffassung[41]).

Im Rahmen dieser Betrachtung interessieren vornehmlich das historische und juristische Moment des thomistischen Kirchenbegriffs. Als Vorbild für die historische oder genauer geschichtsphilosophische Betrachtung und Würdigung der Kirche dient Augustins Werk „De civitate Dei“ und die Schriften anderer berühmter Theologen und Historiographen des Mittelalters, die, wie etwa Otto von Freising, eine geschichtsphilosophische Ergründung und Entwicklungsgeschichte des Gottesstaates versucht haben. Dagegen bezieht sich das juristische Element des Kirchenbegriffes auf die göttlich-rechtliche Verfassung und Gliederung der Kirche, auf Gesichtspunkte, wie sie später Bellarmin in seiner Ekklesiologie weitgehend berücksichtigt hat. Die Realisierung der Idee der Kirche fordert geradezu eine Verfassung und Organisation und beweist damit nicht zuletzt die völlige Unentbehrlichkeit des juristischen Kirchenbegriffes im thomistischen System. „Objektive vollgültige Determinierung des Glaubensinhaltes“ erwächst weitgehend von selbst aus der subjektiven Empfindung der Heilswahrheit[42]). Die sichtbare,

---

[41]) Vgl. Grabmann a. a. O. S. 83.
[42]) Vgl. Grabmann a. a. O. S. 94.

äußere Seite bedingt nicht zuletzt die Grundlage zur Er-
bauung der unsichtbaren Kirche. Auch die sichtbare Kirche
ist vom Gottmenschen als sein sichtbarer Leib geschaffen,
organisiert und für alle Zeit unwandelbar eingerichtet. Sichtbare und unsichtbare Kirche stehen zueinander in Wechsel-
wirkung und verhalten sich gegenseitig wie der äußere Leib
Christi zu seiner göttlichen Natur[43]).

2. Der Papalismus (Kurialismus) oder die hiero-kratische Theorie

Bereits Innozenz' III. Ideal beruhte in der unmittelbaren
Herrschaft des Papsttums in der Welt[43a]). Er erblickte das
Wesen der päpstlichen Gewalt gleichsam in der Zusammenfassung von Sacerdotium und Imperium in der Person des
römischen Papstes. Allein diese Vereinigung der weltlichen
und geistlichen Gewalt in päpstlicher Hand, die plenitudo
potestatis, schuf nach Innozenz' Ansicht den für die Kirche
allein tragbaren und befriedigenden Zustand. Damit war
jedoch gleichzeitig die Umbildung des Papsttums zu einer
„primär weltlichen Macht" (Albert Hauck) vollzogen und
die kirchliche Idee des Papsttums gewissermaßen von dem
politischen Weltherrschaftsgedanken aufgesogen[44]).

[43]) Vgl. hierzu im einzelnen: Schwane a. a. O. S. 497.

[43a]) Über die systematische Erneuerung der Staatslehre in der
Zeit Innozenz' III. und die Doktrin dieses Papstes vgl. an neuestem
Schrifttum: M. Maccarrone, Chiesa e stato nella dottrina di
papa Innocenzo III, Roma 1946; A. Fliche, Innocent III et la
réforme de l'Église, RHE. 44 (1949); Sergio Mochi Onory,
Fonti canonistiche dell' idea moderna della stato (Imperium spiri-
tuale — iurisdictio divisa — sovranità) (= Pubblicazioni dell'
Università Cattolica del Sacro Cuore, Nuova Serie, Vol. XXXVIII)
Milano o. J. (1951) und dazu die Besprechung von Hans Barion,
ZRG. 69, Kan. Abt. 38 (1952) S. 531—537. Trotz gewisser neuer
Gesichtspunkte, die diese Arbeiten über Innozenz III. zweifellos
ergeben (namentlich im interessanten Widerspiel zwischen Herr-
schaftstheorie und Herrschaftspraxis), scheint m. E. die ältere
Forschung die Figur dieses Hierarchen im wesentlichen zutreffend
erfaßt zu haben, so daß ich bewußt die früheren Arbeiten hier
mit zugrunde lege.

[44]) Vgl. Albert Hauck, Kirchengeschichte Deutschlands IV
¹ u. ², Leipzig 1903 S. 691.

Der Papst, der „vicarius Jesu Christi, successor Petri, Christus Domini, Deus Pharaonis" sagt von sich selbst in „Sermo II in consecratione pontificis maximi" aus, daß er zwischen Gott und dem Menschen als Mittler eingesetzt sei. Zwar stehe er diesseits Gottes, aber jenseits des Menschen; er sei kleiner und geringer als Gott, aber größer und bedeutender als der Mensch; könne alle richten, selbst aber von niemandem abgeurteilt werden. („. . . inter Deum et hominem medius constitutus: citra Deum, sed ultra hominem, minor Deo, sed maior homine: qui de omnibus iudicat et a nemine iudicatur . . .")[45]). Allein im Falle seines Abweichens vom Glauben vermag ihn, wie Innozenz selbst bekennt[46]), die Kirche zu richten.

Ausgestattet mit einer derartigen Machtvollkommenheit, sollte sich schließlich das Papsttum nicht mehr mit der unumschränkten Leitung der Kirche begnügen, sondern vielmehr machtlüstern in den ausschließlich weltlichen Bereich übergreifen, zumal sein Feld und Wirkungskreis nunmehr nicht nur religiöse Führungsansprüche, sondern die ganze Welt mit allen ihren wichtigen Belangen und Gegebenheiten umspannte. Den Nachweis der plenitudo potestatis hat daher ein Papst wie Innozenz III. immer wieder zu erbringen versucht. Er bekämpfte entschieden die Gewaltenteilung, propagierte den Papst als alleinigen, unumschränkten Herrn der Welt und legte damit den fruchtbaren Grund für die verhängnisvolle Saat des Papalismus oder Kurialismus der nachfolgenden Jahrhunderte. Als dann um die Wende vom dreizehnten zum vierzehnten Jahrhundert das Papsttum nochmals zum Kampf und zur Auseinandersetzung mit dem Kaisertum, dem Reiche, ja eigentlich dem weltlichen Staate schlechthin, antrat, fühlte sich die kuriale Partei als die Hüterin der bestehenden Rechtszustände und die berufene Garantin dieser vorherrschenden Verhältnisse in der christ-

---

[45]) Migne, PL. 217, col. 658 A.
[46]) Migne, PL. 217, 670. — Vgl. hierzu: Helene Tillmann, Zur Frage des Verhältnisses von Kirche und Staat in Lehre und Praxis Papst Innocenz' III. (= Deutsches Archiv für Erforschung des Mittelalters, 9. Jg. Heft 1), Münster-Köln 1951 S. 143.

lichen Welt[47]). Die Position und Machtstellung der päpstlichen Partei war seit dem Interregnum zusehends ange-
wachsen. „Das Hauptelement der neuen Rechtsstellung, die
Umgestaltung des kanonischen Rechts durch die Dekretalen-
gesetzgebung und deren Verarbeitung durch römische Rechts-
begriffe hatte sich fast kampflos in der neuen wissenschaftlichen Atmosphäre ausgebildet" (Alois Dempf). Das Fehlen
des Reiches, für dessen Erneuerung manche ernsthaften, ehrlichen Schwärmer eintraten, dieses Vakuum im Herzen Europas, wurde weitgehend als selbstverständliche Tatsache hingenommen. Allein mit dem Ausfall dieses Machtgebildes
waren keineswegs für das Papsttum und dessen Politik sämtliche Widerstände geschwunden. Das Problem Frankreich
barg ohnehin noch reichlich Konfliktsstoff in sich. In der Tat
zeigte sich der Papst vom Aufflammen des französischen
nationalstaatlichen Selbstbewußtseins, von der superbia gallicana, ziemlich überrascht und betroffen, deren ätzende Spitze
er empfindlich fühlen mußte, als er das neue kanonische Recht
durchzusetzen und zu verwirklichen trachtete. Damals vertraten die kurialen Theologen ausnahmslos die Lehre von
der päpstlichen Universalgewalt im Göttlichen wie im Weltlichen. Die e i n e Kirche (Ecclesia una) verfügte nach ihrer
Ansicht lediglich über einen einzigen Lenker, den Papst,
nach dem sich alle ihre Einzelglieder sowohl im profanen als
auch geistlichen Bereich zu richten hätten. Ja, dieses grundlegende Argument nahm sogar eine mystische Gestalt an,
als im anonymen philosophisch-juristischen Traktat „Rex
pacificus" schließlich behauptet wurde, da die Kirche nur
über einen Bräutigam bzw. Gemahl (= Christus) verfüge,
könne sie logischerweise auch nur einen einzigen Stellvertreter ihres Bräutigams (= Papst) haben und anerkennen[48]).
Damit wurde der Papst zum Hierarchen katexochen. Von

---

[47]) Vgl. D e m p f a. a. O. S. 441.
[48]) Vgl. J e a n R i v i è r e, Le problème de l'église et de l'état au
temps de Philippe le Bel. Etude de théologie positive (= Spicilegium Sacrum Lovaniense. Etudes et documents, Fascicule 8),
Louvain-Paris 1926, p. 185: „L'église n' ayant qu'un époux ne
doit avoir aussi qu'un seul vicaire de l'époux."

ihm nimmt auf Grund dieser Anschauung alle Gewalt auf
Erden ihren Ursprung und Ausgang[49]). Er regiert die multitudo fidelium sive universitas christianorum. Gleichzeitig
stellt er aber jedoch ebenfalls den eigentlichen Inhaber der
weltlichen Gewalt dar, der nur Gott allein unterstellt ist
und Gehorsam schuldet. Der Papst steht in seinem Range
über dem profanen Kaiser, den er absetzen und dessen Gesetze er jederzeit aufheben kann[50]). Damit ist schließlich
auch der Papst in die Stellung des gebietenden Herrn des
römischen Reiches hineingewachsen; er ist der wahre Kaiser
(rex et sacerdos), dessen Stellvertretung lediglich der ihm
unterworfene, weltliche Kaiser ausübt[51]). Er vermag auch
nicht von jemand abgesetzt zu werden. Nur wenn er persönlich in Häresie verfällt, ist er ipso facto seiner Stellung
entsetzt und seiner Würde entkleidet. Mit dieser tendenziös-
papalistischen Auslegung hatte schließlich die hierarchische
Führungs-, Macht- und Rechtskirche, vor der einst Gerhoh
von Reichersberg ausdrücklich gewarnt hatte, die Identifizierung des noch immer nach der mittelalterlichen Kaiser-
idee fortdauernden römischen Reiches mit der Kirche, ja
sogar das völlige Aufgehen und Einswerden dieses profanen
Machtstaates im kirchlichen Verbande bewirkt.

Diese kirchenpolitischen Ideen und Lehren des Kurialismus
waren Gemeingut der Schule, der Theologen sowohl als auch
der Kanonisten[52]), die in diesem ausgesprochen papalen
Sinne ebenfalls den ihnen eigenen Kirchenbegriff prägten.
Im Kampfe zwischen dem Papste und dem Staate erhoben

---

[49]) Vgl. Stephan Lederer, Der spanische Kardinal Johann
von Torquemada, Freiburg 1879 S. 191.
[50]) Vgl. Reinhold Seeberg, Lehrbuch der Dogmengeschichte,
III. Bd.: Die Dogmengeschichte des Mittelalters (Leipzig 1913)
S. 518.
[51]) Vgl. Johannes Baptist Sägmüller, Die Idee von der
Kirche als imperium Romanum im kanonischen Recht (= Theologische Quartalschrift, 80. Jg.), Ravensburg 1898 S. 73/74.
[52]) Vgl. Hans Erich Feine, Kirchliche Rechtsgeschichte. Auf
der Grundlage des Kirchenrechts von Ulrich Stutz, I. Bd.: Die
katholische Kirche (Weimar 1950), § 27 II S. 250.

die Kurialisten die Papstmacht ins Ungeheuerliche und versuchten mit allen zu Gebote stehenden Mitteln und Waffen
der Scholastik diese Position und Ausgangsstellung zu stützen
und zu behaupten [53]). Die extrem päpstlichen Forderungen
und die monarchische Tendenz spitzten sich derart bis zum
äußersten Absolutismus zu, daß schließlich der Papst mit der
Kirche überhaupt völlig identifiziert wurde und ein selbständiger Begriff der Kirche nach der These des Aegidius Romanus
„papa, qui potest dici ecclesia" (De ecclesiastica potestate
II c. 13) kaum mehr in Erscheinung trat, zumal die Kirche
weitgehend vor der päpstlichen plenitudo potestatis im
Hintergrunde klanglos verschwand [54]).

Diese Lehre vom hierokratischen System, der päpstlichen
Universalgewalt, verteidigten die Bonifazianischen Kurialisten in voller Schärfe und Leidenschaftlichkeit [54a]). Namentlich hat diese Auffassung bei den Theologen des Augustiner-
eremiten-Ordens eine theologisch-scholastische Fundierung
erlebt. An ihrer Spitze steht der Gründer der sich im 14. Jahrhundert zur Hochblüte entfalteten älteren Augustinerschule
(schola aegidiana), der Jünger des hl. Thomas von Aquin,
Ordensgeneral und seit 1295 als Erzbischof von Bourges eingesetzte Aegidius Romanus aus dem Geschlecht der Colonna (ca. 1244—1316) [55]), der mit seinem großangelegten

---

[53]) Vgl. Schulte, Geschichte der Quellen und Literatur des
Can. Rechts II, S. 55.

[54]) Vgl. Richard Scholz, Die Publizistik zur Zeit Philipps des
Schönen und Bonifaz' VIII. Ein Beitrag zur Geschichte der
politischen Anschauungen des Mittelalters (= Kirchenrechtliche
Abhandlungen, hrsg. v. Ulrich Stutz, 6./8. Heft), Stuttgart 1903
S. 60 und A. Dempf, Sacrum Imperium S. 455.

[54a]) Vgl. hierzu ebenfalls: W. Ullmann, Medieval Papalism:
The political theories of the Medieval Canonists, London 1949.

[55]) Vgl. über diesen Verfechter der Doktrin des extremsten
Papalismus u. a.: F. Lang, LThK.[2] II (1931), Sp. 1019; Feine,
Kirchliche Rechtsgeschichte I, S. 250, 273; Martin Grabmann,
Die Lehre des heiligen Thomas von Aquin von der Kirche als
Gotteswerk S. 26f.; Martin Grabmann, Die Geschichte der
katholischen Theologie seit dem Ausgang der Väterzeit (= Herders
Theologische Grundrisse), Freiburg i. Breisgau 1933, I. Abschnitt,
2. Kap. § 8 S. 84f. und S. 303; Martin Grabmann, Studien

kirchenpolitischen Traktat „De ecclesiastica sive de summi
pontificis potestate"[56]) von 1302 zweifellos das bedeutendste
Produkt der kurialistischen Schriftstellerei seiner Epoche
überhaupt und damit die wichtigste, tragende Grundlage der
Bulle „Unam Sanctam" vom 2. November 1302 geschaffen
hat[57]). In dieser Schrift hat Aegidius in kühner, gewagter
Deduktion die „thomistische Ganzheitsschau" auf das Verhältnis der Kirche als des übergeordneten, geistigen Prinzips
zum Staate als dem niederen, leiblichen Prinzip übertragen,
zugeschnitten und auf schroffstem, tendenziösem kurialen
Standpunkt ein recht aufsehenerregendes System päpstlicher
Hegemonie über den ganzen Erdball entwickelt. Aegidius,
der „doctor fundatissimus", hat es dabei durchaus verstanden, die Ideen des hl. Thomas von Aquin über die kirchliche
Gewalt weiter zu bilden und auf die brennenden Fragen seiner
bewegten Zeit anzuwenden, zumal er auf Grund seiner öffentlichen und persönlichen Stellung ohnehin einen Hauptanteil
an den Debatten tragen mußte. Aegidius schrieb jedoch in
erster Linie als Philosoph und Theologe, und nicht, wie man
vielleicht annehmen könnte, als Kanonist[58]). Seine Argumen-

---

über den Einfluß der aristotelischen Philosophie auf die mittel-
alterlichen Theorien über das Verhältnis von Kirche und Staat,
SB. der phil.-hist. Abt. der Bayer. Akademie d. Wissenschaft zu
München, Jg. 1934, H. 2 (München 1934) S. 66ff.; Schulte, Geschichte der Quellen und Literatur des Canonischen Rechts II
S. 182; F. X. Kraus, Aegidius von Rom (= Österreichische
Vierteljahresschrift für katholische Theologie, hrsg. v. Theodor
Wiedemann, 1. Jg.), Wien 1862 S. 1ff.; Hans Meyer, Geschichte
der abendländischen Weltanschauung, III. Bd.: Die Weltanschauung des Mittelalters (Würzburg 1948) S. 227 und meinen demnächst im Archiv für Rechts- und Sozialphilosophie er-
scheinenden Aufsatz „Die Rechts-, Staats- und Kirchenauffassung
des Aegidius Romanus".

[56]) Aegidius Romanus de ecclesiatica potestate, ed. Richard
Scholz, Weimar 1929.

[57]) Vgl. Scholz, Publizistik S. 46 und Scholz, Aegidius Romanus de ecclesiastica potestate, p. X.

[58]) Vgl. Grabmann, Studien über den Einfluß der aristotelischen Philosophie S. 66 und Scholz, Aegidius Romanus de
ecclesiastica potestate S. IX.

tation kennzeichnet sich zudem als eine überwiegend theologische. Aristotelische Beeinflussung tritt bei ihm stark
zurück. Er verkörpert aber trotz seines Schülerverhältnisses
zum Aquinaten keineswegs einen unbedingten Verfechter und
Vertreter des reinen Dominikanerthomismus. Vielmehr erscheint er als Eklektiker, der vor allem unter dem Einfluß
Augustins und der areopagitischen Mystik stand[59]). Mit
seiner Schrift „De ecclesiastica potestate" hat Aegidius vermutlich die erste vollständige Theorie des Absolutismus überhaupt entworfen, formuliert und vertreten. Seine Doktrin
war dabei ganz auf Bonifaz' VIII. Person zugeschnitten und
gemünzt, der ihm als das erhabene Vorbild eines Herrschers
der Welt vorschwebte[60]). Die Kirche gilt ihm letztlich als die
„Ecclesia sancta et catholica et universalis" und Mutter
aller (mater omnium) (De eccl. pot. I c. 1; II c. 6; II c. 7).
Alle Menschen, aller Besitz, alle irdischen Güter und jegliche
irdische Macht sind restlos der Herrschaft dieser Universalkirche, der der gesamte Erdkreis gehört, unterworfen[61]). Auch
die weltliche Gewalt und Obrigkeit verdankt ihre Einsetzung
einzig und allein dieser Kirche. Die Kirche besitzt nämlich
als der wahre, von Gott bevollmächtigte Staat den Inbegriff
und die Fülle sämtlicher geistlichen und weltlichen Machtbefugnisse als „integrierende Bestandteile Einer Gewalt"[62]).
Aber diese geistliche Gewalt und Macht gipfelt bei Aegidius
Colonna letztlich in einer absolutistischen Spitze, wenn er
ausdrücklich die Kirche und Papst gleichsetzende, beide
identifizierende These „papa, qui potest dici ecclesia" (De
eccl. pot. II c. 13) allen Ernstes vertritt. Mit dieser Formu-

---

[59]) Vgl. Scholz, Aegidius Romanus, ebd.

[60]) Vgl. Scholz a. a. O. S. XIV.

[61]) De eccl. pot. 2 c. II (Scholz p. 99): „Omnes ergo homines
et omnes possessiones sunt sub dominio ecclesie, ita quod ipsius
ecclesie est orbis terrarum et universi qui habitant in eo". De eccl.
pot. II c. 12 (Scholz p. 108): „Omnium temporalium bonorum
esset ecclesia domina et magistra . . ."

[62]) De eccl. pot. II c. 5 (Scholz p. 59): „ Quomodo potestas
terrena est per ecclesiasticam constituta." Vgl. hierzu: Otto
Gierke, Das deutsche Genossenschaftsrecht III (Berlin 1881),
§ II S. 520.

lierung dokumentierte sich der extremste Papalismus. Nur von Gott allein vermochte der Papst nach diesen Anschauungen gerichtet zu werden (Ipse autem summus pontifex a solo Deo habet iudicari; — Prima sedes a nemine iudicatur — De eccl. pot. I c. 5). Im Papste ruht die plenitudo potestatis; seine Gewalt ist nichts weniger als eine unmittelbare Abzweigung, ein reiner Abglanz der göttlichen Allmacht (De eccl. pot. III c. 2: „Et sicut Deus hoc agit in regimine omnium creaturarum, ita summus pontifex, Dei vicarius, hoc agit in gubernacione ecclesie et in regimine fidelium"). Der Papst stellt die Quelle allen Rechtes dar. Beide Schwerter, das geistliche und das weltliche, liegen in seiner Hand. Aus Dezenz allein besitzt er das weltliche Schwert nur „ad nutum"[63]). Er repräsentiert mit seiner Person den Inhaber eines Prinzipats über die Gesamtheit aller Menschen. Seine Macht wirkt unveränderlich. Sie bleibt erhalten sowohl in der römischen Kirche oder im Kardinalskollegium als auch in der multitudo fidelium (De renuntiatione papae, c. 10).

Durch sein Amtscharisma wird der summus pontifex zum homo spiritualis, der sich notwendigerweise durch persönliche Vollkommenheit auszeichnet (Summus pontifex, qui in ecclesia et in spirituali potestate tenet apicem et supremum gradum; De eccl. pot. I c. 5). Hierin klingt unverkennbar der folgenschwere Satz 23 aus dem „Dictatus papae" Gregors VII: „Quod Romanus pontifex, si canonice fuerit ordinatus, meritis beati Petri indubitanter efficitur sanctus . . ." an, wonach die kanonische Ordination des Papstes ipso facto dessen Heiligung bewirkt. Den Amtsbezirk des Papstes bildet räumlich die gesamte Welt (orbis terrarum), über die er allein souveräne Entscheidung übt. Mit der These von der päpstlichen Weltherrschaft verkehrt sich in der Tat die päpstliche Souveränität und Allgewalt ins positivistisch Profane. Die größtmögliche Steigerung des Kirchenrechts ist bei Aegidius in eine „faktische Vernichtung des Kirchenbegriffes", in seine Säkularisierung zu einer kirchenstaatlichen „Büro-

---

[63]) Vgl. Scholz, Publizistik S. 61. Vgl. über die Schwertertheorie neuerdings: Wilhelm Levison, Die mittelalterliche Lehre von den beiden Schwertern, DA. 9, 1951 S. 14 ff.

kratie mit absolutistischer Spitze", in eine irdische Zwangs-
ordnung abgeglitten[64]). Vor dieser Verweltlichung der Kirchendefinition tritt der mystische, spirituelle Begriff der Ecclesia ,,Ecclesia est corpus Christi et Christus est caput eius"
(De eccl. pot. II c. 12) völlig in den Hintergrund. Er ist gleichsam von der dominierenden papalen Anschauung absorbiert.
Die Lehre von der Kirche besteht nunmehr fast ausschließlich in der Doktrin von der päpstlichen Gewalt. Das römische
Recht, das lediglich ,,ancilla theologiae" sein und dementsprechend lediglich subsidiäre, zweitrangige Funktionen übernehmen und versehen sollte, war schließlich doch Herrin geblieben und hatte sich gegen die mittelalterlichen, traditionellen Anschauungen siegreich durchgesetzt und behauptet[65]).
    Diese Schrift des Aegidius hat die Grundlage für die Bulle
Bonifaz' VIII. (1294—1303) ,,Unam Sanctam" (1302), den
Gipfelpunkt der päpstlichen Machtansprüche, abgegeben.
Über das Verhältnis des Traktates zur Bulle sei lediglich vermerkt, daß sich Bonifaz VIII. auf der römischen Synode von
1302, wo er den Hauptstoß gegen Frankreich führen wollte,
gelehrte Abhandlungen über das im Konsistorium zu be-
handelnde Thema — Macht des Papstes und der Kirche —
von verschiedenen führenden Theologen ausarbeiten ließ[66]).
Als geschickter Diplomat, der er war[67]), hat dann Bonifaz
vor allem den Traktat seines Freundes und Rates Aegidius
herangezogen, verwendet und ihm markante Stellen entnommen. Deshalb bleibt aber — trotz des entlehnten Ge-
dankengutes — die äußere Gestalt und Formgebung der
Bulle Eigentum dieses energiegeladenen Papstes. In dieser

---

[64]) Vgl. hierzu eingehend : A. Dempf, Sacrum Imperium S. 455f.,
insbesondere S. 456.

[65]) Vgl. Dempf a. a. O. S. 456.

[66]) Vgl. Scholz, Aegidius Romanus de ecclesiastica potestate
S. X.

[67]) Vgl. zu seiner Charakteristik Näheres bei: Martin Souchon,
Die Papstwahlen von Bonifaz VIII. bis Urban VI. und die Ent-
stehung des Schismas 1378 (Braunschweig 1888) S. 22/23; Hein-
rich Finke, Aus den Tagen Bonifaz' VIII. Funde und Forschungen
(= Vorreformationsgeschichtliche Forschungen, hrsg. v. Heinrich
Finke, II), Münster i. W. 1902.

seiner Konstitution „Unam Sanctam"[68]) verlieh der gewaltige
Bonifaz VIII. der Idee der gleichsam das Papsttum voll-
endenden Weltherrschaft einen unlöschbaren Ausdruck[69]).
„Unam Sanctam" lehrt, es gäbe nur eine Kirche („Unam
sanctam Ecclesiam catholicam et ipsam apostolicam urgente
fide credere cogimur")[70]). Außerhalb dieser Kirche besteht und
vollzieht sich kein Heil, keine Gnade und keine Sündenvergebung. Sie bildet in der Tat eine Art Organismus, einen
mystischen Körper, dessen Haupt Christus selbst ist („Unum
corpus mysticum representat, cuius caput Christus . . .").
Wie nun von Gott alle Gewalt abgeleitet und auf ihn
zurückgeführt wird, so muß auch für die Menschenführung,
die streitende Kirche, ein gemeinsames Haupt existieren, das
über alle Macht über den mystischen Körper der Kirche
und über das zweifache Schwert verfügt. Diese Führungsgewalt gebührt allein Christi Stellvertreter, dem Papste.
Christus lebt fort in dem jeweiligen Träger dieses Amtes.
Die doktrinäre Verdichtung dieser Überlegungen gipfelt jedoch letztlich in der Stelle: „Igitur Ecclesie unius et unice
unum corpus, unum caput, non duo capita, quasi monstrum:
Christus scilicet et Christi vicarius, Petrus Petrique successor".
Als „spiritualis homo" vermag der Papst alle und alles ab-
zuurteilen, wenngleich seine Person ein allumfassendes Privilegium fori und absolute strafrechtliche Exemtion auf Erden
genießt („Spiritualis homo iudicat omnia, ipse autem a nemine iudicatur"), ein Anspruch, den bereits Gregor VII. im
Dictatus papae (Satz 19) mit der Formulierung „Quod
a nemine iudicari debeat" zur rechtlichen Norm erhoben
hatte.

---

[68]) Wegen des Wortlautes dieser päpstlichen Deklaration siehe:
Carl Mirbt, Quellen zur Geschichte des Papsttums und des
römischen Katholizismus, 2. Aufl. (Tübingen und Leipzig 1901),
Nr. 244 S. 148 f.

[69]) Vgl. Albert Hauck, Der Gedanke der päpstlichen Welt-
herrschaft bis auf Bonifaz VIII. (= Einladung zur Feier des
Reformationsfestes und des Übergangs des Rektorats auf D. Georg
Rietschel), Leipzig 1904 S. 46.

[70]) Vgl. Rivière, Le problème de l'église et de l'état au temps
de Philippe le Bel, p. 80/81.

Den päpstlichen Universalismus (Universalmonarchie) vertraten vor allem ebenfalls die Mitbrüder des Aegidius Romanus. Aus ihrer Mitte ragt sein Schüler, der Erzbischof von
Benevent und Neapel Jakob Capocci von Viterbo
(† 1308)[71]) hervor, der wie sein Lehrer die hierokratische
Theorie nachhaltig verkündete und verteidigte. Sein bekann-
ter, ebenfalls bei Ausbruch des Konfliktes zwischen dem
Papste und dem französischen König um 1302 abgefaßter
und Bonifaz VIII. gewidmeter Traktat „De regimine christiano" dürfte nach dem Werke des Aegidius die umfassendste
kirchenpolitische Publikation ihrer Zeit, mit die älteste dogmatische Abhandlung über die Kirche sein[72]). Der Autor
gewinnt den Begriff der Kirche durch eine etwas eigenartige
Verquickung augustinischer und aristotelischer Ideen.

Da die Ecclesia als die communitas der Gläubigen angesehen wird, hat Jakob, der stets seine Aufgabe „mit sorg-
fältigen Distinktionen" zu bewältigen und meistern versuchte[73]), auf sie analog die Begriffe und Wesensmerkmale
angewendet, die der hl. Augustinus in Anlehnung an die
antike Staatsauffassung zur Kennzeichnung des Staates (res
publica) gebraucht hatte[74]). Das Regnum weist sich bei diesem
Vergleich als die vollkommenste Form menschlicher Gemeinschaften aus. Daher bildet den grundlegenden Gedanken,
das Leitmotiv seines Traktats, das wie ein roter Faden die
gesamte Schrift durchzieht, die Idee von der Kirche als des
Reiches Christi. Jakob von Viterbo erscheint, wie ihn

---

[71]) Vgl. u. a. über diesen einflußreichsten Vertreter der Augu-
stinerschule: Martin Grabmann, LThK.[2] V (1933), Sp. 264;
J. Koch, Die Religion in Geschichte und Gegenwart III[2] (1929),
Sp. 13f.; Adhémar d'Alès, Jacques de Viterbe (= Gregorianum,
Anno VII, vol. VII, fasc. 1), Rom 1926, p. 340 und D. Gutiérrez,
De B. Jacobi Viterbiensis O.E.S.A. Vita, operibus et doctrina
theologica, 1939, dazu QFIAB. XXXIII 1944 S. 289 Nr. 68.

[72]) Vgl. Scholz, Publizistik S. 131.

[73]) Vgl. Dempf, Sacrum Imperium S. 456.

[74]) Vgl. Friedrich Merzbacher, Augustin und das antike
Rom, Arch. für Rechts- und Sozialphilosophie XXXIX/1), 1950
S. 103ff.

Arquillière[75]) treffend charakterisiert, als der erste, der einen
wirklich ernsthaften Versuch unternahm, die Wesenszüge der
Kirche systematisch und dogmatisch zu bestimmen und fest-
zulegen. Sämtliche Eigenschaften, die ein mächtiges Weltreich besitzen muß, vereinigen sich in höchstem Grade in
der Kirche. Für Jakob charakterisiert und präsentiert sich
die Kirche — nach dem Zeugnis der Heiligen Schrift — als
glorreiches Königreich. Die Kirche ist wahrhaft vollkommen, da ihr Reich orthodox, einheitlich, katholisch und universal, heilig und apostolisch zugleich ist. Indem er die Kirche
als ruhmvolles und wirkliches Regnum des dritten Zeitalters
der Gnade nachweisen und bezeugen will, erhebt Jakob ihren
Regenten, den Papst, zum höchsten Monarchen und König.
Die primatiale Gestalt des Papstes wird dabei nach der
kirchenpolitischen Seite hin jedoch weit überspannt und
übersteigert. In der Sicht dieses Kurialisten offenbart sich
die Kirche als Staat katexochen, zumal die charakteristischen Merkmale der ciceronianisch-augustinischen Definition
der res publica eigentlich nur auf die Ecclesia vollgültig anzuwenden sind. Die Hierokratie hat damit weitgehend die
Theokratie verdrängt und sich an deren Stelle gesetzt[76]),
zumal hier die restlose, unbekümmerte Vermischung und Ver-
schlingung des theologisch-ethischen Begriffes der ecclesia
mit der Idee eines bloßen Weltreiches und einer reinen Großmachtstellung am offenkundigsten zutage tritt. Damit wird
aber die Kirche — die communitas, congregatio, adunatio
vel convocatio multorum fidelium — zu einem Reiche dieser
Welt, zu einer säkularisierten Gemeinschaft mit überaus irdischem Beigeschmack und diesseitigem Charakter. Jakob
von Viterbo erblickt im Gottesreich auf Erden die Ecclesia
militans, im himmlischen Gottesstaat aber die Ecclesia

---

[75]) H.-X. Arquillière, Le plus ancien traité de l'Église-Jaques
de Viterbe: De Regimine Christiano (1301—1302). Étude des
Sources et édition critique (= Études de théologie historique,
publiées sous la direction des professeurs de théologie à l'institut
catholique de Paris), Paris 1926 p. 20.
[76]) Vgl. Scholz, Publizistik S. 133 und Feine, Kirchliche
Rechtsgeschichte I, § 27 II S. 251.

triumphans[77]). Der streitenden Kirche eignen zehn Wesenszüge, die sämtliche zu einem ruhmreichen Königreiche zählen
und gehören. Diese zehn Eigenschaften — Legitimität, Tradition, Ordnung, Einheit, Gerechtigkeit, Größe, Reichtum,
Stärke, Friedfertigkeit und Dauerhaftigkeit — reduzieren
sich letztlich auf vier Kardinaltugenden und Hauptmerkmale,
denen im Symbol „Una, sancta, catholica et apostolica ecclesia" Ausdruck verliehen wird. Einigkeit, Heiligkeit, Katholizität und Apostolizität der Kirche weisen sich aber
bereits als die hervorstechenden Charakterzüge der Ecclesia
aus, wie sie in der kirchlichen Symbolik seit dem zweiten
ökumenischen Konzil von Konstantinopel von 381 bereits
ausgesprochen wurden[78]). Auch die Auffassung von der
Kirche als „corpus mysticum" und Christus dem Haupte
(Christus est caput) klingt schließlich bei Jakob an, wird
aber völlig überdeckt und verdrängt von der hierokratischen
Lehre des orthodoxen Staates „Kirche", die nach Ansicht
dieses kurialistischen Autors als einzige Gesellschaft (societas)
dank ihrer Qualitäten — Einheit, Universalität und Gerechtigkeit — das Prädikat „Nulla communitas dicitur vere respublica nisi ecclesiastica, quia in ea sola est vera iustitia et
vera communio" zu Recht verdient[79]), womit der kanonische
Terminus der „societas perfecta", der absoluten und autonomen Korporation in Erscheinung tritt. Einer seiner un-
ermüdlichsten Verteidiger erstand dem Papalsystem neben
Jakob von Viterbo in der Person seines Ordensmitbruders
Augustinus Triumphus von Ancona (1243—1328)[80]). In
seiner vermutlich zwischen 1324 und 1328 auf Veranlassung
des Papstes Johann XXII. (1316—1334) geschriebenen
„Summa de potestate ecclesiastica" hat dieser raffinierte

---

[77]) Vgl. D'Alès, Jaques de Viterbe, l. c. p. 341.

[78]) Vgl. Arquillière, l. c. p. 23.

[79]) Vgl. Rivière, Le problème de l'église et de l'état au temps
de Philippe le Bel, p. 231.

[80]) Vgl. zur Unterrichtung über ihn: M. Grabmann, LThK.² I
(1930), Sp. 835 und Altaner, Die Religion in Geschichte und
Gegenwart I (1927), Sp. 666.

Dialektiker, wie ihn A. Dempf[81]) nennt, die maßlos gesteigerten und emporgetriebenen päpstlichen Ansprüche in ein,
wenn auch im Grunde unrealisierbares, juristisches System
eingeordnet und diese politisch überspannten Gedanken vertreten. Augustinus Triumphus definiert die Kirche als „congregatio fidelium" (Potest. ecclesiast. qu. III art. 8 H)[82]). Die
Kirche als mystischer Leib Christi setzt sich aus Klerikern
und Laien zusammen. Sie vermag in Glaubenssachen nicht
zu irren und zu fehlen. An ihrer Spitze steht der Papst als
rechtmäßiger Nachfolger des Apostels Petrus[83]). Er repräsentiert das sacerdotium Christi, das nicht der Person, sondern
ausschließlich dem Amte als solchem anhaftet (Potest. eccl.
qu. IV art. 1 E). Der Papst steht über dem gesetzten Recht;
er wird nicht von der Sphäre des positiven Rechts erfaßt
und berührt (Papa est supra ius: qu. V art. 2 B).

Er hat auch nur Gott über sich, der ihn für seine Vergehen
richten wird (Papa non habet superiorem nisi Deum: a quo
iudicandus sit pro suis criminibus; qu. V art. 2 H). Wohl aber
kann der Papst, wenngleich ihn kein Irdischer seiner Macht
zu entkleiden vermag, von sich aus resignieren und abdanken,
da seine Gewalt sich als iurisdictio, nicht aber als ordo erweist[84]). Als Haupt der Kirche darf er schließlich selbst auch
den Kaiser bestimmen[85]). Die Kardinäle gleichen ihrerseits
dienenden Gehilfen des Papstes[86]). Im Verhältnis zum Papste
stehen sie wie die Erde zum Himmel („Cardinales comparan-
tur ad papam sicut terra ad coelum, qu. VI art. 2 H). Ledig-

---

[81]) A. Dempf, Sacrum Imperium S. 464.

[82]) Cfr. „Augustini Triumphi Anconitani catholici doctoris
Summa de potestate ecclesiastica", edita anno Domini MCCCXX
(Rom — Georgius Ferarius — 1584), p. 36.

[83]) Vgl. Karl Hirsch, Die Ausbildung der konziliaren Theorie
im XIV. Jahrhundert (= Theologische Studien der Leo-Gesell-
schaft 8), Wien 1903 S. 4.

[84]) Vgl. Dempf a. a. O. S. 465.

[85]) Potest. Eccl. qu. XXXVII, art. 2 H.: „Papa potest eligere
imperatorem . . ." (p. 222).

[86]) Potest Eccl. qu. VI, art. 2 H: „Cardinales sunt sicut consiliarii, sicut famulantes et servientes Papae" (p. 60).

lich die päpstliche Macht stammt unmittelbar von Gott[87]).
Beim Tode des Papstes verbleibt die päpstliche Jurisdiktionsgewalt beim Kardinalskollegium und in der Kirche der Prälaten und übrigen Gläubigen, wobei die letztere hier als das
christliche Volk bzw. die Gemeinschaft der Gläubigen (universitas fidelium) gedacht ist. Die Kirche verliert damit durch
den Tod des Papstes keineswegs ihre Jurisdiktion, sondern
büßt nur während der Sedisvakanz deren tatsächliche Ausübung vorübergehend ein[88]). Wenn das Papsttum aber beispielsweise durch das Fehlen des Kardinalkollegiums beim
Tode des Papstes ganz aufhören sollte, handhabt die Kirche
ihre Gewalt durch die allgemeine Synode, eine Anschauung,
die vor allem für die spätere Entwicklung des Konzilsgedankens wichtig werden sollte. Ähnliche Gedanken sprach der
berühmte Kanonist Heinrich de Casalocci von Cremona
(† 1312), der 1302 IV 3 zum Bischof von Reggio ernannt
worden war, in seiner Flugschrift ,,De potestate papae"
(zwischen 1298 und 1302) aus, wenn er die päpstliche Oberhoheit sowohl im Geistlichen als auch im Weltlichen behauptete[89]). Er verfocht in extremer Weise die Ansicht von der
potestas directa und der universalen Herrschaft des Papstes[90]).
Alle Gläubigen bilden nach seiner Anschauung eine Kirche,
wobei er sich zur Wesensschilderung der Ecclesia des symbolischen Bildes der Taube (columba) bedient[91]).

Auf den ersten Blick wirken dagegen die Thesen eines
Wilhelm Duranti d. J. († 1331)[92]), der seit 1296 Bischof
von Mende gewesen war, doch recht antipapalistisch. Wohl

---

[87]) Vgl. Sigmund Riezler, Die literarischen Widersacher der
Päpste zur Zeit Ludwigs des Bayern (Leipzig 1874) S. 286 und
J. F. v. Schulte, Die Geschichte der Quellen u. Lit. des Cano-
nischen Rechts II S. 194.

[88]) Vgl. Hauck, Die Rezeption und Umbildung der allgemeinen
Synode im Mittelalter S. 476.

[89]) Vgl. Scholz, Publizistik S. 159.

[90]) Vgl. Scholz a. a. O.

[91]) ,,eine ist meine Taube, und wir alle sind ein Körper, dessen
Haupt Christus ist" (vgl. Scholz a. a. O. S. 163).

[92]) Vgl. zur Orientierung: K. Hofmann, LThK.[2] III (1931),
Sp. 498.

ist für diesen Kurialisten, der seinen Traktat „De modo concilii generalis celebrandi et corruptelis in ecclesiis reformandis" auf Veranlassung Clemens' V. (1305—1314) als Gutachten für das Vienner Konzil verfaßte, die römische Kirche das Haupt und die Richterin der anderen (Romana ecclesia, quae caput est aliarum ecclesiarum . . . et iudex aliarum; De modo conc. cel. III, rubr. 1), denn sie hat den Prinzipat über jene inne. Der Papst ist in der Tat Gottes Stellvertreter, aber deswegen soll er sich dennoch nicht Princeps sacerdotum nennen (De modo conc. cel. II, 34). Das Generalkonzil, das Wilhelm Duranti als ständige Einrichtung fordert, besitzt eigene Autorität neben dem Papsttum, da es über die eigentliche legislative Gewalt und einen genau umgrenzten Anteil an der Kirchenleitung verfügt. Es erscheint aber noch nicht als Repräsentanz der Gesamtkirche, sondern lediglich als Versammlung der Bischöfe. Dem thomistischen Unfehlbarkeitsdogma steht hier die Auffassung frontal gegenüber, wonach der Papst als Mensch irren könne wie alle übrigen. Auf Grund dieser Argumentation hat man vielfach diesen Autor geradezu als typischen Vorläufer der sog. konziliaren Theorie bezeichnet, allein Formulierungen wie jene etwa, daß der Papst der Kirche von niemandem gerichtet werden könne (cuius [= Ecclesiae] rector et catholicus non iudicatur a quoquam; De modo conc. cel. III, rubr. 1) unterscheiden ihn doch recht deutlich von einem konsequenten Verfechter der konziliaren Auffassung. Ungewöhnlich für seine Zeit aber wirkt seine offene Anprangerung des kurialen Regierungssystems und des überzüchteten päpstlichen Zentralismus, in denen er den entscheidenden Grund und die Ursache des Übels und aller Schädigungen der Kirche erblickt[93]). Unter den zur päpstlichen Partei neigenden Publizisten, die sich in ihren Werken der Erörterung und kämpferisch-tendenziösen

---

[93]) Vgl. hierzu: Andreas Posch, Die Reformvorschläge des Wilhelm Durandus jun. auf dem Konzil von Vienne, MJÖG XI. Ergänzungsband (Innsbruck 1929) S. 288 ff. S. a.: Ewald Mueller O.F.M., Das Konzil von Vienne 1311—1312. Seine Quellen und Geschichte (= Vorreformationsgeschichtliche Forschungen 12), Münster 1934.

Auslegung des Kirchenbegriffes angenommen haben, erweist
sich der Franziskanerkonventuale und päpstliche Pönitentiar
in Avignon Alvaro Pelayo [Alvarus Pelagius] († 1352 zu
Sevilla)[94]) zwar für die kanonistische Literatur als weniger
interessant, dafür aber als um so berühmterer Theologe[95]).
Sein großes Werk „De statu et planctu ecclesiae", das er unter
dem ungetrübten Eindrucke der zeitgenössischen römischen
Vorgänge wahrscheinlich um 1331 verfaßt hat, das die päpstliche Oberhoheit gegen den Defensor pacis des Marsilius von
Padua entschieden verteidigt und voll heftiger Angriffe
gegen den von Ludwig dem Bayern (1314—1347) aufgestellten
Gegenpapst (gegen Johann XXII.) Peter von Corbara [Pietro
Rainalducci aus Corbara = Nikolaus V. (1328—1330)][96])
steckt[97]), setzt die Kirchendefinition „Ecclesia est collectio
catholicorum" (De Statu et Planctu I, art. 37) voraus[98]).
Die Kirche ist demnach die Gemeinschaft und Menge der
Gläubigen, die Gesamtheit aller Christen („Ecclesia est multitudo fidelium sive universitas christianorum"), deren Mitglieder teils Kleriker, teils Laien sind. Die Kleriker müssen,
hierin drückt sich die wesentliche Unterscheidung aus, für
das geistige, die Laien für das irdische, leibliche Leben sorgen[99]). Daneben versucht Pelayo das Wesen der Kirche durch
allegorische Umschreibungen zu fassen und zu zeichnen. So
wendet er auf sie gleichnishafte, symbolträchtige Bilder und
Vorstellungen wie Arche (arca), Taube (columba), verschlosse-
ner Garten (hortus conclusus), Quelle (fons), Bethlehem
(= Krippe von Bethlehem) und nahtlose Tunica (tunica in-
consutilis) (De Statu et Planctu I art. 70) — mehr als die

---

[94]) Vgl. F. Doelle, LThK.[2] I (1930), Sp. 328.

[95]) Vgl. Schulte, Die Geschichte der Quellen und Literatur
des Canonischen Rechts II S. 202, Nr. 64.

[96]) Vgl. K. Müller, Der Kampf Ludwigs d. B. mit der römischen Kurie I (1879) S. 192 ff. und G. Mollat, Les Papes d'Avignon (Paris 1912) S. 212 ff.

[97]) Vgl. Riezler, Die literarischen Widersacher der Päpste
S. 283.

[98]) A. Hauck, Die Rezeption und Umbildung der allgemeinen
Synode S. 477.

[99]) Vgl. Hirsch, Ausbildung der konziliaren Theorie S. 35.

übrigen Papalisten — allegorische Gedanken an[100]). Da sein
Werk jedoch eine Kombination mit oft sich widersprechenden Stellen und Teilen darstellt[101]), fehlen in seiner „Ekklesiologie" ebensowenig fremde Entlehnungen. Auf diese
Weise erklärt sich auch bei ihm die Widergabe der Kirchendefinition Isidors „congregatio vel adunatio vel convocatio
multorum fidelium". In der Tat manifestiert sich die Kirche
für Alvaro Pelayo als die Gemeinschaft der Gläubigen, die
in Christus durch die gleichen Bande des Glaubens und der
Nächstenliebe verbunden lebt, oder als Vereinigung der
Katholiken und Heiligen.

Im oben bereits angedeuteten Sinnbild der Arche charakterisiert sich die Kirche als mystischer Leib. Ihr Gemahl ist
Jesus Christus, der sie geschaffen hat und ihren Lenker und
ihr Haupt verkörpert. Aus der durch die Lanze geöffneten
Seite Christi ist die heilige Mutter Kirche erstanden, die
einzige und unbefleckte Jungfrau und Gemahlin Christi
(unica et immaculata ac virgo sancta Mater Ecclesia conjunx
Christi, I. art. 36; vgl. ebenfalls I. art. 68). Zwischen den
beiden Gatten besteht nicht nur eine moralische, sondern
ebenfalls reale und physische Verbindung, die von ewiger
Dauer ist[102]). Auch die Kirche Pelayos ist gemäß des Symbols von Konstantinopel[103]) „eine, heilige, katholische und
apostolische" („Et Unam, Sanctam, Catholicam et Apostolicam Ecclesiam" — De Statu et Planctu I. art. 37).

Mit der sehr konsequenten Formulierung „Et quod ubicumque est Papa, ibi est Ecclesia Romana et sedes apostolica
et caput Ecclesiae . . ., nam Petrus Ecclesiam significat ut
ibi habes non Ecclesiam Petrum, papa etiam successor est
Christi non Ecclesia" (De Statu et Planctu I. art. 31) identifiziert er die Kirche mit Petrus und dem Papste, der — und
nicht die Kirche! — der allgemeine Nachfolger des hl. Petrus
und der Stellvertreter Jesu Christi ist. Damit kehrt bei ihm

---

[100]) Vgl. Nic. Jung, Alvaro Pelayo p. 150.
[101]) Vgl. Dempf, Sacrum Imperium S. 463.
[102]) Cfr. Jung, l. c. p. 160.
[103]) Vgl. Denzinger-Bannwart, Enchiridion Symbolorum,
14. u. 15. Aufl. (Freiburg i. Br. 1922), nr. 86.

diese Identifikation Kirche = Papst, die schon bei Aegidius
Romanus und Jakob von Viterbo begegnet war, in einer noch
gesteigerteren Form wieder, zumal die Existenz der Kirche
gleichsam von der Person des Papstes abhängig gemacht
wird, da nach ihm der Versuch, die Kirche vom Papste zu
trennen, bedeuten würde, sie von Christus selbst zu lösen[104]).
Der Papst ist Quelle allen Rechtes und höchste Norm sein
Wille[105]). Da Pelayo aber nicht die völlige Unfehlbarkeit
des Papstes lehrte — zumal dieser auch nach ihm ein Ketzer
und ein caput corruptum ecclesiae werden kann —, gelang
es ihm ebensowenig wie Augustinus Triumphus, das Papalsystem logisch zu entwickeln, zumal ein häretischer Papst
doch unmöglich die höchste kirchliche Autorität mehr für
sich beanspruchen und besitzen kann[106]). Zwar vertrat er
zunächst die Meinung, daß bei Ketzerei und Abfall eines
Papstes ein Urteil, eine Sentenz, überhaupt nicht mehr erforderlich sei, da ein solcher ipso facto seiner Rechte entkleidet würde (quia haeresis pertinax privat ipso iure quem-
que beneficio), plädierte aber dann doch, daß die allgemeine
Synode als „Haupt der Kirche an Gottes Statt" den häretischen Papst ausdrücklich verdammen müsse (De Statu et
Planctu I, art. 34). Erscheinen durch solche schwankenden
Ansichten Pelayos Gedankengänge als nicht immer folgerichtig, so erhellen diese seine Ausführungen ihrerseits immerhin die zeitgenössische Vorstellung von der Kirche als einer
Korporation, deren Repräsentation gegebenenfalls die allgemeine Synode übernimmt.

Er selbst aber erweist sich als ein Kopf, in dem sich alte
und neue Gedanken, echt theologische und bloß juristisch-
staatliche Überlegungen und Vorstellungen überschnitten und
mengten.

Selbst der ebenfalls in dieser Zeit wirkende, durch sein
unaufhörliches und bestimmtes Eintreten für die Selbständigkeit des Reiches gegenüber der päpstlichen Gewalt berühmte
Würzburger Domkanoniker und nachmalige Bamberger Fürst-

---

[104]) Cfr. Jung, l. c. p. 149.   [105]) Vgl. Riezler, ebd.
[106]) Vgl. Hirsch a. a. O. S. 40.

bischof Lupold von Bebenburg (1297—1363)[107]) war weit
von grundsätzlicher Opposition und Gegnerschaft gegen das
Papsttum in puncto der Ekklesiologie entfernt. Vielmehr erkannte dieser bedeutende Staatsdenker des Spätmittelalters
das göttliche Recht des Primats und die päpstliche plenitudo
potestatis im Geistlichen durchaus vorbehaltlos an[108]). Nach
Lupold hat die römische Kirche ihren Primat unmittelbar
von Christus erhalten (Ecclesia enim Romana primatum
omnium ecclesiarum habet a Christo . . .). Daher empfängt
auch die Gesamtkirche in ihrer Eigenschaft als Gemeinschaft
aller Gläubigen durch sie die Lehren in Glaubens- und
Sittensachen, da sie allein Mutter und Lehrerin der Christenheit ist. Träger der kirchlichen Vollgewalt aber wird und
bleibt einzig und allein der Papst. Lupold identifiziert in
echt kurialistischer Weise geradezu Papst und römische
Kirche, zumal bei ihm die Redewendung „papa seu ecclesia
Romana" als Ausdruck durchaus gebräuchlich und gängig ist.
Ohne die Auctoritas der römischen Kirche, d. h. im gleichen
Sinne des Papstes eben, können nach Lupolds Auffassung
allgemeine Konzilien überhaupt nicht stattfinden, ein be-
stehendes Argument, das hinlänglich beweist, wie sehr letzten
Endes dieser mutige kaiserliche Streiter und Publizist noch
der herrschenden kirchlichen Lehre verhaftet und wie weit
er noch von der konsequenten konziliaren Ansicht entfernt
gewesen ist[109]).

---

[107]) Vgl. über ihn u. a.: J. F. Abert, LThK.² II (1931), Sp. 76f.;
v. Schulte, ADB. XIX (1884) S. 649f.; August Amrhein,
Reihenfolge der Mitglieder des adeligen Domstiftes zu Würzburg,
St. Kilians-Brüder genannt, von seiner Gründung bis zur Säku-
larisation 742—1803 (= Archiv des Hist. Vereins von Unter-
franken und Aschaffenburg, Bd. 32), Würzburg 1889, I. Abt.
Nr. 621, S. 200ff.; Erik Wolf, Große Rechtsdenker der deutschen
Geistesgeschichte, 3. Aufl. (Tübingen 1951) S. 29—58 und Wil-
helm Preger, Der kirchenpolitische Kampf unter Ludwig dem
Baier und sein Einfluß auf die öffentliche Meinung in Deutschland
(Abhandl. d. k. bayer. Ak. d. Wiss. III Cl. XIV. Bd. I, 1 u. 2)
München 1877 S. 50.

[108]) Vgl. A. Hauck, Kirchengeschichte Deutschlands V, 1 (1911)
S. 564.

[109]) Vgl. hierzu im einzelnen noch: Hermann Meyer, Lupold

Aus der Polemikergruppe gegen den unten noch näher auf seine ekklesiologische Substanz zu untersuchenden „Defensor pacis" und die politischen Vorgänge um die Kaiserkrönung Ludwigs des Bayern von 1328 sind noch drei — im allgemeinen weniger bekannte — deutsche kurialistische Theoretiker, die die Kirche zu definieren versuchten, zu nennen:

Sybert von Beek — Hermann von Schildesche — Peter von Kaiserslautern. Dem ersten unter diesen Vertretern des kurialistischen Standpunktes, dem Karmeliter Sybert aus dem Orte Beek in Geldern († 1332) muß hochangerechnet werden, daß er trotz seiner restlosen, unbedingten Anerkennung der päpstlichen Machtvollkommenheit, bemüht war, von praktisch-politischer Warte aus, den bedenklichen Übersteigerungen des absolutistischen Kirchenregimes in Gestalt der potestas directa in temporalibus entgegenzuwirken und auf die Gefahren dieser Einrichtung und Anschauung kritisch hinzuweisen[110]). In seinem Werk „Reprobatio sex errorum" erkennt Sybert — dieser Freimut ist für einen überzeugten Kurialisten immerhin ein recht beachtliches Zeichen — die Möglichkeit eines Einschreitens des Kaisers gegen einen offensichtlich ketzerischen Papst an, wenn der Monarch zuvor von der Kirche oder den Kardinälen zu dieser Maßnahme aufgefordert wurde [111]).

Der Augustinerprior für Sachsen und Thüringen, der bekannte Kanonist und fruchtbare Theologe, der sel. Hermann von Schildesche (Schildis, Schilder)[112]) in Westfalen († 1357 zu Würzburg), der in der Geschichte des populären kanonistischen

---

von Bebenburg (= Studien und Darstellungen aus dem Gebiete der Geschichte, im Auftrage der Görres-Gesellschaft hrsg. v. Hermann Grauert, VII. Bd., 1. u. 2. Heft), Freiburg im Breisgau 1909, § 17 S. 216, und Rolf Most, Der Reichsgedanke des Lupold von Bebenburg, DA. 4, 1941 S. 482.

[110]) Vgl. Richard Scholz, Unbekannte kirchenpolitische Streitschriften aus der Zeit Ludwigs des Bayern (1327—1354) I (= Bibl. d. Kgl. Preuß. Hist. Instituts in Rom, Bd. IX), Rom 1911, § 1 S. 11.

[111]) Vgl. Scholz a. a. O. S. 3 und Dempf, Sacrum Imperium S. 458/459.

[112]) Vgl. J. Beckmann, LThK.[2] IV (1932), Sp. 986f.

Schrifttums geradezu eine epochale, bahnbrechende Stellung einnimmt, behandelt im ersten Hauptteil seines von Johann XXII. inspirierten und diesem Papste ebenfalls gewidmeten „Tractatus contra hereticos negantes immunitatem et iurisdictionem sanctae ecclesiae"[113]) auf einem Raum von nicht weniger als zwanzig Kapiteln die Lehre von der Kirche[114]). Für ihn verkörpert die Sancta Ecclesia die „sponsa Dei immaculata" (c. 1)[115]). Daneben wird die Kirche im gebräuchlichen Sinne als „congregatio" oder „convocatio" bezeichnet[116]), deren Gefüge und Kitt (compaginatio) die Liebe ist[117]). Liebe „kittet" gleichsam alle Gläubigen zur Erscheinungsform der gemeinsamen Kirche zusammen. Die Kirche offenbart sich übrigens ebenfalls, wie es das Dogma vorschreibt, als eine. Jedoch gehört zu ihrer Einheit ebenso notwendig und unerläßlich die Einheit der Jurisdiktion. In diesem Zusammenhange verficht Hermann entschieden die Interessen der Kurie im Kampfe mit Ludwig dem Bayern und wendet sich energisch gegen die von Marsilius von Padua vertretenen Tendenzen. Es liegt im Wesen der Kirche, daß sie unfehlbar ist. Höchstens vermag sie wegen mangelnder Unterrichtung einen „error facti" zu begehen. Im übrigen kennt sie keinerlei Abhängigkeit von einem Menschen. Wohl aber sind alle Sündigen, d. h. alle Menschen, ihrerseits auf die Kirche und ihre „correctio peccati" maßgeblich angewiesen[118]).

Der um 1330 lebende Prämonstratenser und bedeutende Rechtsgelehrte P e t r u s   v o n   K a i s e r s l a u t e r n (de Lutra bzw. Lutrensis)[119]) lehnt trotz seines kurialistischen Standpunktes in seinem Traktat „contra Michaelem de Cesena"[120])

---

[113]) Vgl. S c h o l z, Unbekannte kirchenpolitische Streitschriften II (Bd. X), 1914 S. 130ff.

[114]) Vgl. S c h o l z, Streitschriften I, § 7 S. 54.

[115]) Vgl. S c h o l z, Streitschriften II S. 132.

[116]) „Ecclesia dicitur congregatio vel convocatio" (c. 2).

[117]) „. . . sed compaginatio ecclesie est caritas".

[118]) Vgl. in diesem Zusammenhang Näheres bei D e m p f, Sacrum Imperium S. 459.

[119]) Vgl. M. G r a b m a n n, LThK.[2] VIII (1936), Sp. 165.

[120]) Vgl. S c h o l z, Streitschriften II S. 29—63.

gegen Marsilius und die Minoriten das päpstliche universale dominium, demzufolge dem Papste auch im profanen Bereich eine höhere Position als dem Kaiser eignet, ab und widerlegt gleichzeitig den gerade entgegengesetzten Irrtum des Paduaners durch die Freiheit der Kirche in ihrem Bezirke, wobei diese Libertas Ecclesiae keineswegs freiwillige Dienste für den profanen Staat ausschließt[121]).

Spricht man von den führenden Kurialisten, so darf man ebensowenig den Nachfolger eines Aegidius Romanus, den „eifrigen, aber nicht blinden Verteidiger und Ratgeber des Papstes" (Scholz), den Augustinergeneral Wilhelm de Amidanis von Cremona († 1355)[122]) übersehen, der in seinem Traktat „Reprobatio errorum" (= Liber de auctoritate apostolica contra errores Marsilii Patavini et Joannis de Janduno)[123]) die 1327 von Johannes XXII. verurteilten Irrtümer Marsilius' von Padua und Johannes' von Janduno scharf kritisierte und die potestas directa in temporalibus des Papstes verteidigte. Die Ecclesia bedeutet ihm weithin nicht die communitas omnium fidelium im spiritualen Sinne eines Hugo von St. Viktor, sondern die Gesamtheit des Klerus. Bei ihm erscheint zudem die Kirche vornehmlich als eigentliche, oberste Eigentümerin aller Temporalien und dem Papste als princeps ecclesie steht allein das direkte Obereigentum an allen Temporalien zu, zumal er über die „potestas ordinaria ad regendum ipsa temporalia" verfügt („. . . sed ecclesia seu princeps ecclesie, ipse summus pontifex habet potestatem ordinariam ad regendum ipsa temporalia"). Selbst auf die Person der Laien erstreckt sich das kirchliche dominium immediatum, da die Kirche diese ihre Gewalt in foro publico und contentioso übt. Sie kann daher die Laien punire, incarcerare, affligere et disciplinare, ja selbst die Todesstrafe bei Häresie oder Verbrechen contra honestatem morum ut lesio clerici etc. verhängen. Bei Wilhelm von Cremona erreicht, wie Scholz[124]) bemerkt hat, die Vermengung moral-

---

[121]) Vgl. Dempf, Sacrum Imperium S. 459.
[122]) Scholz, Streitschriften I, § 2 S. 13—22.
[123]) Scholz, Streitschriften II S. 16—28.
[124]) a. a. O. I S. 17.

theologischer und juristischer Begriffe ihren Höhepunkt, da
so ziemlich jegliche Scheidung zwischen spirituale und temporale verwischt wird.

Eine gewissermaßen vermittelnde Haltung nimmt der teils
unter die Konservativen gerechnete — obwohl er eigentlich
wegen seiner Anerkennung der Papsttumssouveränität nicht
zu diesen gehört — Regensburger Kanoniker Konrad von
Megenberg — De Monte puellarum — (1308—1374)[125]) ein,
wenn er als ständiger Angehöriger der päpstlichen Partei in
seinem allegorischen Klagegedicht „Planctus ecclesiae in Germania"[126]) das Zerwürfnis zwischen Kaiser und Papst beklagt, für den ersteren eintritt und den letzteren zur Milde
und Nachgiebigkeit mahnt und vor der gefährlichen Über-
spannung seiner Macht warnt.

Nach Konrads Überzeugung zeigt sich die Ecclesia keines-
wegs mit dem Klerus identisch und steht ebensowenig zum
Imperium in Kontrast. Vielmehr sind Sinn von Sacerdotium
und Imperium und Rang ihrer Repräsentanten Papst und
Kaiser funktionell auf die Ecclesia bezogen, die eine Ecclesia
Dei, ein von Gott den Menschen gegebener Ordo ist[127]), in
welcher Anschauung sich immerhin ein bedeutender konservativer Rückgriff ausdrückt. Wegen ihres zu erkämpfenden
Zieles charakterisiert sie sich als eine ecclesia militans, deren
Wesen Gott selbst ist[128]). Sie offenbart sich nach der Fülle
ihrer Qualitäten ebenso als die sponsa virtutum cunctarum,
die res rerum, der honor et amor omnis, als iusta et equa,
schließlich schlechthin als Lex Dei, in der Gott den Menschen
seinen Willen geoffenbart hat. Ihr, der Protholex prothoregis
mundi, fällt der gesamte Erdball zu, weil von ihr das Seelenheil aller Menschen abhängt.

Obschon Konrad den päpstlichen Primat konsequent an-

---

[125]) Vgl. S. Killermann und O. Doerr, LThK.² VI (1934)
Sp. 148/149; Riezler, Die literarischen Widersacher der Päpste
S. 288 und Dempf a. a. O. S. 501.

[126]) Vgl. Scholz, Streitschriften II S. 188—248.

[127]) Vgl. Helmut Ibach, Leben und Schriften des Konrad von
Megenberg, phil. Diss. 1938 (Würzburg 1938) S. 28.

[128]) Scholz, Streitschriften II S. 194f.

erkennt, modifiziert er ihn schließlich dahin, daß der Papst
die moralischen Schranken der Gerechtigkeit zu respektieren
habe[129]). Die sittliche lex aequa der Kirche, der der Papst
zu gehorchen hat, erweitert sich juristisch zum Konzil in
dem Falle, wenn der Papst persönlich in Ketzerei oder Tyrannei verfällt. In der Forderung des Konzils zeigt sich
— insoweit es den Papst ein- bzw. abzusetzen befugt sein
soll — bei diesem Kuralisten immerhin ein gewisses, wenn
auch geringes Zugeständnis an Marsilius von Padua[130]).

Zu den bedeutendsten Erscheinungen des Papalismus auf
dem Gebiete der Ekklesiologie zählt fraglos der spanische
Kurialist und universellste Theologe des endenden Mittelalters Juan de Torquemada (de Turrecremata) OP (1388
bis 1468)[131]) aus Valladolid, der an den Konzilien von Konstanz, Basel und Florenz teilgenommen und um die Mitte
des 15. Jahrhunderts sein entscheidendes Werk, die „Summa
de ecclesia"[131a]), vollendet hat. Seine Summe von der Kirche
stellt, um mit Hollweck[132]) zu reden, „das letzte große Vermächtnis der schon sinkenden Scholastik an eine neue, be-
ginnende Zeit" dar, da die Ekklesiologie des Aquinaten durch
Torquemada eine systematische Fassung und Durchbildung
erfahren hat.

Die Kirche repräsentiert sich für Torquemada als Vereinigung der Katholiken oder Gläubigen oder als Gemeinschaft
der an Christus Glaubenden, die eben in der Verehrung des
einen wahren Gottes und im Bekenntnis des einen Glaubens
übereinstimmen[133]). In der Tat existiert für ihn lediglich

---

[129]) Vgl. Ibach a. a. O. S. 99.
[130]) Vgl. Ibach a. a. O. S. 100.
[131]) Vgl. Löhr, LThK.² X (1938), Sp. 210/211 und Paul
Theeuws, Jean de Turrecremata (= Universitas catholica
Lovaniensis, Sylloge excerptorum e dissertationibus, Tom. X,
Fasc. 2), Louvain 1943 hierzu insbesondere p. 137—178.
[131a]) Johannes de Turrecremata, Summa de ecclesia domini,
Lugduni 1496.
[132]) Hollweck, Der Apostolische Stuhl und Rom (Mainz 1895)
S. 51; vgl. ebenfalls M. Grabmann, Die Lehre des hl. Thomas
von Aquin von der Kirche als Gotteswerk (Regensburg 1903) S. 54f.
[133]) Vgl. Stephan Lederer, Der spanische Kardinal Johann

eine einzige Gesellschaft, die christliche Societät, die Gemeinschaft aller von Gott zum ewigen Leben Prädestinierten, die er von Fall zu Fall verschiedentlich als „Respublica Christiana", „Universitas fidelium" und „Politia Christiana" definiert[134]. Als Kennzeichen der Kirche führt er, gemäß den Symbolen der Konzilien, wiederum die vier schon bekannten — Einheit, Heiligkeit, Katholizität und Apostolizität — auf, wobei die Einheit der Kirche sich aus der Einheit ihres unsichtbaren Hauptes und Beherrschers (Christus caput est ecclesiae et salvator corporis ejus) ergibt. Ausgehend von diesem Begriff der Kirche als der konkreten Kultgemeinschaft der Katholiken erklärt und deutet Torquemada schließlich als deren bewirkende Ursache (causa efficiens) den Herrn Jesus Christus, der sich zur Vereinigung der Gläubigen des Instruments der Sakramente, namentlich der Taufe, bedient[135]. Damit weist sich die Ecclesia auch vornehmlich als Sakramentsgemeinschaft aus. Für ihn, der die päpstlichen Rechte durchwegs verteidigt und befürwortet, verkörpert jedoch der Papst keineswegs einen Kaiser oder König der Welt wie die anderen profanen Fürsten, wenngleich er ebensowenig die Ansicht vertritt, dem Papste stünde daher auch keinerlei Jurisdiktion über den weltlichen Bereich zu. Die päpstliche Gewalt zielt vielmehr, im ganzen betrachtet, auf die Heiligung des Menschen und nicht auf den Besitz irdischer Güter ab. Energisch weist Torquemada die Hauptthese der hierokratischen Autoren zurück, gemäß welcher die Fürsten ebenso wie die Prälaten ihre Macht unmittelbar vom Heiligen Stuhl empfangen und demnach ebenfalls nur von diesem abhängig sein sollten. Nach ihm sind jene Schriftsteller überhaupt nur zu diesem extremen Schlusse gelangt, weil sie kritiklos und in Verkennung der tatsächlichen Umstände die Existenz eines Einheitsprinzips (wie vielleicht früher das

---

von Torquemada (Freiburg 1879) S. 177. Vgl. hierzu ebenfalls: Johannes Heckel, Melanchthon und das heutige Staatskirchenrecht (= „Um Recht und Gerechtigkeit" — Festgabe für Erich Kaufmann), Stuttgart und Köln 1950 S. 83 ff.

[134]) Theeuws, l. c. p. 139.
[135]) Vgl. Schwane, Dogmengeschichte S. 500.

Heilige Römische Reich) vorausgesetzt haben, das im Profanen wie im Spirituellen herrschen sollte, mithin also einer leeren, inhaltlosen Fiktion zum Opfer gefallen sind. Insoweit distanziert sich der Kurialist Torquemada sichtbar von den ausgesprochenen Hierokraten, als er sich weigert, im Papste eine Art von Universalsouverän zu erblicken. Indem hier dieser Theologe der päpstlichen Partei seine eigene, nicht schulgebundene Meinung vertritt, prägt er dem hierokratischen, papalen System wirklich neue, originelle Züge ein. Gleichzeitig aber stehen die prinzipiellen Anschauungen des Kardinals über die hierarchische Gewalt und ihre Existenzweise in der Kirche mit der herrschenden kirchlichen Lehre schon im Widerspruche.

Die Theorie, wonach dem Papste als universalem Monarchen das unmittelbare Regiment mit unumschränkter Jurisdiktionsgewalt in der Kirche zukommt, vertraten ebenfalls noch einige bedeutende Zeitgenossen Torquemadas. Johannes Nider (um 1380—1438)[136]) entwickelte die Lehre von der Kirche in seinem „Formicarius" hauptsächlich in praktischer Art. Daneben wären noch die Traktate Heinrich Kaltheisens († 1465)[137]) und Johannes' Stoicovic von Ragusa († 1443)[138]) und des streitbaren Kämpfers für den päpstlichen Primat auf dem Florentinum Johannes von Montenegro[139]) zu nennen. Schließlich hat diese kuriale Theorie auch noch die Konzilien der Folgezeit bestimmt, wenngleich konziliaristische Gedanken mehr und mehr die papale Anschauung und den extrem-kurialistischen Kirchenbegriff wirksam unterströmten und unterhöhlten.

3. Die konziliare Theorie

Der Niedergang und das Abgleiten des Ansehens und der Autorität des Papstes im Verlaufe der tiefgreifenden Auseinandersetzungen des für das gesamte Abendland schicksal-

---

[136]) Vgl. G. Löhr, LThK.² VII (1935), Sp. 546 f.
[137]) Vgl. J. Metzler, LThK.² IV (1932), Sp. 927.
[138]) Vgl. B. Altaner, LThK.² V (1933), Sp. 527.
[139]) Vgl. Grabmann, Die Lehre des hl. Thomas von Aquin von der Kirche als Gotteswerk (1903) S. 57.

haften 14. Jahrhunderts äußerte sich vornehmlich ebenfalls in dem Aufleben der sog. konziliaren Theorie, im Aufkommen eines gewissen Konziliarismus, einer kirchlich-weltanschaulichen Bewegung, die darauf abzielte, die tendenziös-kurialistisch aufgeblähte Macht des Papstes, das hierokratische Papalsystem, vor allem auch auf kirchlichem Gebiete zu beschränken. Nach dieser Lehre kommt nicht — wie beim extrempapalen Standpunkte — dem Summus Pontifex, dem Papste, die kirchliche Vollgewalt (plenitudo potestatis) zu, sondern einzig und allein dem Generalkonzil (concilium universale, generale) in Vertretung der Gesamtheit der Gläubigen. Demgemäß figurieren die Mitglieder des Generalkonzils nicht — wie nach kurialistischer Auffassung der Papst — als Vorsteher der Kirche, sondern lediglich als Mandatare, Beauftragte der Gläubigen. Von jeher wurde das Wesen und die Bedeutung der allgemeinen Synode darin erblickt, daß eine Versammlung formal als Repräsentation der Kirche zu erscheinen vermöchte. Die Gemeinschaft, die Einheit stellt sich also in ihr dar [140]). Von einer konziliaren Theorie läßt sich namentlich von dem Zeitpunkte, von dem Augenblick an sprechen, „als der aristotelische Repräsentationsgedanke sich mit den kanonistischen Lehrsätzen über den Fall einer päpstlichen Häresie zu der Auffassung verband, daß in Glaubenssachen die im Konzil vertretene Kirche der oberste Richter sei" [141]). Diese Anschauung wuchs sich fast zwangsläufig zu einem entscheidenden und wirksamen Abwehrmittel gegen die proklamierte Allmacht des Papstes aus, als staatliche und päpstliche Gewalt wegen ihrer Rangbewertung in Konflikt gerieten und streitend aufeinanderprallten, zumal der weltliche Herrscher zur Zurückweisung der kurialen Übergriffe und maßlos gesteigerten Ansprüche des Papsttums der

---

[140]) Vgl. Joh. Friedrich von Schulte, Die Stellung der Konzilien, Päpste und Bischöfe vom historischen und kanonistischen Standpunkt (Prag 1871) S. 26.

[141]) Vgl. Otto Bornhak, Staatskirchliche Anschauungen und Handlungen am Hofe Kaiser Ludwigs des Bayern (= Quellen und Studien, hrsg. v. F. Hartung, K. Rauch, A. Schultze, E. E. Stengel, VII. Bd.), Weimar 1939 S. 30.

wirksamen Hilfe und Stütze einer dem Papst in geistlich-
institutioneller Hinsicht übergeordneten, höheren Instanz bedurfte[142]). Nicht zuletzt spiegelt die geistige Strömung des
„Konziliarismus" das stetige Streben der universalen Kirche
wider, die unumschränkte Macht der Kurie allenthalben einzudämmen und Entscheidungen von höchster Tragweite in
einem kirchlich-parlamentarischen Gremium auszutragen,
wenngleich seit dem Konstanzer Konzil sich dann auch Tendenzen des nationalen Klerus bemerkbar machten. Dieser
Konziliarismus oder kirchliche Parlamentarismus[143]) ist im
Prinzip genau zu trennen vom sog. Episkopalismus, nach
dem die Gesamtheit der Bischöfe die oberste kirchliche Gewalt
besitzt und der Papst ihr untergeordnet wird, so daß von
einer päpstlichen Entscheidung der Instanzenzug unmittelbar an das Konzil geht. Der Episkopalismus verlagerte —
in Leugnung der göttlichen Einsetzung des päpstlichen Primats und der monarchischen Kirchenverfassung — das
Schwergewicht in der Regierung der Gesamtkirche auf die
im Generalkonzil vereinigten Bischöfe[144]). Die Berufung auf
das ältere Recht der Bischöfe gegenüber dem jüngeren päpstlichen hat in Frankreich und Deutschland bald Schule gemacht. Übrigens beantworteten die maßgeblichen Theologen
des 14. Jahrhunderts die Frage nach dem Subjekt der höchsten kirchlichen Autorität nicht in völlig eindeutiger Weise.
Die Möglichkeit des Falles, daß der Papst ketzerisch werden
sollte, verlangte jedoch notwendigerweise die Lösung des
Problems, in wessen Händen sich dann die kirchliche Vollgewalt befände. Da ergab sich schließlich nur eine einzige
Wahl, entweder die Gesamtheit der Bischöfe (Episkopalismus) oder aber die Gesamtheit der Gläubigen schlechthin
(Konziliarismus) dafür zu nominieren[145]).

In der theoretischen Kirchenlehre und in der Kanonistik
des späteren Mittelalters wurde zudem allgemein — selbst

---

[142]) Vgl. Bornhak a. a. O. S. 31.
[143]) Vgl. hierzu eingehend das V. Kapitel bei Seidlmayer,
Die Anfänge des großen abendländischen Schismas S. 172—193.
[144]) Vgl. Feine, Kirchliche Rechtsgeschichte I S. 382.
[145]) Vgl. Hirsch, Die Ausbildung der konziliaren Theorie S. 3.

bei den extremsten Papalisten wie Aegidius Romanus und Augustinus Triumphus — die Auffassung vertreten, daß die kompetente Instanz für die Verurteilung eines häretischen Papstes das Konzil sei.

Zudem war das allgemeine Konzil im 12. und besonders im 13. Jahrhundert nach jahrhundertelangem Ruhen zu neuem Leben und neuer Wirksamkeit erwacht. Im Zeitalter der päpstlichen Weltherrschaft formte sich das Konzil dann aus der frühchristlichen Bischofsversammlung unter Einschluß des Kaisers mehr und mehr zu einer Repräsentanz der Gesamtkirche um. Seit Innozenz III. hatte man überdies einen klaren Begriff von der Universalsynode zum Unterschied von allen übrigen Kirchenversammlungen: Sie war die vom Papst berufene Versammlung der Führer und Sprecher der beiden Stände in der Kirche, des Klerus und der Laien, und dazu bestimmt, den Papst in jenen Fragen zu beraten, die die Universalkirche und ihr Wohl unmittelbar betrafen[146]). Das Generalkonzil manifestierte sich somit als nichts mehr als der „große, glänzende Senat des Papstes" (Hinschius). Im Verlaufe des 13. Jahrhunderts wurde diese Idee des bedeutenden Papstes wesentlich durch die von Thomas von Aquin aufgegriffenen aristotelischen Gesellschaftslehren genährt, die neben Gott als dem letzten und indirekten Ursprung aller Gewalt die Gesamtheit der Glieder in Staat und Kirche als die unmittelbare Ableitung der Gewalt stärker in den Vordergrund schoben[147]). Entscheidende Impulse jedoch empfing der Konzilsgedanke ebenfalls durch seine Verankerung in der kirchlich-theologischen Tradition.

Aber in der Folgezeit sollte sich gerade diese Idee vom Konzil als der Vertretung der universalen Kirche anders denn im päpstlich vorgesehenen und geplanten Sinne weiterbilden, als schließlich in den schweren, konfliktsgeladenen Auseinandersetzungen des 13. und 14. Jahrhunderts von Friedrich II.,

---

[146]) Vgl. Michael Seidlmayer, Die Anfänge des großen abendländischen Schismas, Münster i. W. 1940 S. 175 und Albert Hauck, Die Rezeption und Umbildung der allgemeinen Synode im Mittelalter S. 422.

[147]) Vgl. Seidlmayer, ebd.

den Colonna-Kardinälen, dem französischen König Philipp
dem Schönen und Ludwig dem Bayern gegen den Papst an
das Konzil als der Repräsentation der Gesamtkirche appelliert worden war.

Während des an politischen und religiösen Streitigkeiten
überreichen Pontifikats Johanns XXII. beantworteten die
Gegner des Papsttums diese erhebliche Frage im Sinne des
Konziliarismus, nach Ausbruch des großen abendländischen
Schismas (1378—1417) fand zuerst der konziliare Standpunkt, später der Episkopalismus eifrige Verfechter. Kein
Wunder, wenn als Folge dieser Anschauungen auch der
Kirchenbegriff des Papalismus, der in äußerster Zuspitzung
in der Identifikation Kirche = Papst gipfelte, wesentliche
Umformung und Abwandlung im Sinne der Konzilsidee erfuhr, Umprägungen, die nun im einzelnen getrennt zu er-
örtern und zu würdigen sind, und die in gewissem Grade
eine Restauration des alten frühchristlichen Kirchenbegriffes
anbahnten und versuchten.

Kaiser Ludwig der Bayer hatte in seinem Kampfe mit dem
Papsttum wiederholt an ein allgemeines Konzil appelliert,
daher erscheint die Tatsache um so verständlicher, daß die
theoretische Begründung des Konzils als Repräsentation der
gesamten Christenheit sich an seinem Hofe bahnbrach und
ihren Ausgang nahm. Die Hauptträger der antipäpstlichen
Doktrin zu Beginn des 14. Jahrhunderts, Marsilius von Padua
und Wilhelm Ockham, vollzogen die Übertragung der politischen Volkssouveränitätslehre auf die Ecclesia, in der sie
nicht allein der durch das allgemeine Konzil verkörperten
Gesamtheit alle Befugnisse eines echten Souveräns beilegten,
sondern darüber hinaus — zum Unterschied zu allen späteren Konzilstheoretikern — die Laien zur aktiven Teilnahme am souveränen Gesamtwillen aufriefen[148]). Der Konflikt Johanns XXII. mit Ludwig dem Bayern zeitigte im Jahre
1324 die „in der Nüchternheit ihrer Beweisführung revo-
lutionärste aller Kampfschriften gegen das mittelalterliche

---

[148]) Vgl. Otto Gierke, Johannes Althusius und die Entwicklung der naturrechtlichen Staatstheorien. Untersuchungen zur
deutschen Staats- und Rechtsgeschichte (Breslau 1880) S. 128.

Papsttum"[149]), den „Defensor pacis"[150]), mit dem sein Verfasser Marsilius von Padua (um 1275/80—1342/43)[151])
den bis dahin monumentalen Bau der päpstlichen Welt-
monarchie bis in den Grund zerstörte, beseitigte und an seine
Stelle die „Vision" einer auf das Geistige beschränkten und
bezogenen, demokratisch geleiteten Kirche setzte. Mit seiner
mehr politischen und staatsrechtlichen Konzilstheorie hat
Marsilius das Konzil zu einer mit weitgreifenden und universalen Rechten ausgestatteten Körperschaft gestempelt.
Dem Papste verbleibt nach dieser Argumentation lediglich
die Rolle des Antragsstellers auf Zusammentritt eines allgemeinen Konzils, zumal die tatsächliche Einberufung ausschließlich dem weltlichen Herrscher, dem Kaiser als Defensor ecclesiae obliegt[152]). Was die Erläuterung des Begriffes
der Kirche selbst anlangt, so bildet diese für ihn die Gemeinschaft der Christusgläubigen, eine religiös-geistige Gemeinschaft, in der sich die Laien ebensowenig von den Priestern unterscheiden, da alle durch den Opfertod des Erlösers
an ihr teilhaben und alle ihre Angehörigen als viri ecclesiastici
bezeichnet werden müssen[153]). Die Kirche gleicht übrigens

---

[149]) Vgl. Hubert Jedin, Geschichte des Konzils von Trient,
Bd. I: Der Kampf um das Konzil (Freiburg 1949) S. 5.

[150]) Vgl. Melchior Goldast, Monarchia s. Romani imperii II
(Frankfurt 1614), p. 154 ss.; und Marsilii de Padua Defensor Pacis,
ed. Richard Scholz (= Fontes iuris Germanici antiqui in us.
schol. ex Mon. Germ. hist. separatim editi), Hannover 1932.

[151]) Vgl. F. Heidingsfelder, LThK.² VI (1934), Sp. 974 ff.;
A. Checchini-N. Bobbio, Marsilio da Padova (= Pubbli-
cazioni della Facoltà di Giurisprudenza della R. Università di
Padova III), 1942, und R. Scholz, Marsilius v. Padua und
Deutschland, a. a. O. S. 1—35. (Vgl. dazu QFIAB. XXXIII, 1949
S. 292 Nr. 78).

[152]) Vgl. Bornhak a. a. O. S. 35.

[153]) „In alia vero significacione importat hoc nomen ecclesia
omnes presbyteros seu episcopos, diaconos et reliquos ministrantes
in templo seu ecclesia dicta secundum priorem significacionem.
Et secundum hanc intencionem ecclesiastice persone seu viri
ecclesiastici famose dicuntur tantummodo clerici seu ministri predicti" (Defensor pacis Dict. II Cap. II § 2). — Vgl. hierzu: Bet-
tina Geißel, Die kirchenpolitische Lehre des Marsilius von

in ihrem Charakter einer Institution, die Gott mit einer formalen Mission betraut hat, die diese über das Volk ausübt,
das ihr untergeordnet ist. Auf sie findet die Bezeichnung
,,multitudo", eine allgemeine Benennung für eine bestimmte
Anzahl von Menschen, sonst keine weitere, Anwendung[154]).
Die von Christus eingesetzte Kirche manifestiert jedoch
keineswegs eine selbständige, mit gesetzgebender und richterlicher Gewalt ausgestattete Gesellschaft[155]). Daneben nennt
Marsilius die Kirche ,,congregatio" des unter einer Leitung
geeinten Volkes (congregatio populi sub uno regimine con-
tenti . . ., Defensor Pacis, Dict. II, Cap. II § 2). Alle kirchliche Gewalt ruhe im Volke und sei von diesem erst auf den
Klerus übergegangen, so argumentiert Marsilius von Padua.
Christus habe auch keinen sichtbaren Stellvertreter eingesetzt. Erst später sei der Primat aus Zweckmäßigkeitsgründen
dem Bischof von Rom übertragen· worden[156]). Für ihn persönlich verkörpert der Papst einen ,,Hypokrit", einen ganz
schlechten Baum, der die Früchte aller Bosheit, des Verrates
und der Zwietracht trägt[157]). Allein der Umstand, daß die
Zusammenkunft aller in der Kirche vertretenen Gläubigen
praktisch undurchführbar ist, zwingt geradezu zur Bildung
einer die ganze Kirche repräsentierenden Versammlung, die
eben in der allgemeinen Synode ihren festumrissenen Aus-

Padua, phil. Diss. Köln 1926 S. 19. — Ebenso heißen im Traktat
des Bischofs Pauli de Pelagallo von Siena O. P. aus dem Jahre
1406 alle Glieder der convocatio fidelium, ohne Unterschied des
Geschlechts und Standes auch ecclesiastici. Vgl. Richard Scholz,
Eine Geschichte und Kritik der Kirchenverfassung vom Jahre
1406. Nach einer ungedruckten Reformschrift besprochen (=Papst-
tum und Kaisertum. Forschungen zur politischen Geschichte und
Geisteskultur des Mittelalters, Paul Kehr zum 65. Geburtstag
dargebracht, hrsg. v. Albert Brackmann), (München 1926) S. 601.

[154]) Cfr. Georges de Lagarde, La naissance de l'esprit laïque
au déclin du moyen âge II: Marsile de Padoue ou le premier
théoricien de l'État laïque (Saint-Paul-Trois-Châteaux [Drome] —
Wien 1934) p. 205.

[155]) Vgl. Hirsch, Ausbildung der konziliaren Theorie S. 23.

[156]) Vgl. Lederer, Torquemada S. 192.

[157]) Vgl. H. Meyer, Lupold von Bebenburg S. 218.

druck gefunden hat und zu der Marsilius ebenfalls Laien deputiert haben will[158]). Außerdem operiert der Paduaner zur Kennzeichnung des Wesens der Ecclesia mit dem bekannten, herkömmlichen Gleichnis von der Braut Christi, der sponsa Christi (Dict. II, cap. II, § 3; Dict. II, cap. XXVI, § 2) und dem „corpus misticum" (Dict. II, cap. XXIV, § 2; Dict. II, cap. XXIV, § 11) bzw. „corpus Christi" (Dict. II, cap. XXII, § 5; Dict. II, cap. XXIV, § 11), was schließlich immerhin die Verwendung „kirchlich-theologischer Elemente durch ihn erhellt. Der „Defensor pacis", diese hochbedeutende Stellungnahme zu den zeitgenössischen kirchenpolitischen Streitfragen des Marsilius von Padua, der noch vor den kirchenpolitischen Schriften des Franziskaners Wilhelm Ockham (zw. 1290/ 1300—1349/50)[159]) erschienen ist, hat sicherlich gerade in bezug auf den Kirchenbegriff Ockham weitgehend beeinflußt[160]).

Den ganzen Komplex der großen theologischen, kirchen- und staatspolitischen Probleme behandelt hauptsächlich dessen um 1334 begonnener Dialogus. Ockhams Kirchendefinition bildet geradezu einen philosophischen Höhepunkt in der Entwicklung der nominalistischen Erschütterung des christlichen Kirchenbegriffes, der Ekklesiologie schlechthin[161]). Eindeutige Umrisse eines einheitlichen Kirchenbe-

---

[158]) Vgl. Hauck, Die Rezeption und Umbildung der allgemeinen Synode im Mittelalter S. 480.

[159]) Vgl. K. Müller, ADB. XXIV, 122ff.; Jos. Koch, LThK.² VII (1935), Sp. 667ff.; Hans Meyer, Geschichte der abendländischen Weltanschauung III S. 325 und Richard Scholz, Wilhelm von Ockham als politischer Denker und sein Breviloquium de principatu tyrannico (Schriften des Reichsinstituts für ältere deutsche Geschichtskunde [Monumenta Germaniae historica] 8), Leipzig 1944 S. 3ff. Siehe ebenfalls: P. Adalbert Hamman, O.F.M., La doctrine de l'église et de l'état chez Occam. Étude sur le „Breviloquium" (in: „Études de science religieuse I), Paris 1942.

[160]) Vgl. im umgekehrten Sinne: Seeberg, Lehrbuch der Dogmengeschichte III S. 520; Ed. Maurer, Anteil der Minoriten am Kampfe zwischen Ludwig IV. von Bayern und Papst Johann XXII. (Emmerich 1874) S. 30f.

[161]) Vgl. Anton L. Mayer, Das Kirchenbild des späten Mittelalters und seine Beziehungen zur Liturgiegeschichte S. 278.

griffes entgehen auf den ersten Blick bei diesem Denker,
zumal er unter dem Terminus „Communio fidelium" oder
„Ecclesia universalis" anderes als unter „Ecclesia Romana"
versteht. Die communio fidelium bildet für ihn die innere,
glaubensmäßige Gestalt der Kirche, die Ecclesia Romana die
geschichtlich gewachsene, rechtlich gestaltete und geprägte
äußere Form der Kirche[162]). Die communio fidelium wird
wesentlich als Glaubensgemeinschaft erfaßt. Allerdings offenbart sie sich nicht in dem Sinne als organisierte Heils- und
Gnadenanstalt, daß der Gehorsam ihr gegenüber das Primäre
sei, vielmehr stellt sie ein gemeinsames Anliegen aller dar,
zumal alle zur aktiven, nicht bloß passiven Beteiligung aufgefordert werden, da schließlich der Glaube jedermann zu
interessieren und zu bewegen hat[163]). Die Kirche ist für Ockham
nach altkirchlicher Anschauung vornehmlich die unsichtbare, geistige Gemeinschaft der Auserwählten. Sie ist nicht
im Klerus, sondern im gesamten christlichen Volke verkörpert, das nach dem Worte des Auferstandenen „Siehe ich
bleibe bei euch alle Tage bis an der Welt Ende" durch Christus
regiert wird. Jedes Mitglied kann irren, nur die Gesamtheit
der Gläubigen, d. i. eben die Kirche, ist in Glaubenssachen
unfehlbar (Dial. P. I L. V 29—31). Sie ist nach Gott Herrin
aller kirchlichen Rechte und Güter und souverän. Der Heilige
Geist regiert und lenkt sie. Ähnlich wie im Staate nun Einzelne im Interesse des bonum commune regieren und herrschen sollen und müssen, so bedarf ebenfalls die Kirche als
reines Mittel, als bloßes Instrument für das kirchliche Wohl
der Gläubigen noch einer gewissen irdischen Organisation
und Verwaltungsapparatur[164]). Dem päpstlichen Primat
spricht er allerdings seine göttliche Einsetzung und Beinhal-
tung gänzlich ab. Er betrachtet das Papsttum überhaupt
nicht als notwendige göttliche Institution, sondern erblickt

---

[162]) Vgl. Hans Köhler, Der Kirchenbegriff bei Wilhelm von
Ockham, phil. Diss. Leipzig 1937, Würzburg 1937 S. 42.

[163]) Vgl. August Dorner, Das Verhältnis von Kirche und
Staat nach Ockham (= Theologische Studien und Kritiken, Jg.
1885, 1. Heft), Gotha 1885 S. 696.

[164]) Vgl. Dorner ebd.

in ihm ausschließlich eine Einrichtung „ex ordinatione humana" (Dial. P. 3 Tr. 2, L. 1 c. 8). Als Oberhaupt der Kirche genügt allein Christus selbst. Der eigentliche Regent der Kirche ist — wie bereits erwähnt — der Heilige Geist (Ecclesia universalis regitur a Spiritu Sancto). Auch nicht bei der Gesamtheit der Bischöfe als Nachfolger der Apostel liegt die Fülle der kirchlichen Gewalt, sondern einzig und allein bei der Gesamtheit der Gläubigen, dem allgemeinen Konzil, das als Vertreter der Ecclesia universalis handelt (Dial. P. I L. 6 c. 57, c. 81 ss., c. 99). Durch diesen frühchristlichen Konzilsbegriff wird die hierarchische Kirchenstruktur einfach umgekehrt[165]). Das Konzil ist ebenfalls dem Papste übergeordnet, der dem positiven Recht verbunden bleibt. Zudem ist die Appellation gegen Entscheidungen des Papstes an das Generalkonzil als der Repräsentanz der Gesamtkirche durchaus möglich, wie das auch in praxi bereits Kaiser Friedrich II., die beiden Colonnakardinäle, Philipp der Schöne von Frankreich unternommen hatten. Auch die Wahl und Absetzung des Papstes kommt nach Ockham in letzter Instanz einzig dem Volkswillen zu. Aber auch das allgemeine Konzil — und darin geht Ockham bereits über Marsilius hinaus — erscheint ihm nicht als unfehlbar. Nur die Heilige Schrift und der von jeher geltende Glaube der Kirche bleiben unwandelbare, konstante Maßstäbe des Glaubens und der Sitten. Immerhin jedoch empfängt das Generalkonzil als rechte kirchliche Repräsentation und sichtbare Erscheinung der Geistkirche seine Rechte und Befugnisse von der unfehlbaren Gesamtkirche. Da ein solches Konzil die Trägerin der göttlichen Wahrheit darstellt, so folgert Ockham logisch, müsse es jedenfalls schließlich auch diejenige Instanz sein, die den Papst zu richten befugt sei[166]). Die Hierarchie, der der göttliche Ursprung abgesprochen wird, wird damit der souveränen Gemeinde subordiniert, das christliche Volk ist nicht nur staatliche, sondern ebenfalls kirchliche Gemeinschaft und nur der für die Wahrheit der Schrift eintretenden christlichen

---

[165]) Vgl. Hirsch, Ausbildung der konziliaren Theorie S. 50.
[166]) Vgl. Seeberg a. a. O. S. 524.

Gemeinde eignet die infallible Autorität in der Kirche. Für die spirituelle Gestalt der äußerlich unsichtbaren ,,Ecclesia universalis" verwendet Ockham in gebräuchlicher Art Bezeichnungen wie ,,corpus Christi" und ,,Corpus mysticum Christi", woraus immerhin hervorgeht, daß diese für ihn, den Sehenden, nicht nur begriffliche, sondern durchaus gestalthafte Wirklichkeit besitzt.

Leiteten Marsilius von Padua und Wilhelm Ockham systematisch auf den Konziliarismus über, so hat man immer wieder Konrad von Gelnhausen (um 1320—1390) als eigentlichen Begründer und wahren Verfechter der konziliaristischen, demokratischen Kirchentheorie betrachtet, der mit einer ,,Epistola concordiae" epochemachende Gedanken vortrug, die in der Zeit des Schismas von großen Köpfen und erlauchten Geistern wie u. a. Gerson, Peter von Ailly, Dietrich von Niem, Zabarella aufgegriffen und weiter entwickelt wurden[167]). In Wahrheit hat er nichts weiter getan als den aristotelisch - thomistisch - glossatorischen Begriff der Epikie[168]), den Gedanken von einem das positive Gesetz brechenden Notstandsrecht der universalen Kirche zur Verteidigung eines Konzils ohne Papst zu einem Zeitpunkte einzusetzen und zu vertreten, in dem dieser infolge seiner Aktualität — eben wegen der konkreten Notlage — entsprechend fruchtbaren Boden fand[169]). Immerhin haben vermutlich der scho-

---

[167]) Vgl. A. Kneer, Die Entstehung der konziliaren Theorie (= Röm. Qu. Suppl. 1, 1893) S. 126.

[168]) Vgl. Eugen Wohlhaupter, Aequitas canonica. Eine Studie aus dem kanonischen Recht (= Görresges., Veröff. d. Sektion f. Rechts- und Staatswiss. 56), Paderborn 1931 S. 85; Andreas Posch, Die ,,Concordantia catholica" des Nikolaus von Cusa (= Görresges., Veröff. d. Sektion f. Rechts- und Staatswiss. 54), Paderborn 1930 S. 42; Seidlmayer, Die Anfänge des großen abendländischen Schismas S. 187f.

[169]) Der von J. Haller (HZ. 163, 597) gegenüber den neuesten Forschungen von M. Seidlmayer (Die Anfänge des großen abendländischen Schismas) angemeldete, jedoch wissenschaftlich nicht begründete Widerspruch gegen die Beweisführung, ,,Konrad von Gelnhausen und Heinrich von Langenstein von der Vaterschaft an der Konzilslehre freizusprechen", muß m. E. als unangebracht und unbelegt zurückgewiesen werden, da diese beiden

lastische Korporationsbegriff und die ganze Verrechtlichung
der Kirche in Form der „societas perfecta" als „weltliche"
Elemente des Konzilsgedankens einen wirklichen Anteil an
der Rückbesinnung auf den Konzilsgedanken und an seiner
Weiterentwicklung, aber ebenso unzweifelhaft erscheint mir,
daß der Konzilsgedanke seine Verwurzelung in der vormittel-
alterlichen Entwicklung der Kirche gefunden hat, und eben
nicht zuletzt die spiritualistischen Ideen von der „Urkirche"
neben der realen Notlage durchaus das maßgebliche Ferment
für die Konzilsidee gewesen sind, sich also keinesfalls mit
dem Konziliarismus eine Revolutionierung des Kirchenbegriffes, sondern lediglich eine Rückbesinnung und Rück-
lenkung auf die frühchristliche Ekklesiologie und vormittel-
alterliche Entwicklung der Kirche einleitete.

---

deutschen Professoren in Paris den Konzilsgedanken keineswegs
erst zum „Problem" erhoben haben, zumal nicht die abstrakte
Theorie, sondern durchaus der konkrete, praktische Notstand
der Kirche das Primäre gewesen ist und erst das dringende Bedürfnis der kirchlichen Situation, die Selbsterhaltung der Kirche,
das Konzil als „Mittel zum Zwecke" erheischte. Hier ist Seidlmayer durchaus beizupflichten, wenn er in wirklichkeitsnaher,
logischer Erfassung und Wertung der historischen Umstände
bemerkt, daß der aus der Not geborene Ruf nach dem Konzil
nach einer theoretischen Begründung und Rechtfertigung verlangte, die schließlich dann allerdings Konrad von Gelnhausen
und Heinrich von Langenstein schufen. Ebensowenig dürfte
Hans Barions, ZRG. 61 (1941) Kan. Abt. 30 S. 433 gegen
Seidlmayer vorgebrachtes Argument völlig überzeugen, wonach
die „Abgrenzung der rechtlichen Betrachtungsweise von den
theologisch-kirchlichen Grundlagen des Konziliarismus als ein
der Kirche wesensfremder Bereich" deutlich zeigt, wie Seidl-
mayers systematische Voraussetzungen in vollem Gegensatz zu
einer Auffassung stehen, „die das Wesen der katholischen Kirche
gerade in der rechtlichen Struktur . . ." findet. So läßt sich das
schwierige Problem m. E. ebensowenig klären; denn von einer
vorgefaßten und eindeutig festgelegten dogmatischen Grundlage
aus wird wohl schwerlich ein historisch-dynamischer Vorgang
objektiv = nachträglich zu begreifen und zu würdigen sein. Hierzu
gehört weitgehende, vormeinungsfreie Einfühlung in die jeweilige
Lage. Sicherlich ist die Rechtsstruktur unerläßlich, aber sie erklärt und vermag nicht alles.

Hinsichtlich des Kirchenbegriffes ist auch für Konrad der von Augustin bis Thomas von Aquin vorkommende, wechselnde — aber dennoch widerspruchsfreie — Gebrauch der spirituellen und empirischen Kirchendefinition charakteristisch: Bald ist die Kirche der mystische Leib Christi, die Heilsgemeinde und priesterliche Sakramentsgestalt, bald die durch die Sakramente geeinte Gemeinschaft der Gläubigen (. . . Ecclesia vero quae est congregatio fidelium in unitate sacramentorum . . .)[170]. Die Kirche als Gemeinde der Gläubigen in der Einheit der Sakramente, als heilige katholische Kirche ist nicht der Papst oder das Kardinalskollegium, da diese in Sünden sterben können. Vielmehr umschließt sie den Papst und jeden einzelnen Gläubigen[171]. Die Universalkirche besitzt zwei geistliche Häupter, die im Verhältnis der Unterordnung zueinander stehen. Das eine wesentliche, stets unfehlbare ist Christus, das Haupt der Kirche schlechthin, das sekundäre Haupt der Papst, Christi Stellvertreter, der vicarius primi capitis Christi, ohne den die Kirche durchaus zu bestehen vermag. In letzterem Falle, beim Fehlen des „caput secundarium"[172], das den verantwortlichen Magistrat der Gesamtkirche verkörpert, ist Christus das einzige, alleinige Haupt der Kirche. Die kirchliche Gewalt sinkt damit aber wieder an die Gesamtheit der Gläubigen zurück, da diese in letzter Konsequenz allein darüber verfügen kann. Diese Ecclesia universalis als oberste, volkssouveräne Macht der Kirche wird durch das Generalkonzil repräsentiert („ . . . ec-

---

[170]) Vgl. Karl Wenck, Konrad von Gelnhausen und die Quellen der konziliaren Theorie, HZ. 76 N.F. 40 (1895) S. 28/29.

[171]) Vgl. David E. Culley, Konrad von Gelnhausen. Sein Leben, sein Werk und seine Quellen, phil. Diss. Leipzig, Halle a. S. 1913 S. 51 und 61.

[172]) In diesem Zusammenhange sei festgestellt, daß sich die von Johannes Haller gegen Seidlmayer (Die Anfänge des großen abendländischen Schismas) in seiner Besprechung (HZ. 163 [1941] S. 597) vertretene Ansicht, bei Konrad von Gelnhausen komme „schon" die Bezeichnung des Papstes als „caput secundarium" vor, als irrig erweist, da dieses Bild gut altkirchlich-theologisch, ja sogar thomistisch ist und keineswegs erstmals bei Konrad begegnet (siehe auch oben S. 290).

clesia catholica et universalis, quam concilium generale re-
praesentat . . .‟), dem auch die monarchisch-aristokratische
Spitze der Kirche, die sog. römische Kirche — Papst und
Kardinalskollegium — untersteht[173]. Die durch das Konzil
vertretene Gesamtkirche aber ist souverän und unfehlbar;
sie kann niemals irren und in Todsünde verfallen[174]. Im
Notfalle vermag sich die Gesamtkirche zur Erhaltung und
Wahrung ihrer Einheit praktisch sogar ohne päpstliche
Autorität nach dem Notstandsrecht der Epikie, im Interesse
der Billigkeit, zu einem allgemeinen, sie verkörpernden Konzil
zu versammeln, da das Konzil in einer solchen außergewöhn-
lichen Lage seine Autorität unmittelbar vom unvergänglichen,
stets wirksamen Haupte der Kirche, von Jesus Christus,
empfängt. Das allgemeine Konzil definiert Konrad von Gelnhausen im Anschluß an Ockham: ,,Concilium generale est
multarum vel plurium personarum rite convocatarum, re-
praesentantium vel gerentium vicem diversorum statuum,
ordinum et sexuum et personarum totius christianitatis
venire aut mittere valentium aut potentium ad tractandum
de bono communi universalis ecclesiae in unum locum com-
munem et idoneum conventio seu congregatio" (Epistola
concordiae = Tract. de congreg. concil. c. 3)[175]. Aus dieser
Bestimmung erhellt eindeutig, wie nahe sich bei Konrad die
Begriffe von Kirche und Konzil berühren und schließlich fast
inhaltlich decken. Andererseits konzentrieren sich in dieser
Begriffsbestimmung die Wesenselemente der konziliaristischen
Theorie, mit der Konrad die Lehre von der unbedingten
Oberhoheit des Papstes kühn verwarf.

Neben dem Konziliaristen Konrad von Gelnhausen steht
gleichbedeutend einer der größten Geister des Mittelalters

---

[173] Sancta mater ecclesia catholica et universalis, cuius concilium generale est repraesentativum, est superior collegio cardinalium (Ep. concordiae I, 3. — Vgl. Kneer a. a. O. S. 110).
Siehe auch Dempf, Sacrum Imperium S. 540.

[174] Vgl. Dempf ebd. und Kneer a. a. O. S. 55.

[175] Siehe bei Martène et Durand, Thesaurus nov. anecdot. II
p. 1217F. — Vgl. hierzu ebenfalls: A. Hauck, Die Rezeption
und Umbildung der allgemeinen Synode im Mittelalter S. 465.

überhaupt, der deutsche Theologe Heinrich Heinbuche von Langenstein[176]), genannt Heinrich von Hessen (1325 bis 1397), der die konziliare Theorie im Sinne von Ockham und Konrad weiter ausbildete. Für Langenstein steht nach den Ausführungen seiner „Epistola concilii pacis" (1381) die durch das Generalkonzil repräsentierte Universalkirche über dem Papste und dem Kardinalskollegium („Universalis ecclesia, cuius concilium generale est repraesentativum, est superior collegio cardinalium et omni alia particulari congregatione fidelium et praesidentiae persona, etiam domino papa in casibus inferius exprimendis . . .."; cap. 13), weil sie weder irren, noch in Todsünde verfallen kann („quia ecclesia universalis non potest errare nec mortali peccato esse obnoxia")[177]). Infolgedessen kommt dem allgemeinen Konzil ebenfalls eine höhere Autorität als dem Papste und dem Kardinalskollegium zu („. . . est igitur auctoritas generalis concilii major auctoritate papae et collegii cardinalium"). Das Generalkonzil charakterisiert Heinrich von Langenstein indessen als „Congregatio, in qua diverse persone gerentes auctoritatem et vicem diversarum partium totius christianitatis ad tractandum de bono communi rite convenirent", wobei er die erste Hälfte dieser Formulierung von Ockham (Dial. I, 6 c. 84)[178]) übernahm und lediglich die Definition noch durch die Zweckbestimmung „ad tractandum de bono communi" erweiterte[179]). Für Langenstein wird das Konzil zum königlichen Weg der ursprünglichen Kirche — zur via communis et regia ecclesie primitive —, von dem man zum Schaden der kirchlichen Leitung durch die neue Entwicklung abgekommen sei (Ep. pacis, pars 88), eine Anschauung, die

---

[176]) Vgl. über ihn: v. Schulte, ADB. XVII, 672f.; K. Heilig, LThK. IV² (1932) Sp. 924; Konrad Joseph Heilig, Kritische Studien zum Schrifttum der beiden Heinrich₃ von Hessen (= Röm. Quartalschrift für christl. Altertumskunde und für Kirchengeschichte 40), Freiburg i. Br. 1932 S. 100ff.; R. Stintzing, Geschichte der dt. Rechtswissenschaft I (München und Leipzig 1880) S. 20; J. Koch bei Stammler, Verfasserlexikon II S. 292ff.

[177]) Vgl. Kneer a. a. O. S. 111.

[178]) Vgl. Goldast l. c. II p. 603.

[179]) Vgl. Hauck a. a. O. S. 465.

zumindestens den Gedanken an die altchristlichen Konzilien offenbart und erweckt[180]). In seinem Kirchenbegriffe spiegeln sich schließlich die für die Reformsynoden des 15. Jahrhunderts maßgeblichen und ausschlaggebenden Vorstellungen wider. Die Kompetenz des Konzils selbst beweist Heinrich durch eine Abfolge von vierzehn verschiedenen Gründen, zu denen namentlich das kirchliche Recht des Kaisers zur Berufung des Konzils zählt, worin sich immerhin ein, wenn auch schwaches Zurücktasten zur hochmittelalterlichen Stellung und Aufgabe des Kaisertums in der Ecclesia andeutet.

Das Konzil vermag sogar in vier besonders gelagerten Notfällen (Notstandssituationen) ohne Mitwirkung des Papstes berufen zu werden. Die Verfassung der Kirche wird als eine historisch wandelbare und wechselhafte gedeutet, die demzufolge auch einmal — zufälligerweise — in der „universitas episcoporum" beruhen kann[181]).

Man hat zuweilen Langenstein deshalb als Anhänger des Episkopalismus angesehen, aber dieser Einstufung widerspricht seine ideologische Grundhaltung: Nicht die Bischöfe dünken ihm das maßgebende Element der Ekklesiologie, sondern allein die Gesamtheit der Gläubigen, zumal er — auf das Ganze gesehen — das System des Konziliarismus eindeutig vertritt[182]).

Langensteins Spekulation über den Kirchenbegriff führt sogar über Gelnhausen hinaus, da er dem Konzil nicht nur die Wiederherstellung der Union, sondern sogar die Kirchenreform (ähnlich wie schon Duranti) zuweist. Hier wird tatsächlich der Punkt sichtbar, wo sich, um mit Seidlmayer zu reden, „der Konziliarismus der ersten Schismajahre am weitesten vorgewagt hat"[183]).

Im Einklang mit den ekklesiologischen Ansichten Ockhams und in bewußter Weiterführung und Fortentwicklung von

---

[180]) Vgl. Seidlmayer, Die Anfänge des großen abendländischen Schismas S. 192.

[181]) Vgl. Dempf, Sacrum Imperium S. 540.

[182]) Vgl. Kneer a. a. O. S. 121.

[183]) Vgl. Seidlmayer, Die Anfänge des großen abendländischen Schismas S. 191.

dessen Lehren verkündete der Kanzler der Universität Paris und spätere Kardinal Pierre d'Ailly [Petrus de Alliaco] (1350—1425)[184]) ebenfalls die Theorie von der religiösen Demokratie, der Stellung des allgemeinen Konzils und der Unfehlbarkeit der Universalkirche[185]). Insbesondere versuchte dieser bedeutende Konziliarist in seinem 1416 verfaßten „Tractatus de ecclesiastica potestate[185a])" die Kirchengewalt philosophisch zu stützen, zu unterbauen und das Verhältnis von deren verschieden gearteten und gestalteten Trägern (Papst — Universalkirche — Konzil) zu erläutern[186]). Die Kirche ist nach ihm die auf die Heilige Schrift gegründete Gemeinschaft der Christusgläubigen, ein organisches Ganzes, in jedem geschichtlichen Stadium vollkommen und doch nie abgeschlossen = vollendet, da die Gläubigen in der Vereinigung mit Christus ständig an diesem majestätischen Bau weiterwirken[187]). Ein Papst bleibt in diesem Zusammenhange völlig unerwähnt. Die Kirche gleicht nach Peter von Ailly — er spricht hier im Gleichnis — jenem Weinberg, dessen Weinstock Christus, dessen Häcker aber Gottvater ist, dessen Schößlinge die Gläubigen und dessen Trauben die Tugenden der Gläubigen darstellen (Ecclesia est vinea illa cujus vitis est Christus, cujus agricola est pater ejus, cujus palmites sunt fideles, cujus fructus fidelium sunt virtutes). Aillys Vorstellungen leiden jedoch unter einem betrüblichen Zirkelschluß, daß er zur Fassung des wesentlichsten Merkmals der kirch-

---

[184]) Vgl. insbesondere eingehend Paul Tschackert, Peter von Ailli (Petrus de Alliaco). Zur Geschichte des großen abendländischen Schismas und der Reformconcilien von Pisa und Constanz, Gotha 1877. Die neueste Arbeit von J. P. Mac Gowan, Pierre d'Ailly and the council of Constance, Diss. Cath. Univ., Washington 1936, ist mir leider nicht zugänglich gewesen.

[185]) Vgl. Hans Meyer, Geschichte der abendländischen Weltanschauung III S. 330.

[185a]) Vgl. hierzu H. v. d. Hardt, Magnum Oecum. Constantiense Concilium I, Frankfurt und Leipzig 1697, p. 409ss., VI (1700), p. 15ss. und Feine, Kirchliche Rechtsgeschichte I S. 391.

[186]) Vgl. Joh. Friedrich von Schulte, Die Geschichte der Quellen und Literatur des Canonischen Rechts II 1877 S. 402.

[187]) Vgl. Tschackert a. a. O. S. 20.

lichen Gemeinschaft, des eingegossenen Glaubens, bereits das
„sakramental privilegierte" Presbyterat der Kirche benötigt[188]). Da der Glaube im Sinne eingegebener Gnade das
Wesen der Kirche entscheidend bestimmt, so kann die ihr
durch die Schrift prophezeite Infallibilität nur der auf
Christus und die Hl. Schrift gegründeten universalen Kirche,
nicht aber einer Kleriker-, partikularen oder nationalen
Kirche eignen. Die Universalkirche, dieser mystische Leib
Christi, bleibt auch ohne ein Haupt auf Erden durch Glauben
und Gnade allzeit lebendig. Fehlt beispielsweise der Kirche
zur Zeit der Sedisvakanz des päpstlichen Oberhirtenamtes
auch der irdische Lenker und Leiter, so verfügt sie doch
immerhin über einen höchsten Priester im Himmel, ihr wirkliches, unwandelbares Haupt, Jesus Christus. Die allgemeine
Kirche vermöchte ebenso auch jederzeit ohne die römische
zu bestehen. Ja, Pierre d'Ailly weist schließlich auf die Möglichkeit hin, daß im Falle eines schweren Vergehens, Glaubens-
irrtums oder Schismas des Papstes das Papsttum durchaus
vom Pontificatus Romanus durch einen anderen Papst mit
dem Generalkonzil als oberste Instanz abgetrennt werden
könnte[189]). Die römische Kirche ist nämlich nur solange
Haupt der Gesamtkirche, als sie selbst nicht in Glaubenssachen fehlt oder abirrt. Wie jeder überzeugte Konziliarist
befürwortet Pierre d'Ailly die Kompetenz des Konzils bei
der Absetzung des häretischen Papstes und der Entscheidung
dogmatischer Zweifelsfragen. Das Generalkonzil vertritt die
Kirche der Gläubigen vollständig, sie hat demgemäß die volle
Schlüsselgewalt und alle übrigen Rechte, über die die Universalkirche dem Papste gegenüber verfügt („... quia concilium maius est papa, cum sit totum et papa sit pars eiusdem"). Das Problem der Lagerung der kirchlichen Machtfülle löst er in der Weise, daß er die Jurisdiktionsgewalt im
eigentlichen Sinne dem Papste, im weiteren Sinne (tropice
et aliquo modo aequivoce) der Kirche und dem Konzil zu-
erkennt. Nach ihm kann etwas in dreifacher Art einem an-

---

[188]) Vgl. Tschackert a. a. O. S. 23.
[189]) Vgl. Dempf a. a. O. S. 540.

deren inhärieren, nämlich als Subjekt, Objekt und Bild.
Als Objekt ist hier die Kirche, als Beispiel oder Erscheinungs-
bild das Konzil zu verstehen[190]). Er argumentiert weiter,
die Apostel hätten vor ihrer Entsendung über den Erdkreis
Petrus in der Ausübung des päpstlichen Amtes beigestanden
und demzufolge gewissermaßen den Dienst und die Funktionen des späteren Kardinalats übernommen und versehen
(Tract. de eccl. p. J. c. 1, 3), mit welcher Auffassung die auf
dem Konzil von Konstanz in Erscheinung getretene Tendenz
in Zusammenhang steht, das Kardinalskollegium zu einer
in der Kirchenleitung neben dem Papste selbständig berechtigten Körperschaft zu erheben[191]).

Auf der Idee, daß die Fülle der Kirchengewalt ihrer Substanz nach untrennbar und unveräußerlich bei der durch
das Generalkonzil verkörperten Universalkirche ruht, fußt
ebenfalls Pierre d'Aillys Nachfolger als Kanzler der Universität Paris und Schüler, der nach seinem Heimatort Gerson
benannte Johannes Gerson (1363—1429)[192]), der eigentlich mit seinem Familiennamen Jean Charlier hieß. Seine
drei doktrinären Schriften „De unitate ecclesiae" (1409), „De
auferibilitate papae ab ecclesia" (1409) und „De potestate ecclesiastica" (zw. 1415—1417) stellen neben den Konzilsbe-
schlüssen selbst mit die hervorragendsten Dokumente des
Konziliarismus überhaupt dar. Die kirchliche Gewalt scheidet
sich nach seiner Ansicht in die des Ordo und der Jurisdiktion,
wobei sich die erstere auf den wahren Leib Christi, die Eucharistie, das Sakrament, die letztere auf das Corpus mysticum
Christi, die Kirche, bezieht[193]). Gerson blieb in seinem Kampf
durchaus der Überzeugung, daß das allgemeine Konzil die
Gesamtkirche vertrete und ihm die höchste kirchliche Auto-

---

[190]) Vgl. Joh. Bapt. Schwab, Johannes Gerson (Würzburg
1858) S. 733.

[191]) Vgl. Paul Hinschius, Das Kirchenrecht der Katholiken
und Protestanten in Deutschland, System des katholischen
Kirchenrechts, I. Bd. (Berlin 1869) § 35C, S. 347.

[192]) Vgl. E. Göller, LThK.² IV (1932) Sp. 441ff.; J. Zeller,
Kirchl. Handlexikon I (1907) Sp. 1669f.

[193]) Vgl. Schwab, Johannes Gerson S. 723.

rität zukomme, wodurch es eo ipso ebenfalls über dem Papste
steht (De pot. eccl. opp. II, 232) und in gewissen Fällen diesen
richten und seine Handlungen regulieren und korrigieren
kann[194]). Der Papst stellt im Grunde nichts anderes als
irgendein Glied am Körper der Kirche — genau wie die
übrigen Menschen ebenfalls — dar. Selbst, falls er den ganzen
Leib der Kirche schänden wollte, wäre dieser nicht zu vernichten, da er immer unversehrt und intakt bleiben wird
(„. . . Papa, qui est membrum corporis ecclesiae, sicut homines alii, si scandalizaret totum corpus, ipse non esset
rescindendus, ut totum corpus sanum fieret . . .")[195]). Die
Kirche besitzt keinen anderen wirklichen Gemahl als Jesus
Christus. Im übrigen bekennt Gerson, daß die geistliche
Macht ganz im mystischen Leib der Kirche wohnt und sich
auf Papst und Bischöfe gemeinsam verteilt[196]), woraus eindeutig erhellt — wie Posch[197]) bereits treffend bemerkte —,
daß Gerson eher einem gemäßigten Episkopalismus als dem
reinen Konzilsgedanken „demokratischer Prägung" zuneigte.

Ebenso eifrig wirkte der angesehene italienische Kardinal
Franciscus de Zarabellis (Zabarella) aus Padua (1360 bis
1417)[198]) für den Fortbestand des Konstanzer Konzils und
vertrat die Theorie von der Superiorität des allgemeinen
Konzils über dem Papste, in der er den einzig gangbaren
Ausweg für die zeitgenössischen kirchlichen Wirren erblickte.

---

[194]) Vgl. Seeberg, Lehrbuch der Dogmengeschichte III S. 533.
[195]) Vgl. Goldast l. c. II p. 1515.
[196]) Vgl. André Combes, Jean de Montreuil et le chancelier
Gerson (= Études de philosophie médiévale XXXII) Paris 1942
p. 468: „Le pouvoir spirituel réside tout entier dans le corps
mystique de l'Église qui le communique au pape et aux évêques."
[197]) Vgl. A. Posch, Die „Concordantia catholica" des Nikolaus
v. Cusa S. 54.
[198]) Vgl. August Kneer, Kardinal Zabarella (Franciscus
de Zabarellis, Cardinalis Florentinus) 1360—1417. Ein Beitrag
zur Geschichte des großen abendländischen Schismas, I. Teil,
phil. Diss. Münster, Münster 1891. Siehe ebenfalls: Hermann
Heimpel, Studien zur Kirchen- und Reichsreform des 15. Jahrhunderts. I. Eine unbekannte Schrift Dietrich v. Niems über die
Berufung der Generalkonzilien (1413/1414), Heidelberg 1929 S. 21.

Schließlich wurde auf der fünften Sitzung am 6. April 1415 die mit der geltenden Verfassung der Kirche an sich unvereinbare, aber durch Notstand gerechtfertigte konziliare Lehre zur kirchlichen Doktrin erhoben, als man erklärte, daß das im Heiligen Geiste rechtmäßig versammelte allgemeine Konzil die universale, streitende Kirche repräsentiere und seine Gewalt unmittelbar von Gott ableite, so daß jedermann, einschließlich der Papst, ihm gehorchen müsse[199]). Wie der Pariser Kanzler Gerson und der deutsche Kanoniker Konrad von Gelnhausen steht Zabarella mit seinen Erörterungen, die in seinem Traktat über das Schisma ihren Niederschlag gefunden haben, mit auf den Schultern Heinrichs von Langenstein, dessen „Consilium pacis" eine bedeutende Stellung innerhalb der gesamten Traktatenliteratur des Schismas einnimmt[200]). Nach seiner Auffassung bietet die von Marsilius von Padua und Occam auf die Kirche übertragene Lehre von der Volkssouveränität das Hauptfundament der kirchlichen Macht. Die Vollgewalt der Kirche ruht auf der Gesamtheit der Gläubigen, die mittels ihrer ordentlichen Repräsentation, des allgemeinen Konzils, den Papst richten bzw. ihn sogar absetzen kann. Ein allgemeines Konzil muß nach Zabarella berufen werden. Dies kann allerdings im Notfalle auch ohne päpstliche Autorität geschehen. Der Kaiser selbst ist zwar „advocatus et defensor ecclesie", allein es wird ihm deshalb keine schiedsrichterliche Rolle im Schisma zugewiesen[201]).

In diesem Zusammenhang mag ebenfalls nicht der Verfasser der Schrift „De corrupto ecclesiae statu" Nikolaus von Clemanges ⟨Nikolaus Poillevillain⟩ (1363/64—1437)[202]) unerwähnt bleiben, der in seiner genannten Publikation die

---

[199]) Vgl. F. X. Seppelt, Papstgeschichte, 5. Aufl., München 1949 S. 182. Vgl. über das Dekret „Sacrosancta": J. D. Mansi, Sacrorum Conciliorum nova et amplissima collectio, vol. 27, p. 590s. und Feine, Kirchl. RG. I S. 389.

[200]) Vgl. A. Kneer a. a. O. S. 61.

[201]) Vgl. Kneer a. a. O. S. 59.

[202]) Vgl. Ad. Müntz, Nicolas de Clémanges, sa vie et ses écrits, Straßburg 1846; H. Finke, LThK.² II (1931) Sp. 983f. N. de Clémanges, Opera, ed. Lydius, Leiden 1613.

Fehler und Gebrechen des Papsttums in schonungsloser, teilweise recht übertriebener Schilderung geißelte und eine Darstellung der Korruption der gesamten Hierarchie zu entwerfen versuchte[203]), andererseits aber seine Überzeugung verteidigte, daß das allgemeine Konzil die Gesamtkirche vertrete und ihm allein die höchste, infallible Autorität zukomme.

In kirchenpolitischer Zweckabsicht entwickelte in der gleichen Periode der berühmte Kurialbeamte Dietrich von Niem (1380—1415)[204]) eine Kirchentheorie, die ebenfalls die Superiorität des Concilium generale über dem Papste behauptete und den Beweis mit kanonistisch-theologischen Mitteln von der These der beiden Kirchen, der partikularen und universalen Kirche, her führte. In seinem in dialogischer Form (daher der Titel „Dialogus") verfaßten und an der Kurie 1410 geschriebenen Traktat, der bekannten Reformdenkschrift, bemühte er sich als Publizist, der auf dem Pisaner Konzil beschlossenen Generalsynode den Weg zu ebnen[205]). Seiner Schrift gebührt unter allen Publikationen, die vom konziliaren Standpunkte aus, den im Konzil selbständig wirksam werdenden Willen der Gesamtkirche den päpstlichen Machtansprüchen in bestimmter Form gegenüberstellen, ein hervorragender Rang, zumal sie geradezu eine Revision des Kirchenbegriffes und eine Beschränkung der päpstlichen Gewalt fordert. In formaler Hinsicht erblickt Dietrich von Niem in der Kirche kraft analoger Übertragung profan-staatsrechtlicher Definitionen die oberste, edelste und sorgsamste aller rechtlich gestalteten und geordneten menschlichen Gesellschaften (Mod. 69: „Ecclesia Christi est inter omnes res publicas aut societates recte ordinatas a Christo superior, nobilior atque diligibilior"). Während die übrigen Sozietäten

---

[203]) Vgl. Paul Hemmerle, Nikolaus Poillevillain, genannt Nikolaus von Clemanges und die Schrift „De corrupto ecclesiae statu", Hist. Jahrbuch 27 (1906) S. 809.

[204]) Vgl. u. a. B. Schmeidler bei Stammler a. a. O. I. S. 428ff.; Theodor Lindner, ADB. XXIII (1886) S. 671ff.; Feine, Kirchliche Rechtsgeschichte I, § 38 II S. 387; vor allem aber: Hermann Heimpel, Dietrich von Niem (c. 1340—1418) (= Westfälische Biographien Bd. II) Münster i. W. 1932.

[205]) Vgl. Heimpel, Dietrich von Niem S. VII.

reine irdische Massenverbände darstellen, verkörpert sie eine „congregatio populi spiritualis"[206]). Volkssouverän bildet die ecclesia universalis oder catholica als höchste überhaupt mögliche Gemeinschaft die tragende Basis der Kirche. Unfehlbar, ungeteilt und unterschieden von der partiellen apostolischen oder römischen Kirche, der Organisation des Klerus unter dem Papste, wird ihr allein das Haupt (caput) Christi zuteil. Alle Christgläubigen, Griechen, Lateiner, Barbaren, Männer und Frauen, Bauern und Edelleute, Arme wie Reiche gehören ihrem einen Körper als Glieder an[207]). Papst, Kardinäle und Prälaten, Kleriker, Könige, Fürsten und Bürger sind lediglich verschiedenartig verwendete Glieder[208]). Das Haupt der allgemeinen Kirche aber ist nicht der Papst; er ist lediglich Christi Stellvertreter auf Erden (Nec istius ecclesie papa potest nec dici caput, sed solum vicarius Christi eius vicem gerens in terris . . .).

Repräsentant des christlichen Volkes und Erscheinungsform der Universalkirche ist allein das Konzil, das über dem Papste steht, ihn absetzen und einen neuen wählen kann. Die Berufung des Konzils steht unter einem verdächtigen Papst den Bischöfen, Fürsten und dem Kaiser[208a]) zu. In seiner

---

[206]) „Patet, quia alie sunt cetus multitudinis temporalis, ista autem est congregacio populi spiritualis . . ."

[207]) „Universalis ecclesia ex variis membris unum corpus constituentibus, scilicet ex Grecis, Latinis et barbaris in Christum credentibus, ex hominibus et mulieribus, ex rusticis et nobilibus, ex pauperibus et divitibus est coniuncta et nominata, cuius corporis universalis ecclesie caput Christus solus est." Vgl. Heimpel, Dietrich von Niem. Dialog über Union und Reform der Kirche 1410 (= Veröffentlichungen der Forschungsinstitute an der Universität Leipzig, Institut für Kultur- und Universalgeschichte — Quellen zur Geistesgeschichte des Mittelalters und der Renaissance III. Bd.), Leipzig-Berlin 1933 S. 7; siehe auch Dempf, Sacrum Imperium S. 547.

[208]) „Ceteri vero, ut papa, cardinales et prelati, clerici, reges et principes ac plebei sunt membra inequaliter disposita" (Heimpel l. c.).

[208a]) Dietrich wertet die Konzilsberufung sogar als ein originäres Recht des Kaisers als Vogt der Kirche (vgl. Heimpel, Studien zur Kirchen- und Reichsreform . . . S. 11).

Schrift „De difficultate reformationis in concilio universali" verleiht überdies Dietrich von Niem dem Grundgedanken Ausdruck, daß überhaupt weder der Papst noch die Kardinäle das Konzil berufen dürften, da dieses über dem Papste stehen müsse. Indessen gibt Dietrich an keiner Stelle eine Definition des Konzils, weder in demokratischer Gestalt wie Occam und Langenstein, noch in episkopalistischer Form, wie sie etwa Wilhelm Durandus gewählt hatte. Weltliche und geistliche Gewalt haben nach Dietrichs Anschauung eine iurisdictio reciproca, da im Falle eines Schismas die kaiserliche Gewalt als Richter amtet. Beide Gewalten gehen unmittelbar von Gott aus. Für die Richtigkeit seiner Ansicht beruft sich Dietrich von Niem auf authentische Schriften, namentlich auf die These des Alexander von Roes (Memoriale 32): „Ex praedictis igitur omnibus manifestum est, quod sicut ecclesia Romana est ecclesia dei sic utique regnum Romanum est similiter regnum dei" [208b]).

Als Theologe, der keiner bestimmten Schule zugeordnet werden kann, bemüht sich der universale Gelehrte Kardinal Nikolaus von Cues (1401—1464)[209] in seinem im Sinne der konziliaren Theorie geschriebenen Reformwerk „De concordantia catholica" die bedeutenden Ideen der kirchlichen Einheitswelt mit dem konziliaren Standpunkt in harmonische Übereinstimmung zu bringen. Die Konkordanz selbst weist

---

[208b]) Vgl. K. Pivec, Das Imperium in den Privilegia und im Viridarium, bei K. Pivec und H. Heimpel, Neue Forschungen zu Dietrich von Niem (= Nachrichten d. Ak. d. Wiss. in Göttingen, 1. Phil.-hist. Kl., Jg. 1951, Nr. 4), Göttingen (1951) S. 46f. — Für Alexander verkörpert die Ecclesia noch die umfassende Glaubens-, Lebens- und Kulturgemeinschaft, der das Imperium und das Sacerdotium harmonisch dienen. Er gebraucht für sie u. a. die symbolischen Worte wie „Petri navicula" und „columba" (Vgl. „Die Schriften des Alexander von Roes", hrsg. u. übersetzt v. Herbert Grundmann u. Hermann Heimpel [= Deutsches Mittelalter, kritische Studientexte der Mon. Germ. Hist. 4], Weimar 1949 S. 15, S. 20[24], S. 20[26]).

[209]) Vgl. J. Neuner, LThK.[2] VII (1935) Sp. 574ff.; Prantl, ADB. IV (1876) S. 655ff. und Andreas Posch, Die „Concordantia catholica" des Nikolaus v. Cusa (= Görresges. 54), Paderborn 1930.

sich als die „abgerundetste und geschlossenste, reifste und vollkommenste Darstellung der konziliaren Theorie" (Bezold) aus, als deren Entwicklung bereits zum Abschluß gekommen war[210]). Dem Kusaner bedeutet die Ecclesia das Corpus mysticum, dessen Geist Gott und seine Mitteilung die Sakramente, dessen Seele das Presbyterat und dessen Leib alle Christgläubigen bilden[211]). Die Kirche verkörpert in seinen Augen eine lebende Einheit, eine Bruderschaft (Fraternitas), die Vereinigung der Seelen mit Christus in sanfter Harmonie. Sie wird durch den Geist Gottes geleitet[212]). Schlüsselgewalt, Infallibilität und Irrtumslosigkeit stellen die Privilegien der wahren Kirche als Gesamtkirche, nicht der einzelnen Glieder, dar. Von dieser Universalkirche ist der römische Papst nicht mehr als ein Glied, wenngleich immerhin das erste.

Die Vertretung und adäquate Repräsentanz der Ecclesia catholica oder universalis ist einzig und allein das Konzil (De conc. II, 18), dem auch die Legislative über die Gesamtkirche eignet. Aus der Superiorität des Generalkonzils resultiert jedoch schließlich diese einschneidende Rechtsfolge, wonach das Konzil den Papst seines Amtes entheben darf, zumal auch der Papst in der Regel durch Beschlüsse des Generalkonzils gebunden wird[213]). Das eigentliche Wesensgesetz der Kirche bleibt beim Kusaner das des Corpus Christi mysticum, eines aus den in Christus Verbundenen aufgebauten Körpers[214]). Ecclesia ipsa, eigentliche Kirche, ist für ihn da-

---

[210]) Vgl. Posch a. a. O.; J. Koch, N. v. C. und seine Umwelt, SB. Heidelberg 1944/48 S. 23 und 36. Faks.-Ausg. von G. Kallen 1928, Krit. Ausg. von Dems., Nicolai Cusani opera omnia 14, 1939.

[211]) Vgl. Otto Gierke, Das deutsche Genossenschaftsrecht III, Berlin 1881 S. 548.

[212]) Vgl. Edmond Vansteenberghe, Le cardinal Nicolas de Cues (1401—1464), [= Bibliothèque du XVe siècle, Tome XXIV], Paris 1920 p. 35.

[213]) Vgl. Vansteenberghe l. c. p. 39/40 und Jedin a. a. O. S. 17.

[214]) Vgl. Elisabeth Bohnenstädt, Cusanus-Studien III: Kirche und Reich im Schrifttum des Nikolaus von Cues SB. Heidelberg, Jg. 1938/39, 1. Abhandlung S. 47. Vgl. dazu wegen

gegen das Universum, das Weltall, das Gott zugewandte
Ganze, die Gotteskirche, die die gesamte Welt umfaßt in
ihrer Eigenschaft als die vor Gott versammelte Gemeinde[215]).
Die Konkordanz des Makrokosmus spiegelt sich verstärkt
und verdichtet im Mikrokosmos der Ecclesia wider. ,,So wie
das Weltall sein Sein und Leben von der Dreieinigkeit, ihrem
Prototyp, empfängt, so erhält die in der Ecclesia vereinte
und geformte christliche Menschheit das übernatürliche Leben
von Christus, ihrem Haupt"[216]). Die Erhaltung des corpus
mysticum aber als irdische Körperschaft in jedem Falle, die
Konkordanz aller divergierenden Tendenzen im Dienste dieser
Union, das ist letztlich die Richtschnur der Wirksamkeit
dieser vielseitigen Natur[217]).

Mystisch, ähnlich wie Dante noch von der Idee des christlichen Universalismus durchdrungen, läßt Cusanus auch dem
Kaiser ideell seine Stellung als Haupt des mystischen Leibes
Christi, d. h. aller Rechtgläubigen, und Herr der Welt (dominus mundi) einnehmen (De conc. III c. 5)[218]).

Die beiden großen Konzilien des 15. Jahrhunderts, das
Konstanzer (1414—1418) und das Basler Konzil (1431—1449),
haben versucht, die langjährige Entwicklung des päpstlichen
Absolutismus rückwärts zu revidieren, indem sie dem Papste
die Gesamtleitung absprachen und für die Synode die oberste
Stellung in der Kirche beanspruchten. Jedoch mißlang dieser
Versuch, als das gregorianische Prinzip obsiegte. Im übrigen
witterten die Päpste rechtzeitig und vorausblickend die be-
drohliche Gefahr, die für ihre Macht in einer derartigen
Kirchenversammlung schlummerte und unterdrückten aus
Furcht vor dem Konzil weitgehend die Bestrebungen zur
Einberufung eines solchen. Pius II. (1458—1464) verbot in

---

anderer Gesichtspunkte: J. Huizinga, Herbst des Mittelalters,
6. Aufl., Stuttgart (Kröner) 1952 S. 223.

[215]) Vgl. Bohnenstädt a. a. O. S. 31.

[216]) Vgl. Posch, Die ,,Concordantia catholica ..." S. 65.

[217]) Vgl. Rudolf Stadelmann, Vom Geist des ausgehenden
Mittelalters. Studien zur Geschichte der Weltanschauung von
Nicolaus Cusanus bis Sebastian Franck, Halle/Saale 1929 S. 45.

[218]) Vgl. Posch, Die ,,Concordantia catholica ..." S. 187.

seiner Bulle „Exsecrabilis" vom 18. Januar 1460 sogar ausdrücklich jegliche Appellation vom Papste an das Konzil und Julius II. (1503—1513) bestätigte am 1. Juli 1509 diese Konstitution[219]).

Wenn auch die großen Reformkonzilien zum Scheitern und Fehlschlag verurteilt gewesen sind und das Papalsystem seine Auferstehung feiern durfte, so lebte trotz aller Enttäuschung und bitterer Resignation die konziliare Theorie mit ihrem Glauben an die unfehlbare Heilkraft des Konzils fort und diente schließlich selbst der profanen Diplomatie als Agitationswaffe im Streit mit der Kurie. Gerade in der Reformationsperiode machte sich immerhin auch in gewissem Grade die antipapalistische Theorie der Konzilien und Konziliaristen geltend, deren vorzüglichste Anhänger und konsequentesten Verfechter um eine wesentliche Verlagerung der Ekklesiologie von der monarchischen Spitze, der Papst-Kurie, weg auf die demokratische Breite, das Generalkonzil, gerungen hatten.

4. Der Ausgleichsdenker Johannes Quidort von Paris

Als liberaler Staatsdenker, der die Weltherrschaft der Kirche im Gegensatz zu seinem Gegenspieler Aegidius Romanus gemäß des Armutsideals entschieden ablehnte, andererseits jedoch ebensowenig Bezug auf die Universalsynode der konziliaristischen Theorie nahm, begegnet die umfassendste und imposanteste Persönlichkeit der alten Pariser Thomistenschule an der Wende vom 13. zum 14. Jahrhundert Johannes Quidort von Paris O. Pr. († 1306)[220]). In seinem wohl Ende 1302 oder Anfang 1303 entstandenen Traktat „De potestate regia et papali"[221]) entwirft dieser

---

[219]) Vgl. Karl Hofmann, Die Konzilsfrage auf den deutschen Reichstagen von 1521—1524, phil. Diss. Heidelberg 1932, Mannheim 1932 S. 4.

[220]) Vgl. über sein Leben und Werk: Quétif-Echard, Scriptores Ord. Praedicatorum, Paris 1719, 500—502. — Siehe ebenfalls: M. Grabmann, LThK.² V (1933) Sp. 526f.

[221]) Vgl. Goldast l. c. II p. 108ss.

französische Dominikaner seine eigene Anschauung vom kirchenpolitischen System des Mittelalters[222]).

Johann geht auch von der Ecclesia als spiritueller communitas fidelium, einem ganz allgemeinen Begriff der Christenheit aus, den er reinlich von dem der congregatio clericorum scheidet. Die Communitas fidelium als Kirche verkörpert das christliche Volk, den mystischen Leib Christi, einen von Gott kunstvoll (ad opera artis) ausgestatteten, vollkommenen Organismus, dessen Einheit einzig in Christus ruht. Er allein hat die beiden Gewalten, die profane und die spirituelle, eingesetzt. Wohl sind beide eines gemeinsamen Ursprungs und einer einheitlichen Wurzel, aber dennoch bleiben sie auf Erden getrennt und voneinander unabhängig, da Gott nicht wollte, daß in der Ecclesia göttliche und weltliche Macht, geistliches und profanes Amt, in einer einzigen Person vereinigt sei[223]). Der Staatszweck bedarf keiner kirchlichen Bindung und Verankerung, sondern der Staat erfordert lediglich die moralische, naturrechtliche Justitia[224]).

Auf der anderen Seite lehnt Johannes Quidort jedoch ebenso die extremen Ansichten seiner Zeit- und Volksgenossen, der streitbaren Parteigänger des französischen Königs Philipp, der Gallikaner, die ihren bedeutenden, wenn auch anonymen Niederschlag in der juristisch ausgerichteten Quaestio de potestate papae „Rex pacificus" vom Frühjahr 1302 gefunden haben, ab. Diese stellten sich nämlich unter der Ecclesia Christi einen Körper vor, dessen Haupt wohl Christus sei, dessen Herz jedoch als entscheidende Lebensgrundlage des ganzen Leibes vom weltlichen Herrscher, sei es vom Könige

---

[222]) Vgl. im einzelnen: Martin Grabmann, Studien zu Johannes Quidort von Paris O. Pr. (= Sitzungsberichte d. Bayr. Ak. d. Wiss., Philosophisch-philologische und historische Klasse, Jahrgang 1922, 3. Abhandlung), München 1922 S. 12.

[223]) Vgl. Scholz, Publizistik S. 298/299. — Ähnliche Gedanken vertrat ebenfalls Dante (vgl. Hermann Conrad, Dantes Staatslehre im Spiegel der scholastischen Philosophie seiner Zeit, Schriften der Süddeutschen Juristenzeitung, Heft 2, Heidelberg 1946 S. 42 und Sägmüller, Theol. QSchr. 80 [1898] S. 75).

[224]) Vgl. Scholz, Publizistik S. 325.

in seinem Regnum, sei es vom Kaiser in seinem Imperium, verkörpert werde. Die königlich-französische Parteiauffassung, jene sog. physiologische Staatsanschauung, gipfelte dann vornehmlich in dem im Grunde eigentlich mehr als selbstherrlichen Schluß, wonach die weltlichen Fürsten die Grundpfeiler der Gerechtigkeit und — im Gegensatz zur thomistischen Anschauung des Papalisten Aegidius Romanus — auch das tonangebende Lebensprinzip der Ecclesia seien [225].

Für den großen Ausgleicher besteht keine irdische Verquickung und Verbindung zwischen diesen beiden Gewalten und Machtsphären, aber auch keine Höherstellung und Höherbewertung des Staates gegenüber der Kirche. Beide, Staat sowohl als auch Kirche, vermögen unabhängig voneinander ihre Ziele zu verfolgen.

So erscheint es nur allzu verständlich, wenn selbst der Papst für Johannes Quidort letztlich nur Repräsentant der kirchlichen Körperschaft und dispensator generalis omnium generaliter bonorum ecclesiasticorum, spiritualium et temporalium ist, deren wirkliche Eigentümerin die universale Kirche darstellt. Die Universalkirche vermag ebenfalls den Papst zur Rechenschaft zu ziehen. Den gesamten Klerus vertritt dagegen das Kardinalskollegium, das die erste Instanz mit Gerichtsbarkeit über dem Papste abgibt [226]. Indessen findet die allgemeine Synode, das Generalkonzil als Repräsentation der Universalkirche, bei ihm keine Verwendung, zumal ebenfalls die Kardinäle in Vertretung der Gesamtkirche handeln und tätig werden [227].

In seiner ganzen Argumentation meidet dieser maßvolle Geist, mit den extremen ekklesiologischen Strömungen seiner Epoche gemein zu werden. Er beschreitet vielmehr seine eigenen Pfade und offenbart sich inmitten der Brandung der kirchenpolitischen Stürme als der abgeklärte und doch originelle Ausgleicher, als eine Persönlichkeit, die wohl der fast

---

[225]) Vgl. im einzelnen: Scholz, Publizistik S. 264.
[226]) Vgl. Scholz a. a. O. S. 316.
[227]) Vgl. Scholz a. a. O. S. 317.

stereotypen, schablonenhaften Vorstellungen seiner Zeitgenossen von der Kirche entraten konnte[228]).

5. Die Kardinalskirche oder die aristokratische Theorie

Während des großen abendländischen Schismas verschaffte
sich neben den Konzilsideen ebenfalls ein Standpunkt Geltung und Gehör, der die Souveränität des Papstes, vor allem
aber die Autorität der aus den Kardinälen bestehenden Römischen Kirche über dem Generalkonzil nachdrücklich betonte[229]). Bekanntlich zeichnet sich gerade im großen Kampfe
des 14. Jahrhunderts das Kardinalskollegium „als scharf um-
rissene und bevorrechtete Körperschaft, als aristokratische
Oligarchie" neben dem monarchischen Haupt der Kirche,
dem Papste, ab[230]).
Überdies hat sich der Gedanke bereits im Investiturstreit
niedergeschlagen und vorentwickelt, als sich die von Gregor VII. (1073—1085) abgefallenen Kardinäle schlechthin als
die Ecclesia Romana bezeichneten[231]), welcher Terminus
letzten Endes auf den öfters begegnenden Anachronismus
Apostel = Kardinal zurückzuführen sein dürfte[232]), bzw.
ist dieser Anachronismus Ausdruck der kardinalizischen Bestrebungen um eine aristokratische Kirchenleitung, die jedenfalls schon im 13. Jahrhundert (Colonna gegen Bonifaz VIII.)
einsetzten.
Papst Bonifaz VIII. (1294—1303) hat sich ebenfalls in
einer Konsistorialrede über den kirchenrechtlichen Status der

---

[228]) Vgl. Albert Hauck, Rezeption und Umbildung der allgemeinen Synode im Mittelalter S. 478.
[229]) Vgl. Franz Bliemetzrieder, Das Generalkonzil im
großen abendländischen Schisma, Paderborn 1904 S. 22.
[230]) Vgl. Michael Seidlmayer, Die Anfänge des großen
abendländischen Schismas, Münster in Westfalen 1940 S. 140/141;
Feine, Kirchl. Rechtsgesch. I S. 384f.
[231]) MG. Lib. de lite II p. 404, p. 418s. — Vgl. hierzu: Seidlmayer a. a. O. S. 140 Anm. 81.
[232]) Vgl. Hans Rall, Zeitgeschichtliche Züge im Vergangen-
heitsbild mittelalterlicher, namentlich mittellateinischer Schriftsteller, Berlin 1937 S. 90.

Kardinäle geäußert und ihnen als den Wählern des über alle
gesetzten Vicarius Christi den vornehmsten Rang und Stand
nach dem Papste mit dem Hinweis „sunt membra capitis
nostri" zugesprochen[233]. Bei der erstrebten Reform der
Kirche während der Schismajahre bildet die Ecclesia Romana
einen Hauptbestandteil des allgemeinen Konzils, denn Römische Kirche und Konzil bilden und repräsentieren die allgemeine Kirche. Genügenden Ersatz jedoch für den abwesen-
den oder verewigten Papst auf dem Generalkonzil bietet das
Kardinalskolleg[234]. Die Kardinäle sind dabei vor allen übrigen Gliedern der Kirche zur Reform berechtigt und prä-
destiniert. Die Bestrebungen des Kardinalskollegiums im
Verlaufe seiner Konzilwirksamkeit und die damit verbundene offenkundige Tendenz seiner verfochtenen Thesen
bezweckten eine Rettung der konziliaren Stellung der
Kardinäle, eine Betonung und Hervorhebung der aristokratischen Anschauung und Stärkung des päpstlichen Ansehens vor den gefährlichen Sätzen von der Superiorität
des demokratisch aufgefaßten Generalkonzils. Nach diesen
Anschauungen vermag sogar auch die Römische Kirche allein
— ohne das Generalkonzil — die universale Kirche zu
repräsentieren („Romana ecclesia ecclesiam universalem
repraesentat"), da ihr der Primat gebührt.

Eine gewisse, unverkennbare Amtsaristokratie schaltete
sich hiermit in den kirchenpolitischen Prozeß ein und nützte
mit diplomatischem Geschick jede Möglichkeit, ihre Interessen nicht nur wahrend, sondern darüber hinaus fördernd
und steigernd zu vertreten und der zeitgenössischen Ekklesiologie ihren eigenen, standesbezogenen Stempel aufzu-
prägen. Die Kardinäle erscheinen in diesem Zusammenhange
vor allem als die ersten Prälaten und die rechtsprechenden

---

[233] Vgl. Finke, Aus den Tagen Bonifaz' VIII. S. 98 u. S. 79.
[234] „Romana ecclesia, quae in collegio papae et cardinalium
principaliter repraesentatur, pars principalis sive membrum est
concilii generalis, in quo papa vel suus vicarius ipso absente
praesidere et principaliter definitivam sententiam ferre deberet."
— Vgl. Heinrich Finke, Forschungen und Quellen zur Geschichte des Konstanzer Konzils, Paderborn 1889 S. 94.

Richter aus levitischem Geschlecht (Deut. 17, 9), das Kardinalskollegium aber erweist sich schließlich nicht allein als Verkörperung der römischen Kirche, sondern erweitert sich darüber hinaus zur einzigen und vollgültigen Personifikation der Universalkirche katexochen [235]).

Für die Klärung der Kirchenauffassung dieser Richtung sind namentlich die bedeutenden Schriften ihrer Hauptvertreter, wie u. a. Peter Flandrins, Peters de Sortenao und Petrus' Amelii, aufschlußreich und richtungweisend, die die These, die Kardinäle, nicht die Bischöfe, seien die Nachfolger der Apostel, nachhaltig propagierten. Ihnen, den Kardinälen, hätten der ihnen verpflichtete, gesamte Klerus und das christliche Volk zu gehorchen.

Mit an erster Stelle figuriert hier der Vorkämpfer der konzilsfeindlichen avignonesischen Partei, der gelehrte und bedeutende Kanonist Peter Flandrin (Flandin) († 1381) [236]), der in seinem ziemlich umfangreichen Traktat „In facto schismatis" (1378/79) [237]) gleichsam als Sprecher der Kardinäle in Anagni den Zweck verfolgte, die Legitimität Klemens' VII. (1378—1394) gegen den Urbanisten Johann von Lignano zu erweisen. Nach ihm bezieht die römische Kirche eine exponierte, privilegierte Stellung, da sie die Herrin und Gebieterin (magistra) aller übrigen Kirchen darstellt. Auf Grund altchristlicher Überlieferung und organischer Anschauung ist zwar die Kirche für Flandrin ebenfalls noch „unum corpus", ein Leib. Jedoch bildet dessen Haupt nicht wie bei den Papalisten sowohl als auch bei den Konziliaristen Christus selbst, sondern vielmehr allein der Papst, und dessen Glieder sind ebensowenig wie nach konziliarem Standpunkt sämtliche Gläubigen, sondern ausschließlich eine dünne, führende Oberschicht, die Kardinäle („. . . unum corpus, in

---

[235]) Vgl. Seidlmayer a. a. O. S. 166.

[236]) Vgl. über ihn: A. Posch, LThK.² IV (1932) Sp. 29.

[237]) Vgl. Bliemetzrieder, Literarische Polemik zu Beginn des großen abendländischen Schismas (= Publik. d. österr. Hist. Instituts in Rom Bd. I), Wien und Leipzig 1910 S. 3—71; vgl. dazu S. 37*ff.

quo papa est caput et cardinales membra . . .")[238]). Dabei
erweist es sich nach der Erfahrung als völlig unwahrschein-
lich, daß die Glieder jemals ihr eigenes Haupt verleugnen
oder sich selbst ein fiktives und ehebrecherisches Haupt zulegen[239]). Damit ist aber neben die universale, absolute
Autorität des Papstes die Autorität der Kardinäle getreten,
eine Autorität mit kaum geringerem Absolutheits- und Aus-
schließlichkeitsanspruch, die vor allem während der Sedisvakanz in volle Aktion tritt. Gleichzeitig aber hat sich mit
dieser Theorie der Bruch mit jeder theologisch überhaupt
noch tragbaren Ekklesiologie vollzogen. Wenn den Kardinälen als den berufenen Richtern sede vacante auch keine
papale Jurisdiktion zukommt, so steht ihnen immerhin kraft
kanonischen Rechts die Papstwahl und im Falle einer In-
trusion die Fällung der Anathema-Sentenz gegen die Schuldigen zu[240]).

Die Kardinäle erweisen sich für Flandrin als diejenigen,
die besser als alle übrigen, ja die fürwahr einzig und allein,
in vollkommener Weise die Wahrheit in einem Prozesse zu
erkennen vermögen[241]). Damit aber tritt ein neuer Wesens-
zug des Kirchenbildes, das Richtermotiv, in Erscheinung.

Mit dieser Theorie von der Papst-Kardinals-Kirche aber

---

[238]) Vgl. Bliemetzrieder a. a. O. S. 71.

[239]) „. . . non est verisimile, quod ipsa membra abnegarent
caput proprium et sibi imponerent ficticium seu adulterinum . . ."
(vgl. Bliemetzrieder a. a. O. S. 71).

[240]) Vgl. Bliemetzrieder a. a. O. S. 42*.

[241]) „. . . cardinales sint illi, qui nedum melius, immo qui soli,
sic quod nulli alii possunt scire perfecte et integraliter veritatem
huiusmodi negocii . . ." (vgl. Bliemetzrieder a. a. O. S. 70). —
Kardinal Flandrins „erleuchtetster Gegner", wie ihn M. Seidlmayer (S. 141) nennt, der Erzbischof Peter Tenorio von Toledo
(1377—1399), spricht sich hingegen in seinen „Dubia" (1379)
gegen die Zuständigkeit der Kardinäle für die Aburteilung Urbans VI. und für das Generalkonzil aus und begründet die Berechtigung der Konzilsforderung mit der Vorschrift aus dem Liber
Sextus (Reg. 29) Bonifaz' VIII.: „Quia ista causa totam universalem ecclesiam tangit, igitur per regulam iuris ab omnibus decidi
debet et approbari" (vgl. Seidlmayer, Die Anfänge des großen
abendländischen Schismas S. 185).

hat sich in der Tat das uralte Corpus mysticum Christi, das nach biblischem Vorbild und altchristlicher Tradition nur aus der multitudo fidelium, der Gesamtheit aller Gläubigen bestand, zu einer bloßen Kleriker- und erstarrten Rechtskirche verengt und abgewandelt, die „in halb monarchischer, halb oligarchischer Form durch eine ganz kleine Auswahl von Männern — Papst und Kardinäle — (unter völliger Ausschaltung der Bischöfe) restlos repräsentiert wird"[242]).

Den Laien gebricht in kirchlichen Dingen natürlich jegliche Entscheidung, zumal sie ausschließlich zur Gehorsamsleistung und Unterordnung verpflichtet sind.

Bei Beginn des großen Schismas vernehmen wir von einem anderen Kanonisten, dem vom Gegenpapst Klemens VII. 1378 zum Kardinal ernannten Benediktiner Petrus Amelii (Pierre d'Ameil) von Embrun († 1389)[243]) in seinem Traktat „Contra petentes concilium generale in facto schismatis" (1379/80)[244]), daß in seiner Auffassung und Sicht die Universalkirche als unum corpus fast unsichtbar und lediglich ein deformiertes, auf verknöcherten, erstarrten Normen und Formalismen fußendes Rechtsinstitut geblieben sei[245]). In diesem seinem 1379 gegen die Epistola brevis Konrads von Gelnhausen im Sinne der klementinischen Kardinäle geschriebenen Traktat bestreitet er dem Generalkonzil nachhaltig das Recht, überhaupt in Fragen des Schismas zu entscheiden und betont die Souveränität des Papstes und die Erhabenheit der Römischen Kirche, die in den Kardinälen besteht, über dem Konzil[246]).

Immer wieder wird in den zeitgenössischen Publikationen zur Kirchenfrage gerade auf die Spezies der vertretenden Versammlung der universalen Kirche der Hauptnachdruck

---

[242]) Vgl. hierzu die markante Charakterisierung bei Seidlmayer a. a. O. S. 140.

[243]) Vgl. A. Bigelmair, LThK.[2] I (1930) Sp. 353.

[244]) Bliemetzrieder, Polemik S. 91—111; dazu S. 61*ff.

[245]) Vgl. Michael Seidlmayer, Die Anfänge des großen abendländischen Schismas, Münster i. Westfalen 1940 S. 141f., insbesondere S. 142.

[246]) Vgl. Bliemetzrieder, Das Generalkonzil im großen abendländischen Schisma, Paderborn 1904 S. 22.

gelegt, denn dieser Begriff der kirchlichen Repräsentation umschloß naturgemäß den vollen Inhalt der höchsten, infalliblen Autorität in der Kirche. Für Petrus Amelii genießt die römische Kardinalskirche (ecclesia, quae in cardinalibus consistit) den Vorrang vor allen übrigen Kapiteln und Kirchen. Auch bei ihm zeigen sich die Kardinäle als die vornehmsten Glieder der Kirche, ja als eine Personifizierung derselben schlechthin.

Die juristische Auffassung der Kardinäle Flandrin und Petrus Amelii hat in stärkster Weise auf einen der größten Bußprediger des Mittelalters, den hl. Vinzenz Ferrer, O. P. (1350—1419)[247]) eingewirkt. Für ihn bildet nach seinem Traktat „De moderno ecclesiae schismate" (1380)[248]) die Romana ecclesia, die aus dem Papste und den Kardinälen besteht (id est collegium apostolicum, scilicet papa et cardinales), nicht nur das Haupt der Universalkirche, sondern sie verkörpert diese selbst schlechthin. Da nämlich im Falle eines Schismas der Papst selbst für die Fällung der für den Glauben notwendigen Entscheidung, wer überhaupt der rechte Papst sei, naturgemäß ausscheidet, bleibt das Kardinalskolleg als „einzige und für sich vollgültige Personifizierung der universalen Kirche"[249]).

Was einst vom extremsten kurialistischen Standpunkte für den Papst — nämlich seine Identifizierung mit der Kirche (papa, qui potest dici ecclesia) — galt, hatte schließlich in analoger Weise in der These „Ecclesia, quae in cardinalibus consistit" ähnliche Form und Geltung gewonnen. Die sakralmystische Kirche aber ist damit von einer sichtbaren, irdischen Institution mit rechtlicher Verfassung und Organisation, von einem Herrschaftsprinzip verdrängt.

---

[247]) Vgl. über ihn u. a.: Sigismund Brettle, San Vicente Ferrer und sein literarischer Nachlaß, Münster i. Westf. 1924.

[248]) Ed. v. A. Sorbelli, 2. Aufl., Bologna 1906. — Vgl. hierzu: Max Frhr. v. Droste, Die kirchenpolitische Tätigkeit des hl. Vincente Ferrer, Diss. Freiburg i. Br. 1903.

[249]) Vgl. hierzu besonders: M. Seidlmayer, Die Anfänge des großen abendländischen Schismas S. 166.

III. Analyse des Kirchenbegriffs im Spätmittelalter

1. Der Rechtscharakter der Kirche

Nur allzu erklärlich ist die Tatsache, daß die Kirche als Schöpferin eines Rechtes sui generis, d. h. eben des Kirchenrechts, ihr Wesen rechtlich zu bestimmen und zu umgrenzen versucht hat. Ausgangspunkt für die juristische Definition der Kirche, für die Erfassung der rechtlichen Natur der Ecclesia wurde zwangsläufig dabei die soziologische Struktur, in der dieser christliche Menschenverband nach außen, zu seiner Umwelt, in Erscheinung trat. Die innere und unsichtbare Seite wird im folgenden nicht mitbetrachtet, denn die Begriffswelt, die sich wandelnde Definition der spätmittelalterlichen Kirche soll zunächst ausschließlich vom rechtlichen, genauer vom rechtshistorischen Standort aus analytisch erklärt, inhaltlich erfaßt und gewürdigt werden.

In der Kirche entstand, geschichtlich gesehen, eine völlig neue Gattung von menschlichen Verbänden, deren Charakter und Lebenserscheinungen in der juristischen Sphäre nach Ausdruck und spezifisch-begrifflicher Gestaltung drängten. Mehr und mehr verlieh die christliche Theologie dem ursprünglich nur in seiner religiösen, gnadenhaften und symbolischen Bedeutung geäußerten Kirchenbegriff die Form eines äußerlichen, rechtlichen Verbands- und Körperschaftsbegriffes [250]), wobei unter Körperschaft eine feste, auf die Dauer berechnete Vereinigung mehrerer physischer Personen zu gemeinsamem Zwecke unter gemeinsamer Autorität zu verstehen ist [251]). In der durch die patristischen Spekulationen gewonnenen Gestalt offenbart sich der Kirchenbegriff, der den Rahmen des antiken Rechtssystems sprengte und im Kerne bereits über jene Merkmale und Elemente verfügte, die dann später die mittelalterliche Idee des geistlichen Uni-

---

[250]) Vgl. Gierke, Genossenschaftsrecht III, § 5 I 1 S. 107; Feine, Kirchl. Rechtsgesch. I S. 441. Der Kirchenbegriff der kurialen Praxis ist „verrechtlicht, veräußerlicht, verweltlicht". (Vgl. Joseph Lortz, Die Reformation in Deutschland I³, Freiburg 1949 S. 75).

[251]) Vgl. August Hagen, Prinzipien des katholischen Kirchenrechts, Würzburg 1949 S. 16.

versalstaates forderte, d. h. seit dem Ende des fünften Jahrhunderts begann man der ausschließlich römisch-kaiserlichen
Machtvollkommenheit auf kirchlichem Gebiete zunächst die
Theorie von einer mit staatenähnlichem Körper ausgerüste-
ten Kirche entgegenzustellen, der man schließlich nach Ablauf der jahrhundertlangen Entwicklung die Bedeutung „einer
dem Staate gegenüber vollkommen selbständigen und nach
Ursprung, Inhalt und Zweck über ihn erhobenen Daseins-
ordnung vindizierte" (Gierke). Weithin stellte man sich die
Kirche nach den mediävalen sozialphilosophischen Anschauungen, die durch Augustins fundamentales Werk „De civitate Dei" wesentlich genährt und beeinflußt worden waren,
als eine in der Persönlichkeit Gottes zentralisierte Lebens-
einheit mit überirdischem Menschheitszweck vor[252]).
Die Kanonisten des Spätmittelalters selbst bezeichneten
— wie oben gezeigt wurde — die Kirche rechtlich als eine
K o r p o r a t i o n, deren Mitglieder die Christgläubigen darstellen und auf die die Termini „multitudo, collegium, congregatio, communitas, collectio, coetus, convocatio, corpus,
populus, societas" Anwendung finden. Gratian definierte in
seinem Dekret die Ecclesia als „catholicorum collectio" (c. 8
D. I de cons.). Den juristischen Begriff der Korporation, mit
dem sich weithin eine Entsakralisierung[253]), Säkularisierung
und Verdinglichung des Kirchenbildes anbahnt, entlehnten
dabei die Kanonisten den Legisten, hoben jedoch in der
äußerlichen Fassung der genossenschaftlichen Kirchendefinition mehr und mehr das Einheitsmoment heraus.
Zunächst gilt ihnen als Korporation schlechthin die Universalkirche, die sich mit der Gesamtheit der Gläubigen
(congregatio fidelium) deckt und Anstaltscharakter aufweist[254]). Damit erlangt die auf unmittelbarer göttlicher Einsetzung beruhende Kirche Rechtspersönlichkeit, deren Quelle
allein Gott, bzw. sein irdischer Stellvertreter ist. Die Kirchen-

---

[252]) Vgl. Gierke a. a. O. S. 108.

[253]) Vgl. Anton L. Mayer, Das Kirchenbild des späten Mittelalters S. 286.

[254]) Vgl. hierzu im einzelnen ausführlich: Gierke a. a. O. § 8
S. 248.

persönlichkeit fand nun ihren jeweiligen Repräsentanten gemäß den oben vorgetragenen und entwickelten verschiedenen Theorien des späteren Mittelalters je nachdem im Papste, im Generalkonzil oder im Kardinalskolleg.

Auf Grund der papalen Anschauung, nach der Christus selbst und vertretungsweise der Papst als Subjekt des Rechts der Kirche bezeichnet werden, schlägt der Korporationsbegriff, soweit er auf die Gesamtheit angewandt wird, nahezu in einen reinen Anstaltsbegriff um, da die reale Einheit und Aktivität dieser „universitas" auf eine absolute Willensquelle reduziert ist[255]). Im Kardinalskolleg repräsentiert sich auch nur eine kleine privilegierte, amtsaristokratische Oberschicht mit weitem Abstand von den übrigen Gläubigen, so daß am ehesten die konziliare Richtung dem Korporationsgedanken in weitem Umfange Leben verleiht.

Nach allgemeiner kanonistischer Auffassung dagegen wird die universale Kirche in analoger Anwendung des Bildes vom menschlichen Körper als einheitlicher Organismus angesehen, dessen Glieder die Ecclesiae singulares darstellen, dessen Haupt aber sich als Ecclesia Romana bezeichnet. Gleichzeitig erweist sich die Kirche als ein allumfassendes Rechtssubjekt, dessen im Kerne anstaltliche Natur sich allen unterstellten Rechtspersönlichkeiten mitteilt. Sie ist mit öffentlich rechtlichen Befugnissen (Gesetzgebungsgewalt, Gerichtsbarkeit, Zwangsgewalt) ausgestattet: ihr Feld und ihre Sphäre ist zudem die ganze Welt.

Schon seit den Tagen der Scholastik erhebt die Kirche den Anspruch, societas perfecta, also in aristotelischem Sinne vollkommene Gesellschaft, zu sein, weil sie alle Voraussetzungen für die Erfüllung ihrer Mission in sich birgt und isoliert für sich, unabhängig von anderen Gesellschaften, eben gewissermaßen als absolut selbständige und autonome Körperschaft zu bestehen vermag. Als vollkommene, unabhängige und mit allen erforderlichen Mitteln zur Erreichung ihres Zieles ausgerüstete Sozietät besitzt die Kirche nicht allein volle Gesetzgebungsgewalt, sondern ihr stehen auch

---

[255]) Vgl. entsprechend: Gierke a. a. O. S. 251.

sämtliche Mittel der Gesetzesverwirklichung zu Gebote. So
hat sie einmal das Recht, die über die kirchlichen Rechte
ihrer Mitglieder entstandenen Streitigkeiten nach ihren eigenen Gesetzen zu schlichten und die Entscheidung durch entsprechende Zwangsmittel, im Wege der iurisdictio necessaria
contentiosa, d. h. der Zivilgerichtsbarkeit, durchzusetzen und
zu realisieren. Zum anderen verfügt sie über die Befugnis,
ihre Glieder, Klerus und Laien, die gegen ihre Gesetze verstoßen, zu mahnen, zu warnen und nötigenfalls auch mit
physischen Mitteln zu strafen, d. h. ihr eignet nach über-
wiegender Lehre ebenfalls die iurisdictio coercitiva, die Strafgerichtsbarkeit, die Zwangsgewalt [256]). Die zwangsläufige Folge
dieser rechtlichen Vollkommenheit bedeutete jedoch nichts
weniger als die völlige, rechtliche Unabhängigkeit von politischen Mächten, gerade ein Anspruch und ein Faktum, das
so überaus zahlreiche Reibungen, Konflikte und schwerwiegende Auseinandersetzungen heraufbeschwören und zeitigen sollte.

Für die spätmittelalterliche Kirche erlangte das Recht
höchste Bedeutung, zumal hier die ,,Geistkirche" weitgehend
von der starren ,,Rechtskirche" überwunden wird. Die Kirche
nahm damit wesenhaft den Charakter einer rechtlich gestalteten Masseninstitution an. Das Recht hielt seinerseits die
Kirche gleichsam mit einem allumfassenden Juris Vinculum
zusammen, und zwar in der Weise, daß schließlich jede Erschütterung des Rechts zu einer Erschütterung der Kirche
selbst werden mußte.

Der ,,juridische Totalitätsanspruch" prägte und beeinflußte
neben anderen mitspielenden Faktoren, wie dem aufgeblähten
Institutionalismus und dem überdifferenzierten Fiskalismus,
in weitgehender und tiefgreifender Verrechtlichung des Kir-
chenlebens entscheidend das ,,säkularisierte" Kirchenbild
und die entsprechenden Spielarten und Erscheinungsformen
des spätmittelalterlichen Kirchenbegriffes. Allüberall machte

---

[256]) A. Stickler, Il potere coattivo materiale nella Riforma
Gregoriana secondo Anselmo de Lucca, Studi Gregoriani II,
Roma 1947 p. 235ss.; Ders. in ,,Salesianum" 13, Torino 1951
p. 414ss.

sich mit einer weitgehenden Profanation der Kirche auch
eine überstarke rechtsbetonte und rechtsbezogene Färbung
und Behandlung der zeitgenössischen Ekklesiologie bemerkbar, eine Erscheinung, die im übrigen als Folge eine weitgehende Kanonistenvorherrschaft in der damaligen Kirche
gezeitigt hat.

2. Die spirituelle Auffassung der Kirche

Ihrem unsichtbaren Charakter nach ist die Kirche Christi
Leib und Christus das Haupt dieses mystischen Körpers.
Bereits Paulus betrachtete die Gesamtheit der Christgläubigen
als eine geheiligte, mystische Einheit, als das Corpus Christi
(1. Kor. 12, 13; 1. Kor. 10, 17; Röm. 12, 5; Eph. 4; Kol.
1, 14—26; 1. Kol. 2, 19) schlechthin, in dem jedes Glied einen
notwendigen Platz ausfüllt, und bereitete nicht zuletzt
gerade durch diese Auffassung „Corpus eius [= Christi,]
quod est Ecclesia“ die Una Catholica Ecclesia geistig
vor [257]).
Diese Lehre vom mystischen Leib Christi hat nichts mit
dem organischen Verbandsbegriff zu schaffen, da die Einheit
des organischen Leibes hier lediglich ein „moralisches Bild
für die gegenseitige Liebe sittlicher Verbundenheit“ bedeutet [258]). Vielmehr stellt diese geistige Lebensgemeinschaft eine
mystische Ehe Christi und seiner Kirche dar, die durch den
Heiligen Geist der Liebe innerlich zur Einheit geführt wird [259]).
In Christus, dem Haupte, vereinigt sich alles, was die Kirche
überhaupt zur Kirche macht und die Menschen zur Gemeinschaft der Gläubigen verbindet [260]). Er ist Lenker und Lebenskraft dieses unsichtbaren Leibes. Sein Geist erzeugt zwischen
sich und der Menschheit eine moralische Gemeinschaft, einen

---

[257]) Vgl. Ernst Jakob, Encyclopaedia Judaica. Das Judentum
in Geschichte und Gegenwart, V. Bd. (Berlin 1930) Sp. 539.

[258]) Vgl. Dempf, Sacrum Imperium S. 82.

[259]) Vgl. Fritz Hofmann, Der Kirchenbegriff des hl. Augustinus in seinen Grundlagen und in seiner Entwicklung, München
1933, § 16 S. 196.

[260]) Vgl. Thaddäus Soiron OFM., Die Kirche als der Leib
Christi, Düsseldorf 1951 S. 182.

wirklichen geistigen Organismus, der den Namen Geistkirche verdient und allen Mitgliedern die Gotteskindschaft verheißt.

Durch Gottes Menschwerdung ist die Kirche eine geistliche Blutsgemeinschaft geworden, denn wie in der Menschwerdung Christi Gottheit und Menschheit durch den Heiligen Geist zur gottmenschlichen Person verbunden wurde, so hat sich auch das Haupt mit dem Leibe zur mystischen Einheit vereinigt.

Nicht zuletzt hat man in der Theologie immer wieder für die spirituelle, mystische Verbindung das Bild einer Ehe gebraucht, also das Gleichnis einer allumfassenden, gegenseitig aufgehenden Lebensgemeinschaft. Seit dem 12. Jahrhundert zeichnet sich gerade in den Äußerungen der Vertreter der sog. spiritualistischen Tendenz ein Zurücktasten zur Geisteskirche, zur „Ecclesia primitiva" ab. So klingt bei dem großen Geschichtsdeuter und Reformer Joachim von Fiore (1132—1202) jede Kritik an den klerikalen Verfalls- und Zersetzungserscheinungen seiner Epoche wie ein „Rückruf zur alten Vollkommenheit der primitiva ecclesia", der „ecclesia Petri immo Christi, . . . que aliquando erat plena (populo), modo vacua est, quam post ruinam nove Babylonis reformari oportet in gradum pristinum"[261]). Als Weg zu einer Rückkehr zum reinen Evangelium Christi verweist Joachim auf die Worte Jesu an den reinen Jüngling (Mt. 19, 17ff.): Willst du vollkommen sein, so verkaufe alles, was du hast, gib es den Armen und folge mir nach! Weiter bemerkt Joachim von Fiore in seiner Hindeutung auf die dritte spirituale Phase des Geschichtsverlaufes: Wie die Kirche Christi die Synagoge nicht nur umgewandelt, sondern abgelöst hat, so müßte im dritten Status die Kirche ihrerseits ersetzt werden durch ein Gebilde, das nicht mehr „real-weltliche Institution" ist, sondern wirkliches geistiges Dasein besitzt — die Ecclesia spiritualis[262]). So führt letztlich eine Linie in Joachims Geschichts-

---

[261]) Vgl. Herbert Grundmann, Studien über Joachim von Floris (= Beiträge zur Kulturgeschichte des Mittelalters und der Renaissance, hrsg. von Walter Goetz, Bd. 32), Leipzig-Berlin 1927 S. 104.

[262]) Vgl. Grundmann a. a. O. S. 106f.

bild von der Ecclesia militans, der staatlich gegliederten Rechts-, Macht- und Papstkirche, zur „Ecclesia spiritualis", der geläuterten, urchristlichen Geistkirche. Joachim denkt nicht an das Ende der Kleriker- und Sakramentalkirche, sondern glaubt an ihre Vergeistigung, an ihr Fortbestehen in Ewigkeit „commutata in majorem gloriam" [262a]). Auch ein so bedeutender Geist wie Dante ist tief von dem religiösen mittelalterlichen Gedanken der Ecclesia, des Corpus mysticum, durchdrungen gewesen [263]). Gemäß dieser Grundeinstellung erblickt er in Beatrice jene ecclesia spiritualis, jene wahre, geistige Kirche, die sponsa Christi (Parad. 27, 40—57) [264]), die im Gegensatz zur entarteten sichtbaren Kirche ewig jung bleibt, welche Eigenschaft das ureigenste Wesen der Kirche Christi bedeutet [265]). Wie die Spiritualen ersehnte auch er eine heilige und arme Ecclesia mit einem armen Papste, deren Bestand allerdings die Weltherrschaft durch einen gerechten Universalmonarchen als äußere Bedingung voraussetzen würde. Damit vereinigen sich in der Sicht des Dichters das Ideal der rein geistigen Kirche und das der Universalmonarchie als zwei Heilsrichtungen, die den göttlichen Attributen der Weisheit und Gerechtigkeit zugeordnet sind.

Wenn sich auch allenthalben gewisse Anklänge finden, so trat diese mystische Auffassung von der Kirche jedoch

---

[262a]) Vgl. Herbert Grundmann, Neue Forschungen über Joachim von Fiore (= Münsterische Forschungen, hrsg. v. Jost Trier u. Herbert Grundmann), Marburg 1950 S. 67 und Francesco Foberti, Gioacchino da Fiore. Nuovi Studi critici sulla Mistica e la Religiosità in Calabria, Firenze, Sansoni 1934, p. X, 55ss.

[263]) Vgl. Richard Scholz, Marsilius von Padua und Dante (= Deutsches Dante-Jahrbuch 24. Bd. NF. 15. Bd.), Weimar 1942 S. 171.

[264]) Vgl. W. C. Schirmer, Dante Alighieri's Stellung zu Kirche und Staat, Kaisertum und Papsttum. Eine Studie, Düsseldorf 1891 S. 7.

[265]) Vgl. Lilli Sartorius, Dante und die Kirche (=Romanische Forschungen 60. Bd.), Frankfurt am Main 1947 S. 535. Vgl. im weiteren Zusammenhange dazu neuestens: M. Maccarone, Teologia e diritto canonico nella Monarchia 3, 3 (=RSDI. 5, 1951), 7—42.

bei der Mehrzahl der spätmittelalterlichen kirchenpolitischen
Publizisten völlig in den Hintergrund, zumal die Hierarchie
und die Rechtsstruktur gemäß den geäußerten, divergierenden Ansichten den geistigen Inhalt der Kirche weithin über-
deckten und die durchorganisierte Institution, die sichtbare,
äußere Kirche in der Ekklesiologie normativen Ausdruck
fand, während damit naturgemäß das Mysterium, weil sich
damals in der Hauptsache wohl Kanonisten, jedoch seltener
Theologen der Würdigung des Kirchenbegriffes schriftstelle-
risch in der Öffentlichkeit annahmen, unausgesprochen blieb.

IV. Ausblick auf die nachmittelalterliche Ekklesiologie

Tiefgreifende Mißwirtschaft, willkürliche und ungerecht-
fertigte Pfründenverleihungen, sowie ein Fiskalismus ganz
bedrohlichen Ausmaßes hatten die Hellsichtigen geradezu zu
einer weitgehenden Erneuerung der spätmittelalterlichen
Kirche aufgerufen. Hatte sich dabei der Konziliarismus einst
bemüht, mittels Beschneidung und Überwachung der päpstlichen Gewalt, d. h. durch eine strukturelle Änderung der
Kirchenverfassung, die Reform der Kirche durchzuführen,
so versuchten im Reformationszeitalter die Anhänger der
Glaubensspaltung durch Aufstellung einer neuen Lehre zum
Ziele zu gelangen. Natürlich stand auch bei diesen Richtungen der Kirchenbegriff durchaus im Brennpunkt der Auseinandersetzungen und Erläuterungen[266]). Allein die Darstellung dieser Ekklesiologien gehört nicht mehr in den
Rahmen der vorliegenden Betrachtung, da sie sich ausschließlich mit dem katholischen Kirchenbegriff in seinen
verschiedenen Aufspaltungen im Verlaufe des späten Mittelalters auseinandersetzen will.

Zu Beginn der Neuzeit erfüllte das Tridentinum (1545 bis
1563) die katholische Kirche mit neuer Widerstandskraft,
formte die mittelalterlichen Ideen von Papsttum, Konzilien
und Kirchenreform um und schuf die Grundlagen für den

---

[266]) Dazu neuerdings J. Heckel, Initia iuris ecclesiastici Protestantium, SB. München 1949/50.

neuzeitlichen Katholizismus, vermochte aber an der politisch und kirchenpolitisch unterbauten Religionsspaltung in Deutschland nichts mehr zu ändern. Wohl prägte es für die Kirche wenigstens gleichnishafte Bilder und Umschreibungen wie „Ecclesia est columna et firmamentum veritatis" (Sess. XIII cap. 1 de Euch., nach Paulus 1 Tim. 3, 15), „Ecclesia communis mater in terris agnoscatur" (Sess. XVIII decr. 1) und „Ecclesia catholica est Christi dilecta sponsa" (Sess. XXII cap. 1 de missae sacr.), allein eine eindeutige, rechtlich gefärbte, erschöpfende Fassung des Kirchenbegriffes sprach das Konzil, obwohl es doch eigentlich von diesem aus das Dogma zu erneuern versuchte, indessen nicht aus. Diese Bestimmung des Kirchenbegriffes blieb erst dem bedeutenden Theologen Kardinal Robert Franz Romulus Bellarmin (1542—1621)[267]) vorbehalten. Bellarmin bestimmte die Kirche als Gemeinschaft aller Gläubigen, die durch das Bekenntnis desselben Glaubens, durch die Teilnahme an denselben Sakramenten unter der Leitung der rechtmäßigen Hirten und besonders des einen Stellvertreters Christi auf Erden, des römischen Papstes, vereinigt sind[268]). Bei ihm ist die Kirche weder eine Vereinigung der Prädestinierten, der Gerechten, die unsichtbare Gemeinde der Heiligen, noch die Gemeinschaft von Engeln und Geistern, auch nicht mehr Kultgemeinschaft schlechthin, sondern die Gemeinschaft der

---

[267]) Vgl. über ihn Näheres bei: E. Timpe, Die kirchenpolitischen Ansichten und Bestrebungen des Kardinals Bellarmin, Breslau 1905; J. de la Servière S. J., La théologie de Bellarmin[2], Paris 1928; J. Gemmel S. J., Die Lehre des Kardinals Bellarmin über Kirche und Staat (= Scholastik 5), 1930 S. 357 bis 379; Franz Xaver Arnold, Die Staatslehre des Kardinals Bellarmin, München 1934; L. Koch, LThK.[2] II (1931) Sp. 126 ff.

[268]) „Societas religiosa hominum baptizatorum a Christo instituta, quae eiusdem fidei christianae professione et eorundem sacramentorum communione et regimine legitimorum pastorum (episcoporum) atque praecipue Romani pontificis colligatur" (Disput. de controversiis fidei, De Ecclesia militante l. III cap. 2). — Vgl. Franciscus Xav. Wernz S. J., Jus decretalium, ad usum praelectionum in scholis textus canonici sive juris decretalium, Tom. I (Rom 1905), Tit. I § 2 p. 13; und Franz Xaver Arnold, Die Staatslehre des Kardinals Bellarmin, München 1934 S. 326.

Getauften, die durch Glaubensbekenntnis und Sakramentsgemeinschaft unter der Leitung des Römischen Pontifex zusammengehalten wird. Durch die Leitung des Heiligen Geistes
und die Verbindung der Glieder in Christus erwächst die
Kirche zur eigentlichen Einheit („Id est unum corpus, unus
populus, una societas")[269]. Sie ist dabei als Gemeinwesen
vollkommen und autark, in ihrer Fülle mangelt und gebricht
ihr nichts. Sie manifestiert sich als vollkommene Gesellschaft,
als societas perfecta, die als höchsten Zweck die Verähn-
lichung mit Christus verfolgt, welches erhabene Ziel auch
ihren eigenen Rang letztlich bestimmt.

Klar zeichnet und hebt sich bei Bellarmin in seinem
Kirchenbegriff — offenbar als gewisse Reaktion auf den
schwer faßbaren, spiritualistischen Kirchenbegriff der Reformation — die Betonung der rechtlichen Seite und des
juristischen Tatbestandes ab, eine Erscheinung, die jedoch
keineswegs eine Verkennung des geistigen, pneumatischen
Wesens der Kirche bedeutet. Vielmehr beschränkt sich seine
Bestimmung der Kirche lediglich auf die formale, äußere
Seite der Kirche, auf das „Minimum", das für die Zugehörigkeit zu ihr gefordert wird[270]. Damit aber hatte die katholische Kirche als geistlich-irdisches Gebilde mit bestimmter
Würde und Rechtsgewalt eine eindeutige, fest beinhaltete
Begriffsbestimmung als societas perfecta, ein klar umrissenes
rechtliches Profil erhalten, das bis in unsere Tage verbindlich
und ungewandelt fortbestehen sollte, zumal eine offizielle
Definition der katholischen Kirche selbst nie erfolgte[271].

---

[269]) Vgl. Arnold a. a. O. S. 328.

[270]) Vgl. Arnold a. a. O. S. 327.

[271]) Selbst der Catechismus Romanus (pars I, c. 10, q. 2) will
keine solche geben (vgl. Johannes Baptist Sägmüller, Lehrbuch des katholischen Kirchenrechts, 4. Aufl., I. Bd. 1. Teil,
Freiburg i. Br. 1925 S. 6).

Zum Regalienempfang der Würzburger Fürstbischöfe im Spätmittelalter

Das Schrifttum über die Regalien und die damit verknüpften Einzelprobleme und Sonderfragen ist in unseren Tagen recht umfänglich geworden, so daß es sich wohl erübrigt, hier noch einmal näher auf die allgemeinen Gegebenheiten einzugehen. Indessen mangelt es leider bisher immer noch an einer zusammenhängenden Untersuchung des Regalienempfanges der Bischöfe von Würzburg[1]). Die Bemühung, diese Lücke mindestens nach Möglichkeit für das spätere Mittelalter zu schließen, bildet daher vornehmlich Sinn und Zweck nachfolgender knapper archivalischer Skizze. Gleichzeitig hoffe ich durch Schilderung des besonderen Belehnungs-

[23]) Der 1118 in der Oeseder Gegend auftretende (Osnabrücker UB. 1 Nr. 230) und von Hömberg für den letzten Grafen von Zütphen gehaltene Graf Heinrich wird, wie auch Philippi (Register) vermutet, wohl der damalige Graf von Tecklenburg und Vorgänger Ekberts, dessen ältester Sohn wieder Heinrich hieß (Osnabrücker UB. 1 Nr. 282), gewesen sein; aus welcher Tecklenburger Dynastie Graf Heinrich war, ist natürlich ungewiß. — Der Wappenbrief von 1475, worin die Tecklenburger den Anker vom Kaiser verliehen erhielten, ist von Staatsarchivrat Dr. habil. Prinz (Münster) vor einiger Zeit im Archiv zu Rheda aufgefunden worden, aber durch Kriegseinwirkung dort verloren gegangen; er wird demnächst von ihm veröffentlicht werden.

[1]) Vgl. Wilhelm Engel, Die Rats-Chronik der Stadt Würzburg (XV. und XVI. Jahrhundert), in: Quellen und Forschungen zur Geschichte des Bistums und Hochstifts Würzburg, hrsg. von Theodor Kramer Bd. III, Würzburg 1950 S. 107 Anm. 167.

zeremoniells an Hand weniger Würzburger Urkunden einen gewissen quellenmäßigen Beitrag zur Geschichte der mittelalterlichen Rechtssymbolik überhaupt liefern zu können. Gerade einige
Würzburger Urkunden aus der Endperiode des Mittelalters erschließen in ihrer originellen Aussage den vollen Reiz und die
einmalige Symbolkraft dieses Belehnungsvorganges:

Am Sonntag, den 3. Januar 1496[2]), erschien der neue Würzburger Fürstbischof Lorenz von Bibra (1495—1519) in der Reichsstadt Nördlingen vor dem römischen König Maximilian, den
Kurfürsten, Reichsfürsten, Grafen, Herren und der Ritterschaft,
die vor dem dortigen Kaufhause versammelt waren, um seine
Regalien zu empfangen. Der Kaiser, der mit Krone und im Ornat
auf dem Lehenstuhle thronte, war umgeben vom Erzmarschall
Kurfürst Friedrich von Sachsen, der das von der Scheide ent-
blößte königliche Schwert hatte, von Wolfgang Herrn zu Polheim,
der das Zepter, und Albrecht von Seldeneck, der den Reichsapfel hielt.

Den ersten Akt des pompösen Belehnungszeremoniells bildete
der unter Kaiser Sigismund (1410—1437) aufgekommene ,,mos
circumequitandi‘‘[3]), d. h. die Berennung des kaiserlichen Lehen-
stuhles mit der ,,sant Jorgen fahnen‘‘[4]), die Konrad von Schaumberg als fürstlicher Marschall trug, und ,,vil cleynen fanen‘‘ durch
den zu investierenden, berittenen Fürstbischof und seine Reisigen.
Nach der Stuhlberennung hielten die Ritter auf dem Platze vor
dem Kaufhause und auf Befehl des Kaisers geleitete dann der
Untermarschall Stefan von Wilhelmsdorff die drei Lehenfahnen
des Würzburger Bischofs, die dessen Belehnungsobjekte symbolisierten[5]), zum König. Die ,,ganz rote Plutfane‘‘[6]) trug der Ritter

---

[2]) Staatsarchiv Würzburg (zit.: St. A. W.), W. U. 46/14c (= Or.
Perg. 1496 I 3 ⟨Notariatsinstrument der ,,Offenbarschreiber‘‘ Niclas
Kronndal von Dettelbach und Johannes Muller von Schweinfurt⟩
52,6 cm × 64,5 cm).

[3]) Vgl. Robert Boerger, Die Belehnungen der deutschen geistlichen Fürsten (= Leipziger Studien aus dem Gebiet der Geschichte,
hrsg. von G. Buchholz, K. Lamprecht, E. Marcks, G. Seeliger,
VIII. Bd., 1. H.), Leipzig 1901 S. 85. Siehe auch Cl. Frhr. v. Schwerin,
Einführung in die Rechtsarchäologie, Berlin-Dahlem 1943 S. 85.

[4]) Die St. Georgenfahne, das vexillum s. Georgii, war ein quadrati-
sches Banner mit einem bis an die Ränder durchlaufenden, stehenden
Kreuz (vgl. Erich Gritzner, Symbole und Wappen des alten deutschen Reiches [= Leipziger Studien . . ., VIII. Bd., 3. H.], Leipzig 1902
S. 127).

[5]) Wenn mehrere Bannerlehen vorhanden waren, wurden auch mehrere
Fahnen beim Lehenakt verwendet und überreicht (vgl. Richard Schröder — Eberhard Frhr. v. Künßberg, Lehrbuch der deutschen Rechtsgeschichte[7], Berlin und Leipzig 1932 S. 435 Anm. 20).

[6]) Es handelt sich um die Lehnsfahne im engeren Sinne, ein bildloses

Ludwig von Hutten, dem zur Rechten Graf Wilhelm von Henneberg mit der Fahne des Herzogtums Franken — „das ist ein
weysser fanne mit roten zacken"[7]) — schritt. Links von der Blutfahne ging der Edelherr und Erbschenk des Heiligen Römischen
Reiches Friedrich zu Limpurg als Träger der „ploenn fannen des
stifts Würzburg mit einem panir, rote und weyss quartirt"[8]). Alle
drei Fahnentücher waren an gelben Spießschäften befestigt. Unter
Vorantritt der Blutfahne brachte man die drei bewimpelten Lanzen
als Investitursymbole vor den König, wo der Fürstbischof kniend
darum bat, ihm „sein und seins Stifts zu Wirtzburg Regalia und
Weltlichkeit" („mit allen und yeglichen manschaften, herschaften,
lehenschaften, eren, rechten, wirden, zierden und gerichten")
gnädiglich zu verleihen. Darauf verlas der Bischof die ihm vor-
gelegten Reichsfürsteneide Wort für Wort und schwor seinen
Lehenseid auf das Hl. Evangelium, wonach der Kaiser Lorenz von
Bibra nacheinander die Bluts-, Stifts- und Herzogtumsfahne aus-
händigte und ihn damit mit den Regalien belehnte.

Nach der Belehnung selbst wurden die beschriebenen Lehenfahnen vor dem Kaufhause unter die Ritterschaft und das gemeine
Volk geworfen, die sie unter großem Gezerre an sich zu reißen
trachteten.

Allem Anschein nach war Kaiser Maximilian jedoch verwundert,
daß Bischof Lorenz beim Empfang der Regalien allein drei ver-

---

rotes Banner (Blutbanner, lat. vexillum sanguineum, imperiale oder
praetorium), unter der die mit dem Blutbanne verknüpften Reichslehen
verliehen worden sind. Dieses Banner begegnet erst, nachdem Adler- und
Kreuzfahne (d. h. Kaiser- und Reichsbanner) feste Gestalt angenommen
hatten. (Vgl. hierzu Näheres: DRWB II (1932—35) Sp. 379; Carl Erdmann, Kaiserfahne und Blutfahne, SB. d. Preuß. Ak. d. Wissenschaften,
Phil.-Hist. Kl. XXVIII (1932), Berlin 1932 S. 888; Herbert Meyer,
Die rote Fahne, ZRG. 50 (1930) Germ. Abt. S. 317; Herbert Meyer,
Kaiserfahne und Blutfahne, ZRG. 53 (1933) Germ. Abt. S. 291ff., und
Julius Bruckauf, Vom Fahnlehn und von der Fahnenbelehnung im
alten deutschen Reiche, phil. Diss., Leipzig 1906 S. 51.)

[7]) Der sog. „Fränkische Rechen" — in Rot drei aufsteigende silberne
Spitzen — das Wappen des Bischofs und Domkapitels von Würzburg
(vgl. hierzu: August Amrhein, Gotfrid Schenk von Limpurg, Bischof
von Würzburg und Herzog zu Franken 1442—1455, Archiv d. Hist.
Vereins von Unterfranken und Aschaffenburg 53 [Würzburg 1911] S. 5;
siehe auch: Lore Muehlon, Johann III. von Grumbach, Bischof von
Würzburg und Herzog zu Franken [1455—1466], phil. Diss. Würzburg,
Würzburg 1935 S. 41 Anm. 89).

[8]) In Blau die rot-weiß geviertete Herzogsfahne an goldenem Stock
mit silberner Spitze. — Diese Fahne symbolisierte Militär- und Gerichtshoheit des Würzburger Fürstbischofs (vgl. Eugen Rosenstock, Würzburg, das erste geistliche Herzogtum in Deutschland, Hist. Vierteljahrschrift XVI. Jg. (1913) S. 75, und Siegfried Rietschel, Zur Lehre
vom Fahnlehn, HZ. 107 (1911) S. 358f.).

schiedene Fahnen gebrauchte[9]). Vor allem scheinen irgendwelche
Zweifel darüber aufgetaucht zu sein, ob sein Vorgänger Fürstbischof
Rudolf von Scherenberg 1468[10]) bei seiner Belehnung durch Kaiser
Friedrich III. in Graz überhaupt auch eine Fahne mit dem Wappen
des Herzogtums, dem „fränkischen Rechen", empfangen habe.
Deshalb ließ Bischof Lorenz eigens Kundschaft über die Regalien-
belehnung seines Amtsvorgängers, des Bischofs Rudolf, führen.
Am 10. März 1496[11]) verhörte in dieser Angelegenheit Magister
Konrad Vogler[12]), Chorherr von Stift Haug, als Mitvikar und
Statthalter des Generalvikars und Erzpriesters Wilhelm von
Wolfskeel[13]) auf Antrag des fürstbischöflichen Prokurators vor
der roten Türe[14]) Magister Petrus Pfister den Dompropst Jörg
von Giech[15]), den Propst von St. Burkard Johann von Allendorf[16]),

[9]) Vgl. Sebastian Zeißner, Rudolf II. von Scherenberg, Fürstbischof von Würzburg 1466—1495, Würzburg 1927 S. 26.
[10]) Über die Belehnung von 1468 s. St. A. W., Lib. div. form. 11.
fol. 112'—113. — 1494 empfing Fürstbischof Rudolf von Scherenberg
von Maximilian, wie er selbst sagt, wegen „unsers mercklichen alters,
krankheyt und blodigkeyt unsers leybs, domit wir swerlichen beladen
sind", seine Regalien nicht mehr persönlich, sondern bevollmächtigte
1494 Mai 17 den Domscholaster Hugo von Lichtenstein zu Lahm († 1504)
und den bischöflichen Marschall Contz von Schaumberg, in seinem
Namen die Regalien und Lehen des Hochstifts zu empfangen (vgl. St.
A. W., W. U. 46/14b: Or. Perg. 1494 V 17 [= Gewaltbrief] mit an Pergamentstreifen angehängtem, rundem Bischofssiegel).
[11]) St.A.W., W.U. 46/14d (= Or. Perg. mit 7 an Pergamentstreifen
angehängten, gut erhaltenen Siegeln: 1: FB. Lorenz von Bibra, 2: Dompropst Jörg von Giech, 3: Johannes von Allendorf, Erzpriester und
Propst zu St. Burkard, 4: Michel Neustetter, Ritter, 5: Hans Truchseß
von Wetzhausen, 6: Peter von Bibra, 7: Anton von Brunn).
[12]) JUDr. Conradus Vogler, Kanoniker und Scholaster (vgl. Ph. Emil
Ullrich, Liber regulae ecclesiae Haugensis, Archiv d. Hist. Ver. v.
Unterfranken und Aschaffenburg 29 (Würzburg 1886), Nr. 5, 228).
[13]) Wilhelm Wolfskel v. Reichenberg († 1497) (vgl. August Amrhein, Reihenfolge der Mitglieder des adeligen Domstiftes zu Wirzburg,
St. Kilians-Brüder genannt, von seiner Gründung bis zur Säkularisation
742—1803, II. Abt., Archiv d. Hist. Ver. v. Unterfranken u. Aschaffenburg 32 (1890) S. 158 Nr. 1227).
[14]) Das „Gericht vor der roten Türe" war das Würzburger Offizialats-
gericht (vgl. Wilhelm Engel, Urkundenregesten zur Geschichte der
Stadt Würzburg (1201—1401), in: Quellen u. Forsch. z. Gesch. d. Bistums u. Hochstifts Würzburg, Bd. V, Würzburg 1952 S. 14 u. Reg. 220;
u. Walter Scherzer, Der Forster Patronatsprozeß vor dem bischöfl.
Offizialat zu Würzburg (1317/1323), Würzburger Diözesangeschichtsblätter, 13. Jg. 1951, Würzburg 1951 S. 59).
[15]) Georg v. Giech († 1501), Archidiakon, Landrichter des Herzogtums Franken und seit 1494 Dompropst (vgl. Amrhein II S. 76 Nr. 1013).
[16]) Johannes v. Alendorf (1400—1496), JUDr., Dr. theol., Dr. phil.,
wurde vor 1450 zum Abt des Benediktinerklosters St. Burkard gewählt und
bei dessen Umwandlung in ein adeliges Ritterstift 1464 als erster Propst
bestätigt. 1470 ernannte ihn FB. Rudolf von Scherenberg zu seinem
Kanzler (vgl. Amrhein II S. 175f. Nr. 1278).

den Ritter Michel Neustetter, den etwa fünfundvierzigjährigen Hans Truchseß von Wetzhausen (1468 Truchseß), den fünfzig- jährigen Peter von Bibra (1468 Fürschneider)[17]), Eckhart von Crailsheim, den fünfzigjährigen Edelknecht Anton von Brunn (1468 Kämmerer)[18]), den sechzigjährigen Hans Walch gen. Zigeuner (1468 reitender Bote) und den reisigen Knecht Lorenz Egotz. Alle Befragten sagten dabei übereinstimmend aus, Bischof Rudolf habe 1468 auch eine Fahne mit dem Wappen des Herzogtums empfangen, die der selige Ritter Voit vorangetragen habe. Der geschworene Bote Lorenz Egotz wies dazu noch darauf hin, daß er das Abzeichen und Wappen des Herzogtums ebenfalls an seiner silbernen Büchse (= Briefbüchse) getragen habe.

Daneben sind wir ebenfalls genauestens über den Regalien- empfang des Fürstbischofs Konrad III. von Thüngen (1519—1540) unterrichtet[19]). Am 5. März 1521 war auf dem oberen Markt in Worms ein „keyserlicher gezirter" Stuhl errichtet worden, in dem Kaiser Karl V., geschmückt mit der Krone, Platz nahm. Vor dem Monarchen standen die Fürsten und Erbamtleute, u. a. die drei Erzkanzler Kardinal Albrecht [Markgraf von Brandenburg, 1514 bis 1545] von Mainz, Erzbischof Hermann [V. v. Wied, 1515—1547] von Köln, Erzbischof Reichard [v. Greiffenklau, 1511—1531] von Trier und Herzog Friedrich von Sachsen. Markgraf Joachim von Brandenburg trug das kaiserliche Zepter, der Erbküchenmeister des Hl. Römischen Reiches Philipp von Seldeneck den Reichs- apfel und Ulrich Marschall von Pappenheim das Reichsschwert. Seitens des Fürstbischofs von Würzburg waren als Abordnung Dompropst Friedrich Markgraf von Brandenburg[20]), der Erb- marschall des Stifts Würzburg Graf Wilhelm von Henneberg, der Erbkämmerer Graf Michel von Wertheim und der Domdechant und Stiftspropst von Komburg Peter von Aufseß[21]) erschienen.

---

[17]) Vorschneider, der bei Tisch die Speisen zerlegt, ein Hofamt (vgl. Grimm, DWB. IV, 1 Sp. 801).

[18]) Bei Wilhelm Engel, Die fränkischen Geschlechter von Brunn um 1400 (= Mainfränkisches Jahrbuch für Geschichte und Kunst 3), Würzburg 1951 S. 120ff., wird nur ein älterer Anton v. Brunn († 1464) erwähnt.

[19]) St.A.W., W.U. 46/14e (= Or. Perg. 1521 III 5). Vgl. hierzu eben- falls noch: Johann Christian Lünig, Corpus Juris Feudalis Germanici, Tom. I, Frankfurt am Main 1727 S. 423 Nr. XXVI.

[20]) Friedrich Markgraf v. Brandenburg-Kulmbach (1497—1536) wurde 1511 kraft päpstlicher Provision Dompropst in Würzburg (vgl. Am- rhein II S. 64 Nr. 987).

[21]) Der große Gelehrte und Staatsmann, kaiserliche Rat und würz- burgische Kanzler Dr. jur. Peter von Aufseß, der 1520 zum Domdekan gewählt worden war, nachdem er schon 1504 die Propstei des Ritter- stiftes Komburg bei Schwäbisch-Hall erhalten hatte (vgl. Amrhein II S. 114f. Nr. 1123).

Die würzburgischen Gesandten zogen zusammen mit Kurfürst Ludwig[22]) und Ott-Heinrich[23]), Pfalzgraf bei Rhein und Herzog in Bayern, vor den kaiserlichen Stuhl, wo nach den Pfalzgrafen der Würzburger Domdechant im Namen des erwählten Herrn von Würzburg die untertänige Bitte an den Kaiser richtete, den Würzburger Fürstbischof mit seines Hochstifts und Herzogtums Regalien, Lehen und „Weltlichkeit" zu begaben und ihm seine Privilegien, Rechte und Gerechtigkeiten zu bestätigen. Karl V. ließ darauf durch den Mainzer Erzbischof bekanntgeben, er wolle Seiner Lieb (= Fürstbischof von Würzburg) die Regalien verleihen.

Anschließend haben, wie die Urkunde wörtlich bemerkt, „die Würzburgischen mit einem quatrirten rennfanen, rot und weise, den Friedrich Herr zu Schwarzburg gefurt, und die anderen jeder zum wenigsten ein cleyn fendlein des herzogtums zu Franken in der hand und zu häupten der pferd eingesteckt, neben obgemelten Pfaltzgrafischen und iren rennfannen und fennlein, die weys und blau waren, obgemelten kaiserlichen stuhl zweimal berannt und [sind] zum dritten male nach berennes des stuhls zum haufen, do die obgemelten fürsten alle, als Pfalzgrafen und Würzburg, persönlich gehalten, zugezogen".

Sodann sprengten unter Trompetengeschmetter alle Fürsten mit ihren großen Fahnen zum kaiserlichen Stuhle, berannten diesen, saßen ab und stiegen zum Herrscher hinauf. Der Fürstbischof führte dabei drei Banner mit: eine rote seidene Blutfahne, die Graf Wolf von Castell hielt, die seidene Wappenfahne in blauen Felde des Stiftes Würzburg, die Graf Georg von Wertheim trug, und das Banner des Herzogtums Franken, dessen Fähnrich Graf Wilhelm von Henneberg war. Nachdem der Pfälzer belehnt und seine Fahnen über den Stuhl hinabgeworfen waren, kniete Konrad von Thüngen vor dem Kaiser nieder, bat um die Belehnung und leistete seinen Eid:

„Ich Conradt, bischove zu Wurtzburg und hertzog zu Francken, gelob und schwere auf das heilig ewangelium, das ich hie leiplich berire, das ich imer hinfure von diser stunde getreue holdt, gehorsam und gewertig sein sol und wil, Euch allerdurchleuchtigsten, großmechtigsten fürsten und herrn, herrn Karlen, erwelten romischen keyser etc., meinem allergnedigsten herrn, und nach Eurem todt allen Euren keyserlichen gnaden nachkommen romischen keysern und kunigen und dem Heiligen Reich wider alle

---

[22]) Ludwig V. der Friedfertige, von Kurpfalz (1508—1544); vgl. Christian Haeutle, Genealogie des erlauchten Stammhauses Wittelsbach, München 1870 S. 43 Nr. X).

[23]) Ott-Heinrich (1502—1559) (vgl. Haeutle a. a. O. S. 45 Nr. XII und Salzer, ADB. 24 (1887) S. 713 ff.).

menschen. Auch sol und wil ich nymer wissentlich in dem rath
sein, da ichts gehandelt oder furgenommen wurdet wider Euer
person, ere, wirde oder stand, noch darein verwilligen noch ge-
helen, in enrich wege, sonder ich sol und wil Euer person und des
Heiligen Reichs ere, nutz und frommen betrachten und fürdern
nach allen meinem vermogen und ob ich vundert verstunde, das
ichts furgenommen oder gehandelt wurde wider Euer person oder
Euer keyserliche maiestet, dem sol und wil ich getreulich vorsein
und Euer keyserliche gnad darin onvertzichen warnen und sunst
alles das thun, sol und wil, das sich von einem fursten, getreuen
leheman Euer keyserlichen gnaden und des Heiligen Reichs zu
thun geburt von recht oder gewonheit, on argelist und ungeverlich,
als mir Got helf und das heilig ewangelium."

Nach der Verlesung des Eides wurden die Blutfahne, die Stifts-
fahne und das Herzogspanier vor dem Kaiser gesenkt, der ein
Banner nach dem anderen ergriff und als Belehnungssinnbild dem
Fürstbischof überreichte, dem damit die Regalien, Lehen und
weltlichen Rechte des Stiftes Würzburg und des Herzogtums
Franken verliehen waren.

Die Regalientaxen, unumgängliche Begleiterscheinungen der
Belehnungen, fraßen nicht unerhebliche Geldsummen aus der Kasse
des Belehnten. Hier sind wir wiederum in der glücklichen Lage,
noch über die genauen Belege aus dem fürstbischöflich-würz-
burgischen Archive zu verfügen. Bei Rudolf von Scherenberg[24])
wurden der kaiserlichen Kanzlei, dem Hofmeister, dem Marschall,
dem Schenken, dem Küchenmeister und Kämmerer des Reiches
je 60 Gulden ausgehändigt. Da dies in Abwesenheit der Erbamtleute[25]) geschah, forderte der Marschall noch zusätzlich ein Pferd[26]).
10 Gulden erhielt der Sekretär Sixt Ölhafen für das Konzept der
Urkunde, 4 Gulden der Schreiber des Libells und Transsumpts.
18 Gulden im Werte von 3 Mark Silber für Schnur und Perga-
mentleinen und $1^1/_2$ Gulden (= $1/_4$ M Silber) beanspruchte die
Kanzlei. Torwärter, Teppichleger und Spielleute (Trompeter und
Pfeifer) mußten ebenfalls entlohnt werden. Lorenz von Bibra hatte
allein 60 fl. für schwarzen Samt zu entrichten, den man als Teppich
beim Belehnungszeremoniell gebrauchte[27]). Die Regalientaxen der

---

[24]) St.A.W., Standbuch Nr. 264, fol. 185.

[25]) Die Inhaber der erblich verliehenen Hofämter (vgl. DRWB. III
S. 30).

[26]) Gewöhnlich fiel das Pferd, auf dem der zu investierende Fürst
bei der Belehnung saß, dem Erzmarschall des Reiches zu (vgl. B o e r g e r
a. a. O. S. 65). — In den Jahren von 1495 bis 1504 schwankten in Würzburg die Preise für ein Pferd, je nach der Güte, zwischen 18 fl. rh. und
34 fl. rh. (vgl. St.A.W., W.U. 92/302; W.U. 92/306; W.U. 92/312).

[27]) St.A.W., Standbuch Nr. 264, fol. 185′.

spätmittelalterlichen Würzburger Fürstbischöfe und Frankenher-
zöge, die meist mehr als hundert Berittene in ihrem Gefolge zum
Lehensakte mitbrachten, schwankten zwischen etwa 500 und mehr
als 1100 Gulden[28]), entsprechend dem hohen Werte des Lehen-
objektes bei einem Territorialherrn mit reichem Landbesitz.

---

[28]) St.A.W., Standbuch Nr. 264, fol. 185.

Die Rechts-, Staats- und Kirchenauffassung des Aegidius Romanus

Der Gründer der im 14. Jahrhundert zur hohen Blüte gelangten älteren Thomistenschule der Augustiner (schola aegidiana), der am Hofe des Papstes Bonifaz' VIII. (1294—1303) als literarischer Beistand der Kurie tätige vormalige Ordensgeneral der Augustiner-Eremiten und seit 1295 als Erzbischof von Bourges eingesetzte Aegidius Romanus aus dem Geschlecht der Colonna[1]) hat mit seinem berühmten kirchen-

---

[1]) Vgl. u. a. über sein Leben und Werk: F. Lang bei Michael Buchberger, Lexikon für Theologie und Kirche² (= L Th K²), II (Freiburg i. Br. 1931) Sp. 1019; Walter Brugger S. J., Philosophisches Wörterbuch, (Freiburg i. Br. 1947) S. 472 Nr. 111 (ganz knapp!); Hans Erich Feine, Kirchliche Rechtsgeschichte. Auf der Grundlage des Kirchenrechts von Ulrich Stutz, I. Bd.: Die katholische Kirche, (Weimar 1950) S. 250, 373; Martin Grabmann, Studien über den Einfluß der aristotelischen Philosophie auf die mittelalterlichen Theorien über das Verhältnis von Kirche und Staat, Sitzungsberichte der philosophisch-historischen Abteilung der Bayerischen Akademie der Wissenschaften zu München, Jg. 1934 Heft 2 (München 1934) S. 66; Martin Grabmann, Die Lehre des hl. Thomas von Aquin von der Kirche als Gotteswerk. Ihre Stellung im thomistischen System und in der Geschichte der mittelalterlichen Theologie, (Regensburg 1903) S. 22, 26 f.; F. X. Kraus, Aegidius von Rom, Österreichische Vierteljahresschrift für katholische Theologie, hrsg. von Dr. Theodor Wiedemann, 1. Jg. (Wien 1862) S. 1 ff.; Heinrich Finke, Aus den Tagen Bonifaz VIII., Funde und Forschungen, Vorreformationsgeschichtliche Forschungen, hrg. von Heinrich Finke, II (Münster i. W. 1902) S. 166; Richard Scholz, Die Publizistik zur Zeit Philipps des Schönen und Bonifaz' VIII., Ein Beitrag zur Geschichte der politischen Anschauungen des Mittelalters, Kirchenrechtliche Abhandlungen, hrg. von Ulrich Stutz, 6./8. Heft (Stuttgart 1903); Richard Scholz, Aegidius Romanus de ecclesiastica potestate (Weimar 1929); Otto Gierke, Das deutsche Genossenschaftsrecht, III. Bd.: Die Staats- und Korporationslehre des Altertums und des Mittelalters und ihre Aufnahme in Deutschland (Berlin 1881); Hans Meyer, Geschichte der abendländischen Weltanschauung, III. Bd.: Die Weltanschauung des Mittelalters (Würzburg 1948); Ademar d'Ales: Jacques de Viterbe. Theologien de l'Eglise 'Gregorianum', Commentarii de re theologica et philosophica, anno VII, vol. VII, fasc. 1, (Romae 1926 Mense Martio) p. 340. Bemerkenswert noch die treffliche Skizze dieses „nicht ganz eindeutigen Charakters, großen Formtalents, meisterhaften Pädagogen und streberischen Gelegenheitsphilosophen" bei Alois Dempf, Sacrum Imperium. Geschichts- und Staatsphilosophie des Mittelalters und der politischen Renaissance, München und Berlin 1929 S. 448 f.

politischen Traktat „De ecclesiastica sive de summi pontificis potestate"[2]) von 1302 nach Richard Scholz[3]) das bedeutendste Erzeugnis der tendenziösen kurialistischen Schriftstellerei seiner Epoche geschaffen, ein Werk, das die Konturen des hierokratischen Systems zeichnete[4]) und mit seinem Gedankengut die tragende Grundlage und Säule der bedeutsamen Papstbulle 'Unam Sanctam' vom 2. November 1302 geworden ist. Trotz seines Schülerverhältnisses zu Thomas von Aquin, seines Einstehens und seiner Verteidigung der thomistischen Lehren darf man in ihm keinen unbedingten, restlosen Verfechter des reinen Dominikanerthomismus erblicken[5]. Ebensowenig sind wesentliche eigene, schöpferische Gedanken bei ihm zu suchen; Aegidius ist vielmehr ein Eklektiker in des Wortes wesenhaftester Bedeutung. Was er in seiner Schrift *De ecclesiastica potestate* an Substanz vorträgt, ist ein von Augustinus, Aristoteles, Hugo von St. Viktor († 1141)[5a]), areopagitischer[6]) Mystik beeinflußtes, mit Autoren wie Gregor VII. (1073–1085), Honorius von Autun[7]), Bernhard von Clairvaux († 1153), Petrus Comestor[8]), Averroes[9]) und Isidor von Sevilla (560 bis

---

[2]) Der Darstellung ist ausschließlich die Edition von Richard Scholz Aegidius Romanus de ecclesiastica potestate, Weimar 1929, als Quelle zugrundegelegt (zitiert 'Scholz', ohne weiteren Zusatz). Die Schrift De regimine principum, in der Aegidius Colonna eine philosophische Begründung der Erbmonarchie gegeben hat, bleibt hingegen unberücksichtigt.

[3]) Scholz, Publizistik, S. 46 u. S. 55.

[4]) Vgl. hierzu ebenfalls: Franz Xaver Arnold, Die Staatslehre des Kardinals Bellarmin, München 1934 S. 304.

[5]) Scholz, S. IX.

[5a]) Vgl. über das schriftstellerische Werk Hugos von St. Viktor: „Hugonis de s. Victore canonici regularis s. Victoris Parisiensis tum pietate, tum doctrina insignis opera omnia", editio nova accurante J.-P. Migne, Patrologiae cursus completus (PL), 175, 176, 177.

[6]) Unter dem Namen des Dionysius Areopagita oder Pseudo-Dionysius, des ersten Bischofs von Athen, sind eine Reihe theologisch-mystischer Schriften mit neuplatonisch gefärbtem Stil und gekünstelter Sprache im Mittelalter bekannt geworden (vgl. zur kurzen Orientierung: J. Stiglmayr, L Th K² (1931) Sp. 334ff.).

[7]) Honorius von Autun (= Honorius Augustodunensis), ein in der ersten Hälfte des 12. Jahrhunderts wirkender Scholastiker, offenbart in seiner Philosophie christianisierenden Platonismus, während seine theologischen Anschauungen stark von Augustinus beeinflußt sind (vgl. Artur Landgraf, L Th K² V [1933] Sp. 135).

[8]) Petrus Comestor (Mangeur) war seit 1169 Viktoliner, er starb am 21. 10. 1179 in Paris (vgl. J. Kürzinger, L Th K² VIII [1936] Sp. 156).

636) unterbautes, von Bibelglossen und Zitaten aus dem kanonischen und römischen Recht genährtes System, mithin also längst herrschende Lehre, die er, der Theologe, lediglich in 'rücksichtsloser Schärfe', wenn auch nicht an allen Stellen mit gleicher Eindrucks- und Überzeugungskraft zusammengefaßt hat[10]).

Aegidius' Doktrin, die völlig auf die Person Bonifaz' VIII. abgestellt gewesen zu sein erscheint, weist sich sicherlich als die früheste Lehre des Absolutismus überhaupt aus[11]). Der Papst gilt ihm letztlich als das erhabene Vorbild eines unumschränktem Beherrschers des Erdkreises. Mit seiner hierokratischen Einstellung aber liefert der Autor ein beredtes, geistesgeschichtliches Zeugnis der gewaltigen politischen und weltanschaulichen Strömungen, Spannungen und geistigen Bewegung seines unruhigen Zeitalters, die das Papsttum und die römische Kirche nicht minder berührten als die profanen Mächte auch.

Die rechts- und staatsphilosophischen Erörterungen des Traktates, die gehaltvollen Gedanken über Gerechtigkeit, Recht, Eigentum, Staat und Kirche, jene spätmittelalterlichen staatsrechtlichen und politischen Begriffe auf dem ethisch-religiös gesättigten Hintergrund, die vielfach ins theologische Gewand gekleidet werden, verdienen angesichts ihrer weittragenden und unverkennbaren Bedeutung für die Geisteswissenschaft, vor allem für die historische Rechtsphilosophie, nacherlebendes Eingehen, kritische Auseinandersetzung und verständige Würdigung. Entscheidend für die rechtlichen, politischen und sozialen Konstruktionen, die Aegidius entwirft, ist die Tatsache, daß er in erster Linie durchaus als Theologe und Philosoph, nicht aber als Kanonist empfindet und schreibt[12]). Für Aegidius behält das Leitmotiv der Scholastik „Theologia est domina scienciarum et omnibus scienciis utitur in obse-

---

[9]) Über Averroës (Ibn Roschd), den berühmten arabischen Philosophen (1126—1198), unterrichtet u. a.: Max Holten, L Th K² I (1930) Sp. 866f.; Max Holten, Die Hauptlehren des Averroës (1913); Max Holten, Die Metaphysik des Averroës (1912).

[10]) Vgl. Johannes Haller in seiner Besprechung der Scholzschen Ausgabe des 'Aegidius Romanus, De ecclesiastica potestate', Zeitschrift der Savigny — Stiftung für Rechtsgeschichte 50, Kan. Abt. 19 (Weimar 1930) S. 688ff., insbesondere S. 690.

[11]) Scholz, S. XIV.

[12]) Vgl. Scholz, S. IX, und M. Grabmann, Studien über den Einfluß der aristotelischen Philosophie auf die mittelalterlichen Theorien über das Verhältnis von Kirche und Staat, a. a. O. S. 66.

quium suum"[13]) seine volle, unumschränkte Gültigkeit; die Metaphysik versieht lediglich eine untergeordnete subsidiäre Funktion, denn sie dient der Theologie, der Kirchenlehre, ausschließlich als hilfreiche Magd und gelehrige Schülerin (ancilla et famula). Grundeinstellung und Beweisführung seiner Schrift sind unverkennbar theologisch, allerdings mangelt dem Autor zuweilen in seiner Polemik das notwendige, scharfe Unterscheidungsvermögen zwischen der Theologie und der Philosophie, sodaß seine Darstellung nicht völlig frei von irrigen Zerrbildern geblieben ist.

I.

Über die Existenz der Gerechtigkeit (iustitia) ist Aegidius vollkommen gleicher Ansicht wie sein großes Vorbild Augustinus, der in seinem epochalen Werk. *De civitate Dei* II c. 21,4 schon mit Nachdruck darauf hingewiesen hatte, daß eben nur in dem Staate wirkliche Gerechtigkeit vorwalten könne, in dem Christus das Ganze gründet und leitet. Die Augustinische Ethik bildet ebenfalls bei Aegidius den festen Untergrund, die breite Basis seines Begriffes der Justitia, d. h. jene christlich-theologisch interpretierte antike, juristisch gefaßte Rechtsanschauung. In völliger Anlehnung an den Kirchenvater formuliert deshalb ebenfalls Aegidius ganz allgemein: „Non est enim vera iustitia, ... ubi non est rector et conditor Christus"[14]). Gerecht wird aber der Mensch allein, wenn er sich Christus bzw. auf Erden dem Papste und der Kirche unterwirft, denn „nulli sunt sub Christo rectore, nisi sint sub summo pontifice, qui est Christi vicarius generalis"[15]). Mit dieser Argumentation identifiziert Aegidius den moralisch-sittlichen Gehalt des Begriffes 'iustitia', d. h. die Rechtschaffenheit, schlechthin mit iustitia im streng-rechtsdogmatischen Sinne[16]). Nur die Erlangung der Gotteskindschaft durch die kirchliche Vermittlung der Sakramente der Taufe und Buße

---

[13]) De eccl. pot. II c. 6 (Scholz, p. 64).

[14]) De eccl. pot. III c. 11 (Scholz, p. 201).

[15]) De eccl. pot. III c. 10 (Scholz, p. 198) oder entsprechend De eccl. pot. II c. 7 (Scholz, p. 73): „... nec vera iusticia in eorum republica esse poterat, ubi non colebatur verus Deus et post passionem Christi nulla respublica potest esse, ubi non coleretur sancta mater ecclesia, et ubi non est conditor et rector Christus". Hier klingen unverkennbar Augustins Vorwürfe gegen den gerechtigkeitslosen Römerstaat wider, denen der Kirchenvater in seiner Schrift De civitate Dei XIX, c. 21,1 (= Migne, PL 41,648) Ausdruck verliehen hat. Vgl. Friedrich Merzbacher, Augustin und das antike Rom, ARSP XXXIX/1 (1950) S. 105f., insbesondere S. 106.

[16]) Vgl. Scholz, Publizistik, S. 73.

vermag den unwürdigen Erdenbürger, der in der Sphäre völliger Rechtlosigkeit geboren wird, in den irdischen Rechtszustand zu versetzen, ihm
Gerechtigkeit zu verleihen. Andererseits verliert der Mensch aber ebenfalls wiederum durch die Sünde die erlangte Rechtsstellung. Was das
Wesen der Gerechtigkeit selbst betrifft, so erblickt Aegidius persönlich
in ihrer abstrakten, anorganischen Natur die „Vollendung geistigen
Strebens". jene „perfectio appetitus intellectivi" schlechthin (*De eccl.
pot.* II c. 10)[17]). Da nun die Gerechtigkeit die Verwirklichung des Geistes
verkörpert, kommt es einzig und allein ebenfalls einer geistigen (= geistlichen) Macht (potestas spiritualis) zu, über diese geistige Größe, die Justitia, zu urteilen. Hingegen vermag irdische Gewalt die Gerechtigkeit
nicht zu bewerten. Aegidius Colonna, der vielfach zur Veranschaulichung seiner Gedankengänge mit dem Bilde des natürlichen Körpers,
mit einem konkreten Organismus operiert[18]), bedient sich zur Ver-
deutlichung der Idee der Gerechtigkeit ebenfalls eines solchen Gleichnisses, wenn er die These „Enim, quod id quod est in corporibus sanitas
et vita, hoc est in moribus et in gubernacionibus hominum equitas et
iusticia ..." (*De eccl. pot.* III, c. 11) aufstellt. So wie Gesundheit und
Lebenskraft in lebensfähigen Körpern wohnen müssen, so bedürfen auch
die Staaten ihrer wichtigsten Lebenselemente, der Billigkeit und Gerechtigkeit, denn ohne diese beiden Faktoren ist keine wahrhafte, gerechte
Lenkung und Führung von Menschen, mithin auch kein wohlgeordnetes
Staatsgefüge möglich[19]). Da nun aber alle Menschen durch die Erb-
sünde die Eigenschaft ursprünglicher Gerechtigkeit (originalis iustitia)
restlos eingebüßt haben, bedürfen sie, um diese erhabene Fähigkeit,
dieses übernatürliche Geschenk (*Röm.* 5,12) zurück zu erlangen, der
Wiedergeburt in Christo, von dem sie durch Adams Fehltritt getrennt
worden sind. Eine solche Regeneration in Gott erscheint unumgänglich,
da Gott allein Quelle und Meer aller Tugend und Macht — fons et mare
virtutis et potencie[20]) — mithin auch alleiniger Spender und einziges
Kraftfeld des Rechts und der Gerechtigkeit ist.

---

[17]) De eccl. pot. II c. 10: „Justicia enim non est res corporis sed est res anime,
et non est perfeccio rerum corporalium, sed est perfeccio appetitus intellectivi, qui
nec quid corporale nec quid organicum dici debet." (Scholz, p. 92).

[18]) Vgl. ebenfalls Gierke, Das deutsche Genossenschaftsrecht, III (1881)
§ 11 S. 551.

[19]) De eccl. pot. III c. 11: „... sic sine equitate et iusticia nulla est recta guber-
nacio hominum et nulla est res publica ..." (Scholz, p. 201).

[20]) De eccl. pot. III c. 2 (Scholz, p. 150).

Was den eigenartigen Eigentumsbegriff des Aegidius anbelangt, so hat man zunächst davon auszugehen, daß es nach seiner Ansicht ursprünglich lediglich spärliches Privateigentum auf Grund wechselseitiger Vereinbarungen und Verträge gab. Mit der Zunahme der Erdbevölkerung mehrten sich dann allerdings derartige Abmachungen und Pakte und wurden Verträge größeren Stils geschlossen, die jedoch ihrerseits sämtlich mit der Zeit durch entsprechende Gesetze gesichert wurden, die die Einhaltung erlaubter Verträge zu garantieren trachteten. Gesetz und Recht (= derartige Kontrakte) ermöglichen nämlich erst die Unterscheidung von 'Mein' und 'Dein' — „Leges ergo et iura continent omnia per que potest quis dicere: hoc est meum, quia continent contractus licitos, convenciones et pacta ..." (De eccl. pot. II c. 12)[21]). Mithin enthalten also die Gesetze ihrerseits alle erforderlichen Grundlagen und Voraussetzungen des Eigentums, genauso wie das Eigentum seinerseits das Fundament des Rechts bildet. Die Rechtsentwicklung fußt aber unzweifelhaft auf der „communicatio hominum ad invicem" (II c. 12), d. h. auf der Verbindung der Menschen zu gegenseitigem Verkehr untereinander. Denn, wenn die Menschen nicht untereinander rechtsgeschäftlich mit Schenkungen, Tausch- und Kaufverträgen tätig würden, wären die Gesetze als verbindliche Vorschriften und verpflichtende Maßstäbe überhaupt gänzlich zu entbehren. Da nun aber, wie Richard Scholz[22]) völlig zutreffend formuliert, „die Kirche einen Menschen von der communio hominum (oder wenigstens fidelium) ausschließen kann", so vermag sie ihm natürlich ebenfalls die Grundlage seines Rechts und Eigentums zu entziehen, indem sie ihn einfach von den Gesetzen ausschließt. Kein Mensch kann daher rechtens etwas als Eigentum besitzen, außer durch Vermittlung der Kirche. Alle, die nicht im Schoße der Kirche leben, sind infolgedessen auch keine rechtmäßigen Eigentümer und Herren derjenigen Güter, die sich in ihrem Besitz befinden[23]), denn ihr Besitz ist unrechtmäßig, fehlerhaft und widerspricht der ewigen Wahrheit. Alles, was der Mensch hat, verdankt er allein Gott. Es ist deshalb recht und billig, daß demjenigen, der sich von Gott abwendet und sich gegen die Kirche erhebt, als ungesetzlichem Besitzer sein Besitz entzogen wird. Die Feststellung „Si ergo non es sub Deo, a quo habes omnia, dignum est, quod tibi subtrahantur omnia" bietet für Aegidius die

---

[21]) Scholz, p. 104.
[22]) Publizistik, S. 67.
[23]) Vgl. F. X. Kraus, Aegidius von Rom, a. a. O. S. 17.

hinreichende rechtliche Handhabe für die Konfiskation der Güter der Ungläubigen. Die radikale Meinung des Autors über das Eigentumsrecht steigert sich sogar dahin, daß er den Ungläubigen (nicht allein den Häretikern, sondern ebenfalls allen Nichtchristen!) jegliche Rechtsfähigkeit abspricht. Sie sind gänzlich außerstande, Rechtssubjekt, d. h. Träger von Rechten, zu sein. So wie ihre gerechtigkeitslosen Reiche und staatlichen Verbände Räuberbanden (latrocinia) gleichen, so mangelt es ihnen an jeglichem rechtmäßigen Eigentum („... apud eos non sunt aliqua iusta dominia ..." [III c. I 1]). Kein Ungläubiger besitzt daher sein Haus, sein Grundstück, sein Feld oder seinen Weinberg zu Recht, da er seinen Besitz nicht zur Ehre Gottes anwendet. Der gesamte irdische Rechtszustand unterliegt der Autorisation der Ecclesia, die jederzeit die Möglichkeit hat, mit der Exkommunikation einem Unwürdigen oder Abtrünnigen die Rechtsfähigkeit zu entziehen[24]). Nur wer die Kirche als Mutter und Herrin anerkennt, darf gesetzmäßiger Eigentümer von Gütern werden[25]). Unter diesen Bedingungen und Voraussetzungen wird dem christgläubigen Laien ein „dominium cum iustitia" über die Temporalien zugebilligt und zugestanden, das allerdings partikulär (dominium particulare et inferius) im Gegensatz zu dem über den ganzen Erdkreis sich erstreckenden Obereigentum (dominium superius)[26]) der Kirche bleibt. Ein totales Eigentum können nämlich die Gläubigen allein schon wegen der Zinsen und Zehnten, die sie abführen müssen, nicht innehaben[27]). Die weltlichen Mächte besitzen zwar eigene Jurisdiktion, aber diese ist immer räumlich auf bestimmte Personen und Güter beschränkt; sie haben die Exekutivgewalt lediglich von und unter der Kirche. Hingegen zeichnet sich die Kirche durch ihre universale Jurisdiktion aus, mit der sie beispielsweise gegen weltliche Mächte und Staaten, ganz gleich in welchem Bereiche sie auch liegen mögen, einschreitet, wenn diese sich der Usurpation von Temporalien schuldig gemacht haben. Diese radikalen, einschneidenden Ansichten des Aegidius über das Eigentumsrecht der Laien und das Recht der Kirche an allen Temporalien wurden vom

---

[24]) Vgl. Scholz, Publizistik, S. 74.

[25]) „... nullus itaque erit iustus dominus aliquarum rerum, nisi sui ipsius et omnium que habet recognoscat ecclesiam matrem et dominam" (De eccl. pot. III c. 11 — Scholz, p. 201).

[26]) De eccl. pot. II c. 12: „... quod ecclesia sic habet dominium superius super omnia temporalia et super omnes possessiones ..." (Scholz, p. 103).

[27]) Scholz, Publizistik, S. 91.

Augustinerorden in der Folgezeit rezipiert[28]). Auch in diesen Lehren erweist sich Aegidius den Anschauungen seines Meisters Thomas verpflichtet und verhaftet.

II.

In seinem Traktat *De ecclesiastica potestate* zeigt sich Aegidius völlig beherrscht von der Idee eines durchaus kirchlichen Ursprunges des Staates und von der Vorstellung einer priesterlichen Einsetzung der staatlichen, weltlichen Gewalt. Staaten ohne göttliche Anordnung, d. h. ohne Einsetzung und sakrale Weihe durch das Priestertum, gelten ihm durch Invasion und Usurpation entstanden, sind damit ohne Gerechtigkeit und gleichen in ihrem Charakter großen Räuberbanden katexochen im augustinischen Sinne[29]), denn in der christlichen Epoche vermag kein Reich zu bestehen, wo nach Augustin nicht Christus Gründer und Lenker des Staates ist (*De eccl. pot.* II c. 22). Diese Staatsanschauung erweist sich als identisch und kongruent mit der seit Gregor VII. in der katholischen Kirche herrschenden, auf Augustins 'Gottesstaat' fußenden Lehre[30]). Aegidius unterscheidet streng die Einsetzung der jeweiligen profanen Obrigkeit, die lediglich auf dem allgemeinen *Ius humanum* basiert, von der transzendenten, göttlichen Herkunft der Gewalten. Wenn er auch nicht die Notwendigkeit des Staates an sich leugnet, so negiert er jedoch weitgehend dessen eigenen, selbständigen Wert, da dessen Existenz immerhin in gewissem Grade die menschliche Vervollkommnung behindert. Das Geistliche ist eben der Vollkommenheit näher als das Weltliche. So kann die kirchliche Gewalt ihrem Wesen nach voller Berechtigung 'geistlich' und 'himmlisch' genannt werden, während dem Staate lediglich die minderen Attribute 'fleischlich' und 'irdisch' zukommen („Principatus quidem ecclesiasticus est spiritualis et celestis, secularis autem principatus carnalis et terrenus dici potest" *De eccl. pot.* II c. 8). Wie die menschliche Natur sich aus zwei Substanzen zusammensetzt und dementsprechend eine zwiefache Nahrung erfordert, so bedarf folgerichtig auch die Gesellschaft zu ihrem Schirm und Schutz zweier

---

[28]) Vgl. Richard Scholz, Unbekannte kirchenpolitische Streitschriften aus der Zeit Ludwigs des Bayern (1327—1354) — Analysen und Texte, I. Teil: Analysen (= Bibliothek des Kgl. Preuss. Historischen Instituts in Rom, Bd. IX), Rom 1911 S. 17.

[29]) De eccl. pot. I c. 5: „Regnum ergo non per sacerdotium institutum vel non fuit regnum, sed latrocinium ..." (Scholz, p. 15).

[30]) Vgl. Scholz, Publizistik, S. 97.

Schwerter (uterque gladius spiritualis et materialis), des geistlichen und des weltlichen, wovon das temporale dem spiritualen ebenso unterworfen ist wie der körperliche Organismus seinem gebietenden, beseelten Geiste[31]). Die Kirche besitzt beide, sehr von einander verschiedene Schwerter[32]); sie sind in der Hand des Papstes, den die plenitudo potestatis auszeichnet, vereinigt, wie sie im Alten Testament beispielsweise in den Händen der Priesterkönige (reges et sacerdotes) Melchisedech[33]) und Job[33a]) ruhten. Jedoch macht der Papst als Träger der höchsten Machtfülle in der Christenheit von beiden Schwertern nicht unmittelbar Gebrauch, da es ihm kraft göttlichen Rechts untersagt ist, das weltliche Schwert in eigener Person zu führen. Er besitzt es vielmehr lediglich „ad nutum" da es zur tätigen Ausübung in weniger würdige Hände als die des obersten Kirchenfürsten gelegt wird. Während sich der päpstliche Primat das geistliche Schwert vorbehält, überläßt er das weltliche, äußere Schwert aus Dezenz den Fürsten[34]), damit diese es unter seiner Autorität und nach seinem Befehle handhaben. Die Existenz des weltlichen Staates und die profane Obrigkeit ist zwar von Gott gewollt und verordnet, aber der Zweck jeglicher weltlicher Gewalt ruht im letzten einzig und allein in der Kirche, die ihr die notwendige göttliche Sanktion und Bevollmächtigung vermittelnd gewährt[35]), denn der Staat in seiner tatsächlichen Erscheinungsform ist an und für sich — wie wir oben bereits gesehen haben[36]) — nicht himmlischen, sondern durchaus irdischen Ursprungs, damit bloßes Menschenwerk. Alle staatlichen Mittel und Funk-

---

[31]) Vgl. F. X. Kraus, a. a. O. S. 15.

[32]) De eccl. pot. II c. 5: „... sed potestas ecclesiastica habet utrumque gladium, ... spiritualem ad usum, materialem ad nutum." (Scholz, p. 56). Und De eccl. pot. II c. 14: „... utrumque gladium habet ecclesia ..." (Scholz, p. 132).

[33]) Gen. XIV, 18—20.

[33a]) Job oder Hiob, der Nachkomme Esaus, wird in Gen. 36,33 mit Jobab aus dem Geschlechte Serach aus Bozra, dem zweiten der acht Edomiterkönige, identifiziert. (Vgl. Immanuel Bernfeld, Encyclopaedia Judaica. Das Judentum in Geschichte und Gegenwart, (= EJ) VIII (Berlin 1931). Sp. 75, und M. Sister, EJ IX (1932), Sp. 202).

[34]) Für die Scheidung von Papst- und weltlichem Fürstentum, von sacerdotium und regnum, hinsichtlich der Führung des weltlichen Schwertes gibt Aegidius folgende Begründung: „... quia materialis gladius potest immediate exercere iudicium sanguinis secundum quem modum non potest, id est non decet, quod exercet gladius spiritualis ..." (De eccl. pot. II c. 14, — Scholz, p. 132).

[35]) Vgl. Gierke, Genossenschaftsrecht III § 11 S. 523, und Scholz, Publizistik, S. 97.

[36]) De eccl. pot. II c. 8.

tionen, die bürgerlichen Gesetze, die Waffengewalt und die irdischen, materiellen Güter stehen zur Verfügung der Kirche, unterliegen deren Oberhoheit. Mithin ist die gesamte weltliche Gewalt in complexu der geistlichen unterworfen und dienstbar, und zwar aus dreierlei Gründen: 1. Weil der irdische Staat in seiner Natur partikulärer und beschränkter als die geistliche Gewalt ist, 2. da er nur für die Materie sorgt und plant, und 3. weil der politische Verband sich nicht in dem Grade wie die Kirche der Vollkommenheit nähert, geschweige denn sie im entferntesten zu erreichen vermöchte (*De eccl. pot.* II c. 6)[37]). Die höchste Gewalt auf Erden gebührt daher unzweifelhaft der Kirche, ihre Würde erhebt sie über die Staaten und macht sie zur Herrin der Fürsten. Die Würden der weltlichen Großen, des Kaisers, der Könige und Fürsten, erscheinen geradezu als kirchliche Ämter. Der König erweist sich sogar schlechthin als Werkzeug des Allmächtigen, als „minister Dei", dem die Bestrafung der menschlichen Missetäter obliegt[38]). Aber die profane Macht verfügt trotzdem immerhin über nicht mehr als ein selbständiges Gebrauchsrecht (usus immediatus vel dominium utile) am weltlichen Schwert, das ihr der Papst als Inhaber des souveränen sacerdotium[39]) und Träger des gladius duplex konzediert. So wie Gott Urgrund der Leitung des ganzen Kosmos ist, so stellt der Papst das Haupt dar, dem alle Gewalt über die Kirche gegeben ist, deren Wesen sich eben im Gleichnis der beiden Schwerter versinnbildet und deren Fülle sich im Begriffe der „plenitudo potestatis" dokumentiert[40]).

III.

Ähnlich wie andere theologische Publizisten seiner Periode die Institution der Kirche zum Kernproblem ihrer Erörterungen zur Verteidigung der Ecclesia im vollentbrannten Kampfe um deren Rechte erhoben haben, widmete sich A e g i d i u s in seinem Traktat *De ecclesiastica pote-*

---

[37]) „Dicemus enim, quod potestas et principatus terrenus debet obsequi et famulari potestati et principatui spirituali propter omnia prefata tria: et quia particularior et quia materiam disponens et preparans et quia non ita appropinquat nec attingit optimum potestas hec sicut illa" (S c h o l z, p. 65).

[38]) De eccl. pot. III c. 1: „Nam Rex est minister Dei, vindex in iram ei qui malum agit. Potestas ergo regia habet pro objecto homines et potissime homines malos" (S c h o l z, p. 147).

[39]) Vgl. G i e r k e, a. a. O. S. 527.

[40]) Siehe hierzu ebenfalls vergleichsweise: F i n k e, Aus den Tagen Bonifaz' VIII. S. 161.

state ebenfalls der kämpferischen Verfestigung der Ekklesiologie[41]).
Wie allein schon der Titel *De ecclesiastica sive de summi pontificis pote-state* eindeutig erhellt, existiert für den Autor kein selbständiger, juristischer Begriff der Kirche, vielmehr führt die extrem-absolutistische Tendenz seines Werkes zur tatsächlichen Identifizierung von Papsttum und Kirche: „Papa, qui potest dici ecclesia"[42]). Die Lehre von der Kirche ist also schlechthin die Theorie von der päpstlichen Gewalt. Dieser universalen und katholischen Kirche ist die gesamte Erde mit allen ihren Bewohnern eigen[43]). Ihrem unsichtbaren, mystischen Charakter nach erweist sich ebenfalls bei A e g i d i u s C o l o n n a die Kirche als Christi Leib, der durch seine organische Verbindung mit dem Haupte in Gestalt des Gottsohnes beseelt und zur Einheit geschaffen wird[44]). Diese mystische Anschauung von der Kirche beruht auf jenem Gleichnis, mit dem der Apostel P e t r u s den Ephesern (Eph. 1,22 u. 23) die Größe des Erlösungswerkes verdeutlicht hat: „Ecclesia est corpus Christi et Christus est caput eius"[45]). Gott, der Vater der Herrlichkeit, hat danach seinen Sohn der Kirche zum alles überragenden Haupte gegeben. Die Kirche ist Christi Leib, erfüllt von ihm, der alles mit allem erfüllt und nach der Heiligen Schrift bei ihr „alle Tage bis an das Ende der Welt" weilt (Matth. 28,20). Durch die Belebung mit seinem Geiste wird die Kirche zum umfassendsten, vollkommensten Staatsgebilde schlechthin. Zur Verwirklichung der Einheit und Vereinigung der Menschen auf Erden aber bedarf Christus eines irdischen Abbildes. Als sein Statthalter (Christi vicarius) repräsentiert nun der Papst das irdische, einheitliche Oberhaupt der Kirche und der Menschheit. Wie Gott alle Geschöpfe leitet und lenkt, so regiert der höchste Priester, Christi Stellvertreter auf Erden, die Kirche und die Gläubigen[46]). Damit erscheint der Papst

---

[41]) Vgl. dazu J o s e p h R a n f t, Die Stellung der Lehre von der Kirche im doagmatischen System, Aschaffenburg 1927 S. 85.

[42]) S c h o l z, Publizistik, S. 60.

[43]) De eccl. pot. II c. 11: „... ita quod ipsius ecclesie est orbis terrarum et universi qui habitant in eo." (S c h o l z, p. 99).

[44]) Vgl. in diesem Zusammenhang die anschauliche, das Wesentliche erfassende Skizzierung der katholischen Kirche als Corpus Christi bei F r i t z H o f m a n n, Der Kirchenbegriff des hl. Augustinus in seinen Grundlagen und seiner Entwicklung, München 1933 § 16 S. 196.

[45]) De eccl. pot. II c. 12 (S c h o l z, p. 109).

[46]) De eccl. pot. III c. 2: „Et sicut Deus hoc agit in regimine omnium creaturarum, ita summus pontifex, Dei vicarius, hoc agit in gubernacione ecclesie et in regimine fidelium" (S c h o l z, p. 155).

als „Träger eines in seiner Wurzel einheitlichen Prinzipates über die Gesamtheit der Sterblichen, ihr Priester und König, ihr geistlicher und weltlicher Monarch, oberster Gesetzgeber und Richter in allen Dingen"[47]. Mit seinem gelehrten Traktat aber hat Aegidius, zweifellos — trotz gewisser veralteter Mittel der Darstellung — einer der bedeutendsten theologischen Schriftsteller seiner Zeit, ein systematisches, doktrinäres Bild von der päpstlichen Gewalt entworfen, das geradezu zum Prototyp einer ganzen literarischen Gattung von hoher Beachtlichkeit geworden ist.

---

[47]) Damit definiert Otto Gierke (Das deutsche Genossenschaftsrecht. III. § 11 S. 521) treffend die Stellung des Papstes, wie sie in der tendenziösen kurialistischen Streitliteratur Ausdruck und Niederschlag gefunden hat.

Das Somnium viridarii von 1376
als Spiegel des gallikanischen Staatskirchenrechts*

Für die Kenntnis der politischen Doktrin König Karls V. des
Weisen von Frankreich (1364—1380) vor Ausbruch des großen
abendländischen Schismas bietet sich ein zuverlässiger literarischer
Führer in dem berühmten polemischen Werk vom Jahre 1376, das
in seiner lateinischen Urfassung den Titel „Somnium viridarii"[1]) trägt, in seiner späteren französischen Version entsprechend

---

*) Diese Abhandlung gibt einen Probevortrag wieder, der am 14. Juli
1955 vor der Juristischen Fakultät der Universität München gehalten
wurde.

[1]) Druck: Melchior Goldast Haiminsfeld, Monarchia s. Romani
Imperii sive tractatus de iurisdictione imperiali seu regia, et pontificia seu
sacerdotali, Tom. I, Hanoviae (Typis Thomae Willierij, impensis Conradi
Biermanni et consort.) 1611, p. 58—229, unter dem Titel „Philothei
Achillini consiliarii regii Somnium Viridarii de iurisdictione regia et sacer-
dotali" (im folgenden zitiert: Goldast). — In der Frage des Autors ist
Goldast eine Verwechselung mit dem italienischen Dichter Philotheus
Achillinus (Giovanni Filoteo Achillini aus Bologna [1466 bis 1538]), dem
Verfasser eines Gedichtes „Il Viridario" (Bologna 1513) unterlaufen. —
Ausführlichere und kürzere Hinweise auf das Somnium viridarii bringen
u. a.: Carl Müller, Über das Somnium Viridarii, ZKR XIV. Bd., H. 1,
Tübingen 1877, S. 134—205; Sigmund Riezler, Die literarischen
Widersacher der Päpste zur Zeit Ludwigs des Baiers, Leipzig 1874, S. 275 f.;
Joh. Friedrich von Schulte, Die Geschichte der Quellen und Literatur
des Canonischen Rechts, II. Bd., Stuttgart 1877, S. 372 Anm. 6; Zeck bei
Wetzer und Weltes Kirchenlexikon, 2. Aufl., 11. Bd., Freiburg i. B. 1899,
Sp. 503 f.; Olivier Martin, L'Assemblée de Vincennes de 1329 et ses
conséquences. Étude sur les conflicts entre la jurisdiction laïque et la juris-
diction ecclésiastique au XIVᵉ siècle, Paris 1909, p. 256 ss,; Marc Bloch,
Les rois thaumaturges. Étude sur le caractère surnaturel attribué à la
puissance royale en France et en Angleterre (=Publications de la Faculté des
Lettres de l'Université de Strasbourg, Fascicule 19), Strasbourg-Paris 1924,

„Songe du Verger (oder vergier)"[2]) lautet. Bei jener kirchenpolitischen Schrift handelt es sich um eine offiziöse Arbeit, sogar in
gewissem Umfange um eine *„Gemeinschaftsleistung"*, die weniger
die Ideen eines einzelnen originellen Kopfes als vielmehr die für
eine ganze Epoche typischen Rechtsanschauungen widerspiegelt[3])
und vornehmlich — um des praktischen Erfolgs willen — aus den
verschiedenartigsten Traktaten zusammengesetzt ist.

Dieses Zeitalter aber trägt unverkennbar und weithin die besondere Signatur des Gallikanismus. Welche Bedeutung und welcher
Inhalt kommen nun in kirchen- und staatsrechtlicher Hinsicht
dem Begriff „Gallikanismus" zu? In Anlehnung an den französischen Kirchenhistoriker V i c t o r M a r t i n[4]) dürfen wir wohl andeuten, daß man darunter den Einklang, jene Harmonie zwischen
König und Klerus in der Leitung der Kirche von Frankreich und
deren Zielsetzungen und Bestrebungen versteht, sich ausschließlich auf die eigenen, seit alters erworbenen Rechtstitel der vollkommenen weltlichen Unabhängigkeit und Souveränität der französischen Krone zu stützen und gleichzeitig die Einmischung des
Heiligen Stuhles in die eigenen Verhältnisse zu überwachen und —
falls erforderlich — zu zügeln. Dabei waren die Gallikaner durchwegs von dem entschlossenen Willen beseelt, es ja nicht auf einen
Bruch mit der römischen Kirche ankommen zu lassen, denn schließlich waren sie Katholiken und wollten es in ihrer überwiegenden
Mehrheit auch fernerhin bleiben. Wohl schreiten sie weithin auf
jenem verhängnisvollen Wege, der schließlich zum Schisma führt,
aber niemals gehen sie ihn ganz zu Ende. Sie erstrebten keinen
Abfall von der Ecclesia Romana. Allerdings besaß in Frankreich,
was Hervorhebung verdient, der Klerus, namentlich die Prälaten,
früh ein ausgeprägtes Rechtsgefühl für die i u r i s d i c t i o und

---

p. 222 s.; Michael Seidlmayer bei Michael Buchberger, Lexikon
für Theologie und Kirche, 2. Aufl., IX (1937), Sp. 662. Über Ausgaben und
ältere Literatur vgl. A u g u s t P o t t h a s t, Wegweiser durch die Geschichts-
werke des Europäischen Mittelalters bis 1500, II. Bd., Berlin 1896, S. 1026f.

  [2]) D r u c k b e i : J e a n L o u i s B r u n e t, Traitez des droits et libertez de
l'Église gallicane, t. II, Paris 1731 (fol.).

  [3]) Cf. G e o r g e s d e L a g a r d e, Le Songe du Verger et les origines du
Gallicanisme, Revue des Sciences religieuses 14 (1934), p. 4.

  [4]) Cf. V i c t o r M a r t i n, Les origines du Gallicanisme I, Paris 1939,
p. 31.

potestas des geistlichen Standes, das man immerhin ebenfalls
dem Papste gegenüber entschieden vertrat[5]).

Die hier auszulegende Schrift verdankt nun ihren auf den ersten
Blick hin etwas merkwürdig berührenden Titel ihrem Rahmenmotiv, der äußeren schriftstellerischen Form, in die sie gekleidet
ist. Dieser Dialog zwischen zwei Exponenten, dem Kleriker als
Vertreter der geistlichen (päpstlichen) Gewalt einerseits und dem
Ritter als reinem Repräsentanten der weltlichen Macht und Anwalt der Krone Frankreich andererseits, vollzieht sich als ein unverfängliches Traumgesicht, als nächtliche Vision in einem Lustgarten, in einem Park[6]). Damit ist der Name dieses Literaturproduktes hinreichend erklärt. Der Titel an sich aber verrät nichts
von dem hochaktuellen Inhalt, der sich dahinter verbirgt.

Das Werk selbst ist fraglos in der nächsten Umgebung des
französischen Königs entstanden und hinsichtlich seiner tragenden Idee und seiner Grundkonzeption gewiß auch von ihm inspiriert[7]). In der Tat diskutieren der Priester und der Ritter über alle
Probleme, die unter der Regierung Karls V. die öffentliche Meinung
beschäftigt und bewegt haben. Der Widerstreit zwischen den
weltlichen und kirchlichen Gewalten lebt hier auf, Fragen der
Souveränität und ihrer Durchsetzung werden leidenschaftlich
unter Berufung auf anerkannte Autoritäten erörtert[8]); vor allem
aber verficht der Ritter als Sprecher der französischen Krone die
Rechte seines Königs insonderheit gegen alle Ansprüche der Kurie

---

[5]) Vgl. Kurt Schleyer, Anfänge des Gallikanismus im 13. Jahrhundert.
Der Widerstand des französischen Klerus gegen die Privilegierung der
Bettelorden (= Historische Studien, hrsg. von Emil Ebering, Heft 314),
Berlin 1937, S. 77; dazu ebenfalls noch Hans Erich Feine, Kirchliche
Rechtsgeschichte I², Weimar 1954, § 37, S. 400ff., und R. Laprat Art.
„Libertés de l'Église Gallicane" im Dictionnaire de Droit canonique VI,
Paris 1955, col. 426ss.

[6]) Riezler, a. a. O., S. 276; Müller, a. a. O., S. 136; Bloch, l. c.,
p. 222.

[7]) Cf. Jean de Pange, Le roi très chrétien, Paris 1949, p. 413, unter
Verweisung auf Marion Lièvre, Le songe du Verger, Thèse de l'École
des Chartes 1947.

[8]) Cf. R. Delachenal, Histoire de Charles V, Tome IV (1368—1377),
Paris 1928, p. 566; Marcel David, La souveraineté et les limites juridiques
du pouvoir monarchique du IXe au XVe siècle (= Annales de la Faculté de
Droit et des sciences politiques de Strasbourg I), Paris 1954, p. 71.

und der römischen Kirche. Indem die Schrift versucht, das
Verhältnis zwischen Staat und Kirche, Königtum und Priestertum,
die Abhängigkeiten zwischen Papst, Kaiser und französischem
König und deren rechtliche Stellungen und Ränge — mit der Aussage des Miles letztlich im Sinne der französischen Krone —
juristisch genau herauszustellen und zu umreißen, erhält ihre
Äußerung eine bedeutende staats- und kirchenrechtliche Note. Sie
formt einen Brennspiegel, offenbart eine selten aufschlußreiche,
programmatische Quelle des gallikanischen Staatskirchenrechts
im letzten Viertel des 14. Jahrhunderts. Sigmund Riezler hat sie
— wie gewisse französische Publizisten übrigens auch — anspruchs-
voll und stark übertrieben sogar als „Palladium der gallikanischen
Kirchenfreiheiten" schlechthin bezeichnet. Die Schrift entwirft
keineswegs ein rechtlich geschlossenes System, sondern streut
auch ferner liegende Materien, wie Fragen des Krieges, Adels und
der Dämonologie, ein.

Unzweifelhaft hat gerade dieser tendenziöse Dialog charakteristische Züge der Physiognomie des Gallikanismus aufgedeckt und
enthüllt (V. Martin), indem er auf die traditionellen Quellen des
Zeitalters Philipps IV. des Schönen (1285—1314) zurückgreift,
um die irdische Unabhängigkeit der französischen Monarchie zu
propagieren und zu verteidigen.

Die Unparteilichkeit des vielschichtigen Werkes sollte trotzdem
nach außen offenbar dadurch gewahrt werden, daß im ersten Teile
des Dialogs der Kleriker seine Behauptungen aufstellt und der
Ritter ihn mit seinen Gegenargumenten widerlegt, im zweiten
Teil die Parteien aber ihre Rollen dann wechseln.

Wahrscheinlich dürfte — entgegen allen anderen, bis in die jüngste
Vergangenheit hinein aufgestellten Hypothesen[9]) — der königliche
Rat Philippe de Mézières (Maizières)[10]), der Erzieher des

---

[9]) Delachenal (l. c. Tome V, Paris 1931, p. 400) verlieh seiner Einstellung kurz — ohne weitere Begründung — Ausdruck: „Philippe de
Mézières n'a pas composé le Songe du Verger". Die These von A. Coville
(Évrat de Trémaugon et le Songe du Verger, Paris 1933), der den Autor
des „Songe" in Évrat de Trémaugon erblickte, ist namentlich von G. de Lagarde stark bezweifelt worden. — Für unsere Fragestellung ist dieses Problem ohnehin nur zweitrangiger Natur.

[10]) Geboren 1312 im Schloß von Maizières (Picardie), in der Diözese
Amiens, Kanzler der Königreiche Jerusalem und Cypern, in Diensten des

Dauphin (des späteren Königs Karl VI.), der verantwortliche
Redaktor dieses antiklerikalen Textes gewesen sein[11]). Die lange
aufrechterhaltene Vermutung, der Humanist, Legist, königliche
Epistelschreiber und spätere Kabinettsangehörige Raoul de
Presles[12]) sei der Autor der Urfassung gewesen, scheint mit
großer Wahrscheinlichkeit inzwischen widerlegt zu sein[13]). Er, ein
Anhänger jener Tradition des Augustinismus, „die sich schon in
der Zeit Ludwigs des Heiligen [IX., 1226—1270][14]) in den Dienst
des Königtums gestellt hatte"[15]), hat lediglich eine französische

---

Königs Andreas von Sizilien und Alphons von Kastilien, Domherr zu
Amiens. Sechs Jahre weilte er im Gelobten Lande und nahm 1365 an der
Belagerung von Alexandria teil. Ab 1372 stand er im Dienste der Krone
Frankreich. Gegen Ende seines Lebens (†1405) fand er ohne Gelübde Auf-
nahme im Pariser Cölestinerkloster (vgl. Carl Müller, a. a. O., S. 168 ff.;
Johann Heinrich Zedler, Großes vollständiges Universal-Lexicon
aller Wissenschaften und Künste, 19. Bd., Halle und Leipzig 1739,
Sp. 642—644). — Vgl. über ihn, der bei den Burgundern als zauberkundig
verschrien war, ebenfalls: J. Huizinga, Herbst des Mittelalters. Studien
über Lebens- und Geistformen des 14. und 15. Jahrhunderts in Frankreich
und in den Niederlanden, dt. von T. Wolff-Mönckeberg, 6. Aufl.,
Stuttgart 1952, S. 262 und öfter; siehe auch: Ulysse Chevalier, Répertoire des sources historiques du moyen âge, Bio-Bibliographie II, Paris 1907,
col. 3636 s. Vgl. ebenfalls neuerdings über ihn Dora M. Bell. Etude sur le
Songe du Vieil Pèlerin de Philippe de Mézières (1327—1405) d'après le
manuscript français. Document historique et moral du règne de Charles VI,
Genève 1955.

[11]) v. Schulte, ebd.; Alois Dempf, Sacrum Imperium. Geschichts-
und Staatsphilosophie des Mittelalters und der politischen Renaissance,
München und Berlin 1929, S. 538.

[12]) Geboren 1314 oder 1315. Vgl. über ihn insbesondere: Wilhelm
Berges, Die Fürstenspiegel des hohen und späten Mittelalters (= Schriften
des Reichsinstituts für ältere deutsche Geschichtskunde — Monumenta Germaniae historica 2), Stuttgart 1938, Neudruck 1952, S. 268; V. Martin,
l. c. I, p. 220 n. 4; Friedrich August Frhr. v. d. Heydte. Die Geburtsstunde des souveränen Staates, Regensburg 1952, S. 26, 216, 335; de Pange,
l. c., p. 30.

[13]) G. de Lagarde, l. c., p. 1 ss., 219 ss.; Berges, a. a. O., S. 352 Nr. 40.

[14]) Vgl. dazu nun: Ludwig Buisson, König Ludwig IX., der Heilige,
und das Recht. Studie zur Gestaltung der Lebensordnung Frankreichs im
hohen Mittelalter, Freiburg 1954.

[15]) Vgl. Percy Ernst Schramm, Der König von Frankreich. Das
Wesen der Monarchie vom 9. zum 16. Jahrhundert. Ein Kapitel aus der
Geschichte des abendländischen Staates, Bd. I: Text, Weimar 1939, S. 242

Übersetzung des Somnium viridarii für Karl V. erstellt, in die der anomyme, im Schema einer juristischen Quaestio gehaltene Traktat „Rex pacificus"[16]) vom Frühjahr 1302 weitgehend übernommen wurde. In ihr glaubten schließlich die französischen Staatsmänner ihr spezifisch-vaterländisches doktrinäres Brevier gefunden zu haben[17]).

Erstaunlich breit wirkt die Belesenheit des Redaktors des Somnium. In dieser mosaikartig mit Lesefrüchten durchsetzten Kompilation wetteifern als Zeugen lateinische Schriftsteller der Klassik mit Aristoteles, Dichter mit Kirchenvätern, Scholastiker mit Historiographen, Kanonisten mit Legisten[18]). Geradezu verblüffend häufig erweisen sich die Allegationen aus allen möglichen Schriften, was dem „Somnium" einen recht gemischten und vieldeutigen Charakter aufprägt. Allerdings verwendet die Schrift peinlichste Sorgfalt darauf, wenn sie Occams Dialog und Marsilius' von Padua Defensor Pacis (die neben dem „Rex pacificus" weitgehend benützt wurden) zitiert, jegliche Anspielung auf die Volkssouveränität, jede Berufung auf das Volk als oberste Instanz zu unterdrücken. Diese Unterordnung des Königs unter das Volk im Sinne Marsilianischer Propaganda widersprach augenscheinlich dem Ratgeber Karls V. ganz entschieden[19]).

I.

„Quippe enim duo sunt, quibus hic mundus regitur: sacerdotium et regnum"[20]), mit solchen Worten weist diese literarische Vision auf die beiden Gesprächspartner und Streitgegner hin, deutet aber zugleich auf die beiden Gewalten, die die irdische Welt

---

Zum Augustinismus vgl. H.-X. Arquillière, L'Augustinisme politique. Essai sur la formation des théories politiques du Moyen Age, Paris 1934.

[16]) Vgl. Richard Scholz, Die Publizistik zur Zeit Philipps des Schönen und Bonifaz' VIII. Ein Beitrag zur Geschichte der politischen Anschauungen des Mittelalters, Stutz Abh. 6./8. Heft, Stuttgart 1903, S. 252ff., insbesondere S. 255ff.; cf. V. Martin, l. c. I, p. 214—220.

[17]) Cf. Jean Rivière, Le problème de l'Église et de l'État au temps de Philippe le Bel. Étude de théologie positive (= Spicilegium Sacrum Lovaniense, Études et documents, Fascicule 8), Louvain-Paris 1926, p. 138.

[18]) Vgl. Carl Müller, a. a. O., S. 202/203 (Charakterisierung der Hauptquellen).

[19]) Cf. V. Martin, l. c. I, p. 238.

[20]) Lib. I: Goldast, p. 58.

beherrschen und sich als Rivalen mit ihren gegenseitigen Ansprüchen gegenüberstehen. In der Tat liegen die Verhältnisse im Frankreich des letzten Viertels des 14. Jahrhunderts keineswegs so einfach und unkompliziert, wie das Somnium eingangs lapidar zu bemerken glaubt, daß eben der „sacerdos orat, rex imperat. Sacerdos delicta dimittat, rex errata punit: Sacerdos animas ligat et solvit, rex corpora cruciat et occidit".

Beide Machtsphären kollidieren, im Großen gesehen, vielmehr miteinander und führen keineswegs ein friedliches Nebeneinander voller Harmonie. Immerhin stellt der Kleriker als Sprecher der Papstkirche dem Ritter die rhetorische Frage, ob nicht die Temporalien den Spiritualien dienen müßten und beantwortet sie selbst, als wenn es nichts Natürlicheres gäbe, mit einem selbstverständlich klingenden Ja und dem Hinweis, daß sie schließlich ihnen unterworfen seien. Die weltliche Gewalt schuldet eben der geistlichen Gehorsam. Damit erhebt er den Anspruch im Sinne des kurialen Hierokratismus: Die geistliche Gewalt soll die weltliche regieren[21]).

Die irdische Gewalt erweist sich als von der Kirche abhängig[22]). Der Prinzipat der Ecclesia ist der höchste und einmalige auf Erden, da sie allein den Grad letzter Vollkommenheit zu erreichen vermag[23]). Übrigens hat die geistliche Gewalt sichtbar ihren Vorrang vor der profanen aus dreierlei Gründen, denn

1. ist der Geist größer und wertvoller als der Leib,
2. bestand sie früher als Institution, denn das Priestertum des Melchisedech[23a]) ging der lex scripta vorauf, und

---

[21]) Cap. XV: „Nonne debent temporalia spiritualibus deservire: igitur debent esse subiecta. Spiritualis potestas temporalem debet regere potestatem" (Goldast, p. 64); vgl. dazu: Otto Gierke, Das deutsche Genossenschaftsrecht III, Berlin 1881, § 11, S. 523.

[22]) Cap. XLIII (Clericus): „ ... sic in terrestri monarchia totus principatus mundi dependet a principatu Ecclesiae ..." (Goldast, p. 73).

[23]) Cap. LIII (Clericus): „Ille principatus est summus principatus et solus in universo terrestri, qui attingit omnem gradum ultimae perfectionis in via, talis est principatus ecclesiae" (Goldast, p. 75).

[23a]) Vgl. dazu noch ergänzend: Gottfried Wuttke, Melchisedech, der Priesterkönig von Salem. Eine Studie zur Geschichte der Exegese (= Beihefte zur Zeitschrift für die neutestamentliche Wissenschaft Nr. 5), (Gießen) 1927; Josef Funkenstein, Malkizedek in der Staatslehre, Archiv für Rechts- und Sozialphilosophie XLI/1, Meisenheim am Glan 1954, S. 32—36;

3. hat sie die irdische (weltliche) eingesetzt und richtet über
sie, während sie selbst von niemandem gerichtet wird[24]).

Der Papst ist der Diener des höheren Gesetzes, und der „minister superioris legis" steht immerhin über dem Diener des
niederen Gesetzes (super ministro inferioris legis), zumal auch der
Geist über das Fleisch triumphiert[25]).

Diesem papalen Standpunkt stellt der Ritter seine gallikanischen Überlegungen und Argumente frontal. Vor allem geht seine
Beweisführung von der Tatsache aus, daß Christus keine Herrschaft und Gewalt auf dieser Erde hatte und haben wollte[26]).
Die geistliche Jurisdiktion, wie sie der Papst übt, und die weltliche Jurisdiktion, die dem König in seinem Reiche eignet, sind
sich gänzlich verschieden. So wenig sich der König in die Iurisdictio spiritualis einmischen darf, so wenig vermag sich der Papst
auch die Iurisdictio temporalis anzumaßen[27]).

Die profane Jurisdiktion gebührt einzig und allein dem König.
Immerhin hat Gott zwei Jurisdiktionen unterschieden. Im Staate
bestehen schließlich auch zwei Stände — Kleriker und Laien —,
vollziehen sich zwei Lebensformen: das leibliche und das geistliche, kämpfen zwei Gruppen von Streitern: die der Kirche und
die der Welt, und so stehen sich denn ebenfalls päpstliche und
königliche Gewalt gegenüber. In ähnlicher Weise verhalten sich die
beiden Jurisdiktionssphären, nämlich die göttliche und menschliche Jurisdiktion.

Das Sacerdotium dient dem Göttlichen, das Imperium steht
über dem Menschlichen. Zwei Schwerter sind zu unterscheiden:

Walter Ullmann, The Growth of Papal Government in the Middle Ages,
London 1955, p. 23 ss.

[24]) Cap. LIX (Clericus), Goldast p. 77.

[25]) Cap. LXXVI (Clericus): „Rursum minister superioris legis est
super ministro inferioris legis, spiritus quoque super carnem: sed Papa est
minister superioris legis ..." (Goldast, p. 83).

[26]) Cap. LXV (Miles): „Dico quod Christus non habuit nec habere voluit
Dominium in temporalibus." (Goldast, p. 80).

[27]) Cap. XCIV (miles): „... iurisdictio spiritualis, quam habet Papa,
et iurisdictio temporalis, quam habet Rex in suo regno, omnino distinctae
sunt, ita quod sicut Rex non habet se intromittere de iurisdictione spirituali,
ita nec Papa se intromittere habet de iurisdictione temporali, quae residet
penes Regem" (Goldast, p. 90).

Duo enim sunt gladii, spiritualis scilicet et materialis[28]). Über das geistliche Schwert verfügt die Kirche[29]), das weltliche aber hat inne der König[30]). Mittler (mediator) zwischen Gott und den Menschen aber ist der Mensch (homo) Jesus Christus.

Hier zeichnet sich klar und eindrucksvoll der entscheidende Wesensunterschied der gallikanischen Auffassung von der papalen Theorie in der Schwerterlehre ab. Während das „Somnium" säuberlich die beiden Inhaber der zwei Schwerter trennt und auseinanderhält, läßt der Kurialismus, etwa in der klassischen Aussage des Augustinerthomisten Aegidius Romanus, nur die kirchliche Gewalt als alleinigen Inhaber des souveränen sacerdotium und Träger des Gladius duplex zu[31]). Sie verfügt gewissermaßen über ein Jurisdiktionsmonopol, das sich im Rechtsbegriff der „plenitudo potestatis" dokumentiert. Den weltlichen Fürsten überläßt der Papst vielmehr lediglich aus Dezenz, u. a. zur Ausübung der mit dem horror sanguinis befleckten Strafgerichtsbarkeit, das weltliche Schwert.

Gegen eine solche Theorie papaler Omnipotenz wendet sich der Ritter des Somnium ganz entschieden. Für einen französischen Monarchisten ist es einfach undenkbar, daß beide Gewalten sich in der Person des römischen Papstes vereinigen können[32]). Überdies stellen beide Gewalten die beiden Häupter zweier verschiedener Körper dar. Wie nun ein einzelner Mensch auch nicht orga-

---

[28]) L. II Cap. CXVI (Miles): „Deus duas iurisdictiones distinxit, ... Nam in eadem civitate duo sunt populi, scilicet clericorum et laicorum ... et duae vitae, carnalis scilicet et spiritualis, ... duo genera militum, scilicet ecclesiae et seculi ... pontificalis et regalis potestas ... et sic duae iurisdictiones, divina et humana ..." (Goldast, p. 167). — Vgl. dazu allgemein: Wilhelm Levison, Die mittelalterliche Lehre von den beiden Schwertern, DA. 9. Jg. (1952), S. 14—42.

[29]) L. II Cap. CXVIII (Goldast, p. 168).

[30]) L. II Cap. CXVIII (Goldast, l. c.)

[31]) De ecclesiastica potestate, l. II. c. 5: ed. Richard Scholz, Weimar 1929, p. 56: „... sed potestas ecclesiastica habet utrumque gladium, ... spiritualem ad usum, materialem ad nutum". Vgl. dazu: Friedrich Merzbacher, Die Rechts-, Staats- und Kirchenauffassung des Aegidius Romanus, Archiv für Rechts- und Sozialphilosophie (ARSP) XLI/1, 1954, S. 94ff.

[32]) L. II. Cap. CXXX (Miles): „... Igitur iste duae potestates non possunt concurrere in persona Romani pontificis ..." (Goldast, p. 169).

nisch gleich über zwei Leiber verfügt, so entziehen sich auch beide
Machtbereiche einem einzigen Leitungsorgan. Höchste geistliche
Gewalt und oberste Laienmacht werden hier als zwei Häupter
gedeutet, die sich im Papste oder im Kaiser bzw. im König von
Frankreich verkörpern. Beide Häupter, die über die beiden
Körper (Körperschaften!) der Kleriker und Laien gesetzt sind,
müssen genau auseinandergehalten werden[33]). Damit steht
natürlich die Auffassung des Klerikers in vollem Widerspruch, der
nur einen einzigen Körper, bestehend aus den beiden Gattungen
der Menschen, aus Kleriker und Laien, als multitudo Christianorum, d. h. als Universalkirche, gelten lassen kann[34]), einen Leib
also, der der päpstlichen plenitudo potestatis in Stellvertretung
Christi unterworfen bleibt. Der Ritter aber billigt seinerseits der
Kirche lediglich das geistliche Schwert (gladius spiritualis) zu[35].

II.

Es ist nur zu verständlich, wenn in einer so hochkirchenpoliti-
schen Schrift auch näher auf die Stellung Christi in dieser Welt
und auf Charakter und Rang seiner Kirche eingegangen wird. Für
den Ritter ist Christus „rex regum et dominus dominan-
tium", jedoch ausschließlich der Exekutive in den Temporalien[36]),
seiner gottmenschlichen Natur nach „verus Deus et verus
homo"[37]). Auf das klerikale Argument, schließlich sei Christus

---

[33]) L. II. Cap. CCCVII (Miles): „Amplius potestates ille, quae duo capita
diversorum corporum constituunt, simul in eodem esse non possunt, sicut
nec idem homo potest esse duo corpora diversorum. Potestas autem spiritualis suprema et laycalis suprema constituunt duo capita corporum diversorum, scilicet imperatorem vel regem et papam, quae sunt duo capita
diversorum corporum, scilicet clericorum et laycorum, quae distinctae debent
esse (Goldast, p. 200).

[34]) L. II. Cap. CCCVIII (Clericus): „Quamvis duo genera hominum
clerici et layci: tamen unum corpus sunt ... liceat debeant esse distincti
clerici et layci propter multitudinem Christianorum ..." (Goldast, p.200).

[35]) L. II. Cap. CXVIII (Miles): „ ...Gladium spiritualem habet ecclesia
..." (Goldast, p. 168).

[36]) Cap. LXV: „ ... sed non dominus dominans quoad exercitium in
temporalibus ..." (Goldast, p. 81); cf. Aemilius Friedberg, De finium
inter ecclesiam et civitatem regundorum judicio quid medii aevi doctores
et leges statuerint, Lipsiae 1861, p. 41.

[37]) Cap. CLIII (Miles); Goldast, p. 119.

nicht allein „sacerdos', sondern ebenfalls ‚rex supremus'[37a]) und besäße demzufolge die plenitudo potestatis, die letzte Machtfülle und Autorität in den Temporalien, erwidert der Ritter, Christus sei nicht in die Welt gekommen, um die Menschen zu beherrschen und in dieser Zeitlichkeit zu regieren[38]). Christus hatte keine weltliche Herrschaft, kein Dominium in temporalibus. Soweit es seine Natur als sterblichen Menschen anlangt, verfügte er ebensowenig über die iurisdictio coactiva, die Zwangsgewalt auf Erden[39]). Die Kirche selbst charakterisiert sich als congregatio fidelium, universitas fidelium[40]), corpus Christi, und die ecclesia militans als fidelium multitudo wird durch das Bild der Arche symbolisiert[41]). Die Gläubigen sind im Anschluß an Isidors von Sevilla (560—636) Etymologiae (c. 2) Glieder der Kirche[42]). Die Gesamtkirche, die ecclesia universalis, verkörpert die „congregatio generalis cunctorum fidelium"[43]); sie kann nicht gegen den Glauben irren. Im Falle eines häretischen oder verbrecherischen Papstes wird die Kirche vom Kardinalskollegium repräsentiert, womit der kardinalizische Kirchenbegriff aufklingt[44]), der auch hier die Ecclesia als „id est congregatio cardinalium" definiert. Die Kirche erweist sich immerhin größer und höherstehend als der römische Papst[45]). Als entscheidendes Merkmal der französischen Kirche, der ecclesia Gallicana, aber ist hier festzuhalten,

---

[37a]) Vgl. dazu ebenfalls: Hermann Grauert, Aus der kirchenpolitischen Traktatenliteratur des 14. Jahrhunderts, HJb 29 (1908), S. 508.

[38]) Cap. CLIII, l. c.

[39]) L. II. Cap. CXLIV (Miles): „. . . sed Christus non habuit in quantum homo mortalis iurisdictionem coactivam scilicet in temporalibus . . ." (Goldast, p. 171).

[40]) Cap. CLVII (Goldast, p. 119/120).

[41]) Cap. LIX (Clericus); Goldast, p. 77; Cap. LVI (Clericus); Goldast, p. 75.

[42]) Cap. XXXVIII; Goldast, p. 71: Christi fideles = membra ecclesiae.

[43]) Cap. CLXXVII (Miles); Goldast, p. 131.

[44]) Cap. CLXXI (miles): „. . . ecclesiae, id est congregationi cardinalium, qui possunt facilius convenire ad iudicandum . . ." (Goldast, p. 120); vgl. dazu allgemein: Friedrich Merzbacher, Wandlungen des Kirchenbegriffs im Spätmittelalter, ZRG 70 Kan. Abt. 39 (1953), S. 346ff. (mit Angabe weiterer Literatur).

[45]) L. II. Cap. CLXXIV (Miles): „. . . sed quod ecclesia sit maior Romano pontifice . . ." (Goldast, p. 175).

daß diese hinsichtlich ihrer Temporalien nicht dem Papste, sondern einzig und allein dem König von Frankreich untersteht[46]). In dem Maße, wie die Kirche von der königlichen Gewalt abhängig ist, in dem Umfange erweist sie sich vom Papsttum unabhängig.

III.

Wichtig erscheinen vor allem jene Argumente, die der Ritter als Vertreter der französischen Krone gegen die propagierte irdische Allmacht des Papstes ins Feld führt. Um die Person des Papstes kreisen letztlich zahlreiche Folgerungen der gallikanischen Bewegung, gegen ihn richten sich die Angriffe der kirchlicherseits als „superbia gallicana" empfundenen französischen staatskirchlichen Bestrebungen. Vor allem versteht es das Papsttum nicht, allein die Menschheit im vollkommenen Sinne zu leiten. Vielmehr ist zur Erreichung dieses schwierigen, aber erhabenen Zieles das harmonische, ganz aufeinander abgestimmte Zusammenwirken der geistlichen und weltlichen Macht wohl vonnöten[47]). Da Christus selbst auf die Ausübung der weltlichen Gewalt verzichtete, kann diese sein Vikar billigerweise noch viel weniger für sich fordern[48]). Der Vicarius Christi vermag schließlich keine größere plenitudo potestatis innezuhaben als Christuns selbst[49]). Christus aber entsagte der weltlichen Herrschaft, sein Reich war von nicht dieser Welt. Daher ist auch der Papst kein Herr in den Temporalien[50]). Seine irdische Macht hat er ebenfalls nicht unmittelbar von Gott, von

---

[46]) Cap. LXXVIII (Miles): „... ecclesia Gallicana subest regi Franciae quoad temporalia..." (Goldast, p. 85). — Cf. A. Esmein — R. Génestal, Cours élémentaire d'histoire du droit français[15], Paris 1925, p. 634.

[47]) Cap. XLII (Miles); Goldast, p. 72.

[48]) Cap. LXV (Miles): „... multo minus Christi vicarius erit dominus dominans in temporalibus" (Goldast, p. 81).

[49]) L. II. Cap. XLI (Miles): „vicarius Christi non habuit maiorem plenitudinem potestatis quam habuit ipse Christus, cuius est vicarius ... (Goldast, p. 155).

[50]) L. II. Cap. IX (Miles): „... Papa non est Dominus in temporalibus ... (Goldast, p. 150). — Wie völlig konträr klingen dagegen die Feststellungen eines Wilhelm von Cremona (†1355), der immerhin die These formulierte: ... „sed ecclesia seu princeps ecclesie, ipse summus pontifex habet potestatem ordinariam ad regendum ipsa temporalia", wonach die Kirche und damit auch der Papst als Inhaber der Temporalien erscheinen.

Christus, empfangen, wie der Priester vorgibt[51]), sondern von einem Menschen, nämlich vom Kaiser oder König von Frankreich[52]). Da der Papst zudem kraft der apostolischen Satzungen nicht über die Heiden gesetzt sei, sondern allein über die Christen, könne er schließlich ebensowenig als weltlicher Herr aller bezeichnet werden[53]). Immerhin steht er an sich über dem Generalkonzil, über der Universalsynode[54]), womit sich eine Kluft gegenüber der Auffassung der späteren konziliaristischen Epoche auftut.

In drei besonders gelagerten Fällen aber hat sich der Papst persönlich dem weltlichen Gericht zu unterwerfen, und zwar im Falle der Ketzerei, gelegentlich notorischen, unkorrigierbaren kirchenschänderischen Verbrechens und wegen an anderen Personen begangenen Rechtsverletzungen[55]). Gegenüber dem französischen König jedoch wird dem Papste in keiner Weise der Rang eines Inhabers profaner Oberherrschaft zugebilligt, sondern vielmehr energisch abgesprochen.

IV.

Seit den Tagen Philipps des Schönen besaß der Grundsatz Geltung, wonach der König von Frankreich auf Erden keine

---

[51]) L. II. Cap. XIV (Clericus): „... Dico, quod immediate a Deo ..." (Goldast, p. 152); L. II. Cap. CLXI (Clericus): „.... Clarum est, quod Papa primo a Christo recepit potestatem ..." (Goldast, p. 173).

[52]) L. II. Cap. CLX (Miles): „... igitur Papa ab homine recipit potestatem, non a Christo ..." (Goldast, p. 173). L. II. Cap. CLXXVI (Miles): „... videtur quod Romanus pontifex nullum primatum seu dominium habuit a Christo ..." (Goldast, p. 175).

[53]) L. II. Cap. XXXV (Miles): „Papa non est super paganos, secundum apostolicas sanctiones: sed solummodo super Christianos: ergo non est dominus temporalis omnium" (Goldast, p. 154); L. II. Cap. CLXXIV (Miles): „... videtur quod Romanus Pontifex non praesit omnibus ..." (Goldast, p. 175).

[54]) Cap. CLVII (Miles): „Papa enim est maior consilio generali ..." (Goldast, p. 119/120).

[55]) Cap. CLXXXI (Miles): „In tribus enim casibus tenetur Papa humanum subire iudicium ... primo in casu haeresis ... secundo ... quandocunque crimen eius quodcunque est notorium et scandalizetur ecclesia et ipse est incorrigibilis ... tertio ... si res aut iura aliorum invadit ..." (Goldast, p. 120). — Immerhin muß selbst bei einem offenkundigen Verbrechen des Papstes die Gewißheit bestehen, daß er für seine Person unverbesserlich (incorrigibilis) ist.

weitere Instanz über sich anerkenne — „Rex Franciae in regno
suo imperator est, cum in temporalibus superiorem non recognoscit"[56]). Dieses Prinzip restloser Staatsomnipotenz und Souveränität zeitigte natürlich die einschneidendsten Rechtsfolgen für die
Gestaltung der Verhältnisse zwischen Staat und Kirche. Vor
allem lag in der propagierten absoluten Stellung des französischen
Königs ein ganz entscheidender Unterschied selbst zur Rechts-
position des Kaisers, der immerhin dem Gericht des Papstes
unterstand[57]), seine Auctoritas von der Kirche erhielt und auch in
den Temporalien unter dem Papste stand[58]). Aber niemals vermöchte sich der Kaiser über den französischen König zu stellen[59]),
da kein Fürst sich über andere erheben kann, über die zu herrschen
ihm Macht und Autorität fehlen.

De facto erkennt daher der König von Frankreich keine irdische
Größe mehr über sich an, denn er ist selbst der Herr (dominus)
seines Königreiches, wie dies ebenfalls die Dekretale „Per venerabilem"[60]) Innozenz III. vom Jahre 1202 eindeutig aussprach

[56]) Vgl. u. a. Hans Meyer, Geschichte der abendländischen Weltan-
schauung III. Bd.: Die Weltanschauung des Mittelalters, Würzburg 1948,
S. 324; v. d. Heydte, a. a. O., S. 82 ff.; Friedrich Kempf, S. J.,
Papsttum und Kaisertum bei Innocenz III. Die geistigen und rechtlichen
Grundlagen seiner Thronstreitpolitik (= Miscellanea Historiae Pontificae,
Vol. XIX, Collectionis n. 58), Roma 1954, S. 242 ff.

[57]) Cap. LXXXVI (Miles): „... quod Imperator subsit iudicio summi
pontificis" (Goldast, p. 89).

[58]) Cap. XXV (Clericus): „... et habet Imperator auctoritatem ab
ecclesia ... „(Goldast, p. 68). — Cap. XCVI (Miles): „... Papa est superior
in temporalibus Imperatore ... quare sit subditus Papae in temporalibus .."
(Goldast, p. 90).

[59]) Cap. VIII (Miles): „Nullus quidem potest de hiis statuere, de quibus
constat ipsum Dominium non habere, sicut nec Francorum Rex statuere
potest super imperium, nec Imperator super regnum ..." (Goldast, p. 62).

[60]) Druck: Carl Mirbt, Quellen zur Geschichte des Papsttums und
des römischen Katholizismus³, Tübingen 1911, Nr. 271 S. 138 ff. Dieser
Erlaß ist eingegangen in die Dekretalen Gregors IX.: c. 13. X Qui filii IV. 17.
(hierzu: Goldast, p. 90, 25). — Vgl. Wilhelm Molitor, Die Decretale
Per venerabilem von Innocenz III., Münster 1876; Sergio Mochi Onory,
Fonti canonistiche dell'idea moderna dello stato (Imperium spirituale —
iurisdictio divisa — sovranità) (= Pubblicazioni dell'Università cattolica
del Sacro Cuore, Nuova Serie, Volume XXXVIII), Milano 1951, p. 271 ss.;
Feine, Kirchliche Rechtsgeschichte I², § 27 II, S. 271; insbesondere Anm.

und formulierte. Diese Theorie der Anerkennung der Souveränität der Könige dem Kaiser gegenüber wurde Gemeingut der
Legisten, die letztlich die Auffassung vertraten, der König erhalte
seine Macht unmittelbar von Gott ohne Zwischenschaltung eines
Mittlers. Insofern dürfe ihn auch niemand seiner Würde berauben[61]). Der weltliche Herr, wie der König, wird schlechthin als
Fundament der Gerechtigkeit und des Rechtes, die in einem Reiche
fest und unverrückbar sein müssen, bezeichnet[62]). Wenn der
französische König, wie gesagt, keinen irdischen Höheren über sich
anerkannte[63]), so erstreckten sich die der Kirche durch den Kaiser
gewährten Privilegien ebensowenig territorial auf das Königreich
Frankreich[64]). Jeder, der innerhalb der Grenzen des Königreiches
wohnt, ist ausschließlich der Krone unterworfen. Niemals habe
der Papst irgendwelche profane Jurisdiktion über den König von
Frankreich geübt[65]). Sein Eigentum, sein Reich, erhielt der
König auch nicht von einem Menschen, sondern vielmehr allein
und direkt von Gott selbst[66]). Er empfängt es nicht erst durch
die Wahl, sondern ihm gebührt es kraft Erbfolgerechts (non per
electionem, sed per successionem).

Denn wenn die Könige und weltlichen Herren ihre Gewalt nicht
unmittelbar von Christus selbst, sondern vom römischen Papste
ableiteten, wären sie lediglich Statthalter des Papstes und dieser
könnte sie ohne rechtlichen Grund nach Belieben (ad libitum

14a; v. d. Heydte, a. a. O., S. 62ff.; insbes. S. 66; Kempf, Papsttum und
Kaisertum, S. 315f.

[61]) Cf. V. Martin, l. c. II, p. 327.

[62]) Cap. XXXVIII (Miles): „Dominus autem temporalis, sicut Rex in
regno, recte dicitur fundamentum, propter soliditatem et firmitatem,
iustitiae, quae in imperio debet esse stabilis . . .“ (Goldast, p. 71). — Vgl.
dazu: Scholz, Publizistik, S. 264.

[63]) Cap. LXXX (Miles): „ . . . ergo Rex Franciae, qui nullum recognoscit
superiorem in terris“ (Goldast, p. 85).

[64]) Cap. XXXVI (Miles): „ . . . sic privilegia per Imperatorem ecclesiae
concessa non extendunt ad regnum Franciae . . .“ (Goldast, p. 70).

[65]) Cap. XCVI (Miles): „ . . . nunquam tamen super regem Franciae
habet Papa vel habuit aliquam iurisdictionem temporalem“ (Goldast,
p. 90).

[66]) Cap. CLXIII (Miles): „ . . . Dico, quod nec Imperator nec Rex habet
proprietatem proprie propriam ab homine, ergo habet eam a Deo solo“
(Goldast, p. 123).

voluntatis) absetzen. Es ist aber hinlänglich bekannt, daß der
Papst außerstande ist, den König von Frankreich „sine causa"
seiner Würde zu entkleiden[67]). Diese Auffassung vertraten die
französischen Juristen und Publizisten des Jahrhunderts auf
breiter Front: Für sie stammt die Monarchie unmittelbar von
Gott, ihre Machtbefugnisse entspringen keinesfalls dem National-
willen. Gott ist es, der den Untertanen ihren König beschert, und
nicht die Wähler, die am Elektionsakt beteiligt sind[68]). Den Inbegriff der königlichen Rechte und das Domanium, die Domäne,
symbolisiert die „Krone Frankreich"[69]).

Ein entscheidendes Kriterium der Stellung des französischen
Königs offenbart sich zusätzlich in der Besonderheit seiner Konsekration und Krönung. Während der Kaiser vom Papste konsekriert wird, empfängt der König von Frankreich Konsekration
und Krönung nicht von diesem. Unmittelbar vom Heiligen Geist
übernimmt der König seine Gewalt[70]). Auf wunderbare Art erhält er das Öl für seine Salbung. Vergleichbar mit dem Gralsmotiv,
überbringt ein Engel vom Himmel jene Ampulle, die Phiole, aus
der gesalbt und konsekriert wird. Daraus erhellt wiederum, daß
der König von Frankreich nicht kraft menschlicher Anordnung,
sondern allein auf Grund göttlicher Weisung gesalbt, konsekriert
und gekrönt wird[71]).

---

[67]) L. II. Cap. CLXII (Miles): „Si reges et domini temporales non haberent
immediate a Christo potestatem et auctoritatem, sed a Romano Pontifice,
reges essent ipsius baillivi seu praepositi et ipsos posset deponere ad libitum
voluntatis et sine causa ... sed de se est notum, quod Papa non posset
regem Franciae sine causa deponere ..." (Goldast, p. 174).

[68]) Cf. Martin, l. c., p. 238. — Die Wähler befähigen lediglich den Erwählten, seine Würde unmittelbar von Gott entgegenzunehmen (vgl. dazu
etwa auch: Ewart Lewis, Medieval Political Ideas, vol. I, London 1954,
p. 343 n. 57).

[69]) Vgl. Fritz Hartung, Die Krone als Symbol der monarchischen Herrschaft im ausgehenden Mittelalter, Abh. d. Preuß. Ak. d. Wiss. Jg. 1940,
Phil.-hist. Klasse, Nr. 13, Berlin 1941, S. 24 und 33.

[70]) Cf. de Pange, l. c., p. 415.

[71]) Cap. CLXXIII (Miles): „... cum ex ampulla caelitus per angelum
missa inungitur et consecratur. Ex quibus apparet, quod non ex institutione
humana, solum sed divina, rex Franciae inungitur, consecratur et coronatur ..." (Goldast, p. 129). — Cf. Martin, l. c. I, p. 225; Bloch, Les rois
thaumaturges, p. 135; de Pange, l. c., p. 415/416, vgl. P. E. Schramm,
Der König von Frankreich I, S. 145 ff., S. 194.

Wie das Königtum vom sakralen, übernatürlichen Mysterium umgeben und erfüllt ist, so hat die Legende auch das Königsbanner mit dem irrationalen Wunder verwoben. Fromme Sagen berichten, daß vor alters die Könige von Frankreich im Kampfe drei Meerkröten als Wappen im Feldzeichen führten und diese heraldischen Figuren dann auf wunderbare Weise in die bekannten drei Lilien des königlichen Paniers verwandelt worden sind[72].

Der französische König erhält sein Reich ebensowenig von seinem Koronator, dem Erzbischof von Reims, denn er ist nicht dessen Lehensmann und schwört ihm auch nicht den Leheneid[73]. Vielmehr ist der König in keiner Weise von seinem Koronator abhängig, denn schließlich untersteht der Papst, sofern er bei seiner Wahl noch nicht Priester oder Bischof ist und nachdem er dann konsekriert, gekrönt und ordiniert ist, auch nicht seinem Konsekrator; ebenso besteht kein Subordinationsverhältnis für einen neuernannten Erzbischof seinen ihn konsekrierenden Suffraganen gegenüber[74].

In den Temporalien gebührt dem König ohne Zweifel der Vorrang[75]. Hinsichtlich dieser ist ihm sogar die „ecclesia Gallicana" völlig unterstellt[76].

---

[72] l. c., „ ... Nam, ut narrant historiae, cum antiquitus reges Franciae ante commissionem consueverunt tres buffones marinos deferre, dicti tres buffones in tria lilia mirabiliter conversi" (Goldast, l. c.) Über das Lilienbanner und die damit zusammenhängenden Fragen vgl. P. E. Schramm, a. a. O., S. 204 f., S. 239f. (Legende der vom Himmel verliehenen Lilien als Wappenzier usw.)

[73] Cap. CLXXV (Miles): „Item rex haereditarie succedens non tenet regnum a coronatore suo, tum quia non est vasallus eius, cum non praestct ei iuramentum homagii ..." (Goldast, p. 129). — Cf. Martin, l. c. p. 230. — Vielmehr ist der Erzbischof von Reims Lehensmann des Königs (vgl. dazu ebenfalls: Schramm, a. a. O., S. 202).

[74] Cap. CLXXXV (Miles): „ ... Item rex coronatori suo in nullo est subiectus ... Nam Papa, si non est sacerdos vel episcopus, quando eligitur, postea ungitur, consecratur, coronatur et ordinatur, et tamen consecratori et ordinatori suo in nullo est subiectus Metropolitanus etiam consecratur a suffraganeis, quibus non est subiectus" (Goldast, p. 130); cf. David, l. c., p. 231.

[75] L. II. Cap. XXXIII (Miles): „ ... quod Rex praerogativam habet in temporalibus ..." (Goldast, p. 153).

[76] Cap. LXXVIII (Miles): „ ... ecclesia Gallicana subest regi Franciae quoad temporalia ..." (Goldast, p. 85).

Die Kirche gehört schließlich als „Teil des Staates zum Dienstbereich des Staates"[77]). Der Staat überwacht ihre Amtsgeschäfte und ihre Disziplin und verfügt über Personalfragen und Kirchengut. Dabei wird die Kirche weitgehend vom Staate absorbiert.

Der König aber verkörpert selbst den Statthalter Gottes auf Erden. Damit steht er im irdischen, weltlichen Bereich im gleichen Range wie der Papst im geistlichen[78]). Er ist damit fraglos der wahre Rex Christianissimus[79]), le roi très chrétien, der die gesetzliche Autorität im weltlichen Bezirk über die Ecclesia Gallicana besitzt.

Eindrucksvoll überstrahlt die Idee der absoluten, perfekten Staatsomnipotenz das Zeitalter Karls V. von Frankreich, gewinnen die gallikanischen Freiheiten im Somnium viridarii staats- und kirchenrechtliche Gestalt, verdichten sich alle machtpolitischen Bestrebungen letztlich zu der stolzen Rechtsdevise und zur positiven Rechtsnorm:

„Rex Franciae, qui est Imperator in regno suo, nec superiorem recognoscit in terris"[80]).

---

[77]) Vgl. Hans Meyer, Geschichte der abendländischen Weltanschauung III, S. 326.

[78]) Cf. de Pange, l. c., p. 414.

[79]) Vgl. ebenfalls: Luigi Prosdocimi, Rex Christianissimus. A proposito della concezione sacrale della regalità medievale, Rivista Italiana per le scienze giuridiche, 1950, n. 1—4, Milano 1950, p. 421—428.

[80]) L. II. Cap. CLX (Miles); Goldast, p. 173. — Der Kern dieser Formel ist nach neuerer Forschung (Francesco Calasso) nicht französischen Ursprungs, sondern bereits bei den sizilianischen Kronjuristen gebräuchlich gewesen. (Cf. Francesco Calasso, Gli ordinamenti giuridici del rinascimento medievale, Milano 1949, p. 250; ders., I Glossatori e la teoria della sovranità, Milano 1951, pp. 28 sg.; François Olivier-Martin, Histoire du droit français, Paris 1948, p. 208; vgl. Heinrich Mitteis, Zur Lage der rechtsgeschichtlichen Forschung in Italien, ZRG 82 Germ. Abt. 69 (1952), S. 233; Antonio Marongiu, Concezione della sovranità di Ruggero II, RSDJ. Vol. XXVI—XXVII (1953/54), p. 127—144, insbes. p. 140 n. 61).

Recht und Gewaltenlehre bei Hugo von St. Victor

Der überragende Theologe der Frühscholastik Hugo von St. Victor (1096—1141)[1]) hat in seinem literarischen Lebenswerk nicht zuletzt auch für die sich anbahnende Kanonistik ein richtungweisendes Vorbild der Systematik und Synthese geboten[2]). Als Zeitgenosse Gratians offenbarte dieser vielseitige Humanist des 12. Jahrhunderts namentlich in seinem Hauptwerk „De sacramentis christianae fidei" ein feines Organ für die „Architektonik der theologischen Darstellung" (Grabmann)[3]). Sicher erkannte er die wesensmäßigen Zusammenhänge und Verflechtungen und baute seinen Argumentationsstoff harmonisch und in klarer, von geschultem Urteil kontrollierter Darstellung in das Gefüge seiner Konzeption ein[4]). Anderseits zählt Hugo ohne Zweifel ebenfalls zu jenen kirchlichen Schriftstellern seines Jahrhunderts, deren Werke den hierokratischen Standpunkt als Zeitanschauung reflektieren und die letztlich die kirchenpolitischen Strömungen der

[1]) Vgl. neuerdings über seine Herkunft und sein Leben: Roger Baron, Notes biographiques sur Hugues de Saint-Victor, RHE 51 (1956), p. 920 bis 934; Jerome Taylor, The Origin and Early Life of Hugh of St. Victor: An Evalution of the Tradition (Texts and Studies in the History of Mediaeval Education, ed. by A. L. Gabriel and J. N. Garvin, N°. V), Notre Dame Indiana USA 1957.

[2]) Cf. Paul Fournier-Gabriel Le Bras, Histoire des collections canoniques en Occident depuis les fausses Décrétales jusqu'au Décret de Gratien, Tome II, Paris 1932, p. 350.

[3]) Martin Grabmann, Die Geschichte der scholastischen Methode, II. Bd.: Die scholastische Methode im 12. und beginnenden 13. Jahrhundert, Darmstadt 1956 (unveränderter Nachdruck der Ausgabe von 1911), S. 283.

[4]) Vgl. Grabmann, a. a. O., S. 260. — Über die Werke dieses Theologen, Echtheit seiner Schriften usw. siehe vor allem: Artur Michael Landgraf, Einführung in die Geschichte der theologischen Literatur der Frühscholastik unter dem Gesichtspunkt der Schulenbildung, Regensburg 1948, S. 73 ff.

Folgezeit erheblich beeinflußten[5]). Dabei aber kann dem Viktoriner keinesfalls der Vorwurf gemacht werden, die altkirchlichen Autoritäten lediglich nach- und ausgeschrieben zu haben. Er behauptet sich vielmehr trotz aller Kenntnis der Tradition als ein durchaus eigenständiger Kopf. Von den Dekretisten hat sich namentlich Rufin in seiner berühmten Summe stark an Hugo angelehnt[6]). Für die Kirchenrechtswissenschaft aber bietet allein schon die kirchenpolitische Substanz seines Schaffens ganz allgemein eine höchst aufschlußreiche Quelle, nicht erst zu sprechen von der Bedeutung seiner Sakramentenlehre. Gerade die Äußerungen dieses ebenso mit der profanen Wissenschaft vertrauten Gottesgelehrten, seine Gedanken und Schlüsse über Gerechtigkeit und Recht, die beiden Gewalten, Kirche und Primat, Papst und König, Sakrament und Eherecht, aber auch die einschlägigen Aussagen des von ihm beeinflußten Kreises, seiner Schulrichtung, dürften eine Analyse seiner Ideologie und seines Gesamtwerkes diesmal allerdings unter einem von vorneherein betont juristischen Aspekt rechtfertigen.

I.

Der Zugang zur Rechtsauffassung des Viktoriners findet sich verhältnismäßig leicht, wenn man bei diesem Theologen von seinem Gottesbegriffe, seiner Gotteslehre und seiner Christologie ausgeht. Gott und Gerechtigkeit klingen weithin zusammen. Gott, dessen Wesen völlig unaussprechlich (indicibile omnino) ist, den ein Peter Abaelard als die „perfectio summi boni" gerühmt hat, wird als Freund des Friedens, als *pacis amator*[7]) gepriesen.

---

[5]) Cf. Walter Ullmann, The Growth of Papal Government in the Middle Ages. A study in the ideological relation of clerical to lay power, London 1955, p. 414.

[6]) Vgl. Die Summe des Magister Rufinus, hg. von Heinrich Singer, Paderborn 1902, S. CXX. — Vgl. auch: Roger Baron, L'influence de Hugues de Saint-Victor, Recherches de Théologie ancienne et médiévale, Tome XXII, Louvain 1955, p. 65.

[7]) De sacr. Lib. II Pars II Cap. 6 = J.-P. Migne, Patrologia Latina (im folgenden zitiert: PL) 176, col. 420 A. — Über die Gotteslehre, Gottesbeweise und Trinitätslehre Hugos sei auf die ältere theologische Untersuchung von Jakob Kilgenstein, Die Gotteslehre des Hugo von St. Victor, Würzburg 1897, verwiesen. Zu Hugos Christologie vgl. Reinhold Seeberg, Lehrbuch der Dogmengeschichte III. Bd.: Die Dogmengeschichte des Mittelalters, 4. Aufl. (Sammlung theologischer Lehrbücher), Leipzig 1930, S. 259f.

Entsprechend dem römischen Recht sieht ihn beispielsweise ein Richard von St. Victor sogar als den pater familias[8]), vergleicht ihn also mit dem in seiner Eigenschaft als *homo sui iuris* keiner weiteren personenrechtlichen Gewalt unterworfenen römischen Hausvater. Vor allem jedoch verkörpert Gott für Hugo selbst den Begründer und Herrn des Gesetzes. Er ist wahrlich „conditor et dominus legis"[9]), wie er sich überhaupt eben als Schöpfer aller und so auch als Lenker aller offenbart[10]). Christus ist indessen für die Menschheit der Lehrer der Gerechtigkeit, der *Doctor justitiae*[11]), der höchste Noah, der Steuermann und sichere Hafen zwischen den Stürmen[12]). Er repräsentiert sowohl das Haupt als auch den Bräutigam seiner Kirche, den Heiligen der Heiligen schlechthin und bedeutet das Ende der menschlichen Sehnsucht[13]). Christus stellte durch sein Erlösungswerk den Frieden zwischen Gott und dem Menschen her[14]), brachte damit den Einklang zwischen dem göttlichen Gesetzgeber und dem seinem Gesetz unterstellten Rechtssubjekt zustande. Bereits nach der Lehre der Kirchenväter ist Christus wie die Sonne in sich selbst vollkommen,

---

[8]) Allegoriae in Novum Testamentum Lib. II Cap. 30 (PL 175, col. 797 C). Die ersten vier Bücher dieser Allegorien werden Richard von St. Victor zugeschrieben (vgl. Landgraf, a. a. O., S. 75). Die im Sinne Hugos von St. Victor wirkenden Schriftsteller der Bände PL 175—177 werden hier absichtlich mitberücksichtigt.

[9]) De sacr. Lib. II Pars XI Cap. 6 (PL 176, col. 493 A).

[10]) De sacr. Lib. II Pars IV Cap. 8 (PL 176, col. 436 C): „... Ut per hoc significetur Deum sicut conditorem omnium ita etiam rectorem rem esse universorum...".

[11]) Adnotatiunculae elucidatoriae in Joelem prophetam (Joel XI) (PL 175, col. 352 C).

[12]) De Arca Noe Morali Lib. I Cap. 4 (PL 176, col. 629 D/630 A): „... summus Noe, id est Dominus noster Jesus Christus, gubernator, et portus inter procellas hujus vitae regens per se ducit ad se...".

[13]) De Arca Noe Morali, ibid. (PL 176, col. 630 A): „Christus qui est caput Ecclesiae suae et finis desideriorum nostrorum"; PL 176, col. 630 B: „... quia Christus caput Ecclesiae suae, qui est Sanctus sanctorum". — Sermo 60: „Christus Jesus Salvator noster ... sanctae universalis Ecclesiae sponsus" (PL 177, col. 1082 A).

[14]) De sacr. Lib. II Pars V Cap. 3: „... Christus mundum ingrediens pacem inter Deum et hominem fecit" (PL 176, col. 441 B).

unwandelbar und unendlich[15]). Der gestirnte Himmel wurde bekanntlich im Mittelalter häufig zur Charakterisierung der Gewalten herangezogen. So bedeutet auch hier die Sonne wohl
Christus, der Mond hingegen aber die Kirche. Zu Christi Symboli-
sierung werden ebenfalls gebräuchliche Analogien und Metaphern
aufgegriffen. So begegnet er etwa im Gleichnis des Osterlammes
(agnus paschalis), des Pfeilers (columna), des Felsen (petra)[16]),
des Leuchters (candelabrum)[17]), der Arche (arca)[18]), des Ver-
söhnungsmittels (propitiatorium)[19]), des Altars (altare)[20]), des
roten Kalbes (vitula quoque rufa)[21]), der ehernen Schlange (serpens
aeneus)[22]), der Paradiesquelle (fons in paradiso)[23]) und schließlich
des heiligen Berges (mons sanctus)[24]). Aber hinter der Erscheinung
des jüdischen Richters Gideon tritt Christus ebenso hervor, wie
er sich auch in der Gestalt des Priesterkönigs von Salem Melchisedech[25]) ankündigt. Der Titel des *rex Jerusalem*[26]) wird ebenfalls
für ihn gebraucht. Nach einer anderen Symbolfigur bezeichnet
wiederum Saul[27]) Christus. Die Kerze, die sich selbst verzehrt,
indem sie anderen leuchtet, hat Hugo in seinem Hauptwerk ,,De
sacramentis''[28]) zur Umschreibung des Wesens des Erlösers ge-

---

[15]) Allegoriae in Vetus Testamentum, Lib. I Cap. 4 (PL 175, col. 638 B):
,,Solent sancti doctores per solem accipere Christum...Per solem, Christum,
quia ut sol perfectus est in se, nec mutatur. Sic Christus, quia immensus est,
non potest augeri''.

[16]) Allegoriae in Vetus Testamentum, Lib. III Cap. 2 (PL 175, col. 656 C).

[17]) PL 175, col. 657 B; PL 177, col. 704 D.

[18]) PL 175, col. 656 D.

[19]) PL 175, col. 657 A.

[20]) PL 175, col. 657 D.

[21]) PL 175, col. 657 D.

[22]) PL 175, col. 657 D, col. 814 D.

[23]) PL 175, col. 638 D.

[24]) PL 177, col. 1042 B.

[25]) PL 177, col. 1110 B (Sermo LXVII). — Vgl. dazu noch grundsätzlich:
Josef Funkenstein, Malkizedek in der Staatslehre, Archiv für Rechts-
und Sozialphilosophie (= ARSP) 41/1, Meisenheim am Glan 1954, S. 32 ff.

[26]) PL 177, col. 495 A.

[27]) PL 175, col. 686 D. — Vgl. hierzu allgemein: Josef Funkenstein,
Samuel und Saul in der Staatslehre des Mittelalters, ARSP 40/1, Bern-
München 1952, S. 129 ff.

[28]) De sacr. Lib. II Pars IX Cap. 5: ,,Hic cereus Christum designat''
(PL 176, col. 474 A).

wählt. Weithin sichtbar als letzte Richtpunkte der Gerechtigkeit
und aller Rechtsbestrebungen erweisen sich die Vollkommenheit
Gottes und Christi. In ihnen ruht das Recht und damit die Harmonie aller Dinge.

Hugo von St. Victor erklärt die Gerechtigkeit schließlich für
den Weg Gottes. *Justitia est ergo via (Dei)*[29]). Die Gerechten, die
Rechtschaffenen sind es, die auf diesem Gottespfade schreiten
(...et justi sunt qui in via currunt). Allein aber durch die Liebe
vermag der Weg der Gerechtigkeit gefunden zu werden. Durch
die Gottesliebe wird das Herz geöffnet und geweitet, um überhaupt
den Pfad des Rechtes begehen zu können[30]). Gott aber ist im
johanneischen Sinne die Liebe — *Deus enim charitas est*[31]) — oder
beide sind, wie der Hugo von St. Victor wissenschaftlich nahestehende Robert von Melun[32]) in seinen „Quaestiones in epistolas Pauli" noch schärfer formuliert, vollkommen identisch und
kongruent[33]). Ähnlich wie bei Bernhard von Clairvaux enthüllt sich beim Lobe der Caritas Hugos Liebesmystik[34]). Hoch-
gemut preist Hugo die charakteristischen Wesenszüge der Caritas.
Er kündet von ihr als der Fülle der Gerechtigkeit, der Perfektion
des Gesetzes, der Vollendung der Tugend und der Erkenntnis der
Wahrheit[35]). Auch Gratian hat in seinem Dekret im Anschluß an
Augustinus (De sermone Domini in monte, Lib. I c. 9) die Liebe
zwingend für die Existenz der Gerechtigkeit vorausgesetzt[36]). Für
Hugo von St. Victor ist die Gerechtigkeit als das Gute, die Schuld

---

[29]) De laude charitatis (PL 176, col. 973 B).

[30]) „Ergo charitas eligit viam justitiae... Per charitatem igitur cor dila-
tatur, corde dilatato via justitiae curritur".

[31]) PL 176, col. 975 B. — siehe ebenfalls Abaelard, Sic et Non, CLII
(PL 178, col. 1600 C).

[32]) Vgl. kurz über ihn etwa: M. Grabmann in Buchbergers LThK VIII
(1936), Sp. 921.

[33]) In ep. ad Rom. quaestio XXXII (PL 175, col. 438 C): „Charitas et
justitia idem sunt". — Vgl. zum Werk allgemein: A. M. Landgraf, Einführung, S. 75.

[34]) Vgl. hierzu ebenfalls statt anderer: Hans Meyer, Geschichte der
abendländischen Weltanschauung, III. Bd.: Die Weltanschauung des Mittelalters, Würzburg 1948, S. 128.

[35]) „Tu [Charitas] es plenitudo justitiae, perfectio legis, consummatio
virtutis, agnitio veritatis (PL 176, col. 974 A).

[36]) c. 29 C. XXIV q. 1: „...ubi karitas non est, non potest esse iusticia".

(culpa) indessen als das Schlechte gekennzeichnet[37]). Im Streben nach Gerechtigkeit hat Gott dem Menschen seinen Lohn verschafft[38]). Während der Gerechtigkeitsdrang oder Gerechtigkeitsaffekt vom menschlichen Willen losgelöst werden kann, bleibt die Wirkung der Gerechtigkeit, der Gerechtigkeitseffekt, untrennbar mit dem Willen verknüpft[39]). Die Gerechtigkeit beschert dem Menschen das Maß, vermöge dessen er seine irdischen Güter gebrauchen, seine ewigen aber genießen kann[40]). Einer gegen einen, zwei gegen zwei, nicht einer gegen zwei und ebensowenig zwei gegen einen[41]), mithin eben das rechte Maß und Verhältnis, das macht die Gerechtigkeit aus. Robert von Melun hält sich demgegenüber bei seiner Begriffsbestimmung der Gerechtigkeit im Rahmen seiner Allegorien zum Neuen Testament, die unter Hugos Schriften mitaufgeführt sind, indes durchaus an die juristische Definitionsprägung. Für ihn bedeutet Gerechtigkeit den Willen, jedem das Seine zu geben. Er stützt sich dabei ausdrücklich auf Justinian, und zwar auf jene berühmte und vielzitierte Stelle der Institutionen (Inst. I, 1, 1)[42]), wenn er wörtlich feststellt[43]): ,,Secundum Justinianum: Justitia est constans, ac perpetua voluntas, unicuique jus suum tribuens".

---

[37]) De sacr. Lib. I Pars V Cap. 25: ,,...quoniam justitia bonum et culpa malum est" (PL 176, col. 257 C).

[38]) De sacr. Lib. I Pars VII Cap. 11: ,,In appetitu justi Deus meritum hominis constituit..." (PL 176, col. 291 C).

[39]) De sacr. , ibid.: ,,Appetitus quippe justi sive affectus separabilis est, quia secundum voluntatem inest; sed effectus illius, id est justum sive justitia inseparabilis ab illo est, quia appetitus justi sine justitia esse non potest. — Affectus ergo justi a voluntate separari potest, sed effectus ejus, id est justitia, ab affectu ipso separari non potest" (PL 176, col. 291 D),

[40]) De sacr. Lib. I Pars VII Cap. 13: ,,Quod justitia sit mensura" (PL 176, col. 293 A).

[41]) De sacr. Lib. II Pars XIV Cap. 9: ,,Unum contra unum, et duo contra duo non unum contra duo, nec duo contra unum. Haec est justitia" (PL 176, col. 578 A).

[42]) Inst. I, 1, 1: ,,Justitia est constans et perpetua voluntas ius suum cuique tribuens".

[43]) Allegoriae in Novum Testamentum, Lib. VI (Allegoriae in epistolam Pauli ad Romanos): ,,Justitia est voluntas reddendi unicuique quod suum est" (PL 175, col. 882 C).

Im übrigen unterscheidet Hugo von St. Victor einige Arten der Gerechtigkeit. Zunächst einmal kennt er den Gegensatz von *Justitia potestatis* und *Justitia aequitatis*. Die *Justitia potestatis* stellt auf eine Schuld, eine Verpflichtung ab, die *Justitia aequitatis* bemißt sich nach den Verdiensten. Kraft der *Justitita potestatis* vermag man — ohne eine Ungerechtigkeit zu begehen — dasjenige zu fordern, das einem geschuldet wird. Mit der *Justitia aequitatis* jedoch wird dem Menschen das vergolten, was seinem Verdienst und Eigenwert entspricht[44]). Insofern kommt die *Justitia potestatis* in etwa dem modernen Terminus der ausgleichenden Gerechtigkeit oder *justitia commutativa* gleich. Sie beachtet lediglich, ob jemand seiner Verpflichtung (*debitum*) nachkommt, eine streng geschuldete Leistung wirklich auch erbringt. Sie sieht auf Gleichberechtigung und Äquivalenz von Leistung und Gegenleistung im Rechtsverkehr[45]), nicht aber auf den inneren Wert und die Gesinnung des Menschen. Andererseits deckt sich die *Justitia aequitatis* weithin mit dem Begriff der austeilenden Gerechtigkeit, der *justitita distributiva*. Hier richtet sich die Verteilung der Lasten und Ehren nach dem Wert des einzelnen, nach seiner Würdigkeit, seinen Vorzügen und Fähigkeiten, eben „secundum meritum". Aber noch ein zweites Gegensatzpaar unter den Gerechtigkeitsarten ist Hugo nicht fremd. Gemeint ist die Unterscheidung von *Justitia patiens* einerseits und *Justitia cogens* andererseits. *Justitia patiens* liegt dann vor, wenn ein bestimmtes Verhalten zwar gezeigt werden darf, eine konkrete Handlung vorgenommen werden kann, durchaus aber nicht gezeigt zu werden braucht. Mit anderen

---

[44]) De sacr. Lib. I Pars VIII Cap. 8: „Justitia enim alia est secundum debitum facientis, alia secundum meritum patientis, justitia secundum debitum facientis est potestatis, justitia secundum meritum patientis est aequitatis. Justitia potestatis est qua sine injustitia licet facienti si velit quod ejus potestati debetur. Justitia aequitatis est qua retribuitur patienti (etiam si nolit) quod ejus merito debetur" (PL 176, col. 310 D). — Vgl. auch PL 177, col. 502 D.

[45]) Vgl. etwa auch: Helmut Coing, Die obersten Grundsätze des Rechts. Ein Versuch zur Neubegründung des Naturrechts (Schriften der Süddeutschen Juristen-Zeitung, H. 4), Heidelberg 1947, S. 48 f.; Walter Brugger S. J., Philosophisches Wörterbuch, Freiburg i. Br. 1947, S. 121; Gustav Radbruch, Rechtsphilosophie, 4. Aufl., hg. von Erik Wolf, Stuttgart 1950, S. 125 ff.

Worten: Wird hier die Leistung bewirkt, so ist es wohl gerecht, wird sie hingegen jedoch unterlassen, so ist dies noch lange nicht ungerecht. Denn es fehlt bekanntlich der berechtigte Anspruch auf diese Leistung. Als Beispiel mag man sich zwischen den Zeilen der Almosenreichung erinnern, deren Verweigerung nicht den Tatbestand der Ungerechtigkeit, der *injustitia*, erfüllt. Bei der *Justitia cogens* liegt der Fall völlig anders. Hier bewirkt nun tatsächlich die Nichtleistung, die Unterlassung, eo ipso den Eintritt der Ungerechtigkeit. Kann also die *Justitia patiens* eine Dispensationsmöglichkeit für sich beanspruchen, so wird dagegen die *Justitia cogens* von zwingender Notwendigkeit, von der absoluten „necessitas" bestimmt[46]). Insoweit, da es sich bei beiden immerhin um die Bewirkung und Erfüllung einer zwingend geschuldeten Leistung handelt, fallen *Justitia cogens* und *Justitia potestatis* weitgehend zusammen.

In diesem Zusammenhang wirft sich aber immerhin auch die Frage auf, ob die Gerechtigkeit Gottes und die menschliche oder irdische Gerechtigkeit einander gegensätzlich sind. Wenn auch nicht Hugo selbst, so doch der ihm nahestehende Robert von Melun hat sie dahingehend beantwortet, daß manchmal auch die Liebe (charitas) mit der Strafe (vindicta) verbunden sei. So gehöre dennoch sehr wohl die kraft menschlicher Gerechtigkeit an einem Rechtsbrecher im Interesse des gemeinen Wohl und Nutzens vollzogene Strafe zur Gerechtigkeit Gottes[47]).

Bei der *Justitia*, die der irdischen Gewalt gegenüber ihren Untertanen verliehen und zugeordnet ist, unterscheidet Hugo fünf Hauptgesichtspunkte, d. h. diese *Justitia* bestimmt sich „secundum personam, secundum causam, secundum modum, secundum locum et secundum tempus". Die „Justitia secundum personam" wirkt

---

[46]) De sacr. Lib. I Pars VIII Cap. 9: „Item sciendum est quod justitia alia patiens, alia cogens. Justitia patiens est qua si fiat aliquid justum est; si non fiat, injustum non est. Justitia cogens est qua sic aliquid juste fit, ut si non fieret injustum esset. Propter quod justitia patiens dispensationem habet, justitia cogens necessitatem" (PL 176, col. 311 B).

[47]) Allegoriae in Novum Testamentum Lib. VI: „... Nonnulla est charitas cum vindicta, quae secundum justitiam humanam de fure sumitur, pro communi utilitate exercetur, et ideo ad justitiam Dei spectat" (PL 175, col. 899 C).

sich beispielsweise im *Privilegium fori* des Klerus aus. Während
nämlich der weltliche Richter einen Laien für eine Rechtsver-
letzung festnehmen lassen kann, ist er einem Kleriker gegenüber
eben kraft dieses Standesvorrechtes dazu nicht befugt[48]). Die
Justitia selbst wird von der *lex, severitas, aequitas, correctio, jurisjurandi observatio*, vom *judicium* und der *veritas* begleitet[49]). Unter
dem Gesetz, der Lex, ist das Gebot, etwas zu tun, sowohl als auch
das Verbot für ein ganz bestimmtes Tun zu verstehen[50]). Die
Aequitas versinnbildet das Maß der Gerechtigkeit. Sie begreift
sich als die wertmäßigste Vergeltung erworbener Verdienste und
wird aus dem, was recht und billig, gewissermaßen ausgewogen[51]).
In den Quaestiones in Epistolas Pauli hat Robert von Melun
noch eine eigene Definition der *lex scripta* beigesteuert: „Lex
scripta lex factorum appellatur, quia homines legis totam justitiam in operibus legis constituebant"[52]).

Als Symbol der Gerechtigkeit aber deutet Hugo von St. Victor
den Hirtenstab der Prälaten. Er soll das Emblem ihrer Rechtschaffenheit, ihres Gerechtigkeitssinnes sein, mit dem sie die ihnen
Unterworfenen leiten[53]). Die allgemeine Begriffsbestimmung, die
Hugo von der einzelnen Rechtsregel gibt „Canon autem Graece,
Latine regula interpretatur"[54]), stammt von Isidor von Sevilla
(Etymologiarum Lib. VI, 16) und begegnet dann nahezu wörtlich
wiederum bei Gratian. In c. 1 D. III ist lediglich das Wort „autem"
entfallen und „interpretatur" wiederum durch das isidorische

---

[48]) De sacr. Lib. II Pars II Cap. 8: „...secundum personam aliquid licet;
et aliquid non licet, quemadmodum saeculari judici in personam laicam si
peccaverit manum mittere licet, in clericum non licet" (PL 176, col. 420 D).

[49]) De fructibus carnis et spiritus, Cap. XIII: „Justitia est per quam
communitatis gratia tenetur et sua cuique dignitas non negatur. Cujus
comites sunt lex, severitas, aequitas, correctio, jurisjurandi observatio,
judicium, veritas" (PL 176, col. 1003 A).

[50]) Ibid.: „Lex est per quam facienda jubentur, et non facienda prohibentur" (l. c.).

[51]) Ibid.: „Aequitas est lance justitiae ex aequo librata dignissima meri-
torum retributio" (l. c.).

[52]) PL 175, col. 458 D (In Ep. ad Rom., Quaestio XCVII).

[53]) De sacr. Lib. II Pars IV Cap. 15: „...Baculus per rectitudinem suam
justitiam significat praelatorum, qua subjectos regere debent" (PL 176,
col. 438 C).

[54]) Eruditionis Didascalicae, Lib. IV Cap. 11 (PL 176, col. 785 B).

„nuncupatur" ersetzt. Indes läßt es sich immerhin deutlich erkennen, daß auch der Theologe Hugo von St. Victor um Klarheit
und Präzision des Ausdruckes, die die Kanonistik beanspruchen
muß, bemüht war. Sein ganzer Argumentationsstil verrät — wenngleich er sich auch nicht in überfeine Verästelungen von Distinktionen verliert — dennoch das Streben, ebenfalls die rechtlichen
Gehalte gebührend zu würdigen.

II.

Kein anderer Kirchenlehrer als Hugo von St. Victor ist es ebenfalls gewesen, der als bahnbrechender Dogmatiker in seinem Werk
die erste eingehendere Behandlung der Ekklesiologie vorgelegt
und eine von der Theologie der Folgezeit weithin akzeptierte Umschreibung des Kirchenbegriffes vorgenommen hat[55]). Gleichzeitig repräsentiert er einen der frühen literarischen Herolde, die
die Theorie der papalen Universalmacht propagierten und eine
dogmatische Lehre vom Primat der Kirche entwarfen[56]). Beide
Gewalten sind in seiner Schau zwar nach Graden und Macht-
ordnungen verschieden und abgestuft, verfügen aber trotzdem
nur über ein einziges Haupt, wie sie ebenfalls gewissermaßen allein
aus einem Ursprung abgeleitet und zu einem nur zurückzuführen
sind[57]). Charakteristisch für Hugo ist seine Fassung des organischen,
des korporativen Kirchenbegriffes[58]). Die von ihm aufgezeigte
Formel ist von der Hochscholastik weiterentwickelt worden.

---

[55]) Vgl. Albert Liebner, Hugo von St. Victor und die theologischen
Richtungen seiner Zeit, Leipzig 1832; Reinhold Seeberg, Der Begriff
der christlichen Kirche I, Erlangen 1885, § 8, S. 59f.; Friedrich Merzbacher, Wandlungen des Kirchenbegriffs im Spätmittelalter, ZRG 70
Kan. Abt. 39 (1953), S. 283f.

[56]) Vgl. Grabmann, Scholastische Methode II, S. 258; Hans Erich
Feine, Kirchliche Rechtsgeschichte I, 3. Aufl., Weimar 1955, § 27 II, S. 293.
— Die Arbeiten von S. Mochi Onory und A. M. Stickler enthalten keine
Materialien zu diesem Thema. Immerhin aber sei ebenfalls auf den Sammel-
band verwiesen: Miscellanea Historiae Pontificiae, Vol. XVIII: Sacerdozio
e regno da Gregorio VII a Bonifacio VIII. Roma 1954.

[57]) De sacr. Lib. II Pars II Cap. 4: „In utraque potestate diversi sunt
gradus, et ordines potestatum; sub uno tamen utrinque capite distributi,
et quasi ab uno principio deducti, et ad unum relati" (PL 176, col. 418 B).

[58]) Vgl. ebenfalls: Feine, a. a. O., S. 293; Ullmann, l. c., p. 289 n. 2.

„Ecclesia sancta corpus est Christi uno Spiritu vivificata, et unita fide una, et sanctificata"[59]). Demnach ist die heilige Kirche der Leib Christi, von einem Geiste belebt, in einem Glauben geeint, und geheiligt. Die Glieder dieses Leibes bilden die Gläubigen, die sich alle zusammen wegen des einen Geistes und Glaubens lediglich zu einem einzigen Körper formen[60]). Dieser hugonische Kirchenbegriff ist aus der augustinischen Perspektive erwachsen und fortgebildet. Die Kirche selbst vergegenwärtigt die Gemeinschaft der Gläubigen, *ecclesia sancta, id est universitas fidelium.* In ähnlicher Weise formulierte bekanntlich der Vater des Kirchenrechts Gratian: „Ecclesia, id est catholicorum collectio" (c. 8 D. I de cons.). Leib Christi wird die Kirche geheißen wegen Christi Geist, den sie empfangen hat, dessen Teilnahme am Menschen dadurch dokumentiert wird, daß der Christ eben nach Christus benannt wird[61]). Aus der Vielheit der Gläubigen ist diese Kirche zu einem Organismus gefügt und versammelt. Sie erweist sich als das aus lebendigen Steinen erbaute Haus Gottes, als dessen Grundstein Christus gelegt wurde[62]). Die *Universitas fidelium* umfaßt ihrerseits zwei Ordnungen oder Stände, die beiden *ordines* der Laien und Geist-

---

[59]) De sacr. Lib. II Pars II Cap. 2 (PL 176, col. 416 C). — Vgl. auch: De sacr. Lib. II Pars III Cap. 5: „...corpus suum (Christi), id est Ecclesia..." (PL 176, col. 423 D); dazu s. a.: Ewart Lewis, Medieval Political Ideas I, London 1954, p. 208.

[60]) Ibid.: „...Hujus corporis membra singuli quique fidelium existunt; omnes corpus unum, propter spiritum unum, et fidem unam ..." (l. c.). — Für die These von Alois Dempf (Sacrum Imperium, München und Berlin 1929, S. 246), wonach hinter Hugos Kirchenbegriff sein Reichsbewußtsein stehe, vermag ich indessen keine Anhaltspunkte zu finden.

[61]) Ibid.: „...Ecclesia sancta, id est universitas fidelium, corpus Christi vocatur propter Spiritum Christi quem accepit, cujus participatio in homine designatur quando a Christo Christianus appellatur" (PL 176, col. 416 D). Zur Verbindung der Idee des mystischen Leibes mit dem korporativen Kirchenbegriff als *universitas fidelium* bei Hugo vgl. in Kürze ebenfalls: Brian Tierney, Foundations of the Conciliar Theory. The Contribution of the Medieval Canonists from Gratian to the Great Schism (Cambridge Studies in Medieval Life and Thought, New Series Vol. IV), Cambridge 1955, p. 134 n. 2.

[62]) De sacr. Lib. II Pars V Cap. 1: „...ipsa Ecclesia ex multitudine fidelium in unum congregata: domus est Dei vivis lapidibus constructa, ubi Christus fundamentum angulare positus est" (PL 176, col. 439 C).

lichen, die gewissermaßen die beiden Seiten des einen Körpers, die beiden Wände des einen Hauses darstellen. Die Laien gehören zur Linken, symbolisieren die linke Flanke des Leibes, während die Kleriker den rechten Teil davon bilden[63]). Beide Teile fügen und verbinden sich zum ganzen Leib Christi, der die Universalkirche darstellt[64]). Die gesamte Christenheit steht unter dem einen Haupt, das sie leitet, nämlich unter Jesus Christus[65]). Andererseits wird ebenfalls die Gesamtkirche als die Vereinigung oder Menge des Volkes, als „concio sive multitudo populi"[66]) interpretiert. Indessen begnügt sich Hugo als echter Theologe nicht damit, eine mehr rechtlich gefärbte, körperschaftlich orientierte Begriffsbestimmung der Kirche anzubahnen, vielmehr versucht er ebenfalls, die spirituelle Gestalt der Ecclesia in mancherlei Bildern und Gleichnissen auszudeuten und einzufangen. Wie Christus als Noah gesehen wird, so bedeutet auch die Kirche die Arche[67]). Ferner wird sie als Christi Braut[68]), als geborene Braut des Opferlammes[69]), als Weinberg[70]), Weinkeller[71]), heilige Stadt

---

[63]) De sacr. Lib. II Pars II Cap. 3: „Universitas autem haec duos ordines complectitur, laicos et clericos, quasi duo latera corporis unius" (PL 176, col. 417 B). — „Laici ergo Christiani ... pars corporis sinistra sunt. Clerici... quasi dextera pars sunt corporis Christi" (PL 176, col. 417 C). — Vgl. dazu: Liebner, a. a. O., S. 447; Ullmann, l. c. p. 439.

[64]) Ibid.: „...Sed constat his duabus partibus totum corpus Christi quod est universa Ecclesia" (l. c.).

[65]) De Arca Noe Morali Lib. I Cap. 4: „...Universi fideles, qui sub uno capite sunt constituti, id est Christo" (PL 176, col. 629 D).

[66]) In Salomonis Ecclesiasten Homiliae XIX, Homilia I (PL 175, col. 115 D).

[67]) De Arca Noe Morali Lib. I Cap. 4: „...ipsa Ecclesia arca est, quam summus Noe, id est Dominus noster Jesus Christus..." (PL 176, col. 629 D); Vgl. ebenfalls PL 177, col. 704 B, col. 1090 A.

[68]) De sacr. Lib. II Pars IV Cap. 15: „...sponsa Christi Ecclesia..." (PL 176, col. 438 C); vgl. dazu ebenfalls PL 177, col. 1015 C, 1166 C; PL 175, col. 392 C.

[69]) De Arca Noe Morali Lib. I Cap. 4: „Quando Agnus immolatus est, tunc est sponsa Agni nata" (PL 176, col. 630 C).

[70]) Es handelt sich hier um eine Äußerung Richards von St. Victor: Allegoriae in Novum Testamentum Lib. II Cap. 30 (PL 175, col. 797 C) (s. a. Landgraf, a. a. O., S. 75). Über den Mystiker und spekulativen Theologen Richard von St. Victor vgl. Hans Meyer, a. a. O., S. 48, 131 f.

[71]) PL 177, col. 1019 D.

Jerusalem[72]), Tabernakel des Herrn[73]) und als Land voller Gottes-
gnade[74]) umschrieben. Der mit Hugo von St. Victor häufig ver-
wechselte Pariser Benediktiner H u g o d e F o l i e t o (von Fouilloi,
gest. 1174)[75]) hat in der Ecclesia die versilberte Taube (columba
deargentata) geschaut, deren Füße die Märtyrer, deren Federn
die Kirchenprediger versinnbildlichen[76]). R i c h a r d v o n S t.
V i c t o r bezeichnete hingegen die Kirche als das himmlische Königreich, die Gemeinschaft der Gerechten (justorum congregatio), die
von Gottvater als König regiert wird[77]). Der Hugo nahestehende
Kreis und die im Anschluß an ihn gebildete Schule haben weitere
symbolhafte Parabeln von der Kirche angeführt. Während etwa
die Synagoge der Juden als unfruchtbarer Garten (hortus sterilis)
bezeichnet wird, gleicht die Kirche der Völker einem fruchttragen-
den Garten. Die Synagoge als Christi Mutter erweist sich als ein
zerstörter, verödeter Park (hortus dissipatus), die Kirche in ihrer
Eigenschaft als Christi Schwester (Soror Christi) hingegen als der
verschlossene Garten (hortus conclusus)[78]). Ebenso findet sich
für die Kirche der herkömmliche Vergleich mit dem Monde, wobei
die Gläubigen die Sterne darstellen, und mit dem Freudenparadies
(Paradisus voluptatis)[79]).

Es mag zunächst vielleicht etwas verwundern, daß Hugo sich
nicht allein mit der Kirche selbst, sondern darüber hinaus auch
mit einer bedeutsamen kirchlichen Institution und Repräsentanz,
nämlich mit dem Konzil, wenn auch nur in Kürze beschäftigt hat.
Im Buch 4 der *Eruditionis Didascalicae* bietet er sogar eine knappe
Erklärung, eine kurze „Notion" dieses kirchlichen Verfassungs-
begriffes. Der Name „Konzil" (concilium) wird auf eine Versamm-

---

[72]) PL 177, col. 905 D, 999 A, 1015 C.
[73]) PL 177, col. 901 A.
[74]) PL 177, col. 1113 A.
[75]) Vgl. über ihn kurz: A. L a n d g r a f, LThK V (1933), Sp. 180; s. a.
A d o l a r Z u m k e l l e r O. E. S. A., Hermann von Schildesche O. E. S. A.
† 8. Juli 1357 (Cassiciacum Bd. XIV), Würzburg 1957, S. 27, 79. Anm. 315.
[76]) De bestiis et aliis rebus Lib. I Cap. II, V, VI (PL 177, col. 16 A, 18 B).
[77]) Allegoriae in Novum Testamentum Lib. II Cap. 32: „Regnum coelo-
rum est praesens Ecclesia, quae est justorum congregatio. Rex, est Deus
Pater, qui omnia regit" (PL 175, col. 798 A).
[78]) PL 175, col. 275 C.
[79]) PL 175, col. 638 B, 638 D.

lung (conventus, coetus, congregatio), eine Gesellschaft (societas)
vieler angewendet, die sich zu einem Gremium (in unum) vereinen[80]).

Sein ganz besonderes Augenmerk aber widmet Hugo der Herausstellung des päpstlichen Primats. Seine Äußerungen zu diesem
hochpolitischen Problem sind richtungweisend für die späteren
Künder und Parteigänger der hierokratischen Theorie geworden.
Die geistliche Gewalt verfügt nun über den *summus pontifex*, den
Papst — Spiritualis potestas habet summum pontificem[81]). Um so
wertvoller das geistliche Leben als das irdische und der Geist eben
mehr als der Körper ist, desto mehr hat die geistliche Gewalt sowohl an Ehre als auch an Würde Vorrang vor der irdischen oder
weltlichen Macht. Die geistliche Gewalt (spiritualis potestas) setzt
die weltliche Gewalt überhaupt erst ein. Sie hat ebenfalls über
diese zu richten, falls es einmal notwendig würde[82]). Hugos Satz
„... spiritualis potestas terrenam potestatem ... instituere ... et
judicare habet, si bona non fuerit" ist mehr als eineinhalb Jahrhunderte später sogar wörtlich in den Text der Bulle „Unam
Sanctam" Bonifaz' VIII. vom 18. November 1302 eingegangen[83])
und damit zur unmittelbaren Vorlage einer der berühmtesten
weltgeschichtlichen Zeugnisse des spätmittelalterlichen Weltherr-
schaftsanspruchs der Kurie erwachsen. Gott hat die geistliche
Gewalt zuerst eingesetzt. Falls sie in Sünde verfällt, so argumentiert der Viktoriner, vermag sie allein von Gott selbst abgeurteilt

---

[80]) Eruditionis Didascalicae Lib. IV Cap. 12: „...Coetus vero conventus
est, vel congregatio a coeundo, id est conveniendo in unum. Unde et conventus est nuncupatus, sicut conventus coetus concilium, a societate multorum
in unum" (PL 176, col. 786 B).

[81]) De sacr. Lib. II Pars II Cap. 4 (PL 176, col. 418 B).

[82]) Ibid.: „ Quanto autem vita spiritualis dignior est quam terrena, et
spiritus quam corpus, tanto spiritualis potestas terrenam sive saecularem
potestatem honore, ac dignitate praecedit. Nam spiritualis potestas terrenam
potestatem et instituere habet, ut sit, et judicare habet, si bona non fuerit"
(PL 176, col. 418 C). — Vgl. hierzu ebenfalls: Helene Tillmann, Papst
Innocenz III. (Bonner Historische Forschungen, hrsg. von Max Braubach,
Walther Holtzmann und Richard Nürnberger, Bd. 3), Bonn 1954,
S. 22f. Anm. 38.

[83]) Vgl. Carl Mirbt, Quellen zur Geschichte des Papsttums und des
Römischen Katholizismus ³, Tübingen 1911, Nr. 309, S. 163; Grabmann,
Scholastische Methode II, S. 258.

zu werden. Für die Richtigkeit dieser Lehre und Anschauung beruft sich Hugo von St. Victor auf das Pauluswort im ersten Korintherbrief (1. Korinther 2, 15—16), wo es heißt „Spiritualis dijudicat omnia, et ipse a nemine judicatur" — Der geistliche richtet alles und wird selbst von niemandem gerichtet. Diese These wurde bekanntlich bereits im *Dictatus papae* Gregors VII. (Satz 19) zur Dokumentation der päpstlichen Autorität und Rang-stellung verkündet: „Quod a nemine ipse (= papa) iudicari debeat"[84]. Wie die *potestas spiritualis* zeitlich früher schon als die *potestas saecularis* existierte, so ist sie auch ranghöher kraft der ihr verliehenen Würde. In dieser Beweisführung zeichnet sich das Prinzip „prior tempore, potior iure" greifbar ab. Höheres Alter verstärkt die Autorität, verleiht stärkeres Recht und größere Würde — ein Grundsatz, der nicht zuletzt in den mittelalterlichen Privilegientheorien seinen Niederschlag gefunden hat. Das geist-liche Regiment ist deshalb älter, weil Gott zuerst das Priestertum, das *sacerdotium*, eingesetzt hat. Nachher erst wurde auf Gottes Geheiß von diesem Sacerdotium die königliche Gewalt (regalis potestas), mithin das weltliche Regiment, geregelt[85]. Es trifft

---

[84]) Vgl. Mirbt, a. a. O., Nr. 255, S. 127; dazu: Karl Hofmann, Der „Dictatus Papae" Gregors VII. Eine rechtsgeschichtliche Erklärung (Görres-Gesellschaft, Veröffentlichungen der Sektion für Rechts- und Staatswissen-schaften, 63. H.), Paderborn 1933, S. 121/122.

[85]) „Quod autem spiritualis potestas (quantum ad divinam institutionem spectat) et prior sit tempore, et major dignitate; in illo antiquo Veteris In-strumenti populo manifeste declaratur, ubi primum a Deo sacerdotium in-stitutum est; postea vero per sacerdotium (jubente Deo) regalis potestas ordinata" (PL 176, col. 418 C—418 D). — Nachdem diese Studie bereits in Satz gegangen war, ist die Abhandlung von Franz-Werner Witte, Die Staats- und Rechtsphilosophie des Hugo von St. Viktor, ARSP XLIII/4 (1957), S. 555—574, erschienen, die aus der rechtsphilosophischen Schau ebenfalls manche interessanten Durchblicke zu hier berührten Problemen auch für den Kanonisten freilegt. Die Darstellung aber verkennt (S. 563/564) m. E. die von Hugo vertretene und ernsthaft gemeinte Höherstellung der geistlichen Gewalt über die weltliche, mit der eben eine Abhängigkeit insbesondere durch Unterwerfung der irdischen Macht unter das Gericht der geistlichen Gewalt propagiert wurde (vgl. oben Anm. 82). Umgekehrt aber galt für die *potestas spiritualis* immerhin das Prinzip: „Ipsa vero . . . cum deviat . . . a solo Deo judicari potest" (PL 176, col. 418 C). Den hier angedeuteten Gedanken von der Superiorität der *potestas spiritualis* hat später die Bulle „Unam Sanctam" in unmißverständlicher Form verkündet:

durchaus zu, wie Reinhold Seeberg[86]) ehedem festgestellt hat, daß diese hugonischen Gedanken den gregorianischen Kirchenbegriff widerspiegeln. In der Kirche konsekriert die priesterliche Würde, die *sacerdotalis dignitas*, die königliche Gewalt, jene *potestas regalis*, heiligt sie mit der Benediktion und formt sie entscheidend durch die Einsetzung[87]). Daraus resultiert ohne weiteres die höhere Würde des *Sacerdotium* gegenüber dem *Regnum*, eine Anschauung, wie sie in etwa aus der Feststellung des Juristenpapstes Innozenz III. (1198—1216) spricht ,,minor est qui ungitur quam qui ungit, et dignor est ungens quam unctus''[88]) oder vielleicht noch weit übersteigerter bei diesem Papste zum Ausdruck drängte, indem er feststellte, daß Gott sämtliche ,,sacerdotes deos'', hingegen die ,,reges autem principes'' nannte[89]). Hugo formuliert die gleiche Grundauffassung unter Berufung auf den Apostel Paulus, und zwar auf Hebräer 7, 7, wo zu lesen steht, daß das Geringere vom Höheren gesegnet wird. Da nun derjenige, der benediziert, einem höheren Stande und Ordo angehört als der, der die Benediktion empfängt, wird die weltliche Gewalt, die die Weihe von der geistlichen erhalten hat, rechtens als die niedere beurteilt[90]).

Der Papst verkörpert den höchsten und Hauptnachfolger des apostolischen Stuhles in der römischen Kirche. Daher pflegte die Kirche ihn selbst insonderheit den Apostolischen zu nennen. Ihm, der anstelle des Apostelfürsten Petrus der Kirche vorsteht, hat die gesamte kirchliche Ordnung, jeder kirchliche Ordo (omnis ecclesiasticus ordo) pflichtmäßig zu gehorchen. Er allein ist auf Grund des Vorranges seiner Würde Inhaber der Schlüsselgewalt,

---

,,. . . si vero suprema (= potestas spiritualis) a solo Deo, non ab homine poterit iudicari . . .''.

[86]) Reinhold Seeberg, Lehrbuch der Dogmengeschichte III, S. 296.

[87]) ,,. . . Unde in Ecclesia adhuc sacerdotalis dignitas potestatem regalem consecrat, et sanctificans per benedictionem, et formans per institutionem'' (PL 176, col. 418 D); cf. Lewis, l. c. p. 521, 576.

[88]) Vgl. dazu auch: Funkenstein, Samuel, S. 136.

[89]) PL 216, col. 1113 A; dazu Merzbacher, Kirchenbegriff, S. 286.

[90]) ,,Si ergo, ut dicit Apostolus, qui benedicit major est, et minor qui benedicitur, constat absque omni dubitatione quod terrena potestas, quae a spirituali benedictionem accipit, jure inferior existimetur'' (PL 176, col. 418 D).

alles auf Erden zu binden oder zu lösen[91]). Die ehedem Hugo irr-
tümlicherweise zugeschriebene Summa Sententiarum, die immerhin gleichwohl seiner eigenen Schule angehört[92]) und möglicherweise von dem Bischof Odo von Lucca[93]) stammt, hat diese
Schlüssel der päpstlichen Gewalt noch näher interpretiert. Sie
stellen die Embleme für *discretio* und *potestas*. Zuerst nämlich
ist überhaupt zu entscheiden, welche zu binden, welche zu lösen
seien. Nach dem Urteil aber ist die Gewalt (potestas) anzuwenden,
d. h. die Entscheidung zu vollstrecken. In der Konsekration
werden diese Schlüssel durch das Bischofsamt ausschließlich an
die Priester (sacerdotes) weitergegeben[94]). Weil nun aber der apostolische Stuhl den Vorrang vor sämtlichen Kirchen der Erde genießt, untersteht er seinerseits auch keinem Metropoliten. Die
Kardinalbischöfe, die zweifelsohne statt eines Metropoliten amten,
haben den erwählten Papst zur Tiara des apostolischen Amtes
zu geleiten[95]), ihm die Investitur mit dem römischen Papsttum
zu verschaffen. Der Papst empfängt die *Auctoritas*, die zur Regierung der heiligen römischen Kirche erforderlich ist. Wenn auch
beispielsweise der einfachste und höchste Priester (Papst) im
Sakrament nur eines Grades, ranggleich also sind, so ist dennoch

---

[91]) De sacr. Lib. II Pars III Cap. 5: „...Hic est principalis et maximus
sedis apostolicae in Ecclesia Romana successor, unde et ipsum specialiter
apostolicum sancta Ecclesia nominare consuevit. Cui vice Petri principis
apostolorum praesidenti, omnis ecclesiasticus ordo obtemperare debet, qui
solus praerogativa dignitatis claves habet ligandi omnia et solvendi super
terram" (PL 176, col. 423 C). — Vgl. auch noch: Seeberg, Dogmengeschichte, S. 295.

[92]) Vgl. Stephan Kuttner, Kanonistische Schuldlehre von Gratian bis
auf die Dekretalen Gregors IX. Systematisch auf Grund der handschrift-
lichen Quellen dargestellt (Studi e Testi 64), Città del Vaticano 1935, S. XVI.

[93]) Vgl. Landgraf, a. a. O., S. 75, 76.

[94]) Summa Sententiarum, Tract. VI Cap. 14 (PL 176, col. 152).

[95]) De sacr. Lib. II Pars III Cap. 15: „...cardinales episcopi procul
dubio metropolitani vice funguntur, qui videlicet electum antistitem ad
apostolici culminis apicem provehunt..." (PL 176, col. 431 A). — Vgl. über
die Funktion der Kardinäle bei der Papstkrönung und damit zusammenhängende Fragen ganz allgemein: Eduard Eichmann, Weihe und Krönung
des Papstes im Mittelalter (Münchener theologische Studien, III. Kanonistische Abt. 1. Bd.), München 1951.

die Gewalt völlig unterschiedlich, die ihnen in ihrem Amte eignet[96]). Hier mag insbesondere an den Jurisdiktionsprimat des Papstes zu denken sein. Überdies weist auch die *spiritualis potestas*, das geistliche Regiment verschiedene Ehrenordnungen und Grade, hierarchische Rangstufen im Klerus auf[97]). Es ist immerhin bemerkenswert, daß neben dem päpstlichen Schlüsselsymbol der später in der Dekretistik durchgebildete Schwerterbegriff von Hugo in seinem theologischen Hauptwerk überhaupt nicht erwähnt wird[98]).

Die irdische Gewalt oder Staatsmacht, jene *potestas terrena*, ist in den Laien verankert und damit in der linken Seite des Gottesleibes lokalisiert. In der Kirche ist das laikale Element, die Anzahl derer, die ein irdisches Leben führen, größer als die derer, die sich dem geistlichen Stande zuwenden. Die Vollkommeneren bleiben eben in der Minderheit[99]). Das weltliche Regiment, die *terrena potestas*, findet ihr Haupt und ihre Spitze im König — terrena potestas caput habet regem[100]). Ihr ist das gesamte weltliche Leben unterworfen. Umgekehrt hat der *Pontifex* naturgemäß mehr das Jenseits als das Diesseits, stärker die himmlischen als die irdischen Belange zu bedenken[101]). Das Recht der weltlichen Gewalt (Jus terrenae potestatis) drückt sich in einer doppelten Mission der irdischen Macht aus. Einmal obliegt es ihr, den Besitz gemäß der Gerechtigkeit (secundum justitiam) zuzuteilen, zum anderen aber, diesen gegen unberechtigten Zugriff Dritter zu sichern. Den Patronat oder Schutz (*patrocinium*), der der königlichen Gewalt (*regia potestas*) eignet, vermag diese nicht an einen anderen Gewalt-

---

[96]) De sacr. Lib. II Pars II Cap. 5: „Similiter sacerdos et pontifex sive summus sacerdos unus gradus est in sacramento, diversa tamen potestas in ministerio" (PL 176, col. 419 B).

[97]) De sacr. Lib. II Pars III Cap. 1: „Spiritualis potestas in clero ordinatur habens gradus et ordines dignitatum differentes" (PL 176, col. 421 C).

[98]) Lediglich der Appendix zu Hugos Schriften bringt im Rahmen der „Sermones centum" bei Sermo LXXXIII (PL 177, col. 1165 B) einmal den Ausdruck „gladii ancipites". Vgl. auch Anm. 56.

[99]) De Arca Noe Morali Lib. I Cap. 4: „...ita ut semper quanto perfectiores, tanto sint pauciores..." (PL 176, col. 630 B).

[100]) De sacr. Lib. II Pars II Cap. 4 (PL 176, col. 418 B).

[101]) De sacr. Lib. II Pars IV Cap. 5: „...pontifex plus de coelestibus cogitare quam de terrenis" (PL 176, col. 435 C).

haber abzutreten[102]). Die irdische Gewalt untersteht hinsichtlich
ihres Ranges der geistlichen, da sie von dieser die Weihe empfängt,
wie oben bereits entwickelt wurde[103]). Ganz allgemein soll die
irdische Macht die Gerechtigkeit ausüben und die gesetzlichen
Einrichtungen respektieren, damit in der Rechtsprechung nichts
gegen Gerechtigkeit und Wahrheit geschieht[104]). Repräsentant,
Haupt der weltlichen Gewalt sind König oder Kaiser. Von diesen
leiten sich wiederum abhängige Gewalten wie Herzöge (duces),
Grafen (comites), Burggrafen (praefecti) und andere Ämter (magistratus) her. Sämtliche Amtsträger aber empfangen ihre Autorität von der ersten Gewalt (*a prima potestate*) und stehen damit
wie auch die kirchliche Hierarchie gewissermaßen in einer sakramentalen, vom Charisma der *prima potestas* überstrahlten und
durchdrungenen Herrschaftsordnung[105]). Ganz bestimmte Herrschaftszeichen und Schmuckstücke symbolisieren die *Potestas
saecularis*. Der Ring erinnert an die Treue, die Armspange verdeutlicht die guten Werke, das Zepter die Gerechtigkeit, das
Schwert den Blutbann, während der Purpur des Herrschermantels
das Sinnbild der Ehrfurcht darstellt, die Krone jedoch den Ruhm

---

[102]) De sacr. Lib. II Pars II Cap. 4 (PL 176, col. 420 C).

[103]) De sacr. Lib. II Pars II Cap. 4 (PL 176, col. 418 D). — Dieser Unterordnung der irdischen (weltlichen) Gewalt unter die geistliche hat übrigens
auch Gratian im Dekret in eindeutiger Form Ausdruck verliehen: „Imperatores Christiani subdere debent executiones suas ecclesiasticis presulibus,
non preferre" (c. 11 D. 96).

[104]) De sacr. Lib. II Pars III Cap. 8: „His igitur modis saecularis potestas
justitiam exercere debet, legum instituta sequens, ut nihil praeter justitiam
et veritatem approbans in judicando" (PL 176, col. 422 A).— c. 40 C. 23 q. 5
umreißt die Aufgabe des Königs im Anschluß an Cyprian: „Rex debet furta
cohibere, adulteria punire, inpios de terra perdere, patricidas et periuros
non sinere vivere, filios suos inpie agere". — Auch Abaelard hat in seiner
Schrift „Sic et non" (CLVII) Cyprian zu Wort kommen lassen, darüber
hinaus aber sich noch in dieser Weise geäußert: „Homicidias enim et sacrilegos et venenarios punire non est effusio sanguinis, sed legum ministerium"
(PL 178, col. 1607 B).

[105]) Ibid. (l. c.). — Vgl. hierzu noch ebenfalls: Alois Dempf, Sacrum
Imperium. Geschichts- und Staatsphilosophie des Mittelalters und der poli-
tischen Renaissance, München und Berlin 1929, S. 247. Dempf spricht vom
„Parallelismus der Amtsstufen" des geistlichen und weltlichen Bereiches.

dokumentiert[106]). Demgegenüber charakterisiert sich die Tonsur
(corona) des Klerikers als die königliche Zier der geistlichen Gewalt. Denn Gott zu dienen bedeutet gleichzeitig auch zu regieren
(...cui servire regnare est ...)[107]). Der Kleriker fungiert als Bote
Gottes beim Volke[108]).

Da es Gottes Wille gewesen sei, daß die Übeltaten gerichtet und
bestraft würden, sind nun wiederum Menschen anstelle Gottes zu
Richtern bestellt, damit sie die Vergehen der ihnen Unterworfenen
untersuchen und die Täter entsprechend dafür strafen. Die zu
Bessernden, d. h. die besserungsfähigen Menschen, sind dem
menschlichen (irdischen) Gericht deshalb unterstellt, damit der
Richtergott (judex Deus), wenn er am Ende kommt, die so Ge-
besserten, die die irdische Sühne auf sich genommen haben, er-
lösen kann[109]).

III.

Auch über das Sakrament und seinen Charakter hat sich der
scholastische Theologe Hugo von St. Victor in fundamentaler
Weise geäußert. Bei ihm findet sich überhaupt erst der entscheidende Ausgangspunkt für die allgemeine Lehre von den Sakramenten. Diese Thesen lassen nicht zuletzt ebenfalls ihre kanonistische Verwertbarkeit erkennen. Damit aber erwächst die Terminologie des originalen dogmatischen Werkes des Viktoriners zu
einer ausschöpfbaren Quelle auch des Kirchenrechts, wenngleich
naturgemäß die Sakramentenlehre nur teilweise in den Sektor
des Rechtlichen hinübergreift. Wiederum in seiner Hauptschrift
„De sacramentis christianae fidei" hat Hugo den allgemeinen Be-

---

[106]) De sacr. Lib. II Pars II Cap. 9: „...Annulus fidem, armilla bonam
operationem, sceptrum justitiam, gladius vindictam, purpura reverentiam,
diadema gloriam designat..." (PL 176, col. 422 B).

[107]) De sacr. Lib. II Pars III Cap. 1 (PL 176, col. 421 C). Die Dekretalen
Gregors IX. haben später die Anschauung verankert: „... Coronam et
tonsuram habeant congruentem... (c. 15 X de vita et honestate III, 1).

[108]) De sacr. Lib. II Pars III Cap. 2: „Clericus ... nuntius ejus [Dei] ad
populum..." (PL 176, col. 421 D).

[109]) De sacr. Lib. II Pars XIV Cap. 7: „...Propterea positi sunt homines
judices vice Dei, ut culpas subjectorum examinando castigent, ut in fine
cum venerit judex Deus, correctos salvare possit, quos corrigendos humano
judicio subjecit" (PL 176, col. 564 C—D).

griff des Sakraments definiert und interpretiert. Er weist darauf
hin, die Kirchenlehrer (doctores) hätten selbst eine kurze, knappe
Formel dafür hinterlassen „Sacramentum est sacrae rei signum".
In der Tat ist diese keineswegs erschöpfende Prägung, diese
augustinische Definition, zunächst ziemlich neutral und farblos:
Ein Sakrament ist danach das Kennzeichen einer heiligen Sache.
Aber zur Erläuterung des wesentlichen Gehaltes, der religiösen
Substanz des Sakraments ergeht sich Hugo nun in beispielhaften
Wendungen. Wie in einem Menschen zweierlei zusammenfindet,
Leib und Seele, und in einem Schriftwerk zwei Faktoren zusammenwirken, Buchstabe und Wortsinn, so zeichnen sich nach der hugonischen Argumentation zwei Erscheinungen bei jedem Sakramente
ab. Dieses offenbart also gewissermaßen eine äußere sichtbare
Gestalt und einen inneren glaubensmäßigen, unsichtbaren Wirk-
kern. Einmal ist im Sakrament etwas vorhanden, was von außen
her sichtbar bestimmt und beurteilt werden kann. Zum anderen
jedoch gibt es in ihm fraglos auch etwas, das unsichtbar ist und
lediglich im Herzen geglaubt und empfunden werden muß — *in
omni sacramento aliud est quod visibiliter foris tractatur et cernitur,
aliud est quod invisibiliter intus creditur et praecipitur*[110]). Äußere
Gestalt und innere Kraft eignen damit dem Sakrament. Die Hugo
persönlich nicht zugehörige „Summa sententiarum" deutet das Sakrament treffend im Anklang an den Bischof von Hippo, dem hierin
auch Abaelard gefolgt ist, als die sichtbare Form der unsichtbaren
(geistlichen) Gnade, als „visibilis forma invisibilis gratiae"[111]).
Hugo unterscheidet wie ebenfalls bereits Augustin den Begriff
„sacramentum" und „res sacramenti" (= virtus sacramenti).
Unter „sacramentum" versteht sich nach seiner Definition das
von außen sinnlich wahrnehmbare, das stoffliche (corporale) oder

---

[110]) De sacr. Lib. I Pars IX Cap. 2 (PL 176, col. 317 C); vgl. dazu ebenfalls: J. de Ghellinck S. J., Le mouvement théologique du XIIe siècle ²,
Bruges-Bruxelles-Paris 1948, p. 59. — Die Ansicht Adolf Harnacks (Lehrbuch der Dogmengeschichte, III. Bd., 4. Aufl., Tübingen 1910, S. 548),
wonach die hugonische Definition, „das Sacrament so traurig veräußer-
lichte", wirkt doch zu sehr aus dem Zusammenhang der Argumentation
herausgelöst und damit m. E. eigentlich recht einseitig.

[111]) Summa sententiarum, Tract. IV Cap. 1 (PL 176, col. 117 B); Petri
Abaelardi Epitome Theologiae Christianae, Cap. 1: „Sacramentum est visibile signum invisibilis gratiae" (PL 178, col. 1695 D).

materielle Element, das durch seine Ähnlichkeit, infolge seiner
Einsetzung durch Christus und wegen seiner Heiligung eine unsichtbare und geistliche Gnade einschließt. Im „sacramentum",
im sinnfälligen Zeichen ist damit die „res" oder „virtus sacramenti", die Gnade, enthalten[112]). Die *Institutio* durch Christus
verleiht dem Sakrament seine „Zeichenhaftigkeit"; diese aber
deckt sich fast vollkommen mit der „Wirkkraft" des Sakraments[113]).
Dreierlei findet sich nämlich in jedem Sakrament: repraesentatio
ex similitudine, significatio ex institutione, virtus ex sanctificatione. An anderer Stelle erinnert Hugo einmal daran, daß gemäß
der Definition der heiligen Canones das Sakrament in jeder Hinsicht durchaus erhaben sei und man seiner nur mit höchster Ehrfurcht gedenken solle[114]).

Besondere Aufmerksamkeit kann Hugos von St. Victor Theorie
von der sakramentalen Ehe beim Kanonisten allein schon durch
den Umstand beanspruchen, daß hier Gratian im Dekret einen
anderen Weg beschritten hat. Der Kamaldulenser hat bekanntlich
bei c. 34 C. 27 q. 2 gelehrt, daß die Ehe zwar durch das Verlöbnis
eingeleitet, aber erst durch die *Copula carnalis (conmixtio)* vollendet und vollzogen wird. Erst zwischen den durch die *Copula*

---

[112]) De sacr. Lib. I Pars IX Cap. 2: „...sacramentum est corporale vel
materiale elementum, foris sensibiliter propositum, ex similitudine repraesentans et ex institutione significans et ex sanctificatione continens aliquam
invisibilem et spiritalem gratiam" (PL 176, col. 517 D). cf. ibid.: „Quod
foris est visibile et materiale, sacramentum est; quod intus est invisibile et
spirituale, res sive virtus sacramenti est" (PL 176, col. 517 C). Vgl. dazu
u. a.: Seeberg, Lehrbuch der Dogmengeschichte III⁴, S. 286f.; Michael
Schmaus, Katholische Dogmatik IV/1: Die Lehre von den Sakramenten,
5. Aufl., München 1957, S. 10, ebenfalls Artur Michael Landgraf,
Dogmengeschichte der Frühscholastik, III. Teil, Bd. I, Regensburg 1954,
S. 171 u. ö.
[113]) Vgl. Schmaus, a. a. O., S. 22; und besonders P. Burkhard Neunhauser, OSB, Taufe und Firmung, in Michael Schmaus-Josef R. Gei-
selmann-Aloys Grillmeier, Handbuch der Dogmengeschichte, Bd. IV,
Fasz. 2, Freiburg 1956, S. 81. — Neunhauser vertritt die Ansicht, der von
Augustin übernommene Begriff „sacramentum — res sacramenti" habe bei
Hugo „bereits sozusagen technische Bedeutung erlangt" (S. 81).
[114]) De sacr. Lib. II Pars VIII Cap. 4: „...sed sicut sacri canones defi-
niunt, utrumque magnum omnino est sacramentum, et summa devotione
pensandum" (PL 176, col. 461 B).

carnalis verbundenen Gatten besteht ein *conjugium ratum*[115]).
Nach Hugo indes genügt bereits das Vorliegen des Verbalkonsenses,
der *pactio conjugalis* (*consensus conjugii*), um die Ehe zu vollenden.
Causa efficiens matrimonii ist ausschließlich, worauf übrigens auch
Gratian (C. 27 q. 2) hinweist, der *consensus* zwischen Mann und
Frau. Die Leibesgemeinschaft der Brautleute ist für das Zustandekommen der Ehe überhaupt nicht essentiell, denn der *consensus
carnalis commercii* wird lediglich als eine Folgeerscheinung der Ehe
aufgefaßt. Unter Berufung auf den hl. Ambrosius als des Kronzeugen seiner eigenen Ansicht stellt er fest, daß dem Verbalkonsens
für die Ehe konstitutive Wirkung zukommt: „Conjugium non
facit coitus, sed consensus"[116]). In ähnlicher Weise hatte sich
Isidor von Sevilla in seinen Etymologiae (lib. IX c. 7)[117]) ver-

---

[115]) „...Sed sciendum est, quod conjugium desponsatione initiatur, con-
mixtione perficitur. Unde inter sponsum et sponsam coniugium est, sed
initiatum; inter copulatos est coniugium ratum..." Rufin hat bei C. 27 q. 2
die Doktrin des doppelten Sakraments der Ehe vertreten: „Sicut enim in
coniugio duo sunt, desponsatio scilicet et carnis commixtio, ita et ibi d u o
sacramenta consurgunt: unum in desponsatione, alterum in carnis commix-
tione" (ed. Singer, p. 441). Siehe auch unten. Zum Gesamtproblem vgl.
Willibald Plöchl, Das Eherecht des Magisters Gratianus (Wiener Staats-
und Rechtswissenschaftliche Studien, hrsg. von Hans Kelsen, Bd. XXIV),
Leipzig und Wien 1935.
[116]) De sacr. Lib. II Pars XI Cap. 5 (PL 176, col. 487 B). Vgl. dazu noch:
Ludwig Ott, Untersuchungen zur theologischen Briefliteratur der Frühscholastik. Unter besonderer Berücksichtigung des Viktorinerkreises (Beiträge zur Geschichte der Philosophie und Theologie des Mittelalters. Texte
und Untersuchungen, hg. von Martin Grabmann, Bd. XXXIV), Münster
i. W. 1937, S. 311. — Bei Hugo von St. Victor beherrscht allein der Nuptu-
rientenkonsens den Ehebegriff. Die *Copula carnalis* ist aus seiner Definition
verbannt. Seine Ehedefinition stellt vielmehr auf die „konkupiszenslose"
Lebensgemeinschaft ab (vgl. Henricus Portmann, Wesen u. Unauflöslichkeit der Ehe in der kirchlichen Wissenschaft und Gesetzgebung des 11. und
12. Jahrhunderts. Ein Beitrag zur kirchlichen Rechtsgeschichte (= Pontificium Institutum Utriusque Iuris, Theses ad Lauream n. 9), Romae 1938,
S. 73; Michael Müller, Die Lehre des hl. Augustinus von der Paradiesehe
und ihre Auswirkung in der Sexualethik des 12. und 13. Jahrhunderts bis
Thomas von Aquin. Eine moralgeschichtliche Untersuchung, Regensburg
1954, S. 78.
[117]) Vgl. die Edition: Isidori Hispalensis Episcopi Etymologiarum sive
Originum Libri XX, recognovit W. M. Lindsay (Scriptorum Classicorum
Bibliotheca Oxoniensis, Tom. I/II), Oxonii 1911 (ohne Paginierung). — Zu

nehmen lassen, als er die These verankerte „Consensus facit matrimonium". Hugo unterstreicht dann ausdrücklich die Sakramentsnatur der durch Konsens geschlossenen Ehe: in consensu maritali conjugii sacramentum perficitur[118]). Robert von Melun hat in seinen ehedem Hugo fälschlich zugeschriebenen „Quaestiones in Epistolas Pauli" ausgeführt, nur der vor der Kirche bezeugte Konsens bewirke die Ehe, denn diese komme nicht durch die Verbindung der Leiber, sondern durch den Willen der Seelen zustande[119]). Die Lehre vom Doppelsakrament der Ehe hat übrigens Hugo ebenfalls verfochten. Er verweist auf zwei Einsetzungsgründe der Sakramente, auf *eruditio* und *exercitatio.* Insofern lag in der Ehe zweierlei, die Ehe selbst und das *officium conjugii*[120]) und dadurch auch ein doppeltes Sakrament[121]). Es dürfte in der Tat nun zutreffen, wie schon Heinrich Singer[122]) vermutete, daß hierin Hugo den Summisten Rufin beeinflußt hat. Auch dieser Dekretist lehrte bekanntlich, daß die Ehe zwei Akte, Verlöbnis (*desponsatio*) und *copula* (*carnis commixtio*) aufweise und in beiden jeweils ein Sakrament enthalte, mithin also insgesamt zwei Sakramente einschließe[123]). Das augustinische dreifache Gut der Ehe

---

dem aus dem römischen Eheschließungsrecht der Spätzeit entlehnten Grundsatz „consensus facit nuptias" vgl. auch, allerdings nur knapp: Friedrich Thaner, Die Persönlichkeit in der Eheschließung, Grazer Rektoratsrede vom 4. Nov. 1897, Graz 1900, S. 40.

[118]) De sacr. Lib. II Pars XI Cap. 5 (PL 176, col. 487 C). — Vgl. dazu: Johannes Baptist Sägmüller, Lehrbuch des katholischen Kirchenrechts, 3. Aufl., II. Bd., Freiburg i. Br. 1914, § 123, S. 84; Feine, a. a. O., § 34 II, S. 381.

[119]) In Ep. I ad Cor., Quaestio LVI: „... Consensus, qui in anima est, coram Ecclesia debet demonstrare, sine quo non est conjugium, unde legitur: Matrimonium non facit copula corporum, sed voluntas animarum" (PL 175, col. 524 C).

[120]) „Officium autem conjugii in carnis commistione proposuit" (De sacr. Lib. II Pars XI Cap. 3 = PL 176, col. 481 B).

[121]) De sacr. Lib. I Pars VIII Cap. 13: „... erant enim duo haec in conjugio ipso: conjugium ipsum, et conjugii officium, et utrumque sacramentum" (PL 176, col. 314 C). — Zur *doppelten* Sakramentalität und Symbolik der Ehe vgl. auch M. Müller, Die Lehre des hl. Augustinus von der Paradiesehe, S. 78.

[122]) Die Summa des Magister Rufinus, p. 441 nota a.

[123]) Ad causam XXVII q. 2 — ed. Singer, p. 441. — Vgl. oben Anm. 115: „Sicut enim in coniugio duo sunt...".

(De nuptiis et concupiscentia I) findet sich ebenso bei Hugo wie auch später bei Gratian[124]). Tria sunt principaliter bona conjugii quae conjugium comitantur: Fides, spes prolis, sacramentum, bedeutet Hugo[125]). Gratian hat die Reihen- und Rangfolge *fides*, *sacramentum, proles* gewählt. Der Glaube soll den Verstoß gegen das *vinculum conjugale*, den Ehebruch ausschließen. Ein Sakrament aber ist die Ehe, weil die Scheidung ausgeschlossen ist — in sacramento, attenditur, ne conjugium separetur. Das Sakrament bedeutet Unauflöslichkeit der Ehe, *nullum divortium* bestimmte Gratian in Übereinstimmung mit Peter Abaelard, und Robert von Melun identifizierte „sacramentum" in lapidarer Weise mit „inseparabilitas"[126]). Die Ehe erweist sich in der Gattengemeinschaft (in ipsa societate maritali) als Sakrament. Aus diesem Grunde vermag sie ebensowenig geschieden zu werden, solange beide Gatten leben. Das Sakrament der ehelichen Gemeinschaft besteht und wirkt während der gesamten Dauer der Ehe[127]). Äußerlich charakterisiert sich die Ehe in ihrer Eigenschaft als Sakrament als eine ungeteilte, unlösbare Gesellschaft — conjugio sacramentum foris est indivisa societas[128]). Die Ausführungen Hugos über Blutsverwandtschaft und Verwandtschaftsgrade[129]) weisen nahezu den gleichen Wortlaut auf, den Gratian dem Caput 6 Causa XXXV q. 5 gegeben hat, obschon Hugo immerhin sieben Verwandtschaftsgrade voraussetzt, indes sich Gratian auf die Zahl sechs beschränkt. Die Stelle in den *Etymologiae* Isidors von Sevilla (lib. IX, 5), auf die Gratian Bezug nimmt, nämlich das Kapitel „De adfinitatibus et gradibus" ist zwar inhaltlich einschlägig, dürfte aber wegen der völlig andersartigen Formulierung als unmittelbare Vorlage des Kamaldulensers ausscheiden. Hier drängt sich nun

---

124) c. 10 C. 27 q. 2. — Ähnlich ebenfalls Abaelard, Sic et Non, CXXIII (PL 178, col. 1545 A); Epitome Theologiae christianae, Cap. 31 (PL 178, col. 1747 A).

125) De sacr. Lib. II Pars XI Cap. 7 (PL 176, col. 494 B).

126) Quaestiones in Epistolas Pauli (in ep. I ad Cor.), Quaestio LVI (PL 175, col. 524 D).

127) De sacr. Lib. II Pars XI Cap. 8: „... et ideo sicut ipsa societas utroque vivente non dividitur, ita et sacramentum societatis conjugalis quandiu conjugium constat, ab ipso non separatur" (PL 176, col. 495 D).

128) Ibid. (l. c.)

129) De sacr. Lib. II Pars XI Cap. 14 (PL 176, col. 510 D).

zweifellos ganz stark der Eindruck auf, wie anscheinend bereits
Emil Friedberg[130]) vermutete und vor knapp einem Viertel-
jahrhundert Stephan Kuttner[131]) für überaus möglich und
wahrscheinlich ansah, daß unter anderem Gratian tatsächlich
auch von Hugo von St. Victor als einem ihm zeitlich näherstehen-
den Theologen großen Formats beeinflußt sein könnte.

IV.

Von Interesse dürfte bei einer kirchenrechtsgeschichtlichen Betrachtung des Werkes des Viktoriners ebenfalls der Begriff des
Crimen sein, wie ihn der Scholastiker Hugo aufgefaßt hat. In der
älteren Tradition der Kirche entbehrt gerade dieser Terminus
weithin einer eindeutigen, festumrissenen, ganz zu schweigen einer
rechtsverbindlichen Bedeutung[132]). Unser Theologe unterscheidet
in seiner, wenn auch noch unvollkommenen Lehre von den Sünden
(peccata) nun von vorneherein nur zwischen läßlichen, verzeih-
lichen Sünden (peccata venialia) und schweren, d. h. sog. krimi-
nellen (peccata criminalia)[133]). Wenn jemand „venialia" begeht,
macht er sich noch keiner großen Schändlichkeit (turpitudo) oder
vorsätzlichen Verletzung (laesio) schuldig. Als *Venialia* erweisen
sich beispielsweise leichter und vorübergehender (Jäh)zorn, Spott
und ähnliches, soweit sie unvorsätzlich, sei es aus Leichtsinn, sei
es aus Kleinmut geschehen[134]). Um *Criminalia* handelt es sich
allerdings dann, wenn die Tat entweder eine große Rechtsver-
letzung mit sich bringt oder Schande nach sich zieht, weil dabei
schwer gegen Gott oder den Nächsten verstoßen wird beziehungs-

---

[130]) Corpus Juris Canonici. Editio Lipsiensis Secunda post Aemilii
Ludovici Richteri ... instruxit Aemilius Friedberg, Pars Prior:
Decretum Magistri Gratiani, Lipsiae 1879, col. 1276 — Notationes Correcto-
rum c. VI, not. 158.

[131]) Vgl. Stephan Kuttner, Zur Frage der theologischen Vorlagen
Gratians, ZRG 54 Kan. Abt. 23 (1934), S. 255, 268.

[132]) Vgl. Kuttner, Kanonistische Schuldlehre, S. 8.

[133]) De sacr. Lib. II Pars XIII Cap. 1 (PL 176, col. 526 B).

[134]) Ibid.: „Venialia sunt sicut ira levis et transitoria, risus et hujusmodi,
quae sine deliberatione agentium contingunt, sive ex negligentia incaute,
sive ex infirmitate praecipitanter" (l. c.).

weise der Täter sich durch seine Tat selbst entehrt[135]). Zu den *Criminalia* gehören Mord, Ehebruch, Meineid, Diebstahl, Raub, Sakrileg, Blutschande und andere derartige Verbrechen[136]). In dieser seiner Sündenlehre, beim Begriff des *Crimen*, hat Hugo den ernsthaften Versuch unternommen, das objektive und subjektive Moment zu kombinieren[137]). Peter Abaelard[138]) hat demgegenüber betont, daß im Verbrechen (crimen) nicht der *affectus rei*, sondern vielmehr der *affectus efficientis* das Entscheidende sei. Nicht das, was geschieht, sondern vielmehr aus welcher Absicht heraus es geschieht, beurteilt die Billigkeit. In ähnlicher Weise hat Hugo von St. Victor im Wunsche und in der Unterlassung die Arten des *consensus homicidii* erkannt[139]).

Die wissenschaftlichen Anschauungen des bedeutendsten Viktoriners wurden von der theologischen Wissenschaft vielfach rezipiert. Seine Ekklesiologie charakterisiert sich als einer der frühesten scholastischen Versuche, das Wesen der Kirche zu umreißen und auszudeuten. Die von ihm entwickelten Gedanken über Recht und Gerechtigkeit verdienen ebenso ihre Würdigung. Seine Behandlung des Verhältnisses von geistlicher und weltlicher Gewalt hat nicht allein die Gesetzgebung der Kurie im Zeitalter des päpstlichen Hierokratismus beeinflußt, sondern ebenfalls noch die

---

[135]) Ibid.: „Criminalia dicuntur quae vel laesionem magnam inducunt, vel turpitudinem ingerunt in quibus vel Deus vel proximus multum offenditur, vel ipse qui facit maculatur" (l. c.): — Vgl. dazu Kuttner, Kanonistische Schuldlehre, S. 8 Anm. 2.

[136]) Ibid.: „Talia sunt homicidia, adulteria, perjuria, furta, et quae iis similia adjunguntur, vel continentur in istis; sicut rapinae, sacrilegia, incestus, et caetera talia" (l. c.).

[137]) Vgl. Ott, Untersuchungen zur theologischen Briefliteratur, S. 621 (s. a. S. 620).

[138]) „Non enim rei affectus, sed efficientis affectus in crimine est; nec quae fiunt, sed quo animo fiunt aequitas pensat" (Epistolae Petri Abaelardi et Heloissae, Epistola II = Petri Abaelardi Opera ed. Victor Cousin, Tomus I, Parisiis 1849, p. 76).

[139]) De sacr. Lib. I Pars XII Cap. 7: „... Consensu similiter duobus modis fit homicidium, vel dum mortem alterius desideramus et cupimus, vel si dum eum a morte liberare possumus, vitam ejus negligimus, id est adjutorium non impendimus" (PL 176, col. 356 B). Vgl. dazu Kuttner, a. a. O., S. 46 Anm. 3.

publizistische Literatur selbst des Spätmittelalters mit wirksamem
Argumentationsmaterial beliefert, wofür, um hier nur einen einzigen Beleg zu nennen, der „Dialogus de Regia ac Papali Potestate" des Friauler Minoriten und Humanisten Lodovico de
Strasoldo Zeugnis gibt[140]. Nicht zuletzt erweist sich die von
Hugo verfochtene Konzeption der sakramentalen Konsensehe vom
entwicklungsgeschichtlichen Standpunkt her betrachtet als der
freilich theoretisch gebliebene Interpretationsversuch eines spekulativen Theologen, als eine immerhin recht beachtliche Konstruk-
tion, wenngleich ihr Rechtslehre und Rechtsprechung der Kirche
nicht gefolgt sind. Für die kirchliche Rechtsgeschichte ist insofern
die Bedeutung dieses „alter Augustinus" gewiß nicht zu gering
zu veranschlagen. Immerhin aber dürfte auf Hugo von St. Victor
ein Wort, zwar nicht von ihm selbst, wohl aber aus der seiner
Schule angehörenden „Summa sententiarum"[141] zutreffen, das
den Theologen in ihm eindeutig herausstellt, den Juristen, und
damit auch den Kanonisten jedoch ausschließt:

> „Majus est scire quam judicare.
> Scientia namque informat judicium".

---

[140] Vgl. Karla Eckermann, Studien zur Geschichte des monarchischen
Gedankens im 15. Jahrhundert (Abhandlungen zur Mittleren und Neueren
Geschichte, H. 73), Berlin-Grunewald 1933, S. 21.

[141] Summa sententiarum, Tract. II Cap. 5 (PL 176, col. 86 A). — Hugo
war gewiß viel zu sehr Theoretiker und vor allem Denker, als daß ihn praktische Aufgaben gefesselt und angezogen hätten. Daraus allein nun aber
schon auf Lebensfremdheit und Mangel an politischer Vorstellung zu
schließen (wie entsprechend etwa: Anna-Dorothea v. den Brincken,
Studien zur lateinischen Weltchronistik bis in das Zeitalter Ottos von
Freising, phil. Diss., Münster 1958, Düsseldorf o. J., S. 199) erscheint mir
als zu weitgehende Behauptung.

Johann Apels dialektische Methode
der Rechtswissenschaft

Aus dem Kreise der deutschen Humanistenjuristen ragt wegen seiner
Bedeutung für die Rechtsdidaktik ein Außenseiter hervor. Gemeint ist der
ehemalige Kanonikus vom Stift Neumünster in Würzburg, der nachmalige
Rektor der Universität Wittenberg und spätere Nürnberger Stadtgerichts-
konsulent Iuris utriusque doctor JOHANN APEL (gest. 1536)[1]). Durch die
Übertragung der Melanchthonschen Dialektik auf die Institutionen hat er

*) M. T. Cicero, Topicorum liber ad Caium Trebatium, ed. Christo-
phorus Hegendorffinus, Lipsiae in edibus Valentini Schumanni Anno
Salutis Humanae M. D. XXI (Bayer. Staatsbibliothek München, 4⁰ A. Lat.
b. 119).

[1]) Vgl. über ihn u. a.: Georg Andreas Will, Nürnbergisches Gelehrten-
Lexicon . . ., I. Teil, Nürnberg und Altdorf 1755, S. 31f.; Theodor Muther,
Aus dem Universitäts- und Gelehrtenleben im Zeitalter der Reformation,
Erlangen 1866, S. 230—328; R. Stintzing, Geschichte der deutschen
Rechtswissenschaft, 1. Abt., München und Leipzig 1880, S. 286—297;
Hermann Lange, NDB I, Berlin 1953, S. 322; Friedrich Ellinger,
Die Juristen der Reichsstadt Nürnberg vom 15. bis 17. Jahrhundert, in:
Genealogica, Heraldica, Juridica. Reichsstadt Nürnberg, Altdorf und
Hersbruck (= Freie Schriftenfolge der Gesellschaft für Familienforschung
in Franken, hrsg. von Fridolin Solleder, Bd. 6), Nürnberg 1954, S. 130
bis 222; hier: S. 163, 173.

sich, wie Franz Wieacker[2]) bemerkte, im Rechtsunterricht gegen den traditionellen Lehrvortrag und die bisherige Methode gewandt. Freilich darf man angesichts dieser Neuerung von vornherein über einen Umstand nicht im Unklaren bleiben, auf den einmal, allerdings in einem anderen Zusammenhang, Friedrich Thaner[3]) treffend hingewiesen hat, nämlich darauf, daß die Dialektik letztlich eigentlich mehr Kunst als Wissenschaft sei. Apel selbst hat die dialektische Methode als ein förderliches, nutzenstiftendes Erkenntnismittel bewußt und betont in den überkommenen Rahmen des scholastischen Denkgebäudes der zeitgenössischen Jurisprudenz einbezogen und bekanntlich allein zwei Abhandlungen seiner Feder auf dieses Problem konzentriert: Die ,,Methodica dialectices ratio ad iurisprudentiam adcommodata" von 1535[4]) und die ,,Isagoge per dialogum in quatuor libros institutionum divi Justiniani imperatoris" von 1540[5]). Der anderweitig literarisch mehrfach bereits und eingehend gewürdigte Apelsche Dialog mag für diese Skizze gänzlich außer acht bleiben. Wir halten uns für die Aufzeigung seines Lehrgebäudes der Rechtswissenschaft lediglich an seine zeitlich früher erschienene Schrift, die erwähnte ,,Methodica dialectices ratio". In ihr stellte Apel noch auf die gebräuchliche exegetische Methode ab und vollzog noch nicht in Verbindung mit einer radikalen Kritik des Herkömmlichen jenen tiefen Bruch mit der Tradition wie in seiner nachfolgenden Isagoge. Gleichwohl verkörpert auch diese Arbeit nur eine Station auf dem Wege, der in die postum publizierte Isagoge mündete.

Seine Methodica hat Apel einem Altgläubigen, dem Bischof von Przemysl und obersten Sekretär des Königreichs Polen, Johannes Choienski, gewidmet, und zwar in seiner damaligen Eigenschaft als Kanzler des Preußenherzogs in Königsberg. Seine Dedikation traf damit nicht allein einen Gelehrten einer anderen Nation, sie ehrte ebenso einen diplomatischen Partner von hohem Einfluß. Mit dieser Schrift beabsichtigte der nunmehrige hohe Regierungsbeamte und vormalige Universitätsprofessor Apel, die Erkenntnis und Denkfähigkeit des jungen Zivilrechtsstudenten wesentlich zu fördern und diesem den Zugang zur juristischen Denkmethode zu erleichtern, denn er hatte als akademischer Lehrer vielfach feststellen müssen, daß die Hörer (jene *adolescentes*) weithin nicht präzis unterscheiden konnten, was beispielsweise eine Gattung (*genus*) oder Art (*species*) sei. Den unmittelbaren

---

[2]) Franz Wieacker, Einflüsse des Humanismus auf die Rezeption. Eine Studie zu Johannes Apels Dialogus, Zeitschrift für die gesamte Staatswissenschaft 100. Bd., Tübingen 1940, S. 451/452.

[3]) Friedrich Thaner, Abälard und das canonische Recht, Innsbrucker Rektoratsrede vom 2. April 1886, Graz 1900, S. 7.

[4]) Norimbergae apud Fridericum Peypus anno M. D. XXXV (Staatsbibliothek München, 4⁰, Ph. Sp. 16). — Zu Apels Schriften siehe: Muther, a. a. O., S. 455—481; Stintzing, a. a. O. I, S. 290.

[5]) Per Erasmum Poherl Civem Vratislaviensem in studiosorum Juris prudentiae usum ex autoris ipsius autographo fideliter descripta, excusum Wratislaviae in officina typographica Andreae Vincleri, Anno Domini M. D. XL (Staatsbibl. München J. rom. c. 9); dazu vor allem: Wieacker, a. a. O.

Anstoß zu dieser methodischen Studie hatte allerdings die Stillegung des akademischen Unterrichts in Wittenberg durch die Pest gegeben, die seinerzeit dort grassierte. *Propter epidemiam, quae tum Wittenberge saeviebat*, bemerkt der Verfasser selbst ausdrücklich in seinem Vorwort. Wie sein Vorbild, der große Römer Cicero, war auch Apel bestrebt, die Zivilrechtswissenschaft aus dem rein Handwerklichen wiederum zur Kunst zu erheben[6]). Wenn man, wie Franz Wieacker[7]) meines Erachtens etwas zu negativ urteilt, die Durchführung eines solchen Vorhabens sei freilich hinter den eigenen Ansprüchen weit zurückgeblieben und teilweise habe eine „naive sachfremde Dialektik in den bekannten scholastischen Denkkategorien verharrt", so vergißt man dabei ebenso leicht, daß eben der gesamte Entwicklungsgang der Scholastik sowohl in Lehre als auch Methode durch eine progressive „Aristotelesrezeption" (M. Grabmann) charakterisiert wird und sich damit auch der geistige, philosophische Standort eines Apel aus einer Durchsetzung der mittelalterlichen Wissenschaft mit aristotelischem Gedanken- und Argumentationsgut ergibt. Man darf andererseits doch auch nicht — wenn man die gesamte Epoche überblickt — in der Rechtswissenschaft einen vollkommenen, geistig absolut unabhängigen Neuerer, einen originären Bahnbrecher erwarten, der bedenkenlos alle Tradition über Bord warf, damit jegliche Geschichtlichkeit preisgab und lediglich aus dem eigenen Intellekt ein mustergültiges, sachgerechtes, weithin unanfechtbares Wissenschaftssystem schuf. Ein in spätmittelalterlicher Denkungsart aufgewachsener Mensch, der obendrein noch auf Grund seines spezifischen Werdegangs als privilegierter Kleriker, als Chorherr, in der altüberlieferten, Reformen ohnehin nur schwer zugänglichen Schule seines geistlichen Standes erzogen war, hätte sich — selbst wenn er eine solche Absicht getragen hätte — kaum restlos von dem ihm eigen gewordenen Gedankengängen befreien können. So erklärt es sich fast ohne weiteres, wenn Apels Vorbild die scholastische Topik stellte, bei der die Regula als These an die Spitze gesetzt und dann erst näher definiert und begründet wurde[8]). Auch die Leitsätze des römischen Ius civile in ihrer Eigenschaft als Topoikataloge vergegenwärtigen in der Anlage bereits Sammlungen von solchen Regulae, denen sich die byzantinische Wissenschaft stark angenommen hat[9]). Ich bin persönlich durchaus nicht der Meinung, daß man hier von „leeren Ableitungen aus formalen, juristisch unfruchtbaren Oberbegriffen"[10]) sprechen sollte. Gerade die Topik versuchte eine genaue Quästionentechnik zu vermitteln, sie war bestrebt,

---

[6]) „... *aliquis, qui meo quantulocunque exemplo inductus: iuris civili scientiam, id quod M. Cicero quondam in votis habuit, ad artem tandem reducat.*"

[7]) Privatrechtsgeschichte der Neuzeit unter besonderer Berücksichtigung der deutschen Entwicklung (= Jurisprudenz in Einzeldarstellungen, Bd. 7), Göttingen 1952, S. 85.

[8]) Vgl. Martin Grabmann, Die Geschichte der scholastischen Methode, II. Bd., Darmstadt 1956, S. 469 und 66.

[9]) Vgl. Theodor Viehweg, Topik und Jurisprudenz, München 1953, S. 34.

[10]) Wieacker, a. a. O., S. 85.

eine Anleitung zum richtigen, ordnungsgesetzlichen Denken zu geben. Vor allem darf man dabei einen Umstand nicht aus dem Auge verlieren, auf den der Meister der scholastischen Literaturgeschichte Martin Grabmann[11]) aufmerksam gemacht hat, nämlich daß schon die aristotelische Topik im Grunde nichts anderes als eine „förmliche Hodegetik der Disputationsmethode" darstellte. Auch die Dialektik Melanchthons, deren sich Apel bediente, ist eng mit der Rhetorik verwandt[12]). Sie will insofern nicht allein und ausschließlich den Denkstil, sondern nicht zuletzt ebenso den gehobenen Argumentationsstil und die (forensische) Redekunst vermitteln. Aber etwas mehr als eine bloße „Repristination der alten Scholastik" (Wieacker) scheint sie meines Erachtens doch gewesen zu sein.

Melanchthon selbst hat die Dialektik als diejenige Kunst interpretiert, die erforderlich ist, um überhaupt über irgendein Thema und Problem richtig und wesentlich diskutieren zu können. Sie erklärt und beschreibt die Natur und Bestandteile jedes Themas. *Dialectica est artificium apposite ac proprie de quocumque themate disserendi* lautet die originale Definition des Reformators[13]). Definition, Gliederung und Argumentation charakterisieren damit die Dialektik. Johann Apel hat nun als einer der ersten überhaupt diese melanchthonische Dialektik auf die juristische Materie anzuwenden und zu übertragen versucht. Den Unterrichtsstoff zerlegt er im Interesse einer übersichtlicheren Lehrweise in *definitio, divisio, causa efficiens, effectus, adfine, contrarium, circumstantiae*[14]). Damit unterscheidet er Begriff, Einteilung, Entstehung, Wirkung und Modifikationen. Melanchthon selbst hatte bei seiner Dialektik drei Hauptabschnitte ins Auge gefaßt: *finitio, divisio et argumentatio*. Den wirksamsten und sichersten Maßstab zum Überprüfen, zum Durchdenken eines gestellten Problems bildet für den Reformator die Definition — *efficacissima et certissima probandi ratio est per finitionem, quare et ad dialectica themata proprie adplicari debet*.

In diesem Sinne bedeutet die Wortauslegung die grammatische oder etymologische Erklärung eines bestimmten Wortes, und zwar in der Weise, daß sich beispielsweise *civitas* als *civium consensio*, d. h. die Stadt als Bürgereinung begreift, die Philosophie in ähnlicher Weise das Streben nach Weisheit ausmacht[15]). Nachdem die Namensbedeutung im Wege der philologischen Interpretation erfaßt und begriffen ist, muß die Natur, das Wesen

---

[11]) Grabmann, a. a. O., S. 221.
[12]) Vgl. dazu ebenfalls: Friedrich Paulsen, Rudolf Lehmann, Geschichte des gelehrten Unterrichts auf den deutschen Schulen und Universitäten vom Ausgang des Mittelalters bis zur Gegenwart, I. Bd., Leipzig 1919, S. 266.
[13]) Cf. Philippus Melanchton (!), Compendiaria dialectices ratio. Impressum Lipsiae ex aedibus Valentini Schuman anno domini millesimo quingentesimo primo (Bayer. Staatsbibl. München, 4⁰, A. Lat. b 119).
[14]) Vgl. dazu: Stintzing, a. a. O., S. 289; Vincenzo Piano Mortari, Dialettica e Giurisprudenza. Studio sui Trattati di Dialettiva Legale del Sec. XVI (Annali di Storia del Diritto I), Milani 1957 (p. 293—401), p. 302.
[15]) *Finitio nominis est expositio grammatica, seu ethymologia quedam vocabuli, ut civitas est civium consensio. Philosophia est studium sapientiae . . .*

der betreffenden Sache untersucht werden, mithin die Sacherklärung der Worterklärung (*definitio vocis*) folgen. In diesem Sinne äußert sich ebenfalls Apel, wenn er darauf hinweist, daß die Wortdefinition der Sachdefinition voranzugehen habe (*Finitio nominis praecedit definitionem rei*). Er wirft die Frage auf, was man unter der juristischen Formel PRO H(A)EREDE POSSIDERE verstehen soll und beantwortet sie dahin, daß dieser Titel bedeutet, wie sich hier die Besitzverhältnisse für den Käufer, den Vermächtnisnehmer, den Beschenkten gestalten. Zur Illustration seiner Gedankenführung beruft sich Apel auf ein ciceronianisches Beispiel. Cicero schied entsprechend dem römischen Recht die Ehefrauen in zwei Arten: *Matresfamilias*, d. h. solche, die in die Gewalt des Mannes gelangten, und *uxores*, bei denen der Mann nicht die *manus* über sie erhielt. In dieser Weise wird auch die Gerechtigkeit in Umsicht, Stärke, Maßhalten und Gerechtigkeit im besonderen zerlegt[16]). Indes besteht jede Definition aus zwei Teilen, zunächst einmal aus dem *genus* und ferner der *differentia* oder *species*. Die Differentia läßt die zu bestimmende Sache selbst von anderen Spezies unterscheiden und ermöglicht deren exaktes Erkennen[17]). Auch aus dieser Formulierung klingt die melanchthonische Prägung unverkennbar heraus: *Differentia est, quae cum genere constituit certam speciem...*[18]). Im übrigen kennt Apel bei der Definition *Rei* allein fünf Begriffe (*voces*): *genus, species, differentia, proprium et accidens*. Die melanchthonische Dialektik setzte als „*voces*" *individuum, species, differentia, proprium, genus* voraus. Der Genus-Begriff ist ein ganz allgemeiner, Haupt- oder Oberbegriff ähnlich wie *substantia, quantitas, qualitas, relatio*. Als organische *genera* führt Apel *animal, arbor, flos, frutex, frumentum* etc., als juristische Genusbegriffe indessen *res fungibilis, tutela, modus adquirendi dominium, dominium, contractus, delictum, obligatio, actio, possessio* auf. Die Spezies hingegen erweist sich als Gegenstand, der sich von anderen Arten abhebt. Ist *dominium* schlechthin *genus*, Gattungsbegriff, so charakterisiert sich *dominium directum* als *species*. In der Isagoge hat Apel später die besondere Beziehung beim *directum dominium* hervorgehoben: *Directum habet feudi dominus, Caesar, Dux, Marchio. Emptio, furtum, obligatio civilis, actio personalis* und *naturalis* verkörpern Spziesbegriffe zu *contractus, delictum, obligatio, actio* und *possessio*. Die weitgehende Kongruenz von *species* und *differentia* wird sichtbar, wenn man die Definition Apels überliest: *Differentia est que facit distare et differre unam speciem ab alia*; ins Deutsche übertragen bedeutet dies, daß die *differentia* die Merkmale einer Spezies von einer weiteren klar trennen läßt. Mit ihr wird es überhaupt erst möglich,

---

[16]) *In hunc modum iustitia dividitur in prudentiam, fortitudinem, temperantiam et iustitiam in specie* (Methodica, Cap. I) — ... *specifica iustitia ab aliis virtutibus specie distat: tantum abest ut eas complectatur.*

[17]) *Definitio duabus partibus constat: primum genere, deinde differentia, quae rem ipsam, quam definimus, ab aliis speciebus distare faciat, ut rem exacte cognoscamus* (Methodica, Cap. I).

[18]) Cf. Mortari, l. c. p. 319 not. 98.

den Menschen etwa von einem Ochsen oder anderen Tieren[19]) zu unterscheiden. Jeder Mensch ist zwar ebenfalls ein Geschöpf — auch der hoch-
mittelalterliche Theologe Peter Abälard hatte diese These *omnis homo est
animal* bekanntlich in seiner Topica einstmals aufgegriffen[20]) —, aber der
Mensch ist immerhin eben darüber hinaus noch ein vernunftbegabtes Lebe-
wesen, ein sogenanntes *animal rationale*, wie Apel seinerseits hinzufügt.
Der Mensch besteht nicht allein wie das Tier aus dem Körper, sondern bei
ihm kommt noch die *anima rationalis* dazu. Bezeichnet *differentia* die *pars
rei*, mithin etwa den Besitz des Verstandes, so drückt sich im *proprium*
hingegen *rei effectus et officium* wie zählen, lachen usw. aus[21]). *Accidens*
bezeichnet im übrigen nichts anderes als die besonderen Umstände, die
circumstantiae, d. h. also jene Eigenschaften oder Merkmale eines Gegen-
standes (*accidentalia*), die zuweilen vorhanden sind, zuweilen jedoch auch
ebenso fehlen können[22]), mithin nicht wesentliche, zufällige Qualitäten. Als
solche sind hier offenbar unter einem mehr strafrechtlichen Aspekt insgesamt
sieben juristisch von Bedeutung: Der Anlaß oder die Ursache, die Person,
der Ort, die Zeit, die Größe (Menge), die Beschaffenheit und der Erfolg
(*causa, persona, locus, tempus, quantitas, qualitas et eventus*). Um den Inhalt
der Accidentia an Beispielen zu illustrieren, greift Apel als echter Humanist
ein Exempel aus der weitverbreiteten Naturgeschichte des Plinius auf, wenn
er demonstriert, daß der Löwe eben ein vierbeiniges, mit einer Mähne be-
wachsenes, auf den Füßen schreitendes Tier sei (*ut leo est animal quadrupes,
villosum, pedatim incedens, ut ait Plinius*). Andererseits verkörpere Cicero
einen schlichten, redegewandten Menschen von vaterländischer Gesinnung.
Papinian ist für seine Person der Rechtskundige, die Zuflucht des Rechts
und der beharrlichste Diener der Gerechtigkeit[23]).

Auf die Definition folgt nach der dialektischen Methode, die Apel anwendet und mit der er operiert, die sogenannte Division. Unter *divisio* versteht sich die Aufspaltung des Ganzen in Einzelteile oder des Genus in
einzelne Arten (*species*). Insofern ist in der Division ein doppeltes enthalten,
einmal eine Zerlegung in Teile, zum anderen jedoch in Arten. Zuerst kannte
man nämlich die *partitio* und später dann die *divisio*[24]). So wie der Baum
in die Wurzel, den Stamm und die Zweige zerfällt, andererseits als Lorbeer,

---

[19]) ... *differentia distat homo a bove et reliquis animalibus* (Methodica,
Cap. I).
[20]) Cf. Ouvrages inédits d'Abélard, publiés par Victor Cousin, Paris 1836,
p. 325.
[21]) *Inter proprium et differentiam faciunt dialectici hoc discrimen: ut
differentia sit pars rei, ut mentem habere, proprium vero, rei effectus et officium,
ut numerare, ridere*.
[22]) Vgl. dazu ebenfalls: Helmut Coing, Zum Einfluß der Philosophie des
Aristoteles auf die Entwicklung des römischen Rechts, ZRG. 82 Rom.
Abt. 69 (1952), S. 32.
[23]) ... *Cicero est homo gracilis, eloquens, amator patriae. Papinianus est
iurisconsultus, iuris asylum, tenacissimus iustitiae observator* ...
[24]) *Divisio vel totius in partes vel generis in species fissio* (Methodica,
Cap. II).

Zeder, Eiche, Birnbaum oder Fichte unterschieden wird[25]), so zerfällt ganz entsprechend die *stipulatio*, der formlose mündliche Vertrag, in Nachfrage (*interrogatio*) und Versprechen (*promissio*), wie sie ebenfalls in *stipulatio conventionalis, iudicialis, pretoria* und *communis* eingeteilt („dividiert") wird. Das Eigentum wird in *dominium directum et utile*[26]) dividiert, in Eigenbesitz (*proprietas*) und Nießbrauch (*ususfructus*)[27]) partiert. Dabei gleicht der Nießbrauch als Teil des Eigentums dem Stamm als einem Teile des Baumes. Er ist als Spezies einer sich aus dem Eigentum ergebenden Dienstbarkeit letztlich nichts anderes als vergleichsweise auch der Mensch in seiner Eigenschaft als tierische Spezies[28]). Die *divisio* der *actio* ergibt die *actio realis* und die *actio personalis*. Gleichwohl besteht, was ohnehin einleuchtet, ein wesentlicher Unterschied zwischen den *partes* und den *species*. Während sich die einzelnen Partes zu einem einheitlichen Ganzen (*totum*) zusammenfügen, ist das bei den Spezies nicht der Fall. Diese bilden vielmehr eine jede für sich allein bereits ein Ganzes, ein *totum*. Die Spezies gehören lediglich einer übergeordneten Gattung an, deren Hauptmerkmale sie in Übereinstimmung aufweisen. Insgesamt werden drei *species divisionis* vorgetragen: eine aus materiellem und formellem Grund, die zweite wegen der bewirkenden Ursache (*a causa efficiente*) und die dritte *ab effectu sive officio*. Hinsichtlich der Materie und der Form zerfällt das Recht in öffentliches und privates, wegen der Causa in Natur- bzw. Völkerrecht und Zivilrecht. Bezüglich des Effekts dividiert sich das Recht in *prudentia, temperantia, fortitudo* und *iustitia* im besonderen. Im Caput tertium seiner Methodica hat sich dann der Wittenberger Rechtslehrer im besonderen der Causa angenommen. Für sie gilt nun wiederum vorab Melanchthons These *Causa est, unde aliud consequitur* — der Grund und die Ursache ist das, woraus ein anderes folgt. Wie die Sonne der Urheber des Tages, der Architekt der Schöpfer der Häuser, der Stellmacher des Wagens, so ist das Zivilrecht der Begründer der Vormundschaft und der Erblasser der Veranlassende für eine testamentarische Angelegenheit[29]).

Mit diesen alltäglichen Bildern wird in einfacher Weise die Natur der Causa efficiens umrissen und erläutert. Zur Veranschaulichung ihrer Rolle bei rechtlichen Vorgängen, beim Rechtsgeschäft erörtert Apel hier wiederum die Funktion der Causa beim Eigentum (*dominium*). Gewissermaßen erweist sich die Causa dominii als eine doppelte. Sie kann sowohl *causa vera* als auch

---

[25]) ... *arborem partimur in radicem, truncum et ramos; dividimus vero in laurum, cedrum, quercum, pyrum, pinum etc.*
[26]) Hier beruft sich Apel ausdrücklich auf die Paulus-Stelle D. 6, 3, 1: *Si ager vectigal, id est emphyteuticarius* ... — Interessant und aufschlußreich ist ebenfalls Apels Definition des Eigentums in seiner späteren Isagoge: *Dominium vero est ius de re corporali perfecte disponendi* ...
[27]) J. 2, 4, 4.
[28]) ... *Est etenim ususfructus ipsissima dominii pars, non aliter quam arboris pars est truncus: atque species ipsius servitutis, non aliter quam animalis species est homo* (Methodica, Cap. II).
[29]) ... *Ut sol author diei, architectus aedium, carpentarius carpenti; Ius civile tutelae, testator testamentarie* ... (Methodica, Cap. III).

causa putativa sein. *Causa vera*, wirklicher Rechtsgrund, tatsächliche Eigentumsbegründung liegt dann vor, wenn z. B. wirklich erfüllt und übertragen worden ist. *Causa putativa*, ein Scheingrund ist dagegen dann gegeben, wenn dies nicht der Fall wäre, z. B. dann wenn der Käufer aus Irrtum (*error facti*) annähme, er habe erfüllt. Bei der Erklärung der Causa muß zweierlei beachtet werden, vor allem ob vom ersten Ursprung der Causa die Rede ist. Das Eigentum besitzt nämlich überhaupt nur eine einzige, ursprüngliche (originäre) Causa (*primaeva et unica causa*) und diese stellt das Ius gentium, mittels dessen das Eigentum überhaupt erst eingeführt wurde. Andererseits kennt man beim Eigentum neben dieser *Causa primaeva* noch eine weitere, die *Causa proxima et generalis*. Eine *Causa proxima et generalis* liefert dem Eigentum immerhin die Okkupation, der Fund, die Anschwemmung, die Übergabe, die Besitzergreifung, das Zurückbehaltungsrecht, die Verjährung, das Vermächtnis usw.[30]).

Das vierte Kapitel der Methodica widmet sich sodann der Behandlung des *effectus* bzw. des *officium*, dessen nämlich, was geschieht, dessen Causa aber etwas anderes ist und bedeutet. Wie Cicero einmal bemerkte, könne man sich nicht vorstellen, daß etwas sei, ohne daß es auch tätig sei. Melanchthon hat angenommen, daß der *effectus* und das *officium* in der Gesinnung das tatsächliche und charakteristische Unterscheidungsmerkmal darstelle. Effekt besagt hierbei nichts anderes als Tätigkeit, Erfolg, Wirkung. In entsprechender Weise beinhaltet nun die Wirkung oder Folge des Gesetzes eben ein Herrschen, Verbieten, Strafen, Erlauben[31]). Die Gewalt des Vormunds drückt sich ganz ähnlich in der Unterhaltspflicht für den Mündel und der Verwaltung der Güter, in der Sorge für das Mündelvermögen, aus. Die Aufgabe des Rechtes besteht ganz allgemein im Handeln nach der Vorschrift der Gesetze (*Virtus juris: agere secundum legum praescriptum*). Was sonst übrigens in der zeitgenössischen Doktrin als *effectus* bezeichnet wurde, hat Melanchthon als *eventa* bezeichnet und damit allerdings nur einen anderen Namen auf denselben Begriff „Erfolg" angewendet. Von den *eventa* werden ebenso wie von den *causae* die Argumente, die Schlußfolgerungen hergeleitet. Nach Melanchthon ist das Argument der vielfach nach langwierigem Bemühen erreichte Standpunkt, der durch Fleiß zum Zwecke der Begründung des zu Erörternden gewonnen wird (*argumentum est ratio paulo longius petita, quam ad caussam* [!] *disputantis industria affert*). Aus dem Effekt aber ergeben sich dann die bewirkenden Ursachen, jene *causae efficientes*. Er geht z. B. von einer Naturerscheinung aus, die sich jedem alltäglich mitteilt: Es tagt also, weil die Sonne aufgegangen ist[32]). Verträge

---

[30]) ... *Causam proximam et generalem dominium habet occupationem, inventionem, alluvionem, traditionem, apprehensionem, retentionem, legatum, aditionem hereditatis etc.* (Methodica, Cap. II).
[31]) ... *Legis virtus sive officium est imperare, vetare, punire, permittere* ... (Methodica, Cap. IV).
[32]) *Quod effectus alii, nos eventa vocamus. Ab his perinde ut a caussis* (!) *trahuntur argumenta. Ab effectu caussae* (!) *efficientes, ut dies est, ergo sol ortus est* ... (Melanchthon, Compendiaria dialectices ratio).

und unerlaubte Handlungen haben zweifache Wirkungen. Eine davon beruht in der Erzeugung der Obligation, die andere liegt darin, daß sie gewissermaßen die Tradition, die Besitzergreifung und die Zurückbehaltung „bedeckt"[33]).

Der *effectus* des Kaufes sowohl als auch der Mißhandlung ist jeweils eine *obligatio*, eine schuldrechtliche Verpflichtung (*emptionis et contumeliae effectus est obligatio*).

Vom *effectus* gelangt die juristische Lehrdidaktik Apels zum *adfine*. Irgend etwas kann natürlich mit einer bestimmten Sache Ähnlichkeit (*similitudo*) oder auch verwandte Züge, engen Zusammenhang (*adfinitas*) aufweisen. *Adfinia* bedeuten soviel wie Nachbarbereiche, Dinge, die mit einer Sache eng zusammenhängen. Als *adfinia* der Gerechtigkeit charakterisieren sich so Klugheit, Stärke und Selbstbeherrschung. *Adfinia* der Rechtswissenschaft aber bilden Dialektik, Rhetorik, Medizin und die übrigen (freien) Künste[34]). *Adfine* des Hausherrn ist sein Erbe. Als *adfine* der Obligation erweist sich die Billigkeit (*aequitas*), aus der das Amt des Richters resultiert[35]).

Der nächste Punkt in der Stoffgliederung ist der Gegensatz (*contrarium*) oder das Gegenteil. Mit ihm liegt die Sache selbst im Widerstreit. *Contrarium est quod cum ipsa re pugnat*, sagt Apel im 6. Kapitel. So kennen wir die Farbe „Weiß" als Gegensatz von „Schwarz". Das Contrarium der Vormundschaft stellt die Mannbarkeit (*pubertas*), die Volljährigkeit dar, die ihrerseits die vorherige Vormundschaft beendet (*Tutela finitur pubertate*). Im Anschluß daran wendet der Autor seine Aufmerksamkeit den Umständen (*circumstantiae*) zu. Die Circumstantia (grch. περίστασις) ist ein *accidens in concreto*, das der Substanz anhaftet. *Accidens in abstracto* bedeutet hingegen das sogenannte *praedicamentum*, das von der Substanz losgelöst ist. *Praedicamenta* oder Kategorien — bzw. *ordines rerum*, wie Melanchthon definiert — werden insgesamt vier unterschieden: Substanz, Menge, Qualität und Beziehung[36]). An *circumstantiae* führt Apel sieben an: *Causa, persona, locus, tempus, quantitas, qualitas et eventus*[37]).

Diese *circumstantiae* verändern, variieren das Eigentum. So kann hinsichtlich der Causa Eigentum sowohl etwa auf Grund eines Verkaufes (*ex causa venditionis*) als auch einer Schenkung (*ex causa donationis*) erworben

---

[33]) ... *Contractuum, delictorum et quasi, sunt duo officia. Unum ut pariant obligationem: alterum ut vestiant traditionem, apprehensionem et retentionem* (Methodica, Cap. IV).
[34]) *Iustitiae adfinia sunt prudentia, fortitudo et temperantia, Jurisprudentiae dialectica, rhetorica, medicina et reliquae artes* (Methodica, Cap. V).
[35]) ... *obligationis adfine est aequitas ex qua fluit officium iudicis* (Methodica, Cap. V).
[36]) *Praedicamentorum sive categoriarum sunt quatuor: Substantia, Quantitas, Qualitas et Relatio* (Methodica, Cap. I). — Die Relation wird bereits im Caput I der Methodica gewürdigt: *Relativum est quod ad aliud refertur: qua ratione a Graecis* πρός τι, *hoc est ad aliquid adpellatur, ut libertas: refertur etenim ad servitutem: ingenuitas ad libertinitatem.*
[37]) Methodica, Cap. VII.

werden. Natürlich ist die Person als *circumstantia* insofern ebenfalls von erheblicher rechtlicher Bedeutung, zumal ein Minderjähriger ohne Zustimmung seines Vormunds bekanntlich Eigentum rechtswirksam nicht übertragen kann. Selbst der Ort vermag juristisch relevant zu sein, sei es, daß das Rechtsgeschäft *loco publico, via publica* oder dergleichen vollzogen wird. Wegen der Variation der Obligation verweist Apel auf die einschlägigen Titel D. 13, 4[38]). Die Zeit überträgt Eigentum von einem auf einen anderen im Wege der Verjährung und Ersitzung. Im Interesse der geltenden Gesetze teilt Apel die Quantitas in Zahl (*numerus*), Gewicht (*pondus*) und Maß (*mensura*) ein.

Die *qualitas* hat als Circumstantia insofern eine erhebliche Relevanz als sie den Eigentumserwerb an einer *res sacra, sancta* und *religiosa* verbietet. Vieles schließt der Erfolg (*eventus*) mit ein: Furcht oder Gewalt, Irrtum, Arglist, Schuld und Zufall[39]). So wird beispielsweise jemand, der durch Furcht genötigt, durch Irrtum oder Arglist derartig getäuscht ist, daß er dem Stipulanten etwas verspricht, daraus nicht verpflichtet, außer eben privatrechtlich[40]).

*

Apels programmatische Schrift liefert gewiß keineswegs ein geschlossenes Lehrsystem. Was er als Neuerer in seinem äußerlich verhältnismäßig schmalen Büchlein zu bieten hat, ähnelt methodisch vielmehr einer einführenden Rechtslehre, einer juristischen Propädeutik für den Hörer der Rechte. Ihr Zweck gipfelt nicht so sehr in der Vermittlung von positivem Wissensstoff als vielmehr in der Erziehung zum richtigen juristischen Denken. Unverkennbar jedoch wirkt trotz des betont rechtswissenschaftlichen Rahmens in diesem Leitfaden die Dialektik Philipp Melanchthons nach. Franz Wieacker[41]) hat bereits darauf aufmerksam gemacht, daß bei ihm die herkömmliche *res* durch *dominium* und die alte *actio* mittels der *obligatio* verdrängt wurde. Überhaupt demonstriert und illustriert er am Begriff des *dominium* offenbar recht gerne viele seiner Gedanken. Immerhin ist in dieser Schrift nichts von Pedanterie zu spüren. Der ganze Stil atmet gewissermaßen Hörsaalnähe. Man fühlt durchaus das ernste Anliegen des Lehrers, dem das Verstehen und der Fortschritt seiner Schüler wirklich am Herzen liegt. Gleichzeitig wirkt die Diktion schlicht, klar, durchsichtig und offenbart trotz aller gedrängten Kürze die fachliche und didaktische Meisterschaft des Lehrers. Er aber wollte auf Grund seiner praktischen Erfahrung im Interesse eines übersichtlicheren Lehrvortrages neue Wege beschreiten, wie es das Recht und die Pflicht jedes überzeugten Pädagogen ist. Eine radikale Revolutionierung des bisherigen Unterrichts lag ihm dabei vermutlich gerade

---

[38]) D. 13, 4: *De eo quod certo loco dari oportet.*

[39]) *Eventus multa complectitur: Metum sive vim, errorem, dolum, culpam et casum fortuitum* (Methodica, Cap. VII).

[40]) *... Qui metu cogitur, aut errore labitur, aut dolo inducitur, ut stipulanti promittat: non obligatur nisi civiliter.*

[41]) Einflüsse des Humanismus, S. 452.

als Jurist mehr als fern. Überzeugte Bindung an das Gesetz verhindert bekanntlich weithin den scharfen Angriff gegen traditionelle Autoritäten. Als Lehrgrundriß sollte und wollte diese Schrift ebenfalls keineswegs erschöpfend sein. Da man über das Recht immer und zu aller Zeit disputieren kann und dennoch niemals genug geurteilt und entschieden ist, würde auch der Student, der der Rechtsmethode bisher aufmerksam gefolgt habe, nach Apels Meinung dann ebenfalls von sich aus den Zugang zu den übrigen, weiteren juristischen Lehrgegenständen finden, denn

qui diligens est et studiosus,
ad reliqua quoque transferet.

Johann Oldendorp und das kanonische Recht

Zu den bahnbrechenden Pionieren der modernen Privatrechtsentwick-
lung zählt fraglos Johann Oldendorp, gleicherweise bedeutsam wegen
seiner gründlichen Erfassung der wesensmäßigen Zusammenhänge von
Recht und Religion in seiner protestantischen Naturrechtskonzeption
als auch kraft seiner Anreicherung des römischen Rechts mit unveränderlich gültigen Rechtsideen und seiner Berücksichtigung der heimischen Rechtssitte[1]. Indes hat sich die Forschung nur ganz am Rande mit
dem Verhältnis Oldendorps zum kanonischen Recht beschäftigt, in dessen
Tradition und Denkstil er immerhin nicht zuletzt zu einem guten Teil
wurzelt. Denn nicht allein reformatorische und humanistische Impulse
begegnen sich in seiner Persönlichkeit, sein geistesgeschichtlicher Standort wird sogar wesentlich durch mittelalterliche Anschauungen mit-
bestimmt und ausgeformt[2]. Dieser deutsche Reformationsjurist entnahm seine ersten wissenschaftlichen Wahrnehmungen der spätmittelalterlichen Umwelt des Theologen und Kanonisten.

Bei seinem Onkel, dem Hamburger Domdekan Dr. Albert Krantz
(gest. 1512), empfing er gewisse theologische Eindrücke[3]. Angesichts
der kanonistischen Fähigkeiten des Oheims ist es durchaus naheliegend,
daß er in dieser Periode ebenfalls bereits mit kirchenrechtlichen Fragen
in Berührung kam. Nicht von ungefähr hat gerade der Zasiusschüler und
kaiserliche Rat Jakob Spiegel (1482 bis nach 1545)[4] in seiner juristischen
Literaturgeschichte *Nomenclatura jurisperitorum* bei der Schilderung
der Persönlichkeit Oldendorps ausdrücklich betont: *Aedis autem prima-
tiae canonicum agere, apud nos ingenuae originis fere signum est: utriusque
cum linguae, tum iuris peritia maxime insignis habetur.* Zugleich unterließ

---

[1]) Vgl. A. Freybe, Vorwort zu Joh. Oldendorp, Was billig und recht ist.
Die deutsche Erstlingsschrift des sogenannten Naturrechts (hrsg. v. A. Freybe),
Schwerin 1894 S. 59f.

[2]) Vgl. in diesem Sinne etwa auch: Elert, RGG[2] IV (1930) Sp. 691.

[3]) Vgl. Hans-Helmut Dietze, Johann Oldendorp als Rechtsphilosoph und
Protestant (= Öffentlich-rechtliche Vorträge und Schriften, hrsg. v. Ernst
Wolgast, H. 16), Königsberg i. Pr. 1933 S. 44.

[4]) Vgl. über ihn: Stintzing, Geschichte der deutschen Rechtswissenschaft I,
München und Leipzig 1880 S. 579—582.

es sein Biograph nicht, zu unterstreichen, daß auf diesen verehrten Rechtslehrer das alte Sprichwort „Ein Jurist, böser Christ" nicht übertragen
werden könne[5]).

Sein Universitätsstudium führte Oldendorp an die Wiege der Kanonistik, nach Bologna. Die Jahre von 1508 bis 1515 dürfte er hier ver-
bracht haben[6]). Wenn auch das 1515 bestandene Examen im einzelnen
aus den Bologneser Promotionsbüchern urkundlich nicht nachzuweisen
ist, so dürften doch die verbrieften Geldspenden an die Alma mater
Bononiensis erhellen, daß sich Oldendorp dort den Lizentiatengrad beider Rechte erworben hat[7]). Seine spätere literarische Berühmtheit ist
auch nach Italien gedrungen, strahlte zurück in das Land seiner Lehr-
jahre und hat sogar in der Bologneser Universitätsmatrikel selbst ihren
Niederschlag gefunden. Bei dem Inskriptionsvermerk Oldendorps hat
eine spätere Hand notiert: *eius opuscula in iure extant* und damit zu
erkennen gegeben, daß man auch dort über seine rechtswissenschaftlichen
Werke verfügte.

In Bologna hat Oldendorp sicherlich die Häupter der damaligen
Juristenfakultät gehört: neben Giovanni Campeggi[8]) vielleicht noch
Lodovico Bolognini[9]), Lodovico Gozzadini[10]), Giovanni Battista Zabi-
ni[11]), vor allem aber aber den großen Kanonisten Agostino Berò, den

---

[5]) ... *in eo nostrate verbum vetus, Ein iurist, boeser Christ, locum non habea*
J a c. S p i e g e l, Lexicon iuris civilis, Anhang: Quae Lexicon huic postrema edi-
tione recens arcessere ..., Basileae (apud Joan. Hervagium) 1554 col. 210; vgl.
ebenfalls: R. v. S t i n t z i n g, Das Sprichwort „Juristen böse Christen" in seinen
geschichtlichen Bedeutungen, Rektoratsrede vom 18. Oktober 1875, Bonn 1875
S. 11.

[6]) Vgl. im einzelnen dazu die Einträge bei: Acta Nationis Germanicae Uni-
versitatis Bononiensis, edd. E r n e s t u s F r i e d l a e n d e r et C a r o l u s M a l a g o l a,
Berolini 1887 p. 270 (27); G u s t a v C. K n o d, Deutsche Studenten in Bologna
(1289—1562), Berlin 1899 Nr. 2635 S. 386.

[7]) Vgl. dazu noch: A. F r e y b e, Vorwort zu Oldendorps Wahrhaftige Ent-
schuldigung, Schwerin 1893 S. 4; Erik W o l f, Große Rechtsdenker der deutschen Geistesgeschichte, 3. Aufl., Tübingen 1951 S. 141.

[8]) Cf. A l b a n o S o r b e l l i, Storia della Università di Bologna, Volume I: Il
Medioevo (Secc. XI—XV), Bologna 1940 p. 240, 243.

[9]) Vgl. J o h a n n F r i e d r i c h v o n S c h u l t e, Die Geschichte der Quellen und
der Literatur des Canonischen Rechts, Bd. II Stuttgart 1877 § 90 Nr. 151 S. 345 ff.
Luigi S i m e o n i, Storia della Università di Bologna, Volume II: L'Età moderna
(1500 bis 1888), Bologna 1940 p. 31.

[10]) Cf. S i m e o n i, l. c. p. 31,41.

[11]) Cf. S o r b e l l i, l. c. p. 249.

berühmten Dozenten der Dekretalen[12]) und Lehrer des Medici-Papstes Pius IV. Auch sein späterer Lebensweg hat ihn immer wieder mit dem kanonischen Recht in Berührung gebracht und gehalten. Als Praktiker hat er wiederholt auch vor dem kirchlichen Gericht plädiert und Rechtsgutachten erstattet. Er selbst erwähnt seine forensische Tätigkeit vor dem Kölner Offizialat gelegentlich einmal in seiner Schrift „De iure et aequitate forensis disputatio"[13]) mit dem autobiographisch aufschlußreichen Hinweis: *Et ita semel atque iterum respondi Colonie tam in civili, quam in Ecclesiastico foro.*

Seine Werke weisen ihn aber auch sonst als quellenkundigen Kanonisten aus. Das wird im einzelnen noch zu belegen sein. Freilich erscheint es notwendig, gleich eingangs zu betonen, daß sich sein Verhältnis zum kanonischen Recht nicht einem Werk aus einheitlichem, nahtlosem Gusse entnehmen läßt, sondern vielmehr nur äußerst mühsam aus weit verstreuten Hinweisen, sorgsam überprüften Spuren erkannt werden kann. Das mag nicht zuletzt vielleicht auch erklären, warum man es bislang versäumte, seinen kirchenrechtlichen Standort in literaturkritischer Methode näher zu bestimmen.

I.

Nur zu begreiflich ist es, wenn ein so vielseitiger Jurist sich auch der vergleichenden Jurisprudenz zugewendet und dem Verhältnis des römischen und kanonischen Rechts seine Aufmerksamkeit als Rechtsdenker geschenkt hat. Bekanntlich liegen schon seit dem 14. Jahrhundert Werke aus der Gattung der Differenzliteratur vor, kennt die Rechtsgeschichte aus dieser Epoche Rechtskonkordanzen, die die einzelnen Rechtseinrichtungen unter dem Blickwinkel des zivilen und kanonischen Rechts erörterten und den Rechtszustand im Rahmen der Parallelität des kaiserlichen und päpstlichen Rechts analysierten[14]).

---

[12]) Vgl. v. Schulte, a. a. O. II § 94 Nr. 157 S. 355 f.; Simeoni, l. c., p. 249.

[13]) Coloniae (Joannes Gymnicus excudebat) 1541 (Staatsbibl. München, J. rom. c. 9).

[14]) Vgl. dazu: Roderich Stintzing, Geschichte der populären Literatur des römisch-kanonischen Rechts in Deutschland am Ende des fünfzehnten und im Anfang des sechzehnten Jahrhunderts, Leipzig 1867 S. 69; Eugen Wohlhaupter, Aequitas canonica. Eine Studie aus dem kanonischen Recht (= Görres-Gesellschaft, Veröffentlichungen der Sektion für Rechts- und Staatswissenschaft, 56 H.), Paderborn 1931 S. 76.

Nicht zuletzt setzte das kanonische Recht zudem die Geltung des römischen voraus. Immerhin standen beide Rechte im Verhältnis der Derogation, was soviel bedeutet, daß das kanonische Recht die Spezialvorschriften stellte, während das römische als ihm untergeordnet gewertet wurde. Der kirchliche Richter wendete römisches Recht aber insofern an, als er nicht Sondernormen dem·kanonischen Recht selbst entnehmen konnte[15]). Die praktische Notwendigkeit des kanonischen Rechts ergab sich namentlich angesichts jener Probleme, bei denen das profane Recht die Tatbestände nicht eindeutig normiert hatte. Die Natur des organischen Verhältnisses beider Rechtsmassen brachte es außerdem mit sich, daß sich ein Studium des einen Rechts vielfach mit einer Beschäftigung mit dem anderen verschränkte[16]). Johann Oldendorp hat nun die häufige Verschiedenheit und Abweichung beider Rechte in der Behandlung an sich gleichgelagerter Rechtsfälle klar gesehen und sich um einen gangbaren Weg im Sinne der Billigkeitsidee und -justiz bemüht. Gleichwohl hat auch er den Vorrang des kanonischen Rechts vor dem römischen vorbehaltlos in kirchlichen Rechtssachen anerkannt: *In causis ecclesiasticis leges cedunt Canonibus Pontificiis*[17]). Er hielt es eigentlich überhaupt beinahe keiner Antwort wert, daß das römische (gemeine) Recht nicht die Nachahmung der heiligen Kanones verschmähte. Es stand für ihn völlig fest, inwieweit die Kanones zuzulassen seien. Vor allem dürfen diese nicht gegen das göttliche Recht und Naturrecht verstoßen[18]). Angesichts des c. *3 in VI^{to} de immunitate III, 23* wendet Oldendorp beispielsweise ein, daß nach seiner Ansicht dieses Dekret Papst Bonifaz' VIII. von 1296 allerdings zur göttlichen Anordnung im Widerspruch stehe[19]). Aus dem Unterschied bürgerlicher und

---

[15]) Vgl. noch Stintzing, Geschichte der deutschen Rechtswissenschaft I S. 5.

[16]) Vgl. Theodor Muther, Römisches und kanonisches Recht im deutschen Mittelalter, Rostock 1871 S. 7.

[17]) Consiliorum sive Responsorum Doctorum et Professorum Facultatis Juridicae in academia Marpurgensi, vol. I, congestum studio atque opera Hermanni Vulteji, Marpurgi Cattorum 1606 (Staatsbibl. München. Decis. 374) p. 11: Consil. V n. 21.

[18]) ... *et leges non dedignari sacrorum canonum imitationem, non est propemodum responsione dignum. Constat enim quatenus admittendi sint canones, scilicet, qui sacri censentur, non contra jus divinum vel naturale* ... (Consil. V n. 23 = Consiliorum vol. I p. 11).

[19]) ... *sicut istud Bonifacii decretum* (= c. Clericis laicos, de immunitate Eccles. li. 6) *ex diametro pugnat cum ordinatione Dei.*

kirchlicher Angelegenheiten mußte sich jedoch nahezu zwangsläufig
auch ein unterschiedliches Recht, eine abweichende Rechtsordnung
ergeben. Die These *Diversitas rerum civilium et ecclesiasticarum exigit
diversum ius*[20]) vertrat Oldendorp und beleuchtete damit den existenten
Dualismus von weltlichem und geistlichem Recht. Insofern verwunderte
es ihn auch nicht, daß sich dadurch im einzelnen rechtliche Abweichungen, Varianten einstellten, je nachdem, ob auf den Rechtsfall gemeines
Zivilrecht oder kanonisches Recht angewendet wurde. Da jedoch Oldendorp seinerseits davon überzeugt war, für den Kenner beständen ganz
gewiß weit weniger unlösbare Widersprüche zwischen Zivilrecht und
kanonischem Recht als sie täglich vor Gericht empfunden würden[21]),
deshalb schrieb er seine beispielhafte „Collatio iuris civilis et canonici",
die sich der Ausräumung scheinbarer Antinomien widmete.

II.

In seiner Gesetzeslehre vertrat Oldendorp die Auffassung, wonach
das Recht eine hochheilige Sache sei, weil seine Vorschriften vornehmlich eben mit den göttlichen Weisungen harmonieren müßten[22]). *Ius* bedeutete ihm *potestas, facultas*[23]). Die *Lex* interpretierte er im Anschluß
an Cicero als rechte Grundlage zum Gebieten und Verbieten — *Lex, quae
est recta ratio in iubendo et vetando*[24]). Das Gesetz wird als Schöpfung
Gottes, *creatura et ordinatio Dei*[25]) ausgedeutet. Das *Ius poli* erscheint
überhaupt als identisch mit Gottes Werk[26]). Auch Luthers rechtliche

---

[20]) Collatio iuris civilis et canonici, maximam adferens boni et aequi cognitionem, Coloniae (Joannes Gymnicus excudebat) 1541 (Staatsbibl. München, J.
rom. c. 9) p. 81.

[21]) ... *Nam, si bene circumspicias, multo certe rarior inter ius civile et canonicum
est antinomia, quam vociferatur quotidie in tribunalibus* (Collatio, De vero con-
ferendi usu).

[22]) *Ius est res sanctissima: quia eius praecepta concordans cum divinis* (Loci
iuris communes, Marpurgi 1545 p. 121).

[23]) Certissima politiae in orbe Romano restaurandae ac salutaris forma, quam
omnibus saeculis exhibet lex posterior. De origine iuris, Coloniae (Joan. Gymnicus excudebat) 1543 (Staatsbibl. München, J. pract. 66) C 2.

[24]) Juris Naturalis, Gentium et Civilis εἰσαγωγή, Coloniae (excudebat Joannes
Gymnicus) 1539 (Staatsbibl. München, J. rom. m. 520) fol. b 2.

[25]) Vgl Dietze a. a. O. S. 91.

[26]) *Si quidem omne ius in foro ex bono et aequo receptum, est ius poli, hoc est,
ordinatio Dei* (Annotationes in I librum Pandectarum, Opera Joannis Oldendorpii iurisconsulti, I, Basileae (per Joannem Hervagium) 1559 (Staatsbibl.
München, Jur. opp. 58ᵐ) p. 13.

Bemerkungen umkreisten bekanntlich im Einklang mit der zeitgenössischen Wissenschaft den Begriff der *lex*[27]). Immerhin vertrat Oldendorp als Zeitkritiker die Ansicht, daß sein eigenes Jahrhundert offenkundig den Makel der Rechtlosigkeit trage: *fatendum est, hoc saeculo nullum ius extare*[28]). Wenn auch manche seiner Zeitgenossen gerade das päpstliche Recht als Lehre der Unbilligkeit bezeichneten, dürfte dennoch nicht die Nützlichkeit einer Beschäftigung mit den überkommenen Normen den Studenten vorenthalten werden[29]). Zur Begründung seiner persönlichen Einstellung und seines Eintretens für die Beibehaltung des Studiums des kanonischen Rechts berief sich Oldendorp auf die Disputation seines eigenen Schülers, des Marburger Professors Hermann (Figulus) Ulner[30]). Damit aber beschritt er einen ausgleichenden Mittelweg zwischen extrem scharfer Ablehnung des kanonischen Rechts einerseits und gegenteiliger, vermittelnder Auffassung andererseits, wie die letztere namentlich auch die bedeutendsten protestantischen Kirchenrechtslehrer an den Universitäten aus zwingenden Gründen praktischer Notwendigkeit vertraten[31]). Unter der Billigkeit, der Aequitas, die das „scharp recht", das weltliche Gesetz lindert, verstand er das *iudicium animi*[32]), „eyn gerichte der natürliken vernu(n)fft"[33]). Nach ihm fließt übrigens die *aequitas* aus dem gesatzten Recht[34]), da die Rechtsideen der geschriebenen Rechtsnormen und der Billigkeit verwandtschaftliche Züge aufweisen[35]). Gemäß der römischen Rechtsparömie *Summum ius, summa iniuria* konfrontierte er die Billigkeit dem „scharfen Recht". In dieser Formel klingt

---

[27]) Vgl. Johannes Heckel, Recht und Gesetz, Kirche und Obrigkeit in Luthers Lehre vor dem Thesenanschlag, ZRG 57 Kan. Abt. 26 (1937) S. 302.

[28]) Certissima politiae, B 8. — Aufsehenerregend empfindet man ebenfalls Oldendorps knappe Charakteristik des überall zerfleischten Reiches, der Sittenverderbnis und der entarteten Rechtspflege seiner Tage: *Quam consequendam heu nimis veram, et Imperium ubique laceratum, et corrupti mores, iudiciaque mirum in modum constuprata demonstrant* (l. c.).

[29]) ... *Nonnulli Jus pontificium nuncupant sententiam iniquitatis et impietatis: relationem facientes ad ea, quae ut sint inutilia: non debent tamen reliquarum ordinationum utilitatem studiosis adimere.* (παρατιτλα seu Annotationes in librum primum Pandectarum, Opera I p. 26).

[30]) Vgl. über ihn: Stintzing, Geschichte der deutschen Rechtswissenschaft I S. 337.

[31]) Vgl. Wohlhaupter, Aequitas canonica, S. 108, 113.

[32]) De iure et aequitate p. 13.

[33]) Wat byllick, ed. Freybe, S. 12.

[34]) *Nam aequitas ex scripto iure constat* (De iure et aequitate, p. 72).

[35]) Vgl. Wohlhaupter, Aequitas canonica, S. 181.

in etwa die ciceronianische Wertung der Gerechtigkeit als Harmonie der Wirklichkeit an[36]). Während nun das strengste Recht vielfach den Strafvollzug, die Vernichtung des Täters fordert[37]), durchbricht die Billigkeit die starre Rechtsnorm[38]), das *ius strictum.* Gott hat sie dem Menschen ganz in seine Vernunft geschrieben[39]). Nach Ansicht der Kanonisten wurde allgemein übrigens die Aequitas als Richtschnur schlechthin empfunden, die vom Recht (*ius*) nicht abweichen durfte, da sie mit der Gerechtigkeit identisch sei. In diesem Argument zeichnet sich in der Kontur gleichsam die dialektische Beziehung zwischen Gerechtigkeit und Recht ab. Andererseits verschmelzen *Ius naturale* und *Ius divinum* weithin, da letztlich ein jedes Gesetz Schöpfung und Geschenk Gottes — *inventio et donum Dei* — verkörpert[40]).

Für seine Gesetzesauffassung führte Oldendorp hier übrigens Gratian zum Zeugen an, indem er sich auf c. 2 D. IV (*Erit autem lex*) berief. Naturrecht und allmächtiger Gott sind für ihn dasselbe, sie klingen zusammen[41]). Beide erscheinen ihm wesensgleich, zumal sich das ius naturale keineswegs bei ihm als ein regelrechtes, isoliertes System äußert, sondern sich aus „einer Summe von Werturteilen"[42]) zusammenfügt. Oldendorps Naturrechtslehre weist sich indes nicht als eine revolutionäre Neokonzeption, als origineller Wurf aus, die aus eigener Persönlichkeitskrise und im Aufbruch zu neuen Pfaden geboren wurde. Sie deckt sich vielmehr inhaltlich mit der traditionellen und zeitbeständigen katholischen Auffassung.

III.

Für die angeblendete Fragestellung erscheinen Oldendorps Theorie von den beiden Gewalten, seine Erörterung und Schau des Verhältnisses von weltlicher und geistlicher Macht, der Dualismus von Papsttum und

[36]) Vgl. Karl Büchner, Summum ius summa iniuria, HJB 73 (1954) S. 34.
[37]) *Summum ius saepe ordinat executionem poenae, et vult delinquentem tollere* (De iure et aequitate, p. 80).
[38]) Vgl. Johannes Heckel, Lex charitatis. Eine juristische Untersuchung über das Recht in der Theologie Martin Luthers, Abh. München, H. 36, 1953 S. 85.
[39]) Wat byllick, ed. Freybe, S. 22.
[40]) Actionum Forensium progymnasmata ..., Basileae 1559, abgedruckt in: Opera II nach p. 589.
[41]) Cons. III n. 13: Jus naturale: hoc est: Deus omnipotens (Cons. vol. II p. 7).
[42]) Vgl. Alfred Verdross, Abendländische Rechtsphilosophie (Rechts- und Staatswissenschaften 16), Wien 1958 S. 85.

Kaisertum besonders charakteristisch und aufschlußreich. Um hier seine spezifische Einstellung freizulegen, wird es notwendig, zunächst seinen Staatsbegriff und seine Ekklesiologie wenigstens kurz zu umreißen und nach ihren Tatbestandsmerkmalen zu analysieren. Der Staat und in abgewandeltem Sinne auch die Stadt ist die rechtens wegen des gegenseitigen Wohls und besonders aus Gründen der Verteidigung konstituierte Gemeinschaft der Bürger[43]. Das gemeinsame Ziel aller Bürger beruht im Gemeinwohl oder in der Verteidigung des öffentlichen Interesses[44]. Immerhin liegt das letzte Ziel der Bürger doch im Bemühen *ad Christum et aeternam beatitudinem* zu gelangen. Andererseits definierte Oldendorp die Kirche als Kongregation, die zu einer Gemeinschaft des Glaubens und der Sakramente verbunden ist[45]. Sie ist das Volk Christi (*populus Christi*) schlechthin. *Ecclesia hoc est congregatio fidelium sive universalis, sive particularis*[46]. Ihr Haupt repräsentiert Christus. In einem Kölner Gutachten pries Oldendorp die Kirche zudem als Pflegerin und Garantin der Gerechtigkeit, die nicht zuläßt, daß etwas widerrechtlich sowohl gegen sie als auch gegen einen anderen geschieht[47]. Gleichwohl ist seine Vorstellung durchaus von der Idee grundsätzlicher Gleichordnung von Kirche und Staat erfüllt[48]. Beide nämlich entstammen dem gleichen Ursprung und beide wenden sich zum gleichen Ziele, zu Christus, hin. Niemals wird die Kirche untergehen, wie dies übrigens ganz entsprechend das kanonische Recht im c. 5 in VI^{to} de rescriptis I, 3 verkündet. Oldendorp stützte sich bei dieser Feststellung ausdrücklich auf die Dekretalen Bonifaz' VIII., die u. a. bestimmen: *quia sedes ipsa non moritur, durabit perpetuo.* Was aber für den Stuhl Petri gilt, kann analog durchaus für die Kirche selbst gefolgert werden, argumentierte er[49].

---

[43] *Civitas est societas civium jure constituta propter mutuam utilitatem, ac maxime propter defensionem* (Cons. I p. 16: Cons. V) — *Civitas autem est multitudo seu universitas civium, in hoc collecta, ut iure societatis vivat optimo* (Certissima politiae B 1); vgl. auch Dietze, a. a. O. S. 94.

[44] *Finis enim omnium civium est publica utilitas, seu defensio publici status* (Cons. V l. c.).

[45] ... ἐκκλησία, *hoc est, coetus vel congregatio: non qualiscunque; sed conciliata in unam societatem communionemque fidei et sacramentorum* (Certissima politiae B 1).

[46] Cons. I n. 27 (Cons. vol. II p. 4).

[47] *Ecclesia enim cultrix et auctrix justitiae, non patitur contra justitiam aliquid fieri in se, in alterum* (Cons. V n. 24: Cons. vol. I p. 12).

[48] *Ecclesia enim et Respublica paribus ambulant passibus et eodem favere donantur* (Cons. V n. 9: Cons. vol. I p. 9).

[49] .. *Sedem vult accipi pro Ecclesia* (Loci iuris communes, fol. 81).

Während nun aber der profanen Obrigkeit allein die Ausübung der weltlichen Gewalt, die Führung des Schwertes eignet, entbehrt der kirchliche Magistrat dieser Macht, fehlt ihm das (weltliche) Schwert[50]). Oldendorp berief sich für die von ihm propagierte und verfochtene These wiederum nachdrücklich auf das Dekret des Kamaldulensers in Gestalt des c. 6 C. XXXIII q. 2: *gladium non habet* [*Ecclesia*]) *nisi spiritualem, non occidit, sed vivificat*. Ihn beseelte die Vorstellung von einträchtiger Harmonie zwischen beiden Machtsphären, wonach eben die unsterbliche Seele allein durch das Wort Gottes, der vergängliche Leib, der sterbliche Mensch, indes mittels der Gesetze gelenkt wird. Seine notwendige Autorität empfängt das Gesetz in dieser Schau von Gott bzw. von der Natur, die Obrigkeit ihrerseits wieder vom Gesetz, dessen Diener sie ist[51]). Der Zweck der weltlichen Obrigkeit gipfelt darin, durch die Ordnungen des weltlichen Regiments, in Gehorsam, Frieden und Einigkeit auf christliche Art die Menschen zum ewigen Heile zu führen[52]). Bekanntlich hat sich gerade an diesem Zentralbegriff des magistratus Christianus nicht allein das entstehende evangelische Kirchenrecht, sondern darüber hinaus ebenfalls die politische Lehre und das Staatsrecht der Protestanten orientiert und ausgerichtet[53]). Die Aufgabe der profanen Gewalt hatte immerhin schon Gratian im Anschluß an Cyprian (?) im c. 40 C. XXIII q. 5 auf die knappe, aber nicht minder eindrucksvolle Formel gebracht: *Rex debet furta cohibere, adulteria punire, inpios de terra perdere, patricidas et periuros non sinere vivere, filios suos non sinere inpie agere.* Auf diese berühmte Dekretstelle stützte sich ebenfalls der Versuch der reformatorischen Begründung der Legitimation und Umgrenzung des Aufgabenkreises der weltlichen Obrigkeit. Nicht von ungefähr proklamierte gerade der 1530 anonym erschienene, von dem Nürnberger Stadtschreiber Lazarus Spengler[54]) verfaßte kanonistische Leitfaden für

---

[50]) *Magistratus civilis habet executionem gladii ... Canonicus autem magistratus non habet gladium* (Collatio p. 46).

[51]) *Necessarium authoritatem Lex habet a Deo seu natura: Magistratus a lege, cuius minister est* (Topicorum Legalium, hoc est locorum, seu notarum, ex quibus argumenta et rationes legitime probandi sumuntur ... — Opera I p. 103).

[52]) Vgl. z. B. Wat byllick unn recht ys, ed. A. Freybe, S. 9f.

[53]) Vgl. Johannes Heckel, Cura religionis, ius in sacra, ius circa sacra, Festschrift Ulrich Stutz, KRA 117. u. 118. H., Stuttgart 1938 S. 230.

[54]) WA XXX/2, S. 219. — Vgl. auch Spenglers Gutachten an den Markgrafen Georg den Frommen von Ansbach vom 2. September 1529, worin er u. a. nachwies, daß „in denselben babstlichen buchern der Decret und Decretalen noch

die Lutheraner „Ein kurtzer Auszuge aus den Bebstlichen rechten der
Decret und Decretalen unn den artickeln, die ungeferlich Gottes wort
und dem Evangelio gemes sind, odder zum wenigsten nicht widder
streben"[55]) diese Forderung. Dort heißt es wörtlich im Anschluß an c.
40 C. XXIII q. 5: „Der weltlichen Oberkeit schuldigs ampt ist, diebstall
zu verpieten und furzukomen, Ehebruch zu straffen, die Gottlosen
von dannen zu thuen, die todtschleger, meineidigen etc. nicht leben zu
lassen, und den kindern nicht zu gestatten, das sie gottlos und ubel
leben". Über den Dekrettext hinaus fügte der Verfasser noch zur Begründung dieses Rechtsgebotes den Hinweis (Römer 13,4) an: „denn sie
(die Oberkeit) tregt nicht vergeblich das schwerd, sondern umb der
straffe willen der schuldigen, und andere durch yhr furcht zu erhalten".
Man dürfte kaum fehlgehen, daraus die persönliche Auffassung Martin
Luthers selbst zu entnehmen, hatte sich doch der Wittenberger Reformator in seiner Vorrede zu Spenglers Auszug über die Beurteilung des
Werkchens in recht anerkennender Weise geäußert: „Ein solch buch hab
ich mir selbs offt und lange furgenommen zu stellen ... und dasselbige
unsern geistlichen und weltlichen herren, so unser lere verfolgen, zu schreiben, damit sie doch sehen möchten, wie gar stock starblind sie sind, die
nicht allein yhr eigen lere nicht halten, sondern auch verdamnen als
eitel Ketzerey". Der weltlichen Obrigkeit wurde damit von den Anhängern der neuen evangelischen Lehre — im Einklang mit dem klassischen
kanonischen Recht — die Handhabung der Gerechtigkeit und die Straf-
vollstreckung zugewiesen[56]).

Aus den Belangen des Gemeinwohls und aus dem göttlichen Willen
erhält das obrigkeitliche Amt seine Kompetenzen[57]). Gratian hat für
die Befolgung kaiserlicher Gesetze die maßgebliche Richtschnur im
c. 1 § 1 D. IX gezogen: *Quicumque legibus imperatorum, que pro Dei
veritate feruntur, obtemperare non vult, acquirit grande supplicium.
Quicumque ergo legibus imperatorum, que contra voluntatem Dei feruntur,*

etwovil gotlichs guts dings erfunden, das nit allein christenlicher warheit gar nit
widerstrebet, sonder auch dem gotlichen wort gemess ..." (Faksimile in: Die
Evangelische Kirche in Bayern. Dokumente ihrer Geschichte. Ausstellung anläßlich des 9. Deutschen Evangelischen Kirchentages (11.—16. Aug. 1959).
Katalog, verfaßt von Josef Hemmerle, Nr. 94 Tafel V).
   [55]) Wittenberg 1530 (gedruckt von Joseph Clugk) (Staatsbibliothek München,
J. can. F. 7ˣ/4°). Vgl. auch CorpJC I, ed. Ae. Friedberg, col. 942 n. 481.
   [56]) Vgl. ebenfalls Heckel, Cura religionis, S. 241f.
   [57]) Vgl. dazu im weiteren Sinne noch: Johannes Heckel, Lex charitatis,
S. 109f.

obtemperare non vult, acquirit grande premium. Den Maßstab für die
Legitimität eines obrigkeitlichen Gesetzes bildet damit dessen Einklang
mit dem göttlichen Willen.

Für Oldendorp bestand im übrigen kein weiter Unterschied zwischen
Sacerdotium und Imperium. Er hat sich ganz die Auffassung *Isidors
von Sevilla* zu eigen gemacht[58]), die auch Gratian schon (c. 1 D. XXI)
übernommen hatte. Die enge Verbindung von Priestertum und Herrscheramt verdeutlichte er an der uralten Sitte, wonach der König gleichzeitig ebenfalls hoher Priester gewesen sei, beleuchtete er beispielhaft
an der alttestamentlichen Einheitserscheinung des *Rex-Sacerdos*[59]). Hier
hat der deutsche Jurist nahezu wörtlich die gratianische Formulierung
aus c. 1 § 8 D. XXI übernommen, die besagt: *Nam maiorum hec erat
consuetudo, ut rex esset et sacerdos et pontifex.* Immerhin überragt allgemein der Klerus an Würde durchaus den Ritterstand[60]). Es ist jedoch
unverkennbar, daß Oldendorp die Gleichaltrigkeit der weltlichen Re-
gierungsfunktion und des priesterlichen Amtes an sich voraussetzte,
während etwa der bekannte spanische Dominikanertheologe Franciscus
de Victoria den zeitlichen Vorrang der irdischen Gewalt vor der kirchlichen mit dem historischen Hinweis *quia potestas temporalis erat ante
claves Ecclesiae* betonte[61]) und auf eine Doppelgleisigkeit des Herrscher-
Priester-Amtes vor Christi Geburt überhaupt nicht einging. Im übrigen
fällt beim Studium der Schriften Oldendorps immer wieder auf, wie
gerne er offenbar auf die nach seiner Ansicht treffenden Rechtsausfüh-
rungen berühmter Päpste verweist. Die Übereinstimmung seiner Argumentation mit dem päpstlichen Gesetzgebungsakt pflegte er durch

---

[58]) Isidori Hispalensis Episcopi Etymologiarum sive originum libri XX, recognovit W. M. Lindsay, Oxonii s. a., lib. VII c. 12: De clericis.

[59]) *nam maiorum haec consuetudo fuit, ut Rex esset Sacerdos et Pontifex* (Juris
Naturalis, Gentium et Civilis εἰσαγωγή, p. 27). — Vgl. auch „Van radtslagende,
wo men gude Politie und ordennunge ynn Steden und landen erholden möghe",
M. D. XXX, 1. Art.; = Ein Ratsmannen-Spiegel, hrsg. v. A. Freybe, Schwerin
1893; Druck ebenfalls bei Erik Wolf, Deutsches Rechtsdenken, Heft 12 Frankfurt (1943) S. 45.

[60]) *Clerici sunt digniores militibus* (Loci iuris communes, fol. 44).

[61]) Freilich sei nicht verschwiegen, daß der Theologieprofessor der Universität
Salamanca diese Gründe zur Rechtfertigung seiner Argumentation anführte, wonach die weltliche Gewalt in keinem Abhängigkeitsverhältnis zum Papsttum
stehe — *Potestas temporalis non dependet a Summo Pontifice* (Franciscus a
Victoria, Relectiones Theologicae tredecim partibus per varias sectiones in
duos libros divisae, Lugduni (Expensis Petri Landry 1586 p. 38[2]).

unmißverständliche Unterstreichungen, durch zustimmende Werturteile etwa in dieser Art zu kennzeichnen: *Quod circa Innocentius Pontifex rectissime dicit*[62]).

Interesse beansprucht ebenfalls Oldendorps Erörterung der Beziehung von Papst und Kaiser. Die Auffassung von der *Translatio Imperii* des konstantinopolitanischen Kaiserreiches auf die Deutschen (*ad Germanos*) durch Papst Leo III. (795—816) und der Annahme der Kaiserwürde durch Karl den Großen teilte auch er[63]) im Sinne der zeitgenössischen Historiographie[64]). Nach ihm setzt Gott selbst den Fürsten ein. Durch ihn regieren auch die Könige fromm und gerecht. In dieser Formulierung klingt der Spruch *Per me reges regnant*[65]) an, der als Inschrift auch die Pantokratorplatte der alten deutschen Reichskrone schmückte[66]), und der Krönungsliturgie der mittelalterlichen Kaiser entnommen ist. Gott allein ist es, der den Königen das Herrscheramt zugesteht[67]. Insofern erscheinen die Obrigkeiten durchaus als Stellvertreter, Statthalter Gottes — *ergo censentur vicarii DEI magistratus*. Sie wirken als seine Werkzeuge. Zwar verkörpert der Kaiser den Herrn der Welt, der sie gegen rechtswidrige Verletzungen verteidigt. Aber gewissermaßen nicht als Mensch, sondern gleichsam als beseeltes Gesetz herrscht und befiehlt er, weshalb er auch verdienterweise der Allerheiligste genannt wird.[68]).

---

[62]) De iure et aequitate, p. 103. — Auf weitere Beispiele wird hier bewußt verzichtet, da sie aus dem Zusammenhang herausgelöst eher irrtümlich bewertet werden könnten. Einen Fall der Kombination bestimmter Gedanken von Innozenz mit anderen Rechtsauffassungen durch Oldendorp berichtet auch Otto von Gierke, Das deutsche Genossenschaftsrecht, IV. Bd., Darmstadt 1954 § 6 S. 97.

[63]) Certissima politiae, E 2.

[64]) Vgl. dazu neuerdings allgemein ebenfalls: Werner Goez, Translatio Imperii. Ein Beitrag zur Geschichte des Geschichtsdenkens und der politischen Theorien im Mittelalter und in der frühen Neuzeit, Tübingen 1958 S. 257ff. 281ff. 349ff.

[65]) De iure et aequitate p. 67.

[66]) Vgl. Hermann Fillitz, Die Insignien und Kleinodien des Heiligen Römischen Reichs, Wien/München 1954 Taf. 2; ders., Katalog der weltlichen und der geistlichen Schatzkammer, Kunsthistorisches Museum Wien, 2. Aufl., Wien 1956 Nr. 152 S. 48 Abb. 1; Eduard Eichmann, Die Kaiserkrönung im Abendland, II. Band, Würzburg 1942 S. 76.

[67]) *Regibus itaque Deus concedit imperare* (De iure et aequitate, p. 69).

[68]) ... *Non enim quasi homo, sed quasi lex animata, et ratio imperat, vocaturque merito sanctissimus* (Cons. V n. 38: Cons. vol. I p. 14). Mit dieser gleichnishaften Charakteristik verbindet sich die Erscheinung des Engelkaisers, klingt der symbolische *character angelicus* des Herrschers an.

Mit vollem Recht verweist Oldendorp in diesem Zusammenhang auf das kanonische Recht, das im c. 1 § 8 D. XXI die Sakralnatur der römischen Kaiser betonte: *Unde et Romani imperatores pontifices dicebantur.*

Der Kaiser als höchster Monarch ist dem Naturrecht, d. h. dem allmächtigen Gott, der das Naturrecht zusammen mit dem Menschengeschlecht schuf, unterworfen. Handelt er gegen jenes Recht, so hat dies überhaupt keine Geltung[69]. Die Königsgewalt stammt von Gott selbst und wird durch das natürliche Gesetz vermittelt. In dieser ganz ähnlichen Weise äußerte sich noch im gleichen Jahrhundert der berühmte spanische Kanonist Diego Covarruvias y Leyva (1512—1577)[70]. Sonst aber ist der Kaiser von den Gesetzen entbunden, nicht dem positiven Recht unterworfen. Er allein, der persönlich *legibus solutus*, kann auch Gesetze erlassen[71]. Immerhin kontrastiert diese These mit dem von *Isidor von Sevilla* (lib. III. sentent. c. 53) stammenden, in das *Decretum Gratiani* (c. 2 D. IX) eingegangenen Rechtssatz (*Palea*), der ausdrücklich die echte Bindung des Fürsten an die von ihm (auf naturrechtlicher Grundlage) geschaffenen Gesetze proklamierte: *Iustum est, principem legibus obtemperare suis.*

Die politische Verfassung stellte nach Oldendorps Konzeption Gottes Werk dar, und zwar auch dann, wenn zufällig ihre Träger persönlich gottlos wären und die Anordnung und Zweckwidmung mißbrauchten. Der Grund liegt darin, daß es eben keine Gewalt ohne Gott gibt und geben kann[72]. Als göttliche Ämter (*officia divina*) erweisen sich daher die Bewahrung der Gerechtigkeit und der Gerichte, der Schutz der Unschuldigen, die Bestrafung der Verbrechen, die Ausübung der Wehrhoheit. Politische Ordnungssysteme, Gesetze, Urteile und Verträge charakterisieren sich andererseits wiederum als Dinge der göttlichen Vorsehung[73]. Die Befugnis des Kaisers zur Papstwahl (*ius et potestas*

---

[69]) *Nam sole clarius est, quod Imperator est subjectus juri naturali, hoc est Deo omnipotenti, qui jus naturale cum genere humano produxit .. et quod contra illud jus facit, nihil omnino valet* (Cons. III n. 13: Cons. vol. II p. 7).

[70]) *Regia potestas caeterorumque principum civilis authoritas, non hominum est inventum, sed ab ipso Deo per legem naturalem ..* (Didaci Covarruvias a Leyva Toletani Opera omnia, Tomus II, Francofurti ad Moenum (apud Joannem Saurium) 1608 p. 349 n. 6).

[71]) Certissima politiae E 3.

[72]) De iure et aequitate, p. 66.

[73]) *Ordinationes politicae, leges, iudicia, contractus, sunt res divinitus ordinatae* (De iure et aequitate, p. 67).

eligendi Pontificem et ordinandi apostolicam sedem), die Gratian als kanonische Bestimmung in sein Dekret aufgenommen hatte (cc. 22, 23 D. LXIII), berührte Oldendorp seinerseits überhaupt nicht, während sie Spengler dagegen in seinem „Auszug" wiederum ausdrücklich hervorgehoben hat.

<h2 style="text-align:center">IV.</h2>

Für Oldendorp verkörpert das Gericht (*iudicium*) Gottes gute Ordnung schlechthin gemäß dem Briefe des Apostels Paulus an die Römer (13)[74]. Nach seiner Meinung können aber nicht allein die Laien, sondern auch die Geistlichen ohne jeden Tadel die guten Ordnungen gebrauchen. Menschliches Richtertum und Gewissensbefehl erfüllen das Gericht mit echter gottgewollter Wirksamkeit. Als Mensch verfügt auch der Richter nur über ein Gewissen, dem er stets genau so folgen muß wie den anzuwendenden Gesetzesformeln. Denn die erste Aufgabe des Richters besteht überhaupt darin, im konkreten Fall den wirklichen Sachverhalt einer Tat zu erfassen und diesen bei seiner Entscheidung nach billigkeitsrechtlichen Maßstäben zu prüfen[75]. Sein Gewissen vermag den Richter für die Urteilsfindung sogar *ex aequitate* von der Beachtung des formalen Rechts zu befreien[76], zumal das Gewissen jederzeit tausend Zeugen aufwiegt: *Conscientia mille testes*[77]. Das Dekretalenrecht verbot ohnehin dem Richter *contra conscientiam* zu urteilen (cc. 1, 3 in VI^{to} de sententia et re iudicata II, 14). Oldendorp bemerkte deshalb gelegentlich einmal, übrigens in bewußter Anlehnung an bestehende gesetzgeberische Weisungen: „Fürder synt ock vele rechte, geystlick unde wertlick, welckere gebeden, stedes na der conscientien unde warhafftigen gheweten tho richtende"[78]. Er wies allerdings auch darauf hin, daß nunmehr (*hodie*) die Päpste ohne Personenauswahl ihre Jurisdiktion auf Prälaten übertragen, delegieren könnten[79] und führte dabei das c. 28 § 1 X de officio iud. del. I, 29 an, das u. a. bestimmte: *Item ... quum totum negotium alii possit committere delegatus ...* Die Gewalt des Ortsrichters (*iudex loci*) selbst hat Papst Innozenz IV., der bedeutende

---

[74]) *Iudicium est bona Dei ordinatio* (Cons. V n. 3, 12: Cons. vol. I p. 8, 9).
[75]) De iure et aequitate, p. 146.
[76]) Vgl. Wohlhaupter, Aequitas canonica, S. 106.
[77]) De iure et aequitate, p. 145.
[78]) Wat byllick, S. 43.
[79]) Collatio, p. 41.

Dekretalist Sinibaldo Fiesco, in seiner Bulle „*Romana ecclesia*" (c. 1 in VI[to] de foro comp. II, 2) umschrieben, auf die Oldendorp ebenfalls anläßlich seiner Beschäftigung mit dem Forum-Begriff hindeutet[80]).

V.

Einen verhältnismäßig breiten Raum im praktischen Schrifttum, insbesondere in den Konsilien Oldendorps, nehmen aktuelle Fragen des Eherechts ein. An dieser Materie wird wiederum sinnfällig die *diversitas inter jus Civile et Pontificium* demonstriert. Die Ehe ist für ihn durchaus eine Institution des Naturrechts[81]). Nach dem Zeugnis Kaiser Justinians, das er in diesem Sinnzusammenhang anführt, ist den Menschen in dieser Welt bekanntlich nichts nützlicher als gerade die Ehe[82]). Während aber nach Zivilrecht eine Ehe ohne Zustimmung der Eltern (*quorumque in potestate sunt*) nicht geschlossen werden kann, ist dies nach Kirchenrecht, das hier völlig dem formlosen Konsensualprinzip folgte, durchaus möglich[83]). Wenn jedoch einerseits aus dem Zusammenleben von Mann und Weib nach römischem Zivilrecht eine Eheschließung vermutet wird, so hätten, wie Oldendorp unterstrich, die Päpste dieses Zusammenwohnen mehr als Unzucht bewertet, wenn nicht die Feierlichkeit der Ehe dargetan werde. Es ist nur zu bekannt, wie die Kirche mit diesbezüglichen Vorkehrungen dem Überhandnehmen der heimlichen Ehen, der verborgenen, ins Dunkel der Anonymität geflüchteten Existenz der *clandestina coniugia* (*et quasi furtiva matrimonia*) zu steuern und Einhalt zu gebieten versuchte. Nur aus diesen religiös-seelsorglichen, aber zugleich ebenfalls rechtspolitischen Motiven heraus versteht sich auch die Forderung des kanonischen Rechts in Gestalt des c. 1 C. XXX q. 5, die Oldendorp bei seiner Beweisführung vor Augen hatte: *Aliter legitimum*

---

[80]) Collatio, p. 23 s.

[81]) *Nam matrimonium est juris naturalis* (Cons. I n. 9: Cons. vol. II p. 2).

[82]) Cons. I n. 10 (l. c.).

[83]) Cons. I n. 4 (l. c.). *Tradunt nonnulli: iure canonico non requiri necessario consensum parentis in contrahendo matrimonio: quanquam leges id exigunt* (Collatio, p. 38). — Vgl. dazu die lutherische Auffassung etwa bei: Rudolph Schäfer, Die Geltung des kanonischen Rechts in der evangelischen Kirche Deutschlands von Luther bis zur Gegenwart. Ein Beitrag zur Geschichte der Quellen, der Literatur und der Rechtsprechung des evangelischen Kirchenrechts, ZRG 36 Kan. Abt. 5 (1915) S. 206 Anm. 2, und neuerdings Ingeborg Schwarz, Die Bedeutung der Sippe für die Öffentlichkeit der Eheschließung im 15. und 16. Jahrhundert, Schriften zur Kirchen- und Rechtsgeschichte, hrsg. v. Ekkehart Fabian, 13. Heft, Tübingen 1959 S. 59.

non fit coniugium, nisi... suo tempore sacerdotaliter, ut mos est, cum precibus et oblationibus a sacerdote benedicatur ... Den Beweis für eine rechtswirksam zustandegekommene Ehe, die sich u. a. in der Ausfertigung einer öffentlichen Urkunde, eines Heiratsbriefes widerspiegelt, in der auch das Wittum festgelegt wurde, hat c. 11 X de praesumpt. II, 23 geregelt. Auch diese Rechtsnorm berücksichtigt der norddeutsche Humanistenjurist im Rahmen seiner eigenen Argumentation. Vor allem weist er ebenfalls auf den epochemachenden Unterschied zwischen den beiden Rechten gerade bei den Ehen Unfreier hin. Machten doch die Kanones im diametralen Gegensatz zum römischen Recht, nach welchem Lebensgemeinschaften von Knechten und Mägden überhaupt nicht als Ehen, sondern bloß als Geschlechtsgenossenschaften (*contubernia*) von Sklavenpaaren gewertet wurden, überhaupt keine Trennung und Unterscheidung in diesem Punkte zwischen Freien und Sklaven. Diesem Umstand verdankte die Kaste der Unfreien weithin ihre progressive Emanzipation und das Individualrecht seine entscheidenden humanitären Ansätze. Dem unterschiedslosen, den Menschen gleich bewertenden Standpunkt der Kirche trug das kanonische Recht im Titel 9 des IV. Buches der Dekretalen Gregors IX. „*De coniugio servorum*" bewußt Rechnung. c. 1 X de coniugio serv. IV, 9 verkündete zudem völlig unmißverständlich: ... *sicut in Christo Jesu neque liber, neque servus est, qui a sacramentis ecclesiae sit removendus, ita quoque nec inter servos matrimonia debent ullatenus prohiberi.*

Es war für einen Oldendorp durchaus selbstverständlich, den Begriff und das Wesen der Ehe den Kanones zu entnehmen und nicht allein auf das trotz seiner globalen Ausstrahlung und seines klassischen Formwertes immerhin auch zu seiner Zeit sozialstrukturell in vielem bereits überholte und reformbedürftige römische Zivilrecht zu gründen. Hatten doch nicht zuletzt die Kirchenlehrer immer wieder auf das kanonische Recht als Maßstab kirchlich erlaubter und gültiger Ehen hingezeigt. Die christliche Ehe bedeutet eben als Sakrament die unauflösliche Lebensgemeinschaft von Mann und Frau, bei der das Bestimmende nicht die Leibes-, sondern die Seelengemeinschaft ist. Wenn auch die Beiwohnung die Ehe nach damaligem Recht vollendete, so ruhte dennoch das Hauptgewicht auf dem Ehewillen selbst. Denn es galt der aus dem spätrömischen Recht rezipierte Grundsatz *nuptias non concubitus, sed consensus facit.* Für die Bedeutung des Ehekonsenses verwies Oldendorp auf sein Fehlen trotz leiblicher Gemeinschaft mit der knappen Andeutung: *Concubitus est saepe sine matrimonio. Dominatur ergo merito consensus in matrimonio*[84]). Nach kanonischem Recht, so erläuterte Oldendorp, kann der Ehemann seine Ehefrau (wegen Ehebruchs) anklagen und gleichzeitig auf Trennung vom Bette (*ad separationem thori*) klagen. Demgegenüber verlangte das römische Zivilrecht zuerst die strafrechtliche Anklage des Ehebrechers als Voraussetzung der nachfolgenden Ehescheidung[85]). Oldendorp vertrat hinsichtlich einer Eheauflösung durchaus den kirchlichen Standpunkt: *Quos Deus coniunxit, homo non separabit hoc tempore*. Als Scheidungsgrund ließ er ausschließlich den Ehebruch gelten — *nisi propter adulterii causam*[86]). Unter Berufung auf den großen päpstlichen Gesetzgeber Innozenz III. (c. 18 X de accusation. V, 1) meinte Oldendorp, wennschon das Geständnis (Bekenntnis) g e g e n die Ehe nicht der Auflösung schädlich sei, um wieviel mehr müsse es dann f ü r die Ehe selbst gelten[87]). Bei Oldendorp findet sich indes noch nicht die Ausdehnung der Scheidungsgründe auf das bösliche Verlassen (*desertio*), das bekanntlich das evangelische Kirchenrecht später übernahm. Vielleicht kamen ihm ähnlich wie Calvin doch gewisse Zweifel. „Luther hatte diese juristischen Hemmungen nicht. Er erkannte *desertio* und *quasidesertio* als Scheidungsgründe an" (Liermann)[88].

Auch die Gegensätze zwischen Zivilrecht und päpstlichem Recht bei der Entstehung von Schwägerschaft (*affinitas*) entgingen der Aufmerksamkeit dieses Rechtslehrers keineswegs. Nach römischem Recht wurde Schwägerschaft ohnehin lediglich durch Eheschließung begründet. Demgegenüber entsteht nach Kirchenrecht ebenfalls durch die freie (außereheliche) Geschlechtsgemeinschaft eine, wenn auch nur ungesetzliche, Schwägerschaft (*affinitas illegitima*). Oldendorp fußte dabei auf cc. 6, 10 X de eo, qui cogn. IV, 13 und c. 10 X de probationibus II, 19[89]).

---

[84]) Antinomiae de diversis regulis iuris, nova antinomiarum explicatio, quae vera est ars boni et aequi ..., Francofordiae (apud haeredes Christiani Egenolphi) 1568 (Staatsbibl. München. J. rom. m. 374) p. 403.

[85]) Collatio, p. 15.

[86]) Collatio, p. 69.

[87]) *Rectissime dixit Innocentius in c.* c u m d i l e c t i d e a c c u s a t i o n., *quod confessio contra matrimonium non nocet ad dissolvendum. Quanto plus igitur pro matrimonio valere debeat.* (Cons. III n. 3: Cons. vol. II p. 6).

[88]) H a n s L i e r m a n n, Löslichkeit und Unlöslichkeit der Ehe im evangelischen Kirchenrecht, Deutsche Landesreferate zum IV. Internationalen Kongreß für Rechtsvergleichung in Paris 1954 S. 57; vgl. aber auch H e c k e l, Lex charitatis, S. 105.

[89]) Collatio, p. 11 s. — Zum Problem vgl. J o h a n n e s B a p t i s t S ä g m ü l l e r, Lehrbuch des katholischen Kirchenrechts, 3. Aufl. II. Bd. Freiburg im Breisgau 1914 § 146 I S. 185.

Mit der umstrittenen Sponsalienlehre setzte er sich ebenfalls im Rahmen des christlichen Eherechts auseinander. Das Verlöbnis dient der Vorbereitung der Ehe, aber bei der Ehe genügt allein der Konsens. Der Papst (Innozenz III). unterschied — und darin folgte ihm das Dekretalenrecht — terminologisch zwischen dem auf die Gegenwart und dem auf die Zukunft gerichteten Ehekonsens. Dabei deckte sich die Wortform des *praesentis consensus* durchaus mit der Eheschließung selbst. Denn wenn der Konsens den Willen enthält, durch die Abgabe der Erklärung die Ehe einzugehen, so ist diese dadurch eben auch bereits entstanden. Indes führt, wie Oldendorp wiederum ganz im Anschluß an das kanonische Recht (c. 30 X de sponsalib. et matrim. IV,1; c. 5 X de sponsa duor. IV, 4) feststellte, *ipso facto* die *Copula carnalis* das vorherige Verlöbnis (*sponsalia de futuro*) in eine Ehe über[90]).

Es kann nicht entgehen, daß Oldendorp bei seiner Beschäftigung mit Fragen des Eherechts mit keiner Silbe auch nur das heiße Eisen der Priesterehe erwähnte, die doch gerade Luther immer wieder nachdrücklichst verteidigte und deren Gegner als er als „schendliche, mordische tolle Canonisten odder Juristen"[91]) anprangerte. Auch Spengler hatte in seinem Auszug bei Distinctio XXVIII entschieden verkündet: „ Welcher leret, das ein Priester, darumb das er geistlich ist, sein Eheweib verachten, odder welcher auch beschleust, da ein Priester, der yhm Ehestand lebet, umb seins Ehelichen stands willen, nicht mehr Messe halten solle, die sollen verbannet sein"[92]). Nichts von derartiger Frontstellung gegen den Priesterzölibat und damit die gratianischen Forderungen *Presbiter si uxorem duxerit, ab ordine illum deponi debere* (c. 9 D. 28) ist bei Oldendorp zu spüren. Sein eigener Standpunkt dürfte vielmehr noch wesentlich altkirchlich und wohl auch nicht von grundsätzlicher innerer Abwehr gegen die kanonischen Rechtsnormen bestimmt gewesen sein. Hat er überdies nicht auch auf der sinngemäßen Anwendung des kanonischen Eherechts bestanden und zählt er insoweit dadurch nicht

---

[90]) *Copula vero carnalis transfert sponsalia de futuro in matrimonium* (Cons. I n. 3: Cons. vol. II p. 1); vgl. dazu noch: Emil Friedberg, Lehrbuch des katholischen und evangelischen Kirchenrechts, 6. Aufl., Leipzig 1909 § 152 aa IV S. 478; § 153 bb I S. 482 und Schwarz, S. 54 ff.

[91]) WA XXX/2,329 (Vermahnung an die Geistlichen, versammelt auf dem Reichstag zu Augsburg, 1530).

[92]) Vgl. auch Johannes Heckel, Das Decretum Gratiani und das deutsche evangelische Kirchenrecht, Studia Gratiana, Vol. III, Bononiae 1955 S. 513.

gar nach Luthers ureigenstem Sprachgebrauch letztlich doch zu jener
Kategorie dieser ärgerlichen Schandjuristen[93]?) Seine Behandlung der
Rechtsnachteile der *Spurii* beleuchtet mittelbar seine im Kerne noch
von altgläubigen Anschauungselementen getragene Haltung, denn der
spurius ist nicht zuletzt doch das Kind solcher Eltern, die gerade nach
kanonischem Recht die Ehe nicht miteinander eingehen können, obschon der Vater des Kindes durchaus bekannt ist. Sie sind eben die
Sprößlinge aus verdammter Beiwohnung. Immerhin hütet sich Oldendorp überhaupt vielfach, irgendeine ausführlichere persönliche Bemerkung in seine sachliche Darlegung und seine von knappem erläuterndem
Kommentar begleiteten Gegenüberstellungen einzustreuen. Wo es um
brennende Grundsatzfragen im Zusammenhang mit der neuen Lehre
der Reformation geht, wirkt er sogar des öfteren auffallend schweigsam
und farblos. Man wird das Gefühl schwerlich los, daß er offenbar keine
allzu große Lust an der ausdrücklichen Offenbarung seines persönlichen
Standpunktes empfand, sich selbst wohl mehr als neutraler und objek-
tiver Betrachter und nicht als polemisierender und parteiischer Sprecher
fühlte und sich insofern bei rechtlichen Vergleichen lieber einmal mit der
lakonischen Feststellung *at canones diversum statuunt* begnügte. Durch
die Art seiner Aussagen aber hat Oldendorp für die moderne Interpretation weithin schon die Weichen gestellt und viele Gleise selbst gesperrt.
Mehr aus seinen knappen Andeutungen heraus-, oder besser eigentlich
in sie hineinlesen zu wollen, als sich in ihnen für den Kanonisten wirklich
erkennbar und vertretbar verbirgt, hieße den Bogen kritischer Analyse
weit überspannen. Mit Oldendorps Ausführungen in seinen Darstellungs-
charakter tragenden Schriften können jedoch auch nicht ohne weiteres
seine verfochtenen Argumente in den Rechtsgutachten, die den konkreten Rechtsfall betrafen, identifiziert werden. Hier lassen sich gewiß weit
mehr und stärkere persönliche Äußerungen als sonst und individuelle
Hinweise auf die nach seiner Meinung schweren Irrtümer der anderen
Partei finden. Auch die grundsätzliche Warnung, aus einer Hypothese
keine Regel abzuleiten, klingt durchaus überzeugend. Aber der letzte
Schlüssel zur Ganzheitserfassung Oldendorps sind die sicherlich nicht
völlig tendenzlosen Konsilien für interesssierte Auftraggeber nun einmal

---

[93]) Auch sonst vernimmt man bei Martin Luther im Hinblick auf die Beibehaltung des kanonischen Eherechts schmerzliche Klagen über die schändlichen
Juristen (vgl. ebenfalls: Franz Wieacker, Gründer und Bewahrer. Rechtslehrer der neueren Privatrechtsgeschichte, Göttingen 1959 S. 95).

eben nicht. Nur in Verbindung mit den sachlich kühlen theoretischen Arbeiten runden sie das Bild der kanonistischen Wirksamkeit und Kenntnis der Gelehrten.

VI.

Wertvolle Aufschlüsse vermitteln ebenfalls Oldendorps gelegentliche kriminalistische Ausführungen, insbesondere seine strafrechtlichen Anschauungen, die weithin aus dem kritischen Vergleich der Behandlung eines Strafrechtsproblems nach profanem und kirchlichem Recht erwuchsen. Ausdrücklich unterstrich er bei der Erörterung des Verbrechensbegriffes, daß das Kirchenrecht (*Pontificium ius*) von vornherein grundsätzlich sämtliche Verbrechen als öffentliche — *crimina publica* — wertet[94]). Der Hinweis auf die kanonische Rechtsnorm des c.17 C.VI q.1 erhellt ohne weiteres den kausalen Zusammenhang zwischen dem Tatbestand eines Kapitalverbrechens und der Ehrlosigkeit (Infamie). Aus der Schwere eines Verbrechens ergibt sich die Forderung des Kirchenrechts, wonach die Anklage wegen eines Verbrechens auch dann nicht fallen und unbeachtet gelassen werden kann, wenn der Beschuldigte und der Ankläger sich inzwischen wieder versöhnen (c. 2 X de collusione detegenda V, 22). Und daraus wird andererseits wiederum verständlich, wenn der kirchliche Richter sowohl auf außergerichtliche Anzeige (*denuntiatio evangelica*) als auch gerichtliche Denunziation hin gegen einen Sünder prozessieren konnte (c. 13 X de iudiciis II, 1)[95]). Der Grundgedanke erschließt sich in dieser Stelle des Dekretalenrechts, die u. a. proklamierte: *Licet autem hoc modo procedere valeamus super quolibet criminali peccato, ut peccatorem revocemus a vitio ad virtutem, ab errore ad veritatem, praecipue tamen quum contra pacem peccatur, quae est vinculum caritatis*[96]). Das Verfahren gegen den straffälligen Sünder rechtfertigt sich aus dessen Friedensbruch, aus seiner Sünde wider den Frieden, der das Band der Nächstenliebe verkörpert. Von diesen kanonischen Rechtsvorstellungen war Oldendorp durchdrungen, was nicht zuletzt gerade die Auswahl seiner Belegstellen verrät. Für ihn ist die Schmach aller Sünder eine und dieselbe, weil sie die unverfälschte

---

[94]) Collatio, p. 14.

[95]) Vgl. Sägmüller, Lehrbuch des katholischen Kirchenrechts ³II § 172 1a S. 330 (mit Literaturangaben S. 330 Anm. 3).

[96]) Corpus Iuris Canonici, instruxit Aemilius Friedberg, Pars II: Decretalium Collectiones, Graz 1955 col. 244.

Reinheit der Natur betrifft[97]). Aufschlußreich erweisen sich die Bemerkungen des Juristen nun ebenfalls über besonders gelagerte Mordtatbestände. Indem er vom römischen Recht ausgeht, weist er darauf hin,
daß gewisse Autoren beispielsweise Mord dann verneinten, wenn mehrere
Personen einen ohnehin bald Sterbenden verwundeten und dieser an der
beigebrachten Wunde starb. Gleichzeitig aber beleuchtete er die völlig
andersartige Vorschrift der Kanones. Vornehmlich in der Norm des
c. 3 X *de clerico percussore* V, 25 bot sich ihm der Nachweis der entgegengesetzten Regelung des kanonischen Rechts am Beispiel eines Geistlichen, der auf Seiten der Verteidiger gegen einen rechtswidrigen Angriff
stand, die mit Steinwürfen einen der Angreifer töteten. Über den immerhin bloß anwesenden, nicht an der Tat selbst aber beteiligten Kleriker
verhängte bekanntlich der große Dekretist Papst Alexander III. (1159
— 1181), der vormalige Kanonist Rolandus Bandinellus, grundsätzlich
das zweijährige Zelebrierverbot der Messe. Im übrigen hatte bereits
Gratians Dekret die Norm übernommen, wonach bloße Teilnahme am
Kriegsdienst zur Tötung von Gläubigen den Empfang der Diakonswürde
untersagte, auch wenn der betreffende Weihekandidat eine derartige
Gewalttätigkeit nicht persönlich verübt hat (c. 4 D. 51). Seine eigene
Erkenntnis faßte Oldendorp in der These zusammen, daß allein der
Vorsatz, d. h. das bewußte Wollen, den Mörder vor Gott zum solchen
mache, während der objektive Erfolg der Tötungshandlung den Täter
dem Richter zum Vollzug der Leibesstrafe überliefere[98]). Die Verhängung
der Todesstrafe oder einer Verstümmelungsstrafe sei den weltlichen
Obrigkeiten gestattet, hingegen kraft der Kanones den Geistlichen jede
Blutvergießung (Oldendorp spricht eigentlich sogar von „Blutrache" —
sanguinis ultio — nicht von der sonst terminologisch gebräuchlichen
effusio sanguinis!) verboten. Oldendorp berief sich in diesem Zusammenhang ausdrücklich auf c. 4 X *de raptoribus* V, 17 und c. 1 X *de homicidio*
V, 12, wonach die Verhängung der Todesstrafe der königlichen Gewalt
überlassen, ein vorsätzlicher Mörder im Priesterstande deponiert und
dem weltlichen Arm zur Exekution der Todesstrafe übergeben werden
sollte. Das Ergebnis seiner Überlegungen faßte er dahingehend zusam-

---

[97]) *Una est omnium peccatorum deformitas, quatenus ad simplicem naturae
puritatem attinet* (Collatio, p. 69).
[98]) *Animus facit homicidam coram Deo, eventus iudici committitur ad poenam
corporis* (Collatio, p. 16). Vgl. zum Vorsatz- und eventus-Begriff insbesondere:
Stephan Kuttner, Kanonistische Schuldlehre von Gratian bis auf die Dekretalen Gregors IX. (= Studi e Testi 64), Città del Vaticano 1935, S. 75 u. 117.

men, daß Straftaten nach ihrer Eigenschaft geahndet werden müßten, und zwar die einen mit Leib- und Lebensstrafen, die anderen aber durch kirchliche Ermahnung. Immerhin war Oldendorp seinerseits bemüht, die Todesstrafe selbst aus der Vergeltungsidee, aus dem Talionsgrundsatz, zu rechtfertigen. Für Mord erschien ihm allein die Hinrichtung als die nach höchstem Recht angemessene *poena talionis*[99]). Zudem war er durchaus von der Berechtigung der öffentlichen Strafe überzeugt, da diese die Heilige Schrift nicht ausschlösse — *Evangelium non prohibet vindictam publicam*. Damit aber deckt sich durchaus die allgemeine kanonistische Auffassung von der Berechtigung der Todesstrafe für Mord, die sich an die Bibelstelle *Genesis* cap. 9 (1. Mose 9,6) anlehnte, die die lapidare Forderung aussprach: Wer Menschenblut vergießt, des Blut soll auch durch Menschen vergossen werden (*morte puniendus est homicida*).

Auch mit der Definition der Ketzerei hat sich Oldendorp beschäftigt. Hier folgte er durchaus der herkömmlichen kanonischen Begriffsbestimmung. Die Häresie charakterisiert sich als beharrliche Sünde wider die göttliche Majestät, als wissentliches Abweichen von der Wahrheit des göttlichen Wortes und entspricht damit dem Verbrechen der formellen Ketzerei. Oldendorp selbst sprach sich nachdrücklichst für die uneingeschränkte Konfiskation des Ketzervermögens aus[100]). Ebenso verurteilte er streng jegliche Wahrsagerei unter Christen als Aberglauben[101]).

Aber auch die Verbrechen gegen die Ehre streifte Oldendorp in seinen rechtlichen Darlegungen. So bezog er das Famoslibell, die Schmähschrift, u. a. ebenfalls in den Kreis seiner kriminalrechtlichen Feststellungen und seiner vergleichenden Betrachtung ein. Er hob hervor, daß nach römischem Recht der überführte Schreiber eines Schmähbriefes gegen einen Unschuldigen enthauptet würde. Demgegenüber befehle das kanonische Recht lediglich, den Verleumder mit Ruten zu streichen oder auszupeitschen (c. 1 C. V q. 1).

Ein Schlaglicht auf zeitgenössische Gepflogenheiten und Verkehrsbräuche wirft die Bemerkung über das Zinsnehmen, das die profanen Gesetze erlaubten, hingegen die Kanones verboten (cc. 1, 2 D. 47; c. 11 D. 88). Namentlich die Dekretalen untersagten gerade das Zinsnehmen aus einem Darlehen (X *de usur.* V, 19; c. 1 in VI[to] *de usuris* V, 5). Olden-

---

[99]) De iure et aequitate, p. 79; vgl. dazu Dietze, a. a. O. S. 86.

[100]) *Bona haereticorum, hoc est, illorum, qui cognita Divini verbi veritate nolunt ab obstinacia sua discedere: publicantur et confiscantur, sive filios habeant, sive non habeant* (Collatio, p. 27).

[101]) εἰσαγωγή, p. 34 s.

dorp aber wies in diesem Zusammenhang auf die Tatsache hin, daß gegenwärtig das von der Kirche verpönte Zinsnehmen der Sache nach wohl genauso verkehrsüblich wie früher und ehedem sei, nur am Namen stoße man sich eben nun. Den Grund für diese auffällige Erscheinung wußte er angeblich nicht zu benennen[102]). Oder verzichtete er nicht bewußt darauf, die heuchlerische Verstellung und die fadenscheinige, fragwürdige Spitzfindigkeit seiner allzu menschlichen Zeitgenossen bloßzustellen, zumal die eigentliche Ursache indes leicht zu erraten sein dürfte? Im Zinsnehmen erblickte man immerhin ein gewisses Anzeichen von Habsucht[103]). Wer aber wollte schon, obwohl er vielleicht diesen Mangel in mehr oder minder starkem Grade aufwies, dies auch öffentlich eingestehen?

Andererseits hat sich Oldendorp indes nicht wie andere führende zeitgenössische Kanonisten (z. B. u. a. Covarruvias) mit der häufig diskutierten Streitfrage auseinandergesetzt, ob etwa Zinswucher (*usuraria*) als crimen mere ecclesiasticum zu bewerten sei oder aber dem weltlichen Richter zur Aburteilung überlassen werden könnte.

Dem mit dem *decorum clericale*, den geistlichen Tugenden unvereinbaren mittelalterlichen Verbot des Würfelspiels (*ludus aleatorius*) für Geistliche, diesem Tatbestand einer „Jurisprudenz der Seele" (H. Lier) mann), hat der Rechtslehrer demgegenüber jedoch in seinen Erörterungen Rechnung getragen[104]). Der Regelung des kanonischen Rechts[105]- entsprach er in ähnlicher Weise wie sie ebenfalls Spengler in seinem des öfteren schon berührten „Auszug"[106]) bekräftigte: „Welcher Bischoffe, Priester und Geistlicher, der trunckenheit und dem spil anhangt, das der gestrafft werde". Es ist durchaus verständlich, wenn sich Olden-

---

[102]) *Utimur re ipsa hoc tempore non minus, quam olim: nominis autem* (*nescio qua ratione*) *nos pudet* (Collatio, p. 61).

[103]) Vgl. dazu allgemein noch: Karl Weinzierl, Das Zinsproblem im Dekret Gratians und in den Summen zum Dekret (Studia Gratiana I), Bologna 1953 S. 548—576.

[104]) Collatio, p. 34,75.

[105]) c. 11 X de excess. praelat. V, 31; c. 1 D. 44. — Auffallenderweise hat Oldendorp bei seinen Belegstellen anscheinend die einschlägige Vorschrift des c. 1 D. 35 übersehen, auf die sich Spengler ausdrücklich, wie schon der deutsche Wortlaut der Stelle verrät, stützte. Man vermißt bei Oldendorp ebenso die Anführung der richtungsweisenden Norm des c. 14 X de vita et honestate III, 1. — Vgl. in weiterem Zusammenhang ebenfalls: Hans Liermann, Das kanonische Recht als Grundlage europäischen Rechtsdenkens, ZevKR 6 (1957) S. 43.

[106]) Auszuge, Distinctio XXXV.

dorp bei seiner Befassung mit Problemen des kanonischen Strafrechts auch zum Kirchenbann, zur Exkommunikation selbst, äußerte. Seine Grundeinstellung erschließt sich in seinem Selbstgeständnis: *Excommunicationis sententia sive iusta, sive iniusta timenda est*[107]). In jedem Falle also ist das Bannurteil zu fürchten, und zwar auch dann, wenn es ungerecht wäre. Denn die Exkommunizierten werden aus dem Schoße der Mutter Kirche verstoßen[108]). Nicht zuletzt spricht hier aus Oldendorps nüchterner Feststellung die allgemein herrschende, tiefe persönliche Angst des mittelalterlichen Menschen, dem der Bannstrahl die heilsoptimistische Schau und damit das ureigenste und wesentlichste Anliegen seines ganzen Erdendaseins zu rauben und vernichten drohte. Er selbst mußte die Berechtigung der menschlichen Furcht gegenüber dem verhängten Kirchenbanne aus der lakonischen Rechtsformel des gratianischen Dekrets ersehen: *Sententia pastoris, sive iusta sive iniusta fuerit, timenda est* (c. 1 C. XI q. 3). Die Exkommunikation charakterisiert sich als die Ausstoßung aus der sichtbaren Gemeinschaft der Gläubigen. Die Zensur als *excommunicatio minor*, die vom Sakramentsempfang und Kirchenamt ausschließt, und das Anathem als *excommunicatio maior*, das weithin aus der Gemeinschaft der Gläubigen verbannt, konfrontierte er der weltlichen Acht und machte dadurch die tragische Verstrickung eines derart vom Schicksal Gezeichneten deutlich, dessen Heil allein in der Aussöhnung mit Gott und beiden Gewalten lag.

Wenn man Oldendorps kanonistische Wirksamkeit überschaut, so läßt sich gewiß nicht verkennen, daß dieser Jurist nicht allein der romanistischen Rechtswissenschaft, seiner eigentlichen Domäne, zugewandt war, sondern ebenfalls im Sektor des ius pontificium enge Vertrautheit mit den Quellen und wohl auch mit dem Gerichtsgebrauch beweist. Immerhin trifft auf ihn die Beobachtung von Walther Schönfeld[109]) mit hoher Wahrscheinlichkeit zu, daß er „Luthers harte Antithesen, die er nicht ertrug, in milde Synthesen auflöste". Vergeblich wird man in seinen juristischen Hauptschriften auch nach dem Namen des deutschen Reformators und nach der neuen Lehre, die er persönlich doch wesentlich förderte, Ausschau halten. Andererseits ist Oldendorps Werk selbst nicht ohne Wirkung auf die katholische Kirchenrechtswissenschaft ge-

---

[107]) Loci iuris communes, p. 85.

[108]) *Excommunicati eiciuntur a gremio matris Ecclesiae* (Loci iuris communes, l. c.).

[109]) Grundlegung der Rechtswissenschaft, Stuttgart und Wien 1951 S. 309.

blieben. Bis nach Spanien sogar ist sein Name als Aequitasjurist gedrungen. Der Kronkanonist von Salamanca Covarruvias, der einen Zasius als *vir doctissimus* pries, unterstrich in seinem Kommentar zu den „*Regulae iuris in VI*ᵗᵒ" gewiß nicht ohne wirkliche Überzeugung Oldendorps rechtstheoretisches Verdienst: ... *ac de aequitate quidem multa Oldendorpius in tract. de Formula investiganda actionis, cap. quid sit aequitas ...*[110]).

An der Ausstrahlung der Anschauungen und Lehren Oldendorps vermag auch der Umstand nichts zu ändern, daß er darin nicht über eine naturrechtlich gefärbte allgemeine Rechtslehre hinausgekommen ist[111]). Oldendorps forensische Bemerkungen über die *conscientia* in seinem Bändchen „Wat byllik und recht ist" erschließen einen auch für die Kanonistik wertvollen und unmittelbar bedeutsamen Problemkreis. Es selbst steht auf einer Linie mit den protestantischen Verteidigern des kanonistischen Rechts, vorab einem Just Henning Boehmer, der das ius canonicum als das Mark der Leges und die Praxis des gemeinen Zivilrechts — *medulla legum et praxis iuris civilis*[112]) — rühmte. Aber Oldendorp äußerte sich noch nicht wie später Boehmer in der Richtung, daß man die Kanonischen Rechte nicht als Konstitutionen der Päpste, vielmehr gleichsam als die Gesetze der eigenen Fürsten lehren und im Gericht befolgen solle[113]). Dagegen spricht vieles aus seinen gewiß in dieser Hinsicht recht knappen Andeutungen für sein Festhalten an der Tradition. Er legt kein Programm zur Veränderung des kanonischen Rechts vor, wie er gelegentlich auch nicht seine aufrichtige Bewunderung für die rechtsschöpferische Leistung großer Juristenpäpste verhehlt. Ebensowenig hat er den bedeutenden Kanonisten, etwa einem Johannes

---

[110]) Opera omnia I, p. 425 n. 2; vgl. dazu: Wohlhaupter. Aequitas canonica S. 106 Anm. 1; Ernst Reibstein, Johannes Althusius als Fortsetzer der Schule von Salamanca (= Freiburger Rechts- und Staatswissenschaftliche Abhandlungen, Bd. 5), Karlsruhe 1955 S. 58.

[111]) Vgl. Hans Thieme, Das Naturrecht und die europäische Privatrechtsgeschichte, 2. Aufl. (Jur. Fakultät der Universität Basel. Institut für Internationales Recht und Internationale Beziehungen, Schriftenreihe, H. 6), Basel 1954 S. 23.

[112]) Justi Henningii Boehmeri Ius Ecclesiasticum Protestantium Usum modernum Iuris Canonici iuxta seriem Decretalium ostendens, Tomus I, Tertia editio, Halae 1730 p. 131.

[113]) *Iura ergo canonica non ut pontificum sed quasi principum nostrorum prodria in scholis profitemur et in foro sequimur* (Boehmeri Ius Ecclesiasticum, p. 132).

Andreae, seine ausdrückliche Anerkennung versagt. Ansätze zu einer fundamentalen Modifikation des positiven kirchlichen Rechts finden sich in Oldendorps Schriften schwerlich. Auch seine Werturteile über das *ius canonicum* im Gegensatz zu den profanen Gesetzen sind nicht häufig. Nur ganz gelegentlich läßt er kritische Anmerkungen bei seinen Darlegungen einfließen. Man muß sich wirklich fragen, warum dieser große Jurist und überzeugte Anhänger der Lehre der Reformation anläßlich seiner Befassung mit dem Mönchsstand beispielsweise nicht die Gelegenheit zu einer eingehenden Auseinandersetzung mit dem Personenrecht der Religiosen und der monastischen Lebensform wahrnahm, sondern sich allein und zudem noch in absolutem Einklang mit den Dekretalen Gregors IX. (c. 13 X de regul. III, 31) mit der knappen, nicht näher umrissenen Feststellung begnügte: *Habitus non facit Monachum, sed professio Christiana*[114]). Jedenfalls läßt sich überall erkennen. daß Oldendorp nicht zu den reformatorischen Neuerern des traditionellen kanonischen Rechts gehörte, wohl aber zu den bewahrenden Vermittlern und Kennern dieser globalen Rechtsmaterie zählte.

VIII.

Da das Kirchenrecht infolge seiner transzendenten Zielsetzung und seines glaubensmäßigen Fundamentes auch die theologische Interpretation erheischt, darf es hier auch nicht als abwegig empfunden werden, wenn sich diese Skizze abschließend nun noch der Frage der theologischen Voraussetzungen Oldendorps zuwendet. Es bedarf zunächst keines besonderes Hinweises, daß er den christlichen Glauben als ernste Aufgabe ansah. So trat er für die Eidesleistung deshalb ein, damit die christliche Religion nicht als Spielerei aufgefaßt würde[115]). Das einzige Werturteil über Oldendorp fachtheologische Fähigkeiten stammt übrigens leider aus dem Munde eines seiner prominentesten Gegner, des Karmeliten Eberhard Billick (1499/1500—1557)[116]), eines immerhin nicht unbedeutenden Gelehrten. Wenngleich diese „Rezension" — wie so viele andere und nicht nur ihrer Zeit — nicht frei von gehässigen und verächtlichen Auslassungen blieb, so enthält sie doch manches, was

---

[114]) Loci iuris communes, fol. 100.

[115]) *Sic est iurandum, ne religio Christiana videatur ludus* (Collati , p. 88).

[116]) Vgl. über ihn Robert Haass, NDB II, Berlin 1955 S. 238f.; A. Franzen bei Michael Buchberger, LThK²II, Freiburg i. Br. 1958 Sp. 476f.

Erwähnung schon um der Einmaligkeit der tendenziösen historischen
Aussage willen verdient. Man darf aber auch die Äußerungen der Reformatoren selbst nicht übergehen, die den Reformtheologen Billick
keineswegs mit Lobreden bedachten, sondern vielmehr mit klassisch-
derben Schimpfwörtern überschütteten. Während ihn Luther als Teufel
brandmarkte, charakterisierte Melanchthon jenen „wohlgemästen Karmelit" als „Priester des Bachus und der Venus"[117]). Dies kann nicht
unerwähnt bleiben, um zu zeigen, wie die Charakterbilder beider Persönlichkeiten von menschlicher Leidenschaft verzerrt in der Sicht der
beiden, sich befehdenden Religionsparteien schwankten. Mit nicht ganz
ungespielter Verwunderung vermerkte Billick die offenbar unerwartete
neue Theologenrolle Oldendorps in seiner 1545 erschienenen Verteidigungsschrift des Kölner Pfarrklerus und der Universität gegen die
„falschen Anklagen" Philipp Melanchthons, Martin Bucers und Oldendorps[118]). Er legte seinem reformationsgläubigen Rivalen den spöttischen
Titel „Neotheologus" bei [119]). Oldendorp war seinerzeit in Wort und
Schrift für Bucer und die Ziele der Lutheraner in Köln eingetreten
und hatte sich für den Empfang der Kommunion unter beiderlei Gestalt ausgesprochen[120]). Der Kölner Universitätsprofessor Billick ging
nun mit seinem Kollegen von der juristischen Fakultät wegen dessen
theologischen Versuchen scharf ins Gericht. Vor allem hielt er ihm vor,
daß er für die theologische Kontroverse (*ad hanc palestram*) überhaupt
viel zu ungelehrt sei, zumal er in theologischen Fragen nur ein ganz
beschränktes Rüstzeug mitbringe und nicht wisse, inwieweit sich ein
wirklicher Theologe von einem gerichtlichen Zungendrescher unter-
scheide[121]).

---

[117]) Vgl. Alois Postina, Der Karmelit Eberhard Billick. Ein Lebensbild aus
dem 16. Jahrhundert (= Erläuterungen und Ergänzungen zu Janssens Geschichte des deutschen Volkes, hrsg. v. Ludwig Pastor, II. Bd. 2. u. 3. Heft),
Freiburg im Breisgau 1901 S. 54 und 55.

[118]) F. Everhardus Billick, Judicii Universitatis et cleri Coloniensis
adversus calumnias Philippi Melanthonis (!), Martini Buceri, Oldendorpii et
eorum asseclarum defensio cum diligenti explicatione materiarum controversa-
rum, Coloniae (excudebat Jaspar (!) Gennepaeus) 1545 (Bayer. Staatsbibl.
München, Polem. 406, 4°).

[119]) ... *scripsit Johannes Oldendorpius, subito nobis e Jurisconsulto factus Neotheologus, in alio foro iam litigaturus* (Billick, l. c., p. 168).

[120]) Vgl. Postina, S. 57.

[121]) ... *nesciens homo stolidus et ad hanc palestram indoctus, quia sit ei in re
theologica curta supellex, quantumque distet a rabula forensi Theologus verus*
(*p. 168*).

Nachdem er ihn in dieser Art gebührend herabgesetzt hatte, überließ Billick dem Leser die weitere Beurteilung, ohne aber dabei eine parodistische Verkehrung des Namens seines „Opfers" unterdrücken zu können: *Nunc Lector inspice, expende, miraberis, iurabis ex Oldendorpio Dollendorpium factum*[122]). Das Urteil des Karmeliten wäre an sich niederschmetternd, wenn es nicht auch von gewissen Zweckabsichten diktiert worden wäre, zumal es Oldendorp als unwissenden Taufkandidaten anprangerte, dem selbst die Elementarbegriffe der Theologie abgingen und der nicht einmal den Unterschied von Taufe und Eucharistie zu erkennen vermöchte[123]). Schließlich verzichtete der Theologe, sich in weitere Dispute mit Oldendorp einzulassen und vor allem darauf, von diesem die Mysterien der Taufe zu erfragen[124]). Sicherlich ist hier von Billick manches absichtlich vergröbert und verzeichnet. Andererseits läßt sich indes kaum übersehen, in welche fachlichen Schwierigkeiten die Anhänger der neuen Lehre, sofern sie von Haus aus nicht Theologen gewesen sind, gerieten, wenn sie auf einen dialektisch geschulten und theologisch versierten Opponenten trafen. Begreiflicherweise konnten andererseits die altgläubigen Fachleute nicht einem persönlichen Bibelverständnis ohne weiteres Rechnung tragen. Dennoch dürfte gerade für Oldendorp feststehen, daß ihm die theologische Auseinandersetzung nicht völlig fremd gewesen ist. Aus dieser Umwelt war er in seiner Jugend zur Fahrt nach dem Süden, zur *peregrinatio academica*, aufgebrochen. Mögen trotzdem Oldendorps theologische Fähigkeiten gering geblieben sein, seine kanonistischen Spuren verraten immerhin einen kenntnisreichen Romanisten, dem das päpstliche Recht derart gegenwärtig und vertraut war, daß er es nicht allein rezeptiv handhabe, sondern vielmehr auch mit kritischem Blick zu prüfen und zu bewerten verstand. Liegen seine großen juristischen Leistungen fraglos nicht im Sektor der Kanonistik, so sind in seinem Gesamtwerk dennoch weit mehr Berührungspunkte und Kontaktstellen mit und zum kanonischen Recht anzutreffen, als man es gemeinhin ahnen dürfte.

---

[122]) l. c. p. 169.

[123]) ... *Provinciam sibi assumit certandi de re theologica, cum ne prima quidem rudimenta cathecumenorum novit (ut de Theologiae elementis taceam). Disputat de sacramentis: et nescit baptismate nos in Christi sanguine lavari, Eucharistia pasci* (l. c. p. 170).

[124]) *Nolo enim Oldendorpium nostrum rapere mecum in altiorem disputationem, et mysteria baptismatis, qualia sunt apud apostolum Paulum in priore et ad Corinthios epistola, ad Romanos item, et ad Ephesios, a Neotheologo exigere* (l. c. p. 171). Gemeint sind unter den Belegstellen 1. Kor. 12, 13; Röm. 6,3f.; Eph. 5,26.

Gewiß ist es kein gewaltiges Lehrgebäude des Kirchenrechts, das er vor dem Leser errichtet. Aber es finden sich bei Oldendorp zahlreiche verstreute Bemerkungen und Ansätze, deren fragmentarisches Aussehen für den Kanonisten nicht minder reizvoll erscheint. Diese Stellen weisen ihn vielfach als konservativen Rechtsgelehrten aus, der der hohen Leistung der bisherigen Kirchenrechtswissenschaft manches Zeichen der Bewunderung, zumindest aber echte objektive Anerkennung gezollt hat. Aus der subtilen Analyse seines literarischen Werkes empfängt nicht zuletzt auch sein Leben eine individuelle Note, auch dann, wenn es seiner Gestalt etwas vom idealistisch verklärten Glanze rauben sollte. Er selbst hat dem Recht als der Stimme Gottes treu zu gehorchen und dienen gestrebt und war dabei ohne jeden Zweifel weit mehr als eben nur ein Jurist.

Azpilcueta und Covarruvias

Zur Gewaltendoktrin der spanischen Kanonistik im Goldenen Zeitalter

Mit dem ersten Drittel des 16. Jh.s eröffnete sich für Spanien das sogenannte Goldene Zeitalter[1]). Im Frieden von Câteau Cambrésis in den Niederlanden von 1559 hatte dann Spanien zudem noch die kontinentale Hegemonie in Europa errungen, war es machtpolitisch zu beherrschendem Einfluß auf dem Festlande aufgestiegen[2]). In dieser Epoche vollzog sich auch der Aufschwung des iberischen Geistes in den theologischen, staatsphilosophischen und rechtswissenschaftlichen Bereichen. Die Staatspolitik und die Rechtsauffassung in der Ära Philipps II., in der Zeitspanne von 1556—1598, wurden getragen von einer entschieden antimachiavellistischen Einstellung, erfüllt von einer Harmonie von Politik und Moral, diktiert von einer bewußten Ablehnung der absoluten Staatssouveränität[3]). Das Rechtsdenken berücksichtigte gleicher-

---

[1]) Cf. Roger Bigelow Merriman, The Spanish Empire IV: Philipp the Prudent, 1934; Reginald Trevor Davies, The Golden Century of Spain 1501—1621, London, 1937; dt. v. Johannes F. Klein, München und Berlin 1939; Luis Fernández y Fernández de Retana, España en tiempo de Felipe II (1556—1598), Vol. I, Madrid 1958.

[2]) Vgl. Clemens Bauer, Die europäische politische Situation von 1559 und ihre finanziellen Hintergründe, HJB. 53 (1933), S. 27—44; Ernst Walter Zeeden in Gebhardt-Grundmann, Handbuch der Deutschen Geschichte II⁸, Stuttgart 1958, § 35, S. 108.

[3]) Vgl. Antonio Truyol y Serra, Die Grundlagen der völkerrechtlichen Ordnung nach den spanischen Völkerrechtsklassikern, Heidelberger Jahrbücher 1958/II, hg. v. d. Univ.-Gesellschaft Heidelberg, Berlin-Göttingen-Heidelberg 1958, S. 63.

maßen diesseitige und jenseitige Wirklichkeit[4]). Der höchste
Wertmaßstab, die ausschlaggebende Richtschnur des Säkulums,
jedoch ergab sich aus der Frömmigkeit[5]), die dem namenlosen
Menschen, aber auch dem siegreichen Herrscher tiefstes persönliches Anliegen und Unterpfand eines unverlierbaren Heilsoptimismus gewesen ist.

In der Reihe der „magistri Hispanorum" begegnen nicht zuletzt
zwei Klassiker der Jurisprudenz, die berühmten Salmantizenser
Kanonisten Martin de Azpilcueta und Diego de Covarruvias. Martin de Azpilcueta[6]), der weitbekannte Augustiner-

---

[4]) Vgl. Alois Dempf, Christliche Staatsphilosophie in Spanien, Salzburg 1937, S. 166. Johannes Vincke hat treffend darauf hingewiesen,
wie sich auch im spanischen Menschen des späten Mittelalters gleichzeitig
Idealismus und Realismus vereinen konnten (Kirche und Staat in Spanien
während des Spätmittelalters, Röm. Quartalschrift, 43 Bd., H. I/II, S. 53).

[5]) Treffend hat Reinhold Schneider dieses Bewertungsprinzip
charakterisiert: „Die Frömmigkeit ist in dieser Zeit das oberste Maß"
(Philipp der Zweite oder Religion und Macht, Fischer Bücherei 44/1958,
S. 74).

[6]) Über ihn vgl. u. a. Don Mariano Arigita y Lasa, El doctor
Navarro, Don M. de Azpilcueta y sus obras. Estudio histórico crítico, Pam-
plona 1895; Hermilio Olóriz, Nueva biografía del doctor Navarro don
Martín de Azpilcueta, Pamplona 1918; A. Lambert, D D C I (Paris 1935),
col. 1579—1583; José Goñi Gaztambide, Por qué el Dr. Navarro no
fué nombrado Cardenal, Príncipe de Viana, Año III, n. 9 (1942), p. 419 bis
455; ders., Noticias intimas sobre el Dr. Navarro, Príncipe de Viana, Año
IV, n. 13, p. 519 s.; ders., Un decenio de estudios sobre el Dr. Navarro
D. Martín de Azpilcueta (1936—1946), Rivista Española del Derecho
Cánonico 1 (Madrid 1946), p. 815—831; ders., Un dictamen inédito del
Dr. Navarro sobre Cruzada, Hispania 1946 n. XXIII, p. 242—266;
Maria Luisa Larramendi de Olarra José Olarra, Miscelánea de
noticias Romanas acerca de Don Martin de Azpilcueta, Doctor Navarro,
Madrid 1943. Alberto Ullastre Calvo, Martin de Azpilcueta y co-
mentario resolutario de cambio. Las ideas economicas de un moralista
español del siglo XVI, Anales de Economía I (1941), p. 375—407; Luciano
Pereña Vicente, La Universidad de Salamanca, forja del pensamiento
político español en el siglo XVI. Acta Salamanticensia. Historia de la Universidad I n. 2, Salamanca 1954; Francisco Elias de Tejada, El
concepto del derecho natural en los comentaristas hispanos de Graciano,
Studia Gratiana II, Bologna 1954, p. 88s.; Ulrich Mosiek bei Buchberger, LThK². I (Freiburg i. Breisgau 1957), Sp. 1160. Neben seiner Zugehörigkeit zur Kanonistik zählt Azpilcueta ebenfalls zu den Repräsentanten

chorherr Doctor Navarrus (1493—1586) ist nach einer glänzenden akademischen Lehrtätigkeit in Toulouse, Cahors, Salamanca und Coimbra insbesondere dadurch hervorgetreten, daß
er nicht allein als Konsultor der „Sacra Poenitentiaria" und
Gewissensrat der Päpste Pius V., Gregor XIII. und Sixtus V.
wirkte, sondern vor allem den von der Inquisition wegen Ketzerei-
verdachts verfolgten Erzbischof von Toledo und Beichtvater
Philipps II. Bartholomé de Carranza[7]) OP 1567 in Valladolid
und Rom verteidigte. Azpilcueta verkörperte in seiner gleichzeitigen Eigenschaft als Moralist, Asket und Kanonist einen der
originellsten und fruchtbarsten Vertreter der spanischen Schule
seines Jahrhunderts[8]). Als scharfsinniger und schonungsloser
Zeitkritiker war Azpilcueta persönlich durchaus von der Tatsache
überzeugt, daß auch die Rechtsgelehrten seiner Tage schlechthin,
irregeführt durch die der iura divina unkundigen Neuerer aus
ihrer Mitte, in auffallender Weise allein nur noch das menschliche
Recht, die iura humana, hochschätzten[9]). Nicht minder bedeutsam

---

der kasuistischen Moral (vgl. in dieser Richtung: Martin Grabmann,
Die Geschichte der katholischen Theologie von dem Ausgange der Väterzeit (Herders theologische Grundrisse), Freiburg im Breisgau 1933, S. 181).
— Für Unterstützung in der Auffindung und Beschaffung der einschlägigen
spanischen Neuerscheinungen, insbesondere der Literatur aus den Kriegs-
jahren, bin ich Herrn stud. jur. Richard Gebhardt aus München, z. Z.
Stipendiat in Madrid, zu aufrichtigem Dank verpflichtet.

[7]) Vgl. J. Ignacio Tellechea, LThK². II (1958), Sp. 957; Larramendi
de Olarra, l. c., p. 70 ss.; Gregorio Marañón, El proceso del Arzo-
bispo Carranza, Boletín de la Real Academia de la Historia, Tomo 127,
Madrid 1950, p. 135—178.

[8]) Siehe ebenfalls: A. Lambert, DDC. I, col. 1579. — Dieser Studie
liegen die Werke Azpilcuetas in folgenden Ausgaben zugrunde:
a) Martini Azpilcueta Doctoris Navarri Iurisconsultorum nostrae
aetatis clarissimi et perspicacissimi Sacrorum Canonum et utriusque iuris et
facti quaestionum interpretis solertissimi Opera, Coloniae Agrippinae
(apud Joannem Gymnicum sub Monocerote) M. D. C. XVI, 3 tomi. (zitiert:
Op.).
b) Martini ab Azpilcueta Doctoris Navarri ... Consiliorum et
responsorum tomi duo, Coloniae Agrippinae (Sumptibus Joannis Gymnici,
sub Monocerote) M. D. C. XVI. (zitiert: Cons.).

[9]) „... dum sola iura humana cum deductis ex eis a neotericis divina
ignorantibus magnificant ..." (Commentarius in cap. Non Liceat XII
q. 2 = Op. I, p. 197 col. 1 B).

als der Lehrer, „el doctor Navarro", wirkte der Schüler, „el Bartolo español". Unter dem hochklingenden, anspruchsvollen Namen des spanischen Bartolus verbirgt sich kein anderer als der große Theologe und durch profunde Kenntnis des zivilen und kirchlichen Rechtes ausgezeichnete Kanonist Don Diego Covarrubias y Leyva (1512—1577)[10]), einer der meistzitierten Naturrechtslehrer der iberischen Halbinsel. Kein geringerer als der deutsche Rechtsenzyklopädist Joseph Kohler[11]) hat ihn als den größten Juristen angesprochen, „den Spanien hervorgebracht hat", indem er gleichzeitig betonte, daß bei ihm „die bewunderungswerte technische juristische Begabung aufgewogen" werde „durch einen ebenso großen philosophischen Geist". Das abschwächende Urteil eines modernen Autors wie Ernst Reibstein[12]), der von Covarruvias nicht zuletzt behauptet, er sei in allem, „was er als Kanonist tat und schrieb, Vertreter der Interessen des weltlichen Staates" gewesen, bedarf immerhin vorsich-

---

[10]) Über seine Persönlichkeit und sein literarisches Schaffen unterrichten u. a. Johann Friedrich von Schulte, Die Geschichte der Quellen und Literatur des Canonischen Rechts III/1, Stuttgart 1880, S. 721f. Nr. 18; Arigita y Lasa, El doctor Navarro, Pamplona 1895, p. 124ss.; Enciclopedia universal illustrada Europeo-Americana, Tomo XV, Barcelona 1913, p. 1413—1414; J. Raffalli, DDC. IV (1949), col. 756; Alberto Scola, Enciclopedia Cattolica IV, Città del Vaticano 1950, col. 794; Hellmuth von Weber, Influencia de la literatura juridica española en el derecho penal comun aleman, AHDE. XXIII (1953), p. 717—735; Antonio Marin López, El concepto del Derecho de gentes en Diego Covarrubias y Leyva, Revista Española de Derecho Internacional VII, 1954, p. 505 ss; L. Pereña Vicente, Diego de Covarruvias unɑ die Eroberung Amerikas, Archiv des Völkerrechts VI (1956/57), S. 129ff.; Diego Covarruvias y Leyva, Textos jurídicos,. ed. Manuel Fraga Iribarne, Madrid 1957; Ulrich Mosiek, Die probati auctores in den Ehenichtigkeitsprozessen der S. R. Rota seit dem Inkrafttreten des Codex Iuris Canonici (= Freiburger Theologische Studien, 74. H.), Freiburg 1959, S. 76 Nr. 11; Florencio Marcos, Don Diego de Covarrubias y la Universidad de Salamanca, Salm VI, 1959, p. 37—85.

[11]) Joseph Kohler, Die spanischen Naturrechtslehrer des 16. u. 17. Jahrhunderts, Archiv für Rechts- u. Wirtschaftsphilosophie X (1917), S. 241.

[12]) Vgl. Ernst Reibstein, Johannes Althusius als Fortsetzer der Schule von Salamanca (= Freiburger Rechts- u. Staatswissenschaftliche Abhandlungen, Bd. 5), Karlsruhe 1955, S. 37.

tiger Einschränkung, genauer der Prüfung und Begründung hinsichtlich der Einzelpartien des kanonistischen Lebenswerkes dieses großen Spaniers und dieser Leuchte der Kirche. Covarruvias, der zu den klassischen Vertretern der scholastischen Theorie zählt[13]), dozierte seit 1543 kanonisches Recht an der Universität Salamanca, amtete als Richter in Granada, wurde 1560 Bischof der kleinen kastilischen Diözese von Ciudad-Rodrigo und erlangte 1565 den Episkopat von Segovia im Südosten des alten Kastilien. Auch eine überragende Staatsstellung hatte er in seiner Eigenschaft als Vorsitzender des obersten Rates des spanischen Königs Philipp II. inne[13a]). Daneben schuf seine rastlose Feder ein umfängliches wissenschaftliches Werk[14]) von achtunggebietendem inhaltlichen, aber auch schon rein äußerlich imposanten Format.

---

[13]) Vgl. Peter Tischleder, Ursprung und Träger der Staatsgewalt nach der Lehre des hl. Thomas und seiner Schule, München-Gladbach 1923, III. Teil § 4, S. 222.

[13a]) In dieser Beziehung cf. Variarum resol. Lib II Cap. IX: „... Rex ipse Catholicus curam habeat constituendi summum illud praetorium, quod in eius curia, et apud ipsum Principem causas totius Hispaniae ad huius criminis punitionem pertinentes tractat; cui praeest unus ex summis Hispaniae Praesulibus, qui expensis Regiis per totam Hispaniam constituit ac mittit haereticae pravitatis inquisitores, ad labem istam extirpandam, quo fit, ut mirum non sit, omnia haereticorum bona ad Principem et Regium fiscum deferri, ad tot expensarum subministrationem." (Covarruvias, Op. II,p. 158 n. 12.)

[14]) Für die vorliegende Abhandlung wurden folgende Ausgaben der Werke Covarruvias verwertet:
a) Didaci Covarruvias a Leyva Toletani, Episcopi Segobiensis, Philippi II Hispaniarum Regis, Summo Praefecti Praetorio, ac iuris utriusque interpretis acutissimi, Opera omnia, 2 tomi, Francofurti ad Moenum (apud Joannem Saurium) M. D. C. VIII.
b) Didaci Covarruvias a Leyva ... Opera Omnia, 2 tomi (... accesserunt Joannis Uffelii J. C. Patricii Bruxellensis), Lugduni M. D. C. LXI (Sumptibus Horatii Boissat, et Georgii Remeus). Diese Ausgabe enthält die Vita des Autors (ab Andrea Schotto).
c) Didaci Covarruvias a Leyva ... Opera omnia, 3 tomi, Francofurti (ex officina typographica Nicolai Bassaei, impensis Sigismundi Feierabend) M. D. LXXIII.
d) Didaci Covarruvias a Leyva, Variarum ex iure pontificio, regio, et caesareo resolutionum libri III, Venetiis (Ad candentis Salamandrae insigne) M. D. LXV. (zitiert: Variarum Resol.).

Die geistige Grundhaltung der spanischen Rechtsdenker selbst erschließt sich in ihrem scholastischen Fundament gleichnishaft in jener knappen Formel eines Dominikus Sotto (1494—1560), wonach Gott eben der Fürst aller Gesetzgeber sei[15]). Das gerechte Gesetz jedoch findet nach Covarruvias seine (sittliche) Grundlage, seine Legitimität, in der natürlichen Vernunft, die gleichwohl unveränderlich, unwandelbar ist. Insofern vermag auch ein einmal gesetzmäßig zustande gekommenes Gesetz nachträglich nicht mehr abgeändert zu werden[16]). Es ist vielmehr verbindlich geworden. Vor allem enthält das Evangelium, das Neue Testament, keine Vorschrift, die nicht zugleich ebenfalls dem Naturrecht angehört, ausgenommen allerdings die Normen über Sakramente und Glauben[17]). Letztere gehören vielmehr dem ,,ius divinum positivum", dem Offenbarungsrecht, an. In dieser transzendentalen Sphäre der Rechtserzeugung verbleibt dem rechtsschöpferischen Menschen nur seine private, nicht autoritative Wirkungsmöglichkeit. Den Rechtsauffassungen des einzelnen, auch den Meinungen des Kamaldulensers Gratian, kommt Gesetzeskraft nicht zu[18]). Wohl aber formte die Auffassung der Schule entscheidend den Argumentationsstoff, prägte sie den Denkstil für die wissenschaftlich-politischen Kontroversen.

I.

Den Zugang zur Auffassung der spanischen Schule vom Verhältnis der beiden Gewalten, über das Nebeneinanderwirken und Ineinandergreifen der geistlichen und weltlichen Macht, verschafft die Zweischwerterlehre. Ausgehend von dem Ruf der Jünger im

---

[15]) Vgl. Tischleder, Ursprung und Träger der Staatsgewalt nach der Lehre des hl. Thomas und seiner Schule, II. Teil, 3. Kap. § 2 Nr. 2, S. 139.

[16]) Pars I Relect. c. Alma mater etc. in 6 § XII: ... ,,lex iusta fundamentum habet a naturali ratione: quae tamen immutabilis est ... ergo lex semel iuste statuta mutari non potest" (Covarruvias, Op. I, p. 379 n. 1).

[17]) In lege autem Evangelica nullum praeceptum continetur, quod non sit iuris naturalis, praeter praecepta de sacramentis, atque de fide (Covarruvias, Op. I, p. 176 n. 2).

[18]) ,,... cum non habeant Gratiani opiniones vim legis" (Covarruvias, Res. II, p. 494 n. 6 [oben]).

Lukasevangelium (22, 38): „Ecce duo gladii" — Herr, siehe, hier
sind zwei Schwerter — bemerkt Covarruvias, daß diese Worte
nicht bedeuteten, daß ein Fürst, beispielsweise der Kaiser, von
Gott für den gesamten Erdkreis schlechthin in weltlichen Angelegenheiten eingesetzt sei. Vielmehr bestehen eben z w e i G e -
w a l t e n auf Erden nebeneinander: eine geistliche und eine weltliche: una potestas spiritualis, altera potestas temporalis. Die
Existenz dieser beiden Gewalten aber wird durch die Schöpfungs-
geschichte (Genesis I, 16)[19] begründet, als Gott bei der Erschaf-
fung der Welt zwei große Lichter machte, ein größeres Licht, das
den Tag regieren, und ein kleineres, das in der Nacht leuchten
sollte. Diese Bibelstelle hat dann Papst Innozenz III. 1201 bekanntlich in der in den Liber Extra (c. 6 § 4 X de maioritate et
obed. I, 33) eingegangenen Formulierung und Version interpretiert[20]. Gott hat demnach zwei hohe Würden eingesetzt: die
päpstliche Autorität und die königliche Gewalt — „pontificalis
auctoritas et regalis potestas"[21]. Von beiden ist die den Tag er-
hellende geistliche Gewalt die höhere, vorrangige, zumal sich
Papst und König ihrerseits wie Sonne und Mond unterscheiden.
Der Himmel aber, an dem diese Gestirne strahlen, wird mit der
Universalkirche identifiziert.

Azpilcueta umschrieb nun seinerseits die päpstliche und kaiserliche Gewalt mit den Sinnbildern von Gold und Blei, vom edleren
und minderen Metall. Indem er die Metapher vom Papste als dem
Abbild der Sonne und vom Kaiser als dem des Mondes aufgriff,
bemerkte er, daß der Mond sein Licht von der Sonne empfange.
Insofern werde auch der Standpunkt vertreten, wonach der

---

[19] Fecit Deus duo luminaria magna, luminare maius, et luminare minus.

[20] „Ad firmamentum igitur coeli, hoc est universalis ecclesiae, fecit Deus
duo magna luminaria, id est duas magnas instituit dignitates, quae sunt
pontificalis auctoritas, et regalis potestas. Sed illa, quae praeest diebus, id
est spiritualibus, maior est; quae vero (noctibus, id est) carnalibus, minor,
ut, quanta est inter solem et lunam, tanta inter pontifices et reges differentia
cognoscatur." (Cf. Corpus Iuris Canonici, ed. Lipsiensis secunda post
A e m i l i i L u d o v i c i R i c h t e r i curas ... instruxit A e m i l i u s F r i e d b e r g,
Pars II: Decretalium Collectiones, Graz 1955, col. 198.)

[21] Cf. C o v a r r u v i a s, Op. I, p. 454 n. 5.

Kaiser seine Gewalt vom Papst erhalte[22]). Bei dieser Gelegenheit
berief sich der Doctor Navarrus ausdrücklich auf die gelasianische
Gewaltendoktrin, auf die berühmte „formula Gelasiana" (c. 10
D. 96)[23]): „Duo sunt quippe ... quibus principaliter hic mundus
regitur: auctoritas sacra Pontificum, et regalis potestas." An
dem Wesensunterschied der beiden Gewalten hielt auch der
große Schüler Covarruvias unverbrüchlich fest, ohne zu versäumen
darauf hinzuweisen, wie doch auch Christus als oberster Priester
seiner Kirche bewußt auf eine Beanspruchung der zivilen oder
bürgerlichen Jurisdiktion verzichtet hatte[24]). Bei der Beurteilung
der berühmten Konstitution des Papstes Bonifaz VIII. „Unam
Sanctam" entwickelte Covarruvias seine Theorie der indirekten
Gewalt, die ihrerseits die starken Übersteigerungen des mittelalterlichen Kurialismus mildernd korrigierte[25]). Seine kritische
Analyse dieser großen legislatorischen Manifestation der papalen
Weltherrschaftsidee, die in die Extravagantes communes (c. 1
extravag. comm. I, 8) eingegangen ist, versuchte den tatsächlichen
Sinngehalt der Bulle freizulegen. Bonifaz VIII. hat bekanntlich
proklamiert, daß die beiden Schwerter, der „uterque gladius"

---

[22]) Relect. cap. Novit. de iudic. Notab III: „... quod potestas Papalis
auro, Imperatoria vero plumbo comparatur. Et quod Papa Solis instar
est orbis: Imperator autem instar Lunae. At luna quod lumen habet, a
Sole recipit. Ergo et Imperator quam potestatem habet, a Papa dicetur
habere" (Op. II, p. 98 col. 1 B).

[23]) Vgl. eingehend dazu: Lotte Knabe, Die gelasianische Zweigewaltentheorie bis zum Ende des Investiturstreites (= Historische Studien, hg. v.
Emil Ebering, H. 292), Berlin 1936; cf. Alphonsus Stickler, Magistri Gratiani Sententia de potestate Ecclesiae in Statum (Pontificium
Institutum Utriusque Iuris, Theses ad Lauream N. 65 = Excerptum ex
ephemeride <<Appollinaris>>, XXI, 1948, 36—111), Romae 1949, p. 66.

[24]) Practicarum Quaest. Cap. XXXI: „De iurisdictione in Clericos
primae tonsurae": „Ecclesiasticam et spiritualem potestatem ita a temporali
distinctam esse, ac fuisse constat, ut nihil deroget illi, aut detrahat, quo
minus et divina Dei optimi maximi ordinatione seculares principes propriam
exercere valeant iurisdictionem absque ulla veterum canonum, et conciliorum
universalium laesione et iniuria: praesertim ex eo, quod et ipse summus
Ecclesiae Pontifex non semel testatissimum faciat, se minime velle Regiam,
civilem aut saecularem perturbare iurisdictionem" (Covarruvias, Op. II,
p. 488).

[25]) Vgl. Reibstein, a. a. O., S. 205.

und die beiden Gewalten dem römischen Papst eignen. Damit
liegt die doppelte geistlich-weltliche Macht bei der Kirche. Die
weltliche Gewalt, die sich in der Hand der Fürsten vereinigt,
soll der geistlichen dienen und ihr untertan sein[26]). Nach der
Auffassung des großen Kanonistenpapstes, des Gesetzgebers der
„Unam Sanctam", sollten die profanen Herrscher, insbesondere
die Könige, das weltliche Schwert für die Kirche führen. Der
spanische Bartolus argumentierte, daß aus dem bloßen Text
der Bulle freilich nicht unbedingt gefolgert werden müsse, daß
der Papst von Gott die „potestas temporalis" in der Weise empfangen habe, damit diese vom weltlichen Fürsten gehandhabt
werde. In Wahrheit habe sie der Papst von Jesus Christus bloß
wie eine unterstellte und der geistlichen Gewalt untergeordnete
empfangen. Er könne sich jedoch der weltlichen Gewalt insoweit
bedienen, so oft als ihre Anwendung erforderlich erscheine oder
sie der Ausübung der geistlichen Jurisdiktion nützlich sei[27]).
Diese denkerische Plattform einer wohltemperierten Zuordnung
beider Gewalten erscheint wichtig für das Verständnis des Verhältnisses und der Beziehung von Geistlich und Weltlich, von
Kirche und Staat, wie es die großen spanischen Rechtsphilosophen
und Koryphäen der zeitgenössischen Kirchenrechtswissenschaft
erkennen lassen[28]). An dieser echt scholastischen, auf einer Harmonisierung der historischen Gegensätze aus der kurialistischen und
imperialen Doktrin aufbauenden Vermittlungslehre der Spanier
enthüllt sich die Gewaltentheorie der iberischen Kanonistik des
Goldenen Zeitalters.

[26]) Pars II Relect. C. Peccat. de reg. iur. in 6, § IX: „... Id profecto
eam interpretationem habet, ut utraque potestas sit in Ecclesia, uterque
gladius sit datus Petro, et Romanis Pontificibus in hunc finem, quod temporalis existens penes saeculares Principes spirituali ministret, subserviat,
subordinetur, et subditus sit" (Covarruvias, Op. I, p. 496 n. 7*).
[27]) „Nec tamen ex hoc necessario infertur, Romanum Pontificem a Deo
habuisse potestatem temporalem eo modo, quo a saeculari Principe exercetur: sed vere eam habuit Papa a Christo Jesu ut subditam, et subordina-
tam potestati spirituali: utque ea possit uti, quoties necessaria sit, aut
utilis spiritualis iurisdictionis exercitio (l. c.).
[28]) Vgl. Otto von Gierke, Das deutsche Genossenschaftsrecht, IV. Bd.,
Darmstadt 1954, § 4 II, S. 64.

II.

Trotz aller Erschütterungen, die bis zum Ende des Mittelalters auch die Ekklesiologie berührten, vermochte sich als dominierende Begriffsprägung der „Ecclesia" der Kirchenbegriff des kanonischen Rechts zu behaupten. Es ist die gratianische, auf Papst Nikolaus I. (858—867) zurückgreifende Definition der anstaltlichen Korporation (c. 8 D. I de consecr.): „Ecclesia, id est catholicorum collectio." Die Kirche stellt danach die Zusammenfassung, die körperschaftliche Vereinigung der Katholiken dar. Ein Azpilcueta[29]) hat die mehrfache Bedeutung des Kirchenbegriffes betont, der sich nicht allein im reinen Rechtsbegriff, in der sichtbaren und juristisch faßbaren anstaltlichen Einheit der „convocatio fidelium" bzw. „Catholicorum collectio" erschöpft, sondern im mystischen Symbol des „corpus Christi" dokumentiert. Für den Doctor Navarrus manifestiert sich die Ecclesia militans als die Gemeinschaft aller getauften Gläubigen (collectio omnium fidelium baptizatorum), und zwar sowohl der Prädestinierten als auch der Nicht-Prädestinierten, sowohl der Guten als auch der Schlechten. Voraussetzung der Zugehörigkeit zur Ecclesia militans ist lediglich fester und aufrichtiger katholischer Glaube[30]). Covarruvias hat die Kirche Gottes als Fundament und Säule der Wahrheit gepriesen[31]). Die katholische Kirche wird am treffendsten als Segenspenderin, Nährmutter, „alma mater", nach dem Gleichnis Bonifaz' VIII. (c. 24 in VI^{to} de sententia excomm. V,11) bezeichnet, weil sie uns mit reichen Heilsgütern stärkt und die Sakramente reicht, die der Erlöser zur Sündenvergebung einsetzte. Sie repräsentiert Christi reine Braut und blieb verborgen bis zur Inkarnation

---

[29]) Op. I, p. 440 col. I E.

[30]) Ecclesia militans ... est collectio omnium fidelium baptizatorum, tam non praedestinatorum quam praedestinatorum, et tam bonorum, quam malorum firmam et synceram fidem Catholicam tenentium. — (Azpilcueta, Op. I, p. 440, col. 2 B).

[31]) Variarum resolutionum, Lib. I Cap. IX: „De Confirmationis Sacramento": „Ecclesia Dei, quae est fundamentum, et columna veritatis ..." (Op. II, p. 51 n. 2).

(Menschwerdung) des Bräutigams[32]). Unter ihrem unsichtbaren göttlichen Leiter bildet die Universalkirche eine irdische Gesellschaft in der Einheit des Glaubens und Bekenntnisses (in unitate fidei et religionis). Sie ist echt katholisch, weil alle Völker des Erdkreises sich zu der einen Ehe Christi (thalamus Christi) mit seiner Kirche verbinden. Ihre Charakteristika erschließen sich in dem einen Glauben, der einen Taufe, dem einen Gott und dem einen Haupt Christus[33]). Alle Gläubigen aber scharen sich als Herde unter einen Hirten. In diesem Sinne bedeutet die Kirche das im einen Glaubensbekenntnis verbundene Volk[34]). Die Kirchenglieder sind gemäß der Einheit des einen Glaubenszeichens (unius signaculi fidei) versammelt und korporativ entsprechend den sichtbaren Sakramenten verbunden. Damit nähert sich der Kirchenbegriff des Bartolo Español bereits stark der später allgemein anerkannten Ekklesiologie des Kardinals Robert Franz Romulus Bellarmin (1542—1621), bei dem die Kirche ebenfalls die Gemeinschaft der Getauften ist, die durch das Glaubensbekenntnis und die Sakramentsgemeinschaft unter der Leitung

[32]) Ecclesia Catholica ... quod sanctissima sit, ac Christi sponsa virgo, et immaculata, abscondita usque ad sponsi incarnationem sub velamine prophetarum (Pars I Relect. c. Alma mater etc. in 6, § XII: De mutatione Legum = Covarruvias, Op. I, p. 379 n. 1).

[33]) Variarum resolutionum, Lib. IV, Cap. XIV: „De libris canonicis et Apocrỹphis": Ecclesia igitur Catholica dicitur, id est universalis, quod protendat palmites suos in quaelibet loca et tempora, continuata sub uno duce invisibili Deo in unitate fidei et religionis, quae quidem societas in orbe semper fuit, et erit usque in consummationem saeculi ... Erit enim, et fuit, Catholicae et universalis Ecclesiae per totum orbem, omnesque gentes diffusae unus thalamus Christi. Una, inquam fides, unum baptisma, unus Deus, unum caput Christi (Covarruvias, Op. II, p. 334 n. 10).

[34]) ... omnes fideles sunt grex sub uno pastore: ut sit iuxta hunc sensum Ecclesia populus in unam professionem fidei cohaerens, saltem secundum unionem professionis, et visibilem quandam Christianae fidei formam; in quo coetu et bonos, et malos dicimus esse permixtos, qui etsi non sint colligati omnes unitate spiritus, et vinculo charitatis; colligati tamen sunt secundum unionem unius signaculi fidei, et corporaliter coniuncti secundum visibilia pietatis sacramenta (l. c.).

des Papstes zusammengehalten wird[35]). In der Kirche sind nach
Augustinus schließlich jedoch nicht weniger Schlechte als Spreu
im Weizen anzutreffen[36]). Immerhin hat, und darauf berief sich
Covarruvias ausdrücklich, das Tridentinum (Sessio VI, Cap. 15)[37])
verkündet, daß durch die Todsünde zwar die Gnade, nicht aber
der Glaube verlorengehe. Wahrer Glaube ist immer noch dann
vorhanden, wenn der Betreffende überhaupt noch Christ genannt
werden kann[38]), d. h., wenn seine Kirchengliedschaft außer Zweifel
steht. Die Kirche selbst aber, die Gottes Geist erfüllt, vermag in
der Auslegung göttlicher Zeugnisse nicht zu irren. Ihre Infallibilität in Glaubensfragen erhellt daraus, daß sie von Christus, ihrem
Bräutigam, regiert und gelehrt wird[39]).

Die Autorität der Kirche bildet die Grundlage aller zum Glauben
gehörenden Dinge. Die Traditionen der Universalkirche in Glaubenssachen seien nach Covarruvias' Auffassung von nicht minderer
Autorität als selbst die Heilige Schrift, auch wenn deren Zeugnis
zur Beweisführung dessen, was die Kirche überliefert hat, fehlen
sollte[40]). Daraus erhellt, daß die Autorität ihrerseits einen regelrechten Rechtsbegriff darstellt. Sie enthüllt sich ganz im tho-

---

[35]) Vgl. Franz Xaver Arnold, Die Staatslehre des Kardinals Bellarmin'
München 1934, S. 326; Friedrich Merzbacher, Wandlungen des Kirchenbegriffs im Spätmittelalter. Grundzüge der Ekklesiologie des ausgehenden
13., des 14. u. 15. Jahrhunderts, ZRG. 70 Kan. Abt. 39 (1953), S. 360f.
[36]) Sunt ergo mali in Ecclesia Dei non secus quam palea in frumento
(Augustinus). (Covarruvias, Op. II, p. 334 n. 10.)
[37]) Sed et Synodus Tridentina ... pronunciavit, per peccatum mortale
fidem non amitti ... (l. c.). — Cf. Henrici Denzinger, Enchiridion
Symbolorum, Definitionum et declarationum de rebus fidei et morum ...
denuo ed. Carolus Rahner. S. J., Ed.[31], Barcinóne — Friburgi Brisg. —
Romae 1957, n. 808, p. 293: ,,divinae legis doctrinam defendendo, quae
a regno Dei non solum infideles excludit, sed et fideles quoque fornicarios,
adulteros, molles ... fures ...''
[38]) ... veram tamen esse fidem, quae sufficiat ut quis dici vere possit
Christianus (Covarruvias, l. c.).
[39]) Variarum resol., Lib. I, Cap. IX: ,,De Confirmationis Sacramento'':
Ecclesia ergo Spiritum Dei habens, errare nequit in divinis testimoniis
interpretandis; quippe quae ab ipso Christo eius sponso regatur, et doceatur.
(Covarruvias, Op. II, p. 51 n. 2.)
[40]) Primum ergo principium rerum ad fidem pertinentium, ipsius ecclesiae
authoritas est, ut universalis ecclesie traditiones in pertinentibus ad fidem

mistischen Sinne als die Zuständigkeit zur Rechtssetzung[41]).
Der Kirche eignet als „societas perfecta" kraft ihrer Autonomie
die Befugnis, selbst Recht zu schaffen. Sie selbst steht dabei
außerhalb der staatlichen Rechtsordnung. Das profane Recht
entbehrt zudem der Verbindlichkeit gegenüber der Kirche. Die
weltlichen Gesetze beschränken vielmehr die Kirche überhaupt
nicht[42]). Dafür bot sich dem großen Spanier der unmißverständliche Beleg im Decretum Gratiani, im Rechtssatz „Sed sancta
Dei ecclesia numquam mundanis constringitur legibus" (c. 6
C. XXXIII q. 2).

III.

Durchaus begreiflich ist es, wenn in der juristischen Konzeption
dieser spanischen Meister das Papsttum einen nicht geringen Raum
einnimmt, tritt doch gerade in der Erscheinung des Papstes
wesenhaft die Gestalt des Priesterkönigs in das Blickfeld. Azpilcueta betont diese Doppelstellung des obersten Stellvertreters
Christi auf Erden, indem er hervorhebt, wie der Papst sowohl
oberster Hoherpriester und höchster König — „summus Pontifex
et summus Rex" — geheißen werde[43]). Diese zweifache Rang-
position des Nachfolgers des hl. Petrus ergibt sich aus dem göttlichen Ursprung der Gewalt des Papstes, der zur Leitung der
christlichen Welt, eben „ad regimen universalis ecclesiae" nach
der in die Dekretalen aufgenommenen Bulle Innozenz' III. „Novit

---

non minoris authoritatis sint, quam ipsa sacra scriptura, etiam si eius
testimonium desit ad probationem eius, quod ecclesia tradiderit ... (Covarruvias, Variarum resol., Lib. I, p. 168 n. 2).

[41]) Vgl. dazu: Franz Faller, Die rechtsphilosophische Begründung der
gesellschaftlichen und staatlichen Autorität bei Thomas von Aquin. Eine
problemgeschichtliche Untersuchung (Sammlung Politeia, hg. A. F. Utz
u. E. Bongras, Bd. V), Heidelberg 1954, S. 72.

[42]) „De matrimonio", Pars II, Cap. VII § VII: De iure in deprehensos in
adulterio: „... Ecclesiam mundanis hisce legibus minime constringi"
(Covarruvias, Op. I, p. 199 n. 15).

[43]) et Papa una ratione dicitur summus Pontifex, et alia summus Rex ...
(Azpilcueta, Cons., Lib. V, p. 193 Col. 1 D) — Zur Auffassung, die den
Papst als „verus imperator" wertete, vgl. ebenfalls Antonio Marongiu,
Un momento tipico de la monarquia medieval: el rey juez, AHDE. XXIII
(1953), p. 707.

ille" von 1204 (= c. 13 X de iudiciis II, 1) berufen ist. Der Papst
steht über allem positiven menschlichen Recht[44]) und hat allein
das natürliche und evangelische Recht zu beobachten[45]). Nicht
zuletzt kann er als Richter in eigener Sache amten, ganz entsprechend wie der Kaiser in Sachen seines Fiskus[46]). Er ist als
höchster Vikar Christi das Haupt und der Leiter der Katholischen
Kirche[47]). Gerade der Doctor Navarrus hat es nicht unterlassen,
Charakter und Rechtsstellung des Papstes eingehend zu analysieren. Nach seiner Darstellung kann man den Papst in doppelter
Sicht betrachten. Einerseits verfügt der Papst als „summus
Christi Vicarius in spiritualibus" über die höchste geistliche Juris
diktion, die er von Christus unmittelbar empfangen hat. Andererseits aber ist er König und Monarch. Als solcher hat er tatsächlich
laikale Jurisdiktion, d. h. die oberste weltliche Hoheit; immerhin
steht diese ihm ausschließlich über die Stadt Rom und einen bestimmten Teil des Erdkreises[48]), nämlich den Kirchenstaat, zu
Gebote. Diese „iurisdictio temporalis suprema" schrieb Azpilcueta der sogenannten Konstantinischen Schenkung[48a]) und den

---

[44]) ... Papa, qui est supra omne ius humanum positivum (Azpilcueta,
Cons., Lib. I, p. 56, col. 2 B).

[45]) ... quod etiam Pontifex Maximus tenetur servare legem naturalem,
et evangelicam ... (l. c., p. 108, col. 2 D). — Nikolaus de Tudeschis, der
Abbas Siculus, hatte bereits gelehrt: „Papa non potest tollere, quod est de
iure divino" bzw. „... papa maxime in his que sunt iuris divini ... obligatur
Deo" (Panormitanus super Prima parte primi Decretalium: De constitutionibus, Rubrica 7, Lugduni 1551, fol. 14 bzw. 15).

[46]) ... quod Papa potest esse iudex in causa propria, ... sicut Imperator
in causa sui fisci ... (Azpilcueta, Cons., Lib. I, p. 123 col. 2 A).

[47]) Practicarum Quaest. Cap. XXXV: „De iure patronatus": ... summus
Christi vicarius, Ecclesiae Catholicae caput, et rector ... (Covarruvias,
Op. II, p. 505 n. 6).

[48]) „Commentarius de datis et promissis pro iustitia vel gratia obtinen-
dis": „... Papa enim potest dupliciter considerari, uno modo quatenus est
summus Christi Vicarius in spiritualibus ... altero modo quatenus est
Rex, et Monarcha habens actu iurisdictionem laicam, sive temporalem
supremam Urbis, et certae partis orbis..." (Azpilcueta, Op. II, p. 203
col. 2 F).

[48a]) C. 13 D. XCVI (Palea): „Constantinus inperator coronam, et omnem
regiam dignitatem in urbe Romana, et in Italia, et in partibus occidentalibus
Apostolico concessit."

Zuwendungen anderer Kaiser, Könige und Fürsten an den Apostolischen Stuhl zu. Bedeutsam erscheint immerhin, wenn man sich
der kurialistischen Version der Zweischwerterlehre erinnert, das
Argument, wonach die oberste weltliche Gewalt des Papstes in
der Stadt Rom nicht schlechthin Ausfluß seines Pontifikats sei,
sondern vielmehr eine bloße Rechtsfolge der Zession profaner
Hoheitsrechte[49]). Territorial gesehen kommt nach dieser Deduktion den Päpsten allein für das Gebiet der Ewigen Stadt der
Königstitel zu[50]). Immerhin besitzt der Papst daneben wohl auch
das Recht, solche Könige absetzen zu dürfen, die ihre Regierung
in dem Maße vernachlässigt haben, daß deshalb das ihnen unterworfene Gottesvolk von der Erlangung des ewigen Lebens abgehalten, vom Gewinn des Heiles abgezogen würde. Im einzelnen
nannte Azpilcueta unterlassene Strafverfolgung, ärgerniserregende
Verletzung der Anständigen und ungerechte, bestechliche Rechtsprechung als Absetzungsgründe[51]). In jedem Falle aber muß die
Amtsentsetzung eines Königs in seinem Reiche kausal erforderlich
sein, um existente schwere Hindernisse für das Seelenheil der
Untertanen zu beseitigen.

Während der Vakanz des Apostolischen Stuhles bleibt die
Kirche gleichwohl nicht ohne ihren Bräutigam, Hirten und Lenker,
weil eben Christus selbst diese Funktion übt, sponsus, pastor et
rector verus et proprius in einem ist. Daraus erhellt eben, wie in
der Spanne der Stuhlerledigung lediglich das Amt des Vikars
Christi unbesetzt ist[52]). Von Christus wurde das Sacerdotium auf

---

[49]) Relect. cap. Novit de iudic.: „... per donationem Constantini convenire Pape supremam in urbe Roma laicam iurisdictionem, et non ex suo
summo Pontificatu" (Op. II, p. 100 col. 1 F, n. 24).

[50]) Pontifices summi ... vero sunt Reges supremi Urbis Romae...
(Op. II, p. 101, col. 2 F).

[51]) Rel. cap Novit de iud. Notab. III: „... ut ob id populus Dei subditus
illis [regibus], retrahatur a consequenda vita aeterna, dum delicta ipsius
non castigantur, boni scandalizantur, sive offenduntur, unicuique suum ius
non redditur ... (Op. II, p. 108 col. 2 D).

[52]) Azpilcueta: „Commentarius de indulg." ..., n. 13: ... vacante
Sede Apostolica non esse Ecclesiam sine sponso, pastore, et rectore: quia
Christus ipse est sponsus, pastor et rector verus, et proprius, et Papa
vicarius eius, quo tunc vacat (Op. III, p. 575 col. 1 C).

den Papst transferiert[53]). Covarruvias führte hinsichtlich der
obersten kirchlichen Gewalt ferner aus, wie den Päpsten, denen
der Primat in der gesamten christlichen Welt eignet, ihre Juris-
diktionsmacht unmittelbar von Christus selbst verliehen sei. Bei
dieser Gelegenheit berief sich der Kanonist auf den eingehenden
Nachweis seines großen Landsmannes, des Kardinals J u a n d e
T o r q u e m a d a[54]). Bekanntlich hat dieser wirklich überragende
Ekklesiologe des Dominikanerordens dem Papst einen „regelrechten Jurisdiktionsprimat über die Gesamtkirche" zugebilligt[55]),
die Oberhoheit „in tota Republica Christiana" zugestanden.

Nach der Auffassung Covarruvias verfügt der Papst über das
Gesetzgebungsrecht für jene Materien, die der Regierung und

---

[53]) Bernardus ergo glossator doctissimus, cum dicit in glossa illius c.
licet de transla. prael. 1 (= c. 4. X de translatione I, 7), c. 1 de homicid.
lib. 6 (= c. 1 in VI^{to} de homicidio V, 4) quod translatum est sacerdotium de
Christo ad Papam ... (l. c., n. 14).

[54]) Suprema potestas Ecclesiastica atque spiritualis non est immediate in
tota Republica Christiana, sed data est a Deo immediate cuidam certae
personae, nempe Petro, et eius successoribus, qui primatum obtinent in
Ecclesiastica Republica, et quibus immediate a Christo potestas iurisdictionis data est supra totam ipsam Rempublicam Christianam, quod latissime
probaverunt Card. a T u r r e c r e m a t a l. 2, de ecclesia, c. 38, 39, 40 ...
(Op. I, p. 494 n. 5). Der Kardinalpriester Johannes de Turrecremata formulierte seine Auffassung in knapper Diktion: Quod autem a Christo immediate
potestatem suam Romanus pontifex habeat facile ostenditur ex multis.
Primo ex illo Math. 16 ubi Christus ait Petro et in eo successoribus: Tibi
dabo claves regni caelorum etc." — „Papalis potestas non potest conferri
ab homine ..." (cf. J o a n. d e T u r r e c r e m a t a, Tituli Sancti Sixti pres-
byteri Cardinalis, Summa de Ecclesia, Venetiis (apud Michaelem Tramezinum) 1561, lib. II Cap. 38, p. 151 & 152). Gleichwohl räumt die kanonische
Wahl allein nicht schon unmittelbar dem Papst alle Gewaltausübung ein.
Vielmehr müssen ebenfalls Salbung und Krönung noch hinzutreten, wie es
die kirchliche Übung erhellt: „Canonica electio non tribuit immediate
papae omne potestatis exercitium nisi concomitetur unctio & coronatio, ut
patet ex practica ecclesiae" (l. c. Cap. 39, p. 153).

[55]) Vgl. K a r l B i n d e r, Wesen und Eigenschaften der Kirche bei Kardinal
Juan de Torquemada O. P., Innsbruck 1955, S. 56. — B i n d e r erwähnt indes
nicht die Rezeption von Gedankengängen Torquemadas durch Covarruvias.

Verwaltung der Kirche zweckdienlich erscheinen[56]). Am meisten jedoch nützt es der kirchlichen Gesamtaufgabe, wenn sich Kirchendiener nicht in weltliche Geschäfte einmischen. Insofern sollen Kleriker gegenüber der Zuständigkeit weltlicher Richter das Recht der Immunität genießen. Der Papst ist jedoch gänzlich außerstande, dem Kaiser eine andere Profangewalt für den gesamten Erdkreis zu übertragen, als er selbst innehat. Aus diesen Argumenten klingt die römische Rechtsparömie „Nemo plus juris transferre potest quam ipse habet" unverkennbar heraus. Insbesondere erschien es dem spanischen Bartolus durchaus ungewiß, ob der Papst die weltliche Jurisdiktion dauernd und eigentlich in der Weise innehabe, daß die weltliche Gewalt von der geistlichen unterschiedlich sei und Königen und Fürsten ebenfalls kraft göttlichen Rechts zukomme[57]). Bekanntlich lehrte bereits Franz de Vittoria (gest. 1546), der Papst sei nicht der dominus orbis, zumal auch Christus lediglich „eine potestas excellentiae, einen Würdevorrang der Erlösung als König der Welt gehabt habe" und sein Reich nicht in dieser Zeitlichkeit bestand[58]). Und Wilhelm Ockham hatte ehedem sogar die Exemtion des Papstes von der Zwangsgewalt des Kaisers und der übrigen weltlichen Richter in Frage gestellt[59]).

---

[56]) Practicarum Quaest. Cap. XXXI: De iurisdictione in Clericos primae tonsurae: „... Pontifex potestatem habet ferendi leges in his, quae sunt Ecclesiae regimini, et administrationi conducibilia: conducit autem plurimum, quod ministri Ecclesia non implicent se negotiis saecularibus ..." (Op. II, p. 490 n. 3).

[57]) ... summus Pontifex non potest in Imperatorem transferre aliam in universum orbem temporalem iurisdictionem, quam ipse habeat: praesertim quod omnino certum non est, summum Pontificem temporalem iurisdictionem habere in habitu, nec actu eo modo, quo temporalis potestas a spirituali distincta est, et Regibus ac Principibus etiam iure divino competit (Op. I, p. 496 n. 7).

[58]) Vgl. Dempf, Christliche Staatsphilosophie in Spanien, S. 21.

[59]) Dialogus Pars III, cap. XXIII: „Papa non est magis exemptus a iurisdictione coactiva imperatoris et aliorum secularium iudicum, quam fuerunt Christus et apostoli, sed Christus in quantum homo mortalis et apostoli, fuerunt ab imperatore, quantum ad iursiditionem coactivam, iudicati ... (Goldast, Monarchia s. Romani Imperii sive tractatuum de iurisdictione imperiali seu regia, Tom. II, Francofordiae (Typis Nicolai Hoffmanni, impensis Conradi Biermanni, et consortum) 1614, p. 956 [46ss]).

Jedenfalls stand für die spanischen Kanonisten des Goldenen Zeitalters andererseits unverrückbar fest, daß der Papst in Glaubenssachen nicht wie irgendein gewöhnlicher Mensch irren könne. Azpilcueta verwies hinsichtlich dieser Infallibilitätslehre ausdrücklich auf die Äußerungen zweier erprobter Geister, des großen spanischen Thomisten Thomas del Vio und vor allem des bedeutenden italienischen Dekretalisten Panormitanus[60]). Für ihn war es eine Tatsache, daß sämtliche allgemeinen Rechtssätze von den Päpsten erlassen worden waren, weil dies eben ihnen kraft ihrer Autorität zukam[61]). Ebensowenig versäumte es sein Schüler Covarruvias, die Interpretationskompetenz des Papstes gerade für das ius divinum hervorzuheben[62]). Gleichwohl erlaube es Gott nicht, daß eine verkehrte und dem katholischen Glauben zuwiderlaufende Meinung des Papstes als Glaubenssatz gelehrt werde[63]). Daher ist auch der Papst bei der Bestimmung und

---

[60]) Azpilcueta, Relect. Cap. Novit de iud. c. Notab, III: „... Papam qua parte Papa est, in his, quae fidei sunt, errare non posse, quod diligenter annotavit ibi Thomas a Vio, reprobans per hoc Panormitanum" (Op. II, p. 103, col. 1 B). Kardinal Thomas Cajetan de Vio, OP (1469—1534) hat die Unfehlbarkeit des Papstes bei Glaubensentscheidungen in seiner Schrift über die göttliche Einsetzung des Pontifikats verteidigt: „Ex soliditate autem in fide persone Romani pontificis in ordine ad ecclesiam provenit, ut errare non possit sententialiter diffiniendo de fide christiana, quoniam in huiusmodi diffinitione construitur fides universalis ecclesie, et per eam edificatur ecclesia Christi ab ipso Christo super petram sedis apostolice." (cf. Thomas de Vio Caietanus O. Pr., De divina institutione pontificatus Romani pontificis (1521), hg. v. Friedrich Lauchert (= Corpus Catholicorum. Werke katholischer Schriftsteller im Zeitalter der Glaubensspaltung 10), Münster in Westfalen 1925, Caput XIII ad 2, S. 83 Zeile 20ff.). Auch Torquemada verfocht die Irrtumslosigkeit des Apostolischen Stuhles in Angelegenheiten des Glaubens: „Iudicium papae seu apostolicae sedis in his quae fidei sunt ... errare non potest" (Summa de Ecclesia, lib. II, Cap. 109 & 110).

[61]) l. c. .... „At constat omnes canones universales editos fuisse a Romanis Pontificibus quatenus sunt vel fuerunt Papae, vel eorum auctoritate ..."

[62]) Habet enim potestatem Rom. Pontif. interpretandi et declarandi ius divinum („De Matrimonio" Pars II Cap. VI § IX: De dispensatione et gradibus in matrimonio prohibitis — Op. I, p. 174 n. 10).

[63]) Covarruvias, Variarum resolutionum Lib. I Cap. X: „Nam etsi Papa errare possit, ut privatus, non tamen permittet Deus, ut id quod prave sentit, et contra Catholicam fidem, toti Ecclesiae, veluti eius pastor, officio Vicarii Christi fungens, credendum praecipiat" (Op. II, p. 55 n. 12).

Prüfung von Glaubenssachen sowie bei der Erledigung schwieriger Geschäfte gehalten, die Kardinäle oder wenigstens Kirchenrechtsgelehrte für die Beratung und Erwägung der zu treffenden Entscheidung zu konsultieren[64]. Insofern vermag der Papst bei der Kanonisation von Heiligen nicht zu irren, wenn er sie nach vorheriger gewissenhafter Prüfung und unter Beachtung des reifen Rates der Fachleute beschließt[65].

Dem Papste kommt gleichwohl die Befugnis zu, menschliches Recht (ius humanum) aufheben zu können. Zum menschlichen Recht ist auch das im Konzil gesetzte Recht zu zählen. Das Dispensationsrecht „in iure humano" vermag folgerichtig ebensowenig dem Papste entzogen zu werden, auch wenn die Universalsynode an den künftigen Dispensationen der Päpste herumtadeln sollte. In dieser ganz auf Turrecremata gestützten Beweisführung Covarruvias' zeichnet sich eine energische Ablehnung jeglichen konziliaren Gedankenguts und die restlose Anerkennung der Superiorität des Papsttums gegenüber dem subordinierten Generalkonzil ab. Es ist insofern vollkommen selbstverständlich, daß das Konzil seinerseits gänzlich außerstande ist, Normen des göttlichen Rechts und des Naturrechts abzuwandeln[65a].

---

[64] „Nec hoc in loco tractare modo vacat, an in rebus fidei definiendis et examinandis, aliisque negotiis arduis expediendis, teneatur summus Ecclesiae Praesul Cardinalium, vel saltem iuris divini peritorum consilium exigere ad iudicii consultationem et deliberationem ..." (l. c.).

[65] „... Ex qua et illud deduci potest, Papam non posse in canonizatione Sanctorum errare, quam praevia diligenti examinatione, maturoque prudentum consilio, uti Ecclesiae summus Praeses, decreverit ..." (Covarruvias, Op. II, p. 55 n. 13).

[65a] Covarruvias, De Matrimonio Pars II Cap. VI § IX: De dispensatione, et gradibus in matrim. prohibitis: „Potest enim Romanus Pontifex ius humanum tollere. At in concilio statutum ius humanum est: igitur et illud potest tollere. Unde ius dispensandi in iure humano Romano Pontifici non aufertur, etiamsi Concilium universale futuris Romanorum Pontificum dispensationibus deroget, uti docet Card. a Turre Crem [ata] in l. 3 [Summae] de Ecclesia, c. 52 & 53 (Op. I. p. 174 n. 14). — Covarruvias, Pars I Relect. c. Alma mater etc. in 6 § II & III: De communione cum excommunicatis: „Constitutio autem Basiliensis Concilii nec voluit, nec potuit mutare quod erat iuris divini, aut naturalis iuris super vitandis criminosis excommunicatis, et his, qui ab Ecclesiae Catholicae mystico corpore sunt separati ..." (Op. I, p. 326 n. 12). Nach der Lehre Turrecrematas vermag die

IV.

Im Rahmen einer Erörterung der Gewalten fallen begreiflicherweise ebenfalls Schlaglichter auf die Rechtsstellung des Klerus.
Der Kanonist findet es darum auch durchaus naheliegend, wenn
sich bei dieser Gelegenheit die spanischen Meister der zeitgenössischen Jurisprudenz dem Problem der Schlüsselgewalt, jener
,,potestas clavium", zugewendet haben. Nach der Meinung des
Covarruvias empfangen die von Christus durch die heilige Weihe
eingesetzten Priester unmittelbar von Gott die Schlüsselgewalt
und damit die Lossprechungsbefugnis von den Sünden ,,in foro
animae". Hingegen erlangen sie ihre Jurisdiktion lediglich von
einem Menschen, nämlich unmittelbar vom Papst oder einem
Bischof. Damit jedoch charakterisiert sich die Leitungsgewalt
(potestas iurisdictionis) als Wirkkraft der Schlüssel[66]). Kraft
göttlichen Rechts genießt übrigens die Geistlichkeit Exemtion
von der Jurisdiktion des weltlichen Fürsten. Diese Befreiung von
der Botmäßigkeit der profanen Herrschaft findet ihren Grund in
dem nicht zu übersehenden Umstand, daß eben die kirchliche
Gewalt, die sich auf die geistlichen Dinge bezieht, von Gott selbst
übernatürlich nach evangelischem Gesetz eingesetzt und vollkommen dem Apostelfürsten Petrus und seinen Nachfolgern,

---

Universalsynode kein päpstliches Gesetz wegen irgendeines Fehlers für
nichtig zu erklären, mithin gegenüber dem Papste keine lex irritans zu schaffen: ,,... universalia concilia non possunt contra Romanum pontificem
decretum irritans condere sive facere". Der Grund liegt in der höheren Autorität des Papstes: ,,papa est superior auctoritate conciliis universalibus, sicut
caput corpore suo" (Summa de Ecclesia, lib. III Cap. 52, p. 337). Die
Auslegung zweifelhafter Gesetzgebungsakte des Universalkonzils und die
Interpretation von Kanones fallen in die päpstliche Zuständigkeit: ,,Prima
quod ad Romanum pontificem maxime pertinet declaratio cuiusvis ambi-
guitatis quae de universalibus conciliis oritur" — ,, ... canonum interpretatio maxime convenit Romano pontifici" (l. c. Cap. 53, p. 338).

[66]) Variarum resolutionum, Lib. I Cap. X: De Confirmationis Sacramento: ,,Constat enim sacerdotes a Christo institutos per sacram ordina-
tionem, a Deo accipere immediate potestatem clavium et sic potestatem
absolvendi a peccatis in foro animae; iurisdictionem autem ab homine,
nempe a Papa, vel Episcopo immediate, quando illis committitur aliquorum
hominum, aut animarum cura. Potestas siquidem iurisdictionis est tamquam
vis motiva clavium" (Op. II, p. 54 n. 11).

nicht aber den weltlichen Herrschern überlassen wurde. Daraus
erhellt hinlänglich, daß den weltlichen Fürsten in geistlichen
Angelegenheiten keinerlei Gewalt zusteht[67]). In weltlichen und
vornehmlich in Strafsachen sind andererseits die Kleriker und
ihre Sachen (Güter) nicht iure divino von der Jurisdiktion weltlicher Fürsten exemt[68]). Nichtsdestoweniger vermochte der
Papst die Geistlichen und ihr Vermögen von der weltlichen Gerichtsbarkeit zu entbinden; denn diese Befugnis stand durchaus
mit dem Wesen des christlichen Staates in Einklang[69]). Als
Gewährsmann für diesen Schluß verwies der spanische Bartolus
auf Papst Innozenz III., der bekanntlich immer wieder den
Vorrang des „Sacerdotium" vor dem „Imperium" betont hatte.
Die kirchliche Immunität, sozusagen also die kirchliche Freiheit,
beinhalte die Freiheit von öffentlichen Lasten und Pflichten für
kirchliche Vermögen und Personen[70]).

V.

Demgegenüber ruht in echt thomistischem Sinne die Staatsgewalt nicht bei einem menschlichen Individuum, sondern viel-

---

[67]) Practicarum Quaest. Cap. XXXI: De iurisdictione in Clericos primae
tonsurae: „... Clerici a potestate et iurisdictione Principis saecularis iure
divino eximuntur. Hoc probatur, quia potestas Ecclesiastica, quae circa
spiritualia versatur, ab ipso Deo est supernaturaliter lege Evangelica
instituta, et Petro ut Principi, ac caeteris Apostolis eorumque successoribus
omnino commissa, non Principibus saecularibus, ut constat: ergo Principes
seculares nullam in his rebus potestatem habent. Qua rationc conscquitur,
non lege humana, sed divina Clericos in hisce rebus spiritualibus a Principibus
saecularibus exemptos esse ...' (Op. II, p. 489 S., n. 2).

[68]) In rebus temporalibus et in criminalibus, que spiritualia non attinent,
Clerici et eorum res non sunt iure divino a iurisdictione Principum saecularium exempti" (Op. II, p. 490 n. 2).

[69]) „Potuit nihilominus summus Ecclesiae Pontifex Clericos et eorum res
a iurisdictione saeculare eximere: idque conveniens fuit et est Christianae
Reipublicae ..." (l. c., n. 3).

[70]) Variarum resolut. Lib. II Cap. XX: „Sic immunitas Ecclesiastica,
dicitur Ecclesiastica libertas, quae et ad rerum et personarum Ecclesiasticarum libertatem et exemptionem pertinent, ut hae sint ab oneribus et publicis
muneribus liberae et immunes" (Covarruvias, Op. II, p. 199 n. 1).

mehr bei der Gesamtheit der Menschen, beim Volksganzen[71]). Von Gott empfängt das Gemeinwesen, die „communitas“, überhaupt den unmittelbaren Auftrag[72]). Die Gesetzgebung eignet nach der Aussage des Aquinaten der Gesamtheit[73]), kommt ausschließlich der öffentlichen Autorität zu[74]). „Temporalis potestas, civilisque iurisdictio, tota et suprema, penes ipsam Rempublicam est …“ bestimmte in Entsprechung dieses Standpunktes Covarruvias[75]). Die irdische Gewalt als Ausdruck der Souveränität gehört völlig der „communitas“, der Allgemeinheit. Der Staat als rechtlich gestaltetes Volk, als Ordnungsform der bürgerlichen Sozietät erweist sich zudem als naturbezogen. Auch die Gerechtigkeit wurde zuerst im Verhältnis der Gemeinschaft zu den Privatpersonen aufgestellt, bevor sie die Beziehungen der Individuen zueinander regelte[76]). Für die Fundierung der Königsherrschaft ist der Konsens des Volkes absolut notwendig. Denn eine absolute Herrschergewalt vermag in der Gewaltenkonzeption des spanischen Kronjuristen überhaupt keinen Platz zu beanspruchen[77]). Die Zurückweisung des fürstlichen Absolutismus läßt sich in dieser

---

[71]) Vgl. Tischleder, a. a. O., II. Teil, 11. Kap. § 2, S. 196; Franz Xaver Arnold, Die Staatslehre des Kardinals Bellarmin. Ein Beitrag zur Rechts- und Staatsphilosophie des konfessionellen Zeitalters, München 1934, S. 215.

[72]) Vgl. Reibstein, a. a. O., S. 32f.

[73]) S. th. I., 2 q. 90 art. 3 n. 3: „… Et ideo condere legem vel pertinet ad totam multitudinem …“ (S. Thomae Aquinatis, Summa Theologiae, cura et studio Sac. Petri Caramello, Prima Pars, Taurini-Romae 1950, p. 412).

[74]) Vgl. Tischleder, a. a. O., I. Teil, 4. Kap. Nr. 2, S. 88.

[75]) Practicarum Questionum Cap. I./1: Tota civilis Castellanae Reipublicae potestas … (Op. II, p. 383 n. 2; wiedergegeben auch bei Reibstein, a. a. O., S. 123 Anm. 108). — Tischleder bemerkte treffend: „Grundlegend in der Lehre des Covarruvias ist der Satz: „Die volle und höchste zeitliche Macht und bürgerliche Richtergewalt liegt beim Volk (der staatlichen Gemeinschaft) selbst“ (a. a. O., II. Teil, 4. Kap. § 1 S. 145).

[76]) Pars II Relect. c. Peccatum de reg. iur. in 6 § VII: „Unde prior iustitia constitutur respectu communitatis ad privatos: posterior vero respectu privati ad privatum …“ (Covarruvias, Op. I, p. 481 n. 1).

[77]) Vgl. Reibstein, a. a. O., S. 39. — Zum Königsamt vgl. auch noch in weiterem Zusammenhang: Francisco Elias de Tejada, Las doctrinas politicas de Jerónimo Osorio († 1580), AHDE XVI (1945), p. 369 & n. 111.

Auffassung nirgends übersehen. Der historische Einordnungsversuch, den Reibstein[78]) hinsichtlich der verfochtenen juristischen und moraltheologischen Staatslehre des Spaniers unternommen hat, dürfte diesen staatsrechtlichen Zustand treffend charakterisieren. In der Tat erscheint es hier zulässig, von einem „konstitutionellen, rechtsstaatlichen, monarchischen Legitimismus" zu reden. Kraft göttlichen Gesetzes steht dem Kaiser die weltliche Jurisdiktion über den gesamten Erdkreis genau in der Weise zu, wie dem Papste die geistliche Leitungsgewalt eignet[79]). Nicht von ungefähr hat daher ein Franz von Suarez in Abwandlung des Symbols der Kirche als „corpus mysticum Christi" den Staat mit dem „corpus mysticum politicum" identifiziert[80]).

VI.

Azpilcueta vertrat übrigens in seiner Translationstheorie den Standpunkt, das Reich (Imperium) sei im Jahre 776 von den Griechen auf die Germanen übergegangen[81]). Seine Auffassung hielt sich hinsichtlich der Vorstellung von der „translatio imperii" dabei im wesentlichen durchaus im Einklang mit der in die Dekretalen aufgenommenen Feststellung des Papstes Innozenz III. (c. 34 „Venerabilem" X de electione I, 6). Bekanntlich hatte dieser fruchtbare Gesetzgeber auf dem Stuhle Petri ausdrücklich der „Apostolica sedes" ihre historische Stellung als TranslatorInstitution bestätigt, „quae Romanum imperium in personam magnifici Caroli a Graecis transtulit in Germanos"[82]). Es kann

---

[78]) Reibstein, ebd.

[79]) „. . . . ab ipso Deo lege divina commissam esse totius orbis temporalem iurisdictionem Imperatori, eo modo, quo est spiritualis commissa Papae" (Covarruvias, Op. I, p. 495 n. 6).

[80]) Vgl. Dempf, Christliche Staatsphilosophie in Spanien, S. 75. — Über den bereits aristotelischen Begriff des „corpus morale et politicum" vgl. neuerdings ebenfalls: Ernst H. Kantorowicz, The King's two bodies. A Study in Mediaeval Political Theology, Princeton, New Jersey 1957, p. 207ss.

[81]) Relect. cap. Novit de iudic. Notab. III: „Papa transtulit Imperium a Graecis ad Germanos, anno a nato Salvatore 776" (Op. II, p. 98 col. 1 A).

[82]) Corpus Iuris Canonici, editio Lipsiensis Secunda post Aemilii Ludovici Richteri curas ... instruxit Aemilius Friedberg, Pars Secunda = Decretalium Collectiones, Graz 1955, col. 80; vgl. dazu die

nicht verwundern, wenn die spanische Rechtsschule dem Kaiser, auch dem vom Papst gekrönten Herrscher weder hinsichtlich seiner Herrschaft noch bezüglich seiner Jurisdiktion oder Schirmherrposition die Gerechtsame über den ganzen Erdkreis zubilligt. Allein der dem Romanum imperium unterworfene Teil untersteht dem Imperator[83]). Insofern wirkt ebenfalls die Conclusio logisch und konsequent: „Igitur Imperator non est totius orbis dominus.“ Auch die Autorität des Papstes wird als Beweis herangezogen, um nachzuweisen, der Kaiser könne gar nicht als Monarch der ganzen Erde angesprochen werden[84]). Das „ius divinum“ verbiete geradezu die Annahme dieser universalen Hegemonialstellung des Kaisers[85]). Insofern sah sich Azpilcueta ebenfalls veranlaßt, die Rechtsauffassung des großen Konsiliators Baldus de Ubaldis (1327 bis 1400) zu korrigieren. Baldus hatte die Meinung vertreten, der Kaiser sei allgemein Herr aller Christen und die Kirche gehöre zum Reichsrecht. Gegenargumente boten sich dem Spanier in der Tatsache an, daß der Kaiser seine Insignien von der Kirche empfing, die ihrerseits das Imperium achtet und wahrt[86]). Der Kaiser

---

eingehenden Ausführungen bei: Werner Goez, Translatio Imperii. Ein Beitrag zur Geschichte des Geschichtsdenkens und der politischen Theorien im Mittelalter und in der frühen Neuzeit, Tübingen 1958, S. 157 ff., insbesondere S. 160. — Panormitanus beispielsweise hat die Auffassung vom päpstlichen Translationsrecht lapidar ausgesprochen: „... et per papam transfertur imperium de gente in gentem“ (Panormitani Consilia, Quaestiones et Tractatus, Lugduni 1551, fol. 39 ′ = Consilium LXXXII n. 4).

[83]) „Imperator utcumque sit legitime electus, et per summum Pontificem confirmationis corona insignitus nec quoad dominium, nec quoad iurisdictionem, aut protectionem, totius orbis dominus est, sed eius tantum partis, quae Romano subdita fuit imperio...“ (Covarruvias, Op. I, p. 493 n. 5).

[84]) „Igitur est Pontificis summi auctoritas, quae probat, Imperatorem non esse totius, et universi orbis monarcham“ (l. c., p. 494 n. 5).

[85]) „Hac igitur ratione probatur, iure divino non esse Caesarem, nec Imperatorem universo orbi praefectum ab ipso Deo“ (Covarruvias, Op. I, p. 495 n. 6).

[86]) Relect. cap. Novit de iudic. Notab. III: „Quinto infero errare Baldum, quatenus ait, Imperatorem esse universalem omnium Christianorum dominum, et Ecclesiam iuris esse Imperii: quia Imperator ab Ecclesia suscipit insignia, et Ecclesia non generat, sed conservat Imperium“ (Op. II, p. 103, col. 1 D, n. 52). — Auch die allgemeine Stellung der Könige als „defensores ecclesiae“ bestätigt den höheren Rang der Kirche. Insofern dürfen auch königliche Entscheidungen und Zusagen nicht der Bestimmung der Kirche

verfügt in seiner Eigenschaft als Rex Romanorum nach ein-
stimmiger oder mit Stimmenmehrheit erfolgter Wahl durch das
Kurkolleg als der Repräsentanz des Reichsvolkes und der christlichen Gemeinschaft über die dem Regnum und Imperium unterstellten Provinzen, insbesondere über Italien. Für diese Gedankengänge berief sich Covarruvias auf die aufschlußreiche Beweisführung bei Lupold von Bebenburg[87]). Mit der „Translatio

---

zuwiderlaufen: „... contra legem divinam est, ut ullus Rex decernat,
vel promittat quidpiam contra definitionem ecclesiae, cum lege divina
Christi teneatur illam defendere ..." [De Tregua (!) et Pace, p. 219]. Diese
Auffassung lehnt sich an einschlägige Bestimmungen des Gratianischen
Dekrets an: c. 26 C. XXIII q. 5 „Amministratores plane secularium dignitatum, qui ad ecclesiarum tuicionem ... constituti esse ... debent ...";
c. 20 C. XXIII q. 5 „Principes seculi". Zur Begründung führt c. 20 C. XXIII
q. 5 u. a. an: „Nam ... augeatur pax et disciplina ecclesiae per fideles
principes." Die gleiche Auffassung wie Baldus vertrat ebenfalls Bartolus
de Saxoferratis (1313—1357), wenn er die Feststellung traf: „ego sum
consuetus dicere in prima constitutione huius libri, ut cum imperator sit
dominus totius mundi et glo. dicunt dominum quoad protectionem ... (cf.
Bartolus super prima parte Digesti veteris, Lugduni 1518, l. 1 § per hanc
actionem nu. 2 ff. de rei vendicatione, p. 182)'.

[87]) „De iure Regni et Imperii Romani", Cap. VI: „Electus in regem seu
Imperatorem Romanorum a principibus electoribus etiam in discordia,
dummodo sit electus a maiori parte ipsorum numero, potest ex tali electione,
licite nomen regis assumere, ac iura et bona regni et imperii tam in Italia,
quam in caeteris provinciis et terris eiusdem regni et imperii administrare" [D.
Lupoldi de Babenberg (!)] Decretorum doctoris clarissimi, de Iuribus
regni et imperii Romani, tractatus variarum rerum cognitione refer-
tus ..., Basileae (Per Petrum Pernam) o. J. [1562], p. 78) — l. c., Cap. VII:
„Rex Romanorum post electionem concordem, vel a maiori parte ipsorum
principum Electorum de se factam, habet eandem potestatem in Italia, et
in caeteris provinciis regno et imperio subiectis, quam et Imperator"
(l. c., p. 82). Vgl. dazu noch: Otto von Gierke, Johannes Althusius
und die Entwicklung der naturrechtlichen Staatstheorien. Zugleich ein
Beitrag zur Geschichte der Rechtssystematik, 3. Aufl., Breslau 1913, S. 212;
Reibstein, a. a. O., S. 125, insbes. Anm. 120, wo die Stelle „Qua ratione
septem illi Germaniae Principes, quibus facultas delata est Christiani orbis
Imperatorem eligendi" (Covarruvias, Practicarum Quaest. Cap. I = Op.
II, p. 385 n. 4) wiedergegeben ist. — Der von den Kurfürsten rechtens
erwählte deutsche König erlangte durch die Wahl in Deutschland und
Reichsitalien königliche und kaiserliche Rechte. Italien selbst verkörperte
lediglich einen Annex des Imperiums. Vgl. hinsichtlich der Auffassung des
Bamberger Bischofs vor allem: Hermann Meyer, Lupold von Bebenburg.

Imperii" habe der Papst zugleich, wie Azpilcueta argumentierte, die Befugnis zur Kaiserwahl den sieben Magnaten (Kurfürsten) übertragen[88]). In diesen Aussagen äußert sich unverkennbar die Tendenz zur juristischen Reduktion der imperialen Berechtigungen·

VII.

Wenn auch die großen spanischen Kanonisten nicht auf die Ranggleichheit der königlichen und kaiserlichen Gewalt abstellten, zumal sie immerhin dem Kaiser eine ausgezeichnetere Würde zubilligten, gingen sie gleichwohl von der Voraussetzung aus, der König könne die weltliche Macht grundsätzlich genauso wie der Kaiser innehaben[89]). Die königliche Gewalt ist nach dieser Theorie keine Erfindung der Menschen, sondern eine Forderung des Naturrechts, eine allerheiligste Ordnungsform[90]). Eine absolute Gewalt

---

Studien zu seinem Schriften. Ein Beitrag zur Geschichte der staatsrechtlichen und kirchenpolitischen Ideen und der Publizistik im 14. Jh. (= Studien und Darstellungen aus dem Gebiete der Geschichte, hg. v. Hermann Grauert, VII. Bd., 1. u. 2. H.), Freiburg im Breisgau 1909, S. 205; Rolf Most, Der Reichsgedanke des Lupold von Bebenburg, DA. 4 (1941), S. 494.

[88]) Relect. Cap. Novit de iudic. Notab. III: „Ipse [papa] dedit potestatem eligendi Imperatorem illis septem Germaniae magnatibus ..." (Op. II, p. 98 col. 1 A). — Die gleiche Argumentation trug übrigens schon Panormitanus in einem seiner Rechtsgutachten vor, als er betonte: „... unde hodie imperator non recognoscit imperium a populo romano, qui illud acquisivit per impressionem sine aliquo colore iustitie: sed ab ecclesia a qua confirmatur et coronatur et deponitur ..." (Consilium LXXXII n. 3, l. c. fol. 39).

[89]) „... non quod sit aequalis potestas Regia potestati Imperatoriae; nam Imperator dignitate Regem praecellit; sed quia et Rex potest habere eandem temporalem potestatem, sicut Imperator" (Covarruvias, Op. I, p. 494 n. 5).

[90]) „De iurisdictione Castellane Reipubl." — Practicarum Quaest. Cap. I n. 6: „Regia potestas ... non hominum est inventum, sed ab ipso Deo per legem naturalem, quae suae sempiternae participatio est, sanctissima fuit ordinatio" (Covarruvias, Op. II, p. 349 n. 6). Vgl. ebenfalls Reibstein, a. a. O. S. 126 Anm. 124; vor allem aber Tischleder, a. a. O., II. Teil 4. Kap. § 3, S. 147.

existiert nicht[91]). Auf Erden herrschen Fürsten, die dem Kaiser
nicht untertan, sondern von ihm immun und gefreit, souverän
sind[92]). Der Herr Jesus hat keinen Fürsten kraft göttlichen Gesetzes bevorzugt[93]). Insofern sind auch einige christliche Fürsten
von der obersten Jurisdiktion des Kaisers exemt. Das trifft vor
allem für den spanischen König zu. Der Grund für diese Exemtion
des Königs von Spanien von der Gerichtsbarkeit und Oberhoheit
des Kaisers liegt in der offenkundigen Tatsache, daß die Könige
von Spanien ohne Hilfe der Kaiser, unter unendlichen Anstrengungen, Gefahren, Aufwendungen und Blutopfern im Verlaufe von
sieben Jahrhunderten ihr von den Arabern besetztes Land von den
Feinden des christlichen Glaubens befreit haben[94]). Im übrigen
sei Spanien bereits während der Regierungszeit des römischen
Kaisers Honorius unter Befreiung von der Herrschaft des Imperiums an die Goten gefallen[95]). Nicht zuletzt hätten die Könige

---

[91]) Variarum Resolutionum Lib. III Cap. VI: „De potestate Princip.
in maiorat. et fideicom.": „Nam haec potestatis absolutae vis nequaquam
convenit his quae iure naturali, vel gentium sunt instituta, quae procul
dubio Princeps tollere non potest, nec ordinaria, nec potestate absoluta"
(Covarruvias, Op. II, p. 241 n. 8; Abdruck auch bei Reibstein, a. a. O.,
S. 216 Anm. 1).

[92]) „... Et tamen sunt in orbe Principes, qui Imperatori et Caesari
utcumque maximo non submittantur, imo iustissime ab eo immunes et
liberi sunt: quod statim probabitur: ergo iure naturali, et ab ipsa natura
non est Imperatori concessa totius orbis iurisdictio ..." (Covarruvias,
Op. I, p. 493 n. 5).

[93]) „... Dominus Jesus nullum Principem divina lege praefecit ..."
(Covarruvias, Op. I, p. 495 n. 6).

[94]) „... Constat Hispaniarum Reges ab Imperatoris iurisdictione liberos.
et exemptos esse, vel ex ea ratione, quod Hispanias maxima Reipublicae
infelicitate ab Arabibus occupatas, ipsi Hispaniarum Reges absque ullo
Caesarum auxilio, immensis laboribus, periculis, et impensis, effuso per
septingentos annos proprio, et subditorum sanguine, a Christianae religionis hostibus liberaverint, et exemerint: unde merito a Caesarum imperio,
quo in hisce laboribus destituti fuerunt, censentur exempti..."(Covarruvias, Op. I, p. 497 n. 9).

[95]) „... quod ab Honorio Imperatore fuerit Hispania libera et immunis
a Caesarum imperio donata Gotthis ..." [Pars II Relect. c. Peccat. de reg.
iur. in 6 § IX = Covarruvias, Op. I (Lugduni 1661), p. 505 n. 9].

von Spanien ihre Immunität eben zumindest kraft Ersitzung rechtens erlangt[96]).

Die auch praktische Bedürfnisse berücksichtigende Darstellung dieser Häupter der spanischen Kanonistik gewährt einen aufschlußreichen Einblick in die maßgeblichen zeitgenössischen Rechtsauffassungen über das Verhältnis und die Funktionen beider Gewalten. Letztlich jedoch verblassen alle Anliegen und Missionen in dieser Zeitlichkeit vor der Hinordnung zum letzten großen Ziel, das Reinhold Schneider[97]) in das Wort gefaßt hat: „Alle Pflichten und Ämter der Erde verlieren ihr Recht vor dem Leben in Gott."

---

[96]) „Imo et praescriptione temporis, cuius initium memoriam hominum excedit, Hispaniarum Reges hanc immunitatem acquisisse" (l. c.).

[97]) Philipp II. (s. Anm. 5), S. 38.

Kardinal Juan de Lugo als Rechtsdenker

„Lucidissimum theologiae scholasticae sidus Hispania protulit, Joannem de Lugo". Mit dieser Laudation im Superlativ preist H. Hurter SJ[1]) den wissenschaftlichen Rang seines großen spanischen Ordensbruders Juan de Lugo (1583—1660) als des überragenden scholastischen Theologen der iberischen Halbinsel. Allein an dieser Stelle sollen weniger die ganze Breite und Tiefe seines thomistischen Lebenswerkes als vielmehr seine charakteristischen rechtlichen und rechtsphilosophischen Äußerungen zu Wort kommen. In ihnen verrät sich gelegentlich immer wieder der frühere Jünger des Rechtes. Denn der spätere römische Kardinal (seit 1643)[2]) begann 1599 in Salamanca seine akademische Ausbildung mit dem Rechtsstudium, mit der Beschäftigung mit den Canones und Leges. Auch als Professor hat er schließlich kanonisches Recht doziert[3]). Diese Umstände schon könnten Anlaß genug sein, seiner rechtswissenschaftlichen Wirksamkeit nachzugehen. Sein Werk selbst aber bietet weit stärkere Gelegenheit, den juristischen Standort des ebenfalls als Hochschulreformer[4]) tätigen Jesuiten zu bestimmen. In dieser Skizze wiederum reicht ein kleiner Ausschnitt aus seinem literarischen Schaffen, um, wenn auch nur andeutungsweise und konturenhaft, seine juridische

---

[1]) Nomenclator literarius theologiae catholicae theologos exhibens aetate, natione, disciplinis distinctos, Tomus III[3], Oeniponte 1907 n. 386 col. 911.

[2]) Am 13. Juli 1643 in pectore reserviert, am 14. Dezember 1643 wurde die Erhebung zum Kardinal verkündet. Joannes de Lugo erhielt zunächst am 2. Mai 1644 die Titelkirche s. Stephani in Monte Coelio (vgl. Patritius Gauchat, O. M. Conv., Hierarchia Catholica medii et recentioris aevi sive summorum pontificum, S. R. E. Cardinalium, ecclesiarum antistitum series, volumen IV, Monasterii 1935 p. 26 n. 73).

[3]) Vgl. Josef Rompel, Kardinal de Lugo als Mäzen der Chinarinde. I. Aus dem Leben des Kardinals, in: „75 Jahre Stella Matutina". Festschrift Bd. I Feldkirch 1931 S. 421.

[4]) Der Akt „Jesuiten 1355" des Bayerischen Hauptstaatsarchivs München (vgl. Repertorium „Jesuitica" B 4 S. 399) enthält zwei Schreiben des (Kardinals) Giovanni de Lugo von 1640 III 30 und 1644 II 4 aus Rom an P. Christoph Haunold in Ingolstadt bzw. Dillingen zur Frage der Hebung der Universität Dillingen.

Veranlagung darzutun[5]). Namentlich sein zweibändiges, 1642 im Druck erschienenes klassisches Werk „De iustitia et iure"[6]), „in welchem er die schwierigsten und verwickelten Fragen des bürgerlichen und canonischen Rechts mit ebenso viel Urteilsschärfe als Gelehrsamkeit und Klarheit behandelt"[7]), befestigte de Lugos Ruhm als rechtsphilosophischer Schriftsteller der spanischen scholastischen Theologie. Den ersten Band dieser Veröffentlichung hat der Autor Papst Urban VIII. [Maffeo Barberini] (1623—1644), den zweiten Band dem Kardinalnepoten Antonio Barberini[8]) gewidmet[9]). Das aufgegriffene Thema war zeitlich zweifellos literarisch in Mode, zumal vornehmlich auch die spanischen Theologen nicht allein schwierig gelagerte Fragen des kanonischen Rechts mit juristischer·Methode bearbeiteten, sondern vielmehr wertvolle Abhandlungen über Recht und Gerechtigkeit verfaßten[10]).

---

[5]) Bei dieser Analyse seiner rechtsdenkerischen Plattform verzichten wir grundsätzlich auf die Verwertung der für unsere Betrachtung weniger ergiebigen, weil von der Rechtswissenschaft vielfach stark entfernten, sonst aber stoffreichen scholastisch-philosophischen und moraltheologischen Disputationen über Menschwerdung Christi und Sakramente. Soweit jedoch diese Texte auch für unsere Zwecke berücksichtigt sind und zu Wort kommen, wurden sie der im folgenden zitierten Ausgabe entnommen: Joannis de Lugo Hispalensis, e Societate Jesu, S.R.E. Cardinalis, Opera omnia, insbesondere:
Tomus Quartus, continens Disputationes scholasticas de Incarnatione Dominica, Venetiis 1718 (Sumptibus Nicolai Pezzena);
Tomus Quintus, continens Disputationes scholasticas et morales de Sacramentis in genere; de venerabili Eucharistiae Sacramento; & de sacrosancto missae sacrificio, Venetiis 1718;
Tomus Sextus, continens Disputationes scholasticas et morales de virtute et sacramento poenitentiae, Venetiis 1718;
Tomus Septimus, continens Responsorum moralium libros sex, Venetiis 1718.
[6]) Dieser Studie liegt die Folioausgabe zugrunde: R. P. Ioannis de Lugo Hispalensis Societatis Iesu in Romano Collegio s. Theologiae professoris, Disputationum, De iustitia et iure, Tomus Primus et Secundus, Lugduni 1642 (Sumptibus Petri Prost).
[7]) F. Morgott in Wetzer und Welte's Kirchenlexikon [2]VIII, Freiburg i. Br. 1893 Sp. 284. Auch Martin Grabmann hat de Lugos „kritischen Scharfsinn" in der Dogmatik gerühmt („Die Geschichte der katholischen Theologie seit dem Ausgang der Väterzeit", Freiburg i. Br. 1933 S. 171).
[8]) S[tis] S. nepos — in pectore reservatus 1627 VIII 30, publicatus 1628 II 7. Antonius Barberinus war zuvor Prior des Johanniterordens (O. Equitatus Hierosolymitan.). Er starb am 4. August 1671 (vgl. Gauchat, Hierarchia Catholica IV p. 21 n. 24). [9]) Vgl. Rompel, a. a. O. S. 421 und 435.
[10]) Cf. Vicente de la Fuente, Historia Eclesiástica de España [2]V, Madrid 1874 p. 376.

Nicht zuletzt erreichten die Jesuiten durch die Kombination von dogmatischer und historischer Theologie, durch ihren „eklektizistischen Thomismus" ein wissenschaftliches Übergewicht gegenüber den älteren Orden[11]). Es ist nicht zu verkennen, daß gerade de Lugos Ideen über ihr Nahziel hinaus zugleich einen nachhaltigen Einfluß auf die spätere Entwicklung der sozialen Grundsätze des Katholizismus übten[12]). Daraus ergibt sich, daß sich bereits eine ganze Reihe von Studien mit dem Leben und dem Werk des Kardinals beschäftigt hat. Den modernen Auftakt dürfte F. Morgott 1883 mit seiner lexikographischen Behandlung geboten haben[13]). In den dreißiger Jahren des 20. Jahrhunderts setzte dann eine verstärkte de Lugo-Erforschung ein. Josef Rompel[14]), Ludovico Gomez Hellìn S. J.[15]), H. Lange[16]), Florentino Alcañiz S. J.[17]) und G. Cardia[17a]) müssen erwähnt werden, bevor die neueste größere Untersuchung von Gabriel Brinkman[18]) über den sozialen Gedanken bei Juan de Lugo zu würdigen ist. Letztere stellt eine systematische Wiedergabe der Darlegungen des Spaniers dar, wobei das „soziale Denken" sehr weit aufgefaßt wird. Aber diese Bearbeitung versäumt es leider, sich eingehend mit der polemischen Literatur der geistigen Umwelt Juan de Lugos auseinanderzusetzen. Da Juan de Lugo zu den

---

[11]) Vgl. Karl Eder, Die Kirche im Zeitalter des konfessionellen Absolutismus (1555—1648) = Kirchengeschichte, hrsg. v. Johann Peter Kirsch, III. Bd. 2. Hälfte Freiburg 1949 S. 253.

[12]) Cf. Gabriel Brinkman O.F.M., The social thought of John de Lugo, phil. Diss. (The Catholic University of America. Studies in Sociology No. 41), Washington D. C. 1957 p. 256.

[13]) Vgl. Anmerkung 7.

[14]) Vgl. Anmerkung 3.

[15]) a) El magisterio teológico del Cardenal Juan de Lugo en el Colegio Romano, Estudios Eclesiásticos 1934 p. 192—204;
b) El tratado inédito „De Gratia" del Cardenal Juan de Lugo, según un códice Salmantino, Gregorianum 17 (1936) p. 321—354;
c) Praedestinatio apud Ioannem Cardinalem de Lugo. Doctrinae de electione ad gloriam in theologis soc. Iesu saec. XVI et XVII historica evolutio, in: Analecta Gregoriana. Vol. XII. Series Facultatis Theologicae Sectio B (N. 6), Romae 1938.

[16]) Buchberger, LThK VI (1934) Sp. 705f. — Nunmehr Cándido Pozo S. J., LThK² VI (1961) Sp. 1201.

[17]) De autographo tractatus inediti Card. Ioannis de Lugo ‚De anima' (Biblioteca de ‚Estudios eclesiásticos' Ser. de opusculos 3), Madrid 1936.

[17a]) La posizione del de Lugo nella dottrina della universale necessità e possibilità della fede, Cagliari 1941.

[18]) Vgl. Anmerkung 12.

klassischen *probati auctores* im Sinne des c. 6 n. 2 CJC zählt und in der Rechtsprechung der S. R. Rota seit 1918 wiederholt zitiert wurde, verwundert es nicht, wenn sein Lebenslauf ebenfalls in einer spezifisch kanonistischen Monographie der jüngsten Zeit erscheint[19]), während ihn ehedem Johann Friedrich von Schulte in seiner bekannten Geschichte der Quellen und Literatur des Canonischen Rechts überhaupt nicht erwähnte[20]).

Schon die Auswahl seiner juristischen Hauptbelegstellen verrät im Werk de Lugos den Kenner beider Rechte, des justinianischen Zivilrechts und des Kirchenrechts. Er zitierte die Institutionen und Digesten, das Decretum Gratiani und die Dekretalen sowohl wie die Trienter Konzilsbeschlüsse, wie er auch Entscheidungen der römischen Rota von 1598 anführte, was für einen Kurialen nicht ungewöhnlich wirkt. Immerhin stand ihm für sein Hauptwerk noch nicht die übersichtliche Sammlung der Rotaurteile seines Landsmannes, des berühmten Rotadekans Franciscus Peña[21]) zur Verfügung, der beim Erlaß der von Lugo angeführten Entscheidung präsidierte.

Neben Thomas von Aquin bevorzugte de Lugo unverkennbar theologische Schriftsteller der Generation vor ihm oder seiner Zeit, die fast ausnahmslos eine persönliche Beziehung zur Jurisprudenz aufwiesen und der Societas Jesu angehörten.

In einer Phalanx stehen Seite an Seite: der moraltheologische Autor des Werkes „De iustitia et iure" (Evora 1577—1582) und ehemalige Salmantizenser Rechtsjünger Luis de Molina (1535—1600)[22]), der Klassi-

---

[19]) Vgl. Ulrich Mosiek, Die probati auctores in den Ehenichtigkeitsprozessen der S. R. Rota seit Inkrafttreten des Codex Iuris Canonici (Freiburger Theologische Studien, hrsg. v. Johannes Vincke, 74. H.), Freiburg i. Br. 1959 § 9 S. 19f.

[20] Er behandelt lediglich Dr. jur. can. Juan Bernardo Díaz de Lugo, den späteren Bischof von Calahorra.

[21]) Decisiones Sacrae Rotae Romanae coram Rev.[mo] P. D. Francisco Penia Hispano eiusdem Rotae olim decano celeberrimo ex originalibus summo studio & diligentia depromptae: adiectis argumentis, summariis, ac indicibus locupletissimis: ingenio, ac opera Pauli Rubei I. C. Romani et in Romana curia advocati ... editae, Venetiis (apud Juntas, et Baba) 1648. — Über Peña (geb. 1540), der von Philipp II. zum Auditor der S. R. Rota nominiert wurde, vgl. Hurter, Nomenclator III, n. 248 col. 578 s.).

[22]) Vgl. über Leben und rechtswissenschaftliches Werk statt anderer: Joh. Friedrich von Schulte, Die Geschichte der Quellen und Literatur des Canonischen Rechts von Gratian bis auf die Gegenwart, III. Bd. 1. Teil Stuttgart 1880 S. 731 Nr. 29; Friedrich Stegmüller, Geschichte des Molinismus I. Bd.: Neue Molinaschriften (= Beiträge zur Geschichte der Philosophie und Theo-

ker des nachtridentinischen kanonischen Eherechts Thomas Sánchez (1550—1610)[23]), der römische Schüler des großen Suárez und Löwener Theologe Leonhard Lessius (1554—1623)[24]) und der Karmelit und Toledaner Professor Juan Baptista de Lezana (1586—1659)[25]).

Insofern kann es auch nicht überraschen, daß Juan de Lugo als Ordensmann die Frage der Berechtigung der Religiosen zum Rechtsstudium aufwarf.

Während das Studium des kanonischen Rechts keinerlei Behinderung unterlag, unterstellte er, daß den Ordensleuten bei Strafe der Exkommunikation das Hören von zivilistischen Vorlesungen verboten sei[26]). Die *sedes materiae* fand sich im c. 10 X *ne clerici vel monachi* III, 50, mithin in den Bestimmungen der bekannten Bulle des Papstes Honorius III. „Super specula" vom 22. November 1219 aus Viterbo[27]). Sie trugen eine

---

logie des Mittelalters. Texte und Untersuchungen, begründet von Clemens Baeumker, Bd. XXXII), Münster i. W. 1935 S. 1*—9*; Johann Kleinhappl S. J., Der Staat bei Ludwig Molina (Philosophie und Grenzwissenschaften Bd. V Heft 5/6), Innsbruck 1935.

[23]) Wichtig sind sein Hauptwerk „De sancto Matrimonii sacramento disputationum libri tres" und seine postum erschienenen Schriften „Opus morale in praecepta Decalogi" (Lyon 1613) und „Consilia seu opuscula moralia" (Lyon 1634f.). Über Sánchez vgl. im einzelnen Schulte, a. a. O. III/1 S. 737f. Nr. 41; Mosiek, a. a. O. § 5 S. 11ff.

[24]) Kirchenrechtlich beachtlich ist sein in vier Bücher gegliedertes Werk „De iustitia et iure ceterisque virtutibus cardinalibus", Löwen 1605 (vgl. Mosiek, a. a. O. § 6 S. 15f.) — siehe ebenfalls: Ernst Reibstein, El Grocio juvenil. El sistema de pensamiento español en el „De jure praedae commentarius", in: Carlos V (1500—1558). Homenaje de la Universidad de Granada (Miscelánea de Estudios sobre Carlos V y su época en el IV centenario de su muerte), Granada 1958 p. 104 s; R. Bäumer, LThK² VI (1961) Sp. 981f.

[25]) Vgl. Schulte, a. a. O. III/1 S. 745 Nr. 66; Hurter III n. 391 col. 924 s. Lezana ist der Verfasser der dreibändigen „Summa theologiae sacrae" (Rom 1651ff.).

[26]) „Suppono, Religiosis prohibitum esse sub excommunicatione audire in scholis lectiones juris civilis" (Responsorum moralium Liber III Dubium XXXIV n. 1 = Opera [s. Anm. 5] Tom. VII, p. 102 col. 2).

[27]) Corpus Iuris Canonici, editio Lipsiensis secunda, instruxit Aemilius Friedberg², Pars secunda: Decretalium Collectiones, Graz 1955 col. 660. Spezielles Studienverbot für die Universität Paris: c. 28 X *de privilegiis* V, 33 (Friedberg, l. c. col. 868). — Vgl. dazu u. a.: Paul Koschaker, Europa und das römische Recht, München/Berlin 1947 S. 76; Stephan Kuttner, Papst Honorius III. und das Studium des Zivilrechts, Festschrift für Martin Wolff. Beiträge zum Zivilrecht und internationalen Privatrecht, Tübingen 1952 S. 79—101 (mit

unverkennbare Spitze „contra religiosas personas de claustris exeuntes ad audiendum leges" und wiederholten das Verbot Alexanders III. (1159 bis 1181) auf dem Konzil von Tours von 1163 (c. 8)[28]). Nicht von ungefähr hatte dieser große Kanonist Rolandus Bandinellus bestimmt, „ut nulli omnino post votum religionis, et post factam in aliquo loco religioso professionem ad physicam legesve mundanas legendas permittantur exire". Damit war die Unvereinbarkeit der medizinischen und zivilistischen Disziplin mit dem Ordensstand deklariert.

Juan de Lugo relativierte nun dieses allgemeine Verbot auf die besonderen Verhältnisse der Societas Jesu. In der Gesellschaft Jesu ist bekanntlich der Lehrstoff des Kirchenrechts seinem Umfang nach beschränkt, weil es den Lehrern nicht gestattet wird, im Schulbetrieb sämtliche Materien des kanonischen Rechts vorzutragen[29]). Im Einklang mit der Forderung der Konstitutionen[30]) und entsprechend der Zielsetzung, die auf Gotteserkenntnis, Gottesliebe und Seelsorge konzentriert und deren Verwirklichungsinstrument mehr die Theologie ist, berührte man im Ordensstudium nicht jenen Teil der Canones, die dem Gerichtsstand (forum contentiosum), also dem Prozesse dienten[31].) Dieser Auswahlunterricht aus dem kanonischen Recht, mithin ein bewußter kanonistischer Eklektizismus, wird durch Pars IV Caput XIV lit. C. der *Constitutiones Societatis Jesu* ausdrücklich sanktioniert[32]). Es erscheint

---

gründlichem Quellenapparat — S. 79 Anm. 1 Literaturangaben); S. Stelling-Michaud, L'université de Bologne et la pénétration des droits romain et canonique en Suisse aux XIIIe et XIVe siècles, Genève 1955 p. 125 ss.

[28]) c. 3 „Non magnopere" X *ne clerici vel monachi* III, 50 (Friedberg, l. c. col. 658).

[29]) „In Societate tamen restringitur facultas haec quoad Praeceptores, quibus non permittitur in scholis omnia tradere, quae in jure Canonico continentur. Nam in *const. part. 4 cap. 12 § 1* inter illa, quae Praeceptores tractare debent in scholis, dicitur: ac etiam expositiva, qua ad hunc finem nobis praefixum conveniunt" (de Lugo, Responsorum moralium Lib. III Dub. XXXIV n. 2 = Opera, l. c.).

[30]) Const. Pars IV Cap. XII [§] 1: „Cum Societatis atque studiorum scopus sit proximos ad cognitionem et amorem Dei et salutem suarum animarum iuvare; cumque ad eum finem medium magis proprium sit Facultas Theologiae ..." (Constitutiones Societatis Iesu cum declarationibus auctore s. Ignatio de Loyola Societatis eiusdem fundatore, Romae 1937 p. 151).

[31]) „... non attingendo tamen eam partem canonum, qua *foro contentioso* inservit ..." (de Lugo, l. c.).

[32]) „Ut ex aliqua parte Iuris Canonici et Conciliorum" (Constitutiones, l. c. p. 158).

durchaus begreiflich, daß bei dieser Grundeinstellung bewußter Verzicht auf die Vermittlung der Kenntnisse des profanen Rechts (Legum studium) geübt wird[33]). Und dennoch finden sich gerade unter den Jesuiten wahrhaft große Kanonisten wie die bedeutenden Kommentatoren des kirchlichen Gesetzesstoffes Sánchez und Schmalzgrueber, kirchliche Juristen von übernationalem Format!

Nach Juan de Lugo bedarf die Gesellschaft eines sich auf soziale Tugenden gründenden Fundaments. Die gesellschaftlichen Haupttugenden verkörpern *Wahrhaftigkeit, Treue, Gerechtigkeit* und *Liebe*[34]). Immerhin fordert dabei auch die Tugend nicht immer und allerorts die „positive Tugendtat"[35]). Bedeutsam jedoch bleibt die Tatsache, daß die Tugend der Gerechtigkeit die Basis für eine harmonische, die Klassen und Ständegegensätze ausgleichende Sozialordnung, zugleich ebenfalls für eine moralisch fundierte Wirtschaftsstruktur abgibt[36]). Nichts ist auf Erden nützlicher als echt und recht gehandhabte Gerechtigkeit[37]). Ihr widersetzen sich Sünden und Vergehen. Die Gerechtigkeit verbietet aber nicht allein zu töten und zu stehlen. Sie gebietet im Sinne de Lugos sogar davon abzusehen, Sachen vor Gericht zu bringen oder dort weiter geltend zu machen, wenn die forensische Behandlung schädigend wirkt und der gleiche Erfolg, z. B. die ausstehende Schulderfüllung, auch ohne gerichtliche Klage anderweitig erreicht werden kann[38]). Damit wird mittelbar eine Beschränkung der prozessualen Realisation des Rechtes gefordert. Der Zweck der Gerechtigkeit schließt die Beobachtung und Unverletzlichkeit fremden Rechts ein. So ist eben ein Mensch gerecht,

---

[33]) Const. Pars IV Cap. XII [§] 4: „Medicinae, et Legum studium, ut a nostro Instituto magis remotum, in Universitatibus Societatis vel non tractabitur, vel saltem ipsa Societas per se id oneris non suscipiet" (Constitutiones, l. c. p. 152 s.).

[34]) Cf. Brinkman, l. c. p. 19.

[35]) Gallus M. Manser O.P., Das Naturrecht in thomistischer Beleuchtung (= Thomistische Studien. Schriftenreihe des „Divus Thomas". Jahrbuch für Philosophie und spekulative Theologie, II. Bd.), Freiburg in der Schweiz 1944 S. 145.

[36]) Cf. Brinkman, l. c. p. 33 & 253.

[37]) „Nihil enim est utilius in mundo, quam iustitia sincere recteque administrata ..." (Paulus Rubeus J. C. Romanus, Summarium Discursus „Ad Juris Studiosos" [Anhang zu Decisiones S. Rotae Romanae — s. Anm. 21], r. 80).

[38]) „... quia justitia ... non solum prohibet occidere, furari etc., sed etiam causam apponere, ex qua eiusmodi damna proxime inferantur, atque ideo tam erit contra praeceptum justitiae ponere tales actiones, quam absque illis ponere effectum ipsum" (*De Sacramentis* Disp. VIII Sectio VII n. 110 = Opera Tom. V p. 92 col. 2).

wenn er *selbst* nicht fremdes Recht zu beeinträchtigen trachtet, nicht
aber derjenige, der lediglich will, daß ein *anderer* nicht fremdes Recht
verletzt[39]). Jeder, der einen anderen im Vermögen oder Ruf schädigt,
hat kraft der Gerechtigkeit Gut oder Ansehen des von ihm Verletzten
entsprechend ihrem vor dem schadenstiftenden Ereignis liegenden
Bestande wiederherzustellen. Ein Ehrabschneider muß insofern aufgrund
der Gerechtigkeit alles tun, damit die Ehre des von ihm gekränkten
Nächsten keine Minderung durch seine Beleidigung erfahre[40]). Der
spanische Rechtsdenker hat sich bei der Betrachtung der Justitia auch
dem *Verhältnis von Gerechtigkeit und Schuld* und dem Problem der
gesetzlichen Befugnis, die die Gerechtigkeit betrifft, gewidmet. Notgedrungen operierte er bei der Demonstration dieser Gedanken mit der
Rechtsfigur des Eigentums. Er ging dabei von der herrschenden lehr-
mäßigen Begriffsprägung des Eigentums aus, wonach dieses das Recht
sei, die Sache ohne Verletzung eines anderen gebrauchen zu dürfen.
Zur Erläuterung der Eigentumsdefinition griff er ein einleuchtendes
Beispiel aus dem alltäglichen Leben auf: Zwar darf der Eigentümer eines
Huhnes dieses an einem Freitag, ohne damit zugleich eine Ungehorsams-
sünde gegen das Abstinenzgebot zu begehen, nicht verspeisen, gleichwohl
jedoch kann er es verzehren, ohne deshalb das *Recht eines anderen* zu
verletzen. In gleicher Weise begeht derjenige, der ein Almosen, zu dem
er sich durch Gelübde verpflichtet hat, verweigert, keine Ungerechtigkeit, wenngleich er immerhin durch den Bruch des Gelübdes sündigt[41]).

Wie die übrigen Rechtsdenker, insbesondere der hl. Thomas, unterschied ebenfalls Juan de Lugo besondere Arten der Gerechtigkeit.
Justitia particularis, partikuläre Gerechtigkeit oder Teilgerechtig-

---

[39]) „... sic etiam ille est iustus, qui vult ipse non violare ius alienum, non qui
vult, alium non violare ius alienum" (De iustitia I, d. 1 s. 1 n. 20 = Tom. I
p. 7).

[40]) „... justitia autem solum intendit jus alienum servare, non laedendo illud;
si verbo laesum fuerit, restituere in priorem statum; quare sicut qui laedit in
pecuniis, vel fama, solum debet ex iustitia ponere famam, vel pecuniam alterius in
priori statu; sic etiam, qui laedit in honore, solum debet ex iustitia facere, ut
honor proximi non patiatur iacturam ex sua contumelia ..." (Disp. IV Sect. II n. 8
= Opera Tom. IV p. 40 col. 2).

[41]) „... qui enim est dominus gallinae, licet non possit eam comedere die Vene-
ris sine peccato inobedientiae; potest tamen eam comedere sine iniuria alterius;
item qui ex voto tenetur dare eleemosynam, potest eam negare sine iniuria:
licet non possit sine peccato contra votum" (De iustitia et iure I, d. 1 s. 1 n. 4
= Tom. I p. 3).

keit bestimmt das Verhältnis eines Teiles zu einem anderen Teil, ordnet die Rechtsbeziehungen von Bürger zu Bürger. Justitia generalis seu legalis, allgemeine (generelle) oder gesetzliche Gerechtigkeit herrscht zwischen Teil und Gesamtheit, z. B. zwischen Bürger und Staat, Untertan und Gemeinwesen[42]. Die iustitia generalis stellt nach einer Lehrmeinung eine allgemeine Tugend dar, die gewissermaßen die Sammlung der übrigen Tugenden umfaßt. Ihre Bezeichnung als iustitia legalis zielt darauf hin, daß durch die Zusammenfassung sämtlicher Tugenden alle Gesetze erhalten werden[43]. Von der *ausgleichenden* und *austeilenden* Gerechtigkeit schwebte dem Spanier das bekannte thomistische Bild und System vor Augen. Auch bei der Einordnung der iustitia vindicativa, der *strafenden* Gerechtigkeit, schloß sich de Lugo seinem großen scholastischen Vorbild an. Während Duns Scotus die iustitia vindicativa zur *iustitia distributiva* zählte, hat sie Thomas von Aquin[44] der *iustitia commutativa* zugerechnet Diese Tauschgerechtigkeit oder ausgleichende Gerechtigkeit soll den Richter beseelen[45]. Wenngleich man hier zweifeln könnte, ob, genau genommen, überhaupt von Gerechtigkeit gesprochen werden darf, läßt sich diese Zuweisung gleichwohl vertreten. Übrigens wird diese Tugend allgemein als *iustitia* angesprochen. Ihretwegen wird Gott zumeist auch der Gerechte geheißen, weil er durch die *iustitia vindicativa* die Sünde straft[46].

---

[42]) „Particularis [iustitia] est, qua pars comparatur ad partem, hoc est, civis ad civem; generalis vero, seu legalis est, qua pars comparatur ad totum, verbi gratia, civis ad Rempublicam, subditus ad communitatem ...“ (De iustitia I, d. 1 s. 4 n. 62' = Tom. I p. 18).

[43]) „... dicitur etiam legalis, quia per collectionem omnium virtutum servantur omnes leges ...“ (l. c.).

[44]) S. Th. II^a II^{ae} q. 108 art. 2 ad 1: „Ad primum ergo dicendum, quod, sicut recompensatio debiti legalis pertinet ad justitiam commutativam, recompensatio autem debiti moralis quod nascitur ex particulari beneficio exhibito, pertinet ad virtutem gratiae; ita etiam *punitio peccatorum* secundum quod pertinet ad publicam justitiam, est *actus justitiae commutativae*“. — Suárez beispielsweise hat das „Strafurteil des Siegerstaates“ über einen feindlichen Rechtsbrecher als einen „Akt der strafenden Gerechtigkeit“ interpretiert (vgl. Joseph Höffner, Christentum und Menschenwürde. Das Anliegen der spanischen Kolonialethik im Goldenen Zeitalter, Trier 1947 S. 263).

[45]) „... prout est in iudice: quia iudex ... ex officio tenetur Reipublicae punire delicta ...“ (De iustitia I, d. 1 s. 1 n. 69 = l. c. p. 20).

[46]) „Dicitur tamen communiter iustitia, & ab ipsa potissimum denominatur Deus iustus, quatenus per iustitiam vindicativam punit peccatum ...“ (l. c. n. 70 p. 21).

Im Zusammenhang mit der *iustitia commutativa* analysierte Juan de
Lugo ebenfalls den Begriff der *Ehre* (honor). Nicht zuletzt diskutierte er
die Frage, ob „honor" überhaupt als „materia iustitiae" angesprochen
werden dürfe, da diese Eigenschaft keinerlei Konnex zu einem Menschen
aufweise, deswegen ein derartiger Vorzug erzeugt würde. Ehre und
Ruf (honor et fama) würden nicht von dem betreffenden Menschen
selbst hervorgebracht, lägen nicht bei ihm, sondern vielmehr in der
Gewalt anderer. Nach dieser Argumentation bestimmt sich Ehre und
Ruf nach dem Ehrenden, nach jenem also, der Ehre erweist. Die Einschätzung ist nicht in unserer, wohl aber in fremder Erkenntnis[47]).

Für de Lugo bedeutet *Ehre* nichts anderes als den *Beweis einer gewissen
Wertschätzung* seitens eines *anderen*[48]). Dabei lehnte er sich an die *honor*-
Definition des Aquinaten an, dem Ehre nicht als ausreichender Preis
der Tugend, sondern als das höchste Gut in menschlichen Angelegenheiten schlechthin galt[49]). Auch Lessius hat diese thomistische Auffassung geteilt und betont, daß die Ehre das Zeugnis unserer Meinung von
der Vorzüglichkeit eines anderen sei[50]). Die äußeren Zeichen bekunden
unmittelbar unsere Vorstellungen und Stimmungen.

In seiner Rechtslehre beleuchtete de Lugo ebenfalls den großen Unterschied, der zwischen *iustitia* und *fidelitas* besteht. Während die
Gerechtigkeit allein dazu verpflichtet, fremdes Recht nicht zu verletzen
bzw. sich keiner fremden Sache ohne Einwilligung des Berechtigten zu

---

[47]) „Nam honor est in honorante, & fama etiam, cum sit bona aliorum existi-
matio de nobis, non est in nobis, sed in alienis intellectibus" (De iustitia I, d. 1
s. 1 n. 15 p. 5).

[48]) „... honor est testificatio quaedam excellentiae alterius" (De iustitia I,
d. 14 s. 1 n. 3 = tom. I, p. 352 col. 1).

[49]) S. Th. IIᵃ IIᵃᵉ q. 103 art. 1 ad 2: „... honor non est sufficiens virtutis prae-
mium, sed nihil potest esse in humanis rebus et corporalibus maius honore: in
quantum scilicet ipsae corporales res sunt signa demonstrativa excellentis virtutis".

[50]) „Honor autem nihil est aliud, quam testificatio quaedam excellentiae
alterius: ut docet *D. Thom. q. 103 a. 1 ad 2* immediate tamen, est testificatio
nostrae opinionis de excellentia alterius, cum quadam nostri submissione, &
mediate ipsius excellentiae: nam signa externa immediate significant nostros
conceptus & affectus; mediate res ipsas" (L e o n a r d u s   L e s s i u s, De iustitia et
iure caeterisque virtutibus cardinalibus, libri quatuor, ad 2.2 D. Thomae, a
quaest. 47 usque ad quaest. 171, editio tertia, Antverpiae [ex officina Planti-
niana, apud Viduam et Filios Jo. Moreti] 1612, Lib. 2 Cap. 11 dubitatio 1 n. 2
p. 119 col. 1).

bemächtigen[51]), verpflichtet Treue nicht zu etwas, was man einem anderen schuldet, sondern zu dem, was man sich selbst schuldig ist[52]). Die Tugend der *Treue* auferlegt die *Verpflichtung zur Konformität von Wort und Tat*[53]). *De* Lugo spricht sie insofern treffend als „veritas in factis" an. *Fidelitas* hebt sich von der Wahrhaftigkeit (*veracitas*)[54]) jedoch insofern ab, als letztere ausschließlich fordert, daß jemand nichts anderes spricht, als er tatsächlich im Sinne hat und wirklich auch selbst glaubt, daß dies wahr sei. Die Mentalreservation bedeutet deshalb eine Sünde gegen die *veracitas communis*.

Rechtsfriede und *Ruhe* im Innern erwachsen zu ausschlaggebenden Faktoren der Staatsexistenz. Ihre Wahrung ist neben dem Fürsten kraft Geblütsrecht dem Richter kraft Amtes anvertraut. Daher hat der Richter stets die öffentlichen Straftaten (delicta publica) zu verfolgen. Hingegen kann ein Fürst gelegentlich auf die Verfolgung geheimer oder nicht das Gemeinwohl stark beeinträchtigender Vergehen wegen der Verwirklichung anderer Staatsziele verzichten[55]). Im Zusammenhang mit dem Richteramt rollte de Lugo erneut die für seine Zeit akute prozessuale Frage auf, inwieweit überhaupt die Praxis der weltlichen Richter bei der Eröffnung der Spezialinquisition mit der herkömmlichen Lehre in Einklang stehe. Zweifel begegneten nämlich dann, wenn im zeitgenössischen Gerichtsgebrauch Richter gegen eine Person bloß auf einfache Angabe hin, ohne daß dem Beschuldigten ein übler Ruf, ein schlechter Leumund vorausging, zur Spezialuntersuchung schritten. Navarrus (Martín de Azpilcueta) (1493—1586)[56]) hatte ein derartiges

---

[51]) „... nam iustitia solum obligat ad non laedendum ius alienum, seu ad non usurpandum id, quod est alterius sine eius consensu ..." (De iustitia II, d. 23 s. 1 n. 14 = tom. II p. 106).

[52]) „Fidelitas autem, ut communiter dici solet, non obligat ad id, quod alteri debeo, sed ad id, quod mihimet ipsi debeo" (l. c. p. 107); cf. Brinkman, l. c. p. 25 n. 24.

[53]) „... quae obligat ad conformanda facta cum dictis ..." (De iustitia I, d. 14 s. 9 n. 136 p. 385); cf. Brinkman, l. c. p. 24).

[54]) Juan de Lugo lehnt sich hier bewußt an Molina an.

[55]) „... licet [delicta] occulta, vel non ita graviter perniciosa possint aliquando a Principe ob alios fines dissimulari" (De iustitia I, d. 10 s. 2 n. 61 p. 266).

[56]) Vgl. immer noch zur ersten Unterrichtung die zusammenfassenden älteren biographischen Studien von Mariano Arigita y Lasa, El doctor Navarro, Don Martín de Azpilcueta y sus obras. Estudio histórico crítico, Pamplona 1895, und Hermilio Olóriz, Nueva biografía del doctor Navarro Don Martín de Azpilcueta, Pamplona 1918.

Verfahren entschieden verurteilt, da es sowohl dem *Naturrecht* als auch
dem *positiven Recht* zuwiderlaufe und damit in nicht ordnungsgemäßer,
rechtswidriger Weise den Nächsten erniedrige[57]. Dennoch verteidigten
viele Juristen, denen sich ebenfalls Lessius anschloß, die Möglichkeit
der Spezialinquisition seitens des Richters auch bei unversehrter Ehrbarkeit des Denunzierten. Und Juan de Lugo ist dieser Auffassung beigetreten: „non ergo est damnanda illa iudicum praxis"[58]. Er argumentierte, kein Richter könne von sich aus die Untersuchung einleiten, ohne
daß stets irgendeine Anzeige (denunciatio) oder ein Ersatz dafür vor-
liege. Bei Vorhandensein eines Anzeigenden aber sei vorherige Infamie
nicht erst erforderlich[59]. Unter anderem hat de Lugo auch dem ungerechten Richterurteil seine Aufmerksamkeit geschenkt. An einem anschaulichen Paradigma verdeutlichte er, wie sehr es ihm auf wirkliche
Gerechtigkeit und nicht nur auf deren formal richtige Durchsetzung
ankam. Falls nämlich einem Richter die erforderliche Jurisdiktion ge-
fehlt oder er wesentlich gegen die Rechtsordnung verstoßen hatte, sei
selbstverständlich ein von einem solchen Richter gefälltes Urteil nichtig.
Gleichwohl dürfe derjenige, dem durch die fehlerhafte Entscheidung eine
Sache zugesprochen wurde, die ihm ohnehin unverkennbar zustand,
diese behalten[60]. Man sieht, daß der spanische Rechtsdenker stärker
auf den *Inhalt* als auf die *Form* des Rechts sah. So wirken auch seine
Darlegungen völlig sachlich, der Stil schlicht, transparent und schmuck-
los. Ihm ging es sichtbar um den Kern der Probleme, nicht aber um
deren förmliche Verkleidung.

De Lugo näherte sich auch einer kanonistisch recht aufschlußreichen
Fragestellung, indem er das Problem des Verpflichtungscharakters kirchlicher Gesetze aufzeigte. Er erörterte insbesondere die Frage, ob Kirchen-
gesetze vom Augenblick der Taufe an verpflichten, genauer noch, ob ein
Mensch in diesem Zeitpunkt bereits wegen eines Verstoßes gegen eine

---

[57] „... quia lege divina & naturali prohibemur inordinarie detrahere proximo.
aut dare causam detrahendi" (Lessius, De iustitia Lib. 2 Cap. 29 *De iudice* dub,
15 n. 131 p. 379 col. 2).

[58] De iustitia II, d. 37 s. 6 n. 64 p. 613 col. 1.

[59] „Existente autem denunciatore non requiri infamiam praecedentem" (l. c.).

[60] „... quando sententia est iniusta ex parte iudicis, quia vel deerat iurisdictio
in iudice, vel quia violavit ordinem iuris essentialem, tunc si per illam sententiam
applicetur tibi res, quae manifeste erat tua, licite posse a te retineri" (De iustitia
II, d. 37 s. 15 n. 185 p. 644).

[61] Opera Lib. VI disp. 16 s. 1 n. 26 p. 201 n. 2.

kirchliche Vorschrift der Strafsanktion ausgesetzt sei, mithin also mit Exkommunikation oder einer anderen kirchlichen Strafe belegt werden
könne[61]). Gewiß handelt es sich hier ebenfalls um moraltheologische
Anliegen, aber die Überlegungen berühren ebenso die Dogmatik des
kanonischen Strafrechts.

Eine verhältnismäßig breite Beachtung hat im rechtstheoretischen
Oeuvre de Lugos die Frage von *Freiheit* und *Sklaverei, insbesondere das
Sklavenrecht* erfahren. Man muß sich hier vergegenwärtigen, daß im
Gegensatz zu den kontinental-europäischen Regionen, wo die Sklaverei
bereits seit der Karolingerepoche allmählich verschwand, die iberische
Halbinsel diese Institution über das Mittelalter hinaus in Geltung sah[62]).
In der Zuweisung des Sklaventums zum *ius gentium* folgte de Lugo der
herkömmlichen Lehre der Scholastiker[63]). Ein Gegensatz zum Naturrecht
wurde in dieser Einrichtung nicht erblickt, zumal sie lediglich den
Körper, nicht aber die Seele eines Menschen berührte[64]). Es sei insofern
einem Menschen durchaus erlaubt, Eigentum an einem anderen Menschen zu haben: „licitum esse homini dominium in alium hominem
tanquam in verum servum"[65]). — Hl. Schrift, Väterlehre, Konzilsbeschlüsse und zahlreiche Beweisgründe ließen keinen Zweifel, daß die
Institution der Sklaverei Teil der göttlichen Weltordnung war. Aber an
dieser Stelle überwand bei Lugo der scholastische Theologe den früheren
Juristen. Dieser wußte immerhin aus der justinianischen byzantinischen
Kodifikation zur Genüge, wie seine Zitation eindeutig belegt, daß Freiheit die natürliche Fähigkeit jemandes bedeutet, zu tun, woran er nicht
durch Zwang oder Gesetz gehindert wird. Gleichzeitig aber war ihm
bekannt, daß Sklaverei (servitus) als Einrichtung des *ius gentium* als
widernatürliches Eigentum kritisiert wurde[66]), da die Natur nur freie
Menschen schaffe. De Lugo behauptete hingegen, daß das römische
Recht nicht der Zulässigkeit der Sklaverei entgegenstehe. „Innerhalb

---

[62]) Vgl. dazu grundsätzlich Charles Verlinden, L'esclavage dans l'Europe
médiévale, Tome I: Péninsule ibérique — France (Rijksuniversiteit te Gent.
Werken uitgegeven door de Faculteit van de Letteren en Wijsbegeerte, 119e
Aflevering), Brugge 1955 p. 103; Höffner, a. a. O. S. 84f.

[63]) Cf. Brinkman, l. c. p. 181 n. 17.

[64]) Cf. Brinkman, l. c. p. 252; Höffner, a. a. O. S. 64.

[65]) De iustitia I, d. 6 s. 2 n. 10 p. 134.

[66]) „Servitus est constitutio iuris gentium, qua quis dominio alieno *contra
naturam* subicitur" (Inst. 1, 3, 2 und D. 1, 5, 4 pr. — Text: Corpus Iuris Civilis I,
recognovit Theodorus Mommsen retractavit Paulus Krueger, Berolini
1954 p. 2 & p. 35).

der religiösen Sphäre stand der Sklave gleichberechtigt neben seinem Herrn", da das christliche Sittengebot für beide verbindliche Richtschnur war[67]). Der Sklave besaß das Recht auf Unversehrtheit von Leib, Leben und Ruf[68].) Die Berechtigung zur Flucht aus der Sklaverei sprach de Lugo zunächst jenen Sklaven ab, die sich selbst in die Unfreiheit verkauft hatten oder die von ihren Eltern rechtens verkauft worden sind. Diese seien „ex legitimo contractu", aufgrund eines gültigen Vertrages, zum Dienste verpflichtet. Zweifelhaft in der Doktrin blieb immerhin die Auffassung, ob jene ihrem Leibherrn entfliehen dürften, die in einem *gerechten* Kriege Sklaven geworden waren. Während Antonin von Florenz, Navarrus und Molina diesen die Fluchtberechtigung absprachen und sich für Rückgabe oder Wertersatz des Flüchtigen einsetzten, bejahten hingegen Covarruvias[69]), Soto, López und Báñez diese Möglichkeit[70]). De Lugo veneinte das Fluchtrecht bei *servitus iusta*. Er betonte, daß dem Sklaven ohnehin sein Recht auf die geistlichen Güter unbenommen bleibe, da er hierin seinem Herrn nicht unterworfen sei. Die Notwendigkeit der Sklaverei und das Negativum der Unfreiheit wird vielmehr dadurch gemildert, als der Sklave trotz leiblicher Bindung an seinen Gewalthaber im Verhältnis zu den „bona spiritualia" nicht als Unfreier, sondern vielmehr als freier Mensch bewertet würde und ihm wie einem Freien Schutz von Leib und Leben zugesichert werde[71]). Nicht in religiöser Hinsicht, nur in ständischer Beziehung klaffte ein Zwiespalt zwischen Sklaven und Freien.

Wie viele sonstige Aussagen verrät gerade diese Äußerung Juans de Lugo die von ihm bewältigte Diskrepanz zwischen formaljuristischer und theologisch-seelsorgerlicher Problembeurteilung. Wo Versuche einer

---

[67]) Vgl. dazu: Hans Meyer, Geschichte der abendländischen Weltanschauung, V. Bd.: Die Weltanschauung der Gegenwart, Würzburg 1949 S. 547.

[68]) Cf. Brinkman, l. c. p. 186.

[69]) „Ex hoc tamen non arbitror, illicitum esse capto ab hostibus etiam bello justo, e confinibus hostium fugere, & ad patriam redire" (*Variarum Resolutionum* Lib. I Cap. II: An dolis & fallaciis uti liceat in judicio, in: Opera II, Coloniae Allobrogum (Sumpt. Gabrielis de Tournes & Filiorum) 1723 p. 17 col. 1 n. 10).

[70]) De iustitia I, d. 6 s. 3 n. 20 p. 136. — Cf. Brinkman, l. c. p. 190.

[71]) „... quia in ordine ad haec bona non consideratur ut servus, sed ut homo liber, sicut in ordine ad vitam & membra" (De iustitia I, d. s. 3 n. 44 p. 48). Cf. Brinkman, l. c. p. 187. — Über die Bewertung des „Zwanges" in der Rechtslehre de Lugos referiert neuerdings übrigens auch José M. de Lahidalga, La coacción en la ordenación sagrada (Victoriensia Vol. 10), Vitoria 1960 p. 29, 37, 47, 48, 220.

Harmonisierung der zutage tretenden Gegensätze scheitern mußten, hat er die gemischten Fragestellungen schließlich stets als bewußter Theologe gewogen und bewertet. Das Jenseitsstreben des Ordensmannes, das Ziel seiner Gesellschaft ließ ihn dabei vielfach die juristische Form abstreifen und die Inhalte aus anderer Perspektive und in neuer Beleuchtung sehen. Wie manche profilierte Köpfe ist Juan de Lugo zwar ausgegangen von der Jurisprudenz, aber aufgegangen in der Theologie. Die abgeschlossene Wandlung in der Einstellung zu rechtlichen Fragen bestimmte nachhaltig auch seine rechtsdenkerische Position.

Enguerrand de Marigny,
Minister Philipps des Schönen von Frankreich

Jener König, der als erster mittelalterlicher Herrscher der Franzosen mit der Vergangenheit seines Reiches gebrochen hat, dürfte Philipp IV. (1285—1314) gewesen sein, dem man den Beinamen „der Schöne" gegeben hat. Seine Autorität erstreckte sich auf das Territorium, das die natürlichen Grenzen des Königreiches einbetteten. Die Positionen des inländischen Feudaladels wurden bereits politisch durch ein aufstrebendes starkes Bürgertum zunehmend ausgeglichen und abgeschwächt. Dieser Monarch ließ sich keine Gelegenheit entgehen, Ansprüche auf die eigene Unabhängigkeit anzumelden. Nicht zuletzt wurde durch eine solche machtpolitische Einstellung auch der Konflikt mit Papst Bonifaz VIII. (1294—1303) geschürt[1]). Philipp der Schöne, fraglos „eine geistige Individualität" (Karl Wenck), verkörperte gleichwohl keine Idealgestalt für das Königtum; ihm fehlten manche Züge eines guten Staatslenkers. Häufig hat er zudem die Rechtspflege seinen eigenen Absichten untergeordnet. Indes muß dieser historischen Persönlichkeit der Umstand zugute gehalten werden, daß sie zwischen zwei Epochen, zwischen Mittelalter und Moderne wirkte: Philipp IV. schloß gewissermaßen die Periode des französischen Mittelalters und bahnte schon die neuzeitliche Ära seines Landes an[2]).

Wie die meisten absoluten Herrscher verweigerte Philipp der Schöne, der selbst riskante diplomatische Schachzüge gelegentlich selbständig zu meistern pflegte, seinen Ministern persönliche Unabhängigkeit ihm gegenüber. Diese waren zwar nie vor seinen Launen, stets aber seines Schutzes sicher. Überdies ließ dieser Souverän während seiner ganzen Regierungszeit das Amt des Kanzlers unbesetzt. Ein Siegelbewahrer

---

[1]) Vgl. zu diesem Fragenkomplex, insbesondere über die Haltung des französischen Hofes und die autonomistischen Traditionen der französischen Krone Jean Rivière, Le problème de l'Église et de l'État au temps de Philippe le Bel. Étude de théologie positive (= Spicilegium sacrum Lovaniense. Études et documents, Fascicule 8), Louvain-Paris 1926 p. 97; siehe ebenfalls: G. Digard, Philippe le Bel et le Saint — Siège de 1285 à 1304, 2 Bde. Paris 1936, und Duc de Lévis-Mirepoix, Philippe le Bel, 1942.

[2]) Vgl. Edgard Boutaric, La France sous Philippe le Bel. Étude sur les institutions politiques et administratives du moyen âge, Paris 1861 p. 436 s.

oder Vizekanzler fungierte an Stelle des fehlenden Staatskanzlers[3]). Andererseits bediente sich dieser König zur theoretischen Begründung seiner Prärogativen und Argumentation seiner Staatsziele des scharfen Instruments hervorragender patriotisch gesinnter Legisten. Namentlich die Standesklasse der *ritterlichen Legisten*, profilierte Juristen von vaterländischer Einstellung, hat die monarchischen Rechte energisch vertreten und dem erstarkenden Königtum als wissenschaftlicher Pfeiler gedient[4]). Überdies hatte das Rechtsstudium in Frankreich inzwischen seinen Siegeszug angetreten und an Bedeutung die Theologie schon übertroffen. Die französische Beamtenschaft in den höheren Instanzen stellten die Rechtsgelehrten. Der Beruf des Anwalts bildete die Sprosse, auf der der Jurist dieses Zeitalters zu den höchsten Würden aufsteigen konnte. Das Studium der Jurisprudenz und die forensischen Siege der Advokatur standen am Beginn steiler, wenn auch vielfach menschlich am Ende nicht minder tragischer Ministerkarrieren. *Pierre Flote, Guillaume de Nogaret, Guillaume de Plaisian* repräsentierten geradezu klassische Kronzeugen für den gewaltigen Aufstieg des Legistenstandes[5]). Die Rechtsschule von Orléans[6]), an der man die Digesten auf französisch dozierte, lehrte die Maxime, daß der Wille des Fürsten als Gesetz gelte. Hier entwickelte sich ebenfalls das folgenschwere, aber den Wesenskern absolutistischer Herrschaft treffsicher interpretierende Sprichwort: *Que veut le roi, si veut la loi*[7]). Die völlige *Identifikation von König und Gesetz*, die seinshafte *Gleichheit von Rex und Lex* wurde als Rechtsfolge und historische Nachwirkung des römischen Rechtes propagiert,

---

[3]) Vgl. Ernest Renan, Un ministre du roi Philippe le Bel. Guillaume de Nogaret II. Les apologies de Nogaret et le procès des Templiers, Revue des Deux Mondes, XLIIe année — seconde période, Tome XCVIII, Paris 1872 p. 619.

[4]) Vgl. über diese diensteifrigen legistischen *milites regis* statt anderer Robert Holtzmann, Wilhelm von Nogaret. Rat und Großsiegelbewahrer Philipps des Schönen von Frankreich, Freiburg i. Br. 1898 S. 17; über die enge Verbindung Philipps des Schönen zu den Legisten ebenfalls Duc de Lévis Mirepoix, Philippe le Bel, p. 24 s., der den König gleichsam als den *ersten* Legisten Frankreichs ansieht.

[5]) Vgl. Boutaric, l. c. p. 220; zum Stand der königlichen Juristen s. auch Alois Dempf, Sacrum Imperium², Darmstadt 1954 S. 408.

[6]) Die Rechtsschule von Orléans war 1305 von Papst Clemens V. privilegiert worden. Vgl. über diese Ausbildungsstätte kursorisch Friedrich Carl von Savigny, Geschichte des römischen Rechts im Mittelalter, Bd. III⁴ Bad Homburg 1961 S. 400ff.

[7]) Vgl. Boutaric, l. c. p. 17.

hatte doch auch im antiken Rom der Wille des Kaisers Gesetzeskraft beansprucht[8]). Im Zeitalter des vierten Philipp galt eine autoritäre Rechtstheorie. Herrscher und Untertanenverband standen sich als die beiden Pole politischer Aktion gegenüber. Es kann kaum verwundern, wenn in der Konzeption der gesetzgebenden Gewalt und der Regierung des Königs von Frankreich die Idee von der *Volkssouveränität* nicht den geringsten Platz fand. Die französischen Kronjuristen bedienten sich der Digesten, um ihren Monarchen von seiner Verpflichtung zur Gesetzessanktion zu entbinden[9]). Andererseits hielt der König stets seine schützende Hand über die Gehilfen seiner Politik. Solange er lebte, setzte er keinen seiner Getreuen dem Argwohn aus. Erst nach seinem Tode hatten seine Günstlinge und mancher legistische Emporkömmling für Treue, Ergebenheit, königliches Vertrauen und staatspolitische Handlungen zu büßen. Die Reaktion verschlang diese Herolde des versunkenen Systems. Zu jener Persönlichkeiten, die im Dienst dieses Königs am höchsten gestiegen, am Ende ihres Lebens am tiefsten gefallen waren, darf mit Fug und Recht *Enguerrand de Marigny* gerechnet werden. Der mächtigste und einflußreichste aller Legisten, die je das Vertrauen Philipps des Schönen genossen hatten, war zugleich der unglücklichste von allen[10]).

Dieser Mann, der eine unvergleichliche Stellung in seiner Epoche erlangt hat, war der Sproß einer kleinadeligen alten Familie aus der Normandie, die 1200 ihren hergebrachten Namen *de Le Portier* gegen jenen *de Marigny* eingetauscht hatte[11]). Enguerrand de Marigny wurde als einziger Sohn der ersten Ehe seines Vaters um 1260/65 zu Lyon-la-Forêt geboren[12]). Die ersten drei Jahrzehnte seines Lebens stehen völlig

---

[8]) Vgl. Boutaric, ibidem. — Nach römischem Recht war zudem der Herrscher nicht an die Gesetze gebunden: *princeps legibus solutus est* (D. 1, 3, 31). Eine berühmte *Paulus*-Stelle (D. 32, 23) unterstrich diese Auffassung nachdrücklich: „... decet enim tantae maiestati eas servare leges, quibus ipse solutus esse videtur."

[9]) Boutaric, l. c. p. 18.

[10]) Vgl. Gustave Dupont-Ferrier, La formation de l'État français et l'unité française. Des origines au milieu du XVIe siècle (= Collection Armand Colin — Section d'histoire et sciences économiques — No 110) 2e édition, Paris 1934 p. 97.

[11]) Vgl. Pierre Clément, Trois drames historiques. Enguerrand de Marigny — Beaune de Semblançay — Le chevalier de Rohan, Paris 1857 p. 10.

[12]) Ulysse Chevalier, Répertoire des Sources historiques du Moyen-Age. Bio-Bibliographie II. vol. I—Z, Paris 1907 p. 3081.

im Dunkel und die zeitgenössischen Quellen gestatten keine Aufhellung dieser Schatten. Erst ab 1298 mehren sich die Niederschläge von den Stationen einer ungewöhnlichen Laufbahn, die steil nach oben zur Würde des königlichen Premierministers führte. 1298 übertrug Philipp der Schöne die Burghut des Schlosses von Issoudun in der Champagne (nordostwärts von Châteauroux) an Enguerrand. Von diesen Tagen an stand der normannische Edelmann nahezu siebzehn Jahre in der grellen Sonne der Gunst seines königlichen Herrn und Gebieters. Das Glück schien ihm unwandelbar treu zu bleiben; immer neue Ehren und Gnadenerweise häuften sich auf diesen offensichtlich vom Schicksal Bevorzugten. Er wurde Ritter, Kammerherr der Königin, Graf von Longueville, Intendant der Finanz- und Gebäudeverwaltung und Hauptmann des Louvre. Daneben verlieh ihm der König Ländereien, Gewohnheitsrechte, Jagdgerechtigkeien, Privilegien, Renten und Immunitäten[13]).

Bereits kurz nach dem Ableben des großen Rechtsdenkers und Staatsmannes Pierre Flote, der auch ein Meister der Feder gewesen war, noch im Jahre 1302, besaß Enguerrand das volle Vertrauen König Philipps. Man dürfte kaum in der Annahme fehlgehen, daß er zu jenen Legisten in der Umgebung des Königs gehört haben dürfte, die damals zu Gewaltakten in der Auseinandersetzung zwischen Königtum und Papsttum geraten hatten. Es ist naheliegend, daß er den Plan des Attentats von Anagni[14]), wenn nicht gutgeheißen, so doch gekannt hat, mit dem Wilhelm von Nogaret und Sciarra Colonna den in der Bulle „Super Petri solio" verbrieften Bannfluch Bonifaz' VIII. parierten und in deren Verlaufe der Papst am 7. September 1303 überfallen und gefangen genommen wurde. Das Sakrileg, das in der Szenerie von Anagni begangen wurde, erschwerte allgemein die Stellung der Legisten am Hofe und nährte nicht zuletzt die Abneigung der Prinzen, insbesondere des Königsbruders Karl von Valois, gegen die juristischen Ratgeber des Monarchen, die planvoll zur Konsolidierung der Macht Frankreichs ope-

---

13) Vgl. Clément, l. c. p. 11 s.
14) Vgl. Robert Holtzmann, Wilhelm von Nogaret, S. 217; Walther Holtzmann, Zum Attentat von Anagni, Festschrift für A. Brackmann, Weimar 1931 S. 492—507; R. Fawtier, L'attentat d'Anagni. Mélanges d'archéologie et d'histoire 60 (1948) p. 153—179. — Jedenfalls ist das Zeugnis Enguerrands de Marigny über die von Philipp dem Schönen von einem Kardinal empfangenen Briefe „super heresibus seu bogariis Bonifacii" überliefert (Cf. Georges Digard, Philippe le Bel et le Saint-Siège de 1285 à 1304. Ouvrage posthume publié par Françoise Lehoux, Tome II, Paris 1936 p. 154 n. 3).

rierten. Kaum hatte Philipp der Schöne den Gerichtshof der Schatzkammer (*la cour de l'Échiquier*) in Rouen wieder errichtet, wurde 1306
Enguerrand auch schon der Vorzug zuteil, diesem Gericht zu präsidie-
ren[15]). Immer wieder zeigte sich der König ihm gegenüber großzügig
und in Geberlaune. Kein Wunder, wenn man dem vielfach Ausgezeichneten und immer von neuem sichtbar Bevorzugten sein Glück und seine
Erfolge zunehmend neidete und ihn weithin der Zauberei bezichtigte.
Die Öffentlichkeit munkelte, er verstände es mit Mitteln der *Schwarzen
Kunst* den König unwiderstehlich in seinen Bann zu ziehen und zum
Bösen zu verleiten[16]). Eine Atmosphäre des dämonisch-geheimnisvollen
Rätselhaften umgab diesen Höfling und entrückte ihn zugleich den
natürlichen menschlichen Vorstellungen ins Reich der Magie. Dazu trat
der Umstand, daß dieser legistische Ritter systematisch seinen Grund-
und Hausbesitz mehrte und dauernd nach neuen Ankäufen Umschau
hielt. Wenn auch Nogaret in den Jahren 1308 und 1309 der Haupt-
minister des Königreiches blieb, wurde Enguerrand ihm gleichwohl
häufig bei seinen Geschäften beigeordnet. So haben beide Favoriten
ihres Herrschers im Jahre 1308 am Abschluß des Vertrages zwischen dem
König von Frankreich und der Gräfin von Sancerre[17]) Marie de la Marche
teilgenommen, mit dem der Monarch die Grafschaft de la Marche[18]) für
die Krone beanspruchte[19]). Übrigens galt der Ritter von Marigny allgemein als freundlich, klug, aber verschlagen[20]). Die Geschichtsschreibung weist indes darauf hin, daß er sich den Haß des Volkes ebenso
zuzog wie die Abneigung und Feindschaft der Großen, die er durch seine
angebliche Arroganz und seine unerträgliche Heftigkeit herausforderte
und ihnen damit den Hof verleidete[21]). Die Pariser hatte er 1308 unter
dem Vorwand der Kriegsvorbereitungen gegen Flandern durch drückende
Steuerlasten gegen sich aufgewiegelt und damit den Aufstand angezettelt,

---

[15]) Clément, l. c. p. 16.

[16]) Dupont-Ferrier, ibidem.

[17]) Nordostwärts von Bourges (Berry).

[18]) Die mittelfranzösische Grafschaft hatte seit 1199 im Besitz des Hauses
Lusignan, der Grafen von Marche, gestanden, die seit 1186 Könige von Jerusalem
waren. 1308 fiel dieses historische Territorium an das Königreich.

[19]) Vgl. Renan, l. c. p. 620.

[20]) Vgl. Dupont-Ferrier, ibidem. — Über diesen Mann „von Kultur" vgl.
Duc de Lévis Mirepoix, l. c. p. 297.

[21]) Vgl. P. Du Puy, Histoire des plus illustres favoris anciens et modernes,
Leiden 1659 p. 76.

der allerdings erstickt wurde[22]). Im Frühjahr 1310 gehörte *Ingerranus Marigniacus*, wie ihn die päpstliche Bulle „Rex gloriae" vom 27. April 1310 nannte, jener königlichen Gesandtschaft an, die Clemens V. (1305 bis 1314) in Avignon in Sachen des zu Anagni geraubten Schatzes der Kirche aufsuchte[23]). Dieser Papstschatz, der seit dem Jubeljahr 1300 bemerkenswert erweitert war und kostbare Reliquiare und Pretiosen aufwies, war bei dem Überfall eine Beute der Colonnas geworden. Urkunden und Register der Apostolischen Kanzlei waren aus ihren Laden herausgerissen und verstreut worden[24]). Inzwischen rückte ebenfalls Enguerrands ältester Halbbruder aus der zweiten Ehe seines Vaters, der ehemalige königliche Sekretär und seit April 1310 auf Veranlassung der Krone als Erzbischof von Sens wirkende *Philipp de Marigny*[25]) in den Mittelpunkt des aktuellen Tagesgeschehens. Auch er erntete letztlich mehr Abneigungen als Sympathien, wenn auch wohl die Furcht allenthalben die Lippen verschloß. Am 12. Mai 1310 überantwortete dieser königliche Kirchenfürst mehr als ein halbes Hundert Mitglieder des Templerordens als rückfällige Ketzer dem Scheiterhaufen[26]). Auch ein zweiter Stiefbruder Enguerrands, *Jean de Marigny*, gleichfalls geistlichen Standes, Kantor von Notre-Dame in Paris und nach 1312 Bischof von Beauvais, schlug eine glänzende politisch-kirchliche Laufbahn ein. 1329 amtete er als Kanzler, 1342 als Generalstatthalter in der Gascogne und Languedoc, bevor er 1347 den Metropolitanstuhl von Rouen bestieg[27]).

Bei den letzten Amtshandlungen Nogarets war Enguerrand de Marigny zugegen. Nachdem Ludwig von Nevers, der Sohn Roberts von Bethune, 1312 aus seiner Pariser Haft nach Flandern geflohen war, gehörte Enguerrand zu den königlichen Räten, die den Flüchtigen in Abwesenheit am 25. März 1313 zu Freiheitsverlust und Güterkonfiskation verurteilten[28]). Noch im gleichen Jahre 1313, nach Nogarets Ableben, wurde Enguerrand selbst faktisch der Kanzler des Königreichs, wenngleich er auch nur die Amtsbezeichnung eines Königkämmerers führte. Daß die Wahl gerade

---

[22]) l. c. p. 77.

[23]) Vgl. P. Du Puy, Histoire du différend d'entre le pape Boniface VIII et Philippe le Bel, roy de France, Paris 1655 p. 605 s.

[24]) Vgl. Renan, l. c. p. 342.

[25]) Vgl. Clément, l. c. p. 10 n. 3: Philippe starb 1325 zu Paris, wo er in der Kartäuserkirche beigesetzt wurde.

[26]) Vgl. Robert Holtzmann, a. a. O. S. 185.

[27]) Du Puy, Histoire des plus illustres favoris, p. 78; Clément, l. c. p. 10 s. n. 3.

[28]) Vgl. R. Holtzmann, a. a. O. S. 210f.

auf ihn fiel, dürfte dem Umstand zuzuschreiben sein, daß die progressive Geldnot, die anhaltende Finanzkrise des Staates dringend nach einem Fachmann für die Finanzen verlangte. Als Philipp der Schöne 1314 erneut den Krieg gegen die Flamen bestehen wollte, ließ er vom Pariser Parlament die Grafschaft Flandern konfiszieren. Am 1. August 1314 eröffnete Enguerrand in seiner Eigenschaft als Oberintendant der Finanzen[29]) und Koadjutor des Königtums die Versammlung der nach Paris einberufenen Generalstände als der Repräsentanz der französischen Nation in Gegenwart des Königs[30]). Dabei beschuldigte der einfallsreiche Legist die Flamen des Bruches des beschworenen Friedens und rief das Volk zur Hilfe für seinen Monarchen auf. Die Deputierten der Bürger der bedeutenden Städte erklärten ihre Bereitschaft zum Felddienst. Indes war damit die Leistung einer Steuer verbunden, von der keine Befreiung bewilligt wurde. Aber gerade diese neue Steuerlast rief Aufruhr in allen Provinzen hervor[31]).

Andererseits ließ in dieser letzten Phase seiner Regierung der König seine Gunst noch stärker auf Enguerrand ruhen, der sich zugleich immer tiefer in sein nahes Verhängnis verstrickte. *Boutaric* hat das treffende, gleichnishafte Bild gezeichnet, wonach der König schließlich alles nur noch mit den Augen seines Ministers zu sehen schien[32]). Trotz seiner großen Macht und des fast unbegrenzten Vertrauens seines Königs besaß Enguerrand nur den Titel eines königlichen Kämmerers. Immer mehr jedoch traf ihn die Feindschaft des Hofes, vor allem der Prinzen von königlichem Geblüt.

Da Enguerrand nach Ausbruch der Feindseligkeiten mit Flandern dem Grafen von Flandern gegen Zahlung einer hohen Geldsumme zum Bedauern der Franzosen einen einjährigen Waffenstillstand bewilligt hatte, klagte ihn Karl Graf von Valois beim König des Verrates an, aber der König wies den Vorwurf seines Bruders zurück[33]). Die Lage spitzte sich zusehends zu. Alte Prophezeihungen wurden laut und das Ende der

---

[29]) E. Boutaric, La France, p. 165 s., bemerkt, daß der Titel des „surintendant", dem die Leitung der Finanzen übertragen wurde, nicht näher bestimmt war.

[30]) Vgl. Boutaric, l. c. p. 39.

[31]) Vgl. Boutaric, l. c. p. 40.

[32]) „Le roi finit par ne plus voir que par les yeux de son ministre" (Boutaric, l. c. p. 422).

[33]) Vgl. Du Puy, Histoire des plus illustres favoris, p. 78; s. a. Duc de Lévis Mirepoix, l. c. p. 296.

Welt von Arnaud de Villeneuve angekündigt[34]). Indes hatte auch der
König immer noch Geheimnisse, die er sorgsam vor dem Leiter seiner
auswärtigen Politik verbarg. So dürften die Werbungen Philipps des
Schönen bei den deutschen Kurfürsten um die deutsche Königskrone
für einen französischen Prinzen im Jahre 1313 hinter dem Rücken
seines großen Ratgebers Enguerrand de Marigny geführt worden sein[35]).
Bei seinen Entschließungen blieb der König ohnehin stets der Herr
seines planvollen Willens, keineswegs aber das gehorsame Werkzeug
intimer Räte[36]). Vielleicht lag es in seiner vollen Absicht, seine Umgebung nicht gleichzeitig über sämtliche politischen Planungen und
Aktionen zu unterrichten, obschon dem Finanzmann Enguerrand deren
fiskalische Bewältigung oblag. Als aber Philipp der Schöne im November
1314 aus dieser Welt schied, nahm das tragische Schicksal seines Dieners
seinen Lauf. Hatte niemand zu Lebzeiten des Königs gewagt, seinen
mächtigsten Ratgeber und Minister, den verhaßten Emporkömmling
anzugreifen, so stürzte sich noch im gleichen Monat voll aufgestauten
Rachedurstes die Meute der Großen, die feudale Reaktion[37]), vorab Karl
von Valois, auf den wehrlosen Unglücklichen, der seinen Rückhalt verloren hatte. Ein Teil des pikardischen und normannischen Adels hetzte
gegen den Entmachteten. Ränkeschmiede und Intriganten verstanden
es, dem neuen König Ludwig X. *dem Zänker* (1314—1316) die gefährliche
Intelligenz des Verhaßten glaubhaft zu machen. Auf königlichen Befehl
wurde Enguerrand im Turm des Louvre eingekerkert. Vor dem König
und seinen Hofmagnaten sollte er sich wegen der vom Klerus und Volk
erhobenen Gelder verantworten, da man nur leere Truhen bei Philipps
des Schönen Tod vorgefunden hatte. In diesem Scheinprozeß zeigte sich
Enguerrand als scharfsinniger und trotziger Verlierer, der seine Ankläger
der Verlogenheit beschuldigte. Unter der Anklage, den Schatz des Königs Philipp des Schönen gestohlen zu haben, vom Grafen von Nevers
bestochen worden zu sein, daß er den Rückzug des Heeres aus Flandern
geraten habe, daß er auch für den großen Steuerdruck des Volkes ver-

---

[34]) Vgl. Näheres über die Zeitsituation und die Periode des fünften Siegels der
Apokalypse bei Boutaric, l. c. p. 424.
[35]) Vgl. Karl Wenck, Französische Werbungen um die deutsche Königskrone zur Zeit Philipps des Schönen und Clemens V., HZ 86 (1901) S. 264.
[36]) Vgl. Karl Wenck, Philipp der Schöne von Frankreich und seine Persönlichkeit und das Urteil der Zeitgenossen, Marburg 1905 S. 21, 61.
[37]) Vgl. Dufayard, La réaction féodale sous les fils de Philippe le Bel, Revue
historique 54 (1894) p. 253 ss.; K. Wenck, HZ 86 (1901) S. 266.

antwortlich sei und nicht zuletzt jenes ihm vom König ausgehändigte, für den Papst bestimmte Geld zurückgehalten habe, wurde Enguerrand im Temple in die Eisen geschlossen. Mittlerweile wurde seine Gemahlin der Böswilligkeit bezichtigt, da sie einem Gerücht zufolge Wachsbilder der Gegner ihres Mannes für Schadenzauber habe anfertigen lassen. Mit Billigung des Königs ließ dessen Onkel Graf Valois Frau von Marigny, ihre Schwester Frau von Chantelou und einen gewissen Paviot unter dem Verdacht der Hexerei verhaften. Enguerrand selbst wurde am 30. April 1315 gehängt. Seine Frau soll als Zauberin verbrannt worden sein[38]).

Offenbar erst unter König Philipp V. *dem Langen* (1317—1322) durfte der Leichnam des Unglücklichen zunächst in der Sepultur der Kirche des Pariser Kartäuserklosters, der Begräbnisstätte seines Bruders Philippe de Marigny, beigesetzt werden. Später hat man dann die Leiche in ein Mausoleum des Kollegiatstifts Notre-Dame von Écouis in der Normandie überführt, dessen Gründung Enguerrand als mittelalterlichem Menschen sehr am Herzen gelegen war[39]). Hier ruht der große Meister Frankreichs, der treue Minister Philipps des Schönen, dem der Erfolg, die Versuchung der Macht und die bittere Neige des Leids in einmaliger Dichte begegnet waren. Selbst Jurist von hohen Graden, Finanzexperte, ein glänzender Geist und scharfer, mutiger Redner, aber auch ein gehorsamer Befehlsempfänger seines Königs war er am Ende krasser Ungerechtigkeit und entarteter Justiz zum Opfer gefallen. Hohe Auszeichnungen, selbst die *Goldene Rose*[40]) des Papstes waren ihm zugefallen. Schien er zuweilen ein *zweiter* König, ein *secundus regulus*, zu sein, so hat er seinen Ruhm und Aufstieg bitter gebüßt. Als Wehrloser inmitten niedrigster menschlicher Leidenschaften hat er sich standhaft behauptet, ein menschliches Instrument autoritär-absoluter Staatsräson, dessen tragischer Untergang noch nach Jahrhunderten rührt. Geheimnisträger und ausführendes Organ seines ehrgeizigen, unabhängigen Königs, ist er dem Rausch der Macht erlegen und schließlich ihr sicheres Opfer geworden.

[38]) Vgl. dazu im einzelnen Du Puy, Histoire, p. 79 ss.
[39]) Vgl. Clément, l. c. p. 122 s.
[40]) Vgl. über die Goldene Rose: J. Kreeps, La rose d'or, Questions liturgiques et paroissiales 11, Louvain 1926 p. 71 ss., 149 ss.

„Scientia" und „ignorantia" im alten kanonischen Recht

Mit dem Begriff *Scientia Dei* bezeichneten die mittelalterlichen Theologen den allwissenden Gott, dessen Weisheit sich auf Gute und Schlechte, Gegenwärtiges, Vergangenes und Künftiges gleichermaßen erstreckt. Aus der Unveränderlichkeit und Eindeutigkeit des allwissenden Gottes folgerte der große Bologneser Kanonist Rolandus Bandinellus, der nachmalige Papst Alexander III. (1159—1181), in seinen Sentenzen, daß auch Gottes Wissen unveränderlich sei. Daher kann er überhaupt nicht noch mehr wissen, als er bereits weiß[1]). In seinem Briefe *Sicut aqua frigida* an den alexandrinischen Patriarchen Eulogius vom August des Jahres 600 hatte Papst Gregor I. (590—604) nachdrücklich unterstrichen, daß der Gottmensch Jesus Christus Tag und Stunde des Gerichtes wisse, weil der Vater ihm alles in die Hände gegeben habe (Joh. 13,3)[2]). Kraft göttlicher Wissenschaft erkannte Christus alles, lehrte der Aquinate, der die Bezeichnung *scientia* gleichbedeutend für *cognitio* (Erkenntnis) verwendete. Jede geschaffene Wissenschaft (*scientia*) verhält sich nach Thomas von Aquin zur ursprünglichen *scientia Dei* wie ein schwächeres Licht zum stärkeren. In Christus indes strahlte allein *scientia divina*[3]). Die Feststellung, Unkenntnis der Hl. Schrift sei Nichtwissen von Christus, verankerte schon der Kamaldulensermönch und Vater der Kano-

---

[1]) *Deus autem sciens immutabilis et invariabilis est: ergo scientia Dei inmutabilis et invariabilis est. Si scientia Dei est inmutabilis et invariabilis: ergo non potest plura scire quam sciat* (Vgl. die Sentenzen Rolands nachmals Papstes Alexander III., hrsg. von P. F. Ambrosius M. Gietl O. Pr., Freiburg im Breisgau 1891 80). — Andererseits bedeutet *Scientia Dei* selbstverständlich zugleich Gottesgelehrtheit und Heilige Schrift schlechthin: *Scientia Dei, quae est Scriptura Sacra* (beispielsweise bei Johannes Gerson: Gersonii opera omnia I, col. 22 B = „De Probatione circa materiam Fidei, Consideratio Septima").

[2]) *Scriptum quoque est: Sciens Jesus, quia omnia dedit ei Pater in manus* (cf. Denzinger-Rahner, Enchiridion Symbolorum[31], Barcinone-Friburgi Brisg.-Romae 1957 n. 116f.).

[3]) S. Th. III q. 9 a.1 ad 2: *Sed omnis scientia creata comparatur ad scientiam Dei increatam sicut lux minor ad maiorem. Ergo in Christo non refulsit alia scientia quam divina* (S. Thomae Aquinatis Doctoris Angelici „Summa Theologicae", Pars IIIa et Supplementum, Taurini-Romae 1948 [Marietti] S. 80).

nistik Magister Gratian in seiner „Concordantia discordantium canonum" (c. 9 D. 38). Die Glosse zu dieser Dekretstelle argumentierte: Christus sei die *Scientia*. Deshalb ignoriere die *Scientia*, wer Christus nicht kennt[4]). Es zeigt sich hier bereits, welche eminente Bedeutung dem Begriff der *Scientia* für die Gottesgelehrtheit und damit zwangsläufig auch für die kirchenrechtliche Disziplin im Mittelalter zukam.

I.

Augustinus definierte in seiner Schrift „De moribus ecclesiae catholicae" Wissen (*scientia*) als das Begreifen von Gesamtheiten durch gewisse Bilder und Vorstellungen[5]). Aber für ihn waren Wissen (*scientia*) und Denken (*ratio*) zweierlei. Während für ihn wohl feststand, daß Wissen zum Denken führen muß, stellte er die Frage, ob man umgekehrt vom Denken auch zum Wissen gelange. Dabei war jedoch bewiesen, daß der Mensch alles, was er weiß, durch Vernunft erkennt und Wissen kein angeborener Sinn ist[6]). In ähnlicher Weise deutete der berühmte frühmittelalterliche iberische Enzyklopädist Isidor von Sevilla *Scientia* als Sachwahrnehmung durch ein bestimmtes Denkverfahren[7]). Wissen steht als Bestandteil der Philosophie neben der Vermutung (*opinatio*), deren Ungewißheit ihr charakteristisches Symptom darstellt. Der theologische Scholastikerkreis um Hugo von St. Victor hat *scientia* „teils als Jenseitserkenntnis des Göttlichen, teils auch als diesseitige, mit natürlichen und besonders übernatürlichen Mitteln einigermaßen erreichbare rationelle Einsicht in den Offenbarungsinhalt" aufgefaßt (Martin Grabmann[8]). *Scire est rem per causas cognoscere* — Wissen heißt ursächliche

---

[4]) Cf. Decretum Gratiani emendatum et notationibus illustratum una cum glossis, Gregorii XIII. Pont. Max. iussu editum, Lugduni 1584, 190 casus o.

[5]) *De moribus ecclesiae catholicae, cap. XXI n. 38: Est item aliud quod de corporibus per imaginationes [per imagines] quasdam concipit anima, et eam vocat rerum scientiam* (Migne, PL 32, 1327). Vgl. dazu Friedrich Wilhelm Oediger, Über die Bildung der Geistlichen im späten Mittelalter (Studien und Texte zur Geistesgeschichte des Mittelalters, hrsg. von Josef Koch, II, Leiden-Köln 1943 S. 23).

[6]) „De Quantitate Animae", cap. XXIX n. 57: *Et omne quod scimus, ratione scimus: nullus igitur sensus scientia est.* Migne, PL. 32 col. 1067).

[7]) Isidori Hispalensis Episcopi „Etymologiarum sive originum" Lib. II, XXIV, 2: *Scientia est, cum res aliqua certa ratione percipitur* (ed. W. M. Lindsay, Tomus I, Oxonii 1957).

[8]) Vgl. Martin Grabmann, Die Geschichte der scholastischen Methode, II Graz 1957 269.

Sacherkenntnis, meinte 1441 der Legist Johannes Calderini in seinem „Repertorium iuris"[9]. Es erscheint nur folgerichtig, wenn das kanonische Recht gerade vom Priester und besonders vom Bischof ein ganz bestimmtes Wissensmaß beanspruchte und andererseits ein offenkundiger *defectus scientiae* einen gesetzlichen Grund zur Deposition eines unfähigen Kirchenamtsinhabers lieferte. Unumgängliche Voraussetzung einer genügenden Klerikerbildung war das Studium der Grammatik im Rahmen des Trivium. Papst Honorius III. (1216—1227) hat in diesem Zusammenhang unterstrichen, daß ein Bischof die *ars minor* des Aelius Donatus[10], das herrschende Lehrbuch des Lateinunterrichts im Trivium bis zur Erfindung der Buchdruckerkunst, gelesen haben müsse[11]. Daneben hat der bedeutende Dekretalist Heinrich von Segusia (Hostiensis) in seiner Summe bei c. 15 *Quamvis de aetate et qualitate* I, 14 für den kirchlichen Richter nicht in sämtlichen Materien, sondern nur im kanonischen Recht hervorragendes Wissen gefordert[12]. Für einen einfachen Priester reichte Kenntnis der Hl. Schriften, der liturgischen Bücher und

---

[9] Bayer. Staatsbibliothek München (BStBM), Handschriftenabteilung Cod. lat. 3895 fol. 309.

[10] Es handelt sich um den um die Mitte des 4. Jahrhunderts in Rom lebenden *Grammaticus urbis Romae*. Sein grammatisches Elementarwerk „Ars Minor" wurde von Heinrich Keil ediert: Grammatici Latini IV: Probi Donati Servii qui ferunter de arte grammatica libri, Leipzig 1864, unveränderter Nachdruck Hildesheim 1961 S. 353—402. Vgl. ebenfalls Wessner in Paulys Real-Encyclopädie der classischen Altertumswissenschaft, hrsg. von Georg Wissowa, V, Stuttgart 1905, 1545—1547 (Nr. 8). Im Lateinischen wurde nicht nach „Grammatiken kirchlicher Latinität", sondern eben nach den „antikisierenden Sprachlehrern" wie Donatus und Priscianus im Mittelalter unterrichtet (vgl. insbesondere Paul Lehmann, Vom Leben des Lateinischen im Mittelalter, in „Erforschung des Mittelalters" Stuttgart 1959 S. 65). Unter Gerbert von Aurillac, dem späteren Papst Silvester II. (999—1003), legte man auch in der Reimser Domschule die Grammatik des Donatus dem Lateinunterricht zugrunde (vgl. M. Grabmann, Die Geschichte der scholastischen Methode I, Graz 1957 S. 213)

[11] C. 15 X *de aetate et qual.* I,14: *quia tamen confessus est coram nobis, se numquam de grammatica didicisse, nec etiam legisse Donatum, et per evidentiam facti usque adeo de illiteratura et insufficientia sua constat* (cf. Corpus Iuris Canonici. Editio Lipsiensis Secunda post Aemilii Ludovici Richteri ... instruxit Aemilius Friedberg, Pars Secunda = Decretalium Collectiones. Graz 1955 S. 131).

[12] *Ergo iudex in omnibus sed in canonico eminentem scientiam non requiret* (Summa Hostiensis), Lugduni per Johannem Moylin alias De Canbray a Stephano Gueynard alias Pineti prope sanctum Antonium 1517, fol. LX.

der Bußkanones hingegen aus[13]). Wissen war nicht allein für die Verwaltung der spiritualia hauptsächlichst erforderlich, sondern ebenfalls für weltliche Angelegenheiten nützlich[14]).

Der Mangel ausreichender literarisch-wissenschaftlicher Kenntnisse, mithin der *defectus scientiae*, zählte zu den kanonischen *irregularitates ex defectu*, zu den Weihehindernissen infolge eines Mangels[15]). Durch diese rechtlichen Vorkehrungen sollte verhindert werden, daß Kleriker ohne ihrem Ordo angemessene Kenntnisse geistliche Funktionen übten. Vor allem wollte die kirchliche Gesetzgebung damit dem Eindringen von *Illiterati* in die Hirtenschaft vorbeugen. Überdies hatte die Kirche von alters her geboten, daß *ignorantes* und *imperiti* nicht zu Klerikern geweiht werden sollten[16]). Gregor I. hatte bereits 592 die Weihe sowohl von mehrfach Verheirateten als auch Schriftunkundigen für unerlaubt erklärt[17]), nachdem schon Gelasius I. (492—496) die Bestellung von Analphabeten zu Geistlichen untersagt hatte[18]). Papst Leo I. (440—461) wies ebenfalls in einem Schreiben an die konstantinopolitanischen Bischöfe aus dem Jahre 450 auf das unzumutbare, unerträgliche Nichtwissen von kirchlichen Vorstehern hin, das der Würde des Standes abträglich erschien[19]). Gratian wiederholte im Anschluß an den Hl. Hieronymus im c. 2 D. 49, daß derjenige gleichsam ein blindes Tier darbietet, der einen Ungelehrten anstelle eines Gelehrten weiht und den zum Leh-

---

[13]) *In sacerdote requiret quis sciat librum sacramentorum lectionarium: antiphonarium: baptisterium computum: canones penitentiales sicut est illud infra de contrahentibus emptionis* (l.c). — *Subera enim sacerdotum et saltem in episcopo est divinitus tradita eloquia et divinarum scripturarum doctrina* (BStBM, Cod. lat. 3892, fol. 38').

[14]) *Quia scientia est circa spiritualium administrationem potissimum necessaria, & circa curam temporalium oportuna* (Joannes Baptista Vivianus, Rationale Juris Pontificii, Colonia Agrippinae 1628, Lib. I, 168).

[15]) Vgl. Johannes Baptist Sägmüller, Lehrbuch des katholischen Kirchenrechts ³I, Freiburg im Breisgau 1914 § 51 III 4 S. 213.

[16]) Vgl. Paul Hinschius, Das Kirchenrecht der Katholiken und Protestanten in Deutschland. System des katholischen Kirchenrechts mit besonderer Rücksicht auf Deutschland. I., Graz ²1959 § 3 IV S. 19.

[17]) c. 10 D. 34: *Precipimus, ne umquam illicitas ordinationes facias, nec bigamum ... aut ignorantem litteras.*

[18]) C. 1 D. 36: *Illitteratos ..., nullus presumat ad clerum promovere, quia litteris carens sacris non potest esse aptus officiis.*

[19]) c. 3 D. 38: *Si in laicis videtur intolerabilis inscientia, quanto magis in his qui presunt, nec excusatione est digna, nec venia?*

rer bestellt, der kaum Schüler sein konnte[20]). Ohnehin sei es unwürdig, Gott noch etwas anbieten und geben zu wollen was der Mensch bereits verschmäht[21]). Der große päpstliche Gesetzgeber Bonifaz VIII. (1294 bis 1303) schärfte in einem Erlaß, der im *Liber Sextus* (c. 4 in VI^{to} de *temp. ord.* I, 9) Aufnahme fand, dem Episkopat energisch ein, einem Ungebildeten nicht einmal die erste Tonsur zu erteilen, d. h. ihn überhaupt nicht erst in den Klerikerstand aufzunehmen[22]). Immerhin war allgemein anerkannt, daß gerade Unvollkommenheit im Wissen zuweilen durch besondere Vollkommenheit in der Nächstenliebe ersetzt zu werden vermochte[23]). Wissen äußerte sich als Begleiterscheinung der Barmherzigkeit (*coniuncta misericordiae*). Aber ein entsprechendes Maß an Fachkenntnissen durfte der Priester eben nicht entbehren. Neben der Kenntnis der heiligen Schriften hatte er sich eine solche ebenfalls hinsichtlich der kanonischen Rechtsregeln[24]) anzueignen. Immerhin genügte nach der Bemerkung der „*Glossa ordinaria*" zu c. 1 D. 36 für den Kleriker durchschnittliches Wissen (*scientia mediocris*), da von ihm billigerweise nicht höchste wissenschaftliche Perfektion gefordert werden konnte[25]). Die Kenntnis der hl. Schriften sollte jedoch beim Bischof über jeden Zweifel erhaben sein. Schon im alten gratianischen Kirchenrecht war grundsätzlich die Forderung anerkannt, daß es einem Bischof zukomme, klug (*prudens*) zu sein. Den Eindruck dieser Geisteseigenschaft sollte er nicht allein durch seine literarische Belesenheit, sondern ebenfalls durch seine praktische Erfahrung in weltlichen Geschäften hinterlassen. Namentlich das Richteramt des Bischofs verlangte von diesem Be-

---

[20]) c. 2 D. 49: *Cecum animal offert, qui ordinat indoctum in loco docti, magistrumque facit, qui vix discipulus esse poterat.*

[21]) *Indignum est enim dare Deo quod dedignatur homo.*

[22]) *Nullus episcopus ... illiterato ... clericalem praesumat conferre tonsuram.* — Der Ordo des Klerikers wurde dem Grundsatz *Prima Tonsura facit clericum* gemäß begründet.

[23]) So etwa Giambattista Viviano in seinem „Rationale juris pontificii" Lib. III, Tit. V. (l.c. p. 37). — Über den Römischen Advokaten Viviano vgl. Joh. Friedrich von Schulte, Die Geschichte der Quellen und Literatur des Canonischen Rechts III/1, Stuttgart 1880, 493 Nr. 150.

[24]) Burchardi Wormaciensis Decretum Lib. II Cap. CLX: *Nulli sacerdoti suos liceat canones ignorare, nec quidquam facere quod Patrum possit regulis obviare* (Migne, PL 140 col. 652 B). In ähnlicher Weise äußerte sich längst zuvor Papst Coelestin I. im Jahre 429: *Nulli sacerdotum liceat canones ignorare* (= c.4 D.38). — c. 1 D. 38: *Sciant ergo sacerdotes scripturas sacras et canones.*

[25]) *Sufficit tamen mediocris scientia ... non enim requiritur in clerico summa perfectio* (cf. Decretum Gratiani, Lugduni 1584 col. 178 lit. X).

herrschung der geistlichen sowohl als auch der weltlichen Wissenschaft[26]). Vornehmlich war echte Vertrautheit mit der Rechtswissenschaft, insbesondere mit dem Prozeßrecht (*placitandi scientia*), überaus vonnöten[27]). Für die Leitung der Kirche erwies sich die *civilis scientia* letztlich überhaupt als unentbehrlich[28]). Wilhelm Durantis hat in seinem weitverbreiteten "*Speculum Iuris*" den *Ordo doctorum* hochgepriesen, dessen Sprache als feuriges Schwert gerühmt, das durch die Flamme der Caritas erglüht[29]). Gelehrsamkeit und Klugheit teilen sich nicht jedem gleichmäßig mit, vielmehr erweist sich der eine vielfach gelehrter als der andere[30]). Insofern wäre es für einen Bischof, der andere lehren soll, beschämend, wenn er fragen wollte, um von anderen erst gründlich belehrt zu werden[31]). Die mittelalterlichen Insignien des Doktorats waren vielgestaltig: Lehrkanzel, Birett, Buch und Ring[32]). Beträchtlich war vornehmlich die Autorität der mittelalterlichen Doktoren der Theologie und des kanonischen Rechts, da ihnen überall auf Erden die Predigt- und Lehrbefugnis eignete, wodurch ihre räumlich unbeschränkte Lehrautorität die sprengel- oder klostermäßig bezogene Auctoritas eines Bischofs oder Abtes weit überflügelte[33]).

---

[26]) Glossa ad D. 36, casus V: *Cum enim episcopus sit iudex et corporum ... quaecumque oportet ipsum tam spirituali, quam saeculari scientia ornari.* (l. c. col. 178).

[27]) *Sane placitandi scientia perquam est necessaria* (cf. Speculum Juris Guielmi Durandi ⟨vgl. Anm. 29⟩, Proemium n. 23).

[28]) *Rofredus bene in Rubrica de parrochiis ... et dicit quod ad regimen ecclesie summe necessaria est civilis scientia* (Novella Joannis Andree super tertio decretalium [c. 10 X *ne clerici vel mon.* III,50], Venetiis per Joannem de Forlivio et Gregorium fratres 1489).

[29]) *Ordo doctorum est, quorum lingua flammeus gladius dicitur quia a flamma charitatis ignita* (Speculum Juris *Guielmi Durandi*, Episcopi Mimatensis, J.U.D., Venetiis (apud haeredes Vincentii Valgrisii) 1576 Proemium n. 8 (Pars I p. 2).

[30]) l. c. Proemium n. 21 (Pars I p. 5).

[31]) Glossa ad c. 15 X *de aetate et qual.* I, 14: *Ignominiosum enim est episcopo, cum ipse deberet alios docere, si tunc quaerat ab aliis edoceri* (Corpus Juris Canonici continens hac parte Decretales, sive Constitutiones D. Gregorii IX. et aliorum Pontificum, cum glossis ordinariis, Pars Secunda, Lugduni ⟨Sumptibus Joannis Antonii Huguetan & Guilielmi Barbier⟩ 1671 col. 275ff.).

[32]) *Ita loquimur nos et ista insignia sunt cathedra, birretum, apud aliquos liber, annulus, osculum* (Glossa ad c. 2 in Clem. *de magistris* V,1: Liber Sextus decretalium D. Bonifacii Papae VIII. Clementis Papae V. Constitutiones ..., Taurini ⟨apud Nicolaum Bevilaquam⟩ 1620 col. 239 k).

[33]) Stellungnahme Pierres d'Ailli: *Auctoritas ... docendi .., quae non est parva auctoritas in populo christiano, sed multo maior quam unius episcopi vel abbatis* (Zitat bei Hinschius, a. a. O. III. Bd. § 171 S. 371 Anm. 6).

Indes hatte das 3. Laterankonzil von 1179 eingeschärft, daß sich
niemand unterstehe, für die Erteilung der Erlaubnis zum Dozieren ein
Entgelt zu verlangen[34]). Die hohe Bedeutung akademischer Grade in der
kirchlichen Praxis seit dem Mittelalter erhellt die Gleichstellung der
Doktorwürde oder des Lizentiats in Stiftsstatuten mit dem Adel[35]).
Immerhin durfte sich nach kanonischem Recht (c. 29 D. 23) keine noch
so gelehrte und heilige Frau (*mulier, quamvis docta et sancta*) vermessen,
Männer im Konvent zu unterrichten. Diese Tätigkeit war ausschließlich
ein priesterliches Amt (*sacerdotale officium*), das einer Frau nicht zustand[36]). In der Kirche hatte das Weib zu schweigen. Mit Unmut und
vernichtender Kritik sprach beispielsweise schon Bischof Burchard
von Worms[37]) in seinem „Decretum" von jenen Weiblein, die gegen
göttliches und menschliches Recht Gerichts- und Ratsversammlungen
unablässig besuchten und dort Reichs- und Staatsgeschäfte mehr störten
als ordneten[38]). Aufschlußreich wirken ebenfalls die Versuche der mittelalterlichen Denker um eine Charakteristik und Analyse der theologischen
Wissenschaft. Nach ihrem Gegenstand wurde die Theologie als abstrakte
Wissenschaft (*scientia abstractiva*), sonst als spekulatives und praktisches
Fach (*scientia speculativa, practica*) bewertet[39]). Der Pariser Theologe
Engelschalk warf die Frage auf, ob die Theologie als *scientia communis
vel specialis alicuius subiecti adaequati latitudine mensurabilis* anzuspre-
chen sei[40]). Gegenüber der Theologie verblaßte der Wert anderer Wissen-

---

[34]) *Pro licentia vero docendi nullus omnino pretium exigat* (Conciliorum Oecu-
menicorum Decreta. Edidit Centro di Documentazione Istituto per le Scienze
Religiose — Bologna, Basileae-Barcinone-Friburgi-Romae-Vindobonae 1962
S. 169. Cf. G. Post, Alexander III., the „Licentia docendi" and the Rise of the
Universities, Anniversary Essays in Mediaeval History, by Students of C. H.
Haskins, Boston—New York 1929 S. 255—277).

[35]) Vgl. statt anderer: Hinschius II. Bd. § 81 I B S. 68.

[36]) Glossa ad c. 29 D.23 (Decretum Gratiani... ⟨vgl. Anm. 4⟩ col. 115, additio q).

[37]) Vgl. dazu meinen Artikel „Burchard (Buggo) von Worms" bei Stamm-
ler-Langosch, Verfasserlexikon. Die deutsche Literatur des Mittelalters
V (1955) S. 122 ff. (mit einschlägigen Schrifttumsangaben).

[38]) Burchardi Wormaciensis Decretum Lib. VIII cap. 85: *Turpe est enim mu-
lieri in ecclesia loqui: mirum videtur, quod quaedam mulierculae contra divinas
humanasque leges, attrita fronte impudenter agentes, placita generalia et publicos
conventus indesinenter adeunt, et negotia regni utilitasque reipublicae magis per-
turbant quam disponant* (Migne, PL 140 col. 808 C).

[39]) Cf. Fridericus Stegmüller, Repertorium Commentariorum in sententias Petri Lombardi, Tomus I: Textus, Herbipoli 1947, n. 220 I (p. 101), n. 221
I (ibidem).

[40]) Stegmüller, l. c, n. 50 (p. 24).

schaftszweige. Schon die Synoden des 12. Jahrhunderts deklarierten die Unvereinbarkeit des Medizin- und weltlichen Rechtsstudiums mit dem Ordensstand[41]). Papst Alexander III. (1159—1171) verbot 1163 das Studium der Naturwissenschaften und der weltlichen Gesetzgebung durch Religiose[42]). 1219 wandte sich Papst Honorius III. (1216 bis 1227) in seiner berühmten Bulle *Super specula* gegen Ordensleute, die römisches Recht hörten[43]). Nach kanonistischer Auffassung handelt es sich bei diesem Rechtssatz [nach streitiger gelehrter Meinung] einerseits um einen *canon late sententie* bzw. andererseits *ferende sententie*. Derjenige Ordensmann, der innerhalb von zwei Monaten nicht vom Rechts- oder Physikstudium wieder ins Kloster zurückkehrte, verfiel *ipso facto* der Exkommunikation[44]). Papst Bonifaz VIII. erweiterte diese Strafsanktion ebenfalls auf jene Lehrer, die wissentlich (*scienter*) Religiose, die ihre Ordenstracht abgelegt hatten, in diesen Disziplinen unterrichteten oder in ihren Schulen zurückhielten[45]). Die Glosse zum *Liber Sextus* interpretierte jedoch das Tatbestandsmerkmal „scienter" in der Weise, daß sie argumentierte, wenn Ordensleute im Habit zu einem Gelehrten kämen, könne dieser sich nicht auf Unkenntnis ihres Personenstandes berufen. In den Fällen jedoch, wo die Mönche zuvor ihre Kutte abgelegt hätten, dürfte den Lehrern Unkenntnis des Ordensstandes ihrer Studierenden glaubhaft unterstellt werden.[46]) Bei Vorliegen dieses Sach-

---

[41]) Vgl. statt anderer: Stephan Kuttner, Papst Honorius III. und das Studium des Zivilrechts: Festschrift für Martin Wolff. Beiträge zum Zivilrecht und internationalen Privatrecht, Tübingen 1952, 79—101, insbesonders 86. — Die Einreihung aller wissenschaftlichen Disziplinen hinter die Theologie war dem mittelalterlichen Denken geradezu selbstverständliches Gesetz: *Cedant [aliae scientiae] igitur theologiae* (Gersoni Opera omnia I col. 99A = „Secunda lectio contra vanam curiositam, quinta consideratio").

[42]) C. 3 „*Non magnopere*" X *ne clerici vel monachi* III, 50: *Statuimus, ut nulli omnino post votum religionis, et post factam in aliquo loco religioso professionem ad physicam legesve mundanas legendas permittantur exire* (Corpus Juris Canonici ... instruxit Aemilius Friedberg, Pars IIa col. 658).

[43]) C. 10 „*Super specula*" X *ne clerici vel monachi* III,50 (Friedberg, l. c. col. 660).

[44]) *Quidam dicebatur quod erat canon late sententie, alii ferende, ipso facto si per duos menses exiverunt ad legendum leges vel physicam. non enim videtur quod eo ipso qui audierunt nam per duos menses perseveraverint qui sint excommunicati* (BStBM, Cod. lat. 3892 fol. 159).

[45]) C. 2 in *VI*to *ne clerici vel III, 24.*

[46]) *Ubi incederent in habitu, non haberet locum ignorantia verisimiliter. Sed ubi dimiserant habitum, probabiliter poterant ignorare — Non officium doctoris scholarem de scholis expellere* (Liber Sextus Decretalium, Taurini 1620 col. 548).

verhalts drohe dem Dozenten dann auch keine Exkommunikation. Johannes Andreae begründete dieses Studienverbot des c. 2 *Ut periculosa in VI*[to] *Ne clerici vel III, 24* mit dem lakonischen Hinweis, ein Mönch müsse im Kloster verweilen, weil er gleichsam bereits für die Welt verstorben sei. Theologie und Kanonistik dürften Ordensmänner zwar studieren, da beide Wissenschaften zur *scientia pietatis* zählten[47]). Ohnehin stand im Kloster ein Schulmeister zur Verfügung, der die Mönche in den Anfängen dieser Fakultäten unterweisen sollte[48]).

Um das Studium der hebräischen, arabischen und chaldäischen Sprache bemühte sich Papst Clemens V. (1305—1314) auf dem Konzil von Vienne. C. 1 *Inter sollicitudines* in Clem. *de magistris* V, 1 verlangte, daß bei der römischen Kurie und an den Universitäten Paris, Oxford, Bologna und Salamanca katholische Männer diese Sprachen lehren sollten, und zwar sollten je zwei Lehrer für eine dieser Sprachen angestellt sein. Diese Sprachlehrer wurden verpflichtet, Bücher über die genannten Sprachen zuverlässig in Latein zu übertragen. Das Sprachstudium wurde im Hinblick auf missionarische Aufgaben gegenüber ungläubigen, d. h. nichtchristlichen Völkern, durch Konzil und Papst gefördert[49]). Bei dieser Maßnahme ist zu bedenken, daß das Chaldäische oder Aramäische lange Zeit überhaupt die „internationale Verkehrssprache der semitischen Völker"[50]) gewesen ist, bevor es vom Griechischen verdrängt wurde. Namentlich aber das

---

[47]) *Quia monachus suo claustro debet esse contentus ... et precipitur inter claustrum morari e. q. iuxta quasi mortuus sit in mundo* (Novella Joannis Andree super sexto decretalium, Venetiis ⟨arte et industria Andree Thoresani de Asula⟩ 1491; vgl. Hain I, n. 1079; Gesamtkatalog der Wiegendrucke II, n. 1732).

[48]) *Hodie vero in monasterio quorum suppetunt facultates tenere debet magister qui in primitivis monachos instruat* (l. c.).

[49]) *Linguae periti, qui scholas regant inibi, et libros de linguis ipsis in latinum fideliter transferentes, alios linguas ipsas sollicite doceant, ut instructi et edocti sufficienter in linguis huiusmodi fructum speratum possint Deo auctore producere, fidem propagaturi salubriter in ipsos populos infideles.* — Kanon 11 des Vienner Konzils von 1312 beabsichtigte, die gesetzgeberischen Voraussetzungen für eine intensive sprachliche Ausbildung der Orientmissionare zu schaffen (Vgl. Berthold Altaner, Die Durchführung des Vienner Konzilsbeschlusses über die Errichtung von Lehrstühlen für orientalische Sprachen, ZKG 52 (Stuttgart 1933) S. 226).

[50]) H. Junker, LThK² I (Freiburg 1957) S. 797. — Altaner versteht in diesem Zusammenhang unter „Chaldäisch" nicht das biblische Aramäisch, sondern das zeitgenössische Syrisch (Vgl. Berthold Altaner, Raymundus Lullus und der Sprachenkanon (can. 11) des Konzils von Vienne (1312), HJB 53 (1933) S. 213 Anm. 101 und 213).

Griechische sollte gepflegt werden, da sich seiner Schrift auch die Ungläubigen bedienten. Weil die Griechen selbst Gläubige waren, wenn sie auch als Schismatiker nicht mehr das Haupt der römischen Kirche anerkannten, wurde gleichwohl gerade die Lehre dieser Sprache kirchlicherseits als vorteilhafter als das Studium aller übrigen Sprachen erachtet[51]).

Im engen Zusammenhang mit der *Scientia* stand im alten kanonischen Recht die juristische Beurteilung des Problems der sog. *falsa latinitas.* Den ersten Anlaß zur Klärung dieser philologisch-diplomatisch relevanten Frage durch Lucius III. (1181—1185) bzw. Innozenz IV. (1243 bis 1254) bildete ein päpstlicher Brief aus der Zeitspanne zwischen 1181 bis 1185. Er erwuchs in Gestalt des c. 11 *„Ad audientiam"* X *de rescriptis I, 3* zur gemeinrechtlichen Norm. Der Sachverhalt, der diesem kirchlichen Rechtssatz zugrundelag, war folgender[52]): Ein gewisser Gläubiger war von seinem Ortsoberhirten exkommuniziert worden. Der Gebannte wandte sich darauf an die Römische Kurie und verlangte dort ein Schriftstück über seine Absolution. Der Ordinarius, dem das Schreiben vorgelegt wurde, fand darin einen Konstruktionsfehler und zweifelte daher, ob dem Schriftstück Glaubwürdigkeit beizumessen sei. Auf Rückfrage in Rom entschied der Papst, daß derartigen Schreiben keine Glaubwürdigkeit zukomme, da päpstliche Schreiben frei von Lateinfehlern sein müßten: *Debemus hic unum intelligere, quod in litteris domini Papae non debet esse vitium latinitatis[53]).*

---

[51]) *Cum Graeci fideles sint, et olim sub obedientia Ecclesiae ... tamen hodie schismatici sunt, nec recognoscunt caput Romanae ecclesiae: et forte esset expeditior suae linguae doctrina quam aliarum* (Liber Sextus Decretalium, Lugduni 1584 col. 238 ⟨s⟩). — Noch im ausgehenden 13. Jahrhundert waren an der römischen Kurie kaum Experten für Griechisch vertreten, die die griechische Korrespondenz erledigen konnten (vgl. B. Altaner, Sprachstudien und Sprachkenntnisse im Dienste der Mission des 13. und 14. Jahrhunderts, Zeitschrift für Missionswissenschaft und Religionswissenschaft 20 [Münster in Westfalen 1930]) S. 116).

[52]) *Quidam erat excommunicatus forte ab ordinario. Iste accessit ad curiam domini Papae, et obtinuit litteras super sua absolutione. Ordinarius, cui litterae presentatae fuerunt, invenit in eis peccatum in constructione. Dubitavit ordinarius, utrum fides istis litteris esse adhibenda, consuluit Papam super hoc, et Papa respondet quod talibus litteris fidem adhibere non debet. Debemus hic unum intelligere, quod in litteris domini Papae non debet esse vitium latinitatis.* (Decretales D. Gregorii Papae IX ..., Venetiis 1584 ⟨apud Magnam Societatem, una cum Georgio Ferrario et Hieronymo Franzino⟩ col. 39).

[53]) *Sic patet, quod vitium latinitatis vitiat rescriptum* (l. c. col. 40).

Danach war offenkundig, daß ein *vitium latinitatis* ein päpstliches Reskript nichtig machte. So galt ein Brief für verfälscht, in dem der Papst Patriarchen und Bischöfe Söhne (*filios*) nannte, statt sie Brüder (*fratres*) zu heißen.[54] Das Gegenargument, daß Reskripte wegen schlechter Latinität nicht unbrauchbar würden, bot das römische Recht in Gestalt einer von Papinian stammenden Digestenstelle (D. I, 5,8). Diese betraf ein Reskript des Kaisers Titus Antoninus, daß von einem schlecht konzipierten Urkundentenor der Freienstand nicht berührt werde[55]. Aber die Gegenauffassung behauptete sich. Da ein päpstliches Reskript immerhin durch viele Hände zu gehen pflegt, ist ein solches eben auch mit größerer Reife ausgezeichnet und darf insofern keinen Fehler enthalten.

Gegen die Vermutung der Fehlerfreiheit war Gegenbeweis nicht zulässig[56]. Anders verhielt es sich freilich bei einem gewöhnlichen Testament, dessen Latein niemand zu korrigieren pflegte und bei dem fehlerhafter Satzbau daher auch unschädlich blieb[57]. Weil viele Augen die päpstlichen Erlässe prüften, billigte es Hostiensis in seiner Summe, daß z. B. auch die Grammatik hier mit höheren Maßstäben gemessen wurde, zumal man in kaiserlichen Erlässen und Bescheiden unterer Gerichtsinstanzen nicht mit gleicher Spitzfindigkeit (*angustia*) und Überlegung (*deliberatio*) verfuhr. Johannes Andreae machte darauf aufmerksam, daß allein päpstliche *litterae gratiosae* zunächst vom Notar gelesen wurden, bevor sie dem *notarius abreviatoris* zugingen. Ferner lagen sie den Distributores vor, die sie den *intergrossarii* zuwiesen, bevor sie an die *grossarii*, den Vizekanzler und die Bullatoren gelangten[58]. Immerhin unterstrich Panormitanus (Nikolaus de Tudeschis) die Tatsache, daß trotzdem Fehlerhaftigkeit eher in den *litterae gratiae* (Gnaden-

---

[54] *Tales littere false sunt* (ibidem).

[55] D. I, 5, 8: *Papinianus libro tertio quaestionum. Imperator Titus Antoninus rescripsit non laedi statum liberorum ob tenorem instrumenti male concepti* (cf. Theodorus Mommsen-Paulus Krueger Justiniani Digesta, in: Corpus Juris Civilis, Volumen I, Berolini 1954 p. 35).

[56] *Unde contra illam praesumptionem non est admittenda probatio.* (Corpus Juris Canonici ... Pars IIa, Lugduni 1671 col. 40).

[57] *Scripturam sive latinum nullus corrigit, unde falsa latinitas non vitiat testamentum, dummodo constet per ipsum de intentione testantis* (ibidem).

[58] Novella Joannis Andree super primo libro Decretalium, Venetiis 1489: Erklärung des Tatbestandsstückes *per multas manus* bei C. 1 „*Quoniam*" X *de magistris* V,5.

bescheiden) als in den *litterae de iustitia* (Rechtsbescheiden) zu vermuten sei[59]).

Wies ein Reskript fehlerhafte Latinität auf, so wurde allgemein in der kirchlichen Rechtspraxis vermutet, daß es nicht vom Papste erlassen, sondern von anderer Seite gefälscht worden sei[60]).

II.

Seit dem 4. Konzil von Toledo im Jahre 633 galt der Grundsatz, daß die *ignorantia* als *mater cunctorum errorum* besonders von den Priestern gemieden werden sollte, die das Lehramt (*docendi officium*) beim Volke übernommen haben[61]), nachdem schon Augustinus die Gefährlichkeit der Ignoranz für den Priesterstand unterstrichen hatte. Die Glosse zu c. 15 D. 37 definierte einen Ignoranten als einen, der Wissen verneint oder verachtet[62]). Schuldhaftes Nichtwissen schadete jedenfalls[63]). Wer von vornherein es verschmähte zu wissen oder wer leicht hätte wissen können, wenn er sich mit Sachverständigen beschäftigt hätte, konnte sich nicht auf *ignorantia* als Entschuldigungsgrund berufen. Damit kein Benediktinermönch Unkenntnis der Ordensregel vorzuschützen vermochte, empfahl bereits die "Benedicti Regula" 56 n. 8 öfteres Vorlesen der Bestimmungen[64]). Weil andererseits in vorgratianischer Zeit viele Völker nicht die Normen der Canones und Dekrete befolgten, war deren Kenntnis für Bischöfe umso notwendiger, da sie ihr Volk und namentlich die Übertreter der kanonischen Vorschriften zu richten und zurechtzuweisen hatten[65]).

---

[59]) *Falsitas tamen citius presumenda est in literis gratie quam de iustitia* (Panormitani Prima, super primo Decretalium — Nicolai de Tudechis (!), Siculi Abbatis ... Commentariorum Prima in Primum librum Decreatalium, Lugduni 1551 p. 52 n. 3).

[60]) *Ideo si rescriptum habet falsam latinitatem. praesumitur non emanasse a Papa, sed esse falsificatum ab aliis* (Vivianus, Rationale Lib. I p. 19).

[61]) Cf. Canones Apostolorum et conciliorum saeculorum IV. V. VI. VII. recognovit Herm. Theod. Bruns (= Bibliotheca Ecclesiastica I), pars prior, Berolini 1839 p. 231.

[62]) *Qui ignorat, id est, qui negligit scire vel contemnit scire* (l. c. col. 186).

[63]) *Nam ignorantia, quae est ex culpa, nocet* (ibidem).

[64]) *Hanc autem regulam sepius volumus in congregatione legi, ne quis fratrum se de ignorantia excuset* (Benedicti Regua, recensuit Rudolphus Hanslik, CSEL Vol. LXXV, Vindobonae 1960 p. 157).

[65]) *Multi populi normam canonum et decretorum non servabant: et episcopi cum canones ignorarent, eos non corrigebant* (Decretum Gratiani, Glossa ad c. 1 "Ignorantia mater" D. 38; l. c. col. 187).

Das kanonische Recht versäumte es ebensowenig, bestimmte Vermutungen für das Vorliegen von Ignoranz aufzustellen. Bei der Interpretation des c. 15 „*Quamvis*" *X de aetate et qualitate* I, 14 stellte Panormitanus[66]) fest, daß *ignorantia* in Bezug auf humanistisches Wissen (*scientia literalis*) vermutet wird, wenn jemand keine Bücher hätte, niemals eine Schule besucht oder einen Doktor gehört habe. An den Bücherbesitz knüpfte sich also die Vermutung der Gelehrsamkeit. Umgekehrt bildete der *defectus scientiae*, für den Unkenntnis der Grammatik ausreichte, einen gesetzlichen Rechtsgrund zur Deposition vom Bischofsamt[67]). Es genügte, daß durch Zeugen bewiesen wurde, daß der Betreffende niemals wissenschaftliche Bücher (*libri scientie*) gelesen und einen entsprechenden Unterricht genossen hatte[68]).

Die *Regula XLVII in VI*to verankerte das Prinzip: *Praesumitur ignorantia, ubi scientia non probatur.* Auch der Eid war als Beweismittel hier anerkannt. Dennoch ist auch gelegentlich neben der Schädlichkeit der Ignoranz anerkannt worden, daß das Nichtwissen zuweilen auch nützlich sein könne.

Im kanonischen Recht unterschied man *ignorantia facti* und *ignorantia iuris*. Nur Tatsachenunkenntnis (*Ignorantia facti*) vermochte aber einen Exkulpationsgrund zu liefern: *Ignorantia facti, non iuris, excusat*[69]).

Ignorantia iuris charakterisiert sich teils als eine solche des Naturrechts (*ignorantia iuris naturalis*), teils als eine des bürgerlichen und kanonischen Rechts (*ignorantia iuris civilis et canonis*). Aber nur Unkenntnis des Naturrechts war von vornherein schädlich und konnte überhaupt niemanden entschuldigen[70]).

Wer sich des Rates von Kundigen bedienen konnte, vermochte nicht *ignorantia* vorzuschützen. Wer wissen mußte, aber dies nicht wollte, durfte sich nicht auf *ignorantia* berufen, sondern mußte sich eben seine Wissensverachtung vorwerfen lassen. Schuldhaftes Nichtwissen war eben schädlich: *Nam ignorantia quae est ex culpa, nocet!*. Schon Papst Gregor I. hatte 593 betont, daß Unkenntnis der Hirten und Prälaten diese

---

[66]) *Ignorantia circa scientiam literalem presumitur ex eo quod probatur quod aliquis non habuit libros et quis nunquam intravit scholas vel doctorem audivit* (Panormitanus Secunda super Primo Decretalium, Lugduni 1549 p. 49 n. 2).

[67]) *Defectus scientie est legitima causa deponendi quem ab episcopatu et datur defectus scientie quam nescit grammaticam* (l. c.).

[68]) *Quis nunquam legerit libros scientie nec unquam intraverit scholas vel doctorem audiverit* (ibidem).

[69]) "De regulis iuris in VIto", regula XIII.

[70]) *Ignorancia iuris naturalis nullum excusat* (BStBM Cod. lat. 3895, fol. 159').

nicht für die Vergehen ihrer Gläubigen entschuldigen könne. Im Gleichnis fand sich das Vorbild für diese Behandlung: Die Unkenntnis des Hirten entschuldigt auch nicht diesen, wenn der Wolf die Lämmer raubte[71]. Andererseits konnte nach kanonischen Grundsätzen derjenige, der einen Sachverhalt kannte und billigte, nicht wegen Schädigung und Betrug anfechten[72].

Die Grundeinstellung des alten kanonischen Rechts zeigt im allgemeinen die Wissensfreundlichkeit der kirchlichen Gesetzgebung. Als Kulturvermittlerin wirkte die Kirche ebenfalls in der Pflege der antiken Wissenschaften fördernd. Namentlich für die höheren Kirchenämter wurde qualifiziertes wissenschaftliches Wissen gefordert. Der *illiteratus*[73] sollte nicht in das Lehramt eindringen, ebensowenig wie ein Ignorant das Richteramt üben durfte. Die Kirche hat den Bildungsfaktor für ihre Ämterlaufbahn und ihre Hierarchie gesetzgeberisch berücksichtigt, lange bevor der Staat entsprechende Voraussetzungen und Fähigkeiten forderte.

---

[71]) Glossa ad c. 10 X *de regulis iuris* V,41 (l. c. col. 1965).

[72]) *Scienti et consentienti non fit iniuria neque dolus* „De regulis iuris in VI[to]" Regula XXVII: Liber Sextus Taurini 1620 col. 810 c).

[73]) Vgl. zu diesem historischen Problem vor allem die gründliche Untersuchung von Herbert Grundmann, Litteratus — illiteratus. Der Wandel einer Bildungsnorm vom Altertum zum Mittelalter: Arch. f. Kulturgesch. 40 1958 1—65.

Die ekklesiologische Konzeption des Kardinals Francesco Zabarella (1360–1417)

In der Konziliengeschichte sowohl als auch in der Kanonistik des späten Mittelalters verkörpert der Name *Francesco Zabarella* eine Gestalt von einmaligem Format, eine berühmte Persönlichkeit, die sich gleichermaßen in die Annalen der Wissenschaft und der abendländischen Politik eingetragen hat. Dieser gebürtige Paduaner war als Theoretiker und Praktiker umfassend erprobt. Er hat in seiner Vaterstadt und in Florenz kanonisches Recht doziert. Seiner fleißigen Feder und seiner kasuistischen Begabung verdankt die Kirchenrechtswissenschaft Kommentare zu den Dekretalen und Clementinen[1]. Als venezianischer Delegierter reiste er zur Synode von Pisa (1409)[2], als Legat erwies er sich auf dem Konstanzer Konzil (1414—1418) als ein Kirchenreformer von hoher Aktivität[3]. Seine Haltung im unheilvollen Schisma des ersten Dezenniums des Quattrocento charakterisiert diesen Konzilspolitiker gewiß als Konziliaristen. Nachdem er bereits erwählter Bischof von Florenz geworden war, hat ihn der Pisaner Papst Johannes XXIII. (1410—1415) in seiner ersten Kardinalspromotion vom 6. Juni 1411 zusammen mit einem anderen Vorkämpfer des Konziliarismus, dem gelehrten Pierre d'Ailly († 9. August 1420)[4] ins Heilige Kolleg aufge-

[1]) Vgl. Joh. Friedrich von Schulte, Die Geschichte der Quellen und Literatur des Canonischen Rechts II, Stuttgart 1877 § 72 Nr. 109 S. 283—285; Hans Erich Feine, Kirchliche Rechtsgeschichte. Die katholische Kirche[4], Köln—Graz 1964 S. 291; Martin Grabmann, Die Geschichte der katholischen Theologie seit dem Ausgang der Väterzeit[2], Darmstadt 1961 S. 141; nicht von ungefähr hat H. Hurter S. J., Nomenclator literarius theologiae catholicae II[3], Oeniponte 1906 n. 385 col. 766—769, den Ruhm Zabarellas als Kenner des kirchlichen Rechts und Meister seiner Wissenschaft unterstrichen: „Inter canonistas hac periodo eminet nominis fama Franciscus de Zabarellis vel de Zabarella" (l. c. col. 766).

[2]) Vgl. Franz Xaver Seppelt, Geschichte der Päpste IV: Das Papsttum im Spätmittelalter und in der Renaissance, neu bearb. von Georg Schwaiger[2], München 1957 S. 235.

[3]) Vgl. v. Schulte, a. a. O. S. 283.

[4]) Von *Petrus de Alliaco* stammt der „Tractatus de ecclesiae, concilii generalis, Romani pontificis, et cardinalium autoritate" vom Konstanzer Konzil (*Druck:* Joannis Gersonii doctoris theologi et cancellarii Parisiensis Opera omnia, ed.

nommen[5]). In den Jahren nach 1403[6]) hat nun Zabarella einen eigenen Traktat *De eius temporis Schismate*[7]) verfaßt, der im historischen Schrifttum zwar öfters gewürdigt, als mehrschichtiges Rechtsgutachten zunächst vielleicht für König Ruprecht von der Pfalz (1400—1410), dann für die Republik Venedig, schließlich in seiner Ergänzungsfassung als Verteidigung der Pisaner Kardinäle beurteilt[8]), aber wie mir nach erneuter Überprüfung scheint, doch noch nicht eingehend ekklesiologisch ana-

---

M. Lud. Ellies du Pin, Tom. II., Hagae Comitum [apud Petrum de Hondt] 1728). Über Pierre d'Ailly vgl. u. a. Paul Tschackert, Peter von Ailly (Petrus de Alliaco), Gotha 1877; J. P. Mac Gowan, Pierre d'Ailly and the council of Constance, Washington 1936.

[5]) Cf. Conradus Eubel, Hierarchia catholica medii aevi[2], Monasterii 1913 p. 33 n. 15.

[6]) Hurter (s. Anm. 1) nahm als Abfassungszeit die Spanne zwischen 1403 und 1408 an.

[7]) Die Untersuchung stützt sich auf den Straßburger Druck von 1545: Acutissimi iurisconsulti Francisci Zabarellis cardinalis Florentini, qui vixit circa annum Domini 1406, de eius temporis schismate tractatus longe appositissimus ..., Argentorati, ex officina Knoblochiana, per Georgium Machaeropoeum, mense Augusto, anno M. D. XLV., 8°. — Auf den Druck bei Schardius, De iurisdictione, autoritate et praeeminentia imperiali, ac potestate ecclesiastica, deque iuribus regni & imperii, Basileae 1566 n. XIII p. 688—711, beziehen sich unsere Erörterungen nicht. Der amerikanische Kanonist Brian Tierney hat in seinem bekannten kirchenrechtsgeschichtlichen Werk „Foundations of the Conciliar Theory. The contribution of the Medieval Canonists from Gratian to the Great Schism" (Cambridge Studies in medieval life and thought, New Series Vol. IV), Cambridge 1955, ein ganzes Kapitel (IV) *Franciscus Zabarella* gewidmet (p. 220—237). Gleichwohl meine ich, eine erneute Behandlung sei insofern gerechtfertigt, zumal meine Ausführungen von anderen Voraussetzungen ausgehen und letztlich auch Abweichungen in der Beurteilung des Italieners erkennen lassen. Nicht zuletzt habe ich versucht, den aus verschiedenen Textschichten komponierten Traktat auf dem Hintergrund der wechselnden historischen Wirklichkeit rechtlich zu interpretieren, ihn nicht allein als theoretische Denkschrift zu analysieren, aber ebensowenig ausschließlich auf Reformideen zu untersuchen. Vor allem bin ich zur Auffassung gelangt, daß nicht die konziliare Idee schlechthin, sondern vielmehr das betont *kardinalizische* Moment bei Zabarella stärkere Beachtung finden sollte, als es bisher allgemein wohl der Fall gewesen ist.

[8]) Vgl. insbesondere August Kneer, Kardinal Zabarella (Franciscus de Zabarellis, Cardinalis Florentinus) 1360—1417. Ein Beitrag zur Geschichte des großen abendländischen Schismas I. Teil, phil. Diss. Münster, Münster 1891 S. 57—63; Gasparo Zonta, Francesco Zabarella (1360—1417), Padova 1915 p. 53—62, der sich weitgehend Kneer anschließt.

lysiert wurde. Indes führte gerade, wie Hubert Jedin[9]) unlängst eindrucksvoll dargetan hat, „die ekklesiologische Betrachtungsweise in der
Konziliengeschichte notwendig zur Herausarbeitung einer historischen
Typologie". Den zeitgenössischen Typus in dieser konziliaren Gelegen-
heitsschrift des italienischen Dekretalisten[10]) freizulegen und zu interpretieren, sei Absicht und Zweck der nachfolgenden Darlegungen.

I.

In jenem betrüblichen Schisma, das auf der lateinischen Kirche infolge
der gleichzeitigen Existenz zweier Prätendenten auf die päpstliche
Tiara, des avignonesischen Benedikt XIII. (1394—1417) und des römischen Innozenz VII. (1404—1406) lastete, erkannte Zabarella die
Hauptpflicht aller Katholiken in der Erhaltung und Rettung der Kir-
cheneinheit[11]). Im Anschluß an die in das *Decretum* des Kamaldulensers
Gratian[12]) eingegangene Losung Cyprians von Karthago (um 200/210
bis 258) aus seiner aus dem Novatianischen Schisma (251) stammenden
Schrift „De catholicae ecclesiae unitate" waren besonders die Bischöfe,
aber auch die Rechtsgelehrten, insbesondere die Kanonisten, zur Wahrung der Einheit der Kirche[13]) und zur Beilegung des „pestiferum schisma
quod est in dei ecclesia" aufgerufen. Eingedenk der Mahnung des Papstes Pelagius I. (555—560) „sed scissura in unitate esse non potest"[14])
hatte unser Gewährsmann ohnehin demonstriert, daß Verharren im

---

[9]) Bischöfliches Konzil oder Kirchenparlament? Ein Beitrag zur Ekklesiologie
der Konzilien von Konstanz und Basel. (= Vorträge der Aeneas-Silvius-Stiftung
an der Universität Basel II), S. 6 — Vgl. dazu meine Besprechung ZRG 81
Kan. Abt. 50 (1964) S. 315—318.

[10]) Vgl. über ihn und seine Wirksamkeit ebenfalls noch: Friedrich Merz-
bacher, Wandlungen des Kirchenbegriffs im Spätmittelalter. Grundzüge der
Ekklesiologie des ausgehenden 13., des 14. und 15. Jahrhunderts, ZRG 70 Kan.
Abt. 39 (1953) S. 336f.; Pio Paschini, Enciclopedia cattolica XII, Città del
Vaticano 1954 col. 1751.

[11]) „Unitatem ecclesiae firmiter tenere ac vendicare debemus omnes catholici" (De schismate, p. 1).

[12]) c. 18 *Loquitur Dominus* D. 24 q. 1: „Quam unitatem tenere firmiter et
vendicare debemus, maxime nos episcopi, qui in ecclesia Dei praesidemus ..."
(Corpus Iuris Canonici ²I. ed. Aemilianus Friedberg, col. 972).

[13]) „... sic etiam doctores iuris, maxime canonici, qui in dei ecclesia debent
afferre fructum oportunum" (De schismate, ibidem) unter Verweis auf c. 32
Ex eo in VI° de electione I, 6 (Friedberg II, col. 964).

[14]) c. 34 C. 24 q. 1 (Friedberg I, col. 979).

Schisma den Straftatbestand der Häresie erfülle[15]). Nur ein einziger Papst, dem sämtliche Katholiken gehorchen, sollte die Kirche lenken und nicht zwei Päpste, wie es in jenen Tagen tatsächlich der Fall gewesen ist[16]). Richter im Schisma war das Konzil, das darüber zu entscheiden hatte, wer von beiden Prätendenten als Papst und wer als Eindringling angesehen werden müsse. Aus c. 8 *Si duo* D. 79 folgerte der Paduaner Dekretalist, daß nur jener Papst sei, den die Willensentscheidung der Gesamtheit gewählt habe. Da der Papst den universellen Oberpriester (*universalis Pontifex*) repräsentiere, müsse er auch von der gesamten Christenheit anerkannt werden. Zabarella selbst stand im Schisma unverkennbar auf Seiten Innozenz' VII., des vormaligen Kardinals Cosimo dei Migliorati, den er ausdrücklich als „dominus noster quem dicimus Innocentem septimum" titulierte[17]). Damit entschied er sich eindeutig für die Obedienz des Römers, ohne freilich zu versäumen, im Traktat darauf hinzuweisen, daß sich sämtliche Kardinäle — unter ihnen auch Innozenz VII. — des letzten Konklaves verpflichtet hätten, alle Anstrengungen zur Beendigung der Kirchenspaltung zu machen. Als *ultima ratio* hatte das Heilige Kolleg sogar die freiwillige Abdankung des regierenden Papstes empfohlen[18]).

II.

Das Verhängnisvolle der kirchenpolitischen Gesamtlage bestand nun nach Zabarellas Argumentation darin, daß *die* Kirche überhaupt nicht mehr *als Kirche* bezeichnet werden könne, in der das Schisma herrsche[19]). In dieser Überlegung vermochte er Augustinus zum Zeugen seiner Behauptung anzurufen und Magister Gratian[20]) zu apostrophieren. Entsprechend der Begriffsprägung durch Papst Nikolaus I. (858—867)[21]) bedeutete die Kirche die Gemeinschaft der Gläubigen: *et dicitur ecclesia,*

---

[15]) Vgl. Ludwig Buisson, Potestas und Caritas. Die päpstliche Gewalt im Spätmittelalter (= Forschungen zur kirchlichen Rechtsgeschichte und zum Kirchenrecht 2), Köln—Graz 1958 S. 190.

[16]) „... ut sit in ecclesia unicus Romanus pontifex, cui catholici omnes pareant, et non duo uti nunc de facto" (De schismate, p. 1).

[17]) De schismate, p. 9[18].

[18]) De schismate, p. 21[20]. Vgl. dazu neben anderen ebenfalls Seppelt, a. a. O. S. 224.

[19]) „... quia non potest dici ecclesia in qua schisma est" (De schismate, p. 15[24]).

[20]) c. 33 *Pudenda* C. 24 q. 1 (Friedberg I, col. 978): „Quod si nullo modo recte dici potest ecclesia, in qua scisma est ..."

[21]) c. 8 D. 1 *de cons.*: „Ecclesia, id est catholicorum collectio ..."

fidelium congregatio[22]). Durch die Hauptglaubensdiener, die Prälaten, wird diese Gesamtgemeinschaft vertreten[23]). Entscheidend wirkt der Umstand, daß die Gesamtkirche nicht dem positiven Recht unterworfen, und damit letztlich allein dem göttlichen Recht verpflichtet ist[24]). Auf sie wendet unser Konzilspolitiker die herkömmlichen Metaphern und Parabeln nach Hieronymus wie „einzige Taube" (*unica columba*) und „schöne Braut ohne Fehler und Runzel" (*sponsa pulchra sine macula et ruga*), die ihrem Bräutigam Christus in Liebe dient, an[25]). Obschon sich Zabarella ausdrücklich auf c. 20 *Omnibus consideratis* C. 24 q. 1[26]) bezieht, gebraucht er gleichwohl nicht die im gratianischen Text aufgeführten Sinnbilder von der Kirche als „hortus conclusus et fons s gnatus et puteus aquae vivae et paradysus cum fructu pomorum". Alle Gläubigen jedenfalls wohnen im Hause dieser Kirche.

III.

Eigentlich ist es von vorneherein zu erwarten, daß bei einem erklärten Konziliaristen die These, daß die Gesamtkirche durch das *Generalkonzil,* die Universalsynode, verkörpert werde, im Vordergrund aller Erörterungen steht. In der Tat findet sich dieses Prinzip bereits am Beginn des zu untersuchenden Traktats[27]). Aber bei Zabarella verdichtet sich diese Auffassung zunächst zur vollkommenen Identifikation von Gesamtkirche und Konzil[28]). Hat beispielsweise Nikolaus de Tudeschis ganz von einer Definition des Generalkonzils abgesehen[29]), so trifft man hier auf die lapidare Feststellung: *universalis ecclesia, id est, concilium.* Bei Vakanz des Papsttums fällt die Gewalt der Gesamtkirche zu, die das

[22]) De schismate, p. 15[31]; p. 16[1]; p. 16[24]. — Vgl. ebenfalls Tierney, Foundations, p. 222.
[23]) „... et principaliter ministros fidei, scilicet praelatos, qui totam congregationem repraesentant" (De schismate, p. 18[11]).
[24]) Ecclesia universalis, „quae non subijcitur iuri positivo" (De schismate, p. 29[4]).
[25]) De schismate, p. 29[7].
[26]) Friedberg I, col. 973.
[27]) Ecclesia universalis, „quae repraesentatur per concilium generale" (De schismate, p. 2[9] f.).
[29]) „Sicut ergo universalis ecclesia, id est, concilium ..." (De schismate, p. 14[10]).
[29]) Vgl. Knut Wolfgang Nörr, Kirche und Konzil bei Nicolaus de Tudeschis (Panormitanus) (Forschungen zur kirchlichen Rechtsgeschichte und zum Kirchenrecht 4), Köln-Graz 1964 S. 97.

346 Die ekklesiologische Konzeption des Kardinals Francesco Zabarella

Generalkonzil repräsentiert[30]). Da dieses nunmehr über die *plenitudo potestatis* verfügt, untersteht das Konzil — ebensowenig wie die Gesamtkirche selbst[31]) — dem positiven Recht[32]). Wenn es sich zudem um Fragen des Glaubens handelt, ist die Universalsynode ohnehin dem Papste übergeordnet[33]). Für die Richtigkeit seiner Aussage berief sich der kenntnisreiche und beschlagene Kanonist auf die Glosse zu c. 9 *Anastasius* D. 19[34]). Von einer allgemeinen Subordination des Papstes unter das Konzil, wie sie etwa Nikolaus von Kues[35]) aussprach, ist allerdings bei Zabarella nicht die Rede[36]). Sollte jedoch der Papst wegen Häresie angeklagt werden, dann amtet freilich das Konzil als zuständiger Richter[37]). Eingehend prüfte Zabarella das Recht der Konzilsberufung. In der Geschichte fand er den Beweis, daß dieses Recht ehedem die Kaiser geübt hätten. Zwar sei der Kaiser nach wie vor Vogt und Schirmherr der Kirche (*advocatus et defensor ecclesiae*)[38]), repräsen-

---

[30]) „Ita ergo et regimen universalis ecclesiae vacant? papatu, consistit penes ipsam ecclesiam universalem, quae repraesentatu¡ per concilium generale ..." (De schismate p. 2⁸ff.).

[31]) Vgl. oben Anm. 24.

[32]) „Item ipsum concilium non subijcitur iuri positivo, cum habeat plenitudinem potestatis, ut dictum est". (De schismate, p. 26³¹).

[33]) „Cum autem agitur de fide, synodus est maior quam Papa ..." (De schismate, p. 16²⁸). Zabarella berief sich *expressis verbis* auf c. 2 *Sicut sancti* D. 15: „Sicut sancti evangelii quatuor libros, sic quatuor concilia suscipere et venerari me fateor" (Friedberg I, col. 35).

[34]) „... quod verum est: ubi de fide agitur: et tunc synodus maior est papa ..." (Decretum Gratiani, ed. François Fradin, Lugduni 1512, glossa ad c. 9 *Anastasius* D. 19, fo. XIX, n).

[35]) *De concordantia catholica* lib. II: „... scilicet quod Romanus pontifex subsit concilio universalis ecclesiae ..." (*Schardius*, De iurisdictione etc., Basileae 1566 p. 557 A).

[36]) Vgl. auch Hubert Jedin, Geschichte des Konzils von Trient I: Der Kampf um das Konzil, Freiburg 1949 S. 11 f.

[37]) „... quod cum Papa accusatur de haeresi competens iudex est concilium ..." (De schismate, p. 1²⁸). — „... finge sicut aliquando accidit, quod Papa esset haereticus, quo casu certe ad concilium spectat iudicare ..." (De schismate, p. 6²⁹). — „... de haeresi autem Papae, iudicat concilium ..." (De schismate, p. 12²⁴). — Besonders ansprechend hat der Pariser Kanzler Johannes Gerson die richterliche Kompetenz des Generalkonzils definiert: „Examinator authenticus & finalis iudex doctrinarum fidem tangentium est generale concilium (Gersonii Opera omnia I, col. 8 A).

[36]) De schismate, p. 3⁴.

tiere er in jurisdiktioneller Hinsicht das gesamte christliche Volk[39]), aber primär sei im Schisma wohl das Kardinalskolleg zur Konzilsberufung berechtigt, da es auch über das Papstwahlrecht verfüge[40]). Erst wenn die Kardinäle ausfallen — hier ist ebenfalls an ein gespaltenes Kardinalskolleg zu denken —, devolviere die *convocatio generalis concilii*, die an sich ordentlicherweise ausschließlich dem Papste eignet[41]), auf den Kaiser, der Teil des Konzils ist[42]). Die Belege für seine Auffassung über die primäre kardinalizische Berufungsbefugnis entnahm der kundige Dekretalist hier dem *Liber Sextus* des Papstes Bonifaz VIII.[43]), während er zum subsidiären Konzilsberufungsrecht des Kaisers durch analoge Anwendung des Titels 33 des ersten Buches des *Liber Extra* Gregors IX.[44]) gelangte. Indes huldigte Zabarella bereits der Volkssouveränitätslehre, wenn er die Höherwertigkeit der Gewalt des Volkes gegenüber der

---

[39]) „Proprie autem imperator repraesentat totum populum christianum, cum in eum translata sit iurisdictio et potestas orbis *ff. de orig. iur.* 1. 2 § *novissime* [= D. 1, 2, 2, 11], *C. de veteri iure enucliando* l. 1 § *Cum enim* ...“ [= C. 1, 17, 1] (De schismate, p. 4[28]). Die hier von Zabarella zitierte *Pomponius*-Stelle (D. 1. 2. 2. 11) verdichtet sich zur allgemeinen Feststellung: „... igitur constituto principe datum est ei ius, ut quod constituisset, ratum esset“ (Iustiniani Digesta recognovit Theodorus Mommsen retractavit Paulus Krueger = Corpus Iuris Civilis [16]I, Berolini 1954 p. 30). Vgl. dazu Alois Dempf, Sacrum Imperium. Geschichts- und Staatsphilosophie des Mittelalters und der politischen Renaissance², Darmstadt 1954 S. 549; Zonta, Francesco Zabarella, p. 56; Tierney, l. c. p. 224.

[40]) „Respondeo, quod collegium cardinalium, quia cum sit in potestate eligendi Papam, *de elect. c. ubi periculum lib. 6* [c. 3 *Ubi periculum* in VI° de electione I, 6] per consequens ad eos spectant, omnia quae sunt ad electionem consequentia, *de elect. c. cupientes § ad haec* [c. 16 *Cupientes* in VI° de electione I, 6] *et § Si vero lib. 6* [l. c.] ...“ (De schismate, p. 3[18]). — Auch Pierre d'Ailly hat das Konzilsberufungsrecht der Kardinäle unterstrichen: „... ad Papam, vel, in ejus defectu, ad cardinales pertinet generale concilium convocare“ (Gersonii Opera omnia II, col. 935 D).

[41]) „Convocatio autem generalis concilii ad solum papam pertinet ...“ (De schismate, p. 4[9]). Auch Panormitanus ist für die päpstliche Berufung eingetreten (vgl. Nörr, a. a. O. S. 120).

[42]) „Imperator est pars concilii. Cum ergo defuit Papa vel Cardinales, qui subrogantur Papae in congregatione concilii, ... ad ipsum imperatorem ... concilii spectat congregatio“ (De schismate, p. 5[25]). — Vgl. Jedin, a. a. O. I S. 75; Dempf, a. a. O. S. 549.

[43]) s. oben Anm. 40.

[44]) X *de maioritate et obed.* I, 33.

Obrigkeit verkündete[45]) und damit den Kaiser nur als Mandatar des souveränen Volkes bewertete[46]). Übrigens trat Zabarella — ähnlich wie vor ihm bereits sein Landsmann Marsilius von Padua — ebenfalls für die Teilnahme von Laien am Konzil ein. Nach ihm sollte der Laienstand bei Beratungen über die Glaubensfrage (*causa fidei*) und das Ehesakrament zugezogen werden, da Beschlüsse über diese Sachen auch die Laien binden und das, was alle angeht, auch von allen — d. h. eben dem Konzil — gebilligt werden müsse[47]). Bei dieser Beweisführung stützte sich der Konzilspolitiker ausdrücklich auf *Regula 29 in VI°* als einen allgemeinen Rechtsgrundsatz[48]). Weil aber im Generalkonzil auch zweifelhafte Rechtsprobleme (*dubia iuris*) entschieden werden müßten, empfahl Zabarella in diesen Fällen die Zulassung von Rechtsgelehrten (*iurisperiti*) und damit eine dritte Berücksichtigung des laikalen Elementes[49]). Gesetze des Konzils stellten göttliches Recht dar, das gleichsalm durch Eingebung des Heiligen Geistes zustandekam. Solchen konziiaren Gesetzen war auch der an sich von seinen eigenen Rechtssätzen entbundene Fürst[50]) unterworfen[51]).

---

[45]) „Ex quo colligitur quod maior est potestas populi quam magistratus ipsius" (De schismate, p. 26[22]). Vgl. dazu auch Kneer, a. a. O. S. 61.

[46]) Vgl. ebenfalls Dempf, ebd.

[47]) „... casus, in quibus etiam laici debent interesse conciliis scilicet ubi tractatur causa fidei, vel matrimonii, quia tales causae eos ligant ... quod debeant interesse, quia quod omnes tangit, ab omnibus approbari debet, ut est regula Quod omnes, *lib. 6.* et haec congregatio appellatur concilium ..." (De schismate, p. 18[17]).

[48]) „Quod omnes tangit debet ab omnibus approbari" (Friedberg II, col. 1122).

[49]) „... quia in generali concilio determinantur dubia iuris ... Ergo debent ibi esse iurisperiti (De schismate, p. 18[15]).

[50]) Princeps, „qui est solutus legibus, dic quod est solutus legibus suis, non dei ..." (De schismate, p. 20[30]). — „Et licet princeps sit solutus legibus, tamen secundum eas vivere decet" (l. c., p. 17[18]). Hier bezog sich Zabarella zunächst ausdrücklich auf das römische Recht, und zwar auf C. 1, 17, 4: „Digna vox maiestate regnantis legibus alligatum se principem profiteri: adeo de auctoritate iuris nostra pendet auctoritas, et re vera maius imperio est submittere legibus principatum ..." (Corpus Iuris Civilis[21], Vol. II, ed. Wolfgangus Kunkel = Codex Iustiniani, recognovit et retractavit Paulus Krueger, Berolini 1954 p. 68). Den weiteren Beleg fand der Autor im c. 2 D. 9 (Friedberg I, col. 16): „Iustum est, principem legibus obtemperare suis ..."

[51]) Leges „dei, quales sunt leges concilii, quae spiritu sancto suggerente promulgantur" (De schismate, p. 20[30]) unter Verweis auf c. 29 *si quis diaconus* D. 50 (Friedberg I, col. 190).

IV.

Über die päpstliche Gewaltenfülle belehrte Zabarella seine Zeitgenossen in aufschlußreicher Weise. Er folgerte, der Papst habe die *plenitudo potestatis*, wie eingesehen werden müsse, nicht allein für sich, sondern eben *zusammen* mit der Allgemeinheit der Gläubigen (*universitas*). Diese Vollgewalt finde in der Gemeinschaft, und damit im Konzil[52]), der Repräsentanz der Christenheit, gewissermaßen ihre Grundlage, im Papste jedoch ihren Hauptdiener, der die *potestas* handhabt[53]). Über alle übt der Papst die Jurisdiktion und Gewalt rechtens, nicht aber faktisch. Die papale *potestas* ist göttlichen Rechtes und von Gott unmittelbar verliehen[54]), kann daher auch nicht von einem Menschen aufgehoben werden. Wenn nun das Konzil den Papst seines Amtes entsetzt, wird die Gewalt nicht vom Menschen, sondern von Gott weggenommen, da das Konzil kraft göttlicher Anordnung handelt. Der unbestritten göttliche Ursprung der Papstgewalt schließt aber nicht aus, daß der Papst sie unmittelbar durch Menschen, nämlich durch die Wahl der Kardinäle, empfängt[55]). Als Argument aus der *Regula* 1 *in VI*°[56]) zog Zabarella den Schluß, daß folglich grundsätzlich der Papst auch von Menchen abgesetzt werden könne[57]). Für ihn stand ohnehin unverrückbar fest, daß die Satzung des Konzils ein Präjudiz für ein Statut des Papstes darstellte[58]). Dieser vermochte die allgemeine Verfassung der Kirche nicht

---

[52]) „... concilium, apud quod ut praedixi, est plenitudo potestatis tanquam in fundamento" (De schismate, p. 19[30]).

[53]) „Et ex hoc apparet, quod id quod dicitur, quod Papa habet plenitudinem potestatis, debet intelligi non solus, sed tanquam apud universitatem, ita quod ipsa potestas est in ipsa universitate tanquam in fundamento et in Papa tanquam in principali ministro, per quem haec potestas explicatur ..." (De schismate, p. 19[10]). Vgl. Kneer, a. a. O. S. 61). Über den Papst, das Haupt einer Korporation, als den Inhaber der *plenitudo potestatis* sind ebenfalls die Bemerkungen bei Tierney, Foundations of the Conciliar Theory, p. 143, interessant.

[54]) „... potestas Papae est de iure divino, et a deo immediate (cc. 1, 2 X *de translatione* I, 7) et quod non potest ab homine tolli ..." (De schismate, p. 25[19]).

[55]) „Item licet potestas Papae sit a deo, tamen quod iste sit Papa, vel iste est immediate ab homine, scilicet per electionem cardinalium" (De schismate, p. 25[24]).

[56]) „Beneficium ecclesiasticum non potest licite sine institutione canonica obtineri" (Friedberg, II, col. 1122).

[57]) „Unde potest [Papa] ab homine tolli" (De schismate, l. c.).

[58]) „... et ibi colligit glossa, quod statutum concilii praeiudicat statuto Papae..." (De schismate, p. 19[21]).

zu verändern[59]), ebensowenig wie er das nachsehen konnte, was die Lage der Universalkirche verfärbte[60]). Indes kann der Apostolische Stuhl nicht irren[61]). Sein Charakteristikum bildet die Infallibilität. Falls dem Papst aber dennoch einmal ein Irrtum unterlaufen sollte[62]), hat diesen das Konzil zu korrigieren[63]). So hat auch Gerson betont, da der Papst getäuscht werden könnte, sei nicht er, sondern nur das Generalkonzil die letztlich geeignetste richterliche Instanz[64]). Zum Papst war übrigens derjenige Kandidat gewählt, auf den sich die Zweidrittelmehrheit einigte. Keine Einrede, auch die nicht des Schismas und der Häresie vermochte rechtens gegen den Gewählten noch gegen die Wähler erhoben und geltend gemacht zu werden[65]). Gegen die wählenden Kardinäle beider Obedienzen, des römischen Papstes Gregor XII. (1406—1409) und des avignonesischen Papstes Benedikt XIII. (1394—1409/1417), konnte weder Exkommunikation, Suspension, noch Interdikt eingewendet werden[66]). Auf beiden Seiten waren die Kardinäle jedenfalls in der Lage, zur Papstwahl zusammenzutreten. Die Auffassung, wonach der Papst von den Kardinälen *ohne* Beteiligung des Konzils abgesetzt werden könne, überprüfte Zabarella ebenfalls. Er bejahte zunächst, daß grundsätzlich an diesem Argument festgehalten werden könne, wenn sich die Kirche nichts

---

[59]) „Papa non potest immutare universalem statum ecclesiae" (De schismate, p. 20[2]).

[60]) „Nam neque potest Papa dispensare in eo per quod decoloratur status universalis ecclesiae" (De schismate, p. 20[6]). Hier berief sich der Autor auf c. 23 *Etsi illa* C. 1 q. 1 (Friedberg I, col. 436).

[61]) „Nam sedes errare non potest" (De schismate, p. 16[21]) unter Heranziehung der Stellen aus dem *Decretum Gratiani:* c. 6 *Quodcumque ligaveris* C. 24 q. 1 (Friedberg I, col. 968) und c. 9 *Anastasius* D. 19 (Friedberg I, col. 64).

[62]) Auch die Glosse bejahte die Möglichkeit *im Gegensatz zur Infallibilität der Kirche:* „... scilicet certum est quod papa errare potest".

[63]) „... sed cum errat, habet corrigere concilium ..." (De schismate, p. 19[29]).

[64]) „Papa potest in definiendo fallere vel falli, igitur non est iudex idoneus ... Superest quoque remedium concilii generalis, cujus finalis, auctoritativa, iudicialisque potestas, fundata est indestructibiliter in illo verbo Christi de correctione fraterna ..." (Gersonii Opera omnia I, col. 9 B/C).

[65]) „... nulla exceptione obstante et sic excludit quamlibet exceptionem etiam schismatis et haeresis." (De schismate, p. 28[16]).

[66]) „Nam contra cardinales eligentes non obstat exc ptio excommunicationis, suspensionis vel interdicti" (De schismate, p. 28[7]). Die Norm hatte Papst Klemens V. auf dem Vienner Konzil erlassen: „decernimus, ut nullus cardinalium cuiuslibet excommunicationis, suspensionis aut interdicti praetextu a dicta valeat electione repelli ..." (= c. 2 § 4 *Ceterum* in Clem. *de electione* I, 3; Friedberg II, col. 1136).

anderes vorbehalten habe. Da aber über die Absetzung des Papstes ausschließlich das Konzil entscheidet, kann das Kardinalskolleg zwar den Papst wählen, ihn aber gleichwohl nicht absetzen[67]. Dennoch darf die Konzilsgesamtheit, das Plenum der Universalsynode, den Papst aus schwerwiegenden Gründen ausschließen, um der Kirche ein Schisma zu ersparen[68]. Indes muß dieses Konzil von Rechts wegen stets eine Universal-, keine Partikularsynode sein[69].

V.

Nicht zuletzt war in dieser Sicht der Papst gemeinsam mit den Kardinälen die Verkörperung der römischen Kirche, der *Ecclesia Romana*, deren Haupt eben der Papst, deren Glieder aber die Purpurträger darstellten[70]. Die Kardinäle wurden im Sinne einer kirchlichen Organtheorie gleichsam als Körperteile des Papstes — *partes corporis Papae* — gewertet[71]. Zudem hatte das Dekretalenrecht die Feststellung des Papstes Bonifaz VIII., wonach die römische Kirche Haupt und Leiterin aller Kirchen sei, verankert[72]. Das enge quasi-organische Verhältnis der Kardinäle zum Papste veranschaulichte Zabarella an der Institution der kardinalizischen *legati a latere*[73]. Er belegte es juristisch mit der

---

[67] „Sed quia receptum est, ut de Papae depositione solum concilium iudicet, ideo collegium [cardinalium] licet possit eligere, non tamen deponere" (De schismate, p. 25[31]).

[68] „... tamen potest universitas concilii eum [Papam] eijcere, ex causa maxime tam gravi, ne ecclesia patiatur scissuram ..." (De schismate, p. 27[16]).

[69] „Et quia de iure concilium debet esse universale non particulare ..." (De schismate, p. 27[20]).

[70] „... eccl.sia [Romana] qua constituitur ex Papa tanquam ex capite, et ex cardinalibus tanquam membris" (De schismate, p. 17[1]). — „... ecclesia Romana quae repraesentatur in Papa, tanquam in capite, et cardinalibus, tanquam in membris" (l. c. p. 17[11]). Cf. Zonta, l. c. p. 58.

[71] „... ecclesia Romana, quae non censetur esse solus Papa, sed ipse Papa cum cardinalibus, qui sunt partes corporis Papae ..." (De schismate, p. 16[31]). — Die gleiche Auffassung machte sich Pierre d'Ailly zu eigen: „cardinales sunt pars corporis Papae, & ejus coadiutores" (Gersonii Opera omnia II, col. 946 C).

[72] c. 5 *Felicis recordationis* in VI° *de poenis* V, 9: „... si Romana ecclesia, quae omnium ecclesiarum disponente Domino caput est et magistra ..." (Friedberg II, col. 1092).

[73] „... quod legati de latere, dicuntor soli cardinales, quia pars corporis Papae intelliguntur. Arg.[umentum] *de sent. excom. c. ad eminentiam*" (De schismate, p. 17[7]). Hier bezieht sich der Verfasser des Traktats auf c. 20 X *de sententia exc.*

Tatsache, der Papst könne bekanntlich ohne die Kardinäle überhaupt kein allgemeines Gesetz über die Gesamtverfassung der Kirche erlassen[74]), und begründete seine Meinung mit dem Rechtssatz des c. *quae ad perpetuam*[75]). Wenn auch die Kardinäle Gregors XII. und Benedikts XIII. Schismatiker seien, so müsse ihnen, wie der Autor empfiehlt, aber zugute gehalten werden, daß sie dennoch nicht wissentlich irrten. Hier läge vielmehr ein Tatsachen- und Rechtsirrtum vor, weil jeder Teil, das Kardinalskolleg jeder Obedienz, sich als Hüter des Rechtes fühle[76]). Die Kardinalsfreundlichkeit, die bei Zabarella immer wieder durchbrach, konzentrierte sich schließlich in der lapidaren Feststellung: *collegium cardinalium repraesentat universalem ecclesiam*[77]). Indem dieser Konzilspolitiker das Kardinalskolleg jeder Obedienz[78]) als Verkörperung der Gesamtkirche betrachtete, vertrat er den *kardinalizischen Kirchenbegriff*, der sich im Spätmittelalter neben der kurialen und konziliaren Ekklesiologie als Sonderform äußerte. Damit aber verfocht Zabarella jene „aristokratisch-oligarchische Theorie" (Hubert Jedin), die dem Heiligen Kollegium die ausschlaggebende Rolle bei der Aufhebung der herrschenden Kirchenspaltung beimaß[79]). Diese Haltung, die er u. a. auch mit dem Franzosen Pierre d'Ailly teilte, erklärt, warum sich der spätere Kardinal auf dem Konstanzer Konzil geweigert hat, das Dekret *Haec sancta*[80]) vom 6. April 1415 zu verlesen, mit dem die konziliare Theorie[81]) propagiert wurde, die begreiflicherweise auf die Opposition des Kardinalskollegiums stoßen mußte. Überblickt man den Schisma-Traktat des Paduaners, so läßt sich unschwer erkennen, daß er kein einheitliches Ganzes darstellt, sondern mehrere Redaktionen aufweist[82]). Schon der Umstand, daß das Schisma unter verschiedenen Päpsten gleicher Laget

---

V, 39 (Friedberg II, col. 896): legati cardinales, „qui a latere Romani Pontificis destinantur pro tempore ..."

[74]) „Papa sine cardinalibus non potest concedere legem generalem de universali statu Ecclesiae ..." (De schismate, p. 18[3]).

[75]) c. 3 Que ad perpetuam C. 25 q. 1 (Friedberg I, col. 1007).

[76]) „Item non est simpliciter verum quod cardinales Gregorii vel Benedicti sint schismatici, omnes enim ex utraque parte salvantur, dum tamen non errant scienter ... Et hic est dubitatio facti et iuris, quia utraque pars putat se fovere ius ..." (De schismate, p. 28[22]).

[77]) De schismate, p. 3[23], p. 14[9], p. 25[29], p. 29[3].

[78]) Zabarella betonte die Gleichrangigkeit des Kardinalkollegs jeder Obedienz ausdrücklich: „... quia collegium utriusque obedientiae, quoad electionem Papae, repraesentat ecclesiam universalem ..." (De schismate, p. 29[3]).

[79]) Vgl. Jedin, Bischöfliches Konzil oder Kirchenparlament? S. 14f.

Anlaß zu konkreten Darlegungen bot, verbietet die Annahme einer spontan konzipierten Streitschrift. Aber Zabarellas Ekklesiologie ist klar und eindrucksvoll. Bei aller Aufgeschlossenheit für das Konzil trat er für die Beilegung der Notstandssituation der Universalkirche durch das Heilige Kolleg ein. In den Kardinälen, in jenem *sacer senatus*, erblickte er das Leitungsorgan und die Repräsentanz der Gesamtkirche, nicht aber in der Universalsynode schlechthin.

Auch das kardinalizische Konzilsberufungsrecht und die Papstwahl unterstreichen deutlich den hohen tonangebenden Rang dieses Gremiums. Der Argumentationsstil jedoch verrät unverkennbar den Kanonisten[83], nicht den Theologen. Die juristische Instrumentation, die Allegationen aus dem römischen und kanonischen Recht stützen überall die Feststellungen und Schlüsse. Zabarellas Gedanken über Schisma, Kirche und Konzil, Papst und Kardinäle reflektieren wie zahlreiche Reformideen Eindrücke und Lösungsversuche aus einer kritischen und spannungsgeladenen Zeitsituation. Sie vermitteln Einblicke in die ernsten Probleme der Christenheit im ersten Jahrzehnt des 15. Jahrhunderts und in den Stil zeitgenössischer Rechtsgutachten zur Kirchenfrage. Vornehmlich aber illustriert der Traktat ein Kernproblem spätmittelalterlicher Kirchenpolitik überhaupt, nämlich eine spezifische Art der typisierten Ekklesiologie. Es läge nahe, diesen Interpretationsversuch, bei dem das Heilige Kolleg das Herzstück der ganzen Theorie abgab, im Unterschied zum *Konziliarismus* im allgemeinen und zum *Episkopalismus* im besonderen geradezu als *Kardinalizismus* anzusprechen.

---

[80] *Druck:* Conciliorum Oecumenicorum Decreta, ed. Centro di Documentazione Istituto per le Scienze Religiose Bologna, Basileae-Barcinone-Friburgi-Romae-Vindobonae 1962 p. 385; vgl. dazu Hans Erich Feine, Kirchliche Rechtsgeschichte⁴, Köln-Graz 1964, S. 470.

[81] „... generale concilium faciens, et ecclesiam catholicam militantem repraesentans, potestatem a Christo immediante habet" (Conciliorum Oecumenicorum Decreta, p. 385²³).

[82] Vgl. Kneer, a. a. O. S. 60.

[83] Mit voller Berechtigung hat auch Tierney den spezifisch kanonistischen Grundcharakter der Schrift Zabarellas ausdrücklich hervorgehoben: „... his *Tractatus de Schismate* was a work of pure canonistic scholarship ..." (Foundations of the Conciliar Theory, p. 220).

Staat und Jus publicum im deutschen Absolutismus

Der Absolutismus hat nach gelehrter Meinung[1]) dem „gewordenen Recht gegenüber" die Idee eines „immer werdenden Rechtes" verfochten. Gemessen an der historischen Erscheinung des überkommenen ständischen Territorialstaates hat diese totalitäre Regierungsform fraglos zu einer Restriktion des Staatsbegriffes, zu einer Verengung der Staatsauffassung[2]) geführt. Weil aber der Staat als Organismus Wachstumsgesetzen unterworfen ist, zeigt auch der am weitgehendsten „konsolidierte Staat des Absolutismus" (Friedrich Meinecke) letztlich kein uniformes Bild, sondern verschiedene Typen. Wie jede Zeitströmung hat auch der Absolutismus seine doktrinelle Untermauerung in der zeitgenössischen Publizistik gefunden. Es soll nun hier versucht werden, die Anschauungen freizulegen, die im deutschen Rechtsraum Staat und Staatsrecht stützten. Die Beschäftigung gilt damit der Theorie, die ihrerseits jedoch unverzichtbar für die Staatswirklichkeit war. Die Untersuchung beleuchtet bewußt mehr das Statische und klammert die der Staatsräson innewohnende Dynamik und Zielsetzung für die Größenverhältnisse und Kraftentfaltung konkreter Staatsgebilde aus. Sie befaßt sich mit absolutistischer Staatslehre, nicht mit der Politik absolutistischer Staatswesen[2a]).

I

Bei der weitreichenden Identifikation von *Fürst* und *Staat* im Absolutismus kam ebenfalls der Residenzbildung eine entscheidende Rolle zu. Dort, wo der Fürst weilte, wo er Hof hielt, war der Mittelpunkt des

---

[1]) Vgl. Friedrich Meinecke, Die Idee der Staatsräson in der neueren Geschichte[2], hrsg. von Walther Hofer (= Friedrich Meinecke, Werke, Bd. I) München 1957 S. 151.

[2]) Vgl. dazu ebenfalls Fritz Hartung, Deutsche Verfassungsgeschichte vom 15. Jahrhundert bis zur Gegenwart[6], Stuttgart 1950 S. 99.

[2a]) Mein Beitrag verfolgt eine andere Zielsetzung als der Aufsatz von Ernst Rudolf Huber, Reich, Volk und Staat in der Reichsrechtswissenschaft des 17. und 18. Jahrhunderts, Zeitschrift für die gesamte Staatswissenschaft, 102. Bd. (Tübingen 1942) S. 593—627, der u. a. patriotische Gesinnung und Staatspersönlichkeit berührt und vornehmlich Conring, Pufendorf, Leibniz, Moser, Pütter und Schlözer im Rahmen der Fragestellung würdigt.

Staates. Eine der ersten staatsrechtlichen Systematiker des frühen 17. Jahrhunderts, der aus Öhringen stammende Jenenser Jurist und Philosoph Daniel Otto[3]), hat nicht von ungefähr in seinem juristisch-politischen Kompendium „De jure publico imperii Romani"[4]) die allgemeine Auffassung ausgesprochen: „Et vulgo dicere solemus ibi curiam esse, ubi Princeps est"[5]). Im frühen 18. Jahrhundert war der Staat (lat. *status*, frz. *état*, ital. *stato*) nach herrschender publizistischer Lehrmeinung nichts anderes als die „Regierung oder Regierungsform und Verfassung eines Landes"[6]). Indes hat die Staatslehre die eigentliche Staatsverfassung als *Civilstaat* oder bürgerlichen Staat (*status civilis, status politicus*) bezeichnet und diesen dem *Kriegsstaat* konfrontiert[7]). Der juristische Erzieher des nachmaligen Kaisers Joseph II. (1765—1790), der Professor des öffentlichen und Lehnrechts an der Theresianischen Ritterakademie in Wien, Christian August Beck (1720—1784)[8]), hat in seinen Vorträgen zum Rechtsunterricht des damaligen Erzherzogs in den Jahren 1754 bis 1759 den Staat als eine Gesellschaft von Familien unter einem gemeinschaftlichen Oberhaupt zur Erhaltung, Ruhe und Erlangung der Glückseligkeit interpretiert[9]). Nach ihm waren die Staaten „ein so ausgekünsteltes Werk, daß ihr Ursprung und Ordnung die Menschen selbst in Verwunderung setzt und zum ewigen Denkmal dient, wie weit ihr Witz es zu bringen fähig ist"[10]).

Nahezu die gleiche Staatsdefinition tauchte dann im häufig aufgeleg-

---

[3]) Vgl. über ihn R. Stintzing, Geschichte der deutschen Rechtswissenschaft I, München und Leipzig 1880 S. 669.

[4]) Dissertatio juridico-politica De jure publico imperii Romani, methodice conscripta, Wittebergae (Impensis Hered. Joh. Bergeri) 1668.

[5]) l. c. p. 103.

[6]) So Johann Heinrich Zedler, Großes vollständiges Universal-Lexicon aller Wissenschaften und Künste, 39. Bd., Leipzig und Halle 1744 Sp. 639.

[7]) Zedler, a. a. O. Sp. 640.

[8]) Vgl. über ihn Hermann Conrad in der Einleitung, S. 6f. zu „Recht und Verfassung des Reiches in der Zeit Maria Theresias", unter Mitarbeit von Gerhard Kleinheyer, Thea Buyken und Martin Herold, hrsg. von Hermann Conrad (= Wissenschaftliche Abhandlungen der Arbeitsgemeinschaft für Forschung des Landes Nordrhein-Westfalen, Bd. 28), Köln und Opladen 1964; und Hermann Conrad, Recht und Verfassung des Reiches in der Zeit Maria Theresias, HJB 82 (1963) S. 165; *ders.*, Reich und Kirche in den Vorträgen zum Unterricht Josephs II. in: „Spiegel der Geschichte", Festgabe für Max Braubach zum 10. April 1964, Münster/Westf. 1964 S. 602.

[9]) Recht und Verfassung des Reiches in der Zeit Maria Theresias, § 3 S. 205.

[10]) a. a. O. § 4 S. 205.

ten Werk des Göttinger Rechtslehrers Gottfried Achenwall auf: „Ein
Staat ist eine Gesellschaft von Familien, welche zu Beförderung ihrer
gemeinsamen Glückseligkeit unter einem Oberhaupte miteinander auf
einem bestimmten Bezirke des Erdbodens vereiniget leben."[11]) Die
ausdrücklich betonte Förderung von Glück als Tatbestandsmerkmal des
Staatsbegriffes entsprach dabei durchaus dem Eudaemonismus der
Aufklärung, der eine allgemeine Lebenssteigerung erstrebte. Entscheidende Voraussetzung aber war für den Staatsbegriff die bürgerliche
Gesellschaft, durch die die notwendige Verbindung zwischen dem Regenten einerseits und den Untertanen andererseits hergestellt wurde, die
zur Erreichung des gemeinen Wohles erforderlich war. In dieser Richtung
äußerte sich der bayerische Gesetzgeber Wiguläus Xaver Aloys
Freiherr von Kreittmayr (1705—1790) in seinem „Grundriß des
Allgemeinen, Deutsch- und Bayerischen Staatsrechtes"[12]). Kreittmayr
bewertete den Staat als Oberbegriff sämtlicher Gesellschaften und Gemeinschaften[13]). Der Begriff der bürgerlichen Gesellschaft, der *societas
civilis*, erfüllte ebenso die preußische Staatskonzeption. Erst mit der
Übertragung einer Obergewalt beispielsweise an einen Regenten wird
aus der bürgerlichen Gesellschaft, d. h. aus dem Volk, ein Staat. Ein
solcher ist stets durch ein gemeinsames Oberhaupt charakterisiert[14]).

Die Förderung des allgemeinen Wohles bedeutete ebenfalls ein Hauptanliegen des absolutistischen Staates: *Salus enim populi suprema lex
esse debet*[15]). Auf dieses Gemeinwohl hatten die Untertanen einen Rechts-
anspruch. Schon *Cicero* hatte gelehrt, daß der König vornehmlich deshalb

---

[11]) Vgl. Gottfried Achenwall, Staatsverfassung der heutigen vornehmsten
Europäischen Reiche und Völker I⁶, Göttingen 1781 S. 2 § 2.
[12]) 2. Aufl. München 1789 (Verlag bey Joseph Lentner).
[13]) Grundriß des ... Staatsrechtes², § 2 S. 4.
[14]) Vgl. hierzu besonders aufschlußreich „Vorträge über Recht und Staat von
Carl Gottfried Svarez" hrsg. von Hermann Conrad und Gerd Kleinheyer (= Wissenschaftliche Abhandlungen der Arbeitsgemeinschaft für Forschung des Landes Nordrhein-Westfalen, Bd. 10) Köln und Opladen 1960 S. 41;
ebenfalls Gerd Kleinheyer, Staat und Bürger im Recht. Die Vorträge des
Carl Gottlieb Svarez vor dem preußischen Kronprinzen (1791—1792)
(= Bonner rechtswissenschaftliche Abhandlungen, Bd. 47), Bonn 1959, S. 35
56.
[15]) Daniel Otto, De jure publico imperii Romani, Sp. 2. — Vgl. im Zusammenhang damit ebenfalls Hans Rall, Kurbayern in der letzten Epoche der alten
Reichsverfassung 1745—1801 (= Schriftenreihe zur bayerischen Landesgeschichte, Bd. 45), München 1952 S. 60.

gewählt werde, damit seine Wähler gut und glücklich leben können[16]).
So wie dem Arzt die Gesundheit und dem Feldherrn der Sieg aufgegeben
sei, so müsse sich eben der Staatsmann um ein glückliches Leben der ihm
anvertrauten Bürger kümmern und bemühen[17]). Zutreffend ist die Beobachtung Friedrich Meineckes, daß gerade dem Begriff dieses *bonum
publicum* „noch etwas Starres und Allgemeines, über das innere Leben
des Volkes Hinwegsehendes"[18]) anhaftete. Das Wohl der Bürger ist zwar
ein Staatsziel, aber seine inhaltliche Festlegung und seine Realisation
waren ausschließlich Sache des absoluten Staatslenkers. Die Tagespolitik
vermochte neue Festlegungen des Gemeinwohles jederzeit zu verlangen.
Eng mit dem Gemeinwohl war das Staatsinteresse verknüpft, d. h. die
dem einzelnen Staat angepaßte Politik[19]). Indes mußte jeder Staat seinen
letzten Zweck in der Sicherheit des Volkes erblicken. Eigenartig allerdings wirkte in diesem Zusammenhange die österreichische Interpretation des *Gesamt*volkes als *juristische* Person (*persona moralis*), die für
alle Handlungen des Oberhauptes gleichsam wie für eigene haften mußte[20]). Es ist gewiß naheliegend, wenn man sich auch bereits in der Epoche
des beginnenden Absolutismus Gedanken darüber machte, welcher Staat
wohl am besten seiner Aufgabe nachkommen dürfte. Der Engländer
John Case (Johannes Casus) aus Oxford[21]) sprach jenen Staat als
den besten an, in dem das Leben der Bürger mit Sittlichkeit (Tugend)
gepaart sei. Das sei in dem Staat erreicht, der aus mittelmäßigen, *durch-
schnittlichen* Bürgern bestehe. Mittelmäßigkeit der Bürger bietet die
Gewähr für die Existenz des besten Staates[22]). Diese Auffassung beinhaltet eine entscheidende Absage an bürgerliche Extreme. Nicht zuletzt
präsentiert sich jene *civitas* als bester Staat, dessen Bürger freiwillig dem

---

[16]) „... Rex eligitur, non ut sese curet molliter, sed ut per ipsum ii, qui elege-
runt, bene beateque vivant" (Otto, ibidem).

[17]) „Ut ... medico salus, imperatori victoria: sic moderatori reipublicae beata
civium vita proposita est ..." (ibidem).

[18]) Die Idee der Staatsräson, S. 170.

[19]) Vgl. Achenwall, a. a. O., I S. 38, § 51.

[20]) Recht und Verfassung des Reiches in der Zeit Maria Theresias, S. 207 f.,
§ 8.

[21]) Johannes Casus Oxoniensis, Sphaera Civitatis hoc est Reipublicae
recte ac pie secundum leges administrandae ratio, Francofurti ad Moenum 1605
(Impensis Rulandiorum & Nicolai Rhodii).

[22]) „Civitas illa est optima, quae vitam civium cum virtute coniunctam habet:
sed civitas ex mediis civibus constans vitam cum virtute coniunctam habet:
ergo civitas ex mediis civibus constans est optima" (Casus, Sphaera Civitatis,
Lib. IV Cap. XI p. 258).

Vernunftgebot gehorchen[23]). Man fühlt sich unwillkürlich an das gewiß
nicht unanfechtbare Prinzip erinnert, wonach Ruhe die erste Bürger-
pflicht sei. Gewiß bringt die Mittelmäßigkeit ebenfalls Gleichheit und
Ähnlichkeit mit sich. Diese Uniformität erscheint geradezu als günstige
Voraussetzung für den optimalen Staat: Durchschnittsbürger gleichen
einander weitgehend und neiden sich wenig. Individualität kommt hier
gar nicht erst zum Durchbruch. Andererseits ist begreiflicherweise auch das
Staatswesen als das beste zu beurteilen, das über die hervorragendsten
Gesetzgeber verfügt; das aber ist in der Regel, wie die Geschichte
lehrt, wiederum der Durchschnittsstaat[24]).

Symptomatisch für den absolutistischen Staat war ebenfalls die Berufung auf das *Gottesgnadentum*. Die Gewalt des Regenten fand in dieser
Konzeption ihre unmittelbare Ableitung von Gott. Um Gottes willen
waren die Untertanen zu unbedingtem Gehorsam verpflichtet. Indes
machten sich in der zeitgenössischen absolutistischen Staatslehre daneben Stimmen bemerkbar, die den Ursprung der Obergewalt des Staates
auf das „Recht des Stärkeren" gründeten und damit die Eroberer gleichsam als die primären Staatsgründer herausstellten. Begreiflicherweise
spielte die Doktrin von der Entstehung des Staates aufgrund eines bürgerlichen Vertrages, einer freiwilligen Vereinbarung zwischen Herrscher
einerseits und Untertanen andererseits in diesem Zeitalter nur eine
verhältnismäßig geringe Rolle[25]). Das Zeitalter des Gehorsams erkannte
im allgemeinen andere Dimensionen. Deutlich trat etwa bei dem Publizisten Daniel Otto der göttliche Ursprung aller Gewalt in den Vordergrund: *Omnis potestas a Deo*[26]). Gott ist die erste Quelle jeder Gewalt und
damit die Stütze aller menschlichen Dinge. Ohne Gottbezogenheit und
ohne Gottesgnadentum vermag kein Staat und kein Volk, und damit
auch nicht die Welt zu existieren. Dabei stand die gesetzgebende Gewalt, das Majestätsrecht der Gesetzgebung nicht ausschließlich dem
Kaiser im Reiche zu, sondern dieser mußte diese Befugnis mit den

[23]) „Iterum illa civitas, cuius cives facile obtemperant rationis imperio, est
communiter optima" (l. c.).

[24]) „... civitas quae praestantissimos legislatores habet, est optima: sed media
civitas praestantissimos legislatores habet, ut probatum est exemplis Solonis,
Lycurgi ..." (l. c.).

[25]) Vgl. zu diesem theoretischen Gesamtkomplex vornehmlich „Vorträge über
Recht und Staat von Carl Gottlieb Svarez" (s. Anm. 14) S. 462ff.

[26]) De jure publico imperii Romani, p. 3. — Zum Gottesgnadentum vgl. allgemein Hermann Conrad, Deutsche Rechtsgeschichte II, Karlsruhe 1966 S. 241.

Fürsten und Ständen teilen. Der literarisch fruchtbare Praktiker **Ahasver Fritsch** (1629—1701)[27]) betonte, daß der Kaiser seine *legislatoria potestas* schließlich nicht ohne die Reichsstände ausüben dürfe. Jeder Erlaß eines neuen Gesetzes, jede Ergänzung, Aufhebung oder Abschaffung eines geltenden Gesetzes verlangte die Mitwirkung der die kaiserliche Gewalt beschränkenden Stände[28]). Vor allem hatte der *Westfälische Friede* den Reichsständen ihr Recht bei der Reichsgesetzgebung ausdrücklich garantiert[29]).

Andererseits wurde die höchste Gewalt im absoluten Staat, das Summum Imperium, dadurch charakterisiert, daß sie „keine gleiche oder höhere Gewalt in dem Staat über oder neben sich hat". Daraus erhellt, daß die höchste Gewalt notwendigerweise über Unabhängigkeit und Souveränität verfügen mußte. Diese Eigenschaft fand ihre Beschränkung allein durch Gott. So konnte **Kreittmayr**[30]) mit Recht festhalten: „Ein anders ist *respectu Dei*, denn Gott ist das Größte wie das Kleinste in der Welt unterworfen." Immerhin war die Rechtsfolge der Souveränität der *princeps legibus solutus*. Der Regent war an kein menschliches Gesetz, an kein *ius humanum* gebunden. Allein göttliche und natürliche Gesetze, die *lex divina* und die *lex naturalis* verpflichteten den absoluten Herrscher. Selbstverständlich mußte sich der Monarch auch nicht vor einem Gericht des ihm unterworfenen Volkes verantworten. Die *Summa potestas* bedingte die Unverletzlichkeit der Person ihres Inhabers[31]). Die „erste Grundsäule" des Staates stellte die „Vielheit der Einwohner"[32]),

---

27) Vgl. über diesen Kanzler von Schwarzburg-Rudolstadt und kaiserlichen Hofpfalzgrafen zuletzt: **Erich Döhring**, Geschichte der deutschen Rechtspflege seit 1500, Berlin 1953 S. 394.

28) „Legislatoria potestas, sive Majestaticum jus ferendi leges universales in Imperio, non solius est Imperatoris, sed cum Principibus ac Statibus ita communicatum, ut sine illis exerceri non possit, sive lex nova roganda, sive rogatae addendum, detrahendum, vel abrogandum" (**Ahasverus Fritschius**, Manuale Juris Publici, Romano-Germanici² Jenae 1690 [Sumptibus Johannis Bielken/ Bibl.] p. 251).

29) IPO Art. VIII § 2: „Gaudeant sine contradictione iure suffragii in omnibus deliberationibus super negotiis Imperii, praesertim ubi leges ferendae vel interpretandae ..." (Text bei **Karl Zeumer**, Quellensammlung zur Geschichte der deutschen Reichsverfassung in Mittelalter und Neuzeit², Tübingen 1913 Nr. 197 S. 416).

30) Grundriß des Allgemeinen, Deutsch- und Bayerischen Staatsrechtes², § 5 S. 10.

31) Vgl. **Kreittmayr**, Grundriß, S. 10 u. 11.

32) Vgl. **Achenwall**, a. a. O. I § 18 S. 13.

das Staatsvolk dar. Im Hinblick auf die Herrschaft teilte die Wissenschaft das Volk in Herrschende und Gehorchende ein und verglich diese beiden Klassen mit dem organischen Bilde von Haupt und Gliedern[33]).

Exemplifiziert am deutschen Gesamtstaat, bestand das Reich aus dem Kaiser als dem Haupte und den Untertanen als den Gliedern. Die beiden Vikare, die während der Vakanz des Kaiserthrones die Reichsgewalt handhabten, wurden aber nicht als Häupter (*capita*) bezeichnet, um das Reich nicht zu einem gleichnishaften *monstrum* zu deklarieren.

In der Zeit des Absolutismus unterschied die Publizistik zuweilen, so etwa Johann Stephan Pütter (1725—1807) beim Staatsgebiet nicht zuletzt *geschlossene* und *nicht geschlossene* Territorien (*territoria clausa et non clausa*). Das *geschlossene* Territorium war dadurch gekennzeichnet, daß innerhalb eines bestimmten, begrenzten Ausschnittes der Erdoberfläche alles der Landesgewalt, der Territorialhoheit unterworfen war. Es bestand absolute Kongruenz von Gebiet und Staat. Beim nicht geschlossenen Territorium unterstanden hingegen gewisse Einwohner der Hoheit eines anderen, auswärtigen Territoriums[34]), mit anderen Worten, die Staatsgewalt deckte sich nicht völlig mit dem Staatsgebiet. Indes galt diese juristische Lehre als „Erfindung einiger Rechtsgelehrten", die bestritten war[35]). Der Umstand, daß in Deutschland immerhin einige Sonderstaaten bestanden, blieb ohne Einfluß auf die Reichsverfassung, zumal diese alle dem *einen summum imperium* untergeordnet waren, von dem die Vorstellung des einzelnen deutschen Staates rechtens nicht getrennt werden konnte[36]). Hinter dem staatlichen Einzelschicksal

---

[33]) „Ratione hujus regiminis, populus dividitur in imperantes et parentes, sive in caput et membra" (cf. Otto, De jure publico, p. 144).

[34]) Vgl. Joannis Stephani Pütteri Elementa iuris Publici Germanici, Goettingae 1754 (Sumptibus Victorini Bossiegel), Pars I Cap III § 176 p. 83. — Zum Begriff des *Territorium inclausum* vgl. insbesondere Hanns Hubert Hofmann, Adelige Herrschaft und souveräner Staat, Studien über Staat und Gesellschaft in Franken und Bayern im 18. und 19. Jahrhundert, München 1962 S. 54 ff.; dazu meine Besprechung ZRG 80, Germ. Abt. (1963) S. 511 ff. — Zu Pütters Konzeption zuletzt: Ulrich Schlie, Johann Stephan Pütters Reichsbegriff, Göttingen 1961.

[35]) Johann Jacob Moser, Von der Landeshoheit derer Teutschen Reichsstände überhaupt, Frankfurt und Leipzig 1773 S. 179.

[36]) „... Germania plures quidem comprehendit respublicas speciales; sed omnes subordinatas uni summo imperio, a quo iuste non separari potest singulae cuiusque civitatis Germanicae idea" (Pütter, Elementa iuris Publici Germanici, Pars I Cap. III § 122, p. 65).

stand noch immer, wenn auch bereits schwer erschüttert und unterhöhlt, die *Einheit* des deutschen Reiches.

Das eigentliche *Deutsche Reich* bildete allerdings nur einen Teil des Heiligen Römischen Reiches (*Sacrum Romanum Imperium*). Dieses Hl. Römische Reich umfaßte nämlich das römische Kaisertum, das italienische oder langobardische Königreich und das Deutsche Reich. Obschon alle über ein gemeinschaftliches Oberhaupt in der Person des Kaisers verfügten, existierten gleichwohl eben drei voneinander getrennte Reiche mit jeweils eigener Staatsverfassung[37]). Indes hat Deutschland nach Meinung des Göttinger Publizisten Johann Stephan Pütter[38]) niemals eine *absolute* Herrschaft (*imperium absolutum*), weder des Kaisers gegenüber den Bürgern Deutschlands noch der Stände gegenüber ihren Untertanen, anerkannt. Jede Gewalt war kraft deutschen öffentlichen Rechts beschränkt[39]). In den einander gleichgestellten Sonderstaaten Deutschlands fehlten allerdings analog wie bei der Umschreibung der Kaisergewalt Begrenzungen der Landeshoheit. Bei der Ausübung schwerwiegender Hoheitsrechte war aber in der Regel die Zustimmung der Landstände erforderlich[40]). Keinem Zweifel war die rechtliche Bewertung Deutschlands als eines einheitlichen Staates (*una civitas*) ausgesetzt, insoweit dieses als *summum imperium* anerkannt wurde und außerdem über ein Grundgesetz verfügte[41]). Was den Rechtscharakter anlangt, so wurde Deutschland synonym in gebräuchlicher Weise als „respublica" und „politia" bezeichnet[42]). Das *Deutsche Reich* verkörperte eine stark

---

[37]) Vgl. Johann Jacob Moser, Praecognita juris publici Germanici generalissima oder Tractat von der Lehre der heutigen Staats-Verfassung von Teutschland, Frankfurt und Leipzig 1732 S. 8.

[38]) Vgl. zu Person und Werk ebenfalls nach Döhring, a. a. O. S. 433.

[39]) „Germania numquam novit imperium absolutum, nec Imperatoris in quoscumque Germaniae cives, nec statuum in suos cuiusque subditos, Omne imperium ex iure publico Germanico limitatum est" (Pütter, Elementa iuris Publici Germanici, Pars I Cap. IV § 193 p. 91).

[40]) „In specialibus Germaniae rebuspublicis aeque parum deficiunt limites superioritatis territorialis, olim analogi circumscriptae potestatis Caesareae. Saltem in gravioribus superioritatis iuribus exercendis in regula cuique statui consensu ordinum provincialium opus est" (Pütter, l. c. Pars I Cap. IV § 197 p. 92).

[41]) „Germania, quatenus unum veneratur summum imperium, et una eademque lege fundamentali utitur, non dubitari potest una esse civitas" (Pütter, l. c. Pars I Cap. III § 121 p. 65).

[42]) Pütter, l. c. Pars II Lib. I Sect. II Cap. VI § 531 p. 222.

beschränkte Wahlmonarchie (*monarchia electitia ... valde limitata*). Die deutschen Sonderstaaten selbst hatten eine unterschiedliche Verfassungsform. Erbmonarchien standen neben Wahlmonarchien. Die letzteren repräsentierten sämtliche Hochstifter. Die Städte wiederum bedienten sich sowohl der aristokratischen als auch der demokratischen Staatsform[43]). Eine Eigenschaft besaßen diese deutschen Landesherrschaften und Staatswesen jedoch gemeinsam: alle waren nicht frei, sondern dem Kaiser unterstellt. Die Subordination unter den Kaiser bedeutete ein essentielles, beschränkendes Charakteristikum ihrer eigenen Staatlichkeit.

Obschon der Kaiser eine von den Gesetzen entbundene Macht hatte, konnte er dennoch nicht einem anderen ein wohlerworbenes Recht kurzerhand entziehen[44]). Es entsprach dem Prinzip, daß keinem Menschen ein Recht auf die Sache eines anderen zustehe. Andererseits war der Kaiser ebensowenig sämtlichen göttlichen Gesetzen verpflichtet. Keine Bindung bestand mehr gegenüber den mosaischen Gerichtsbestimmungen (*leges forenses Moysis*), da diese für Christen ihren Verpflichtungscharakter eingebüßt hatten[45]). Der Kaiser amtete vor allem als Mittler (*mediator*) zwischen den Konfessionen, zwischen dem *Corpus Catholicorum* und *Corpus Evangelicorum. Imperium* selbst wurde allgemein als Befehlsgewalt gegen Untergebene definiert[46]). Sie kam unterschiedlichen Befehlshabern, nicht dem Kaiser allein, zu. Die Autorität des Fürsten glich der Seele des Reiches, der *anima Regni*[47]). Die königlichen Rechte waren nicht ausschließlich für den Unterhalt des Königs, sondern ebenso zur Tragung öffentlicher Lasten bestimmt[48]). Das Naturrecht war Fürsten und Untertanen gemeinsam. Im Absolutismus wurde auch die krasse Alleinherrschaft, die Tyrannis, als legitim erachtet. Immerhin dachte man sich den Platz des guten Königs, des *Rex bonus*, rechts von Gott, während der Tyrann zu Gottes Linken stand. Der gute König symbolisierte das Werkzeug der Gnade, der Tyrann das Instrument der

---

[43]) Vgl. Pütter, l. c. Pars I Cap. II §§ 96 u. 97 p. 53.

[44]) „... Quamvis Imperator legibus absolutam habeat potestatem, jus tamen quaesitum alteri auferre non potest" (Daniel Otto, De jure publico imperii Romani, p. 182).

[45]) Cf. Otto, l. c.

[46]) „Imperium definio legitimum in subditos imperandi potestatem (Otto, De jure publico, p. 1).

[47]) Cf. Ludovicus Caracciolus, Speculum Principum sive Princeps Politicus, Placentiae ex Typographia Camerali 1659 p. 361.

[48]) Cf. Otto, De jure publico, p. 437.

Gerechtigkeit. Gottes Gerechtigkeit ist legitim, daher hat auch sein Werkzeug, zuweilen ebenfalls ein Tyrann, rechtmäßige und gesetzliche Autorität[49]). Aufsehenerregende Argumente, mit denen sich auch eine drückende Alleinherrschaft noch rechtfertigen ließ und durch die ein Widerstandsrecht nicht aufleben konnte! Hatte *Aristoteles* einst gelehrt, daß es erlaubt sei, den Tyrannen zu töten, so verschaffte sich in unserem Zeitalter eine Auffassung Gehör, die den Tyrannenmord mißbilligte. Man argumentierte in folgender Weise: Ein legitimer Herrscher dürfe nicht getötet werden. Ein Tyrann, der seinem Vater in der Herrschaft rechtmäßig nachfolge, sei legitimer Monarch. Daher dürfe der Tyrann nicht umgebracht werden[50]). Die Meinung, daß der Name des Königs heilig sei, da in ihm das Abbild Gottes, der Gerechtigkeit und des ganzen Staates erblickt werden müsse, fand den Beifall aller großen Philosophen[51]). Die Thronfolge verlieh das *ius regni*, das zwar durch menschliche Unzulänglichkeiten beeinträchtigt, dennoch aber nicht durch eine Entscheidung der Masse rechtmäßig aufgehoben werden konnte[52]). Jede ungesetzliche Tötung sei unzulässig. Dem Staate war jedes Menschenleben kostbar und durfte nicht ohne Gesetz (*sine lege*) vernichtet werden. Daraus wurde das Verbot der Tötung eines rechtmäßig zur Regierung gelangten Tyrannen gefolgert. Sonst könnten plötzlich ausbrechende Unruhen und Aufstände zur Spaltung des Staates und zur Unsicherheit führen und damit schließlich noch schlimmere Übelstände einreißen. Die Tötung des Tyrannen könne aber ebensowenig geduldet und hingenommen werden, da ebenfalls der schlechte Herrscher bei Gott, wenn auch nur zu dessen Linken, seinen Platz habe[53]). Das Gottes-

---

[49]) „... sed tyrannis est legitima: ergo tyrannis non est deterrima ... Rex bonus est dextra, tyrannus vero est sinistra Dei: nam ille, clementiae, hic autem iustitiae instrumentum dicitur: sed iustitia Dei est legitima: ergo instrumentum eiusdem, quod est aliquando tyrannus, iustam et legitimam auctoritatem habet" (Casus, Sphaera, Lib. III Cap. II p. 219). — Hier wird auf den Spruch der Krönungsliturgie *Per me reges regnant* angespielt.

[50]) „... Rex legitimus occidi non debet: sed tyrannus legitime succedens patri in imperio, rex est; ergo tyrannus legitime patri succedens occidi non debet" (Casus, Sphaera, Lib. III Cap. V p. 254 s.).

[51]) „Maior propositio consensu omnium summorum Philosophorum conceditur, quia sacrum est nomen regis, cum in eo Dei, iustitiae ac totius civitatis imago cernitur" (l. c.).

[52]) „... quia successio ius regni dedit, quod vitio hominis labefactari quidem potest: at arbitrio multitudinis tolli iuste non potest" (ibidem).

[53]) „... omnis rex legitime succedens sit bonus aut malus est dextra vel sinistra Dei: ergo non licet illum occidere" (ibidem).

gnadentum umstrahlte eben auch einen noch so fehlerhaften Regenten und verlieh ihm eine gewisse unauslöschliche Amtsheiligheit, gewissermaßen einen außersakramentalen *character indelebilis*. Durch Vergehen und Sünde konnte diese unsichtbare Eigenschaft zwar getrübt und befleckt werden, aber niemals verloren gehen. Auflehnung gegen den absolutistischen Herrscher war selbst ein Vergehen, bedeutete einen rechtswidrigen Angriff gegen eine Persönlichkeit von Gottes Gnaden.

II

Das *Ius publicum* stellte das allgemeine Staats- oder Regimentsrecht des Heiligen Römischen Reiches dar. Es präsentierte sich als Masse der Reichsgesetze und Konstitutionen, die die Verfassung des Reiches und deren Aufrechterhaltung betrafen und wurde in geschriebenes Recht und Gewohnheitsrecht gruppiert[54]). Zugleich verstand man unter *Ius publicum* zweierlei: *einerseits* dieses Recht, das zum Staatswesen des Reiches selbst, *andererseits* jenes, das zur Verwaltung einzelner Gebiete gehörte[55]). Inhaltlich umfaßte es im wesentlichen die Lehre von der Staatsverfassung[56]). Es war derjenige Teil der Rechtsgelehrsamkeit, der die Verfassung des bürgerlichen Staates, insbesondere die Pflichten und Rechte der Regenten und Untertanen behandelte[57]). Mit ihm sollte gelehrt werden, nach welchen Regeln und Gesetzen die Rechte und Pflichten der Regenten und Untertanen zu beurteilen seien[58]).

Das deutsche *ius publicum* verkörperte eine unübersichtliche, schwer erlernbare und anzuwendende Rechtsmaterie: „Es ist aber unstreitig, daß keine Nation ein so weitläufftiges Staats-Recht, als unser Deutschland, so wohl in Ansehung seiner vielen öffentlichen Gesetze, als auch seiner gantz ausnehmenden Freyheit, habe" stellte 1744 das Zedlersche Uni-

---

[54]) „Ius publicum nihil aliud est quam complexus seu congeries legum ac Constitutionum Imperii directo et principaliter ad constitutionem et conservationem ejus spectantium. Distinguitur in scriptum et non scriptum seu consuetudinarium" (Ahasverus Fritschius, Manuale Juris Publici, p. 242).

[55]) „Duplex autem in Imperio est Ius publicum, aliud quod ad ipsius Imperii Statum, aliud quod ad singularum Regionum administrationem spectat" (l. c. p. 245).

[56]) Vgl. Moser, Praecognita, S. 4.

[57]) Vgl. Zedler, Großes vollständiges Universal-Lexikon, 39. Bd. (1744) Sp. 676.

[58]) Vgl. Zedler, a. a. O. Sp. 677.

versallexikon[59]) fest. Als Recht des deutschen Staates betrachtete das
Ius publicum Germanicum einmal Deutschland (*Germania*) als *einen*
Staat und *ein* Reich. Andererseits konnte man unter Deutschland ebenfalls den Komplex der deutschen Sonderstaaten verstehen[60]). Jeder einzelne Reichsstand verfügte in seinem Territorium über die Herrschaftsrechte. Aus dieser Unterscheidung ergab sich die Einteilung des deutschen Staatsrechtes in *ius publicum Germanicum generale* einer- und *ius*
publicum Germanicum speciale andererseits. Das *allgemeine* Staatsrecht
regelte Rechte und Pflichten zwischen dem Kaiser und allen Bürgern
Deutschlands, das besondere Staatsrecht hingegen Rechte und Pflichten
zwischen einem einzelnen Reichsstand und seinen Untertanen. Das
ius publicum Germanicum speciale berücksichtigte die staatsrechtlichen
Verhältnisse der Sonderstaaten und individuellen Territorien. Die
Existenz zahlreicher Territorien mit eigenen Regenten führte sogar zur
Ausbildung eines *ius publicum specialissimum*[61]). Die Grundverfassung
Deutschlands hielt die Verbindung zwischen dem Kaiser als Oberhaupt
und den Reichsständen als den Gliedern dieses Organismus aufrecht. Das
Reichsstaatsrecht charakterisierte sich als Inbegriff derjenigen Gesetze
und Verträge, die sowohl die innere als auch die äußere Verfassung des
Reiches betrafen[62]). Nach dem kurbayerischen Gesetzgeber K r e i t t -
m a y r[63]) bestand der Gegenstand des Staatsrechts ganz allgemein ausschließlich in Handlungen, „welche die Menschen nicht als Menschen
und in Privatabsichten, sondern als Mitglieder des Staats in Absicht auf
den gemeinen Nutzen verrichten". Der erste Grundsatz des allgemeinen
Staatsrechts war das Staatswohl: „Salus reipublicae suprema lex esto."
Dieses Prinzip war „der göttlichen Absicht ganz gemäß, dann wie uns
aus dem Licht der Vernunft selbst sattsam bekannt ist, will Gott die
Glückseligkeit der Menschen befördert wissen, welche sich aber ohne
Ruhe, Sicherheit und Bequemlichkeit nicht wohl erhalten läßt"[64]).

---

[59]) a. a. O. Sp. 680.
[60]) „Ius publicum Germanicum Germaniam ceu unam rempublicam sive
unum imperium (ein Reich) considerat. Sed potest quoque Germania ceu complexus plurium rerumpublicarum specialium considerari" (P ü t t e r, Elementa
iuris Publici Germanici, Prolegom., Cap. I § 4 p. 2).
[61]) Vgl. J o h a n n   J a c o b   S c h m a u s s, Compendium Juris publici S. R. J.³,
Göttingen 1754, Lib. I Cap. I § 2 p. 2.
[62]) Vgl. Recht und Verfassung des Reiches in der Zeit Maria Theresias, hrsg.
von H e r m a n n   C o n r a d, S. 400 § 4.
[63]) K r e i t t m a y r, Staatsrecht², § 1 S. 2.
[64]) K r e i t t m a y r, a. a. O. § 1 S. 3.

Die Staatslehre hingegen hob sich vom Staatsrecht insofern ab, als die *Staatslehre im weiteren Sinne* als Teil der praktischen Philosophie und *im engeren Sinne* als Teil der Politik (*politica publica*) oder Staatsklugheit bewertet wurde. Sie zeigte, wie man sich klug verhalten und seinen Nutzen auf rechtmäßige Art erreichen sollte und wie ein Staat zu regieren sei[65]). Demgegenüber übernahm die Statistik oder Staatskunde die Darstellung der Lehre von der Staatsverfassung einzelner Staaten[66]).

Johann Jacob Moser[67]) beklagte einen fühlbaren Rückgang der deutschen Staatsrechtslehre seit dem Ausgang des 17. Jahrhunderts, nachdem diese nach dem *Westfälischen Frieden* eine echte Blüte erlebt hatte. Ahasver Fritsch[68]) forderte, vermutlich nicht ohne konkrete Besorgnis, die Kenntnis des öffentlichen Rechts nicht völlig von den Hochschulen zu verbannen. Kreittmayr[69]) vertrat andererseits die Auffassung, das Staatsrecht sei nur ein Ausschnitt aus dem Naturrecht und werde lediglich aus methodischen und didaktischen Gründen in einer eigenen Wissenschaftsdisziplin abgehandelt. Unerläßliche Voraussetzungen der Staatsrechtswissenschaft waren historische und politische Kenntnisse der deutschen Verhältnisse[70]). Wer den alten deutschen Staat richtig verstehen wollte, mußte sich in „allen Historien, zu welchen auch die Geographie, Chronologie und Genealogie gehören, wohl umgesehen haben"[71]). Auch die antike römische Geschichte wurde zu den unverzichtbaren Hilfswissenschaften der Staatsrechtswissenschaft gerechnet. Pütter[72]) und seine Schule empfahlen zur Aneignung des allgemeinen Staatsrechts u. a. die einschlägigen Werke der Publizisten Tobias Paurmeister (1553—1608), Daniel Otto, Quirin Kubach, Heinrich Christian von Griesheim, Georg Brautlacht, Theodor Reinking (1590—1664), Dominik Arumaeus (1579—1637), Johannes Limnaeus (1592—1628), Jakob Lampadius (1593—1649), Justinus Sinoldus Schütz (1592—1657), Wilhelm Becker und

---

[65]) Vgl. Zedler, a. a. O. Sp. 707 u. Sp. 708.

[66]) Vgl. Gottfried Achenwall, Staatsverfassung der heutigen vornehmsten Europäischen Reiche und Völker I⁶, S. 4 § 5.

[67]) Praecognita juris publici Germanici generalissima, S. 8 § 8.

[68]) „... publici juris cognitio a scholis plane ableganda non est ..." (Manuale juris Publici p. 245).

[69]) Staatsrecht², § 1 S. 2.

[70]) Vgl. Recht und Verfassung des Reiches in der Zeit Maria Theresias, S. 401 § 6.

[71]) Zedler, a. a. O. Sp. 684.

[72]) Elementa iuris Publici Germanici, Prolegom., Cap. II p. 8 s., I.

Johannes Wurmser. Bestanden die Quellen des deutschen Staatsrechts aus Reichsgesetzen und Verträgen, Privilegien der Stände und
dem Reichsherkommen, so rangierten unter seinen Hilfsmitteln Völkerrecht, römisches und deutsches Privatrecht, gemeinsames kanonisches
Recht, partikuläres deutsches Kirchenrecht, langobardisches und
deutsches Lehnrecht[73]).

Allenthalben aber zeigte sich im 18. Jahrhundert gleichwohl eine
gewisse unverkennbare Abneigung gegenüber dem *Ius publicum*. Johann
Jacob Moser[74]) unterstrich die Bedeutung und absolute Unentbehrlichkeit der Kenntnis dieses Faches für die Gutachtertätigkeit im Zuge
der Aktenversendung: „Ein Professor Juris, wann er schon nicht eben
gesonnen ist, Collegia über das Jus publicum zu halten, muß doch ge-
wärtig seyn, daß an seine Facultät Acta geschickt werden, nach welchen
ein Consilium oder Responsum ex Jure publico erlanget wird." Nicht
vereinzelt behauptete sich zudem auch bei den akademisch Gebildeten
die Meinung, auf den Universitäten könnte man nicht das geltende
Staatsrecht, sondern höchstens dessen Geschichte erlernen[75]). Die
Rechtsstudenten selbst erachteten vielfach ererbte Beziehungen und
Empfehlungen für weit tauglicher, gute Stellungen zu erlangen, als das
Erlernen des Staatsrechts. Voll bitterer Resignation bekannte 1768 der
Mainzer Rechtslehrer Professor Franz Anton Dürr[76]) in einer Denk-
schrift von seinen Hörern: „... und geben vor, daß weder das Staats-
Recht, weder die Historie und andere dergleichen Wissenschaften *de*

---

[73]) Vgl. Recht und Verfassung (Anm. 70), S. 401 f. § 8.

[74]) Praecognita juris publici Germanici generalissima, S. 27 f.

[75]) Vgl. Zedler, a. a. O. Sp. 685.

[76]) Bayer. Staatsarchiv Würzburg, MRA 40/1275 a, fol. 55'/56. — Auch
Goethe beurteilte den Wert der Rechtstheorie, der Rechtsphilosophie und der
Staatslehre offensichtlich mit Skepsis, wenn er 1828 gesprächsweise bemerkte:
„So z. B. kann ich nicht billigen, daß man von den studirenden künftigen Staats-
dienern gar zu viele theoretisch-gelehrte Kenntnisse verlangt, wodurch die
jungen Leute vor der Zeit geistig wie körperlich ruiniert werden. Treten sie nun
hierauf in den praktischen Dienst, so besitzen sie zwar einen ungeheuren Vor-
rath an philosophischen und gelehrten Dingen, allein er kann in dem beschränkten
Kreise ihres Berufes gar nicht zur Anwendung kommen und muß daher als
unnütz wieder vergessen werden. Dagegen aber, was sie am meisten bedürften,
haben sie eingebüßt: es fehlt ihnen die nöthige geistige wie körperliche Energie,
die bei einem tüchtigen Auftreten im praktischen Verkehr ganz unerläßlich ist"
(Johann Peter Eckermann, Gespräche mit Goethe in den letzten Jahren
seines Lebens, hrsg. von Heinrich Hubert Houben, Wiesbaden [Brockhaus]
1949 S. 548).

pane lucrando, auch um des willen ohnnöthig seyen, weilen sie ohne dieselbe könnten ihre beförderung finden, auch ihre Eltern und anverwanden ohne solche zu erlernen, seyen große Männer worden." —

Idee und Wirklichkeit der Staatsrechtswissenschaft begegneten sich im absolutistischen Staat. Opportunismus und ahistorische Einstellung trafen auf wissenschaftlichen Idealismus und geschichtliches Bewußtsein. Wie der absolute Staat Wandlungen und Strukturänderungen ausgesetzt gewesen ist, so erlebte auch das Zeitalter des Absolutismus Aufstieg, Blüte und Schwund der Wissenschaft vom *Ius publicum.* Das Wort des Horaz[77]) „Principibus placuisse viris non ultima laus est" fand in dieser Epoche, wo Fürstengunst über vieles gestellt wurde, oftmals seine Umkehrung. Die Personalität des Staates war immer noch recht bestimmend und die patriarchalische Staatsidee noch lebendig.

---

[77]) Ep. 1, 17, 35.

Die Kirchen- und Staatsgewalt bei Jacques Almain († 1515)

Mit der Bewegung des Gallikanismus gelang es dem frühneuzeitlichen französischen Staat, seine hegemoniale Staatskirchenhoheit wirksam zu realisieren[1]). Hinter dem äußeren Glanz der Kirche in Frankreich an der Wende vom 15. zum 16. Jahrhundert verbarg sich nicht selten eine starke Machtlosigkeit des Episkopats. Kirchliche Korporationen, Kapitel, Klöster und Universitäten verteidigten sich gegen Einmischungen der Bischöfe, die ihre oberhirtliche Gewalt weithin eingebüßt hatten[2]). Die gallikanische Kirche Frankreichs selbst blickte voll Stolz auf ihre Tradition und ihre großen Theoretiker Johannes Gerson und Pierre d'Ailly. Sie fand in dieser Zeit des Umbruchs einen neuen Klassiker und Propagandisten der Gewaltenteilung in der Person des Pariser Universitätsprofessors Jacques Almain, der verkündete, daß die Kirche ehedem lediglich eine geistliche Gesellschaft, bar aller weltlichen Machtmittel, gewesen sei[3]).

Dieser gallikanische Theologe dürfte wahrscheinlich um 1480 in Sens an der Yonne, der alten Metropole von Paris mit seiner meisterlichen gotischen Kathedrale aus dem 12. Jahrhundert, geboren sein. 1508 trat er als Theologiestudent in das Kolleg von Navarra in Paris ein, wo er 1511 das Doktorat und Lehramt erlangte[4]). Almain las als Theologieprofessor in Paris Dialektik, Naturphilosophie und die Sentenzen[5]). In der Kontroverse um die Autorität der Konzilien zwischen dem französischen König Ludwig XII. (1498—1515) einerseits und Papst Julius II. (1503—1513) andererseits zur Zeit des vom König von Frankreich nach

---

[1]) Vgl. W. M. Plöchl, Geschichte des Kirchenrechts, 3. Bd., Wien—München 1959 S. 26f.

[2]) Cf. Latreille/E. Delaruelle/J. R. Palanque, Histoire du catholicisme en France médiévale, Tom. II. Paris 1962 S. 171.

[3]) Cf. P. Imbart de la Tour, Origines de la Réforme II, Paris 1909 S. 174.

[4]) J. Launoii Regii Navarrae Gymnasii Parisiensis Historia I, Parisiis 1677 p. 611; G. Constant, Dictionnaire d'histoire et de géographie ecclésiastiques 2, (1914) 632 ss. — Über den französischen Kanonisten und Kirchenhistoriker Jean de Launoy vgl. G. Lepointe, DDC VI (Paris 1957) S. 357—361.

[5]) F. Stegmüller, Repertorium Commentariorum in sententias Petri Lombardi, Tomus I, Herbipoli (Würzburg) 1947 S. 183 n. 383 1 & 2.

Pisa berufenen antipapalen Generalkonzils von 1511[6]) verteidigte Almain energisch den Standpunkt seines Monarchen gegen Kardinal Thomas de Vio (Cajetan) in seiner unten näher zu interpretierenden Schrift über die Autorität der Kirche und Konzilien. In seiner Argumentation erwuchs dieser Gallikaner zu einem der ersten Kommentatoren Wilhelms von Ockham, wie Georges de Lagarde[7]) diesen Denker charakterisierte. Als Mittdreißiger hat dieser namhafte Disputator und scharfsinnige Kopf 1515 sein Leben beschlossen. Von seinen Werken scheiden seine Schrift über die Buße und Ehe (*De poenitentia et matrimonio*)[8]) von 1514 und seine Lehrsätze über die Sentenzen des englischen Dominikaners Robert Holcot († 1349) von 1512[9]) für unsere Fragestellung aus. Die Quellengrundlage der nachstehenden Darlegungen bildete einerseits die Expositio des Pariser Doktors „De suprema potestate ecclesiastica et laica; circa quaestionum decisiones magistri Guillermi de Ockam super potestate summi pontificis" von 1512[10]) und andererseits sein „Libellus de auctoritate ecclesie seu sacrorum conciliorum eam representantium" vom gleichen Jahre[11]).

---

[6]) Vgl. H. E. Feine, Kirchliche Rechtsgeschichte, Köln—Graz 1964⁴ S. 487; F. X. Seppelt/G. Schwaiger, Geschichte der Päpste, 4. Bd.; München 1957² — S. 403.

[7]) G. de Lagarde, La naissance de l'esprit laïque au déclin du moyen âge IV: Guillaume d'Ockham Défense de l'Empire, Louvain-Paris 1962 S. 238.

[8]) Vgl. J. F. v. Schulte, Die Geschichte d r Quellen und Literatur des Canonischen Rechts II, Stuttgart 1875 S. 375 Nr. 199; G. Constant, l. c.

[9]) Dictata clarissimi et acutissimi doc.oris theologi M. Jacobi Almain Senonensis super sententias Roberti Holcot, apprime utilia, Paris 1526 (Ex officina Claudii Chevallonii sub sole aureo in via ad divum Jacobum). In dieser S ntenzenlesung behandelt Almain die Problematik der Willensfreiheit. Zu Holcot vgl. A. Lang, LThK ²VIII (1963) S. 1339 f. (Lit.). Almain interessierte sich für den nominalistischen Denker Robert Holcot. G. Constant bemerkt dazu wörtlich: „Il s'intéressa á Holcot, nominaliste comme lui" (l. c.).

[10]) Druck: M. Goldast, Monarchia S. Romani Imperii, Tom. I, Graz 1960 (= unveränderter Nachdruck der 1611 in Hanau erschienenen Erstausgabe) S. 588—647. Diese Edition liegt meinen Ausführungen zugrunde (im folgenden zitiert = Goldast). Bei der Vorbereitung dieses Beitrages hat mich meine Assistentin Dr. H. Bopp tatkräftig unterstützt, wofür ich ihr ebenfalls an dieser Stelle danke.

[11]) Paris 1512 (Edition von Johannes Granion — eiusdem civitatis bibliopola in claustro Brunello prope scholas Decretorum e regione dive virginis Marie) (zitiert: Almain, De auctoritate ecclesie). Almain hat selbst die Abfassungszeit des Libellus umschrieben: „Et hec scripsi anno domini MV CC XII⁰ doctoratus anno primo". — Ein Exemplar der Kölner Auflage von 1514 (vgl. v. Schulte, a. a. O. 375 Nr. 199 Ziff. 3) befindet sich in der Stadtbibliothek Nürnberg.

I.

In den Tagen der vom französischen König berufenen Universal-synode von Pisa hat der kaum zum Doktor der Theologie promovierte Gelehrte der Pariser Universität aus dem konkreten Anlaß der Recht-fertigung der Schritte seines Monarchen eine Gewaltenlehre entworfen, die nicht allein für die Kirchengeschichte, sondern ebenso für das Ver-hältnis von Staat und Kirche in der Frühmoderne und das zeitgenössi-sche Rechtsdenken instruktiv erscheint.

Gewalt (*potestas*) ist für Almain einfach nichts anderes als eine be-stimmte nähere Befugnis zur Vornahme von Handlungen gegenüber Untergebenen[12]). Wie das Feuer die Kraft besitzt, zu erhitzen, so verleiht die Jurisdiktionsgewalt (*potestas iurisdictionis*) die Fähigkeit, Recht zu sprechen und ein Urteil selbst gegen einen Widerwilligen zu fällen[13]). Unter Berufung auf Marsilius von Padua[14]) folgerte Almain, daß Richter im eigentlichen Sinne nur jener sei, der unmittelbar zum Urteilen berechtigt ist[15]). Wenn ein Graf oder Herzog Bischof oder Priester wird, bleibt er gleichwohl Herzog und behält die Jurisdiktionsgewalt, weil er diese wegen seiner Grafenwürde oder kraft königlicher Gewalt besitzt. Ähnlich verhielt es sich mit vielen Bischöfen, die zu den feudalen *Pairs* (Pares), d. h. den Kronvasallen, in Frankreich gehörten[16]). Nach Almain

---

[12]) Almain, De suprema potestate q. 1 cap. 1: „... potestas in genere nihil aliud est, quam facultas quaedam propinqua ad exercendam aliquam operationem in aliquo supposito" (Goldast, S. 588[60]).

[13]) „Potestas iurisdictionis est facultas propinqua dicendi ius, id est, ferendi sententiam etiam in invitum" (l. c.).

[14]) Marsilii de Padua Defensor Pacis, Dictio II, Cap. II § 8: „Rursum vero dicitur hoc nomen *iudex* de principante, et hoc nomen *iudicium* de principantis sententia, cuius siquidem auctoritas est iudicare de iustis et conferentibus secundum leges aut consuetudines latasque per ipsum sentencias precipiendi et exequendi per potenciam coactivam" (ed. Richard Scholz [= Fontes Juris Germanici antiqui in usum scholarum ex M. G. h. separatim editi], Hanno-ver 1932 S. 151 [17ff].

[15]) „Ut dicit Marsilius de Padua in secundo suo, tractans hanc materiam de origine potestatum: quod iudex proprie est ille, qui habet facultatem propinquam ferendi sententiam ..." (Goldast, S. 589[1]).

[16]) De suprema pot. Cap. VII: „Assumptum patet, si unus comes vel dux efficiatur episcopus vel sacerdos, remanet dux, ergo habet potestatem iurisdictio-nis, quia de ratione comitis vel regiae potestatis hoc habet, Similiter sunt multi episcopi, duces, ut sunt illi, qui dicuntur Pares in Francia, ergo habent potestatem iurisdictionis ..." (Goldast, S. 539[60]). — Von den französischen königlichen

beinhaltete die weltliche Gewalt die Rechtsprechungskompetenz in profanen Sachen[17]). Die Gewalt geht unmittelbar von Gott aus und kennt keine Anzeichen einer personalen Schaffung. Beide Gewalten, die zwar nach Tätigkeiten und Würden verschieden sind, sind von Christus eingesetzt. Almain erkannte zwei höchste Gewalten als gegeben an. Unter Berufung auf c. 6 „Cum ad verum" D. 96 führte er aus, wie sich der Kaiser nicht das Recht des Papstes anmaßen dürfe, so könne der Papst umgekehrt ebensowenig die Kaiserwürde anstreben[18]). In diesem Zusammenhang steuerte die Glosse zum Decret des Kamaldulensers das lapidare Argument bei, wonach einerseits der Kaiser sein Schwert nicht vom Papst empfangen habe, andererseits aber in geistlichen Angelegenheiten, insbesondere in Ehesachen, nicht die weltlichen Gesetze angewendet werden dürfen[19]). Wer über die oberste Gewalt in den Temporalien verfügt, muß oder kann zumindestens Blut vergießen bzw. befehlen, daß menschliches Blut von seinen Organen im Dienste der Gerechtigkeit vergossen wird[20]). Diese Befugnis eignet jedoch nicht dem Inhaber der höchsten Gewalt in geistlichen Sachen. Diese beiden Gewalten haben zwei Häupter, die nicht wesensgleich sein können, weil schließlich zwei Leiber nicht denselben Kopf aufweisen. Gleichwohl

---

Pairs, die ihr Lehen unmittelbar vom König empfingen und die eigentlichen Lehnsfürsten des Königreiches verkörperten, war die Hälfte geistlichen Standes. An der Spitze der geistlichen Pairs stand der Erzbischof von Reims (vgl. insbesondere R. Holtzmann, Französische Verfassungsgeschichte, München 1965 S. 231 ff.). Zur feudalen Stellung des französischen Klerus, siehe ebenfalls G. Dupont-Ferrier, La formation de L'État français et l'unité française, Paris 1946³ S. 132.

[17]) De suprema pot. q. 2 cap. I: „... potestas in temporalibus est potestas dicendi ius in temporalibus ..." (Goldast, S. 624³).

[18]) De suprema pot. q. 1 cap. VII: „... quod sicut Imperator non debet sibi assumere summum pontificis honorem, ita nec summus pontifex Imperatoris honorem" (Goldast, S. 600¹⁰).

[19]) *Nota* c: „Argumentum cum iste potestates sint divise: quod imperator non habet gladium a papa .." *Nota* h: „Argumentum quod in causis spiritualibus ut in matrimonio non sit utendum legibus temporalibus ...". Als Ausgabe liegt zugrunde: Decretum Gratiani, hrsg. von Sebastian Brant, Basel 1500. — Über den Basler Professor Sebastian Brant (1457—1521) vgl. die knappe Charakteristik bei R. Stintzing, Geschichte der deutschen Rechtswissenschaft I, München und Leipzig 1880 S. 93 Nr. 3.

[20]) „Item qui habet supremam potestatem in temporalibus, debet vel potest sanguinem fundere vel iubere, quod sanguis humanus fundatur a ministris suis pro iustitia servanda ..." (Goldast, l. c.).

formieren sich Laien und Kleriker zu dem einen *mystischen* Leib, da alle durch die Taufe den gleichen *character indelebilis* aufgeprägt erhalten haben.

Vor Christi Ankunft existierte noch keine kirchliche Zwangsgewalt[21]). Erst Christus hat diese Gewalt seiner Kirche unmittelbar übertragen[22]). Als kirchliche Jurisdiktionsgewalt faßte Almain im Anschluß an Gerson[23]) die von Christus den Aposteln, Apostelschülern und ihren rechtmäßigen Nachfolgern übernatürlich und eigens[24]) übertragene Gewalt zum Aufbau der *Ecclesia militans* gemäß den evangelischen Gesetzen zur Gewinnung ewiger Glückseligkeit auf[25]). Die Definition der Kirchengewalt hat Almain immerhin fast wortwörtlich von dem Pariser Universitätskanzler übernommen, wie er sich überhaupt in seiner Gewaltenlehre eng an Gerson anlehnte. Zunächst ist der Kirche die Gewalt verliehen, mittels des Bannes zu binden und von diesem wieder zu lösen[26]). Die *potestas ecclesiastica* ist gegründet auf Nächstenliebe und Glauben, bzw. fußt allein auf dem Taufcharakter. Daher ist niemand befähigt, Kirchengewalt innezuhaben, wenn er ungetauft ist. Ein Ungetaufter vermag nicht die Weihen zu empfangen und folglich ebensowenig Kirchengewalt zu erlangen[27]). Die Kirchengewalt verkörpert das Instrument zur Re-

---

[21]) De suprema pot. q. 1 cap. I: „Nam ante adventum Christi non erat potestas ecclesiastica coercitiva ...“ (Goldast, S. 589[13]).

[22]) De auct. eccl. cap. 6: „Christus hanc potestatem supremam ecclesiasticam immediate contulit ecclesie.“

[23]) De suprema pot. q. 1 cap. I: „Potestas ecclesiastica iurisdictionis (ut dicit de Gersono) est potestas a Christo, apostolis, discipulis, et eorum legitimis successoribus supernaturaliter et specialiter tradita ad aedificationem ecclesiae militantis, secundum leges evangelicas, pro consecutione foelicitatis aeterne“ (Goldast, p. 589[10-12]). Diese Definition stimmt nahezu wörtlich überein mit Gersons Begriffsbestimmung in seiner Schrift „De potestate ecclesiastica“, *consideratio* I. Lediglich „tradita“ ist bei Gerson mit „collata“ wiedergegeben und vor „secundum leges evangelicas“ ist noch die Zeitbestimmung „usque in finem seculi“ eingeschoben (vgl. Richerius III, S. 105).

[24]) „Additum est hoc adverbium *specialiter*, ad exclusionem donorum supernaturalium, quae omni viatori possunt esse communia, sicut sunt fides, spes, charitas, prophetia, timor, pietas et similia“ (Gerson, l. c.).

[25]) Vgl. oben Anm. 23.

[26]) Almain, De auctoritate ecclesie cap. 6: „Data est primo ecclesie potestas aliquem ligandi excommunicatione et ab eadem solvendi.“

[27]) De suprema pot. q. 1 cap. III: „Iurisdictio ecclesiastica quaelibet fundatur in charactere baptismali iure divino: ita quod nullus est capax illius nisi habeat characterem baptismalem ...“ (Goldast, S. 591[39]).

gierung der christlichen Gemeinschaft und schließt jede menschliche Gewalt mit ein[28]). Mit Johannes von Paris und Pierre d'Ailly unterschied Almain sechs unmittelbar von Christus tradierte kirchliche Gewalten: die Weihegewalt (*potestas ordinis*), die Sakramentsverwaltungs- gewalt (*potestas administrandi sacramenta*), die Jurisdiktionsgewalt (*potestas iurisdictionis*), die Einsetzungs- und Leihegewalt (*potestas instituendi ministros, distribuendi beneficia et dignitates ecclesiastica*), die Predigtgewalt (*potestas apostolatus seu praedicationis*), die Gewalt zur Annahme von Temporalien (*potestas accipiendi temporalia*) für notwendige Zwecke[29]).

Dagegen charakterisiert sich die Laien- oder weltliche Gewalt als die *vom Volke* kraft Erbfolge oder durch Wahl einem einzelnen oder mehre- ren regelmäßig zum Aufbau des Gemeinwesens gemäß den bürgerlichen Rechten zur Herstellung friedlichen Zusammenlebens übertragene Ge- walt[30]). Diese Gewalt stammt von Gott allein hinsichtlich der Pflicht, häufig aber nicht von ihm, inwieweit sie auf Erwerb und Gebrauch (Be- sitz) abstellt[31]). Aus diesem Umstand allein erhellt die Höherwertigkeit und Vorrangigkeit der geistlichen Gewalt gegenüber der weltlichen Gewalt, weil die erstere immer von Christus stammt und so den Adel ihres Ursprungs trägt[32]). Die weltliche Gewalt basiert auf der Gnade. Nach

---

[28]) De suprema pot. q. 1 cap. IV: „sed potestas ecclesiastica aliquid includit in omnem potestatem humanam ...“ (Goldast, S. 592[24]).

[29]) Cf. Goldast, 589 s. (De suprema pot. q. 1 cap. II). — Über Almains Ver- hältnis zu den Thesen Johanns von Paris vgl. Victor Martin, Les origines du Gallicanisme I, Paris 1939, S. 237.

[30]) De suprema pot. q. 1 cap. I: „... potestas laica sive secularis est potestas a populo ex successione haereditia vel ex electione alicui vel aliquibus tradita regulariter ad aedificationem communitatis quantum ad res civiles secundum leges civiles pro consecutione habitationis pacificae“ (Goldast, S. 589[20]).

[31]) De suprema pot. q. 1 cap. I: „... sed frequenter non est a Deo, quantum ad acquisitione et usum“ (Goldast, S. 589[29s.]). Nicht von ungefähr hat Kardi- nal Johannes de Turrecremata in seiner „Summa de Ecclesia“ (Venetiis, apud Michaelem Tramezinum 1561), Lib. I Cap. 90, auf die gewaltsame Usurpa- tion der weltlichen Gewalt hingewiesen: „Potestas autem secularis non fuit sic a principio instituta — non fuit a principio legitime introducta, sed per violentiam usurpata“ (l. c., p. 100).

[32]) Für den Vorrang der geistlichen Gewalt berief sich die Kanonistik — übrigens auch Almain (Goldast, S. 599[35]) — auf die Feststellung des Papstes Innozenz III. von 1201 im c. 6 „Solitae“ X *de maioritate et obed.* I, 33 (Friedberg, Corpus Juris Canonici II, col. 196—198).

Armachanus[33]) verliert der Sünder mit der Gnade gewissermaßen ipso facto stets auch sein Eigentum, seine Herrschaft, und damit gegebenenfalls seine Jurisdiktion[34]).

Immerhin haben Ockham und d'Ailly betont, daß diese Gnade nicht jene der Prädestination sei[35]). Auch bei den Heiden hat vor Christi Geburt schließlich echtes *dominium civile*[36]) bestanden. Ein echter Staat ist indes stets nur da gegeben, wo rechtmäßig zum Wohle des Gemeinwesens regiert wird, ganz gleich ob eine aristokratische oder demokratische Regierungsform existiert[37]). Immerhin ist für den Gallikaner die Monarchie die zweckmäßigste Staatsform und die beste Garantie für die Eintracht der Bürger[38]). Oberste Laiengewalt schließt Herrschaft ein, denn die Fürsten beherrschen ihre Völker und Länder. Demgegenüber fehlt der kirchlichen Gewalt jenes Herrschaftselement. Nach ockhamistischer Auffassung symbolisierte das *evangelische* Gesetz das Gesetz der Freiheit, das ein Knechtsdasein auschließt[39]). Insofern

---

[33]) Es handelt sich um Richard Rodulfi oder Fitzralph (* um 1295 in Dundalh [Irland], † 1360 zu Avignon), der 1333 Kanzler der Universität Oxford war und 1347 Erzbischof von Armagh (daher Armachanus oder Armaghanus genannt) wurde. Almain spielte auf seine Schrift „De pauperie (paupertate) Salvatoris" an, die zwischen 1353 und 1365 abgeschlossen wurde (Edition: R. L. Poole, Johannis Wycliffe: De dominio divino, London 1890, *Appendix* 257—476). Vgl. über Armachanus: J. Felten, Wetzer und Welte's Kirchenlexikon 10. Bd., Freiburg im Breisgau 1897, 1174—1180; A. Schmidt, LThK IV (1932), S. 27; ders., LThK ²VIII (1963), S. 1289f. — s. a. G. de Lagarde, La naissance de l'esprit laïque IV, S. 214 n. 91.

[34]) De suprema pot. q. 1 cap. I: „Armachanus in tractatu de paupertate Christi tenet, quod omne dominium ... fundatur in gratia gratum faciente, ita quod quam cito peccator perdit gratiam, tam cito perdit dominium" (Goldast, S. 624³³⁻³⁸).

[35]) De suprema pot. q. 2 cap. I „... potestas laica non fundatur in gratia praedestinationis" (Goldast, S. 624⁵⁹).

[36]) De suprema pot. q. 2 cap. I (Goldast, S. 625¹¹).

[37]) De suprema pot. q. 1 cap. V: „... politia regalis non est nisi politia, in qua quidem unicus recte dominatur ad utilitatem totius communitatis" (Goldast, S. 595⁶²).

[38]) Cf. G. de Lagarde, La naissance de l'esprit laïque IV, S. 239.

[39]) De suprema pot. q. 1 cap. IX: „... lex evangelica dicitur lex libertatis, id est, non est de ratione legis evangelicae, quod aliquis sit servus, quia nullum facit servum" (Goldast S. 603). — Martin Luther selbst (WA XL 1, S. 235, 8) hat sogar verkündet, daß der Christ, insoweit er Christ ist, von allen Gesetzen frei ist — „Christianus, in quantum Christianus, liber ab omnibus legibus ..." (vgl. J. Heckel, Lex charitatis, Abh. der Akademie der Wiss. München NF H. 36, München 1953, S. 147¹¹⁷⁴).

kommt ebensowenig der obersten geistlichen Hierarchie die Vollgewalt in den Temporalien zu[40]).

Beide Gewalten unterscheiden sich vielmehr *aus der Natur der Sache*. Ihr Unterschied liegt einmal im Umstand ihrer Entstehung, da die kirchliche Gewalt unmittelbar von Christus eingesetzt ist, was von der weltlichen Macht nicht behauptet werden kann. Außerdem gründet die *potestas spiritualis* auf einem geistlichen und übernatürlichen Geschenk[41]). Die weltliche Gewalt ist dagegen in der Klugheit und in den natürlichen Gütern verankert[42]). Um diese Unterscheidung klar abzugrenzen, hat Almain die Ansichten Wilhelms von Ockham und Durands de St. Pourçain einander kritisch gegenüber gestellt[43]). Beide Gewalten liegen nicht in der gleichen Hand. Der Papst hat nicht kraft Christi Einsetzung die oberste Jurisdiktionsgewalt in weltlichen Angelegenheiten, c. 1 *Quo iure* D. 8 erbrachte den besten Beleg für den Unterschied zwischen *ius divinum* und *ius humanum*. Göttliches Recht war in der Hl. Schrift, menschliches Recht in den Königsgesetzen fixiert[44]). Die Glosse selbst betonte nachdrücklich, Kaiserrecht habe in kirchlichen Sachen keinerlei Geltung, es sei denn zuvor von der Kirche bestätigt worden[45]). Wilhelm von Ockham hatte im 14. Jahrhundert der päpstlichen *Schwerterlehre* widersprochen und behauptet, der Kaiser habe keinesfalls sein Schwert vom Papst[46]). Diese wesensmäßige

---

[40]) „Patet ex dictis quomodo suprema hierarchia non habet plenam potestatem in temporalibus" (De suprema pot. q. 1 cap. IX = Goldast, S. 603).

[41]) De suprema pot. q. 1 cap. I: „Potestas spiritualis fundatur in dono spirituali et supernaturali: alia vero non" (Goldast, S. 589[42ff.]). — l. c. q. 1 cap. II: „Alia vero in bono spirituali et supernaturali, scilicet in charactere baptismali" (Goldast, S. 590[33ff.]).

[42]) „Et una fundatur in prudentia et in bonis naturalibus" (l. c.).

[43]) Cf. G. de Lagarde, La naissance de l'esprit laïque V, 214. Der Pariser Theologe *Durandus de S. Porciano* († 1334) stand als Aristoteliker und augustinischer Denker im Gegensatz zum Thomismus. Er verfaßte den hier einschlägigen Traktat „De origine potestatum et iurisdictionum (vgl. M. Grabmann, Die Geschichte der katholischen Theologie seit dem Ausgang der Väterzeit, Darmstadt 1961, S. 99).

[44]) „Divinum ius in scripturis divinis habemus, humanum in legibus regum ..." (Friedberg, l. c. I col. 13).

[45]) Glosse: *Nota* i: „Leges. Constitutiones imperatorum super rebus ecclesiasticis non valuissent: nisi postea confirmate fuissent ab ecclesia."

[46]) Dialogus tract. 2, 3e partis lib. 2 cap. 1: „... quod imperator non habet gladium a papa (Goldast II, S. 909[53]).

Distinktion von Staat und Kirche ist für die Argumentation unseres Denkers geradezu symptomatisch und die Prämisse aller seiner Deduktionen.

II.

Die Kirche beginnt nach mittelalterlicher theologischer Meinung zeitlich bereits mit dem Anfang der Menschheit und dem Auftreten von Heiligen auf Erden[47]). Die *römische* Kirche wurde erst nach den Kirchen von Jerusalem und Antiochien errichtet. Mit dieser Feststellung entwertete unser Gallikaner die Präpotenz Roms. Für Almain verfügt die Kirche lediglich über ein einziges Haupt. Sie ist der eine mystische Leib, dessen Haupt der Papst darstellt. Zwei Häupter erscheinen ihm unvertretbar, da dann dieser Leib zu einem Monstrum verunstaltet würde[48]). In korporativer Hinsicht repräsentiert die Kirche ebenfalls die *christifidelium collectio*. Sie ist aber nicht ausschließlich politische Körperschaft, die einem natürlichen Zweck gewidmet ist, sondern ebenfalls das *corpus mysticum Christi* mit der Bindung an den Zweck übernatürlichen Lebens. Der Papst verkörpert dabei den Verwalter der Gesamtkirche[49]). Unter Zugrundelegung der obersten Gewalt Christi in weltlichen Dingen hatte ehedem Innozenz III. gefolgert, der Kaiser müsse dementsprechend sein Schwert (*ensis*) vom Papste, Christi Stellvertreter, empfangen und für diesen schwingen. Diese Argumentation lehnte Almain vollkommen ab. Für ihn besaß Christus nicht die höchste weltliche Jurisdiktionsgewalt und diese damit auch nicht sein päpstlicher Stellvertreter[50]). Immerhin ist der Papst nicht dem menschlichen Recht, sondern allein nur dem göttlichen Recht verpflichtet. So darf der Papst

---

[47]) Turrecremata, De Ecclesia Lib. I Cap. XXIV: „... ecclesia incepit a principio humani generis ex quo sancti inceperunt esse in terra (l. c. fol. 26′).

[48]) De suprema pot. cap. V: „... Ecclesia est unum corpus mysticum, cuius papa est caput. Ergo si essent duo ex aequo, tunc illud corpus haberet duo capita non subordinata. Erga esset corpus monstruosum ..." (Goldast, S. 596).

[49]) De auct. eccl. cap. II: „Cum christifidelium collectio non sit solum corpus politicum et ad finem naturalem ordinatum ... verum etiam est corpus mysticum Christi et ad finem supernaturalem vitam scilicet eternam ordinatum ..." — De suprema pot. q. 1 cap. V: „... papa nihil aliud est, quam curatus universalis ecclesiae" (Goldast, S. 595[44]).

[50]) De suprema pot. q. 1 cap. XIV: „... tamen non sequitur Christus habuit supremam jurisdictionis potestatem in singulis rebus temporalibus, ergo et eius vicarius" (Goldast, S. 617).

schon nach ockhamistischer Argumentation in der Regel nicht urteilen oder strafen bei einem rein weltlichen Vergehen[51]). Der Papst selbst darf bei Häresie, notorischer öffentlicher Sündhaftigkeit und Vorenthaltung der Sachen anderer vom menschlichen Gericht (*iudicium humanum*) abgeurteilt werden[52]). In jedem Falle mußte jedoch das *scandalum ecclesie* zu besorgen sein. Im übrigen schuldet jedermann dem Papste Gehorsam. Dieser untersteht grundsätzlich keinem irdischen Gericht. Schwierigkeiten bereitete indes immer noch die konziliare Behauptung, daß gegen ein päpstliches Urteil Berufung eingelegt werden könne. Marsilius von Padua hatte einst die Meinung verfochten, weder dem Papste noch dem Klerus käme eine Zwangsgewalt zu[53]). Der Papst genieße zudem keine Exemtion, sondern sei vielmehr dem weltlichen Fürsten unterstellt, der die Zwangsgewalt innehat. Der Papst vermag ebensowenig vom reinen Naturrecht und göttlichen Recht zu dispensieren, noch deren Sätze aufzuheben. Der Grund lag in der höheren Würdigkeit dieser Normen[54]). Nach Almain untersteht die Papstgewalt dem Konzil; es ist von der Konzilssuperiorität gegenüber dem Papste auszugehen.

---

[51]) De suprema pot. q. 1 cap. X: „... summus pontifex regulariter non debet iudicare, seu aliquem punire pro peccato, quod est *pure seculare*" (Goldast, S. 608[14]).

[52]) De suprema pot. q. 1 cap. XIV (Goldast, S. 618 [11-49]). — Im übrigen galt der Satz „Papa a nemine potest iudicari. Sedes materiae war c. 6 *Si papa* D. 40 (Friedberg, l. c. I col. 146). — Gleichwohl entkleidete nach älterer kanonistischer Doktrin das Absinken in die Ketzerei den Papst seines hohen Ranges. Nicht von ungefähr stellte die Glosse zu c. 1 C. 24 q. 1 unverrückbar fest: „... si papa hereticus est, in eo quo hereticus est, est minor quolibet catholico ..." (*Nota* d „In heresim"). In Anlehnung an das kanonische Recht hat daher Almain (De suprema pot. q. l, Cap. XIV = Goldast, S. 618[30]) erklärt: „... sed quilibet Christianus cognoscens summum pontificem esse haereticum, post primam & secundam monitionem eum devitare tenetur, ergo de facto non est amplius summus pontifex ...". Wegen der geistlichen Ansteckungsgefahr ist der unverbesserliche Häretiker sorgsam zu meiden und der häretische Papst faktisch nicht mehr Papst.

[53]) De suprema pot. q. 1 cap. IX: „... quod nec papae nec clerico dedit potestatem coercitivam" (Goldast, S. 604[43]) — *Defensor Pacis* Dictio II Cap. I § 4: „... demonstrantes ... papam ... nullam iurisdiccionem realem aut personalem cuiusquam coactivam habere vel habere debere ..." (Scholz, S. 140f.).

[54]) De suprema pot. q. 1 cap. XII: „Papa non potest, in lege pure naturali, aut divina dispensare, aut revocare" (Goldast, S. 611[38]) — Die Glosse zu c. 1 *Quo iure* D. 8 gab in der *Nota* m die Begründung: „... quare ius naturale sit dignius quam alia iura. nam quacumque constitutio vel consuetudo enim contra illud ius est irrita". •

Insofern darf vom Papst ebenfalls an das höherrangige Konzil appelliert werden. Wie die Papstgewalt stammt ebenfalls die Konzilsgewalt unmittelbar von Gott[55]). Das Generalkonzil hat seine Jurisdiktionsgewalt unmittelbar von Christus[56]) empfangen.

III.

Die beste Staatsform bedeutet für Almain das Königtum, die Monarchie. Daher ist der christliche Staat wesentlich ein königliches Gemeinwesen, nicht aber die Adelsherrschaft oder die Demokratie[57]). Da jedoch das *imperium* nicht eine Herrschaft kraft göttlichen Rechts, sondern aufgrund positiven Rechts darstellt, vermag sich die königliche Herrschaft gleichwohl in eine aristokratische oder demokratische zu verwandeln. Demgegenüber bleibt die Konstanz der auf *ius divinum* beruhenden obersten Papstgewalt in geistlichen Sachen eindrucksvolle Tatsache[58]). Immerhin ist für Almain ein echter König nur derjenige, dem das Volk seine Vollgewalt im Wege des Konsenses verliehen hat. Die Idee der *Volkssouveränität* gewinnt in seiner Argumentation schweres Gewicht. Aufstände und Rebellionen der von Eroberern bedrückten Völker werden geradezu auf das Fehlen der für das Königtum symptomatischen Willenserklärung zurückgeführt. So erhält auch der Kaiser das Reich nicht unmittelbar, weder von Gott noch vom Papst, sondern eben durch Vermittlung des Volkes, von der *congregatio populi*[59]). Die Auffassung, Gott habe dem Petrus die Schlüssel des irdischen und himmlischen Reichs übertragen und daher lägen beide Gewalten in der Hand des Papstes, korrigierte Almain insofern, als er dem Papste die *potestas temporalis* absprach. So wie der Kaiser nicht seine weltliche Gewalt vom

---

[55]) De suprema pot. q. 1 cap. XV: „... et potestas concilii non est a papa sed etiam immediate a Deo" (Goldast, S. 621).

[56]) De suprema pot. q. 1 cap. XV: „... concilium generale habet immediate a Christo potestatem iurisdictionis coercitivam" (Goldast, S. 619[33]).

[57]) De suprema pot. q. 1 cap. XVI: „Optimum genus policiae est regale, ergo policia Christiana, est regalis" (Goldast, S. 623[12]).

[58]) De suprema pot. q. 1 cap. V: „... sed ipsa potestas papalis suprema in spiritualibus est potestas ex iure divino introducta, a Christo immediate instituta" (Goldast, S. 597[11ff.]).

[59]) De suprema pot. q. 2 cap. V: „... quod imperator non tenet immediate imperium, nec a papa, nec a Deo ..., sed tenet immediate a Deo tertio modo habendi (a congregatione populi, vel generis humani) (Goldast, S. 629[43]).

Papste erhalten hat, so ist der Kaiser sogar der Richter des Papstes in weltlichen Angelegenheiten[60]). Im Gegensatz dazu vertrat die Glosse zu c. 11 *Si imperator* D. 96[61]) die traditionelle Meinung, der Gewählte und vom Volk akklamierte Kaiser habe direkt von Gott die höchste weltliche Gewalt[62]), nicht von den Wählern. Eine zweite herkömmliche Auffassung lehrte, der Kaiser habe seine Gewalt unmittelbar vom Papste, da der Kaiser diesem bei der Krönung den Treueid leisten müsse[63]). Aber die Pariser Doktoren — und mit ihnen Almain — waren geschlossen der Meinung, die Jurisdiktion der weltlichen Fürsten sei nicht vom Papste herzuleiten. Die weltliche Gewalt geht vom Volke aus[64]). Schon der große Gelehrte Wilhelm von Ockham hatte eindrucksvoll demonstriert, daß das Volk dem Kaiser seine Herrschaft überträgt[65]) und der Papst keineswegs die temporale Jurisdiktion ausübt[65]). Insoweit gehörte es nicht zur Aufgabe des kirchlichen Richters, rein profane Verbrechen zu bestrafen[67]). Auf der anderen Seite waren Geistliche ebensowenig der laikalen Zwangsgewalt unterworfen[68]). Marsilius von Padua hatte den Standpunkt vertreten, kirchliche Personen seien nicht nach göttlichem Recht von der weltlichen Jurisdiktion gefreit[69]). Der König oder der Kaiser hat für seine Person kein Eigentum an jenen Gütern, die ihnen vom Volke für die Königs- oder Kaiserwürde zugewiesen sind. Vielmehr stehen ihnen diese ausschließlich zum Nutzen des Reiches zu. Da sie ihnen

---

[60]) De suprema pot. q. 2 cap. V: „... imo imperator est iudex pape in temporalibus" (Goldast, S. 630[17]).

[61]) Nota p: „... nam imperium a solo deo est ... nam a celesti maiestate habet gladii potestatem".

[62]) De suprema pot. q. 2 cap. III: „et non habet illam [potestatem] ab electoribus, nec a coronante, nec a confirmante: illam habet immediate a Deo" (Goldast, S. 626).

[63]) De suprema pot. q. 2 cap. III: „Unde Imperator in coronatione ultima praestat iuramentum fidelitatis papae, ergo habet illam potestatem laicam a papa, et non immediate a Deo" (Goldast, S. 626[53]).

[64]) De suprema pot. q. 2 cap. II: „... sed habet a populo" (Goldast, S.631[39-43]).

[65]) Dial. tract. 2, 3e partis, lib. 2 cap. 24: „... quia populus transtulit in imperatorem tale dominium omnium rerum ..." (Goldast II, S. 921[47-57]) — Aufschlußreich der Satz des Franziskaners: „... sicut imperium est ab hominibus, et a Deo mediantibus hominibus ..." (Goldast, l. c. S. 921[47]).

[66]) De suprema pot. q. 3 cap. I (Goldast, S. 637[19-39]).

[67]) Ockham, Dialogus tract. 2, 3e partis lib. 2 cap. 12 (Goldast, II, S. 912[9]).

[68]) De suprema pot. q. 1 cap. VIII: „Ecclesiastici non sunt subiecti potestati laicae coercitivae" (Goldast, S. 602[45]).

[69]) De suprema pot. q. 1 cap. VIII (Goldast, S. 603[6]).

nicht gehören, ist es offensichtlich, daß ein König auch nicht sein Reich entfremden und veräußern kann[70]). Der Kaiser ist allein Eigentümer jener Güter, die er bereits vor der Kaiserwahl besessen oder nach Erlangung seiner imperialen Würde durch eigene Anstrengungen erworben hat[71]). Der Kaiser ist keineswegs insoweit Herr der ganzen Welt, daß er mit allem nach seinem Belieben verfahren könnte. Zudem verfügte er beispielsweise über keine Befugnisse gegenüber dem Klerus. Ebenso wäre eine beliebige kaiserliche Verfügung über Eigentum des Reiches nichtig und würde zur Wiederherstellung des vorherigen Zustandes verpflichten[72]).

In mittelalterlicher Sicht entsprach bekanntlich das Rangverhältnis von Kaiser und Papst der Schüler- und Lehrerstellung[73]), dem astronomischen Verhältnis von Mond und Sonne. Aber Almain argumentierte, daß alle diese Vergleiche des Kaisers mit dem Papste letztlich nicht wegen der Temporalien, sondern ausschließlich wegen der Spiritualien angestellt werden[74]). Insofern sei der Kaiser *filius Papae* nicht wegen der Temporalien, sondern allein wegen der Spiritualien[75]). In Bezug auf

---

[70]) De suprema pot. q. 2 cap. II: „Quod non sint eius, est apparentia, quia Rex non potest alienare regnum" (Goldast, S. 626[26]).

[71]) De suprema pot. q. 2 cap. III: „... non est difficultas, quin (imperator) habeat (proprietatem) in aliquibus rebus, quas habebat antequam esset imperator, et in rebus postea acquisitis propria industria ..." (Goldast, S. 626[55]).

[72]) De suprema pot. q. 2 cap. III: „... sed alienatio illarum sit in maximum detrimentum imperii, nullo modo potest alienare pro libito: imo si tentet alienare, alienatio est nulla: et tenetur restituere". (Goldast, S. 628[6]).

[73]) De suprema pot. q. 2 cap. V: „... ad quem (papam) se habet imperator, ut discipulus ad magistrum" (Goldast, S. 633[19]). Almain spielte hier auf Innozenz' III. Gleichnis von den Gestirnen als den Sinnbildern der Gewalten im c. 6 „Solitae" X *de maioritate et obed.* I, 33 an: „Ad firmamentum igitur coeli, hoc est universalis ecclesiae, fecit Deus duo magna luminaria, id est, duas magnas instituit dignitates, quae sunt pontificalis auctoritas, et regalis potestas. Sed illa, quae praeest diebus, id est spiritualibus, maior est, ..." (Friedberg, Corpus Juris Canonici II, S. 198). — Vgl. dazu ebenfalls H. E. Feine, Kirchliche Rechtsgeschichte, Köln—Graz 1964[4], S. 305.

[74]) De suprema pot. q. 2 cap. V: „Dico, quod tales comparationes imperatoris ad papam non fuerunt propter temporalia, sed solum propter spiritualia ..." (l. c.).

[75]) „Imperator enim est filius Papae non propter temporalia, sed propter spiritualia ..." (l. c.). — Zur Stellung des Kaisers als *filius specialis* des Papstes vgl. E. Eichmann, Die Adoption des deutschen Königs durch den Papst, ZRG Germ. Abt. 37 (1916) S. 291; H. Conrad, Deutsche Rechtsgeschichte, Bd. I, Karlsruhe 1962[2], S. 233.

die Temporalien war der Kaiser bereits nach ockhamistischer Lehrmeinung der höchste Richter des Papstes[76]). So vermochte der Papst
auch nicht den rechtmäßig eingesetzten Kaiser abzusetzen. Bei Erledigung des Kaiserthrones lag die Regierungsgewalt des Reiches nach Almain nicht beim Papst, sondern beim Kurkolleg[77]). Der Papst ist in
profaner Hinsicht sogar den weltlichen Machthabern unterworfen.
Andererseits war der Kaiser nicht Herr über Frankreich, zumal der
König von Frankreich in weltlichen Dingen keinen Höheren anerkannte[78])
Monarchien waren nicht Eigentum der Monarchen, sondern der Gemeinschaft, des Volkes. Daher wurde auch die Königsgewalt lediglich
als Auftrag des Volkes interpretiert[79]). Das Argument, der Kaiser leiste
dem Papst den Treueid als Symbol der Vasallität, entkräftete Almain
mit dem Hinweis, der Kaiser schwöre nicht wegen des Reiches, sondern
wegen der Kirchenvogtei. Der Eid entspräche dabei dem Schwur des
Königs im Parlament, das Reich zu schützen und zu beschirmen[80]).
Ein wirklicher Königsstaat existiert aber nur dort, wo der Staat rechtmäßig zum Nutzen des ganzen Gemeinwesens regiert wird[81]). Der von
den deutschen Fürsten gewählte römische König hatte nach verbreiteter
juristischer Schulmeinung schon *vor* der Krönung die gesamte Verwaltung
in weltlichen Sachen[82]). Seit Ockham war immer wieder vorgebracht

---

[76]) De suprema pot. q. 2 cap. V: „... ideo imperator quantum ad temporalia
iudex supremus summi pontificis" (Goldast, S. 630[25]).

[77]) De suprema pot. q. 2 cap. V: „Dico, quod cum deest imperator, ex institutione Christi imperium non debet regi a Papa, imo ab electoribus imperatoris"
(Goldast, S. 633). — Die Rechte d·r deutschen Kurfürsten waren reichsgrund-
gesetzlich vornehmlich in der Goldenen Bulle Kaiser Karls IV. von 1356 verankert (K. Zeumer, Quellensammlung zur Geschichte der deutschen Reichsverfassung in Mittelalter und Neuzeit, Tübingen 1913[2], Nr. 148).

[78]) De suprema pot. q. 2 cap. III: „... Rex Franciae in temporalibus nullum
recognoscit superiorem" (Goldast, 627[45]). Vgl. dazu F. Merzbacher, Das
Somnium Viridarii von 1376 als Spiegel des gallikanischen Staatskirchenrechts.
ZRG Kan. Abt. 42 (1956) S. 55ff. (mit weiterem Schrifttum).

[79]) De suprema pot. q. 1 cap. XIV: „Regnum enim non est regis, sed communitatis: et ipsa potestas regia est ipsius communitatis" (Goldast, S. 617).

[80]) De suprema pot. q. 2 cap. V: „... quod imperator praestat iuramentum
papae, non ratione imperii, sed quod tuebitur et defensabit ecclesiam: sicut rex
iurat in curia parlamenti, se defensurum regnum" (Goldast, S. 631[49]). Über
den Kaiser als Schirmvogt der Kirche (*defensor ecclesiae*) vgl. F. Merzbacher,
LThK[2] X (1965) S. 835ff.

[81]) De suprema pot. q. 1 cap. V (Goldast, 595[62]).

[82]) De suprema pot. q. 4 cap. IV: „... antequam coronetur, habet omnem
administrationem in temporalibus" (Goldast, 646). Diese Auffassung entsprach

worden, der Elekte bedürfe keiner päpstlichen Bestätigung[83]). Die Krönung nach der Wahl hatte nach übereinstimmender Auffassung der
Juristen und Theologen nur den Charakter von Feierlichkeiten[84]),
mußte aber nicht mit zwingender Notwendigkeit vorgenommen werden[85]). Beide Gewalten bestehen vielmehr unabhängig von einander. Im
übrigen wäre eben kein Staat auf das beste geordnet und verfaßt, wenn
zwei Zwangsgewalten in dem Gemeinwesen existierten und nicht eine
davon in Abhängigkeit zur anderen stände[86]). Dabei kommt dem König
fraglos ein stärkeres Herrschaftsrecht gegenüber den Leibern der Menschen als dem Papste zu[87]). Wenngleich die Papstgewalt zweifelsohne
würdiger als die königliche Gewalt ist, so beweist dieser Vorrang an
Würde keineswegs, daß die päpstliche Gewalt rechtlich über der königlichen rangiert[88]). Der Papst besitzt nach dieser Argumentation weltliche
Jurisdiktion überhaupt nur kraft Verleihung seitens der Kaiser und
Fürsten oder aufgrund Verjährung, d. h. Ersitzung[89]), die guten Glauben
erfordert[90]). Insofern kann der Kaiser wegen eines politischen Verbrechens (*crimen civile*) allein vom Volke (*communitas*) abgesetzt werden.
Der Papst vermag den Herrscher ausschließlich bei geistlichen Verbre-

---

völlig dem Gesetz „Licet iuris" Kaiser Ludwigs des Bayern vom 6. August
1338 (Zeumer Nr. 142) und seiner Bestimmung: „ut electus in imperatorem ...
administrationem et iurisdictionem imperialem et imperialis potestatis plenitudinem habeat."

[83]) Dial. tract. 2, 3e partis lib. 2 cap. 29: „... electus in regem Romanorum
non indiget confirmari a papa" (Goldast II, S. 925[5]).

[84]) De suprema pot. q. 4: „... illa coronatio post electionem est solum solennitatis" (Goldast, S. 646[19]).

[85]) De suprema pot. q. 4: „... hoc est, solennitatis, et non necessitatis" (Goldast, S. 646[26]).

[86]) De suprema pot. q. 3 cap. VIII: „ergo policia non erit optime ordinata,
si sint duae potestates coercitivae in communitate, et nulla dependeat ab altera"
(Goldast, S. 644).

[87]) l. c. „Nam Rex habet maius dominium in corpora nostra quam Papa ..."

[88]) l. c.: „... quod potestas papalis est dignior quam regalis, sed non probat,
quod ipsa sit supra potestatem regiam."

[89]) l. c.: „... Papa illam iurisdictionem laicam non habet, nisi ex collatione
imperatorum et principum, aut ex praescriptione."

[90]) De suprema pot. q. 4: „... ad praescriptionem requiritur bona fides"
(Goldast, S. 645). — Schon das römische Recht setzte für die Ersitzung guten
Glauben (bona fides) voraus (vgl. statt anderer R. Sohm — L. Mitteis — L.
Wenger, Institutionen, Geschichte und System des römischen Privatrechts,
Berlin 1949[17], S. 208f.).

chen wie beispielsweise Häresie zu entsetzen[91]). Die letzte Schwierig-
keit, die die Gelehrten nicht einheitlich aufzuklären vermochten, lag im
Problem, ob Christus selbst als wirklicher Herrscher, als *verus monarcha*
(Oberfürst) angesprochen werden könne. Almain neigte zur Auffassung,
die Frage zu verneinen und Christus keine Jurisdiktionsgewalt in dieser
Zeitlichkeit beizumessen[92]). In allen seinen Deduktionen verriet dieser
Gallikaner seine enge geistige Verwandtschaft mit dem großen englischen
Franziskaner, der für ihn der *Doctor* schlechthin gewesen ist. Almains
Gedanken offenbaren deutlich die Überwindung des mittelalterlichen
Denkens und Spekulierens. Reale Einschätzung der zeitgenössischen
Machtverhältnisse, Zurückdrängung der papalen Position auf den rein
spirituellen Sektor und nationales Bewußtsein waren diesem Gallikaner
eigen und selbstverständlich. Seine Anführungen beweisen seine hohe
Gelehrsamkeit in der theologischen Disziplin, seine Argumentation aber
zeigt juristische Beweglichkeit und gute Kenntnis des kanonischen
Rechts nebst dessen Instrumentation. Almains Lehre von den beiden
Gewalten, seine gewiß tendenziöse Bewertung des Verhältnisses von
Staat und Kirche liefert ein anschauliches Beispiel für den gallikanischen
Standpunkt des Jahres 1512 und reflektiert nicht zuletzt zumindestens
mittelbar die Reaktion Ludwigs XII. auf die Aktionen des stürmischen,
kriegerischen Papstes Julius II. und die Pläne der Heiligen Liga.

---

[91]) De suprema pot. q. 2 cap. V: „... propter crimen spirituale potest a
papa deponi imperator ...“ (Goldast, S. 630[44]).

[92]) De suprema pot. q. 1 cap. VIII (Goldast, S. 601[29]).

Die Staatslehre des Dominikaners Girolamo Savonarola

Spätestens seit den klassischen Aussagen Jacob Burckhardts ist weithin bekannt, daß die Renaissance den Staat als echtes Kunstwerk betrachtete und interpretierte, ihn zugleich als zielbewußte Schaffung des menschlichen Geistes stärker individualistisch als der antike Aristotelismus fundiert hat[1]). Demokratie hatte indessen im 14. und 15. Jahrhundert immer einen gewissen Beigeschmack von Reichtum, war sie doch vornehmlich die Regierung der reicheren Klassen, in Italien insbesondere der Großhändler, der Frühindustriellen und der Bankiers der einzelnen Stadtkommunen, mit denen zwar die kleinen Händler und Gewerbetreibenden Einungen schlossen, denen gegenüber sie jedoch stets politisch untergeordnet standen[2]). Auf florentinischem Boden dominierten die Zünfte der Wolltuchhersteller, der Seidenweber und der Wechsler politisch[3]). Unverkennbar wirkten vor allem in dieser verebbenden Phase des späten Mittelalters die Säkularisationstendenzen der kirchlichen Ideen, nicht zuletzt angesichts der bedenklichen Überziehung des kurialen Machtbewußtseins (Joseph Lortz)[4]). Schon im 14. Jahrhundert hatte sich der Verfallsprozeß der Scholastik angebahnt, in dessen Nähe die universal orientierte kirchliche Autoritätsidee immer stärker zu verdämmern drohte[5]). Die italienische Staatsgelehrsamkeit des 15. Jahrhunderts beschäftigte sich ausschließlich mit der Erforschung und Freilegung der menschlichen Leidenschaften[6]). Das höchste Glück erschloß sich in der Regierung. Daher erschien es als das Natürlichste von dieser

---

[1]) Vgl. Hans Meyer, Thomas von Aquin. Sein System und seine geistesgeschichtliche Stellung, Bonn 1938 S. 477.

[2]) Vgl. P. S. Leicht, Staatsformen in der italienischen Renaissance, Quellen und Forschungen aus italienischen Archiven und Bibliotheken (P. F. Kehr zum 80. Geburtstag) Bd. 30 Rom 1940 S. 215.

[3]) Leicht, a. a. O. QFJAB 30 S. 216.

[4]) Vgl. Joseph Lortz, Die Reformation in Deutschland I[4], Freiburg—Basel—Wien 1962 S. 252.

[5]) Vgl. Willibald M. Plöchl, Geschichte des Kirchenrechts II[2], Wien—München 1962 S. 39.

[6]) Vgl. Pasquale Villari, Geschichte Savonarolas und seiner Zeit (dt. von Moritz Berduschek) I, Leipzig 1868 S. 188.

Welt, daß jeder dieses Glück ersehnte, regieren und leiten zu können, auch dann, wenn dieses Amt nur zuungunsten anderer ausgeübt zu werden vermochte. Es ist durchaus erklärlich, daß in einer Welt, deren Wissenschaft dieses Ziel beleuchtete und diese gefährlichen Instinkte nährte, jederzeit der Despotismus aufkeimen konnte. Die Geschichte der italienischen Staaten erweist die Folgerichtigkeit dieser Lehre an der Tatsache, daß in den meisten dieser Staatswesen despotische Einzelherrschaften aufgerichtet wurden. Nur in einer Verfassung, die das Streben und die Wunschvorstellungen sämtlicher Stände zu befriedigen imstande war, durfte man letztlich sicher sein, daß die Herrschaft eines einzelnen ausgeschlossen war. In der aristokratisch-demokratischen Regierungsform glaubte man einerseits die Ziele der Großen und andererseits auch die des Volkes in Einklang bringen zu können. Insofern hat Florenz in seiner Politik sich nahezu in Permanenz nach Venedig orientiert[7]). In Venedig existierte das erhabene Vorbild, das in seiner Geschichte keinen einzelnen an das Ruder der Macht hatte gelangen lassen. Progressive Säkularisierung des Lebens, Heilssehnsucht und Heilsoptimismus, daneben die Existenz der Alleinherrschaft und in krassen Fällen sogar der ausgeprägten Tyrannis riefen nun in dieser Epoche sowohl spiritualistische und apokalyptische, als auch frühsozialistische Bewegungen hervor, deren profiliertester Führer zweifelsohne der Dominikaner Fra Girolamo Savonarola (1452—1498) gewesen sein dürfte[8]). Das Aufsehen und die Wirkung, die dieser Mönch und flammende Prediger auslöste, verblüffen um so mehr, als seit alters die Florentiner gerade wegen ihrer Festigkeit und fast sprichwörtlichen *steinernen* Nüchternheit von den Chronisten gerühmt wurden[9]). Andererseits läßt sich auch in der Geschichte von Florenz, das zweifellos eine der letzten italienischen Städte mit alter freiheitlicher Kommunalverfassung gewesen ist, bei intensiver Beobachtung keineswegs übersehen, daß auch die Florentiner städtischen Verhältnisse Anzeichen erkennen ließen, die darauf abzielten, die Freiheitsform der Stadtverfassung durch eine typische Signorie zu ersetzen, und zwar — wie der bekannte italienische Rechtshistoriker Pier Silverio Leicht mit Recht betonte — bereits in den ersten Dezennien des 14. Jahrhunderts.[10])

---

[7]) Vgl. Villari, a. a. O. S. 189.
[8]) Vgl. Plöchl (Anm. 5), ebd.
[9]) Vgl. dazu statt anderer Friedrich Schneider, Dante. Sein Leben und Werk[5], Weimar 1960 S. 13.
[10]) Vgl. Leicht (Anm. 2) S. 218.

Was nun die Regierung von Florenz selbst anlangt, so setzte sich diese seit früher Zeit aus acht *Priori* und einem *Gonfaloniere di Giustizia* zusammen[11]). Diese Amtsträger wechselten im Turnus von zwei Monaten und formierten sich zur obersten Staatsbehörde, zur *Signoria*. Die *Otto* (Acht) amtierten im wechselnden Turnus von vier Monaten. In ihre Kompetenz fiel die Kontrolle der politischen Delikte und der schweren Straftaten (Kapitalverbrechen). Die beiden Räte der Gemeinde und des Volkes (*Consigli del Commune e del Popolo*) waren für die Gesetzesabstimmung und die Behördenwahl zuständig. Mit Beginn der Herrschaft der Medici wurden allerdings die bestehenden Hierarchien vernichtet und unter dem despotischen Regiment dieses Geschlechtes die Bürger einander gleichgemacht. Damit entfiel begreiflicherweise die Grundlage der beiden Räte der Commune und des Volkes. Die Versammlungen der zwei Ratsgremien nahmen daher unter den Medici ausschließlich den Charakter von Scheinsitzungen an. *Lorenzo il magnifico* errichtete neben den beiden Ratsversammlungen einen neuen *Rat der Siebzig*, den er mit der gesamten Gewalt über die beiden alten Räte und mit der Wahlbefugnis für die Behörden betraute.

Dieser nach der Pazzi-Verschwörung im Jahre 1480 konstituierte *Consiglio dei Settanta* hatte die *Signoria* und die *Otto* zu bestellen und gewann vor allem außen- und innenpolitische Bedeutung[12]). Dabei war dieser Rat als ein bewußtes Machtmittel von den Medici geschmiedet worden und charakterisierte sich für die Republikaner als das wahre Signum der mediceischen Tyrannei. Überhaupt waren die Medici bestrebt, die Einrichtungen der Republik auszunützen und zu unterhöhlen, indem sie lediglich ihre Parteigänger und Freunde zur Wahl zuließen[13]). Die *Otto di guardia* repräsentierten in erster Linie den politischen Gerichtshof von Florenz. Mit nur 6 Stimmen, d. h. einer Mehrheit von drei Vierteln der Mitglieder, wurde hier über das Schicksal, vornehmlich über die Stadtverweisung der Angeklagten entschieden[14]).

---

[11]) Vgl. Villari (Anm. 6) S. 183f.

[12]) Vgl. Rudolf von Albertini, Das florentinische Staatsbewußtsein im Übergang von der Republik zum Prinzipat, Bern 1955 S. 15.

[13]) v. Albertini, ebd.

[14]) Vgl. Georg Biermann, Kritische Studie zur Geschichte des Frà Girolamo Savonarola, phil. Diss. Rostock, Köln 1901 S. 37.

II.

Die Umwelt der politischen Tätigkeit des Mönches Fra Girolamo Savonarola war erfüllt von Konflikten, Wirren und Unruhen. 1482 hatte der Neffe des Minoritenpapstes Sixtus IV. (1471—1484) Girolamo Riario die Gründung eines selbständigen Fürstentums erstrebt und dadurch einen Krieg mit Ferrara ausgelöst, der sich durch die Intervention des florentinischen Stadtherrn Lorenzo il magnifico schließlich zu einem gemeinitalienischen Konflikt weitete[15]). In jenen Tagen wurde Savonarola dem Kloster von San Marco in Florenz überwiesen. In richtiger Einschätzung der Zeitsituation hat Leopold von Ranke geurteilt, daß dieser Schritt sowohl für das Leben des Dominikaners als auch für seine gesamte spätere Entwicklung von höchster Relevanz gewesen ist. Der schwelende politische Streit erwuchs schließlich zu einem geistlichen Konflikt in dem Augenblick, als Papst Sixtus IV. das Interdikt über Florenz verhängte. Diese strafrechtliche Maßnahme der Gottesdienstsperre hatte die Kurie als Antwort auf die Treue der Florentiner zu Lorenzo dei Medici bereitgehalten. Nicht ohne Nachhall auf die Vorstellungen des Mönches dürfte auch die Anrufung Frankreichs zum Schutze von Florenz geblieben sein[16]). Wie Sebastian Merkle mit Recht festgestellt hat, ist Girolamo Savonarola aber nicht von Haß gegen Lorenzo dei Medici erfüllt gewesen. Gleichwohl konnte der Prediger in ihm nicht schweigen gegenüber den Übergriffen des Stadtherrn[17]). Der Fratre war ebensowenig beteiligt bei der Vertreibung Pieros de Medici. Nach dem Sturze der Medici-Herren versuchte Savonarola durch seinen Einfluß zielstrebig, die aufgebrachte Menge zu beruhigen und den fraglos unmittelbar drohenden Bürgerkrieg zu bannen. Es war, wie Joseph Schnitzer[18]) ausführte, gewiß nicht seine Schuld, „wenn die florentinische Politik die gewünschten Erfolge nicht zeitigte". Gleichwohl dürfte kaum einer seiner Zeitgenossen die schwierigen Verhandlungen mit den außenpolitischen Mächten besser geführt haben als er.

---

[15]) Vgl. Biermann, a. a. O. S. 8f.

[16]) Biermann, a. a. O. S. 9.

[17]) Vgl. Sebastian Merkle, Der Streit um Savonarola, in: Ausgewählte Reden und Aufsätze, hrsg. von Theobald Freudenberger, Quellen und Forschungen zur Geschichte des Bistums und Hochstifts Würzburg (QFW), hrsg. von Theodor Kramer, Bd. XVII, Würzburg 1965 S. 181.

[18]) Vgl. Joseph Schnitzer, Savonarola. Ein Kulturbild aus der Zeit der Renaissance, II, München 1924 S. 759.

Auch sachliche Einschätzung der Lage, Phantasie und diplomatisches Geschick, Einfalt und Klugheit, Selbstentäußerung und scharfgesichtige Psychologie waren ihm ohne Zweifel eigen[19]).

Zwingend war zudem nach dem Sturze der Medici die Neuordnung der florentinischen Verfassung geboten. Am 21. Dezember 1494 wurde bekanntlich das Parlament berufen, mithin die ganze Bürgerschaft versammelt und um die Billigung zur Einsetzung der sogenannten Akkopiatoren (*Accopiatori*) gebeten: Die Akkopiatoren sollten zunächst nur für ein Jahr bevollmächtigt werden, die im Wechsel von zwei Monaten sich ändernde Signorie zu wählen. Mit dieser Befugnis rückten die Akkopiatoren immerhin zu den eigentlichen Herren der Kommune auf, die nunmehr an Stelle des gestürzten Alleinherrschers 20 Herren aufwies. Man kann die Enttäuschung der Bevölkerung nachfühlen über die Entwicklung, die sich hier vollzogen hat. In der Tat hatten sich die Bürger ein ganz anderes Bild von der erstrebten Freiheit gemacht, als es ihnen hier nun beschieden wurde[20]). Nach der Verfassung vom 23. Dezember 1494 sollte der *Große Rat* aus jenen bestehen, deren Ahnen bereits die Staatsämter geführt hatten. Die Mitglieder des *Consiglio grande* (*Consiglio Maggiore*) mußten über ein Lebensalter von mindestens 29 Jahren verfügen. Zweifelsohne lag in diesem Großen Rat jetzt ein demokratisches Element verborgen, das allerdings durch die Kombination von Mitgliedschaft und erblicher Tradition wiederum gemindert wurde[21]). Nicht zuletzt ergaben sich wesentliche Verschiedenheiten in der Beurteilung der Verfassungsinstitutionen zwischen den Primaten einerseits und dem Dominikaner Savonarola andererseits. Wenn man den Bevölkerungsanteil errechnet, der überhaupt berechtigt war, damals Sitz und Stimme im *Consiglio grande* zu erlangen, so muß festgestellt werden, daß von einer Bevölkerung von etwa 90000 Einwohnern ausschließlich 3200 in Betracht kamen[22]). *Vollbürgerschaft* und damit echte Beteiligung am Staate hatte lediglich der Mittelstand, der sich aus Handwerkern

---

[19]) Schnitzer, ebd.

[20]) Vgl. Schnitzer, a. a. O. I S. LXXXII.

[21]) Vgl. Leopold von Ranke, Gestalten der Geschichte, Savonarola. Don Carlos. Wallenstein (= Bibliothek der Weltgeschichte, von Hans Eberhard Friedrich), Berlin und Frankfurt 1954 S. 51 f.

[22]) Vgl. v. Albertini (Anm. 12) S. 21. Cf. Amedeo Crivellucci, Del Governo Popolare di Firenze (1494–1512) e del suo riordinamento secondo il Guicciardini, in: Annali della R. Scuola normale superiore di Pisa. Della Serie Volume III. Filosofia e Filologia Volume II, Pisa 1877 p. 280 s.

und Kaufleuten rekrutierte. Die Lohnarbeiter waren hingegen als politisch Handelnde ganz aus der staatlichen Aktion ausgeschlossen. Immerhin erblickte der Mönch selbst im Großen Rat die echte Realisation der Freiheit. Er empfand ihn als Gottesgeschenk. Die Gleichheit der Bürger, die Vaterlandsliebe, die bürgerliche Versöhnung und der Wille zur bewaffneten Verteidigung der Stadt bildeten die Anliegen des begeisterten Predigers[23]). Skeptisch ist der Fratre allerdings gegenüber dem *Parlament* eingestellt gewesen. Er erachtete das Parlament nunmehr sogar für gänzlich überflüssig, da das Volk ohnehin der gesetzliche und echte Stadtherr geworden sei und daher auch jedes neue Gesetz erlassen könne, ohne daß es zuvor der Einberufung eines Parlamentes bedürfe[24]): In der Tat zeigten die Florentiner dem Parlament gegenüber allgemein Skepsis und Argwohn. In der Vergangenheit hatte sich nur zu oft dieses Parlament als willfähriges Werkzeug für ehrgeizige Usurpatoren erwiesen, das den Stadtherren servilen Beifall gezollt hatte. Auf die Verhältnisse nahm nicht zuletzt das alte Sprichwort Bezug, das auf florentiner Boden entstand: „*Chi disse parlamento, disse guastamento*" („wer Parlament sagt, sagt Verderb")[25]). In Florenz hatten die Tyrannen immerhin längere Zeit gerade mittels der Parlamente ihre Herrschaft zu befestigen gewußt. Dabei hatte sich gleichwohl die florentinische Verfassung vom Dezember 1494 an die venezianische Verfassung als Modell angelehnt, ohne allerdings das erstrebte Vorbild im entferntesten erreichen zu können. Zudem fehlte der Regierung von Florenz die Folgerichtigkeit, nämlich das beharrliche Verfolgen politischer Ziele. Die Situation erlebte eine bestimmte Ausrichtung am bürgerlichen Bewußtsein, an der republikanischen Freiheit, ließ aber zugleich angesichts der bestehenden äußeren und inneren Belastungen die Neigung zum Übergang zum Prinzipat mehr als gelegentlich durchschimmern[26]). Die Wahlmüdigkeit der Parteien, beziehungsweise das inaktive Ausruhen der Parteien auf ihren erzielten Erfolgen, offenbar rasch welkenden Lorbeeren, und häufig einsetzende politische Gleichgültigkeit zählten ebenfalls zu den negativen Kriterien des florentinischen Staatslebens in den Tagen des Mönches Girolamo[27]). Gewiß war die von ihm erstrebte Reform der Institutionen

---

[23]) Vgl. v. Albertini, a. a. O. S. 26.
[24]) Vgl. Villari (Anm. 6), I S. 222.
[25]) In diesem Sinne vgl. Villari, a. a. O., I S. 181.
[26]) Vgl. v. Albertini, a. a. O. S. 12.
[27]) Cf. F.-T. Perrens, Jérome Savonarole, sa vie, ses prédications, ses écrits, Tome I, Paris—Turin o. J. p. 247. Mit Recht betonte Perrens: „Lorsqu'un parti

gut und ernst gemeint, aber sie blieb vielfach auf halbem Wege stecken oder wurde in nicht beabsichtigte Richtungen abgedrängt. Immerhin scheint der Umstand bemerkenswert, daß Savonarola hinsichtlich der Institutionen im Rahmen der Reform bestimmt hatte, daß den Akkopiatoren und den Prioren lediglich die Befugnis zukam, die Regierung gemäß *seinen* Prinzipien zu konstituieren. Selbst für Einzelheiten nahm die Regierung *seine* Anweisungen damals entgegen[28]). Aber, wie gesagt, die Zahl derjenigen Florentiner, die die Voraussetzungen zur aktiven Teilnahme an der Regierung erfüllte, war mehr als bescheiden zu veranschlagen. Die Gruppe der politisch Berechtigten machte lediglich dreieinhalb Prozent der Gesamtbevölkerung aus.

III.

Das echte Zentrum der Stadt und den Führer des nunmehr ohne angemessene Vorbereitungszeit und Überleitung plötzlich zur Regierung des Staates berufenen Volkes, des *popolo*, verkörperte dieser Mönch Girolamo Savonarola[29]). Er hat das *governo popolare* errichtet, den *Volksstaat* begründet, der aber keineswegs mit den typischen Erscheinungsformen moderner Demokratien gemessen werden darf. Bei dieser florentinischen Verfassungsbildung knüpfte man bewußt an die alte kommunale Überlieferung an. Die *Freiheit* ist daher nicht in dem Sinne der *Libertà* gegenüber dem Staate interpretiert worden, sondern äußerte sich als das *Recht auf Beteiligung am Staate*. Unter dem Sammelbegriff des *popolo* vereinigte sich die Stadtbürgerschaft, aber nicht s ä m t l i c h e Einwohner gehörten dazu. Echte Bürgerschaft schloß das Recht des Ratssitzes und der Behördenwahl ein[30]). Es erscheint also mehr als fragwürdig, diesen florentinischen *governo popolare* des späten Quattrocento überhaupt als Demokratie anzusprechen, denn hier regierte lediglich eine vollbürgerliche Minderheit. Nur weil die Medici selbst diese vollbürgerliche Minorität progressiv entmachtet und den *popolo* nicht respektiert hatten, wurde ihre Herrschaft als Tyrannis angeprangert[31]). Der Unterschied der neuen volksstaatlichen Regierung gegenüber der Medici-Herrschaft lag darin, daß die früher in wenigen Geschlechtern

---

avait triomphé dans une élection, il s'endormait au sein du succès, et plusieurs s'abstenaient à l'élection suivante, soit qu'ils fussent indifférents ...“

[28]) Cf. Perrens, l. c. I p. 133.
[29]) Vgl. v. Albertini, a. a. O. S. 22.
[30]) Vgl. v. Albertini, a. a. O. S. 21.
[31]) Ebd.

konzentrierte staatliche Gewalt nunmehr auf eine breitere Mittelschicht von Vollbürgern verlagert worden ist. Immerhin amtete der *Consiglio grande* 1494 und in den darauffolgenden Jahren bis 1512 als echter gesetzmäßiger Souverän[32]). Den *popolo* von Florenz hatte der Mönch beschworen, seine Laster von sich zu werfen, sich zu erneuern und völlig dem Gotteswort zu folgen. Hier kam deutlich das Sendungsbewußtsein des florentinischen Volkes zum Ausdruck, wenn Savonarola die Florentiner mit dem Volke Israel verglich[33]). Dieses florentinische Volk erschien dem Prediger geradezu geschaffen für die erforderliche Erneuerung, denn er empfand es als den *popolo di Dio*, das neue Gottesvolk[34]). Die Stadt aber erwuchs zur Gottesstadt, sie präsentierte die wirkliche *città di Dio*[35]). Weil diesem *popolo* von Gott eine Sendung zugewiesen war, erschienen alle Gegner als Tyrannen und Rebellen gegen den Willen Gottes. Savonarolas Verfassungskonzept sah eine *Kombination von Theokratie und Demokratie* vor. *Caput rei publicae* und damit eben Oberhaupt dieses republikanischen, freiheitlichen Staates sollte allein *Christus* sein[36]). Dieses savonarolische System äußerte sich gewissermaßen als eine Modellanwendung, als ein menschliches Abbild des eindrucksvollen Zusammenspiels der Weltregierung. Hier wurde bewußt Gott der Vater auch zum Herrn der irdischen Welt erhoben, Christus sein Sohn aber zum eigentlichen Stadtherrn (*Signore*) von Florenz proklamiert[37]). Nicht zuletzt hatte die Versammlung im Dome von Florenz dem Prediger diktatorische Gewalt übertragen, die er im Sinne seines Verständnisses von Regierung und Herrschaftsgewalt, nämlich zur Errichtung einer christokratischen Organisation handhabte[38]).

IV.

Das positive politische Gedankengut Savonarolas hat er in einer kleinen Abhandlung niedergelegt, die zu Anfang des Jahres 1498 seiner Feder entstammte. Gemeint ist der denkwürdige *Trattato circa il reggimento e il*

---

[32]) Ebd.
[33]) Vgl. v. Albertini, a. a. O. S. 24.
[34]) Ebd.
[35]) Ebd.
[36]) Vgl. Kerker, Artikel „Savonarola" in: Wetzer und Welte's Kirchenlexikon[2] X (Freiburg i. Br. 1897) Sp. 1741.
[37]) Cf. Perrens, l. c., I p. 141.
[38]) Vgl. Benrath, Realencyklopädie für prot. Theologie und Kirche[3], hrsg. von Albert Hauck, 17. Bd., Leipzig 1906 S. 508.

governo della città di Firenze[39]). Diese, wenn man auf ihren Umfang abstellt, verhältnismäßig schmale Schrift handelt von der Verfassung und Verwaltung der Stadt Florenz im einzelnen, berührt aber auch die Grundfragen der Regierung katexochen[40]). Stark drängt in diesem Traktat die Abhängigkeit des Mönches Fra Girolamo von seinem erhabenen Lehrer Thomas von Aquin zum Ausdruck. Der Aquinate hatte die Monarchie zur besten Regierungsform schlechthin erhoben, ohne jedoch auf die „lex divina" der Legitimität Bezug zu nehmen[41]). Der Mönch aber argumentierte, daß gerade die gestürzte Florentiner Regierung die monarchische Regierungsform verderbt habe, indem sie sich ihrer bediente, um auf diese Weise ihre illegitimen Ziele durchzusetzen. Damit entartete die lokale Monarchie zur Tyrannis, die seit Aristoteles fraglos die schlechteste Art des Regierens bedeutete. Für Florenz könne keinesfalls die Herrschaft eines einzelnen von Vorteil sein. Florenz habe das republikanische Herrschaftselement nötig. Dabei erkannte der Mönch nur die Gesamtheit der vollberechtigten Bürger als regierungsfähig an, denn die Masse des gemeinen Volkes, die Plebs, wollte er vom Regierungsgeschehen ausgeschlossen wissen[42]). Sicherlich hat der Fratre sich von jeder Form einer Parteiherrschaft distanziert und die Gleichheit aller Regierungsberechtigten betont; aber diese politisch Berechtigten waren nicht identisch mit dem Gesamtvolk von Florenz, sondern allein mit der seit den Tagen der Antike bekannten Klasse der Vollbürger[43]). Dabei kamen Savonarola die florentinischen Verhältnisse gewissermaßen auf halbem Wege entgegen. Denn in dieser Stadt war die

---

[39]) Über ältere Editionen unterrichtet insbesondere Roberto Ridolfi, Vita di Girolamo Savonarola, II, Roma 1952 p. 196 n. 60. Verwiesen sei auf die Publikation „*Trattato del Reggimento degli Stati di Fra Girolamo Savonarola* con gli avvertimenti civili di Francesco Guicciardini e l'apologia Lorenzo de' Medici, Milano 1848. Die jüngste, modernen Anforderungen entsprechende Ausgabe ist die Veröffentlichung: *Trattato* (di Fratre Jeronimo da Ferrara dell' Ordine de' Predicatori) *circa il reggimento e governo della città di Firenze composito ad istanzia delli eccelsi Signori al tempo di Giuliano Salvati gonfaloniere di iustizia*, in: *Edizione Nazionale delle Opere di Girolamo Savonarola* 2, a cura die Luigi Firpo, Roma 1965 (Angelo Belardetti editore) p. 435—487. — Zur Abfassungszeit s. a. Ridolfi, l. c. I p. 321.

[40]) So nimmt z. B. *Trattato Terzio* das Thema auf: „Della instituzione e modo del governo civile" (*Edition:* Firpo, *Edizione Nazionale* ... 2, p. 472 ss.).

[41]) Vgl. Ranke (Anm. 21), S. 49 f.

[42]) Glänzend charakterisiert und meisterhaft formuliert von Ranke, a. a. O. S. 50.

[43]) Vgl. Ranke, ebd.

Herrschaft des Volkes seit den frühesten Zeiten tief verwurzelt, ein Umstand, auf den selbst ausgesprochene Tyrannen in ihren Handlungen zumindestens äußerlich Rücksicht zu nehmen hatten[44]). Der Mönch predigte, es sei wegen der Befestigung der Volksherrschaft nötig, daß alle Bürger durch ein gottesfürchtiges Leben und durch echtes Interesse am Gemeinwohl sich dieser Verfassung würdig erwiesen. Im Zeichen des Christkönigs sollte sich das Leben dieser Republik vollziehen. Savonarola feuerte seine Mitbürger durch die Losung an: *viva, viva in nostro core Cristo re, duce e signore* — lebe, lebe in unserem Herzen Christus König, Herzog und Herr![45])

Als Leitsterne des guten Christen standen ebenfalls über dem Regierungssystem des Franziskaners *Gerechtigkeit* und *gute Gesetze*. Man erinnerte sich unwillkürlich an den Spruch Salomos, wenn das Prinzip anklingt: *iustitia firmatur solium*, das bedeutet, daß am besten Gerechtigkeit die Herrschaft festigt[46]). Das Wesen der guten Herrschaft dokumentierte sich nicht zuletzt in dieser Sicht in der Einheit und im Frieden des Volkes als Hauptzweck des ganzen Regimentes[47]). Der spezifische Charakter des Volkes war nicht dazu geschaffen, die Herrschaft eines großen und unumschränkten Regenten zu ertragen. Aus dieser Perspektive konnte das gegenwärtige zivile Regiment in Florenz als das für das Volk günstigste System betrachtet werden[48]). Zu keiner Zeit war der beste Weg für das florentinische Volk die Einmannherrschaft gewesen. Den Tyrannen hat Savonarola als einen Menschen von schlechter Lebenshaltung angeprangert, der durch seine Macht schließlich alle regieren, alle beherrschen will[49]). Zudem sei es verderblicher Übermut, sich über seine Standesgenossen selbstherrlich erheben zu wollen. Der

---

[44]) Vgl. Schnitzer (Anm. 18), II S. 753f.

[45]) Cf. Mario Ferrara, *Savonarola*. Prediche e Scritti commentati e collegati da un racconto biografico — L' influenza del Savonarola sulla letteratura e l'arte del Quattrocento — Bibliografia ragionata ..., I, Firenze 1952 p. 182.

[46]) *Trattato II*, cap. 3: „... per la iustizia e per le buone legge, le quali amano li buoni cristiani; onde dice Salamone: Iustitia firmatur solium, cioè: per la iustizia si ferma el regno (*Edizione nazionale*, l. c. p. 468). Savonarola spielt hier an auf *Salomos* Spruch (16, 12): „Den Königen ist Unrecht tun ein Greuel; denn durch Gerechtigkeit wird der Thron befestigt."

[47]) *Trattato I*, cap. 2: „Perchè, essendo la unione e pace del popolo el fine del governo ..." (l. c. p. 442 s.).

[48]) *Trattato I*, cap. 3: „... nella città di Firenze il governo civile è ottimo ..." (l. c. p. 450).

[49]) *Trattato I*, cap. 2: „Tiranno è nome di uomo di mala vita, e pessimo tra tutti gli altri uomini, che per forza sopra tutti vuole regnare ..." (l. c. p. 456).

Tyrann erscheint als der schlechteste aller überhaupt denkbaren Herrscher, nicht allein, weil er Zwietracht unter die *cittadini* bis in den
häuslichen Bereich hinein sät, sondern ebenfalls wegen der schädlichen
Begleitumstände seiner verderbten Herrschaft, seines Machtregimes.
Während die Regierung eines echten und gerechten Königs sich die
Freundschaft der Untertanen zu bewahren versteht, bestätigt die
Tyrannei die Zwietracht der Menschen[50]). Auch unter diesem Blickwinkel empfand der Mönch die in Florenz aufgerichtete Regierung, d. h.
den *governo civile*, als die *bestmögliche* Regierungsform überhaupt. Sie
hatte es nach seiner gutgläubigen Meinung verstanden, durch taugliche
Gesetze die labilen Verhältnisse zu stabilisieren. Sie vermochte ebensowenig zur Tyrannei zu pervertieren. In einer regierten und geordneten
Stadt sei eine derartige Herrschaftsform letzlich unentbehrlich, um das
allgemeine Ziel erreichen zu können. Für die neuen demokratischen
Einrichtungen bezog sich der Reformator auf den ausdrücklichen Willen
des Volkes, der allerdings nur sehr restriktiv interpretiert werden darf.

V.

Die philosophische Deduktion Savonarolas ist nicht frei von Gedankengängen, die spätere *utopische* Konzeptionen erfüllten[51]). Daneben ist
seine starke Verpflichtung dem Aquinaten gegenüber unverkennbar.
Mit vollem Recht hat Pasquale Villari ehedem unterstrichen, daß
Savonarolas Denkstil eine gewisse Verwandtschaft mit der Philosophie
Campanellas aufweist[52]). Zum Teil war der Mönch noch ganz der Argumentation und der Sprache der Scholastik verbunden, während er sich
auf der anderen Seite dann aus den hergebrachten schulischen Formen
befreite. Die *moralische Idee* bildete den Kompaß seines Lebens und
seines Wirkens. Die Bindung an das Wohl der Allgemeinheit kontrastierte
mit den immer stärker werdenden individualistischen Bestrebungen der

---

[50]) *Trattato I, cap. 2:* „Ancora, el tiranno è pessimo quanto al governo circa al
quale principalmente attende a tre cose ... (l. c. p. 458).

[51]) Vgl. Villari (Anm. 6) I S. 73 f.

[52]) Ebd. — Immerhin hatte Thomas Campanella in seiner im Kerker geschriebenen „Civitas Solis", seinem „Sonnenstaat", keinen konkreten Gegenstand
wie Savonarola vor Augen, sondern schuf einen neuen barocken Typ der reinen
Utopie. Vgl. dazu ebenfalls Franz Stegmeyer, Zum Problem des historischen
Utopismus, in: Immanuel Kant, Zum Ewigen Frieden (Schriften zur Huma-
nität I), Frankfurt am Main 1946 S. 30 ff.

Renaissancemenschen[53]). Als Gesetzgeber, der er von Hause aus gar nicht war, der aber die Bedeutung einer großen Kodifikation sehr wohl visionär erfassen konnte, erstrebte er die Wahl eines Bürgerausschusses, dem die Zusammenfassung sämtlicher florentinischer Gesetze in einem *einzigen* Gesetzbuch übertragen werden sollte[54]). In dieser Beziehung äußerte der Fratre verwandtschaftliche Züge mit den großen Rechtsdenkern der Reichsreformpublizistik der voraus gegangenen Jahrzehnte des 15. Jahrhunderts. Das Ziel der reformatorischen Bemühungen Savonarolas erschloß sich in wesentlichen Anliegen wie in der Herstellung der guten Sitten, in Einschärfung der erschütterten Gottesfurcht, in Erziehung zur Liebe gegenüber der Volksverfassung, d. h. dem von ihm als demokratisch verstandenen *governo popolare*, Einsetzen für das Gemeinwohl unter Zurückdrängung der Privatinteressen, Amnestie für die Parteigänger des gestürzten Medici-Regimes, Einsetzung einer Regierung auf breitester Grundlage im Sinne des von ihm beabsichtigten *governo universale* mit dem verfolgten Endziel der Teilnahme sämtlicher Bürger unter Beobachtung des venezianischen Modells[55]). Dabei war der Mönch bestrebt, mittels der politischen Instrumentation und unter Anwendung der bürgerlichen Hilfe seine fraglos in erster Linie moralisch und seelsorgerlich orientierten Ziele zu erreichen. Nicht zuletzt hat man gerade, wie etwa Georg Biermann[56]), diese „unglückliche Verquikkung von Politik und Religion als Schlüssel seines Schicksals" angesehen.

VI.

Mit seinem Traktat vom Frühjahr 1498 wollte gewiß Savonarola einen vollständigen und endgültigen theoretischen Aufriß seiner verfolgten politischen Ideen bieten, die er in die Regierungspraxis umzusetzen

---

[53]) Vgl. Gaston Castella, Papstgeschichte, II: Von der Renaissance bis zur Französischen Revolution, Zürich 1945 S. 52.

[54]) Vgl. Villari, a. a. O. I S. 204.

[55]) Vgl. eingehend über die Reformen Biermann (Anm. 14) S. 33 f. — Die allgemeine Begnadigung der früheren Machtinhaber und Gewaltträger ist als Erfüllung des christlichen Liebesgebotes zu bewerten, denn „Durch die wirkliche Liebesbetätigung muß auch der Feind bezwungen werden, weil dadurch seine tiefste Menschlichkeit (d. i. die tiefste Seinsstufe, die ihm zugleich mit dem in Liebe Handelnden gemeinsam ist) angerührt wird". (so: Günther Küchenhoff, Naturrecht und Liebesrecht², Hildesheim 1962 S. 81 f.).

[56]) a. a. O. S. 75.

versuchte[57]). Für den Mönch ist der Mensch ein gemeinschaftliches Wesen, das lebensnotwendig die Gemeinschaft und damit den Staat sucht,
um hier sich selbst zu finden[58]). Der Staat ist essentiell notwendig zum
Selbstverständnis und zur Selbsterkenntnis des gemeinschaftsuchenden
Menschen. Dazu käme eine weitere Komponente: Florenz sei von Anfang
an freiheitlich eingestellt und das politische Leben sei den Bewohnern
der Stadt geradezu angeboren, gewissermaßen ein natürlicher Drang
für jeden Bürger. Insofern müßte hier eben jeder Monarch, jeder Alleinherrscher zwangsläufig auf Widerstand, Ablehnung und Rebellion
stoßen, wodurch umgekehrt wieder die Entwicklung zur Tyrannei nicht
unterbunden werden könnte. Monarchie erschien dem Fratre nur möglich für servile, dienstbare Untertanen, nicht aber für Bürger, denen die
virtù das höchste Tugendbild abgab[59]). Er selbst hatte sich als Reorgani-
sator des florentinischen Staates nur hergegeben, weil sonst, falls er sich
dem Aufruf der Bürger versagen wollte, statt seiner negative Gegen-
kräfte sich erhoben hätten. Kein geringerer als der große Kulturhistori-
ker J a c o b   B u r c k h a r d t hat darauf hingewiesen, daß es daher völlig
unbillig sei, Savonarola nach der „halb demokratischen Verfassung von
Anfang des Jahres 1495 zu beurteilen"[60]). Dem Basler Geschichtsschreiber begegneten diese Dinge aus der Anschauung seiner Heimat: er
empfand bekanntlich die Herstellung einer Verfassung als den großen
modernen Irrtum, der zu Savonarolas Zeiten ebenfalls in Florenz hoch-
gespielt worden sei[61]). Zweifelsohne erstrebte das innerste Leitbild dieses
streitbaren Mönches eine Form von Theokratie, eine Art der Gottesherr-
schaft, bei der sich, um noch einmal mit J a c o b   B u r c k h a r d t zu sprechen, „alles in seeliger Demut vor dem Unsichtbaren beugt"[62]). Die
allgemeine Erwartung einer Erneuerung der Christenheit fand bei
Savonarola noch eine Erhöhung durch die Hoffnung auf einen „novus

---

[57]) So beurteilt etwa F e r r a r a, Savonarola (Anm. 45) I p. 185, die Absicht
dieses theoretischen Ordnungsversuches (*assetto teoretico*) für die politische Ideologie
als Richtschnur der praktischen Anwendung in der florentinischen Regierung.

[58]) Vgl. v. A l b e r t i n i (Anm. 12), S. 25.

[59]) Vgl. v. A l b e r t i n i, ebd. — Savonarola war vollkommen von der Schädlichkeit der Ein-Mann-Herrschaft überzeugt (*trattato* I cap. 2): „... che [il popolo!]
non può tollerare il governo di un senza grandi e intollerabili inconvenienti ..."
(*Edizione nazionale*, p. 445).

[60]) Die Kultur der Renaissance in Italien, hrsg. von W a l t e r   G o e t z, (Krö-
ners Taschenausgabe, Bd. 53), Stuttgart 1938 S. 450.

[61]) J a c o b   B u r c k h a r d t, Die Kultur der Renaissance, S. 79.

[62]) a. a. O. S. 450.

dux"[63]). Wie bereits in der aristotelischen und thomistischen Sicht, so ist für Savonarola die *Kongruenz von Staat und Stadt* geradezu typisch[64]). Die Stadt charakterisiert sich in dieser Schau als ein perfektes Gemeinwesen, das sämtliche zum Lebensunterhalt der Bürger notwendigen Handwerke, Gewerbe und Industriebetriebe in sich vereinigt. Der Staatszweck erschließt sich dabei in der Förderung des Menschen zu sittlichem Leben, das wiederum als unverzichtbare Vorstufe für die Erlangung des ewigen Heiles Bedeutung erlangt[65]). Für diesen Zweck existieren ebenfalls die Gesetze, weil die Menschen ohne die Furcht vor der Bestrafung sich nicht freiwillig einer von allen zu respektierenden Ordnung unterwerfen würden[66]). Dem Staatsgründer kommt daher das höchste Lob zu, das die Menschheit, insonderheit die Bürgerschaft, zu vergeben hat. Jedem Berufsstand ist seine spezifische Aufgabe zugewiesen, und auch die Mittel, die den Angehörigen der einzelnen Stände zur Verfügung gestellt sind, sind verschiedenartig und gestaffelt. Das entscheidendste Lebensprinzip des Staates jedoch liegt ohne Zweifel in seiner zielstrebigen Lenkung, die allein Männern von höchster Tugend übertragen werden sollte[67]). Da für Florenz die Monarchie aus den dargelegten negativen Gründen ausschied, empfahl sich als bestmöglichste Staatsform hier zunächst die Aristokratie. Erst hinter dieser rangierte die reine Demokratie, an der sämtliche Volksangehörigen, ganz gleich ob sie nun reich oder arm waren, den gleichen Anteil genossen[68]).

VII.

Vielfach ist in der geschichtlichen Forschung versucht worden, eine Charakteristik dieses eigenartigen Mannes zu geben. Dabei darf im Anschluß an einen so hervorragenden Sachkenner wie Joseph Schnitzer wohl unterstrichen werden, daß Savonarola gewiß kein Denker mit schöpferischen Ideen gewesen ist, ebensowenig ein Gelehrter, der Neuland freilegte. Er bedeutete gewiß mehr als nur einen Philosophen und einen Mann der Gelehrsamkeit, denn er war ein leidender Mensch und

---

[63]) Vgl. V. Vinay, RGG³ V (Tübingen 1961) Sp. 1380.
[64]) Vgl. Schnitzer (Anm. 18), II S. 748.
[65]) Ebd.
[66]) Ebd.
[67]) Vgl. Schnitzer, a. a. O. S. 749.
[68]) a. a. O. S. 749f.

ein echter Christ, der mit ungebrochener Treue seinen Lebensberuf als
Mönch erfüllte[69]). Seine Sittenstrenge und seine Herzensreinheit werden
aber verdunkelt von den Überspannungen und den utopischen Bestrebungen, denen diese Persönlichkeit im politischen Leben erlegen ist.
In dem Augenblick, in dem er sich in politische Händel einließ, wurde
gleichzeitig in ihm politischer Fanatismus frei, der seinen eigenen Sturz
herbeiführen mußte[70]). Dabei ist dieser Rufer eng mit dem Humanismus
verbunden. Periode und Persönlichkeit waren erfüllt von dem Drange
nach religiöser, aber auch politischer Reform, die in Florenz zur Aktion
und raschen Handlung aufforderten[71]). Durch die enge Symbiose von
Religion, Sittlichkeit und Politik unterscheidet sich der italienische
Dominikaner erheblich von den deutschen Reformatoren[72]). Während
zudem Savonarola in Treue die Hierarchie der Kirche respektierte, kritisierte Martin Luther nicht zuletzt diese geistliche Rangstufenordnung.
Mit Recht hat Leopold von Ranke darauf hingewiesen, daß Savonarola lediglich Leben und Verfassung reformieren wollte, während das
Anliegen Martin Luthers in der Erneuerung der Lehre ruhte[73]). Nicht
zuletzt ist der Mönch Fra Girolamo völlig von der Vision des heiligen
Papstes der Zukunft, von der Sehnsucht nach dem *Engelpapst*, gefangen
gewesen[74]). Auch diese mystische Hoffnung kennzeichnet seine Hin-
neigung auf das Überirdische, seine gläubige Erwartung des Himmlischen und verdeutlicht zugleich die ursprüngliche Erdenferne aller seiner
Bestrebungen. Savonarola charakterisiert sich als Katholik bis in die
tiefsten Gründe seines Herzens: Er war Katholik im Leben wie auch in
seinem bitteren Tode[75]). Begreiflicherweise hat sich die Nachwelt immer
und immer wieder bemüht, den großen Prediger vom Verdacht der Hä-

---

[69]) a. a. O. S. 991 f.; vgl. in weiterem Zusammenhang aber zusätzlich Joseph
Schnitzer, Savonarola nach den Aufzeichnungen des Florentiners Piero Parenti
(Quellen und Forschungen zur Geschichte Savonarolas IV), Leipzig 1910.

[70]) Vgl. Ludwig Frh. von Pastor, Geschichte der Päpste seit dem Ausgang
des Mittelalters III. Bd. 1. Abt.: Innozenz VIII. und Alexander VI., Freiburg
im Breisgau 1924 S. 514.

[71]) Vgl. über die Verbindung von Humanismus und Savonarola vornehmlich
von Albertini, a. a. O. S. 23.

[72]) Vgl. Biermann, a. a. O. S. 11.

[73]) Gestalten der Geschichte (Anm. 21), S. 115.

[74]) Vgl. Friedrich Baethgen, Der Engelpapst (Schriften der Königsberger
Gelehrten Gesellschaft 10. Jahr. Geisteswiss. Kl. H. 2), Halle (Saale) 1933 S. 111.

[75]) Cf. Giovanni Procter, Il Domenicano Savonarola e la riforma (Risposta
del P. Giovanni Procter al Dott. Farrar), Milano 1890 p. 28.

resie zu reinigen und als einen echten Herold der kirchlichen Reform zu propagieren[76]). Die Historiographie hat ohnehin längst erkannt, daß dieser italienische Mönch dem kirchlichen Dogma allzeit die Treue bewahrt hat. Aus der Prophetie erwuchs ebenfalls seine Funktion als Staatsmann. Denn lediglich als prophetischer Seher erfaßte er die staatlichen Fragen. Nur in der Gemeinschaft sah er das Schicksal des Menschen sich erfüllen, zumal Menschen außerhalb der humanen Sozietät entweder Übermenschen, Gottähnliche, oder Untermenschen sein müßten[77]). Der letztlich zu den italienischen Platonikern zählende Dominikaner[78]) hat literarisch gleichwohl die überkommene philosophisch-theologische Betrachtungsweise des Staates aufgegeben[79]). Zwangsläufig mußte er die reine, abstrakte Theorie verlassen und preisgeben, da er sich auf eine konkrete Frage, nämlich die Regelung der verfassungsmäßigen Verhältnisse von Florenz zu konzentrieren hatte. In seiner Deduktion versuchte er die Nutzanwendung der *Modelle über den besten Staat* gerade auf die florentinischen Verfassungsverhältnisse anzuwenden und zu erproben. Wie Rudolf von Albertini mit wirklicher Berechtigung ausführte[80]), hat tatsächlich dieser prophetische Mönch der Republik und dem republikanischen Bürgertum ein entscheidendes Ferment, eine unverlierbare Substanz ihrer politischen Vorstellungen vermittelt. Der *popolo* empfing seine entscheidende Mission zur Steigerung der Ehrerbietung vor Gott. Da eine gute Verfassung und eine gute Obrigkeit die größte Wohltat seien, die Gott überhaupt einem Volke gewähren könne, müsse man dafür tätig sein. Aber diese Tätigkeit bedeutete für den Mönch nicht Politik zu machen, sondern primär Seelsorge zu treiben[81]). Vermutlich hat Ranke nicht unrecht, wenn er bei seiner

---

[76]) Vgl. beispielsweise über Ficklers Rechtfertigungsschrift von 1582: Josef Steinruck, Johann Baptist Fickler. Ein Laie im Dienste der Gegenreformation (Reformationsgeschichtliche Studien und Texte, hg. von Hubert Jedin, Münster/Westfalen 1965 S. 256; wegen der *Flugschriftenliteratur* für und wider G. Savonarola sei auf die Festgabe für K. Th. v. Heigel zur Vollendung seines 60. Lebensjahres, München 1903, verwiesen.

[77]) Vgl. Schnitzer, a. a. O. II S. 746.

[78]) So etwa: Max Frischeisen-Köhler/Willy Moog, Die Philosophie der Neuzeit bis zum Ende des XVIII. Jahrhunderts (= Friedrich Ueberwegs Grundriß der Geschichte der Philosophie III[14]), Darmstadt 1958 S. 629.

[79]) Vgl. über Savonarolas staatstheoretische Position v. Albertini, a. a. O. S. 26.

[80]) Ebd.

[81]) Prediche in libr. Ruth et Michea XXIV 511 ss., De Verit. Proph. L. V; dazu Schnitzer, a. a. O. S. 760.

Charakteristik des Fratre hervorhob: „Gerade in der Koinzidenz des positiven Glaubens und der Negation der absoluten Macht des Papsttums liegt das Interesse, das Savonarola erweckt."[82]) Aber dieser Savonarola war alles andere als ein Vorreformator. Der Schein trügt hier, der durch die revolutionäre Form und Äußerung hervorgerufen werden könnte[83]). Savonarola charakterisiert sich als vorbildlicher Mönch, der durch sein heiligmäßiges Beispiel die Reform zustande brachte. Stählerne Härte und Charakterfestigkeit waren diesem „unbestechlichen Domini canis" (Joseph Schnitzer) eigen, der sich durch keine Bedrückungen einschüchtern ließ[84]). Selbst als er mit dem König von Frankreich paktierte, erwartete er von diesem Monarchen nicht zuletzt ein hohes Ziel, nichts weniger als die Reform der Kirche[85]). Überall ist der Einfluß von Thomas von Aquin in der Ideologie und in der Argumentation Savonarolas spürbar. Während jedoch der Aquinate einer aus den Elementen der Monarchie, Aristokratie und Demokratie gespeisten Verfassung den Vorzug gab[68]), verstand der Mönch Fra Girolamo unter der besten Staatsform diese *halbdemokratische* Regierungsform von Florenz, die sich letztlich jedoch als eine Abart aristokratischer Leitung auswies. Die Demokratie des Savonarola hatte *noch nicht* die Masse erfaßt, ergriff keineswegs sämtliche gleichberechtigten Staatsangehörigen, sondern war Gemeingut, wertvoller Besitz einer politisch bevorrechteten Bürgerklasse. Der Staat als Kunstwerk hatte unter dem großen Prediger bereits Formen angenommen, die dann vollends in der durch die Renaissance ausgelösten Bewegung einen freigeschaffenen fürstlichen Kunsttyp repräsentierten[87]).

Savonarola hat im Grunde ein echt florentinisches Schicksal erlebt und erlitten, ein Geschick, das gerade in dieser Stadt möglich wurde[88]). Zieht man die Bilanz des Handelns dieses sich selbst verzehrenden

---

[82]) Vgl. Gestalten der Geschichte (Anm. 21), S. 9.

[83]) Vgl. Joseph Lortz, Geschichte der Kirche in ideengeschichtlicher Betrachtung II: Die Neuzeit, Münster 1964 S. 62f.

[84]) Vgl. Joseph Schnitzer, Peter Delfin. General des Camaldulenserordens (1444—1525). Ein Beitrag zur Geschichte der Kirchenreform, Alexanders VI. und Savonarolas, München 1926 S. 250f.

[85]) Vgl. Franz Xaver Seppelt, Geschichte der Päpste² IV: Das Papsttum im Spätmittelalter und in der Renaissance, bearb. von Georg Schwaiger, München 1957 S. 389.

[86]) Vgl. Hans Meyer, Thomas von Aquin, S. 486f.

[87]) Vgl. dazu: Hans Meyer, a. a. O. S. 477 Anm. 12.

[88]) Vgl. Friedrich Schneider, Dante⁵, S. 13.

Mönches für Staat und Stadt von Florenz, mißt man sein Wollen, erkennt man, wie er überzeitliche und zeitnahe Maßstäbe zu setzen wußte, dann stimmt die Tragik seines Unterganges unendlich traurig. Aufstieg und Ende des Mönches waren erfüllt von Jubel und von Haß. Da er letztlich keinen Erfolg *von Dauer* in der staatlichen Praxis verzeichnen konnte, sein Programm zu stürmisch verwirklichen wollte, war sein unglückliches Ende wohl abzusehen. Auch an der tragischen Figur des Fratre enthüllt sich die Wankelmütigkeit, die zweifelhafte Verläßlichkeit seiner vorherigen Bewunderer und Anhänger[89]) und die gallige Bitterkeit der nahezu ausnahmslosen historischen Tatsache:

nemo propheta in patria sua.

---

[89]) Vgl. zum Umschwung und Überdruß der Florentiner ebenfalls Niccolo Machiavelli, Geschichte von Florenz, Deutsch von Alfred von Reumont, Wien 1934 S. 480.

Die Parömie „Legista sine canonibus parum valet, canonista sine legibus nihil"

Summarium: Enges Verhältnis zwischen Kirchenrecht und römischem Zivilrecht. — Gleiche göttliche Rechtsquelle für *leges* und *canones*. — *Lex Evangelica* als Urgrund der *leges*. — Geltung des Zivilrechts im kirchlichen Gericht. — Klerikerstudium des Zivilrechts. — Ausschluß der Geltung staatlicher Gesetze vor dem kirchlichen Gericht. — Das behandelte Rechtssprichwort als Spiegel der Harmonie und Unentbehrlichkeit beider Rechte [*Fr. M.*].

Summarium: De stricta consuetudine, quae inter ius canonicum et ius civile romanum intercedit. — De eodem fonte divino, ex quo *leges et canones* hauriuntur. — De *Lege Evangelica*, quatenus est ultima ratio *legum*. — De valore iuris civilis in foro ecclesiastico. — De studio iuris civilis clericorum. — De legibus civilibus, quarum applicatio in foro ecclesiastico excluditur. — De hoc dicto quatenus est speculum concordiae et necessitatis utriusque iuris.

Auf die enge Beziehung zwischen dem Kirchenrecht einerseits und dem römischen Zivilrecht andererseits, auf den wesensmäßigen Zusammenhang also zwischen *ius canonicum*[1]) und *ius civile*[2]) spielte das mittelalterliche, in einschlägigen Sprichwortsammlungen allgemein fehlende Rechtssprichwort an: „Sine canonibus legistae parum valent, canonistae sine lege nihil"[3]). Durch diese Parömie wurde in knapper Diktion ausgedrückt, daß der Legist ohne Beherrschung der *canones* zwar nicht sonderlich viel gelte, andererseits jedoch der Wert eines Kanonisten, der die Kenntnis der Legistik entbehrt, schließlich ohne

---

[1]) „Ecclesiastica constitutio nomine canonis censetur" (D. 3 I. pars § 1).

[2]) „Ius civile est, quod quisque populus vel civitas sibi proprium divina humanaque causa constituit" (c. 8 D. 1). Über den Konnex der beiden Rechte hat sich später insbesondere Papst Benedikt XIV. (1740—1758), der vormalige Bologneser Kanonist und Kardinal Prospero Lambertini (1675—1758) in seiner Schrift *De synodo dioecesana* (vgl. dazu Joh. Friedrich von Schulte, *Die Geschichte der Quellen und Literatur des Canonischen Rechts* III. Bd. I. Teil Stuttgart 1880 S. 540ff.) (Lib. XIII Caput X) ausgesprochen: „... tam arctam nostro tempore inter Ius Canonicum, et civile intercedere connexionem, eaque ita sese mutuo adjuvare, ut qui optime primum nosse cupit, alterius scientiam sibi comparare debeat ..." (Ausgabe: Parma 1764 II. Bd. p. 205).

[3]) Im Italienischen lautete das geläufige Rechtssprichwort (*tritum sermone proverbium*): „Il legista senza capitolo vale poco, ma il canonista senza legge vale niente" (vgl. Hugo Laemmer, *Institutionen des katholischen Kirchenrechts*, 2. Aufl., Freiburg im Breisgau 1892 S. 63 Anm. 2).

jede Bedeutung bliebe. Der Kanonist war damit auf den fachgerechten Gebrauch der *leges* für die Auslegung der *canones* zwingend angewiesen. Das Argument für diese Notwendigkeit entnahm die ältere Kanonistik der Dekretstelle c. 7 *Si in adiutorium* D. 10. Indem man Jesus Christus sowohl als *imperator* als auch als *sacerdos* ansah, ihn also gewissermaßen als die Verkörperung des Kaiserpriesters betrachtete, wies man auf den Umstand hin, daß *leges* und *canones* aus *einer göttlichen* Rechtsquelle entspringen. Insoweit wurden eben die weltlichen Gesetze, mithin das Kaiserrecht, durch die kirchlichen Rechtssätze bestätigt und gleichzeitig gegebenenfalls der etwaige Doppelsinn der *canones* durch die einschlägigen weltlichen Rechtsnormen aufgelöst und entwirrt[4]). Wenn die Lehre auf den Zweck der *lex* abstellte, so erschien diese geradezu als der Fürst der Schlechten und der Guten, als die Regel der Gerechten und der Ungerechten. Die *lex* diente der Gerechtigkeit aller in ihrer Eigenschaft als das zulässige Gebot und das notwendige Verbot[5]). Da auch die *lex civilis* der menschlichen Glückseligkeit zu dienen bestimmt ist, begegnet sie dem gleichen Zwecke wie der Canon. Nicht zuletzt argumentierte die Lehre, die *leges* beziehen sich auf die *lex Evangelica* und bestimmen sich nach dieser[6]). Vornehmlich wurden die weltlichen Gesetze erlassen, um die menschliche Vermessenheit einzugrenzen und die Rechtschaffenheit vor den Rechtsbrechern zu schützen[7]). Die *lex* widmete sich damit nicht

---

[4]) „... quoniam justissimae leges et sacri canones ex uno utero vel fonte divino processerunt, unde leges firmantur canonibus et canonum ambiguitates legibus resolvuntur, sicut ex discursu glossarum utriusque iuris luculenter apparet“ (**Prosperi Fagnani** *Ius canonicum sive commentaria in tertium librum Decretalium*, Coloniae Allobrogum — Sumptibus Fratrum de Tournes, 1759, ad c. 10 „Super specula“ X III, 50, n. 30 p. 644). Ueber **Prospero Fagnani** (1598 bis 1678), der bereits mit 22 Jahren Sekretär der *Sacra Congregatio Concilii* gewesen ist, vgl. **von Schulte**, *a. a. O.* S. 485 n. 120). **Paul Hinschius** hat auf den Assimilierungsprozeß des römischen Rechts durch die päpstliche Gesetzgebung hingewiesen (*Geschichte und Quellen des Kanonischen Rechts*, in: F. von **Holtzendorff**, *Encyklopädie der Rechtswissenschaft*, I², Leipzig 1890 S. 204).

[5]) „Lex est princeps malorum et bonorum, et regula iustorum et iniustorum, praeceptrix faciendorum, et prohibitrix non faciendorum“ (**Fortunius Garcia Hispanus**, *Tractatus de ultimo fine iuris civilis et canonici*, Coloniae Agrippinae 1585 c. 7). Die Glosse zu c. 3 D. 2 umschrieb in ähnlicher Weise die Zielsetzung der Lex: „Lex est, iustum praecipiens, et contrarium prohibens“.

[6]) „... quod a lege Evangelica dicuntur pendere leges ...“ (**Garcia**, *loc. cit.* c. 13).

[7]) „Factae sunt leges, ut humana coerceatur audacia, tutaque sit inter improbos innocentia ...“ (**Garcia**, *loc. cit.* c. 4 unter Berufung auf **Isidor von Sevilla** (lib. 5 *Ethic.*).

zuletzt im aristotelischen Sinne der Bewahrung des gesunden Sinnes der Menschen. Da die *lex canonica* sich entscheidend vom Naturrecht und vom göttlichen Recht herleitet, ist es nur zu begreiflich, wenn die Schule das *ius canonicum* mehr nach der Billigkeit, als nach der Strenge des Zivilrechtes interpretierte[8]). Früh bereits galt in der Kirche die Auffassung, daß die Kenntnis des weltlichen Rechtes für die Wahrheitsfindung, die Wirklichkeitserfassung überaus nützlich bewertet werden müsse: *Bonum est scire Leges*[9]). Der enge Konnex zwischen dem Kirchenrecht und dem Zivilrecht ließ die Kenntnis beider Rechtsmassen auch für kirchliche Belange wichtig erscheinen. Während nun aber der Kaiser für seine Person unabhängig die *lex* setzen konnte, vermochte der Papst nicht allein das Gesetz zu erlassen, sondern war vielmehr hier weitgehend auf die Mitwirkung des Kardinalskollegs angewiesen[10]). Immerhin vermochte gegebenenfalls das Reichsvolk Statuten gegen das Kaiserrecht zu erlassen, während umgekehrt die dem Papst unterstellten hierarchischen Stufen, wie Bischöfe, nicht Satzungen geben durften, die gegen die *canones* verstießen[11]).

Trotz der unverkennbaren Diskrepanz zwischen *ius canonicum* einerseits und *ius civile* andererseits war das Prinzip verhältnismäßig früh anerkannt, wonach das Zivilgesetz ebenfalls im kirchlichen Gericht Verwendung finden durfte[12]). *Leges* und *canones* hatten sich gewissermaßen innerlich verbrüdert. Wie das römische Recht, so konnten auch die kirchlichen Satzungen geltend gemacht werden, andererseits durfte

---

[8]) „Ius canonicum magis interpretandum est ex praetoris aequitate, quam ex iuris civilis rigore" (Garcia, *loc. cit.* c. 446).

[9]) Benedikt XIV., *De synodo dioecesana* Lib. XIII Caput XII (*l. c.* p. 206): „Bonum est scire Leges, sed non ad quaestum, non ad iniquum Iuris compendium, sed *ad inquisitionem veritatis*, et judicii aequitatem'.

[10]) „Papa solus non potest condere legem et maxime in arduis in quibus tenetur requirere dominos cardinales per c. *per venerabilem* in § *rationibus* qui filii sint legitimi (Hieronymus de Zanitinis, *Contrarietates seu diversitates inter ius civile et canonicum*, Bologna 1490 (= Hain 16274), XXIV *Differentia*). Die berührte Dekretalenstelle ist *Rationibus igitur* im c. 13 *Per venerabilem X Qui filii sint legitimi* IV, 17. — Über Hieronymus de Zanitinis († 1493) und seine dogmengeschichtlich aufschlußreichen *Contrarietates* vgl. von Schulte, *a. a. O* II. Bd. Stuttgart 1877 S. 335 n. 141.

[11]) „Populus imperii potest facere statuta contra l. imperialem ... tamen subditi pape ut sunt episcopi et alii non possunt facere statuta contra canones ..." (Hieronymus de Zanitinis, *Contrarietates*, *loc. cit.* XXXV *Differentia*).

[12]) „... Lex civilis servari debet etiam in foro Ecclesiae ..." (Fagnani, *Ius Canonicum in III lib. Decret.*, p. 253, n. 18).

eine *lex* angewendet werden, sofern sie die Nachvollziehung kirchlichen Rechtes nicht verhinderte. Aufs Ganze gesehen erschienen überhaupt die verbindenden Züge und die gemeinsamen Regelungen weitaus zahlreicher als die Unterschiede und Abweichungen[13]). Dem Papst kam die Befugnis zu, weltliche Gesetze auszulegen, zu erklären oder abzuändern. Immerhin war die Anwendung weltlicher Gesetze in sakramentalen Angelegenheiten untersagt[14]). Die *Rubrica legum,* mithin die Rechtstitel des römischen Zivilrechtes, galten als authentisch, als amtliche Rechtssatzungen, und durften daher entsprechend im kanonischen Recht angewendet werden[15]). Sofern dem Gesetz ohne Sünde gedient zu werden vermochte, durfte dieses Gesetz ebenfalls angewendet werden. Namentlich für die Füllung von echten Gesetzeslücken im kirchlichen Recht fand das profane Zivilrecht weitgehend Verwendung. Wenn jedoch die weltlichen Gesetze dem Geist der *canones* und damit der Zielsetzung und Tendenz des kirchlichen Rechtes widersprachen, war ihre Anwendung im kirchlichen Gericht ausgeschlossen. Immerhin begegneten ebenfalls jene Fälle, wo im Zivilgericht die kirchlichen Rechtsnormen ausdrücklich anerkannt waren, da in selten gelagerten Fällen das weltliche Recht keinen gesetzlichen Tatbestand geboten hat[16]). Es konnte der kirchliche Richter ebenfalls weltliche Gesetze in geistlichen Sachen anwenden, vorausgesetzt, daß die *canones* nicht widersprachen[17]). Auf einen Umstand machte die kirchliche Gesetzgebung allerdings von vorneherein unmißverständlich aufmerksam, nämlich auf die Unterordnung des Kaisergesetzes unter das göttliche Recht. So durften eben Kaisergesetze nicht in sämtlichen kirchlichen Streitfragen angewendet werden. Diese Auffassung erhellt nicht zuletzt die Dekretstelle c. 1 *Lege*

---

[13]) „... sed Leges, et Canones fraternizant ... ubi idem dicitur de Imperio, et Sacerdotio, quia non multum differunt, imo fraternizant“ (Ioannes Franciscus Ponzinibius, *De lamiis et excellentia iuris utriusque tractatus,* Francoforti ad Moenum 1592 p. 240 n. 8).

[14]) „... et scias quod rationis ac iuris penuria ducitur qui in materiis sacramentorum leges mundanas inducit“ (*Speculum* Gulielmi Durantis *cum additionibus* Ioannis Andree et Baldi, Venedig 1492 p. 2 fol. 278’).

[15]) « Rubricae legum sunt autentice » (*loc. cit. p.* 2 fol. 278’).

[16]) « ... idem in foro civili ubi canones expresse declarant articulum aliquem in quo leges nihil statuunt ... » (*loc. cit.* p. 2 fol. 278).

[17]) „... dic quod legibus utendum est in ecclesiasticis causis nisi canonibus contradicant ...„ — „Si non sunt contrarie: tunc sunt permixtim allegande et servande leges cum canonibus in foro ecclesiastico et civili ...“ (*loc. cit.* p. 2 *ibidem*).

imperatorum D. 10[18]). Indes konnte der Papst weltliche Gesetze, mithin *leges*, nur für *sein* Forum aufheben. Der Grund lag darin, daß *imperium* und *sacerdotium* entsprechend der Glosse aus dem *gleichen* Ursprung hervorgegangen waren[19]). Andererseits durfte der Kaiser in kirchlichen Sachen kein Gesetz erlassen, da die Kirche nicht an weltliche Gesetze gebunden und diesen ebensowenig verpflichtet gewesen ist[20]). Die Ausnahme stellte allein das auf Bitte der Kirche erlassene kaiserliche Kirchengesetz dar. Die einhellige Auffassung der kirchlichen Rechtswissenschaft erhellt wohl die Glosse zu c. *7 Si in adiutorium* D. 10, wo der Glossator unmißverständlich betonte, daß weltliche Gesetze, d. h. der Gesamtstoff der Legistik, nicht zitiert, nicht angeführt und angewendet werden konnten außer in jenen Fällen, in denen entsprechende kirchliche Rechtsvorschriften fehlten[21]). Immer wieder wurde das Argument verfochten, daß dort, wo der Kanon nichts bestimmt, der kirchliche Richter trotz gegenteiliger Meinung letztlich doch nichts bestimmen kann[22]), ohne gegen das Gesetz zu verstoßen. Richterlicher Rechtsfindung war insoweit die Berechtigung genommen. Die forensische Interpretation war damit stark eingeschränkt, wenn nicht überhaupt gänzlich ausgeschlossen. Immerhin sollte daneben gleichwohl auch die Verbesserung der weltlichen Gesetze tunlichst vermieden werden[23]). Ohnehin existierten gewisse Materien, deren rechtliche Regelung die Anwendung des weltlichen Rechtes von vornherein ausschloß. Namentlich das Ehe- und Testamentsrecht entzog sich der profanen Gesetzgebung. Insbesondere bestimmte sich das Testamentsrecht nach kirchlichem Recht, nicht nach dem römischen Recht. Hier galt die Weisung des Dekretalen-

---

[18]) „Lege imperatorum non in omnibus ecclesiasticis controversiis utendum est ... — Lex imperatorum non est supra legem Dei, sed subtus ...."

[19]) *Nota* h *constitutiones* D. 10: „... Nec papa posset leges tollere nisi quo ad suum forum; imperium enim et sacerdotium ex eodem principio prodierunt ...".

[20]) Glosse zu c. 1 *Lege imperatorum* D. 10, *Nota* n *Ecclesiastica:* „Ecclesia non astringitur mundanis legibus ... Nec etiam de rebus ecclesiasticis potest imperator legem condere ... nisi hoc ecclesia petat ...".

[21]) *Nota* q: „Hoc ideo dicit: quod non sunt allegande leges nisi in defectum canonum ...".

[22]) *Quaestio* l *Servaret* zu c. 54 *Liquido* D. 2 *de cons.:* „Argumentum quod canon non determinat: nos determinare possumus ... Argumentum *contra* II q. V consuluisti ...".

[23]) „... tamen legum correctio sit vitanda ..." (*Speculum iuris* p. 2 fol. 309).

[24]) C. 10 *Cum esses X de testamentis* III, 26. — Den Vorrang des kanonischen Rechts in Testamentssachen unterstrich die Glosse in lapidarer Weise: „Nota,

rechtes: „non secundum leges, sed secundum canones iudicandum est"[24]). Unmißverständlich hatte das c. 10 „cum esses in nostra praesentia" *de testamentis* III, 26 vorgeschrieben: „Item *causa testamentaria* ad iudicem Ecclesiasticum pertinet".

Unser Sprichwort nimmt nicht zuletzt aber Bezug auf die enge Verflechtung beider Rechte, des römischen und des kanonischen Rechtes. Dazu trat begünstigend der Umstand, daß bereits die Glossatorenschule kanonisches Recht gepflegt und gelehrt hatte und die ältere Kanonistik trotz gewisser Hemmnisse in der Regel das Studium des römischen Rechtes als unverzichtbares Fundament der eigenen Disziplin ansah[25]). In unserem Sprichwort lebte kaum noch ein Hauch vom Geiste jener berühmten Viterbeser Bulle des Papstes Honorius III. „Super specula" vom 22. November 1219[26]), durch die der Papst den Religiosen das Studium des Zivilrechtes (*mundanae leges*) untersagt hatte.

Vielmehr zeugt das Rechtssprichwort von der Symbiose und Harmonie beider Rechte, kündet es von der unverzichtbaren Notwendigkeit der Verschmelzung, zumindestens der Verschränkung beider Rechtsstoffmassen. Stephan Kuttner hat ohnehin eindeutig dargelegt, daß die Dekretalistik das Studium des kanonischen Rechtes und des Zivilrechtes, wenn schon nicht ausdrücklich, so doch stillschweigend voraussetzte[27]). Kein geringerer als Giovanni d'Andrea (Joannes Andreae) hat unter Berufung auf Rofredus unterstrichen, daß gerade für das Kirchenregiment, für die Leitung der Kirche, die *civilis scientia* von höchstem Nutzen sein könne[28]). Denn wo immer vom Rechte gehandelt werde, da säßen jene, die das römische Recht nicht beherrschten, neben den Wissenden, neben den Gelehrten[29]). Beide Rechte waren zudem in der gleichen Sprache, in Latein, formuliert und verkörpert. Dieses Latein

---

quod ubi ius legale contradicit iure canonico, praevalet ius canonicum" (*Glossa* ad c. 10 *Cum esses* X *de testamentis* III, 26).

[25]) Vgl. Friedrich Carl von Savigny, *Geschichte des römischen Rechts im Mittelalter*, V. Bd. 3. Ausg. Darmstadt 1956 S. 232f.

[26]) C. 10 X *ne clerici vel mon.* III, 50 (Friedberg II, col. 660).

[27]) *Papst Honorius III. und das Studium des Zivilrechts*, in: *Festschrift für Martin Wolff. Beiträge zum Zivilrecht und internationalen Privatrecht*, Tübingen 1952 S. 79—101; hier S. 90.

[28]) „... et dicit quod ad regimen ecclesie summe necessaria est civilis scientia ..." (*Novella* Ioannis Andree *super tertio decretalium*, Venetiis 1489, ad X, III, 50, 10).

[29]) „... et quod ubi de iure tractatur illam (*civilem scientiam*) ignorantes inter scientes sedent ut testes" (*ibidem*).

war nicht allein die Sprache des klassischen Römertums, sondern eben auch die Sprache der Kirche. Während die Sprachen der einzelnen Länder stets profan blieben, erwuchs das Latein des *Corpus Iuris Civilis* und des *Corpus Iuris Canonici* gewissermaßen zu einem geheiligten linguistischen Instrument[30]). Die Prägungen des römischen Rechtes ergänzten sich durch Formulierungen des kanonischen Rechtes. Auch die Rhetorik blieb weiterhin in beiden Materien in Geltung. Latein und beide Rechte fanden sich zusammen und zeigten sich in notwendiger Ergänzung. Bereits die älteren Orden offenbarten in ihren Verfassungsbestimmungen Anklänge an die römisch-juristische Kultur der antiken Klassik[31]). Das römische Recht bot nicht zuletzt die Gewähr dafür, daß der Kanonist mit kritischem Maßstab an jedes Gesetz herantrat. Hier konnte er die Feinheiten der Interpretation lernen. Zweideutigkeiten und Doppelsinnigkeiten von Normen zu beseitigen, erlernte auch der kirchliche Jurist ausschließlich durch das Studium des römischen Rechtes. Der Aufbau des weltlichen Gesetzes ähnelte in seinen inneren Strukturen zudem weithin der Formung und dem Stil kirchlicher Gesetze. Konnte die Rechtspraxis immerhin noch hinnehmen, daß ein weltlicher Jurist keine befriedigenden Kenntnisse auf dem Gebiete des kanonischen Rechtes aufwies, so durfte sie bei einem Kanonisten fehlende Bewandertheit mit der Legistik nicht ohne weiteres durchgehen lassen. Während das römische Recht nicht auf das Kirchenrecht als ergänzende Quelle verwies, waren indes die Rückbezüge des kanonischen Rechtes auf das weltliche Recht äußerst zahlreich. Die Rechtsprechung des kirchlichen Richters vollzog sich ergänzend stets nach römischem Recht, so daß er das Studium und die Instrumentation des weltlichen Rechtes für seine forensische Tätigkeit überhaupt nicht entbehren durfte. Das *ius canonicum* verlangte zwingend nach der sinngemäßen Ergänzung durch das *ius civile*. Insoweit äußert sich in dem Rechtssprichwort, in dieser Parömie, ein echter Niederschlag der Zusammengehörigkeit beider Rechte, symbolisch vergleichbar ebenfalls der Verleihung des Doktorgrades beider Rechte. Vor allem aber schimmert durch die lapidare Feststellung die hohe

---

[30]) Vgl. Paul Th. Hoffmann, *Der mittelalterliche Mensch. Gesehen aus Welt und Umwelt Notkers des Deutschen*, Gotha 1922 S. 168. — Adolf Stölzel hat das Ergebnis auf den einfachen Nenner gebracht: „... das kanonische Recht, das nichts anderes war als das römische Recht mit geistlichem Zusatz" (*Billigkeits- und Rechtspflege der Rezeptionszeit in Jülich-Berg, Bayern, Sachsen und Brandenburg*, Berlin 1910 S. 15).

[31]) Vgl. Hoffmann, *a. a. O.* S. 172.

Wertschätzung des römischen Rechtes und der Legistik durch die Kirche und die Kanonistik und die Relevanz des profanen Rechts für die kirchliche Rechtspraxis. Die Majestät des Zivilrechts wurde dabei durch die Autorität der Canones bestätigt[32]), das kanonische Recht erwuchs zur praktischen Nutzanwendung des Zivilrechts.

---

[32]) Cf. Henrici Zoesii Amersfortii ... *Commentarius in Jus Canonicum Universum sive ad Decretales Epistolas Gregorii IX P.M.*, Coloniae Agrippinae 1667, *Praefatio*, p. 2 n. 5. — Zu Heinrich Zoes (Zoesius), seit 1606 Professor in Löwen (gest. 1627), vgl. v. Schulte, *a. a. O.* S. 691 f. Nr. 33.

Zur Rechtsgeschichte der lex irritans

Unter dem Rechtsbegriff der *lex irritans* versteht die Kanonistik ein ungültig machendes Gesetz, mithin ein Gesetz mit einer Nichtigkeitssanktion. Eine *lex irritans* erklärt eine bestimmte Handlung deshalb für rechtsunwirksam, für nichtig, weil bei ihrer Vornahme juristische Fehler unterlaufen sind. So ist beispielsweise nach c. 1094 CIC die Eheschließung dann rechtlich ungültig, wenn ein Formmangel vorliegt[1]). Gemäß c. 11 CIC sind nach geltendem kanonischem Recht *leges irritantes* allerdings nur in jenen Fällen gegeben, in denen das Gesetz ausdrücklich oder auf gleichbedeutende Weise (*expresse vel aequivalenter*) die Unwirksamkeit einer Rechtshandlung bestimmt[2]).

I.

Rechtsgeschichtlich gesehen, wurde dieses Problem bereits vom römischen Recht berührt. Kaiser Theodosius hat jene Verträge für unwirksam oder nichtig (*pro infectis seu pro nullis*) erklärt, die gegen ein gesetzliches Verbot (*contra prohibitionem*) verstießen. Diese Rechtsregel wurde im Codex, in der berühmten lex *Non dubium* (C. 1, 14,5)[3]), verankert. Diese erklärte Rechtshandlungen, die kraft Gesetzes verboten waren, nicht allein für schädlich, sondern für schlechthin ungültig[4]). Das Verbot

---

[1]) Vgl. K. Mörsdorf, Lehrbuch des Kirchenrechts auf Grund des Codex Iuris Canonici I[11], München—Paderborn—Wien 1964 § 12 II 2 d S. 93.

[2]) Vgl. zur Auslegungsregel des c. 11 CIC statt anderer: K. Mörsdorf, Die Rechtssprache des Codex Iuris Canonici. Eine kritische Untersuchung (Görres-Gesellschaft. Veröffentlichungen der Sektion für Rechts- und Staatswissenschaft [künftig VdGG] 74. H.), Paderborn 1937, unveränd. Nachdruck Paderborn 1967 S. 93.

[3]) *Corpus Juris Civilis II*[12], Codex Justinianus ed. Paulus Krueger/Wolfgangus Kunkel, Berolini 1959 S. 68.

[4]) „... hoc est ut ea quae lege fieri prohibentur, si fuerint facta, non solum inutilia, sed pro infectis etiam habeantur ..." (C. 1, 14, 5). — Nahezu den gleichen Wortlaut übernahm das päpstliche Recht in Gestalt des c. 13 *Inperiali* C. 25 q. 2: „... ut ea, que contra leges fiunt, non solum inutilia, sed etiam pro infectis habenda sint ..."

gesetzwidrigen Handelns, insbesondere des unmittelbaren Verstoßes gegen Wortlaut und Sinn des Gesetzes, unterstrich ebenfalls die Glosse zur lex *Non dubium*[5]). So verbot eben das Gesetz Minderjährigen die Veräußerung von Grundstücken ohne Zustimmung ihres Vormunds und ohne richterliches Dekret[6]). Kein Vertrag erlangte Gültigkeit, sofern er gegen die Absicht des Gesetzes verstieß[7]). Aus dem römischen Recht gelangte die *lex irritans* in das kanonische Recht[8]). Schon Papst *Gregor I.* (590—604) hat die Geltung der theodosianischen lex *Non dubium* für die kirchliche Rechtsordnung verfügt und damit die römische Rechtsregel kanonisch rezipiert. *Gratian* selbst hat diesen Canon als das c. 13 *Inperiali* C. 25 q. 2 für die aufstrebende Kirchenrechtswissenschaft konserviert. Wenngleich Papst Innozenz III. (1198 bis 1216) 1198 immerhin noch die Feststellung getroffen hatte, daß an sich verbotene Handlungen gleichwohl Rechtswirksamkeit erlangen könnten[9]), bestimmte die Regula iuris 64 in VI⁰ lapidar: Rechtswidrige Handlungen müssen jedenfalls als nichtig bewertet werden — *Quae contra ius fiunt debent utique pro infectis haberi.* Die Glosse bemerkte dazu, daß diese Regel dort angewendet werde, wo ein dauernder Verbotsgrund (*perpetua prohibitionis causa*) gegeben sei[10]). Falls nur zeitweiliges, vorübergehendes Verbot vorlänge, habe diese Rechtsregel keinen Platz.

Deutlich trat in dieser Regula 64 zum Liber Sextus Bonifaz' VIII (1294—1303) die Nichtigkeitssanktion in Erscheinung, da alles, was

---

[5]) f *Non dubium*: „... Nam facere contra legem, est quando quis facit de directo contra verba & mentem legis ...“: *Codicis Dn. Iustiniani* sacratissimi principis pp. Augusti, repetitae praelectionis libri XII, Lugduni 1572 col. 141 D.

[6]) Ibidem: „Lex prohibet minorem alienare res immobiles sine auctoritate tutoris & decreto iudicis ...“

[7]) „... nullum pactum, nulla conventio, nullus contractus factus contra mentem legis valet ...“ (l. c.).

[8]) Cf. A. Vermeersch/J. Creusen, *Epitome Iuris Canonici* I[8], Mechliniae-Romae 1963, lib. I tit. I cap. I n. 103 p. 119.

[9]) c. 16 X *de regularibus* III, 31: „... multa fieri prohibentur, quae, si facta fuerint, obtinent roboris firmitatem“: *Corpus Iuris Canonici* II, ed. Ae. Friedberg, Graz 1959 col. 575.

[10]) „... hanc regulam habere locum in iis, quae perpetuam habent prohibitionis causam. Contraria in iis, que temporalem“: — *Liber Sextus Decretalium D. Bonifacii Papae VIII* etc. Cum Glossis diversorum, Lugduni 1618, Glossa a *Quae contra*, col. 843.

gegen das Verbot geschieht, nicht gelten könne[11]). Regelmäßig mußten Rechtshandlungen, die den Gesetzen widersprachen, *ipso iure* nichtig sein[12]). Dabei verstärkt sich der Eindruck, daß sowohl einseitige als auch zweiseitige Rechtsgeschäfte im Interesse der Rechtssicherheit für nichtig erklärt worden sind. Die *lex irritans* charakterisiert sich damit als eine ausgesprochene Mußvorschrift[13]).

Indes erscheint der Begriff der *lex irritans* im kirchenrechtlichen Schrifttum keineswegs als ein einheitlicher Terminus. Eine Reihe von Kanonisten entschied sich für eine restriktive Interpretation, da sie eine *lex irritans* nur anerkannten, wenn die vorgenommene, hier nichtige Handlung sonst — bei Fehlen der irritierenden Vorschrift — nach *ius divinum positivum* oder *ius naturale* rechtswirksam wäre[14]). Damit vertrat ein Teil der Schule die Lehrmeinung, die *lex irritans* stelle ausschließlich eine Norm des *ius humanum* dar, verkörpere also nicht göttliches, sondern kirchliches Recht[15]). Die *lex irritans* erscheint gleichzeitig als Korrektiv des Naturrechts. Verungültigende Gesetze verhindern entweder von vorneherein einen wirksamen Rechtsakt oder ermöglichen die nachträgliche Unwirksamkeit der Handlung[16]).

Zur guten Regierung des Gemeinwesens ist den Gesetzgebern die Irritationsgewalt gegeben. So konnte der Gesetzgeber im Interesse des Gemeinwohls durch sein Gesetz Verträge und andere menschliche Rechtsakte nichtig machen, so daß sie rechtlich ungültig blieben[17]). Dabei

---

[11]) „ ... quod si contra prohibitionem fiat, non valeat" (ibidem).

[12]) „Accidit, tum, quod ea, quae contra leges fiunt, regulariter ipso iure nulla sint ...": Cf. Johannes Henr. Mollenbecius, *Thesaurus Iuris Civilis* sive Succincta Explanatio Compendii Digestorum Schützio — Lauterbachiani ..., Lemgoviae 1717, lib. XIX tit. I n. 27 p. 805.

[13]) Vgl. Georg Graf, *Die Leges irritantes und inhabilitantes im Codex Iuris Canonici*, jur. Diss. München 1935, (VdGG 71. H.) Paderborn 1936, 16.

[14]) Vgl. Graf, ebd. Cf. St. Sipos-L. Gálos, *Enchiridion Iuris Canonici*, Romae [7]1960 § 7 n. 7b p. 18.

[15]) Vgl. dazu insbesondere Mörsdorf I[11] 93 Anm. 6.

[16]) Vgl. Ph. Hergenröther/J. Hollweck, Lehrbuch des katholischen Kirchenrechts, Freiburg i. Br. [2]1905 S. 135.

[17]) Anacletus Reiffenstuel, *Ius Canonicum Universum* I, Venetiis 1704, tit. II § XI n. 239 p. 91: „Certum est, quod Legislator lege a se condita, pro bono Communitatis, possit quosdam contractus aliosque actus humanos ita irritare, ut nullius sint roboris ac momenti."

vermochte die *lex irritans* auf *zweifache* Weise einen Vertrag zu vernichten: entweder *ipso iure* oder durch *richterliches* Urteil. Im ersten Falle
machte die lex durch sich selbst — ohne daß erst das Urteil des Richters
abgewartet werden mußte — den Vertrag nichtig, hob diesen auf und
annullierte ihn[18]). Deutlich wurde die ipso-iure-Wirkung der *lex irritans*
vornehmlich bei Vorliegen trennender Ehehindernisse (*impedimenta
dirimentia*). Hier war die Rechtshandlung, nämlich die Eheschließung,
weil sie eben von der *lex irritans* kassiert wurde, *ipso iure* und *ipso facto*
ungültig. Im zweiten Falle machte erst das Urteil des Richters die
Handlung nichtig. Nicht ipso iure irritierte hier das Gesetz, sondern erst
dann, nachdem die richterliche Entscheidung gefällt worden war. Ein
Beispiel lieferte der Kaufvertrag (*contractus venditionis*), bei dem eine
Täuschung über die Hälfte des gerechten Preises hinaus vorlag[19]). Die
diokletianische lex *Rem maioris precii* (C. 4, 44, 2) hatte diesen Sachverhalt tatbestandsmäßig erfaßt. Die Glosse hatte zwar unterstrichen,
daß es grundsätzlich den Vertragsparteien erlaubt sei, sich zu betrügen.
Indes wird die Gültigkeit derartiger Rechtsgeschäfte dann gemildert,
wenn sich herausstellt, daß die Täuschung übermäßige Formen angenommen hat. Dies aber trifft bei Vorsatz (*dolus*) zu[20]). Die gleiche Lage
ist gegeben, wenn der Vertrag aus schwerer Furcht (*ex metu gravi*) und
rechtswidrigem Anlaß (*iniuste incusso*) geschlossen wurde[21]), wie es die
Glosse in c. 5 *Super hoc* X *de renuntiat.* I, 9 beim Verbum „Resignationis"
unterstrich. Die Vernichtbarkeit eines Rechtsaktes konnte zuweilen
schwierig werden, andererseits wiederum auch ohne Schwierigkeit

---

[18]) „Lex per se ipsam ... ipsum (actum!) irritat ...": Reiffenstuel, l. c. n.
240 ibidem.

[19]) „... ut est contractus venditionis, in quo intervenit deceptio ultra dimidium
justi pretii L. 2 C. *De rescind. vendit.*: Reiffenstuel, l. c. n. 241 ibidem. Das
geltende österreichische bürgerliche Recht (§ 934 ABGB) gewährt insofern einer
Vertragspartei das Anfechtungsrecht wegen Verletzung über die Hälfte, wenn
die ihr erbrachte Leistung nicht die Hälfte des Marktpreises erreicht. Diese
Anfechtung verneint den Bestand des „zweiseitig verbindlichen" Rechtsgeschäfts
(vgl. Kapfer, Das Allgemeine bürgerliche Gesetzbuch[26], Wien 1960 § 934 E. 1).

[20]) Glossa h *Humanum est* zur lex 2 *Rem maioris* C. *De rescindenda venditione*
(C. 4, 44, 2): „Secus de rigore iuris, cum licuit contrahentibus sese decipere ...
Sed ille rigor mitigatur, cum est immensa deceptio: sicut & quando inest dolus...":
Codicis Dn. Iustiniani col. 833 D.

[21]) „Item contractus ex metu gravi, atque iniuste incusso celebrati, juxta
Glossam in c. Super hoc Verbum. *Resignationis, de Renuntiat*": Reiffenstuel,
l. c. n. 241 p. 91.

durchzuführen sein. Um die Form der *irritatio explicita* handelte es sich, wenn die Nichtigkeitssanktion klar und ausdrücklich formuliert war. Falls das Gesetz bestimmte, wenn anders gehandelt wird, entbehrt alles der Rechtswirksamkeit, ist die Handlung nichtig, war eine eindeutige *irritatio explicita* gegeben[22]). So hatte Papst *Gregor X.* (1271—1276) auf dem 2. Konzil von Lyon im Jahre 1274 verfügt, daß die in Kirchen durchgeführten Verfahren weltlicher Richter, insbesondere deren dort gefällte Entscheidungen, nichtig seien (c. 2 *Decet domum* § 1 in VI⁰ *de immunitate ecclesiarum* III, 23)[23]). Gleichwohl beeilte sich die Glosse hinzuzufügen, daß Verträge, die in Kirchenbauten geschlossen worden seien, nicht von der Nichtigkeitssanktion dieser Dekretale betroffen werden, sondern vielmehr Geltung besäßen[24]). Auf dem Konzil von Vienne hatte dann Papst *Clemens V.* (1305—1314) bestimmt, daß Vereinigungen (*uniones*) und Inkorporationen von Kirchen nichtig seien, wenn der Pfarrer (*rector ecclesiae*) nicht die Zustimmung erteilte (c. 2 *Si una ecclesia* in Clem. *de rebus ecclesiae non alienandis* III, 4)[25]).

Hingegen war eine sogenannte *irritatio implicita* anzunehmen, falls die Strafsanktion mit Worten von gleicher Bedeutung (*per verba aequivalentia*) umschrieben wurde. Da eine bestimmte Form gefordert wird, steht und fällt der Rechtsakt mit der Beobachtung dieser Formvorschrift. Wird diese verletzt, ist die gesamte Rechtshandlung nichtig[26]). So verstieß nach dem Tridentinum (Sessio 24 cap. 1 *de reformatione matrimonii*) schließlich jede heimliche (formfreie) Ehe (*matrimonium clandestinum*) gegen das Gesetz. Die *lex irritans* erklärte daher das matrimonium clandestinum wegen Mangels der ordentlichen tridentinischen Eheschließungsform für schlechthin rechtsunwirksam.

Hingegen lag keine *lex irritans* vor, falls eine Eheschließung trotz

---

[22]) Cf. Reiffenstuel, l. c. n. 243 p. 91.

[23]) „Et nihilominus processus iudicum saecularium, ac specialiter prolatae sententiae in eisdem locis omni careant robore firmitatis": *Corpus Iuris Canonici II*, ed. Friedberg, col. 1062.

[24]) Glossa z *Processus* ad c. 2 *Decet domum* in VI⁰ *de immunitate ecclesiarum* III, 23: „Quid de contractibus initis in Ecclesia, nunquid valebunt? Dic, quod non debent fieri: et qui faciunt, peccant per hanc decretalem: tamen contractus tenent ...": Liber Sextus Decretalium (Anm. 10) col. 586. Die Sünde des Zuwiderhandelnden berührte nicht die Gültigkeit der geschlossenen Verträge.

[25]) Glossa i *Rector* ad c. 2 *Si una* in Clem. *de rebus non alienandis* III, 4 kommentierte: „De rectore Ecclesiae, non de praelato, cui subest Ecclesia, loquitur, cuius consensus requiri videtur": Clementis Papae V. Constitutiones (gleicher Band wie Anm. 10) col. 175.

[26]) Reiffenstuel, l. c. n. 243 p. 91.

Verbots während des Interdikts oder bereits vor dem dreifachen Aufgebot oder mit dem Gelübde einfacher Keuschheit vorgenommen wurde.
Dann war die Ehe gültig, ebensowenig unerlaubt[27]).

II.

Gewöhnlich unterschied die Lehre bestimmte Grundtypen von *leges
irritantes*. Zunächst ist an den Fall zu denken, daß der in einem nicht
feierlichen und ungültigen Testament eingesetzte Erbe die Erbschaft
nicht antreten konnte. Wer sichere Kenntnis hatte, daß das ihn begünsti-
gende Testament ungültig sei, konnte nicht Erbe werden. Die *sedes
materiae* bildete die berühmte Ulpianstelle der lex *Cum quidam* § *Si
certus* im Digestentitel *De adquirenda vel omittenda hereditate* (D. 29, 2,
30 § 8)[28]), die das Recht des Erben von der Rechtsgültigkeit des Testaments abhängig machte. Eine *lex irritans* verband sich ebenfalls mit dem
Senatus Consultum Vellaeanum[29]), das Frauen die Interzession, insbesondere die Bürgschaftsübernahme, untersagte. So blieb eben die
Bürgschaftserklärung einer Ehefrau für ihren Ehemann nichtig und
damit sie von jeder Verpflichtung frei[30]). Ebenso galt eine Prälatenwahl
nicht, bei der die kanonische Form mißachtet wurde[31]).

In der *lex irritans* gelangte die Verungültigung der Rechtshandlung
unmittelbar zum Ausdruck[32]), so daß diese als überhaupt nicht vorgenommen betrachtet werden mußte.

---

[27]) „Sic Matrimonium prohibetur celebrari tempore Interdicti, vel ante trinam
denuntiationem, aut cum voto simplici castitatis; & tamen, si ita contrahatur,
validum est, etsi non licitum": Reiffenstuel, l. c. n. 244 p. 91.

[28]) „Si certus sum non esse falsum testamentum vel irritum vel ruptum, licet
dicatur esse, possum adire hereditatem": *Corpus Iuris Civilis* I⁶, Digesta rec.
Theodorus Mommsen / Paulus Krueger / Wolfgangus Kunkel, Berolini
1954 S. 441. — Einen Paradefall der *lex irritans* hatte Placidus Böckhn
einprägsam umrissen: „Imprimis haeredem in testamento non solemni ac invalido
institutum non posse adire haereditatem ...": *Comi. entarius in Ius Canonicum
universum I*, Salisburgi 1735, lib. I tit. II n. 109 p. 64.

[29]) Vgl. dazu statt anderer M. Kaser, *Das römische Privatrecht* I (Handbuch
der Altertumswissenschaft 10. Abt. 3. Teil III. Bd. 1. Abschnitt), München 1955,
§ 156 S. 558 (mit weiteren Literaturangaben).

[30]) „Si ergo foemina de contractu mariti fidejusserit, ita ex SCto Vellejano
ab omni obligatione est libera ...": Böckhn, l. c. n. 110 p. 65.

[31]) „Electio Praelati sine forma canonica adeo non valet": Böckhn, l. c.
n. 113 p. 65.

[32]) „Sed in lege irritante directe exprimit irritationem actus, ita ut eum habeat
pro non posito". Böckhn, l. c. n. 114 ibidem.

III.

Eine erhebliche Frage warf sich schließlich auf, ob sich die Wirkung der *lex irritans* einfach auf beide Foren, den Rechts- und Gewissensbereich, erstreckte, d. h. ob dieses Gesetz den Rechtsakt sowohl für das *forum externum* als auch für das *forum internum* für nichtig erkläre. Die bewährte weltliche und kirchliche Rechtspraxis vertrat die Auffassung, aus gerechten Gründen werden bei Existenz einer *lex irritans* Rechtshandlungen, vornehmlich Verträge, *ipso iure* vernichtet. So blieb eine Eheschließung bei Vorliegen eines trennenden Ehehindernisses, eine Wahlhandlung bei Verstoß gegen den Wahlmodus in c. 42 *Quia propter* X *de electione* I, 6 rechtlich unwirksam[33]). Die Glosse zu c. 50 *Cumana* X *de electione* I, 6 erkannte in Befragung, Bekanntmachung und Sammlung das Wesen der Wahlform. Wo diese fehlten, war der Wahlakt ungültig[34]). Die *lex irritans* unterband das Wesen der Handlung. Aber diese Rechtsfolgen verwirklichten sich begreiflicherweise zunächst nur im Rechtsbereich, *in foro externo*. Konnte vor Gericht der kirchliche Richter entscheiden bzw. feststellen, daß die *lex irritans* die Ungültigkeit eines Rechtsaktes herbeigeführt habe, so wurde daneben das Problem rechtlich erheblich, ob unabhängig von dieser richterlichen Entscheidung gerade aus der Tatsache der Ungültigkeit der Rechtshandlung gefolgert werden könne, der Akt sei ebenfalls für den Gewissensbereich — *pro foro interno* — nichtig. Während manche Kanonisten die Wirkung der lex irritans für den Gewissensbereich einfach bejahten, unterschieden andere Gelehrte sehr sorgfältig bei der Prüfung dieser Frage. Der Standpunkt des Salzburger Benediktinerkanonisten *Placidus Böckhn* († 1752) in seinem Handbuch des kanonischen Rechts[35]), der sich weithin der Argumentation seines Mitbruders und Vorgängers *Franz Schmier* († 1728) anschloß, verdient besondere Beachtung. Dieser Gelehrte argumentierte, wenn der kirchliche Gesetzgeber eine *lex irritans* erlasse, aber nicht zureichend feststelle, ob deren Rechtsfolge ebenfalls für den Gewissensbereich gelten sollte, sei im Zweifel dahin zu erkennen, daß die Irritation

---

[33]) Cf. Reiffenstuel, l. c. n. 251 p. 92.
[34]) Glossa c *Contra formam* ad c. 50 *Cumana* X *de electione* I, 6: „Inquisitio, publicatio, collatio sunt de substantia: ut si omittantur, cassatur electio, & in continenti fieri electio: alias si protrahatur, non valet": *Decretales D. Gregorii Papae IX.* cum glossis diversorum ... Lugduni 1618 col. 191.
[35]) *Commentarius in Ius Canonicum universum* I, Salisburgi 1735.

ausschließlich für das *forum externum* anzunehmen sei[36]). Wenn der
Tatbestand dunkel war, konnte nur das rechtliche Minimum gefordert
werden. Schon die Regula iuris 30 in VI⁰ hatte diesen Standpunkt proklamiert: „In obscuris minimum est sequendum". Das bedeutete, daß
kleineren rechtlichen Lasten geringere Rechtspflichten korrespondierten.
Was nicht sonderlich belastete, verpflichtete auch nicht besonders[37]).
Wenn daher das irritierende Gesetz nicht mit einer entsprechenden
Klausel versehen war, die die Ungültigkeit des Rechtsaktes ebenfalls
ausdrücklich auf den Gewissensbereich erstreckte, galt die *lex irritans*
als nicht für die beiden Bereiche, sondern ausschließlich für den Rechtsbereich erlassen[38]). In vielen Fällen genügte ohnehin für den Gesetzes-
zweck, daß die Handlung im Rechtsbereich nichtig war. Der Richter
mußte nach Prüfung des Mangels oder Hindernisses lediglich den Akt
für ungültig erklären, ihm jede rechtliche Kraft nehmen. Gleichwohl
entstand die Bindung im Gewissen nicht unbedingt aus dem deklarato-
rischen Urteil des Richters. Wenn auch beispielsweise ein *ipso iure* nichtiger
Rechtsakt von vornherein keine Gültigkeit für das *forum externum*
hatte, mußte er für das *forum internum* solange gelten, bis er verworfen
und aufgehoben ist. Nach Auffassung des bayerischen Kirchenrechtslehrers *Vitus Pichler* S. J. (1670—1736)[39]) konnte daher ein in ungültiger
Wahl gewählter Prälat vor der Verwerfung des nichtigen Wahlaktes das
geistliche Amt in seinem Gewissen behaupten[40]). Grundsätzlich verpflichtete zwar jedes kirchliche Gesetz im Gewissen. Davon durfte auch nicht
die *lex irritans* ausgenommen werden. Aber diese verpflichtete nicht
schon zur Aufgabe der Rechtshandlung[41]). Dem Gesetz sollte eben kein
anderer Sinn unterlegt werden, als ihn die Rechtssprache ergab. So war
pro foro animae ein der *lex irritans* ausgesetztes Testament bis zur Feststellung der Ungültigkeit durch richterliches Urteil gültig. Wenngleich

---

[36]) „... ergo si Legislator simpliciter tantum irritet actum, nec satis declaret,
utrum pro foro etiam interno id accipiendum sit, intelligi debet de irritatione pro
foro exteriori": Böckhn, l. c. n. 105 III p. 63.

[37]) „... hoc est, quod minus gravat, minus obligat": Böckhn, l. c. ibidem.

[38]) „... argumento id est, quod non pro utroque sed solo foro externo sit
edita": Böckhn, l. c. n. 105 IV ibidem.

[39]) Über Pichler vgl. zuletzt U. Mosiek: LThK VIII² 493f.

[40]) „ ... cum electio vel alius actus ipso jure irritatus non habeat valorem pro
foro externo, debet saltem valere pro foro interno, antequam reprobetur, casse-
tur & c. ita ut electus ante cassationem possit Praelaturam retinere in conscientia.
Haec P.(ater) *Pichler*.": Böckhn, l. c. n. 105 VI p. 63.

[41]) „Sed non obligat ad omissionem actus ...": Böckhn, l. c. n. 106 p. 64.

die Rechtshandlung wegen der Existenz der *lex irritans* auch niemals zivilrechtliche Wirksamkeit erlangen konnte, vermochte sie bis zum Nichtigkeitsurteil gleichwohl tatsächlich (*naturaliter*) verbindlich zu sein. Aufgrund der richterlichen Entscheidung, die die Nichtigkeit des Rechtsaktes feststellte, wurde diese Nichtigkeit mittels einer Rechtsfiktion (*fictio iuris*) auf den Zeitpunkt der Vornahme des Rechtsaktes zurückbezogen, so daß dieser als von Anfang an (*ex tunc*) ungültig bewertet wurde[42]. Bereits gezogene Früchte mußten daher zurückerstattet werden.

IV.

Im gegenwärtigen System des kanonischen Rechts stellt gerade das Fehlen der *leges irritantes* im 5. Buch des CIC, ihre Nichtberücksichtigung bei den kirchlichen Strafen, den Strafcharakter der *lex irritans* besonders stark in Frage[43], obschon dieser zweifellos beim simonistischen Geschäft (c. 729 CIC) gegeben ist. Im alten Recht wurde die *lex irritans* hingegen vermehrt als Strafgesetz (*lex poenalis*) berücksichtigt. Wenn die lex nicht nur mit der Nichtigkeitssanktion ausgestattet war, sondern ebenfalls eine Strafsanktion aufwies, aber ausschließlich bestimmte, die Rechtshandlung sei ungültig, konnte sie vor dem Aufhebungsurteil gewissensmäßig überhaupt nicht verpflichten. Der Fall war ganz entsprechend wie bei Strafgesetzen gelagert, die auf eine *poena latae sententiae* erkannten. Immerhin annullierten gewisse Gesetze nicht allein die Rechtshandlungen, sondern sprachen zugleich Strafen gegen die unkanonisch Handelnden aus. So nahm c. 42 *Quia propter* X *de electione* I, 6 strafweise denjenigen, die den Formfehler bei der Wahlhandlung verursachten, das Wahlrecht (*eligendi potestas*)[44]. Andererseits erklärte die Glosse *Conperimus* zu c. 2 C. 14 q. 6 den Bischof, der wissentlich und unüberlegt aus geraubtem Edelmetall gefertigte Meßkelche konsekrierte,

---

[42] „... numquam tamen valuit civiliter: ac proin, si subsequatur sententia super nullitate ejus, haec per fictionem juris retrotrahitur, ita ut actus ille censeatur esse, ac semper fuisse invalidus, & nullius roboris": Reiffenstuel, l. c. n. 260 p. 93.

[43] Vgl. Graf, a. a. O. S. 16.

[44] c. 42 X *de electione* I,6: „... Qui vero contra praescriptas formas eligere attentaverint, eligendi ea vice potestate priventur". — Cf. Böckhn, l. c. n. 113 p. 65. — Nicht von ungefähr bemerkte die Glosse c *Contra formam* zu c. 50 *Cumana* X *de electione* I, 6: „... ita quod qui contra (formam) facit, punitur": *Decretales D. Gregorii Papae IX* (Anm. 34) col. 191.

zum Räuber des verarbeiteten Silbers und Goldes[45]). Eng mit der Verungültigung (*irritatio*) selbst war bei der *lex irritans* das Unrecht (*nefas*)
des die nichtige Rechtshandlung Ausführenden verknüpft. So beging
beispielsweise ein mit einem trennenden Ehehindernis behafteter Mensch
schuldhaft ein strafbares sachliches Sakrileg[46]), da er das Ehesakrament
mißbrauchte, wenn er eine von vorneherein nichtige Eheschließung
versuchte. Der schuldhaft ein ungültiges Ordensgelübde abgebende
Professe verspottete mit seinem nichtigen Votum Gott und den Ordensstand[47]).

V.

Ein Rechtsproblem besonderer Art stellte sich, ob Unkenntnis (*ignorantia*) der *lex irritans* entschuldbar sei. In der älteren Kanonistik stand
fest, daß, falls ein Gesetz eine Handlung für nichtig erklärte, grundsätzlich Unkenntnis des Gesetzes, und zwar ebenfalls unvermeidliche Unkenntnis (*ignorantia invincibilis*), keinen Entschuldigungsgrund lieferte.
Eine Ausnahme bildete allein der Fall, daß zufällig die Ungültigkeit
geradezu die Bestrafung der Handelnden forderte[48]). Der Grund dafür,
daß Unkenntnis der *lex irritans* im Prinzip nicht entschuldigen konnte
lag in der herrschenden Lehre, wonach Unkenntnis nicht den Mangel
eines wesentlichen rechtlichen Erfordernisses zu ersetzen vermochte[49]).
Auch nach geltendem Recht schützt Unkenntnis der *leges irritantes* im
Interesse der Rechtssicherheit nur dann, wenn dies im Gesetz ausdrücklich bestimmt ist (c. 16 § 1 CIC). Die Wirkungen der *lex irritans* treten
grundsätzlich ohne Rücksicht auf Wissen oder Nichtwissen der Beteiligten ein, da der *lex irritans* ein strengerer, höherer Verpflichtungs-

---

[45]) *Casus*: Aliquis rapuit argentum, vel aurum. Episcopus hoc sciens, calices
inde factos temere, et inconsulte consecravit ... Et dicit Benev. & etiam
Hug.(Huguccio) hoc innuit, quod Episcopus, qui consecravit, raptor fuit illius
argenti, & auri.

[46]) Das Wesen des Sakrilegs umschrieb *Regula iuris* 51 in VI⁰: „Semel Deo
dicatum non est ad usus humanos ulterius transferendum.“

[48]) „Peccat etiam faciens professionem Religiosam invalidam, quia per vota
nulla & Deo & Religioni illudit“: Böckhn, l. c. n. 103 p. 63.

[48]) „... nisi forte irritatio facta sit praecise in odium, & poenam agentium“:
R. P. F. Schmalzgrueber, *Ius Ecclesiasticum Universum* I, Neapel 1738, pars I
tit. II n. 40 p. 60.

[49]) „... ratio est, quia ignorantia non supplet defectum alicujus requisiti sub-
stantialis“ (ibidem).

charakter als anderen Gesetzen anhaftet[50]). Die *lex irritans* tritt ebenfalls *unbedingt* in Kraft[51]).

Im allgemeinen läßt die *lex irritans* auch nicht die Epicheia, die *aequitas canonica*, zu. Die Billigkeit (*aequitas canonica*) kann nicht die Nichtigkeitssanktion der *lex irritans* abschwächen und mildern. Diese zeigt auch nicht die Kraft, wenn sie in eine Tatsachenvermutung (*praesumptio facti*) gekleidet wird und diese Tatsache nicht besteht[52]). Im alten Recht konnte die *lex irritans* zuweilen den Charakter einer *lex canonizata* annehmen. So galt die profane lex *Non dubium* (C. 1, 14, 15) schließlich seit dem Pontifikat des Papstes *Gregor I.* (590—604) auch im kirchlichen Bereich fort. Im Dekret des Kamaldulensers *Gratian* propagierte sie in Gestalt des c. 13 *Inperiali* C. 25 q. 2 schlechthin den unverrückbaren Grundcharakter der *lex irritans*, daß gesetzwidrige Handlungen immer rechtsunwirksam bleiben.

---

[50]) Cf. M. Conte A Coronata, *Institutiones Iuris Canonici* I⁴, Taurini-Romae 1950, 35; Mörsdorf I¹¹ § 13 II 2 a S. 101.

[51]) Vgl. A. Perathoner, *Das kirchliche Gesetzbuch* (Codex Iuris Canonici), Brixen ⁵1931, S. 56 Anm. 1.

[52]) Cf. Conte a Coronata, *Institutiones* I 35 s.

Die weltliche Gerichtsbarkeit
der Salzburger Erzbischöfe im Mittelalter

I.

Trotz zahlreicher moderner Interpretationen und eigenwilliger Analysen dürfte die Tatsache unbestritten sein, daß die alten Grafenrechte, insbesondere die Hochgerichtsbarkeit, zur Substanz der mittelalterlichen Landeshoheit zählten[1]. Die Forschung hat längst erfaßt, daß die Landeshoheit in Salzburg einen individuellen Entwicklungsgang genommen hat, zumal sich dort die Position der geistlichen Landesfürsten nicht ausschließlich durch großzügige königliche und herzoglich bairische Schenkungen, durch die Verleihung des Forstbannes an die Kirche und durch die Ausweitung der Immunität verankerte, sondern namentlich seit Anfang des 14. Jahrhunderts der Erwerb von Grafschaftsrechten, die zuvor Adelsgeschlechtern geeignet hatten, durch den Erzbischof zum entscheidenden landesherrschaftlichen Element erwuchs[2]. Wie die Hochstifter des alten Reiches stellte auch das Erzstift Salzburg eine *beschränkte Wahlmonarchie* dar. Dabei verkörperte der Salzburger Erzbischof nicht allein den Inhaber geistlicher Rechte; darüber hinaus eigneten ihm politische Privilegien und Rechte. So war er Fürst des Heiligen Römischen Reiches, zugleich unter den deutschen nichtkurfürstlichen Metropoliten der einzige mit Sitz und Stimme im Reichstag. Seit dem Jahre 1500 alternierte er mit Österreich in der ersten Stelle auf der geistlichen Fürstenbank, seit 1438 rückte er zum ausschreibenden Für-

---

[1] Vgl. Richard Schröder/Eberhard Frh. von Künßberg, Lehrbuch der deutschen Rechtsgeschichte⁷, Berlin und Leipzig 1932, § 50, 2 S. 644 ff.

[2] Vgl. Karl u. Mathilde Uhlirz, Handbuch der Geschichte Österreich-Ungarns, I — 1526², Graz—Wien—Köln 1963 S. 320.
Immerhin hatten die Salzburger Erzbischöfe seit dem 8. Jahrhundert durch Schenkungen der fränkischen und deutschen Kaiser und der bairischen Herzöge zahlreiche Grundherrschaften im Salzburggau, in Steiermark, Kärnten und Österreich erhalten und im 9. Jahrhundert die Immunität empfangen (vgl. Otto Stolz, Grundriß der Österreichischen Verfassungs- und Verwaltungsgeschichte, Innsbruck—Wien 1951 S. 73 Nr. 7).

sten und im 16. Jahrhundert vollends zum Direktor des bayerischen Kreises auf[3]).

Kaiser Friedrich I. bestätigte schon am 14. Juni 1178 dem Salzburger Erzbischof Konrad III. von Wittelsbach (1174—1183) sämtliche dem Erzbistum von den deutschen Kaisern und Königen, mithin von seinen Amtsvorgängern, verliehenen Freiheiten und Rechte[4]). Indes hat die eigentliche salzburgische Landeshoheit erst der staufisch gesinnte Metropolit Eberhard II. Graf von Regensberg (1200—1246), der vormalige Bischof von Brixen (1196—1200), begründet[5]). Erzbischof Eberhard II. hat namentlich die Grafschaften im Stiftsprengel erworben, in denen der Erzbischof nicht von vorneherein die Gerichtshoheit besaß[6]). Unter ihm gelangten die Grafschaftsrechte im Pinzgau, Lungau und Pongau an das Stift[7]). Mit diesem Besitzerwerb hat dieser Landesfürst ebenfalls die Bildung eines geschlossenen Territoriums eingeleitet. Nicht zuletzt kam diesem Metropoliten der Umstand zugute, daß die Grafen von Megling, Beilenstein und Lebenau ausgestorben waren und damit die Bevogtung in diesem Sektor entfallen war[8]). Die Unabhängigkeit des Erzstifts Salzburg wurde durch Maßnahmen seiner Erzbischöfe garantiert, die sich im 13. Jahrhundert verstärkt anschick-

---

[3]) Vgl. zur Rechtsstellung des Erzbischofs von Salzburg eingehend Benedikt Pillwein, Das Herzogthum Salzburg oder der Salzburger Kreis, Linz 1839 S. 164f.

[4]) Regest: Andreas v. Meiller, Regesten zur Geschichte der Salzburger Erzbischöfe Conrad I., Eberhard I., Conrad II., Adalbert, Conrad III. und Eberhard II. (Regesta Archiepiscoporum Salisburgensium), Wien 1866 p. 131 n. 18. — Zu den Vorgängen um die Wahl Konrads von Wittelsbach zum Erzbischof von Salzburg siehe ebenfalls Wilhelm v. Giesebrecht/Wilhelm Schild, Geschichte der deutschen Kaiserzeit, Bd. 5, Meersburg 1930 S. 705f. — Das Privileg von 1178 VI 14 macht die engen Beziehungen dieses prinzlichen Metropoliten zum Kaiser deutlich (vgl. v. Giesebrecht, a. a. O. S. 717).

[5]) Benno Hubensteiner, in: Geschichte der deutschen Länder — „Territorien-Ploetz" I. Bd., hrsg. von Georg Wilhelm Sante, Würzburg 1964 S. 330, apostrophiert Erzbischof Eberhard II. als den wahren „Begründer des Landes Salzburg". — Über Erzbischof Eberhard II. vgl. J. Hirn, Erzbischof Eberhard II. Beziehungen zu Kirche und Reich, Krems 1875 u. zuletzt statt anderer Josef Wodka, LThK² III (1959) Sp. 629.

[6]) Vgl. Hans Widmann, Geschichte Salzburgs I, (Allgemeine Staatengeschichte, hrsg. von K. Lamprecht, 3. Abt.: Deutsche Landesgeschichten, hrsg. von Armin Tille) Gotha 1907 S. 139.

[7]) Vgl. Hubensteiner (Anm. 5), ebd.

[8]) Vgl. Sigmund von Riezler, Geschichte Baierns II (Gotha 1880), Neudruck Aalen 1964 S. 211.

ten, erledigte Grafschaften kirchlichen Ministerialengeschlechtern kraft
Lehnrechts (*iure feodali*) zu übertragen[9]). Die Reichsgesetzgebung Kaiser
Friedrichs II., insbesondere die Bestimmungen der in Frankfurt erlassenen königlichen *confoederatio cum principibus ecclesiasticis* vom 26. April
1220, die bestehende Lehnsstreitigkeiten schlichten und das freie Ver-
fügungsrecht des Lehnsherrn garantieren sollten, boten hierzu die
rechtliche Handhabe[10]). Das *vinculum feudale*, das Lehnsband, das als
gegenseitige Treueverpflichtung diese Lehnsleute an den erzbischöflichen
Lehnsherrn knüpfte, vermochte nicht wie bei den alten Grafendynastien
abgeschüttelt oder im eigenen landeshoheitlichen Interesse ausgeweitet
zu werden. Der Rückfall der verliehenen Gerichte und Ämter wurde
nicht zuletzt durch Erbschaft und Rückkauf erleichtert. Zudem erhielt
bereits am 14. September 1201 Erzbischof Eberhard II. von König
Philipp (1198—1208) die Reichsabteien Chiemsee und Seeon mit sämtlichen Rechten zugesprochen[11]). Dieser Metropolit hat immer wieder auf
die Macht seines weltlichen Armes gepocht, vielfach gegenüber den
Bürgern des Stiftsgebietes das *brachium potestatis secularis* betont[12]).
Der König hat umgekehrt bei seinen Schutzbriefen ebenfalls die Juris-
diktion des Salzburger Erzbischofs berücksichtigt und respektiert[13]).
Am 22. September 1207 hat König Philipp den restlosen Erwerb der
Herrschaft Matrei durch das Salzburger Erzstift konstatiert[14]). Heinrich
VII. (1222—1242) überließ unterm 18. August 1228 dem Erzbischof

[9]) Vgl. Widmann, ebd.
[10]) Art. 5 der Confoederatio cum principibus ecclesiasticis hatte immerhin die
formelle Zusicherung des Königs fixiert, daß die Vergabung von Kirchenlehen
in die freie Willensentscheidung des dominus feudi gelegt sei: „Et si ipse feodum
de bona et liberali sua voluntate nobis conferre voluerit, recipiemus, amore vel
odio non obstante" (Karl Zeumer, Quellensammlung zur Geschichte der
deutschen Reichsverfassung in Mittelalter und Neuzeit², I, Tübingen 1913 Nr. 39
S. 43). — Vgl. dazu ergänzend und weiterführend Erich Klingelhöfer, Die
Reichsgesetze von 1220, 1231/1232 und 1235. Ihr Werden und ihre Wirkung im
deutschen Staat Friedrichs II. (Quellen und Studien zur Verfassungsgeschichte
des Deutschen Reiches in Mittelalter und Neuzeit Bd. VIII, Heft 2), Weimar
1955 S. 50; Widmann, ebd.
[11]) Meiller (Anm. 4), p. 172 n. 14.
[12]) Vgl. beispielsweise Meiller, p. 178 n. 39 (Vorwurf des Erzbischofs Eberhard II. gegenüber den Bürgern von Salzburg, Lauffen und Hallein — 1202).
[13]) Vgl. etwa den königlichen Schutzbrief für die Propstei Reichersberg von
1205 V 24 „salva in omnibus archiepiscopi Salzburgensis iurisdictione" (Meiller,
p. 186 n. 77).
[14]) Meiller, p. 191 n. 99.

Eberhard II. das *Ius Regalium,* mithin die Regalität, der Grafschaften Pinzgau und Plain[15]). Immer wieder wurde die Stellung des Erzbischofs als des zeitlichen Herrn und damit als des profanen Herrschaftsträgers unterstrichen[16]).

Dabei muß betont werden, daß offenbar in praxi die salzburgische Hochstiftsvogtei keine ausschlaggebende Rolle gespielt haben dürfte[17]). Wilhelm Erben hat ehedem festgestellt, daß der Salzburger Vogt des frühen 10. Jahrhunderts kein permanentes Amt bekleidete, sondern nach Gelegenheit aus dem Kreise der erzbischöflichen Hofpersonen genommen wurde, um einzelne Rechtsgeschäfte, die der Einschaltung eines Vogtes bedurften, vorzunehmen[18]). Der Umschwung vom Bischofs- zum Hochstiftsvogt war um die Wende des 11. zum 12. Jahrhundert bereits vollzogen[19]). Maßgeblichen Anteil an der später festzustellenden Konsolidation der Herrschaftsverhältnisse im Erzstift dürfte dem eifrigen Klostergründer Konrad I. (1106—1147) zukommen. Als energischer Regent hat er seine Gegner und Opponenten des Landes verwiesen[20]). Im 12. Jahrhundert war die Vogtei bereits erblich geworden, stand dem Hause Beilenstein zu, das die vormaligen Aribonen und Spanheimer als Vögte abgelöst hatte. Gleichwohl kann nicht übersehen werden, daß sich bereits im 11. Jahrhundert Gegenwehr gegen die Erblichkeit des Vogtamtes regte[21]). Das entscheidende Privileg, das den Salzburger Erzbischöfen, übrigens gleichzeitig auch den Suffraganen von Regensburg und Passau, ihre Freiheiten und Rechte bestätigte, stammte von König Rudolf. Er erteilte es am 4. August 1274 zu Hagenau[22]), zusammen mit den Regalien[23]). Im gleichen Hagenau hat übrigens am 5. Dezember 1292 König Adolf dem Salzburger Erzbischof die regalia feoda verliehen[24]).

---

[15]) Meiller, p. 242 n. 322.

[16]) Vgl. Urk. von 1291 IX 22 (Regesten der Erzbischöfe von Salzburg II Nr. 75 S. 9).

[17]) Vgl. Franz Martin, Die kirchliche Vogtei im Erzstifte Salzburg. Mitteilungen der Gesellschaft für Salzburger Landeskunde 46 (Salzburg 1906) S. 421.

[18]) Dieser Auffassung ist ebenfalls Franz Martin, a. a. O. S. 346f., beigetreten.

[19]) Zu den Einzelheiten vgl. Franz Martin, a. a. O. S. 421f.

[20]) Vgl. Franz Martin, ebd., insbesondere S. 422.

[21]) Vgl. Sigmund von Riezler, Geschichte Baierns I/2 S. 389f.

[22]) Regesten der Erzbischöfe und des Domkapitals von Salzburg I (1247 bis 1343), bearb. von Franz Martin, Salzburg 1928 Nr. 690 (S. 89). — Im folgenden zitiert: Reg. der EB. v. Salzburg.

[23]) Reg. der EB. v. Salzburg I Nr. 691 (S. 90).

[24]) Reg. der EB. v. Salzburg II Nr. 153 (S. 20).

Zuvor waren am 21. November 1274 die Freiheiten der geistlichen Fürsten bestätigt worden[25]), die ebenfalls bei der Rechtsstellung der Metropoliten Berücksichtigung finden müssen.

II.

Was nun die Gerichtshoheit der Salzburger Erzbischöfe selbst anlangt, so muß festgestellt werden, daß diese bis zum Ausklang des 14. Jahrhunderts bereits das Gesamtgebiet im Westen und Norden der Kathedralstadt erfaßt hatte[26]). Die Gerichtsgewalt (*comitia sive iudicium*) in der Provinz Chiemgau ist dem Salzburger Metropoliten schon am 27. Juli 1254 zugesprochen gewesen[27]). Zu größter Bedeutung für die Frage der Gerichtshoheit des Salzburger Erzbischofs erwuchs ein Schreiben König Rudolfs für den Metropoliten von Salzburg aus dem Jahre 1278[28]). Damals konzedierte der Herrscher dem Erzbischof die volle Gewalt (*plena et libera potestas*), in seinen Gebieten und in seinem Territorium zu richten, und zwar nach der Sitte der hohen Fürsten sowohl in Zivil- als auch in Strafsachen. Gleichzeitig unterstrich der Monarch das Ansehen des Oberhirten als eines vornehmen Fürsten des Römischen Reiches. Dabei wurde der Erzbischof als der persönliche Inhaber der Blutgerichtsbarkeit im gesamten Stiftssprengel angesprochen und als der Berechtigte respektiert, diese Jurisdiktion als Ausfluß seiner Fürstengewalt durch einen anderen im eigenen Namen und auf eigene Weisung ausüben zu lassen. Es mutet eigenartig an, daß hier die Rechtswirklichkeit ganz offensichtlich mit jenem Bilde kontrastierte, das die Rechtsbücher des 13. Jahrhunderts, insbesondere der klerikal geprägte Schwabenspiegel von 1275, entwarfen[29]). Wenig später, bereits am 23. Mai 1281, verlieh König Rudolf dem Erzbischof von Salzburg mit dem *privilegium de non evocando* das Recht, daß kein Richter in Österreich erzbischöflich salzburgische Untertanen vor sein Gericht laden durfte[30]). Damit wurde die

---

[25]) Reg. der EB. v. Salzburg I Nr. 707 (S. 92).

[26]) Vgl. Widmann, Geschichte Salzburgs II (von 1270—1519), Gotha 1909 S. 146.

[27]) Reg. der EB. v. Salzburg I Nr. 212 (S. 31); Nr. 213 (S. 31).

[28]) Vgl. hierzu eingehend unten III (S. 426 ff.).

[29]) Vgl. in diesem Zusammenhang insbesondere unten Anmerkung 52, und Otto Stolz, Grundriß der Österreichischen Verfassungs- und Verwaltungsgeschichte, S. 73.

[30]) Reg. der EB. v. Salzburg I Nr. 997 (S. 127) u. Nr. 998 (S. 127).

ausschließliche forensische Kompetenz des Salzburger Metropoliten reichsrechtlich garantiert. Am gleichen Tage noch erging ebenfalls an die Richter in Kärnten und Krain sowie in Österreich der königliche Befehl, die Leute des Erzbischofs von Salzburg vor kein fremdes Gericht zu ziehen[31]).

Ein oberster Gerichtshof ist aber erst unter Erzbischof Eberhard II. in der Kurie des Metropoliten bezeugt. Diese bischöfliche Kurie wird 1204 erstmals genannt. Im Jahre 1231 setzte sie sich aus acht Personen zusammen, die je zur Hälfte geistlichen und weltlichen Standes waren. Von den geistlichen seien der Bischof von Chiemsee und die Pröpste von Berchtesgaden, Ötting und Maria Saal erwähnt. Die profanen Kurialen stellten die Ministerialen Gerhoch von Bergheim, Ekkehard von Tanne, Libard von Tegerwac und Marschall Gerhoch von Salzburg[32]). In der älteren Zeit haben in Salzburg Vizedome als Richter geamtet. Allerdings ist die Titulatur des Vizedoms oder Viztums (*vice dominus*) im 14. Jahrhundert im wesentlichen schon abgegangen. An die Stelle des Viztums[33]) trat später, seit dem Ausgang des 14. Jahrhunderts, der Landeshauptmann[34]). Die Stadt Salzburg selbst stand im Rahmen der ehemaligen alten Burggrafschaft gerichtlich unter einem landesfürstlichen ministerialischen Stadtrichter, dem 12 Schrannenschöffen als Besetzung zur Seite standen.

Die Kompetenz der Land- und Urbarrichter hat übrigens Erzbischof Pilgrim am 1. August 1387 umschrieben. Dem Landrichter wurde die Zuständigkeit für die *drei* (hohen) *Fälle*[35]) (Totschlag, Diebstahl und Notzucht) eingeräumt. Täter, die diese objektiven Straftatbestände verwirklicht hatten, sollte der Landrichter gefangen setzen. Der erz-

---

[31]) Reg. der EB. v. Salzburg I Nr. 997.

[32]) Dazu besonders aufschlußreich W i d m a n n, Geschichte Salzburgs I S. 331 f.

[33]) Im bairischen Herrschafts- und Rechtsgebiet kam den sog. Viztumshändeln (u. a. Ermordung des Landesherrn, Gatten-, Eltern- und Selbstmord, Geleitsverweigerung, mutwillige Fehde, Friedbruch, Verrat, Mordbrand, Totschlag, Kindsaussetzung, Urkunden- und Münzfälschung, Notzucht, Meineid, Muntbruch) besondere strafrechtliche Bedeutung zu (vgl. E u g e n W o h l h a u p t e r, Hoch- und Niedergericht in der mittelalterlichen Gerichtsverfassung Bayerns [Deutschrechtliche Beiträge Bd. XII, H. 2], Heidelberg 1929 S. 196 f [S. 60 f]).

[34]) Vgl. W i d m a n n, Geschichte Salzburgs II, S. 141.

[35]) Zur bayerischen Formel von den drei Sachen (Diebstahl, Notzucht, Totschlag) im bairisch-österreichischen Rechtsgebiet, die die Zuständigkeit des Landgerichts für todeswürdige Verbrechen (in casu sanguinis) umschrieben hat, vgl. W o h l h a u p t e r, Hoch- und Niedergericht in der mittelalterlichen Gerichtsverfassung Bayerns, S. 185 f. [S. 49 f.].

bischöfliche Amtmann aber war gehalten, die Güter des Verbrechers einzuziehen. Alle sonstigen Sachen fielen in die Kompetenz des erzbischöflichen Urbarrichters, der die Rechtsangelegenheiten der Urbarleute zu entscheiden hatte[36]). Um das Jahr 1494 wurde ein Weistum über die Abgrenzung der Land- und Urbar-Gerichtsbarkeit zu Mittersill aufgestellt. Todeswürdige Verbrechen gehörten nach diesem Weistum entweder unmittelbar vor den Landesherrn von Salzburg oder den erzbischöflichen Hauptmann. Straffällige Personen, die ihr Leben verwirkt hatten, mußte der Kellner des Marktes Mittersill nach Salzburg überstellen[37]).

Übrigens sind schon 1275 die erzbischöflichen Gerichtsrechte im Isengau und im Eslerwald urkundlich erwähnt[38]). Im 15. Jahrhundert war das Kaisertum dann offenbar bestrebt, die traditionellen Gerichtsrechte der Salzburger Erzbischöfe zu reduzieren. Hans Widmann[39]) hat darauf hingewiesen, daß der Reichsmonarch offenbar beabsichtigte, die herkömmlichen alten Rechtspositionen der Salzburger Metropoliten gewissermaßen als neue Rechte zu charakterisieren. Es wäre sonst eigentlich kaum zu begreifen, daß Friedrich III. am 8. Oktober 1472 dem Salzburger Erzbischof erlaubte, in den Städten und Gerichten seiner Herrschaft drei ehrbare Männer mit dem Blutbanne zu belehnen, obschon doch immerhin seit dem 4. Juli 1277 den Erzbischöfen die Blutbannleihe von König Rudolf von Habsburg zugesprochen worden war.

III.

Die unbeschränkte Gerichtsbarkeit, die unbegrenzte forensische Herrlichkeit, hat König Rudolf von Habsburg dem Salzburger Erzbischof am 4. Juli 1278 zu Wien bestätigt[40]). Der Anlaß war durch die voraus-

---

[36]) Ernst Frh. v. Schwind/Alphons Dopsch, Ausgewählte Urkunden zur Verfassungsgeschichte der deutsch-österreichischen Erblande im Mittelalter, Innsbruck 1895 Nr. 143 S. 279 f.

[37]) v. Schwind/Dopsch, Ausgewählte Urkunden z. Verfassungsgeschichte, Nr. 230 S. 441.

[38]) Reg. der EB. v. Salzburg I Nr. 735 (S. 96).

[39]) Geschichte Salzburgs II, S. 307.

[40]) Druck: MG. Const. III n. 205, p. 190 s.; Zeumer, Quellensammlung Nr. 93 S. 130; v. Schwind/Dopsch, Ausgewählte Urkunden, Nr. 58 S. 121. — Regest: Reg. der EB. v. Salzburg I Nr. 867 (S. 112).

gegangene politische Lage gegeben[41]). Damals zeigte sich der deutsche König bestrebt, jene, die ihn gegen den König von Böhmen unterstützt hatten, als er die Usurpationen annullierte und seine Herrschaft in Österreich zu konsolidieren suchte, nun auch seinerseits durch Gunstbeweise und Privilegien zu belohnen[42]). Erzbischof Friedrich II. von Walchen (1270—1284)[43]) zählte zu den erklärten Parteigängern und treuen Anhängern des deutschen Königs. Mit der königlichen Erklärung vom 4. Juli 1278 wurde der Salzburger Metropolit als persönlicher Inhaber der hohen Gerichtsbarkeit, des Blutbannes, im Gesamtsprengel seines Stiftes anerkannt. Entsprechend den größeren Reichsfürsten empfing dieser Pfaffenfürst durch den Regalienbelehnungsakt die volle Gewalt, in seinem Territorium in Zivil- und Strafsachen zu richten. Der König stellte darauf ab, daß der Erzbischof Friedrich durch seinen Regalienempfang in Hagenau die volle und freie Gewalt erhalten habe, nun auch in Zivil- und Kriminalfällen zu entscheiden[44]). Nunmehr war dem Salzburger Erzbischof ausdrücklich vom König die Inhaberschaft der Blutgerichtsbarkeit, der *gladii potestas*, konzediert und garantiert. Diese Blutgerichtsbarkeit charakterisiert sich als Teil der fürstlichen Gewalt[45]) dieses Kirchenmannes[46]). Da der Erzbischof auf Grund seiner geistlichen Amtsnatur diese Blutgerichtsbarkeit nicht persönlich ausüben konnte, war er berechtigt, sie durch einen anderen (*per alium*) handhaben zu lassen, und zwar gegen schwere Verbrecher (*in facinorosos homines*)[47]), denen

---

[41]) Nachdem die ungarischen und böhmischen Herrscher das babenbergische Erbe an sich gerissen hatten, gelang es König Rudolf I. nach dem Interregnum die Usurpation rückgängig zu machen und diese Länder dem Reich zurückzugewinnen (vgl. Arnold Luschin von Ebengreuth, Geschichte des älteren Gerichtswesens in Österreich ob und unter der Enns, Weimar 1879 § 4 c S. 19).

[42]) Vgl. Widmann, Geschichte Salzburgs II, S. 21f.

[43]) Vgl. über ihn als Kirchenmann auch: Albert Hauck, Kirchengeschichte Deutschlands V/1[8], Berlin—Leipzig 1954 S. 62f., 324.

[44]) „Ex concessione tuorum regalium, quibus te nostra serenitas iam dudum apud Hagnowiam investivit, plenam et liberam potestatem in tuis districtibus et territoriis iudicandi more maiorum nostrorum principum in causis civilibus et criminalibus accepisti." — Vgl. dazu noch Widmann, Geschichte Salzburgs II, ebd.

[45]) Sie war Annex des Fürstentums.

[46]) Vgl. insbesondere ebenfalls Otto v. Zallinger, Kleine Beiträge zur deutschen Verfassungsgeschichte im 13. Jahrhundert, MIÖG 10 (1889) S. 239.

[47]) Die Stelle im Privileg „... cognoscamus, dubitari a nemine volumus, quin *merum imperium* tuo principatui sit annexum, per quod habes *ius animadvertendi in facinorosos homines et gladii potestatem* per alium tamen ... exhercendam"

eine Leib- und Lebensstrafe drohte. Jedenfalls hatte mit diesem Privileg Rudolf von Habsburg dem Salzburger Kirchenfürsten das *imperium merum* im abgewandelten antiken Sinne, die reichsfürstliche Vollgewalt in Gestalt der *gladii potestas*, verliehen. Weil nun nach dem Gesetz ein begangenes Verbrechen jede Freiheit und jedes Privileg tilgte, ordnete der Reichsmonarch die Ausübung der Gerichtsbarkeit ohne Ansehen der Person an (*sine delectu et differentia personarum*)[48]. Der König wies den Erzbischof an, seine Kirchenprovinz von Übeltätern zu säubern (*ut provincia sibi commissa malis hominibus expurgetur*)[49]. Dabei sollte er unparteiisch seine Maßnahmen treffen. Zugleich sicherte ihm der König zur Unterstützung seine königliche Gewalt (*regalis potestas*) zu. Der Reichsmonarch ermahnte ihn dabei an die Vorschrift des ewigen Königs,

---

bezieht sich fast wörtlich auf *Ulpian,* der im 2. Buch über das Quaestoramt das Wesen des imperium merum, der magistratischen Vollgewalt, umschrieben hat: „Merum est imperium habere gladii potestatem ad animadvertendum facinorosos homines ..." (D. 2, 1, 3). Als Inhalt dieser Gewalt wurde die Verhängung von Kapitalstrafen angesehen: „Exemplum est nam omnis capitalis poena." Die Glosse bemerkte, daß das merum imperium allein einem Fürsten (princeps) zustand: „... dicant merum imperium soli principi competere" (Digestum Vetus seu Pandectarum Iuris Civilis Tom. I, Lugduni 1572 ,apud Hugonem A Porta', col. 164, gl. i „Potestatem" bei D. 2, 1, 3). — „Imperium merum appellatur alio nomine iurisdictio alta, seu criminalis" (cf. F. Anacletus Reiffenstuel, Ius Canonicum Universum, Tom. I, Venetiis 1704. Apud Antonium Bortoli, Lib. I Decret. Tit. XXIX De officio et potestate § I n. 21 fol. 319). Der erste und höchste Grad des Imperium merum äußerte sich in den Todesstrafen (poenae mortis naturalis) wie Verbrennung (combustio), Rädern (rota,) Enthauptung (decapitatio) (l. c. § I n. 22 fol. 320). Nach kanonischem Recht gehörte die Gewalt des geistlichen Schwertes, nämlich die Exkommunikation, zum merum imperium: „Itaque de iure canonico ad merum imperium spectat potestas gladii spiritualis, excommunicationis videlicet, quae poenis capitalibus comparatur ..." (l. c. n. 26, ibidem).

[48]) „Ceterum cum iuxta legittimas sanctiones delictum omnem emunitatem auferat et privilegium omne tollat, volumus et mandamus, quatinus omni privilegio, nobilitate seu eciam dignitate cessantibus, iusto et communi iudicio iudices et iudicari facias pro qualitate criminum criminosos tam in facultatibus quam personis." — Vgl. Martin, Reg. der EB. v. Salzburg I, Nr. 867 S. 112.

[49]) Schon Paulus (libro tertio decimo ad Sabinum) hatte unterstrichen: „Praeses provinciae in suae provinciae homines tantum imperium habet ..." (D. 1, 18, 3 pr.). Die Glosse kommentierte dergestalt, daß der Gewalthaber seine Befugnisse zur Ausübung der streitigen, nicht der freiwilligen Gerichtsbarkeit wahrnehmen sollte: „... quantum ad contentiosam iurisdictionem exercendam non quantum ad voluntariam ..." (Digestum Vetus seu Pandectarum Iuris Civilis Tom. I, Lugduni 1572 ,apud Hugonem A Porta', col. 142, gl. o *„Praeses, Privatus est"*).

an die Weisung Gottes: So wirst du groß wie klein richten (*Ita iudicabis magnum ut parvum*)[50]).

Die Blutgerichtsbarkeit sollte — wie gesagt — nach diesem königlichen Privileg der Inhaber der Salzburger Fürstengewalt ohne Rücksicht auf Stand und Würde, d. h. ohne Beachtung von Adel oder sonstigen Dignitäten, handhaben lassen. Zugleich überließ der Herrscher dem Metropoliten die unmittelbare Blutbannleihe an die Grafen. Der *Blutbann* charakterisiert sich hier deutlich als *Ausfluß des Reichslehenrechts*. Außerdem kann nicht verkannt werden, daß diese königliche Zuordnung der hohen Gerichtsbarkeit zum Lehninhalt des Salzburger Fürstenamtes dem Metropoliten an der Salzach auch gegenüber bayerischen Usurpationsansprüchen den Rücken stärkte und die eigene Position wesentlich zementierte[51]). Zusätzlich wird aus dem Schritte des Königs gegenüber dem Erzbischof von Salzburg die Begünstigung des klerikalen Reichsfürstenelements, und zwar selbst auf Kosten der eigenen königlichen Machtfülle, spürbar. Hatte der *Schwabenspiegel* noch behauptet, daß sich mit dem Regalienempfang durch einen Kirchenfürsten nicht zugleich die Blutbannleihe verbände, weil eben der geistliche Stand die Gerichtsgewalt über Leib und Leben ausschließe[52]), so hat die Urkunde von 1278 eindeutig den Salzburger Erzbischof — ähnlich wie die Würzburger Goldene Freiheit von 1168 den Bischof der alten Mainstadt — zum Inhaber der Blutgerichtsbarkeit erklärt. In dieser Periode muß unstreitbar die Hochgerichtsbarkeit als entscheidendes essentielles Element der Regalien, mithin des nutzbaren Hoheitsrechtsbesitzes eines Territoriums des Reiches, angesprochen werden.

Als am 5. Dezember 1292 König Adolf von Nassau (1292—1298) zu Hagenau dem Salzburger Erzbischof K o n r a d IV. v o n F o h n s d o r f z u P r a i t e n f u r t (1292—1312), dem vormaligen Bischof von Lavant, die Regalien verlieh[53]), betonte der Herrscher, daß er den Metropoliten mit den *regalia feoda principatus pontificalis* belehne. Diese Hoheitsrechte schlossen einerseits die Verwaltung der Temporalien und andererseits

---

[50]) Hoch und niedrig sollte gerichtlich gleich behandelt sein. Das Richten ohne Ansehung der Person garantierte von vorneherein ein glaubwürdiges Urteil.

[51]) Vgl. W i d m a n n, Geschichte Salzburgs II, S. 22.

[52]) „Diz bescheiden wir also: hat ein phaffe fúrste Regalia von dem kivnige, der mag nieman da von deheinen ban gelihen, da ez den lívten an ir lip oder an ir blút giezzen gat" (Schwsp. (L) c. 92 [S. 48]). — Vgl. dazu v. Z a l l i n g e r, a. a. O. (Anm. 46) S. 238ff. (239).

[53]) Franz M a r t i n, Salzburger UB IV (Ausgewählte Urkunden 1247—1343), Salzburg 1933 Nr. 171 S. 212.

die volle Gerichtsbarkeit des Erzstifts als eines Reichsfürstentums (*amministracio temporalium et iurisdictio plenaria principatus eiusdem ecclesie*) ein.

1294 bestätigte übrigens der gleiche König Adolf ebenfalls den Pröpsten von Berchtesgaden, die über ein zwischen Salzburg und Bayern gelegenes Zwergterritorium verfügten, den Besitz des Blutbannes[54]). Weil der Propst als Rechtsinhaber der Blutgerichtsbarkeit den übrigen Reichsfürsten gleichgeordnet erschien, hat man auch sein Stiftsland als ein Lehen des Reiches bewertet. Daraus wird deutlich, daß beispielsweise König Wenzel im Jahre 1380 den Berchtesgadener Propst Ulrich Wulph mit den Regalien belehnt hat. Indes vermochte diese profane Begünstigung die kirchliche Abhängigkeit der Berchtesgadener Propstei zum Erzstift Salzburg abzuschwächen, wenngleich die finanziellen Bindungen zu Salzburg unübersehbar gewesen sind[55]).

Noch im Jahre 1414 erwarb Erzbischof Eberhard III. von Salzburg von Herzog Heinrich von Bayern-Landshut das oberste Halsgericht über Stadt und Burgfried sowie über den Isengau und die Herrschaft Mattsee für 10000 ungarische Goldgulden durch Kaufvertrag auf eine Dauer von 6 Jahren. Für 10 Jahre wurde dann der Vertrag 1431 erneuert. Erst nach Ablauf dieser Zehnjahresfrist hat Salzburg von Bayern diese Gebiete für ewig erworben. Aber im Jahre 1481 vermochte Herzog Georg der Reiche von Bayern-Landshut die Rückstellung der 1442 abgetretenen Gebietsanteile durch Salzburg durchzusetzen[56]).

Der Rechtshistoriker vermag an dem Ausbau der Profangerichtsbarkeit der Salzburger Erzbischöfe hinlänglich zu erkennen, welcher bedeutende Rang diesen nichtkurfürstlichen kirchlichen Reichsfürsten zukam und welche ausschlaggebende Bedeutung bei der Festigung des Erzstiftes die Blutgerichtsbarkeit gespielt haben dürfte. Erst die ausdrückliche Zuerkennung der Blutgerichtsbarkeit, die Konzession der *potestas gladii* und des *merum imperium*, erhob einen Territorialherrn zum gleichberechtigten Mitglied des aufstrebenden, sich immer stärker landeshoheitlich orientierenden und konsolidierenden Reichsfürstenstandes.

---

[54]) Vgl. Widmann, Geschichte Salzburgs II, S. 122f.

[55]) Widmann, a. a. O. S. 123.

[56]) Vgl. eingehend und instruktiv Widmann, a. a. O. S. 255. — Auch in der Folgezeit häuften sich Streitigkeiten des Erzstifts Salzburg mit bayerischen Gerichten. Vgl. im einzelnen *Bayer. Hauptstaatsarchiv München, Salzburg Erzstift Lit.* (Rep. B 2 VI) Nr. 570: Streitigkeiten mit dem LG Neumarkt, Tom. I. 1472 bis 1602; Nr. 574: Streitigkeiten mit Reichenhall, Sildeneck, Kropfsberg und Itter. 1471—1672; Nr. 579: Irrungen zwischen dem salzburgischen Pfleggericht Tittmoning und dem bayerischen Gericht Wald. 1470—1783.

Gemeinsamkeiten und Unterschiede
von römischem und kanonischem Recht

I. Zweck und Unterschied beider Rechte

Den Endzweck (*causa finalis*) beider Rechte bildet die Tendenz des weltlichen und kanonischen Rechtes, den Menschen zum Gemeinwohl anzuleiten[1]). Dabei ruht der Akzent des Gemeinwohls des kanonischen Rechtes auf dem kirchlichen Gemeinwohl, während das Zivilrecht das politische Gemeinwohl und damit das Ziel der rechtmäßigen Regierung des Staates verfolgt. Beide Rechte sind vom antiken Rechtsgebot des ehrenhaften Lebens, der Nichtverletzung anderer und der Zuteilung des jedem zustehenden Rechtes erfüllt. Nicht von ungefähr haben sich auch kanonistische Schriftsteller immer wieder auf die *Institutionen*[2]) sowohl als auch auf die Einleitung zum *Liber Extra* Gregors IX. (1227 bis 1241) in Gestalt der Bulle „Rex pacificus" vom 5. 9. 1234[3]) berufen. In beiden juristischen Manifestationen wurde betont, daß das Menschengeschlecht danach streben müsse, ehrenhaft zu leben, den anderen nicht zu verletzten und jedem sein Recht zuzuteilen. Während aber das Zivilrecht lediglich verlangte, daß der Bürger bürgerlich, mithin im Einklang mit der menschlichen Gesellschaft, zu leben habe, forderte das kanonische Recht christliche Lebensführung, Verwirklichung der christlichen Gerechtigkeit und den paulinischen, sich in der Liebe ausprägenden Glauben[4]). Die Unterschiede zwischen römischem und kanonischem Recht blieben offenkundig und markiert. Von vorneherein konzentrierte

---

[1]) Cf. A. Reiffenstuel, Ius canonicum universum I, Venedig 1704, Proemium § X n. 181 p. 24: „... quia utrumque Ius intendit hominem dirigere in bonum commune ..."

[2]) I. 1, 1 § 3: „Iuris praecepta sunt haec: honeste vivere, alterum non laedere, suum cuique tribuere" (cf. Corpus Iuris Civilis, I: Institutiones, recognovit P. Krueger, Berlin ¹⁶1954, 1).

[3]) „Ideoque lex proditur, ut appetitus noxius sub iuris regula limitetur, per quam genus humanum, ut honeste vivat, alterum non laedat, ius suum unicuique tribuat, informatur."

[4]) „... sed & christiane viventi, ac tendenti ad ultimum finem suum: quod fieri non potest, nisi per veram Justitiam Christianam ... Fidemque ... quae per charitatem operatur": Reiffenstuel, Ius canonicum I, n. 182.

sich das kanonische Recht auf die Beobachtung der christlichen Gerechtigkeit im gläubigen Volke, während umgekehrt das *ius civile* seinen Zweck in der politischen Regierung des Staates und in der friedlichen Gesellschaft der Bürger unter sich erblickte. Zweifelsohne lehrte das Zivilrecht ehrenhaftes Leben, Rechtspflege und Rechtsschutz, aber das Kirchenrecht überhöhte diese Bereiche mit seinen Forderungen nach exemplarischer Rechtsbeobachtung, die der Vorbereitung der *vita aeterna* als seines ersten Zweckes dienten. Immerhin sind die Ursprünge beider Rechte ebenfalls gemeinsam, zumal das *utrumque ius* Gott entspringt und so seinen Ausgang beim obersten Gesetzgeber nimmt. Gleichwohl hat das kanonische Recht schon früh die Lehrmeinung vertreten, daß Konstitutionen, die den *canones* und Dekreten der römischen Bischöfe oder den guten Sitten zuwiderliefen, nichtig seien[5]). Zudem vertrat man ganz allgemein die Auffassung, daß durch Gesetze (*leges*) niemand gezwungen würde, Gutes zu tun, sondern vielmehr verhindert werde, Übles anzurichten[6]). Dabei erinnerte man sich durchaus der historischen Tatsache, daß einstmals das Volk seine Gesetze selbst aufgestellt habe, aber in der Zwischenzeit die Gesetzgebungsbefugnis vom Volke auf den Kaiser übergegangen sei[7]). *Imperium* und *sacerdotium* entsprangen dem gleichen Grundprinzip. Indes war die Kirche nicht an weltliche Gesetze gebunden, hatten diese keinen Verpflichtungscharakter für sie, noch konnte der Kaiser in Kirchensachen ein Gesetz erlassen, sofern dies die Kirche nicht ausdrücklich erbat[8]). In sämtlichen kirchlichen Streitfällen konnte das Kaisergesetz zudem nicht ohne weiteres angewendet werden, besonders dann nicht, wenn das Kaiserrecht der evangelischen und kanonischen Sanktion widersprach. Unverrückbar wurde seitens der Kanonistik der Grundsatz respektiert, daß das Kaisergesetz nicht über dem Gottesgesetz stehe, sondern unter diesem rangiere[9]). Insofern vermochte ein kaiserliches Urteil auch nicht kirchliche Rechte aufzuheben. Was ein menschliches Gesetz zuließ, konnte jedoch durch gött-

---

[5]) c. 4 D. 10: „Constitutiones contra canones et decreta Presulum Romanorum, vel bonos mores, nullius sunt momenti": *Friedberg* I, S. 20.

[6]) „Nam per leges nemo cogitur bene facere, sed mala facere prohibetur" (*Glossa* m *ad* c. 1 D. 4: CorpIC I: Decretum Gratiani, Lyon 1618 col. 10).

[7]) „Olim populus statuit leges: sed hodie non: quia transtulit hanc potestatem in Imperatorem (*Glossa* a „Lex est" *ad* c. 1 D. 2: CorpIC I, Lyon 1618 col. 7).

[8]) „Ecclesia non astringitur mundanis legibus ... nec etiam de rebus Ecclesiasticis potest Imperator legem condere ..., nisi hoc Ecclesia petat ..." (*Glossa* b „Ecclesiam" *ad* c. 1 D. 10: CorpIC I, Lyon 1618 col. 31).

[9]) „Lex imperatorum non est supra legem Dei, sed subtus" (c. 1 D. 10).

liches Gesetz verboten sein. Wohl aber durften Kaisergesetze hilfsweise
für die Kirche angewendet werden[10]). Es war unbestritten, daß Gesetze
der weltlichen Herrschaft dann Verwendung finden konnten, falls dies
zur Unterstützung der Kirche notwendig erschien. Nicht umsonst hatte
bekanntlich der Völkerapostel Paulus auch darauf verwiesen, daß er
schließlich römischer Bürger (*Romanus civis*) sei. Übereinstimmung
zwischen Zivil- und kanonischem Recht bestand auch hinsichtlich der
materialen Rechtsobjekte und der von beiden Rechten behandelten
Materien, denn beide Rechte versuchten die Regelung der Verhältnisse
von Personen, Sachen und gerichtlichen Angelegenheiten[11]). Auch die
weltlichen Gesetze verschmähten es bekanntlich nicht, kirchliche Rechtssätze, mithin die *Canones*, nachzuahmen[12]). Andererseits konnten in einer
kirchlichen Rechtssache auch die weltlichen Gesetze durchaus zitiert
und angewendet werden[13]). Wenn kirchliche Rechtsnormen fehlten,
durfte ebenfalls gemäß den *leges* entschieden werden[14]). Dabei mußte
allerdings beachtet werden, daß das herangezogene weltliche, mithin
römische, Recht nicht den *Canones* widersprach. Beide Rechte begründeten also für sich eine gegenseitige Hilfestellung, so daß im Gerichtsgebrauch im Falle der Lückenfüllung jeweils auf das andere Recht
zurückgegriffen werden konnte. Namentlich im Eherecht zeichnete sich
unter dem Eindruck der fortschreitenden Christianisierung eine weitgehende Imitation der *Canones* durch die weltliche Gesetzgebung ab[15]).
Umgekehrt entsprachen nicht überall Rechtsfolgen und Strafen des
weltlichen Rechtes jenen des kanonischen Rechtes. Die Unterschiede

---

[10]) c. 7 D. 10: „Si in adiutorium vestrum terreni imperii leges assumendas puta-
tis, non reprehendimus."

[11]) Personae—Res—Actiones sive Judicia (cf. Reiffenstuel, Ius canonicum I,
n. 188 p. 25).

[12]) „... sicut Leges non dedignantur SS. Canones imitari ..." (cf. F. Schmalzgrueber, Ius Ecclesiasticum Universum, V, Neapel 1738, tit. XXXI n. 1 p. 238);
ähnlich V. Pichler, Summa Iurisprudentiae sacrae universae seu Ius canonicum,
Augsburg 1723, lib. I, Prolegomena § 3 n. 58 p. 16).

[13]) „Et ita in causa Ecclesistica leges possumus allegare" (*Glossa* b „Adiuvantur"
ad c. 1 „Intelleximus" X *de novi operis* V, 32: CorpIC II: Decretales, Lyon 1618
col. 1799).

[14]) „... si canones deficiant, possit iudicari secundum leges" (ibidem).

[15]) „Cum enim leges seculi precipue in matrimoniis sacros canones sequi non
dedignentur ..." (*Dictum Gratiani* ad c. 7 „Eufemium" C. 2 q. 3: Friedberg I,
S. 453). — „... quia in matrimonio leges sacros canones imitantur" (*Casus* ad
Dictum Gratiani *ad* c. 7 „Euphemium" C. 2 q. 3: CorpIC I, Lyon 1618 col. 635).

und besonderen Gegensätze beider Rechte können an dieser Stelle nicht erschöpfend aufgezeigt werden. Daher sei es gestattet, die interessante Problematik an einigen markanten Sonderunterschieden zu demonstrieren und deutlicher zu machen.

II. Einige Sonderunterschiede

1. Die Provinzialverfassung

Bekanntlich hat sich die kirchliche Organisation an die römische Verfassung und Verwaltungsgliederung angelegt. Am Begriff der *Provinz* wurde die Differenz beider Rechte besonders eindrucksvoll und charakteristisch. Nach den Digesten sind die Regenten der römischen Provinzen als *praesides* bezeichnet worden[16]). Der Provinzialpräses hatte in seiner Provinz das *Imperium*. Nach den *Canones* wurde Provinz als der Sprengel eines Erzbischofs angesprochen. Die Kirchenprovinz verfügte über 10 oder 11 Suffraganbistümer. Das heißt: in die kirchliche Provinz gehörten nach Auffassung des Papstes Pelagius II. 10 oder 11 *civitates* und ein König, der ebensoviele kleinere Gewalten unter sich hatte[17]). Deutlich wird in dieser Hinsicht das Richterelement der Bischöfe unterstrichen. Nach den *leges* sind Provinzen jene Bezirke geheißen worden, die durch eigene *praesides* regiert und verwaltet worden sind. Schließlich aber entsprach im Laufe der geschichtlichen Entwicklung die *civitas* schlechthin der Provinz. Die Folge davon war, daß der zuständige Richter der *civitas* der Bischof gewesen ist, während der Metropolit in dieser Hinsicht schon als ein außerhalb stehender Richter erschien[18]). Nach dieser Auffassung mußte man also eine spätere Identität von *civitas* und *Provinz* annehmen und damit eine Schrumpfung des ursprünglichen und auch modernen kirchlichen Provinzialbegriffes konstatieren.

---

[16]) D. 1, 18, 1: „Praesidis nomen generale est eoque et proconsules et legati Caesaris, et omnes provincias regentes, licet senatores sint, praesides appellantur ...". Cf. Reiffenstuel, Ius canonicum I, § XI n. 197 XXXVI p. 27.

[17]) „Scitote certam esse provinciam, que habet X aut XI civitates, et unum regem, et totidem minores sub se, et unum metropolitanum, aliosque suffraganeos X vel XI": c. 2 C. 6 q. 3.

[18]) „Ergo Metropolitanus est extraneus iudex: non est ergo iudex provinciae" (*Glossa* c „Ab extraneis" *ad* c. 2 „Scitote" C. 6 q. 3: CorpIC I, Lyon 1618 col. 809).

2. Das Mannesalter (aetas virilis)

Nach Zivilrecht wurde die *aetas virilis* als das vollendete 25. Lebensjahr interpretiert. Dementsprechend hatte bereits der Prätor verfügt, daß derjenige als minderjährig behandelt wurde, der noch nicht 25 Jahre alt geworden war[19]). Der Alterstermin von 25 Jahren charakterisierte sich als die *perfecta aetas* bzw. *legitima aetas* des römischen Rechtes[20]). Demgegenüber setzte das kanonische Recht die *aetas virilis* erst mit Vollendung des 30. Lebensjahres fest[21]). Insofern bestimmte bereits das *Decretum Gratiani*, daß Metropoliten keinen Priester oder Bischof vor Vollendung des 30. Lebensjahres, mithin vor Erreichung der Volljährigkeit (*viri perfecta aetas*), weihen sollten[22]).

3. Die Erbeinsetzung

Nach Zivilrecht ist die schlichte, willensmäßige Erbeinsetzung rechtsunwirksam gewesen, weil der Name des oder der Erben vom Testator entweder schriftlich in der Aufschrift oder einem anderen Teil des Testaments eigenhändig niederzulegen oder mündlich durch den Erblasser vor Zeugen zu erklären war[23]). Das römische Recht ging davon aus, daß die Erbeinsetzung die Grundlage des gesamten Testaments[24]) sei und insofern strenge Formvorschriften den Testierenden vor unüberlegten Willenserklärungen schützen sollten[25]). Anders war die Regelung des kanonischen Rechtes, wo im Wege über die Anwendung der *aequitas canonica*[26]) derjenige nicht als ohne Testament verstorben betrachtet

---

[19]) D. 4, 4, 1 § 1: Praetor edicit: „Quod cum minore quam viginti quinque annis natu gestum esse dicetur ...“

[20]) C. 2, 44, 4.

[21]) Cf. Reiffenstuel, Ius canonicum I,XXXVII, ibidem.

[22]) „... Presbiterum vero vel episcopum ante triginta annos, id est antequam ad viri perfecti etatem, nullus metropolitanorum ordinare presumat ...“ (c. 6 „Episcopus“ D. 77).

[23]) C. 6, 23, 29: „Iubemus omnimodo testatorem, si vires ad scribendum habeat, nomen heredis vel heredum in sua subscriptione vel in quacumque parte testamenti ponere, ut sit manifestum secundum illius voluntatem hereditatem esse transmissam“ (Corpus Iuris Civilis II, Berlin 1959 256).

[24]) „... institutio haeredis totius testamenti est fundamentum ...“ (*Glossa* n „Dispositionem“ *ad* c. 13 „Cum tibi“ X *de testamentis* III, 26: Decretales D. Gregorii Papae IX, Lyon 1618 col. 1176 s.).

[25]) Vgl. M. Kaser, Das römische Privatrecht I, München 1955 § 161 I S. 570f.

[26]) Vgl. hierzu grundsätzlich E. Wohlhaupter, Aequitas canonica. Eine Studie nus dem kanonischen Recht: VdGG 56 (1931); Reiffenstuel, Ius canonicum I, a. 197 XXXIX p. 27.

wurde, der seinen letzten Willen zur Disposition eines anderen stellte, mithin zugunsten eines anderen letztwillig verfügte[27]). Entsprechend der *aequitas canonica* wurde eine derartige letztwillige Verfügung als Testament anerkannt, weil diese Bestimmung des Erben ausreichte.

4. Die Wartezeit der Witwe

Nach Zivilrecht konnte sich eine Witwe erst nach Ablauf eines Jahres wieder verheiraten, sofern sie nicht die Strafe der *Infamie* auf sich ziehen wollte[28]). Zumindest mußte die Frau, die ihren Mann verloren hatte, einen Zeitraum von 10 Monaten beachten, bevor sie erneut die Ehe schloß[29]). Nach kanonischem Recht hingegen konnte die Witwe sich als *lege matrimonii soluta,* falls sie wollte, ohne die Gefahr einer Infamie, innerhalb der Trauerzeit frei wieder verheiraten gemäß der Erlaubnis des Apostel Paulus (1. Kor 7)[30]). Nach kanonischem Recht stand also auf der Verheiratung innerhalb kürzerer Zeit nicht die Strafe der Infamie[31]). Gleichwohl ergab sich im Mittelalter, daß sich auch das weltliche Recht dieser von Papst Innozenz III. besonders unterstrichenen, nicht mit der Sanktion der Infamie verknüpften kurzfristigen Wiederverheiratungsmöglichkeit anschloß, zumal es bekanntlich die weltlichen Gesetze nicht verschmähten, die heiligen *canones* nachzuahmen[32]). Es erweist sich hier eindeutig, daß das kanonische Recht für eine dispositive Anwendung der Wartezeit der Witwe eintrat, obschon diese Regelung zweifellos ebenfalls Rechtsunsicherheitsfaktoren einschloß.

---

[27]) Innocenz III. (1202): c. 13 „Quum tibi" X *de testamentis* III, 26: „... dicimus, quod qui extremam voluntatem in alterius dispositionem committit non videtur decedere intestatus": F r i e d b e r g II, S. 542.

[28]) „De jure civili, vidua non potest nubere intra annum luctus absque paena infamiae" (cf. R e i f f e n s t u e l, Ius canonicum I, n. 198 XLII, ibidem).

[29]) C. 5, 9, 2: „... parvum enim temporis post decem menses servandum adicimus ..." — „... probrosis iniusta notis honestioris nobilisque personae et decore et iure privetur atque omnia, quae de prioris mariti bonis vel iure sponsalium vel iudicio defuncti coniugis consecuta fuerat, amittat."

[30]) c. 4 X *de secundis nuptiis* IV, 21: „... an scilicet mulier possit sine infamia nubere infra tempus luctus secundum leges diffinitum ..."

[31]) c. 5 X *de secundis nuptiis* IV, 21: „... mulier, mortuo viro suo, ab eius sit lege soluta, et nubendi cui vult, tantum in Domino, liberam habeat facultatem: non debet legalis infamiae sustinere iacturam, quae, licet post viri obitum infra tempus luctus, scilicet unius anni spatium, nubat, concessa ..."

[32]) c. 5 X *de secundis nuptiis* IV, 21: „saeculares leges non dedignentur sacros canones imitari."

5. Die Konfiskation von Ketzergütern

Während die *leges* überhaupt nicht die Strafe der Güterkonfiskation bei Häresie vorsahen, verfielen nach kanonischem Recht die Güter der Ketzer *ipso iure* der Beschlagnahme[33]). Sie wurden eingezogen. Allerdings sollte die Vollstreckung der Konfiskation, mithin die Einziehung des Vermögens, durch Fürsten oder andere weltliche Gewalthaber und Obrigkeiten aufgrund päpstlicher Deklaration nicht erfolgen, bevor durch den Ortsbischof das Urteil über dieses Verbrechen promulgiert worden war[34]).

6. Die Kerkerstrafe

Bekanntlich ist der Kerker nach geschriebenem römischen Zivilrecht (*Ulpian*) nur zur Verwahrung, nicht aber als Strafe vorgesehen worden[35]). Immerhin gingen römische *praesides* ungebührlich dazu über, Verhaftete zu ewigem Kerker (*ad perpetuos carceres*) zu verurteilen und in Fesseln dort einzuschließen[36]). Allerdings war dies nicht zulässig, da diese Strafen untersagt gewesen sind. Der Kerker sollte lediglich als Haftanstalt dienen, nicht aber als besondere Strafart angewendet werden. Umgekehrt konnte nach kanonischem Recht ein Täter durchaus mit Kerker bestraft werden, und zwar sah das Kirchenrecht als Strafe *ewiges* und *zeitliches* Gefängnis vor. Diese Kerkerstrafe des kanonischen Rechtes verfolgte als Strafzweck die Buße der Straftäter[37]).

---

[33]) Bonifaz VIII: c. 19 „Quum, secundum leges civiles" in VI° *de schismaticis* V, 2: „... bona haereticorum, qui gravius, horribilius ac detestabilius quam praedicti delinquunt, ipso iure de fratrum nostrorum consilio decernimus confiscata."

[34]) „Confiscationis ... exsecutio vel bonorum ipsorum occupatio fieri non debet per principes aut alios dominos temporales iuxta Gregorii Papae praedecessoris nostri declarationem, antequam per episcopum loci ... sententia super eodem crimine fuerit promulgata" (ibidem).

[35]) D. 48, 19, 8 § 9: „... carcer enim ad continendos homines, non ad puniendos haberi debet": Corpus Iuris Civilis I, Berlin 1954, 865. — „Iure Civili scripto, quod hominis liberi singularem rationem habuit, carcer non ut poena, sed pro custodia solum adhiberi poterat": P. Böckhn, Commentarius in Ius Canonicum Universum III, Salzburg 1739, tit. XXXVII n. 7 p. 393.

[36]) „Solent praesides in carcere continendos damnare aut ut in vinculis contineantur: sed id eos facere non oportet, nam huiusmodi poenae interdictae sunt ...": D. 48, 19, 8 § 9 (vgl. ebenfalls Reiffenstuel, Ius canonicum I, n. 198 XLV p. 27).

[37]) c. 3 „Quamvis" in VI° *de poenis* V, 9: „... in perpetuum vel ad tempus ... carceri mancipes ad poenitentiam peragendam."

7. Die Fahnenflucht

Auf Fahnenflucht im Felde, namentlich in der Schlachtordnung, stand nach römischem Recht der Tod als Abschreckungsmittel, um die Desertion anderer Krieger zu unterbinden[38]). Deshalb hatte die Truppe der Exekution beizuwohnen. Das kanonische Recht belegte demgegenüber den Fahnenflüchtigen im Kriege mit der Strafe der Infamie, schonte also sein Leben, verhängte aber über denjenigen, der in öffentlichen Kriegen desertiert war, die Strafe des kirchlichen Ehrverlustes[39]). Hier läßt sich unschwer eine Verknüpfung des Kirchenrechtes mit der staatlichen Rechtsordnung entnehmen, zumal hier der Ungehorsam bei rechtmäßigen Kriegshandlungen nicht allein unter eine weltliche Strafe, sondern ebenfalls unter eine kirchliche Strafe gestellt wurde. Ein besonderes Problem mußte sich zweifelsohne in der Behandlung und Verhängung der Todesstrafe für beide Rechte ergeben. Konnte die Kirche hier mildernd eingreifen, indem sie auf die Hinrichtung des Deserteurs verzichtete, so wurde seine Verantwortungslosigkeit als schuldhafte Handlung (*culpa*) gleichwohl mit einer einschneidenden und kränkenden Ehrenminderung geahndet.

8. Das Sakrileg

Die Strafe, die auf *Sakrileg*, beispielsweise auf Diebstahl am Göttergut (*res sacrae*) und Staatsgut, ebenso wie auf Brandstiftung an Häusern oder Getreidehaufen bei Gebäuden, im römischen Recht stand, war grundsätzlich der Tod[40]), Brand oder Steinigung. Die Täter wurden vielfach wilden Tieren vorgeworfen, andere gehängt. Brandstiftern drohte die Feuerstrafe[41]). Gelegentlich konnte die Strafe gemildert werden, indem der Delinquent zur *poena metalli* begnadigt wurde[42]). Nach

---

[38]) D. 49, 16, 6 § 3: „Qui in acie prior fugam fecit, spectantibus militibus propter exemplum capite puniendus."

[39]) c. 17 „Infames" C. 6 q. 1: „Infames esse eas personas dicimus, que pro aliqua culpa notantur infamia, id est omnes, qui ... de bellis publicis fugientes..." — Vgl. ebenfalls F. Merzbacher, Art. „Infamie", HRG II (1972).

[40]) „Sacrilegi capite plectuntur" (Cf. Reiffenstuel, Ius canonicum I, n. 198 XLIX, ibidem). — Zum Sakrileg im römischen Recht vgl. allgemein Th. Mommsen, Römisches Strafrecht: Systematisches Handbuch der Rechtswissenschaft 1. Abt. 4. T., Leipzig 1899 S. 760ff.

[41]) D. 47, 9, 9: „Qui aedes acervumve frumenti iuxta domum positum combusserit, vinctus verberatus igni necari iubetur ..."

[42]) D. 48, 13, 7. — Vgl. Mommsen, Römisches Strafrecht, S. 761.

kanonischem Recht wurde bei Sakrileg ein Bischof, der weltlichen Mächten den Gebrauch einer Kirche ermöglicht hatte, abgesetzt und ausgeschlossen, außerdem alle, die mit ihm Gemeinschaft hatten[43]). Auch nach kanonischem Recht, das die Todesstrafe ablehnte, zählte fraglos das Sakrileg zu den ganz schweren Verbrechen[44]).

9. Die Todesstrafe

Namentlich im Mittelalter, aber bereits in der Antike ist die Todesstrafe durch das weltliche Recht häufig angedroht und verhängt worden. Der nächtliche Dieb konnte ohne weiteres auf handhafter Tat getötet werden[45]). Derjenige, der ihn erschlug, wurde nicht bestraft[46]). Wenngleich es nach weltlichem Gesetz auch durchaus erlaubt gewesen ist, beispielsweise im Falle des Ehebruchs die Frau zu töten, so betonte die kirchliche Disziplin immerhin früh, daß sie zwar das geistliche Schwert, aber nicht das weltliche Schwert gegen Verbrecher führe[47]). Die Kirche war ohnehin nicht an die weltlichen Gesetze gebunden[48]). Das kanonische Recht proklamierte daher ausdrücklich, daß die Kirche kein Schwert führe, wenn nicht das geistliche, da sie nicht töte, sondern zum Leben rufe[49]). Ganz deutlich wird angesichts der Behandlung der

---

[43]) c. 14 C. 16 q. 7: „Si quis episcopus secularibus potestatibus usus ecclesiam per ipsos obtineat, deponatur et segregetur, omnesque, qui illi communicant."

[44]) *Additio ad glossam* c „Sacrilegium" ad c. 34 X *de electione* I, 6: „Et sacrilegium inter magna crimina connumeratur ..." (Decretales ... Gregorii IX, Lyon 1618, 167).

[45]) D. 48, 8, 9. — Dagegen durfte ein Dieb am Tage nur getötet werden, falls er sich mit der Waffe verteidigte. So *Glossa* o „Latro" *ad* c. 19 „Cum homo" C. 23 q. 5: „Furem nocturnum licet occidere: sed diurnum non, nisi telo se defendat ...": Decretum Gratiani, Lyon 1618, 1344. Die Begründung war lakonisch: „Iam enim plus est quam fur" (c. 3 „Si perfodiens" X *de homicidio voluntario* V, 12: Friedberg II, S. 794).

[46]) Glossa (*Casus*) „Furem" ad D. 48, 8, 9: „Qui furem nocturnum occidit, non punitur si alias parcere ei non potuit sine periculo": Digestum Novum III, Lyon 1572 col. 1485.

[47]) Dictum Gratiani ad c. 5 „Interfectores" C. 33 q. 2: „In hoc capitulo videtur Nycolaus (Papa) permittere maritis causa adulterii, vel alterius eiusmodi criminis, uxores suas interficere. Sed ecclesiastica disciplina spirituali gladio, non materiali criminosos feriri iubet ..."

[48]) c. 6 C. 33 q. 2: „... Sed sancta Dei ecclesia numquam mundanis constringitur legibus ..."

[49]) c. 6 C. 33 q. 2: „... gladium non habet, nisi spiritualem; non occidit, sed vivificat."

Todesstrafe die humane Einstellung der Kirche und des Kirchenrechtes sichtbar. Wer wegen Gattenmordes bestraft war, sollte grundsätzlich niemals mehr eine Ehe schließen[50]). Dem Menschen war die Tötung eines anderen Menschen untersagt. Die Autorität des Zivilrechts vermochte den Tötungstäter nicht zu exkulpieren. Ausschließlich der Richter war von dem Kanon befreit, damit er eine Todesstrafe verhängen konnte[51]), er allein hatte kraft Gesetzes die *licentia occidendi*, aber nach kirchlicher Auffassung hatte der Kaiser das Schwert (*gladius*) erst vom Papst empfangen. Selbstverständlich ist hier lediglich der weltliche Richter gemeint, zumal bereits die Kirchenväter, insbesondere Augustinus, aber auch die Päpste ausdrücklich erklärten, daß in der Kirche nicht auf Todesstrafe erkannt werden solle, zumal die Kirche dem Grundsatz huldigte: „Ecclesia non sitit sanguinem"[52]). Für das kirchliche Strafrecht bedeutete ohnehin die Inquisition, die Tatermittlung, die Untersuchung begangener Straftaten (*crimina*) eine höhere Notwendigkeit als der Strafvollzug[53]). Immerhin kam es nach kanonischem Recht entscheidend darauf an, wenn ein Mensch von einem Menschen getötet wurde, ob die Tötung aus Schädigungsabsicht oder unredlicher Gesinnung begangen wurde, oder ob sie aufgrund obrigkeitlichen Befehls durch einen Richter oder einen Scharfrichter oder aber kraft Selbsthilfe- und Notwehrrechtes erfolgte, wie dies etwa durch einen Reisenden gegenüber dem Straßenräuber oder durch einen Soldaten gegenüber seinem Kriegsgegner geschehen konnte[54]). Die Tötungssituationen bildeten wesentliche Unter-

---

[50]) „Interfectores" — *Casus* ad c. 5 C. 33 q. 2: „Dicitur hic quod si vir uxorem sine iudicis auctoritate occiderit, & maxime innocentem, pro homicidio poeniteat, numquam matrimonium contrahat, nisi iuxta indulgentiam beati Leonis fuerit adolescens."

[51]) *Glossa* s „Liceat" *ad* c. 6 C. 33 q. 2: „... Solus enim index excipitur a canone, ut occidat": CorpIC I, Lyon 1618 col. 1652.

[52]) Vgl. O. Mejer, Lehrbuch des Deutschen Kirchenrechtes, Göttingen ³1869, Nachdruck Frankfurt am Main 1965 § 188, S. 492 Anm. 3. — S. auch A. Erler, Art. „Ecclesia non sitit sanguinem", HRG I (1971) S. 795ff.

[53]) c. 1 „Circumcelliones" C. 23 q. 5: „... inquirendi, quam puniendi necessitas maior est ..."

[54]) „Cum homo ab homine occiditur, multum distat, utrum fiat nocendi cupiditate, vel iniuste aliquid auferendi (sicut fit ab inimico, sicut a latrone), an ulciscendi vel obediendi ordine (sicut a iudice, sicut a carnifice), vel evadendi vel subveniendi necessitate, sicut interimitur latro a viatore, hostis a milite ...": c. 19 C. 23 q. 5.

scheidungskriterien für die Beurteilung der Tat. Immerhin sollte ein Kleriker mehr entschlossen sein, sich töten zu lassen, als selbst zu töten[55]). Es fällt auf, daß im kanonischen Recht bereits der Anstifter strenger als der Täter selbst bestraft wurde[56]). Daher sollte derjenige ausgeforscht werden, von dem der erste Anstoß zum Verbrechen ausgegangen war[57]). Wer einen anderen vorsätzlich und durch Hinterlist getötet hatte, mußte vom Altardienst ferngehalten werden[58]). Im übrigen hatte Papst Alexander III. (1159—1171) deutlich ausgesprochen, daß die Vollstreckung der Todesstrafe der königlichen Gewalt vorbehalten sei[59]). Kleriker, die zu einer peinlichen Strafe (*poena corporalis*) verurteilt wurden, mußten zuvor degradiert werden[60]). Aus der kanonistischen Argumentation wird ohne weiteres deutlich, daß das *ius gladii* eben vornehmlich durch die weltliche Gewalt gehandhabt wurde. Die kraft fürstlichen Privilegs erlangte Hochgerichtsbarkeit ging auch dann nicht verloren, wenn auf längere Zeit aus Mangel an Gelegenheit das Privileg nicht angewendet werden konnte[61]). Die Kirche beschränkte sich bewußt auf die Führung des geistlichen Schwertes, da sie zum Leben, nicht zum Tode führen wollte. Die kirchlichen Gerichte verhängten nicht selbst die Todesstrafe[62]). Dort, wo allerdings die *canones* vom Tode sprachen, handelte es sich grundsätzlich nicht um den leiblichen Tod, sondern um den *bürgerlichen*

---

[55]) *Glossa* b „Occidi" *ad* c. 3 „Non solum" C. 23 q. 5: „... quod Clericus debeat potius permittere se occidi, quam quod ipse occidat": CorpIC I, Lyon 1618 col. 1337.

[56]) *Glossa* p „potius" *ad* c. 19 „Cum homo" C. 23 q. 5: „Sic magis punitur consulens quam faciens ...": CorpIC I, Lyon 1618 col. 1344.

[57]) „Inquirendum etiam est, quis primo causam mali praebuerit" (ibidem).

[58]) c. 1 „Si quis" X *de homicidio voluntario vel casuali* V, 12: „Si quis per industriam occiderit proximum suum et per insidias, ab altari meo evelles eum, ut moriatur" [Ex. XXI, 14].

[59]) c. 4 „In archiepiscopatu" X *de raptoribus* V, 17: „... vindictam ipsam exercendam reserves regiae potestati" (Friedberg II, S. 809).

[60]) Urban III.: c. 3 „Ad audientiam" X *de crimine falsi* V, 20: „... sed eis prius a suis propriis ordinibus degradatis, in signum maleficii characterem aliquem imprimi facias ..."

[61]) „Et hinc, qui jus gladii ex Principis privilegio habet, illud non amittit, etsi longissimo tempore ex defectu occasionis non fuerit usus privilegio ...": F. Schmalzgrueber, Ius Ecclesiasticum Universum V, Neapel 1738 Pars III tit. XXXIII, n. 191 p. 259.

[62]) *Glossa* b „Mortis" *ad* c. 3 X *de crimine falsi* V, 20: „Hanc poenam Ecclesia non imponit" (Decretales ... Gregorii IX, Lyon 1618 1747).

und *kirchlichen* Tod, mithin war hier die Exkommunikation anzunehmen[63]. Zu jeder Zeit hat die Kirche darum gebeten, von Todes- und Verstümmelungsstrafen Abstand zu nehmen.

III. Übereinstimmungen

Soweit die weltlichen Gesetze nicht den *canones* widersprachen, konnten beide, *leges* und *canones*, in beiden Foren, vom kirchlichen und weltlichen Gericht, unbedenklich angewendet werden[64]. Verdientermaßen bediente sich der Kanonist der *leges*, gelegentlich auch da, wo eine Konkurrenz mit den *canones* bestand[65]. Ohnehin galt ein Legist ohne Kenntnis des kanonischen Rechtes sehr wenig, jedoch ein Kanonist ohne die unverzichtbare Beherrschung der *leges* überhaupt nichts[66]. Zudem haben, wie bereits dargetan wurde, die weltlichen Rechte keineswegs die Nachahmung des kanonischen Rechts verschmäht. Allerdings verboten die *canones* den Religiosen, Zivilrecht (*mundanae leges*) zu hören, wie dies ausdrücklich in der berühmten Bulle des Papstes Honorius III. (1216—1227) „Super specula" vom 22. 11. 1219[67] verfügt wurde[68]. Beide, das römische Recht sowohl als auch das kanonische Recht, legten wesentlich das Fundament der römischen *Rechtskirche*, die zu einer bedeutenden Institution und achtunggebietenden Ordnung des Abendlandes erwuchs und ganz gewiß nicht nur ein zu beklagendes geschichtliches Denkmal der progressiven Juristifizierung der ursprünglich

---

[63]) „Si per Canones sermo fiat de morte ... id non de morte corporali, sed de morte Civili, atque Ecclesiastica, hoc est, de Excommunicatione majori accipiendum erit ...": Reiffenstuel, Ius canonicum I, n. 200, L, p. 28.

[64]) Cf. Reiffenstuel, Ius canonicum I, § XIII n. 224 p. 31: „Resp. I. Quando Leges non contradicunt Canonibus, tunc mixtim & Leges & Canones allegantur in utroque Foro."

[65]) „Unde Canonista merito allegat Leges, etiam ubi concurrunt Canones ..." (Reiffenstuel, ibidem).

[66]) Vgl. F. Merzbacher, Die Parömie „Legista sine canonibus parum valet, canonista sine legibus nihil": StG XIII (1967) (= Collectanea Stephan Kuttner III) S. 273 ff.

[67]) c. 10 X *ne clerici vel mon.* III, 50: Friedberg II, S. 660.

[68]) Vgl. ebenfalls St. Kuttner, Papst Honorius III. und das Studium des Zivilrechts: Festschrift für Martin Wolff. Beiträge zum Zivilrecht und internationalen Privatrecht, Tübingen 1952 S. 79 ff.; F. Merzbacher, „Scientia" und „ignorantia" im alten kanonischen Recht: Mittelat. Jahrbuch 2 (= Festgabe für Karl Langosch), Köln 1965 S. 219; G. Le Bras, Droit romain et droit canon au XIIIᵉ siècle: Problemi attuali di scienza e di cultura 92, Rom 1967, 3 ss.

ausschließlichen *ecclesia abscondita* darstellte. Die *Rechtskirche* charakterisierte sich durchaus als eine Kirche der harmonischen Ordnung, der nicht nur historische Irrtümer und Entgleisungen zuzurechnen sind. Eine derartige Einschätzung vermag gerechtem und kritischem Urteil nicht standzuhalten. In ihrem Aufriß und in ihrer Grundlage entsprach die Rechtsgestalt der *Ecclesia* dem *ordo* des Mittelalters, der der rechtlichen Stütze und Instrumentation unverzichtbar bedurfte, auch wenn dadurch gesellschaftliche Krisen, Erschütterungen und ständische Rechtsungleichheit nicht vermieden und ausgeräumt wurden.

Fürstbischof Julius Echter von Mespelbrunn als Gesetzgeber

I. Der Fürstbischof als Landesherr

Während Fürstbischof Friedrich von Wirsberg (1558—1573) ohne Zweifel in erster Linie vorwiegend Bischof, weniger Landesfürst, gewesen ist, dominierte zweifellos bei seinem Nachfolger Julius Echter von Mespelbrunn (1573—1617), trotz aller unverkennbaren geistlichen Motive und kirchlichen Prärogativen, seine landesfürstliche Herrschaftskonzeption. Ob man freilich so weit gehen darf, wie ehedem Götz Frhr. von Pölnitz meinte, Julius sei „in weiten Räumen seiner Lebensleistung überwiegend Fürst, Landesherr und weniger Bischof"[1]) gewesen, muß gleichwohl bezweifelt werden. In jedem Falle aber trifft zu, daß Julius Echter den frühabsolutistischen Territorialfürsten, den bewußten Inhaber der Landesherrschaft, den Vater des Vaterlandes und damit einen unumschränkten Regenten repräsentierte. Recht, Ordnung und Macht haben den einstigen Pavianer Lizentiaten in decretis[2]) zeitlebens beschäftigt und inmitten der geistigen und politischen Auseinandersetzungen seiner Zeit unablässig berührt. Ein hohes wirklichkeitsnahes Verständnis für Tatsachen und politische Zusammenhänge war dieser willensstarken Herrscherfigur eigen. Durchdrungen vom Rang und von der Würde seiner Reichsfürstenstellung, übte er die ihm kraft seiner Wahl zugefallene Landeshoheit. Absolutistisch im besten Sinne des Wortes mutet seine innere Einstellung von der Gleichsetzung von Fürst und

---

[1]) Julius Echter von Mespelbrunn, Mainfränkische Hefte, H. 36, Würzburg 1959 S. 10. — Demgegenüber betonte Friedrich Hefele, Julius Echter von Mespelbrunn (Ein Baustein zu seiner Biographie), Archiv des Hist. Vereins von Unterfranken und Aschaffenburg (künftig AHVU) Bd. 64 (1924) S. 44, die ausgewogene Polarität der Regierungsziele des Fürstbischofs: „Sein religiös-kirchlicher Geist und sein Herrscherbewußtsein sind gleichsam die beiden Richtpunkte aller seiner Handlungen."

[2]) Vgl. Götz Frhr. von Pölnitz, Julius Echter von Mespelbrunn. Fürstbischof von Würzburg und Herzog von Franken (1573—1617), Schriftenreihe zur bayerischen Landesgeschichte, Bd. 17. München 1934 S. 73; Vitus Brander, Julius Echter von Mespelbrunn, Fürstbischof von Würzburg. Sein Leben und Wirken zum 300jährigen Todes-Gedenktag dem christlichen Frankenvolk erzählt, Würzburg 1917 S. 27.

Staat an[3]). Freilich stand er mit diesem Staatsdenken und seiner machtpolitischen Argumentation ebensowenig allein[4]). Die politischen Verhältnisse hatten sich bekanntlich seit dem Niedergang des Mittelalters
geändert und umgeschichtet. Auch in den weltlichen Landesfürsten-
tümern hatte sich das absolutistische Regime fortschreitend Bahn gebrochen. Staatsziel und Staatsreform des großen Würzburger Fürstbischofs erfaßten schwerpunktartig eine grundlegende Neuordnung der
Verwaltung, eine Symbiose des rezipierten römischen und des traditionellen deutschen Rechts und technische Maßnahmen unumgänglich notwendiger Organisation[5]). Die konzentrierten Regierungshandlungen
Julius Echters bewahrten im Ergebnis Hochstift und Bistum vor Staats-
bankrott, Aushöhlung und Zersetzung[6]). Zielstrebig war der Fürst be-
dacht, die traditionellen Mitregierungs- und Mitbestimmungsfunktionen
seines Domkapitels zurückzudrängen[7]). Fürstliche Beamten erwuchsen
wie andernorts auch im Hochstift Würzburg zu den entscheidenden
Trägern der Regierungstätigkeit dieses auf den ersten Blick offenbar
recht modern eingestellten Regenten. Ihr Rechtsstil und ihre rechtspolitischen Pläne schlugen sich ebenfalls in den fürstlichen Mandaten
und Gesetzen nieder. Nicht zu Unrecht hat Julius Echters Biograph Götz
Frhr. von Pölnitz den Fürsten als „einen meisterhaften Innenpolitiker"[8])
gekennzeichnet. Das Domkapitel bedeutete dem Bischof nicht mehr
den vollberechtigten Mitregenten, sondern er betrachtete das Kathedralkapitel lediglich gewissermaßen als Vollstrecker und Ausführungsorgan
seiner Direktiven. Trotz seiner unverkennbaren altkirchlichen Einstellung war dieser Herr des Hochstifts zugleich von der Idee der Staatsräson durchdrungen. Damit charakterisiert er sich als ein *homo politicus*
im Vollsinn dieses Wortes. Als *praesul omnino certus, pius, politicus* und
insofern als Regent von eindeutiger Bestimmtheit, Frömmigkeit und

---

[3]) Vgl. zu Julius Echters „Identifikation von Fürst und Staat" zuletzt Ernst
Schubert, Julius Echter von Mespelbrunn (1545—1617), in: Fränkische Lebensbilder, hrsg. von Gerhard Pfeiffer (= Veröffentlichungen der Gesellschaft für fränkische Geschichte, Reihe VII A Bd. 3), Würzburg 1969 S. 163.

[4]) Zu weit geht m. E. der Schluß von Ernst Schubert (a. a. O. S. 172),
aus der Rezeption der absolutistischen Konzeption, die sich in den weltlichen
Territorien verwirklicht hatte, könne letztlich gefolgert werden, „daß ihm [Julius]
am geistlichen Charakter seines Staates wenig gelegen war".

[5]) Vgl. v. Pölnitz, a. a. O. S. 12.

[6]) Vgl. v. Pölnitz, a. a. O. S. 202.

[7]) Vgl. statt anderer v. Pölnitz, a. a. O. S. 212.

[8]) Ebd.

politischem Weitblick[9]) ist Julius Echter in die Geschichte — nicht allein des Hochstifts und Bistums — eingegangen. Mißt man Größe und Spannweite seines Werkes, so kann es nicht verwundern, daß dieser Fürstbischof ebenfalls eine reiche und verzweigte gesetzgeberische Tätigkeit entfaltete. Beharrende Gesetzestreue verlangte er von seinen Untertanen. Um die Kenntnis der Gesetze lebendig zu halten, ließ der Fürst die von ihm erlassenen Konstitutionen vielfach jährlich öffentlich und feierlich bei Gericht oder von der Kanzel verlesen und verkünden. Die nachfolgenden Darlegungen nehmen, um eine Lücke der bisherigen Echter-Forschung zu schließen, bewußt Julius' Werk als *conditor legis* zum Gegenstand rechtshistorischer Betrachtung und Analyse. Sein Gesetzgebungsrecht handhabe dieser geistliche Reichsfürst als Teil der ihm zustehenden Landeshoheit.

II. Der Fürstbischof als Gesetzgeber

Im Sektor der Legislative hat der rührige und umsichtige Fürstbischof zahlreiche Materien neu geordnet, ältere Verordnungen und Mandate der zeitgenössischen kirchlichen und weltlichen Weiterentwicklung angepaßt und nicht zuletzt neue gesetzliche Bestimmungen dort erlassen, wo ihm gesetzgeberische Abhilfe und Regelungen unverzichtbar erschienen. Dabei beschränkte er sich nicht allein auf Unterbehörden und Untergerichte, sondern widmete seine Reformbemühungen und seine zentralistischen Bestrebungen ebenfalls den hochstiftischen Zentralbehörden und Obergerichten.

1. Zentralbehördenorganisation

Bereits im ersten Jahre seiner Regierung hat sich der junge Fürstbischof mit der Neuordnung des Würzburger Kanzleiwesens befaßt. 1574 erließ er eine neue würzburgische *Kanzleiordnung*[10]). Dabei waren in der Kanzlei schon unter seinen Vorgängern wiederholt neue Regelungen durchgeführt worden. Die Fürstbischöfe Melchior Zobel von Giebelstadt (1544—1558) und Friedrich von Wirsberg (1558—1573) hatten ihrerseits Kanzleiordnungen erlassen, die zweifelsohne den weltlichen

---

[9]) Vgl. V. Brander (Anm. 2), S. 144.
[10]) Bayer. Staatsarchiv Würzburg (im folgenden zitiert StAW), Libri diversarum formarum (Ldf) 32 S. 41—93.

Charakter der Kanzlei unterstrichen und das gelehrte Ratselement berücksichtigten[11]). Offenbar waren unter Friedrich von Wirsberg Unordnung und Unregelmäßigkeit in den Kanzleigeschäften eingerissen[12]). Die Aktenordnung war nachlässig geworden und der Fleiß der Kanzleiräte ließ sehr zu wünschen. Selbst der Oberschultheiß wurde der Untätigkeit bezichtigt[13]). Auf Grund der tatsächlichen Verhältnisse in der Kanzlei konnte es daher kaum verwundern, daß sich der an die Regierung gelangte energische Julius Echter ebenfalls den Erlaß einer eigenen Kanzleiordnung zum Ziel für die Beseitigung der eingerissenen Mißstände setzte. Die Kanzleiordnung des Jahres 1574 basierte bewußt auf den in der Vergangenheit erprobten Einrichtungen und Methoden, faßte aber Gestalt und Gliederung der Kanzlei weit deutlicher als zuvor und regelte das Kanzleiwesen in Würzburg wegweisend für die nachfolgenden Jahrhunderte der hochstiftischen Politik[14]). Die Kanzleiordnung von 1574 umfaßte einen allgemeinen und besonderen Teil. Im allgemeinen wurden die grundsätzlichen Fragen der Kanzlei geregelt, während im besonderen Abschnitt die Ämter geordnet worden sind. Prinzipiell sollten neue Räte oder Kanzlisten im Rat oder in der Schreibstube erst nach Pflichtleistung und Eintrag in das ordentliche Ratsbuch tätig werden. Die Räte und Kanzlisten waren verpflichtet, ihre Dienststunden einzuhalten, vormittags von 7 bis 10 Uhr, nachmittags von 1 bis 4 Uhr. Nach Dienstschluß in der Rats- und Schreibstube sollten sie zum Hof des Ortsordinarius auf die Festung Marienberg kommen. Dort am Hof sollte das Schloßtor nicht früher geöffnet werden, bis Räte und Kanzlisten aus der Stadt hinaufgekommen seien. Hofmeister und Kanzler konnten aber den Kopisten befehlen, in der Frühe zeitiger zu kommen und auch abends länger zu bleiben. An den dienstfreien Feiertagen sollte das Kanzleipersonal den anderen Bürgern und Einwohnern der Residenzstadt „ein gutes Exempel geben". Eilige, unaufschiebbare

---

[11]) Vgl. Hermann Knapp, Die Zenten des Hochstifts Würzburg II, Berlin 1907 S. 123.

[12]) Vgl. Karl Gottfried Scharold, Hof- und Staatshaushalt unter einigen Fürstbischöfen von Würzburg im 16. Jahrhundert, AHVU Bd. 6, H. 1 (Würzburg 1840) S. 38f.

[13]) Vgl. Scharold, a. a. O. S. 41.

[14]) Vgl. Friedrich Heinrich, Das fürstlich würzburgische Gebrechenamt. Ein Beitrag zur Organisation der Zentralbehörden im Hochstift Würzburg vom Beginn des 16. Jahrhunderts bis zur Säkularisation, AHVU 68 (1929) S. 30 u. S. 11.

Staatsgeschäfte mußten ebenfalls an Sonn- und Feiertagen erledigt werden. An den anderen gebotenen Feiertagen, beispielsweise zu Fasten, hatten Räte und Kanzlisten erst nach dem Essen um 1 Uhr in der Kanzlei ihren Dienst anzutreten und lediglich Halbtagsarbeit zu leisten. Privatsachen durften nicht mehr während der Dienststunden erledigt werden. Räten und Kanzlisten war es übrigens streng verboten, Geschenke von den Parteien anzunehmen. Vielmehr sollte das Kanzleipersonal „ohne alle affection dem reichen wie dem armen und dem armen wie dem reichen gleichmessig rhat und hilf gedeyhen und widerfahren lassen". Amtmänner, Vögte oder Keller konnten vor der Kanzlei beklagt werden, d. h. hatten dort ihren Gerichtsstand. Alle Bescheide der Kanzlei mußten in den ordentlichen Protokollen verzeichnet werden. In den Räten sollte jederzeit der Domdechant, im Falle seiner Verhinderung der nächste, nach ihm folgende Domherr, bei Fehlen eines Domherrn aber dann der Hofmeister, bei dessen Verhinderung indes der Marschall, zugegen sein. Falls von diesen Dignitären und Amtsträgern keiner anwesend sein konnte, sollte der Kanzler die Umfrage halten und die vota fleißig „colligiren", d. h. sammeln und zusammenfassen. Zu lange *vota* oder solche mit eingestreuten „ungereimten argumenta" durften durch den Bischof oder denjenigen, der die Umfrage anstelle des Bischofs hielt, untersagt werden. Der zweite Abschnitt der Kanzleiordnung von 1574 regelte die Ämter. Im Vordergrund stand hier das Amt des Hofmeisters. Hofmeister und Kanzler sollten nämlich über die Ratsbeschlüsse täglich dem Fürstbischof bei Hof vor bzw. nach dem Mittagessen referieren. Während die Würzburger Kanzleiordnung von 1546 und jene vom 16. Juni 1559[15]) die Bezeichnung Referendarius und Kanzler synonym gebrauchten, verwendet die Kanzleiordnung von 1574 die Bezeichnung Referendarius nicht mehr. Der Kanzler war nach ihr der Direktor der Räte und der erste und letzte in der Kanzlei. Er hatte sämtliche Supplikationen, versiegelte Missiven, Lehenaufschreibungen, Bitten und Bekenntnisse zu öffnen. Bei Krankheit wurde der Kanzler durch den vornehmsten gelehrten Rat als Vizekanzler vertreten. Die ihm auf Befehl des Fürstbischofs übertragenen Konzepte hatte er selbst auszuführen und nicht anderen Sekretären zu übertragen. Malefizsachen sollten in Gegenwart des Malefizschreibers, Lehnssachen im Beisein des Lehenschreibers beratschlagt werden. Bei der Behandlung von Gerichtssachen sollte der Gerichtsschreiber in den Rat geladen werden. Stiftsgebrechen

---

[15]) StAW, Ldf 30 S. 64—76. — 1559 war Referendarius Georg Schlehenrieth.

bedurften der Zuziehung des Gebrechenschreibers oder Syndicus. Für die Niederschrift sollte das Protokoll des Bischofs Lorenz von Bibra (1495 bis 1519) Anleitung geben. Auslaufende Schriften sollten zuvor kollationiert werden. Für Libelle war vorgeschrieben, diese zusammenzubinden. Über Nacht durfte kein Buch (Amtsbuch) in der Ratsstube verbleiben. Das dritte Amt nach Hofmeister und Kanzler bildete die Funktion des Oberregistrators. Dieser hatte Originale und Urkunden zu verzeichnen, ebenfalls zu notieren, wohin diese reponiert oder wem sie zugestellt wurden. Die Amtsbücher hatte der Oberregistrator nachts in das Gewölbe und in ihre Behältnisse zu stellen. Die Hauptaufgabe des Oberregistrators bestand in der Fortsetzung der „Registratur, wie soliche durch weylundt herren Lorenzen Frießen angericht ist". Weil aber die ersten Tomi des verstorbenen bischöflichen Sekretärs Lorenz Fries (1491—1550)[16]) seiner von ihm begonnenen Registratur vernichtet und zeitweilig nicht zur Hand waren, sollten die Aufzeichnungen aus den Konzepten, die noch in der Kanzlei lagen, rekonstruiert, wiederhergestellt und in das Archiv im bischöflichen Schloß, das im frühgotischen Obergeschoß des Randersackerer Turmes untergebracht war[17]), gegeben werden. Es handelte sich bei dieser sog. „hohen Registratur"[18]) um eine alphabetisch angelegte fränkisch-würzburgische Realenzyklopädie und gleichzeitig um ein umfassend angelegtes Archivrepertorium, ein Findbuch. Der Oberregistrator sollte nach der Kanzleiordnung von 1574 die hohe Registratur dem Ingrossisten zur Reinschrift übertragen und ihm befehlen, die sauber und ordentlich geschriebenen Bücher danach binden zu lassen. Im übrigen sollte diese Registratur über den von Fries gemachten Anfang hinaus weitergeführt werden. Im oberen Gewölbe neben der Kanzleistube wurden die Lehen-, Urbar- und Salbücher der Kanzlei verwahrt. Die Registrator sollte ebenfalls die Laden und Truhen im Gewölbe durchsehen und für gute Ordnung der Aktenstücke im Benehmen mit dem Kanzler sorgen. Das Gewölbe, mithin das Archiv, stand natürlich nicht jedermann offen, sondern Zutritt hatten ausschließlich die vier Offizianten, (der Oberregistrator, der Gebrechen-, der Lehen- und

---

[16]) Vgl. über ihn Wilhelm Engel, Magister Lorenz Fries (1491—1550), Mainfränkische Hefte 11, Würzburg 1951; über die „hohe Registratur" s. S. 38 ff.

[17]) Vgl. Max H. von Freeden, Festung Marienberg, Mainfränkische Heimatkunde 5, Würzburg 1952 S. 103 f.

[18]) Vgl. hierzu aufschlußreich Ludwig Rockinger, Magister Lorenz Fries zum fränkisch-wirzburgischen Rechts- und Gerichtswesen, Abh. der k. bayer. Akademie der Wiss., III. Cl. XI. Bd. III. Abt., München 1871 S. 54 f.

der Malefizschreiber). Zwei von ihnen, und zwar bei Errichtung der
Kanzleiordnung der Oberregistrator und der Lehenschreiber, sollten
die Schlüssel dazu haben, da das Archivgewölbe unter Mitverschluß
stand. Das Amt des gemeinen Registrators erstreckte sich auf die Führung der allgemeinen Registratur, die der Vorbereitung und Grundlegung der „hohen Registratur" diente. Der gemeine Registrator hatte
die neuen Sachen, die täglich vorfielen, in das zugehörige Register unter
Benennung der Parteien einzutragen. Außerdem sollte er die Säcke mit
den alten und neuen Akten sichten, Register von deren Inhalt anlegen
oder entsprechende Zettel an die Säcke heften. Das Syndikat und Gebrechenamt mußte mit einer qualifizierten rechtsgelehrten und kundigen
Person besetzt werden. Der Syndikus sollte sämtliche gerichtlichen
Sachen, die ein regierender Fürst pro et contra am fürstlichen Hof, am
Lehen-, Land- und Stadtgericht, ebenfalls vor kaiserlichen Kommissa-
rien als Richtern abhängig hatte, selbst erledigen, oder die mit diesen
Sachen befaßten Advokaten mahnen und zu treuer Pflichterfüllung
antreiben. Der Ratschreiber mußte zu den ordentlichen Ratsstunden
auf der Kanzlei erscheinen und dem Rate fleißig beiwohnen. Dem Malefizschreiber sind hingegen Konzipierung von Befehlen, Missiven, Frag-
stücken und peinlicher Anklage gegen Verhaftete, malefizischen Relationen, Landshuldigungen, Urfehden, Aussendung der Ankläger und
Nachrichter, ferner Aufzeichnungen der Geständnisse von Gefangenen,
von Klagen, Antworten, Bescheiden und Urteilen übertragen worden.
Er sollte übrigens ein neues Register anlegen und in diesem verzeichnen,
welche inländischen oder fremden Personen, unbekannte, gefangene
oder hingerichtete Übeltäter „bößer Handlungen" beschuldigt worden
waren. Dem Malefizschreiber war daneben befohlen, das alte Zentbuch
und die alten Zentakten durchzusehen, aber am alten Zentbuch nichts
zu ändern. Dieses Zentbuch bildete das Fundament für das dann in der
zweiten Hälfte der 70er Jahre des 16. Jahrhunderts angelegte große
Zentbuch[19]). Das große Zentbuch selbst wurde aus Urbaren, Salbüchern,
Verträgen, Kundschaften, Berichten und ähnlichen Dokumenten zusammengetragen[20]). Hingegen mußte der Lehenschreiber[21]) die Lehnbriefe

[19]) Vgl. Rockinger, a. a. O. S. 86.
[20]) Vgl. Theodor Henner, Julius Echter von Mespelbrunn. Fürstbischof von
Würzburg und Herzog von Ostfranken (1573—1617), Neujahrsblätter XII,
München und Leipzig 1918 S. 31.
[21]) Zum Lehenschreiberamt, dessen Hauptaufgabe im Registrieren bestand,
vgl. Heinrich, a. a. O. (Anm. 14) S. 53.

auf Pergament ingrossieren, gesiegelte Lehnbriefe dem Botenmeister zustellen, die Lehnbriefe in den Lehenbüchern registrieren und außerdem noch die alten Lehenbücher kopieren. Der Gerichtsschreiber sollte das Hof und Lehengericht, außerdem die zehn jährlichen Kanzleigerichte, die vier Ritterlehen- und vier Bürgerlehen-Gerichte rechtzeitig ansetzen und in das Tagebuch einschreiben, ferner die Ritterlehensgerichtsassessoren der Lehengerichte „in einem offenen Zettel" zu Anfang eines jeden neuen Jahres „certifizieren". Dann mußte er alle gerichtlichen und außergerichtlichen Verfahren unverzüglich fertigen und den Parteien ad exequendum zustellen. Er hatte ebenfalls die Rezesse nach der Audienz ad acta zu registrieren und die im Senat beschlossenen Urteile in Gegenwart der Räte aufzuzeichnen, daneben die Urteilsbriefe zu registrieren und sämtliche Gerichtsbücher und Protokolle „in guttem wesen" zu halten und zu handhaben. Die vom Fürstbischof von Würzburg in die Acht gesprochenen Ächter mußte er ebenso wie deren Absolution von der Acht im Achtbuch[22]) verzeichnen. Das Amt des Botenmeisters führte die Aufsicht über die Boten, die als Annahmevoraussetzung 20 Gulden Bürgschaft leisten mußten. Im übrigen siegelte der Botenmeister Urkunden, Mandate, Missiven, Verträge und Abschiede mit seinem Sekretsiegel. Er fertigte auch die Boten ab, sollte einen Gegenschreiber haben und mit diesem ein gleiches Register führen. Bei der Rechnungslegung des Botenmeisters auf der Kanzlei mußte der Gegenschreiber zugegen sein. Daneben verwaltete der Botenmeister den Materialvorrat der Kanzlei: Papier, Pergament, Wachs, Tinte und Bindfaden.

Der Kammergerichtsschreiber selbst war — wie seine Dienstbezeichnung erkennen ließ — für Kammergerichts-Sachen zuständig. Er händigte die Akten den Advokaten aus, sandte die „Handlungen" den Prokuratoren nach Speyer ad producendum, registrierte die von den Prokuratoren in Speyer jährlich auf Palmarum (Palmsonntag, Sonntag vor Ostern) nach Würzburg geschickten Rezesse und Protokolle und verfügte ebenso wie der Oberregistrator über einen eigenen Schlüssel zum unteren Gewölbe. Der Bestallungsschreiber mußte sämtliche Bestallungen, Kaufbriefe und Verschreibungen entwerfen, dem Hofmeister und Kanzler zum Revidieren vorlegen, die genehmigten Entwürfe ingrossieren und bei der zuständigen Stelle siegeln lassen. Die ausgefertigten und gesiegelten Bestallungen übergab der Bestallungsschreiber dem Botenmeister.

---

[22]) Vgl. über Aufkommen und Funktion dieses Registers (liber proscriptorum) Werner S c h u l t h e i s s, Handwörterbuch zur deutschen Rechtsgeschichte (HRG) I, Berlin 1971 Sp. 36 f.

Der Bestallungsschreiber hatte über die von ihm gefertigten Verschreibungen und Kaufbriefe ein besonderes Manuale zu führen.

Außerdem umfaßte das Kanzleipersonal noch die Kopisten. Diese hatten ihren gewöhnlichen Arbeitsplatz, ihre sog. Sitzstatt, am Kopistentisch mitten in der Schreibstube. Falls die Beleuchtung schlecht war, hatte ihnen der Kanzleiknecht Lichter zu stellen. Die Kopisten mußten fleißig, sauber und korrekt schreiben, die von ihnen geschriebenen Texte mit den Offizianten kollationieren und unterlagen der Verschwiegenheitspflicht. Nur Amtspersonen sollten überhaupt in die Schreibstube eingelassen werden. In ihr hatte „vergebenlich geschwetz" zu unterbleiben. Der jüngste Kopist mußte zu den Ratszeiten die Schreibstube auskehren. Der Kanzleiknecht brauchte weder schreiben noch lesen zu können, er hatte seine Wohnung auf der Kanzlei, wurde als Bürodiener beschäftigt, mußte die Schlüssel über Nacht verwahren, im Winter das Einheizen überwachen, in den Winternächten das Feuer in den Öfen kontrollieren und Schaden verhüten. Außerdem war er für den guten Zustand der Schlösser, Türen, Fenster, Öfen und Bedachungen verantwortlich und beauftragt, für den Holzvorrat der Kanzlei zu sorgen.

Die Kanzleiordnung von 1574 enthielt einen ganzen Katalog der Taxen für Ausfertigungen. So mußten beispielsweise für einen Ledigungsbrief der Leibeigenschaft ein Gulden, für Marktfreiheiten zwei Gulden, für eine gerichtliche Ladung ein Pfund, für ein Pönalmandat zwei Pfund, für die Ausfertigung eines Urteilsbriefes zwei Gulden und für die Lösung aus der Acht pro Person zwei Gulden entrichtet werden. Die Ordnung selbst sollte alle Jahre zweimal im offenen Rat, nämlich am letzten Osterfeiertag und an Michaelis (29. September), nachmittags verlesen werden. Die Kanzlei, für die diese Ordnung erlassen wurde, war am Kürschnerhof gelegen und bildete den gegen die Domstraße gerichteten Flügel des Landgerichtsgebäudes mit den Schwibbogen, den Fürstbischof Lorenz von Bibra (1495—1519) aufgeführt hatte[23]). Diese Zentralbehörde des Hochstifts war zweifelsohne dem österreichischen Modell nachgebildet worden[24]). Im Zeitpunkt des Erlasses der Kanzleiordnung von 1574 war immer noch der elsässische Protestant Balthasar von Hellu Kanzler des Hochstifts[25]). Er galt als geschäftserfahren, neigte

[23]) Vgl. Thomas Memminger, Würzburgs Straßen und Bauten³, Würzburg 1923 S. 205.
[24]) Vgl. Heinrich, a. a. O. S. 57.
[25]) Vgl. Ernst Schubert, a. a. O. (Anm. 3) S. 167. — Nach Hellus Tod hatte dessen in Nürnberg lebende Erbin über den Rat der Reichsstadt Fürstbischof

jedoch zu gefährlichen Intrigen und hatte unter Julius Echters Vorgänger infolge der politischen Gleichgültigkeit Wirsbergs eine starke, unabhängige Stellung erlangt.

Es ist zutreffend und auch naheliegend, daß erst der Tod dieses Kanzlers im Jahre 1577 dem jungen Fürstbischof die volle Kompetenz seiner Staatsgeschäfte übertrug[26]). Auch das Domkapitel scheint Hellus schwindenden Einfluß empfunden zu haben. Schon am 5. Oktober 1574[27]) betonten die Würzburger Kiliansbrüder, daß der gegenwärtige Kanzler Balthasar von Hellu ersetzt werden müsse, weil er nunmehr „unvermüglich und alt" sei. Damals schlug man Dr. Adam Zech für das Amt des Kanzlers vor, aber Neithard von Thüngen[28]) unterrichtete das Domkapitel, daß Dr. Zech sich der Stadt Augsburg lebenslänglich verpflichtet habe. Gleichwohl war Dr. Adam Zech bereit, dem Stift zu dienen, wenn die entsprechende Erlaubnis der Stadt Augsburg erzielt werden könnte. Der Kanzler Balthasar von Hellu hatte vorgeschlagen, sich beim Kaiser mit der Schilderung des besonderen Sachverhalts um die Freistellung Dr. Zechs zu bemühen, zumal dieser bereits in Kriegs- und Empörungs-

---

Julius Echter wegen des Nachlasses des Erblassers gebeten, ihrem Anwalt die Erlaubnis zu erteilen, die im Hochstift Würzburg hinterlassenen Güter, liegende und fahrende Habe, Urkunden, Schulden, Gegenschulden und Register Balthasars von Hellu zwecks Errichtung eines vollständigen Inventars in Besitz zu nehmen. Der Nürnberger Rat entsprach dieser Bitte am 19. Januar 1585 (StAW, Nürnberger Briefbücher Nr. 202 fol. 13).

[26]) Vgl. dazu die treffliche Charakteristik bei v. Pölnitz, a. a. O. (Anm. 2) S. 209.

[27]) StAW, Würzburger Domkapitelprotokoll (künftig WDKP) 30, fol. 249 (alt 225).

[28]) Geboren 1. 5. 1545, 1574 Domdechant und Propst von Neumünster, 1583 Dompropst in Würzburg und Domdechant in Bamberg, 1591 Fürstbischof von Bamberg, gestorben 26. 12. 1598 (vgl. August Amrhein, Reihenfolge der Mitglieder des adeligen Domstiftes zu Wirzburg, St. Kilians-Brüder genannt ..., II, AHVU 33 (1890) Nr. 1390 S. 217). Der Augsburger Stadtkanzler Dr. Adam Zech gehörte in die „Goldene Zeit der Juristen" dieser Stadt (vgl. die knappe Erwähnung bei Leonhard Lenk, Augsburger Bürgertum im Späthumanismus und Frühbarock (1580—1700) [= Abh. zur Geschichte der Stadt Augsburg. Schriftenreihe des Stadtarchivs Augsburg, Bd. 17], Augsburg 1968 S. 28). Iuris utriusque doctor Adam Zech aus Sundheim in der Markgrafschaft Burgau ist unter dem Augsburger Bischof Kardinal Otto Truchseß von Waldburg (1543 bis 1573) bischöflicher Kanzler, seit 7. Oktober 1564 Stadtschreiber der Reichsstadt Augsburg gewesen. 1579 erwarb er das Landgut Deubach (frdl. briefliche Auskunft von Herrn Stadtarchivdirektor Dr. Blendinger — Augsburg vom 3. 4. 1973).

zeiten im hochstiftischen Dienst verwendet worden sei und insofern dessen Staatsgeheimnisse, Gewohnheiten und Gelegenheiten erfahren hätte. Offenbar konnte Dr. Zech aber nicht gewonnen werden. Erst im Jahre 1580 wählte Julius Echter sich Veit Krepser zum neuen fürstlichen Kanzler, der sich als sein treuer und bedingungsloser Anhänger erweisen sollte[29]). 24 Jahre nach Erlaß der Kanzleiordnung, im Jahre 1598, erhielt die Schreiberei wiederum eine neue *Taxordnung*[30]).

Wenngleich die ältere Forschung wiederholt betonte, Julius Echter von Mespelbrunn habe bereits bald nach Beginn seiner Regierung eine neue *Hofordnung* erlassen[31]), so kann dieser Auffassung nur sehr bedingt zugestimmt werden. Zwar ist es richtig, daß sich Julius Echter auch mit der Ordnung des Hofgesindes im fürstlichen Schlosse befaßte, aber nicht von ungefähr erhellt ein Eintrag im Würzburger Domkapitelprotokoll vom 3. März 1579 die damaligen Zustände[32]). Der Bischof hatte nämlich dem Domkapitel seinerzeit angezeigt, daß er weder eine neue Ordnung gemacht noch die alte Hofordnung geändert habe. Immerhin erinnerte das Domkapitel den Bischof daran, sich doch wie der verstorbene Bischof Friedrich von Wirsberg zu verhalten. Es sollte aber Julius Echter gesagt werden, ab wann die von ihm geplante Hofordnung zu publizieren sei. Aus dieser Notiz geht hervor, daß eben 1573 noch keine Hofordnung des neuen Fürstbischofs verabschiedet worden war. In der Tat hatte Fürstbischof Friedrich von Wirsberg erst 1561 eine Hofordnung[33]) erlassen, nachdem sich 1546 Bischof Melchior Zobel von Giebelstadt

---

[29]) Vgl. v. Pölnitz, a. a. O. S. 216. — Krepser war der erste Dekan der juristischen Fakultät der Alma Julia (vgl. v. Pölnitz, a. a. O. S. 454).

[30]) StAW, Ldf 32 S. 311.

[31]) Vgl. Theodor Henner, Julius Echter von Mespelbrunn (Anm. 20) S. 26. — Allerdings legt die Formulierung in der Präambel der Futter-, Speise- und Bäcker-Ordnung von 1574 XII 13 (StAW, WU 16/174 a), nach der Bischof Julius wegen friedlicher, guter Polizei auf seinem Schloß ob Würzburg „die hofordnung wohlbedechtlichen verneuern und uber hof verkunden lassen", gemäß der sich Räte, Diener und Hofgesinde zu richten hatten, die Annahme nach einer Reformation der alten Hofordnung durchaus nahe. Jedenfalls glaubte der Landesherr seinerzeit, es sei nötig, für Diener und Verordnete über Futter, Backhaus und Spelunken Ordnung und Maß zu setzen. Der Futtermeister sollte für 18 Pferde des Hofgesindes übrigens einen Malter Hafer verfüttern. Niemand durfte aber Brot aus der Hof-Pfisterei geben. — Die undatierte Hofordnung „anno 1573", die auf ihrem Einband mit dem Zusatz „Dezember 1573" versehen ist, charakterisiert sich als Konzept. Mit ihr wollte zweifelsohne Bischof Julius die Hofordnung seines Vorgängers erneuern (UBW, M. ch. f. 581).

[32]) StAW, WDKP 35 fol. 79 (neu 108).

[33]) StAW, Hist. Saal VII 21/299 (Pap. libell).

(1544—1558) mit der gleichen Materie[34]) gesetzgeberisch beschäftigt hatte. Nun stimmen tatsächlich die Wirsbergische Hofordnung von 1561 und die Echtersche von 1614 wörtlich überein. Historisch exakt läßt sich nur eine Würzburger *Hofordnung* unter Bischof Julius Echter von Mespelbrunn belegen, nämlich jene aus dem Jahr 1614[35]), die allerdings ihre Übereinstimmung mit der Wirsbergischen von 1561 keineswegs verleugnen kann. Die Hofordnung beider Bischöfe stand unter der Devise Senecas „Non minus meretur laudis condere quam servare leges", womit Gesetzgebung und Rechtswahrung gleichrangig gepriesen wurden. Zweifelsohne waren die Verhältnisse am Hofe in Unordnung, die Ordnung Bischof Friedrichs selbst in Vergessenheit geraten, so daß es Julius Echter durchaus angezeigt erschien, die Hofordnung zu erneuern. Im Vordergrund dieser Hofordnung stand die *Vogtei*. Das gesamte Hofgesinde sollte mit Namen und Zunamen von Jahr zu Jahr in einem besonderen Register verzeichnet werden. Domherren, Räte und andere Personen vom Adel sollten die von ihnen angenommenen Knechte und Buben dem bischöflichen Vogt auf einem Zettel verzeichnet schicken, damit die Angenommenen in das Register aufgenommen würden. Der adlige Obervogt mußte das Hofgesinde in Pflicht nehmen und anweisen, den bischöflichen Burgfrieden[36]) und die fürstliche Hofordnung getreu zu halten. Im fürstlichen Schloß Unser Lieben Frauenberg sollte sich der *Burgfrieden* bis über die Thelle[37]) zu der steinernen Martersäule[38]) er-

---

[34]) Vgl. Hermann Knapp, Die Zenten des Hochstifts Würzburg II, S. 132.

[35]) StAW, Hist. Saal VII 21/300 (Pap. libell mit Perg.umschlag). — Vgl. übrigens schon völlig zutreffend Johann Nepomuk Buchinger, Julius Echter von Mespelbrunn. Bischof von Würzburg und Herzog von Franken, Würzburg 1843 S. 209: „Die Hofordnung ist nur eine im Jahre 1614 veranstaltete Erneuerung und Verbesserung jener des Bischofes Friedrich von Wirsberg, welche nicht mehr eingehalten wurde."

[36]) Der Burgfriede oder Burgbann bildete einen besonderen Jurisdiktionsbezirk. — Dem Vogt standen Disziplinar- und Strafgewalt über das Hofgesinde zu (vgl. ebenfalls Sebastian Göbl, Am Hofe des Würzburger Fürstbischofs im Jahre 1526, S. A. aus dem „Familien-Blatt" zur „Würzburger Presse", Würzburg 1887 S. 3).

[37]) Es handelte sich um die Telle, eine Bodensenkung im nördlichen Mainviertel am Fuß des Marienberges, oberhalb der Tellsteige (vgl. dazu zuletzt Franz Seberich, Die Stadtbefestigung Würzburgs. I. Teil: Die mittelalterliche Befestigung mit Mauern und Türmen, Mainfränkische Hefte 39, Würzburg 1962 S. 15 u. 53).

[38]) Es dürfte sich um die Mordsäule handeln, die Fürstbischof Friedrich von Wirsberg kurz nach seinem Regierungsantritt am Fuße des Marienberges an der Stelle hatte errichten lassen, wo sein Vorgänger Melchior Zobel nach dem Attentat

strecken. Übertreter konnten nach der Art ihrer Übertretung des Burgfriedens „hals umb hals, hand umb hand" gestraft werden. Störer des
Burgfriedens, die innerhalb dieses Jurisdiktionsbezirks jemanden töteten,
wurden auf dem Schloßplatze enthauptet, andere, die Personen verletzten, verloren ihre Hand. Zur Abschreckung ließ der Fürstbischof Hand
und Beil als Warnungsbild am Wartturm anmalen[39]). Später wurden
die Strafen etwas abgemildert und die Missetäter in der Regel mit Ruten
um den Schloßturm gejagt[40]). Für Klagen gegen das Hofgesinde war
der Vogt zuständig. Wo er sich aber außerstande fühlte, in der Sache
zu entscheiden, mußte er diese Streitsache an die Kanzlei verweisen.
Personen des Hofgesindes, die Feldschäden anrichteten, sollten vom
Hofmeister, Marschall, Vogt oder einem sonstigen Vorgesetzten zum
Ersatz des angerichteten Schadens angehalten oder nach der Art des
Schadens anderweitig bestraft werden. Gotteslästern wurde dem Hofgesinde energisch untersagt. Übrigens sollte das Hofgesinde auf dem
Schloß an Sonn- und Feiertagen früh in die Kirche zur Messe und Predigt
gehen, am Feierabend und an den Feiertagen aber auch die Vesper
besuchen. Übertreter dieser Anordnungen sind zunächst ermahnt, aber
beim dritten Verstoß bestraft worden. Die Hofordnung regelte außerdem
noch die Torhütung, die Lichterverteilung, den Ausschank des Schlaf-
trunkes um einhalb acht Uhr, die Frühsuppe um sieben Uhr, den Unter-
trunk um zwei Uhr im Saal oder in der Hofstube, ferner die Bewirtung
fremder Gäste, die Tischordnung[41]), das Verbot von Unfug und Unzucht,
die Fastenzeit, das Zurücktragen des bei Tisch nicht verbrauchten
Essens in die Küche, die Verhältnisse der Jäger, Wildhetzer und Hunde,
der Bereiter, Wagenknechte, die Haltung des Geschirrs, der Pferde, die

---

beim Schmalzershöflein in der Zellerstraße am 15. April 1558 gestorben war (vgl.
Joseph Anton Oegg, Entwicklungsgeschichte der Stadt Würzburg, Würzburg
1880 § 237 S. 391).

[39]) Die Burgfriedenstafeln pflegten ein Beil mit einer abgehauenen Hand ab-
zubilden (vgl. Johann Hieronymus Hermanns, Allgemeines Teutsch-
Juristisches Lexicon, Jena und Leipzig 1739 S. 199; Eberhard Frhr. von
Künssberg, Rechtliche Volkskunde, Halle/Saale 1936 S. 117; Claudius Frhr.
von Schwerin, Einführung in die Rechtsarchäologie, Berlin—Dahlem 1943
S. 156f. Nr. 93).

[40]) Vgl. Thomas Memminger, a. a. O. (Anm. 23) S. 54.

[41]) Der Brotspeiser mußte bei den Mahlzeiten in der Hofstube an allen Tischen
— mit Ausnahme des Vogtstisches — jeder Person zwei schwarze Brötlein und
jedem Reiter-, Provisaner-, Büttner-, Schmiede- und Meistertisch zwei weiße
Brote geben (StAW, WU 16/174a).

Verhältnisse der Schmiede und das Beschlagen der Pferde. Zusätzlich enthielt die Hofordnung die Vorschriften über den Stadturlaub der Köche, Bäcker und Büttner und das allgemeine Schießverbot im Vorhof und im Innern des fürstlichen Schlosses.

Es scheint in der Tat im ersten Jahrzehnt der Julianischen Regierung so gewesen zu sein, daß die alten Gebräuche und Gepflogenheiten, insbesondere bezüglich der Mitbestimmung des Domkapitels, weitgehend in Vergessenheit geraten waren. Nicht von ungefähr hat das Kapitel 1584 betont[41a]), daß jetzt fast nur neue Räte vorhanden seien, die die alten Bräuche nicht mehr kannten, und es insofern angezeigt erscheine, diesen „wol ein glimpfige anregung und andeuttung, waß hierinnen preuchlich", zu geben. Andererseits ist kaum zu bezweifeln, daß mit der Anstellung des neuen Kanzleipersonals der Fürstbischof bewußt eine Einschränkung der Kapitelsrechte plante und auf diese Weise die Mitwirkung der Domherren in Ausschuß und Plenarsitzung bei der Gesetzgebung zurückzudrängen trachtete.

2. Gerichtsverfassung

Im Felde der Gerichtsverfassung und des Justizwesens hat sich der Fürstbischof ebenfalls als besonnener Reformator erwiesen, der als absolutistischer Gesetzgeber und Landesherr die Kodifikation des hochstiftischen Landesrechts ebenso betrieb, wie er die Tradition der überlieferten Rechtsnormen begünstigte. Julius Echter hatte noch keine sieben Jahre als Fürst regiert, als am 12. März 1580 die *Peinliche Halsgerichtsordnung* zu Würzburg[42]) publiziert wurde. In dieser gelegentlich auch in das Jahr 1577 zurückdatierten Gerichtsordnung[43]) wurde befohlen, daß verhaftete Übeltäter drei Tage vor dem Peinlichen Rechtstag mit dem hl. Sakrament der Eucharistie versehen werden sollten. Von alters her war es in Würzburg Brauch, daß auf dem Peinlichen Gerichts-

---

[41a]) StAW, WDKP 40 fol. 87'. — Hofmeister, Marschall, Kanzler, Schultheiß, sämtliche edlen und gelehrten Hof- und Kanzleiräte sollten vom Bischof nur mit dem Einverständnis des Domkapitels eingestellt werden (StAW, Würzburger Libell 249 S. 10).

[42]) Druck: Joseph Maria Schneidt, Thesaurus Iuris Franconici II, Würzbrug 1788 S. 933—943; vgl. dazu und zu Julius Echters Bestrebungen nach einer *allgemeinen Zentordnung* des Hochstifts Friedrich Merzbacher, Die Würzburger Halsgerichtsordnungen, in: Studien zur Strafrechtswissenschaft. Festschrift für Ulrich Stock, hrsg. von Günter Spendel, Würzburg 1966 S. 36ff.

tag neben dem Oberschultheißen einige Bürger im Harnisch anwesend waren, die das Gericht zu beschützen hatten. Morgens wurde der Angeklagte aus dem Gefängnis genommen, vom Nachrichter gebunden und in den Stock außerhalb des Rathauses gesetzt. Das Gericht selbst hegte der Schultheiß anstelle des Fürsten und Bischofs Julius von Würzburg im Namen des Hochstifts und Herzogtums zu Franken. Kein Schöffe durfte seinen Stuhl ohne Erlaubnis verlassen. Nach der alten Hegungsfrage, ob das Halsgericht zu peinlichen Rechten genügend gehegt sei, übergab der Schultheiß dem Zentgrafen den Gerichtsstab. Der Zentgraf war geharnischt und gewappnet und trug Handschuhe[44]). Er mußte nunmehr die Schöffen ermahnen, ein gerechtes Urteil zu sprechen, das sie am Jüngsten Gericht verantworten könnten. Als Fürsprecher[45]) dienten Schöffen aus dem Gericht. Nachdem der Fürsprecher die Klage des Klägers gegen den schädlichen Mann beispielsweise wegen Diebstahls oder Mordes vorgebracht hatte, bat er, daß man den Täter gebunden und gefangen aus dem Stock hierher bringen solle. „Mit Geschrey und rechter Führe, als Recht ist", brachte der berittene Zentgraf zusammen mit dem Kläger und den Gerichtsknechten nun den Armen vor Gericht. An drei Orten wurde das Gerüfte vorgenommen: Erstmals bei den Seilern gegenüber den Altreußen, zum andern unter dem Tor bei der Kapelle St. Gotthard und zum dritten beim Zollhaus auf der Mainbrücke[46]). Der

---

[43]) So Schneidt, a. a. O. S. 933, Fußnote.

[44]) Zum Handschuh des Blutrichters vgl. Berent Schwineköper, Der Handschuh im Recht, Ämterwesen, Brauch und Volksglauben (= Neue Deutsche Forschungen, hrsg. von Hans R. G. Günther u. Erich Rothacker, Bd. 191), Berlin 1938 S. 62.

[45]) Zum Begriff des Fürsprechers (*procurator*) vgl. H. Winterberg, HDR I (1971) Sp. 1333 ff.

[46]) Unter dem Ausdruck „Altreußen" verstand man die Schuhflicker, Schuhmacher (vgl. Hermann Hoffmann, Würzburgs Handel und Gewerbe im Mittelalter, I. Allgemeiner Teil, Kallmünz über Regensburg o. J. [1940] S. 98). Die Ordnung der Würzburger Altreußen von 1446 X 7 ist abgedruckt in: Würzburger Polizeisätze, hrsg. von Hermann Hoffmann, Würzburg 1955 Nr. 298 S. 122 f. — Die Gotthardskapelle, das spätere Haus zum Schwertfeger, gehörte zum Ritterstift St. Burkard (vgl. Memminger, a. a. O. [Anm. 23] S. 226). Sie war auf einem verbreiterten Brückenbogen auf der nördlichen Seite neben der Fahrbahn aufgeführt und ist 1338 erstmals erwähnt (vgl. Arthur Bechthold, Die Gotthardskapelle auf der Würzburger Brücke, in: „Die Frankenwarte". Heimatbeilage zum Würzburger Generalanzeiger. 1939 Nr. 17/18; Franz Seberich, Die Alte Mainbrücke zu Würzburg, Mainfränkische Hefte 31, Würzburg 1958 S. 24 u. S. 36).

würzburgische Anwalt übergab nunmehr die in einem Schriftsatz gefaßte peinliche Anklage gegen den Delinquenten und bat, die Klagschrift öffentlich zu verlesen. Anschließend hatte der Verbrecher zu antworten. Da das Urteil längst schriftlich ausgefertigt war — denn der Angeklagte hatte seine Tat zuvor bereits bekannt —, wurde nunmehr der land- schädliche Mann zum Tode verurteilt. Nach dem Urteil erhoben sich Zentgraf und Schöffen. Der Zentgraf sollte den Gerichtsstab nicht einfach hinwerfen, sondern mit dem Stab vor dem schadbaren Mann vom Ge- richt bis zur Richtstätte reiten. Erst dort wurde der Stab über dem vom Leben zum Tode zu bringenden Straftäter gebrochen[47]. Der Pein- liche Rechtstag erscheint im Lichte dieser Peinlichen Halsgerichtsord- nung von 1580 als eine reine Formalität, bei der auch ein Widerruf dem bereits schriftlich Verurteilten in keinem Punkte Abhilfe bringen konnte. Daß hier eine ausdrückliche Anweisung für den Zentgrafen aufgenom- men war, den Stab nicht einfach hinzuwerfen, erhellt mittelbar, daß auch sonst in Franken bereits in der Gerichtsverhandlung der Stab gebrochen und dessen Trümmer dem Verurteilten vor die Füße geworfen wurden. Nunmehr aber war der Gerichtshalter angewiesen, die Rechtssitte des Stabbrechens offenbar erst an der Richtstatt selbst zu üben. Dafür war der Kläger verpflichtet, ihm einen Gulden zu reichen. Jedem fremden Schöffen — unter ihnen waren zwei von Zell aus der Gassen, zwei von Waldbüttelbrunn und einer von Höchberg — gebührten 15 Pfennig, denn sie mußten bereits um sechs Uhr auf dem fürstbischöflichen Saal zu ihrer Dienstleistung erscheinen. Der Büttel empfing einen Gulden, der Stockmeister nur seine Atzung.

Zeitlich folgte nun auf diese Peinliche Halsgerichtsordnung die be- rühmte *Reformation des Stadtgerichts* zu Würzburg vom 1. Oktober 1582[48]. In seiner Präambel bemerkte Fürstbischof Julius Echter, er habe sich unterrichtet, daß von den römischen Königen und Kaisern neben dem Herzogtum Franken dem Stifte Würzburg die volle Gerichtsbarkeit — *omnimoda iurisdictio*, d. h. aller Gerichtszwang — verliehen worden sei und er kraft seines ihm zukommenden Amtes diese Verordnung er-

[47]) Das Stabbrechen anläßlich des Todesurteils läßt sich in Würzburg seit dem 16. Jahrhundert belegen. Das zwischen 1575 und 1580 entstandene Zentbuch (s. oben Anm. 19) verbriefte das Zerbrechen des Richterstabes, der eine Länge von etwa 36 cm aufwies (vgl. Ernst von Moeller, Die Rechtssitte des Stab- brechens, ZRG 21 Germ. Abt. [Weimar 1900] S. 73 u. 95).
[48]) Druck: Schneidt, Thesaurus Iuris Franconici II, S. 1001—1053; Knapp, Zenten I, S. 1290—1323 (mit 1583 datiert); beide publizierten Texte weisen Abweichungen auf.

lassen wolle, damit in seinem Hochstift Recht und Gerechtigkeit gleich-
förmig und fördernd geübt werden. Ausdrücklich betonte der Bischof, er
habe die neue Ordnung des Stadtgerichts mit Vorwissen des Domprop-
stes, des Domdechanten und des Domkapitels erlassen. Dieses Stadtgericht war mit einem Schultheißen und neun Beisitzern oder Schöffen
besetzt. Die Schöffen mußten erfahrene Bürger aus dem Würzburger
Unterrat sein. Drei Tage in der Woche, nämlich am Dienstag, Donnerstag
und Freitag, wurde, sofern auf diese Termine kein Feiertag fiel, Gericht
gehalten. In der Fastenzeit tagte das Gericht früh um sechs Uhr, damit
sich Schultheiß und Schöffen über Urteile und Bescheide vergleichen
konnten, bevor dann von sieben bis zehn Uhr die vorbereiteten Urteile
und Bescheide eröffnet und die Parteiverhandlungen stattfinden konnten. Außerhalb der Fasten sollten Schultheiß und Schöffen um sieben
Uhr zur Urteilsfertigung zusammenkommen und die Urteilseröffnung
an den drei Tagen am Nachmittag vornehmen und die Parteien verhören.
Die Gerichtsferien waren u. a. in der Erntezeit von Kiliani (8. Juli) bis
auf St. Peter Kettenfeier (1. August) und im Herbst, sowie vom 24. Dezember bis zum 6. Januar, außerdem vom Palmsonntag bis zum Sonntag
Quasimodogeniti (1. Sonntag nach Ostern) und an Pfingsten angesetzt.
Besonders eingehend wurde in der Stadtgerichtsreformation der Gerichts-
ungehorsam behandelt. Säumige, die auf Ladung nicht vor Gericht erschienen, wurden mit Geldstrafen belegt. Die Parteien konnten hier
entweder ihre Sache selbst vorbringen oder sich der bestellten Prokuratoren bedienen. Auch das Beweisverfahren war eingehend geregelt, wie
auch die Urteilsvollstreckung genau geordnet wurde. Verkäufer, die ihre
Kaufsache an zwei Käufer veräußerten, wurden mit 10 Gulden Strafgeld
oder anderen Strafen belegt. Unziemliches Gewinnstreben und arglistige
Käufe sind ebenfalls bestraft worden. Auf Beleidigung von Stadtknechten stand eine Buße in Höhe von 3 Pfund. Wer sich unterstand, einem
Stadtknecht einen Gefangenen zu entreißen oder an einer Verhaftung zu
hindern, sollte 30 Pfund Buße geben und selbst gefangengesetzt werden.
Wer nachts einen Stadtwächter angriff oder Hand an ihn legte, gewär-
tigte die höchste Buße von 100 Pfund. Falls aber mehrere Personen
oder gar zusammengerottete „Haufen" vorsätzlich gegen die Wächter
vorgingen, drohte diesen Strafe an Leib und Leben nach Ermessen
des Fürstbischofs. Das Ausschlagen eines Zahnes wurde mit einer Buße
von 10 Pfund geahndet, der Verlust eines Auges oder der Nase mit
100 Pfund gebüßt. Auch Appellationen durfte das Stadtgericht entgegen-
nehmen. Für eine an das Stadtgericht eingelegte Appellation mußte eine

Taxe von 1 Gulden 4 Pfund entrichtet werden. Die Stadtgerichtsreformation selbst ist unter dem bischöflichen Siegel[49]) ausgefertigt worden.

Am 16. April 1584 verabschiedete Fürstbischof Julius die *Zentgerichts-kosten-Ordnung*[50]). Anstoß für diese Regelung boten Unordnung und Mißbräuche, die in den hochstiftischen Zenten eingerissen waren. Die Zentverwandten waren vielfach mit großen Unkosten beschwert worso daß eine präzise Festlegung der Gerichtskosten angebracht erschien. Grundsätzlich sollte es beim alten Herkommen eines jeden Dorfes bleiben, zudem fast jedes Dorf des Hochstifts in eine fürstliche Zent gehörte. Die Zentgerichtskostenordnung selbst regelte insonderheit die Kosten für die Abholung der Missetäter, die Frage der Kautionenstellung und die Verpflegung der Gefangenen. Die Täter sollten ausschließlich im Gefängnis verwahrt werden, aber keiner sonstigen Strafe oder Quälerei ausgesetzt sein. Der Landknecht oder Büttel mußte dem Inhaftierten täglich eine Maß Wein, zwei Pfund Brot, ein Pfund Fleisch und Gemüse geben. Dafür hatte der Häftling pro Tag ein Pfund neues Geld zu leisten. Für die gütliche und peinliche Befragung der Inhaftierten waren ebenfalls genaue Richtsätze festgelegt. Auch der Botenlohn in Malefizsachen wurde auf zwei Schilling pro Meile beschränkt. Für das Verlesen der Urgicht des Gefangenen waren 15 neue Pfennige für die Gerichtspersonen, für die Beschreiung des peinlichen Rechtstages durch den Landknecht eine angemessene, nicht übermäßige Belohnung ausgesetzt. Der Bischof betonte, man solle vermeiden, daß der Arme am Peinlichen Rechtstag übermäßig zu trinken bekäme, damit er vor Gericht nicht mehr wüßte, was er überhaupt getan habe[51]). Vielmehr sollten die verurteilten Delinquenten bei guter Vernunft, Sinn und Verstand bleiben. Die Henkersmahlzeit[52]) durfte ein Pfund neues Geld nicht übersteigen. Schöffen,

---

[49]) Vgl. über Julius Echters Siegel Carl Heffner, Würzburgisch-Fränkische Siegel, AHVU 21/3 (1872) S. 138f. Nr. 122—125.

[50]) StAW, Ldf 32 S. 582—594; Schneidt, Thesaurus Iuris Franconici II, S. 1243—1261, datiert diese Ordnung auf 26. April 1585 (S. 1243).

[51]) Auch der große zeitgenössische Jurist und kursächsische Kanzler Benedikt Carpzov (1565—1624) verwarf den Brauch, den Verurteilten durch Wein so trunken zu machen, daß er die Todesangst nicht spürt: „... Nam maxime improbanda est illorum consuetudo, qui Reum longo vini potu ad ebrietatem pene afficiunt, quo minus sentiat mortis imminentis pavorem et memoriam" (Benedicti Carpzovii I. C. Practica Nova Imperialis Saxonica Rerum Criminalium in partes III divisa, Wittebergae 1670, p. 3 q. 137 n. 42 (S. 308).

[52]) Zu diesem Ritus und seiner Deutung vgl. vornehmlich Hans von Hentig, Vom Ursprung der Henkersmahlzeit, Tübingen 1958; dazu Friedrich Merzbacher, Hist. Jahrbuch 79 (1960) S. 443.

Zentgrafen, Nachrichter und gemeiner Ankläger[53]) erhielten abgestufte Taxen. Aus der Zentgerichtsordnung geht hervor, daß als Folter der Aufzug[54]), als Lebensstrafen der Tod durch Strang, Schwert oder Wasser, ferner die Vierteilung[55]), das Radbrechen, das Zangenreißen, Schleifen, Verbrennen, Spießen, Lebendigbegraben und Pfählen vorgesehen waren. Aber auch andere Leibesstrafen wie Augenausstechen, Zungen- und Ohrenabschneiden, Löcher an die Stirne und durch die Backen brennen, Hand- und Fingerabhauen, Rutenausstreichen und dergleichen waren üblich. Der ganze Katalog mittelalterlicher spiegelnder Strafen und blutiger Justiz wird aus dieser Zentgerichtskosten-Ordnung, die durchaus der zeitgenössischen Strafrechtspflege entsprach, deutlich. Der Zweck dieser Regelung lag in dem Ziel, das bei der Präsentation und Vorstellung eines neuen fürstlichen Zentgrafen ausdrücklich unterstrichen wurde: Gerechtigkeit und Justiz zu fördern, damit die Hochstiftsuntertanen in Ruhe, Gehorsam und Stille „ein göttlich ehrbar Leben führen mögen".

Im gleichen Jahre 1584 reformierte der Fürstbischof ebenfalls das geistliche Gericht. Unter ihm gelangte nunmehr auch das Konsistorium zu neuer judizieller Bedeutung[56]). Dieses urteilte namentlich in Ehesachen, befand über Ehelösungen, Eheverlöbnisse, aber auch über Kindschaftssachen sämtlicher unmittelbaren Stiftsuntertanen[57]). Immer wieder war das geistliche Gerichtswesen im Bistum Würzburg Gegenstand durchgeführter Reformationen gewesen. Bischof Lorenz von Bibra hatte am 23. November 1512 Zusätze und Erklärungen zur Reformation der geistlichen Gerichte während seiner Regierung erlassen[58]). 1534 VI 22 war ein Ausschreiben[59]) an die Amtleute ergangen, dem geistlichen Gericht wie vor alter Herkommen seinen Gang zu belassen. Bei dieser Gelegenheit wurden die *geistlichen Gerichtssachen* mit Ehe, Zehnt und geistlichen Personen umschrieben. Die Amtleute waren angewiesen, die Pedellen des geistlichen Gerichtes ihre Prozeßbriefe oder andere Schriftstücke gebührlicherweise verkünden zu lassen. Dabei ver-

---

[53]) Als solcher amtete der Henkersknecht, der Peinlein.
[54]) Schon 1467 ist die Folter in Würzburg gebräuchlich gewesen (vgl. Die Rats-Chronik der Stadt Würzburg (XV. und XVI. Jahrhundert), hrsg. von Wilhelm Engel, (QFW II), Würzburg 1950 Nr. 91 S. 30).
[55]) Diese Strafe stand auf Landesverrat.
[56]) Vgl. Hermann Knapp, Zenten II, S. 170.
[57]) Vgl. Gregor Schöpf, Historisch-statistische Beschreibung des Hochstifts Wirzburg, Hildburghausen 1802 S. 478.
[58]) StAW, WU 16/168.
[59]) StAW, Ldf 27 S. 511 (alt fol. 248).

fügte der Bischof, daß diesen Amtsboten von den bischöflichen Amtleuten keine Behinderungen widerfahren durften. Immerhin mußte Fürstbischof Julius Echter von Mespelbrunn, wie in der Sitzung des Würzburger Domkapitals vom 3. März 1579 dargelegt wurde, feststellen[60]), daß es mit dem geistlichen Gericht „unordentlich genug zugehe", ohne Wissen des Offizials geurteilt werde. Aber an diesem Mißstand sei der bischöfliche Einzelrichter selbst schuld, da er nicht zur Gerichtssitzung komme. Damals hat Bischof Julius dem Offizial eingeschärft, mit größerem Fleiß die gerichtlichen Sachen zu erledigen oder er werde sich nach einer anderen qualifizierteren Person umsehen, um mit dieser die Richterstelle zu besetzen. Am 13. Oktober 1584 verkündete der Würzburger Kanzler vor dem Domkapitel[61]), der Fürstbischof habe ihm befohlen, den Domherren zu melden, daß der Fürst infolge des spürbaren Verfalls des Konsistoriums eine Gerichtsordnung sowohl wegen des Prozesses als auch wegen der Gerichtspersonen habe entwerfen lassen. Weil diese Ordnung nur mit Zustimmung des Domkapitels publiziert werden konnte, übergab der Kanzler an diesem Tage die *Reformatio Consistorii* dem Kapitel zur Lesung und zur Korrektur.

In dieser *Geistlichen Gerichtsordnung* von 1584[62]) erwähnte eingangs der Bischof die einschlägigen Konsistorialordnungen seiner Vorgänger, nämlich der Bischöfe Johann II. von Brunn von 1422, Gotfrid von Limpurg von 1446[63]), Rudolf von Scherenberg von 1490, Lorenz von Bibra von 1512 und schließlich die seines Vorgängers Friedrich von Wirsberg von 1561. Die *Reformatio Consistorii* selbst enthielt zunächst Bestimmungen über die Gerichtspersonen. Generalvikar[64]) und Offizial mußten

---

[60]) StAW, WDKP 35 S. 110 (alt fol. 81).

[61]) StAW, WDKP 40 fol. 344': Der Eintrag trägt den Vermerk „Reformatio Consistorii". — Vgl. über diesen Gegenstand ausführlich Winfried Trusen, in diesem Band, S. 127ff.

[62]) Universitätsbibliothek Würzburg (UBW), M. ch. f. 582; Druck: Schneidt, Thesaurus Iuris Franconici II, S. 1194—1237.

[63]) Vgl. zur Reformation von 1446 IV 8 mit Quellennachweis Friedrich Merzbacher, Verfassung und Gerichtsbarkeit der Würzburger Archidiakone in der ersten Hälfte des 16. Jahrhunderts, Archiv für kath. Kirchenrecht (AKKR) 125 (Mainz am Rhein 1951) S. 329.

[64]) In den Gerichtszwang des Generalvikars (vicarius in spiritualibus) fielen Besetzung geistlicher Lehen, Bann, Interdikt, Forderungen gegen geistliche Personen und Güter (vgl. Rockinger [Anm. 18] S. 63). — In seiner Wahlkapitulation vom 1. Dezember 1573 versprach Julius Echter dem Vikar und Offizial einen Assessor aus der Geistlichkeit der Würzburger Kollegiatkirchen beizugeben (StAW, Würzburger Libell 249 S. 6).

der leges und canones, mithin des kaiserlichen Rechts und des Kirchenrechts, kundig sein. Urteile von Verheirateten, bigami oder Laien in
Kirchensachen wurden ipso iure für nichtig erklärt. Offiziale und Richter
sollten Doktoren oder Lizentiaten der Rechte sein. Richter und Assesso-
ren durften keine Verlobungsgaben, keine *arrhae quoque sponsalitiae*[65])
verlangen und annehmen. Die Sitzungen des geistlichen Gerichtes fanden
öffentlich im Gerichtshaus (*Consistorium causarum*) bei der Roten Tür
(*apud rubram januam*) jeweils an den Montagen, Mittwochen und
Freitagen, nachmittags von drei bis fünf Uhr, am Samstag, sofern dieser
kein Feiertag gewesen ist, aber um ein Uhr statt. Als Konsistorialanwälte
durften ausschließlich rechtskundige und geschäftserfahrene Männer
zugelassen werden. Im übrigen sollten im Konsistorium nicht weniger
als drei vereidigte Konsistorialprokuratoren vorhanden sein, die die
Verteidigung der Klienten, ihrer Mandanten, zu übernehmen hatten.
Der Siegler sollte nur jene Urkunden und Aktenstücke mit dem bischöflichen Siegel versehen, die er zuvor sorgfältig gelesen und überprüft
hatte. Der Konsistorialnotar mußte sämtliche Gerichtshandlungen in
sein Protokoll, sein Manuale, eintragen. Immerhin waren die Advokaten
Prokuratoren und Pedelle des Konsistoriums vom gemeinen Bürgerrecht, d. h. von Reise[66]), Wache und Frohnden, befreit. Sie wurden
jeweils vom Domkapitel in die Kanzlei präsentiert[67]). Grundsätzlich
durfte über weltliche Sachen der kirchliche Richter nicht erkennen und
auch keine Ladungen und andere Prozeßhandlungen vornehmen. Kraft
Gewohnheitsrechts konnten jedoch aus Personal- oder Sachgründen
ebenfalls gewisse Profansachen vom kirchlichen Richter entschieden
werden. So war das geistliche Gericht u. a. zuständig für eidesstattliche
Bekräftigung von Versprechen, für Rechtsverweigerung weltlicher
Richter, für Zivil- und Strafklagen von Geistlichen gegen Laien und für
jene Rechtsstreitigkeiten, bei denen Laien von vornherein mit der Zuständigkeit des kirchlichen Richters einverstanden waren und durch
ihr persönliches Einverständnis die Rechtsprechung des geistlichen
Richters erweiterten[68]). Vor allem mußten im Konsistorium die Trienter

[65]) Vgl. über die arrha sponsalicia sive sponsalis im römischen Recht die sedes
materiae C. 5, 71, 8.

[66]) Reise bedeutet soviel wie Kriegs- oder Heereszug, Aufgebot, Felddienst (vgl.
Matthias Lexer, Mittelhochdeutsches Handwörterbuch II, Leipzig 1876
Sp. 393; Johann Andreas Schmeller — G. Karl Frommann, Bayeri-
sches Wörterbuch II², (München 1877) Aalen 1966 Sp. 138).

[67]) StAW, Ldf 27 S. 202.

[68]) Vgl. Schneidt, Thesaurus Iuris Franconici II, S. 1213.

Konzilsdekrete in Ehesachen, insonderheit das Reformdekret „Tametsi"[69]) beachtet werden, das auf die Ehehindernisse (*impedimenta*) der geistlichen Verwandtschaft, der öffentlichen Ehrbarkeit und der Schwägerschaft Bezug nahm. Die Konstitutionen selbst sollten vom Konsistorialnotar jährlich am Montag nach dem Sonntag *Quasimodogeniti* (1. Sonntag nach Ostern), oder falls dieser ein Festtag war, am nächsten Werktag danach, um ein Uhr vor der Roten Tür feierlich verlesen werden. 1586 folgte die *Hofgerichtsordnung*. Das Hofgericht selbst wurde in der fürstlichen Kanzlei in einer besonderen Stube abgehalten. Der Hofmeister oder in dessen Abwesenheit der erste der weltlichen adeligen Räte war Richter des Hofgerichts und damit nach altdeutschem Prinzip der Leiter der forensischen Sitzungen. Die Beisitzer oder Urteilssprecher des Hofgerichts wurden aus der Ritterschaft des Stifts genommen, doch durften sie weder Amtleute noch Diener des Fürstbischofs sein. Immerhin mußten sie vom Hochstift Würzburg belehnt sein. Das Hofgericht war für Lehen- und andere Sachen der Ritterschaft zuständig[70]). Von hier appellierte man an das kaiserliche Kammergericht[71]).

Auch die bedeutendste privatrechtliche Kodifikation des Hochstifts Würzburg und Herzogtums Franken, die *Fränkische Landgerichtsordnung* vom 9. Mai 1618[72]), geht auf Julius Echter zurück. Sein Nachfolger Fürstbischof Johann Gottfried von Aschhausen (1617—1622)[73]) bemerkte nicht von ungefähr in der Präambel der Landgerichtsordnung, daß sein Vorgänger Bischof Julius bald nach seinem Regierungsantritt bestrebt gewesen sei, dem Landgericht des Herzogtums Franken auf-

---

[69]) Das Dekret „Tametsi" von der Sessio XXIV legte die ordentliche Eheschließungsform fest: „... praesente parocho ... et duobus vel tribus testibus matrimonium contrahere ..." (vgl. Carl Mirbt, Quellen zur Geschichte des Papsttums und des römischen Katholizismus[5], Tübingen 1934 Nr. 468 S. 332).

[70]) StAW, Standbuch 1011, fol. 216.

[71]) Vgl. ebenfalls Johann Jacob Moser, Von der Teutschen Justiz-Verfassung II, 1774, 6. Buch 3. Cap. § 6 S. 1008: „Die Appellationen ergehen, nach der Ordnung, an den Bischoff und seine Räthe, von dannen aber an die höchste Reichsgerichte."

[72]) Vgl. hierzu eingehend Friedrich Merzbacher, Ordinatio Iudicii Provincialis Franconica. Die fränkische Landgerichtsordnung von 1618. Ein Meilenstein in der würzburgischen Prozeßgesetzgebung, Würzburger Diözesangeschichtsblätter (WDGBl.) 32, Würzburg 1970 S. 83—105 (mit allen Quellennachweisen). Den Originaldruck der LGO veranstaltete Stephan Fleischmann 1618 in Würzburg (vgl. auch StAW, Ldf 38 fol. 121 [alt 43]).

[73]) Vgl. über ihn Heinrich Weber, Johann Gottfried von Aschhausen, Fürstbischof von Bamberg und Würzburg, Würzburg 1889.

grund des beständigen Herkommens aus den überlieferten alten Monumenten und Handlungen dieses Werk zu schaffen. Durch das Ableben des Fürstbischofs Julius Echter mußte die Ausfertigung und Publikation leider unterbleiben. Diese Aufgabe fiel dann Johann Gottfried von Aschhausen zu. Unter Julius Echter war es dem Kapitel klar geworden, daß die alten Landgerichtsgebräuche weitgehend in Vergessenheit geraten waren und es daher in hohem Maße angezeigt erschien, sich um deren Erhaltung und um die Revision der Landgerichtsordnung zu bemühen[74]). Julius Echter selbst hat am 31. Oktober 1581[75]) sein Domkapitel wissen lassen, daß es notwendig sei, die Landgerichtsreformation erneut zu lesen und zu beraten, sowie gleichzeitig angeregt, für diese Gesetzesarbeit den Komburger Stiftsdekan Erasmus Neustetter gen. Stürmer[76]) beizuziehen. Indes hat sich die Verabschiedung des Gesetzes noch 37 Jahre hingezogen. Der 1. Teil der Landgerichtsordnung des Herzogtums zu Franken behandelte die Gerichtspersonen. Das Landgericht sah als ordentliche Besetzung den Landrichter sowie sieben Urteiler oder Beisitzer, einen Anleiter, einen Landschreiber, einige Prokuratoren und zwei Landgerichtsboten vor. Es ist bekannt, daß der Würzburger Landrichter stets ein Kapitular des Domstiftes sein mußte, der als Haupt dem Landgericht mit gutem Fleiße vorzusitzen hatte. Er allein war berechtigt, die Umfrage zu halten. Falls er verhindert war, mußte er von einem anderen Domherren, der ebenfalls seine Qualifikation erwiesen hatte, vertreten werden. Die Beisitzer sollten sämtlich Ritter oder aufgrund kaiserlicher, dem Stift Würzburg verliehener Privilegien wenigstens Adelige sein, die sich durch entsprechendes Alter, Ehrbarkeit, Aufrichtigkeit und Verständnis auszeichneten. Auch der Anleiter war adlig. Ihm oblag es, die Kläger in die Nutzgewere einzusetzen. Der 2. Teil der Landgerichtsordnung betraf die landgerichtliche Jurisdiktion und den Prozeß. Das Landgericht selbst wurde in der fürstlichen Kanzlei in der sog. Landgerichtsstube gehalten. Sachlich ist das Landgericht für Erbschaftssachen, Einkindschaften, Anordnung von Vormundschaften, Appellationen gegen die Urteile von Untergerichten auf dem Lande und bestimmte Inzichtsverfahren zuständig gewesen.

---

[74]) Vgl. v. Pölnitz (Anm. 2), S. 300.

[75]) StAW, WDKP 37 fol. 321.

[76]) Geboren 7. 11. 1523, 1545 Domizellar, 1552 Kapitular, 1559 Landrichter, 1564—1570 Domdechant, 1569 Dechant und 1583 Propst, von Komburg, 1589 bis 1591 Rektor der Universität Würzburg, gestorben 3. 12. 1594 und im Würzburger Dom beigesetzt (vgl. Amrhein, Reihenfolge II (Anm. 28) Nr. 869 S. 22 f.).

Das Landgericht repräsentierte letztlich den Dukat des Würzburger Bischofsherzogs, eine Stellung, die Julius immer betont unterstrichen hat.

3. Ehe- und Familienrecht

Dem materiellen Eherecht widmete sich der Fürstbischof mit seinem *Mandat in Ehesachen* vom 1. November 1583[77]). Dem Erlaß dieser Eheordnung waren eingehende Beratungen des Domkapitels vorausgegangen. So sind bereits am 8. Januar 1583 der fürstliche Rat von Pappenheim und der Kanzler Veit Krepser vor dem Kapitel erschienen und haben den Domherren auf Befehl des Fürstbischofs vorgetragen[78]), der verewigte Mainzer Erzbischof und Kurfürst Daniel Brendel von Homburg (1555—1582)[79]) habe wegen der Klandestinehen (*clandestinae desponsationes*) Mandate und Ordnungen nicht allein für sein Kurfürstentum Mainz erlassen, sondern diese Normen auch an die Bischöfe, seine Suffragane, in der Meinung versandt, diese sollten sich in ihren Diözesen danach richten. Nachdem sich aber der Fürst mit dem Domkapitel besprochen und beraten hatte, glaubte man in Würzburg, daß die einfache Übernahme der gedruckten Mainzer Mandate und Konzepte für das Stift Würzburg präjudizial wirken und dem Metropoliten dadurch mehr Rechte eingeräumt werden könnten, als man ihm würzburgerseits zugestehen wollte. Zur Verhütung dieser Präjudizien beabsichtigte daher Julius Echter, in seinem und des Kapitels Namen eine eigene Eheordnung zu erlassen. Die Mainzer Edikte, auf die im Domkapitel angespielt wurde, dürften jene Ordnungen gewesen sein, die Erzbischof Daniel Brendel am 22. Januar 1582 in Aschaffenburg für Personen publiziert hatte, die sich in seinem Herrschaftsgebiet für den Ehestand vorbereiteten[80]). Ent-

---

77) StAW, Ldf 32, S. 418—421. — Druckexemplar: UBW, Rp. XIII, 78.

78) StAW, WDKP 39 fol. 6.

79) Vgl. über diesen um die Durchführung der tridentinischen Reformen bemühten Kirchenfürsten A. Brück, LThK² II (1958) Sp. 668f. Der Beitrag von Anton Ph. Brück, Das Erzstift Mainz und das Tridentinum, in: Das Weltkonzil von Trient, hrsg. von Georg Schreiber, Bd. II, Freiburg 1951, insbes. S. 217—231, berührt nicht Daniel Brendels Mandat über die Klandestinehe.

80) Druck: Franz Joseph K. Scheppler, Codex ecclesiasticus Moguntinus novissimus, Bd. I Abt. I: 1547—1700, Aschaffenburg 1802 Nr. XVI S. 86—92. Ein Originaldruck des Mandats konnte bisher weder in Würzburg (StAW, UBW) noch in Mainz Bischöfliches Ordinariatsarchiv) ermittelt werden. — Das deutsch abgefaßte Edikt von 1582 I 22 erklärte Winkelehen und heimliche Eheverspre-

scheidend war, daß sich auch das Würzburger Konsistorium nach der neuen Eheordnung zu richten hatte. Die älteren Domherren trugen Bedenken, daß bei einfacher Übernahme der Mainzer Ordnung das Hochstift Würzburg lediglich als Suffragan der Mainzer Kirche betrachtet werden könnte. Daher hielten sie es für angezeigt und gut, wenn der Bischof selbst eine Ordnung erließ. Der Domdekan und Neumünsterer Stiftspropst Neithard von Thüngen machte noch am 8. Januar 1583 darauf aufmerksam[81]), die alten Herren hielten dafür, diese Sache in einem Provinzialkonzil zu beraten. Gleichwohl gelangten die Kapitulare zur Auffassung, viele Dinge seien im *Tridentinum* beschlossen und es erscheine nicht ratsam, eine Synode auszuschreiben. Bei dieser Gelegenheit wurde ausdrücklich bemerkt, daß sich das Trienter Konzil im Stift Würzburg nicht werde exequieren lassen. „Man sitze unter den wölfen, seyen geschwinde, seltzame leuff ...‟[82]). Das vorbereitete künftige Ehemandat wurde am 4. März 1583 im Kapitel gelesen[83]) und bei dieser Gelegenheit noch einmal die Ursache, d. h. der gedruckte Mainzer Traktat „der clandestinarum desponsationum halben‟ gewürdigt. Den Erlaß einer eigenen würzburgischen Eheordnung begründete man jetzt ausdrücklich mit dem Hinweis, die Unterlassung hätte sonst den Anschein erweckt, als sei „der stift Wirtzburgk immediate dem ertzstift Meintz unterwürffig‟. Man erachtete es für gut, das Attribut für das Konzil nicht mit „hochheiligst‟ zu umschreiben, sondern sich mit dem Prädikat "heylig concilium" zu begnügen. Gleichzeitig wurde votiert, das Mandat publizieren zu lassen. Das Mandat in Ehesachen vom 1. November 1583 wurde in Würzburg bei dem Buchdrucker Heinrich von Ach[84]), der seit 1578 in Julius' Dienst stand, gedruckt. Eingangs betonte das Ehemandat, zum Zwecke der Verhütung heimlicher Ehen und verborgener

---

chungen grundsätzlich für unzulässig, beließ aber den desponsationes clandestinae die bereits vor Erlaß der Ordnung vorgenommen worden waren, ihre Gültigkeit Verlobte sollten nicht in einem Hause zusammen wohnen. Außerdem war die Eheschließung von mainzischen Untertanen und Fremden ohne Lizenz verboten. Die Pfarrer wurden angewiesen, sich zu erkundigen, ob die Nupturienten „aus gutem, freiem, wolbedächtlichen Willen‟ den Ehestand eingehen wollten. Alle Zwangsehen wurden untersagt, die Verehelichung innerhalb verbotener Verwandtschaftsgrade zog Ehenichtigkeit (Nullität) und Bestrafung nach sich.

[81]) StAW, WDKP 39 fol. 7.
[82]) StAW, WDKP 39 ebd.
[83]) StAW, WDKP 39 fol. 118.
[84]) Vgl. über diesen Buchdrucker Alfons Schott, Julius Echter und das Buch, phil. Diss. Würzburg (Maschinenschrift), Würzburg 1953 S. 5f.

Winkelehen habe das Konzil von Trient die *matrimonia clandestina* als »uncreftig und unbündig« aufgehoben[85]). Julius Echter fühlte sich verpflichtet, das Trienter Konzil zu vollziehen. Deshalb ließ er diese Eheordnung und Satzung gemäß dem Konzilsbefehl im Stift und Herzogtum Franken ausgeben. Die Ordnung sollte drei Sonntage in jeder Pfarrei verkündet werden und dreißig Tage nach der ersten Verkündung in der betreffenden Pfarrei in Kraft treten. Ehen, die nicht unter Assistenz des Pfarrers oder eines anderen Priesters und zweier oder dreier Zeugen geschlossen wurden[86]), waren verboten und aufgehoben. Eheaufgebote sollten zur Vermeidung von Winkelehen von den ordentlichen Pfarrern oder Pfarrverwesern an drei aufeinanderfolgenden Feiertagen in der Kirche von der Kanzel verkündet werden. Hier wurde auf das Dekret *Tametsi* Bezug genommen. Die Eheschließung sollte stets vor dem Pfarrer, zwei oder drei Zeugen erfolgen. Zweifel über etwaige Ehehindernisse wie Blutsverwandtschaft, Schwägerschaft und Gevatterschaft sollten vor das Konsistorium und Geistliche Gericht verwiesen werden. Die Nupturienten wurden angewiesen, wenigstens vor dem Kirchgang ihre Sünden den ordentlichen Pfarrern zu beichten und das Altarsakrament zu empfangen. Übrigens hat im darauffolgenden Jahr die *Reformatio Consistorii* ebenfalls die Beachtung des Trienter Reformdekrets *Tametsi* eingeschärft[87]). Auch die *Kirchenordnung von 1589,* die noch in anderem Zusammenhang partikularkirchenrechtlich gewürdigt wird, beachtete die Formalitäten der Ehschließung[88]). Nach ihr sollten die Namen der Verlobten von der Kanzel verkündet werden. Über Einsprüche hatte das Konsistorium zu entscheiden. Jedenfalls durften die Pfarrer erst dann der Trauung assistieren, wenn sie durch versiegeltes Konsistorialurteil dazu berechtigt wurden. Das Verbot der Eheschließung erstreckte sich bis auf die Verwandtschaft im vierten Grade. Aus dieser Entwicklung läßt sich ablesen, daß trotz nicht zu übersehender Bedenken bezüglich

---

[85]) Decretum ,,Tametsi'', Concilium Tridentinum, Sessio XXIV (1563 XI 11) Cap. I: ,,... matrimonia, a filiis familias *sine consensu parentum* contracta, irrita esse ...'' (Conciliorum Oecumenicorum Decreta, ed. Centro di Documentazione — Istituto per le Scienze Religiose — Bologna—Basel—Barcelona—Freiburg— Rom—Wien 1962 p. 731 s.).

[86]) Siehe oben Anm. 69.

[87]) Vgl. Schneidt, Thesaurus Iuris Franconici II, p. 1224 ss.

[88]) Vgl. Hans Eugen Specker, Die Reformtätigkeit der Würzburger Fürstbischöfe Friedrich von Wirsberg (1558—1573) und Julius Echter von Mespelbrunn (1573—1617), WDGBl. 27 (1965) S. 92 f.

der Durchführung der Trienter Konzilsbeschlüsse letztlich der Fürstbischof energisch auf deren Durchsetzung und Verwirklichung bestand
und als Ortsordinarius und Landesherr seinen Willen ebenfalls gesetzgeberisch realisierte.

4. Polizeirecht

Weitverzweigt erscheinen die Manifestationen der Gesetzgebung des
Fürstbischofs im Sektor der Polizei im umfassendsten Sinne des Wortes
und seiner Anwendung. In zahlreichen Erlässen ordnete er polizeiliche
Anliegen und regelte Einzelfragen abschließend[89]). Julius Echter regierte
ein gutes Halbjahr, da erließ er bereits am 12. Juli 1574 eine *Verordnung
gegen wucherisches Geldleihen auf Getreide und Wein*[90]). Der Bischof bemerkte, schon der Kaiser habe in der Reichspolizeiordnung des Augsburger Reichstages von 1548 zur Förderung des gemeinen Nutzens
angeordnet, daß keiner dem andern weder auf Wein noch auf Getreide
anders als nach dem gemeinen Kaufwert, wie er zur Zeit gelte, leihen
oder vorstrecken solle[91]). Trotz des Verbotes hatten sich die hochstiftischen Untertanen auf ihre Saat, ihr Getreide, ebenfalls auf ihren Wein
an den Stöcken und andere Früchte vor ihrer Trennung Darlehen geben
und Kredite gewähren lassen. Da ein derartiges Verhalten sowohl der

---

[89]) Vgl. hierzu v. Pölnitz, a. a. O. (Anm. 2) S. 262 ff.

[90]) Sammlung der hochfürstlich-wirzburgischen Landesverordnungen ...,
Bd. I, Würzburg 1776 Nr. XIX S. 30 f.

[91]) RPO 1548, Art. XIX: „Von Verkauffung der Früchte im Feld" — § 2:
„... so wollen wir hiermit ernstlich, daß solcher Abkauffer oder Außleyher die
Haupt-Summa verlohren, und darzu von der Obrigkeit nach Gestalt und Gelegenheit der Sachen gestrafft werden soll" (Koch, Neue u. vollständigere Sammlung der Reichs-Abschiede I—II, Neudruck der Ausgabe 1747, Osnabrück
1967 S. 598 f.). — Vgl. zum Kampf gegen den Kreditwucher ebenfalls Gustav
Klemens Schmelzeisen, Polizeiordnungen und Privatrecht (= Forschungen
zur neueren Privatrechtsgeschichte, Bd. 3), Münster—Köln 1955 S. 475. —
Die Reichspolizeiordnungen von 1530 und 1548 brachten tiefgreifende Wucher-
normen, die indirekt Verzinsung über 5% für wucherisch erklärten (vgl. Werner
Hartz, Die Gesetzgebung des Reichs und der weltlichen Territorien in der Zeit
von 1495 bis 1555, phil. Diss. Marburg, Marburg, 1931 S. 10 f.). — Das Fürkaufs-
verbot, insbesondere der Früchte auf dem Halm oder am Stock, ist durch Geld-
leihe auf die künftige Ernte umgangen worden. Indem der Käufer sich die Ernte
zum Fixpreis im voraus sicherte, spekulierte er zugleich auf einen höheren
Marktpreis beim Lieferungstermin (vgl. hierzu aufschlußreich Karl Mohr,
Die Anfänge der modernen Warenspekulation im 15. und 16. Jahrhundert,
Münchener Phil. Diss. München 1927 S. 35).

kaiserlichen Reichspolizeiordnung zuwiderlief als auch den Armen ver-
derblich und schädlich war, befahl Julius Echter als Landesfürst zur
Vermeidung großer Nachteile und Schäden aus Nächstenliebe und zur
Aufrechterhaltung der guten Sitten, daß künftig in jedem Jahre Amt-
leute, Vögte und Keller sowie einige sachverständige Gerichts- und
Bauersleute aus den jeweiligen Ämtern die Getreide- und Weinpreise
veranschlagen sollten. Übertretern der Ordnung drohte Verhaftung und
Turmstrafe. Der Grund lag darin, daß nach der Schätzung des gemeinen
Wertes von Getreide und Wein niemand sich wucherischer Manipula-
tionen unterstehen sollte.

Am 17. Februar 1578 erließ Julius Echter von Mespelbrunn eine *Waag-
Ordnung*[92]). Damals hatten sich etliche Händler und Bürger in der Stadt
Würzburg unterstanden, in ihren eigenen Höfen, Häusern und Handels-
gewölben Waren für sich selbst entgegen der Ordnung in ganzen und
halben Zentnern auszuwiegen, was von alters her nicht üblich und auch
nicht gestattet war. Vielmehr hatte das Auswiegen der Waren in der
öffentlichen Waage[93]) zu erfolgen, wobei das vorgeschriebene Waaggeld
von den Kunden entrichtet werden mußte. Aufgrund dieser die Einnahmen der bischöflichen Kasse schmälernden Vorfälle gebot der Landesherr, die Waag-Ordnung strikte einzuhalten. Nach der Oberratsordnung in Würzburg durften keine Waren über 25 Pfund Gewicht
außerhalb der öffentlichen Waage gewogen und aufgezogen werden.
Kein Händler oder Krämer sollte deshalb fortan Gewichte über 25 Pfund
haben. Den Fischweibern wurde ebenfalls eingeschärft, gesalzene Fische
nicht zu Hause, sondern ausschließlich auf dem Fischmarkt feilzubieten,
den Fischhändlern aber, sich der öffentlichen Waage zu bedienen. Dem
Waagmeister mußten Verkäufer und Käufer von Stockfischen entsprechende Naturalabgaben an Stockfischen reichen. Diese hatte der
Hofschultheiß in die Hofküche zu liefern. In der Waag-Ordnung wurde
ebenfalls der freie Salzverkauf verboten. Zwilch und Leinentuche sollten
an der Waage gemäß eines offenen Mandats des Fürstbischofs Melchior
Zobel von Giebelstadt angeboten werden. Stab- und anderes Eisenwerk
durfte nach der Oberratsordnung allein an der öffentlichen Waage
ausgewogen und verkauft werden. Der Verkauf von Speck, Butter, Käse

---

[92]) StAW, Hist. Saal VII Nr. 320; UBW, M. ch. f. 583/II, Bl. 134—147'.

[93]) Die Waage dürfte in der Nähe des bischöflichen Saales, nicht am Main,
gelegen sein (vgl. Hermann Hoffmann, Würzburgs Handel und Gewerbe
im Mittelalter, phil. Diss. Würzburg, Kallmünz 1940 S. 78).

und Unschlitt außerhalb der bischöflichen Waage war unstatthaft, da dadurch nicht zuletzt wucherische Forderungen der Verkäufer gegenüber den Käufern begünstigt wurden. Die Metzger sollten sich ebenfalls hüten, zwecks Umgehung des fälligen Waaggeldes Waren bei sich zu Hause auszuwiegen. Ebensowenig sollte der Flachshandel verborgen und heimlich in Häusern und Gewölben betrieben, sondern öffentlich in der Waage durchgeführt werden. Marktknechten war es streng untersagt, die nach Gewicht gehandelten Federn und Alteisen heimlich in Läden und Häuser von Krämern und anderen Händlern zu schaffen und dort wiegen zu lassen. Die bestellten Unterkäufer und Waagknechte sollten sich nicht nachlässig und ungebührlich in ihren Ämtern verhalten, sondern ihre dem Oberrat gegenüber übernommenen Pflichten erfüllen. Die Waagmeister mußten die Waage zu den festgesetzten Zeiten und Stunden aufsperren und verwahren. Unterkäufer und Waagknechte hatten ihre Dienststunden in der Waage abzuleisten. Die Waag-Ordnung selbst sollte in der Waage an einer übersichtlichen Stelle öffentlich aufgehängt und alle Jahre an den Tagen vor Mitfasten (*Letare*, 4. Fastensonntag) und vor *Michaelis* (29. September) vor sämtlichen Händlern, deren Dienern, vor Waagknechten, Metzgern und Krämern vorgelesen werden.

Am 28. März 1579 wandte sich der Fürst gegen das nächtliche *Gassenschwärmen und Zechen* in den Wirtshäusern[94]. Es hatte sein Mißfallen erregt, daß sich bei Heckenwirten wohnungsloses Gesindel herumtrieb, Unfug anrichtete und nachts auf die Gasse begab, um dort durch Schreien Werfen, Pochen, Glockenläuten und auf andere Weise Unruhe zu verursachen. Außerdem seien Handwerksgesellen und Häckersknechte in der Nacht ohne Licht und bewaffnet auf den Gassen umhergezogen, von denen manche anstelle ordentlicher Lichter brennende Holzspäne und Strohwische verwendet hätten. Da dadurch nicht allein die Nachtruhe der friedfertigen Einwohner der Stadt Würzburg, sondern auch Sicherheit und Frieden beeinträchtigt wurden, war es der Wille des Fürstbischofs, daß Gastgeber und Heckenwirte Gäste, die nicht bei ihnen Herberge nahmen, zur Zeit der Weinglocke gütlich aus ihrem Hause weisen sollten. Falls diese Gäste jedoch nicht ihren Anordnungen folgen

---

[94] Druck: Sammlung (Anm. 90) I, Nr. XXI S. 32—34. — Am 16. Mai 1603 erging ein Mandat der fürstlichen Kanzlei, nach dem Zecher über die Weinglocke hinaus mit 2 Talern bestraft wurden. Der fürstliche Befehl erfolgte aufgrund einer Anzeige des Rates gegen einige Würzburger Bürger wegen Überschreitung der Polizeistunde im Wirtshaus zum Kleebaum — Eichhorngasse Nr. 21 — (StadtAW, Ratsprotokoll Nr. 17 S. 330$^1/_2$).

wollten, sollten die Wirte dies dem Hofschultheißen oder der Scharwache anzeigen, die auf ihre Weise mit den betreffenden Personen verfahren werde. Diejenigen, die sich während der Nacht ohne brennende Lichter auf der Straße antreffen ließen, mußten von den Scharwächtern nach Hause geschickt werden. Falls sie sich aber weigerten, waren sie vor den Ober- oder Hofschultheißen zu führen und dort entsprechend zu bestrafen. Unfugmachen mit Schreien, Tür- und Lädenstoßen, Steinwerfen zog sofortige Verhaftung nach sich. Am darauffolgenden Morgen sollten die Übertreter den für sie zuständigen Stellen angezeigt und übergeben werden.

Die gedruckte *Zinn- und Kannengießer-Handwerksordnung* des Fürstbischofs Friedrich vom 22. Dezember 1572[95]) reformierte Julius Echter am 31. 7. 1582[96]). Jeder Meister des Kannengießerhandwerks sollte sein Zeichen, das er dem Zinnwerk aufschlagen wollte, den Meistern zu Würzburg vorlegen, damit jede Verwechslungsgefahr ausgeschaltet wurde. Kannengießer sollten überhaupt kein Zinnwerk zeichnen, bei dem Zinn zu Blei nicht im Verhältnis 10:1 stand. Jeder Meister war verpflichtet, gute, saubere, zierliche und nützliche Arbeit nach seinem besten Vermögen zu machen.

Im darauffolgenden Jahre, am 21. März 1583, erließ der Bischof die *Landsiebner- und Feldgeschworenenordnung* für das Hochstift Würzburg[97]). Am 12. Juli des gleichen Jahres folgte seine *Almosenordnung*. Unterm gleichen Tage notierte der Würzburger Ratsprotokollist, daß die neue Ordnung, wie das Almosen künftig besser und ordentlicher zu verteilen sei, verlesen worden ist und sich die Ratsherren bereit erklärten, dem Wunsche des Bischofs zu entsprechen[98]). Noch am 20. Dezember wurde wegen der Almosen, aber auch wegen der *Feuer-* und *Wirtsordnung* im Würzburger Rat verhandelt[99]). Erhebliche Bedeutung erlangte auch die *Feuer-Ordnung* des Fürsten vom Dezember 1584[100]). Schon die Regie-

---

95) D r u c k : Sammlung I, Nr. XVIII S. 27—29.

96) StAW, Hist. Verein Würzburg, MS f. Nr. 1229 fol. 34—34'.

97) StAW, Hist. Verein Würzburg, MS f. 1238.

98) S t a d t a r c h i v W ü r z b u r g (StadtAW), Ratsprotokoll Nr. 14 (1582—1590) S. 44.

99) S t a d t A W , Ratsprotokoll Nr. 14 S. 94.

100) UBW, M. ch. f. 583/II, Bl. 117—132. — Vgl. dazu ebenfalls die knappen Bemerkungen von B u c h i n g e r , a. a. O. S. 219f. 1590 VIII 11 trug der fürstliche Sekretär Hieronymus Hagen dem Domkapitel vor, dem Fürstbischof sei vom Oberrat eine Feuerordnung zugestellt worden (StAW, WDKP 40 fol. 130). — Bereits am 29. November 1582 beschloß der Würzburger Rat, wegen der Feuerordnung bei den Räten anzusuchen (S t a d t A W , Ratsprotokoll Nr. 14 S. 21^1/$_2$).

rungsvorfahren Julius Echters, insbesondere Bischof Melchior Zobel am 2. Januar 1551[101]), hatten Feuerordnungen erlassen und in der Hauptstadt Würzburg publizieren lassen. Julius Echter befahl, zwei Personen zu obersten Feuerherren zu bestellen, deren Befehl in Feuersnot sowohl die Bürgermeister als auch alle anderen, die für bestimmte Plätze bestimmt waren, unterstanden. Bischof Julius bestellte zu obersten Feuerherren damals den Oberschultheißen und denjenigen Domherrn, der Senior des Oberrats gewesen ist. Der Türmer auf dem Grafeneckhart sollte wegen Feuergefahr Tag und Nacht zusammen mit seinem ihm zugeordneten Jungen fleißig beobachten. Wo sie dicken und ungewöhnlichen Rauch wahrnahmen, der nicht von Backhäusern oder Badestuben aufstieg, sollte der Türmer unverzüglich den bischöflichen Schrötern[102]), Stadtknechten und Dienern, die sich täglich beim Grafeneckhart aufhielten, ferner den in der Nähe wohnenden Bürgern und ihrem Hausgesinde seine Beobachtungen zurufen oder sie durch Schellenläuten auf Rauch und die betreffende Stelle aufmerksam machen. Die Schröter, Stadtknechte oder benachbarten Bürger mußten bei schwerer Strafandrohung die Meldung an den Schultheißen und Bürgermeister weitergeben, sich zur Rauchstelle begeben und wiederum Schultheiß, Bürgermeister und Türmer verständigen, damit diese sich entsprechend verhalten konnte. Während der Nacht sollte der Türmer auf dem Grafeneckhart bei Feuersgefahr den Scharwächtern mittels der Glocke oder durch Rufe anzeigen, daß Brandgefahr bestehe. Falls der Brand ausbrach und das Feuer um sich griff, war der Türmer angewiesen, seine Laterne aufzuhängen, damit diese zur Brandstelle weise und Leute zur Hilfe eilen konnten. Außerdem sollte er sechs-, acht- oder zehnmal an die Feuerglocke schlagen, um Feueralarm zu geben. Daraufhin mußten sich die beiden Feuerherren zusammen mit dem Bürgermeister zum Brandort begeben, um die notwendigen Befehle und Anordnungen für das Löschen zu erteilen. Der Spitalmeister im Bürgerspital war verpflichtet, in Fällen der Feuersnot zwei gesattelte und gezäumte Pferde für den Bürgermeister und den Schoßmeister[102a]) in die Stadt abzustellen, damit die Verantwortlichen um so schneller ihre Aufgaben erfüllen

---

[101]) UBW, Rep XIII/194; Schneidt, Thesaurus Iuris Franconici II, S. 1817ff.

[102]) Schröter waren Faßzieher, Fässerlader, die die Weinfässer auf- und abluden.

[102a]) Beim Schoßmeister handelte es sich um den Einnehmer des Schosses, d. h. der Steuer, mithin um einen Rentmeister, Amtmann (vgl. Grimm, DWB IX [Leipzig 1899] Sp. 1600).

konnten. Dem älteren Bürgermeister sollte ein Ratsdiener, dem Schoßmeister ein vom Rat bestellter Zeugwart zur Verfügung stehen; beide
waren mit Fäustlingen und Federspießen bewaffnet. Die Viertelmeister
sollten in allen Vierteln anordnen, daß Pechpfannen mit Pechringen
gefüllt und die Ringe angezündet wurden, ferner Wasser zum Löschen
bereitgestellt werde. Die Viertelmeister sämtlicher Würzburger Stadtviertel waren angehalten, ihre Kufen, Feuerhaken, Leitern, Eimer,
Spritzen, Ketten, Seile, Pechpfannen und Pechringe in Ordnung zu halten, damit die Geräte bei Feuersnot jederzeit gebraucht werden konnten.
Schultheiß und Stadtrat sollten in allen Vierteln einige Bürger aufstellen,
die im Falle der Feuersnot den Betroffenen bei der Bergung ihrer Habe
halfen. Immerhin sollte der Wasserkasten hinter dem ehemaligen Bad
zum Loch[103]) ohne Bewilligung des Bischofs nicht mehr geöffnet oder
hergerichtet werden, sondern entleert bleiben. Die der Feuerquelle benachbarten Bürger, die in ihren Höfen oder Häusern über Brunnen oder
Wasseranschluß verfügten, wurden aufgefordert, ihr Wasser zum Löschen zur Verfügung zu stellen, beziehungsweise das Wasser durch ihr
Gesinde in große Geschirre und Behälter zu schöpfen, verfügbare Kufen
und andere große Gefäße für das Wasser auszuleihen. Außerdem wurde
es für nützlich angesehen, in den einzelnen Stadtvierteln eine Anzahl von
Kupferkufen auf Schleifen in Eisengewichten aufzuhängen. Diese Behälter sollten beim Brunnen am Sanderbad, beim Bach bei Klingenberg,
bei den Brunnen auf dem Fischmarkt, am Grünen Baum, beim Raben,
bei der Mittelstube, am St.-Petersbrunnen, bei den Brunnen auf dem
Bruderhof, zu St. Catharinenhof, bei der Scharte und beim Mohrenhof
untergebracht werden[104]). Auch für den bischöflichen Hof und die Kanz-

---

[103]) Die Badstube zum Loch war in der Lochgasse, der späteren Spiegelstraße,
gelegen, die über die Domerpfarrgasse die Verbindung vom nachmaligen Parade-
platz zum Hauger Tor herstellte (vgl. Oegg, Entwicklungsgeschichte, S. 46 f.;
Memminger[3], S. 325). Sie war den Domvikaren zinsbar (Memminger, ebd.).

[104]) Der Hof zum Klingenberg, seit 1612 eine Wirtschaft, war am Marktplatz
(Nr. 11) gelegen (vgl. Oegg, S. 449; Memminger[3], S. 235). Der Hof zum Raben
oder Ebersberg in der späteren Bahnhofsstraße (Nr. 16) gehörte dem Stift Haug
(Oegg, S. 205; Memminger[3], S. 42 f.). Der Bruderhof hatte seinen Platz
zwischen Plattnerstraße, Domkreuzgang und Domerschulstraße. Der Katharinen-
hof lag hinter der Marienkapelle (Oegg, S. 321 Anm. 1). Der Mohrenhof war das
Anwesen Sanderstraße Nr. 23 (vgl. Memminger[3], S. 307). Der Hof zur Scharte
befand sich mit dem Mohrenkeller in der Eichhornstraße (vgl. Memminger[3],
S. 117). Das Bad «Zur Mittelstube» bildete das Haus Büttnergasse 36 (vgl.
Franz Seberich, Die Stadtbefestigung Würzburgs I, [= Mainfränkische
Hefte 39], Würzburg 1962 S. 148).

lei war eine Anzahl von Eimern, Spritzen, Leitern, Feuerhaken und anderem notwendigen Werkzeug ebenso wie für die Bruder-, Schenk- und Pfortenhöfe des Domkapitels vorgesehen. Die drei Stadtwürzburger Nebenstifte, d. h. Haug, Neumünster und St. Burkard, die Johanniter- und Deutschordenskomtureien, die Prälaten und Klöster der Stadt Würzburg wie auch die auswärtigen, die ihre Wohnhöfe, Nutzungen, Renten und Gefälle in der Bischofsstadt hatten, wurden ebenfalls auf-gefordert, Kupferkufen, Eimer, Spritzen, Feuerhaken, Leitern, Beile, Stricke vorrätig zu halten und für den Notfall zu stellen. Im übrigen sollte sich jeder Bürger selbst entsprechend vorsehen. Gleichwohl konn-ten sich die äußeren und inneren Stadtviertel — außer im höchsten Not-falle — nicht völlig ihrer Löschgeräte begeben.

Diejenigen Bürger, die zu den Eimern, Spritzen, Leitern und Haken bestellt waren, durften ohne Erlaubnis die Feuerstelle nicht verlassen, sondern mußten nach dem Erlöschen des Feuers die Gerätschaften wieder einsammeln, zusammentragen und nach den auf den Werkzeugen ange-brachten Viertelszeichen sortieren. Die Pechpfannenhalter wurden ge-legentlich visitiert und überprüft; sie hatten die Zahl der Pechringe zu ergänzen. Diejenigen, die die Geräte verwahrlosen ließen, wurden den Bürgermeistern gemeldet. Die Bürger, denen die Wartung der Ketten in den Gassen aufgetragen war, sollten die dazugehörigen Schlösser bereithalten, sie vor Rost oder sonstigen Schäden schützen. Außerdem durften sie nicht die Ketten, wie es vielfach geschehen war, auf dem Pfla-ster liegenlassen, so daß darüber gefahren wurde. Vielmehr waren die Ketten an den zugehörigen Haken aufzuhängen. Schadhaftes Gerät, das in der Visitation festgestellt wurde, mußte ausgebessert werden. Kärrner, Müller, Wirte und Bäcker, die Pferde hielten, waren im Falle der Feuerbrunst verpflichtet anzuspannen, um mit ihren Wagen schnel-ler größere Wassermengen zur Feuerstelle führen zu können. Deshalb mußten sie Pferde und Geschirre jederzeit bereithalten und den Befeh-len folgen, wohin sie Kufen und Wasserfässer zu fahren hatten. Sämt-liche Klöster, Spitäler, die beiden Komtureien und alle, die Fuhrgäule hatten, mußten Wasserfuhren stellen. Falls eine Feuersbrunst sich derart ausbreiten sollte, daß außer der Stadt auch noch die nächsten Nachbarn zu Hilfe gerufen werden mußten, sollten der Oberschultheiß und etliche zu Roß und Fuß mit ihm an das betreffende Tor reiten, dieses öffnen und die Nachbarn hereinlassen, anschließend aber das Tor wiederum zu-sperren. Die Haupttore der Stadt Würzburg wurden mit redlichen, tap-feren und verständigen Leuten besetzt, die unter dem Befehl des Bischofsherzogs standen. Im Sommer wurde alle Vierteljahre, im Winter alle vier Wochen Feuerschau in den Häusern gehalten und dabei den Hausvätern befohlen, Holzwerk, insbesondere Reben, Wolle, Holz, Heu und Tröge gut zu verwahren, diese nicht zu nahe an den Schlöten zu lagern und die Feuergefahr in Backöfen, Waschkesseln und Stuben zu verringern oder gänzlich zu beseitigen. In engen Häusern und Gassen wurden Verrichtungen, die besondere Feuersgefahr mit sich brachten, wie etwa Waschen, Backen, Schwefeln, Wachsziehen und Schmiersieden nicht gestattet. In kleinen Wohnungen durften Brennholz, Reben, Reisig oder Wolle nicht aufbewahrt werden. Zur Winterszeit, wenn der Main zugefroren war, wurde das Eis des Flusses an drei Stellen, vor dem Spiegeltor, vor dem Stockhaustor und dem Roten Tor[105]) geöffnet, so daß man Wasser schöpfen konnte, um es bei Brand zum Löschen bereit zu haben. Einige mit Wasserstiefeln ausgestattete Fischer wurden an die drei Stellen zum Wasserschöpfen befohlen. Man öffnete die Pforten am inneren, Hauger und Pleichacher Tor[106]) bei Feuersgefahr, bewachte sie jedoch streng, damit der Spitalmeister mit seinen Pferden unverzüglich zur Feuerstelle gelangen konnte. Sämtliche Torschließer sollten sich bei Ausbruch des Feuers zu Hause mit ihren Torschlüsseln aufhalten, so daß man sie jederzeit erreichte. Jeder öffentliche Wirt oder Gastgeber hatte eine Anzahl von Messingspritzen vorrätig zu haben. Die Prokuratoren der Stifter und Klöster und die hausansässigen Diener waren keineswegs von der Hilfsverpflichtung in Feuersnot befreit, vielmehr schuldig, sich mit ihren Wehren, zumindest jeder mit einem Fäustling, Seitenspieß oder einem Seitengewehr bewaffnet, auf dem Platz ihres Wohnviertels zu stellen. Immerhin waren Universitätsangehörige, und zwar graduierte Personen sowohl als auch der Pedell, von dieser Feuerordnung eximiert

---

[105]) Das Spiegeltor war zwischen Pleidenturm und Mainbrücke, das Rote Tor oder spätere nördliche Holztor südlich vom inneren Pleichacher Tor gelegen und das Stockhaustor oder frühere Mühltor verband den Schuhmarkt (späteren Rathausplatz) durch das Salzgäßchen mit dem Mainufer (vgl. Seberich, a. a. O. [Anm. 104] S. 148, 156, 155). — Vgl. zum Tor unter dem Stockhaus und Roten Tor ebenfalls Wilhelm Reubold, Geschichtliche Notizen über Gerichts- und Gefängnis-Lokale zu Würzburg, AHVU 43 (1901) S. 175f. —

[106]) Das innere (Hauger) Tor sperrte den Ausgang der Eichhorngasse zur Semmelstraße. Das äußere Hauger Tor, auch Pfaffentor oder wegen des Bürgerspitals ebenfalls Spitaltor genannt, stand in der späteren Bahnhofstraße, während das Pleichacher Tor oder Ochsentor an der Schnittlinie Karmeliten- und Gerbergasse gelegen war (vgl. hierzu eingehend Seberich, Stadtbefestigung Würzburgs I, S. 44f.).

und befreit. Hingegen sind sämtliche Studenten verpflichtet gewesen, sich bei Feuersnot zur Universität zu begeben, um dort den Bescheid des Rektors abzuwarten. Sämtliche Handwerksgesellen, die zur Zeit des Ausbruchs des Feuers sich in Würzburg aufhielten, traf ebenfalls die Pflicht, sich auf dem Platz des Viertels, in dem ihre Meister wohnten, mit ihren Wehren zu versammeln. Gemäß ihrem Gelöbnis, das sie dem Oberrat geleistet hatten, mußten sie ihrer Herrschaft, den Hauptleuten und Rottmeistern gehorchen. Die Vorkehrungen, die der Landesherr damals bezüglich der Feuersicherheit seiner Hauptstadt getroffen hat, gehen ins Detail und verraten minuziös die vom Fürsten für erforderlich gehaltenen Maßnahmen und Vorbereitungen.

1584 plante der Bischof ein *Polizeimandat verschiedenen Inhalts*[107]). Julius Echter war damals gewillt, die von seinem Vorgänger beschlossene *Polizeiordnung* von 1572 im Hochstift publizieren zu lassen. Das Ziel dieses Polizeimandats bestand in der Herstellung „guter Polizei und gemeinen Nutzens". Darin wurde Gotteslästerern, außerdem denjenigen, die sich Schwelgerei, Unzucht und Buberei unterstanden, Strafe angedroht. Die Abhaltung der Hochzeiten, Kindstaufen, Kirchweihen, die Behandlung des Leihkaufes waren daneben geregelt. Insbesondere wurde den jungen, aber auch allen sonstigen geladenen Gästen schlechthin eingeschärft, sich unbescheidener und unzüchtiger Worte zu enthalten. Die Gäste sollten am Abend vor der Hochzeit nur mit vier Gerichten bewirtet werden.

Am 4. Juli 1587 verabschiedete Julius Echter ein *Mandat über die Erbhuldigungspflichten von Witwen und Jungverheirateten*[108]). Innerhalb eines Monats nach der Eheschließung mußte die *Erbhuldigung*[109]) geleistet werden. Unverheiratete Söhne von Stiftsuntertanen, die Nachlaß und Erbteil ihrer Eltern antraten, hatten nach Vollendung ihres 18. Lebensjahres Erbhuldigung zu tun und den Erbhuldigungseid, der in die Amts-, Stadt- oder Gerichtsbücher registriert werden mußte, zu leisten. Zur Erbhuldigung sollte niemand zugelassen werden, der nicht der alten

---

[107]) StAW, WU 16/175 (Pap. libell ohne Siegel).

[108]) Schneidt, Thesaurus Iuris Franconici II, S. 1848.

[109]) Bei den Erbhuldigungen mußte dem Fürsten der Huldigungseid geleistet werden. Erbhuldigungspflichten umfaßten ebenfalls Leistungen von Frohnden, Atzungsgeld und Ungeld (vgl. Walter Schwaegermann, Der Staat der Fürstbischöfe von Würzburg um 1700, phil. Diss. Würzburg 1951 [Maschinenschrift] S. 59). Zum Formular des Erbhuldigungseides: StAW, Würzburger Lehenbücher 18 fol. CLXII.

katholischen Religion angehörte. In der Erbhuldigungsordnung wurden ebenfalls Sicherheitsprobleme und Feuerordnung geregelt. Bei den einzelnen Ämtern selbst sollten ordentliche Register über die Bede angelegt werden, in denen sämtliche bedepflichtigen Güter genauestens aufgeführt wurden.

Eine lateinische *Verordnung wegen der Akzise* oder des Ungeldes[110]) (*accisa dicta vulgariter* Ungeld), das wie 1574 für die Türkensteuer verwendet werden sollte, erging am 19. Dezember 1588[111]). In seiner reichsrechtlichen Stellung als Herzog von Ostfranken (*Franciae Orientalis Dux*) ordnete Julius nach Konsultation des Domkapitels an, daß das von allen Untertanen des Fürstbischofs, des Domkapitels und der anderen zur Diözese gehörigen Prälaten an die fürstliche Kammer abzuführende Ungeld ausschließlich dem Zweck der Türkenhilfe zuzuführen sei. Mit der *Schieder-Ordnung* von 1589[112]) sind die Aufgaben der Steinsetzer und Feldgeschworenen neu geregelt worden. Grenzverrückungen, Steinversetzungen und ähnliche Irrungen boten wiederholt Anlaß, diese Ordnung zu erlassen. In den Städten, Dörfern und Flecken des Hochstifts sollten mindestens vier Personen das Amt der Feldgeschworenen üben. Die Schieder waren eidlich verpflichtet, unabhängig ihre Pflicht zu tun, nicht für Vorteil oder bloß zum Schein zu handeln. Zuständig waren diese Steinsetzer für Feldschäden, Steinsetzung, Besichtigung, Erhebung und Feldmessung. Sie wurden auf Antrag der Parteien tätig. Der Ungehorsam gegenüber dem Feldgericht wurde mit einer Buße von zwei Pfund, die dem Bischof verfiel, geahndet. Jährlich mußten die Markungen durch mehrere Gerichts- und Gemeindepersonen in Gegenwart einiger Zeugen, nicht zuletzt wegen des längeren Erinnerungsvermögens von Knaben, umgangen werden. Was unrichtig geworden war, sollte festgestellt werden, damit zukünftigen Streitigkeiten und Irrungen zuvorgekommen werden konnte. Jährlich mußte ebenfalls die Ordnung

---

110) Das Ungeld bildete eine indirekte Gebrauchssteuer, eine Weinsteuer.

111) Schneidt, Thesaurus Iuris Franconici II, S. 1191f.

112) Schneidt, Thesaurus Iuris Franconici II, S. 1301. — Bereits im August 1585 hatte sich übrigens der Fürstbischof in Nürnberg um einen in der Grenzvermessung erfahrenen Mathematiker bemüht. Am 14. August 1585 empfahl der Nürnberger Rat den Altdorfer Professor Johann Praetorius, verband jedoch seine Nebentätigkeitserlaubnis mit dem Hinweis: „allain ist es an dem, das er in die lange von unser schulen zu Altdorff als ein professor nit absein kan" (StAN, Nürnberger Briefbücher Nr. 202 fol. 252). Über Praetorius vgl. Günther, ADB 26 (1888) S. 519f.

wenigstens ein- oder zweimal in der Öffentlichkeit vor der Gemeinde verlesen und kundgemacht werden.

Unterm 16. Juli 1590 verabschiedete Julius Echter ein Mandat gegen Zigeuner und verdächtiges und leichtfertiges Gesindel[113]). Veranlaßt wurde diese Verordnung durch die Schäden, die verdächtige Leute den hochstiftischen Untertanen auf dem Felde, in Städten und Dörfern angerichtet hatten. Vor allem hatte umherschweifendes Gesindel an verschiedenen Stellen Feuer gelegt. Daneben verursachten Zigeuner zu Roß und zu Fuß den hochstiftischen Einwohnern allerlei Schäden und Beschwernisse. Deshalb befahl der Fürst, daß in den Städten, Dörfern und Weilern des Hochstifts Tag und Nacht verdächtige Gesellen, Landfahrer und Bettler überwacht und gegebenenfalls entsprechend examiniert werden sollten. Bei dieser Gelegenheit schärfte der Bischof noch einmal die Einhaltung der Feuerordnung ein und betonte, daß in allen Orten Eimer, Leitern und ähnliche Geräte für Feuersnöte bereitgestellt werden müßten. Zigeuner selbst sollten aus den Ämtern fortgeschafft werden.

Das öffentliche Feilbieten unechter Wolltücher und gefälschter Gewürze untersagte der Landesherr am 14. Januar 1591[114]). Aus diesem Anlaß erinnerte Julius Echter an das Verbot seines Vorgängers Bischof Friedrich von Wirsberg aus dem Jahre 1564, das ausländischen Tuchmachern und Fürkäufern[115]) verboten hatte, falsche, unverzeichnete Tücher und Wollgewänder im Hochstift und Fürstentum ein- und unterzubringen sowie auf Jahr- und Wochenmärkten zu verkaufen. Auch das Hausieren mit diesen Erzeugnissen war im Hochstift verboten. Da aber in der Zwischenzeit ebenfalls ausländische Händler und Hausierer nicht allein mit den schlechten Wolltüchern, sondern ebenfalls mit anderen Waren und insbesondere mit gefälschten Gewürzen auf Wochen- und Jahrmärkten in Städten, Flecken und Dörfern und von Haus zu Haus handelten, hatte sich der Bischof entschlossen, das Mandat seines Vorgängers von 1564 zu erneuern, um das Unwesen mit den fremden Tuch-

---

[113]) Schneidt, Thesaurus Iuris Franconici II, S. 1865.

[114]) Schneidt, Thesaurus Iuris Franconici II, S. 1867.

[115]) Vorkäufer. Der Fürkauf charakterisierte sich als das „Vorwegkaufen und den Aufkauf der Waren", wodurch die Preise künstlich gesteigert wurden (vgl. Heinrich Crebert, Künstliche Preissteigerung durch Für- und Aufkauf. Ein Beitrag zur Geschichte des Handelsrechts (= Deutschrechtliche Beiträge Bd. XI H. 2), Heidelberg 1916 S. 181 (7). — Über würzburgische Fürkaufverbote „vor dem Glockenzeichen", das den Markt eröffnete, vgl. Hermann Hoffmann, Würzburgs Handel und Gewerbe im Mittelalter (Anm. 93) S. 49, 67, 70f.

und Gewürzkrämern, Fürkäufern und Hausierern im Stift Würzburg zu beseitigen. Übertreter der Ordnung sollten entsprechend bestraft werden. Am 1. August 1595 verbot Julius Echter übrigens wiederum wucherisches Vorleihen auf Frucht und Wein[116]) und nahm dabei Bezug auf seine Erneuerung des Mandats von 1571 seines Vorgängers vom 12. Juli 1574. Wiederum betonte der Fürst, daß Vorleihen auf Getreide und Wein nur mit Wissen seiner Beamten und mit gewöhnlichem allgemeinem Kaufanschlag erfolgen dürfe, wofür jedoch Siegel- und Schreibgeld entrichtet werden mußten.

Das Mandat des Fürsten vom 26. Oktober 1599[117]) betraf die *Instandhaltung der Landstraßen*. Da gefährliche Straßen von Fuhr- und Handelsleuten nach Möglichkeit gemieden wurden und dadurch den Ortseinwohnern anliegender Gemeinden Wein, Früchte und andere Waren, die sonst auf die Fuhren verkauft worden sind, entweder liegen blieben oder anderweitig nur mit Verlust verkauft werden konnten, befahl Julius Echter eine Verbesserung der allgemeinen Landstraßen. Aus diesem Mandat erfährt man, daß die Straßen zuweilen sehr tiefe Löcher und morastige Stellen aufwiesen, so daß die Fuhrleute gelegentlich auch ihren Weg über Saatfelder, Wiesen und andere Liegenschaften hinweg suchten und dabei natürlich großen Schaden anrichteten. Der fürstliche Befehl konzentrierte sich darauf, die Straßen auf etwaige Löcher, Gräben oder sumpfige Stellen zu besichtigen, sie doch vor Winterseinbruch zu begehen oder abzureiten und anzuordnen, daß die Ämter von einer Markung zur anderen die Landstraßen aufräumen, beiderseits absteinen und mit Gräben und Abflüssen ausstatten sollten. Die Straßenränder selbst seien mit Weidenstämmen zu bepflanzen, damit darüber hinaus weder gefahren noch gebaut werde. Außerdem mußten Löcher, Gräben oder sumpfige Stellen mit Steinen beziehungsweise Holz ausgefüllt und aufgeschüttet werden. Wo Steine vorhanden waren, sollten zusätzlich Brücken gebaut werden.

Gegen das *übermäßige Zutrinken* schritt der Fürstbischof mit einem Mandat vom 18. November 1599 ein[118]). Nach vielen Mißernten in den

---

[116]) Schneidt, Thesaurus Iuris Franconici II, S. 1877.
[117]) Schneidt, Thesaurus Iuris Franconici II, S. 1884.
[118]) StAW, Ldf 32 S. 93—94. — Gegen das Zutrinken, d. h. das Bescheidgeben, wandten sich ebenfalls Landsatzungen anderer geistlicher Staaten, beispielsweise der Fürstabtei St. Gallen (vgl. Walter Müller, Landsatzung und Landmandat der Fürstabtei St. Gallen. Zur Gesetzgebung eines geistlichen Staates vom 15. bis zum 18. Jahrhundert, St. Gallen 1970 S. 255f.).

früheren Jahren brachte das Jahr 1599 in Franken eine Rekorndernte. Aus Freude darüber scheinen die Leute reichlicher als sonst dem Wein zugesprochen zu haben. Aus Trunkenheit war es zu Gotteslästerung, Mord, Totschlag und Ehebruch gekommen. Um dem Alkoholismus zu begegnen, drohte der Landesherr Übertretern des Mandats harte Strafen an Leib, Leben, Ehre und Gut an.
Eine *Pflasterordnung* folgte 1604[119]).

Die Pflasterordnung vom 27. April 1604[119a]) regelte insonderheit die Bepflasterung in der Hauptstadt und bestimmte, daß die Arbeit der Pflasterer und Handlanger nach Ruten oder Gerten entlohnt werden sollte. Eine gemeine Rute oder Gerte maß damals 12 Werkschuh. Außerdem mußte dafür gesorgt werden, daß das Stadtgraben- und Regenwasser ordnungsgemäß durch die Rinnen abfließen konnte. Die Pflasterkosten in den Gassen mußten die Nachbarn „proportionabiliter", tragen, für die gemeinen Plätze übernahm diese der Unterrat.

Eingehende Normen enthielt schließlich Julius Echters *Ordnung über Hochzeiten, Kindstaufen, Begräbnisse und dergleichen* vom 30. Januar 1617[120]). Diese Hochzeitsordnung regelte die künftige Behandlung von Hochzeiten, Kindstaufen und Begräbnissen. Bei Begründung des Ehestandes und bei Kindstaufen hatten sich vielfache Mißbräuche eingestellt, die der Fürst abgestellt wissen wollte. Das Mandat selbst unterschied vier Stände oder gradus. Der Fürstbischof wollte die Einwohner der Stadt Würzburg eingeteilt wissen in: 1) Fürstbischöfliche Räte und „professores bey der hohen schul", 2) Kanzlei-, auch Kammer-Offizianten und -Verwandte, ferner Stadt-, Ratspersonen und Gerichtsassessoren, ebenfalls vornehme Kauf-, Handels- und Bürgersleute, die über 4000 Gulden in der Stadtsteuer lagen, 3) Krämer, Handwerker und Häcker, die über 3000 Gulden versteuerten und schließlich 4) das übrige gemeine Bürgersvolk. Auch die Zahl der zur Hochzeit einzuladenden Personen ist konkret festgelegt worden. So waren für den ersten Stand 60 Personen aus der Verwandtschaft, für den zweiten Grad 66 Personen, für den dritten 56 Personen und für den vierten Stand 40 Personen zulässig. Keine Jungfrau sollte zu einer Hochzeit geladen werden, wenn nicht ihre Eltern oder bei deren Abgang ihre Vormünder oder nächsten Blutsverwandten

---

[119]) 1590 II 23 vertrat das Domkapitel den Standpunkt, der Oberrat solle eine Pflasterordnung machen (StAW, WDKP 40 fol. 32').
[119a]) Kopie: StAW, Ldf 36 S. 531—534 (alt fol. 256—257'); StadtAW, Ratsprotokoll Nr. 17 S. 418—419$^1/_2$.
[120]) StAW, Ldf 36 fol. 997—1011 (alt 488—495).

ebenfalls geladen waren. Die hochzeitliche Prozession mußte sich vor
9 Uhr vor der Pfarrkirche, in der die Einsegnung stattfinden sollte,
anmelden. Spätere Hochzeiten, mithin Trauungen nach 9 Uhr, sollten
nicht mehr an diesem Tage eingeleitet werden[121]). Der erste bis dritte
Stand durfte nur drei Mahlzeiten, der vierte überhaupt lediglich zwei
Mahlzeiten auftragen lassen. Von altem Herkommen stammte die Sitte,
daß die Nupturienten am Abend vor ihrer Hochzeit „durch des Priesters
Hand copulirt und zusammen gegeben zu werden pflegen". Den bei dieser
Kopulation anwesenden Personen sollte ebenfalls eine Mahlzeit gereicht
werden dürfen. Selbst der Wert der Hochzeitsgeschenke war genauestens
beziffert. So sollten Angehörige des ersten Grades bis zu einem Dukaten,
des zweiten Grades bis zu einem Goldgulden, des dritten bis zu einem
königlichen Taler und des vierten bis zu einem Gulden oder Reichstaler
den jungen Eheleuten schenken. Der Hochzeitstanz war bezüglich seines
Beginns auf vier Uhr, wegen seines Endes im Winter auf sechs, im
Sommer auf sieben Uhr festgesetzt. Danach sollte jedermann nach
Hause gehen. Die Tänzer mußten sich bei den Hochzeitstänzen aller
unzüchtigen, üppigen Gebärden, des Geschreis und Jauchzens enthalten.
Spielleute, Köche und Köchinnen sollten sich mit ihrer ordentlichen
Besoldung begnügen und nicht noch zusätzlich vor den Tischen der
Gäste betteln. Den Spielleuten selbst war das Spielen schändlicher Lieder
bei Strafe der „Kolkamer"[122]) und des Turmes[123]) verboten. In Würzburg
und auf dem Lande mußten die Spielleute im Winter um sechs, zur
Sommerzeit um sieben Uhr aufstehen und ihre Instrumente heim-
tragen. Was die Tischordnung anlangte, so sollte in der Nähe der Hoch-
zeiterin und zwischen den Tischen der verheirateten Frauen der Tisch
der Jungfrauen stehen, die Junggesellen jedoch sollten hinter den Männern sitzen. Bei Hochzeiten in Wirtshäusern mußte zusätzlich die Wirtsordnung beachtet werden. Personen des ersten und zweiten Grades

---

[121]) Die gleiche Regelung hatte Bischof Friedrich von Wirsberg in seine
Hochzeitsordnung von 1562 VIII 22 getroffen (StAW, Ldf 30 S. 208).

[122]) Die Kohlkammer befand sich als kellerartiges Gelaß im Landgerichts-
gebäude an der Domstraße (vgl. Reubold, a. a. O. [Anm. 105] S. 177f.).

[123]) Der Rat pflegte Übertreter und kleinere Frevler in den „Strafturm" zu
legen (vgl. z. B. StadtAW, Ratsprotokoll Nr. 9, fol. 76). Dieser erstmals 1428
erwähnte Strafturm, der hinter dem Katzenwicker am späteren Residenzplatz
gelegen war, diente seit 1432 als Gefängnis für Wachvergehen, Beleidigungen
und unblutige Schlägereien (vgl. Seberich, Die Stadtbefestigung Würzburgs I,
S. 113ff.).

durften zu Kindstaufen nicht mehr als zwölf, Angehörige des dritten Grades nicht über zehn und Mitglieder des vierten Standes nicht mehr als acht Frauen einladen. Auch die Verehrung für die Kinder wurde ganz genau geregelt.

Firmlinge sollten von ihren Eltern nicht mehr als ein Ort eines Guldens oder Talers, ein Gebetbuch oder einen Rosenkranz verehrt bekommen. Bei Begräbnissen waren die Testamentsvollstrecker angewiesen, aus dem Nachlaß keine Klagekleider und Hüte zu genehmigen, sondern nur Trauerbinden von schwarzem Taft zu geben. Den Angehörigen des ersten und zweiten Grades sollten übrigens nur zwei Wappen, und zwar vor und hinter der Leiche auf Bahrtüchern und Schilden, zugelassen werden. Die für Übertretungen fälligen Strafgelder waren zur Verwendung für „milde Sachen", wie Kirchen und Arme vorgesehen.

Im April 1617 erneuerte Julius Echter noch einmal die *Polizeiordnung*. Das Kapitelprotokoll vom 11. April 1617 vermeldet aus diesem Anlaß, der Fürstbischof habe 12 Exemplare der erneuerten Polizeiordnung dem Kapitel übersandt, weil er die Auffassung vertrete, es wäre nützlich, diese in den Flecken des Domkapitels zu publizieren[124]).

Außerdem erließ Julius Echter zahlreiche *Dorfordnungen*[125]), auf die hier im einzelnen nicht eingegangen werden kann. In ihnen regelte er die Haltung der Sonn- und Feiertage und den Besuch der Messe, die Schließung der Wirtshäuser und Läden während des Gottesdienstes und verbot bei Strafe Fluchen, überflüssige Eidesleistung und namentlich alle Äußerungen von Gotteslästerung. Teilweise gelangten die Einzelregelungen in der zitierten Ordnung über Hochzeiten, Kindstaufen und Begräbnisse von 1617 zu allgemeiner Normierung.

5. Gewerberecht

Als zielstrebiger Innenpolitiker hat der fürstbischöfliche Staatsmann sein Interesse ebenfalls den *Handwerks- und Gewerbeordnungen* voll gewidmet. Insbesondere war er an der Absicherung des heimischen Handwerks gegenüber dem außerstiftischen Wettbewerb besonders interessiert. Nicht allein eine Verschärfung der Marktpolizei ist dem Fürsten zuzuschreiben, sondern auch die Verabschiedung eindeutiger und praktikabler Ordnungen im Sektor des Gewerberechtes war dem Landesherrn zu

---

[124]) StAW, WDKP 71 fol. 299 (alt 71).
[125]) Vgl. generell hierzu Vitus Brander, a. a. O. (Anm. 2) S. 137.

verdanken[126]). Hier setzte die gesetzgeberische Tätigkeit des Fürstbischofs mit der *Müllerordnung* von 1576[127]) ein. Am 15. Dezember 1584
erließ er die *Wirtsordnung* der Stadt Würzburg[128]). In dieser wurde
geregelt, wie teuer die Wirte ihren Gästen die gereichte Zehrung, die
Küchenspeise und den Wein bezahlen lassen durften. So sollten die
Gastwirte für eine sog. Herrenmahlzeit von vier guten Gerichten ohne
Fleisch oder Fische und zweierlei guten neuen Wein nicht mehr als
6$^{1}/_{2}$ ß nehmen. Eine gemeine Mahlzeit mit drei Gerichten und einer
Weinsorte war mit 5 ß bezahlt. Falls aber ein Gast nach seinem Stande
es besser haben wollte, sollte er seine Wünsche dem Wirt aufgeben und
diesen entsprechend entlohnen. Gästen, die das Mahl nicht zu essen
wünschten, sollte der Wirt das „Pfennigwert" reichen. Modern gesprochen, wer sich nicht für das Menü entscheiden konnte, ließ sich einzelne
Speisen, d. h. eben das Pfennigwert [129]), reichen und bezahlte diese à la
carte. Eine Suppe mit etwas Fleisch oder Fisch und einer halben Maß
Wein kostete damals nur 12 Pfennig. Für einen Unter- oder Schlaftrunk
mit Käse und Brot und einer halben Maß Wein mußten 10 Pfennig entrichtet werden. Ein Strich[130]) kostete 4$^{1}/_{2}$ Pfennig. Damals herrschte für
Wirte ein gewisser Kontrahierungszwang, denn kein Wirt durfte Gästen,
die bei ihm einkehren wollten, die Herberge verweigern, es sei denn,
daß kein Platz mehr für die Unterkunftssuchenden vorhanden war.
Andererseits sollten sich alle Gäste ordentlich aufführen, sich Unbe-
scheidenheiten enthalten, mutwillig und vorsätzlich nichts verwüsten,
Wirt und Hausgesinde weder beleidigen noch tätlich verletzen. Die Wirte
durften nur Weine ausschenken, die in der Würzburger Gemarkung
oder bei ihnen selbst gewachsen waren. Streng wurde ihnen eingeschärft,
den Wein nicht zu verfälschen. Wo gefälschter oder geschmierter Wein
gefunden wurde, drohte dem Wirt eine empfindliche Geldstrafe. Bürgermeister und Rat der Stadt Würzburg beschäftigten sich eingehend mit

---

[126]) Vgl. besonders instruktiv v. Pölnitz, Julius Echter (1934) S. 271.

[127]) Vgl. Buchinger, a. a. O. S. 221.

[128]) StAW, WU 17/183. — Vgl. ebenfalls StadtAW, Ratsprotokoll Nr. 14
S. 93 1/2.

[129]) Der oder das *Pfennigwert* bezeichnete geldwertige Verkaufsartikel, Waren
(vgl. Johann Andreas Schmeller — G. Karl Frommann, Bayerisches
Wörterbuch, München 1877, Neudruck Aalen 1966 Bd. I Sp. 432).

[130]) Strich war ein Hohlmaß, ein Strichmaß (vgl. Grimm, Deutsches Wörterbuch [DWB], 10. Bd. 3. Abt., bearb. von Bruno Crome, Leipzig 1957, Art.
Strich C 5 Sp. 1544).

dieser neuen Wirtsordnung und brachten dabei gewisse Vorschläge an. Sie waren es schließlich, die das ursprünglich vorgesehene Wort Frankenwein durch Würzburger Wein ersetzt haben wollten. Außerdem forderte der Stadtrat, daß die Wirte nach Läuten der Weinglocke keinem Bürger mehr Wein ausschenken sollten. Die Wirte selbst beklagten sich, daß sich ihre Gäste, und vornehmlich die Reisigen, vielfach mutwillig in den Schenken aufgeführt hatten. Deshalb hat am 22. Dezember 1584 Bürgermeister Philipp Hecklein den Vorschlag des Rates für die am 15. Dezember beschlossene Wirtsordnung unterbreitet.

Auch das Gerben wurde in eingehenden Ordnungen geregelt. Julius Echter erließ am 1. Dezember 1592[131]) ein *Mandat für die Rotgerber*, wie sich diese bei der Ausübung ihres Handwerkes und beim Auf- und Verkauf von rohen Häuten verhalten sollten. Die Rotgerber oder Lederer standen besonders in Nürnberg, aber auch in Würzburg, in Ansehen und stellten das Pfundleder aus Ochsenhäuten her. Die Häute empfingen durch Wasser, Fichten-, Eichen- und Birkenlohe ihre rötliche Farbe, bevor man sie in Erdgruben durchwirken ließ"[132]). Schon zwei Vorgänger Julius Echters, nämlich Bischof Melchior im Jahre 1549 und Bischof Friedrich im Jahre 1572 hatten Befehle wegen des schädlichen Fürkaufes roher Häute erteilt und durch Druck publiziert. Da aber diese Mandate in der Zwischenzeit weitgehend in Vergessenheit geraten waren, wollte Julius Echter die Bestimmungen für die Meister des Rotgerberhandwerks in seinem Fürstentum erneuern und diesen einige Druckexemplare zuschicken. Störhandwerker, Hausmetzger, auswärtige Händler und Juden hatten gerade diesem Handwerk mancherlei Beeinträchtigungen und Beschwernisse zugefügt, und deshalb war der Bischof um Abhilfe gebeten worden. Er bestimmte damals, daß jedem Meister des Rotgerberhandwerks erlaubt sei, in den Städten, Märkten und Dörfern des Hochstifts Rohhäute in einer Menge aufzukaufen, die er zu Leder verarbeiten konnte. Ausschließlich die zünftlerische Bedarfswirtschaft war zugelassen, größere Vorräte konnten sich die Meister nicht zulegen. Ausländische Rohhäute, die auf dem Markt und bei den Fleischbänken verkauft wurden, durften nicht im Hausierhandel in den Häusern an-

---

[131]) S c h n e i d t , Thesaurus Iuris Franconici II, S. 1870.

[132]) Vgl. J o h a n n   H e i n r i c h   Z e d l e r , Großes und vollständiges Universal-Lexicon aller Wissenschaften und Künste, Bd. 32, Leipzig und Halle 1742, Neudruck Graz 1961 Sp. 1207 ff. — Zu den Rotgerbern vgl. ebenfalls noch G e r h a r d   P f e i f f e r , Wasser und Wald als Faktoren der städtischen Entwicklung in Franken, Jb. f. Fränkische Landesforschung 32 (Neustadt/Aisch 1972) S. 168 f.

geboten werden. Die Annahme von Handwerksmeistern bedurfte der Genehmigung der Beamten des Bischofs und Domkapitels. Nicht dem Handwerk angehörige Personen durften kein hergestelltes Flickleder bei Strafe von 10 Gulden, die dem Bischof verfallen waren, auf- und nachher wieder verkaufen. Damals wurde den ausländischen Löbern bei Verlust ihres Leders verboten, an gebotenen Feiertagen, insbesondere während der Predigt und des Gottesdienstes, ihr Leder vor der Kirche, vor Rat- oder Gemeindehäusern und auf Märkten feilzubieten und zu verkaufen.

Gut vier Jahre später verabschiedete der Fürstbischof unterm 25. April 1597 die *Häfner-Ordnung*[133]). Auch in dieser nahm der Zunftgedanke deutliche Gestalt an, wenn der Bischof darauf hinweis, daß sich Ausländische und Unzünftige unterstanden hätten, in den Ämtern, Städten und Dorfschaften des Hochstifts nicht allein Häfen, sondern ebenfalls anderes Geschirr öffentlich zu verkaufen und Öfen und andere Gebrauchsgegenstände herzustellen und anzubieten. Dadurch würden den Zunftgenossen Beschwernisse zugefügt und ihnen der Broterwerb erschwert und abgeschnitten. Deshalb befahl der Landesfürst, nichtzünftige Häfner und Störer auf Ansuchen der Zunftgenossen vom öffentlichen Verkauf und von der Ofenfertigung fernzuhalten. Falls sich jedoch diese weigern sollten, dem Verbot nachzukommen, waren die Amtleute angewiesen, mit ihnen auf andere Weise zu verfahren.

Noch einmal, am 13. Juni 1615, kam Julius auf das *Rotgerberhandwerk* und den *Aufkauf roher Häute* zurück[134]). An diesem Tage erneuerte er wortwörtlich die Anordnung von 1592[135]). Im gleichen Monat noch, nämlich am 24. Juni 1615[136]), verbot der Landesherr Eingriffe in das *Weißgerberhandwerk*. Die Weißgerber oder *alutarii*, ein sog. *geschenktes* Handwerk, pflegten das Leder mit Mehl, Alaun und Weinstein. Aus dem von ihnen hergestellten Weißleder wurden insbesondere Strümpfe, Hosen, Westen, Handschuhe und Wehrgehänge gefertigt[137]). Auch hier

---

[133]) Schneidt, Thesaurus Iuris Franconici II, S. 1880.

[134]) Druck: Sammlung I, Nr. XXVII S. 42.

[135]) Siehe oben Anm. 131.

[136]) Druck: Sammlung I, Nr. XXVIII S. 43.

[137]) Vgl. Zedler, Universal-Lexicon, Bd. 54, Leipzig und Halle 1747, Neudruck Graz 1961 Sp. 1422. — Alaunschiefer wurde bei Berneck im Fichtelgebirge gebrochen. Namentlich Erlangen verfügte über Weißgerbereien als Zubringerbetriebe für die Handschuhmacher (vgl. Pfeiffer, Wasser und Wald ..., Jb. f. Fränkische Landesforschung 32 S. 169).

wies der Bischof auf die Mandate seiner Vorgänger hin, die den Angehörigen fremder Obrigkeiten, unter anderem ebenfalls Juden, in Städten,
Märkten, Dörfern, Weilern und Höfen des Stiftes den Verkauf von Leder-
werk von Haus zu Haus und Hof zu Hof untersagt hatten. Dadurch,
daß fremde Hausierer Häute auf den Wochen- und Jahrmärkten und
Messen über die Bänke schlugen und hängten, wurden unerfahrene
Kunden mit unechten Waren betrogen. Dieser nichterlaubte Handel
gereichte den haussässigen Meistern, die ihr Handwerk ehrlich erlernt
hatten, zugunsten der fremden Störer und Lederhändler zum Schaden.
Der Bischof befahl, in Zukunft keinen Fremden mehr in stiftischen
Städten, Märkten und Dörfern mit Leder hausieren oder dieses außer-
halb der Jahrmärkte feilbieten zu lassen. Ebensowenig wurde erlaubt,
das Leder in Wirtshäusern oder anderen Häusern anzubieten. Gleich-
wohl sollten die fremden Fell- oder Lederhändler Stände oder Buden
auf Messen und Jahrmärkten haben, aber die Fellträger durften das
Leder nicht heften und die rauhe Seite nicht nach außen legen. Auf diese
Weise war dem Käufer eine freie Besichtigung des Leders unbenommen.
Der Lederverkauf ist nur auf offenem Markte zulässig gewesen. Der
Verkauf von Fellen in Häusern wurde streng geahndet. Bei der ersten
Übertretung verloren der Käufer die Kaufsache und der Verkäufer den
erlösten Kaufpreis. Bei Wiederholung sollten beide Vertragsparteien
verhaftet werden und nach dem Bescheid des Landesherrn ihre Strafe
empfangen. Der Fürstbischof wünschte, daß dieses Gebot von offener
Kanzel verkündet, ferner an Kirchentüren oder Rathäusern öffentlich
angeschlagen und publiziert werde, damit sich niemand mit Unwissen-
heit dieses Mandates entschuldigen könne, sondern jeder imstande war,
sich vor Schaden zu bewahren.

6. Wirtschaftsrecht

Das eigentliche Wirtschaftsrecht, das durchaus auf die agrarischen und
forstlichen Verhältnisse und Strukturen des Hochstiftes abstellte, wurde
mit der *Waldordnung* von 1574 eröffnet. Am 2. Oktober dieses Jahres
trug der Hofmeister im Domkapitel vor, seine fürstlichen Gnaden habe
aus Gründen der Notwendigkeit eine Waldordnung entwerfen lassen.
Der Grund für diese Norm wurde in der fortschreitenden Verödung der
Gehölze, Wildbänne und Felder gesehen. In den Waldordnungen wurden
Schlagen und Verkauf von Bau- und Brennholz, Viehtrieb, Eichel- und

Büchelmast und Strafen für Forstfrevel geregelt. Der Bischof ließ seinerzeit durch den Hofmeister durchblicken, daß er die Waldordnung zu publizieren gedenke, wenn sie dem Domkapitel gefällig sei[138]). Der Landesherr war bekanntlich damals der Inhaber des hohen Wildbannes, der die Hochjagdrechte einschloß. Noch am 23. November 1574 hatte das Würzburger Domkapitel die ihm vom Bischof zugestellte Waldordnung nicht gelesen. Seinerzeit stellte sich die Frage, ob gleichwohl die Kopie beim Kapitel bleiben sollte. Allerdings hatte der Fürst gefordert, ihm die Abschrift der Waldordnung zurückzugeben; diesem landesherrlichen Ersuchen entsprachen die Kiliansbrüder[139]). Das Würzburger Ratsprotokoll vermeldete am 22. Juni 1580, daß eine Ordnung, wie es künftig mit dem *Kasten* gehalten werden solle, gelesen worden sei. Der Rat hat diese Ordnung damals gutgeheißen[140]). Sie betraf den Kasten[141]), mithin das Gebäude, das der Aufbewahrung des Gült- und Zehntgetreides diente, d. h. den landesfürstlichen Speicher.

Julius Echters *Holzordnung*[142]), die insonderheit den Holzhandel betraf, dürfte nach 1584 anzusetzen sein. Zwei Holzherren wurden für die Durchführung dieser Holzordnung aufgestellt: ein geistlicher — der Hauger Stiftsherr Georg Rambsbeck[142a]) — und ein weltlicher — der Würzburger Bürger und Tuchhändler Hanns Happ. Sie konnten sich eines tauglichen Schreibers bedienen, für dessen Stelle der ehemalige Anlageschreiber Körberer vorgeschlagen wurde. Die Holzordnung selbst sollte mit den Siegeln des Fürsten und des Domkapitels ausgefertigt, ein Original im bischöflichen Archiv verwahrt, das andere jedoch dem Domkapitel ausgehändigt werden, das es dem Oberrat zuzustellen hätte. Die Überlegung gründete sich auf das Vorhandensein einer ausreichenden Geldsumme, die immerhin für die Durchführung des Holzhandels un-

---

[138]) StAW, WDKP 30, fol. 240' (alt 216). — Bereits in seiner Wahlkapitulation von 1573 XII 1 hatte Julius Echter eidlich versprochen, die Wälder des Stiftes Würzburg, insbesondere den Gramschatzer- und Steigerwald, und die besonderen Wildbänne zu behüten und zu erhalten (StAW, Würzburger Libell 249, S. 22).

[139]) StAW, WDKP 30 fol. 288 (alt 264).

[140]) StadtAW, Ratsprotokoll Nr. 13 (1570—1581) fol. 167'.

[141]) Vgl. zum Begriff Schmeller, Bayerisches Wörterbuch I Sp. 1305.

[142]) UBW, M. ch. f. 583/II, Bl. 149—150.

[142a]) Georg Ramsbeck von Stift Haug hatte 1582 X 2 u. a. mit dem Schweinfurter Reichsvogt Kilian Göbel einen Vertrag zwischen Stift Haug und dem Rat der Stadt Schweinfurt vereinbart (vgl. A. Mühlich u. G. Hahn, Chronik der Stadt Schweinfurt aus verschiedenen Handschriften zusammengetragen, Schweinfurt 1817 S. 308).

erläßlich war. Das Kapital selbst sollte vom Landesherrn, vom Domkapitel und vom Unterrat der Stadt Würzburg aufgebracht werden[142b]).
Oberster Vorsteher des Würzburger Holzhandels war der Senior des
Oberrats. Den Holzherren wollte man eine Stube zum Grünen Baum
überlassen, damit sie darin ihren Geldvorrat, ihre Register, Rechnungen
und andere Unterlagen aufbewahren und von dort aus den Holzhandel
betreiben konnten. Man war sich im übrigen klar, daß zur Aufbewahrung
des Holzvorrates außerdem ein geräumiger und bequem gelegener Platz
notwendig war, über den man sich noch vergleichen wollte.

Am 21. Juli 1586 bemühte sich Bischof Julius in einem Mandat um die
Zusammenziehung zersplitterter Lehengüter und deren Bürgschaften[143]).
Man ging in dieser Zeit von der Überlegung aus, daß die dem Stifte
zins- und lehnbaren Güter im Interesse der Lehnsleute wieder enger
zusammengebracht und künftig weite Verteilungen nicht mehr zugelassen werden sollten. Die bisherigen Teilungen und Veränderungen
hatten den Stiftsdienern angezeigt, daß hier Mißverständnisse, Irrungen
und Ungelegenheiten eingerissen waren. Der Bischof befahl daher, in
denjenigen Fällen, in denen die Lehen weit verstreut waren, diese durch
Kauf und Tausch wieder zusammenzulegen, so daß aus einer Vielzahl lediglich ein oder zwei Lehengüter entstanden. In Zukunft sollten im Erb-
falle oder auch bei Kaufvertragsabschluß weitere Teilungen der Lehengüter nicht mehr geduldet werden. Außerdem schärfte der Landesherr
ein, keine Teile der Lehengüter zu verkaufen oder zu versetzen. Die
Untertanen mußten von den Amtleuten und Beamten ermahnt werden,
künftig nichts von den Lehengütern zu versetzen und zu verändern, die
Lehenbriefe nicht an fremden Orten, sondern ausschließlich in hochstiftischen Städten und Ämtern, zu denen sie gehörten, errichten zu
lassen und auch keine Fremdsiegelung zu verwenden, sondern lediglich
die Besiegelung durch die ihnen vorgesetzten Stiftsbeamten vornehmen
zu lassen. Da der Bischof erfahren hatte, daß sich Untertanen durch
Unbedachtheit eines Trunkes oder einer Zeche willen sowohl gegen
Fremde als auch Einheimische in schwere Bürgschaften begeben hatten
und dadurch mit Weib und Kindern in große Schwierigkeiten geraten

---

[142b]) 1585 I 5 und 1585 I 17 beschäftigte den Würzburger Rat die Forderung
des Fürstbischofs, der Rat solle dem Holzhandel ein Darlehen in Höhe von 1000
fl. gewähren. Der Rat beschloß, lediglich 500 fl. zu bewilligen (StadtAW, Ratsprotokoll Nr. 14 S. 95$\frac{1}{2}$ und 96$\frac{1}{2}$).

[143]) Druck: Sammlung I, Nr. XXII S. 34.

waren, befahl Julius, künftig ohne Zustimmung, Wissen und Genehmigung der fürstlichen Beamten keine Bürgschaften mehr zu übernehmen, sondern sich in diesen Fällen zuvor erst um einen sachkundigen Bescheid des Bischofs bzw. seiner Beamten zu bemühen. Übertretern dieser Anordnung drohte Strafe. Die bischöflichen Beamten aber wurden angewiesen, den Untertanen auf deren Ansuchen nützliche Ratschläge zu erteilen.

7. Wehrrecht

Die Landwehr oder Defension war bereits im Spätmittelalter durch einige Fürstbischöfe geregelt worden. So hatte beispielsweise Bischof Rudolf von Scherenberg eine gemeine Landwehr errichtet, damit Feinde, falls sie dem Stift Schaden zufügten, nicht unbehelligt wieder das Land verlassen konnten, sondern gestellt und gefangengesetzt werden sollten[144]). Die *Landwehrordnung* Julius Echters vom 4. Juli 1587[145]) diente der inneren Sicherheit des Hochstifts Würzburg. Auf der Grundlage der in der fürstlichen Kanzlei verwahrten Musterrollen wurde jährlich die Musterung gehalten, dabei die Wehrmänner an ihre Pflichten erinnert und zur Anschaffung ihrer Wehren und Waffen angehalten. Diese Bürgermiliz war mit Harnischen, Langspießen oder Hellebarden, ganzen oder halben Musketen ausgerüstet. Diejenigen Wehrmänner, die sich keinen Harnisch leisten konnten, sollten Langrohre mit Fäustlingen[146]) führen. Die ärmsten aber waren nur mit Seitengewehren und Federspießen versehen. Die Bürger der Stadt Würzburg selbst waren im späten 16. Jahrhundert in drei Fähnlein gegliedert und wurden 1587 nach den Stadtvierteln gemustert. Erst Julius Echter erweiterte die Würzburger Landwehr auf insgesamt vier Fähnlein und erlaubte, daß Rat und Bürgerschaft die Hauptleute, Fähnriche und sonstigen Offiziere aus ihrer Mitte ernannten. Die Landwehrfähnlein übten jeweils vor dem Sandertor. Erst im Jahre 1617 verlieh der Fürstbischof seiner Landwehr eine eigene Uniform, die aus dem Musketierrock und dem blauen Hut mit blauen und weißen Federn bestand. Julius Echter hat übrigens auch die Luntenschlösser und eine neue Harnischform mit kurzen Schößen

---

144) StAW, Standbuch 1012 fol. 17'.
145) Vgl. Buchinger, a. a. O. S. 222—224.
146) Fäustlinge (Puffer) waren kleine Schießgewehre, Faustbüchsen, Pistolen (vgl. Jacob Grimm u. Wilhelm Grimm, Deutsches Wörterbuch [DWB] III, Leipzig 1862 Sp. 1383 f.).

nach niederländischem Modell eingeführt[147]). Gerade in den militärischen Vorkehrungen, die noch nicht die spätere absolutistische Gestalt des miles perpetuus, des stehenden Heeres, erkennen lassen, wird gleichwohl das landesherrliche Streben nach Wehrhoheit und Verteidigungsbereitschaft, nicht zuletzt nach politischer Festigkeit des Hochstiftes, deutlich. Der militanten Note konnte auch ein Fürstbischof, der sich im Strudel der innen- und außenpolitischen Verwicklungen und Konstellationen machtvoll behaupten wollte, zu keiner Zeit entraten. Die angeworbenen Söldner vermochten die Verteidigung ganzer Städte nicht zu garantieren, da sie zur Behauptung der fürstlichen Festungen und Residenzen dringend benötigt wurden. Erst das allgemeine Aufgebot der Untertanen gewährleistete eine wirksame Landesdefension im weitesten Sinne.

8. Partikularkirchenrecht

Begreiflicherweise fielen bei einem Landesherrn, der zugleich Ortsordinarius, mithin Diözesanbischof, gewesen ist, ebenfalls die partikularkirchenrechtlichen Anordnungen und Gesetze reichlich aus. Ein besonderes Problem warf die am 24. Februar 1582 durch Papst *Gregor* XIII. (1572—1585) mittels seiner Bulle „Inter gravissimas"[148]) verfügte Verbesserung des Julianischen Kalenders auf. Seinerzeit hatte der Papst dem Kaiser, sämtlichen Königen, Fürsten und Republiken um der Einheitlichkeit des christlichen Festkalenders willen befohlen, seinen Kalender (*nostrum hoc kalendarium*) zu beachten. Am 24. Januar 1583 wurde die Frage der Kalenderänderung im Würzburger Domkapitel[149]) besprochen und bei dieser Gelegenheit der Standpunkt formuliert, daß an den Fürstbischof noch keine Weisungen gelangt seien und er ebensowenig gewillt wäre, ohne Wissen des Kapitels sich in irgendeine Regelung einzulassen. Außerdem gebühre es dem Bischof nicht, ohne Zustimmung des Metropoliten Anordnungen zu treffen. Die Reichsstände hätten in der Frage keinen Beschluß gefaßt und daher wollte Julius Echter dem Mainzer Erzbischof schreiben und dessen Bescheid dem Domkapitel eröffnen. Schließlich hat der Fürstbischof unterm 29. Oktober 1583 den neuen *Gregorianischen Kalender* durch die Pfarrer im Stift verkünden lassen[150]).

---

[147]) Vgl. Buchinger, a. a. O. S. 224.
[148]) Vgl. Carl Mirbt, Quellen zur Geschichte des Papsttums und des römischen Katholizismus[5], Tübingen 1934, Nr. 495 S. 353.
[149]) StAW, WDKP 39 fol. 39'.
[150]) StAW, Ldf 32 fol. 417—418 (alt 190).

Die Ausschreibung, die an sämtliche Pfarrherren im Stift wegen Verkündigung des geänderten und angenommenen Kalenders erging, setzte
voraus, daß den Pfarrern bekannt geworden sei, wie der Papst durch
Auslassung einiger Tage des Jahres den alten Julianischen Kalender
geändert habe. Der Gleichlauf mit dem tropischen Jahr ist durch den
Wegfall von 10 Tagen, nämlich der Spanne vom 5. bis 14. Oktober 1582,
erzielt worden[151]. Auch der Kaiser hatte befohlen, den geänderten
Kalender anzunehmen. Im Monat November wurden ebenfalls wie vom
Erzbischof und Kurfürsten von Mainz auch in Würzburg diese 10 Tage
ausgelassen und danach die folgenden zwei Monate des laufenden Jahres
1583 bezüglich der in den Kirchen zu haltenden Fest- und Feiertage
geregelt und die Anordnung in Druck gegeben. Julius Echter hatte angeordnet, die zehn Tage vom 4. bis 15. November zu streichen, d. h. zu
übergehen, den 4. Monatstag als 14. zu bezeichnen. 1583 wurde das
Fest des hl. Martin am 15. November gefeiert[152]. Die übrigen katholischen Fürsten hatten die Kalenderkorrekturen bereits im Oktober
(4.—14.) vorgenommen[153]. Der Gottesdienst sollte entsprechend dieser
Ordnung bis zum künftigen Jahr 1584 durchgeführt werden. Das kom-
mende Jahr wies dann wieder durchlaufende Gleichheit auf. Auch dem
Pfarrvolk mußte man über diese Änderung berichten. Am 14. März 1584
befaßte sich das Kapitel[154] erneut mit der Kalenderfrage und ließ bei
dieser Gelegenheit durchblicken, daß der neue Kalender möglicherweise
im Pforten- und Praebendari-Amt manche Irrungen und Irrtümer auslösen könnte. Die Frage sei bereits wiederholt im Kapitel vorgebracht,
aber immer verschoben worden. Damals votierten die Domherren, da der
neue und reformierte Kalender im Stift angenommen sei und nunmehr
überall gelte, solle man sich künftig auch nach dem neuen richten, doch
ebenfalls den Pfortenschreiber hören, welche Zweifelsfragen in seinem
Amte aufträten. Der Pfortenschreiber berichtete, daß er die erforderlichen 10 Tage ausgesetzt habe. Die Austeilung der Nutzungen des

---

[151] Vgl. Daniel O'Connell, LThK² (1960) Sp. 1260.

[152] „Julius Antistes noster obsequenti animo id recepit, juxtaque illius emen-
dationem tempora & sanctorum festa anni proxime sequentis in calendariis suis
ordinari, praecepit, diebus decem a die quarta Novembris, usque ad decimam
quintam praetermissis ea lege, ut quarta dies dicti mensis decima quarta scri-
beretur, dies vero decima quinta pro eodem anno, S. Martino episcopo festiva
esset" (Ignaz Gropp, Collectio novissima Scriptorum et Rerum Wirceburgensium I, Francofurti 1741 p. 416).

[153] Cf. Gropp, l. c. p. 423.

[154] StAW, WDKP 40 fol. 108'.

Jahres 1583 erst im gegenwärtigen Zeitpunkt brächte den Vorteil, daß ein Domherr, der häufig in Würzburg anwesend gewesen sei, dadurch viel verdient habe. Am 15. November des gleichen Jahres[155]) fragte der Pfortenschreiber an, ob er den neuen Kalender drucken lassen und dabei die Wappen, wie sie im alten Kalender standen, ebenfalls wieder setzen lassen sollte. Ihm wurde befohlen, mit dem Druckauftrag noch vierzehn Tage abzuwarten. Sollte sich der Erzbischof von Köln — es war damals Ernst Herzog von Bayern (1583—1612)[156]) — nicht innerhalb dieser Zeit erklären, sollte der alte Kalender wie der neue angefertigt werden. Noch vor Weihnachten, am 13. Dezember 1584[157]), zeigte der Dompropst Neithard von Thüngen dem Kapitel an, der Fürst habe sich dahin entschieden, daß auch im neuen Kalender die im alten Kalender aufgenommenen Wappen wiederum gedruckt würden. Dem Drucker wurde erlaubt, die Kalender nach seinem Ermessen zu verkaufen. Diese hochstiftisch-domkapitelschen Wappenkalender sind als Wandkalender hergestellt und mit den Wappen der Domherren in Holzschnittechnik am Rande verziert worden[158]). Den Kalender für 1584 verfaßte der 1580 nach Würzburg berufene und später ab 1591 als Dekan der Medizinischen Fakultät wirkende Dr. Wilhelm Upilio[159]). Ein seelsorgerliches Anliegen erfüllte Julius Echter mit seinem Mandat, die *Heiligung der Sonn- und Feiertage* betreffend, vom 21. Februar 1579[160]). Mit Mißfallen und Bekümmerung hatte er erfahren, aber auch selbst festgestellt, daß nicht allein in der Stadt Würzburg, sondern ebenfalls im Stift und Fürstentum seine Untertanen die Sonn- und Feiertage nicht gebührend gehalten und geheiligt hatten, sondern an diesen Tagen sogar Feld- und Hausarbeit verrichteten, den christlichen Gottesdienst verächtlich machten und gutgemeinte Ratschläge in den Wind schlugen. Deshalb ermahnte der Bischof die Gläubigen an das Gebot der Sonn- und Festtagsheiligung.

---

[155]) StAW, WDKP 40 fol. 353.

[156]) Vgl. über diesen Kirchenfürsten, der ebenfalls Bischof von Freising (1566), Hildesheim (1573), Lüttich (1581) und Münster (1585) und ebenfalls bis zum 15. 3. 1588 Dompropst von Würzburg gewesen ist, Christian Haeutle, Genealogie des erlauchten Stammhauses Wittelsbach, München 1870 S. 50 Nr. 7.

[157]) StAW, WDKP 40 fol. 370.

[158]) Vgl. Walter M. Brod, Mainfränkische Kalender aus vier Jahrhunderten, Würzburg 1952 S. 26.

[159]) Vgl. Brod, a. a. O. S. 28. — Dr. Wilhelm Upilio ist 1594 verstorben (vgl. Joh. Bapt. Scharold, Geschichte des gesamten Medizinalwesens im ehemaligen Fürstenthum Würzburg ..., Würzburg 1824 S. 98).

[160]) Druck: Sammlung I, Nr. XX, S. 31.

Während des Gottesdienstes und der Predigt durften, damit gutwilligen Christen kein Ärgernis gegeben wurde, Unterhaltungen auf Märkten, öffentlichen Plätzen, Gassen oder in Wirtshäusern nicht geführt werden. Zukünftig wurde untersagt, auf Jahrmärkten die Kramläden an Sonn- und Feiertagen vor 12 Uhr zu öffnen. Wochenmärkte durften überhaupt nicht mehr an Sonn- und Feiertagen abgehalten werden. Die Übertreter dieser Ordnung wurden durch Pfarrer und Schultheißen unter Beistand der Amtleute, Vögte und Keller jedes Ortes unnachsichtig bestraft.

Auch die Reformation des Klerus beschäftigte den Fürsten. Am 27. Februar 1579[161]) wurde im Kapitel die *Reformatio Chori et Cleri* gelesen und Punkt für Punkt beschlossen und der Eintrag in das domkapitelsche Rezeßbuch verfügt.

Eine tiefgreifende Neuordnung der Bistumsverhältnisse bahnte sich mit den Ruralstatuten (*Statuta ruralia*) vom 2. Januar 1584[162]) an, mit denen die externe und interne Reorganisation der Diözese eingeleitet wurde[163]). Durch sie sollten die Erschütterungen und Unterhöhlungen, die die Reformation dem alten Bistum zugefügt hatte, wieder wettgemacht und geglättet werden. Es war nicht zu übersehen, daß ganze Dekanate dem Katholizismus verlorengegangen waren und sich daher der Ortsordinarius bemühen mußte, die religiöse Konsolidierung seines Bistums zu verwirklichen. Diese Ruralstatuten charakterisieren sich als Satzungen für die würzburgischen Landkapitel, in die das Bistum wegen seiner Größe eingeteilt war. 11 Landkapitel sah die Neuordnung vor: Buchen, Schlüsselfeld, Iphofen, Mergentheim, Dettelbach, Ochsenfurt, Münnerstadt, Gerolzhofen, Ebern und Karlstadt[164]). Von den ehedem würzburgischen Landkapiteln waren immerhin 8 abgegangen, und zwar die ehemaligen Dekanate Windsheim, Langenzenn, (Schwäbisch) Hall,

---

[161]) StAW, WDKP 35 fol. 68.

[162]) Ignaz Gropp, Collectio novissima scriptorum et rerum Wirceburgensium I, Frankfurt 1741 p. 442—481; Schneidt, Thesaurus Iuris Franconici II, S. 1054—1171.

[163]) Vgl. Hans Eugen Specker, Die Reformtätigkeit der Würzburger Fürstbischöfe Friedrich von Wirsberg (1558—1573) und Julius Echter von Mespelbrunn (1573—1617), WDGBl. 27 (1965) S. 87f.; aber daneben immer noch Julius Krieg, Julius Echter und der Klerus in: Clemens Valentin Hessdörfer, Julius Echter ... Festschrift, Würzburg 1917 S. 101.

[164]) Caput II; vgl. Julius Krieg, Die Landkapitel im Bistum Würzburg von der zweiten Hälfte des 14. bis zur zweiten Hälfte des 16. Jahrhunderts (= Kirchenrechtliche Abhandlungen, hrsg. von Ulrich Stutz, H. 99), Stuttgart 1923 S. 49.

Ingelfingen, Crailsheim, Coburg, Gaißach und Weinsberg. Der Fürstbischof ordnete vor allem diesmal ganz genau Art und Weise des Ablaufs der Dekanatsversammlungen an. Das Gesetz befahl, daß im Landkapitel die Pfarrbücher zur Prüfung vorzulegen waren. Außerdem
mußten die Pfarrer Rechenschaft über Christenlehre und kirchliche
Vermögensverwaltung geben. Der Landdekan hatte alle beneficia curata
und non curata[165]) in das Kapitelsbuch einzutragen. Die Ruralstatuten
regelten im einzelnen Gottesdienst d. h. Meßopfer, ferner Zeremonien,
Sakramente (Taufe, Buße, letzte Ölung, Priesterweihe, Ehe), Fasten und
Gebet, Prozessionen und Glockenläuten, Salz- und Wasserweihe, Predigt, hl. Geräte, Paramente, Kirchen- und Altarornat, Lebensführung
des Klerus, Temporalien und Kirchengut, Zehnten und die Firmung[166]).
Bezüglich des Ehesakramentes wurde der Geistlichkeit eingeschärft,
daß sie vor allem cap. 1 de reformatione der 24. Sitzung des Tridentinum
beachten sollten[167]). Der Bischof schärfte seinen Geistlichen ein, vor der
Eheschließung das dreimalige Eheaufgebot (denuntiatio) zur Vermeidung
von Ehehindernissen während der Meßfeierlichkeiten zu verkünden.
Die Eheschließung (celebratio matrimonii) selbst durfte ausschließlich
coram parocho et duobus vel tribus testibus praesentibus erfolgen[168]). Die
Namen der Ehegatten und Trauzeugen hatte der Pfarrer in das Heirats-
buch (Trauregister) einzutragen. Eine wichtige Neuregelung brachte
diese Kirchenagende insofern, als sie die bisherigen Archidiakonate
aufhob[169]). An die Stelle der Archidiakonate oder ihrer Offiziale, die
ehedem dem Landkapitel beiwohnten, traten nunmehr Legaten oder
Fiskale des Bischofs[170]). Die Ruralstatuten änderten damit grundlegend
die alte Bistumsgliederung in Archidiakonate, in die Sprengel der Würz-

---

[165]) Beneficia curata hatten Seelsorgeverpflichtung, die den beneficia non
curata fehlte. Im Zweifel wurde nach kanonischem Recht stets Existenz eines
beneficium non curatum vermutet (vgl. Anaclet Reiffenstuel, Ius Canonicum
Universum III, Venedig 1709 Lib. III Tit. V De praebendis & dignitatibus § II,
n. 27 u. n. 28 Fol. 73).

[166]) Vgl. hierzu ebenfalls ausführlich Vitus Brander, Julius Echter (Anm. 2)
S. 83.

[167]) Caput III: Matrimonium; cf. Schneidt, l. c. p. 1100.

[168]) Matrimonium, 2⁰; cf. Schneidt, l. c. p. 1101.

[169]) Vgl. Julius Krieg, Der Kampf der Bischöfe gegen die Archidiakone im
Bistum Würzburg unter Benutzung ungedruckter Urkunden und Akten (=
Kirchenrechtliche Abh., H. 82), Stuttgart 1914 S. 200.

[170]) Vgl. Krieg, a. a. O. S. 201.

burger Erzpriester, die allerdings bereits um die Mitte des Jahrhunderts verschwunden waren[171]).

Wie andere katholische Landesherren ahmte ebenfalls Julius Echter die von evangelischen Obrigkeiten als Territorialgesetze[172]) erlassenen Kirchenordnungen nach. Das Kirchenregiment, das der Landesherr übte, bildete die Grundlage der ausführlichen Kirchenordnungen, die sich als gesetzgeberischer Ausfluß der geistlichen Jurisdiktion ausweisen. Julius Echter erließ am 2. Januar 1589 seine *Kirchenordnung*[173]), die er als ,,Satzung und Ordnung, wie es bei den Pfarren im Stift und Lande mit dem Gottesdienst und Kirchenministerien gehalten werden solle", umschrieb. Die Präambel unterstrich die Verpflichtung des Landesherrn, kraft seines bischöflichen Amtes und seiner Obrigkeit eingerissene Neuerungen abzuschaffen und die alte wahre katholische Religion zu beachten. Die Pfarrer sollten an sämtlichen Sonn- und Feiertagen in Pfarr-, Filial- und Nebenkirchen zwischen sieben und acht Uhr das Hochamt halten. Vor dem Hochamt wurden altem christlichem Brauch gemäß Salz und Wasser konsekriert. Dem Pfarrer war es aufgegeben, sonn- und feiertags ebenfalls die Predigt im Hochamt nach dem *Credo* zu halten; sie sollte allerdings nicht länger als eine Stunde dauern. Für Pfarrsachen, insbesondere Kindstaufen mußten die Pfarrmatrikel geführt werden. Die Firmung spendete in der Regel der Weihbischof. Der Pfarrzwang schlug sich ebenfalls in der Verpflichtung der Parochianen zu Osterbeichte und -kommunion in der zuständigen Pfarrkirche nieder[174]). Bei der Behandlung des Ehestandes wies der Fürstbischof ausdrücklich auf das von ihm publizierte *Ehemandat*[175]) hin, dessen Beachtung er noch einmal unterstrich[176]). Wiederum betonte er das Erfordernis von drei verschiedenen öffentlichen Ausrufungen der Nupturienten von der Kanzel. Die Eheleute sollten in das Pfarrbuch unter einem besonderen Titel eingeschrieben werden. Eindeutig zeichnet sich die strenge, exklusive Katholizität der bischöflichen Anordnung darin ab, daß kein Pfarrer die Eheschlie-

---

[171]) Vgl. Krieg, a. a. O. S. 202.

[172]) Vgl. über diese katholischen Kirchenordnungen allgemein August Franzen, LThK² VI (1961) Sp. 241.

[173]) Druck: Schneidt, Thesaurus Iuris Franconici II, S. 1262—1301. Das ehedem im StAW, Hist. Saal VII Nr. 321 vorhandene, gedruckte und besiegelte Exemplar der Kirchenordnung von 1589 I 2 dürfte 1945 verbrannt sein.

[174]) Vgl. zu den Bestimmungen eingehend Specker, a. a. O. (Anm. 163) S. 90 ff.

[175]) Mandat in Ehesachen von 1583 I 8; vgl. oben Anm. 77.

[176]) Vgl. Schneidt, a. a. O. II S. 1275: ,,Von dem Ehestandt"

ßung einleiten durfte, außer bei katholischen Nupturienten. Die Pfarrer sollten nicht zu Hochzeiten oder Mahlzeiten gehen, sondern sich vielmehr mit einem Pfund Geld als Stolgebühr begnügen. Die Pfarrer durften keine Eheschließungen vornehmen, wenn nicht die Nupturienten der katholischen Religion angehörten. Über Einsprüche, Einwendungen oder Bedenken wegen etwaiger Ehehindernisse sollten Pfarrer und Beamte nicht selbst entscheiden, sondern diese Sachen an das Konsistorium verweisen, das darüber urteilen sollte. Die Pfarrer sollten erst dann die Eheschließung zulassen, nachdem ihnen ein versiegelter Urteilsbrief vorgelegt worden war. Eingehend regelte die Kirchenordnung durch tabellarische Aufstellungen[177] die Grade der Blutsverwandtschaft, Schwägerschaft und geistlichen Verwandtschaft. Wiederum wurde ausdrücklich auf das Konzil von Trient verwiesen, das hier die grundlegende gemeinrechtliche Fixierung vorgenommen hatte. *Cognatio spiritualis*, also „geistliche Sippschaft oder Gevatterschaft", bestand zwischen dem Täufling, dessen Eltern und den Taufpaten bzw. auch zwischen dem Taufspender, dem Täufling und den Eltern. Geistliche Verwandtschaft erzeugte ebenfalls das Sakrament der Firmung. Die Kirchenordnung ordnete auch den Schulunterricht[178], bei dem vornehmlich die Erziehung im katholischen Glauben betont wurde. Die Schulmeister sollten ein geistliches Leben führen und der Jugend ein gutes Beispiel geben. Die Kirchenordnung regelte ebenfalls die Durchführung der Beichte, die nicht auf dem Altar oder in der Sakristei gehört werden durfte, sondern die im Beichtstuhl abzulegen war. Die Bücherzensur mußte der Pfarrer üben, der bei den feilgebotenen Schriften festzustellen hatte, ob sich mit diesen religionswidriger Inhalt verband[179]. Ernsthaft ermahnte der Fürstbischof seine Pfarrer und ihre Mithelfer, sich der Üppigkeit, ärgerniserregender Lebensführung und vor allem des Konkubinats zu enthalten. Denjenigen, die die Ordnung verletzten, wurde ein gerichtliches Verfahren angedroht.

Am 22. Februar 1589 erließ Julius Echter unter dem Siegel des Vikariats ein *Dekret gegen nichtresidierende Kleriker*[180]. Der Bischof verabschiedete diese Ordnung im turbulenten Sturm der streitenden Kirche (*turbulenta hac militantis Ecclesiae tempestate*), der die Zeit erfüllte, im Hinblick auf das gemeine Wohl. Zunächst wurde wiederum auf die

---

[177] Bei Schneidt, a. a. O. II hinter S. 1278.
[178] Vgl. Schneidt, a. a. O. II S. 1291 ff.
[179] Vgl. Schneidt, a. a. O. II S. 1299 f.
[180] Druck: Sammlung I, Nr. XXIV S. 38.

Trienter Konzilskanones[181]) Bezug genommen. Der Bischof befahl sämtlichen Inhabern von *beneficia curata* und *beneficia non curata*[182]), die seiner ordentlichen bischöflichen Jurisdiktion unterstanden, sich zu ihren Kirchen, an denen diese Ämter gestiftet waren, innerhalb von drei Monaten nach Kenntnis des Mandats zu verfügen, sich dort aufzuhalten — wenn sie nicht ein Spezialprivileg[183]) haben oder einen gesetzlichen, vom Bischof gebilligten Hinderungsgrund geltend machen können — und zu residieren sowie die gottesdienstlichen Funktionen auszuüben. Zuwiderhandlungen sollten nicht zuletzt von der ordentlichen kirchlichen Zensur mit kanonischen Strafen verfolgt werden. Hier darf vielleicht angemerkt werden, daß das Konzil von Trient gerade am 15. Juli 1563 in der 23. Sitzung die Residenzpflicht der Kleriker genau geregelt hatte. Kein Geistlicher durfte, sofern nicht ein wichtiger Grund vorlag, länger als zwei Monate (*ultra bimestre tempus*) sein Kirchenamt verlassen[184]).

Im übrigen bestätigte Fürstbischof Julius Echter 1596 einige von Fürstbischof Konrad III. von Bibra (1540—1544)[185]) Priestern und Geistlichkeit wegen der Testamentserrichtung in Angleichung an das Soldatentestament (*testamentum militare*)[186]) gewährte Privilegien unter

[181]) Vgl. unten Anm. 184.

[182]) Siehe oben Anm. 165.

[183]) Nach kanonischem Recht ging das Spezialprivileg vor: „Generi per speciem derogatur" (Regula 34 iuris in VI⁰). Vgl. ebenfalls Reiffenstuel, Ius Canonicum Universum I, Venedig 1704 Lib. I Tit. III: *De rescriptis* § IV n. 115 Fol. 137; IV, Venedig 1711 Lib. V Tit. XXXIII: *De privilegiis* § III n. 72 Fol. 285.

[184]) Druck: Conciliorum Oecumenicorum Decreta, ed. Centro di Documentazione ... Bologna—Basel—Barcelona—Freiburg—Rom—Wien (Herder) 1962 p. 721³⁷ff..

[185]) Es handelt sich um die *Ordinatio de Testamentis Clericorum* von 1542 (vgl. Schneidt, Thesaurus Iuris Franconici II, S. 857).

[186]) Die *Sedes materiae* (Ulpian) des römischen Rechts für das Soldatentestament (*testamentum militis*) war D. 29, 1, 1 (cf. Theodor Mommsen — Paul Krueger — Wolfgang Kunkel, Corpus Iuris Civilis¹⁶, I, Berlin 1954 p. 435). Beim römischen Soldatentestament (*testamentum in procinctu*) trat an die Stelle der Komitien das gefechtsbereite, in Schlachtordnung aufgestellte Heer. Zu seiner Gültigkeit reichte jede beliebige Errichtungsform aus (vgl. Max Kaser, Das römische Privatrecht I, München 1955 § 15 III 3 S. 59, u. § 160 II S. 569). Ebenso galt das vor dem zuständigen Pfarrer und mindestens zwei Zeugen errichtete Testament (c. 10 X *de testamentis* III, 26) kraft Gewohnheitsrechts gemeinrechtlich neben den Formfreiheitsbestimmungen der RNotO (vgl. zum *testamentum militis* und zugehöriger Problematik auch Gustav Schmelzeisen, Polizei- und Landesordnungen, 1. Halbbd. [= Quellen zur Neueren Privatrechtsgeschichte Deutschlands II], Köln—Graz 1968 S. 114 Anm. 51 zu RNotO 1512).

Vorbehalt (*cum grano salis*), daß derartige Testamente[187]) nicht den heiligen Canones widersprachen[188]). Das zitierte Soldatentestament (*testamentum militis*) war insbesondere reichsrechtlich durch die Notariatsordnung (*Constitutio de notariis*) Kaiser Maximilians I. von 1512[189]) gemeines deutsches Recht geworden[190]). Es reduzierte die Anzahl der nach römischem Testamentsrecht erforderlichen sieben bzw. fünf Zeugen auf zwei Zeugen und verzichtete ebenfalls auch noch auf diese, wenn die Krieger in Feindberührung und Kriegshandlungen standen. Dann durften die *milites* ihr Testament ohne Beachtung von Formvorschriften ganz nach ihrem Belieben machen.

Am 7. Februar 1602 hat sich schließlich der Landesfürst energisch für eine *Bestrafung des Fluchens, Schwörens und Gotteslästerns* eingesetzt[191]). Julius Echter betonte in der Präambel seines Mandats, daß Gotteslästerungen, Schwören, Vermaledeien und Fluchen unter hohen und niederen Standespersonen, Geistlichen sowohl als auch Weltlichen, Jungen wie Alten, namentlich bei Zusammenkünften in Wirtshäusern, auf Hochzeiten, bei Gastungen, auf Märkten und Plätzen an Sonn- und Feiertagen sehr überhandgenommen hätten. Nicht allein die Sakramente, Taufe, Wunden, Marter, Leiden, Kreuz, Schweiß und Leichnam Christi, sondern ebenfalls Gott der Allmächtige und die zur Verkündigung seines Lobes erschaffenen Elemente wie Himmel und Sterne würden vorsätzlich und in mutwilliger Weise geschmäht und gelästert werden. Verwünschungen und Flüche seien an der Tagesordnung. Diese Ausschreitungen geschahen, obschon den Tätern durch Mandate, insbeson-

---

[187]) Zum *kanonischen* Testament vgl. zuletzt Friedrich Merzbacher, Das Testamentsrecht des Corpus Iuris Canonici, Österreichisches Archiv für Kirchenrecht 19 (1968), S. 289—307.

[188]) Druck: Schneidt, Thesaurus Iuris Franconici II, S. 1316.

[189]) *De Testamentis* § 2: „... oder von Rittern, die zu Feld, und doch nicht am Streit wären, da wird solche Anzahl der (7 bzw. 5) Zeugen nachgelassen, bis auf zweene Zeugen. Aber die Ritter, die in Übung des Streits sind, mögen ihr Testament machen ohn alle Solennität oder Form, und wie sie wollen" — „... et in militum castris, non autem bellicis expeditionibus existentium Testamentis remittitur numerus testium usque ad duos. Milites autem in expeditionibus bellicis existentes etiam sine omni solennitate vel teste, quocunque modo velint ..." (vgl. Ernst August Koch, Neue und vollständigere Sammlung der Reichs-Abschiede, Frankfurt 1747 [Neudruck Osnabrück 1967] II. Teil [1495—1551] S. 160).

[190]) Vgl. Karl Thomas, Das kanonische Testament. Testamentserrichtung vor dem Pfarrer, jur. Diss. Erlangen, Naumburg a. S. 1897 S. 25.

[191]) Druck: Sammlung I, Nr. XXVI S. 41.

dere auch der Vorgänger des regierenden Bischofs, zeitliche Strafen, insbesondere die Züchtigung durch den Nachrichter, drohten. Der Landesherr verwarnte seine Untertanen, sie möchten Gotteslästerungen und Fluchen im Stift nicht überhandnehmen lassen. Dabei verwies er sie auf die Strafen nach gemeinem geschriebenem geistlichem und weltlichem Recht, insbesondere nach den Reichskonstitutionen, den Polizeiordnungen und vor allem in der Peinlichen Halsgerichtsordnung Kaiser Karls V. von 1532, die sämtlich die Blasphemie unter Strafe stellten. In der Tat sollte gemäß Art. 106 CCC der Gotteslästerer an Leib und Leben gestraft werden.

Unterm 9. September 1613 ließ Julius Echter noch einmal eine *Kirchenordnung*[192]) folgen, die allerdings inhaltlich im wesentlichen mit jener vom 2. Januar 1589 identisch gewesen ist. Nur Titel und Schluß wurden entsprechend modifiziert. Die materiellen Bestimmungen sind in keiner Weise abgeändert worden. Diese Kirchenordnung des Jahres 1613 wurde in einer hohen Auflage von Konrad Schwindlauff aus Darmstadt gedruckt[193].

Mit der Kirchenordnung von 1613 schloß im wesentlichen die partikularkirchenrechtliche Gesetzgebung während des Pontifikats des großen Fürstbischofs.

Bewertet man Julius Echter als Gesetzgeber, so zeigen sich hier gewisse charakteristische Züge, die den zeitgenössischen Fürsten schlechthin auszeichneten. Seine Einstellung war zweifelsohne streng[194]), gelegentlich wirkte sie sogar kleinlich. Die Haltung erscheint trotz aller zunächst modern anmutenden Maßnahmen letztlich doch konservativer, zurückgewendet und anknüpfend an die Stabilität der guten alten Zeiten. Stark ausgeprägt dokumentiert sich in den rechtlichen Regelungen dieses Kirchenfürsten das Standesdenken. Mit Ausnahme vielleicht der nach seinem Tode in Kraft getretenen Fränkischen Landgerichtsordnung verrät die gesamte Gesetzgebung Julius Echters grundsätzlich im wesentlichen noch den Stil mittelalterlicher Rechtsetzung und Normierung. Überall trifft man auf ins einzelne gehende kasuistische Behandlung,

---

[192]) Schneidt, Thesaurus Iuris Franconici II, S. 1317.

[193]) Vgl. Schott, a. a. O. (Anm. 84) S. 8f.

[194]) Die Würzburger Apotheker verweigerten übrigens 1583 VI 11 den Schwur auf den Entwurf einer neuen Apotheker-Ordnung mit dem Hinweis, die Bestimmungen seien zu scharf und zu streng, wie sonst keine im Reich (vgl. Joh. Bapt. Scharold, Geschichte des gesamten Medizinalwesens im ehemaligen Fürstenthum Würzburg ..., Würzburg 1824 S. 97f.).

III. Charakteristik der julianischen Gesetzgebung

gleichzeitig fehlen ausgeprägte Linien bewußt kodifikatorisch planvollen Handelns. Die julianische Gesetzgebung, vorab im Bereiche des Polizeirechts, ist eine in Form, Inhalt und Zielsetzung kaum geänderte Fortsetzung der mittelalterlichen bischöflich-hochstiftischen Sätze und Gebote. Gleichwohl erscheinen mir Behauptung und Feststellung, der Staat habe das Wirken Julius Echters primär bestimmt, immerhin einer näheren Präzisierung nötig. Der Grund, der diesen Anschein erwecken kann, liegt ohne Zweifel in der weltlich-geistlichen Doppelnatur des Fürstbischofs. Als Reichsfürst hatte der geistliche Landesherr die profanen Angelegenheiten seiner Untertanen genauso zu regeln und zu fördern wie ein weltlicher Dynast. Andererseits oblag ihm als Diözesanbischof die Seelsorge in seinem Sprengel. Helfend hatte er die seelischen Schwierigkeiten seiner Landeskinder zu erleichtern und ihnen religiöse Sicherheit inmitten aller seelischen Anfechtungen und religionspolitischen Krisen der Zeit zu bieten. Waren zweifellos viele gesetzgeberische Ansätze und Maßnahmen auch bei Julius Echter vom Prinzip der Staatsräson diktiert, so vermag andererseits nicht übersehen zu werden, daß der Geist beharrender Frömmigkeit, Sittenstrenge und traditioneller katholischer Einstellung die julianische Gesetzgebung durchweht. Gottesgnadentum und absolutes Herrschergefühl lebten in dieser Persönlichkeit, deren Wille vielfach Gesetzeskraft annahm. Die knappe Schlußformel seiner Legislation dokumentierte sich gelegentlich in der lapidaren Feststellung: *Quae est nostra mens, sententia et decretum.* Diesem Fürstbischof war es ernst mit der Reform und Verwirklichung der tridentinischen Dekrete. Trotz aller in die Zukunft weisenden Handlungen und eingeleiteten Reformen hatte Julius Echter Haltung und Glauben des mittelalterlichen Kirchenmannes und Prälaten nie preisgegeben. Entgegen den Behauptungen der modernen Forschung empfand dieser Landesfürst in vielem noch durchaus mittelalterlich. Aber auch von patriarchalischer Fürsorgepflicht für seine Landeskinder war er erfüllt. Mochten ihn auch die Vorboten modernerer Epochen berühren und beschäftigen, so wurzelte er gleichwohl noch tief und unerschütterlich in der verebbenden Welt des Mittelalters. Das Recht empfand er aufgrund seiner eingehenden juristischen Schulung im Sinne Senecas als hohes Gut. Rechtsanwendung und Gesetzgebung bedeuteten ihm gleichrangige Größen. Mit überzeugenden Argumenten läßt sich feststellen, daß sich dieser Fürstbischof unablässig — von den ersten Tagen seines

Pontifikats bis zu seinem Heimgang — um eine gründliche Gesetzgebung und stabile Rechtsordnung bemühte. Nicht allein als Kirchenfürst, Staatsmann, Stifter und Wohltäter, sondern ebenso als eifriger *conditor legis* hat sich Julius Echter um Hochstift, Bistum und Herzogtum verdient gemacht. Auch seine Gesetze begründeten seinen historischen Nachruhm. Der lebendigen Überlieferung des fränkischen Rechtes konnte er mit der von ihm tatkräftig betriebenen *Fränkischen Landgerichtsordnung* ein bleibendes rechtshistorisches Denkmal setzen. Die julianische Gesetzgebung war konsequenter Ausdruck bewußt ausgeübter hoheitlicher Landesherrschaft eines überzeugten geistlichen Reichsfürsten, dem Stift und Dukat gleichrangige Pflichtinhalte bedeuteten, der sich für Wohlergehen und Rechtssicherheit seiner Untertanen und Diözesanen persönlich verantwortlich fühlte.

ANHANG

Die wichtigsten Gesetzgebungsakte des Fürstbischofs Julius Echter von Mespelbrunn in chronologischer Reihenfolge

Zeitpunkt des Erlasses	Inhalt	Fundstelle
1574 VII 12	Verordnung gegen wucherisches Geldleihen auf Getreide und Wein	Sammlung I (1776), Nr. XIX, S. 30/31 (vgl. oben Anm. 90)
1574 IX	Waldordnung	StAW Admin. 461/10022
1574 XII 13	Futter-, Speise- und Bäckerordnung	StAW, WU 16/174 a
1574	Würzburgische Kanzlei-Ordnung (mit Ämter-Ordnung)	StAW, Ldf 32, S. 41—93
1576	Müllerordnung	
1578 II 17	Waag-Ordnung	StAW, Hist. Saal VII Nr. 320; UBW, M. ch. f. 583/II, Bl. 134—147'
1579 II 21	Heiligung der Sonn- und Feiertage	Sammlung I Nr. XX, S. 31
1579 III 28	Nächtliche Gassenschwärmereien, auch Zechen in den Wirtshäusern betreffend	Sammlung I Nr. XXI, S. 32—34
1580 V 12	Peinliche Halsgerichtsordnung zu Würzburg	Schneidt II, S. 933
1580 VI 22	Kastenordnung	

Zeitpunkt des Erlasses	Inhalt	Fundstelle
1582 VII 31	Reformation für das „Kannengießer-Handwerk"	StAW, Hist. Verein Würzburg, MS f. Nr. 1229, fol. 34—34,
1582 X I	Reformation des Stadtgerichts zu Würzburg	Schneidt II, S. 1001; Knapp, Zenten I, S. 1290
1583 III 21	Landsiebner- und Feld-geschworenenordnung für das Hochstift Würzburg	StAW, Hist. Verein Würzburg, MS f. 1238
1583 VII 12	Almosenordnung	
1583 X 29	Verkündigung des neuen (Gregorianischen) Kalenders durch die Pfarrer im Stift	StAW, Ldf 32, fol. 417—418 (alt 190)
1583 XI I	Mandat in Ehesachen	Henrich von Ach, Würzburg 1583; StAW, Ldf 32, S. 418—421
1584 I 2	Ruralstatuten für den Klerus der Diözese Würzburg	Gropp, Collectio novissima scripto-rum I, p. 442; Schneidt II, S. 1054
1584 IV 16	Gemeine Zentkosten-Ordnung	StAW, Ldf 32, S. 582—594
1584 XII 15	Wirtsordnung der Stadt Würzburg	StAW, WU 17/183
1584 XII	Feuer-Ordnung	UBW, M. ch. f. 583/II, Bl. 117—132
1584	Reformatio Consistorii (Geistliche Gerichtsordnung)	UBW, M. ch. f. 582; Schneidt II, S. 1194
1584	Polizeimandat	StAW, WU 16/175
nach 1584	Holzordnung (betreffend den Holzhandel)	UBW, M. ch. f. 583/II, Bl. 149—150
[1585 IV 26	Zentgerichtskosten-Ordnung	Schneidt II, S. 1243]
1586 VII 21	Wiederzusammenziehung der verstückelten Lehengüter, deren Verpfändungen und Verbürgungen	Sammlung I, Nr. XXII, S. 34
1586	Hofgerichts-Ordnung	
1587 VII 4	Landwehrordnung	Buchinger, S. 222
1587 VII 4	Mandat über die Erbhuldigungs-pflichten der Witwen und Jungverheirateten	Schneidt II, S. 1848
1588 XII 19	Accisverordnung	Schneidt II, S. 1191

Zeitpunkt des Erlasses	Inhalt	Fundstelle
1589 I 2	Kirchenordnung	· StAW, Hist. Saal VII Nr. 321, Schneidt II, S. 1262
1589 II 22	Dekret gegen *nicht* residierende Kleriker	Sammlung I, Nr. XXIV, S. 38
1589	Schieder-Ordnung	Schneidt II, S. 1301
1590 VII 16	Mandat gegen Zigeuner und verdächtiges und leichtfertiges Gesindel	Schneidt II, S. 1865
1591 I 14	Verbot des öffentlichen Feilbietens unechter Wolltücher und gefälschter Gewürze	Schneidt II, S. 1867
1592 XII I	Ordnung für das Rotgerber-Handwerk	Schneidt II, S. 1870
1592 XII I	Verordnung über den Verkauf rauher Häute auf offenem Markt	Schneidt II, S. 1874
1595 VIII I	Verbot des wucherischen Ver-leihens auf Frucht und Wein	Schneidt II, S. 1877
1596	Reskript über Klerikertestamente	Schneidt II, S. 1316
1597 IV 25	Häfner-Ordnung	Schneidt II, S. 1880
1598	Taxordnung in der Schreiberei	StAW, Ldf 32, S. 311
1599 X 26	Mandat zur Instandhaltung der Landstraßen	Schneidt II, S. 1884
1599 XI 18	Mandat gegen das übermäßige Zutrinken	StAW, Ldf 32, S. 93 bis 94
1602 II 7	Bestrafung des Fluchens, Schwörens und Gotteslästerns	Sammlung I, Nr. XXVI, S. 41
1604 IV 27	Pflasterordnung	StAW, Ldf 36, 256 bis 257'; StadtAW, Ratsprotokoll Nr. 17, S. 418—419$^{1}/_{2}$
1613 XI 9	Kirchenordnung (mit Kirchen-ordnung von 1589 I 2 identisch)	Schneidt II, S. 1317
1614	Hofordnung	Buchinger, S. 208
1615 VI 13	Verordnung über das Rotgerber-handwerk und den Aufkauf von rohen Häuten	Sammlung I, Nr. XXVII, S. 42
1615 VI 24	Verbot von Eingriffen in das Weißgerberhandwerk	Sammlung I, Nr. XXVIII, S. 43
1617 I 30	Ordnung über Hochzeiten, Kindstaufen, Begräbnisse und dergl.	StAW, Ldf 36, fol. 997—1011 (alt 488—495)

Zeitpunkt des Erlasses	Inhalt	Fundstelle
1617 IV	Erneuerte Polizeiordnung	
1618 V 9	Fränkische Landgerichtsordnung	Stephan Fleischmann, Würzburg 1618; Philipp Wilhelm Fuckert, Würzburg 1733; Sammlung I, Nr. XXIX, S. 45—212

350 Jahre Bayerisches Oberstes Landesgericht*)

Rechtshistorische Betrachtungen

I.

Seit dem Spätmittelalter hatten die oberstrichterliche Kompetenz des Kaisers und die Rechtsprechung des Reichshofgerichtes durch die Erteilung von *privilegia de non appellando* zunehmend Einbuße und Aushöhlung erfahren. Des forensischen Vorrechts, daß es den Untertanen der Inhaber dieses Gerichtsprivilegs verboten war, die obersten Reichsgerichte anzurufen, erfreuten sich bereits seit der Mitte des 15. Jahrhunderts die meisten deutschen Reichsstände[1]). Beispielhaft bestimmend für die deutsche Entwicklung, insbesondere für die rechtliche Konsolidation der Reichsterritorien wurde die Exemtion, die Cap. XI der *Goldenen Bulle* Kaiser Karls IV. von 1356 den Kurfürsten gewährte. Gemäß diesem Reichsgrundgesetz erklärte der Kaiser die Appellation gegen Zwischen- und Endurteile, die an kurfürstlichen Gerichten gefällt worden waren, für unzulässig und die eingelegten Berufungen für nichtig[2]).

---

*) Erweiterter und durch Apparat ergänzter Festvortrag vom 12. Mai 1975 im Festakt aus Anlaß des 350jährigen Bestehens des Bayerischen Obersten Landesgerichts im Schwarzen Saal der Residenz München. Mit Absicht wurde die Form der Rede beibehalten und auf Zwischenüberschriften verzichtet.

[1]) Vgl. grundsätzlich Richard Schröder/Eberhard Frhr. von Künßberg, Lehrbuch der deutschen Rechtsgeschichte⁷, Berlin und Leipzig 1932 S. 594f.

[2]) „Adicientes expresse, quod nulli comiti, baroni, nobili, feudali, vasallo, castrensi, militi, clienti, civi, rustico, nulli demum persone ecclesiis huiusmodi subiecte seu eius incole, cuiuscumque status, dignitatis vel condicionis existant, a processibus, sentenciis interlocutoriis et diffinitivis sive preceptis archiepiscoporum et ecclesiarum huiusmodi vel suorum officiatorum temporalium aut execucionibus eorundem contra se in archiepiscopali seu officiatorum predictorum iudicio factis aut latis habitis vel ferendis inantea seu fiendis ad quodcumque tribunal aliud liceat appellare ... Appellaciones contra hoc factas non recipi statuimus cassasque et irritas nunciamus" (Karl Zeumer, Quellensammlung zur Geschichte der Deutschen Reichsverfassung in Mittelalter und Neuzeit², Tübingen 1913 Nr. 148 S. 203). Zum Ursprung des Privilegs vgl. Karl Zeumer, Die Goldene Bulle Kaiser Karls IV., I, Weimar 1908 S. 51f.

angerufen werden[3]). Das Herzogtum Bayern verfügte verhältnismäßig lange nicht über das entscheidende Appellationsprivileg[4]). Bürger und Bauern verwickelten sich in endlose Verfahren und appellierten schließlich auch an das Reichskammergericht[5]). Nur schrittweise erlangten die bairischen Herzöge das Vorrecht ihrer gerichtlichen Unabhängigkeit. In Wien verlieh Kaiser Friedrich III. (1440—1493) seinem Oheim Herzog Georg dem Reichen von Baiern-Landshut (1479—1503) auf dessen Bitte am 10. Juli 1480 die Freiheit, daß niemand von an herzoglichen Hof-, Land- und anderen Gerichten gefällten Zwischen- oder Beiurteilen, „die zu latein interlocutoria genannt sein", an den Kaiser appellieren und supplicieren durfte[6]). Unterm 4. Juni 1559 gelang es Herzog Albrecht V. dem Großmütigen (1550—1559) in Augsburg von Kaiser Ferdinand I. (1531—1564) das Privileg zu erlangen, daß keinem bayerischen Landsassen und Untertanen, In- und Ausländer die Berufung an das kaiserliche Kammergericht in Sachen erlaubt sei, deren anfänglicher Streitwert weniger als 500 rheinische Gulden ausmachte[7]). Indes hat sich das Herzogtum Bayern keineswegs mit diesen Ansätzen begnügt, vielmehr planmäßig eine Erweiterung des *privilegium de non appellando* angestrebt. Günstige Voraussetzungen bot hier die Regierungszeit des für das Rechtswesen besonders aufgeschlossenen Herzogs Maximilian I. Am 17. November 1617 erließ Maximilian

---

[3]) *Goldene Bulle* Cap. XI: „... quamdiu ... in ... iudicio querulantibus non fuerit iusticia denegata" (Zeumer, Quellensammlung, ebd.). Vgl. hierzu noch Ulrich Eisenhardt, Die Rechtswirkung der in der Goldenen Bulle genannten privilegia de non evocando et appellando, ZRG 86 Germ. Abt. (1969) S. 75.

[4]) Vgl. Eduard Rosenthal, Geschichte des Gerichtswesens und der Verwaltungsorganisation Baierns I, Würzburg 1889 S. 12.

[5]) Vgl. F. A. W. Schreiber, Maximilian I. der Katholische, Kurfürst von Bayern und der Dreißigjährige Krieg, München 1868 S. 76.

[6]) Original: Bayer. Hauptstaatsarchiv München, Abt. II (Geh. Staatsarchiv), Bayern Urk. 87. Regest: Fürst E. M. Lichnowsky, Geschichte des Hauses Habsburg, VIII. Bd. Wien 1844 Nr. 274 S. DLIX. Siehe ebenfalls: Haus-, Hof- und Staatsarchiv Wien (= HHStAW) Rep. I/30 S. 472: *Privilegia de non appellando* — Bayern. Mit Recht betont Max März, Die Gründung Maximilians. 350 Jahre Bayerisches Oberstes Landesgericht, in: Unser Bayern. Heimatbeilage der Bayerischen Staatszeitung Jg. 2/Nr. 4 (April 1975) S. 30, die „allmähliche justizielle Loslösung Baierns vom Reich habe in beschränktem Maße 1480 begonnen".

[7]) HHStAW, RR Ferdinands I., 15, fol. 315—318 (vgl. Rep. 327/I S. 59); dazu F.A.W. Schreiber (Anm. 5), ebd.

Reichstribunale durften ausschließlich in Fällen der Rechtsverweigerung
in München eine Originalinstruktion[8]) für den Oberstkanzler und Geheimrat Joachim von Donnersberg (1599—1650)[9]), in der der
Fürst betonte, das Herzogtum Bayern sei von altersher privilegiert und
die unvordenklichen, hergebrachten bayerischen Landrechte sähen vor,
daß man im summarischen Prozeß vom Herzog oder den herzoglichen
Regierungen weder an den Kaiserhof, die kaiserliche Kammer noch an
sonst irgendein anderes Gericht appellieren solle. Bayern bat damals
den Kaiser, auch im ordentlichen Prozeß die Appellationen nicht mehr
zu gestatten, sofern die Streitsache nicht den Streitwert von zunächst
1500, später 2000 Gulden überschritte.

Das entscheidende Ereignis für die gerichtliche Autonomie Bayerns
fiel in das Jahr 1620, als das Herzogtum endlich das unbegrenzte Ap-
pellationsrecht, das langersehnte *privilegium de non appellando illimita-
tum* empfing. Wie der Kaiser als höchster Richter im Reiche bewertet
wurde, so mußte man den Landesherrn als den obersten Richter im
Lande betrachten und dementsprechend zwangsläufig eine oberste landesherrliche Instanz fordern[10]). Am 16. Mai 1620 erklärte in Wien Kaiser Ferdinand II. (1619—1637) in Ansehung der steten Liebe, Treue
und Zuneigung seines Vetters und Schwagers[11]) Herzog Maximilian von
Ober- und Niederbaiern und seiner und seiner Vorgänger Dienste gegenüber Kaiser, Reich und Haus Österreich, „zumahl bey gegenwertigen
sorgsam unruhigen zeitten und leuften", daß keine Appellationen gegen
Bei- oder Endurteile, Erkenntnisse, Decrete und Abschiede, die in der
Herzöge von Baiern Namen und an deren Hof gesprochen und eröffnet

---

[8]) Geh. Staatsarchiv München, Kasten schwarz 10.304.
[9]) Vgl. über ihn Föhringer, Hofstaat oder Beschreibung ... Herzog Maxi-
milian(s) von Bayern ... de anno 1615, Oberbayer. Archiv 31 (München 1871)
S. 238; besonders aber M. J. Neudegger, Geschichte des Geheimen Rats und
Ministeriums in Bayern vom Mittelalter bis zur neueren Zeit (= Beiträge V zur
Geschichte der Behördenorganisationen, des Rats- und Beamtenwesens), Mün-
chen 1921 S. 135 mit Anm. 1.
[10]) Vgl. Gönner, Handbuch des deutschen gemeinen Prozesses, III. Bd.,
Erlangen 1804 LV § 19 S. 47.
[11]) Maximilian I. war von 1595 bis 1635 in erster Ehe mit Elisabeth Renate,
Tochter Herzog Karls II. von Lothringen, (1574—1635) vermählt (vgl. Christian
Haeutle, Genealogie des erlauchten Stammhauses Wittelsbach, München 1870
S. 62). Maximilians I. Schwester Maria Anna von Bayern (1574—1616) war von
1600 bis 1616 Kaiser Ferdinands II. (1578—1637) erste Gemahlin.

werden, an den Kaiser oder das kaiserliche Kammergericht[12]) eingelegt, noch Berufungen gegen herzoglich bairische Urteile vom Kammergericht angenommen werden dürfen[13]). Aber nach Erlangung dieses unbeschränkten Appellationsprivilegs gingen die bayerischen Berufungen im ordentlichen Prozeß sowohl von den Regierungen in Landshut, Straubing, Burghausen und Amberg als auch vom Hofrat, der obersten Justizinstanz des Herzogtums, nach wie vor an das Reichskammergericht in Speyer. Im summarischen Verfahren lief der Instanzenzug von den Regierungen zunächst zum Hofrat, von diesem dann zum Landesfürsten selbst. Diese Praxis wurde im Herzogtum Bayern bis zum Jahre 1625 beobachtet[14]). Eine Änderung zeichnete sich erst ab, als dem Lande eine oberste, über dem Hofgericht rangierende Landesjustizstelle in Gestalt eines ausgesprochenen Revisionsgerichtes zuteil wurde.

Das ausschlaggebende Generaldekret erließ der inzwischen zum Kurfürsten aufgestiegene Landesherr Maximilian I. am 18. April 1625 in München[15]). Mit seiner Verordnung verfolgte der Fürst das Ziel, „die Administration der lieben Justici in solcher guter Ordnung zu bestellen und zu erhalten, damit einem jeden daselbst fürderlich unparteiisch billig Recht schleunigst widerfahren und gedeihen möge". Er bestimmte, daß zugunsten des *beneficium revisionis et supplicationis* Untertanen ihre Beschwerden im ordentlichen Verfahren innerhalb von 3 Monaten in aller Form und Gestalt unmittelbar an den Landesfürsten selbst einlegen konnten. Sobald sie das Mittel der Revision geltend machten, sollte in der Zwischenzeit bei den Regierungen in Landshut, Straubing, Burghausen und Amberg die Urteilsvollstreckung ausgesetzt werden, außer in jenen Fällen, wo das Landesrecht einen derartigen Stillstand nicht zuließ. Maximilian betonte, dieses *beneficium revisorium* stelle den Ersatz für die Appellation dar. Damit war das *beneficium revisionis*,

---

[12]) Im Sitzungssaal des Reichskammergerichts unterrichtete eine Tafel über die *Privilegia de non appellando* der Reichsstände (vgl. Friedrich Thudichum, Das vormalige Reichskammergericht und seine Schicksale, Zeitschrift für deutsches Recht und deutsche Rechtswissenschaft 20, Tübingen 1861 S. 208).

[13]) HHStAW, RR Kaiser Ferdinands II. (*Confirmationes privilegiorum*, Lib. II) Bd. 4 fol. 210—211'. Vgl. auch M. J. Neudegger, Geschichte des Geheimen Rats und Ministeriums in Bayern vom Mittelalter bis zu neueren Zeit, München 1921 S. 119.

[14]) Staatsarchiv München (StAM), HR Fasc. 503 Nr. 1. Dazu Wiguläus Xaver Aloysius Frhr. von Kreittmayr, Anmerkungen über den Codicem Juris Bavarici Judiciarii (1754), München 1806 15. Kap. § 12a S. 529.

[15]) StAM, HR 503 Nr. 1.

die Rechtswohltat der Revision, als neues Rechtsmittel an die Stelle der früheren Appellation zum Reichskammergericht getreten[16]). Indes entschied das neugegründete Revisorium nicht allein über Berufungen, sondern ebenfalls über die an den Landesherrn (*dominus territorii*) gerichteten Supplikationen. Der Rechtszug ging jetzt vom Hofrat und den Regierungen unmittelbar an das Revisorium. Gleichzeitig hatte Maximilian I. die früher übliche Hinterlegung einer Geldsumme bei der Einlegung von Supplikationen abgeschafft. Das Revisorium selbst verfügte lediglich über die Gerichtsbarkeit in bürgerlichen Sachen, während der Hofrat vornehmlich als Organ der Strafrechtspflege amtete[17]). Nicht allein im ordentlichen Verfahren, sondern ebenfalls im summarischen Prozeß, der sich im wesentlichen auf Bagatellsachen mit einem Streitwert von unter 2 Gulden bezog[18]), mußte nunmehr der Beschwerte seine Beschwerde innerhalb von 3 Monaten vor den Landesfürsten bringen[19]). Die bayerischen Hofjuristen interpretierten ohne Frage die *Revisio actorum* „für ein wahres Surrogatum der höchsten Reichsgerichte in partibus Bavariae" und sämtlicher zu Bayern gehörenden Fürstentümer und Länder[20]). Damit hatte Bayern die oberste Instanz seiner Jurisdiktionsgewalt als Folge eines mit einem unumschränkten Appellationsprivileg ausgezeichneten Landes erhalten. Die Revision selbst hatten die Reichsgesetze in sämtlichen Fällen eingeführt, in denen aus Mangel an der Appellationssumme die Appellation an ein Reichsgericht nicht möglich gewesen ist. Daher wurde die Revision stets als Surrogat, als Ersatz der reichsgerichtlichen Appellation interpretiert[21]). Ein wesentlicher Unterschied aber in der Besetzung des landesherrlichen Revisionsgerichtes, gemessen an den Verhältnissen des Reichskammergerichtes, lag in der fehlenden Beteiligung der Landstände. Während

---

[16]) Vgl. Eduard Rosenthal, Geschichte des Gerichtswesens und der Verwaltungsorganisation Baierns, Bd. II, Würzburg 1906, § 7 S. 61.

[17]) Vgl. Max von Seydel, Bayerisches Staatsrecht, I. Bd.³, bearb. von Robert Piloty, Tübingen 1913 § 4 Anm. 8 S. 7f. u. § 6 Nr. 2 S. 20; Rosenthal, a. a. O. S. 69.

[18]) Vgl. Johann Christoph Schwartz, Vierhundert Jahre deutscher Civilprozeß-Gesetzgebung, Berlin 1898 S. 241.

[19]) StAM, HR 503 Nr. 1.

[20]) StAM, HR 503 Nr. 1; vgl. auch Sigmund von Riezler, Geschichte Baierns, 8. Bd., Gotha 1914, Neudruck Aalen 1964 S. 445; Gönner (Anm. 10) S. 45.

[21]) Gönner, a. a. O. LXIII, § 3 S. 382; Heimbach sen. bei Julius Weiske Rechtslexikon, IX. Bd., Leipzig 1855 S. 251.

die Reichsstände die Beisitzer für das Reichskammergericht präsentieren
und dieses selbst visitieren durften, fehlte den Landständen das Prä-
sentationsrecht für Stellen des Revisoriums[22]). Auch für die Universität
Ingolstadt bildete übrigens das Revisorium die Berufungsinstanz[23]).
Bei der Besetzung des Revisoriums konnte sich Maximilian I. auf seinen
Sachverstand und seine Menschenkenntnis verlassen. Er verfügte über
Beamte, die Fleiß, Amtshingabe und Loyalität auszeichneten[24]). Unter
den ersten Mitgliedern des neugeschaffenen Revisoriums ist an erster
Stelle der berühmte bayerische Geschichtsschreiber, Kanzler und Archivar Lic. Johann Adlzreiter von Tettenweis (1596—1662)[25]) zu nennen, der bereits 1625 als Neunundzwanzigjähriger zum Revisionsrat
bestellt wurde[26]). Schon am 27. April 1625 wandte sich der Kurfürst
mit einem Dekret[27]) an den Hofrat. Darin brachte er zum Ausdruck,
ihm sei das *privilegium* erteilt worden, daß künftig von keinem Bei- und
Endurteil, Erkenntnis, Dekret oder Abschied, so im Namen der Herzöge
von Bayern und an deren Hof in allen Sachen gesprochen würde, von
niemandem, ganz gleich welchen Standes er auch sei, an den Kaiser oder
an das kaiserliche Kammergericht oder an jemanden anderen appelliert,
suppliciert noch reduziert werden solle. Gleichzeitig befahl der Kurfürst
dem Hofratspräsidenten und seinen Räten, die beim Hofrat eingelegten
Sachen unverzüglich zu bearbeiten. Selbst die Kleiderordnung der
Doktoren und Lizentiaten, die kurfürstliche Räte waren, wurde 1626
durch Kurfürst Maximilian I. in München genauestens geregelt[28]). Sie
sollten sich zu München oder bei den Regierungen ähnlich den Professoren der Universität Ingolstadt samt ihren Hausfrauen und Kindern
gemäß ihren Privilegien mit Ketten, Ring und dergleichen Schmuck-

---

[22]) Vgl. Gönner, Handbuch des deutschen gemeinen Prozesses, II. Bd.,
Erlangen 1804 § 4 S. 67.

[23]) Vgl. Hans Rall, Kurbayern in der letzten Epoche der alten Reichsverfassung 1745—1801, München 1952 S. 398.

[24]) Vgl. Johann Heinrichs von Falckenstein, Vollständige Geschichte
der alten, mittlern und neuern Zeiten des großen Herzogthums und ehemaligen
Königreichs Bayern, 3. Theil, München, Ingolstadt und Augspurg 1763 S. 594.

[25]) Vgl. über ihn Riezler, ADB I, Leipzig 1875 S. 88; Neudegger (Anm. 9)
S. 133 f.

[26]) Vgl. Memorabilia mein Johann Adlzreiters, in: Lorenz Westenrieder,
Neue Beyträge zur vaterländischen Historie, Geographie, Statistik etc., II. Bd.,
München 1817 S. 40.

[27]) Geh. Staatsarchiv München, Kasten schwarz 9392.

[28]) Allgemeines Staatsarchiv München (= AStAM), Staatsverwaltung
1384 fol. 313.

stücken den Angehörigen des bayerischen Adels gleich halten. Adlzreiter selbst bemerkte in seinen *Memorabilia,* im September 1625 sei er
durch kurfürstliches Decret *motu proprio* zusammen mit dem ehemaligen
Hofkanzler und Geheimrat Dr. Johann Ach und dem Geheimen
Sekretär Dr. Martin Bayer zum Revisionsrat abgeordnet worden,
dessen Direktorium der Geheime Rat als Zentralstelle der kurfürstlichen
Regierung ausübte[29]).

In der Tat sind die Aufgaben der bayerischen Revisionsinstanz zunächst dem bestehenden Geheimrat des Kurfürstentums übertragen
worden. Allerdings machte der ansteigende Anfall der Amtsgeschäfte
und zu erledigenden Rechtssachen die Errichtung eines eigenen, besonderen Kollegs erforderlich[30]). Mit Dekret vom 23. Juli 1645[31]) bestellte
daher Maximilian I. eine ausschließliche ‘Justizbehörde, den sog.
Revisionsrat. Die Behörde gliederte sich in eine Ritterbank und in eine
gelehrte Bank. Nach seiner Trennung vom Geheimen Rate tagte der
Revisionsrat dreimal wöchentlich in einem besonderen Raum. Unter
den fünf Geheimräten, die ihm angehörten, befanden sich Oberstkanzler,
Hofmarschall und Landschaftskanzler. Zwei Revisionsräte sollten einzig
und allein Geschäfte des Revisionsrates erledigen. In seinem Dekret vom
23. Juli 1645 bemängelte der Kurfürst, den Parteien würde, nachdem
sie in den unteren Instanzen bereits lange bis zum Urteil prozessiert
hätten, die Gerechtigkeit im Revisorium als dem höchsten Tribunal im
Lande[32]) zu ihrem großen Nachteil und Schaden allzu lange verweigert.
Er befahl, oberster Kanzler, Hofmarschall — sobald dieser von Münster
zurückgekehrt sei — und Johann Friedrich von Pienzenau sollten
dem Revisionsrat beiwohnen und einer von ihnen den Vorsitz und die
Umfrage führen. Beide Geheimräte, der Landschaftskanzler und Adlzreiter, mußten an den Sitzungen des Revisionsrates stets ordnungsgemäß
teilnehmen. Falls einer von ihnen aber verhindert sein sollte, hatte der
andere umso zuverlässiger dort zu erscheinen[33]). Damit nun wöchentlich

---

[29]) Vgl. Westenrieder (Anm. 26) ebd.
[30]) Vgl. Max Seydel, Bayerisches Staatsrecht I, München 1884 S. 39f. Die
3. Aufl. des Werkes (S. 7) von 1913 enthielt diese näheren Ausführungen nicht
mehr.
[31]) StAM, HR 503 Nr. 1; vgl. dazu auch Rosenthal (Anm. 16) S. 64.
[32]) „... in Revisorio als dem höchsten tribunali im landt ...“
[33]) Vgl. hierzu eingehend Rosenthal II, ebd. — Zwischen 1645 und 1722
verfügte das Revisorium über neun Richterstellen (vgl. Helmut Kalkbrenner,
Die geschichtliche Entwicklung des BayObLG, BayVBl. 1975 S. 187). Die an-

mehrere Relationen verfügt und die Revisionsakten fleißig durchgearbeitet werden könnten, wollte der Kurfürst neben dem Lizentiaten Brautlacht in nächster Zeit noch zwei andere Revisionsräte bestellen, die ausschließlich im Revisionsrat beschäftigt werden sollten. Dreimal in der Woche trat dieser Revisionsrat zu seinen Sitzungen zusammen, nämlich am Dienstag, Donnerstag und Samstag. Die Verfügung von 1645 macht ganz deutlich, daß sich die anfängliche Geschäftsregelung, wonach der Geheime Rat die Revisionen und Supplikationen erledigt hatte, nicht bewährt hatte. Erst im Jahre 1677 wurde zum Zwecke der Autoritätsstärkung des Revisionsrates ein ordentlicher Direktor in der Person eines der höchsten Hofbeamten des Kurfürstentums, beispielsweise des obersten Hofmarschalls bestellt[34]). Immerhin markiert das Jahr 1645 bereits die Trennung vom Geheimen Rat[35]), die Erhebung des Revisionsrates zu einer besonderen, eigenständigen Zentralbehörde des Kurfürstentums, dem ebenfalls ein besonderes Sitzungslokal angewiesen worden ist. Die Endbescheide, die bis 1645 im kurfürstlichen Hof- und Revisionsrat, im *consilium revisorium*, ergingen, behandelten als Gegenstände unvordenklichen Besitz, Präzedenzen zwischen kurfürstlichen Beamten, Lehnrecht, Appellation, Ediktalprozeß[36]), *Restitutio in integrum adversus aditam hereditatem*, Nichtigkeit von Urteilen, Roßkäufe, Morgengabe, Scharwerk, Hundehaltung der Untertanen, Hofbau, außergerichtliche Verträge und Privilegien[37]).

Am 23. Dezember 1646 wandte sich von Wasserburg aus Kurfürst Maximilian I. an den Geheimrat, Pfleger zu Schwaben und Kanzler der Landschaft in Bayern Johann Georg Herwarth von Hohenburg d. J. (1588—1656)[38]) mit dem Hinweis, er zweifle nicht, Dr. Herwarth habe bereits die Beschleunigung der beim Hofrat sowohl als auch beim kurfürstlichen Revisionsrat anhängigen Revisionssachen eingeleitet. Weil Maximilian aber bis zu diesem Zeitpunkt noch keine Nachricht

---

fängliche Beschlußfähigkeit des Revisoriums bei Anwesenheit von 4 Räten wurde später in eine Präsenzpflicht von mindestens 7 Richtern umgewandelt (vgl. Kalkbrenner, a. a. O. S. 188).

[34]) Rosenthal II, S. 65.

[35]) Vgl. ebenfalls Rosenthal II, S. 244.

[36]) Es handelte sich um das Gant- oder Konkursverfahren (vgl. Kreittmayr, Anmerkungen über den Codicem Juris Bavarici Judiciarii, 19. Kap. § 1a).

[37]) AStAM, Staatsverwaltung 2003 fol. 191—210' (alt fol. 82—101').

[38]) Vgl. über diese Persönlichkeit, den ältesten Sohn des Oberst- und Landschaftskanzlers Hans Georg Herwart d. Ä. († 1622 I 15) Eisenhart, ADB XIII, Leipzig 1881 S. 173.

habe, befahl er ihm zu berichten, ob die Erledigung geschehen sei[39]). Landrecht und Gerichtsordnung sahen im 17. Jahrhundert vor, daß Beschwerte sowohl im ordentlichen als auch im summarischen Prozeß innerhalb von 3 Monaten[40]) nach Erlaß des Endbescheids ihre Revision beim Revisorium (*iudicium revisorium*) einlegen sollten[41]). Über den Suspensiveffekt der Revision entspann sich eine wissenschaftliche sowohl als auch gesetzgeberische Kontroverse. Während 1627 der Suspensiveffekt aufgehoben worden war und 1657 die Revision wiederum nicht allein den Devolutiv-, sondern ebenfalls den Suspensiveffekt haben sollte, unterschied schließlich die Hofratsordnung von 1677 zwischen der Revision gegen Urteile des Hofrates und gegen Urteile der Regierungen und stattete lediglich die Revision gegen Regierungsurteile mit Suspensiveffekt aus[42]).

Die endgültige Trennung des Revisionsrates vom Geheimen Rat auch in personaler Hinsicht vollzog sich erst 1700, weil seit diesem Zeitpunkt die Revisionsräte nicht mehr von den Geheimen Räten gestellt wurden und Amtsgeschäfte der Revisionsräte nunmehr hauptamtlich, nicht bloß im Nebenamt, ausgeübt worden sind[43]). Mit der von den Revisionsräten bekundeten Aufwartung bei Hofe war offenbar zu Beginn des 18. Jahrhunderts der Landesherr nicht zufrieden. Denn am 15. April 1702 stellte Kurfürst Max II. Emanuel, der *Blaue König* (1679–1726), fest, die Revisions-, Hof-, Kriegs- und Kammerräte erschienen an Sonn- und Feiertagen sehr nachlässig bei Hofe. Der Monarch befahl daher den Direktoren der Kollegien, ihre untergebenen Räte mit Nachdruck darauf hinzuweisen, daß sie künftig an sämtlichen Sonn- und Feiertagen und wann immer sonst Hofdienst befohlen sei, fleißiger als bisher bei Hofe erscheinen und ihre Aufwartung verrichten sollten. Die Gelehrten hatten dabei in den gebräuchlichen Hofmänteln aufzutreten[44]). Während der Regierungsperiode des Kurfürsten Max Emanuel betrug übrigens der

---

[39]) AStAM, Staatsverwaltung 1132 fol. 1.
[40]) Jeder Monat wurde zu 30 Tagen gerechnet (GerichtsO für die Oberpfalz „1657", Tit. 11, 5. Gesetz).
[41]) Summarischer Proceß 10. Tit. 3. Art. = Landrecht des Kurfürsten von Baycrn für die Oberpfalz, München 1657 S. 53.
[42]) Vgl. hierzu die eingehenden und instruktiven Darlegungen bei Rosenthal II, S. 68.
[43]) Vgl. Sigmund von Riezler, Geschichte Baierns VIII, S. 445.
[44]) AStAM, Staatsverwaltung 1338, fol. 1. — Die Reichskammergerichtsassessoren trugen damals die schwarze sog. Französische Kleidung, bevor 1734 die Spanische Tracht eingeführt wurde (vgl. Thudichum [Anm. 12] S. 163).

jährliche Sold eines Revisionsrates 700 Gulden, die vierteljährlich beim
Hofzahlamt angewiesen worden sind[45]).

Mit der Abzweigung des Revisionsrates vom Geheimen Rat, der, wie
bemerkt, erst im Jahre 1700 endgültig und vollkommen wurde[46]), trat
das Gericht begreiflicherweise in eine völlig neue Periode seiner Tätigkeit ein. Aber der Revisionsrat verfügte bei Leibe nicht über ein eigenes
Gebäude, sondern hielt seine Sessionen nach wie vor in der Münchener
Residenz. Die Lage des Revisionsratszimmers scheint nicht gerade
ideal und der Erledigung der Sitzungen angemessen gewesen zu sein.
Nicht von ungefähr suchte daher am 4. Dezember 1754 der Revisionsrat
um ein anderes, geräuschärmeres Zimmer nach[47]). Die in die Residenz
einfahrenden Karossen und Wagen verursachten derartige Geräusche,
daß der Referent mit seiner Proposition nicht gehört werden konnte.
Auch das Aufziehen der Wachen erzeugte beträchtlichen Lärm, der die
Beratungen des Gerichtes störte. Aus diesen beachtlichen Gründen
wünschte man ein ruhigeres, der forensischen Tätigkeit angemessenes
Zimmer. Entscheidend war übrigens, daß beim Revisorium keine neuen
Schriftsätze und keine gutachtlichen Äußerungen von Rechtsgelehrten
oder Universitäten, die nicht bei der Vorinstanz bereits vorgelegen hatten,
angenommen werden durften. Auch keine Supplikationen an den Landesfürsten konnten jetzt mehr zugelassen werden, damit, wie etwa Caspar
Schmid in seinem Kommentar zum kurbairischen Summarischen Prozeß[48]) bemerkte, „die Proceß nicht verewiget werden." Übrigens wurden
im Revisionsrat beim summarischen Verfahren keine Parteivernehmun-
gen durchgeführt, sondern genauestens auf Grund der Akten der Vor-
instanzen entschieden[49]). Neue Tatsachen und Umstände mußten dem
ordentlichen Prozeß vorbehalten bleiben. Im Revisorium setzten übrigens die Räte nach der Hofratsordnung von 1750[50]) den Bescheid selbst
auf und lasen ihn dann vollständig ab. Nur die geheime Kanzlei übernahm
die Expedition der Bescheide. Das Revisorium trat in der Mitte des

---

[45]) AStAM, Staatsverwaltung 1132 fol. 3.
[46]) Vgl. auch noch Riezler (Anm. 43) S. 431.
[47]) StAM, HR Fasc. 503 Nr. 2.
[48]) Augsburg 1742, 10. Tit. 3. Art. fol. 187 n. 4.
[49]) Caspar Schmid, Commentarius oder Auslegung des Chur-Bayrisch-
Summarischen und Gandt-Process, Augsburg 1742, 10. Tit. 3. Art., fol. 188 n. 5.
Schmid teilte diese Übung aufgrund seiner 38jährigen Gerichtspraxis an bayerischen Dicasterien mit.
[50]) § 12 HofratsO 1750, in: Sammlung der neuest und merkwürdigsten Chur-
baierischen Generalien und Landesverordnungen, München 1771 S. 17.

18. Jahrhunderts in der Woche zwei- oder dreimal zu seinen ordentlichen Sitzungen zusammen[51]). Die außerordentlichen Sessionen selbst wurden nicht eingerechnet. Der bayerische Gesetzgeber Kreittmayr hat in seinen berühmten „Anmerkungen über den Codicem Juris Bavarici Judiciarii" von 1754[52]) lapidar festgestellt: Weil nun das Revisorium obverstandnermassen in die Stelle der höchsten Reichs-Dicasterien eintritt, mithin das letzte und höchste Justiz-Dicasterium in hiesigen Chur-Landen ist, so folgt von selbst, daß hierüber keine weitere Appellation oder Super-Revision mehr Platz greifen könne". Auch als Gutachterstelle hat sich das Revisorium verdient gemacht. Am 16. Oktober 1752 wandte sich beispielsweise Kurfürst Maximilian III. Joseph (1745—1777) unter anderem an das kurfürstliche Revisorium wegen des Entwurfs des *Codex Judiciarius Bavaricus* oder der neuen Gerichtsordnung, die zur Ratifizierung vorgelegt worden war, mit der Weisung, sich gutachtlich darüber zu äußern[53]). Übrigens stand die Ritterbank im Revisorium auf der rechten Seite[54]). Nach der Neuen Hofratsordnung vom 16. August 1779[55]) sollte der Kurfürst bei der Besetzung des Revisoriums als der höchsten und letzten Justizinstanz besonders auf Persönlichkeiten achten, „die bereits bey anderen Kollegien mit Ruhme gedient und sich bey dem Publico großes Vertrauen erworben haben". Damals ist gleichzeitig verfügt worden, daß die Appellation unter 100 Gulden zum kurfürstlichen „Oberappellations- oder Revisionsgericht", wie es damals anscheinend erstmals synonym bezeichnet worden ist, als der letzten Instanz nicht mehr stattgegeben werden sollte[56]). In der Rangordnung hatten übrigens die Revisionsräte zusammen mit den Oberlandesregierungsräten bei Konferenzen, Kommissionen und Deputationen den Vortritt und Vorsitz. Nach ihnen kamen die Hofräte und schließlich hinter diesen folgten erst die Hofkammerräte und die anderen Räte, jeweils nach ihrer Anciennität[57]). Aus der Endphase des Kurfürstentums ist uns eine Ordon-

---

[51]) a. a. O. S. 9.
[52]) 15. Kap. § 12a.
[53]) AStAM, Staatsverwaltung 2246 fol. 1.
[54]) Sammlung (Anm. 50) S. 3.
[55]) Georg Karl Meyr, Sammlung der Kurpfalz-Baierischen allgemeinen und besonderen Landes-Verordnungen, I. Bd., München 1784, 1. Teil Nr. CXXV § 1 S. 158.
[56]) Meyr, a. a. O. 1. Teil Nr. CXX S. 152.
[57]) Meyr, a. a. O. 1. Teil Nr. CXXV, II. Art. § 4 S. 161; 8. Teil, Nr. CXXVIII S. 1399.

nanz an die kurfürstliche Hauskammer vom 24. Mai 1802 bezeugt, in der für den eingerichteten zweiten Senat des Revisoriums die erforderliche Ausstattung gefordert wurde[58]).

II.

Mit der Errichtung des Königreiches Bayern 1805 hat sich schließlich die Abkehr vom traditionellen Patrimonialstaat der Wittelsbacher vollzogen. Den Zweck des Staatswohles versuchte nunmehr einenach öffentlichrechtlichen Grundsätzen handelnde Regierung zu erreichen[59]). Es sei daran erinnert, daß bereits die Konstitution des Jahres 1808 prinzipiell die Unabsetzbarkeit und Unabhängigkeit der Richter postulierte. Das Organische Edikt über die Gerichtsverfassung vom 24. Juli 1808 ordnete den Instanzenzug in der Weise, daß die unterste Instanz die Stadt- und Landgerichte, die zweite die sog. Appellationsgerichte und die dritte das Oberappellationsgericht bildeten. Dieses Organische Edikt bestimmte übrigens im 1. Tit. § 3 ausdrücklich: „In unser Residenzstadt soll ein *Ober-Appellations-Gericht* als letzte Instanz in Zivil- und peinlichen Rechtsfällen für unser ganzes Königreich angeordnet werden"[60]). Das Edikt selbst ist am 1. Januar 1809 in Kraft getreten. Das *Oberappellationsgericht* bestand aus einem Präsidenten, drei Direktoren, 30 Räten, vier Sekretären, einem Ratsdiener und zwei Boten und war der *Rechtsnachfolger des* vormaligen kurfürstlichen *Revisoriums*[61]). Das neue Oberappellationsgericht gliederte sich in drei Senate, allerdings war es dem Präsidenten freigestellt, gegebenenfalls, entsprechend dem Geschäftsanfall, auch vier Senate zu bilden, bei denen allerdings nicht weniger als sechs Räte und ein Vorstand, bei Todesurteilen immerhin neun Räte, einschließlich des Vorsitzenden, anwesend sein mußten[62]).

Die Verordnung König Maximilians I. Joseph (1806—1825), die

---

[58]) StAM, HR Fasc. 503 Nr. 3.

[59]) Vgl. die treffende Charakteristik von Michael Doeberl, Entwicklungsgeschichte Bayerns, II. Bd.³, München 1928 S. 466.

[60]) Kgl.-Baierisches Regierungsbl. 1808/2. Bd. Sp. 1786.

[61]) Organisches Edikt, die Gerichtsverfassung betreffend, vom 24. 7. 1808, IV. Tit. § 41 (Kgl. Baier. Reg.bl., 2. Bd. Sp. 1796). — Vgl. ergänzend: Johann Beckers, Darstellung des Ober-Appellationsgerichts des Königreichs Bayern, München 1840.

[62]) a. a. O. § 42.

Bildung und Einrichtung der obersten Stellen des Staates betreffend, vom 2. Februar 1817, Nr. VII. schrieb wiederum zwingend vor, daß für das ganze Königreich ein Ober-Appellationsgericht bestehen wird[63]). Um ungleiche Entscheidungen bei diesem obersten Gerichtshof in bürgerlichen Rechtsstreitigkeiten zu vermeiden, erließ Bayern am 17. November 1837 das sog. *Präjudiciengesetz*[64]). Nach ihm hatte, wenn ein Fall ungleichförmiger Entscheidung einer Rechtsfrage vorlag oder auch nur bevorstand, der oberste Gerichtshof in einer Vollversammlung zu urteilen. Der im Rahmen der Plenarversammlung getroffenen Entscheidung, die anschließend im Regierungsblatt veröffentlicht werden mußte, kam die Bedeutung eines Präjudizes in der Weise zu, daß sie bis zum Erlaß einer einschlägigen gesetzlichen Bestimmung in sämtlichen gleichgearteten Fällen als Norm für die Entscheidung dienen mußte. Auf Grund des Präjudiciengesetzes durfte also der mit der Rechtsfrage befaßte Senat des Oberappellationsgerichts nicht selbst entscheiden, mußte vielmehr die Streitsache aussetzen und die Rechtsfrage in der Plenarversammlung mit präziser Anführung der tatsächlichen Umstände beraten und entscheiden[65]). Das Gesetz, die Grundlagen der Gesetzgebung über die Gerichtsorganisation, über das Verfahren in Civil- und Strafsachen und über das Strafrecht betreffend, vom 4. Juni 1848[66]) beleuchtete im Art. 12 den obersten Gerichtshof als *Kassationshof*. Als solchem war es ihm bestimmt, durch Vernichtung jener Zivil- und Strafurteile, die entweder eine Verletzung bzw. eine falsche Auslegung oder unrichtige Anwendung der Gesetze enthielten, die Einheit der Rechtsprechung im Königreiche zu vermitteln und aufrechtzuerhalten. Hier drängt ein Moment zum Ausdruck, das für die Geschichte des obersten Tribunals Bayerns immer wieder charakteristische Züge erhellte, nämlich die Garantie der Judikatureinheit des Landes. Übrigens kam auch im Bayerischen Landtag der rechtliche Charakter der 1848er Revolution durchaus zum Tragen. Nicht von ungefähr betonte der Abgeordnete Dr. v. S c h e u r l am 5. Februar 1849, daß „diese Revolution nicht gegen das Recht im wahren Sinne des Wortes gerichtet", vielmehr gegen eine

---

[63]) Kgl.-Baier. Reg.bl. 1817 Sp. 52.

[64]) „Gesetz über die Verhütung ungleichförmiger Erkenntnisse bei dem Obersten Gerichtshofe in bürgerlichen Rechtsstreitigkeiten" (GBl. f. d. Kgr. Bayern 1837 Sp. 106 f.). — Vgl. P a u l v. R o t h, Bayerisches Civilrecht I², Tübingen 1881, Einl. Cap. 1 § 10 S. 126 f.

[65]) Art. 1 Ges. v. 17. 11. 1837.

[66]) GBl. f. d. Kgr. Bayern 1848 Sp. 142.

Willkür gerichtet gewesen sei, „die nur den Schein des Rechts angenommen habe. Sie trug selbst in sich das reine Streben nach Herstellung eines wahren, Deutschlands Bedürfnis und Deutschlands Würde entsprechenden Rechtszustandes"[67]). Der nächste gesetzgeberische Akt, der den bayerischen obersten Gerichtshofs betraf, bildete das Gesetz, den Staatsgerichtshof und das Verfahren bei Anklagen gegen Minister betreffend, vom 30. März 1850[68]). Bereits der Eingangsartikel 1 bestimmte, daß der Staatsgerichtshof zur Aburteilung der Anklagen, die gegen Minister oder deren Stellvertreter nach dem bayerischen Ministerverantwortlichkeitsgesetz vom 4. Juni 1848 erhoben werden, beim obersten Gerichtshof aus dessen Präsident, 6 Räten, 1 Gerichtsschreiber und 12 Geschworenen zu bilden sei.

Das Gerichtsorganisationsgesetz vom 25. Juli 1850 hat übrigens die Kompetenz des obersten Gerichtshofes vermindert. Da eine Zwischeninstanz durch die Bezirksgerichte in die bestehende Gerichtsverfassung eingeschoben wurde, bildeten nunmehr in sehr zahlreichen Fällen die Appellationsgerichte die letzte Instanz[69]). Eine Reihe von Sachen, die zuvor an das Oberappellationsgericht gelangen konnten, wurden in Zukunft in letzter Entscheidung am Appellationsgericht erledigt. Unter die Materien, die nicht mehr in die Zuständigkeit des Oberappellationsgerichtes nach dem Gerichtsorganisationsgesetz fielen, gehörten insonderheit Injurienprozesse, Vaterschafts- und Unterhaltsklagen. In einer Rede vom 21. Mai 1850 vor der Kammer der Abgeordneten schätzte der Bayerische Justizminister Karl Joseph von Kleinschrod (1797 bis 1866)[70]), daß künftig jährlich 400 bis 500 Prozesse weniger vom Oberappellationsgericht zu entscheiden seien[71]). Einen Sektor des Wirkungskreises des Oberappellationsgerichtes übernahm nunmehr das Oberlandesgericht[72]). Mit der Neuordnung der Justiz verband sich eine Verbesserung der Rechtsprechung beim Oberappellationsgericht. Hatten

---

[67]) Stenographischer Bericht der Verh. der Kammer der Abgeordneten (künftig: Sten. Ber.) 1849 Nr. 4 S. 3.

[68]) GBl. f. d. Kgr. Bayern 1850 Sp. 134f.

[69]) Vgl. Rede des Justizministers Dr. Karl Joseph v. Kleinschrod, Sten. Ber. (vgl. Anm. 67), 1852, Nr. CXXXII v. 21. 5. 1852, S. 376f.

[70]) Vgl. über den in Würzburg geborenen Juristensohn, Paulskirchenparlamentarier und Karrierejuristen Walter Schärl, Die Zusammensetzung der bayerischen Beamtenschaft von 1806 bis 1918, Kallmünz/Opf. 1955 Nr. 28 S. 97.

[71]) Sten. Ber. 1852 S. 377

[72]) Art. 43 Ges. v. 25. 7. 1850 (GBl. f. d. Kgr. Bayern 1850 Sp. 445).

sich die Rückstände bei diesem Tribunal auf insgesamt 3900 Akten belaufen, die zum Teil sechs bis acht Jahre lang in der Registratur auf ihre Erledigung warten mußten, so ergab sich durch die Personalvermehrung der Jahre 1850 und 1851 als Folge, daß diese Rückstände schließlich auf 1700 Akten reduziert werden konnten und die noch anhängigen Sachen zu ihrer Entscheidung kaum mehr zwei Jahre benötigten[73]. Bezüglich des Personals des obersten Gerichtshofes wagte der Staatsminister der Justiz am 1. April 1852 vor der Kammer der Abgeordneten des Bayerischen Landtags eine optimistische Prognose, als er zugab, bei Existenz einiger Jahre der neuen Organisation werde es möglich sein, das Personal des Oberappellationsgerichtes zu vermindern. Immerhin betonte er, daß man erst dann, „wenn die Rückstände in der Zahl von mehr als 1700 aufgearbeitet seien, von einer Reduktion des Personals werde sprechen können"[74]. Die Judikatur Bayerns fand weithin Anerkennung und Beachtung. Mit Stolz und Überzeugung vermochte Justizminister Dr. v. Kleinschrod der Volksvertretung zu demonstrieren, daß die Urteile der bayerischen Richter „in der Regel das Gepräge der Intelligenz und der wissenschaftlichen Behandlung" tragen und „Gerechtigkeitsliebe, Unparteilichkeit und Diensteifer den bayerischen Richterstand beseele", der zugleich „jene Unabhängigkeit wohl zu schätzen wisse, die ihm durch die Verfassungsurkunde garantiert sei und von der Regierung mit der strengsten Gewissenhaftigkeit gewahrt werde"[75]. Allein in Strafsachen erließ der oberste Gerichtshof beispielsweise in den Jahren 1849 125, 1850 255, 1851 256, 1852 285, 1853 329, 1854 345 und 1855 schließlich 350 Urteile. Der ständige Kriminalsenat des obersten Gerichtshofes hielt 1855 337 öffentliche und 13 geheime Sitzungen ab[76]. Schon im darauffolgenden Jahr 1856 belief sich die Zahl der vom ständigen Kriminalsenat des obersten Gerichtshofes in 84 Sitzungen erlassenen Erkenntnisse auf 416 Urteile, so daß sich seit 1849 jeweils gegenüber dem Vorjahr eine progressive Vermehrung der Arbeitsleistung einstellte[77].

Art. 31 EG BayerStGB und Pol. StGB vom 10. 11. 1861[78] betonte

[73] v. Kleinschrod, a. a. O. S. 375.

[74] Sten. Ber. 1851/52, IV. Bd S. 270.

[75] Sten. Ber. 1852 Nr. 132 S. 375.

[76] Zeitschrift für Gesetzgebung und Rechtspflege des Königreichs Bayern, II. Bd., Erlangen 1856 S. 516.

[77] Zeitschrift für Gesetzgebung und Rechtspflege des Königreichs Bayern, III. Bd., Erlangen 1857 S. 549.

[78] GBl. 1861 Sp. 346.

noch einmal ausdrücklich, daß das Oberappellationsgericht in allen Verbrechens-, Vergehens- und Übertretungssachen den Kassationshof für das gesamte Königreich bilde. In den durch die Appellationsgerichte in zweiter Instanz entschiedenen bürgerlichen Rechtsstreitigkeiten amtete es als Berufungsinstanz[79]). In seiner Eigenschaft als Kassationshof überwachte das Oberappellationsgericht richtige Auslegung der Gesetze; es wurde hier angerufen, um ein Erkenntnis wegen Verletzung des Buchstabens des Gesetzes aufzuheben und die erneute Verhandlung und Entscheidung an ein anderes Gericht zu verweisen[80]). Über Kassationsrekurse, d. h. über Nichtigkeitsbeschwerden und Beschwerden zur Wahrung des Gesetzes, die beim Oberappellationsgericht einliefen, entschied dieses in einem aus sieben Mitgliedern bestehenden Senat, soweit die Entscheidung nicht dem Plenum des Oberappellationsgerichtes zustand[81]). Art. 117 EG BayerZPO vom 29. April 1869[82]) schrieb vor, daß jedem Senat des obersten Gerichtshofs wenigstens acht Mitglieder einschließlich des Vorstands zuzuweisen seien. Jedem Senat, dessen Vorstand nicht der Präsident war, war ein Direktor als Vorsitzender zuzuteilen. Falls ein Senat ausnahmsweise nur aus Räten bestand, war der dienstälteste Rat dessen Vorstand. Jedes Mitglied des Gerichtshofes mußte aber einem ordentlichen Senat zugeteilt sein. Als am 1. Juli 1870 der Kassationshof für die Pfalz aufgehoben wurde, gingen sämtliche diesem bisher zugewiesenen Gegenstände an den obersten Gerichtshof in München über[83]). Vom 1. Juli 1870 an kam dem Oberappellationsgericht ebenfalls für bürgerliche Rechtsstreitigkeiten die Eigenschaft des Kassationshofes für das ganze Königreich zu.

Auch nach der Gründung des Bismarckreiches und gemäß der Reichsverfassung von 1871 vermochte der oberste Gerichtshof seine führende forensische Rolle zu behaupten. Nicht von ungefähr trug Art. 63 Bayer. VollzgsGes. der Einführung des StGB für das Deutsche Reich vom 26. Dezember 1871 ausdrücklich Vorsorge, daß der oberste Gerichts-

---

[79]) Vgl. Joseph Pözl, Lehrbuch des Bayerischen Verfassungsrechts[4], München 1870 S. 426.

[80]) Vgl. Ludwig von Jagemann bei Julius Weiske, Rechtslexikon IV, Leipzig 1843 S. 547.

[81]) Art. 123 I EG Bayer. StGB u. Pol. StGB v. 10. 11. 1861 (GBl. 1862 Sp. 405).

[82]) BGl. 1869, Sp. 1306 f.; Art. 116 EGBayer.ZPO sah wenigstens *drei* ordentliche Senate für Civil-, Handels- und Strafsachen vor.

[83]) Art. 115 EG Bayer. ZPO v. 29. 4. 1869 (GBl. 1869 Sp. 1305); vgl. dazu Pözl (Anm. 79) S. 426 f. Anm. 18.

hof für sämtliche Strafsachen, soweit diese nicht zur Zuständigkeit des
Bundesoberhandelsgerichtes gehörten, seine Eigenschaft als Kassationshof für das Königreich Bayern behielt[84]).

Die Kontroversen im zweiten deutschen Kaiserreich zwischen Uni-
tariern einerseits und Föderalisten andererseits umfluteten und berührten ebenfalls die Existenz des obersten Gerichtshofes. Ein ausgespro-
chener Unitarier und Nationalist im damaligen Deutschen Reichstag, der
Nürnberger Abgeordnete Wolf Frankenburger, seines Zeichens
Rechtsanwalt, ließ bei einer Rede am 19. März 1877 durchblicken, daß
die Förderung des nationalen Gedankens nach seiner persönlichen Auffassung diese obersten Gerichtshöfe der Einzelstaaten nicht zulassen
solle[85]). Der preußische Standpunkt über oberste Landesgerichtshöfe
war eindeutig. Preußens Justizminister betonte mehrfach, „kein deutscher Staat sei auch nur entfernt so sehr an der Aufrechterhaltung eines
obersten Landesgerichtshofs interessiert wie Preußen. Aber dennoch
sei die preußische Stimme die einzige Stimme gewesen, welche im Justiz-
ausschuß des Bundesrates sich dagegen erklärte, daß es den Bundes-
staaten, die mehrere Oberlandesgerichte haben, gestattet werden solle,
einen obersten Landesgerichtshof beizubehalten"[86]). Preußen verzichtete auf einen obersten Gerichtshof, da nach seinem Selbstverständnis
ein solcher neben dem Reichsgericht in Leipzig eine Unmöglichkeit,
ein preußisches Staatsleben getrennt vom Reichsleben undenkbar sei[87]).
Immerhin fand der preußische Justizminister Dr. Gerhard Adolf
Wilhelm Leonhardt (1815—1880)[88]) im Reichstag am 19. März
1877 anerkennende Worte über die süddeutsche Rechtspflege, die sich
nicht zuletzt auf Bayern bezogen haben dürften, wenn er betonte: „Es
gibt andere deutsche Staaten, ich rechne dahin die süddeutschen Staaten,
welche einer wohlorganisierten Rechtspflege sich erfreuen, für die ein

---

[84]) Art. 63 (GBl. 1871 Sp. 123).

[85]) Deutscher Reichstag (DRT), 12. Sitzung am 19. 3. 1877, Stenographische
Berichte über die Verhandlungen des Deutschen Reichstages S. 238.

[86]) DRT, 12. Sitzung am 19. 3. 1877, Sten. Ber. S. 240.

[87]) DRT, 3. Legislatur-Periode I. Session 1877 S. 1148.

[88]) Leonhardt war 1865 hannöverscher Justizminister, 1867 erster Präsident
des Oberappellationsgerichts für die neuen preußischen Provinzen in Berlin,
bevor er am 5. Dezember 1867 preußischer Justizminister wurde. Die deutsche
Justizgesetzgebung der 70er Jahre des 19. Jahrhunderts vollzog sich unter
seiner überragenden Leitung (vgl. Ernst Landsberg, Geschichte der Deutschen Rechtswissenschaft III/2: Text, München und Berlin 1910 S. 701).

praktisches Bedürfnis der Reform in erheblicher Weise jedenfalls nicht hervortritt"[89]).

Bayern hatte von Anfang an im Bismarckreich unmißverständlich zu erkennen gegeben, daß es unter allen Umständen die oberste Instanz seiner Landesgerichtsbarkeit unangetastet sehen wollte. Schon am 6. März 1873 berichtete Justizminister Dr. Johann Nepomuk von Fäustle[90]) König Ludwig II. (1864—1886): „Bayern hingegen hielt bisher den Standpunkt fest, daß sein oberster Gerichtshof ungeschmälert aufrechterhalten werden müsse". Daher sollte das oberste Reichsgericht auf die Entscheidung derjenigen Fälle beschränkt bleiben, die schon bisher durch die Reichsgesetzgebung diesem zugewiesen waren oder jener, beispielsweise der Prozesse wegen hochverräterischer Unternehmungen gegen das Deutsche Reich (Art. 74, 75 RV), für die die Reichsverfassung ohnehin das Reichsgericht für zuständig erklärt hatte. „Es ist zweifellos", so betonte der Bayerische Justizminister, „daß, so lange die gegenwärtig noch geltenden Partikular- und Statutarrechte in den bayerischen Landen maßgebend sind, der oberste Gerichtshof in München eine minder kostspielige, eine promptere und verläßlichere Justiz gewähren und die bayerische Rechtseinheit ersprießlicher vermitteln wird als ein oberster Gerichtshof in Berlin oder in Leipzig oder in einer anderen deutschen Stadt". Der Schwerpunkt der bayerischen Interessen in politischer Hinsicht lag hauptsächlich darin, daß überhaupt ein oberster Landesgerichtshof für Bayern bestehen blieb, „wenn auch, soferne es nicht anders zu erreichen" war, „mit etwas eingeschränkterer Kompetenz als bisher"[91]). Mit den Ausführungen der Justizverwaltung erklärte sich auch der damalige Präsident des obersten Gerichtshofes Reichsrat Ludwig von Neumayr (1810—1895)[92]), der am 16. Dezember 1868 Präsident des Oberappellationsgerichtes geworden war, einverstanden. Die Reichsjustizgesetze machten zwangsläufig eine

---

[89]) DRT, 12. Sitzung am 19. 3. 1877, Sten. Ber. S. 240.

[90]) Der am 28. 12. 1828 in Augsburg geborene und am 17. April 1887 in München verstorbene Liberale war nach Richtertätigkeit in Augsburg, Neuburg und München 1865 in das Justizministerium berufen worden, das er als Staatsminister von 1871 bis zu seinem Tode mehr als 15 Jahre leitete (vgl. statt anderer Walter Schärl, Die Zusammensetzung der bayerischen Beamtenschaft von 1806 bis 1918, [Anm. 70] Nr. 14 S. 91f.).

[91]) AStAM, MJu 14045.

[92]) Er präsidierte von 1868 bis 1884 dem bayerischen Landesgerichtshof und wurde am 1. Oktober 1879 erster Präsident des BayObLG (vgl. über seine Laufbahn Schärl, a. a. O. Nr. 731 S. 366).

Änderung der bayerischen Gerichtsverfassung erforderlich. Das bayerische Ausführungsgesetz zum Gerichtsverfassungsgesetz (AGGVG) vom 23. 2. 1879 hob den obersten Gerichtshof auf und errichtete gleichzeitig ein *oberstes Landesgericht*[93]).

III.

Bayern legte Gewicht darauf, daß die *clausula bavarica* bezüglich des obersten Gerichtshofes, mithin seines nunmehrigen obersten Landesgerichts, auch in die Reichsjustizgesetze selbst aufgenommen wurde. Da damals vor Erlangung der Rechtseinheit im Sektor des bürgerlichen Rechts durch das spätere BGB immerhin schätzungsweise *achtzig bis neunzig Partikularrechte*[94]) in Bayern galten, die beim obersten Gerichtshof angewendet werden mußten, hätte, wie der Augsburger Rechtsanwalt und Abgeordnete des Wahlkreises Immenstadt Dr. Joseph Völk am 21. März 1877 dem Deutschen Reichstag vortrug, „in den Reichsgerichtshof wenigstens ein Senat des Bayerischen Obersten Gerichtshofes herübergenommen werden" müssen, „der diese Fragen zu behandeln hätte, was für den obersten Gerichtshof kein Gewinn wäre, aber ein Nachteil für die Rechtsprechung in Bayern"[95]). Bayern war immerhin der einzige deutsche Staat, der durch Landesgesetz ein oberstes Landesgericht errichtete. § 8 Abs. 1 EGGVG verankerte ausdrücklich die *clausula bavarica*, bestätigte damit das forensische Sonderrecht Bayerns, wonach Verhandlung und Entscheidung der zur Zuständigkeit des Reichsgerichtes gehörenden Revisionen und Beschwerden in bürgerlichen Rechtsstreitigkeiten dem obersten Landesgericht zugewiesen werden konnten[96]). Im Strafrecht war allerdings die *clausula bavarica* entfallen[97]). Außerdem entschied das oberste Landesgericht über die weitere Beschwerde in Sachen der nichtstreitigen Rechtspflege und über die sonstigen nicht zur ordentlichen streitigen Gerichtsbarkeit gehörenden Angelegenheiten, die ihm durch besondere Landesgesetze zugewiesen würden, bzw. bezüglich deren bisher der oberste Gerichtshof

---

[93]) Art. 7 Abs. 1 Nr. 1 Bayer. AGGVG (GVBl. 1879, S. 275) u. Art. 42 AGGVG (GVBl. 1879 S. 284f.).

[94]) Vgl. zur Information und Übersicht nach wie vor: Otto Frhr. von Völderndorff, Civilgesetzstatistik des Königreichs Bayern², Nördlingen 1880.

[95]) DRT, 14. Sitzung am 21. 3. 1877, Sten. Ber. S. 312.

[96]) Vgl. instruktiv Paul Laband, Das Staatsrecht des Deutschen Reiches⁵, III. Bd., Tübingen 1913 S. 402.

[97]) Vgl. Anm. 95.

die Kompetenz besaß. Der oberste Gerichtshof wurde gemäß königlicher Verordnung zum Vollzug des AGGVG vom 23. 9. 1879 in das oberste Landesgericht in der Weise überführt, daß Präsident, Senatspräsidenten und Räte des obersten Landesgerichtes den Rang einnahmen, der zuvor dem Präsidenten, den Direktoren und Räten des obersten Gerichtshofes zugekommen war[98]). Zum ersten Präsidenten des Bayerischen Obersten Landesgerichtes wurde der bisherige Präsident des obersten Gerichtshofes Exzellenz Dr. Ludwig von Neumayr[99]), zu Senatspräsidenten am obersten Landesgericht der Direktor des OGH Fr. von Gresbeck und der Direktor des Appellationsgerichts in München St. Frhr. von Stengel ernannt[100]). Die Zahl der Beamten am obersten Gerichtshof wurde durch Einsparungen vermindert[101]). Die Zivilsenate des obersten Landesgerichtes entschieden über die Bestimmung des zuständigen Gerichts und als Beschwerdegericht über das Rechtsmittel der weiteren Beschwerde in der Besetzung mit fünf, in sämtlichen sonstigen Sachen in der Besetzung mit sieben Mitgliedern. Der Geschäftsgang wurde durch eine Geschäftsordnung geregelt, die das Plenum ausarbeitete und das Staatsministerium der Justiz genehmigte[102]). Die Ernennung der Räte des obersten Landesgerichts wurde in München am 5. September 1879 publiziert[103]).

Der Übergang zu den Reichsjustizgesetzen in Bayern vollzog sich mit dem 1. Oktober 1879, wie Staatsminister Dr. von Fäustle am 14. Februar 1881 rückblickend vor der Kammer der Abgeordneten feststellen durfte, „mit einer nicht genug zu rühmenden Ordnung und Promptheit, und ohne jede Geschäftsstockung"[104]). Voll berechtigten

---

[98]) GVBl. 1879 S. 1044 f.

[99]) Vgl. oben Anm. 92.

[100]) Neue Würzburger Zeitung, 76. Jg. Nr. 236 vom 27. 8. 1879 S. 2 unter „Dienstesnachrichten".

[101]) Abg. Kopp vor der Kammer der Abgeordneten anläßlich der Beratung des Justizetats am 17. 12. 1879 (Sten. Ber. 126 S. 411).

[102]) Vgl. insbesondere v. Seydel-Piloty, Bayerisches Staatsrecht (Anm. 17) § 74 I 4 S. 378.

[103]) Es waren zunächst 27 Räte: Dr. A. v. Langlois, L. v. Beselmiller, A. v. Decrignis, Th. Schuler, Joh. v. Dirrigl, Th. v. Freitag, Dr. J. v. Langlois, A. Merz, K. H. Schmidt, K. Hofmann, W. Barth, Dr. H. K. Kurz, K. Th. Zinkgraf, G. Herold, Dr. E. Schneider, H. Dercum, Ch. F. W. Cramer, Ph. F. Vogt, O. Frhr. v. Herman, W. Herold, G. Obermüller, F. L. Seifert, J. Erras, L. Haus, R. Ritter v. Lößl, J. Ketterl (sämtliche bisher Räte am OGH) und J. Praxmarer (zuvor Direktor des Bezirksgerichts München) (vgl. Neue Würzburger Zeitung, 76. Jg. Nr. 248 vom 8. 9. 1879 S. 1).

[104]) Sten. Ber. Nr. 168 S. 146.

Stolzes durfte der Ressortchef der bayerischen Justiz konstatieren, daß sich die bayerische Justizverwaltung und die bayerischen Gerichte das Prädikat der Originalität gefallen lassen könnten[105]). Für die den bayerischen Oberlandesgerichten obliegenden Entscheidungen und Beschlüsse in Real- und gemischten Klagen gegen Mitglieder des königlichen Hauses, in Familienfideikommißsachen und standesherrlichen Vormundschaften bildete das Bayerische Oberste Landesgericht die Oberinstanz. Es blieb weiterhin Staatsgerichtshof für Ministeranklagen, da es hier als Rechtsnachfolger des Obersten Gerichtshofes die Rechtskontinuität repräsentierte[106]). Durch die Geltung des Reichsgerichtsverfassungsgesetzes (GVG) und die Errichtung eines bayerischen Verwaltungsgerichtshofes[107]) hatte sich für den Staat die Notwendigkeit ergeben, das Gesetz über die Entscheidung der Kompetenzkonflikte zwischen den Gerichten und den Verwaltungsstellen vom 18. August 1879 zu erlassen[108]). Der Gerichtshof für Kompetenzkonflikte wurde dem Obersten Landesgericht angegliedert[109]). Der Präsident und fünf Mitglieder wurden aus den Mitgliedern des obersten Landesgerichts oder eines Oberlandesgerichts, die übrigen fünf Räte aus den Mitgliedern des Verwaltungsgerichtshofes berufen[110]). Das Amt der Staatsanwaltschaft wurde durch die Staatsanwaltschaft beim Obersten Landesgericht ausgeübt[111]), während die Geschäfte der Gerichtsschreiberei ebenfalls durch die Gerichtsschreiberei des Obersten Landesgerichtes besorgt worden sind[112]). Die Erstbesetzung des Gerichtshofes für Kompetenzkonflikte[113]) sah den Präsidenten des Obersten Landesgerichts L u d w i g

---

[105]) Ebd.

[106]) Vgl. A. Gschwendner, Das Gerichtsverfassungs-Gesetz des Deutschen Reiches v. 27. Jan. 1877. Speciell zum Gebrauch für Bayern, Kempten 1882 S. 75 f.

[107]) Ges. die Errichtung eines Verwaltungsgerichtshofes und das Verfahren in Verwaltungsrechtssachen betr. vom 8. 8. 1878 (GVBl., S. 1007). — Vgl. dazu G. Kahr, Das bayer. Gesetz über die Errichtung eines Verwaltungsgerichtshofs, Nördlingen 1879; Max von Seydel — Robert Piloty, Bayerisches Staatsrecht³ I, § 83 S. 404 f.

[108]) Vgl. die Rede von Staatsminister v. Fäustle vor der Kammer der Abgeordneten am 5. 8. 1879 (Sten. Ber. Nr. 99 S. 752).

[109]) Art. 1 Nr. 1 Ges. v. 18. 8. 1879 (GVBl. 1879 Nr. 53 S. 992 u. BayBS, S. 204).

[110]) Art. 2 Abs. 3.

[111]) Art. 5.

[112]) Art. 6.

[113]) Hof- und Staats-Handbuch des Königreichs Bayern 1882 S. 195.

von Neumayr als Präsidenten und als Räte ausschließlich Räte des Obersten Landesgerichts[114]) und des Verwaltungsgerichtshofes[115]).

Das Gerichtsverfassungsgesetz veranlaßte ebenfalls eine bayerische Disziplinarordnung für Richter[116]). Das Verfahren selbst war den Bestimmungen der Strafprozeßordnung nachzubilden, der Disziplinarhof ausersehen, über Handlungen oder Tatsachen zu befinden, die die Entfernung eines untragbaren Richters aus dem Richteramt zur Folge haben konnten[117]). Gleichzeitig übernahm er damit die Hauptgarantie für eine unbestechliche Rechtsprechung und die Vermeidung von offensichtlichen Nachteilen für das Richteramt. Das Disziplinargesetz für richterliche Beamte wurde am 26. März 1881 erlassen. Kraft Gesetzes war nach ihm der Präsident des obersten Landesgerichts zugleich Präsident des Disziplinarhofes, der die Leitung der Geschäfte und den Vorsitz in den Sitzungen hatte[118]). Der Präsident des Disziplinarhofes konnte die zur Aufklärung der Sache erforderlichen Verfügungen erlassen, eine Sitzung zur Hauptversammlung bestimmen, zu der der Angeschuldigte und der Staatsanwalt zuzuziehen waren[119]). Der Disziplinarhof bestand aus dem Präsidenten und sechs Räten des obersten Landesgerichts[120]). Auch dieses Gesetz erweiterte den Zuständigkeitsbereich des obersten Landesgerichts.

Immerhin nahten bald Tage, in denen gerade dieses Gericht seine Bewährung zu erhärten und erneut seine Existenzberechtigung zu verteidigen hatte. Namentlich die bevorstehende Einführung des BGB zeitigte im letzten Dezennium des 19. Jahrhunderts eine Reihe von Schwierigkeiten für den Bestand des Gerichtshofes, denen besonnen begegnet werden mußte. Der Geschäftsbereich hatte sich zwischenzeitlich etwas verlagert. Im Jahre 1896 mußte das Bayerische Oberste Landesgericht

---

[114]) Lorenz v. Beselmiller, Karl August v. Decrignis, Johann Baptist v. Dirrigl, Theodor v. Freytag, Friedrich Ludwig Seiffert.

[115]) Dr. Karl Ludwig Medicus, Dr. Joseph Groh, Adalbert Bauer, Heinrich Reindl, Franz Frhr. v. Tautphöus.

[116]) Vgl. Staatsminister v. Fäustle am 10. 7. 1878, Verh. d. K. d. Abg. Sten. Ber. Nr 58 S. 13.

[117]) Vgl. Rede des Abg. Dr. Völk vom 14. 2. 1881, Verh. d. K. d. Abg., Sten. Ber. Nr. 168 S. 152f.

[118]) Art. 17 Abs. 1 (GVBl. 1881 S. 188).

[119]) Art. 54 Abs. 2 (GVBl. 1881 S. 199).

[120]) Art. 16 (GVBl. 1881 S. 188). — Die 6 Räte des ObLG waren Theodor v. Freytag, Dr. Joseph v. Langlois, Wilhelm Barth, Gottlieb Herold, Wilhelm Herold und Georg Obermüller (Hof- und Staats-Handbuch des Königreichs Bayern 1882 S. 195).

117 Revisionen und 95 Beschwerden in bürgerlichen Rechtsstreitigkeiten und über 65 Beschwerden in Sachen der nichtstreitigen Rechtspflege entscheiden[121]). Der bekannte Zivilprozessualist Prof. Dr. Lothar Seuffert[122]) in München versuchte, den künftigen Geschäftskreis des Gerichtshofes zu fixieren und die durch das BGB und dessen Nebengesetze bedingten Änderungen der bayerischen Gesetze und die Kategorien von Rechtsstreitigkeiten und Entscheidungen in Angelegenheiten der Freiwilligen Gerichtsbarkeit zusammenzustellen, für die das BayObLG nach Inkrafttreten des BGB oberste Instanz anstelle des Reichsgerichts blieb. Der Gelehrte stellte abschließend fest, niemand könne verkennen, daß der Geschäftskreis sehr klein sei und nach Inkrafttreten des BGB binnen kurzer Zeit in einer für die Lebensfähigkeit des Bayerischen OGH sehr bedenklichen Weise zusammenschrumpfen werde[123]). Die bayerische Politik beschritt wirkungsvollere Wege zur Behauptung des Landesgerichtshofs. Schon am 15. Juni 1896 hatte der bayerische Gesandte und bevollmächtigte Minister in Berlin Hugo Graf von Lerchenfeld[124]) dem Staatsministerium des Königlichen Hauses und des Äußeren berichten können, Staatssekretär Rudolf Arnold Nieberding, der bekanntlich dem Reichsjustizamt von 1893 bis 1909 vorstand, habe ihm mitgeteilt, er beabsichtige, den Antrag von Mitgliedern des Zentrums, der Nationalliberalen und der Freikonservativen gemeinschaftlich in letzter Stunde bringen zu lassen, „um zu vermeiden, daß von irgendeiner Seite der Fortbestand des Bayerischen Obersten Landesgerichts überhaupt zur Erörterung gebracht werde"[125]).

Art. 129 AGBGB vom 9. Juni 1899[126]) sah vor, daß eine Anfechtung der Entscheidungen des Obersten Landesgerichts als Beschwerdegericht nicht stattfinde. Die Rechtsprechung des Bayerischen Obersten Landesgerichts vor dem Ersten Weltkrieg muß insgesamt als bedeutend und richtungweisend bewertet werden. In einem Urteil vom 27. Juni

---

[121]) AStAM, MJu 14045: Bericht des K. B. Staatsministeriums der Justiz an Staatsministerium des K. Hauses und des Äußeren vom 14. 10. 1897 Nr. 27819.

[122]) Er äußerte sich literarisch u. a. „Zur Revision der Civilprocessordnung bei Einführung des Bürgerlichen Gesetzbuchs", in: Zeitschrift für Deutschen Civilprozeß, Bd. XXII, Berlin 1896 S. 322—385.

[123]) AStAM, MJu 14045: „Nürnberger Anzeiger" Nr. 15 vom 15. 1. 1899.

[124]) Der am 13. 10. 1843 in Berlin geborene Berufsdiplomat stand von 1868 bis 1918 im bayerischen diplomatischen Dienst. Von 1880 bis 1918 wirkte er an der bayerischen Gesandtschaft in Berlin (vgl. Schärl [Anm. 70], Nr. 606 S. 321 f.).

[125]) AStAM, MJu 14045.

[126]) BayBS, S. 98.

1900[127]) würdigte es die Bedeutung der Gesetzesmaterialien, insbeson-
dere der Motive zum Entwurf des EGBGB und machte in seinen Ent-
scheidungsgründen deutlich, daß „diese Motive nicht von der mit der
Ausarbeitung des Entwurfs eines Einführungsgesetzes beauftragten
Kommission hergestellt, von dieser weder geprüft noch durch förmliche
Beschlußfassung genehmigt worden seien, sie auch nicht als amtliche
Vorlage der verbündeten Regierungen an den Reichstag gelangt seien".
Die Motive zum Entwurf des EGBGB seien wie die auf gleiche Weise zustande gekommenen Motive zum Entwurf des BGB bei der Auslegung
des Gesetzes daher „nur mit Vorsicht zu verwerten, einen so schätzens-
werten wissenschaftlichen Beitrag zur Erläuterung der Gesetzesvor-
schriften sie auch immerhin bilden mögen". Bezüglich der Anwendung
des Polizeistrafgesetzbuches stellte das Oberste Landesgericht fest,
Ausland sei jedes nicht zum Königreich Bayern gehörende, d. h. jedes
außerbayerische Gebiet[128]). Wie das Reichsgericht hat auch das Oberste
Landesgericht die Beschlüsse des Tridentinischen Konzils in Zehnt-
Sachen für protestantische Kirchen für anwendbar erklärt und daher
die subsidiäre Baupflicht des Zehntherrn begründet[129]). Der Standpunkt
des Bayerischen Obersten Landesgerichts bezüglich des Verlustes der
bayerischen Staatsangehörigkeit gipfelte in der Feststellung, daß nicht
schon die Erteilung der Auswanderungserlaubnis, sondern vielmehr
erst die Aufnahme in den Untertanenverband des neuen Niederlassungs-
staates den Verlust der bayerischen Staatsangehörigkeit herbeiführe[130]).
Für die Auslegung von Gesetzen kam es, wie ein Urteil vom 31. Mai
1905[131]) erhellte, grundsätzlich „entscheidend auf die in den Worten des
Gesetzes enthaltene Erklärung" an, während der das Gesetz schaffende
„Wille des Gesetzgebers" daneben in den Hintergrund trete. In Strafsachen mußte sich das Bayerische Oberste Landesgericht auch vor 1914
wiederholt mit der Verfälschung, der auf Täuschung gerichteten Veränderung und der normalen Beschaffenheit des Bieres befassen[132]). Im
Jahre 1910 waren allein 271 Revisionen anhängig[133]).

Konnten bis zum Erlaß der kaiserlichen Verordnung vom 28. Septem-

---

[127]) ObLGZ 1 (Erlangen 1901) 347 f.

[128]) ObLGSt 4 (Erlangen 1904) Nr. 14 S. 34 = Urt. v. 22. 9. 1904.

[129]) ObLGZ 4 (1904) Nr. 60 S. 264 = Urt. v. 21. 4. 1903.

[130]) ObLGZ 4, Nr. 15 S. 81 f.

[131]) ObLGZ 6 (1906) Nr. 70 S. 354 f.

[132]) ObLGSt 6 (1907), Nr. 53 S. 156 f. = Urt. v. 3. 10. 1905; ObLGSt 9 (1910)
Nr. 18, S. 51 = Urt. v. 29. 10. 1908.

[133]) Vgl. J a e g e r , Das Oberste Landesgericht, DJZ 1911 S. 411.

ber 1879 über die Begründung der Revision in bürgerlichen Rechtsstreitigkeiten ausschließlich handelsrechtliche Sachen aus Bayern an das
Reichsgericht gelangen, während alle sonstigen Rechtsstreite vom Obersten Landesgericht entschieden wurden, so hatte sich mit dem Inkrafttreten des BGB die Zuständigkeit zwischen dem Reichsgericht und dem
Bayerischen Obersten Landesgericht verschoben. Man war sich allerdings in den Jahren um 1910 darüber völlig im klaren, daß eine Erweiterung der Zuständigkeit des Obersten Landesgerichts nur im Wege
eines Reichsgesetzes erfolgen könne. Am 17. November 1910 unterrichtete der Preußische Justizminister seinen bayerischen Kollegen Dr.
Ferdinand von Miltner[134]), er werde gegen den Entwurf eines Gesetzes betreffend die bei einem obersten Landesgericht einzulegenden
Revisionen in bürgerlichen Rechtsstreitigkeiten keine Bedenken geltend
machen[135]). Auch der Staatssekretär im Reichsjustizamt hatte keine
grundsätzlichen Bedenken, übrigens ebensowenig das Reichsgericht,
da es, wie sein damaliger hochverdienter Präsident Rudolf Frhr. von
Seckendorff[136]) am 29. November 1910 dem Staatssekretär des Reichs-
Justizamtes berichtete, „nach den bisherigen Erfahrungen davon aus-
gehe, dem Bayerischen Obersten Landesgericht werde jeder Versuch
fernliegen, seine Zuständigkeit auf Kosten der reichsrechtlich begründeten Zuständigkeit des Reichsgerichts zu erweitern"[137]). Der Entwurf
wurde in dritter Lesung ohne Debatte am 7. Februar 1911 angenommen.
Am 20. Februar des gleichen Jahres trat das Gesetz in Kraft[138]). Es
machte einen Vorbehalt für Revisionen in der Richtung, daß für die
Entscheidung im wesentlichen Rechtsnormen in Betracht kämen, die in
Landesgesetzen enthalten seien[139]).

Das Bayerische Oberste Landesgericht behauptete seine Existenz
und sollte sich erst mehr als 20 Jahre später in seinem Bestand und in
seiner judiziellen Tätigkeit schicksalhaft bedroht sehen.

Nach der Übernahme der Reichsregierung durch die Nationalsozia-
listen setzten noch 1933 Bestrebungen ein, die im Sinne von unitarischer

---

[134]) 1856—1920; er war vom 27. November 1902 bis 11. Februar 1912 Staatsminister der Justiz (vgl. Schärl [Anm. 70], Nr. 38 S. 102).

[135]) AStAM, MJu 14046.

[136]) 1844—1932; v. Seckendorff amtete von 1905 bis 1920 als Reichsgerichts-
präsident (vgl. Arnold, DRZ 1932 S. 340; Erich Döhring, Geschichte der
deutschen Rechtspflege seit 1500, Berlin 1953 S. 440).

[137]) AStAM, MJu 14046.

[138]) RGBl. I, Nr. 8.

[139]) Art. 1 Ges. v. 20. 2. 1911 (RGBl. I, Nr. 8 S. 59).

Zentralisation und Reichsvereinheitlichung in der Abschaffung des
Bayerischen Obersten Landesgerichtes gipfelten. Die damalige Bayerische
Staatsregierung bekundete seinerzeit gegenüber diesen Tendenzen auf-
fallendes Verständnis. Am 5. September 1933 äußerte sich der damalige
Ministerpräsident Ludwig Siebert in einem Schreiben an den Staatsminister der Justiz Dr. Hans Frank, er halte die Aufhebung des
Obersten Landesgerichts für durchaus zweckmäßig. Er ließ durchblicken, dessen Zuständigkeiten könnten „unbedenklich an das eine
oder andere Oberlandesgericht abgegeben werden". Gleichwohl hielt
er die Verlegung eines reichsgerichtlichen Senats nach München trotz
der Bedenken von Frank für sehr erstrebenswert. Dabei war der bayerische Regierungschef zu einem zusätzlichen Opfer bereit, das den Rechtshistoriker nachträglich schmerzlich berührt, wenn er den Satz des Ministerpräsidenten überdenkt: „Ein Oberlandesgericht — Bamberg! kann
leicht aufgehoben werden"[140]). Durch das Gesetz über den Neuaufbau
des Reiches vom 30. Januar 1934 gingen die Hoheitsrechte der Länder
auf das Reich über. Mit der Justizhoheit war die gesamte Rechtspflege
nunmehr Sache des Reiches geworden. Die Überführung der Rechtspflege in die unmittelbare Reichsverwaltung erforderte einschlägige
gesetzgeberische und organisatorische Maßnahmen, die in verhältnismäßig kurzer Zeit bewältigt werden sollten. Die Vereinheitlichung der
gesamten Rechtspflege gelangte dadurch zu deutlichem Ausdruck, daß
sämtliche Gerichte ihre Entscheidungen fortan im Namen des deutschen
Volkes fällen mußten[141]). Das Bayerische Oberste Landesgericht wurde
durch eine Verordnung über Änderungen des Gerichtswesens in Bayern
vom 19. März 1935 aufgehoben[142]).

Mit dem 1. April 1935 hatte die oberste Gerichtsinstanz Bayerns nach
mehr als 300jähriger Wirksamkeit ihr Ende gefunden. Die Zuständigkeiten des obersten Landesgerichtes gingen, soweit sie ihm auf Grund
von § 8 EGGVG übertragen worden waren, nunmehr auf das Reichsgericht, im übrigen aber auf das Oberlandesgericht München über. Die
Zuständigkeiten in Fideikommiß- und Fideikommißauflösungssachen
wurden einstweilen dem Reichsminister der Justiz reserviert. Reichsgericht bzw. Oberlandesgericht München übernahmen die anhängigen

---

[140]) AStAM, MJu 14045.
[141]) Vgl. die aufschlußreiche Begründung in: Deutsche Justiz 1934, S. 240.
[142]) RGBl. I S. 383.

Sachen in dem Stande, in dem sie sich befanden. Die Zuständigkeiten der Staatsanwaltschaft beim Bayerischen Obersten Landesgericht wurden der Staatsanwaltschaft beim Oberlandesgericht München übertragen. Ein markantes Justizorgan des ältesten deutschen Staates, ein Garant und Symbol der Eigenstaatlichkeit Bayerns, die Institution zur Fortbildung des bayerischen Landesrechts war zerschlagen, im Interesse unitarischer Reichstendenzen beseitigt. Immerhin unterließ es Reichsjustizminister Dr. Gürtner nicht, am 27. März 1934 festzustellen, daß der höchste bayerische Gerichtshof auf allen Rechtsgebieten „eine vorbildliche Tätigkeit entwickelt habe, die ihm einen dauernden Platz in der deutschen Rechtsgeschichte sichert"[143].

Nach dem Zusammenbruch des Jahres 1945 beschäftigte sich der Bayerische Landtag unverzüglich mit der Wiedererrichtung des Obersten Landesgerichts. Am 28. Oktober 1947 beschloß das Direktorium des Länderrates des amerikanischen Besatzungsgebietes, mithin die zwischen 1945 und 1949 bestehende regelmäßige Konferenz der Ministerpräsidenten der ursprünglich drei, später vier Länder der amerikanischen Besatzungszone Deutschlands, Bayern, Nord-Württemberg, Nord-Baden, Hessen und Bremen, den Rechtsausschuß um Prüfung der Frage zu ersuchen, ob der dem Bayerischen Landtag vorliegende Gesetzentwurf über die Wiedererrichtung des Obersten Landesgerichts einen Gegenstand betrifft, dessen zoneneinheitliche Regelung erforderlich erscheint[144]. Aufgabe des Länderrates war es bekanntlich, eine einheitliche Legislation in der amerikanischen Besatzungszone zu ermöglichen, ohne daß diesem Gremium eigene Rechtssetzungszuständigkeit zugekommen ist[145]. Hessen nahm am 10. November 1947 den Standpunkt ein, die Errichtung eines Obersten Landesgerichts sei ausschließlich auf Grund einer zoneneinheitlichen Gesetzgebung zulässig. Es betonte damals ausdrücklich: „Die Errichtung eines Obersten Landesgerichts in einem Lande wird daher nur statthaft sein, wenn sie allgemein für jedes Land in einem zoneneinheitlichen Gesetz vorgesehen wird"[146]. Württemberg unterstrich in einer Note vom 23. Dezember 1947, daß Bayern

[143] Deutsche Justiz 1935 S. 544.
[144] Bayer. Staatsministerium der Justiz München (= BStMJu). Für hilfreiche Unterstützung und Zugänglichmachung einschlägiger Unterlagen danke ich besonders Herrn Ministerialrat Kauffmann.
[145] Vgl. zur knappen Unterrichtung Brockhaus Enzyklopädie 11 (1970) S. 73.
[146] BStMJu.

nun wieder ein Oberstes Landesgericht errichten wolle, „freilich nicht mehr auf Grund des der Landesgesetzgebung eingeräumten Vorbehalts, sondern jetzt auf Grund ursprünglicher Hoheitsrechte jedes Landes in den Angelegenheiten seiner Landesgerichtsbarkeit"[147]. Es vertrat die Auffassung, die Schaffung des Obersten Landesgerichtes sei vom Standpunkt der Gerichtsverfassung lediglich als Behörde der freiwilligen Gerichtsbarkeit zulässig, weil die Gerichtsverfassung der Gerichte der freiwilligen Gerichtsbarkeit bisher nicht Gegenstand der Zonengesetzgebung gewesen sei. Auch Württemberg empfahl damals, „das Gesetz über die Wiedererrichtung des Obersten Landesgerichts nur auf Grund eines zoneneinheitlichen Gesetzes zu erlassen, das zu entsprechenden Abweichungen vom GVG ermächtigt"[148]. Dieser Stellungnahme Württembergs hat sich Hessen am 9. Januar 1948 angeschlossen. Die Bayerische Staatskanzlei unterstrich am 23. Januar 1948 ihre Auffassung, das Gesetz über die Wiedererrichtung des Obersten Landesgerichts sollte am 1. Januar dieses Jahres in Kraft treten, da eine weitere Hinausschiebung der Bekanntmachung nicht mehr zulässig erschiene[149]. In der Rechtsausschußsitzung des Länderrates im Januar 1948 wurde zur Beseitigung der gegen den bayerischen Entwurf erhobenen formalrechtlichen Bedenken der Entwurf eines Gesetzes des Länderrates über die Zuweisung von Rechtsmittelsachen an ein Oberstes Landesgericht beschlossen. Über diesen Entwurf eines Ermächtigungsgesetzes beschloß der Länderrat am 3. Februar 1948. Bereits am 26. Januar hatte das Bayerische Staatsministerium der Justiz den Standpunkt eingenommen, nach dem Erlaß des Ermächtigungsgesetzes dürfte einer Verkündigung des Gesetzes über die Wiedererrichtung des Obersten Landesgerichtes nichts mehr im Wege stehen. In einer aufsehenerregenden Landtagsrede vom 15. März 1948[150] betonte der damalige Staatsminister der Justiz Dr. Josef Müller, der Entwurf eines Gesetzes über die Wiedererrichtung des Bayerischen Obersten Landesgerichtes sei von besonderer Bedeutung für Bayern, da durch dieses Gesetz für das Land „im Interesse der Rechtseinheit und Rechtssicherheit eine oberstrichterliche Rechtssprechung in Rechtsfragen von grundsätzlicher Bedeutung ermöglicht werde". Er gab gleichzeitig bekannt, daß vorgesehen sei, das Oberste

[147] Ebd.
[148] Ebd.
[149] Ebd.
[150] Sten. Ber. 1948, II. Bd., Nr. 61 S. 1097.

Landesgericht gleichzeitig mit den Schöffen- und Schwurgerichten am 1. Juli 1948 zu eröffnen[151]). Immerhin bereitete die räumliche Unterbringung des obersten Landestribunals erhebliche Schwierigkeiten[152]).

Im engen Zusammenhang mit dem Entwurf des Gesetzes über die Wiedererrichtung des Gerichtes standen Vorarbeiten zum Entwurf eines neuen Gesetzes über die Rechtsmittel in der streitigen und freiwilligen Gerichtsbarkeit, das zoneneinheitlich die Wiedereinführung der Berufung gegen erstinstanzielle Urteile der Landgerichte vorsah. Das neue Gesetz sollte, wie der Justizminister unterstrich, es Bayern ermöglichen, gegen erstinstanzielle landgerichtliche Urteile alternativ die Berufung zum Oberlandesgericht oder aber die Revision zum Obersten Landesgericht zuzulassen[153]). Am 27. März 1948 konnte das vom Länderrat nach Anhörung des Parlamentarischen Rates am 3. Februar 1948 beschlossene Gesetz Nr. 106 über die Zuweisung von Rechtsmittelsachen an ein Oberstes Landesgericht in Bayern erlassen und verkündet werden[154]). Gemäß § 1 konnte durch die Gesetzgebung eines Landes die Verhandlung und Entscheidung über Rechtsmittel im Verfahren vor den ordentlichen Gerichten allgemein oder unter bestimmten Voraussetzungen abweichend von den geltenden Bestimmungen einem Obersten Landesgericht zugewiesen werden. Rückwirkend zum 1. Januar des Jahres trat das Gesetz in Kraft. Am 30. April 1948 berichtete der Abgeordnete Otto Bezold dem Bayerischen Landtag[155]), daß im Verfassungsausschuß ein Brief des Ministerpräsidenten vorläge, der rechtlich ausführe, das Gesetz über die Wiedererrichtung des Obersten Landesgerichts in Bayern „auf eine andere formalrechtliche Grundlage zu stellen, als es bisher der Fall war". Bei dieser Gelegenheit hob der Berichterstatter hervor, „daß Bayern allein das Recht habe, ein Oberstes Landesgericht zu bestellen".

Durch Gesetz vom 11. Mai 1948 wurde schließlich für den Freistaat Bayern ein Oberstes Landesgericht mit dem Sitz in München errichtet[156]). Es wurde mit einem Präsidenten und der erforderlichen Anzahl von

---

[151]) Vgl. auch MAIN-POST — Würzburger Neueste Nachrichten, v. 18. 3. 1948 S. 2.

[152]) Dies betonte ausdrücklich der bayerische Justizminister am 15. März 1948 im Landtag (vgl. Anm. 150).

[153]) Vgl. Anm. 150.

[154]) GVBl. S. 50.

[155]) Sten. Ber. 1948, II. Bd., Nr. 69 S. 1376.

[156]) § 1 Ges. v. 11. 5. 1948 (GVBl. S. 83).

Senatspräsidenten und Räten besetzt[157]). Mit Bekanntmachung vom
2. November 1948 bestimmte das Bayerische Staatsministerium der Justiz[158]), daß Geschäftsräume und Sitzungssaal des Bayerischen Obersten
Landesgerichts sich in München, Maria-Theresia-Straße 17, befinden.
Bereits 1949 war das Gericht wieder mit einem Senatspräsidenten und
vier Oberstlandesgerichtsräten, die Generalstaatsanwaltschaft mit einem
General- und einem Oberstaatsanwalt besetzt[159]), während ihm sein
erster Nachkriegspräsident erst zum 1. Januar 1951 in Person von Dr.
Anton Konrad bestellt werden sollte.

Durch Bekanntmachung vom 12. Oktober 1950[160]) setzte das Bayerische Staatsministerium der Justiz mit sofortiger Wirkung die Zahl der
Senate beim Obersten Landesgericht auf zwei fest. Schon am 12. Oktober
1951 erhielt das Gericht mit Wirkung vom 16. Oktober des gleichen
Jahres vier Senate bewilligt[161]). In der Zwischenzeit hat sich die Zahl
der Senate noch erhöht. Die rasche Vermehrung zu Anfang der fünfziger
Jahre läßt das Anschwellen des Einlaufs und den erweiterten Umfang
der Geschäftserledigung schlaglichtartig erkennen. Art. 21 AGGVG vom
17. November 1956[162]) bestimmte, daß dem Obersten Landesgericht
die Verhandlung und Entscheidung über die zur Zuständigkeit des
Bundesgerichtshofes gehörenden Revisionen in bürgerlichen Rechtsstreitigkeiten nach Maßgabe des § 8 EGGVG, der bekanntlich 1933 nicht
mehr beachtet worden war, zugewiesen wird. Gleichzeitig wurden gem.
Art. 22 dem Obersten Landesgericht in Strafsachen die nach Bundesrecht den Oberlandesgerichten obliegenden Aufgaben zugewiesen, nämlich Verhandlung und Entscheidung im ersten und letzten Rechtszug
in Strafsachen wie Friedensverat, Hochverrat, Landesverrat und Anschlag gegen ausländische Staatsmänner, ferner die Verhandlung und
Entscheidung über Revisionen und schließlich die Entscheidung über
Rechtsbeschwerden auf Grund des Wirtschaftsstrafgesetzes, des Gesetzes über Ordnungswidrigkeiten oder einer Vorschrift, die hinsichtlich

---

[157]) Ebd.
[158]) Bayer. Justizministerialbl. 1948 S. 55; vgl. auch Bayer Jb. 1950 S. 131.
[159]) Sen. Präs.: Dr. Gipser; ObLGRe: Erwin Morgenroth, Friedrich
Meinzolt, Karl Völker, Dr. Fritz Hauenstein; Generalstaatsanwaltschaft:
Staatsrat Dr. Wilhelm Högner, GStA, Dr. Ernst Grosser, OStA (Bayer. Jb. 1949
S. 85).
[160]) Bayer. Justizministerialbl. 1950 S. 145.
[161]) a. a. O. 1951 S. 198. — 1952 war das BayObLG wieder mit 1 Präs., 2 Sen.-präs., 16 ObLGRen besetzt (Bayer. Jb. 1952 S. 108).
[162]) BayBS, S. 5.

und in Landwirtschaftssachen erhielt das Oberste Landesgericht aufgrund Art. 23 die Zuständigkeit eingeräumt für Entscheidung über weitere Beschwerden in Grundbuchsachen und in sonstigen Angelegenheiten der freiwilligen Gerichtsbarkeit einschließlich der Kostensachen und die Entscheidung über Rechtsbeschwerden auf Grund des § 52 des Gesetzes über das gerichtliche Verfahren in Landwirtschaftssachen vom 21. Juli 1953. Außerdem wurde die Zuständigkeit des Bayerischen Obersten Landesgerichts in Fideikommißsachen erneut bekräftigt (Art. 24). Als oberstes Fideikommißgericht entscheidet das Oberste Landesgericht in der Besetzung von drei Mitgliedern einschließlich des Vorsitzenden. Schließlich errichtete das Bayerische Richtergesetz vom 4. Januar 1974 bei diesem Forum den Dienstgerichtshof als zweite Instanz der Dienstgerichte für Richter.

Das Bayerische Oberste Landesgericht ist nicht allein Revisionsgericht in jenen Fällen, falls für die Entscheidung nicht Bundesrecht in Betracht kommt. Bei ihm wird ebenfalls die Revision gegen die Urteile sämtlicher bayerischen Oberlandesgerichte eingelegt[163]). Neben der Rechtsfortbildung erscheint die Konzentration in den Angelegenheiten der freiwilligen Gerichtsbarkeit sowohl rechtstechnisch als auch rechtspolitisch bei diesem Gerichtshof besonders angezeigt. In einem Bundesstaat, der wie die Bundesrepublik Deutschland das Moment der landsmannschaftlichen Verbundenheit verfassungsrechtlich respektiert und den föderativen Charakter dieses Staates unterstreicht, kommt dem Bayerischen Obersten Landesgericht fraglos ein besonderer Rang zu. Wie eine bayerische Denkschrift vom Jahre 1910[164]) treffend formulierte, besteht die Aufgabe des Bayerischen Obersten Landesgerichts, dessen Bezirk gemäß Art. 1 Gerichtsorganisationsgesetzes (GerOrgG) vom

---

[163]) Baumbach-Lauterbach-Albers-Hartmann, ZPO[32] (1974), Einf. 2 vor § 123 GVG. — Vgl. hierzu weiterführend vor allem Ludwig Schäfer, Die Gegenwartsaufgaben des Bayerischen Obersten Landesgerichts, BayVBl. 1975 S. 192—198; Wolfgang Schier, Die Revision in Zivilsachen zum Bayerischen Obersten Landesgericht — Rückblick und Ausblick, a. a. O. S. 200—204; Karl Heinz Schwab, Die Rechtsprechung des Bayerischen Obersten Landesgerichts zum Zivilrecht und Zivilverfahrensrecht, a. a. O. S. 217—223; Ludwig Schäfer, Bedeutung und Aufgabe revisionsgerichtlicher Tätigkeit unter besonderer Berücksichtigung landesrechtlicher Revisionsinstanzen, BayVBl. 1968 S. 273ff.; Otto Gritschneder, Von der Einschätzung oberster Gerichte durch die Regierung in unserer Zeit, BayVBl. 1973 S. 579f.
[164]) AStAM, MJu 14045.

des Verfahrens auf Bestimmungen dieser Gesetze verweist. Bezüglich der Zuständigkeit in Angelegenheiten der freiwilligen Gerichtsbarkeit 25. April 1973 das Gebiet des Freistaates umfaßt, nach wie vor erstrangig *für das Landesrecht in der Wahrung der Rechtseinheit in Bayern.* Damit ist dieses Gericht nicht allein Symbol, sondern lebendiger judizieller Garant der Eigenstaatlichkeit des Freistaates Bayern, unseres dem Gemeinwohl dienenden Rechtsstaates. Mögen ihm Ansehen in Praxis und Wissenschaft, Mut zur Entscheidung und höchster Gerechtigkeitssinn über diesen Tag der Rückbesinnung hinaus immer zuteil werden.

Ad multos annos!

Karl IV. und das Recht

Unverkennbar charakterisierte sich das Weltbild Kaiser Karls IV durch altertümliche, der Tradition verhaftete und verpflichtete Züge, die wenig zukunftweisende Merkmale verrieten und die gewiß eine widerspruchsvolle Beurteilung seines Lebenswerkes geradezu begünstigten[1]. Sein Leben durchwehte ein dauerndes Vergänglichkeitsbewußtsein, das auf die Nichtigkeit irdischen Tuns gerichtet war[2]. Es schien ihm wie ein Schatten, wie eine verwelkende Blume. Deutlich traten in seinem Streben christliche Lebenseinstellung und Weltanschauung, das Herrscheramt als Gottesdienst und gottgewollte Mission in Erscheinung[3]. Religiös durchdrungen und ausgerichtet blieben auch seine Schriften und Gesetzgebungsakte[4]. Noch fühlte er sich ganz als monarcha mundi, als Herr der Welt[5], und vertrat damit jene Konzeption, der auch der weltberühmte italienische Konsiliator und Postglossator Bartolus des Sassoferrato (1314—1357) gehuldigt hatte[6]. Nach dieser Auffassung blieb der Kaiser Herr der ganzen Welt, Universalkönig (*rex universalis*), dessen Reich göttlichen Ursprungs war, durch Gott vom Himmel aus eingesetzt[7]. Von hohem Gerechtigkeitsstreben durchdrungen, war es das tiefste Anliegen Karls IV., Gerechtigkeit und Gericht aufrechtzuerhalten — *facere iusticiam et iudicium*[8]. Das Königsrecht, die Ehre der Krone, erschloß sich ihm in der ehrwürdigen biblischen Formel von Psalm 98,4: *Et honor regis iudicium diligit*. Er befolgte ernst die Forderung des Majestätsrechts, gerechtes Gericht (*aequitas iudicii*) zu gewährleisten. Mit großer Schärfe und ohne Ansehen der Person ging

---

[1]) vgl. Pfitzner 1938 S. 49.

[2]) „... mementote, quod et ego rexi ante vos, et in pulverem redactus sum et in lutum vermium" (Karoli Vita 1950 Cap. II, p. 7).

[3]) Blaschka 1956 S. 12.

[4]) vgl. Blaschka 1956 S. 13.

[5]) Hirsch 1940 S. 244.

[6]) vgl. Woolf 1913 p. 22s.

[7]) „Hoc enim imperium deus de celo constituit" (Tractatus de regimine civitatis § 23 — vgl. Woolf p. 23).

[8]) Karoli IV. Vita Cap. II, p. 8.

dieser rechtlich gesinnte Herrscher gegen Missetäter vor[9]). Durch gerechte
Bestrafung hoffte er, Übeltäter von der Begehung von Missetaten abzu-
schrecken und so seinem Reiche Ruhe und Sicherheit zu verschaffen[10]).
Daß ihm bei seiner Rechtspolitik auch die ihm angeborene Klugheit und
Staatskunst zustatten kam, lag durchaus im Zuge seines unverkennbaren
diplomatischen Talents, seiner hohen Menschenkenntnis und seiner
Ausdauer[11]).

Bei den entscheidenden verfassungsrechtlichen und kodifikatorischen
Bestrebungen seiner Regierungsära ist Karl IV., wie ehedem Josef
Pfitzner[12]) zu Recht unterstrich, selbst „der treibende Geist gewesen".
Nicht allein im Reich, sondern vorab in Böhmen, Schlesien und schließlich auch in der Mark Brandenburg hat sich Karl IV. als Gesetzgeber
und überragender Rechtspolitiker betätigt. Die kodifikatorische Idee ent-
sprang bei ihm dem unverkennbaren Streben nach Übersicht, Klarheit
und Ordnung anstelle nicht überschaubarer, einander vielfältig über-
wuchernder Rechtssatzungen. Allerdings haben seine Regelungen gezielt
dem Hergebrachten, der Konservierung des bisherigen Zustandes gedient.
Für diesen Herrscher blieb tatsächlich die Vergangenheit maßgebend;
immerhin hat er die jüngsten politischen Tatsachen und Ereignisse seiner
Regierung in seine Bestrebungen einbezogen und in diesen berücksichtigt[13]). Als Kaiser wünschte er indes, sich bei der Reichsgesetzgebung stärker als bisher des Rates der Kurfürsten als entscheidendem Pfeiler der
Reichsverfassung zu bedienen[14]). In Böhmen war er vorab bemüht, auf
dem Gesetzgebungssektor die Tagesziele seiner Innenpolitik zu verwirklichen. Seine Gesetzesentwürfe wurden vielfach unter seiner persönlichen
Anteilnahme ausgearbeitet. Sie waren weitgehend dem herrschenden
theologisch-scholastischen Denkbild verhaftet und bedienten sich nur
«ganz ausnahmsweise» der Instrumentation der zeitgenössischen Rechts-
schulen[15]). Seinen kodifikatorischen Standpunkt hatte er bereits als
Markgraf von Mähren 1335 anläßlich der Bewidmung von Orten mit
Stadtrecht interpretiert, als er betonte, Städte ohne Gesetze und Statu-

---

[9]) Pelzel II 1781 S. 776.
[10]) Pelzel II 1781 S. 777.
[11]) vgl. aufschlußreich Werunsky II 1882 S. 238.
[12]) Pfitzner 1938 S. 65.
[13]) Instruktiv Pfitzner 1938 S. 66.
[14]) Luschin von Ebengreuth, ZRG GA 1908 S. 420.
[15]) Zuletzt Boháček 1975, § 42, S. 128.

ten könnten erfolgreich nicht bestehen[16]). Hans Liermann glaubte feststellen zu müssen, „dieser König habe in den Formen der politischen Rechtsgeschäfte seiner Zeit große Teile von Deutschland seinem Hause erobern können"[17]). In der Tat fällt immer wieder auf, wie sehr dieser Herrscher der rechtlichen Argumentation und Form verpflichtet gewesen ist. In seiner Kanzlei wirkten Juristen, die für die Übernahme römischrechtlicher Figuren und Konstruktionen in Herrscherdekrete Pate standen[18]). Insonderheit hat ihn der Prager Erzbischof Ernst von Pardubitz entscheidend und hilfreich als Ratgeber unterstützt[19]).

Schon 1347 bestätigte Karl Rechte und Privilegien der böhmischen Fürsten und Barone[20]); im darauffolgenden Jahr, am 7. April 1348, wiederholte er kraft seiner Autorität als Römischer König und aufgrund seiner Vollgewalt (*plenaria potestas*) diese Konfirmation der Rechte und Privilegien der böhmischen Fürsten[21]). Da er die Rechtsverhältnisse im Innern Böhmens ordnen und in Form eines geschriebenen, unveränderlichen Gesetzes dauernd fixieren wollte, ließ Karl nach dem Vorbild seines Großvaters Wenzel II. unter seiner höchstpersönlichen Leitung ein eigenes Gesetzbuch abfassen, das unter dem Namen Maiestas Carolina in die böhmische Verfassungsgeschichte eingegangen ist[22]). Gleichzeitig versuchte er mit diesem Gesetzbuch, der Verschleuderung der böhmischen Krongüter vorzubeugen: Jede mittelbare und unmittelbare Teilnahme an der Entfremdung von Kronländereien wurde als Hochverrat angeprangert[23]). Der Entwurf selbst wurde zwischen 1346 und 1355 ausgearbeitet. Er enthielt eine Regelung des ganzen böhmischen Territorialrechts, ohne daß er von strenger Systematik durchdrungen gewesen wäre. Gelegentlich lassen sich gewisse Entlehnungen aus dem gemeinen Recht und Anklänge an kanonische und römische Rechtsquellen feststellen[24]). Angeblich soll bereits König Přemysl Ottokar II. 1272 auf der Grundlage des Magdeburger Stadtrechts eine ähnliche Kodifikation angestrebt

---

[16]) «Civitates sine legibus et statutis municipalibus cum salute nequeunt commode subsistere» (Ott 1879 S. 165).
[17]) Liermann 1939 S. 69.
[18]) vgl. Boháček 1975, § 10, S. 37.
[19]) vgl. Ott 1879 S. 63.
[20]) Codex Juris Bohemici II 1, 1896, Nr. 256, p. 265s.
[21]) Goldast 1627, p. 51.
[22]) vgl. Palacký II/2, 1842, S. 298.
[23]) Palacký II/2, 1842, S. 299
[24]) vgl. die aufschlußreiche Charakteristik von Peterka I 1923 S. 152.

haben[25]). Karl IV. beabsichtigte beim Erlaß der Maiestas Carolina keine Umwälzung der bisherigen böhmischen Gewohnheiten, er versuchte lediglich, aus den verstreuten, zersplitterten Einzelbestimmungen des böhmischen Rechtes ein „klar gegliedertes und stilistisch einwandfreies Ganzes" zu schaffen[26]). In der Maiestas Carolina fanden sich sowohl Regelungen des Verfassungs- und Verwaltungsrechts, als auch des Straf-, Verfahrens- und Privatrechts, wobei allerdings die einzelnen Rechtsgebiete ungleiches Gewicht aufwiesen und der Ausdruck eine gewisse Überladung verriet[27]). Der Landesherr von Böhmen wurde als Mitglied der Landesgemeinde interpretiert und das Herzogsgut als Teilbereich der Rechtsordnung angesehen[28]). Der Kirche garantierte der Entwurf das Obereigentum über die *bona ecclesiastica*, mithin über das Kirchengut[29]). Im Prozeß versuchte der König, ältere Mißbräuche zu beseitigen und angemessene Verbesserungen und Ergänzungen einzuführen. Obschon er keineswegs gewillt war, das gesamte altböhmische Rechtssystem zu beseitigen oder das römische Recht einzuführen[30]), gefährdete seine Reform mittelbar das traditionelle System, insofern ihm von vorneherein Volkstümlichkeit abging, weil das Gesetz in einer Sprache abgefaßt war, die der Masse der Analphabeten in keiner Weise erschlossen gewesen ist. Zudem sollten die Stelle der Barone als Richter im obersten Gerichtshof des Königreichs fortan rechtskundige Doktoren einnehmen, in der Regel Kleriker. Mit dieser Besetzung wäre zweifelsohne innerhalb kürzester Zeit in praxi das traditionelle böhmische Recht durch das kanonische und römische Rechtssystem verdrängt worden[31]). Gewisse Romanisierungsspuren sind bei diesem Herrscher gleichwohl nicht zu übersehen. In der Maiestas Carolina finden sich wörtliche und inhaltliche Anklänge an das gelehrte Recht[32]). Die Bestimmung über verbotene, insbesondere durch Drohung zustande gekommene Verträge[33]) beispielsweise ist ganz

---

[25]) Werunsky ZRG GA 1888 S. 66.

[26]) So mit Recht Pfitzner 1938 S. 73.

[27]) vgl. die eingehende Bewertung von Werunsky III, 1892, S. 78.

[28]) vgl. Seibt HZ 1965 S. 310.

[29]) Luschin von Ebengreuth 1899, § 34 Nr. 9, S. 171.

[30]) vgl. Ott 1879 S. 166.

[31]) vgl. Palacký II/2, 1842, S. 343.

[32]) vgl. Ott 1879 S. 167.

[33]) Maiestas Carolina, Rubr. XXIX: De pactis illicitis (Druck: Codex Juris Bohemici II 2, 1870, n. 9, p. 129s). — Die sedes materiae des römischen Rechts stellten u. a. D. 2, 14, 7, 16 und D. 2, 14, 28. C. 2, 3, 6: „Pacta quae contra leges

dem römischen Recht entnommen. Eine Mitwirkung des Bartolus an der Maiestas Carolina muß allerdings nach eingehender Überprüfung verneint werden[34]. Der in lateinischer Sprache gehaltene Gesetzesentwurf ist lediglich in zwei Handschriften überliefert, die immerhin erst aus dem 15. Jahrhundert stammen[35]. Das Bestreben Karls, die Rechtsunsicherheit durch diese Maiestas Carolina zu beseitigen, hat jedoch nicht zu dem ihm vorschwebenden Ergebnis geführt. Da die Landesbarone sich weigerten, den Entwurf zum Gesetz zu erheben und Karl angesichts dieser Opposition vor offenem Kampf mit der Aristokratie seines Landes zurückschreckte, entschloß er sich am 6. Oktober 1355 zur Rücknahme des Gesetzes, zur *Revocatio codicis*[36], und erklärte, das mit Zustimmung gewisser Fürsten und Herren abgefaßte Gesetzbuch sei zufällig verbrannt[37]. Weil es noch nicht eidlich bekräftigt worden und auch noch nicht ordnungsgemäß verkündet worden sei, fehle ihm bindende Rechtskraft und niemand könne daher rechtens mit den in den *Statuta regni* vorgesehenen Strafen belegt werden[38]. Trotz des Nichtvollzugs der Kodifikation erlangte die Maiestas Carolina als Gesetzeswerk respektvolle Autorität und zumindest gewohnheitsrechtliche Geltung, zumal in der Folgezeit manche ihrer Bestimmungen wenn nicht de jure, so de facto verwirklicht worden sind[39]. König Ferdinand zitierte sie 1527 als objektive Rechtsquelle, als ‚Landesordnung‘[40], da ihr Widerruf in Vergessenheit geraten sein dürfte.

Bereits zu Beginn der Regierungszeit Karls IV. begegnet uns ein Rechtsbuch, das ursprünglich höchstwahrscheinlich in tschechischer Sprache verfaßt worden sein dürfte, zumal der überlieferte tschechische Text älter ist als die vorhandene lateinische Fassung dieses Rechtsdenkmals. Es handelt sich um die später allgemein ʻOrdo iudicii terre

---

constitutionesque vel contra bonos mores fiunt, nullam vim habere indubitati iuris est" wirkt fort in §§ 134, 138 I BGB (vom 18. August 1896). — vgl. auch Ott 1879 S. 167.

[34] Pelzel II 1781 S. 960; Palacký II/2, 1842, S. 298f. Anm. 396; Ott 1879 S. 164 Anm. 2; Boháček 1975, § 10, S. 37; § 42, S. 128.

[35] Werunsky ZRG GA 1888 S. 66.

[36] Codex Juris Bohemici II/1, n. 375, p. 409; vgl. Luschin von Ebengreuth 1899, S. 185.

[37] Werunsky ZRG GA 1888 S. 103.

[38] Werunsky ZRG GA 1888 S. 103.

[39] Pfitzner 1938 S. 74.

[40] Werunsky ZRG GA 1888 S. 103.

[41] Werunsky III 1892 S. 39.

Boemie' benannte Aufzeichnung des böhmischen gewohnheitsrechtlichen, das heißt landrechtlichen Gerichtsverfahrens. Der Entwurf fiel
zusammen mit der um 1350 von Karl angestrebten Neuordnung der
kleineren Landgerichte[41]). Dieser Ordo iudicii terre illustriert den zeitgenössischen Rechtsgang und dürfte unter Beeinflussung durch Barone,
Oberbeamte und Schöffen (Kmeten) des Landgerichts als der Repräsentanten der gewohnheitsrechtlichen Verfahrensmaximen zustande gekommen sein[42]). Die Maiestas Carolina hat aus dem Ordo iudicii terre insonderheit das Verfahren bei Klagen und Totschlag entnommen[43]). Zwar
ist, wie Emil Werunsky[44]) mit überzeugender Argumentation feststellen konnte, „die glossierte spätere Recension des Ordo iudicii durch
die Maiestas Carolina beeinflußt worden", doch selbst in dieser Fassung
charakterisiert sich der Ordo iudicii als getreuer Spiegel des landrechtlichen Gerichtsverfahrens in Böhmen vor der karolinischen Reform[45]);
auch der tschechische Titel „Řád práva zemského" ist erst später entstanden[46]). Gleichwohl drohte diesem Ordo iudicii terre das gleiche
Schicksal wie später der Maiestas Carolina: Der böhmische Landtag hat
den Ordo iudicii terre abgelehnt. Dennoch vermochte die Prozeßordnung
Anerkennung im Lande zu gewinnen. In der lateinischen Fassung, die
Karl als Publikationsform wählte, war bereits die Aufhebung der Gottes-
urteile vorgesehen[47]). Mit hoher Wahrscheinlichkeit ist die tschechische
Urform zwischen 1344 und 1350 entstanden, die lateinische Übertragung
kurz danach vorgenommen worden[48]).

Im Gegensatz zum böhmischen Adel, den eine unverkennbare Fort-
schrittsfeindlichkeit auszeichnete, war die Aristokratie des Herzogtums
Breslau, eines anderen unmittelbaren böhmischen Kronlandes, reform-
freudiger gestimmt[49]). Bereits der Vater Karls IV., König Johann von
Böhmen (1310—1346), hatte noch 1346 eine Kommission von sechs
Männern bestimmt, die etwaige Mängel der Stadtprivilegien von Breslau
beseitigen und verbesserte Satzungen oder Willküren aufstellen sollten.
Die eingesetzte Kommission, der Landherren und Breslauer Ratmannen
angehörten, legte 1356, wahrscheinlich nach besonderer Aufforderung

---

[42]) Instruktiv Werunsky III 1892 S. 40.
[43]) Werunsky ZRG GA 1889 S. 111.
[44]) Werunsky ZRG GA 1889 S. 111.
[45]) Werunsky III 1892 S. 40.
[46]) Werunsky ZRG GA 1889 S. 98.
[47]) vgl. Friedjung 1876 S. 94.
[48]) Werunsky ZRG GA 1889 S. 111.
[49]) vgl. vornehmlich Werunsky III 1892 S. 101.

durch Karl IV., ein neues ‚Landrecht für das Herzogtum Breslau' vor, das große Übereinstimmungen mit dem sächsischen Landrecht aufwies, aber im Erbrecht wesentlich vom Landrecht des Sachsenspiegels abwich[50]).

Obschon Karl IV. nur fünf Jahre die Herrschaft über die Mark Brandenburg führte, bestätigte sich auch dort sein Ordnungsstreben, das vor allem in dem Rechtsdenkmal des ‚Landbuches', einer rechtlich-statistischen Aufzeichnung, deutlich wurde[51]). Es ist unverkennbar, daß sich nach der Abtretung der Mark an ihn im Jahre 1373 die dortigen Verhältnisse fühlbar verbesserten[52]). Nach dem Verzicht der Wittelsbacher auf ihre Herrschaftsrechte versuchte der Kaiser, in Brandenburg im Zuge der Durchführung seiner Territorialziele eine Übersicht und Beschreibung des neu gewonnenen Landes zu erreichen[53]). Noch im Herbst 1373 fertigte man diese Beschreibung aus[54]). Danach bestand die Mark aus fünf Provinzen (*dominia*): Neumark, Altmark, Prignitz, Uckerland und Mark über der Oder. Karl befahl, die Rechtsverhältnisse jeder einzelnen Ortschaft genau zu verzeichnen, damit künftigen Übergriffen begegnet werden konnte[55]). Die Gerichtseinkünfte des Landgerichtes (*iudicium supremum*) wurden 1375 aufgeteilt, und zwar erhielt der Richter ein Drittel, der Landesherr zwei Drittel der Einnahmen[56]). Die Lehngerichtsbarkeit übte der Markgraf von Brandenburg als *dominus feudi* persönlich aus[57]). Zugleich mit der Landesbeschreibung dürfte der Kaiser auch die Anfertigung eines spezifischen Registers oder Urbars der territorialen Besitz- und Abgabenverhältnisse befohlen haben. Sicher trifft die Feststellung von Johannes Schultze zu, daß man „in der breiten Schicht der Bevölkerung dem Kaiser wohl mit der Erwartung begegnen durfte, daß er für Ordnung und Sicherheit sorgen werde"[58]). Das ‚Landbuch' Karls IV. (abgeschlossen 1375) reflektiert letztlich eine Entwicklung, in deren Verlauf die Markgrafen innerhalb eines Jahr-

---

[50]) Werunsky III 1892 S. 102f.
[51]) vgl. Friedjung 1876 S. 95.
[52]) Helbig 1973 S. 51.
[53]) Schultze II 1961 S. 161.
[54]) Schultze II 1961 S. 162.
[55]) Bornhak 1903, § 3, S. 14.
[56]) Bornhak 1903, § 5, S. 23.
[57]) Bornhak 1903, S. 25.
[58]) Schultze II 1961 S. 164.

hunderts nahezu ihren gesamten grundherrlichen Besitz verloren hatten[59]).
Es verkörpert eine bedeutsame Rechtsquelle, die verläßlich den inneren
Zustand der Mark Brandenburg bei der Herrschaftsübernahme durch
die Luxemburger illustriert und ebenso die Machtverhältnisse von Adel
und Kirche durchleuchtet wie die bäuerlichen Zustände, beides sowohl
aus ständischer und rechtlicher als auch aus wirtschaftlicher und finan-
zieller Perspektive. Es gibt darüber hinaus auch siedlungsgeschichtliche
Aufschlüsse[60]).

Die Aussage von Franz Martin Pelzel in seiner Biographie des Kaisers
1781 dürfte selbst aus unserer Sicht in gewissem Grade zutreffen, daß
nämlich Karl IV. eine hohe Kenntnis des Reichsrechts bewies, der
Satzungen des damaligen Reiches, nach denen er handelte und urteilte[61]).
Entsprechend der romanistischen Auffassung stand das Recht der Gesetzgebung und authentischen Interpretation ausschließlich dem Kaiser
zu[62]), auf den die Jurisdiktion des römischen Volkes im Wege der *translatio imperii* übergegangen war. Gleichwohl konnte sich das kaiserliche
Gesetzgebungsrecht nicht willkürlich entfalten, zumal es Schranken am
geltenden Recht fand. Zu den verbindlichen Rechtssätzen gehörten
vornehmlich Hofgerichtsurteile, insonderheit Kurfürstenurteile, die
vielfach Weistumcharakter aufwiesen[63]). In seiner bedeutsamen Goldenen Bulle von 1356 verankerte Karl IV. das *Sacrum Romanum Imperium*
als Wahlreich. Dieses Reichsgrundgesetz stellte die Endgültigkeit des
‚Reichsterritorialismus' in Rechnung und bekannte sich damit zu dem
Zustand der Verfassung, wie er sich im Verlaufe des hohen Mittelalters
in Deutschland im Gegensatz zu den europäischen Nationalstaaten
herausgeformt hatte[64]). Mit Recht hat Josef Pfitzner unterstrichen, daß
die Goldene Bulle am „veralteten Überstaate festhielt und nicht den
leisesten Versuch unternahm, das Reich mit den Mitteln anderer Staaten
zu stärken"[65]). Allerdings war sich Karl IV. mit seinen luxemburgischen
Regierungsvorfahren darin einig, die Habsburger politisch zurückdrän-
gen zu müssen: Die Goldene Bulle verbaute ihnen bei der Kodifikation

[59]) Helbig 1973 S. 40.
[60]) vgl. Weirich ZRG GA 1942 S. 479.
[61]) Pelzel II 1781 S. 489.
[62]) vgl. die lex „Si imperialis" Kaiser Justinians von 529: „... tam conditor
quam interpres legum solus imperator iuste existimabitur ..." (C. 1, 14, 12).
[63]) Zeumer 1908 S. 141.
[64]) Pfitzner 1938 S. 67f.
[65]) Pfitzner 1938 S. 69.

des kurfürstlichen Herkommens weithin die Aussichten auf einen Eintritt in das Kurkolleg[66]).

Karl IV. verkörpert zweifelsohne den eigentlichen Gesetzgeber der Goldenen Bulle, wie viele Persönlichkeiten auch immer in seiner Kanzlei an dem Gesetzgebungswerk mitgewirkt haben mögen[67]). Gelegentlich haben frühere Geschichtsforscher Rudolf von Friedeberg als Hauptverfasser der Goldenen Bulle angesprochen[68]). Vermutungen, wonach der bedeutende italienische Jurist Bartolus de Sassoferrato am Zustandekommen der Bulla aurea beteiligt gewesen sein soll, lassen sich nicht bestätigen. Mit Recht muß man bezweifeln, ob dieser überragende Rechtslehrer gerade das deutsche Staatsrecht mit jener hohen Detailkenntnis beherrschte, die die Goldene Bulle immerhin erkennen läßt[69]). Daran ändert nichts, daß bekanntlich römisches Recht auch in dieses Reichsgrundgesetz eingedrungen ist und daß schließlich Majestätsbeleidigung (*crimen laesae maiestatis*) als Begriff des Hochverrats ein scharfes Instrument im Verfassungskampf werden sollte[70]). Die hohe Bedeutung der Goldenen Bulle von 1356 klingt in einer Würdigung des späten 18. Jahrhunderts an, wo dieser Gesetzgebungsakt gerühmt wurde als das ,,größte und wichtigste Werk, so der Kaiser Karl während seiner Regierung vollbracht hat, und welches das einzige und demantene Band ist, wodurch die Überbleibsel des römischen Reichs, und die thönernen Füsse, worauf es noch steht, befestiget, und von dem Falle, und der gänzlichen Zerstörung bewahret wird"[71]). Zweifellos blieb die Goldene Bulle Fundamentalgesetz, auf dem sich Würde und Majestät des Reiches gründeten, Voraussetzung und Bollwerk des inneren staatlichen Friedens im Reich. Karl hat hier das reichsgesetzliche Friedensrecht zusammengefaßt, als Friedensordnung verankert und programmiert. Damals fanden nicht zuletzt kaiserliche Friedenshoheit und Friedensgewalt neue Regelung und neue Inhalte[72]). Kein geringerer als der moderne Kommentator der Goldenen Bulle, Karl Z e u m e r, hat die Möglichkeit angedeutet, Karl habe durch dieses Gesetz über die Königswahl und eine Anzahl anderer Gesetze ,,die Wohlfahrt des Reiches ohne jeden Hinter-

---

[66]) vgl. die scharfsinnige Lagebeurteilung von L u s c h i n v o n E b e n g r e u t h ZRG GA 1908 S. 425f.
[67]) Mit Recht F r i e d j u n g 1876 S. 87.
[68]) vgl. F r i e d j u n g 1876 S. 105.
[69]) So völlig überzeugend F r i e d j u n g 1876 S. 89.
[70]) W i e a c k e r 1967, § 7 II 2, S. 136.
[71]) P e l z e l 1781 S. 551.
[72]) vgl. eingehend A n g e r m e i e r 1966 S. 175ff., S. 184ff.

gedanken und ohne jede Nebenabsichten zu fördern" unternommen[73]). Dieser Standpunkt erhebt Karl als Menschen und Träger der Reichskrone weit über sein Streben als Politiker. Man muß dem Herrscher diese bewußte Absicht der Förderung des Reichswohles gerechterweise anrechnen und ihr zugleich einen entscheidenden Beitrag zur Bewahrung der Reichsidee beimessen. Im Kapitel XXIV des Metzer Teiles der Goldenen Bulle hat Karl das kurfürstliche Majestätsrecht an den Codex Justinianus[74]) angepaßt und lediglich die römischen Senatoren jener Rechtsquelle durch die zeitgenössischen Kurfürsten ersetzt[75]). Das Versammlungsrecht der Kurfürsten hat der Kaiser nicht beanstandet. Überhaupt betrachtete er die Kurfürsten als Säulen und Grundpfeiler des Reiches, deren Zusammenkünften er hohe Bedeutung beimaß[76]). Hermann Conring erblickte den Grund für die lateinische Ausfertigung der Bulla aurea in der Tatsache, daß dieses Grundgesetz nicht nur eine Kodifikation Karls IV., sondern eben Gesetz aller Ordnungen, *lex omnium ordinum*, sei, die vom Kaiser allein nicht mehr aufgehoben oder verändert werden konnte[77]). Trotz des durchaus positiv zu bewertenden Vorhabens des Kaisers war durch dieses Reichsgrundgesetz die Entwicklungsrichtung der deutschen Reichsverfassung nicht mehr entscheidend zu beeinflussen, da die Kurfürsten ihre privilegierte Stellung vielfach zu Lasten des Reiches und des Wahlkönigtums ausnutzten und das erbliche Königtum in mancher Hinsicht eine aktive Kron- und Reichspolitik weithin ausschloß[78]). Zudem hat es die Goldene Bulle versäumt, neben Königswahl und Thronfolge ergänzend wichtige Verfassungs- und Verwaltungsfragen zu regeln, insbesondere einen allgemeinen Reichslandfrieden grundgesetzlich zu verankern[79]).

Die Bemühungen Karls um Herstellung von Ruhe und Frieden im Reiche dürfen gleichwohl nicht gering veranschlagt werden. Er war in seiner Landfriedenspolitik zwischen 1350 und 1370 von der Auffassung durchdrungen, „daß weiterhin der obersten Reichsgewalt auch die Leitung aller Friedensorganisationen zukomme" (Heinz Angermeier)[80]).

[73]) Zeumer 1908 S. 191.
[74]) C. 9, 8, 5.
[75]) Zeumer 1908 S. 90; Luschin von Ebengreuth ZRG GA 1908 S. 421.
[76]) vgl. Zeumer 1908 S. 62f.
[77]) Conring Opera II 1730, Cap. II § 5, p. 258.
[78]) Werunsky III 1892 S. 164ff.
[79]) Werunsky III 1892 S. 164f.; Angermeier 1966 S. 177, 187.
[80]) Angermeier 1966 S. 203.

Der König hat sich auf seinen Fahrten und Reisen unablässig um die Errichtung von Landfriedensschlüssen bemüht. So schloß er im September 1353 in Ulm einen Landfrieden in Schwaben[81]. Im darauffolgenden Monat Oktober errichtete er einen Landfrieden für den Oberrhein und das Elsaß. An der *liga pacis* als Instrument des Rechtes war neben verschiedenen Herrschaften auch der Bischof von Basel und die Stadt Basel beteiligt, während sich der Markgraf von Baden dem Bündnis entzog[82]. Im November des gleichen Jahres wurde ein Landfriede durch die Städte in Speyer beschworen[83]. Am 28. Januar 1354 schloß er zu Frankfurt am Main mit dem Mainzer Erzbischof Gerlach von Nassau, den Grafen Adolf und Johann von Nassau, Gottfried von Ziegenhain und Eberhard von Wertheim sowie den Städten Frankfurt, Friedberg, Wetzlar und Gelnhausen einen Landfrieden bis Martini und von da auf zwei Jahre[84]. In diesem Landfrieden zeichnete sich die starke Stellung des Königs deutlich ab, was dadurch zusätzlich unterstrichen wurde, daß er persönlich beteiligt war und mehr noch dadurch, daß sein Landvogt Ulrich von Hanau als Obermann des Landfriedens eingesetzt wurde[85]. Ein weiterer wetterauischer Landfriede kam am 14. November 1371 zustande, allerdings für einen stark verkleinerten Geltungssektor und nur für eine sehr beschränkte Dauer[86]. Am 16. November 1371 schrieb Karl an Bürgermeister und Rat zu Halle, er beabsichtige, einen gemeinen Frieden im Lande zu errichten[87]. Dem thüringischen Landfrieden vom 28. März 1372, der gegen die Wettiner gerichtet war, kam ein mehr militärischer Charakter zu, da sich die Teilnehmer, unter ihnen auch der Mainzer Erzbischof, zur Abwehr gegen jeden Angreifer verbündeten[88]. Zwischen der Mark Brandenburg, Mecklenburg und Pommern schloß Karl IV. am 17. Mai 1374 einen Landfrieden zu Prenzlau[89]. Aber nicht nur territoriale Befriedungsaktionen beschäftigten den Kaiser, an Reichszentralisierungsbestrebungen mangelte es ihm ebensowenig. In dem ihm zugeschriebenen Fürstenspiegel aus dem Jahr 1377 hat er als Vermächt-

---

[81] RImp VIII, n. 1583a, S. 126.
[82] RImp VIII n. 1644a, S. 131.
[83] RImp VIII n. 1656a, S. 132.
[84] RImp VIII n. 1768, S. 141.
[85] Schwind 1972 S. 221.
[86] Schwind 1972 S. 232.
[87] RImp VIII n. 5005, S. 415.
[88] Aufschlußreich vor allem Angermeier 1966 S. 240f.
[89] RImp VIII n. 5352, S. 443f.; dazu Schultze II 1961 S. 165.

nis an seinen Sohn ausdrücklich betont, dieser solle alles anstreben, „was der Wiederaufrichtung des seit langem darniederliegenden Gemeinwesens diene und das in viele Teile zerstückelte Römische Reich zu einem Ganzen zusammenfasse"[90]).

In diesem nach dem Vorbild der *ars dictandi* ausgerichteten sogenannten Fürstenspiegel Karls IV.[91]) wird der übliche Tugendkatalog für den Herrscher aufgestellt. Die Forschung hat längst erwiesen, daß sich sämtliche Ereignisse und Bemerkungen ausschließlich auf Karl IV. und seinen Sohn Wenzel beziehen[92]). Gleichwohl äußert sich diese Schrift vielfach in abstrakten, wirklichkeitsfernen Andeutungen und in der zeitgenössisch üblichen Anlehnung an literarische Modelle[93]). Immerhin klingt der hohe Gerechtigkeitssinn Karls IV. in diesem Fürstenspiegel an, gewinnt darin das Aufgreifen der Gerechtigkeitsdefinition des großen römischen klassischen Juristen Ulpian[94]) Gestalt[95]). Dem Kaiser war es ernst um die Verwirklichung des Ideals des *honeste vivere, alterum non laedere, suum cuique tribuere*. Er war überzeugt, der Fürst müsse das Gesetz befolgen, habe die Rechtsbrecher zu strafen, die übrigen zu bessern und die guten Sitten des Staates zu stärken[96]).

Durchaus begreiflich ist es, wenn Karl als Landesfürst die Selbständigkeit Böhmens gegenüber dem Reich nicht aus dem Auge verlor. Außerdem hatte Böhmen schon früh kraft Herkommens und Privilegierung gegenüber anderen Reichsländern den später weithin respektierten Grundsatz des deutschen Staatsrechts verwirklicht, wonach jeder Reichsstand in seinem Lande wie der Kaiser im Reiche handeln könne[97]). Böhmen eignete insbesondere das Evokations- und Appellationsprivileg. Kaiser Karl IV. hatte dem Königreich Böhmen am 7. Januar 1356 diese bedeutsamen Gerichtshoheitsrechte ausdrücklich bestätigt, wodurch der ausschließliche Gerichtsstand des böhmischen Königsgerichts und der böhmischen Richter dokumentiert und der Rechtszug zu anderen außerhalb des Königreichs liegenden Foren unterbunden wurde[98]).

---

[90]) Steinherz 1925 S. 23.
[91]) Berges 1938 S. 105.
[92]) Berges 1938 S. 354.
[93]) vgl. F. Baethgen HZ 1926 S. 169.
[94]) „honeste vivere, alterum non laedere, suum cuique tribuere" (D. 1, 1,10).
[95]) Steinherz 1925 S. 47.
[96]) Steinherz 1925 S. 62.
[97]) Luschin von Ebengreuth 1899, § 34 Nr. 1, S. 166.
[98]) Goldast 1627 p. 78s.

Verstöße gegen das *Privilegium de non evocando* des Königs von Böhmen zogen die Nichtigkeit der Evokation nach sich. Derjenige, der widerrechtlich appellierte, ging ohnehin seines Rechtes verlustig[99]). Wenn böhmische Untertanen vorsätzlich an fremde Gerichte appellierten und diese böhmische Untertanen luden, unterfiel dieser Sachverhalt dem Tatbestand des Majestätsverbrechens und konnte nach späterer juristischer Auffassung als solches behandelt werden[100]).

Ausdrücklich und grundsätzlich wurde bereits in der Maiestas Carolina der böhmische König als *legibus solutus*[101]) betrachtet[102]). Der König von Böhmen war also kraft menschlichen Rechtes von der Beachtung der Gesetze befreit. Er konnte die ihm unterstellten Völker richten, selbst aber von niemandem abgeurteilt werden[103]). Hier findet sich tatsächlich ein Anklang an die Digesten, die ebenfalls das Prinzip des *Princeps legibus solutus* expressis verbis proklamierten. Die *lex regia* verlieh dem Fürsten oberste Gewalt. Für Fürsten fehlte die Strafverfolgung; es gab kein Recht, sie für Vergehen und Verbrechen zur Verantwortung zu ziehen. Allerdings galt dieser Grundsatz der Loslösung von Gesetzen nicht für das göttliche Recht, dem auch der Fürst zu jeder Zeit unterworfen blieb. Da er nach mittelalterlicher Auffassung vom Gottesgnadentum seine Gewalt von Gott herleitete, war er Gottes Untertan und erkannte Gott als den Höheren an. Insofern blieb der Kaiser letztlich ebenso wie der König von Böhmen der *lex divina* unterworfen, die keine Dispens zuließ, weder für diesen noch für jenen[104]).

Das böhmische Königsgericht war vor allem für die schwersten Verbrechen wie Hochverrat, öffentlichen Friedensbruch, Fehde, Mißbrauch der Amtsgewalt durch städtische Beamte, Münzfälschung, Hausung von Geächteten, Totschlag, Raub, Notzucht, Heimsuchung, Diebstahl und Brandstiftung zuständig. Mindestens einmal jährlich präsidierte der Unterkämmerer anstelle des Königs dem ‚gehegten' Gericht in den ein-

---

[99]) Ludewig 1716, Tit. 8 § 2, S. 805 Anm. k.

[100]) Ludewig 1716 S. 797.

[101]) D. 1, 3, 31: „Princeps legibus solutes est ... — Für den Kaiser: D. 32, 23. — I. 2, 17, 8: ... legibus soluti sumus, attamen legibus vivimus".

[102]) Maiestas Carolina, Rubr. LXXIV et XLII: „Licet nostra regalis auctoritas legibus sit soluta ... Licet humano jure princeps legibus sit solutus ..." (Codex Juris Bohemici II/2, p. 160 u. p. 141).

[103]) Maiestas Carolina, Rubr. XLII: „... et cunctos populos sibi subjectos habeat judicare, et a nemine ipse judicetur ..." (Codex Juris Bohemici II/2 p. 141).

[104]) vgl. den aufschlußreichen Kommentar von Arumaeus 1621, n. 52, p. 245.

zelnen Städten, an dem allerdings nicht nur Kapitalverbrechen, sondern auch weniger schwere Tatbestände verhandelt wurden[105]). Das Recht über Leben und Tod stand auch in Böhmen ausschließlich dem König zu: *Justitia personalis semper regiae dignitati intelligitur reservata*[106]). Insonderheit hatte die Maiestas Carolina das Blenden (*oculos eruere*) als ausschließliches Königsrecht erklärt, das Baronen und Adeligen nicht zukam[107]). Es war den böhmischen Baronen überhaupt untersagt, Bestrafungen an Leib und Leben, insbesondere Hand- und Fußabschlagen, zu befehlen[108]). Bei Zuwiderhandlung drohte ihnen die Strafe gleicher Art. Aufschlußreich erscheint das Verbot des Gottesurteils des glühenden Eisens (*experimentum ferri candentis*) und des kalten Wassers (*aquae frigidae*) durch die Maiestas Carolina[109]). Nach altem Herkommen waren in Notzucht- und Ehebruchverfahren diese Ordalien ehedem in Böhmen als Beweismittel üblich gewesen. Das Gottesurteil durch den Zweikampf, das Duell, wurde auf drei Fälle beschränkt, nämlich auf Beschuldigung der Bedrohung von Leib und Leben des Königs oder seiner Dynastie, des Verkaufs von Königsgut ohne Wissen des Königs und unzüchtiger Handlungen am Königshof. Im Falle, daß der kämpflich Geladene nicht zum Zweikampf erschien, hatte der Angreifer kraft Gewohnheitsrechts immer noch die Möglichkeit, ihn vor das Königsgericht zu laden, wo die Sache dann entschieden werden mußte[110]). Die Gerichtsbesetzung selbst sah auch im Königreich Böhmen die Schöffenverfassung (*officium scabinorum*) vor. Das Richteramt wurde vom König verliehen, zumal der Richter immer als Stellvertreter des Königs amtierte[111]). Wie im deutschen Recht beschränkte er sich auf die Leitung des Verfahrens ohne selbst Recht zu sprechen[112]). Richter und Schöffen unterstanden dem königlichen Unterkämmerer, der zu den höchsten Hofbeamten zählte[113]). Bevorzugt ernannte man Herren (*barones, domini*) zu Richtern und Schöffen (*scabini*)[114]). Niemals sollten von drei Brüdern zwei gericht-

[105]) Werunsky III 1892 S. 8.
[106]) Maiestas Carolina, Rubr. LXXXIV; vgl. Palacký II/2, 1842 S. 347, Anm. 464.
[107]) Rubr. LXXIX, § 2 (Codex Juris Bohemici II 2, p. 164).
[108]) Rubr. LXXIX, § 5 (Codex Juris Bohemici II 2).
[109]) Rubr. XXXIX § 1 (l. c., p. 139); vgl. Nottarp 1956 S. 386.
[110]) Instruktiv Werunsky ZRG GA 1888 S. 95.
[111]) Rössler 1845 S. XLVI.
[112]) Rössler 1845 S. XLVI.
[113]) Rössler 1845 S. XLVII.
[114]) Rössler 1845 S. XLVIII.

liche Ämter bekleiden[115]). Voraussetzung für die Ausübung des Richteramtes im Königreich Böhmen war die Beherrschung der böhmischen Sprache (*idioma seu lingua Boemica scilicet Sclavonica*)[116]).

Zur stärkeren Zentralisierung des landrechtlich ausgerichteten Grundbuchwesens hatte Karl IV. übrigens bereits 1348 die Vereinigung der Landtafeln (*tabulae terrae*) der alten Kreisgerichte von Iglau, Znaim und Jannitz mit der Brünner Landtafel befohlen[117]). In der Maiestas Carolina[118]) war vorgesehen, daß die Landtafeln vom Landschreiber (*terrae notarius*) geführt und zentral auf der Prager Hofburg verwahrt werden sollten.

Allgemein ist bekannt, daß Böhmen durch die Goldene Bulle von 1356 die erste Stimme unter den weltlichen Kurfürsten des Reiches bei der deutschen Königswahl erhielt, obschon dieses Kurfürstentum ursprünglich immerhin ein nichtdeutsches, fremdbevölkertes Land war[119]). Eine gewisse Eigenständigkeit äußerte sich allein schon im Recht des Prager Erzbischofs, den böhmischen König zu krönen. Nicht von ungefähr hatte Karl IV. am 1. September 1347 in Prag bestimmt, daß der jeweilige Prager Metropolit die Könige von Böhmen krönen und ihnen Schwert, Reichsapfel und Zepter sowie die übrigen Königsinsignien übergeben solle. Damals widerrief und annulierte er gleichzeitig sämtliche einschlägigen Rechte und Gewohnheiten, die bis dahin den Mainzer Erzbischöfen zugestanden hatten[120]). In staatsrechtlicher Beziehung galt der König von Böhmen als Deutscher (*Teutonicus*), da nach verbindlichem Rechtsstandpunkt im Mittelalter nur Deutsche Reichsstandschaft ausüben durften[121]). Zudem war der Böhme bei der Kur Obermann. Die Sachsenspiegelglosse erklärte, der deutsche Böhme dürfe allein bei Stimmengleichheit „kiesen"[122]). Ihm wurde ganz allgemein Ehrerbietung zuteil, da er kraft Rechts und Herkommens wegen seines königlichen Charakters den Primat unter den weltlichen Kurfürsten innehatte[123]). Karl IV. hat überdies das königliche Majestätsrecht, die Heilig-

---

[115]) Maiestas Carolina, Rubr. XX § 2 (Codex Juris Bohemici II 2, p. 125).
[116]) Maiestas Carolina, Rubr. XIX § 1 (Codex Juris Bohemici II 2).
[117]) Werunsky III 1892 S. 6.
[118]) Maiestas Carolina, Rubr. XXVII (Codex Juris Bohemici II 2, p. 128).
[119]) Uhlirz 1963 S. 387.
[120]) Codex Juris Bohemici II 1, 1896, Nr. 257, S. 266ff.
[121]) vgl. Pfeffinger II 1698, Lib. III, Tit. XII, princ. 1, p. 157.
[122]) vgl. Weizsäcker, Fs. Heymann 1940 S. 206
[123]) „... ex regie dignitatis fastigio iure et merito obtinet primaciam ..."
(Cap. IV Goldene Bulle Karls IV. von 1356).

keit und Unverletzlichkeit der Person des Monarchen, in der Goldenen Bulle auf alle Kurfürsten ausgedehnt, da er deren Kolleg als Teil des *corpus imperiale*, des kaiserlichen Leibes, interpretierte[124]).

Die Gerichtsverfassung des Reiches verdankte Karl IV. auch die Entstehung des jüngeren königlichen Hofgerichts. Der Kaiser wollte dieses Forum zum höchsten Gericht des „institutionellen Flächenstaates" erheben[125]). Zielstrebig hat er den Ausbau dieser Instanz betrieben und sie durch Festigung ihrer Verfassung zu einem markanten Sinnbild der königlichen Jurisdiktionsgewalt erhoben[126]). Das Gericht war in gewissen Fällen mit Fürsten besetzt, wenn es Streitigkeiten zwischen Reichsdynasten zu erledigen hatte[127]). Im Jahre 1349 tritt das Hofgerichtssiegel Karls IV. erstmals in Erscheinung. Es zeigt den stehenden König, in der Rechten das querliegende Schwert, in der Linken das Zepter. Die Umschrift verdeutlicht den königlichen Charakter dieses Tribunals: *Sigillum judicis curie Karoli Dei gratia Romanorum regis semper augusti et Boemie regis*[128]). Hofgerichtsurkunden Karls IV. wurden entweder mit dem Majestäts- oder auch mit dem Hofgerichtssiegel beglaubigt. Eine feststehende Übung läßt sich für die Handhabung der Reichskanzlei nicht feststellen[129]). Davon abgesehen wiesen die Hofgerichtsurkunden Karls IV. ein festes, geradezu stereotypes Formular auf, das unverkennbar die Beeinflussung durch die zeitgenössische Reichskanzlei verrät[130]). Rechtsgeschichtlich bedeutsam bleibt die Tatsache, daß sich die Möglichkeit von Supplikationen oder Beschwerden an den König gegen hofrichterliche Urteile de iure nicht belegen läßt. Obwohl also ein nachträgliches Einschreiten des Königs in den abgeschlossenen Verfahrensgang rechtlich nicht erlaubt war, haben derartige Eingriffe in praxi häufig die Autorität des Hofgerichts und der Rechtsordnung erschüttert[131]).

Kein geringerer als Karl hat schließlich das Amt des Hofpfalzgrafen von Italien nach Deutschland übertragen[132]). Die Forschung hat längst erkannt, daß diese *comites sacri palatii* zu Bahnbrechern der Rezeption

---

[124]) Werunsky III 1892 S. 155.
[125]) Weizsäcker 1960 S. 233.
[126]) Wohlgemuth 1973 S. 117.
[127]) Franklin II 1869 S. 153.
[128]) Vgl. Lindner, Urkundenwesen 1882 S. 48.
[129]) Wohlgemuth 1973 S. 76.
[130]) Wohlgemuth S. 77.
[131]) Zutreffend Franklin II 1869 S. 117.
[132]) Schröder/Künßberg 1932, § 66, S. 866.

des römischen Rechtes geworden sind[133]). In ihren Zuständigkeitsbereich
fielen die Erteilung königlicher Gnadenakte wie Wappen- und Adels-
briefe, Akte der freiwilligen Gerichtsbarkeit, insonderheit im Sektor
des Testaments-, Adoptions- und Vormundschaftswesens, die Legitimation unehelicher Kinder und die Beseitigung des Ehrverlustes[134]). Erst
mit Beginn der Regierungsperiode Karls IV. bekam dieses neuere Pfalz-
grafenamt überhaupt eine Funktionsgrundlage[135]). Zuvor äußerten sich
die Befugnisse lediglich in der Sonderprivilegierung einzelner Personen
oder Geschlechter. Seit Karl IV. aber läßt sich auch die Verleihung
akademischer Würden durch Holzpfalzgrafen feststellen[136]). Die Befugnis zur Ernennung von Notaren dürfte allerdings bereits in der zweiten
Hälfte des 13. Jahrhunderts üblich gewesen sein[137]). Das Recht der
Pfalzgrafen, Bauern zu Bürgern zu erheben, hat indes nachweislich
Karl IV. diesen verliehen[138]). Gleichfalls aus seiner Epoche stammt der
Titel der Lateranensischen Pfalzgrafen, an den die gewöhnlichen pfalz-
gräflichen Rechte geknüpft waren[139]).

Das Institut der Jahrgebung nach dem Modell der römischen *venia
aetatis*, womit der Kaiser Unmündigen die Mündigkeit verlieh, wurde
bereits unter Karl IV. partikulär vorrezipiert[140]). Durch diese Rechtsfigur wurden Minderjährige berechtigt, fortan für volljährig zu gelten.
Kaiser Konstantin[141]) hatte mit der *venia aetatis* auf Antrag Männern
vom zwanzigsten und Frauen vom achtzehnten Lebensjahr an das Ende
ihrer Minderjährigkeit bescheinigt.

Das Bild Kaiser Karls IV. und die Charakteristik seines Verhältnisses
zum Recht müßte unvollständig bleiben, wollte man nicht seiner Kon-
takte und Beziehungen zu zeitgenössischen profilierten Rechtsgelehrten
gedenken. Schon am 19. Mai 1355 nahm Karl IV. in Pisa Bartolus de
Sassoferrato als seinen Rat und Hausgenossen an[142]). Gleichzeitig erteilte
er ihm und seinen Nachkommen, die wie er Doktoren der Rechte sein
würden, die Befugnis (*clementia specialis*), unter 25 Jahre alte Minder-

---

[133]) Schröder/Künßberg 1932 § 44, S. 528.
[134]) vgl. statt anderer Schröder/Künßberg 1932, S. 529.
[135]) Ficker II 1869, N. 264, S. 108f.
[136]) Ficker II 1869, N. 263, S. 107.
[137]) Ficker II 1869, N. 264, S. 109.
[138]) Ficker II 1869, N. 262, S. 105.
[139]) Ficker II 1869, N. 265, S. 112ff.
[140]) vgl. statt anderer grundsätzlich Conrad I 1962 S. 398.
[141]) C. 2, 44, 2; vgl. Kaser II 1959, § 207 I 3, S. 80.
[142]) Ficker IV 1874, Nr. 522, S. 537.

jährige für volljährig zu erklären und an der Universität von Perugia jene
Studenten, die nicht ehelich geboren seien, aber zu ihren Hörern zählten,
zu legitimieren[143]). Auffallenderweise zeigte das Wappen, das Bartolus
von Karl verliehen bekam, einen roten Löwen in goldenem Feld, Karls
persönliches Wappen als König von Böhmen[144]). Rechtsgelehrte hat
Karl übrigens auch zu kaiserlichen Hofpfalzgrafen erhoben, so 1360
Amicino de Bozuliz und neun andere italienische Rechtsgelehrte[145]). 1361
erhob er Söhne des widerrechtlich zum Tode verurteilten Fencius in
Florenz unter Wiederverleihung des römischen Bürgerrechts zu Grafen
des kaiserlichen Hofes, denen die Befugnis zustand, tüchtige Rechtsgelehrte mit der Doktorwürde auszuzeichnen[146]). Der Grund für die
lange, zäh verwurzelte Legende von einer Mitwirkung des Bartolus am
böhmischen Recht und seinem Aufenthalt in Böhmen ist nach den neuesten Forschungen von Václav Vaněček in der Ähnlichkeit des römischen Rechts mit dem böhmischen und in dem Versuch zu sehen, alte
Wurzeln der böhmischen Krone freizulegen[147]).

Überblickt man die Wirksamkeit Karls IV. für Recht, Kodifikation
und Gerichtsbarkeit, so muß dem Kaiser, dessen Charakterbild in
einer nicht völlig tendenzfreien Historiographie schwankt, gleichwohl
bescheinigt werden, daß er sich im wesentlichen durchaus bewußt als
»Wahrer und Mehrer des Rechtes« betätigt und erwiesen hat. Sicherheit
und Ordnung, Tradition und Recht lagen diesem gläubigen Konservativen zweifellos am Herzen. Daß er in manchem sein Königreich Böhmen
stärker bevorzugt, könnte eher als moderner Zug gewertet werden, darf
jedoch keineswegs dazu verleiten, das Verdienst seines Wirkens für
Verfassung und Recht des Reiches zu schmälern. Dem religiös orientierten
Herrscher bedeutete das Reich sakrale Aufgabe und rechtliche Verpflichtung. Nicht zuletzt sollten gerade die Gesetzgebungsakte des
Monarchen, rechtsverbindliche sowohl als auch Projekte und Pläne,
die Erinnerung an diesen begabten Fürsten wachhalten. Majestätsrecht
und Landesordnung, Zentralisation und Rechtspflege bildeten stets
Hauptanliegen und Verpflichtungen seines persönlich verantwortungs-
voll empfundenen Herrscheramtes.

---

[143]) Ficker IV 1874, Nr. 523, S. 538; vgl. auch Vaněček 1962, p. 373s;
Pelzel II 1781 S. 463.
[144]) Van de Kamp 1936 S. 131 u. Anm. 5.
[145]) Pelzel II 1781 S. 622.
[146]) Pelzel II 1781 S. 683.
[147]) Vaněček 1962 p. 391

Bartolo de Sassoferrato

Kein anderer Jurist des gesamten Spätmittelalters vermochte ein derart hohes Ansehen und eine so unbezweifelte fachmännische Autorität im Sektor der Rechtswissenschaft zu gewinnen wie der berühmte Konsiliator und Postglossator Bartolo de Sassoferrato. Niemand galt überhaupt als guter Jurist, sofern er nicht zugleich sich als Bartolist auswies (*nemo bonus iurista nisi bartolista*). Mit voller Berechtigung konnte Franz Wieacker auf die historische Erscheinung verweisen, daß schließlich der Name dieses Kommentators „jahrhundertelang fast zum Gattungsnamen des Juristen schlechthin" wurde. Gemessen an seinen juristischen Zeitgenossen überragte er diese alle durch rastlose Schaffenskraft sowohl als auch durch die von ihm ausgelöste rechtsexegetische und rechtspolitische Wirkung. Diese sogenannte Leuchte des Rechtes, dieser Führer der Blinden, dieser Spiegel und Vater der Wahrheit, wie ihn rühmende *Laudationes* priesen, hörte auf den Familiennamen Cecchi Bonacursii Severi und wurde nach dem 10. November 1313 in Venatura, unweit von Sassoferrato, im Herzogtum Urbino, geboren. In seiner Kindheit unterrichtete ihn Petrus von Assisi (Pietro di Assisi). Bereits im frühen Alter von 14 Jahren nahm er das Studium der Rechtswissenschaft 1328 zu Perugia auf, wo er insbesondere Schüler des großen Legisten Cinus von Pistoia (1270—1336) gewesen ist. Anschließend studierte Bartolo in Bologna. Hier, bei der Nährmutter der Rechte (*nutrix legum*), hörte er bei Jacobo Buttrigario (um 1274 bis 1348), Rainerio da Forli († 1358), Oldrado da Ponte († 1335) und Jacobo da Belvisio (1270 bis 1335). Schon als 20jähriger Jurist hielt Bartolo Repetitionen und Disputationen ab. Am 17. September 1334 legte er sein Doktorexamen in Bologna ab, und am 10. November des gleichen Jahres wurde er im dortigen Dom San Pietro feierlich zum Doktor der Rechte (*legum doctor*) promoviert. Außerdem studierte Bartolo Geometrie bei dem Theologen *Guido de Perusio*. 1338 wirkte er kurzfristig als Advokat an der *Curia generale*, dem Landgericht, des Rektors der Anconitanischen Mark. Schon 1339 erhielt er jedoch in Pisa eine Professur zu einem Gehalt von 150 Fiorinen, wo er die Vorlesung über die Digesten, außerdem Repetitorien übernahm und Konsilien erstattete. Nachdem er 1343 einem Ruf an die Universität Perugia gefolgt war, an der er Lehrer des ebenfalls berühmten Legisten *Baldus de Ubaldis* geworden ist, erwarb er 1338 das Peruginer Bürgerrecht. 1355 entsandte ihn die Stadt Perugia als Gesandten zu dem in Pisa weilenden Kaiser *Karl IV.* (1355—1378). Dieser hat offensichtlich Gefallen an dem versierten Juristen gefunden und wurde sein Protektor. Die böhmische Überlieferung des 17. Jahrhunderts berichtet, anläßlich dieser Begegnung habe Karl IV. Bartolo zum Entwurf der 1356 erlassenen Goldenen Bulle zugezogen, die bekanntlich manche Anleihen dem römischen Recht entnommen hat. Gleichwohl mußte die deutsche und tschechische rechtshistorische Forschung übereinstimmend feststellen, daß sich diese Annahme nicht bestätigen läßt. Bartolus dürfte persönlich weder an der Abfassung der *Aurea Bulla* noch am Entwurf der *Maiestas Carolina* in den Jahren 1352 und 1353 mitgewirkt haben. Immerhin deckten sich die Anschauungen des großen Rechtsgelehrten und des Kaisers über die imperiale Weltherrschaft (*dominium mundi*) in grundsätzlichen Punkten. Die Gunst des Reichsmonarchen für den geschätzten Mann des Rechts schlug sich sichtbar in der Ernennung des Bartolus zum kaiserlichen Rat und Hausgenossen nieder. Gleichzeitig verlieh ihm der Kaiser das Recht der Volljährigkeitserklärung für Minderjährige unter 25 Jahren und der Legitimation für seine Hörer zu Perugia. Auch ein erbliches Wappen wurde seinerzeit dem großen Juristen konzediert. Es zeigte in Gold einen doppelschwänzigen roten Löwen. In seinem Testament, das Bartolus ordnungsgemäß vor sieben Zeugen am 14. Mai 1356 an seinem Wohn- und Wirkungsort Perugia errichtete, vermachte er seinen Nachlaß seinen 2 Söhnen und 4 Töchtern. Bei dieser Gelegenheit erfahren wir von seiner persönlichen Bibliothek, die aus 30 Bänden juristischen Inhalts und 24 Folianten mit theologischen Materien bestand. Er testierte, um Zwietracht wegen seines Nachlasses zu unterbinden. Als Bartolo im Juli 1357 starb, hatte er noch nicht einmal das 44. Lebensjahr vollendet. In S. Francesco de' Conventuali wurde diese geniale Begabung beigesetzt.

Grundsätzlich war Bartolo ein Anhänger der welfischen oder kirchlichen Partei, aber bereits F r i e d r i c h C a r l v o n S a v i g n y vermerkte, daß er dennoch für dieses Lager keinen gesteigerten Eifer, keine helle Begeisterung zeigte, sondern sich vielmehr vorsichtig ausdrückte und verhielt. Was den Menschen Bartolo anlangt, so zählt hier gewichtig die Aussage seines bedeutendsten Schülers B a l d u s, der den Lehrer als einen scharfsinnigen, feinfühligen Menschen (*subtilis homo*) charakterisierte. Ohne Zweifel fühlte Bartolo als italienischer Patriot, aber seinem Gesamt-

werk ging gleichwohl der durch den revolutionären Schwung der großen
Volkstribunen des 14. Jahrhunderts ausgelöste Einfluß ab. Nachgebo-
rene, wie etwa der bedeutende Würzburger Schottenabt und Humanist
Johannes Trithemius (1462—1516) pflegten zu sagen, frühere
Jahrhunderte wiesen kein derartiges juristisches Genie auf, das durch
scharfen Geist, gezielte Beredsamkeit und Produktivität seine unbe-
strittene, weit über die eigene Lebensspanne hinausreichende Autorität
erworben habe. Es trifft zu, daß letztlich kein Jurist für gelehrt erachtet
wurde, der nicht das Bartolianische Werk kannte. Bartolo, dem nur eine
kurze Lebenszeit beschieden war, galt als überaus dankbar und bescheiden. Seinen Lehrmeistern bewahrte er zeitlebens Hochachtung und
Anhänglichkeit. Man vermag sich leicht vorzustellen, daß seine uner-
müdliche wissenschaftliche Wirksamkeit ihn ohnehin von Intrigen,
Ränken und Kabalen gegen Kollegen, Schüler und andere Mitmenschen
abhielt. In der freien Würdigung der Glosse zum *Corpus Iuris Civilis*
bekundete er für seine Zeit einen ungewöhnlich kritischen Verstand.
Er gehört ohne Zweifel in die Gruppe der großen europäischen Rechtslehrer, die die abendländische Rechtskultur trugen und überlieferten.
Namentlich die exegetische Methode, die verfeinerte Auslegung der
römischrechtlichen Rechtsquellen, ist diesem Legisten zu danken. Sein
welthistorisches und zugleich menschheitsgeschichtliches Verdienst lag
zweifellos in der von ihm verwirklichten Anpassung des römischen
Rechts an die zeitgenössische Rechtspraxis. Seit seiner Zeit läßt sich
eine deutliche Zunahme der Beschäftigung der Juristen mit ausgesprochen praktischen Rechtsfragen feststellen. Besonders groß war ebenfalls
sein Einfluß auf die Rechtssprache des 16. Jahrhunderts und damit auf
den juristischen Humanismus. Die Literatur, die sich später mit
dem Reichskammergericht und verwandten Fragen beschäftigte,
wurde unverkennbar durch das Bartolianische Werk beeinflußt und
geprägt. Als Haupt der Rechtswahrer gewann Bartolo schließlich insbesondere in den lateinischen Ländern wie Italien, Spanien und Portugal
das Ansehen eines regelrechten Gesetzgebers. An der Universität Padua
schuf man einen eigenen Lehrstuhl für die Auslegung der Lehrmeinungen
dieses überragenden Rechtsdenkers. Seine Schriften beeinflußten in
entscheidender Weise die Entwicklung der juristischen Terminologie.
Das gemeine Recht, wie es in Deutschland infolge der Rezeption galt,
war in erster Linie seine Schöpfung.

Das Ansehen, das Bartolo genossen hat, erhellt schlaglichtartig ein
spanisches Gesetz von 1499, das bei Schweigen des Gesetzes die Mei-

nung dieses Rechtsgelehrten für ausschlaggebend erklärte. Seine Lehren haben nicht weniger Recht gesetzt als der Wille der Regenten. Dieser Fürst der Juristen (*princeps iuristarum*) hat der *civilis sapientia* ihre Superiorität verschafft. Sein Rang ist nicht nur wegen des unmittelbaren Einflusses, den er auf zeitgenössische und spätere Denker übte, als bedeutend zu veranschlagen, sondern vor allem wegen der Lehre, die er und mittelalterliche Juristen im allgemeinen bei der Auslegung des Rechts verbreiteten und die schließlich auch in die Werke der ausgesprochen politischen Denker eingingen. Praktische Erfahrung empfing er vor allem durch seine Tätigkeit als Richter und Rechtsberater. Der juristischen Praxis hat er allein mehr als 350 Rechtsgutachten über strittige Sachverhalte und Rechtsprobleme geliefert. Mit der hohen Politik ist er dagegen nur ein einziges Mal in Fühlung getreten, anläßlich der Teilnahme an der Gesandtschaft von Perugia bei Kaiser Karl IV. Nicht ohne Grund hat insonderheit die moderne Forschung darauf aufmerksam gemacht, daß die unmittelbare Weltkenntnis und -erfahrung des Bartolo sich in seinen ohnehin nur sehr spärlichen Reisen erschöpfte, die ihn durch die Hauptregionen von Italien führten. Zweifellos gewinnt die Beurteilung dieses Meisters durch Luigi Chiapelli Berechtigung, der Bartolo nicht als einen originellen politischen Denker gekennzeichnet hat. In erster Linie ist dieser Rechtsgelehrte eben Jurist, nicht Politiker gewesen. Immerhin hat er als erster Legist die Tyrannis ganz scharf und entschieden bekämpft. Das bartolianische Schrifttum im Sektor des öffentlichen Rechts führte zu einer Wiederbelebung der klassisch-romanischen Tradition gegenüber der Wirklichkeit seiner Gegenwart. Toleranz, aber auch der Dualismus von Recht und Macht, werden im Werk des Bartolus häufig spürbar. Seine Denkposition ist durch die scholastische Dialektik markiert. Gleichwohl offenbarte sich die Scholastik in seiner Argumentation stärker in der Form als in der Substanz. Unverkennbar aber trägt Bartolus' Werk überall Züge des Juristen, selbst dort, wo es sich um primäre politische Fragen handelte. Das Staatsdenken des Bartolo war insbesondere durch Aristoteles, Thomas von Aquin, Aegidius Romanus und die Kirchenväter, unter ihnen unverkennbar durch den hl. Augustinus und den hl. Gregor, beeinflußt.

I

Bartolo de Sassoferrato war durchaus von der Einheit des Rechts, von der Idee des gemeinen Rechts als einer umfassenden Rechtsordnung, durchdrungen. Das öffentliche Recht (*ius publicum*) ordnete in seiner

Sicht entsprechend den Institutionen die Verhältnisse des Staates. Auf der Grundlage des justinianischen *Corpus Iuris Civilis* regelte er seine Lehre von der öffentlichen Gewalt. Für ihn verkörperte die *civitas*, die *res publica*, ein vollberechtigtes Rechtssubjekt, den Träger von Rechten und Pflichten, während *Status* sich als Maßstab, als Modus charakterisiert. In seiner Aussage zeichnet sich der Abschluß der Entwicklung der mittelalterlichen Korporationslehre deutlich ab. Die juristische Person ist bei ihm schon vollendet. Der Übergang vom Personen*verband* zur *Verbands*person hat sich mit juristischen Mitteln verwirklicht, die Abstraktion der Rechtssubjektivität bereits die Individualität der Einzelglieder überhöht. Den Status der römischen Republik bezeichnete Bartolo als das *regimen*. Er ist es gewesen, der die Kommunalautonomie als Grundrecht der Eigengesetzgebung propagierte.

II

„Wenigstens stillschweigend" ist, wie ehedem Francesco Ercole vorsichtig formulierte, in seiner Doktrin „der Begriff vom Herrschaftsvertrag" als des Ursprungs der Gewalt, die im Volkswillen ankert, entworfen. Drei gesetzliche Regierungsformen unterschied Bartolo de Sassoferrato übrigens im Anschluß an das Werk des Aegidius Romanus über die Regierung der Fürsten (*De regimine principum*). Die erste Form stellt die Volksregierung dar, die insbesondere in den Digesten (D. 1, 2, 2, §§ 3—7) ihre Begründung fand.

In seinem 1354 geschriebenen *Tractatus de regimine civitatis* hat Bartolo darauf hingewiesen, daß bei der Volksregierung die Jurisdiktion beim Volke, mithin bei der Menge der den Staat bildenden Menschen, liegt — *iurisdictio est apud populum* —. Eine bessere Regierungsform erblickte er im zweiten Modus, nämlich in der Aristokratie als der Optimatenherrschaft, die er sich in Gestalt eines Kollegs vortrefflicher Bürger (*regimen paucorum*) als ideale Erfüllung vorstellte. Mit Recht machte er auf den Umstand aufmerksam, daß bei einer Herrschaft mehrerer der Friede nur dann herrschen könne, wenn diese Herrschaftsinhaber *eines* Willens seien. Gerade wegen der Einheit erschien ihm diese Herrschaftsform gut geeignet und besser als die Alleinherrschaft. Immerhin ist nicht zu verkennen, daß wiederum entsprechend *Aegidius Romanus* auch Bartolus in der Monarchie als der Herrschaft eines Königs die beste Regierungsform überhaupt erblickte. Gerade für große Volksgemeinschaften

chien ihm die Monarchie besonders geeignet zu sein. Die Herrschaft wars
für ihn mehr göttlich eingefärbt, die durch Wahl, nicht aber durch Erbfolge erlangt wurde. Insofern faszinierte ihn gerade die Kaiserwahl,
die bekanntlich der Wahl von Prälaten nachgestaltet gewesen ist. Während partikuläre Herrscher mehr kraft menschlicher Einsetzung ihr
Amt empfingen, erhielt der Kaiser als Universalmonarch dieses gewissermaßen durch göttliche Vermittlung kraft seiner Wahl. Entscheidend für
den Monarchen war sein Gesetzgebungsrecht, mit dem er seine Untertanen erreichen konnte.

III

Das Wesen des Staates selbst erschloß sich Bartolo in dessen Personen-
eigenschaft. Der gesamte Staat bildete eine Person und gewissermaßen
einen künstlichen Menschen (*homo artificialis*). So wie der natürliche
Mensch über ein Haupt und viele Glieder verfügte, so wurde der Staat
umso besser regiert, je stärker er selbst die Natur nachahmte. Die Konstanz der juristischen Person war gleichsam im *Corpus Iuris Civilis*
vorgeformt. Dort wurde der Satz ausgesprochen: Die Richter kommen
und gehen, aber das Gericht bleibt. So wie kraft rechtlicher Fiktion die
Erbschaft an Stelle des verstorbenen Erblassers gewissermaßen dessen
Persönlichkeit fortsetzte, so genossen ebenfalls Städte, Stadträte und
Gesellschaften Rechtspersönlichkeit. Der Staat ahmte bewußt die Natur
nach und auch das Kirchenrecht bediente sich des Vorstellungsbildes
von der *imitatio naturae*. Kein geringerer als Papst *Innozenz III.* hat
wegen dieses natürlichen Vergleiches verboten, daß eine Stadt oder
Diözese mehrere Bischöfe haben dürfe, zumal ein einziger Leib nicht wie
ein Monstrum über mehrere Häupter verfüge (c. 14 X *de officio iudicis
ordinarii* I, 31).

IV

Unerschütterlich verkündete Bartolo den göttlichen Ursprung des
Reiches in seinem Traktat über die Staatsgewalt. Das Reich nämlich habe
Gott vom Himmel aus eingesetzt. Gott hatte zunächst dieses Weltimpe-
rium dem römischen Volk übertragen, das seine Leitung dem Kaiser
überließ. Zur Zeit des Kaisers Augustus, so schwärmte Bartolo, habe
die Welt Frieden gehabt, weil das Imperium Rechtsordnung, Ruhe und

Sicherheit verhieß. Die Universalität des Reiches bildete für unseren Kommentator das „politische Verfassungsideal der ganzen Welt" (*Chiappelli*). Während der Erledigung des Kaiserthrones folgte die Kirche in die Verwaltung des Reiches. Auf Grund dieser These kämpfte Bartolus ebenfalls für das Recht der päpstlichen Approbation der Kaiserwahl und damit für die enge Verflechtung beider Gewalten. Die Universalität des Reiches versprach gleichzeitig die Erreichung des Universalfriedens, der sich als Friede ohne Unterschied gerade wegen des Mangels an Feinden charakterisierte. Ständisches Denken, Insignienführung und Rangunterschiede waren Bartolus geläufig und keineswegs fremd. So forderte er in seinem *Tractatus de insigniis et armis*, daß goldene Gewänder ausschließlich Fürsten tragen sollten. Die Purpurfarbe, die das Feuer versinnbildlichte, das gewissermaßen über alle anderen Elemente triumphierte, war dem Adel vorbehalten. Azurblau als Färbung der Luft und des Lichtes bildete ebenfalls eine edle Farbe. Eindeutig sprach er sich für die Bestrafung unerlaubter Insignienführung aus. Wer die Abzeichen des Doktorates trug, ohne Gelehrter zu sein, sollte wie ein Falschmünzer bestraft werden. Jede Herrschaft, die durch Wahl erlangt wurde, erschien ihm mehr göttlich zu sein als eine, die durch bloße Erbfolge angetreten war. Die *civitas sibi princeps*, in erster Linie den autonomen Stadtstaat, verglich er mit einem Miniaturreich. Demgegenüber war der Kaiser der Herr der ganzen Welt, der anerkannte *dominus totius mundi*. Er mußte die gesamte Welt verteidigen, ihm allein stand als Eigentum die allgemeine Regierungsgewalt (*universalis iurisdictio*) zu. Er verkörperte den Universalkönig (*rex universalis*). Der Kaiser war der Herr der Welt, aber nicht der Besitzer irgendeiner Sache in der Welt. Das Reich selbst erwies sich als göttlichen Ursprungs, zumal jeder König entweder mittelbar oder unmittelbar von Gott gewählt wurde. Gerechtigkeit, Wahrhaftigkeit und Universalität bildeten die Wesenszüge des Kaisers. Wer das Kaisertum auf ungerechte Weise erlangen wollte, verdiente als Tyrann angesehen zu werden. Er mußte sich als solcher behandeln lassen. Wie Dante ehedem in Heinrich VII. den allgemeinen Friedensstifter ersehnt hatte, so erhoffte sich Bartolo von Karl IV. die Befriedung der Welt. Die traditionalistische Gestalt des Kaisers bei Bartolus ist, wie m. E. *Baszkiewicz* zutreffend angedeutet hat, eine getreue Wiedergabe der Auffassung des Bologneser Glossators Accursius († um 1260). *De iure* bleibt auch in der bartolianischen Konzeption der *Imperator* stets Herr der ganzen Welt. Er allein kann gemeines Recht setzen, allgemeine Gesetze erlassen. Wie schon Woolf betonte, hat Bartolo seinen Standpunkt nicht preisgegeben, daß der Kaiser rechtens die Universalherrschaft über alle Völker, die den *populus Romanus* bildeten, innehatte. Die Königswahl enthüllte sich in seiner Sicht als Sakralhandlung. Wenn auch nicht jeder König unmittelbar oder mittelbar von Gott selbst gewählt wurde, so wurde er gleichwohl nach göttlicher Vorsehung von Wählern gekoren, deren Herz in Gotteshand lag. Das Recht der Wahl des römischen Königs eignete den Kurfürsten. Erst nach der Krönung durch den Papst wurde der Elekt Kaiser. Die bartolianische Auffassung sprach dem Papst diese außerordentlich bedeutsame Befugnis und Prärogative in einer Epoche von Kämpfen und Polemiken zwischen Reich und Kirche zu. Entscheidend für Bartolus war, daß der Kaiser gewählt werden mußte und nicht einfach nach Erbfolge bestellt war. Als Inhaber beider Schwerter, sowohl des geistlichen wie auch des weltlichen (*uterque gladius seu spiritualis et temporalis*), hatte der Papst das Recht, unter bestimmten Voraussetzungen den Kaiser abzusetzen, so wie ehedem das römische Volk die Gewalt des Imperators widerrufen durfte. Als Herrschereigenschaft forderte Bartolo vom Regenten vollkommene Festigkeit, jene *perfecta stabilitas*, die ein ungeeignetes Objekt jeder Korruption bildete, weil eben der Wille des Monarchen unveränderlich und fest sein sollte, um Gerechtigkeit zu verwirklichen. Deutlich nahm hier Bartolo auf die ulpianische Gerechtigkeitsdefinition (D. 1, 1, 10) Bezug. Bekanntlich hat der römische Klassiker *Ulpian* Gerechtigkeit als den unabänderlichen und immerwährenden Willen gedeutet, jedem das Seine zu geben. Ohne Zweifel konsolidierte Bartolo die kaiserliche Hegemonie. Der Kaiser war berechtigt, Tyrannen abzusetzen, die in Ausübung ihrer Herrscherfunktionen die Erfordernisse von Recht und Gerechtigkeit mißbraucht hatten. Die kaiserliche Hegemonie erwies sich als von überstaatlicher Natur. Gerade bei diesem Postglossator zeichnete sich die Assimilation von Kaiser und Staat greifbar ab. In überzeugender Argumentation hat *Marcel David* darauf aufmerksam gemacht, in der Mitte des 14. Jahrhunderts sei der Begriff einer Art Oberautorität von Kaiser oder Papst noch so lebendig gewesen, daß Bartolo nicht das kaiserliche oder päpstliche Interventionsrecht in das innere Leben der inkompatiblen Staaten verurteilte. Vielmehr gab er sich fraglos als Verfechter einer engen Symbiose und Harmonie beider Gewalten zu erkennen. Wenngleich auch er den Grundsatz, wonach der Fürst von der Befolgung seiner Gesetze entbunden sei, mithin dieser den *princeps legibus solutus* (D. 1, 3, 31) verkörpere, respektierte, erachtete er es immerhin für billig und der fürstlichen Würde angemessen, daß auch der Fürst dem Recht freiwillig seinen Gehorsam und seine Achtung nicht versage. Hier nahm der große Jurist bewußt Bezug auf den Appell des hervorragenden römischen Juristen *Paulus*, der betont hatte, daß es der Majestät wohl anstünde, die Gesetze zu beachten, auch wenn sie selbst von ihnen befreit erscheine (D. 32, 23). Die öffentliche Gewalt war ohnehin nach bartolianischer Auffassung dem Recht unterstellt. Die Könige hingegen erschienen in dieser Sicht lediglich als höhere Richter, die Statuten und Partikulargesetze für ihre Königreiche erlassen konnten. Gleichwohl rangierten auch diese königlichen Richter als Teilherren über dem Gesetz. Aber diese Partikularherren waren mehr Herrscher kraft menschlicher Einsetzung als von Gottes Gnaden: *Reges vero particulares sunt magis ex constitutione hominum.* Die Gewaltendiskussion empfand Bartolo als Sakrileg. Für ihn war es unzweifelhaft, daß die Diskussion über die Gewalt des Fürsten den Tatbestand des Sakrilegs nach dem *Codex Justinianus* (C. 9, 29, 2) erfülle. Schon nach dieser Bezugsquelle wurde der Versuch, darüber zu debattieren und daran zu zweifeln, ob jener würdig sei, den der Kaiser ausgewählt hatte, als Sakrilegstatbestand betrachtet. Ausschließlich der Kaiser war übrigens berechtigt, Recht zu setzen und dieses zu interpretieren. Für Bartolo war insofern nicht die forensische, sondern die *authentische* Gesetzesinterpretation maßgeblich. Auf den Kaiser war überhaupt die gesamte Jurisdiktion des römischen Volkes übergegangen. Schon Kaiser *Justinian* hatte im Jahre 529 in Konstantinopel bestimmt, daß der Erlaß von Gesetzen einzig und allein dem Kaiser überlassen sei und es ebenfalls ausschließlich dem Reiche zustehe, die Gesetze auszulegen (C. 1, 14, 12). Nach dieser Auffassung verkörperte lediglich der Kaiser sowohl den Gesetzgeber als auch den Gesetzinterpreten. Der Imperator war beides, *conditor et interpres legum.* Damit entschied sich Bartolo für das Monopol der imperialen Rechtsschöpfung. Die „juristische Omnipotenz des Kaisertums" (*Gottfried Teipel*) ist unübersehbar. Der Juristenstand selbst beschränkte sich auf eine Auslegung nach Billigkeitsgrundsätzen, begnügte sich mit der *interpretatio probabilis*, wagte sich aber nicht an die Auslegung des überlieferten Rechtsquellenbestandes selbst heran. Für Bartolo selbst repräsentierte das römische Recht im wesentlichen noch das Kaiserrecht. Regelmäßig galt es als gemeines Recht in sämtlichen Städten und Orten. Dieses Kaiserrecht, diese *lex universalis*, setzte der Kaiser in seiner Eigenschaft als Herr der ganzen Welt.

V

Auch um die Herausstellung der Unterschiede von Gewaltenlegitimität einerseits und Tyrannis andererseits hat sich dieser überragende Jurist des 14. Jahrhunderts bemüht. In seinem berühmten und vielzitierten Traktat von der Tyrannis (*De tyrannia*) deutete Bartolo die Anzeichen der Tyrannis. Hauptsächlich zwei Bestrebungen schienen ihm für die Existenz eines Tyrannen ausschlaggebend: Der Versuch des Herrschers, einerseits seinen Staat uneinig und andererseits die Untertanen in Armut zu halten. Zwietracht im Staate und Armut der Untertanen empfand Bartolo als Symptome entarteter Alleinherrschaft, zumal der letzte Staatszweck in Ruhe und Frieden der Bürger gipfelte. Rom selbst bildete das allgemeine Vaterland, in dem die nationalen Unterschiede verschwanden und sich aufhoben. Immerhin beweist vor allem der berührte Traktat über die Tyrannis die Einstellung unseres Juristen zu den höchst aktuellen Problemen seiner Lebenszeit. Die Tyrannis empfand er als die schlechteste Regierungsform überhaupt, obschon zu seiner Zeit viele Tyrannen in den verschiedensten Landstrichen regierten. Die allgemeine Herrschaft des Staates wurde als anfällig empfunden, die Stadt Rom aber als das Haupt der Sitten und der Politik zeigte Entartungserscheinungen, so daß Bartolo diese Herrschaftsform nicht als Regierung ansprach, weil deren Form ihr fehlte. Im bartolianischen Italien war die Tyrannis an der Tagesordnung und weit verbreitet. Von seiner Lehrkanzel in Perugia schleuderte er seine Anklage gegen diese Form menschlicher Unterdrückung. Wie übrigens auch für *Aegidius Romanus* in seinem Traktat *De regimine principum*, bildete für ihn dieses Joch die schlechteste Fürstenregierung überhaupt. Ein Tyrann blieb für ihn der denkbar schlechteste Fürst. Die Tyrannis selbst war schon nach Aristoteles eine Monarchie, bei der der Monarch eben nicht für das Gemeinwohl seiner Untertanen, sondern ausschließlich zu seinem eigenen Vorteil und Nutzen regierte. Immerhin bestand der Tyrannisbegriff des Bartolo, wie *Francesco Ercole* wohl am klarsten unterstrich, aus einem moralischen und juristischen Element. Einerseits unterschied er die Tyrannis *ex parte exercitii* und andererseits *ex defectu tituli*, wobei die letztere eine Tyrannei verkörperte, die nicht allein in ungerechter Weise, sondern vielmehr in geradezu rechtloser Form die gewonnene Gewalt ausübte. Für Bartolus bestand kein Zweifel, daß jeder als Tyrann zu betrachten sei, der Gewalt gegen das Recht oder außerhalb des Rechtes ausübte. Nach ihm wurde

derjenige Tyrann genannt, der den Staat nicht rechtens regierte. Auch
der Usurpator kaiserlicher Macht verfiel der Tyrannis und wurde zum
Tyrannen. Die Zeit eines Tyrannen erwuchs zur Epoche eines Schismas,
einer Spaltung, denn der Tyrann spaltete und trennte die universale
Einheit des Reiches. Unter ihm wurde die Ungerechtigkeit begünstigt.
Zunächst gingen die Tyrannen allgemein daran, unbequeme einflußreiche
und hervorragende Männer des Gemeinwesens zu vernichten, um die
Erhebung gegen sie bereits in den Anfängen zu ersticken, wobei sie
schließlich nicht einmal vor Bruder- und Verwandtenmord zurück-
schreckten. Die Tyrannis war deshalb ein schlechtes Regiment, weil in
ihr der gemeine Nutzen und die öffentliche Wohlfahrt zugunsten des
Egoismus des Herrschers zurückgestellt wurden. Nach der *Lex Julia
Maiestatis* (D. 48, 4, 3) sollte einem solchen Verbrecher die Todesstrafe
drohen. Schon der hl. Thomas von Aquin hatte gelehrt, daß eine tyrannische Herrschaft ungerecht sei, weil sie nicht zum Wohle der Kirche,
sondern zum privaten Nutzen des Regenten organisiert sei. Alles, was
nicht aus gerechtem Grunde (*iusta causa*) geschah, blieb eben tyrannische
Handlung. Bartolo folgerte, der Tyrann sei abzusetzen, wenn er das
Volk in Knechtschaft halte, da es der Obrigkeit obläge, das Volk aus
Knechtschaft zu befreien. Obschon der Tyrann, der im Staate ohne
gerechten Titel herrschte, nach der berührten *Lex Julia Maiestatis* zur
Todesstrafe verurteilt werden konnte, hat Bartolus gleichwohl den
Tyrannenmord grundsätzlich ausgeschlossen und die ordnungsgemäße
Verurteilung durch mit öffentlicher Gewalt ausgestattete Personen
gefordert. Dem rechtlich eingestellten Legisten ging stets Recht *vor* Gewalt. So ist es nur zu begreiflich, wenn er die entschlossene Tat zur Beseitigung unbequemer, ungerechter Tyrannen verabscheute und vielmehr über diese ein geordnetes Strafverfahren eröffnet wissen wollte.
Der Mann des Rechtes konnte sich nicht als Befürworter der blutigen
Tat hergeben, der er zeitlebens nicht gewesen ist. Obschon er Tyrannis
als extreme und schlechteste Oligarchie zutiefst verabscheute, blieb
er der Legalität in Wort, Schrift und Tat verpflichtet. So mag mancher
ihn nachträglich als einen passiven und blutleeren Theoretiker sehen,
jeder gerecht Denkende wird ihn hochachten als einen Kämpfer für
Recht und Gerechtigkeit im Strudel einer zwiespältigen, konfliktreichen
Zeit, die Gewalttat und Mord im allgemeinen nicht schwer verurteilte,
sondern ebenfalls zum möglichen Instrumentarium ohnehin unvollkom-
mener menschlicher Politik rechnete. Bartolo, der von kleinlicher Wort-
klauberei nichts hielt und eine solche Einstellung des Juristen als un-

würdig zurückwies, rechtfertigte durch sein hohes Berufsethos und sein Werk jenen Ehrentitel, den die Nachwelt ihm gab:

Fürst der Juristen — Lehrer der Billigkeit und Wahrheit

(princeps iurislarum — aequitatis et veritatis magister).

Literaturhinweise

Baszkiewicz, J.: Quelques remarques sur la conception de dominium mundi dans l'oeuvre de Bartolus. In: Bartolo da Sassoferrato. Studi e Documenti per il VI Centenario, ed. Università degli Studi di Perugia, Bd. 2. Milano 1962. — Benedetto, M. A.: Artikel „Bartolo da Sassoferrato". In: Novissimo Digesto Italiano 2. Torino 1958, S. 279—280. — Berber, F.: Das Staatsideal im Wandel der Weltgeschichte. München 1973. — Boháček, M.: Einflüsse des römischen Rechts in Böhmen und Mähren, IRMAE (= IUS ROMANUM MEDII AEVI) V, 11. Milano 1975. — Calasso, F.: Medio evo del diritto, 1. Milano 1954. — Chiappelli, L.: Le idee politiche del Bartolo. In: Archivio Giuridico 27. Pisa 1881. — Coing, H.: Die Anwendung des Corpus Iuris in den Consilien des Bartolus. In: L'Europa e il Diritto Romano. Studi in memoria die Paolo Koschaker, Bd. 1. Milano 1954, S. 71—97. — Crosara, F.: Dante e Bartolo da Sassoferrato. Politica e diritto nell'Italia del Trecento. In: Bartolo da Sassoferrato. Studi e Documenti per il VI Centenario, Bd. 2. Milano 1962, S. 105—198. — David, M.: Le contenu de l'hégémonie impériale dans la doctrine de Bartole. In: Bartolo da Sassoferrato. Studi e Documenti per il VI Centenario, Bd. 2. Milano 1962, S. 199—216. — Emerton, E.: Humanism and Tyranny. Studies in the Italian Trecento. Cambridge 1925, S. 117—154: III. Bartolus of Sassoferrato. Tractatus de Tyrannia. — Ercole, F.: Tractatus de Tyranno von Coluccio Salutati. Kritische Ausgabe mit einer historisch-juristischen Einleitung. Berlin und Leipzig 1914 (Quellen der Rechtsphilosophie 1). — Ermini, G.: Bartolo da Sassoferrato avvocato nel 1338 della Curia Generale Provinciale della Marca Anconitana. In: Bartolo da Sassoferrato. Studi e Documenti per il VI Centenario, Bd. 2. Milano 1962, S. 227—233. — Ficker, J.: Forschungen zur Reichs- und Rechtsgeschichte Italiens, Bd. 2. Innsbruck 1869; Bd. 4. Innsbruck 1874. — Gierke, O.: Die Staats- und Korporationslehre des Alterthums und des Mittelalters und ihre Aufnahme in Deutschland (= Das deutsche Genossenschaftsrecht III), Berlin 1881. — Kirshner, J.: Civitas sibi faciat civem: Bartolus of Sassoferrato's Doctrine on the making of a citizen. Speculum, A Journal of Medieval Studies 48 (1973) S. 694—713. — Koschaker, P.: Europa und das römische Recht. 3. Aufl. München und Berlin 1958. — Kurtscheid, B.: Bartoli de Saxoferrato vita opera momentum influxus. In: Apollinaris. Commentarius iuris canonici XI (Rom 1938), S. 110—117. — Parsons, W.: The Mediaeval Theory of the Tyrant. In: The Review of Politics 4, Notre Dame, Indiana 1942. — Rattigan, W.: „Bartolus", in: „Great Jurists of the world", ed. by Sir John Macdonell and Edward Manson. Boston 1914, S. 45—57. —

Rossi, L.: Bartolo da Sassoferrato nel diritto pubblico del suo tempo, in: Nuova Antologia di Lettere, Scienze ed Arti, 189 della Raccolta 273. Rom 1917, S. 173 — 184. — Savigny, F. C. v.: Geschichte des römischen Rechts im Mittelalter, Bd. 6. 3. Aufl. (Neudruck) Darmstadt 1956. — Sohm, R./Mitteis, L./Wenger, L.: Institutionen. Geschichte und System des römischen Privatrechts. 17. Aufl. Berlin 1949. — Teipel, G.: Zitiergesetze in der romanistischen Tradition. ZRG Rom. Abt. 72 (1955). — Van de Kamp, J. L. J.: Bartolus de Saxoferrato 1313—1357, Leven—Werken—Invloed—Beteekenis. Amsterdam 1936. — Vaněček, V.: La leggenda di Bartolo da Sassoferrato. Studi e Documenti per il VI Centenario, Bd. 1. Milano 1962. — Wieacker, F.: Privatrechtsgeschichte der Neuzeit. 2. Aufl. Göttingen 1967. — Woolf, C. N. S.: Bartolus of Sassoferrato. His position in the history of medieval political thought. Cambridge 1913.

Der Lehnsempfang der Baiernherzöge

I.

Im Mittelalter wurde die Belehnung häufig durch symbolische Tradition oder Investitur durchgeführt. Die Belehnung durch das Symbol der Fahne ist bereits im 10. und 11. Jahrhundert durchaus gebräuchlich gewesen. Die Wimpellanze (*hasta signifera*) erscheint im 11. Jahrhundert überhaupt als das bedeutendste Reichsfeldzeichen, als das hervorragendste insigne imperii[1]). Im 12. Jahrhundert wurden die vom König vergebenen Lehen als Fahnlehen, *ad regia vexilla pertinentia*, bezeichnet[2]). Nobelstes Wahrzeichen weltlicher Reichsfürsten, später auch geistlicher Reichsfürsten, bildete die Fahnenlanze. Nicht von ungefähr erscheint im um 1225 entstandenen Sachsenspiegel das Fahnlehn als typisches Gerichtslehn, das das Fundament des Fürstenstandes insoweit bildete, als das Fahnlehn durch die Hand des Königs übertragen wurde[3]). Fahnlehn konnten Herzogtümer, Pfalzgrafschaften, Landgrafschaften, Markgrafschaften und gemeine Grafschaften sein. Das Element, das dem Fahnlehn innewohnte, war die Gerichtsgewalt, die *potestas iurisdictionis*, die ein wesentlicher Bestandteil der Landeshoheit gewesen ist[4]). Gewiß nicht ohne Grund bemerkte die Glosse zum Sachsenspiegel Landrecht III, Art. 60[5]), der König gebe in der Belehnung den weltlichen Fürsten ein Banner, „das ist eine Fahne", in die Hand, womit er ihnen Lehen leiht, was soviel bedeutet, daß sie den Reichsfahnen gefolgt und dadurch ihr Fürstentum verdient haben[6]). Ohnehin erhöhte adeligen Schild aus-

[1]) Vgl. H. Meyer, Die rote Fahne, ZRG 50 Germ. Abt. (1930) S. 326f.

[2]) Vgl. P. E. Schramm, Herrschaftszeichen und Staatssymbolik. Beiträge zu ihrer Geschichte vom dritten bis zum sechzehnten Jahrhundert, Bd. II (= Schriften der Monumenta Germaniae historica 13/II), Stuttgart 1955 S. 650f.

[3]) Vgl. H. Fehr, Fürst und Graf im Sachsenspiegel. SB der Kgl. Sächs. Akademie der Wiss. zu Leipzig, phil.-hist. Kl., 58. Bd. Leipzig 1906 S. 5.

[4]) So auch Fehr, S. 9.

[5]) Ssp. Ldr. III 60 § 1: „De keiser liet ... al werltleke vanlen ... mit vanen" (Sachsenspiegel. Landrecht, hrsg. von K. A. Eckhardt [= Germanenrechte NF: Land- und Lehnrechtsbücher], Göttingen—Berlin—Frankfurt 1955 S. 245).

[6]) Eykens von Repgow Sachsen-Spiegel oder Das Sächsische Land-Recht, hrsg. von C. W. Gärtner, Leipzig 1732 S. 456.

schließlich das Fahnlehn aus der Hand des Königs, verhieß es Belohnung mit dem Gerichts- und Heerbann[7]. Bei der Belehnung mit der Fahne dürfte ursprünglich schon der Vasall dem Lehnsherrn die Fahne dargebracht und anschließend von diesem erneut empfangen haben[8]. Im späten Mittelalter war entscheidend, daß jede übertragene Provinz oder Landschaft durch ein besonderes Banner repräsentiert wurde. Insofern wurden bei der Investitur des Kurfürsten Moritz von Sachsen 1548 allein zehn Lehnsfahnen (*vexilla*) verwendet[9]. Bestimmendes Charakteristikum des Fahnlehns war, daß es als solches nicht weiterverliehen und geteilt werden durfte[10]. Falls mehrere Bannerlehen zu vergeben waren, wurden auch mehrere Fahnen übertragen, beispielsweise bei Lothringen und Böhmen je fünf Banner, bei Baiern bekanntlich bis zur Abtrennung Österreichs sieben Lehnsfahnen. Die Übertragung des Herzogtums Österreich auf das Haus Habsburg vollzog sich 1282 durch Überreichung mehrerer Fahnen[11]. An sich verkörperte die Fahne das typische Wahrzeichen eines Herzogtums[12]. Insofern belehnten die Kaiser die Inhaber und Repräsentanten von Herzogtümern, beispielsweise Würzburg und Köln, stets mit Fahnen als den Sinnbildern der spezifischen weltlichen Gewalt. Reichsfürsten und Reichsgrafen übernahmen ihre Lehen vom Reiche durch Überreichung von Fahnen. Schließlich wurden alle Grafschaften und Baronien, die Afterlehen einschlossen, von Karl IV. (1346—1378) mit dem Prädikat „Fahnlehn" bezeichnet[13]. Die *Goldene Bulle* dieses Kaisers von 1356 schrieb in ihrem

---

[7] Vgl. E. Graf — M. Dietherr, Deutsche Rechtssprichwörter[2], Nördlingen 1869 S. 38.

[8] J. Grimm — A. Heusler — R. Hübner, Deutsche Rechtsaltertümer[4], Bd. I, Leipzig 1922, S. 221, unter Hinweis auf *Roland:* „ein vanen bôt er im ze hant, damite lîhet ir mir daz lant."

[9] Vgl. J. H. Zedler, Großes vollständiges Universal-Lexicon aller Wissenschaften und Künste, IX. Bd., Halle und Leipzig 1735, Nachdruck Graz 1961 Sp. 96.

[10] Vgl. J. Bruckauf, Fahnlehn und Fahnenbelehnung im alten deutschen Reich (= Leipziger Hist. Abh., H. III), Leipzig 1907 S. 43.

[11] Vgl. R. Schröder — E. Frh. von Künssberg, Lehrbuch der deutschen Rechtsgeschichte[7], Berlin und Leipzig 1932 S. 435 Anm. 20.

[12] Vgl. K. Heffner, Würzburgisch-fränkische Siegel, Archiv des Hist. Vereins von Unterfranken 21. Bd. 3 H., Würzburg 1872 S. 227f.

[13] „... omnes comitatus, ac Baronias etiam, quae Subfeuda quasiacunque contineant vexillaria Feuda esse, atque a Carolo IV Fahn-Lehn appellari ..." (M. H. Gribner, Observatio II *De Feudis vexilli*, in: G. A. Jenischen, Thesaurus Juris Feudalis, Tom. III, Frankfurt am Main 1754 p. 223).

Kapitel XXX § 4 vor, daß jeder Fürst seine Fahnlehen (*feuda vexilli*) zu Pferde empfangen solle[14].

Zweifelsfrei wird der Begriff des Fahnlehns ganz allgemein durch die Lehnsfahne dargetan, einzelne Fahnlehen sind in den Bilderhandschriften des Sachsenspiegels jeweils durch die Wappen der verliehenen Länder verkörpert[15]. In der Tat machte es die progressive Territorialisierung der Feudalverhältnisse seit der Mitte des 12. Jahrhunderts erforderlich, die Lehnssymbolik der unmittelbaren Beziehung zum Lehnsobjekt anzupassen, was schließlich die Pluralität von Lehnsfahnen für Einzelterritorien größerer Herrschaftsbereiche erhellt[16]. Die Lehnsfahnen selbst waren von verschiedener Farbe, zeigten verschiedene Wappenbilder und Heroldsfiguren. Stets aber war eine rote Fahne (*vexillum rubrum*) darunter, die als Blutfahne (*vexillum sanguineum*) den Blutbann (*vindicta sanguinis*) repräsentierte[17]. Es ist deutlich zu sehen, daß ähnlich wie der Königsfahne auch der Lehnsfahne ein Gewaltensinnbild zugrunde lag[18]. Die Fahne ist bekanntlich wie das Schwert ein typisches Rechtssymbol geworden. Als Lehnsfahne verkörperte sie das Wahrzeichen weltlicher Reichslehen bei der Feudalinvestitur. In der Dresdener Bilderhandschrift des Sachsenspiegels wird der Lehnsempfänger häufig kniend vor dem König dargestellt, während hinter oder neben ihm ein Begleiter die zu überreichende Fahne trägt[19]. Mit Recht hat ehedem der bedeutende Münchner Rechtsgermanist Karl von Amira darauf hingewiesen, daß „die Fahnenreichung für die Illustratoren des Sachsenspiegels so spezifisch der Fürstenbelehnung eigen sei, daß sie die Fahne geradezu zum Abzeichen des Fürsten machen"[20]. Gerhoh

---

[14] „Dum autem princeps aliquis equo vel alteri bestie insidens feuda sua ab imperatore recipit vel rege ..." (Text bei K. Zeumer, Quellensammlung zur Geschichte der Deutschen Reichsverfassung in Mittelalter und Neuzeit[2], Tübingen 1913 Nr. 148 S. 213). Vgl. dazu Bruckauf (Anm. 10) S. 63.

[15] Vgl. Die Dresdener Bilderhandschrift des Sachsenspiegels, hrsg von K. von Amira, Teil II, Leipzig 1926 S. 70.

[16] In diesem Sinne aufschlußreich C. Erdmann, Kaiserfahne und Blutfahne, SB der Preuß. Akademie der Wiss., Phil.-Hist. Kl. 1932, XXVIII, Berlin 1932, Sonderausgabe, S. 22 (bzw. S. 887).

[17] Vgl. N. H. Gundling, Commentatio de feudis vexilli vulgo feudis imperii regalibus Fahn-Lehn, Jena o. J. § XXIX p. 75.

[18] Vgl. Müller-Bergström, HDA II, Berlin und Leipzig 1929/1930 Sp. 1121.

[19] (Anm. 15), Teil I, Leipzig 1925 S. 113.

[20] a. a. O. S. 114.

von Reichersberg hat das Herzogsbanner eindeutig als Zeichen der Gerichtsbarkeit interpretiert[21]).

Die rote Fahne wurde übrigens als *Blutfahne* zusammen mit der heraldischen Lehnsfahne seit dem 15. Jahrhundert beim Zeremoniell des Regalienempfangs dem Fürsten überreicht[22]). Diese Blutfahne war ein bildloses rotes Banner[23]), das stets bei der Belehnung deutscher Fürsten Verwendung fand, wo es als Wahrzeichen der Regalien übergeben wurde[24]). Es ist durchaus verständlich, wenn gerade ihr rotes Tuch gelegentlich als Kriegs- und Zauberfarbe des Blutes ausgelegt wurde[25]). Gleichzeitig war sie Sinnbild der hohen Gerichtsbarkeit, das gelegentlich auch an der Gerichtsstätte oder am Richtplatz aufgesteckt wurde[26]). Seit Karl IV. wird es auch als des Reiches Feuerbanner bezeichnet, da sich das Fahnentuch „wimpelartig in verschiedene Zungen teilte, deren Flattern im Winde dem Züngeln einer Flamme ähnlich sehen mußte" (Herbert Meyer)[27]). Bis ins 12. Jahrhundert ist dieses Blutbanner die einzige bei der Reichsfürstenbelehnung verwendete Fahne gewesen. Es genügte bis zu diesem Zeitpunkt als Investitursinnbild. Erst seit der Mitte des 12. Jahrhunderts wurden dann mehrere Fahnen bei der Vergabung von Lehen und Hoheitsrechten überreicht[28]).

Im späten Mittelalter wurde als prunkvolles Zeremoniell der *mos circumequitandi* geübt, bei der die aufgesessenen Reichsvasallen den königlichen Lehnstuhl dreimal berannten, anschließend die Lehnsfahnen empfingen und diese dann unter das Volk warfen, das sich um diese Banner balgte[29]). Das Zerreißen der Lehnsfahnen scheint offenbar vor Kaiser Friedrich I. Barbarossa (1152—1190) in Deutschland nicht üblich gewesen zu sein[30]). Später wurden allerdings allgemein die Investitur-

---

[21]) Vgl. H. Fehr (Anm. 3), S. 28.

[22]) Dresdener Bilderhandschrift (Anm. 19), S. 115.

[23]) Vexillum absque insigne rubeum (vgl. H. Cocceji, Juris Publici Prudentia, Frankfurt an der Oder 1695, Cap. XIII § 19 p. 237).

[24]) Vgl. H. Meyer (Anm. 1), S. 317.

[25]) Vgl. H. Meyer, Sturmfahne und Standarte, ZRG 51 Germ. Abt. (1931) S. 210.

[26]) Vgl. H. Meyer (Anm. 1), S. 317.

[27]) a. a. O. S. 322.

[28]) Ebd.

[29]) Vgl. Bruckauf (Anm. 10), S. 82.

[30]) „Scimus, ante Friderici Barbarossae aetatem vexilla non fuisse discerpta et in vulgus sparsa" (Gundling (Anm. 17), § XXXIII p. 89).

symbole nach dem Belehnungsakt unter die anwesenden Zuschauer geworfen und von diesen zerrissen[31]). Grundsätzlich ist den Lehnbriefen der deutschen Reichsfürsten jedoch nichts Genaueres über den Umfang der Reichslehen zu entnehmen, was nicht zuletzt auch für die an dieser Stelle näher zu würdigenden Lehnsempfänge bayerischer Monarchen gilt. Allgemein wurde einem Reichsfürsten die volle Weltlichkeit seiner Territorien zugestanden, aber die *regalia feoda* wurden im einzelnen dabei nicht näher aufgeschlüsselt[32]).

II.

Ernst Klebel hat ehedem schlüssig nachgewiesen, daß die moderne Kenntnis über die Reichslehen der bayerischen Herzöge unsicher bleibt. Man muß sich eingestehen, daß man letztlich nichts Genaues darüber aussagen kann, welche Reichslehen den Herzögen von Baiern eigneten[33]).

Eine der ältesten Nachrichten über die Verleihung des erledigten Herzogtums Baiern stammt aus dem Jahre 966, als Kaiser Otto II. (961—983) Baiern an Otto, den Sohn Liudolfs von Schwaben, gab. Damals entsetzte in Regensburg Kaiser Otto II. den aus dem sächsischen Haus stammenden Herzog Heinrich II. seiner Würde, verhängte über ihn und seine Anhänger Acht und Bann und übergab das erledigte Herzogtum Baiern seinem Freund Otto, der nunmehr „die herzoglichen Fahnen von Schwaben und Baiern in seiner Hand vereinigte"[34]. Mit einer bewimpelten Lanze empfing nach der Chronik Thietmars von Merseburg Baiernherzog Heinrich V. von Lützelburg (1004—1009 und 1017—1026) am 21. März 1004 sein Herzogtum. Der Geschichtsschreiber vermerkte ausdrücklich, der Bruder der Königin Kunigunde

---

[31]) Vgl. den Bericht über die Belehnung des Bamberger Fürstbischofs Heinrich Groß von Trockau 1487 in: Alt-Bamberg. 47. Ber. über Bestand und Wirken des hist. Vereins zu Bamberg, Bamberg 1885 S. 40 Anm.**

[32]) Vgl. E. Klebel, Territorialstaat und Lehen, in: Studien zum mittelalterlichen Lehenswesen (= Vorträge und Forschungen, Bd. V), Lindau und Konstanz 1960 S. 223.

[33]) a. a. O. S. 226.

[34]) Vgl. W. von Giesebrecht, Geschichte der deutschen Kaiserzeit, hrsg. von W. Schild, I. Bd., Meersburg 1929 S. 494.

habe damals von seinem Schwager Kaiser Heinrich II. (1002—1024) in Regensburg den Dukat *cum hasta signifera* erhalten[35]).

Die Fahnenlanze (*signifera lancea*) als Lehnssymbol war damals durchgängig bekannt. So war vor dem Zelt des Grafen Gerhard vom Elsaß eine Fahnenlanze aufgesteckt, durch die dieser zuvor das Herzogslehn vom König empfangen hatte[36]). Auch in der *Vita Heinrici II* wird die Fahne als Symbol eines Herzogtums gedeutet[37]). In der damaligen Zeit war die Lehnsinvestitur mit dem Banner über die Grenzen des eigentlichen Reiches hinaus verbreitet. So hat auch der Doge von Venedig Domenico Selvo (1071—1084) die Investitur mit der Markusfahne durch den Primicerius von San Marco erfahren[38]). Genaueres über die baierischen Regalienfahnen hören wir erstmals aus den *Gesta Friderici* aus der Feder des Bischofs Otto von Freising. Der bayerische Historiograph hat berichtet, daß Heinrich der Ältere (XI. Jasomirgott, 1142 bis 1156) im September 1156 die Herzogsgewalt in Baiern durch sieben Fahnen (*septem vexilla*) zurückgab, die damals Heinrich dem Jüngeren (dem Löwen) (1156—1180) übergeben wurde, der gleichzeitig mittels zweier Fahnen die Ostmark zurückerstattete[39]). Theodora von Byzanz empfing damals das neue Herzogtum Österreich mit zwei Fahnen[40]). Es war ein erstmaliger Vorgang, daß damals eine Frau mit einem Reichslehen belehnt wurde, das sonst lediglich Männern zustand. Mit dieser feudalen Belehnung erteilte der Kaiser Herzog Heinrich Jasomirgott ein besonderes Privileg für seinen Verzicht auf das Herzogtum Baiern[41]).

---

[35]) „... ad Ratisbonam venit; ibique habito regali placito militi suimet generoque Heinrico XII Kal. Aprilis cum omnium laude presenti um cumque hasta signifera ducatum dedit" (Thietmar von Merseburg, Chronicon VI, 3, ed. R. Holtzmann — W. Trillmilch, Darmstadt 1957 p. 244; vgl. auch Bruckauf (Anm. 10), S. 47 (mit Anm. 2).

[36]) „... accessit signiferamque lanceam, beneficium ducis comes isdem acceperat a rege" (Thietmar von Merseburg, Chronicon V, 21, l. c., p. 214 & 216).

[37]) Vgl. Bruckauf (Anm. 10), S. 20.

[38]) Vgl. A. Galante, Per la storia giuridica della Basilica di S. Marco, ZRG 33 Kan. Abt. 2 (1912) S. 291.

[39]) *Ottonis Episcopi Frisingensis Gesta Frederici*, II, 57: „Heinricus maior natu ducatum Baioarie per septem vexilla resignavit. Quibus iunior traditis, ille duobus vexillis marchiam Orientalem cum comitatibus ad eam ex antiquo pertinentibus reddidit" (ed. F.-J. Schmale, Darmstadt 1965 p. 388 & 390).

[40]) Vgl. O. Frh. von Dungern, Wie Baiern das Österreich verlor. Geschichte einer staatsrechtlichen Fälschung, Graz 1930 S. 53f.

[41]) a. a. O. S. 54.

Die künftige Belehnung wurde damit stärker an die Familie des Herzogs als an die Person des Herzogs selbst geknüpft. Kaiser Friedrich I. (1152—1190) hat das französisch-orientalische Lehnrecht insoweit nachgeahmt, als er mehrere Fahnen als Sinnbilder der einzelnen Teile des Herzogtums Baiern verwendete. Indes hatte diese Übung für Bayern wenig Bestand, da in der Folgezeit die Herzöge von Bayern jeweils nur mit einer einzigen heraldisierten Lehnsfahne neben der Blutfahne als Symbol des Herzogtums belehnt werden sollten[42]). Immerhin wurde das territoriale Fahnensymbol bestimmend für die deutschen verfassungsrechtlichen Verhältnisse, auch wenn das Modell dem französischen und lombardischen Lehnrecht entnommen war. Es trifft durchaus zu, daß das Herzogtum Baiern vor der 1156 durchgeführten Trennung der Ostmark durch die Überreichung von sieben Fahnenlanzen übertragen wurde[43]). Welche Einzellandschaften indes diese sieben Fahnenwimpel verkörperten, läßt sich aus den historischen Zeugnissen nicht einwandfrei klären. Dazu trat der Umstand, den Otto Freiherr von Dungern zutreffend beurteilte, daß schließlich Otto von Freising nicht als Jurist, nicht als urkundenkonformer Staatsrechtler, die Belehnung beschrieb, als er erwähnte, von den empfangenen Fahnen habe Heinrich der Löwe zwei dem Kaiser zurückerstattet, der diese Heinrich Jasomirgott und seiner Gemahlin Theodora überreichte. Immerhin läßt sich aus der Abtrennung der beiden Fahnen schließen, daß diese beiden Paniere die Mark Österreich und jene Lehen verkörperten und symbolisierten, die zuvor der Markgraf von Österreich als Vasall von seinem unmittelbaren Lehnherrn, dem Herzog von Baiern, empfangen hatte[44]). Bekanntlich erhielten nach der Ächtung Heinrichs des Löwen Steiermark, Kärnten, Krain, Dalmatien, Meran (Grafen von Tirol) selbst Herzöge[45]). Auch die Fürstbischöfe übernahmen die Herzogsfahnen als Symbole der ihnen übertragenen Regalien[46]). Im übrigen berichtete Otto von Freising, daß es zeitgenössisches höfisches Brauchtum sei, Königreiche durch das

---

[42]) a. a. O. S. 49.

[43]) Vgl. auch S. O. Riezler, Die herzogliche Gewalt in Bayern unter Heinrich dem Löwen und Otto I., in: C. Th. Heigel und S. O. Riezler, Das Herzogthum Bayern zur Zeit Heinrichs des Löwen und Ottos von Wittelsbach, München 1867 S. 149.

[44]) Von Dungern (Anm. 40), S. 48.

[45]) Cocceji (Anm. 23), Cap. III § 12 p. 39.

[46]) Vgl. P. Classen, Gerhoch von Reichersberg. Eine Biographie, Wiesbaden 1960 S. 236.

Schwert, Provinzen aber durch das Banner (*vexillum*) seitens des Lehnsfürsten zu übergeben oder zu entziehen[47]).

Die Belehnung des Pfalzgrafen Otto von Wittelsbach (1180 bis 1183) auf dem Regensburger Reichstag vom 24. Juni 1180 wurde an den Stufen des Thrones mittels der herzoglichen Fahne vollzogen[48]). Die nachempfundene Historienmalerei in den Münchener Hofgartenarkaden zeigt die Belehnung mit dem Herzogtum Baiern, dem Lehen des entsetzten Herzogs Heinrich des Löwen, unter Verwendung eines gevierten Banners, in dem die Felder 1 und 4 einen schwarzen Adler in Gold, Feld 2 und 3 aber die schrägen silbernen und blauen bayerischen „Wecken" wiedergeben. Als König Otto IV. (1198—1218) Herzog Ludwig I. dem Kelheimer (1183—1231) von Baiern das Herzogtum Baiern und die Lehen der Mörder König Philipps († 1208 VI 21) am 15. November 1208 in Frankfurt übertrug[49]), wird der Fahnenlanzen nicht besonders gedacht. Obschon König Heinrich (1222—1235) im Jahre 1228 dem Erzbischof von Salzburg die ehedem bayerischen Grafschaften im unteren und oberen Pinzgau auf ewige Zeiten übertrug und damit das bisherige Lehnrecht der Herzöge von Baiern an diesen Grafschaften entfallen ist[50]), wird des Wegfalls bayerischer Regalienfahnen insofern nicht mehr Erwähnung getan, als bekanntlich bereits Otto I. von Wittelsbach das Territorium nur mittels *einer* Wappenfahnenlanze empfangen hatte. Unter König Konrad IV. (1250—1254) war die Belehnung von Bischöfen mit Lehnsfahnen im bayerischen Machtbereich durchaus gebräuchlich. Dieser Monarch hat dem erwählten Brixener Bischof Egno aus dem Grafenhaus Eppan mit Zepter und Fahnen die Regalien seines Hochstifts übertragen. Die Fahnen bezogen sich, wie Otto Stolz überzeugend nachgewiesen hat, insonderheit auf die Herzogs- und Grafschaftsgewalt des Bischofs, „mit der eben die Gerichts- und Heereshoheit verbunden war"[51]). In dieser Zeit wurde ebenfalls die feierliche Übertragung anderer Herzogtümer, beispielsweise des Herzogtums Braunschweig

---

[47]) *Ottonis Episcopi Frisingensis Gesta Frederici* II, 5: „... est enim consuetudo curie, ut regna per gladium, provincie per vexillum a principe tradantur vel recipiantur ..." (ed. F. J. Schmale [Anm. 39] p. 290).

[48]) Vgl. J. M. Mayer, Das Regentenhaus Wittelsbach oder: Geschichte Bayerns, Regensburg 1880 S. 222.

[49]) AStAM (Allgemeines Staatsarchiv München), Altbayern 32 (*früher* Kaiserselekt 593); *Druck:* MB 29/1 Nr. 593 S. 542f.

[50]) Vgl. O. Stolz, Das Wesen der Grafschaft im Raume Oberbayern—Tirol—Salzburg, ZBLG 15 (1949) S. 85.

[51]) a. a. O. S. 82.

1235 durch Friedrich II. (1212—1250) an Herzog Otto von Lüneburg, „per vexilla" durchgeführt[52]). Rudolf I. (1273—1291) hat 1282 die Herzöge Albert und Rudolf von Österreich feierlich mit Fahnen belehnt[53]). Auch das Königreich Böhmen (regnum Bohemie) ist durch König Albrecht 1307 in Znaim mittels Fahnenlanzen übergeben worden. Die *porrectio et traditio hastarum vexillatarum* wurde ausdrücklich vermerkt[54]). König Friedrich der Schöne (1314—1330) belehnte übrigens den Grafen Reynald von Geldern 1317 in Wien allein mit zwanzig Fahnen[55]).

Die Decken im Alten Rathaus zu München illustrieren die zeitgenössischen Symbole unter Kaiser Ludwig IV. dem Bayern (1314—1347). Das Wappen Kaiser Ludwigs stellt sich dar als schwarzer Doppeladler mit den silbernen und blauen Rauten als Brustschild, während Wappen des Herzogtums Bayern die „Wecken" waren und zwei übereinander schreitende Löwen die Pfalzgrafschaft bei Rhein symbolisierten.

Aufschlußreich hat U l r i c h   v o n   R i c h e n t a l in seiner Darstellung des Konstanzer Konzils die Belehnung des Herzogs Wilhelm III. von Bayern-München (1397—1435) 1415 durch König Sigismund (1410—1437) mitgeteilt. Eine kolorierte Zeichnung, die nach 1455 entstanden sein dürfte, und sich heute im Rosgartenmuseum Konstanz befindet, zeigt den knienden Herzog Wilhelm von Bayern-München vor dem unter einem Baldachin thronenden Kaiser. Die Lehnfahne hat der Kaiser bereits dem Herzog überreicht, während er das Schwert gerade seinem Vasallen übergibt[56]). Ulrich von Richental berichtet dann in seiner Chronik vom Konstanzer Konzil unterm 13. Mai 1417, damals habe Herzog Johann von Bayern seine Lehen auf dem Konstanzer Markt empfangen, und zwar in der Weise, wie er von anderen Fürsten berichtet habe[57]), mithin also durch Empfang der Lehnsfahne. Ein Holzschnitt zeigt, daß der barhäuptige Herzog damals in kniender Haltung vor dem gekrönten Kaiser die Fahne hielt, die sich als gevierter Lanzenwimpel mit dem rot bewehrten goldenen Pfälzer Löwen in Schwarz und den schrägen

---

[52]) MG. Const. II, n. 197 p. 264[37].

[53]) MG. Const. III, n. 339 p. 325.

[54]) MG. Const. IV, n. 213 p. 184.

[55]) „... per viginti vexillorum sollempnitatem ..." (MG. Const. V, n. 450, p. 373).

[56]) Vgl. H. F e h r, Das Recht im Bilde, München und Leipzig 1923 S. 124 u. S. 98.

[57]) „in der maß als vor von den andern fürsten beschriben ist" (U l r i c h v o n R i c h e n t h a l, Concilien buch, geschehen zu Costencz, gedruckt Augsburg (Anton Sorg) 1483 = UBW (Universitätsbibl. Würzburg), J. A. fo. 979 Bl. XLVIII).

silbernen und blauen bayerischen Rauten präsentiert[58]). Die Lehnsfahne der Markgrafschaft Brandenburg war seinerzeit das schwarz-weiß gevierte Wappen der Dynastie[59]), während Österreich als Lehnsfahne den rot-weiß-roten Bindenschild[60]) zeigte.

Nähere Aufschlüsse über die Belehnung eines Bayernherzogs erfahren wir schließlich aus den archivalischen Nachrichten über den Lehnsempfang Herzog Ludwigs in Ofen am 3. Oktober 1426 durch König Sigmund[61]). Damals wurde Herzog Ludwig der Ältere mit dem Fürstentum Niederbayern durch seinen Oheim Kaiser Sigismund zu Ofen (Buda) im Königreich Ungarn bei der St. Jörgen-Kapelle investiert[62]). Der Herzog hatte damals zwei Banner in seinen Händen. Eines davon trug das Wappen des Fürstentums und Herzogtums Bayern, das er in seiner rechten Hand hielt; das andere in seiner Linken war von roter Farbe, verkörperte mithin die Blutfahne[63]). Nach der Leistung des Treueides (*fidelitatis iuramentum*) übergab der Kaiser, nachdem er zuvor die beiden Lehnsfahnen übernommen hatte, die zwei Banner in die Hand des Herzogs[64]) und übertrug diesem damit Herrschaft und Lehen kraft königlicher Majestät. Die Belehnung sah nicht allein die Übergabe der Paniere, sondern ebenfalls die Erteilung des Friedenskusses[65]) vor.

Im Jahre 1442 empfing Herzog Ludwig[66]) seine Lehen immerhin mit

---

[58]) a. a. O. Bl. XLVII'.

[59]) Bl. XLVI.

[60]) Bl. LXXVI.

[61]) Vgl. zum Ereignis S. von Riezler, Geschichte Baierns, Bd. 3 Gotha 1889, Nachdruck Aalen 1964, S. 274; ganz kurz Th. Straub bei M. Spindler, Handbuch der Bayerischen Geschichte, II. Bd., München 1966 S. 250.

[62]) AStAM, Neuburger Kopialbücher 1 fol. 163—164 (lat.); fol. 166—167 (dt.).

[63]) „... et in manibus suis duo vexilla, unum videlicet armorum principatus ac ducatus Bavarie insigniis in dextra, et aliud rubei coloris in sinistra deferens ..." (l. c. fol. 163; Neuburger Kopialbücher 10 fol. 474). — Deutsche Fassung: „... und in seinen henden zwei banier ... von den wappen des furstentumbs und hertzogthumbs zu Beyern chlaviet in der rechten, und das ander von roter farb in der lencken handen ausgerecht tragend ..." (Neuburger Kopialbücher 1 fol. 166').

[64]) „... a prefato domino duce predicti duo vexilla ad se recepit et per eorundem ad manus ipsius domini ducis ea iterum ..." (Neuburger Kopialbücher 10 fol. 474').

[65]) „... dominum ducem de predictis suis principatu ac ducatu dominio atque feudis investivit et in signum huiusmodi investiture ... ducem ad se traxit et osculum pacis eidem dedit ..." (ibidem).

[66]) Ludwig VII. *der Gebartete* von Bayern-Ingolstadt (1413—1443) (vgl. Ch. Haeutle, Genealogie des erlauchten Stammhauses Wittelsbach, München 1870 S. 124).

drei Panieren[67]), deren nähere Beschreibung allerdings nicht zu ermitteln ist. Am 11. März 1465 verlieh in Wiener Neustadt Kaiser Friedrich III. (1440—1493) dem Pfalzgrafen bei Rhein und Herzog in Bayern Sigmund (1460—1467), seinem Oheim, seine Lehen, nämlich die Pfalz, seine Lande zu Ober- und Niederbayern und dazu sämtliche anderen Herrschaften, Grafschaften, Landgerichte, Gerichte, hohe und niedere, Bann, Geleit, Wildbänne, Zölle, Mauten, Münze und alle andere Herrlichkeit, die von ihm und dem Reiche zu Lehen rührten[68]). Die Ausgestaltung des damaligen herzoglichen Wappens illustriert deutlich der gedrehte Knauf des Schwertes Herzogs Christoph von Bayern (1449—1493), das um 1480 geschmiedet wurde. Es zeigt nämlich das viergeteilte bayerische Wappen, wobei je zweimal der geschmelzte Rautenschild und der vergoldete Löwe begegnen[69]).

In der damaligen Zeit empfingen selbstverständlich auch andere Fürsten ihre Lehen noch mittels der Wappenfahnen, so etwa am 23. April 1487 in Nürnberg Kurfürst Friedrich von Sachsen und am 2. Mai Kurfürst Johann und die Markgrafen Friedrich und Sigismund von Brandenburg, wobei der Sachse mit dreizehn, die Brandenburger aber mit zehn Länderfahnen begabt wurden[70]). Der Innsbrucker Hofmaler und Baumeister Jörg Kölderer, der zwischen 1507 und 1512 die eindrucksvolle Miniaturserie des Triumphzuges Kaiser Maximilians I. (1486 bis 1519) entworfen hat, zeichnete Herzog Albrecht IV. *den Weisen* (1465 bis 1508) von Bayern-München mit dem herkömmlichen, traditionellen Wappenpanier[70a]).

Eine besondere Auszeichnung wurde dem Herzogtum Bayern 1544 zuteil. Am 5. Mai 1544 verlieh nämlich in Speyer Kaiser Karl V. (1519 bis 1556) dem Kurfürsten Friedrich II. dem Weisen, Pfalzgrafen bei Rhein, Herzog in Bayern, Reichstruchsessen (1544—1556), seinem Schwager und Rat, und seinen Nachfolgern in Erwägung dessen vielfältiger treuer Dienste, die er Kaiser Maximilian, seinem Vater Philipp, ihm

---

[67]) Vgl. Bruckauf (Anm. 10), S. 80.

[68]) HHStAW (Haus-, Hof- und Staatsarchiv Wien), RHR 7 (R. Leh. A. dt. Exp.).

[69]) Vgl. H. Thoma, Schatzkammer der Residenz München, Katalog, München 1958 Nr. 211 (nunmehr Nr. 233) S. 99.

[70]) Vgl. J. Ch. Lünig, Theatrum Ceremoniale historico-politicum, II. Teil, Leipzig 1720 S. 936.

[70a]) Vgl. K. Busch, Albrecht Altdorfer und sein Kreis, in: Das Bayerland, 49. Jg., München 1938 S. 545 mit Abb.

und dem Reich geleistet hatte, das Recht, in ihrem Wappen das Zeichen des goldenen Apfels mit dem Kreuz im roten Schild[71]), mithin das Regalienschildchen, führen zu dürfen. Der rote Schild bedeutete die Kur, das vornehmste kaiserliche und königliche Kleinod des goldenen Apfels mit dem aufgesetzten goldenen Kreuzchen interpretierte man als Sinnbild der Welt[72]).

Ein dem Goldschmied Hans Reimer zugeschriebener Deckelpokal aus München vom Jahre 1562 zeigt bereits das bayerische Wappen mit dem Regalienschild, wobei der goldene Reichsapfel in Rot dem Wappen nachträglich beigefügt wurde[73]).

Am 6. Juni 1559 fand in Augsburg ein Regalienempfang statt. Damals verlieh König Ferdinand I. (1531—1564) Herzog Albrecht V. von Ober- und Niederbayern (1550—1579) seine Regalien, mithin seine Fürstentümer, Grafschaften, Klöster, Landgerichte, Gerichte, Vogteien, Zölle, Mauten, Schlösser, Städte, Festen, Landleute und Güter, insbesondere auch die Rechte und Freiheiten über das Landgericht Hirschberg und die Grafschaft Hals, die ehedem die Vorfahren Herzog Albrechts von Johann Freiherrn von Degenberg gekauft hatten[74]). Von einer Übergabe der Lehnsfahnen erfährt man hier nichts, ebensowenig anläßlich der Bevollmächtigung[75]) der bayerischen Räte, des Landhofmeisters Ottheinrich zu Schwarzenberg[76]), des Grafen Albrecht zu Leonstein und Dr. Christoph Elsenheimers[77]) unterm 20. Juli 1565 durch Herzog Albrecht zum Regalienempfang durch Kaiser Maximilian II. (1562—1576) in Wiener Neustadt am 18. August dieses Jahres[78]). Eine der letzten Belehnungen mit den Fahnen dürfte der Regalienempfang von 1566 zu Augsburg gewesen sein, wo insbesondere der Kurfürst August von Sachsen mit

---

[71]) „... das zaichen des guldin apfels mit dem creutzlin vorgemelt in dem rotten schildt" GHAM (Geh. Hausarchiv München), Hausurkunde Nr. 2993 (Or. Perg., kaiserliches Siegel fehlt).

[72]) „... under anderm ain rotten schildt, der die chur bedeutten thut ..." — „... das loblichst und furnemest kaiserlich und koniglich cleynat des guldin apfel mit ainem aufgesetzten guldin creutzlin, dabey die gantz welt zu versteen ..." (GHAM, Hausurkunde Nr. 2993).

[73]) Vgl. Thoma (Anm. 69), Nr. 512 (heute Nr. 561) S. 206f.

[74]) HHStAW, RR Ferdinands I., Bd. 11 (1557—1563) fol. 174—177'.

[75]) HHStAW, RR Maximilians II., Bd. 12 fol. 11.

[76]) Vgl. über ihn S. von Riezler, Geschichte Baierns, Bd. 4, Gotha 1899, Neudruck Aalen 1964 SS. 514, 519.

[77]) Zu ihm Riezler, a. a. O. SS. 518, 616.

[78]) HHStAW, RR Maximilians II. Bd. 12 fol. 13—17.

seinen fürstlichen Lehnsfahnen investiert wurde[79]). Johann Christian
Lünig hat in seinem *Theatrum Ceremoniale historico-politicum* die gebrauchten kursächsischen Lehnsfahnen[80]) eingehend beschrieben und
damit die Fahnlehnsbelehnung von 1566, d. h. jene vom Augsburger
Reichstag vom 23. April, anschaulich der Nachwelt überliefert.

Als am 19. April 1599 Kaiser Maximilian II. (1564—1576) dem Würzburger Bischof Friedrich von Wirsberg (1558—1573) seine Regalien
ebenfalls zu Augsburg in seiner Kammer verlieh, wurde hervorgehoben,
daß des Bischofs Vorgänger die Regalien auf feierlichem Stuhl unter
freiem Himmel und mit „Fahnen-Panieren"[81]) empfangen hätte, die
jetzige schlichte Belehnung aber jener im vollen Lehnszeremoniell entspräche[82]). Am 31. Dezember 1576 erbat in München Herzog Albrecht
von Kaiser Rudolf II. (1575—1612), seinem Schwager, seine Lehen.
Da er wegen seines Leibes Unvermöglichkeit und anderer ehafter Ver-
hinderungen nicht selbst zum Lehnsempfang reisen konnte, bevollmächtigte er seine vier ·Räte, Christoph Graf zu Schwarzenberg[83]),
Rudolf von Haslang[84]), beide herzogliche Vizedome zu Straubing und

[79]) Vgl. Bruckauf (Anm. 10), S. 89.
[80]) Als Banner wurden verwendet: 1. die *Kurfahne* (Geteilt von Schwarz und
Weiß, belegt mit zwei roten gekreuzten Schwertern), 2. *Herzogtum Sachsen* (Gelb
mit fünf schwarzen Balken, darüber ein grüner gewundener Rautenkranz),
3. *Landgrafentum Thüringen* (In Blau ein viermal weiß-rot geteilter, golden
gekrönter Löwe), 4. *Markgrafschaft Meißen* (In Gelb ein aufgerichteter schwarzer
Löwe), 5. *Pfalz Sachsen* (Auffliegender goldener Adler), 6. *Grafschaft Orlamünde*
(In Gelb rot gekrönter schwarzer Löwe und rote Rosenblätter), 7. *Burggrafentum
Magdeburg* (In Rot ein halber (wachsender) golden gekrönter weißer Adler
„samt den vier rothen Palken im weißen Felde"), 8. *Pfalz Thüringen* (In Schwarz
ein gelber Adler), 9. *Herrschaft Landsberg* (In Gelb zwei blaue Balken), 10. *Grafschaft an der Pleisse* (In Blau ein gelb-weiß geteilter Löwe), 11. *Grafschaft Altenburg*
(In Weiß eine rote Rose mit goldenem Butzen), 12. *Herrschaft Brena* (In Weiß
drei rote mit drei weißen Kleeblättern belegte Herzen); vgl. Lünig [Anm. 70]
S. 948). Die Blutfahne selbst, die zusätzlich als Symbol des reichslehenrechtlichen
Blutbannes überreicht wurde, ist hier überhaupt nicht aufgeführt.
[81]) Neben der Blutfahne wurden die Würzburger Fürstbischöfe mit der Fahne
des Herzogtums Franken (In Rot drei aufsteigende silberne Spitzen) und dem
Banner des Hochstifts Würzburg (In Blau die rot-weiß gevierte Herzogsfahne
an goldenem Stock mit silberner Spitze) belehnt (vgl. F. Merzbacher, Zum
Regalienempfang der Würzburger Fürstbischofe im Spätmittelalter, ZRG 70
Kan. Abt. 39 [1953] S. 451, Anm. 7 und 8).
[82]) HHStAW, RR Maximilians II., Bd. 12 fol. 207'.
[83]) Er war als herzoglicher Hofrichter und Landhofmeister tätig (vgl. S. von
Riezler [Anm. 76], S. 76).
[84]) Er hatte den Hofstaat revidiert (vgl. Riezler, a. a. O. S. 671).

Landshut, Kanzler zu München und Landshut, Christoph Elsenheimer und Augustin Paumgartner[85]), beide der Rechte Doktoren, zum Empfang seiner Regalien in der Reichshofkanzlei[86]). Am 28. Januar erfolgte im königlichen Schloß zu Prag der Regalien- und Lehnsempfang für Herzog Albrecht durch den Kaiser[87]).

Während man sich offenbar in Bayern stillschweigend mit dem weniger prunkvollen Zeremoniell einer schlichten Regalienverleihung begnügte, legte man in Würzburg sichtlich Wert auf ausdrückliche kaiserliche Erklärung bezüglich des geübten vereinfachten Lehnszeremoniells. So erging am 9. Oktober 1577 in Wiener Neustadt eine Deklaration über den Lehnsempfang des Würzburger Fürstbischofs. Rudolf II. beurkundete seinerzeit, daß Fürstbischof Julius Echter von Mespelbrunn (1573 bis 1617) in eigener Person seines Stiftes Würzburg und Herzogtums zu Franken *Regalia*, Lehen und Weltlichkeit zu Lehen empfangen habe und diese Belehnung in der kaiserlichen Kammer vorgenommen worden sei. Gleichzeitig wurde betont, die Vorgänger des Bischofs hätten ihre Regalien von den Kaisern auf freiem Stuhl unter dem Himmel und mit Fahnen oder Panieren, nämlich mit der Blutfahne, ferner des Stifts Würzburg und des Herzogtums zu Franken Fahnen[88]) empfangen. Dabei erklärte der Kaiser, daß die in seiner Kammer erfolgte Belehnung einem Empfang „in kaiserlichen Zierden auf freiem Stuhl unter dem Himmel und mit den Fahnen" entspräche[89]).

Zum ersten Male wurde übrigens am 25. Februar 1623 Kurbayern als weltliches Kurfürstentum auf andere Weise investiert. Die Belehnung nahm damals der Kaiser in der Weise vor, daß er dem Kurfürsten den Knopf seines kaiserlichen Schwertes zum Kusse bot und ihm damit die Reichsinvestitur erteilte[90]). Damit waren die Lehnsfahnen abgelöst, die während des Mittelalters den Regalienempfang der Territorialhoheit

---

[85]) Als bairischer Gesandter hatte er am Trienter Konzil teilgenommen (vgl. Riezler, a. a. O. S. 590).

[86]) HHStAW, RHR 7 (Or. Pap. mit Pap.blattsiegel — herzoglichem Sekretsiegel); RR Rudolfs II., Bd. 6 (1576—1591) fol. 7/7'.

[87]) HHStAW, RR Rudolfs II., Bd. 6 fol. 7'—10'.

[88]) Siehe oben Anm. 81.

[89]) HHStAW, RR Rudolfs II., Bd. 6 fol. 66'.

[90]) Vgl. Lünig (Anm. 70), S. 942f. — „Maximilianus ... pileo pallaque, Septemviralibus insignibus donatus, tactis manu Evangeliis, solenni forma Septemvirale juramentum recitavit, et ensem Caesareum exosculatus habitis rursus gratiis ..." (J. Adlzreitter Annalium Bojorum Tom. III, Francofurti ad Moenum 1710 Pars III Lib. VIII n. XIV col. 107).

repräsentiert hatten. Indes stammte die Übertragung mit dem Schwert ebenfalls schon aus dem Mittelalter, hatte doch nicht zuletzt Otto von Freising darauf hingewiesen, daß Reiche durch das Schwert — *regna per gladium* — übertragen würden. Übrigens hat später Kreittmayr bemerkt, daß das Kurhaus Bayern mit seinen Thronlehen *uno actu* belehnt würde, wenngleich darüber drei besondere Lehnbriefe ausgefertigt würden. Der erste Lehnbrief ist über die Kur und das Erztruchsessenamt, ferner über die gesamte Oberpfalz und ihre zugehörigen Regalien, Rechte und Gerechtigkeiten gemäß dem Inhalt des Westfälischen Friedens ausgestellt worden. Der zweite betraf sowohl die Kur als auch das Fürstentum Ober- und Niederbayern, während der dritte Lehnbrief die Landgrafschaft Leuchtenberg mit sämtlichen Lehenschaften, Bergwerken, Wildbann, Jagd, Fischerei, Gerichten, Galgen, Zoll, Maut, Geleit, Städten, Vogtrecht auf Klöstern und Kirchen und den Blutbann bestätigte[91]).

Jedenfalls wurden zur Zeit Kreittmayrs bayerische Reichslehen nicht mehr mit der Fahne übertragen. Die Belehnung mit Banner, Zepter, Schwert, Spieß, Ringen, Hut oder Stab bzw. durch den Lehnskuß und andere Symbole, die, wie der bayerische Gesetzgeber bemerkte, „vor alters Grande mode" gewesen seien, wurde damals nicht mehr vollzogen. Lakonisch bemerkte Kreittmayr: „Heut zu Tag werden die Reichslehen weder mit Fahnen noch Scepter mehr verlyhen, und hat diese Eintheilung auch in Ansehen der Reichsvicariaten keinen Nutzen mehr"[92]). Gleichwohl verwies er darauf, daß die alten Zeremoniellformen offenbar noch an manchen Orten geübt wurden, vergaß aber nicht zu erwähnen, hierzulande wisse man nichts davon, vielmehr bestand der Belehnungsakt in Bayern in der beim Lehnhof oder in der Lehnstube abzulegenden Verpflichtung des Vasallen[93]). Dieser Vorgang entsprach auch der beim Reichshofrat bezüglich der Reichslehen beobachteten Übung. Ein einziger Unterschied am Kaiserhof wurde jedoch nach wie vor beachtet. Deutsche Lehen empfing der Vasall stehend, welsche Lehen aber kniend[94]). Der seit dem Dreißigjährigen Krieg auch gegenüber Bayern belegte Belehnungsmodus mit dem bloßen Schwert entsprach dem allgemeinen Zeremoniell, wonach der Knopf des Schwertgefäßes angefaßt

---

[91]) Kreittmayr, Grundriß des Allgemeinen Deutsch- und Bayrischen Staatsrechtes, 3. Teil: Von dem bayrischen Staatsrecht, München 1770 § 124 S. 232f.

[92]) Kreittmayr, Anmerkungen über den Codicem Maximilianeum Bavaricum Civilem, V. Teil, München 1768 18. Cap. § X n. 1 S. 1823.

[93]) a. a. O. § XVI n. 5 S. 1837.

[94]) Ebd.

und dessen äußerste Spitze vom Lehnsmann, dem Empfänger von Reichslehen, geküßt werden mußte[95]).

Mag auch die Spärlichkeit der Nachrichten, insonderheit das Fehlen exakter heraldischer Beschreibung aller Lehnsfahnen bei der Fahnlehnübertragung schmerzlich empfunden werden, so geben immerhin die erhaltenen Zeugnisse interessante Aufschlüsse über den Wandel in der Ausgestaltung des Regalienzeremoniells der Baiernherzöge. Die Quellen belegen nicht zuletzt die veränderte Gestalt des Belehnungsaktes und die zeitgenössische Bewertung mittelalterlicher Sinnbilder und Wahrzeichen. Vom ehedem ausgebreiteten, vielförmigen Prunk gelangte man zur einfachen kanzleimäßigen Form des Lehnsempfangs, wobei die Identität des schlichten Brauches mit der prunkvollen Entladung gelegentlich ausdrücklich vermerkt wurde. Gewiß haben sich die Formen des Lehnrechtes verändert, dieses als solches jedoch blieb bis zum Ende der Monarchie ein essentielles Element auch der bayerischen Staatlichkeit.

---

[95]) Vgl. Zedler (Anm. 9), IX. Bd. Sp. 96.

Alger von Lüttich und das Kanonische Recht*

I.

Im Nordwesten der alten *Germania Sacra,* in der Kölner Kirchenprovinz, war das Suffraganat Lüttich gelegen, dessen Kathedralstadt
in der zweiten Hälfte des 11. Jahrhunderts den geistigen und politischen
Mittelpunkt des Nordens des Heiligen Römischen Reiches bildete[1]).
Nicht zuletzt berührten die beiden kanonistischen Hauptströmungen
der cisalpinen Länder, die keltische und die rheinische Richtung, ebenfalls
den Sprengel von Lüttich[2]). In dieser Vermittlungszone, die unaufhör-
liche Berührungen mit Fremdeinflüssen erlebte, vermochte sich seit
dem Verebben der normannischen Invasionen eine Zivilisation aus-
zubilden, die bedeutende Männer des Geistes und der Wissenschaften
hervorbrachte[3]). Unter ihnen darf nicht an letzter Stelle Alger von
Lüttich genannt werden, der auf seine Weise zum Ruhme der Wissenschaft und seiner Heimat beigetragen hat. Die Forschung kennt weder
den Ort noch den genauen Zeitpunkt seiner Geburt. Er dürfte aber
ohne Zweifel knapp nach der Mitte (ca. 1055?) dieses bedeutsamen
11. Jahrhunderts geboren sein[4]). In Lüttich oblag er seinem Studium.

---

*) Diesem Aufsatz liegt der vom Verfasser am 28. September 1978 auf dem
22. Deutschen Rechtshistorikertag in Berlin gehaltene gleichlautende Vortrag
zugrunde.

[1]) Cf. Gabriel Le Bras, Le Liber de misericordia et justitia d'Alger de Liège,
Nouvelle Revue Historique de Droit Français et Étranger (NRHDFE) 45
(Paris 1921), p. 83.

[2]) Ibidem.

[3]) Cf. Charles Dareine, Les Chanoines réguliers au diocèse de Liège avant
Saint Norbert (Académie Royale de Belgique. Classe des Lettres et des Sciences
morales et politiques. Mémoires), Bruxelles 1952, p. 34.

[4]) Cf. Louis Brigué, Alger de Liège, un théologien de l'eucharistie au début
du XIIᵉ siècle, Paris 1936, p. 2.

Hier hat er den Unterricht an der blühenden Domschule genossen[5]).
Gerade die Bischöfe Heraclius (Evraker) (959—971) und sein Nachfolger
Notker (Notger) (971—1008) hatten im Lütticher Land eine starke
geistige Bewegung hervorgerufen. Die benediktinische Klosterschule
von Lobbes im Hennegau stand damals unter der Leitung des gelehrten
Abtes Heriger († 1007), die Schulen von Stavelot und St. Laurentius
in Lüttich hatten ihrerseits dem Lande hohes Wissenschaftsprestige
verschafft[6]). Bischof Otbert (1091—1119), ein Parteigänger Kaiser
Heinrichs IV., erkannte bereits 1101 in dem jungen Kleriker Alger einen
wertvollen Gehilfen und machte ihn zu seinem Sekretär[7]). Alger wurde
Diakon und Scholaster am Kollegiatstift St. Bartholomäus, später
Kanoniker und Scholaster an der Domkirche von St. Marien und St.
Lambert. Zwanzig Jahre übte er das Lehramt aus, daneben erledigte er
den amtlichen Schriftverkehr des Bistums[8]). Mit vollem Recht konnte
ehedem Max Manitius betonen, daß „seine Briefe als wertvolle Dokumente aufbewahrt und als Muster für den höheren Briefstil benutzt
wurden"[9]). Auch unter Bischof Friedrich (1119—1121) bekleidete
Alger diese Vertrauensstellungen. Gewiß ist nicht zu übersehen, daß
sich gerade in der Umgebung Bischof Otberts hervorragende intellektuelle
Persönlichkeiten fanden: Propst Friedrich, der schließlich sein Nachfolger werden sollte, Archidiakon Heinrich aus der Familie der Mon-
taigus, der Propst von Sainte-Croix (Hl. Kreuz) Hezelin und nicht zuletzt
eben der Kanonist Alger[10]). Das Kathedralkapitel von Lüttich selbst
war außerordentlich reich ausgestattet. 1103 erblickte Papst Paschalis II.
(1099—1118) in der Stadt Lüttich den letzten Rückhalt Heinrichs IV.
(1056—1105) und die letzte Bastion des Kaisertums, zumal diese Stadt
dem Monarchen treu geblieben war[11]). In Algers Bemühungen stand
als Ziel die Versöhnung der beiden Gewalten, die Sicherung der Beziehungen von Kirche und Reich. Er verteidigte energisch die kanonischen
Vorschriften Gregors VII. (1073—1085), bekämpfte das Schisma und
verfolgte die Simonisten[12]). Recht und Rechtskunde dürften im Bistum

---

[5]) Vgl. Wagenmann — S. M. Deutsch, RE[3] I (Leipzig 1896), S. 364.
[6]) Brigué, l. c., p. 3.
[7]) Vgl. Max Manitius, Geschichte der lateinischen Literatur des Mittelalters, III. Bd., München 1931, S. 100. — Fürstbischof Otbert erwarb 1096 käuf-
lich das Gut Bouillon für die Lütticher Kirche (vgl. Recueil des ordonnances du
Duché de Bouillon, Tome II, publié par Pierre Bodard, Bruxelles 1977, p. I).
[8]) Siehe oben Anm. 5.
[9]) Anm. 7.   [10]) Dareine (Anm. 3), p. 52.
[11]) Cf. Brigué (Anm. 4), p. 8.   [12]) Hierzu treffend Brigué, l. c., p. 9.

Lüttich ohnehin nur bis gegen 1130 intensiv gepflegt worden sein[13]).
Indes haben Alger möglicherweise die sich abzeichnenden Verhältnisse
und Umstände nach dem Tode Bischof Friedrichs bewogen[14]), der Welt
zu entsagen und sich in die Reformabtei Cluny zurückzuziehen. Bis
zu seinem Tode trug er das Ordenskleid der Benediktiner[15]). Fälschlicher-
weise hat später J o h a n n e s   T r i t h e m i u s ihn als Mönch der Abtei
Corvey in Sachsen angesprochen, gleichzeitig aber seine intensive
Kenntnis der Heiligen Schrift und seine Gelehrsamkeit in weltlichen
Wissenschaften gerühmt[16]). Sein unmittelbarer monastischer Vor-
gesetzter, Abt Petrus Venerabilis von Cluny, hat einen Abschnitt
seines *Liber de miraculis*[17]) dem greisen Mönch Alger gewidmet. Dieser
Freund bemerkte, sein Mitbruder Alger sei, wie vom seligen Job[18])
gesagt wird, einfältig und aufrichtig, gottesfürchtig und enthalte sich
vom Bösen[19]). Gleichwohl unterließ es der Biograph nicht, darauf
hinzuweisen, Alger habe sich ihm gegenüber häufig beklagt, Dämonen
hätten ihn oftmals bedrängt. Abt Peter Venerabilis bemerkte hierzu,
nach reiflicher Überlegung habe Alger jedoch erkannt, daß es sich
bei der angeblichen Teufelin wohl um Einbildung und Täuschung
handeln müsse[20]). Im Benediktinerkloster Cluny ist Alger hochbetagt

---

[13]) Vgl. H o r s t   F u h r m a n n, Einfluß und Verbreitung der pseudoisidorischen
Fälschungen. Von ihrem Auftauchen bis in die neuere Zeit (Schriften der MGh,
Bd. 24/II), II. Teil, Stuttgart 1973, S. 463, Anm. 102.

[14]) So Anm. 5.

[15]) Cf. D. U. B., Une biographie de l'évêque Notger au XIIe siècle, Revue
bénédictine VIII (1891), p. 311.

[16]) „Algerus ex scholastico monachus Corbeiensis in Saxonia, natione Teutonicus, ordinis S. Benedicti, vir in sanctis scripturis iugi studio exercitatus, et
veterum lectione dives, atque in secularibus literis magnifice doctus ...“ *(De
scriptoribus ecclesiasticis*, in: Compendium sive Breviarium primi voluminis
Chronicarum sive Annalium, Mainz 1515, p. 264[19]*).* Ähnlich auch in seinem
Catalogus illustrium virorum (in: Compendium, l. c., p. 132[36]): „Algerus ...
monachus Corbeiensis coenobii ... scripsit inter alia ingenii sui opuscula, volumen
insigne de Sacramento altaris lib. 3, de eadem re contra Berengarium lib. I, de
gratia quoque Dei et libero hominis arbitrio lib. I. Alia insuper nonnulla scripsisse
dicitur, sed ad noticiam nostrae lectionis minime venerunt“.

[17]) Lib. I, Cap. XVII: *De Algero sene religioso* (M i g n e, PL 189, col. 882 B).

[18]) Liber Job, Cap. I, 1:„... et erat vir ille simplex, et rectus, ac timens Deum,
et recedens a malo“.

[19]) „Frater quoque alius, nomine Algerus, vere ut de beato Job dicitur,
simplex et rectus, timens Deum, et recedens a malo ...“.

[20]) „... In se ergo reversus, daemoniacam fuisse illusionem agnovit ...“ (PL
189, col. 882 D).

im vierten Jahrzehnt des 12. Jahrhunderts (1132?) verstorben. Sein
Ruhm als Theologe und Kanonist ist nicht verblaßt.

II.

In die Gruppe der sog. vermittelnden Kollektionen des kanonischen
Rechts gehört vornehmlich jene jedenfalls vor 1121 verfaßte Schrift
Algers *De misericordia et justitia*[21]), in der er eine systematische Behandlung der Doktrin von der Disziplin vorlegte, die später zum gratianischen methodischen Muster erwachsen ist[22]). Willibald M. Plöchl
hat diese Kommentierung als „die Brücke zur gratianischen Epoche"
interpretiert[23]). Der *Liber de misericordia et justitia* selbst ist in drei
Teile gegliedert, deren erster von der Gnade, der zweite von der Gerechtigkeit und der dritte von den verschiedenen Häresien handelt[24]).
Der Traktat, der die scholastische Konkordanzidee verwirklicht[25]),
verkörpert ein verhältnismäßig kurz gefaßtes Werk, dessen hohe Bedeutung vor allem auch in seiner kanonistischen Relevanz ruht. Der
Vorspruch zu diesem Buch reiht den Verfasser unter jene zahlreichen
Gelehrten ein, die sich seit den Tagen des großen iberischen Enzyklopädisten Isidor von Sevilla bemüht haben, die verschiedenen gesetzlichen
Vorschriften, die schließlich jede Epoche hervorgebracht hat, und die
häufig voneinander abwichen, miteinander in Einklang zu bringen,
d. h. zu harmonisieren[26]). In seinem Traktat *De misericordia et justitia*
wollte Alger nicht zuletzt demonstrieren, bei welchen Tatbeständen
sich die Strenge der Kirchenzucht mildern läßt, ob Sakramente auch
von Unwürdigen gültig gespendet werden dürfen, wie Anklagen gegen
Bischöfe und Kleriker behandelt und gerichtliche Verfahren durchgeführt
werden sollten. Nicht zuletzt hat er dem Verhältnis von geistlicher
und weltlicher Gewalt seine Aufmerksamkeit zugewendet[27]). Auch die

---

[21]) Willibald M. Plöchl nimmt als Entstehungszeit die Jahre um 1105 an
(Geschichte des Kirchenrechts II[2], Wien—München 1962, S. 469).
[22]) Vgl. Aemilius Ludwig Richter — Richard Dove — Wilhelm Kahl,
Lehrbuch des kath. und evangelischen Kirchenrechts[8], Leipzig 1886, § 54, Nr. 11,
S. 145.   [23]) Siehe oben Anm. 21, ebd.
[24]) Epistola magistri Algeri Leodiensis (PL 180, col. 859 B).
[25]) Vgl. Martin Grabmann, Die Geschichte der scholastischen Methode II,
Freiburg i. Br. 1911, Graz 1957, S. 216; Alois Dempf, Die Hauptform mittelalterlicher Weltanschauung, München und Berlin 1925, S. 79.
[26]) Instruktiv vornehmlich A. Amanieu, DDC I (Paris 1935), col. 393.
[27]) Vgl. oben Anm. 5, S. 364f.

Sakramentenlehre jener außerhalb der kirchlichen Gemeinschaft Stehenden, der Exkommunizierten, der Schismatiker und Häretiker, hat er
analysierend gewürdigt[28]). Indes ist dieser Traktat letztlich doch mehr
ein systematischer Entwurf über die Disziplin als eine Canonessamm-
lung[29]). Paul Fournier und Gabriel Le Bras haben ehedem mit
überzeugender Argumentation dargetan, daß dieses Werk nicht das
Ergebnis einer Gelehrtenstudie darstellt, sondern aus aktuellem Anlaß
angesichts der lebhaften Auseinandersetzungen seiner Umwelt entstanden ist[30]). Gleichwohl darf dieses Buch einen außerordentlichen
Stellenwert für die Geschichte der kanonischen Sammlungen beanspruchen[31]), auch wenn seine Substanz nicht überall originelle Aussagen
präsentiert[32]). Inmitten der zeitgenössischen Auseinandersetzung zwischen Kaiser- und Papsttum in Lüttich, wo immerhin Bischof Otbert
seine Bischofstadt dem gebannten Kaiser öffnete und offensichtlich
zahlreiche Priester in Ehe oder Konkubinat lebten, gleichwohl die
Bevölkerung mit den Bemühungen des Papsttums und seiner Parteigänger sympathisierte, versuchte Alger einen Kompromißstandpunkt
einzunehmen, um mit Nachsicht die Strenge der Reform mildern zu
können[33]).

Neben den kanonistischen Aussagen sind ebenfalls noch die Sentenzen
Algers von Lüttich zu verzeichnen, die von Ivo von Chartres beeinflußt
sind[34]). Sein *Liber sententiarum* hat Fragen von Ehe, Taufe, Firmung,
Eucharistie und ordo erörtert und eine Quelle für den großen Sentenzen-
meister Petrus Lombardus geliefert[35]). Während Amanieu[36]) 1935

---

[28]) Vgl. Aemilius Ludwig Richter, Beiträge zur Kenntniß der Quellen des
canonischen Rechts, Leipzig 1834, S. 11.
[29]) So bereits zutreffend beurteilt von Michael Permaneder, Handbuch des
gemeingültigen Kirchenrechts, I. Bd., Landshut 1846, § 154, S. 217.
[30]) Histoire des Collections Canoniques en Occident depuis les fausses décrétales jusqu'au Décret de Gratien, Tome II, Paris 1932, p. 340.
[31]) „... le Liber de misericordia et justitia occupe une place éminente dans
l'histoire des collections canoniques" (Fournier — Le Bras, ibid.).
[32]) Ausdrücklicher Hinweis auf seine seltene Originalität wiederum bei
P. Fournier — G. Le Bras, l. c., p. 342s.
[33]) Cf. P. Fournier — G. Le Bras, l. c., p. 341.
[34]) Vgl. Grabmann (Anm. 25), I, S. 245.
[35]) Grabmann II, SS. 136, 386.
[36]) DDC I, col. 402. — Auch Friedrich Maaßen, Zur Geschichte der Quellen
des Kirchenrechts und des römischen Rechts im Mittelalter, Kritische Vierteljahrsschrift für Gesetzgebung und Rechtswissenschaft, hg. von J. Pözl, V. Bd.,
München 1863, S. 187, hegte Zweifel an Algers Autorschaft.

anzumerken glaubte, man könne der Zuschreibung dieses *Liber senten-tiarum* an Alger, wie sie ehedem Hermann Hüffer angenommen hatte, wohl nicht folgen, ist die modernere Forschung, im Anschluß an Friedrich Stegmüller[37]), diesem Zweifel nicht gefolgt. Außerdem hat Alger mit dem *Libellus de libero arbitrio*[38]) eine Schrift über den freien Willen vorgelegt, in der er in dialektischer Form seine Aussagen entwickelte[39]). Wir werden bei der Behandlung der Schuld auf diese Arbeit noch eingehen. Erwähnung verdient ebenfalls Algers kleiner *Liber officiorum ecclesiae Leodiensis*, mit dem er nicht zuletzt Amtsrecht, liturgische Funktionen, Strafbefugnis und richterliche Zuständigkeit des Lütticher Domkapitels berührte[40]).

III.

Bedenkt man, daß sich das gesamte vorgratianische Rechtsmaterial progressiv durch die Beschlüsse der Provinzialsynoden und der allgemeinen Konzilien vermehrte, durch zahlreiche Dekretalen und bischöfliche Erlässe erweiterte[41]), so stellt sich zwangsläufig die Frage, welche Quellenauswahl schließlich Alger von Lüttich getroffen hat. Schon nach kurzer Durchmusterung fällt auf, daß sich das kanonistische Quellenmaterial dieses Lütticher Kanonikers vornehmlich aus der *Dionysiana-Hadriana*, Briefen Gregors des Großen, Pseudoisidor, Burchard von Worms und Ivo von Chartres speist[42]). Bemerkenswert ist, daß Alger die Primärquellen (Urquellen) selbst befragt hat[43]). Freilich gilt auch

---

[37]) Repertorium Commentariorum in sententias Petri Lombardi, Tom. I: Textus, Herbipoli (Würzburg) 1947, n. 764, p. 374.

[38]) Migne PL 180, col. 969—972.

[39]) Vgl. auch Albert Hauck, Kirchengeschichte Deutschlands IV[8], Berlin—Leipzig 1954, S. 443.

[40]) Cf. Georges Monchamp, L'écrit d'Algerus sur la dignité de l'église liégeoise identifié avec l'appendice du liber officiorum ecclesiae Leodiensis, Bulletin de la Société d'art et d'histoire du diocèse de Liège, Tome XII, Liège 1900, p. 212 s., p. 229.

[41]) Vgl. Johann Friedrich Schulte, Lehrbuch des kath. Kirchenrechts, Gießen 1863, § 7 I, S. 19.

[42]) Vgl. Hermann Hüffer, Beiträge zur Geschichte der Quellen des Kirchenrechts und des römischen Rechts im Mittelalter, Münster 1862, Neudruck Aalen 1965, S. 33; Isidor Silbernagl, Lehrbuch des katholischen Kirchenrechts[2], Regensburg 1890, § 29, S. 58.

[43]) Vgl. grundsätzlich Maaßen (Anm. 36), S. 207.

hier, was Heinrich Weisweiler[44]) von der ältesten scholastischen
Schule bezüglich der Verwertung fremder Materialien feststellen konnte,
daß eben der Begriff des literarischen Eigentums noch nicht voll ausgebildet war und „man im Bestreben, die eigenen Werke und Abschriften
bzw. Umarbeitungen möglichst vollkommen zu gestalten und weiter-
zuführen, mutig anderes Material hinzunahm", wenngleich man auch
gelegentlich die Texte modifizierte. Man muß wohl Gabriel Le Bras[45])
beipflichten, der 1921 bemerkte, die Freiheiten, die sich Alger nahm,
machen es letztlich schwer, einen vollständigen Vergleich anzustellen.
In der Tat hat dieser Theologe die Texte mit großer Ungeniertheit
gekürzt, verstümmelt und modifiziert. Seine Veränderungen sind
zahlreich. Gabriel Le Bras sprach von regelrechten Amputationen[46]).
Immerhin fällt besonders auf, daß schließlich drei Hauptquellen den
Liber de misericordia et justitia stützten: Augustinus, Gregor I. (590—604)
und die päpstlichen Dekretalen[47]). Nach wie vor aber bleibt umstritten,
inwieweit der Vater des Kirchenrechts Gratian auch die scholastische
Konkordanzmethode Algers von Lüttich unmittelbar aus dessen Werk
selbst entwickelt oder erst über Petrus Abaelard rezipiert hat[48]). Bereits
1862 betonte Hermann Hüffer[49]) mit rechtem, einfühlendem Gespür,
Alger habe Pseudoisidor „selbständig und unmittelbar benutzt, und
zwar in einer Handschrift, welche nicht die Concilien, aber schon die
Zusätze der Merlin'schen Ausgabe[50]) enthielt". Allerdings läßt sich

---

[44]) Das Schrifttum der Schule Anselms von Laon und Wilhelms von Champeaux
in deutschen Bibliotheken (Beiträge zur Geschichte der Philosophie und Theologie
des Mittelalters, Bd. XXXIII, H. 1/2), Münster i. W. 1936, S. 150.

[45]) Anm. 1, p. 103.

[46]) L.c., p. 104. — Schon Friedrich Maaßen, Zur Geschichte der Quellen
des Kirchenrechts und des römischen Rechts im Mittelalter (Anm. 36), S. 200,
konnte feststellen, daß Alger die Einzelstücke aus den existierenden Canones-
sammlungen in der Regel abkürzte, veränderte und mit „eigenen Ausführungen
verwob", wodurch wichtige Anhaltspunkte des Textvergleichs ausfallen.

[47]) L.c., p. 98; P. Fournier — G. Le Bras, Histoire des Collections Canoniques en Occident (Anm. 30) II, p. 342.

[48]) Vgl. statt anderer Hans Erich Feine, Kirchliche Rechtsgeschichte[4],
Köln—Graz 1964, § 26 I 1, S. 276.

[49]) Anm. 42, S. 39.

[50]) Es handelt sich um den französischen Theologen Jacques Merlin (ca.
1480—1541), der 1524 in Paris eine zweibändige Sammlung der Generalkonzilien
publizierte (vgl. Remigius Bäumer, LThK[2] VII (1962), Sp. 309f.). Über
Merlins Motive siehe Henri Quentin, Jean-Dominique Mansi et les grandes
collections consiliaires, Paris 1900, p. 8s.

m. E. nicht einwandfrei nachweisen, ob Alger jenes erste kirchenrechtliche Manuale der kirchlichen Reform des 11. Jahrhunderts mit
seinen Pseudoisidorexzerpten, die sog. 74-Titel-Sammlung *(Diversorum
patrum sententiae)*[51]), benutzte, wenngleich eine gewisse Wahrscheinlichkeit immerhin dafür sprechen dürfte[52]). Auch die *Panormia* Ivos von
Chartres hat Alger tatsächlich benutzt[53]). Die Ideen Ivos sind unverkennbar in den *Liber de misericordia et justitia* eingegangen, sämtliche Vorschriften verfolgen ein geradezu identisches Ziel, nämlich die Herrschaft
der *charitas*[54]). Die *Sic-et-non*-Methode, die für den Aufbau des neuen
kanonischen Rechts eine entscheidende Rolle spielen sollte[55]), hat
insonderheit Alger nach Martin Grabmann[56]) als jene Form erkannt,
die Autoritäten über einen Fragepunkt *pro* und *contra* anzuführen
und durch Beweisgründe zu stützen, wobei es dem Leser anheimgestellt
ist, aufgrund der in einer Vorrede oder sonstwo angegebenen Regeln
die Harmonisierung dieser sich widersprechenden Sätze anzustreben.
Möglicherweise hat Alger ebenfalls das Werk Hugos von St. Victor in
Cluny zu Gesicht bekommen[57]). Zweifellos zählte Alger zu jenen Gelehr-
tenpersönlichkeiten seiner Generation, die Textüberlieferung und Wirklichkeit zu harmonisieren bestrebt waren und die wesentlich zur endgültigen Rechtseinheit des gemeinen Rechts beigetragen haben. Sein
nicht sehr ausgebreitetes kanonistisches Lebenswerk hat im Mittelalter
höchsten Einfluß ausgeübt, da Gratian davon Anordnung, Ideen und
häufig auch Fachausdrücke übernommen hat[58]).

---

[51]) Vgl. Fuhrmann (Anm. 13), II, S. 487 ff.

[52]) Friedrich Maaßen (Anm. 36), S. 201, lieferte wichtige Argumente
für die unmittelbare originale Benutzung der pseudoisidorischen Sammlung
durch Alger. Selbst Georg May, Die Bedeutung der pseudoisidorischen Sammlung für die Infamie, Österreichisches Archiv für Kirchenrecht 12 (1961), S. 193,
der sonst die Auffassung von Gabriel Le Bras teilt, schließt eine unmittelbare
Verwendung der falschen Dekretalen durch Alger nicht absolut aus.

[53]) Hüffer (Anm. 42), S. 52. — Zu Alger als Übernehmer von Gedanken
Ivos von Chartres vgl. insbesondere G. Robert, Les Écoles et l'enseignement
de la théologie pendant la première moitié du XIIᵉ siècle, Paris 1909, p. 166;
Joseph de Ghellinck. S. J., Le mouvement théologique du XIIᵉ siècle²,
Bruges 1948, p. 64.

[54]) Vor allem Robert, ibid.

[55]) Cf. Robert, l.c., p. 178.

[56]) Die Geschichte der scholastischen Methode (Anm. 25) II, S. 520 f.

[57]) Vgl. Hüffer (Anm. 42), S. 56 ff.

[58]) Vgl. die treffende Charakteristik von Gabriel Le Bras, NRHDFE 45
(Anm. 1), p. 82.

IV.

In seiner Ekklesiologie vertrat Alger einen korporativen Kirchenbegriff. Christus ist das Haupt, die Kirche aber der Leib der Ecclesia[59]). Das Sakrament bildet das Band der Einheit[60]). Im Anschluß an Augustinus in dessen Buch *De Trinitate*[61]) fand Alger die Deutung des Kirchenbildes. So nämlich wie der Leib nur einer ist und dieser eben über viele Glieder verfügt, so verhält es sich mit Christus und seiner Kirche. Christus muß das universale Haupt der Kirche genannt werden. Der Leib aber, der sich mit diesem Haupt verbindet, ist die Kirche. Gott ist für Alger wirklicher Richter, *verus iudex*, dessen Aufgabe nicht darin liegt, zu beschließen, wie ein Sünder sündige, sondern, daß er den Sündigenden erkenne und ihm den Tod im voraus bestimme wie ein wirklicher Richter[62]).

Streng schied Alger übrigens *regnum* und *sacerdotium*. In Übereinstimmung mit Papst Gelasius I. (492—496) betonte er, der Kaiser dürfe sich keinen päpstlichen Namen beilegen, ebensowenig der Papst eine königliche Würde usurpieren[63]). Es bestehen eben das *regale genus* und das *sacerdotale genus*. Nach den unterschiedlichen Würden trennt man auch die Ämter beider Gewalten[64]). Christliche Kaiser unterständen für das ewige Leben päpstlichen Weisungen und Päpste seien für den Lauf weltlicher Dinge kaiserlichen Anordnungen unterworfen[65]). Derjenige,

---

[59]) *De sacramentis corporis et sanguinis dominici*, Lib. I, Caput III: „... Ecclesiam sibi uniens et concorporans tanta gratia insigniret, ut ipse caput ejus, et ipsa esset corpus suum ...“ (PL 180, col. 747 D). — „Ideoque sancti caput Ecclesiae Christum, Ecclesiam membra vel corpus Christi dixerunt ...“ (PL 180, col. 748 B).

[60]) „... unicae unitatis sacramentum“ (col. 747 D).

[61]) „Unde Augustinus in libro *De trinitate*“ (lib. IV, n. 12, t. VIII, col. 818): „Sicut corpus unum est, inquit, et membra habet multa, ita et Christus. Non dixit, ita et Christi, sed, ita et Christus, ostendens Christum recte appellari etiam universum, hoc est, caput cum corpore suo quod est Ecclesia“ (PL 180, col. 748 B).

[62]) *Algeri Libellus de libero arbitrio*, cap. II: „Non enim est Dei disponere quomodo peccator peccet, sed tamen, cum sciat eum peccaturum, mortem ei praeordinat, ut verus judex“ (PL 180, col. 970 B).

[63]) *Liber de misericordia et justitia*, Pars III, Cap. LXV: „... nec imperator pontificale nomen imposuit, nec pontifex regale fastigium usurpavit“ (PL 180, col. 960 C).

[64]) „... sic dignitatibus distinctis officia potestatis utriusque discrevit...“ (ibid.).

[65]) „... Christiani imperatores pro aeterna vita pontificalibus, et pontifices pro temporalium cursu rerum imperialibus dispositionibus uterentur“ (col. 960 D).

der Gott diene, dürfe sich nicht mit weltlichen Geschäften befassen[66]), eine Anordnung, die ehedem die Mainzer Synode von 813 getroffen hatte und die schließlich wörtlich in das klassische kanonische Ämter- und Klerikerrecht[67]) eingehen sollte. Der Kaiser muß von den Päpsten lernen, was göttlich ist. Die gelasianische Gewaltenlehre hat Alger nahezu wörtlich übernommen, mithin also die Weltregierung durch die heilige Autorität der Päpste und die königliche Gewalt[68]) unterstrichen. Dabei stand das Übergewicht der Priester unverrückbar fest[69]). Bei Alger ruht die Schwertergewalt in nur einer Hand. Beide Schwerter, mithin die *plenitudo potestatis*, bildeten das Monopol des Papstes, der dem König lediglich das materielle Schwert, den *gladius materialis*, überließ[70]). Unverkennbar wirkt auch der Vorrang des Apostolischen Stuhles kraft seiner Universalität. Der Primat hat das Recht, über die ganze Kirche zu urteilen[71]). So wie die *Sedes apostolica* berechtigt ist, zu lösen, mithin das *jus solvendi* zu handhaben, so hat sie auch das Recht, alle zu verurteilen, besitzt also das *fas judicandi*[72]). Von jedem Teil der Welt kann an sie appelliert werden. Sie selbst darf bei keiner Gelegenheit Berufung einlegen: illa autem nusquam debet appellare. Keine Synode vermag dem Apostolischen Stuhl Abbruch zu tun oder ihm eine Entscheidung vorzuschreiben. Fest stand ebenfalls für Alger die Unverkäuflichkeit kirchlicher Regalien. Indes nahm das christliche Armutsideal in seinem *Liber de misericordia et justitia* besondere Gestalt an. Als Armer erlöste schließlich Christus mit seinem Blut die Kirche und setzte keine Reichen, sondern Arme ein. Er wählte nicht die, die von dieser Welt sind, sondern jene, die nicht von dieser Welt sind, aus. Er wollte, daß seine Nachfolger nicht Freunde der Welt, sondern deren Feinde seien[73]).

---

[66]) „... ideo militans Deo minime se negotiis saecularibus implicaret" (ibid.).

[67]) C. 1 X *ne clerici vel monachi* III, 50: „Nemo, militans Deo, implicat se negotiis saecularibus".

[68]) *Liber de misericordia et justitia*, Pars III, Cap. LXX: „Duo sunt, auguste, quibus principaliter hic mundus regitur: auctoritas sacrata pontificum et regalis potestas" (PL 180, col. 961 D). — Ähnlich c. 10 D. 96 (Friedberg I, col. 340).

[69]) „In quibus tanto gravius est pondus sacerdotum ...".

[70]) Vgl. Lotte Knabe, Die gelasianische Zweigewaltentheorie bis zum Ende des Investiturstreits (Historische Studien, hg. von Emil Ebering, H. 292), Berlin 1936, S. 159.

[71]) *Liber de misericordia et justitia*, Pars III, Cap. LXXV: „Et per hanc ipsam [sedem apostolicam] de tota Ecclesia judicari ..." (PL 180, col. 963 C).

[72]) L. c., Cap. LXXX: „... qua sedes apostolica jus habeat solvendi, utpote quae fas de omnibus judicandi ..." (PL 180, col. 964 D).

[73]) PL 180, col. 968 A/B.

V.

Bereits der Titel, den Alger von Lüttich seinem Werke gegeben hat, markierte dessen Charakter. Die beiden Worte *misericordia* und *justitia* dürfen nicht in erster Linie als Tugenden verstanden werden, sondern bedeuten vielmehr die Polarität, den Dualismus von Toleranz oder Billigkeit und *strengem* Recht[74]). Für ihn war sicher, daß *caritas*, Liebe, Vorrang vor der Macht, *misericordia*, mithin Barmherzigkeit, Vorrang vor dem Gericht, dem *iudicium*, beanspruchen muß[75]). Alger apostrophierte *misericordia* und *justitia* im Anschluß an den hl. Papst Gregor als Entscheidungs- und Regierungsgrundsätze der Kirche[76]) und unterließ es keineswegs, den Einklang, die Übereinstimmung von Barmherzigkeit und Gericht zu verkünden[77]). Die Aufgabe der *justitia*, der Gerechtigkeit, sowohl als auch des strikten Rechts, bestand für ihn in der Strafe. *Justitia* befiehlt, anzuklagen, zu tadeln[78]). Indes wirkte sich das strenge Recht letztlich allein gegen die Simonisten aus[79]). Die Würde, die Hoheit der Weihen bildet „eine Bedingung des Friedens"[80]). Für Alger war mit *misericordia* verschränkte *justitia* bedeutsam für die Rechtspflege, insbesondere für Anklage von Prälaten, Buße und Wiederversöhnung fehlsamer Kleriker, aber auch hinsichtlich gerichtlicher Zeugnisse und an den Apostolischen Stuhl eingelegter Berufungen[81]). In seinen Sentenzen bedeutete Alger von Lüttich nicht von ungefähr, der Mensch müsse mit dem Herzen an die Gerechtigkeit glauben und diese

---

[74]) Vgl. die überzeugende Interpretation von Brigué (Anm. 4), p. 19.

[75]) *Liber de misericordia et justitia*, Pars I, Cap. XXV: „Quia ergo plus charitas agere debet quam potestas, merito Psalmista misericordiam ante cantandam dixit quam judicium ..." (PL 180, col. 866 D).

[76]) *Ibid.:* „Quia ergo cum discretione misericordiae et justitiae regenda est Ecclesia, ut ait Gregorius in Pastoralibus suis ..." (l.c., col. 867 D).

[77]) *Liber de misericordia et justitia*, Pars I, Cap. LXXXIII: „Ut ergo misericordia cantetur et consonet cum judicio ..." (l.c., col. 893 C).

[78]) *Liber de misericordia et justitia*, Pars I, Cap. XXV: „... justitia puniat, quae vitandos, arguendos, increpandos, accusandos ..." (l.c., col. 866 D/867 A). — Vgl. in diesem Zusammenhang die auf Hieronymus zurückgehende Dekretstelle des c. 13 C. 23 q. 8: „Non est crudelitas pro Deo crimina punire, sed pietas" (Friedberg I, col. 956).

[79]) Cf. G. Le Bras, NRHDFE 45 (Anm. 1), p. 112.

[80]) So ausdrücklich G. Le Bras, ibid.: „La dignité des ordinations est une condition de la paix".

[81]) Cf. Alphonsus M. Stickler S. D. B., Historia iuris canonici Latini. Institutiones academicae, I: Historia fontium, Torino 1950, p. 192.

mit dem Munde bekennen, weil der Sohn ganz im Vater und der Vater
ganz im Sohn sei[82]). Hier nahm er unmittelbar Bezug auf den Römer-
brief des hl. Paulus (Kap. 10, Vers 10), wo es bekanntlich heißt: Denn
mit dem Herzen glaubet man zur Gerechtigkeit, aber mit dem Mund
geschieht die Bekenntnis zur Seligkeit[83]). Entscheidend empfand Alger
die gleichmäßige Handhabung der Gerechtigkeit[84]). Nichts sollte gestraft
werden, was sich nicht zum Besseren wendet, nichts nachgesehen sein,
was sich in Schlechteres verkehrt[85]). Abaelard beispielsweise hat in
seinem Traktat *Sic et non* unterstrichen, daß Gerechtigkeit, strenges
Recht, ohne Klugheit zwar genügend Autorität besitze, Klugheit aber
ohne Gerechtigkeit nichts wert sei. Gerechtigkeit vermag vieles auch
ohne Wissen, dieses aber ohne Gerechtigkeit nichts[86]). Die Idee der
misericordia, „die besonders im normannischen Rechtskreis bestimmend
geworden ist" (Eugen Wohlhaupter)[87]), wird dadurch charakterisiert,
daß sie sämtlichen positiven Vorschriften vorzuziehen ist. Kanonische
Regeln sind unter Berücksichtigung zeitlicher und personaler Verhältnisse im Einzelfall gelegentlich zu mildern, in manchen Fällen überhaupt
unanwendbar. Im Wort *misericordia* klang letztlich das Leitmotiv der
Billigkeit an, so daß sich geradezu eine Kongruenz von *misericordia* und
aequitas bei Alger abzeichnete[88]). Der Mechanismus des strengen Rechtes
wurde beispielsweise darin deutlich, daß derjenige, der nach Jahr und
Tag eine gegen ihn erhobene Beschuldigung vor dem Bischofsgericht

[82]) „Ad iustitiam credere debemus corde et confiteri ore, quia et in Patre
totus est Filius et totus in Filio Pater" (Repertorium Commentariorum in
sententias Petri Lombardi, ed. Fridericus Stegmüller, Tom. I: Textus,
Herbipoli (Würzburg) 1947, n. 764, p. 374).

[83]) „Corde enim creditur ad justitiam: ore autem confessio fit ad salutem"
(Biblia Sacra Vulgatae Editionis, mit Übersetzung von P. Thomas Aq. Erhard,
OSB, Graz 1737, p. 549).

[84]) *Liber de misericordia et justitia*, Pars II, Cap. II: „Constanter tenenda
est justitia ..." (PL 180, col. 897 B).

[85]) *Ibid.:* „... nihil puniant quod non valeat ad melius; nihil indulgeant quod
vertatur in pejus ..." (l.c., col. 897 C).

[86]) *Sic et non*, Cap. CXXXVII: „Justitia cum sine prudentia satis habeat
auctoritatis, prudentia sine justitia nihil valet ad faciendam fidem ... Justitia
sine prudentia multum poterit, sine justitia nil valebit prudentia" (PL 178,
col. 1571 C).

[87]) Vgl. Eugen Wohlhaupter, Aequitas canonica. Eine Studie aus dem
kanonischen Recht (Görres-Gesellschaft zur Pflege der Wissenschaft im katholischen Deutschland. Veröffentlichungen der Sektion für Rechts- und Staatswissenschaft, 56. H.), Paderborn 1931, S. 46.

[88]) Ebd.

nicht widerlegen konnte, zu verdammen war[89]). Um so mehr bildete der Anschluß an die *aequitas naturalis* für den heilsoptimistisch eingestellten mittelalterlichen Menschen nahezu eine zwingende Notwendigkeit, da ihre Prinzipien dem unvollkommenen menschlichen Recht gegenüber zur Richtschnur gerechter Entscheidung aufstreben konnten. Zutreffend hat einst Eugen Wohlhaupter[90]) dargetan, daß die *aequitas* „ein Mittelglied zwischen dem abstrakten Naturrecht und dem positiven Recht" verkörpert. Die *misericordia* stellte jedenfalls das Mittel dar, die Strenge der kirchlichen Disziplin in gewissen Fällen angesichts örtlicher, persönlicher und bedingungsmäßiger Umstände zu mildern, manchmal sogar das Gesetz vollkommen aufzuheben[91]). Im Hinblick auf Nützlichkeit und Notwendigkeit übertraf *misericordia* die *justitia*. Die Gesetzes-Antinomie wurde häufig einfach nach dem Grundsatz gelöst, daß von zwei Übeln das geringere zu wählen sei[92]). Barmherzigkeit überhöhte das Gericht[93]), zumal Gericht ohne Barmherzigkeit nach dem Apostel Jakobus über den ergehen sollte, der selbst nicht Barmherzigkeit geübt habe[94]). Sie milderte jedenfalls das strenge Recht[95]). Andererseits unterließ es Alger nicht, vor falscher, ungerechtfertigter und damit letztlich ungerechter Barmherzigkeit ausdrücklich zu warnen. Falsch verstandene *misericordia* war nach ihm dann gegeben, wenn Verzeihung vor der Buße des Sünders gewährt wurde, denn bereits Ambrosius hatte in diesem Falle von *misericordia iniusta* gesprochen[96]). Grundsätzlich bildete für Alger die *misericordia* die gegenüber Verfolgern und Verbrechern geübte Nachsicht[97]). Sie war jedoch erst dann anzuwenden, falls die Übertreter der gesetzlichen Vorschriften Reue zeigten und Besserung versprachen.

---

[89]) Behandlung der Exkommunikation in Lüttich 1110: „Ergo ex circumspectione canonum, sicut, qui canonice pulsatus infra annum et diem causam suam non determinat, dampnandus est" (Philippus Jaffé, Monumenta Bambergensia = Bibliotheca Rerum Germanicarum V, Berolini 1869, p. 263).

[90]) Aequitas canonica (Anm. 87), S. 194.

[91]) Cf. Stickler (Anm. 81), p. 192.

[92]) So mit Recht Stickler, ibid.

[93]) „... superexaltat ... misericordia judicium" (Epistola catholica beati Jacobi Apostoli, Caput II, 13: Biblia Sacra (Anm. 83), p. 634).

[94]) „Judicium enim sine misericordia illi, qui non fecit misericordiam ..." (ibid.).

[95]) Cf. Jean Lejeune, Liège. De la principauté à la métropole, Anvers 1967, p. 66.

[96]) *Liber de misericordia et justitia*, Pars II, Cap. IX (PL 180, col. 900 D).

[97]) *L.c.*, Cap. X: „Misericordia est circa persecutores et facinorosos servata districtio" (l.c., col. 991 A).

VI.

Eingehend hat sich Alger von Lüttich mit dem freien Willen, der persönlichen Selbstbestimmung des Menschen in seinem *Libellus de libero arbitrio* auseinandergesetzt. Für ihn war der Wille des Menschen solange frei, als er völlig in seiner Gewalt stand, so daß er durch keine Gewalt, weder durch Gott noch Teufel, gezwungen werden konnte, Gutes zu wollen oder Böses zu tun[98]). Anklänge an die Prädestination verspürt man zu hören, wenn Alger darauf hinweist, daß, falls es nötig sei, daß dieser gut und jener schlecht sei, dann der freie Wille zwangsläufig verlorengehen müsse, weil die Notwendigkeit dazu zwinge. Wenn aber, so folgerte der Lütticher Kanoniker, der Wille nicht frei sei, sondern eben durch unvermeidliche Not, zwingende Umstände bestimmt und geprägt würde, sei schließlich nicht jener, der will, nicht will oder sündigt, zu beschuldigen. Ebensowenig verdiene derjenige Lob, der will, nicht will und Gutes tut, sondern Lob und Schuld ist ausschließlich dem Zwangausübenden zuzurechnen[99]). Immerhin erkannte Alger, daß unser Wille *an sich* frei, unbeeinflußt von äußerer Gewalteinwirkung sei[100]). Nicht zuletzt ist der Wille insoweit absolut frei, weil der Mensch, wie er Böses will, auch ohne helfende Gnade Gutes wollen kann. Überhaupt kann die Gnade Gottes nicht den fest angelegten guten Willen des Menschen unterstützen. Nach Augustinus war dagegen guter Wille, *voluntas bona*, die Haltung, die Gott getreulich gehorsam war und sich in jener Willensrichtung dokumentierte, die auf Gottes- und Nächstenliebe konzentriert gewesen ist[101]). Für Abaelard sollte hingegen Willensfreiheit *(libertas voluntatis)* vornehmlich die Fähigkeit ausdrücken, nicht sündigen, nicht straffällig werden zu können[102]). Er lehrte, so wie Gott schließlich freiwillig *(voluntarie)* und eben nicht aus Zwang gut sei, mußte er auch den Menschen nach seinem Bilde und seiner Ähnlichkeit schaffen, so daß dieser freiwillig und ebenfalls nicht aus zwingender Notwendigkeit ein guter Mensch werde[103]). Bereits der Kirchenvater Augustin hatte den

---

[98]) PL 180, col. 969 B.
[99]) *Algeri Libellus de libero arbitrio*, cap. II: „... sed laus et culpa soli cogenti est imputanda ...“ (PL 180, col. 970 B).
[100]) L.c., cap. V: „... Notandum autem quia, cum arbitrium nostrum, ut dictum est, liberum sit ab extranea violentia ...“ (l.c., col. 972 C/D).
[101]) S. Augustini *De Patientia*, cap. XXV (PL 40, col. 623).
[102]) *Sic et non*, cap. XXXIV: „... libertas voluntatis erat posse non peccare ...“ (PL 178, col. 1395 C).
[103]) Ibid. (l.c., col. 1394 D).

Standpunkt eingenommen, immer sei unser Wille frei, wenngleich auch
nicht immer gut. Dagegen sei Gottes Gnade immer gut und diese wolle,
daß der Mensch guten Willens sei, der zuvor schlechten Willens gewesen
sei[104]). Ambrosius hatte bedeutet, daß es jedenfalls besser wäre, das Gute
zu kennen, als es nicht zu wissen[105]). Bei Abaelard lag das Gute und Böse
lediglich in der Absicht. Die göttliche Freiheit hatte der menschlichen
die Verhaltensnorm vorzugeben, bevor das Gewissen entsprechend
urteilen kann. Nach Abaelard dominieren Glaube und Gehorsam gegenüber der göttlichen Offenbarung[106]). Immerhin bleibt die Tatsache entscheidend, daß es für unseren Gewährsmann Alger ohne Einverständnis,
ohne Konsens, keine Schuld *(culpa)* geben konnte. Er verfocht unverrückbar die These: *ubi non est consensus, non est culpa*[107]). Dabei vergaß
er nicht, darauf hinzuweisen, daß das Leben, der Umgang mit Bösen,
der Verkehr mit schlechten Menschen, gefährlich sei[108]). Jedenfalls sei
es besser, Haß und Abneigung schlechter Menschen zu spüren, als in
ihrer Gemeinschaft zu leben[109]). So wie das Leben von Heiligen viele gute
Seiten aufweist, so offenbaren eben die Gemeinschaften schlechter,
übler Menschen zahlreiche negative Seiten und Übel.

Unter Berufung auf den hl. Ambrosius in seiner Schrift *De Paradiso*
hat sich Alger ebenfalls mit dem ehrenvollen, löblichen Gesetzesungehorsam befaßt. In wörtlicher Übereinstimmung mit dem großen Mailänder
lateinischen Kirchenlehrer betonte Alger, es sei nicht immer schlecht
und verwerflich, dem Gesetz nicht zu gehorchen. Falls das Gesetz, die
Vorschrift, gut sei, ist der Gesetzesgehorsam ehrenvoll. Wenn aber die
Rechtsnorm moralisch schlecht, unangemessen, mangelhaft ist, erscheint
es tunlich, nicht zu gehorchen, der gesetzlichen Anordnung zu wider-
stehen[110]). Ambrosius hatte unterstrichen, daß Gesetzesungehorsam

[104]) L.c., cap. LVI (PL 178, col. 1426 D).

[105]) S. Ambrosii *De Parddiso* liber unus, Cap. VII, n. 36: „Scire bonum
melius est, quam nescire" (PL 14, col. 307 C).

[106]) Vgl. Martin Deutinger, Besprechung von Heinrich Hayd, Abälard
und seine Lehre im Verhältniß zur Kirche und ihrem Dogma, Regensburg 1863.
in: Österreichische Vierteljahresschrift für kath. Theologie, 3. Jg. 3. H., Wien
1864, S. 442.

[107]) *Liber de misericordia et justitia*, Pars I, Cap. LXXVI (PL 180, col. 891 A).

[108]) L.c., Cap. XLVI: „Periculosum est vitam cum malis ducere" (l.c.,
col. 875 C).

[109]) Ibid.: „Melius est malorum habere odium quam consortium" (ibid.).

[110]) L.c., Cap. XXXIII: „Non semper malum est non obedire praecepto.
Si bonum est praeceptum, honesta est obeditio. Quod si improbum est, non
obedire utile" (l.c., col. 869 B).

lediglich dann unangemessen bliebe, wenn er gegenüber einer guten
Norm bekundet würde. Grundsätzlich war es für Ambrosius notwendig,
daß der Mensch dem Mandat gehorchte[111]). Ungehorsam schloß eine
Pflichtverletzung ein. Schließlich beging derjenige, der gesetzesungehorsam war, grundsätzlich eine Verfehlung, weil Pflichtverletzung ein Vergehen darstellte. Nicht zuletzt sei hervorgehoben, daß die Bestimmung über den gerechten Gesetzesungehorsam in Gestalt des c. 92
„Non semper" C. 11 q. 3 über Alger in das Dekret des Kamaldulensers
eingegangen ist. Gratian unterstrich, Gott befehle grundsätzlich, dem
Gesetz nachzukommen; lediglich den Anordnungen, die Gott zuwiderliefen, sei nicht zu gehorchen[112]).

VII.

Als Frühscholastiker hat sich Alger von Lüttich ebenfalls mit der zeitgenössischen Sakramentenlehre auseinandergesetzt. Auf die Schwierigkeit der Diskussion der frühscholastischen Sakramentenlehre hat ehedem nicht ohne innere Berechtigung Artur Michael Landgraf[113])
aufmerksam gemacht, als er unterstrich, daß man in dieser Epoche
manches, „was wir heute ausschließlich als Sakramente bezeichnen,
eben wegen des zu weiten Sakramentenbegriffes als Zeichen der Gnade
auch manches, was heute lediglich als Sakramentale gilt, vermengte".
In seinem Traktat *De sacramentis corporis et sanguinis dominici*, in dem
sich deutlich der scholastische Zug nach Einzelbehandlung der Sakramente dokumentierte, betonte Alger, im Sakrament der Eucharistie
verbinde sich Christus seiner Kirche. Den Sakramentsbegriff selbst hat
unser Frühscholastiker von Augustinus übernommen, der in seinem
Werk *De civitate Dei* das Sakrament zwar als sichtbar, hinsichtlich seines
Wesens jedoch, nämlich das heilige Zeichen, als unsichtbar ansprach[114]).
In Übereinstimmung mit dem Kirchenvater betonte Alger, daß dieses
signum den Sakramentscharakter verkörpere, die Erscheinung, die sich

---

[111]) *De Paradiso*, Cap. VI: „Oportuit autem hominem obedire mandato,
non obediendo autem praevaricatus est" (PL 14, col. 304 C).

[112]) „… cum enim Dominus iubet ea, que Deo sunt contraria, tunc ei obedien-
dum non est" (Friedberg I, col. 669).

[113]) Dogmengeschichte der Frühscholastik, III. Teil: Die Lehre von den
Sakramenten, Bd. I, Regensburg 1954, S. 210.

[114]) *De sacramentis corporis et sanguinis dominici*, Lib. I, Cap. IV: „Sacramentum visibile, invisibilis rei sacramentum est, id est sacrum signum" (PL 180,
col. 751 C).

den Sinnen mitteilt. Sakrament ist eben sichtbare Form unsichtbarer Gnade: *Sacramentum est invisibilis gratiae visibilis forma*[115]). Danach ist das Sakrament vor allem die repräsentative Gestalt einer unsichtbaren Wirklichkeit[116]). Natürlich denkt man auch hier in erster Linie beim Sakrament an das Zeichen, an die Wirkkraft. In der Eucharistie ist dieses heilige Zeichen die Verbindung mit dem *Corpus Christi*, die Teilnahme an der lebendigen Verbindung Christi mit seiner Kirche. Nicht zuletzt war Alger ernsthaft bemüht, Sakrament und Geheimnis zu scheiden. Den Unterschied zwischen *sacramentum* und *mysterium* erblickte er darin, daß das Sakrament ein sichtbares Zeichen ist, das etwas bedeutet, während das Geheimnis gegenüber seiner Bedeutung geheim, verborgen bleibt. Während das Mysterium okkult ist, ist das Sakrament mit einem Zeichen versehen, hat es besondere Prägung[117]). Alger von Lüttich hat eine zweifache Wahrheit der Sakramente unterschieden. Die eine Wahrheit ruht in der Heiligung der Sakramentengefäße, während die andere die Wirkung in der Empfängerseele auslöst[118]). Von allen anderen Sakramenten unterscheidet sich das Sakrament der Eucharistie, des Leibes Christi, dadurch, daß die übrigen Sakramente die gespendete Gnade lediglich andeuten, keine Wesensveränderung auslösen, die Eucharistie jedoch die Transsubstantiation bewirkt, mithin die Verwandlung der Brotsubstanz in den Leib Christi vollzieht[119]). Die Kraft des Herrenwortes enthüllt sich in der Wirkung des Altarsakramentes. Vor der Konsekration ist das *Corpus Christi* nicht zugegen. Der Kelch ist mit Wein und Wasser gefüllt. Aber die Worte Christi bewirken die Wandlung. Nunmehr wird das Blut Christi erzeugt, das das Gottesvolk erlöst. Gleichwohl bleibt die *species sanguinis*, die Wirkkraft, das Wesen des Blutes unsichtbar, nicht erkennbar[120]). Seine Transsubstantiationslehre hat übrigens Alger wiederum ganz im Anschluß an den ambrosianischen Text aus dem Traktat des großen Mailänder Kirchenlehrers

---

[115]) Ibid.

[116]) Cf. Brigué (Anm. 4), p. 97.

[117]) *De sacramentis corporis et sanguinis dominici*, Lib. I, Cap. IV (PL 180, col. 751 D et col. 752 B).

[118]) Vgl. Heinrich Weisweiler, S. J., Die Wirksamkeit der Sakramente nach Hugo von St. Viktor, Freiburg i. Brsg. 1932, S. 84.

[119]) Vgl. Joseph Schnitzer, Berengar von Tours, sein Leben und seine Lehre, Stuttgart 1892, S. 376.

[120]) *Liber de misericordia et justitia*, Pars I, Cap. LX: „Speciem sanguinis non video" (PL 180, col. 884 A).

De sacramentis libri sex[121]) entworfen. Wie Augustinus, so war auch Alger von der Auffassung durchdrungen, daß außerhalb der katholischen Kirche keine wirkliche Opferstätte bestehe, so daß das Meßopfer der Ketzer nachgerade unwirksam sei[122]). Die Wahrheit, das Wesen der Sakramente ist eine doppelte; einerseits besteht sie in der Heiligung, andererseits in der Wirkung der geistlichen Gnade[123]). Die Konsekrationsgewalt bleibt in sich bestehen. So wie Gott unwandelbar ist und niemals besser oder schlechter werden kann, so verhält es sich ebenfalls mit der Kirche und den Sakramenten. Alger hat Sakramente der Notwendigkeit (Notsakramente) und der Würde (Würdesakramente) unterschieden[124]). Da die Notwendigkeit kein Gesetz hat, Not kein Gebot kennt, sondern selbst sich ein Gesetz gibt, sind jene Sakramente, die zum Heil notwendig sind, mit Buße *(poenitentia)* verbunden. Sakramente aber, die der Würde dienen, müssen würdig verwaltet werden, andernfalls entfällt das *officium administrandi*, während die Wirkung des Sakramentes, die *veritas sacramenti*, nicht vermindert, nicht geschmälert werden kann. Immerhin sind sämtliche Sakramente in der katholischen Kirche göttliche Sakramente[125]). Die geistliche Kraft *(virtus)* des Sakraments der Taufe verhält sich wie das Licht, das die zu Erleuchtenden rein empfangen und Sünder nicht besudeln können[126]). Das Sakrament der Taufe ist so groß, daß selbst ein die Taufe spendender Mörder es nicht entehren, nicht entheiligen kann[127]). Schließlich ist es nicht allein schlechten Dienern, sondern vielmehr den Laien gewährt, falls es not-

---

[121]) Lib. IV, Cap. V, n. 23 (PL 16, col. 463 B).

[122]) *Liber de misericordia et justitia*, Pars I, Cap. LVII: „... ut ait Augustinus, extra Ecclesiam catholicam, apud haereticos scilicet, non sit locus sacrificii, quia eorum sacrificium prorsus irritum est" (PL 180, col. 883 B); vgl. Landgraf (Anm. 113), III. Teil, Bd. 2, Regensburg 1955, S. 225.

[123]) „Veritas siquidem sacramentorum duplex est: alia est enim in sanctificatione, alia in effectu spiritualis gratie" (Zitat nach Landgraf, ebd.).

[124]) *Liber de misericordia et justitia*, Pars III, Cap. LV: „Et notandum quod alia sunt sacramenta necessitatis, alia dignitatis" (PL 180, col. 956 D). — Auch Gratian hat den Notsakramenten die Würdesakramente konfrontiert (vgl. Adam Zirkel, „Executio potestatis". Zur Lehre Gratians von der geistlichen Gewalt [= Münchener Theologische Studien, III. Kan. Abt., 33. Bd.] St. Ottilien 1975, S. 58).

[125]) *Liber de misericordia et justitia*, Pars III, Cap. XVI: „Ex catholica Ecclesia sunt omnia sacramenta Dominica ..." (PL 180, col. 939 B).

[126]) L.c., Pars I, Cap. LIV (PL 180, col. 882 B).

[127]) Ibid.: „Sacramentum Ecclesiae tam magnum est, ut nec homicida ministrante polluatur ..." (l.c., col. 882 C).

wendig erscheint. Die Bestimmung über die Größe des Taufsakraments ist übrigens in das Dekret Gratians eingegangen, wo sie sich im c. 46 § 2 „Sacramentum" C. 1 q. 1 findet[128]). Mit der Feststellung *Sacramentum ecclesiae tam magnum est, ut nec homicida ministrante polluatur* hat Magister Gratian bewußt eine Formulierung aus dem *Liber de misericordia et justitia* für das kanonische Recht berücksichtigt. Auch die bloße Gemeinschaft mit schlechten Menschen schändet, beeinträchtigt nicht die Teilnahme am Sakrament, sondern ausschließlich eine Übereinstimmung mit deren Handlungen[129]). Gutes Gewissen trennt eben von der Gemeinschaft der Bösen. Insbesondere hat sich Alger mit der Frage der Gültigkeit der Sakramentenspendung durch häretische Priester befaßt. Streng wendet er sich gegen die Wiedertaufe; selbst die von einem Ungläubigen in rechter katholischer Weise gespendete Taufe bleibt als Sakrament für den Täufling wirksam. Es ist deshalb nicht erlaubt, die Taufe zu wiederholen[130]). Dennoch sollen die unwürdig die Sakramente empfangenden Personen, soweit sie angeschuldigt und durch Urkunden- oder Zeugenbeweis überführt sind, vom Richter zur Verantwortung gezogen werden, der sie bessern, unter Umständen auch bannen oder, falls sie Geistliche sind, degradieren muß[131]). Da, wie Alger argumentierte, der römische Papst keinen Menschen verurteilt, der tauft, kann auch ein Heide wirksam die Taufe spenden[132]). Allerdings ist kraft kanonischer Autorität die Wiedertaufe verboten, damit nicht der Name der Heiligen Dreifaltigkeit, in dem getauft worden ist, annulliert werden kann[133]). Auch diese Bestimmung über die Zulässigkeit der Taufe durch

---

[128]) Friedberg I, col. 376.

[129]) *Liber de misericordia et justitia*, Pars I, Cap. XLVIII: „Communio malorum non maculat aliquem participatione sacramentorum, sed consensione factorum" (PL 180, col. 876 B).

[130]) L.c., Pars III, Cap. LXXXIII: „... Ideo non licet a Catholico illud [id est sacramentum] iterari" (PL 180, col. 966 C).

[131]) L.c., Pars I, Cap. XLVIII: „Sane si judex es, si judicandi potestatem accepisti, si ecclesiastica regula apud te accusatur, si veris documentis testibusque convincitur; coerce, corripe, excommunica, degrada" (l.c., col. 876 C).

[132]) L.c., Pars I, Cap. LII: „... sed Romanus pontifex non hominem judicat qui baptizat, sed Spiritum Dei subministrare baptismi gratiam [credit], licet paganus sit qui baptizat" (l.c., col. 880 B). Vgl. zur Zulässigkeit der Taufspendung durch Laien und Heiden *(Quod laico vel pagano baptizare permittitur)* Alger *De sacramentis corporis et sanguinis dominici.* Lib. III, Cap. VI (PL 180, col. 838 B/D).

[133]) Ibid.: „Ex canonica auctoritate idcirco prohibetur rebaptizatio fieri, ne sancta Trinitatis nomen, in quo baptizatum est, videatur annullari" (ibid.).

Heiden ist später in Gestalt des c. 59 „Si quis" C. 1 q. 1[134]) gemeines
Recht geworden[135]). Den Leser machte Alger besonders aufmerksam auf
die Unterschiede der Sakramente der Häretiker. So wies er darauf hin,
die Paulianisten[136]), jene sich auf Paulos von Samosata beziehenden
Antitrinitarier, die Jesus als bloßen Menschen ansahen, wiesen die Taufe
überhaupt zurück. Novatianer[137]) und Donatisten[138]) erteilten dagegen
Taufe und Weihe durch Handauflegen, während die Arianer[139]) die
Taufe in Verbindung mit der Buße empfingen[140]). Alger vergaß keineswegs darauf hinzuweisen, daß Häretikersakramente mit Ungültigkeit
behaftet blieben. Sie seien befleckt. Wer aber in seiner Seele befleckt sei,
beflecke schließlich alles[141]). Nach Alger fehlte vor allem die geistliche
Gnade den Häretikersakramenten: *virtus vere invisibilis et spiritualis ita*

---

[134]) Friedberg I, col. 380.

[135]) Mit den Rechtsfolgen der von einem nicht getauften Priester gespendeten
Taufe befaßte sich als Kronzeuge und *auctor probatus* späterer kirchlicher
Schriftsteller Isidor von Sevilla. Auch Burchard von Worms berief sich ausdrücklich bei der Behandlung dieses Problems auf diesen richtungweisenden
iberischen Enzyklopädisten mit dem lapidaren Hinweis *ex dictis S. Isidori
episcopi*: Burchardi Wormaciensis Episcopi Decretorum libri XX, Lib. IV,
Cap. 100 (Migne, PL 140, col. 748 D). Die *Correctores Romani* haben bei c. 59
C. 1 q. 1 u. a. angemerkt: „Caput hoc Burchardus et Ivo citant ex dictis Isidori:
ex qua citandi formula solet indicari non esse propria auctoris verba", gleichzeitig aber die Gültigkeit des Sakramentsempfangs in diesem Ausnahmefall
unmißverständlich festgestellt: „Si quis baptizatus est a presbytero non bapti-
zato, et sancta Trinitas in ipso baptismo invocata fuit, baptizatus est"
(Corpus Iuris Canonici absolutiss., Pars Prima: Decretum Gratiani ... cum
glossis diversorum, Lugduni [Sumptibus Horatii Cardon] 1618, col. 525; Friedberg, CorpIC I, col. 379).

[136]) Vgl. zur Unterrichtung G. Jouassard, LThK² VIII (1963), Sp. 213.

[137]) Strenge Sektierer des 3. Jahrhunderts in Rom, die den Ausschluß der
Todsünden von der Rekonziliation lehrten (vgl. J. Quasten, LThK² VII
(1962), Sp. 1062ff.).

[138]) Sie nahmen Wiederholbarkeit der Taufe an (vgl. J. Ratzinger, LThK²
III (1959), Sp. 504f.).

[139]) Vgl. hierzu J. Liebaert, LThK² I (1957), Sp. 842ff.

[140]) *Liber de misericorida et justitia*, Pars III, Cap. XVI: „Sed in suscipiendis
vel refutandis sacramentis haereticorum, ut dictum est, maxime valet discretio
haeresium; quia Paulianistarum baptismus refutatur, Novatianorum et Dona-
tistarum baptismus et ordinatio per manus impositionem recipitur, Arianorum
vero caeterorumque etiam cum poenitentia mundatur baptismus" (PL 180,
col. 939 D).

[141]) L.c., Pars III, Cap. XIX (l.c., col. 940 C).

in eis esse non potest[142]). Außerhalb der kirchlichen Sakramentsgemeinschaft stehen Exkommunizierte, Gebannte, Schismatiker und Häretiker,
bei all denen die Teilnahme an den Sakramenten verdammenswert ist[143]).
Die Sakramentsgemeinschaft mit ihnen ist also grundsätzlich zu meiden.
Schon der augustinische Unterschied zwischen Häresie und Schisma
beruhte darin, daß Häresie abwegiges Dogma vertrat, Schisma aber
durch eine herbeigeführte Entscheidung von der wahren Kirche
trennte[144]). Augustinus hatte unterstrichen, ein Häretiker folge nicht
der katholischen Wahrheit, ein Schismatiker aber werde nicht vom
katholischen Frieden umschlossen. Mit dieser Feststellung kommt Alger
auf seine Ausgangsposition zurück: *Veri sacrificii locus extra Ecclesiam
non est*, wonach außerhalb der Kirche keine geeignete Stätte des Opfers
zu finden sei. Vom Band der Liebe und des Friedens sind Schismatiker
getrennt, während sie durch die Einheit der Taufe verbunden sind[145]).
Die Probleme von Exkommunikation und Verkehr mit Exkommunizierten und schlechten Christen oder aber die Duldung schlechter
Menschen in der Kirche haben die Frühscholastiker, nicht zuletzt eben,
wie zu sehen ist, auch Alger nachhaltig bewegt[146]).

VIII.

Alger war durchaus überzeugt, daß kirchliche Würde, eine Dignität,
noch keinen Christen mache[147]). Aufschlußreich hat er sich gerade über
die Behandlung unerlaubt Geweihter geäußert. Schuld und Infamie
erwüchsen aus diesen Tatbeständen. Unfähig zum Weiheempfang waren
mehrfach Verheiratete (Bigamisten), Illiteraten und Personen, die
körperliche Mängel aufwiesen[148]). Prälaten unterstanden der Strafgewalt Gottes: *quia rectores Ecclesiae a Deo judicandi sunt*[149]). Gleich-

---

[142]) L.c., Cap. XX (l. c., col. 940 D).
[143]) L.c., Pars III, Cap. I (l. c., col. 931 C).
[144]) L.c., Pars III, Cap. II (l.c., col. 931 D).
[145]) L.c., Pars III, Cap. IV: „Separata est persona schismatica enim a vinculo
charitatis et pacis, sed juncta est unitate baptismatis" (l.c., col. 933 A).
[146]) Vgl. Heinrich Weisweiler, Das Schrifttum der Schule Anselms von
Laon und Wilhelms von Champeaux (Anm. 44), S. 104.
[147]) *Liber de misericordia et justitia*, Pars II, Cap. XIX: „Non facit ecclesiastica
dignitas Christianum" (PL 180, col. 904 B).
[148]) L.c., Pars III, Cap. LVI (l.c., col. 957 B/C).
[149]) L.c., Pars I, Cap. XXXVIII (l.c., col. 870 D).

zeitig warf er die rhetorische Frage auf, ob Prälaten für ihre Vergehen von kirchlichen Gerichten *(judicia ecclesiastica)* abgesetzt und verurteilt werden könnten. Hier aber sei von den kirchlichen Oberen nicht zu erfahren, wie im Einzelfall vorgegangen werde. Wie später c. 3 C. 2 q. 4[150]), so forderte auch Alger für die Überführung eines Bischofs den Zeugenbeweis nach der Jüngerzahl durch 72 geeignete Zeugen[151]). Ein angeklagter Bischof hatte Anspruch, von 12 Bischöfen als ausgewählten Richtern abgeurteilt zu werden[152]). Ohnehin drohte Bischofsverfolgern Infamie und Absetzung[153]), bis sie Buße getan hatten. Man sollte schließlich nicht übersehen, daß der bischöfliche Spruch eben als die Wurzel der Ordnung und Kraft des Bannes — *radix ordinum et virtus anathematis*[154]) — interpretiert wurde. Mit Infamie sind grundsätzlich Personen belegt worden, die schuldhaft von der Norm des christlichen Gesetzes abwichen und kirchlichen Satzungen trotzten, sie verachteten. Infam waren Diebe, Gottesräuber *(sacrilegi)*, Kapitalverbrecher, Grabschänder, Blutschänder, Mörder, Meineidige, Räuber, Giftmischer, Ehebrecher und Deserteure. Selbstverständlich zählten auch alle mit dem Anathem belegten und für ihre Verbrechen aus der kirchlichen Gemeinschaft entfernten und die nach weltlichem Recht mit Infamie belegten Personen zum Kreis der kirchlich Infamen[155]). Nach der Aussage

---

[150]) Es handelte sich bereits um eine Bestimmung des Papstes Leo IV. von 850. Hier schon wurde der Beweis „per LXXII idoneos testes" gefordert.

[151]) *Liber de misericordia et justitia*, Pars II, Cap. XLIX: „Qui nimirum testes non minori sint numero quam illi discipuli fuerunt quos Dominus ad adjumentum apostolorum elegit, id est septuaginta duo" (PL 180, col. 923 B).

[152]) L.c., Pars II, Cap. LV: „... Duodecim judices quilibet episcopus accusatus, si necesse fuerit, eligat ..." (l.c., col. 926 D). Ähnlich c. 3 C. 2 q. 4: „Nullam dampnationem episcoporum umquam esse censemus, nisi aut ante legitimum episcoporum numerum (qui fit per duodecim episcopos) ...".

[153]) L.c., Pars II, Cap. XLV: „... decernimus omnes qui suos patres persequuntur, aut amovere et dilacerare nituntur, manifeste infames esse, et a liminibus Ecclesiae alienos, usque ad satisfactionem fieri" (PL 180, col. 922 A).

[154]) Jaffé (Anm. 89), p. 264.

[155]) *Liber de misericordia et justitia*, Pars II, Cap. XXV (nach Papst Stephan): „Infames esse eas personas dicimus, quae pro aliqua culpa notantur infamia, id est, qui Christianae legis normam abjiciunt, et statuta ecclesiastica contemnunt: similiter fures, sacrilegos, et omnes capitalibus criminibus irretitos, sepulcrorumque violatores ... et incestuosos, homicidas, perjuros, maleficos, raptores, veneficos, adulteros, de bellis fugientes ... et omnes anathematizatos, vel pro suis sceleribus ab Ecclesia pulsos, et omnes quos ecclesiasticae seu saeculi leges infames pronuntiant ..." (PL 180, col. 907 B). — Siehe hierzu noch die übereinstimmende Norm im Dekret Gratians: c. 17 C. 6 q. 1 (Friedberg I,

Algers war für einen Kleriker, der einer Verbrechensbegehung angeschuldigt war, die feierliche Reinigung *(purgatio)* im Rahmen des Meßopfers oder durch Bekenntnis und aufrichtige Reue vor allgemeinem Bekanntwerden möglich[156]), um der Deposition zu entgehen. Papst Gregor II. (715—731) hatte bereits 726 den Reinigungseid von Klerikern bei Fehlen von Zeugen geregelt, der später im Dekret Gratians in Gestalt des c. 5 C. 2 q. 5 begegnete[157]). Besonderes Augenmerk legte Alger übrigens auch auf den Straftatbestand der Simonie[158]), mithin auf die Erlangung eines geistlichen Amtes durch weltliches Entgelt. Er wiederholte hier die päpstliche Weisung, wonach ein Priester, der eine Kirche durch Geldzahlung erlangt hatte, nicht allein von der Kirche entfernt, sondern auch seiner priesterlichen Würde entkleidet werden sollte[159]). Gleichwohl ließ Alger als Entschuldigungsgründe Unkenntnis *(ignorantia)* und unwiderstehliche Anziehungskraft *(attractionis violentia)* gelten[160]). Streng wandte sich Alger gegen Petrus Damiani (1007—1072) und die simonistischen Weihen[161]). In Übereinstimmung mit den päpstlichen Dekretalen betonte er, daß auf simonistischem Weihempfang

---

col. 558), die übrigens u. a. auch bei Pseudoisidor vorkommt (cf. Decretales Pseudo-Isidorianae et Capitula Angilramni, ed. Paulus Hinschius, Leipzig 1863, Neudruck Aalen 1963, p. 182). Vgl. zum kirchlichen Ehrverlust: Friedrich Merzbacher, Art. „Infamie" HRG II (Berlin 1978), Sp. 359.

[156]) L.c., Pars II, Cap. LXI: „... in singulis missam tractare debet, et secretam publice dicere, et communicare, et ita de singulis sibi reputatis innocentem se ostendere. Est etiam tertius modus se excusandi et depositionem suam evadendi, si ostendat et approbet omnem publicationem illius peccati confessione et digna poenitentia praevenisse. Non enim judicabit Deus bis in idipsum" (PL 180, col. 930 A).

[157]) „Presbiter vel quilibet sacerdos si a populo accusatus fuerit, et certi testes inventi non fuerint, qui crimini illato veritatem dicant, iusiurandum in medio faciat, et illum testem proferat de innocentiae suae puritate, cui nuda et aperta sunt omnia" (Friedberg I, col. 456).

[158]) Vgl. auch Andreas Müller, Lexikon des Kirchenrechts und der römisch-katholischen Liturgie, V. Bd., Würzburg 1839, S. 297f.

[159]) *Liber de misericordia et justitia*, Pars III, Cap. XXXVIII: „Presbyter si ecclesiam per pecuniam obtinuerit, non solum ecclesia privetur, sed sacerdotii honore spolietur ..." (PL 180, col. 948 D).

[160]) Vgl. auch Zirkel (Anm. 124), S. 19. — Grundsätzlich bildete nach jüngerem klassischen kanonischen Recht nur Tatsachenunkenntnis *(ignorantia facti)* einen Exkulpationsgrund, vgl. Friedrich Merzbacher, «Scientia» und «ignorantia» im alten kanonischen Recht, in: Mittellateinisches Jahrbuch 2 (= Festgabe für Karl Langosch), Köln 1965, S. 222.

[161]) Vgl. Manitius (Anm. 7), S. 101.

Verdammnis und Deposition stehe[162]). Demgegenüber war der Benediktiner Petrus Damiani in seinem *Liber gratissimus* von grundsätzlicher
Gültigkeit von Simonisten ohne erneute Simonie gespendeten Weihen
ausgegangen[163]).

IX.

Nicht allein mit dem Klerikerrecht setzte sich Alger eingehend auseinander, in gleicher Weise widmete er seine Aufmerksamkeit auch dem
Verfahrensrecht. Im Vordergrund seiner Deduktionen stand die Problematik der zwingenden Gerichtsbesetzung für jedes kirchliche Forum.
Ausdrücklich betonte er, daß bei jeder Entscheidung, wo verurteilt
wird oder ein Kläger mit Zeugen bzw. ein Angeschuldigter auftritt, keine
Vermengung der Personen oder Klagenunbilligkeit einreißen dürfen. Vielmehr müsse der Prozeß ordnungsgemäß, gerecht und würdig durchgeführt werden[164]). Unter Berufung auf Papst Fabian (236—250)
betonte Alger, daß niemals ein Kläger zugleich Richter oder Zeuge sein
könne[165]). Vielmehr seien bei jedem Gericht vier Personen zu dessen
ordnungsmäßiger Besetzung unverzichtbar erforderlich: gewählte Richter, geeignete Ankläger, entsprechende Verteidiger und gesetzliche
Zeugen. Absolute Inkompatibilität hemmte diese wesentlichen Prozeß-
funktionen. Richter sollten sich der *Aequitas*, mithin der Billigkeit,
Zeugen der Wahrheit, Ankläger der Achtsamkeit, der Behauptungen des
Angeschuldigten, bedienen, um den Rechtsfall wirkungsvoll zu entscheiden. Unter Berufung auf Papst Anacletus II. (1130—1143) fügte
unser Gewährsmann hinzu, Ankläger und Zeugen konnten Personen
nicht sein, die unmittelbar davor verfeindet waren, damit sie im Zorn
weder zu schaden noch zu verletzen oder sich gar zu rächen trachteten[166]).
Verwandtschaft bildete ohnehin einen Ausschließungsgrund sowohl für
Kläger und Zeugen. In Übereinstimmung mit Papst Calixt II. (1119 bis
1124) unterstrich er, daß weder blutsverwandte Ankläger noch Hausgenossen gegen Fremde Zeugnis geben könnten. Verwandte galten so-

---

[162]) *Liber de misericordia et justitia*, Pars III, Cap. XLVI (PL 180, col. 953 C).
[163]) Vgl. Kurt Reindel, LThK² VIII (1963), Sp. 359.
[164]) *Liber de misericordia et justitia*, Pars II, Cap. LIX: „… non debet induci
confusio personarum, vel indiscretio querelarum; sed omnia ordinate et discrete
debent fieri" (PL 180, col. 929 B).
[165]) Ibid.: „Nunquam ullus accusator simul sit et judex vel testis" (ibid.).
[166]) L.c., Pars II, Cap. XXVI (PL 180, col. 907 C).

wohl als Kläger als auch als Zeugen für suspekt, für verdächtig und befangen, weil Verwandtschaft und Familienzugehörigkeit, aber auch Hang zur Despotie die Wahrheitsermittlung zu behindern pflegten. Körperliche Liebe, Furcht und Habgier stumpfen die menschlichen Sinne derart ab, daß letztlich Gewinn für Pietät und Geld für wissenschaftliches Verdienst erachtet werden[167]). Auf keinen Fall dürfen Kläger und Richter in derselben Person vertreten sein[168]). Vielmehr sind nach ihrer Ordnung Kläger, Richter, Zeugen und Beklagte zu trennen. Stets muß zuerst die Eintragung der Anklage in die Prozeßliste vorgenommen werden, damit der Kläger Schadensersatz erhalten kann, weil vor der Eintragung niemand verurteilt werden darf und auch die weltlichen Gesetze dies beibehalten. Der Grundsatz, wonach Ankläger nicht zugleich Richter sein dürfen, ist ebenfalls in die *Concordantia discordantium canonum* des Kamaldulensers eingegangen. Gratian hat sich bei c. 1 C. 4 q. 4[169]) ausdrücklich auf Papst Fabian berufen, der, wie gesagt, ebenfalls die Bezugsquelle für Alger von Lüttich bildete. Es fällt aber dabei auf, daß zwischen dem Text bei Alger und bei Gratian geringfügige verbale Modifikationen zu beobachten sind. Nicht zuletzt fügte Gratian hinzu, daß Verteidiger durch Beschränkung, durch Konzentration auf das Wesentliche, zur Abkürzung des Verfahrens beizutragen hätten[170]). Unter Zitation eines Briefes des Papstes Felix II. (483—492) bemerkte Alger, daß für die Verbrechensanklage eines Kirchenvorstands *(pastor ecclesiae)* gesetzliche Ankläger vorhanden sein müßten. Diese könnten lediglich auf einer zur Zeit einberufenen Synode angehört werden, mithin von den Bischöfen in der betreffenden Kirchenprovinz. Falls gesetzliche Ankläger fehlten, durfte überhaupt nicht angeklagt werden. Der Papst, den Alger zum Gewährsmann für seine Auffassung anrief, hatte bereits unterstrichen, Priester seien zur Heiligung freigestellt, nicht aber für Prozesse, für Streitigkeiten, damit jene, die zum Throne Gottes gerufen sind, nicht durch hinterhältige Kunstgriffe ungerechter Menschen in

---

[167]) L.c., Cap. XXVII (l.c., col. 907 D).

[168]) L.c., Cap. LIII: „Accusatores vero et judices non iidem sint" (l.c., col. 925 D).

[169]) Friedberg I, col. 541; siehe ebenfalls *Casus* ad c. 1 C. 4 q. 4: „Dicitur in hoc c. quod nullus debet simul accusator esse, et testis, vel iudex: quoniam in omni iudicio quatuor debent esse diversitates personarum ..." (ed. Lugd. 1618, col. 777).

[170]) c. 1 C. 4 q. 4: „... defensores extenuatione ad minuendam causam" (Friedberg I, col. 541).

Unruhe versetzt werden[171]). Ganz klar stand Alger in seinem *Liber de misericordia et justitia* die Forderung vor Augen, daß ein ordentliches Verfahren die unverzichtbare Voraussetzung des Urteils bilden müßte[172]). Wenn schon in weltlichen Angelegenheiten Recht und Verfahren zu beachten seien, um wieviel mehr müsse in kirchlichen Entscheidungen jede Regellosigkeit *(confusio)* vermieden werden. Schon Augustinus hatte darauf hingewiesen, und Alger wiederholte diese Forderung, Gott habe nicht gewollt, daß Menschen von Menschen kraft Verdachtsgutdünkens *(arbitrium suspicionis)* oder *außerhalb* des *ordentlichen* Gerichtes verurteilt würden, sondern nach Gottes Gesetz und nach der Kirchenordnung[173]). Es entspricht dem Amt des Richters, gemäß der Rechtsordnung zu entscheiden, zu binden und zu lösen. Später sollte Thomas von Aquin in diesem Zusammenhang noch darauf hinweisen, daß schließlich nicht allein die Richter gerecht seien, weshalb das Urteil auch kein Akt ausschließlicher Gerechtigkeit sein könne[174]). Keineswegs vergaß Alger zu betonen, daß ungerechtes Gericht und ungerechte, beeinflußte und weisungsgebundene Entscheidung mit Nichtigkeit behaftet seien[175]). Immerhin forderte er zugleich eine strengere Bestrafung wegen Ärgernisses *(propter scandalum)* gegenüber der Kirche[176]). In Übereinstimmung mit Isidor von Sevilla vertrat Alger den Standpunkt, es sei besser, daß für die Rettung vieler einer verurteilt werde, als daß durch Freiheit eines Menschen viele Personen in Gefahr gerieten[177]).

---

[171]) *Liber de misericordia et justitia*, Pars II, Cap. XLVIII: „... Quod si legitimi non fuerint accusatores, non fatigetur accusatus; quia sacerdotes ad sacrificandum vacare debent, non ad litigandum, nec illi qui throni Dei vocantur, pravorum hominum insidiis debent perturbari" (PL 180, col. 923 A).

[172]) L.c., Pars II, Cap. XXX: „Neque in re dubia certa judicetur sententia, nec ullum judicium nisi ordinabiliter habitum teneatur" (l.c., col. 909 A).

[173]) L.c., Pars I, Cap. LXVIII: „Noluit Deus hominem ab homine judicari ex arbitrio suspicionis, aut extra ordinem usurpate judicio, sed potius ex lege Dei, sed ordine Ecclesiae ..." (l. c., col. 887 A).

[174]) „Cum igitur non soli iudices sint iusti, videtur quod iudicium non sit actus proprius iustitiae" (S. Th. II^a II^ae, q. 60, a. 1, n. 4).

[175]) *Liber de misericordia et justitia* Pars II, Cap. LXIII (PL 180, col. 931 A).

[176]) L.c., Pars II, Cap. XLII (l. c., col. 916 B).

[177]) Ibid.: „Melius est ut pro multorum salvatione unus condemnetur, quam per unius licentiam multi periclitentur" (ibid.).

X.

Wenn wir die Aussagen Algers von Lüttich überblicken, so können wir die Feststellung unterstreichen, die Stephan Kuttner[178]) 1934 bei der Behandlung der theologischen Vorlagen Gratians getroffen hat: „Der erste Kanonist, der vor Gratian die gesammelten Texte bereits kommentiert, ist Alger von Lüttich im *Liber de justitia et misericordia*". Tatsächlich hat der Lütticher Kanoniker sich nicht allein auf Sammlung und Ordnung überlieferter Aussagen und dogmatischer Feststellungen beschränkt, sondern die mitgeteilten Textstellen eigenständig ausgelegt, erläutert und erweiternd erklärt. Gewiß hat Magister Gratian nicht ausschließlich die Idee für die Anordnung, den Aufbau seines Dekrets, die Anlage der Erklärungen, die seine *Dicta* bilden, hier bezogen, sondern fraglos daneben auch aus patristischen Vorlagen, Gesetzestexten und zeitgenössischen Versuchen der Harmonisation nicht übereinstimmender, differierender Texte[179]). Gleichwohl stellen, wie schon Emil Ludwig Richter als erster nachweisen konnte, die *Dicta Gratiani* vielfach Entlehnungen von Alger dar. Neben patristischen Schriftstellen, von denen immerhin mehr als 80 anzuführen sind, hat eben auch Gratian kommentierende Kapitelüberschriften, mithin seine sog. *dicta*, dem Werk Algers entnommen[180]). Zweifelsohne stand Alger für das gratianische Verfahren, abweichende kirchenrechtliche Satzungen durch distinguierende Erläuterung in Übereinstimmung zu bringen, Modell[181]). Aufgrund seiner kommentierenden Bemerkungen zählt Alger zu den Vorläufern der eigentlichen scholastischen Epoche, weil er dogmatische Feststellungen der Vorperiode und theologische Spekulationen in sich vereinigte[182]). Die später bei Gratian deutlich zu beobachtenden wissenschaftlichen Reflexionen, Distinktionen und Harmonisation finden sich bereits in den Anlagen auch bei Alger von Lüttich. Nicht zu übersehen ist, daß dieser Gelehrte schließlich in einer Zeit lebte, die einen ganz neuen theologischen Entwicklungsabschnitt markierte. Die wachsende Dialektik fragte nun in Streitfragen mit genaueren und verfeinerten Methoden nach dem Warum und nach dem Wie[183]). So kann es kaum

---

178) Zur Frage der theologischen Vorlagen Gratians, ZRG 54 Kan. Abt. 23 (1934), S. 244 Anm. 2.

179) Cf. Amanieu, DDC I (Anm. 26), col. 396.

180) Vgl. Anm. 5, S. 365.

181) Vgl. Stephan Kuttner (Anm. 178), S. 243.

182) Cf. Brigué (Anm. 4), p. V s.

183) Besonders aufschlußreich Joseph de Ghellinck (Anm. 53), p. 49.

verwundern, wenn schließlich Charles Dareine[184]) bezüglich der Aktivität im Kapitel von Saint-Lambert Alger letztlich als den „einzigen Lütticher Kanonisten von Talent" angesprochen hat.

In methodischer Hinsicht bedeutet der Traktat *De misericordia et justitia*, wie beispielsweise Rudolf Ritter von Scherer bereits 1886 in seinem „Handbuch des Kirchenrechtes" knapp andeutete, „eine zusammenhängende Darstellung, in welcher die mitgeteilten Quellen als Beweisstellen der aufgestellten Sätze erscheinen. Die Methode ist keine streng wissenschaftliche, geht vielmehr an die Beantwortung einzelner Fragen, an die Lösung einzelner Schwierigkeiten, an die Erklärung einzelner sich widersprechender Autoritäten, ist demnach casuistisch"[185]). Dabei sollte allerdings nicht verkannt werden, daß gerade die Methode der kanonistischen Textauslegung im ersten Viertel des 12. Jahrhunderts entwickelt wurde. Alle wesentlichen Grundsätze der äußerlichen und inneren Textkritik sind damals ausgebildet worden[186]). Das Anliegen Algers kann bereits als eine wesentlich scholastische Aufgabe interpretiert werden, da er bestrebt war, scheinbare Widersprüche zwischen den zeitlich und örtlich unterschiedlichen Kirchengesetzen zu erhellen und zu harmonisieren[187]). Ihm ging es um Erforschung und Versöhnung, d. h. Angleichung scheinbarer Abweichungen *(contrarietates)* in kanonischen Vorschriften[188]). Für seine Zeit schrieb Alger nicht zuletzt einen geistvollen Stil; er bevorzugte komparative und kausale Sätze. Häufig machte er auch Gebrauch von Einkleidungen in Fragen. Schließlich hat er nicht selten in seinem Schrifttum die Konjunktionen *enim* und *ergo* aufgegriffen[189]). Literaturhistoriker glaubten bemerken zu müssen, die theologischen Traktate Algers von Lüttich böten den antithetischen Stil, der auch die *Vita Notgeri* erfüllt[190]). Gegenüber Ivo von Chartres bedeutete zweifellos der Traktat *De misericordia et justitia* insofern einen Fortschritt, als hier eindeutig ausgesprochen wurde, daß kein scheinbarer Widerspruch als Unterschied erschiene, mithin wohl Verschiedenes, aber

---

[184]) Anm. 3, p. 96 s.

[185]) Handbuch des Kirchenrechtes, I. Bd., Graz 1886, § 53 IX, S. 242.

[186]) Cf. Paul Fournier — Gabriel Le Bras, Histoire des Collections Canoniques (Anm. 30) II, p. 340.

[187]) Vgl. Hüffer (Anm. 42), S. 24.

[188]) „Quia igitur praecepta canonica ... contemperanda sunt ..." (*Prologus* ad Librum *de misericordia et justitia* = PL 180, col. 858 A); vgl. dazu noch Hüffer, a. a. O., S. 24 Anm. 5.

[189]) Cf. Monchamp (Anm. 40), p. 222.

[190]) Anm. 15, p. 312.

dennoch nichts Gegenteiliges ausgesagt wird[191]). Ortet man den theologischen Standort, den Alger in seiner Lebenszeit eingenommen hat, so zeigt sich, daß er nachdrücklich die Auffassung verfocht, Anerkennung der Wirklichkeit des Geglaubten dürfe nicht vom Verständnis abhängig gemacht werden[192]). Er hat es grundsätzlich vermieden, Widersprüche und Abweichungen zwischen den Auffassungen der Kirchenlehrer einzugestehen und wollte lediglich auf Varianten ihrer Aussagen abheben. Wie Nikolaus von Lüttich überlieferte, bevorzugte Alger zeit seines Lebens besonders die goldene Mittelmäßigkeit: *Et quoniam ei in omni vita sua aurea mediocritas familiaris extitit*[193]). In der Auslegung hat Alger von Lüttich einen der bedeutendsten Harmonisierungsversuche angestellt. Nicht in der Auswahl der von ihm herangezogenen Autoritäten, nicht in deren Darstellung oder in den gezogenen Schlüssen zeigt sich sein Hauptverdienst, vielmehr in der Methode, die er zwar nicht erfunden, gleichwohl aber mit Festigkeit und Konsequenz angewendet hat[194]). Gewiß hat er in der Geschichte der Rechtskonkordanzen keine „revolutionäre Rolle" gespielt[195]), aber er vermochte als kanonistisch gebildeter Theologe die Theorie entscheidend fortzuentwickeln und zu verfeinern. Er hatte an der Weiterbildung der rechtstheoretischen Ansätze Ivos von Chartres neben Bernold von Konstanz und Abaelard entscheidenden Anteil[196]), ganz zu schweigen von seiner Bedeutung für die Harmonisierungsversuche im Rahmen der Auslegung[197]). Bei Alger ist bereits an die Stelle der Sammlung, wie auch schon Albert Hauck[198]) einfühlend erkannte, die Stoffverarbeitung getreten. Die kanonistischen Normen selbst hat der Lütticher Meister selbst als *praecepta misericordiae* und *praecepta justitiae*, Billigkeitsvorschriften und strikte Rechtssätze, be-

---

[191]) *Liber de misericordia et justitia,* prologus: „... ut nullam contrarietatem discordiam pararet aliqua eorum diversitas" (PL 180, col. 858 A). Cf. Joseph de Ghellinck (Anm. 53), p. 519.

[192]) Vgl. überzeugend Albert Hauck (Anm. 39), S. 443.

[193]) Vgl. Manitius (Anm. 7), S. 100 mit Anm. 1.

[194]) So völlig überzeugend Fournier — Le Bras (Anm. 30), p. 343.

[195]) L.c., p. 344; Paul Fournier — Gabriel Le Bras wiesen Alger mindestens die Rolle des Initiators zu: „... il eut au moins le rôle d'initiateur ..." (ibid.).

[196]) Vgl. Ulrich Stutz, ZRG 53 Kan. Abt. 22 (1933), S. 403.

[197]) Vgl. hierzu noch Albert Lang, Zur Entstehungsgeschichte der Brocardasammlungen, ZRG 62 Kan. Abt. 31 (1942), S. 140.

[198]) Anm. 39, III[8], S. 962.

trachtet¹⁹⁹), deren Ziel er in der Einheit von Recht (Anspruch), Nützlichkeit und Wahrheit erblickte²⁰⁰). Er vergaß übrigens nicht darauf hinzuweisen, daß scheinbarer Widerspruch in den *canones* keine Unterschied-
lichkeit, keine Abweichung der Vorschriften bedeute²⁰¹). Immer wieder
hat er in seinem Werk Verweise auf kanonische Regeln mit Wendungen
wie: *et canonica auctoritate sancitum sit*²⁰²), *et canonice imperatum*²⁰³), *ex
auctoritate canonica*²⁰⁴), *institutus est canonice*²⁰⁵) oder *ita ut canonum
ordinem non perturbent*²⁰⁶) usw. umschrieben. Alger selbst hat wie Ivo
von Chartres den Kerngedanken von striktem, strengem Recht und
Dispens aufgegriffen und in seinem Hauptwerk konsequent verfolgt²⁰⁷).
Vor allem hat er dem werdenden gemeinen kanonischen Recht eine entscheidende patristische Dokumentation geliefert²⁰⁸). Gleichwohl inter-
essierten Alger, wie vielleicht am überzeugendsten Gabriel Le Bras
formulierte, Fall und Gegenstand mehr als die Kette von Schlußfolgerungen. Bei der Lösung von Streitfragen bestimmte ihn der Gedanke
der moralischen Wirkung und des sozialen Zieles²⁰⁹). Mit gewisser Freiheit hat später Gratian, insbesondere in seinen *Dicta*, häufig die von Alger
zitierten Texte wiedergegeben²¹⁰). In *Causa prima, Quaestio prima* und
secuna des Dekrets beispielsweise ist eine nicht geringe Entlehnung aus
dem *Liber de misericordia* nachzuweisen²¹¹). Algers und Gratians Werk
verdankten ihre Entstehung sowohl unverkennbar praktischen Bedürf-

---

¹⁹⁹) *Epistola magistri Algeri Leodiensis*: „Quia enim praecepta canonica,
alia sunt misericordiae, alia justitiae ...“ (PL 180, col. 857 A).
²⁰⁰) L.c.: „... ut in canonibus adeo intentionis, utilitatis, veritatis eluceret ...“
(l.c., col. 858 A). — Cf. F. Carpino, Il „Reditus Peccatorum“ nelle collezioni
canoniche e nei teologi fino a Ugo da S. Vittore, Roma 1937, p. 77; vgl. auch
Albert Hauck (Anm. 39), III⁸, S. 962 Anm. 1.
²⁰¹) Ibid.: „... ut nullam contrarietatis discordiam pararet aliqua eorum
diversitas“ (ibid.).
²⁰²) *Liber de misericordia et justitia*, Pars II, Cap. XIV (PL 180, col. 902 A).
²⁰³) L.c., Pars II, Cap. XVI (l.c., col. 903 A).
²⁰⁴) L.c., Pars II, Cap. XXIV (l.c., col. 906 D).
²⁰⁵) L.c., Pars II, Cap. XLI (l.c., col. 915 C).
²⁰⁶) L.c., Pars II, Cap. XLII (l.c., col. 916 A).
²⁰⁷) Cf. de Ghellinck (Anm. 53), p. 489.
²⁰⁸) L.c., p. 60.
²⁰⁹) NRHDFE 45 (Anm. 1), p. 113.
²¹⁰) Cf. Gabriel Le Bras, Alger de Liège et Gratien, Revue des Sciences
philosophiques et théologiques 20 (Paris 1931), p. 16.
²¹¹) Le Bras, l.c., p. 17; (Anm. 1), p. 21; Zirkel (Anm. 124), S. 9; Zirkel
hat Gratians Abhängigkeit von Alger in einer Synopse (S. 10ff.) dargetan.

nissen als auch dialektischen Fortschritten ihrer Zeit[212]). Algers Traktat konnte den Kamaldulensermönch die Behandlung des. Rechtsstoffes methodisch beispielhaft und zugleich fortschrittlich lehren. Zudem gleicht sich die analoge Behandlungsweise beider Schriften, da sich die Werke in der Herausstellung der Prinzipien und ihrer Erhärtung durch Beweisstellen entsprechen[213]). Namentlich für die Kritik des Dekret Gratians liefert Algers Werk[214]) einen nicht unbedeutenden Schlüssel. So trifft nach fast 150 Jahren die Feststellung von Emil Ludwig Richter[215]) noch durchaus zu: „Erscheint das Werk des Algerus in abstracto vielleicht als minder wichtig für das kanonische Recht, so ist es doch durch sein genaues Verwandtschaftsverhältnis zu Gratian für die Geschichte und Kritik des Decretum nicht ohne bedeutendes Interesse" und bleibt die methodische Abhängigkeit des Vaters des Kirchenrechts von *Algerus Leodiensis* eine historische, insbesondere wissenschaftsgeschichtliche und schulmäßige Tatsache. Gleichwohl vermochte der Lütticher Frühscholastiker natürlich nicht jene erhebliche Bedeutung für Kirchenpolitik und Verfassungsgeschichte zu erlangen wie gerade der auch als politischer Denker und Theoretiker[216]) zu relevanter Tragweite aufgestiegene Kamaldulenser.

---

[212]) Cf. Le Bras (Anm. 1), p. 21.

[213]) Die Abhängigkeit der gratianischen Methode von Alger konstatierte ebenfalls Stickler (Anm. 81), p. 193; aber bereits Richter (Anm. 28), S. 12, erfaßte den Modus der Bearbeitung, und Permaneder (Anm. 29) unterstrich in übereinstimmender, zutreffender Beobachtung: „Vorausgeschickt sind jedesmal die Prinzipien, welche sodann durch Beweisstellen belegt werden ..." (S. 217).

[214]) Den Modellcharakter von Algers *Liber de misericordia et iustitia* für Gratian betonte auch de Ghellinck (Anm. 53), p. 452.

[215]) Beiträge zur Kenntniß der Quellen des canonischen Rechts (Anm. 28), S. 13.

[216]) Vgl. zuletzt in diesem Sinne noch Stanley Chodorow, Christian Political Theory and Church Politics in the Mid-Twelfth Century. The Ecclesiology of Gratian's Decretum, Berkeley—Los Angeles—London 1972.

Die Regel „Fidem frangenti fides frangitur"
und ihre Anwendung

I.

Vor knapp einem halben Jahrhundert konnte Gerhard von Beseler[1]) auf dem Internationalen Kongreß für Römisches Recht 1933 überzeugend feststellen, daß „die Bedeutungsgeschichte des Wortes *fides* ein Spiegelbild der Menschheitsgeschichte" sei[2]). Theologisch gesehen, verkörpert *fides* keine Handlung der Zunge, sondern stellt einen Akt des Geistes, der Gesinnung, des Gemütes und der Seele dar[3]). Indes berühren die Darlegungen, die sich hier mit *fides* befassen, keineswegs die theologische Seite des Begriffes, sondern konzentrieren sich vielmehr

---

[1]) Er gilt als einer der „originellsten, fruchtbarsten und anregenpsten Forscher der romanistischen Wissenschaft", der in der Prägnanz seiner Gedanken an die „Ausdruckskunst der römischen Klassiker" erinnerte (so Max Kaser in seinem Nachruf, ZRG 66 Rom. Abt., 1948, S. XI u. S. XIII).

[2]) Atti del Congreso internazionale di Diritto Romano (Bologna e Roma XVII—XXVII Aprile 1933) Roma — Vol. I, Pavia 1934, S. 165.

[3]) Nam fides non est actus linguae, sed mentis; Joannis Caramuelis Theologia intentionlias = Theologiae fundamentalis Tomus III, Lugduni 1664, Lib. IV, p. 381, n. 1758.

auf die politische, rechtliche Bedeutung von *fides*. Politisch und rechtlich
heißt *fides* soviel wie Beständigkeit und Wahrheit[4]). Sie ist letztlich
nichts anderes als die Treue der Gesinnung und die Festigkeit in der
Beachtung gegebener Versprechen und geschlossener Vereinbarungen[5]).
Kanonistisch wird *fides* zudem lapidar als Wahrheit, Wirklichkeit
der Worte, *verborum veritas*, umschrieben[6]). Die abendländische Geistesgeschichte zehrt ohnehin von Ciceros These, wonach *fides* die Grundlage
der Gerechtigkeit sei, die der Römer näher als die Konstanz von Versprechen und Vereinbarungen und eben als Wahrheit schlechthin
charakterisierte[7]). Durch *fides* werden gefestigte und dauerhafte Reiche
hervorgebracht, deren Unterpfand das menschliche Wohl darstellt[8]).
Fides enthüllt sich als jene Tugend, freiwillig übernommenen Ver-
sprechungen und Pflichten nachzukommen und das Versprochene
peinlich einzuhalten. Als allgemeine Tugend bezieht sie sich auf alle
Menschen, mit denen Verträge eingegangen werden, während sie sich
als besondere lediglich auf eine bestimmte Gesellschaft, einen ganz
bestimmten Rechtskreis bezieht, dem besondere Treue durch den Stand
der Verpflichteten bekundet wird, beispielsweise die eheliche Treue
der Gatten, die vasallitische Treue von Lehnsherren und Vasallen,
die staatliche Treue von Regenten und Untertanen[9]). Es fällt
allerdings auf, daß der Begriff der *fides* ursprünglich dem Recht
fremd gewesen ist. Sie erschien nicht als autonom bindende Kraft,
sondern bildete lediglich einen Ausdruck dafür, daß das Empfinden

---

[4]) ... constantia & veritas: Lucas Friedrich Reinhard, De fide haereticis
servanda, Altdorf 1643, § 1 n. 1.

[5]) ... nihil est aliud quam animi fidelitas, & constantia in servandis promissis
& conventis (ibidem).

[6]) Id est, verborum veritatem: Glossa fidem ad C. 22 q. 4 c. 23, ed. Lugduni
1618, col. 1271.

[7]) Vgl. Hans-Wolfgang Strätz, Treu und Glauben. I. Beiträge und Materialien zur Entwicklung von „Treu und Glauben" in deutschen Privatrechts-
quellen vom 13. bis zur Mitte des 17. Jhs. (Rechts- und Staatswissenschaftliche
Veröffentlichungen der Görres-Gesellschaft, NF H. 15), Paderborn 1974, S. 195.

[8]) Fides ... sola est praecipuum illud, per quod stabilia et perpetua reddantur
imperia, ut quae ... certissimum humanae salutis pignus ostentet ...: Udalricus
Zasius, Opera Omnia, Tom. VI, Lyon 1550, Neudruck Aalen 1966, Lib. I, Consilium VIII, col. 97, n. 27.

[9]) Vgl. Johann Heinrich Zedler, Großes vollständiges Universal-Lexicon
aller Wissenschaften und Künste, 45. Bd., Leipzig und Halle 1745, Nachdruck
Graz 1962, S. 510.

des Volkes ein gegebenes Versprechen als bindend erachtete[10]). Walter Hellebrand[11]) hat ehedem nicht von ungefähr darauf hingewiesen, daß in der Bedeutungsgeschichte der *fides* „von Vorstellungen auszugehen sei, die noch nicht moralisch, normativ getönt waren". Mit überzeugenden Argumenten meinte er, daß *fides* „ein festes Stück Umwelt sei, wie dies gerade auch die Sitte kennzeichnet"[12]). Insofern ist *fides* auch nur dort anzutreffen, wo ein Mensch heimisch, wo er zu Hause ist. Nicht das *ius civile*, vielmehr der außerhalb der römischen Rechtsordnung stehende Begriff der Treue war entscheidend. Dieser aber bestimmte sich vollkommen nach sittlicher Überzeugung[13]). Über die *fides* wachte ebensowenig das Gesetz, sondern auf sie achteten lediglich die Mitbürger. Sie erwies sich als solide Stütze des Lebens des Volkes. Derjenige, der die *fides* bewahrte, gewann durch seine Treuehaltung Vertrauen, Respekt und Wertschätzung. Wer die *fides* brach, büßte schließlich alles ein[14]). Wolfgang Kunkel hat zutreffend unterstrichen, daß die *fides* letztlich zu den entscheidenden Grundmotiven der römischen Sozialordnung, vornehmlich in der republikanischen Epoche, gehörte. Sie enthüllte sich als oberster Grundsatz für sämtliche persönlichen, politischen und geschäftlichen Vereinbarungen. Obwohl die *fides* jenseits der Rechtsordnung rangierte, hat sie gleichwohl immer stärker auch in die Rechtsordnung eingewirkt und wesentliche fortschrittliche Ergebnisse in der Entwicklung des Rechtes ausgelöst[15]). Gerade im Verhältnis zu Ausländern gewann die *fides* besondere Bedeutung. Nicht zuletzt wurden der Konsensualkauf als Grundtyp des handelsrechtlichen Rechtsgeschäftes ebenso wie Gesellschaft, Auftrag und Verwahrung von den *fides*-Beziehungen „befruchtet"[16]). Bereits in der klassischen Periode sahen die Römer die Treue in öffentlichen und privaten Sachen als altrömische Tugend

---

[10]) Vgl. Richard Heinze, Fides, in: Hermes, Zeitschrift für klassische Philologie 64, Berlin 1929, S. 146 mit Anm. 1.

[11]) Ein Beitrag zur Problematik matrimonium und mos, ZRG 70 Rom. Abt. (1953), S. 268.

[12]) Ebd.

[13]) Vgl. Max Kaser, Mores maiorum und Gewohnheitsrecht, ZRG 59, Rom. Abt. (1939), S. 69.

[14]) Vgl. Heinze (Anm. 10), S. 165.

[15]) Vgl. Wolfgang Kunkel, Fides als schöpferisches Element im römischen Schuldrecht, Festschrift Paul Koschaker, II. Bd., Weimar 1939, S. 5.

[16]) Vgl. aufschlußreich Max Kaser, Das römische Privatrecht I², München 1971, § 114 IV/1, S. 486.

an, die gerade fremde Völker bewundernd registrierten[17]). Das heilige Symbol der Göttin *Fides* in Rom verkörperte die rechte Hand; diese bedeutete ihre Personifikation[18]). Einst galt bei den Römern vielfach bloße Treue mehr als später vielleicht sogar der Eid[19]). Nicht zuletzt gewann *fides* ebenso die Bedeutung von Vermögen und Kredit[20]). Sie war das Charakteristikum der geheiligten Gesellschaft, der *sancta societas*[21]). Livius überlieferte die Redensart *habita fides ipsa plerumque obligat fidem*, also den Ursprung des späteren Sprichwortes „Vertrauen bzw. Treue erweckt Treue bzw. Vertrauen“[22]). Urgrund der Treue ist die Treue zu sich selbst, das Festhalten an der eigenen Lebensauffassung, die Übereinstimmung mit sich selbst als Bürgschaft für die Würde der Persönlichkeit. Der innerste Kern der Treue enthüllt sich letztlich in der Achtung fremder Persönlichkeit[23]). Die Treueverpflichtung selbst entspricht der Gerechtigkeit. *Fides servanda* war das Prinzip, das die Rechtswelt seit dem Mittelalter erfüllte. In nahezu sämtlichen Lebensverhältnissen blieb das Treuelement lebendig. Der Begriff der Treue dominierte im Leben des mittelalterlichen Menschen in eindrucksvoller Weise. Nicht nur das Kindes- und Dienstverhältnis, nicht allein verwandtschaftliche und nachbarliche Beziehungen, sondern auch Gefolgschaft und Lehnswesen wurden von der Treue bestimmt, an dieser orientiert. Jedes unkorrekte, rechtswidrige Verhalten gegenüber dem Gemeinwesen wurde schließlich unter der Perspektive des Treubruches bewertet[24]). Der Begriff der Treue verlangte seine Anwendung vor

---

[17]) Vgl. Otto bei Pauly-Wissowa, Realencyclopädie der classischen Altertumswissenschaft, VI/2, Stuttgart 1909, Sp. 2281.

[18]) A. a. O., Sp. 2282. — Tum quia manus sive dextera, priscis fidei erat symbolum, teste Livio et Caesare, unde manum dare, est dare fidem: Johannes Harpprecht, Commentarii in librum tertium institutionum divi imperatoris Justiniani, Tom. III², Francofurti 1657, col. 1231, n. 8.

[19]) His ergo respondeo, olim nudam fidem apud Romanos plus valuisse, hodie quam forte etiam iuramentum: Francisci Sonsbeccii Commentarius ad usus feudorum, Coloniae Agrippinae 1589, Pars I, Fol. 4, n. 36.

[20]) Vgl. A. Otto, Die Sprichwörter und sprichwörtlichen Redensarten der Römer, Hildesheim 1962, Stichwort „res“ 2, S. 297.

[21]) A. a. O., Stichwort „regnum“ 1, S. 296.

[22]) A. a. O., S. 135, Anm. *).

[23]) Vgl. Heinrich Mitteis, Vom Lebenswert der Rechtsgeschichte, Weimar 1947, S. 103.

[24]) Vgl. Fritz Illmer, Treubruch, Verrat und Felonie im deutschen Strafrecht. Eine dogmengeschichtliche Untersuchung, Breslauer Rechts- und staatswiss. Diss. 1937, S. 62.

allem im Vertragsrecht, zumal jedermann dasjenige zu erfüllen verpflichtet war, das er einem anderen versprach[25]). Das Wort des Mannes
sollte trotz veränderter Verhältnisse unwandelbar, konstant sein wie
seine ganze Persönlichkeit. Seine Treue verkörperte seine Ehre. Gelöbnis,
Wort und Mann wurden synonym bewertet. Jedes Versprechen und
jeder Vertrag banden und verpflichteten die Kontrahenten zu seiner
Erfüllung[26]). Die enge Verbindung von *fides* und Vertragsgerechtigkeit
hat vielleicht Baldus am treffendsten unterstrichen, als er die These
formulierte: *nihil inter homines maius est fide*[27]). Später hat Hugo
Grotius den die autonomen Persönlichkeiten verbindenden Treue-
gedanken als etwas Neues herausgestellt, als er nicht allein für das
Recht, sondern auch für die Religionen ein *vinculum fidei* forderte[28].

II.

Angesichts des hohen Wertes der Treue, der *fides*, kann es kaum
verwundern, wenn die Folgen des Treubruches, des *fidefragium*, besonders erörtert und rechtlich als relevant beurteilt wurden. Schon
Cicero hob hervor, daß es unredlich und ruchlos sei, die Treue zu
brechen, die das Leben erhält, ebenso wie einen Mündel zu betrügen,
der unter Vormundschaft gestellt wurde, oder einen Gesellschafter zu
hintergehen, der sich geschäftlich verbunden hat[29]). Auf Treubruch
stand die *poena talionis*. Mit ihr sollten alle Verletzer von Waffen-
stillständen und Gottesfrieden sowie aller Verträge bestraft werden,
weil der Grundsatz anzuwenden war: *Frangenti fidem, fides frangatur
eidem.* Bekanntlich war die *poena talionis* bereits im Zwölftafelgesetz

---

[25]) Vgl. Eduard Graf und Mathias Dietherr, Deutsche Rechtssprichwörter[2], Nördlingen 1869, S. 230.

[26]) A. a. O., S. 231.

[27]) Zitat nach Jacobus Schultes, Brevis et accuratus tractatus De fide haereticis religiose servanda, ex iure divino, pontificio et civili, perspicue deductus
et examinatus, Francofurti ad Moenum 1652, Caput III, n. 74, p. 33.

[28]) Vgl. Wolfgang Fikentscher, De fide et perfidia — Der Treuegedanke
in den „Staatsparallelen" des Hugo Grotius aus heutiger Sicht, SB Bayer. Ak.
d. Wiss. Phil.-Hist. Kl., Jg. 1979, H. 1, München 1979, S. 69.

[29]) Aeque enim perfidiosum et nefarium est fidem frangere, quae continet
vitam, et pupillum fraudare, qui in tutelam pervenit, et socium fallere, qui
se in negotio coniunxit: Cicero, Pro Quinto Roscio comoedo oratio, VI, 16
= Cicero, The Speeches with an English translation, by John Henry Freese,
Cambridge, Massachusetts 1945, p. 288. Cf. Roberti Stephani Thesaurus Linguae
Latinae, Tomus II, Basileae 1740, p. 369.

verankert[30]); zudem fand sie im göttlichen Gesetz, in den Büchern Mose, ihre Rechtfertigung. Nach Alexander III. (1159—1181) stand auf Gottesfriedensbruch nach dreimaliger vergeblicher Ermahnung die vom zuständigen Bischof auszusprechende Exkommunikation[31]). Im nordischen Recht wurde Treubruch als Neidingswerk bewertet[32]). Da nach der Anschauung des deutschen Mittelalters Treue und Ehre verbunden waren, trat als Folge des Treubruches regelmäßig Recht- und Ehrlosigkeit ein[33]). Besonders aber im kanonischen Recht bewerteten die Kanonisten Verletzung der Treue weithin als Meineid *(periurium)*[34]). Vortäuschung der Treue ist ganz allgemein als sehr schweres Vergehen angeprangert worden[35]). Vor allem durfte die Aufkündigung der Treue keineswegs fraudulos sein. Demjenigen, der, nachdem er sich für die Treue verbürgt hatte, diese nicht einhielt, durfte ungestraft die verwirkte Treue verweigert werden, denn nunmehr hatte die Treue einen Mangel, einen entscheidenden Fehler *(vitium)*, der von der Verpflichtung entband[36]). Falls in einem Privatfrieden dieser von einer Partei gebrochen wurde, war der Friede nicht zu beachten, vielmehr wurde der Verletzte von seiner Friedenspflicht befreit[37]). Dabei konnte die *fides* nach nicht unbestrittener Meinung nicht allein durch Vorsatz *(dolus)*, sondern ebenso durch grobe Fahrlässigkeit *(culpa lata)* gebrochen werden[38]). Allerdings schloß Notwehr einen Treubruch aus[39]).

---

[30]) Cf. Andreas Gaill, De Pace publica et eius violatoribus atque proscriptis sive bannitis imperii, Coloniae Agrippinae 1634, Lib. I, Cap. IX, n. 3, p. 40.

[31]) X 1, 34, 1 § 1.

[32]) Vgl. Heinrich Brunner, Zum ältesten Strafrecht der Kulturvölker, in seinen Abhandlungen zur Rechtsgeschichte, hg. von Karl Rauch, Bd. II, Weimar 1931, S. 526.

[33]) Vgl. Rudolf His, Das Strafrecht des deutschen Mittelalters, I. Teil: Die Verbrechen und ihre Folgen im allgemeinen, Leipzig 1920, § 25 III 4, S. 581.

[34]) ... praesertim jure canonico, ut canonistae violatorem fidei perjurum dicant ...: Schultes (Anm. 27), Caput III, n. 84, p. 37.

[35]) Fidem fallere valde grave est: David Mevius, Decisiones super causis praecipuis ad praedictum Tribunal Regium [Wismariense], Tom. I, Francofurti ad Moenum 1740, Pars I [1653], Decisio 371, n. 5, p. 226.

[36]) Cf. Udalricus Zasius (Anm. 8), Tom. II, col. 265, n. 7.

[37]) L. c., Tom. III, col. 121.

[38]) Cf. Zasius, l. c., Tom. V, Singulorum Responsorum Lib. I, col. 38, n. 35.

[39]) Sachsenspiegel Landrecht III 78 § 6: Wundet ok en man sinen herren, oder sleit he ene dot an notwere, oder de herre den man, he ne dut weder sinen truwen nicht, of de not ene mit rechte vulbracht wert (Sachsenspiegel Landrecht,

III.

Oberstes Prinzip des Rechtslebens bildete die Vertragstreue, die sich in der Ulpianischen Feststellung[40]) dokumentierte: *Pacta sunt servanda*. Eingegangene Verträge mußten, sofern sie nicht mit bösem Vorsatz begleitet waren und nicht gegen Gesetze und Plebiszite verstießen, beachtet werden. Der Grundsatz *pacta sunt servanda* gewann vor allem unter den moralischen Mächten, zu denen nicht allein die Kirche, sondern auch die Staaten zu zählen waren, eine ganz entscheidende Relevanz[41]). Verträge waren eben zu halten, sofern nicht vernünftige Gründe von Rechts wegen der Beobachtung entgegenstanden[42]). Die Dekretalenstelle X 1, 35, 1 verankerte das Prinzip *pacta nuda sunt servanda*. Arglistig eingegangene Verträge blieben allerdings nichtig[43]). Die Regel *pacta sunt servanda* erwuchs zu einer der entscheidendsten naturrechtlichen Normen überhaupt[44]). Sie war nicht zuletzt Ausfluß der *aequitas canonica*, derentwegen das kanonische Recht vom Zivilrecht abwich[45]). Die *aequitas canonica* verlangte, daß die Treue bewahrt wird[46]). So mußte eben jedes Versprechen peinlich eingehalten werden. Zudem galt in sämtlichen Sachen die ratio der *aequitas pactionis* mehr als die des strengen, strikten Rechts[47]). Der große Klassiker des kanonischen Eherechts Thomas Sánchez hat ausgesprochen, daß nichts so

---

hg. von Karl August Eckhardt, Göttingen 1955, S. 261). — Vgl. dazu noch: Die Dresdener Bilderhandschrift des Sachsenspiegels, hg. von Karl von Amira, 2. Bd.: Erläuterungen, Teil 2, Leipzig 1926, S. 113.

[40]) D. 2, 14, 7 § 7.

[41]) Vgl. Johannes Baptist Sägmüller, Lehrbuch des katholischen Kirchenrechts[3] I, Freiburg i. Br. 1914, § 29, S. 126.

[42]) Alexander de Imola vor D. 2, 14, 7 § 7: Pacta servanda sunt nisi rationabilis causa a iure statuta suadeat non observari (Digestum Vetus seu Pandectarum Juris Civilis Tom. I, Lugduni 1572, col. 266).

[43]) Pactum vero, quod dolo initum est, non valet: Glossa *pacta custodiantur* ad X 1, 35, 1, ed. Lugduni 1618, col. 439.

[44]) Vgl. John B. Whitton, La règle „pacta sunt servanda", Recueil des Cours, IIIe sér., tome 49, Paris 1934, p. 153.

[45]) Jus canonicum discessit a jure civili propter aequitatem quae pacta servare jubet ...: Samuel von Cocceji, Jus civile controversum, Francofurti et Lipsiae 1729, Lib. II, Tit. XIV, quaestio X, p. 199.

[46]) ... quia aequitas canonica efflagitat ut servetur fides ...: Zasius (Anm. 8), Tom. I, Tit. XIV De Pactis, col. 72, n. 23.

[47]) In omnibus causis potior debet esse ratio aequitatis, quam stricti juris: Anaclet Reiffenstuel, Jus Canonicum Universum, Tom. I, Venetiis 1704, Lib. I Decretalium, Tit. II: De constitutionibus, § XVI, n. 415, Fol. 110.

natürlich erschiene, als Verträge zu halten[48]). Die Bedingungen eines Vertrages verpflichteten regelmäßig sogleich, so daß nicht erst das Urteil eines Richters abgewartet werden mußte, um den Zeitpunkt der Verpflichtung festzustellen[49]). Daß formlose Versprechen, *pacta nuda*, bereits verpflichteten, mußte vom Standpunkt des kanonischen Rechts und auch unter Berücksichtigung des Gewissens bejaht werden. Nicht von ungefähr konnte Eugen Wohlhaupter hierzu feststellen, daß „das obligationsbegründende Moment vollständig in dem spiritua-listisch gedachten und einer Form nicht mehr bedürftigen Konsens" zu suchen sei[50]). Eingegangene Verträge mußten regelmäßig beobachtet werden, sofern ihnen ohne Sünde *(sine peccato)* nachgekommen werden konnte[51]). Gerade das Mittelalter erachtete aus religiösen Überzeugungen die Unverletzlichkeit der Verträge für unverzichtbar. Schon der Kirchen-vater Augustinus hatte gelehrt, daß ein durch Eid bekräftigtes Ver-sprechen strengstens eingehalten werden müsse[52]).

Je höher jemand in der profanen Hierarchie des Mittelalters aufstieg und stand, desto größer fiel auch seine Verpflichtung zur Vertragstreue aus. In besonderem Maße war der Kaiser verpflichtet, Vertragstreue zu wahren[53]). Man begründete diese Pflicht mit dem Hinweis, daß Gott sich selbst kraft Versprechensgesetzes verpflichtet habe[54]). Fürsten und hochgestellte Personen traf eine Sonderpflicht zur Vertragserfül-lung[55]). Denn Fürsten und andere Magnaten sowie öffentliche Personen waren in erster Linie zur Vertragstreue verpflichtet. Nicht zuletzt galt das Wort der kaiserlichen Majestät wie ein Eid: *Verba Caesareae*

---

[48]) ... & nihil tam naturale sit, ac pacta servari: De Sancto Matrimonii sacramento, Venetiis 1712, Lib. I, De sponsalibus, Disputatio 37, n. 2, p. 63.

[49]) ... ergo non est necessaria judicis sententia; conditiones enim contractus statim obligant, ea non expectata (ibidem).

[50]) Aequitas canonica. Eine Studie aus dem kanonischen Recht (Görres-Gesellschaft zur Pflege der Wissenschaft im katholischen Deutschland. Ver-öffentlichungen der Sektion für Rechts- und Staatswissenschaft 56. H.), Pader-born 1931, § 11, S. 72.

[51]) ... servari debeant pacta, si sine peccato servari possunt: Augustinus Barbosa, Thesaurus locorum communium Jurisprudentiae⁵, (ab Anch. Christoph Rösenero), Lipsiae 1719, Lib. XIV, Cap. I: Pactum, p. 72.

[52]) Vgl. Whitton (Anm. 44), p. 169.

[53]) Fidem contractus a Caesare servari debere ...: Zasius (Anm. 8), Tom. VI, Lib. II, Consilium X, col. 410, n. 5.

[54]) ... scilicet quod & deus seipsum ex lege promissionis arctaverit (ibidem).

[55]) Cf. Benedictus Carpzovius, Responsa Juris Electoralia, Lipsiae 1670, Lib. V, Tit. II, Responsum IX, n. 9, Fol. 20, col. 1.

Majestatis pro iuramento sunt[56]). In der kanonistischen sowohl als auch zivilistischen Rechtswissenschaft wurde daher die Auffassung von Nicolò Machiavelli als ruchlos verworfen, wonach der Fürst keine Vertragstreue halten müsse. Machiavelli hatte bekanntlich in seinem Principe gelehrt, daß es für den Fürsten nicht erforderlich sei, über Tugenden wie Frömmigkeit, Treue und Menschlichkeit zu verfügen. Vielmehr seien diese Eigenschaften geradezu schädlich, zumal es für den neuen Fürstentyp oftmals notwendig werde, gerade gegen die Treue, gegen Nächstenliebe, Menschlichkeit und Religion zu handeln[57]).

IV.

1. Das allgemeine Vertragsrecht war vom Grundsatz beherrscht, daß gerechtes Handeln bestimmend sei. Gerecht handelte indes nur derjenige, der auch anderen, und damit seinen Kontrahenten, das gleiche Maß zuerkannte, das er für sich selbst beanspruchte. In seinen nach wie vor aktuellen Aussagen über den Lebenswert der Rechtsgeschichte hat Heinrich Mitteis unterstrichen, daß gerechtes Handeln das Fundament allen Vertragsrechtes bilde, jedes Kredits, jedes Rechtsverkehrs, darüber hinaus der Gemeinschaft überhaupt[58]). Es trifft gewiß zu, daß gerechtes vertragsmäßiges Handeln gleichzeitig auf der anderen Seite Vertrauen und Treueverpflichtung erzeugt[59]). Im gemeinen Recht fand grundsätzlich das Argument Anerkennung, wonach die Vertragstreue demjenigen nicht zu bewahren sei, der selbst gegen diese handelt. Grundsätzlich war Vertragstreue heilig zu achten, niemandem Ungerechtigkeit zuzufügen. Außerdem sollte niemals geduldet werden, jemanden seiner gesetzlichen Mittel zu berauben. Kurz, Vertragstreue war zu beobachten, sofern nicht kraft Gerechtigkeit eine Abweichung gestattet wurde. Falls ein Kontrahent die Vertragstreue brach, war ein Wegfall der Geschäftsgrundlage gegeben. Insofern konnte hier die *clausula rebus sic stantibus* durchaus angewendet werden, die bekanntlich im kanonischen Recht unbedenklich

---

[56]) L. c., n. 10.

[57]) Cf. Franciscus Schmier, Jurisprudentia canonico-civilis, seu Jus Canonicum Universum, Tom. I², Salisburgi 1729, Lib. I, Tractatus I, Caput II, Sectio II, § IV, n. 135, Fol. 80.

[58]) Vom Lebenswert der Rechtsgeschichte, Weimar 1947, S. 109.

[59]) Ebd.

„auch in jenen Gebieten, die, wie Eid und Ehe, grundsätzlich heilig und unverbrüchlich waren, Anwendung gefunden hat."[60]) Dabei wurde im Zweifel Bösgläubigkeit des Kontrahenten nicht vermutet[61]). Die Verpflichtung zur Vertragstreue selbst erwuchs aus natürlicher Billigkeit, sie entsprach der *aequitas naturalis*. Kraft Naturrechts war die bloße Verpflichtung zu beachten, Vertragstreue zu leisten. Zudem wurde das Naturrecht bei sämtlichen Völkern respektiert und angewendet[62]). Die Verpflichtung zur Vertragstreue bestand gegenüber jedermann, sowohl gegenüber Ketzern, Ungläubigen, Feinden, gegen einen Tyrannen, Rebellen, Piraten und Straßenräuber[63]). Von allen mußte die Vertragstreue, die *fides*, beachtet und eingehalten werden, zumal sich *fides* als das einzige Fundament der Gerechtigkeit — *unicum iustitiae fundamentum* — enthüllte[64]). *Fides* bedeutete ohnehin soviel wie Vertragserfüllung schlechthin. Damit nahm *fides* inhaltlich den Charakter von vertragstreuer Gesinnung, von Treue und Redlichkeit an[65]). Papst Innozenz III. bestimmte 1199, daß keine Vertragstreue gegenüber dem Vertragsuntreuen geschuldet werde[66]). Demjenigen, der gegen den Vertrag handelte, schuldete der Kontrahent keine Treue. Indes fand das Prinzip „fidem frangenti, fides frangitur" keine Anwendung bei *contractus nominati* nach der Vollstreckung[67]). Diese Auffassung wurde nicht zuletzt besonders von Baldus gestützt. Prinzipiell war bei Abweichen eines Vertragsteiles vom Vertrag der andere konsequenterweise

---

[60]) Hermann Nottarp, Die Stiftungsreduktion, in: Aus Rechtsgeschichte und Kirchenrecht, hg. von F. Merzbacher, Köln—Graz 1967, S. 637.

[61]) ... quia in dubio non est mala fides praesumenda: Caesaris Lambertini Episcopi Insulani Tractatus de iure patronatus, 1. Pars, Lib. I, Lugduni 1579, 5. art., n. 70, Fol. 86'.

[62]) ... ideo etiam ipsum ius naturale ubique, & apud omnes gentes ...: Franciscus Schmalzgrueber, Jus Ecclesiasticum Universum, Tomus I, Venetiis 1738, Prooem. § II, n. 34, p. 6.

[63]) Cf. Schmier (Anm. 57), n. 136.

[64]) Cf. Zasius (Anm. 8), Tom. VI, Lib. I, Consilium VIII, col. 97, n. 27.

[65]) Vgl. Gerhard von Beseler (Anm. 2), ebd.

[66]) X 1, 6, 16. Hierzu äußerte sich aufschlußreich die Glosse: ... nec debet ei fides servari, qui contra pacta versatur, nisi cum actio est odiosa (mit Hinweis auf das römische Recht: C. 2, 4, 6) et nisi in criminibus (C. 9, 45, 3): Glossa *ex consensu compositionis receptae ius*, col. 125.

[67]) ... quod regula haec locum non habeat in contractibus nominatis, post executionem: Barbosa (Anm. 51), Lib. VI, Cap. XXX, XIV, p. 464. — Zum contractus nominatus vgl. D. 2, 14, 7 § 1.

nicht zur Vertragstreue verpflichtet[68]), da der Bruch der eigenen Vertragstreue den Kontrahenten von der Einhaltung der Treue entband. Der Grundsatz *fidem non servanti, fides non servitur* erwuchs zu allgemeinem Naturrecht in sämtlichen Abreden, Vereinbarungen und Verträgen[69]). Vergeblich forderte Einhaltung der Vertragstreue, wer ihr selbst nicht nachkam. Der Vertragsuntreue konnte nicht verlangen, daß ihm jene Treue geleistet wurde, die er selbst verschmähte[70]). Wer Verträge verletzte, konnte eben nicht fordern, daß sie ihm gegenüber beobachtet würden. Das galt sowohl bei einem eidlich bekräftigten Vertrag als auch bei einem, dem die *clausula rato manente pacto*[71]) beigefügt war[72]). Gegenüber *mala promissa*[73]) entfiel jegliche Vertragstreue[74]). In diesen Fällen wurde Vertragstreue überhaupt nicht geschuldet. Es bestand überhaupt keine *ratio*, sie zu beachten. In ihnen lag vielmehr eine Sünde, so daß derjenige, der ihnen nachkommen sollte, schuldig wurde[75]). Die Treue war in diesen Fällen nicht zu wahren,

---

[68]) ... quod, quando una pars a conventione discedit, altera quoque pars promissis stare non tenetur: Consilia Hallensium iureconsultorum, hg. von Johann Peter Ludewig, Halle 1733, Lib. I, Consilium CCXIII (von Samuel Stryck, März 1695), n. 2, col. 550.

[69]) Generale naturae jus est in omnibus conventionibus aequum, ut fidem non servanti fides non servetur: David Mevius, Decisiones (Anm. 35), Tom. II, Pars VIII, Decisio 173, n. 10, p. 346.

[70]) Frustra fidem sibi servari postulat, qui eam non servat: et qui fidem frangit, queri nequit, sibi eam non servari ... Haecque regular vera est, etiamsi fides in minimo deficiat: & qui pacta violant vel in uno, non possunt petere sibi observari ...: Josephii Gibalini Scientia Canonica et hieropolitica, Lugduni 1670, Tom. III, Lib. VIII, Regula LXXV, p. 234, col. 1.

[71]) ... quia virtute talis clausulae duo compromissa facta esse intelliguntur, unum poenale, aliud nudum & simplex; ita quod contradictor & poenam solvere, & nihilominus sententiae arbitri stare teneatur ...: Andreas Gaill, Practicarum observationum tam ad processum iudiciarum, praesertim Imperialis Camerae, Coloniae Agrippinae 1634, Lib. I, Observatio 150, n. 14, p. 262, col. 1.

[72]) ... quod addit esse verum, etiamsi pactum munitum fuerit iuramento, & quamvis addatur clausula rato manente pacto. Illa enim non obstante non tenetur fidem & promissa servare ille, cui per adversarium non servatur ...: Gibalini (Anm. 70).

[73]) Sapienter distinguit Dynus inter mala promissa et male promissa: priora illa talia dicuntur ratione obiecti: sunt enim de re mala & turpi; atque adeo sunt mala ex natura sua et intrinsece, & illa nulla ratione servari debent: Gibalini, Tom. III, Lib. VIII, Regula LXIX, p. 232, col. 2.

[74]) C. 22 q. 4 c. 5: In malis promissis rescinde fidem.

[75]) In iis enim promittendis peccatum est, & in iis etiam servandis committitur culpa: Gibalini, ibidem.

weil der Vertrag selbst hinkte[76]). *In malis promissis rescinde fidem:* in allen diesen Fällen wurde die Vertragstreue wirkungslos gemacht, vernichtet. Sie galt begreiflicherweise auch dann nicht, wenn eine *promissio inpia* vorlag, deren Zweck in einer Verbrechensbegehung gipfelte. Wenn jemand versprach, einen Menschen zu töten, einen Diebstahl oder Simonie zu begehen, war er keineswegs verpflichtet, die Vertragstreue zu wahren, zumal das Versprochene *ipso iure* unwirksam war[77]). Vielmehr gewann hier der Versprechende eine Einrede[78]), die ihn gegenüber der Ausführung des Versprechens sicherte. Immerhin erwuchs der Grundsatz: *fides non servatur ei, qui eandem fidem frangit,* zur allgemeinen Regel, zu einer *regula generalis,* die dem Vertragstreuen Nichterfüllung seines Versprechens erlaubte[79]). Natürlich stand es demjenigen, dem die Vertragstreue nicht eingehalten wurde, seinerseits durchaus frei, den Vertrag zu erfüllen, falls er dies wünschte, denn bezüglich des Vertrages selbst konnte nicht dessen Ungültigkeit, Nichtigkeit, behauptet werden[80]). Eine moderne Folgerung dieses kanonistischen Prinzips „fidem frangenti, fides frangitur"[81]) zeichnet sich übrigens im Rücktrittsrecht des Gläubigers vom Vertrag wegen nichtrechtzeitiger Leistung ab, schlägt sich also im § 326 I 2 BGB nieder. Wenn der Schuldner bei einem gegenseitigen Vertrag im Verzug ist, kann eben der Gläubiger vom Vertrag zurücktreten.

2. Es ist verständlich, wenn die Regel *frangenti fidem, liceat fidem frangere* vor allem im Kaufrecht Anwendung finden sollte. Diese Regel half jedenfalls, die begangene Treulosigkeit gewissermaßen aufzu-

---

[76]) ... fides non sit servanda, quia contractus non debet claudicare: Theodorus Reinkingk, Tractatus de Regimine seculari et ecclesiastico, Marpurgi 1641, Lib. II, Classis I, Cap. II, n. 35, p. 362.

[77]) Si promitto tibi occidere hominem vel committere furtum vel simoniam, vel aliquid turpe, non expedit fidem servari cum promissum ipso iure non tenet: Dynus de Mucello, Tractatus super regulis iuris, Lyon 1505, p. 188.

[78]) ... quia promissori datur exceptio ... (l. c., p. 189).

[79]) Cf. Dominici Tuschi Practicarum conclusionum juris in omni foro frequentiorum Tomus III, Francofurti 1623, concl. 337, p. 516.

[80]) Qua illum, cui fides non servatur, liberum est ad implendum agere, si velit, ejusque respectu contractus irritus non dicitur: Mevius, Decisiones (Anm. 35), Tom. II, Pars VIII, Decisio 173, p. 346.

[81]) Illud est in summa notandum, quod frangenti fidem fides servanda non est: Henrici de Segusio, Summa Aurea, Torino 1963, Lib. I, Rubrica de pactis, in additione 5 „Et ad quos extendatur", col. 372.

rechnen[82]); so etwa, wenn der Käufer nicht der Aufforderung des Ver-
käufers nachkam, ihm den Preis der Kaufsache zu leisten, konnte der
Verkäufer dem Käufer die Übergabe der verkauften Sache verweigern[83]).
Gerade für das Vertragsrecht hatte Baldus darauf hingewiesen, daß dem
Vertragsbrüchigen durchaus die Vertragstreue aufgekündigt und gebrochen werden dürfe[84]). Dazu ist noch anzumerken, daß im treu-
widrigen Handeln beim Kaufvertrag Arglist lag[85]). Derjenige, der auf
Vertragserfüllung klagte, obschon er gegen die Vertragstreue verstoßen
hatte, handelte dolos, in böser Absicht.

3. Einen Fall aus dem Mietrecht bringt Dinus: Wenn ein Haus gegen
einen bestimmten Mietzins vermietet wurde und der Vermieter unter
Zusicherung einer Strafe zugesagt hatte, dem Mieter niemals seinen
Besitz zu entziehen und ihn dennoch aus dem Besitz vertrieb, weil der
Mieter den Mietzins nicht geleistet habe, konnte der Vermieter nicht zur
Strafe gelangen, weil er vergeblich Vertragstreue verlangte[86]). Im übrigen
vertrat Dinus Mugellanus den Standpunkt, diese Regel greife überall
dort Platz, wo sie als gleiche Bedingung allen Kontrahenten zukomme[87]).
Grundsätzlich brauchte ein Mietvertrag eben dann nicht eingehalten zu
werden, falls ein Kontrahent sich nicht an die Bedingungen des *contractus locationis conductionis* hielt, der eben beiderseits verpflichtete[88]).

4. Indes war nicht allein dem Schuldner vertragliche Treue auferlegt,
sondern vielleicht in noch höherem Maße im Lehnrecht dem Lehnsmann
vasallitische Treue[89]). *Regula 75 in VI⁰* berührt diesen Grundfall. Da-

---

[82]) Respondeo, regula illa, quae fidem non servatam pari perfidia compensare
permittit ...: Schultes (Anm. 27), Caput XII, n. 378, p. 165.

[83]) ... cum venditor precium rei venditae petit, rem autem venditam non
tradit ... fides in eodem contractu vel in eadem obligatione non servatur (ibidem).

[84]) Cf. Schultes (Anm. 27), Caput XII, n. 377, p. 168.

[85]) Dolo facit, qui contra fidem placiti petit: Mevius (Anm. 35), Tomus II,
Pars VIII, Decisio 173, n. 9, Fol. 346.

[86]) ... Item si locavi alicui domum pro pensione certa et promisi eum nunquam
expellere sub certa pena et eum expello, quia pensionem non solvit, non potero
conveniri ad penam, quia frustra sibi postulat a me fidem servari qui fidem
servare recusat: Dynus de Mucello (Anm. 77), p. 196 s.

[87]) ... Sed regula locum habet ubi eadem est et equalis per omnia personarum
contrahentium conditio (l. c., p. 197).

[88]) Quia contractus locationis conductionis est utrinque obligatorius, aliquo
contrahentium illum non observante, nec alter ultra tenetur: David Mevius
(Anm. 35), Tom. II, Pars II, Decisio 34, n. 1, Fol. 110.

[89]) Vgl. auch Gerhard von Beseler (Anm. 2).

nach forderte derjenige vergebliche Treue, der dem anderen die Treue verweigerte[90]). Die gegenseitige Treue *(promissio reciproca fidelitatis)* kennzeichnete überhaupt das Lehnsverhältnis. Nicht allein der Vasall schuldete sie seinem Lehnsherrn, sondern auch umgekehrt der Herr seinem Lehnsmann[91]). Der Lehnsherr *(dominus feudi)* hatte seinem Vasallen ebenso treu zu sein wie dieser jenem. Falls der Vasall *infidelitas* beging, ging er seines Lehns verlustig[92]). Andererseits verlor bei Lehnsuntreue der Herr seine *superioritas*[93]). Im Lehnrecht bildete die Beobachtung der Treue die unerläßliche Voraussetzung der Treue selbst[94]). Hier fand die Regel *frangenti fidem fides frangenda* unmittelbare Anwendung. Erlaubte Lehnsverträge mußten eben peinlich eingehalten werden: *pacta investiturarum et conventionum feudalium omnia servanda sunt.* Eine Ausnahme bildeten allein lehnrechtliche Übereinkommen, die entweder schändlich oder von vornherein auf unmögliche Leistungen gerichtet gewesen sind[95]).

5. Auch im Sektor des Völkerrechts, insbesondere im Friedensrecht, fand die Regel vielfach Anwendung. In diesem Bereich galt der Grundsatz, daß selbst eine eidlich beschworene *fides* demjenigen nicht zu halten war, der sie selbst brach. Hatten also vornehme Personen wegen eines Krieges, einer Fehde, sich wechselweise Frieden gelobt und beschworen, die *treuga* einzuhalten, brach aber einer von ihnen den Friedensbund und die einzuhaltende *treuga*, so konnte er seinerseits nicht damit rechnen, daß der Hintergangene ihm gegenüber den Frieden bewahrte. Wer selbst Bündnisse gebrochen hatte, durfte nicht fordern, daß ihm die Treue bewahrt würde, wie Baldus insonderheit in seinem Kommentar

---

[90]) Frustra sibi fidem quis postulat ab eo servari, cui fidem a se praestitam servare recusat.

[91]) ... nam sicut ego teneor servare fidem domino, ita econtra dominus tenetur mihi fidem servare: Casus ad regulam iuris 75 in VI°, ed. Lugduni 1618, col. 849 s.

[92]) ... quia feudatarius, qui domino non servat fidem fidelitatis, privatur feudo, & sic commodo conventionis, quia frangenti fidem fides frangenda est ...: Dominici Tuschi (Anm. 79).

[93]) ... ita dominus privatur superioritate ... Nam quando dominus supprimit vasallum, princeps eximit vasallum a iurisdictione domini: Casus ad regulam iuris 75 in VI°.

[94]) ... & qui fidem non prestat, eam sperare non debet: Jacobi Alvarotti De feudis, Francofurti ad Moenum 1587, De forma fidelitatis, n. 6, fol. 96′.

[95]) Cf. Henrici a Rosenthal Tractatus et Synopsis totius juris feudalis, Francofurti ad Moenum 1662, Caput VI, Conclusio XXII, n. 1, p. 255.

zu den Dekretalen erläuterte[96]). Grundsätzlich konnte ein eidlich be-
schworener Friede überhaupt nicht gelöst werden; der Unschuldige,
Uneigennützige vertraute jedem Wort[97]). Bei der Auslegung von Frie-
densverträgen verfuhr man regelmäßig nach dem Rechtsvers *(versiculus)*:
Frangenti fidem, fides frangatur eidem[98]). Daraus folgerte man, daß derjenige, der gegen die Treue oder gegen ein Übereinkommen handelte,
nicht auf Treue rechnen konnte. Vielmehr löste Untreue den Vertrag
und räumte ein Rücktrittsrecht ein. Wenn ein Teil ein eingegangenes
Bündnis verletzt hatte, vermochte der andere Kontrahent zurück-
zutreten, zumal die Einzelteile des Bündnisses die Kraft einer Bedingung
annahmen. Schon Thukydides hatte bemerkt, die Schuld, daß das
Bündnis gelöst wird, träfe nicht die, die verlassen worden seien, sondern
jene, die geschworen hatten, Hilfe zu leisten und dies nicht taten[99]).

Ebenso war das Kriegsrecht von dieser Regel erfüllt. Schon Thomas
von Aquin hatte betont, es sei unerlaubt, dem Feind ein Versprechen
nicht zu halten[100]). Die Glosse zur *Regula iuris 75 in VI⁰* kommentierte
nicht von ungefähr, daß es wahr sei, daß selbst der Feind uns Treue
bewahrt[101]). Schließlich werde Treue nicht dem Menschen, sondern vielmehr Gott versprochen[102]). Falls ein Teil die Treue brach, konnte auch
der andere dies tun. Jedenfalls war auch nach Kriegsrecht den Feinden
die *fides* zu wahren. Man war verpflichtet, dem Feind die Treue einzuhalten, sofern dieser nicht zu einem Verbrechen anstiftete oder zu einer

---

[96]) Baldus, Super decretalibus, Lugduni 1561, de iureiuran. c. Sicut, Rubrica
1, fol. 213, der den Standpunkt vertrat: Fides etiam iurata servanda non est ei,
qui frangit fidem.

[97]) C. 22 q. 4 c. 23: Innocens credit omni verbo.

[98]) Cf. Joachimi Mysingeri a Frundeck Singularum observationum Judicii
Camerae (uti vocant) Centuriae quatuor, Basileae 1563, Centuria IV, Observatio VII, p. 234.

[99]) Si pars una fedus violaverit, poterit altera a federe discedere: nam capita
federis singular conditionis vim habent: Hugonis Grotii De iure belli ac pacis
libri tres, ed. P. C. Molhuysen, Lugduni Batavorum 1919, Lib. II, Cap. XV,
§ XV, p. 310 (vgl. Die Klassiker des Völkerrechts, hg. von W. Schätzel, Tübingen 1950, 2. Buch, 15. Kap., S. 285f).

[100]) Summa Theologica II-II, 40, 3: ... vel non servatur promissum. Et istud
semper est illicitum. Et hoc modo nullus debet hostes fallere ... (vgl. Deutsche
Thomas-Ausgabe, kommentiert von Josef Endres, Heidelberg 1966, S. 94).

[101]) Illud enim verum est, cum ipse hostis nobis fidem servat: Glossa *frustra*
ad regulam iuris 75 in VI⁰, col. 850.

[102]) ... non fuerat fides homini promissa, sed Deo (ibidem).

Verwegenheit gegenüber dem Staat[103]). Auch durfte die Treue dann aufgekündigt werden, wenn es sich um einen öffentlichen Feind oder
Straßenräuber handelte[104]). Die Begründung gab Baldus mit dem Hinweis, öffentlichen Feinden und Verbrechern brauche die Treue nicht
gehalten zu werden, weil Hochachtung nicht gegenüber dem bestünde,
der bereits vom Staat aufgegeben sei, zumal die zum Bösen gebrauchten
Hilfsmittel wegzunehmen seien[105]). Der große spanische Kanonist Diego
Covarrubias folgerte, es sei offensichtlich, daß ohne jeden Unterschied
dem Feind die Treue zu bewahren sei[106]). So müsse derjenige, der dem
Feind für einen Gefangenen den Loskaufpreis verspricht[107]), zu seinem
Worte stehen, selbst dann, wenn der Vertrag *(pactio)* mit einem ungerechten Feind *(iniquus hostis)* eingegangen sei. Als solcher wurde der
Türke bezeichnet, der ungerechterweise *(iniuste)* gegen Christen Krieg
führte. Aber dennoch müsse auch für diesen Fall die Regel *fides hosti
servanda* Geltung haben. Eine Ausnahme fand die Regel allerdings im
Kriegsrecht in jenen Fällen, wo jemand wegen der Grausamkeit der
Feinde den Tod fürchtete und in dieser Zwangslage sich verpflichtet
hatte. Hier war er nicht gehalten, die Treue zu bewahren[108]). Außerdem
entband ein nicht erlaubter Krieg *(bellum illicitum)* von der *fides*, ebenso
das Versprechen, wegen einer zivilen Pflicht in die Gefangenschaft
zurückzukehren, zumal niemand verpflichtet war, diese Bedingung einzuhalten[109]). Es versteht sich nahezu von selbst, daß gegenüber Räubern
eine Entbindung von der *fides*-Verpflichtung eintrat. Weithin setzte im
Kriegsrecht die Regel *fides hosti servanda* den sog. gerechten Krieg
(bellum iustum) voraus. Die Auslegung von C. 23 q. 2 c. 2 stellte als
Grundsatz heraus, daß gegenüber dem Feind kein Treubruch begangen

---

[103]) ... quia etiam hosti fides est observanda, si non instruit ad delictum nec
reddit audaciorem contra rem publicam: Baldus, Super decretalibus (Anm. 96),
De summa trinitate et fide catholica, Rubrica 10 a, fol. 5'.

[104]) ... quia publica hosti et latroni non est servanda fides (ibidem).

[105]) ... quia nec charitas est cum eo, qui est a republica diffidatus, et detra-
henda sunt presidia, qui utitur in malum ... (ibidem).

[106]) ... manifestum est, absque ullo discrimine hosti servandam esse fidem:
Didaci Covarruvias a Leyva, Opera Omnia, Tom. I, Antverpiae 1638, Pars II,
Cap. III, § IV, p. 141, n. 24.

[107]) ... qui pro capto ab hostibus, ut is liber fieret, pretium redemptionis vel
solvit vel promisit ... (ibidem).

[108]) Limita, nisi propter crudelitatem hostium relaxatus timeat mortem,
quia non tenetur reddere: Dominici Tuschi (Anm. 79), concl. 335, p. 515.

[109]) Ibidem.

werden dürfe[110]). Gleichwohl wurde nicht verkannt, daß im Kriegsrecht ein *dolus* gegenüber dem Feind nützlich und gut sein könne[111]). Indes wurden aber Arglist oder Simulation zur Täuschung des Feindes stets als schlecht bewertet[112]). Der hl. Augustinus selbst hatte gelehrt, daß auch dem Feind, mit dem Krieg geführt wird, die *fides* zu wahren sei[113]). Eine besondere Verpflichtung zur Treuehaltung gegenüber den Feinden war insonderheit Fürsten und Staatsmännern auferlegt. Schließlich verband alle das *ius gentium*, das insbesondere die Verletzung von Gesandten verboten hat[114]). Hugo Grotius hat später in diesem Zusammenhang die *publica fides* als das höchste Band menschlicher Dinge interpretiert, diese zugleich als heiliges Ruhmesblatt unter Feinden gepriesen[115]). Selbst gegenüber Untreuen war die Treue zu beachten[116]). Daß den Feinden im Kriegsrecht *fides* einzuhalten war, fand einen Grund in der Tatsache, daß eben die Gemeinschaft des Natur- und Völkerrechts auch den Feind einschloß, zumal auch er sich kraft Versprechens rechtlich verpflichten konnte[117]). Daher mußte auch den Feinden die *fides* eingehalten

---

[110]) ... tamen fidem non rumpamus hosti: Glossa *insidiis* ad C. 23 q. 2 c. 2, col. 1290.

[111]) Argumentum quod dolus contra hostem bonus est: Glossa *utilem* ad C. 22 q. 2 c. 21, col. 1260.

[112]) ... dolus vero, vel simulatio ad fallendum, semper malus est (l. c., col. 1261).

[113]) Fides enim quando promittitur, etiam hosti servanda est contra quem bellum geritur (Epistola 189, n. 6 = Migne PL 33, col. 856).

[114]) Debent autem principes & reipublicae gubernatores fidem promissam non solum amicis sed etiam hostibus servare ... Nam cum hostibus juris gentium est communio ... ubi violatis hostium legatis, jus gentium violari dicitur, propter iuris publici fidem & securitatem hostium legatis concessam: Reinkingk (Anm. 76), Lib. II, Classis I, Cap. II, n. 16, p. 360. — Dare fidem fas est hosti, frangere utique nefas erit (unter Hinweis auf Bodin, ibidem). Bereits das römische Recht hatte Gesandtenverletzung als Verstoß gegen das ius gentium herausgestellt: Si quis legatum hostium pulsasset, contra ius gentium id commissum esse existimatur, quia sancti habentur legati (D. 50, 7, 18).

[115]) Fides supremum rerum humanarum vinculum est; sacra laus fidei inter hostes: Hugonis Grotii De iure belli ac pacis (Anm. 99), Lib. III, Cap. XIX, § I, n. 2, p. 642.

[116]) Servandum autem fidem etiam perfidis, et nos in generali tractatione supra diximus, et idem docet Ambrosius: quod haud dubie porrigendum ad hostes quoque perfidos, quales Poeni, quibus Romani fidem sancte servaverunt ... (l. c., Lib. III, Cap. XIX, § XIII, n. 1, p. 647).

[117]) Qui sunt capaces juris ex promisso, illis est servanda fides: sed hostes sunt capaces juris ex promisso ... Cum quibus salva manet communio juris naturae et gentium, illi sunt capaces ex promisso ... Ergo hostes sunt capaces

werden und besonders seitens der Fürsten. Indes konnte öffentlicher Nutzen *(favor publicus)* mit Billigung der Obrigkeit gleichwohl gelegentlich von der Vertragstreue gegenüber dem Feind entbinden. Dies war vor allem in Sicherheitsfragen denkbar[118]). Private Vertragstreue wurde ohnehin den Reichsfeinden nicht geschuldet[119]). Piraten zählten nicht zu den Kriegsfeinden, so daß ihnen gegenüber Treue und Schwüre keine Geltung hatten[120]). Der Tyrann selbst löste sich aus der Verbindlichkeit der menschlichen Gesellschaft, weil er die Gemeinschaft des Naturrechts selbst aufgab[121]). Nicht viel anders wurde der Straßenräuber behandelt. Gleichwohl pflegten manche Gelehrte einen anderen Standpunkt einzunehmen, weil sie von der Voraussetzung ausgingen, auch diese seien schließlich Menschen und hätten Anteil an der Gemeinschaft des Naturrechts[122]), woraus wiederum hervorginge, daß auch ihnen gegenüber die Regel *pacta sunt servanda* Anwendung finden müßte.

6. Ein schwieriges Problem stellte sich angesichts der Frage, ob Vertragstreue auch gegenüber Häretikern angebracht sei. Dabei wurde allerdings keineswegs verkannt, daß in politischen Angelegenheiten den Häretikern *fides* zu beobachten sei[123]). Falls ein Häretiker in einem Rechtsgeschäft, in dem ihm Treue zu gewähren sei, die Treue nicht leistet, könne ihm, wie man einräumte, ohne Nachteil ebenfalls die Vertragstreue versagt werden[124]). Die Treueverletzung durfte ihm gegenüber jedoch nicht schon deshalb begangen werden, weil er ein Häretiker war,

---

juris ex promisso. Ergo hostibus est servanda fides. Et maxime a Principe ...: Joannes Leopoldus a Mieting, Tractatus juridicus De fide, spe et charitate, Pars prima De fide, Salisburgi 1675, § III, p. 21.

118) ... quia hosti non est servanda fides ubicunque intercurrit favor publicus, & ubicunque hoc fit assensu & statuto superiorum ...: Zasius (Anm. 8), Tom. IV, De verborum obligatione, col. 479, n. 6.

119) Praeterea, privatas huiusmodi conventiones non esse servandas hosti ...: Zasius, l. c., Tom. V, Lib. De iudaeis, quaestio III, p. 347.

120) Cf. Hugo Grotius, De Jure Belli ac Pacis, loc. cit. Lib. III, Cap. XIX, S. II, n. 1, p. 643.

121) Ibidem.

122) Quia cum homines sint, habent communionem iuris naturalis: ex quo nascitur, ut pacta servanda sint ...: Mieting (Anm. 117), § IV, p. 34.

123) Cf. Vitus Pichler, Summa jurisprudentiae sacrae universae, seu jus canonicum, secundum quinque Decretalium Gregorii Papae IX. titulos explicatum, Ingolstadt 1723, Lib. V, Tit. VII, n. 14, p. 252.

124) Illud fateor, si haereticus in eo ipso negocio aut causa, in qua ipsi fides data sit, fidem non servat, impune ei in eodem negocio violari fidem posse ...: Schultes (Anm. 27), Caput XII, n. 381, p. 168.

sondern weil er nicht zu seinen Verpflichtungen stand, selbst nicht Treue einzuhalten gewillt war[125]). Daher honnte hier jeder Teil von der Vereinbarung abgehen. Manche Gelehrte dozierten, daß grundsätzlich dem Häretiker eine *fides data* nicht gebrochen werden dürfe[126]), also in keinem Fall ein Treubruch gegenüber Häretikern begangen werden könne. Vielmehr entspreche die Verpflichtung zur Treue dem Versprechen der Wahrheit und Gerechtigkeit, die eben beide Teile gleichmäßig verpflichteten. Grundsätzlich wurde die Auffassung respektiert, daß Verträge und Übereinkommen dann nicht verletzt, gebrochen, werden konnten, falls ihre Materie erlaubt war, zumal dann aus diesen Tatbeständen echte Verpflichtungen als Rechtsfolgen resultierten[127]). So verplichteten Verträge und Eide zwischen Häretikern und Altgläubigen durchaus. Andere wiederum schlossen sich der Auffassung an, daß die Regel *frangenti fidem fides frangatur eidem* ohne weiteres auf Häretiker anzuwenden sei, zumal diese Gott die Treue gebrochen hätten[128]). Als Folge eines Strafurteils wurde auch die Befreiung von Sklaven vom Dienst ihres häretischen Herrn gelehrt[129]). Hauptvertreter der Kanonistik verteidigten die Auffassung, daß *haeresis* von der Vertragstreue gegenüber dem Häretiker befreie[130]). Als Beispiel wurde der Fall des Jan Hus angeführt, dem vom Konstanzer Konzil Treue versprochen worden war. Sie wurde bekanntlich anschließend nicht beachtet. Namhafte Kanonisten argumentierten in diesem Falle, die öffentliche Treue sei Hus nicht vom Generalkonzil, sondern von Kaiser Sigismund gegeben worden.

---

[125]) ... sed tum haeretico non ideo fides non servatur, quod haereticus sit ... (ibidem).

[126]) ... etiam fides data haeretico frangi non debet: Reinhard (Anm. 4), § 1, n. 9 IV.

[127]) Ubicumque enim materia est licita, obligant contractus juramentumque; atqui materia ... est licita, ergo transiit in obligatoriam ...: Joannis Caramuelis Theologia praeterintentionalis = Theologiae fundamentalis Tomus IV, Lugduni 1664, p. 36, n. 2232.

[128]) At haeretici Deo frangunt fidem, dum a veritate fidei et promissis Deo in baptismo factis malitiose deficiunt: Reinkingk (Anm. 76), Lib. II, Classis I, Cap. II, n. 29, p. 361.

[129]) Servi ab obsequio domini haeretici liberi fiunt, non ipso jure statim post lapsum in haeresim ... sed post sententiam declaratorium criminis ...: Schmalzgrueber (Anm. 62), Tomus IV, Pars I, Tit. VII: De haereticis, § IV, n. 156, Fol. 92.

[130]) ... vasalli, servi etc. liberantur a fidelitate, obedientia, & aliis obsequiis, quae haereticis ipsorum dominis debuissent praestare: Schmalzgrueber, l. c., n. 160.

Weil aber der Kaiser ihm *fides publica* gewährt habe, sei er zunächst gegen jede Verletzung des Rechtes sicher gewesen[131]). Nachdem aber Hus wegen Ketzerei zum Tode verurteilt war, habe sich erwiesen, daß er zuerst dem Kaiser durch seine Flucht die *fides* gebrochen habe, so daß auf ihn die Regel *frangenti fidem, fides frangatur* angewendet werden könne[132]). Insofern mußte ihm gegenüber nicht das zugesagte Geleit respektiert bleiben[133]). Die Argumentation demonstriert, wie bedenklich eine derartige unterschiedliche Anschauung aufgenommen werden konnte. Die andere Seite sah in diesem Verhalten einen deutlichen Wortbruch, die Verbrennung von Hus löste die Hussitenkriege aus[134]). Statt dessen sollte das gleiche Maß auch gegenüber dem Häretiker eingehalten werden, um nicht Tragweite und Gewicht der Regel *fidem frangenti fides frangitur* aufzuheben. Dem Häretiker war die Treue nur dann aufzukündigen, falls er selbst wirklich die Vertragstreue gegenüber seinem nichthäretischen Kontrahenten preisgegeben hatte und nicht zu beobachten gewillt war.

7. Auch im Verlöbnisrecht fand die Regel „frangenti fidem, fides servanda non est" Beachtung. Der Klassiker des kanonischen Eherechts Thomas Sánchez kommentierte in diesem Zusammenhang einen einschlägigen Fall. Wenn für ein beabsichtigtes Verlöbnis kein Termin für den Verlöbnisabschluß selbst festgelegt worden war, der eine Kontrahent nun den anderen aufforderte, dies zu tun, dieser aber ablehnte und insofern noch stärker in Verzug geriet, beging der Ablehnende, im Verzug Befindliche, eine Todsünde gegen die Verlobtentreue *(contra fidem sponsalium)*. Dieser Verzug des einen befreite jedoch den anderen Teil von seiner Verpflichtung, d. h. er ermöglichte diesem den Rücktritt vom Verlöbnis, weil hier die Regel unmittelbare Anwendung fand: *quia frangenti fidem, fides servanda non est*[135]). Nicht eingehaltene Verlobten-

---

[131]) Cf. Reiffenstuel (Anm. 47), Tom. IV, Lib. V, Tit. VII: De haereticis, n. 318, Fol. 170 s.

[132]) Cf. Schmalzgrueber (Anm. 62), Tomus IV, Pars I, Tit. VII, n. 162, Fol. 93.

[133]) Haereticis fidem, quae justitiae fundamentum est, ita & salvi conductus non esse servandam ...: Georgius Theodoricus Volmar a Bernshofen bei Joh. Camman, De regalibus majoribus illis, quae ad jus majestatis Ecclesiasticum pertinent, Giessae 1610, Thesis I, n. 21.

[134]) Vgl. Leonhard Winkler, Deutsches Recht im Spiegel deutscher Sprichwörter, Leipzig 1927, S. 227.

[135]) ... & ideo dicendum est, quoties nullus praefixus terminus, si alter requisitus id renuat tanto tempore ut sit in mora, peccetque lethaliter contra

treue, Treubruch, löste das Verlöbnis ohnehin zugunsten des unschuldigen Teils auf, gab diesem wegen Verletzung der *fides sponsalitiae* ein Rücktrittsrecht *(ius resiliendi)*[136]).

Das Eherecht selbst bot die Möglichkeit des Rückgriffs auf die Regel. So konnte der gläubige Partner den ungläubigen Ehegatten verlassen. Die Summe des Magisters Roland lehrte in diesem Fall, daß der Gläubige gleichwohl nicht zu Lebzeiten des anderen eine neue Ehe eingehen durfte[137]). C. 28 q. 2 c. 2 argumentierte, daß gegenüber dem seinen Ehegatten aus Haß auf den christlichen Glauben und unter Schmähung des Erlösers verlassenden ungläubigen Ehepartner keine Verpflichtung zur ehelichen Treue bestehe[138]). Dem gegen Gott und die Ehe selbst sündigenden Ehegatten sei nicht die eheliche Treue zu wahren: *nec est ei fides servanda coniugii.* Vielmehr löse die *contumelia creatoris* das Eherecht *(ius matrimonii),* da dem gegenüber die Treue nicht zu wahren sei, der Christus zurückweist[139]). Mit anderen Worten, dem Ehegatten, der ungläubig blieb, war keine eheliche Treue zu halten. Juan de Torquemada glossierte die Fallproblematik des c. 2 in der Weise: a) Falls der ungläubige Ehegatte beim gläubigen Ehegatten bleiben wolle, könne der Gläubige zu Lebzeiten des anderen Ehegatten keine neue Ehe eingehen, b) wenn dagegen der ungläubige nicht mit dem gläubigen Ehegatten zusammenwohnen wolle, dann sei es dem gläubigen Ehegatten gestattet, bereits bei Lebzeiten des ungläubigen Ehegatten eine neue Ehe zu schließen[140]). Daraus wird besonders die hohe Verpflichtung zur

---

fidem sponsalium praestitam ...: Sánchez (Anm. 48), Lib. I, Disputatio 52, n. 5, p. 77.

[136]) Ratione non servatae fidei sponsalitiae ius resiliendi a sponsalibus parti innocenti acquiritur: Matthaeus Conte a Coronata, Institutiones Iuris Canonici ad usum utriusque cleri et scholarum, De Sacramentis Tractatus Canonicus, vol. III², Turin 1948, Tit. VII, Art. II, n. 63, p. 74.

[137]) ... licitum quidem est fideli eam [uxorem infidelem] dimittere, sed non ad copulam alterius ea vivente transire: Die Summa Magistri Rolandi, hg. von Friedrich Thaner, Innsbruck 1874, Causa XXVIII, q. 2, p. 141.

[138]) ... Contumelia quippe creatoris solvit ius matrimonii circa eum, qui relinquitur. Infidelis autem discedens et in Deum peccat, et in matrimonium, nec est ei fides servanda coniugii, qui propterea discessit, ne audiret Christum esse Deum Christianorum coniugiorum.

[139]) ... contumelia enim creatoris solvit ius matrimonii, cum non sit servanda fides, ei, quae [uxor infidelis] Christum audire contemnit: Casus ad C. 28 q. 2 c. 2, col. 1549.

[140]) Si infidelis voluerit ei [converso coniugi] cohabitare: fidelis altero vivente contrahere non poterit. Si aut infidelis noluerit cohabitare fideli: tunc fidelis

Treuehaltung sichtbar, die sich für Edelleute *(nobiles)* grundsätzlich noch steigerte[141]). Im übrigen sollte demjenigen, der den Glauben, die *fides*, gebrochen hatte, nach gemeinem Recht grundsätzlich „kein Glaube", mithin keine Treue, gehalten werden, ausgenommen beim Ehebruch, „dann wiewohl einer mit demselben sein Pflicht und Glauben bricht, jedoch soll darumb das ander nicht brechen, dann das betrifft Gott und die Sünd"[142]). Vielmehr konnte ein Ehebrecher nach kanonischem Eherecht durchaus das *debitum coniugale* fordern, denn ihm war nicht wie einem Blutschänder oder einem, der Enthaltsamkeit gelobt hatte, absolut der eheliche Verkehr untersagt[143]). Allerdings durfte der andere Ehegatte keine Kenntnis von dem Ehebruch haben. Allein die Kenntnis des Ehebruchs schloß das Weigerungsrecht *(ius negandi)* ein. Sonst beging der sich verweigernde Ehegatte eine Todsünde wegen Gewissensirrtums[144]). Im übrigen konnte nach kanonischem Recht der Mann beispielsweise nicht das Keuschheitsgelübde aufheben, das seine Frau zuvor mit seiner Zustimmung Gott abgelegt hatte[145]). In diesem Fall war es dem Mann nicht erlaubt, dieses Versprechen für ungültig zu erklären. Vielmehr war er ebenfalls zur Vertragstreue verpflichtet, da die *fides* hier nicht einem Menschen, sondern Gott versprochen war und seitens der Frau keine *fides fracta* vorlag[146]).

---

infideli viventi potest contrahere: Glossa *hic distinguendum* ad C. 28 q. 2 p. c. 2 = Decreta Scriptorum Ecclesiasticorum, Conciliorum, et Romanorum Pontificum, Lugduni 1555, col. 1520. — Herrn Dr. Rudolf Heilinger von der Katalogabteilung der Österreichischen Nationalbibliothek in Wien habe ich für die Überlassung von Xerokopien und einer Photographie aus diesem Band aufrichtig zu danken.

[141]) Cum fidem servare homines probos & honestos viros, praesertim nobiles debeat ...: Thesaurus Practicus Christophori Besoldi, cum novis additionibus historico-politico-philologico-juridicis Christophori Ludovici Dietherrns, Norimbergae 1697, p. 938.

[142]) Bartholomaei Socini Senensis Regul gemeyner geschribnen Recht, verdeutscht von Andreas Perneder, Ingolstadt 1600, Regula 116, S. 95.

[143]) Convenit ergo inter omnes adulterum posse petere: non enim absolute matrimonii usu privatus est, sicut si incestum committeret, vel castitatem voveret: Sánchez (Anm. 48), Lib. I, Disputatio 68, n. 2, Fol. 86.

[144]) ... ut si alter neget, licet peccet lethaliter negando, ob erroneam conscientiam, cum eum lateat adulterium, quod jus negandi concedit ... (ibidem).

[145]) C. 33 q. 5 c. 4. Die Begründung war lapidar: Quod Deo pari consensu voveratis perseveranter usque in finem reddere debuistis.

[146]) ... ubi dicitur, quod si vir, & uxor pari consensu continentiam vovet, uno labente, alter perseverare debet ... ibi non fuerat fides homini promissa, sed Deo ...: Glossa *frustra* ad regulam 75 De regulis in VI⁰, col. 850.

V.

Die Regel *frangenti fidem fides frangatur eidem* deutet darauf hin, daß hier etwas nicht geschuldet wird, etwas nicht das Gewissen Bindendes vorliegt. Der Sinn der Regel enthüllt sich in der Tatsache, daß derjenige kein Recht hat, Treue zu fordern, der sie selbst nicht leistet, nicht erbringt[147]). Diese Auffassungen haben insbesondere Moraltheologen wie Juan Caramuel de Lobkowitz (1606—1682)[148]), der sog. *princeps laxistarum*[149]) Giuseppe Gibalini (1592—1671)[150]), aber auch Rechtsgelehrte wie bereits Marianus Socinus (1397—1467)[151]) und Hugo Grotius vertreten. Nicht zuletzt haben sich um diese Problematik der portugiesische Kanonist und spätere Bischof von Ugento Augustin Barbosa (1589 bis 1649)[152]) sowie Kardinal Dominicus Tuscus (Tosco, Toschi) (1534 bis 1620)[153]) verdient gemacht. Der Satz *fidem frangenti, fides frangitur* stellte jedenfalls eine allgemeine Regel *(regula generalis)*, eine *vox iuris* dar[154]), die für sämtliche Rechtsdisziplinen, darüber hinaus auch für die Moraltheologie progressive Bedeutung und umfassende Instrumentation erlangte. Die später gelegentlich vertretene Meinung, diese Regel

---

[147]) Frustra sibi fidem quis postulat servari ab eo, cui fidem a se praestitam servare recusat: Mieting (Anm. 117), § VI, p. 40. — Sensus igitur regulae est: non habet quis jus, ut postulat sibi ab eo servari fidem, cui ipse non servat (ibidem).

[148]) Spanischer Zisterzienser, Professor der Theologie, 1657 VII 9 bis 1667 XI 2 Bischof von Campagna und Satriano im Königreich Neapel; vgl. Remigius Ritzler — Pirminius Sefrin, Hierarchia Catholica medii et recentioris aevi V, Patavii 1952, p. 139.

[149]) Vgl. Martin Grabmann, Die Geschichte der katholischen Theologie seit dem Ausgang der Väterzeit, Darmstadt 1961, S. 165 u. S. 181. — Der Laxismus, gewöhnlich als laxe Jesuitenmoral bezeichnet, vertrat die Auffassung, für die Nichtexistenz einer Verpflichtung genüge eine schwach begründete Wahrscheinlichkeit, die durchaus ausreiche, „um von der Freiheit gegenüber dem Gesetz Gebrauch zu machen" (so Gerhard Römer, LThK² VI, Freiburg i. Br. 1961, Sp. 843).

[150]) Jesuit, gestorben 14.12.1671 in Lyon; vgl. Joh. Friedrich von Schulte, Die Geschichte der Quellen und Literatur des Canonischen Rechts, III. Bd./ 1. Teil, Stuttgart 1880, Nr. 110, S. 481.

[151]) Über ihn Paolo Nardi, Mariano Sozzini giureconsulto senese del Quattrocento, Milano 1974.

[152]) Vgl. Schulte, Nr. 68, S. 746f.

[153]) Vgl. Patritius Gauchat, Hierarchia Catholica medii et recentioris aevi IV, Monasterii 1935, p. 6, n. 25. — Siehe auch oben Anm. 79.

[154]) Cf. Barbosa (Anm. 51), Lib. VI, Cap. XXX, XIV, p. 464.

helfe nicht weiter[155]), mache insbesondere keinen Unterschied zwischen verschiedenen Personen und deren Beteiligung an verschiedenen Geschäften, vermag indes weniger zu überzeugen. Nach dieser Regel ermöglicht jedenfalls der Vertragsuntreue dem anderen Kontrahenten den Rücktritt vom Vertrag, da die ursprüngliche Geschäftsgrundlage weggefallen ist. Ein weiteres Festhalten am Vertrag vermag angesichts der Unzuverlässigkeit des einen Teils dem Vertragstreuen nicht länger zugemutet zu werden. *Fides* setzt vielmehr Gegenseitigkeit der Verpflichtung voraus, beachtet die Relativität der eingegangenen Verpflichtung. Daher wird folgerichtig der Vertragstreue frei von jeder Verpflichtung, entbunden jeder Obligation, gegenüber demjenigen, der die Treue verletzt, gebrochen hat, weil eben *fidem frangenti, fides frangitur.*

---

[155]) Die Auffassung: Regula inter diversas personas et in diversis negotiis non procedit, vertrat z. B. Reinhard (Anm. 4), § 1, n. 12.

Das Landrecht des Königs Magnus Hakonarson lagaboetir von 1274 und seine Bedeutung für die norwegische Rechtsgeschichte

I.

Nach dem neuen norwegischen Thronfolgegesetz von 1260 folgte Magnus VI. Hakonarson als damals ältester ebenbürtiger Sohn im Alter von 24 Jahren seinem am 16. Dezember 1263 in Kirkwall auf Pomona, der fischreichen Hauptinsel der nordschottischen Orkney-Gruppe, verstorbenen Vater König Hakon Hakonarson[1]. Hákon IV. Hakonarson, mit seinem Beinamen „der Alte" genannt (1204—1263), war bereits als Dreizehnjähriger 1217 Herrscher geworden und hatte das norwegische Königtum zu hoher politischer Bedeutung geführt. Am Ende seines Lebens konnte er die Unterwerfung Grönlands im Jahre 1261 und des Freistaates Island 1262 für sich verzeichnen[2]. Der Isländer Sturla Thordssohn[3], der bekannte norwegische Historiograph des 13. Jahr-

---

[1] Vgl. Charles Joys, Vårt Folks Historie, III. Bd., 1963, p. 121.

[2] Das Allding hatte 1262 auf Betreiben des Gizurr Þorvaldsson aus dem Geschlecht der Haukdoelir und des Hallvarðr gullskór die Unterwerfung von Land und Leuten unter den norwegischen König und die Entrichtung einer Schatzung an ihn auf ewig beschlossen (vgl. Konrad Maurer, Das Staatsrecht des isländischen Freistaates, 1909, S. 33). Die Unterwerfung Islands von 1262 bedeutete „Übertragung der einzelnen Godorde in des Königs Hand", wobei „das Volk als solches lediglich gar Nichts mitzureden hatte" (so zutreffend Konrad Maurer, Island von seiner ersten Entdeckung bis zum Untergang des Freistaats (ca. 800—1264), 1874 Neudruck 1969, § 14, S. 473).

[3] Sturla Þórðarson (1214—1284), Neffe von Snorri Sturluson, gewann nach anfänglicher Feindschaft über Königin Ingeborg den Zugang zu König

hunderts, berichtete in seiner Vita dieses Königs, Hakon sei sowohl in der Gesetzgebung als auch im Regierungshandwerk kundig und geschäftserfahren gewesen[4]). Während seiner 46jährigen Regierungszeit hatte Hakon Hakonarson Gesetz und Landrecht in Norwegen reformieren lassen, die Strafe des Hand- und Fußabhauens weitgehend reduziert, die willkürliche Blutrache unterbunden, den Ehebruch geahndet, die Buße gesetzlich festgelegt und Wesentliches für die Missionierung und Stärkung des christlichen Glaubens im Lande getan[5]). Als sein erstgeborener Sohn Hákon *ungi* (der Junge) 1257 verstorben war, ließ er im großen allgemeinen Thing von Öckerö, einer Insel vor der Küste von Göteborg, seinen zweiten, 1238 geborenen, Sohn, den Junker Magnus, zum König wählen[6]). Der Neugewählte übernahm als Gefolge weithin jene Männer, die zuvor schon seinem verewigten älteren Bruder Hakon dem Jungen gedient hatten[7]). 1261 vermählte sich der junge König mit Prinzessin Ingeborg (Ingibjorg), der Tochter des dänischen Königs Erik Plovpenning (Pflugpfennig) (1216—1250), des Sohnes Waldemars II.[8]). Kurz darauf hat Erzbischof Einar von Trondhjem Magnus und Ingeborg gekrönt[9]).

Mit dem Tode seines Vaters Hakon Hakonarson auf den Orkneys[10]) erlangte schließlich Magnus Hakonarson im Dezember 1263 die Alleinherrschaft über Norwegen. Das gebirgige Land erstreckte sich über eine Länge von mehr als 1700 km und nahm annähernd die dreifache Größe Islands, ungefähr 325000 km², ein. Außerdem verfügte der Monarch über die wichtigsten strategischen Brückenköpfe in den Inselgruppen der Shetlands und Orkneys in der Seestraße nach Schottland und Irland und über die erst unlängst von seinem Vater gewonnene Insel Island. Zwei Tage nach Ablauf des St. Lorenztages 1263, nach Verlesung der

---

Magnus. Bis 1271 blieb er in Norwegen, dann kehrte er nach Island zurück, wo er bis 1282 als *logmaðr* (Gesetzessprecher) wirkte (vgl. Jan de Vries, Altnordische Literaturgeschichte, Bd. II², 1967, S. 304).

[4]) Sturla Thordssohns Geschichte von König Hakon Hakonssohn, V. Teil, 14. Kap. (übertragen von Felix Niedner, [= Thule, 2. Reihe, 18. Bd.: Norwegische Königsgeschichten, 2. Bd.: Sverris- und Hakonssaga]), 1925, S. 375.

[5]) S. 376.

[6]) Sturla Thordssohn (Anm. 4), IV. Teil, 28. Kap., S. 325f.

[7]) S. 326; ebenfalls Hartmut Böttcher, Das Glaubensbekenntnis im Landrecht Magnus Lagabøters, 1971, S. 115.

[8]) Sturla Thordssohn (Anm. 4), IV. Teil, 35. Kap., S. 339f.

[9]) Böttcher (Anm. 7), S. 116.

[10]) Sturla Thordssohn (Anm. 4), V. Teil, 12. Kap., S. 373.

Sverrissaga, jener vom Abt des isländischen Klosters Pingeyrar und Hof-
historiographen des 12. Jahrhunderts Karl Jónsson[11]) verfaßten Geschichte von König Sverrir Sigurdson (1177—1202), war König Hakon
Hakonarson verschieden. Den hohen Winter über wurde der Tote vor-
läufig im Chor der Magnus-Kirche von Kirkwall beigesetzt, im Frühjahr, während der Fastenzeit, nachdem das durch Winterstürme ge-
peitschte Meer wieder ruhiger geworden war, auf das norwegische Fest-
land überführt und in der Christuskirche, der bischöflichen Kathedrale,
zu Bergen endgültig bestattet[12]). Bergen bildete während der Regierung
des verewigten Königs schon die eigentliche Landeshauptstadt, in der die
wichtigsten Reichsversammlungen abgehalten wurden und die durch
Steinumwehrung fortifikatorisch abgesichert war. Der Königshof war im
Nordosten der Stadt auf dem Holm gelegen, zu dem eine Brücke führte[13]).

Der neue Alleinherrscher des Landes sollte sich verstärkt der Gesetzesarbeit widmen, einer Tätigkeit, die ihm schließlich den historischen
Namen *lagaboetir* — der Gesetzesverbesserer — einbrachte.

II.

Mit wirklicher Berechtigung kommt diesem Magnus VI. (1238—1280)
der Ehrentitel des Rechtsreformators zu. Ihm, dem es vorrangig um
Recht und Ordnung ging, ist es gelungen, die norwegische Rechtseinheit
zu schaffen[14]). Während seine ersten gesetzgeberischen Maßnahmen sich
durchaus noch in der Tradition bewegten und letztlich lediglich Neu-
redaktionen der traditionellen Landschaftsrechte, nämlich der *Gulathingsbók* von 1267, der *Borgathingsbók* und der *Eiðsifathingsbók* von
1268, mithin Revisionen der die uralte Überlieferung widerspiegelnden
Rechtsbücher der Dingverbände von Gula an der norwegischen Südwest-

---

[11]) Vgl. hierzu Hans Kuhn, Das alte Island, 1971, S. 253f. — Das Kloster
Pingeyrar war zur Zeit des Abtes Karl Jónsson († 1212 oder 1213) Mittelpunkt
der Sagaschreibung (vgl. Ludvig Holm-Olsen, Art. „Sverris saga", Kulturhistorisk Leksikon for nordisk middelalder, Bd. XVII, 1972, Sp. 532).

[12]) Sturla Thordssohn (Anm. 4), V. Teil, 13. Kap., S. 374.

[13]) Snorri Sturlusons *Heimskringla* hat die topographische Lage des Königs-
hofes überliefert.

[14]) Vgl. Siegfried Rietschel bei Johannes Hoops, Reallexikon der
Germanischen Altertumskunde (RLGA) III, 1915—16, S. 172; siehe auch
Rudolf Meißner, Norwegisches Recht: Das Rechtsbuch des Gulathings,
1935, S. VI.

küste in der Nachbarschaft des Sognefjords nördlich von Bergen, von Borga in der Nähe des Oslo-Fjords bei Skarpsborg und von Eiðvellir in der Ebene westlich vom Mjössee nördlich von Oslo, darstellten[15]), beschritt er bei der ausschließlich profanrechtlichen Revision der *Frostathingsbók*, des Rechtsbuches der um den Trondhjemfjord gelegenen Landschaften, insofern neue Wege, als er hier ebenfalls Rechtsnormen benachbarter Thingverbände und neuere Reichsgesetze berücksichtigt hat[16]). Mit überzeugenden Argumenten hat die moderne Rechtshistorio-graphie immer wieder übereinstimmend betont, daß das von diesem König geschaffene einheitliche norwegische Landrecht von 1274, ge-messen an den mittelalterlichen Verhältnissen, eine grandiose und bahn-brechende Leistung verkörpert, ein Gesetzbuch repräsentiert, das bis in die moderne Periode das tragfähige Fundament für das gesamte nor-wegische Rechtsleben gestellt hat. Dieses Gesetzeswerk reflektiert die gesetzgebende Gewalt, die König und Rat mit Konsens der Reichs-versammlung und der Gesetzesthinge zukam. Es spricht für die staats-männische Qualität und Weitsicht des jungen Monarchen, daß er bei seinen kodifikatorischen Maßnahmen nicht radikal vorging, sondern durchaus behutsam und mit hoher Klugheit zu Werke schritt. Er beseitigte nicht abrupt die Geltung der Landschaftsrechte der alten Thingbezirke, sondern respektierte diese als Primärquelle der *Landslǫg*, wodurch er eine Zäsur in die bisherige Rechtsüberlieferung fügte. Immer-hin hatte nunmehr das Königtum weitgehend das Gesetzgebungsrecht erlangt und mußte sich nicht allein mit der Gesetzesinitiative begnügen. Bewußt hat dieser Herrscher die von seinem Vater angebahnte Revision des Rechts fortgesetzt und planvoll zu einem glänzenden Abschluß geführt. Auch in der sonstigen Landespolitik erbrachte der König bedeutende Leistungen. Vorausschauend wirkte er in der Wirtschafts-politik des Landes, als er das Mälzen, die für das Brauen erforderliche Malzherstellung aus Gerste, in schlechten Erntejahren untersagte, um Saatkornmangel vorzubeugen. Planvolle regelmäßige Korneinfuhren mangelten damals dem norwegischen Reich. Gegenden mit Getreide-überfluß mußten ihren Überschuß an weniger fruchtbare Gebiete ab-treten. Gleichwohl räumte er den Bauern gelegentlich die Möglichkeit ein, das als Zehnt oder Landzins geleistete Getreide gegen mäßigen Preis

---

[15]) Vgl. Andreas Holmsen, Norges Historie fra de eldste tider til 1660, 1961, S. 278f.

[16]) Rietschel (Anm. 14), ebd.

zurückzuerwerben[17]). Für die Münzprägung schuf er durch Kupferzusätze den norwegischen Groschen, eine Grobmünze, von der 160 Stück den bisherigen 240 Weißpfennigen, mithin einem Pfund Geld, entsprechen sollten[18]). Die Geschichtsschreibung des Landes erlebte unter ihm noch einmal eine letzte Blüte, als er Sturla Thordssohn (1214—1284) mit der Lebensbeschreibung seines kühnen Vaters betraute[19]). Sturla Thorðarson (1214—1284) hatte nach anfänglichen Schwierigkeiten Ansehen bei König Magnus Hakonarson erlangt und bekleidete bis 1282 auf Island das Amt des *lǫgmaðr*, des Gesetzessprechers[20]). Soviel zur Lebens- und Regierungsgeschichte des königlichen Mannes, dessen gesetzgeberische Hauptleistung nun näher beleuchtet werden soll.

III.

Die große Gesetzgebung der nordischen Welt verdankte ihre Entstehung ohne Zweifel der Erstarkung des Königtums[21]). Bis über die erste Hälfte des 13. Jahrhunderts hinaus existierte in Norwegen kein gemeinsames Recht und fehlte ebenso eine gemeinsame Gesetzgebung. Jeder der vier großen Thingverbände verfügte über sein eigenes Recht, hatte seine eigenen *lǫg*, und die gesetzgebende Gewalt lag in der Hauptsache bei der *lǫgretta*, der Gesetzeskammer, die an den einzelnen Thingstätten gebildet wurde[22]). Die weltpolitische Lage hatte eben erst, 1273, die Wahl Rudolfs von Habsburg zum deutschen König zu verzeichnen. Am 7. Mai 1274 eröffnete Papst Gregor X. (1271—1276) in der Kathedrale Saint-Jean das 2. Lyoneser Konzil, das sich mit der Kreuzzugsorganisation und einer Konklaveordnung[23]) befaßte. Ein geistesgeschichtliches Ereignis allerersten Ranges überschattete das Jahr 1274, da am

---

[17]) Vgl. Oscar Albert Johnsen, Norwegische Wirtschaftsgeschichte, 1939, S. 84.

[18]) Johnsen (Anm. 17), S. 46.

[19]) Vgl. Martin Gerhardt — Walther Hubatsch, Norwegische Geschichte², 1963, S. 123.

[20]) Siehe oben Anm. 3.

[21]) Vgl. zutreffend Ulrich Bracher, Geschichte Skandinaviens, 1968, S. 27.

[22]) Vgl. Konrad Maurer, Gulaþingslög, in: Allgemeine Encyklopädie der Wissenschaften und Künste, 1. Section, 97. Teil, 1878, S. 1.

[23]) Cf. c. 3 *Ubi periculum* in VI⁰ *de electione* I, 6 (Friedberg, Corpus Juris Canonici II, col. 946). — Zum Konzil von Lyon von 1274 selbst und seinen nordischen Bezügen vgl. *Annales regii* (C), in: Islandske Annaler indtil 1578, udgivne ved Gustav Storm, 1888, p. 139.

7. März das Haupt der Hochscholastik Thomas von Aquin in Fossanuova
verschieden war.

In die Regierungsperiode König Magnus Hakonarsons und damit in
den von ihm initiierten und bewältigten Abschnitt der Revisionsarbeit
fiel ein ganz entscheidendes rechtsgeschichtliches Moment, nämlich der
Übergang vom mittelalterlichen Rechtsbuch zum Gesetzbuch, die Ablösung des bisherigen nicht amtlichen Rechtsbuches, einer
Privataufzeichnung, durch ein autorisiertes Gesetzbuch des Herrschers[24]). Bisher hatte in Norwegen das jährlich abgehaltene Gesetzesthing *(lǫgþingi)* Gesetz durch Beschluß geschaffen. Auch das Landrecht
von 1274 ist zunächst den vier Gesetzthingen des Landes vorgetragen und
schließlich durch die versammelten Thingmänner förmlich erst zum
Gesetzbuch erklärt worden[25]). Der vom Gottesgnadentum durchdrungene
König wandte sich in seiner *salutatio* an die Männer im Rechtsgebiet des
Gulathings mit den Worten: „Wie ihr wißt, haben die einsichtigsten
Männer aus dem Rechtsgebiet des Gulathings immer wieder uns gegenüber erwähnt, daß ihr erfahren habt, wir seien dabeigewesen, die meisten
Gesetzbücher im Lande mit dem Rate der besten Männer etwas zu verbessern, und sie haben uns gebeten, daß euer Buch dieser Verbesserung
nicht möchte unteilhaftig bleiben. Und ihr sollt in Wahrheit wissen, daß
es uns an sich wohl ansteht, Vorsorge zu treffen, und nun ganz besonders,
da ihr so großes Vertrauen auf unsere Fürsorge setzt, indem ihr das Buch
ganz unserer Behandlung überlaßt, das zu streichen und das zuzusetzen,
was uns gut schiene, mit dem Rate der besten Männer"[26]). Mit rheto-
rischer Bescheidenheit bekannte der König formelhaft, daß er sich für
dieses große kodifikatorische Unternehmen nur sehr dürftig informiert
wisse, dennoch aber die Anweisung erteilt habe, das Rechtsbuch zu
schreiben[27]). Diese erstellte Fassung sandte er den Thingmännern von
Gula mit der Bitte um Prüfung und Zustimmung. In der Promulgations-

---

[24]) Vgl. Karl von Amira — Karl August Eckhardt, Germanisches
Recht, Bd. I⁴, 1960, § 16 Nr. 4, S. 114.

[25]) Instruktiv Rudolf Meißner, Landrecht des Königs Magnus Hakonarson
(= Germanenrechte, NF Abt. Nordgermanisches Recht, Bd. 2), 1941, S. XVII.

[26]) Meißner, S. 3. — Im Prolog des Stadtrechts von Bergen betonte der
gleiche Monarch, er habe es unternommen, die meisten Gesetzbücher im Lande
mit dem Rat der besten Männer zu verbessern — ver hafum lut i att at boeta
nokot um flestar logboekr i landeno með hinna baezta manna raðe ... (vgl. Stadtrecht des Königs Magnus Hakonarson für Bergen, hg. von Rudolf Meißner,
1950, S. 2).

[27]) Meißner, S. 3.

formel hat der König ausdrücklich die Mitwirkung der erfahrenen Rechtsmänner vermerkt[28]).

Am 24. Juni 1274 wurde schließlich das Gesetzbuch zuerst vom Frostathing angenommen[29]). Die anderen Thingverbände des Reiches schlossen sich bis 1276 an. Zunächst war, wie zu Recht K a r l v o n A m i r a[30]) als einer der ersten Rechtshistoriker feststellte, „wenigstens in der südlichen Hälfte von Norwegen die materielle Einheit des kodifizierten weltlichen Rechts hergestellt". Unter dem Namen des neueren oder gemeinen Landrechts können daher die nahezu identischen Textfassungen der Revisionen des Frostathing-, Gulathing-, Borgathing- und Eiðsifathingbuches zusammengefaßt werden[31]). Dieses Landrecht übernahm seinerseits die Stoffgliederung der älteren Rechtsbücher. Es war das überlieferte Rechtsbuch jetzt zu einem Gesetzeswerk erhoben, das schließlich nicht nur von einem einzelnen Thingbezirk beobachtet wurde, sondern dessen Geltung immerhin das gesamte Land umfaßte. Dem Königtum wurden nunmehr ausdrücklich das Gesetzgebungsrecht und damit auch Fortbildung und Änderung des Gesetzbuches garantiert und reserviert[32]). Das Landrecht wollte nicht zuletzt auch der Landflucht der Landarbeiter[33]) und der Abenteuerlust der Handelsfahrer vorbeugen. Dem König hat man das Notstandsrecht wie die Regelung der Kornausfuhr und die Lebensmittelsperre zugewiesen[34]). Ohne Zweifel verkörpert das Landrecht das eindrucksvollste Monument der Blütezeit des norwegischen Königtums; es ist ein echtes Ergebnis des gewonnenen inneren Friedens, der nach den Bürgerkriegen des 12. und beginnenden

---

[28]) Vgl. auch A r m i n W o l f, Die Gesetzgebung der entstehenden Territorialstaaten, bei H e l m u t C o i n g, Handbuch der Quellen und Literatur der neueren europäischen Privatrechtsgeschichte, Bd. I: Mittelalter (1100—1500), 1973, S. 559.

[29]) Vgl. K a r l v o n A m i r a, Grundriß des germanischen Rechts[3], 1913, § 25, S. 103. — Editionen: (außer Anm. 25) H a n s P a u s, Samling af Gamle Norske Love, I. Part indeholdende... 2. Kong Magni Lagabaeters Gule-Tings Lov, udgiven 1274, Kopenhagen 1751; Den nyere Lands-Lov, utgiven af Kong Magnus Haakonssön, in: Norges Gamle Love (NGL), hg. von R. K e y s e r u. P. A. M u n c h, 2. Bd., 1848, S. 1—178 (v. A m i r a hat die Ausgabe als „sehr anfechtbar" charakterisiert).

[30]) (Anm. 29), ebd.

[31]) Vgl. v. A m i r a (Anm. 29), ebd.; NGL II, S. III.

[32]) Vgl. M e i ß n e r (Landrecht), S. XVII.

[33]) M e i ß n e r, S. XXV.

[34]) M e i ß n e r, S. XXVI.

13. Jahrhunderts endlich errungen war[35]). Dieses Gesetzbuch hat selbst die in seiner Fassung gebrauchte altwestnordische Sprache überdauert. Als man das Altnordische längst nicht mehr allgemein verstand, wurde das Landrecht in die dänisch-norwegische Zunge übertragen und konnte so bis zum 17. Jahrhundert in Kraft bleiben[36]). War das traditionelle Rechtsbuch fraglos der Widerhall des plastisch-farbigen mündlichen Vortrags des *lǫgsǫgumaðr* oder *lǫgman*, des alten Gesetzessprechers[37]), so klingt das Landrecht schon sachlicher, nüchterner und war nicht mehr ganz unmittelbar und frisch wie die traditionelle Rechtsrede gestimmt. Gleichwohl hat es die herkömmliche germanische Eigenart von Kasuistik und Exemplifizierung bewahrt. Es verstand durchaus noch, Einzelfälle sinnlich wahrnehmbar und geschmackvoll konkret darzustellen und belegte letztlich immer noch Anschaulichkeit und Lebendigkeit der alten Rechtsüberlieferung[38]). Am Johannistag, dem 24. Juni 1274, wurde das Buch, wie man nachträglich urkundete, auch auf dem Gulathing zum Gesetz erhoben[39]).

Die Weitergeltung der alten Landschaftsrechte erhellt jedoch mittelbar, daß das neugeschaffene Reichsrecht nicht ohne Widerstand im Lande einzuführen war, bezeugt aber auch gleichzeitig die echte staatsmännische Weisheit und Führungskunst dieser sieghaften Königspersönlichkeit. Wenn auch die Kirche von Drontheim Schwierigkeiten bereitete und Streitigkeiten auslöste, daneben gewisse Thingverbände sich nur recht zögernd zur Annahme des Gesetzes entschließen konnten, bedeutete das Landrecht von 1274 immerhin einen der entscheidensten Meilensteine in der politischen Einigung Norwegens. Die zähe Lebens- und Wirkkraft, die ihm innewohnte und annähernd 330 Jahre lang auch erhalten blieb[40]), erhärtet mehr als andere Hinweise die berechtigte These von der grandiosen Gesetzgebungsleistung des Königs. Es verkörpert überhaupt das erste einheitliche Landesrecht von ganz Europa[41]). Bis es 1687 durch den Oldenburger Christian V. von Dänemark (1670—1699),

---

[35]) Vgl. die hervorragende Charakteristik von Meißner (Anm. 25), S. IX.

[36]) Meißner, S. XV.

[37]) Vgl. Friedrich Merzbacher, Art. „Gesetzessprecher", HDR I, 1971, Sp. 1604—1606.

[38]) Meißner, S. XV.

[39]) Meißner, S. 405.

[40]) Vgl. J. Frost, Das norwegische Bauernerbrecht, Odels- und Aasätesrecht, 1938, S. 43f.

[41]) Vgl. statt anderer Böttcher (Anm. 7), S. 173.

der bekanntlich auch Norwegen in Personalunion regierte, außer Kraft gesetzt wurde, hat es zahlreiche andere Vorschriften beeinflußt, die wenigstens in modifizierter Form weitergegolten haben[42]).

In der *Logbók* selbst war auch die Frage der Lückenfüllung besonders geregelt. Sämtliche Rechtsfragen, worüber das Gesetzbuch keine Entscheidung traf, sollten entsprechend der Sachlage durch übereinstimmenden Beschluß von Rechtswahrer und Gesetzeskammer, von *logmaðr* und *logrétta*, beurteilt werden[43]). Falls aber eine Übereinkunft dieser Rechtsinstitutionen nicht zu erzielen war, sollten Rechtswahrer und die seiner Auffassung beitretenden Männer des Rechtsausschusses entscheiden, sofern dem König nach Einholung des Rates einsichtiger, rechtskundiger Männer nicht ein anderes Ergebnis als dem Gesetz angemessener erschien. Es wird aber deutlich — ähnlich wie im Stadtrecht von Bergen —, daß erstrangig nicht der König, sondern vielmehr der Rechtswahrer der gemeine Richter war. Nur falls die Entscheidung des Rechtswahrers nicht als überzeugend empfunden wurde, konnte die Sache vor den König geschoben werden, an dessen Hof bekanntlich nach ausdrücklicher Formulierung „die meisten klugen Männer" zusammenkamen[44]).

Den ersten Teil des Landrechts erfüllt der Abschnitt über das sogenannte Christenrecht *(kristinsdoms bolkr)*, wodurch der christliche Glaube als Grundlage und Voraussetzung sämtlicher guten Werke herausgestellt und der Gehorsam gegenüber der Kirche zum Element gesetzlicher Rechtlichkeit und humaner Gesinnung erhoben wurde[45]). Dieses Glaubensbekenntnis stellte an sich keine erstmalige Gesetzeseingangsformel dar, sondern fand sich bereits in älteren isländischen und norwegischen Rechtsaufzeichnungen, verkörperte jedoch bei einem profanen Gesetz immerhin eine einmalige Erscheinung, die weder Vorläufer noch Nachahmer in norwegischen oder ausländischen Rechts-

---

[42]) Böttcher, ebd.; Joys (Anm. 1), p. 142.

[43]) Vgl. Meißner, S. 18: „En allt þat sem logbok skilr eigi or, þa skal þat hafa or hueriu male, sem logmaðr oc logrettu menn verða aller a eitt satter. En ef þa skil a þa raðe logmaðr oc þeir, sem með honum samðyckia, nema konunge með hinna skynsamaztu manna raðe litizt annat logligra". — Vgl. dazu ebenfalls Klaus von See, Das skandinavische Königtum des frühen und hohen Mittelalters. Ein Beitrag zum Problem des mittelalterlichen Staates, Hamburger phil. Diss. 1953, S. 258 f.

[44]) Vgl. Meißner, Stadtrecht von Bergen — VII, Nr. 15 (S. 221); v. See (Anm. 43), S. 259.

[45]) Vgl. Meißner (Landrecht), S. 5.

quellen gefunden hat[46]). Das Christenrecht selbst enthält außer dem Glaubensbekenntnis und einem mehr allgemein gestimmten Kapitel über das Verhältnis von König und Bischof keine Normen über das kirchliche Leben. Es ist dem König offenbar nicht gelungen, dem Gesetzbuch ein wirklich landrechtlich begründetes Christenrecht einzufügen[47]). Vielmehr mußte er sich im Landrecht sowohl als auch im Stadtrecht für Bergen mit der Rezeption der analogen Teile der älteren Rechtsbücher zufriedengeben[48]). Es sei daran erinnert, daß damals der kirchliche Einfluß im Lande nicht unbeträchtlich gewesen ist. Im Lande bestanden annähernd 1200 Kirchen, die von 600 Priestern versorgt wurden. In gewissen Landstrichen lag ein Drittel des Grund und Bodens in kirchlicher Hand. Bis zum Tode des Königs Magnus näherte sich die Kirche ohnehin dem Höhepunkt ihrer Macht. Die herrschenden Gewaltverhältnisse führten zu Kompromißlösungen zwischen dem Erzbischof und dem Monarchen und zwangen auch zu Konzessionen der Krone gegenüber der Kirche[49]). Seit dem 12. Jahrhundert hatte die Kirche überdies die überlieferten Gewohnheiten des Landes angegriffen und im Sinne des kanonischen Rechtes modifiziert[50]). Insonderheit war der König als Inhaber der weltlichen Gewalt verpflichtet, die geistliche Gewalt zu stärken und sich in seiner Würde als Vikar Gottes zu bewähren.

Einen entscheidenden Raum im Rahmen des neuen Landrechtes beanspruchten Königtum, Königswahl und Thronfolge. Während dem norwegischen König der Frühzeit noch die Kriegergefolgschaft, die *hirð*, diente und er sich wenig von den lokalen Häuptlingen unterschied, wurde schließlich die alte *hirð* durch den Hof des Königs abgelöst. Vorbilder boten hierfür der anglo-normannische Hof Englands und Frankreich[51]). Gerade unter König Magnus Hakonarson hat das Land insonderheit an der höfischen Kultur und Sprache Frankreichs Anteil

---

[46]) So überzeugend Böttcher (Anm. 7), S. 3.

[47]) Mit Recht Meißner (Stadtrecht), S. XVIII.

[48]) Meißner, ebd.

[49]) Aufschlußreich Thomas Kington Derry, A short history of Norway, 1957, p. 64.

[50]) Vgl. ebenfalls Frost (Anm. 40), S. 39. — Über fremde Rechtseinflüsse im altnordischen Recht und die kirchliche Beeinflussung der Landschaftsrechte vgl. auch Sven Ulric Palme, Die Kirche in der Gesellschaft der Landschaftsgesetze, in: Kirche und Gesellschaft im Ostseeraum und im Norden vor der Mitte des 13. Jhs., 1969, S. 63.

[51]) Vgl. ausführlich Meißner (Landrecht), S. Xf.

genommen. Bedeutsame Prärogativen erwuchsen jetzt dem König. So wurde er berechtigt, die Friedlosigkeit aufzuheben und dem Ächter erneut Aufenthalt im Land zu erlauben[52]). Das Landrecht erweiterte ebenfalls das königliche Gnadenrecht[53]). Die Konzeption des Königtums im Landrecht entspricht übrigens der des Königsspiegels *(konungsskuggsjá)*[54]), einem Dialog zwischen Vater und Sohn, aus dem siebten Jahrzehnt des 13. Jahrhunderts, der ganz auf Hakon Hákonarson (1217—1263) zugeschnitten war. Der Verfasser der Konungsskuggsjá, des *Speculum Regale*, dürfte vermutlich der Erzbischof von Niðaros (Drontheim) Einarr Gunnarsson mit dem Beinamen *smjǫrbakr* (Schmerrücken) gewesen sein, der von 1255 bis 1263 Metropolit der norwegischen Kirche war, nachdem ihn das Drontheimer Domkapitel einstimmig gewählt hatte. Einarr erfreute sich der besonderen Wertschätzung des Papstes Alexander IV. (1254—1261)[55]). Der königliche Name wurde vom Sohn Gottes hoch erhoben. Alle sollten dem König gegenüber große Furcht hegen. Der Königsspiegel betonte, daß Gott dem irdischen König nichts entziehen, sondern das Königtum ehren wollte[56]).

Das Christenrecht[57]) enthielt eingehende Bestimmungen über die Erbfolge des Königs von Norwegen. In erster Ordnung folgte dem heimgegangenen König sein ältester, ehelich erzeugter Sohn, in der zweiten Erbfolge der eheliche und älteste Enkel des Königs, sofern auch dessen Vater ehelich erzeugt war. Erst in dritter Erbfolge war der ehelich erzeugte Bruder des Königs nach der Anciennität berechtigt. Falls der König sein Reich ohne Abkömmlinge und Verwandten verwaist hinterließ, sollten sich Herzog, Jarl[58]), Bischöfe und Äbte, Landherren, Häuptlinge und Gefolgschaft nach Nidaros, dem späteren Trondhjem, begeben und sich dort mit dem Erzbischof besprechen. Bezirksamtmänner und Bonden, d. h. freie Landbesitzer, sollten während der königslosen

---

[52]) Meißner, S. XXI.
[53]) Meißner, S. XXII.
[54]) Vgl. Der Königsspiegel — *Konungsskuggsjá*. Aus dem Altnorwegischen übersetzt von Rudolf Meißner, mit einem Beitrag von A. Heiermeier, 1944.
[55]) Vgl. hierzu aufschlußreich de Vries (Anm. 3), S. 206; vgl. auch das vorsichtige Urteil von Meißner (Anm. 54), S. 2f.
[56]) Vgl. Meißner (Anm. 54), S. 165.
[57]) Landrecht II. Christenrecht *(Kristins dóms bolkr)* 5 führt 13 Erbfolgebestimmungen auf, vgl. Meißner (Landrecht), S. 39ff.; vgl. John Midgaard, A brief History of Norway, 1963, p. 40.
[58]) Vgl. Friedrich Merzbacher, Art. „Jarl", HRG II, 1978, Sp. 294f.

Zeit das Land vor Dieben und Straftätern schützen. Laien mußten schließlich denjenigen zum König wählen, der ihnen vor Gott am geeignetsten für dieses höchste Amt erschien. Entscheidend ist, daß ein Mitkönigtum überhaupt nicht mehr vorgesehen wurde, sondern die Regel des neuen Thronfolgegesetzes ausschließlich die Sukzession einer einzigen Person in das Königtum vorsah. Nicht die Primogenitur war mehr für die Thronfolgeordnung ausschlaggebend, sondern das Majorat, denn regelmäßig wurde bei Berufenen gleichen Grades der Ältere dem Jüngeren vorgezogen[59]). Allerdings blieb die Thronfolgeordnung nicht sehr lange in Kraft, zumal sie bereits 1302 durch König Hákon Magnússon (1299—1319) modifiziert worden ist[60]). Übrigens zeigt die Thronfolgeordnung im Landrecht gewisse Übereinstimmungen mit der *Hirðskrá*[61]), dem älteren Gefolgschaftsrecht aus der Regierungszeit des Königs Sverrir (1177/80—1202), des Großvaters des Königs Hákon Hákonarson, dem Norwegen seine starke Zentralisation verdankte[62]). Allerdings folgte nach dem Landrecht von 1274 ein unehelicher Königssohn erst an siebter Stelle in der Erbfolge. Voraussetzung war allerdings einerseits, daß der Thronfolger kein Ehebruchskind und nicht mit dem Ehehindernis der Verwandtschaft oder Schwägerschaft, mithin nicht mit dem kanonischen *impedimentum consanguinitatis* oder *affinitatis*, belastet war, andererseits das königliche Geständnis dieser Vaterschaft[63]). Der König, der nach dem Christenrecht von Gott die weltliche Gewalt für profane Dinge übertragen erhielt, war verpflichtet, das Gesetz zu halten und zu verbessern. Bei der Krönung mußte er eidlich den Männern Gesetz und Rechtssicherheit zusichern. An sich war der König aber in praxi bereits vom menschlichen Recht entbunden[64]), damit ein echter *princeps legibus solutus* geworden. In letzter Instanz kam ihm ebenfalls die authentische Interpretation des Landrechtes zu, kraft deren er sich selbst über eine gemeinsame Entscheidung von Rechtswahrer und Thingmännern hinwegsetzen durfte. Nur im Falle

---

[59]) Vgl. Konrad Maurer, Altnorwegisches Staatsrecht und Gerichtswesen (= Vorlesungen über Altnordische Rechtsgeschichte, Bd. I, hg. von Ebbe Hertzberg), 1907, § 12, S. 251.

[60]) S. 253.

[61]) Vgl. Friedrich Merzbacher, Art. „Hirðskrá", HRG II, 1978, Sp. 164 f.

[62]) Vgl. ebenfalls Meißner (Stadtrecht) S. XVIII.

[63]) Meißner (Landrecht), S. 39.

[64]) Landrecht I: *Pingfararbolkr* 11, 3: *konungr* „er yfir lǫgin skipaðr" (Meißner (Landrecht), S. 30).

des Aussterbens der Königssippe lag die Königswahl in den Händen
des Adels und des Klerus. Immerhin betonte das Landrecht in seinem
Abschnitt über die Mannheiligkeit (IV, 26, 1) die Verantwortlichkeit
des Königs für das Gesetz jedermann im Lande gegenüber. Er hatte
darauf zu sehen, daß Urteile nicht aus Übermut und Übertreibung
gefällt wurden, sondern ausschließlich nach Recht und Gesetz. Aus
dem Königsspiegel rezipierte das Landrecht (IV, 17, 2) das Bild der
mitwirkenden vier Töchter Gottes, die das rechte Maß für ein gerechtes
Urteil garantierten[65]).

Magnus lagaboetir reorganisierte ebenfalls den norwegischen Adel[66]).
Unter ihm wurde die Aristokratie des Reiches dem Gesellschaftssystem
im übrigen Europa angeglichen. Lehnsmänner erhielten nunmehr den
Baronstitel, während den Schüsselreichern *(skútilsveinar)* die Ritter-
würde beigelegt worden ist. Die dritte Adelsgruppe umfaßte den Klein-
adel, der sich aus den Gefolgsleuten, Mannen und Gästen sowie den
von der Leidangssteuer befreiten Adels- und Klerikerdienern rekrutierte[67]).
Barone waren zum Kriegsdienst zu Pferde verpflichtet und empfingen
dafür gewisse Privilegien, unter denen die Steuerfreiheit wohl das aus-
schlaggebendste gewesen ist. Überhaupt wurde die Rechtsstellung
der Vasallen weitgehend den Gewohnheiten in Europa angenähert[68]).

Eine entscheidende Rolle kommt im Landrecht ebenfalls dem Gesetzesthing zu. In der germanisch-nordischen Welt bildete bekanntlich
das Thing die früheste Plattform der politischen Entwicklung und damit
das Fundament des rechtlich gestalteten Volkes schlechthin. Das
Thing garantierte inneren Frieden sowohl als auch den Schutz von
Eigentum, Sippen- und Freienehre[69]). Da die Gesetzgebungsgewalt
nach Fertigstellung des Landrechtes weiterhin formell beim Thing
lag, mußte der Thingverband auch den Entwurf des Landrechts erst

---

[65]) Das rechte Mittelmaß war umso feiner bei denen, „die sich das Maß der
vier Schwestern aneignen können, die bei allen gerechten Urteilen dabei sein
müssen" — Landrecht IV: *Mannhelgarbolkr* 17, 2: „... er sua fa hoeft þeirra IV
systra hofe, sem i allum rettom domum eigu at vera ..." — (Meißner (Anm. 25),
S. 120). Die vier Töchter verkörperten die vier Kardinaltugenden: Barmherzigkeit *(miskunn)*, Wahrheit *(sannendi)*, Gerechtigkeit *(retuisi)* und Friedfertigkeit
(friðsemi). Vgl. ebenfalls noch Meißner (Anm. 54), S. 3f.

[66]) Vgl. Midgaard (Anm. 57), p. 41.

[67]) Vgl. Johnsen (Anm. 17), S. 63.

[68]) Midgaard (Anm. 57), p. 41.

[69]) Vgl. grundsätzlich Ulrich Noack, Geschichte der nordischen Völker I,
1941, S. 106.

zum partikulären Gesetz erheben. Das Landrecht galt demnach, konkret gesprochen, als das Recht des betreffenden Thingverbandes, mithin also beispielsweise als Recht des Gulathings[70]).

Im Abschnitt über die Thingfahrt *(Pingfararbolkr)* bestimmte der König, daß das Gesetzesthing *(lþgǫingi)* jährlich am Tage vor dem Feste des angelsächsischen Abtes Botholf[71]), das am 17. Juni begangen wurde, mithin am 16. Juni, in Gula an der Westküste im Süden des Sognefjords auf der Thingstätte gehalten werden sollte[72]). Alle Thingpflichtigen sollten sich dort einfinden. Nur Notstandssituationen entschuldigten von der Teilnahme. Die Dauer des Things bestimmte der Rechtswahrer in Übereinkunft mit den Männern des Rechtsausschusses, d. h. unter Zustimmung der *lǫgrétta*. Zunächst mußte der Rechtswahrer *(lǫgmaðr)* das heilige Band[73]) um den Rechtsausschuß *(lǫgrétta)* ziehen lassen[74]). Mit dem heiligen Band *(vebönd)* als Symbol des Gerichtsfriedens *(pacis sacrosanctae vincula)* wurde das Gericht besonders gehegt und gegen Andrang gesichert, zugleich auch zu einem gebannten Ort erhoben. Bei der Hegung steckte man dünne Haselstöcke im Kreise auf und verband diese mit Schnüren. Jacob Grimm[75]) hat in seinen „Deutschen Rechtsalterthümern" mit Recht bemerkt, daß „damals der allgemeine Glaube an die Heiligkeit des Bandes festeren Halt gab als Schranken von Balken oder Eisen". Der Kreis, der mit Haselruten gezogen wurde, galt allgemein als zauberkräftig. Mittels Einschließens im Kreise gelangten vornehmlich die Eingeschlossenen in die Gewalt des Bannes. Nicht zuletzt verwendete man die magische Gewalt des umschlossenen Kreises gezielt als Schutzmittel gegen fremde und feindliche Einflüsse. Der Kreis erwuchs geradezu zum Sinnbild des umfassendsten Schutzes überhaupt. Der Bindezauber[76]) durchdrang die umhegte

---

[70]) Vgl. Böttcher (Anm. 7), S. 1 Anm. 1.

[71]) Über den Benediktinerabt Butulf (Botuf, Bótolfr, Botwulf) und vermutlichen Gründer des Klosters Icanoe im Jahre 654, wahrscheinlich Boston in Lincolnshire, der häufig in der mittelalterlichen nordischen Kunst dargestellt wurde vgl. S. Brechter, LThK² II (Freiburg 1958), Sp. 625f.; Oloph Odenius Kulturhistorisk Leksikon for nordisk middelalder, Bd. II, 1957, Sp. 190—192.

[72]) Landrecht I: *Pingfararbolkr* I, 1: (Meißner (Landrecht), S. 9 u. 11).

[73]) Vgl. Jacob Grimm — Andreas Heusler — Rudolf Hübner, Deutsche Rechtsaltertümer⁴, Bd. II, 1922, S. 434.

[74]) „Pat er þui nest, at logmaðr lata uebond gera i Guloey a þingstað rettum sua uið, at þeir hafe rum firir innan, er i logrettu skolu vera" (Meißner, S. 14).

[75]) Siehe oben Anm. 73.

[76]) Vgl. zum Bandzauber Jungbauer bei Hanns Bächtold-Stäubli, Handwörterbuch des deutschen Aberglaubens (HDA) I, 1927, Sp. 865.

Gerichtsstätte. Die Hasel *(corylus avellana)*, die dem Donnergott Donar *(Þórr)* geweiht war, stand als uraltes Zaubermittel in Beziehung zu Donar als Gott des Gerichts[77]. Gerichtsfrevel wurde nach nordischem Recht dadurch begangen, daß Täter die heilige Schnur zerschnitten und die Haselstangen der umschnürten Stätte *(völlr haslade — campus corylo circumscriptus)* zerbrachen[78]. Dem Rechtsausschuß gehörten insgesamt 36 Männer an. Jedes *fylke*, d. h. jeder Landesteil, sollte einige Vertreter in den Rechtsausschuß entsenden. Der in den Rechtsausschuß Aufgenommene mußte sich eidlich verpflichten, in jeder Sache so zu entscheiden, wie er das vor Gott nach Gesetz und Gewissen vertreten könnte. Sobald der Rechtswahrer mit dem Rechtsbuch das Thing betreten wollte, sollte er die größte Glocke läuten lassen. Wie die Kirchenglocke die Gläubigen zum Gottesdienst, die Sturmglocke die Bürger zu den Waffen, Löschgeräten oder zur Nacheile rief, so lud Glockenklang ebenfalls die Freien, die Rechtsgenossen, zu Gericht. Die Glocke[79] als Symbol richterlichen Bannes fand im Rechtsbrauch der Thingberufung ausdrücklich Verwendung. Auch außerhalb des heiligen Bandes sollten sich die Männer ruhig verhalten. Gegen Lärmende wurden Strafen in Höhe von 1 Öre Silber verhängt. Unbefugten war es bei Androhung einer Strafe von 1/2 Mark Silber verboten, den Raum innerhalb des heiligen Bandes zu betreten.

Auch über das *óðal*, das Stammgut, das ursprünglich das von den Ahnen okkupierte Kulturland darstellte[80], berichtet das Landrecht von Magnus Hakonarson *lagaboetir*[81]. Im Kapitel VI, 2 wird das Odelsgut inhaltlich umrissen. Das Odelsrecht, das den Anspruch der Sippe auf den ererbten Grundbesitz begründete, bevorzugte bei der Erbfolge die Männer und erfaßte zunächst den Grund und Boden, der mindestens 60 Jahre im Besitz des gleichen Geschlechtes stand, ferner Landschenkungen des Königs, außerdem das Grundeigentum, das drei Generationen lang

---

[77] Vgl. M a r z e l l , HDA III, 1930/31, Sp. 1532.

[78] Wie Anm. 73.

[79] Vgl. G r i m m (Anm. 73), S. 470. — Über die Verwendung des Glockengeläutes im rechtlichen Brauchtum, allerdings ohne Einbeziehung der nordischen Anlässe und Anwendungen, vgl. grundsätzlich E l s b e t h L i p p e r t , Glockenläuten als Rechtsbrauch, 1939. Siehe ebenfalls Art. „Glocke" bei J o h a n n H i e r o n y m u s H e r m a n n s , Allgemeines Teutsch-Juristisches Lexicon, 1739, S. 455.

[80] Vgl. C l a u d i u s Frhr. v. S c h w e r i n , RLGA (Anm. 14) III, S. 359.

[81] Vgl. ebenfalls A l f r e d S c h u l t z e , Zur Rechtsgeschichte der germanischen Brüdergemeinschaft, ZRG Germ. Abt. 56 (1936), S. 273.

einer Familie gehört und auf die vierte Generation vererbt worden war, und schließlich den Odelsboden, der gegen einen anderen eingetauscht wurde[82]). Das Neue an der gesetzlichen Festlegung des Königs von 1274 lag in einer Milderung der bisher strengeren Anforderungen des alten Gulathingrechtes, denn dieses hatte mindestens sechs Generationen als Voraussetzung gefordert[83]). Der Münchner Agrarhistoriker Julius Frost hat in seiner Untersuchung über „Das norwegische Bauernerbrecht, Odels- und Aasätesrecht" (Jena 1938) gerade in dieser Erleichterung ein „Zeichen einer fortschreitenden Demokratisierung des alten Standesrechts der Bauerngeschlechter" erblickt[84]). In der Tat gelang es kraft des Landrechts von 1274 einer Anzahl bäuerlicher Grundbesitzer nunmehr, in die Reihe der Odelsbauern aufzurücken. Es war fortan leichter geworden, Odel, Stammgut, zu erwerben. Immerhin sollte bei Erbteilung von Odelsgütern dem Familienältesten das sog. Hauptbol (*hafuðból* = der Haupthof) zufallen, womit gleichzeitig das traditionelle Prinzip der Privilegierung des Familienseniors anklang[85]). Zudem erhielt jedermann das Recht, ein Viertel des erworbenen und ein Zehntel des ererbten Besitzes zu verschenken, wodurch sich eine Durchbrechung des Odelsrechtes anbahnte, das eben der Güterzerschlagung steuern wollte. Man hat die Abkehr vom unveräußerlichen und unteilbaren Sippengrundbesitz und den Übergang zum verfügungsfreien Privateigentum am Grund und Boden nicht zu Unrecht den Bestrebungen der Kirche zugeschrieben, die durch Schenkungen ihren eigenen Grundbesitz beträchtlich zu mehren verstand. Allerdings ging damit Hand in Hand auch ein rechtliches Absinken von Angehörigen des bisher freien Bauernstandes zum Stande der unfreien sog. Leiländinger[86]). Bauern, die standesrechtlich zu Leiländingern abstiegen, büßten nämlich ihr angeborenes Odelsrecht ein. Sie verkörperten fortan Pächter, die Grundsteuern von ihren Höfen entrichteten und dem Grundherrn zur Abgabe der Landschuld, des Handgeldes und der Dreijahresabgabe verpflichtet gewesen sind[87]). Mit dem Aufkommen der Leiländinger zeichnete sich ebenfalls eine neue soziale Ordnung

---

[82]) Vgl. Frost (Anm. 40), S. 44.

[83]) Frost, S. 45.

[84]) Ebd.

[85]) Ebd.; aber auch Karl Haff, Geschlechtshöfe und freie Marken in Skandinavien und Deutschland, 1935, S. 129.

[86]) Frost (Anm. 40), S. 39.

[87]) Frost, S. 38.

in Norwegen ab, die den Verzicht auf das uralte Sippenrecht zugunsten der *remedia pro anima* einschloß.

König Magnus Hakonarson *lagaboetir* hat auch das E h e r e c h t wesentlich revidiert. Während die älteren Christenrechte lediglich Verbote von Vielweiberei und Ehebruch, Blutsverwandtschaft, Schwägerschaft und geistlicher Verwandtschaft als Ehehindernisse aufstellten und registrierten, wurde nunmehr die Eheeinsetzung durch Christus und die damit verknüpfte Heiligkeit der Ehe betont[88]). Gerade die Revision der *Gulathingsbók* von 1267 hatte sich auf das Dekret des Kamaldulensers Gratian von 1140 gestützt, die Form des Verlöbnisses nach kanonischem Recht vorgeschrieben und das kirchliche Aufgebot vor der Hochzeit, vor dem Brautlauf *(brúðlaup)*, gemäß der Weisung des *Quartum Lateranense* von 1215 vorgeschrieben[89]). Außerdem wurde die Ehescheidung, die bei den Nordgermanen zuvor verhältnismäßig leicht zu erreichen und nur an die gesetzliche Öffentlichkeit gebunden war, insofern jetzt erschwert, als das kanonische Eherecht voll zur Anwendung gelangte[90]). Nur kanonische Ehehindernisse oder der Tod eines Ehegatten konnten fortan die gültig geschlossene und vollzogene Ehe wieder trennen. Gleichwohl sollten die Eltern, Vater und Mutter, über die Verheiratung ihrer Töchter bestimmen[91]). Dagegen durfte sich eine Witwe mit Zustimmung ihrer Verwandten selbst verehelichen, mit wem sie wollte[92]). Das Landrecht hat außerdem auf der Grundlage der zwischen 1271 und 1273 vom Allthing angenommenen *Jarnsiða*, des ersten norwegischen Gesetzbuchs für Island, Bestimmungen über die Feststellung von Mitgift und Zugift, über Ausgleiche unter Schwestern oder Töchtern und über als Mitgift gereichtes geliehenes Gut erlassen. Neu war die Bestimmung, daß nicht mehr als ein Drittel der Mitgift in Kleidern bestehen dürfe, so daß die verbleibenden zwei Drittel in Gütern gestellt werden mußten, die entweder einen Rentengenuß ermöglichten oder aber ehemännliche Bedürfnisse befriedigen konnten[93]).

---

[88]) Vgl. Konrad Maurer, Über altnordische Kirchenverfassung und Eherecht, 1908, S. 585.

[89]) Ebd.

[90]) Vgl. Walther Holtzmann, Krone und Kirche in Norwegen im 12. Jh., DA 2 (1938), S. 372.

[91]) Landrecht V, 1, 1: „Faðer oc moðer skolu raða giptingum doetra sinna, ef þau eru til", Meißner (Landrecht), S. 146.

[92]) Landrecht V, 2, 2: „Ekkia ma siolf gipta sik, herium sem hon uil, með nokors frenda sins raðe" (Meißner, S. 150).

[93]) Vgl. Maurer (Anm. 88), S. 666.

Auch der Ordnung des Gütersonderungssystems, der erbrechtlichen Vermögensauseinandersetzung, hat sich König Magnus angenommen. Nunmehr mußten wenigstens nicht mehr die Kinder eines verstorbenen Ehemannes für die Schulden ihres leiblichen Vaters über den Betrag des Nachlasses hinaus haften. Das Gütersonderungssystem rangiert in den Gesetzbüchern des Königs Magnus neben dem legal-konventionellen Gütergemeinschaftssystem. Die traditionelle Auffassung von der Mitgift, der Aussteuer, als einer Abfindung für die Erbschaft, trat, wie der berühmte Münchner Rechtsnordist Konrad Maurer[94]) unterstrich, jetzt in auffallender Weise zutage, weil das Landrecht von 1274 ebenfalls den Töchtern ein Erbrecht neben den Söhnen, wenn auch einen geringeren Erbteil als den männlichen Erben, eingeräumt hat. Aus dem alten Recht wurde die Bestimmung übernommen, daß die Schwester, die die Vormundschaft für ihren Bruder führte, berechtigt sei, sich aus dem Brudergut ihre Mitgift zu nehmen. Bei Trennung einer kinderlosen Ehe, deren Gatten in Gütergemeinschaft lebten, sollte zuerst der Ehegatte, der mehr in die Ehe eingebracht hatte, bzw. sein Erbe, diesen Überschuß vorweg empfangen. Nach Abzug des Überschusses sollte das verbleibende Vermögen zu gleichen Teilen geteilt werden[95]). Hatte sich das Ehegut vermehrt, so fiel der Zuwachs zu zwei Dritteln an den Mann, zu einem Drittel an die Frau. Die ungleiche Beteiligung der Ehegatten an der Errungenschaft der Ehe beruhte auf der Grundeinstellung, wonach der Eheerwerb überwiegend ein Verdienst des Mannes sei, während Schulden ebensogut auf Verschwendung der Frau beruhen könnten. Dieser rechtliche Standpunkt erklärt, daß beide in Gütergemeinschaft lebende Ehegatten für Verbindlichkeiten gleichmäßig hafteten[96]).

Im Landrecht von 1274 ist dann ebenfalls das Erbrecht bei Kommorienz[97]) geregelt. Wenn Männer in der gleichen Schlacht fielen und von diesen Kriegern keiner überlebte oder falls alle beispielsweise beim Untergang eines Schiffes ertranken oder in einem Hause verbrannten, sollte ihr Erbe so behandelt werden, als hätten alle diese Verstorbenen

---

[94]) S. 673.

[95]) Maurer (Anm. 88), S. 688.

[96]) S. 699.

[97]) Landrecht V: *Erfðatal* 10: „Nu ef menn falla i orastu oc kemr engi i brott eða drukna aller eða inni brenna, þa fare arfr þeirra, sem þeir hafe aller i senn latet lif sitt, nema annan veg prouezt siðan með logligum vitnum" (Meißner, S. 178).

zu gleicher Zeit ihr Leben verloren. Gleichwohl war diese gesetzliche Vermutung durch spätere gesetzliche Zeugnisse zu widerlegen. Eingehend ist die Erbordnung im Landrecht dargetan. Die erste Erbfolge umfaßte die ehelich geborenen Kinder und die Söhne vorverstorbener, jedoch nicht bei Lebzeiten mit ihrem Erbteil abgefundener Söhne. Bei der Erbteilung sollten Töchter so viel bekommen wie ein Sohn. Den gleichen Teil am Erbe sollte der Enkel wie eine Tochter empfangen. Falls ein Sohn und eine Tochter vorhanden waren, erhielt der Sohn zwei Drittel und sie ein Drittel des Nachlasses. Odelsland jedoch sollte ausschließlich Söhnen zufallen, wobei der älteste allein den Haupthof *(hafuðból)* erhielt und die übrigen Odelsländer durch Los unter den anderen Söhnen verteilt worden sind[98]). In dem Vorrecht des ältesten Bruders hat der Würzburger Meister der vergleichenden Rechtsgeschichte Ernst Mayer[99]) ein Prinzip des altnorwegischen vorkodifizierten Rechts erblickt, und der Leipziger Germanist Alfred Schultze hat vor mehr als vierzig Jahren Ernst Mayers Interpretation dieses Rechtssatzes zum Ausgangspunkt seiner Analyse der germanischen Brüdergemeinschaft genommen[100]). Unzweifelhaft begünstigte die *Landslǫg* die erbrechtliche Stellung der Enkelsöhne[101]). Voraussetzungen für die Erbfähigkeit eines Kindes bildeten lebende Geburt und Taufe. Muttergut, das die Mutter ihren Kindern überließ, erbte sie, falls die Kinder ohne Abkömmlinge starben. Wenn die Mutter starb, bekamen das Muttergut ihre ehelich geborenen Kinder vor dem Vater. Eine auf dem Hofe ihres Vaters oder ihres Bruders verführte Tochter büßte ihr väterliches und mütterliches Erbe ein und durfte nur so viel beanspruchen, als Vater oder Bruder ihr gönnten. Bei bestehender Gütergemeinschaft der Eheleute sollten Heiraten von Töchtern und deren Mitgift von den Gütermassen beider Eheleute bestritten werden. Nach kanonisch gültigem Verlöbnis waren alle Kinder nach dem Gesetz erbberechtigt, gleichgültig ob sie nun vor dem Abschluß des Verlöbnisses oder nachher geboren wurden. Die zweite Erbfolge bestand aus dem

---

[98]) Vgl. oben Anm. 85; im übrigen Alfred Schultze (Anm. 81), S. 277.

[99]) Friesische Ständeverhältnisse. Untersuchungen. Sonderabdruck aus der Festschrift für Hugo von Burckhard, Stuttgart 1910, S. 60f. Ernst Mayer vermutete, das Vorrecht des Erstgeborenen, des Ältesten, am Stammgut „mag vielleicht aus dem ostnorwegischen Recht stammen", wobei er u. a. die Stelle der *Landslǫg* V, 7 heranzog.

[100]) Schultze, S. 276.

[101]) Schultze, S. 278.

ehelich geborenen Enkel, unbeschadet ob sein Vater der Sohn einer Kebse war, und aus der ehelich geborenen Enkelin, sofern nur deren Vater ehelicher Geburt gewesen ist. Die dritte Erbfolge trat der Bruder an, falls er vom gleichen Vater wie der Erblasser abstammte und ebenfalls ehelich geboren war. Wenn ein Bruder fehlte, erbte die ehelich geborene Schwester. Die vierte Erbfolge sah den ehelich geborenen Vatersbruder, mithin den Bruder des Großvaters des Erblassers, vor. Insgesamt waren 13 Erbfolgen vorgesehen. Die letzte (13.) Erbfolge ermöglichte der Kebsentochter den Antritt des Erbes. Die erbrechtlichen Normen des Landrechts von 1274 und deren Abweichungen von der traditionellen Landslǫg dürften mittelbar der Beeinflussung durch das kanonische Recht zuzuschreiben sein[102]). Sie äußerten sich bekanntlich nicht zuletzt in einer gesteigerten Verfügungsfreiheit der Bauern über Grund und Boden und in einer starken Zunahme der Leiländinger. Die erbrechtlichen Normen garantierten dem ältesten Sohn die Nachfolge in den Stammhof, wiesen ihm den Hochsitz oder die Aasäte zu, worunter man sein Recht auf Übernahme der hausväterlichen Gewalt und auf Leitung des Hauswesens und seiner Wirtschaft versteht. Selbstverständlich war er verpflichtet, die nachgeborenen Brüder dann entsprechend abzufinden. In diesen erbrechtlichen Bestimmungen spürt man die große Gegensätzlichkeit, die Polarität zweier grundverschiedener Rechtswelten[103]), einerseits die des Nordens mit ihrer starren, beharrlichen Sperre des erblichen Grundes und Bodens und andererseits die der Kirche, die die freie Verfügbarkeit von Grund und Boden im Rahmen von Seelgerätsstiftungen begünstigte. Das Kirchenrecht hatte sich bereits seit dem 12. Jh. wirksam der Landesgewohnheit konfrontiert und das herkömmliche Recht entsprechend modifiziert.

Im Strafrecht änderte der Rechtsverbesserer vor allem das bisherige Verfahren, indem er die öffentliche Anklage einführte. Außerdem beseitigte er die gestaffelten Rechtsbußen für die einzelnen Klassen bei Mord, die nach germanischer Auffassung nach dem Range des Ermordeten zu entrichten waren[104]). Der König war nicht zuletzt bemüht, auch die rechtliche Selbsthilfe, die Fehde, einzudämmen und den Strafvollzug ausschließlich durch staatliche Organe wahr-

---

[102]) Vgl. Karl Wührer, Besprechung von Julius Frost (Anm. 40), ZRG Germ. Abt. 59 (1939), S. 454.

[103]) Vgl. auch Walther Holtzmann (Anm. 90), S. 363.

[104]) Vgl. Gerhardt-Hubatsch (Anm. 19), S. 116.

nehmen zu lassen[105]). Niemand sollte fortan einen Missetäter bestrafen, ohne sich dadurch selbst schuldig zu machen, sofern er nicht als ein vom König eingesetzter Richter amtete[106]). Auf Diebstahl, Räuberei, Piraterie, Mord, Hexerei, Wahrsagerei, Trollerweckung[107]), Tierverwandlung in Fliegen[108]), d. h. Krankheitsdämonen, kurzum auf Schadenszauber mit tödlichem Ausgang, stand ein Tötungsrecht[109]). Außerdem hatten diese Straftäter Vermögen und Frieden, Land und Gut verwirkt. Jene aber waren friedheilig, die ihr Gut und ihre Frauen vor ihren Angriffen verteidigten[110]). Die Angreifer selbst büßten sämtliche Bußansprüche völlig ein, wenn sie bei ihrer Straftat verwundet oder getötet wurden. Der König verbot außerdem den Vögten, Bestechungsgaben von den Pächtern anzunehmen. Bestechliche Vögte auf Gütern der Krone, der Kirche und des Adels sollten ihrer Ämter entsetzt und ehrlos werden. Bauern aber, die sich aktiver Bestechung schuldig machten, verloren ihre Pachtstellen[111]).

---

[105]) Vgl. v. See (Anm. 43), S. 263.

[106]) Landrecht IV: *Mannhelgarbolkr* 16, 2: „Nu er þui sua skipat, at engi ma þetta synda laust gera, nema sa domare, er konungr hefir til þess skipat ...", Meißner (Landrecht), S. 118.

[107]) Zum Trollwesen vgl. E. F. Halvorsen, Art. „Troll", Kulturhistorisk Leksikon for nordisk middelalder, Bd. XVIII, København 1974, Sp. 655ff. — Die norwegischen Königsgeschichten erzählen auch von Hexerei, Trollwesen und Spukgestalten. Nach germanischer Vorstellung galten Hexenkünste als unmännlich und Zeichen menschlicher Entartung (vgl. Karl v. Amira, Die germanischen Todesstrafen. Untersuchungen zur Rechts- und Religionsgeschichte, 1922, S. 75).

[108]) Gerade im skandinavischen Volksglauben lebte die Vorstellung, Hexen und Zauberer könnten Fliegengestalt annehmen, unter der sich sonst Satan verbarg (vgl. Riegler, Art. „Fliege", HDA II, 1929/30, Sp. 1627).

[109]) Landrecht IV: *Mannhelgarbolkr* 4, 1: „Menn þeir, er lata lif sitt firir þyfsku sakir eða utilego, huart sem þeir raena a skipuem ða a lande oc sua firir morð oc fordaeðo skap oc sua spafarar allar oc utisaetor at ueckia troll upp oc fremia með þui heiðni, sua oc peir menn, sem gerazt flugu menn at drepa þa menn, er þeir eigu engar saker uið, oc taka þar fe til ...", Meißner (Landrecht), S. 94 u. 96.

[110]) „Nu hafa þessir menn aller firir gort fe oc friði, lande oc lausum oeyri oc eru þeir friðhaelgir, er fe sitt ueria oc frendkonor firir þeim, er til soekia ..." (Meißner, S. 96).

[111]) Passive Bestechung *(muta)* bei der Verpachtung von Gütern des Königs oder anderer zog Rückerstattung des Empfangenen und Buße mit doppeltem Betrag an den König nach sich: Landrecht VII: *Landzleigubolkr* 7, 2: „En ef maðr tekr mutu firir konungs iarðir at byggia eða annara manna, gíallde aptr

Während früher alles Gut, das ein Totschläger besaß, an den König fiel — mit Ausnahme des Odelsgutes —, sollte nach dem Landrecht von 1274 der König keine höhere Untertanenbuße mehr als acht Ertog[112]) und dreizehn Mark Silber von Gut und Land beanspruchen[113]). Eine Ausnahme bildeten nur sog. Schandtotschläge *(skemdarvig)* und Neidingswerke *(niðingsverk)*, mithin ehrlose Gesinnungsstraftaten. Auf die Schlachtabgabe *(slatr toll)*, die der König früher um Weihnachten *(um iol)* in Bergen eingezogen hat und die in einem Hauptstück von jeder Schlachtung bestand, hat er verzichtet[114]). Dagegen stand dem norwegischen König grundsätzlich ein Vorkaufsrecht für alle Sachen, Handelswaren und Gegenstände des Bedarfs zu[115]).

Die öffentliche Buße selbst wurde von einem Drittel, wie es ehedem noch die *Gulathingsbók* vorgesehen hat, auf ein Viertel ermäßigt. Im Landrecht selbst wird das Neidingswerk als Verrat am König, Tötung eines Sühnekontrahenten, Tötung eines Rechtswahrers für einen gesetzmäßigen Rechtsbescheid und Verbrennung eines Mannes in seinem Hause, aber auch als Vater-, Sohnes-, Bruder-, Mutter-, Tochter- und Schwesternmord charakterisiert[116]). Derjenige, der das Neidingswerk beging, war friedlos ohne Buße, außer im Falle des Wahnsinns. Ungefährwerk, mithin Zufallstat, sollte mit halber Buße gesühnt werden[117]).

---

slikt, sem hann tok i mutuna, oc giallde slik tuæn konungi" (Meißner, S. 232). Vgl. ebenfalls Johnsen (Anm. 17), S. 79.

[112]) *Ørtog*, wörtlich Erz, Kupfer; Örtug war ursprünglich eine Gewichtsbezeichnung, wobei 1 Gewichtsmark in 8 Öre zu 3 Örtug geteilt worden ist. Weil lediglich Pfennige geprägt wurden, kannte Norwegen keine Ausmünzung von Örtugen (vgl. J. Wilcke bei Friedrich Frhr. v. Schrötter, Wörterbuch der Münzkunde, 1930, S. 470).

[113]) Landrecht X: *Réttarbœtr* A, 5: „… nu meira þegngilldi en VIII ertogar oc XIII merkr silfrs af fe eða eignum …" (Meißner, S. 398).

[114]) Landrecht X: *Réttarbœtr* B; 3 (Meißner, S. 400).

[115]) Landrecht VIII: *Kaupabolkr* 9: „Konungr a fyrst kaup a allum lutum, varningi oc þarfendum …" (Meißner, S. 352).

[116]) Landrecht IV: *Mannhelgarbolkr* 3 umriß u. a. die Tatbestände des Neidingswerks *(niðingsverk)* mit Landesverrat *(landráð)*: „… ef maðr raeðr undan konungi sinum lond eða þegna" *(Mannhelgarbolkr* 3, 1), mit Rechtswahrertötung wegen eines rechtmäßigen Bescheids: „… ef maðr drepr logman firir retta logsogu þann, er til þess er skipaðr at segia monnum log …" (3, 3), mit Verbrennung eines Mannes in seinem Haus: „… ef maðr brennir mann inni …" (3, 4) (vgl. Meißner, S. 92).

[117]) Ungefährwerk *(váðaverk)* sollte, da hier Nachlässigkeit oder Unbedachtsamkeit vorlag, milder bestraft werden: Landrecht IV: *Mannhelgarbolkr* 13, 1: „… þa eru þesse uaða uerk meir uirðande en hin, er engi nauðsyn drægr til

Immerhin waren hier Zurückweisung und Nachweis der Straflosigkeit, d. h. Reinigung, durch Sechsereid, einen Helfereid *(með VI eiði)* durchaus möglich. Der König hat in seinem Landrecht ebenfalls das Tragen von Dolchmessern bei Strafe von 3 Ören Silber untersagt. Männer, die andere wie Hunde oder Pferde bissen, sollten vom Bezirksamtmann festgenommen, auf das Thing geführt und ihnen dort die Vorderzähne aus dem Kiefer gebrochen werden[118]). Deutlich proklamierte die Kodifikation das judizielle Richtermonopol. Niemand nämlich durfte urteilen außer dem Richter, den der König dazu eingesetzt hatte. Zur Begründung fügte die *Landslǫg* von 1274 wörtlich hinzu, „denn das Gesetz straft und nicht er, wenn er auch seine Pflicht tut, so wie das Gesetz ihm befiehlt"[119]).

IV.

Zusammenfassend läßt sich feststellen, daß König Magnus *lagaboetir* die Rechtseinheit des norwegischen Reiches eindrucksvoll realisierte, ohne dabei aber die existente rechtliche Autonomie der vier alten Landesteile und Thingverbände anzutasten[120]). Die Beseitigung der Klassenunterschiede, die zuvor in seinem Reiche respektiert wurden[121]), dokumentierte einerseits die planmäßigen Zentralisationsbestrebungen des Herrschers, andererseits aber auch den hohen Gerechtigkeitssinn und die Verantwortlichkeit dieses Monarchen vor dem Gesetz. Er hat

---

nema galoeysi oc mikit skamsyni" (Meißner (Anm. 25), S. 112). Als Beispiel führte das Landrecht Tötung durch die Axt eines anderen beim Holzfällen im Wald (*Mannhelgarbolkr* 13, 2) an.

[118]) Landrecht IV: *Mannhelgarbolkr* 15: „... oc lati briota framtennr ..." (Meißner (Anm. 25), S. 116). — Der Grundsatz der Talion und spiegelnden Strafe — Zahn für Zahn *(dentem pro dente)* — war ebenfalls im Gesetzbuch des angelsächsischen Königs Alfred (871—899) von ca. 890 (El. 19) verankert: *tóð for tóð* (vgl. Die Gesetze der Angelsachsen, hg. von F. Liebermann, I. Bd., Halle a. S. 1898, S. 32f.). Ausbrechen der Zähne fällt unter die Verstümmelungsstrafen. Vorderzähne wurden deshalb höher veranschlagt, weil ihr Fehlen nicht allein eine „sichtbare Entstellung bewirkte", sondern ebenfalls Sprachschäden auslöste (vgl. Wilhelm Eduard Wilda, Das Strafrecht der Germanen [= Geschichte des deutschen Strafrechts, I. Bd.], Halle 1842, S. 770).

[119]) Landrecht IV: *Mannhelgarbolkr* 16, 2: „Þui at login refsa, en eigi hann, þo at hann geri sina skylldu eptir þui, sem login bioða honum" (Meißner, Anm. 25, S. 118).

[120]) Vgl. ebenfalls Armin Wolf, Anm. 28, S. 774.

[121]) Vgl. Gerhardt — Hubatsch, Anm. 19, S. 116.

sich nicht allein mit der Kodifikation des Landrechts begnügt, sondern ebenfalls in Fortführung der Ansätze aus der Zeit von Olav III. Haraldson Kyrre, „des Stillen"[122]), jenes Königs, der von 1067 bis 1093 regierte, für sein Reich ein gültiges Stadtrecht geschaffen, das eine neue Ratsverfassung einführte. Die Abgeordnetenversammlung, das *bylagthing*, dem ein Lagmann präsidierte, trat in größeren Städten noch hinzu.

Wenn der Byzantiner Justinian als der große Rechtskaiser des römischen Imperiums, sogar des Universums, in die abendländische Kultur- und Geistesgeschichte eingegangen ist, kann Magnus Hakonarson *lagaboetir*, der nur ein Lebensalter von 42 Jahren erreichte, gleichwohl wenigstens für den europäischen Norden den unbestrittenen Ehrentitel eines großen *rex - legis conditor et reformator* zu Recht beanspruchen. Mögen gewiß andere Herrscher ihre Verdienste Siegen und militärischen Großleistungen verdanken, so hat dieser norwegische König durch seine Gerechtigkeitsliebe und seinen unablässigen Gesetzesdienst als Friedensstifter und Garant der Rechtssicherheit im Innern historische Unsterblichkeit und bleibenden Nachruhm erlangt. Wie er in seinem Christenrecht bekannte, lebte er in der festen Glaubensüberzeugung, daß die, die Gutes in dieser Welt getan haben, ewige Freude mit Gott und seinen Heiligen im Himmelreich empfingen[123]). Gerechtigkeit und Glaube formten das Bild des Königs, der in der abendländischen Rechtsgeschichte immer ebenbürtig neben den großen Gesetzgebern und Rechtsreformern stehen wird. Mit seinem Landrecht von 1274 überwand Magnus behutsam den eingewurzelten Rechtspartikularismus seines Landes, schuf die erste Rechtseinheit des norwegischen Reiches und gab damit bislang zersplitterten Geltungszonen heimischer Rechtsbücher einen zentralen Sammelpunkt in Gestalt einer nationalen Kodifikation, die andere Völker noch lange entbehren mußten. Der Zug zur umfassenden Gesetzgebung rückt diesen weitsichtigen Fürsten des Rechts in gewissen Ansätzen bereits in die Moderne, wenngleich sein Gesamtstandort durchaus im Mittelalter wurzelt, seine Haltung und sein Empfinden ganz diesem Zeitalter verpflichtet waren.

---

[122]) Vgl. hierzu Gerhardt — Hubatsch, S. 83 f.

[123]) Landrecht II: *Kristins dóms bolkr* 1: „... en þeir, sem gott hafa gort þessa heims, skolu þa fa oc hafa eilifan fagnað með guði oc hans haelgum i himiriki ..." (Meißner, S. 34).

Register der wichtigsten Personen, Orte und Sachen*

*Deutsche Könige und römische Kaiser sind unter dem Stichwort Könige, Päpste unter dem Stichwort Päpste und Würzburger Bischöfe unter dem Stichwort Bischöfe alphabetisch geordnet.

— christliche, als Sakrament 261
— Heiligkeit der 659
— als Institution des Naturrechts 260
— als unauflösliche Lebensgemeinschaft 231, 261
— Unfreier 261
—, Wesen 261, Zustandekommen 229
Eheaufgebot 411, 498
Eheauflösung 262
Ehebrecher 609
Ehebruch 231, 262, 440, 484, 640, 644, 659
Ehebruchskind 654
Ehebruchsverfahren 554
Ehegatte, ungläubiger 638
Ehehalt 51
Ehehaltordnung 51
Ehehaltordnung, Ochsenfurter 51
Ehehindernis 654
Ehehindernisse 411, 417, 419, 466, 471, 498, 659
Ehekonsens 261, 263
Ehelösung 464
Ehemandat 470, 499
Eheordnung, des Fürstbischofs Julius Echter 469
Eherecht 407, 435, 469, 638, 659
— christliches 263
— kanonisches 625, 638, 659
eherechtswirksam 261
Ehesakrament 348, 420, 498
Ehescheidung 659
Eheschließung 260, 407, 414 f., 417, 471, 498, 500
— Formalien der 472
— mit Landesfremden 470
Ehetrennung 659 f.
Eheverlöbnis(se) 464
Ehewille 261
Ehrabschneider 310
Ehre 310
— bei Juan de Lugo 312
Ehre, Minderung durch Beleidigung 310
— Verbrechen gegen die 267
Ehrenberg Philipp Adolf von (1623 bis 1631), Fürstbischof 74
Ehrenminderung 440
Ehrenschelte 62
Ehrlosigkeit 265, 624
Ehrverlust 439, 557
Eid 68, 622, 626
Eidesleistung 271

Eidsifathing 649
Eidsifathingsbók 645
Eidvellir 646
Eigenkirchenrecht 82
Eigentum 241, 310
— des Reiches, kaiserliche Verfügungsgewalt 381
— totales 183
— widernatürliches 315
Eike von Repgow 572
Einar Gunnarsson 653
Einar von Trondhjem, Erzbischof 644
Einlager 61
Einrede 630
Einreiten 62
Einsetzungsgewalt 374
Einung 49, 385
Einzelkirche 92
Einzelrichter, bischöflicher 465
Einziehung, des Vermögens 439
Ekkehard von Tanne 427
Ekklesiologie 81 ff., 216, 253, 284
Eklektizismus, kanonischer 308
Elsaß, Graf Gerhard vom 577
Elsenheimer, Christoph 583, 585
Emanzipation 261
Embrun, Petrus Amelii 157 f.
Engelpapst 399
England 652
Endurteil 509
Enthaltsamkeit 638
Enthauptungsstrafe 430
Entschuldigungsgründe 338, 420, 610
Epicheia 421
Epikie 134, 137
Episkopalismus 126, 128, 139, 353
Eppan, Grafenhaus 579
Erbamtleute 173
Erbe, Erbschaft 415
Erbeinsetzung 437
Erbenverband, ritterschaftlicher 57
Erbfähigkeit des Kindes 661
Erbfall 490
Erbfolge 566, 653, 661
Erbfolgerecht 203
Erbhuldigung 480
Erbhuldigungseid 480
Erbhuldigungsordnung 480 f.,
Erblasser 437
Erbmonarchie 362
Erbrecht, bei Komorienz 660
Ercole, Francesco 563, 568

Inhaltsverzeichnis

Kölner Veröffentlichungen zur Religionsgeschichte

Herausgegeben i.A. des Interdisziplinären Instituts für Religionsgeschichte, Bad Münstereifel, von Michael Klöcker und Udo Tworuschka.

Böhlau Verlag Köln Wien

ISBN 3-205-05031-2